湖南省地图院制作　二〇一二年十月

長沙年鉴

2014

长沙市地方志办公室　编

方志出版社

2013·长沙荣誉

1月　长沙国际专利申请蝉联全国省会第一

1月　长沙市获评"'十一五'全国减排先进单位"

4月　长沙市获评"中国十大创新城市"

5月　长沙市获评"2009—2012年度全国社会管理综合治理优秀地市"

6月　长沙市获全国综治工作最高荣誉"长安杯"

6月　长沙市获评"全球绿色城市奖"

10月　长沙市获评"十佳生态文明建设示范城市"

10月　长沙市获评"全国救助工作探索创新奖"

11月　长沙市成为首批国家公共文化服务体系示范区

11月　长沙市成为首批国家再制造产业基地

11月　长沙市获授第九届中国（北京）国际园博会特别成就奖和组织奖

12月　长沙市获评"物流城市最佳投资环境奖"

12月　长沙市获评"2013中国最具幸福感城市"

12月　2013年中国最安全城市排行榜，长沙排名全国第七位

12月　城市文明程度指数和未成年人思想道德建设工作测评，长沙获全国省会和副省级城市第一

2013·长沙数字

区域总面积：11816 平方公里
建成区面积：315.81 平方公里
年末常住人口总数：722.14 万人
年末户籍人口总数：662.81 万人

地区生产总值：7153.13 亿元
　第一产业增加值：294.55 亿元
　第二产业增加值：3946.97 亿元
　第三产业增加值：2911.61 亿元
人均地区生产总值：99570 元

全市公共财政预算收入：536.63 亿元
全市公共财政预算支出：701.82 亿元
固定资产投资：4593.39 亿元

社会消费品零售额：2801.97 亿元
城镇消费品零售额：2714.08 亿元
乡村消费品零售额：87.89 亿元
商品进出口总值：98.93 亿美元
　　商品出口总值：61.66 亿美元
　　商品进口总值：37.27 亿美元
实际使用外商直接投资：34 亿美元

商品房销售面积：1840.59 万平方米
商品房销售额：1160.38 亿元
城市居民人均住房面积：41.4 平方米
农村居民人均住房面积：61.97 平方米

全社会运输周转量：410.13 亿吨公里
全年完成邮电业务总量：135.32 亿元
互联网接入：142.98 万户

国际国内旅游总收入：1006.3 亿元
全年接待国内旅游者：9485.36 万人次
全年接待入境旅游者：116.97 万人次

专利申请量：15956 项
专利授权量：10362 项

普通高等院校：50 所
在校学生：57.34 万人
普通中学：285 所
在校学生：35.71 万人
中等职业技术学校：50 所
在校学生：10.82 万人
小学：937 所
在校学生：45.79 万人

全市卫生机构数：4690 个
医疗卫生技术人员：6.21 万人
全市医疗床位：5.79 万张

全市供电总量：2230032 万千瓦时
城市供水总量：270 万吨 / 日
城市煤气供应总量：70321 万立方米
城市液化气供应总量：86492 吨
城市生活垃圾粪便清运量：160 万吨
园林绿化地面积：9611 公顷
城市道路面积：2966 万平方米

金融机构各项存款余额
（本外币合计）：10148.76 亿元
金融机构各项贷款余额
（本外币合计）：9633.02 亿元
城乡居民储蓄存款余额：3507.51 亿元

城镇居民年人均可支配收入：33662 元
城镇居民人均消费性支出：22346 元
农村居民年人均纯收入：19713 元
农村居民人均生活消费支出：11586 元

2013·党和国家

【习近平到长沙调研考察】 11月4—5日，中共中央总书记、国家主席、中央军委主席习近平到长沙考察调研。4日上午，习近平考察蓝思科技股份有限公司，他仔细观看产品展示，到车间了解生产和工艺流程，同职工和劳模代表交流，对两家企业不断开发产品、拓展市场所取得的成绩表示肯定，勉励他们更有抱负、更有作为。随后参观了从事智能电表等能源计量产品研发、生产、销售的企业威胜集团。习近平指出，加快转变经济发展方式，重点在于优化产业结构、消化过剩产能，最终要落实到一家家企业上。新一轮科技革命和产业革命正在孕育兴起，企业要抓住机遇，不断推进科技创新、管理创新、产品创新、市场创新、品牌创新。在中南大学，习近平视察了国家重金属污染防治工程技术研究中心、粉末冶金国家重点实验室，了解高校进行科技创新、服务国家重大战略项目情况。这两个机构在重金属废水处理、重金属污染土壤修复和粉末冶金特种材料、高性能碳纤维复合材料研发应用上取得突出成绩，习近平详细询问有关情况，对他们刻苦攻关、勇于创新的精神给予肯定。他强调，中国经济发展要突破瓶颈、解决深层次矛盾和问题，根本出路在于创新，关键是要靠科技力量。要充分发挥高校人才荟萃、学科齐全、思想活跃、基础雄厚的优势，面向经济建设主战场，面向民生建设大领域，加强科学研究工作，加大科技创新力度，努力形成更多更先进的创新成果。5日，习近平在国防科技大学视察，参观了国防科技大学科研成果展示，同科研人员亲切交谈，勉励他们埋头苦干、再接再厉，在新的起点不断取得更大成绩，接见国防科技大学师以上领导干部和正高职专业技术干部，检阅国防科技大学干部和学员方队。王沪宁、栗战书和中央有关部门负责同志陪同考察。

【李金华到长沙考察】 2月19—21日，全国政协副主席李金华到长沙考察。省领导周强、徐守盛、陈求发等到住地看望了李金华一行。在长沙期间，他召开长沙市工作汇报会，听取长沙经济社会发展情况汇报，考察长沙综合枢纽工程、湘江福元路大桥和梅溪湖国际服务区。在考察中，他强调，要充分发挥优势，推动湖南创新发展。陪同考察的市领导有陈润儿、张剑飞、张值恒、张迎龙、袁观清、范小新等。

领导人到长沙

【万鄂湘、齐续春到长沙调研考察】 5月16—24日，全国人大常委会副委员长、民革中央主席万鄂湘，全国政协副主席、民革中央常务副主席齐续春到长沙进行“农村困难群众权益保障问题”专题调研，参加民革十二届三次中央委会。在长沙期间，参观了大托村雷锋超市、残疾人就业基地和托养服务中心和湖南惠利普工贸有限公司。8月25日，万鄂湘再次到长沙就民革工作进行调研。他实地考察了民革长沙市城建支部和财贸支部，并与民革长沙市委及基层支部负责人进行座谈，详细听取其在组织建设、参政议政、建言献策、关注服务社会等方面的情况介绍。他指出，民革党员要不断团结和关心本党党员，在参政议政方面要瞄准特殊困难群体，为他们鼓与呼。全国政协常委、民革中央副主席何丕洁，省人大常委会副主任刘莲玉，省政协副主席、民革湖南省委主委刘晓等陪同调研。

【张平到长沙调研】 11月6—9日，全国人大常委会副委员长张平率全国人大财经委调研组到长沙调研。7日，张平在湖南省人大副主任蒋作斌的陪同下到江麓集团考察调研。在生产车间详细调研江麓集团主要军民品的科研、生产及市场销售情况，认真听取企业经营发展和长远规划等情况汇报。张平对江麓集团成功研制中国第一台具有自主知识产权的多功能沙漠植被建造机等一系列科技含量高、实用性强的军民品给予高度评价。8日上午，张平率全国人大财经委调研组，在省委常委、长沙市委书记易炼红和市委常委、大河西先导区党工委书记、管委会主任赵文彬的陪同下对梅溪湖国际新城项目进行实地考察。考察团听取了国际新城的汇报讲解，乘坐电瓶车实地考察了桃花岭景区的生态建设。考察过程中，赵文彬介绍了大河西先导区的发展历程，汇报了梅溪湖国际新城等“两型”建设核心区的建设成果。考察团对梅溪湖国际新城的“两型”建设及绿化成果表示肯定。在长沙期间，张平还参观了中联重联和远大住工等科技公司。

《长沙年鉴》2013

花明楼风景名胜区获评国家AAAAA级旅游景区

2013年11月22日，花明楼风景名胜区获评国家AAAAA级旅游景区。该景区以刘少奇故里为主体，以大夫堂楚文化遗址和芙蓉寨旅游休闲开发为主线，是湖南“名人故里游”黄金线路的重要景区、全国最大的刘少奇文物资料收藏中心。2013年接待海内外观众300万人次。

“天河二号”成为全球最快超级计算机

2013年6月17日，世界超级计算机500强排行榜公布，国防科大研制的天河二号超级计算机系统，以峰值计算速度每秒5.49亿亿次、持续计算速度每秒3.39亿亿次双精度浮点运算的优异性能位居榜首。天河二号运算1小时，相当于13亿人同时用计算器计算1000年，其存储总容量相当于存储每册10万字的图书600亿册。

黄花国际机场跻身全球百强

2013年1月12日，湖南机场管理集团发布：2012年长沙黄花机场旅客吞吐1475万人次，在全球旅客吞吐量百强机场中位列第九十八位，居中部地区首位。截至2013年12月31日，黄花国际机场旅客吞吐量突破1600万人次，排名中部地区第一、全国第十二位。

上海大众湖南（长沙）项目开工建设

2013年5月16日，上海大众湖南（长沙）项目在长沙经济技术开发区开工建设。该项目投产后可形成年３０万辆整车生产能力。项目一期投资120亿余元，预计2015年建成投产。项目达产后可实现年产值1500亿元。

湘府路大桥、南湖路湘江隧道通车

2013年2月6日，长沙湘府路大桥正式通车，全长2655米，其中主桥全长1785米，桥面净宽32.5米。12月25日，长沙南湖路湘江隧道建成通车。该隧道是长沙市第二条湘江隧道，是首条采用盾构法施工的湘江隧道，分为南北两线双向4车道穿越湘江，全线约6公里，设计行车速度50公里/时。

年度事件

长沙获评“全球绿色城市”

2013年6月19—22日，在德国柏林举行的“联合国可持续城市与交通柏林高层对话暨2013全球人居环境论坛”上，长沙市获全球人居环境奖“绿色城市”称号。该届评比全球仅3座城市上榜，充分反映国际社会对长沙“两型”社会建设的认可。

长沙新增15处全国重点文物保护单位

2013年3月，国务院公布第七批全国重点文物保护单位，长沙马王堆汉墓、汉代长沙王陵墓群、爱晚亭等升级成为全国重点文物保护单位。此次获批的“国保”单位分别为：古墓葬类4处，古建筑类2处，石窟寺及石刻类1处，近现代重要史迹及代表性建筑类8处，总计15处。

长沙开展“六个走在前列”大竞赛；市委十二届六次全会提出率先建成“三市”、强力实施“三倍”，加快实现基本现代化进程，大步践行“六个走在前列”的重大战略

2013年5月24日，长沙市部署开展“六个走在前列”大竞赛活动。9月24日，市委十二届六次全会提出率先建成“三市”、强力实施“三倍”、加快现代化进程的重大战略。确保2017年全面建成小康社会；以2012年为基数，力争2017年、确保2018年实现产业倍增、收入倍加、 城乡品质倍升。

雨花区成为湖南省首个财政过百亿元城区

2013年雨花区完成财政总收入108.6688亿元，比上年同期增加16.623亿元。成为湖南省首个财政总收入过百亿元的城区。全年规模工业总产值、增加值（不含烟厂）分别达300亿元、81亿元，同比增长20%、14.6%。

年度全国城市文明程度指数测评和未成年人思想道德建设工作测评长沙获“双第一”

2013年12月22日，中央文明办公布2013年全国城市文明程度指数测评结果，长沙在全国城市文明程度指数和未成年人思想道德建设工作两项测评中，均名列全国省会和副省级城市第一。中央、省级媒体纷纷聚焦长沙文明创建成果，中央文明网予以重点推介。

《长沙年鉴》2013

廖月娥

■ 岳麓区坪塘街道新合村桐冲组村民

女，30 年来，她将 4 名残疾孤寡老人接到家中赡养，其中，照顾身患恶疾的任国华 16 年、五保老人廖兴红 13 年，为他们端茶送饭、洗头擦身、养老送终。2013 年获评第四届“全国孝老爱亲道德模范”和“全国三八红旗手”。

蔡宗义

■ 生前为湖南动力机厂退休工人

男，他生前打理长沙市一中对面的报刊亭。15 年中，他用爱心奉献陪伴一届届学子成长。他突发脑溢血去世，许多市民自发为他送行。他被称为“最有爱的报刊亭爷爷”。湖南省邮政公司和湖南省文明办授予报刊亭“爱心文明报刊亭”，号召全省 1200 余家报刊亭经营者向他学习。

陈宋瑜

■ 宁乡县巷子口镇檀树小学校长

男，1977 年，他到缺水断电不通汽车的檀树小学任教。30 年来，用扁担箩筐把课本从 15 公里外的集市担到山上，一担挑 100 余斤，一个来回 4 个小时; 为 42 名学生缴纳学费、生活费近 2 万元，将 30 余名学生带到自家餐宿分文不收。2013 年，他的事迹被《湖南日报》《光明日报》报道。

李　杨

■ 生前为长沙市公安局雨花分局黎托派出所民警

男，他在工作近 18 个小时、处置各类警情 28 起后，因重度颅脑损伤离世。省委书记徐守盛、省长杜家毫分别作出批示，号召向他学习；省公安厅给他追记一等功。他的先进事迹报告会在全省 14 个市州设立分会场，2200 余名观众聆听了报告会。

卜　克

■ 长沙县星沙街道杨梅冲社区福利彩票投注站业主

男，彩民张先生在卜克开设的投注站买了张不记名彩票，以为没中奖将之丢弃。卜克通过核对发现中了 33.94 万元，毫不犹豫将大奖彩票归还。其事迹被《长沙晚报》、新浪网等媒体报道。12 月，卜克获评“中国好人榜”之“诚实守信好人”。

年度人物

姚庆龙

■ 星沙205路公交车驾驶员

男，8月16日，因他误导让一名6岁女孩下错站。在征求乘客同意，掉头接回小女孩诚恳道歉后，将小女孩安全送回奶奶身边。他的凡人善举被网友誉为“中国好司机”。中央电视台、湖南卫视等媒体对他的事迹进行报道，在社会产生良好反响。

王　芳

■ 雨花区环卫局洞井环卫所万家丽路清扫员

女，她清扫的路段物流聚集、车流量巨大、雨天路面泥泞，她反复清理，劳动量经常是其他人的两倍。她清扫的路段常年被评为环卫示范路。因家境艰辛、常年劳累，工作中常有病痛发作，她却从未请过一天假。2013年被评为长沙市“雷锋式道德模范”“最美城管”。

刘习明

■ 长沙生殖医学院院长

男，他是长沙生殖医学医院创始人。29年来，专门从事不孕不育治疗研究。2013年11月18日，医院首例试管龙凤胎降生，填补长沙市在这一领域的空白。医院成为长沙市属医疗机构中首家获批开展试管婴儿的医院。2013年，他被聘为中国动物学会生殖医学分会副主任委员，获评“湖南省优秀政协委员”。

寻一夫

■ 长沙广播电视发射中心主任

男，他带领团队创造26年播出零事故的奇迹。2008年，他攀上坚冰包裹的发射塔抢修新闻广播天馈系统。2001年，他带领团队在全国率先使用垂直极化天线发射技术，开创异地覆盖全新模式。2012年，创建亚洲最大功率共馈发射系统，将广播信号覆盖区域扩大3倍。他被称为长沙市广播电视台“筑梦先锋”。

缪昌联

■ 浏阳市澄潭江镇龙家教学点负责人兼教师

男，37年来，他长期坚守在偏远山区龙家学校。他爱校如家，作为单人校老师，一个人教多个年级，从未请过假；他爱生如子，为学生免费蒸热饭菜、烧茶备水，资助贫困学生。学校连续6年获单位绩效考核一等奖，个人也多次获上级的奖励。2013年获评湖南省“师德楷模”。

《长沙年鉴》2013年度人物、年度事件评选活动简介

为充分反映长沙人民自强不息、奋发向上的精神风貌，客观记载长沙市改革开放和经济社会发展过程中涌现的典型人物及事件，发挥地方志“资政、存史、教化”的作用，长沙市地方志编纂委员会决定继续开展《长沙年鉴》2013年度人物、年度事件评选活动。评选2013年度长沙市域范围内涌现的对推动全市经济社会发展有突出贡献和典型意义的人物和事件。

《长沙年鉴》2013年度人物、年度事件评选活动于2014年3月启动，截至6月30日，各区、县（市）及全市各行业共向长沙年鉴编辑部推荐36个人物和42个事件，根据评选活动方案，由各区、县（市）地方志系统，地方志学会和报刊媒体等推荐产生17名专家评委组成评选委员会，分别于9月10日、9月22日召开2次评审会议，评选出李杨、蔡宗义、廖月娥、唐岳、卜克、寻一夫、陈恭森、陈宋瑜、刘习明、袁虎、张祖荣、刘继雄、姚庆龙、王芳、缪昌联、伍英、周正军、柳树立、吴建松、郑小平20人为候选人物；黄花国际机场跻身全球百强，长沙开展“六个走在前列”大竞赛；市委十二届六次全会提出率先建成“三市”、强力实施“三倍”，加快实现基本现代化进程，大步践行“六个走在前列”的重大战略，首届隆平国际论坛在长沙举行，举办世界休闲农业与乡村旅游城市联盟第一次峰会活动，长沙获评“全球绿色城市”，上海大众湖南（长沙）项目开工建设，长沙获全国社会管理综合治理“长安杯”，中机国际工程设计研究院有限责任公司获中国机械科学技术一等奖，花明楼风景名胜区获评国家AAAAA级旅游景区，“长沙园”获第九届中国国际园博会最高奖，“天河二号”成为全球最快超级计算机，湘府路大桥、南湖路湘江隧道通车，长沙新增15处全国重点文物保护单位，雨花区成为湖南省首个财政过百亿元城区，年度全国城市文明程度指数测评和未成年人思想道德建设工作测评长沙获“双第一”，长沙两城区获评首批“全国社会工作服务标准化建设示范地区”，长沙成为首批国家公共文化服务体系示范区，电视剧《毛泽东》全国热播，开通“雷锋580”24小时紧急救助热线，长沙推出公共交通系列惠民举措，长沙率先全国在省会城市设立民间借贷服务中心，共21个事件为候选事件。9月28日《长沙晚报》A12和A13版对入选的候选人物、候选事件进行公示，开始为期15天的公众票选，同时在长沙市政府门户网、长沙方志网开通网络投票。10月15日，《长沙年鉴》2013年度人物、年度事件评选活动终评工作会议召开，17人的专家评委和17人的公众评委分别对候选人物和候选事件进行投票，按照网络票选、专家评委投票和公众评委投票分别占总票选的30%、40%和30%的比例综合得分。长沙市公证处的工作人员现场对整个评选活动进行了公证，确认评选活动公平、公正、真实、有效。根据综合得分的高低，廖月娥、蔡宗义、陈宋瑜、李杨、卜克、姚庆龙、王芳、刘习明、寻一夫、缪昌联10人入选为《长沙年鉴》2013年度人物；花明楼风景名胜区获评国家AAAAA级旅游景区，“天河二号”成为全球最快超级计算机，黄花国际机场跻身全球百强，上海大众湖南（长沙）项目开工建设，湘府路大桥、南湖路湘江隧道通车，长沙获评“全球绿色城市”，长沙新增15处全国重点文物保护单位，长沙开展“六个走在前列”大竞赛，市委十二届六次全会提出率先建成“三市”、强力实施“三倍”，加快实现基本现代化进程，大步践行“六个走在前列”的重大战略，雨花区成为湖南省首个财政过百亿元城区，年度全国城市文明程度指数测评和未成年人思想道德建设工作测评长沙获“双第一”10个事件入选为《长沙年鉴》2013年度事件。

《长沙年鉴（2014）》编纂委员会

主　任	凌勤杰			
副主任	黄雄姿	王习加		
编　委	于新凡	朱东铁	周志凯	廖建华
	邱继兴	孔玉成	张庆红	余勋伟
	周　辉	周国平	姚　兰	张列群
	贺国成	赵祖翔	蔡立人	李跃兰

《长沙年鉴》编辑部

主　编	陈晓红			
副主编	尚　畅			
编　辑	江　雷	刘盼盼	吴丫丫	
编　务	曾牧野	黄　斌	易　璐	杨岳兵

《长沙年鉴（2014）》组稿人员

（名字按编目顺序排列）

张志雄　刘加强　欧阳浩　谭铁军　朱长友　高林涛　彭顺勇　罗　颖
郭云杰　鲁　旸　张业武　周智武　吴源涛　张志中　赵燕凌　付　坤
吴源清　申　敏　丁泽权　许　彬　金庭碧　宋万能　易　斌　李佩儒
郭　浩　黄　涛　宋文田　王　晔　罗健宁　陈　泉　谈利兵　唐朝阳
罗松民　冯正一　周　璕　李荣裕　高伟栋　袁　晶　曾牧野　项晓芳
谭　立　谭琪正　李湘平　黄碧泉　赵　睿　张　正　兰德泉　易介兵
彭　磊　周新建　陈林希　谢　帆　徐彬洋　杨凯龙　粟威武　彭众评
谢奇艳　朱阳辉　肖　湘　肖体忠　李克明　罗　娜　吴树兵　曾浪平
黄　勇　黄元德　乔艳军　李丹琳　贺菲菲　周学林　陈　娟　曹敬波
夏海军　梁　俊　欧阳军　李　斌　刘文卓　王　俊　张凤辉　徐志龙
肖建军　王海毅　符中华　张　旭　李　畅　钟　庭　陈炳阳　贺　辉
吕　明　张　理　孟祥宇　肖　南　刘　舒　杜　邦　罗雅清　蒋　菁
周　志　邓林飞　盛　利　沈资江　王凌燕　周志强　刘　园　刘　文
李倩倩　杨　英　贺　艳　饶洁玲　胡晓江　彭智平　彭　珊　刘效艺
徐　玢　李艳玲　邵宝盛　王　勇　田春雷　郭　俊　胡双铃　袁　杜
唐　敏　严　波　胡慧鹏　龙群飞　朱慧星　王怀奚　刘瀛洲　何　舟
龙　灿　曾祥林　王晓丹　陈梦圆　刘　兵　谭盛中　牛　芳　王劢丁
刘纵波　罗杰斯　阳爱萍　刘　密　周　静　文龙辉　陈　进　黄　露
杨　甜　张　翔　谷祥文　于国栋　倪卫民　曹泽明　钟　杰　邓惠君
张　薇　陈　念　张　婷　周　鹏　柳　斌　刘少尧　王　亮　廖森胜
周　威　江启霞　李　江　沈　莹　王友华　欧阳花　刘真真　曾向阳
熊　文　王奇玉　黄劲松　谭朴妮　陈弼飞　谢屹华　邹　晟　黄　忠
柳　青　胡　嘉　罗文革　张克学　冯　烨　曾益清　陈　袒　阳　明
刘孙波　蒋湘峰　魏　箐　胡　蓉　全湘燕　李　鹏　刘飞飞　刘　岩
欧阳文芳　刘　伟　陈　强　朱丰顺　孙中华　胡　琳　刘先根　廖　凯
颜昌清　蒋慧娟　龙　苏　周　湛　鲁文倩　袁　科　周红波　易　荣
鲁素爽　何建国　周义娟　王从福　朱　乐　钟　婷　周进银　唐继武
蔡水林

编辑说明

一、《长沙年鉴》是在中共长沙市委、长沙市人民政府的领导下，由长沙市地方志编纂委员会主办、长沙市地方志办公室编辑出版的系统记述长沙自然、政治、经济、文化、社会等方面情况的年度资料性文献。《长沙年鉴（2014）》记载2013年度长沙市行政区域内各部门、各行业、各地区的主要工作、重要事件，收录若干文献和统计资料，集中反映长沙改革开放的新进程和经济建设、社会发展的新成绩、新经验及存在的问题。所载资料全面、系统、翔实、准确，是国内外人士了解长沙的权威性工具书。

二、本卷年鉴采用分类编辑法，设部目、分目、条目3个层次，部分分目下设子目，条目为记述基本层次。全书共设有37个部目、170个分目、84个子目、1238个条目。正文体例有概况、条目、附录、资料、图表等，以条目为主体，书中插排彩色专版。

三、本卷年鉴对框架结构进行了适当调整，增设长沙市“六个走在前列”大竞赛活动部目；“人力资源和社会保障”部目增设了“公务员管理”分目；“先导区、开发（园）区”部目增设了“金霞经济开发区”“天心经济开发区”“暮云经济开发区”子目；将“新闻”部目归并为“文化”部目等。

四、本卷年鉴所载资料均由全市各部门专人撰写、领导审核，年鉴编辑部编辑人员加工整理后再反馈原单位核对，最后由编委会定稿。统计资料由市统计局提供，文稿中有些地区性、部门性数据，由于统计口径不同等原因，与统计局公布的可能不完全一致，请读者在查阅和引用时注意。

五、本卷年鉴收录市直单位和各区、县（市）负责人名单均以2013年12月31日在职者为准，有任免的分别予以注明。

六、本卷年鉴的编辑出版，得到全市各撰稿单位领导及撰稿人的大力支持，在此表示感谢。希望广大读者和各方面人士提出宝贵意见，使《长沙年鉴》更臻完善。

目 录

中共长沙市委

中共长沙市纪律检查委员会

长沙市人民代表大会常务委员会

长沙市人民政府

政协长沙市委员会

民主党派 · 工商联

社会团体

长沙市红十字会

长沙市残疾人联合会

政 法

公 安

检 察

审 判

司法行政

地方军事

长沙警备区

先导区·开发（园）区

大河西先导区

国家级开发（园）区

省、市、县级开发（园）区

财政·税务

财政

税务

金　融

银行

保险

证券

工　业

工程机械

汽车及零部件

食品·烟草

材料产业

生物医药

农村经济

商贸服务业

旅　　游

中等职业教育

高等教育

成人教育

特殊教育

民办教育

文　化

文化事业管理

卫　生

天心区

岳麓区

开福区

雨花区

望城区

长沙县

文件选编

附　　录

Main Contents

Sports

Social Life

Districts and county

Figures

Statistical Data

Selected Papers

Appendix

特 载

全力推进“六个走在前列”加快建成全面小康之市、两型引领之市、秀美幸福之市（摘要）

——在中共长沙市委第十二届六次全体（扩大）会议上的工作报告

中共湖南省委常委、长沙市委书记　易炼红

（2013年9月24日）

中共湖南省委常委、长沙市委书记　易炼红

这次全会的主要任务是，报告今年以来市委常委会的工作，就长沙当前和今后一个时期的经济社会发展及相关工作进行研究部署。下面，我向全会报告工作。

一、今年以来，全市上下积极投身于“六个走在前列”大竞赛活动，各项工作实现了稳中求进、进中求新、新中求好

今年的宏观经济环境复杂多变、区域竞争日趋激烈，我们在省委、省政府的正确领导下，深入贯彻党的十八大精神，全面落实“四化两型”总战略和“三量齐升”总要求，以“六个走在前列”大竞赛活动为抓手，在稳定经济增长、稳定社会大局中奋发进取，在奋发进取中调结构、转方式、创新工作举措和体制机制，在创新中追求更好更快发展，推动各项工作实现了稳中求进、进中求新、新中求好。市委常委会主要抓了以下几个方面：

（一）着力促进经济平稳较快增长。集中精力抓工作、促发展，经济增长呈现出逐月回升态势。上半年，实现地区生产总值3235.97亿元，同比增长11.6%，高于全省1.6个百分点，高于全国4个百分点。1—8月，完成固定资产投资2934.06亿元，同比增长19.2%；社会消费品零售总额1764.56亿元，同比增长13.6%；财政总收入615.98亿元，同口径增长16.27%，其中公共财政预算收入377.09亿元，同口径增长23.12%。一是全力以赴稳增长。市委、市政府多次分析研判经济形势，以帮扶释放产能存量，以投入和创新添加产能增量，推动经济企稳回升。1—8月，全市规模以上工业增加值1647.87亿元，同比增长13%。强化要素保障，资金、土地、用工等有效供给不断加强。促进消费增长，第五届“福满星城”购物节实现消费589亿元，旅游经济增长近30%。出台市委1号文件，加快农村综合配套改革和现代农业发展；以15个试点镇为重点的城乡一体化深入推进。二是狠抓项目促发展。以项目建设为“生命线”，全力抓储备、抓引进、抓开工、抓建设。上海大众、广汽三菱扩建、中联麓谷第二工业园等项目顺利推进；奥克斯广场、万达国际等城市综合体投入运营；格力空调、洋河酒业、基伍手机、铜官窑国际文化旅游度假区、中南现代商贸物流城等项目完成签约。地铁2号线、1号线加快建设，南湖路隧道、长浏高速即将通车。三是铁腕整治优环境。部署“发展环境优化年”活动，出台“十二条禁令”，打好抓整治、抓典型、抓改革的组合拳，为一切经济主体提供更加灿烂的阳光、更加适宜的土壤、更加滋润的雨露。

（二）强力推进城市品质提升。明确“一江两岸、东提西拓”的城市建设思路，对大河西先导区、高铁新城等进行规划提升和建设提速。加快推进城市提质，新建洋湖湿地公园（二期）、桃花岭公园等一批城市公园，启动5条景观街、20个社区公园和23公里城市绿道建设。大力开展市容市貌、城乡结合部环境、道路交通秩序、打击非法营运四大整治，规范管理，严格执法，拆除违法违章建筑140万余平方米，城市形象、城市环境和城市秩序有了初步改善。深入开展“美丽长沙·美德先行”活动和“文明交通、文明餐桌、文明引导、文明传播”行动，扎实推进文明创建常态化、长效化，接受了全国城市文明程度指数的年度测评。

（三）大力深化改革开放。着眼于释放新的“改革红利”，专题研究“两型”社会建设，加快推进综合配套改革。出台《关于加快市场化改革促进民间投资发展的意见》，第一批对外发布59个民间投资领域放开项目，总投资额达1289亿元。加强与省属国企对接。组织参加广交会、文博会、亚欧博览会等活动。1—8月，实际利用外资23.32亿美元，同比增长20.5%；完成进出口总额62.1亿美元，同比增长15.8%。

（四）努力保障和改善民生。落实执政为民理念，加大民生事业投入，民生支出达244.65亿元，占公共预算支出的68.25%。千方百计扩大就业，城镇登记失业率为2.89%。推进教育均衡发展，启动薄弱学校提质改造三年行动计划，加大中小学配套建设力度，8.89万名随迁子女全部就读公办学校，9个区、县（市）均通过省级督导评估。加快基层医疗机构标准化建设，深化公立医院改革，“看病难”“看病贵”有所缓解。围绕实现住有所居，保障性住房建设顺利推进。提高社会保障水平，城乡低保和企业退休人员养老金待遇实现提标。积极创建“公交都市”，新增一批公交车和出租车，取消3元票价公交。文化惠民卓有成效，国家公共文化服务体系示范区创建验收成绩名列全国第二位。

（五）全力维护社会和谐稳定。将安全稳定作为硬任务，全面建设平安长沙、法治长沙、和谐长沙，没有发生重大安全生产事故、群体性事件和舆情危机事件，赢得了全国社会管理综合治理工作最高荣誉“长安杯”。切实加强新形势下的群众工作，扎实推进社会管理创新，深入开展领导干部定期接访活动，各类矛盾纠纷得到有效调处，信访总量比上年同期下降近30%。从严打击各类违法犯罪活动，社会治安形势总体平稳。深刻吸取“7•2”黎托火灾教训，举一反三，铁腕整治，全市安全生产形势总体好转。

（六）切实加强党的建设。落实中央和省委要求，坚持以制度建设促作风建设，制定并实施市委常委会改进作风、议事决策规则、领导活动报道以及推行巡查工作等规章制度。出台《关于坚持正确用人导向推动“六个走在前列”大竞赛活动顺利开展的意见》，明确“六用六不用”原则。提出“有错无为皆问责”“不换状态就换人”的干部管理理念，构建了问责追责体系。深入推进“五好”班子创建和“三级联述联评联考”，进一步落实党建责任。切实加强党风廉政建设和反腐败工作。

支持市人大及其常委会开展立法工作、视察调研和法律监督，发挥代表主体作用，广泛听取其对经济社会发展的意见和建议；支持市政协拓展政治协商途径、创新民主监督方式、增强提案工作实效，并专题听取意见建议和调研成果汇报。组织各民主党派、社会各界人士代表座谈，广泛凝聚发展共识和发展力量。重视发挥工会、共青团、妇联等群团组织的作用，统筹推进民族、宗教、侨务等工作。召开警备区党委第一书记党管武装述职和市委议军会议，国防和后备力量建设不断加强。

今年以来的工作成效明显，省委守盛书记昨天来长沙调研时给予了充分肯定，但我们也要清醒地看到：经济增长的内生动力不足，投资过10亿元的产业项目屈指可数，工业投资占比、产业本地配套率均低于30%；调结构、转方式任务艰巨，园区同质化竞争，服务业发展滞后，特别是生产性服务业占第三产业增加值的比重仅为28%，房地产税收比重高达38.9%；城市功能、品质和形象亟待提升，规划建设档次不高，地下管网等配套设施不完善，交通拥堵、脏乱差等问题依然突出；教育、医疗、文化、就业等民生改善任务重，财政增收压力大；干部作风有待改进，“四风”问题不同程度存在，经济发展环境不优的问题反映较多；安全生产存在隐患，影响社会和谐稳定的因素不少，等等。对这些困难和问题，我们要高度重视和警醒，采取切实措施加以解决。

二、以加快建成“三市”为发展定向，共圆长沙人民的“小康梦”“两型梦”“幸福梦”

历经多年发展，长沙各项事业正处在一个新的起点上。这既是奋力跨越、奋勇争先，实现“六个走在前列”的新起点；也是前有标兵、后有追兵，直面省会城市激烈竞争的新起点。我们要把握历史方位，找准发展方向，以加快建成“三市”的新作为、新成效，共圆长沙人民的“小康梦”“两型梦”“幸福梦”。

（一）建成全面小康之市。要按照中央、省委关于全面建成小康社会的总体部署，把握时间节点，立足更高层次，全面提升经济发展、社会和谐、生活质量、民主法治、文化教育、资源环境水平，确保2017年全面建成小康社会，走在全省和全国省会城市前列，让人民群众享有宽裕的物质生活、宜居的城市品质、丰富的精神文化、良好的生态文明、和谐的社会环境。

（二）建成两型引领之市。要更加积极主动地担负全国“两型”社会建设综合配套改革的责任和使命，在现有基础上进一步提升标杆、丰富内涵、创新突破、全面推进，加快构建两型产业体系、两型城市形态、两型体制机制、两型生活方式、两型社会模式，在资源节约、环境友好方面成为全国引领型城市，让两型成为长沙鲜明的标签、靓丽的名片和人民群众共享的发展成果。

（三）建成秀美幸福之市。要进一步提升城乡规划建设管理水平，提升文明和谐程度，让自然环境更加清秀、发展环境更加清新、政务环境更加清正，让长沙变得更加美丽、宜居宜业。通过加快建设秀美幸福之市，让人民群众不仅享有高水平的物质生活，而且享有高层次的公共服务、民生保障，享有高质量的民主法治、公平正义，享有高品质生活的舒适感、愉悦感和幸福感。

加快建成全面小康之市、两型引领之市、秀美幸福之市，主要基于以下四点考虑：这是中央、省委的明确要求。党的十八大作出了2020年全面建成小康社会的重大战略部署。省委十届七次全会提出要对全面建成小康社会实行分类指导，即分区域布局、分类别考核、分梯次推进，给长沙的时间表是2017年，9个区、县（市）均为一类地区。为此，我们必须瞄准更高要求、把握时间节点，在全省率先示范、争做贡献。同时，长沙作为全国“两型”社会建设的“试验田”，在五年实践探索的基础上建成两型引领之市，也是题中应有之义。这是继承创新的使命担当。市第十二次党代会明确了“五化一率先”的奋斗目标，其中的“一率先”就是率先实现全面小康和建成两型城市，还提出了“开放带动、两型引领、创新发展、城乡统筹、人才支撑”五大战略。建成“三市”与这些战略目标和战略思路一脉相承，在保持连续性的基础上体现了创新性的要求。这既是责任所系、使命所在，也是我们在长沙的事业接力传承中应该展示的担当精神。这是现有基础的巩固提升。从建成全面小康之市来看，2012年长沙的实现程度已经达到了97%，高于全国和全省平均水平10个百分点以上，完全具备基础和条件。从建成两型引领之市来看，大河西先导区的示范作用正在显现，各方面的配套改革取得实质性进展，长沙很有必要进一步发挥平台优势和政策优势，在两型探索实践中率先突破。从建成秀美幸福之市来看，长沙作为全国首批历史文化名城和独树一帜的“山水洲城”，人文厚重，风光秀美，多次获得全国最具幸福感城市殊荣并成功跻身全国文明城市行列。在现有基础上擦亮秀美幸福的城市名片，使之成为长沙的内在品质和鲜明特质，是我们义不容辞的责任。这是人民群众的热切期盼。随着经济社会的发展，人民群众不仅对就业、社保、看病、上学、住房等有着强烈需求，而且对民主权利、公平正义、生态环境、社会安全、公共服务等有着更高追求。人民群众之所盼，就是党和政府之所为。加快建成“三市”，与共圆长沙人民的“三梦”一一对应，与全市人民的所思所想、生产生活、宜居宜业互相呼应，也是我们对人民群众向往美好生活的真切回应。

三、以强力实施“三倍”为目标追求，大力提升经济总量、发展质量、人均均量

要强化省会城市的责任与担当，以2012年为基数，力争2017年、确保2018年（以下为2017年指标）实现产业倍增、收入倍加、城乡品质倍升，促进经济总量、发展质量、人均均量齐升。

（一）产业倍增。同步推进新型工业化、新型城镇化、农业现代化和信息化，二、三产业增加值分别实现倍增，三产比重确保达到42%以上、力争达到45%左右；新增4个以上千亿产业集群和10个以上百亿企业。通过产业倍增，地区生产总值由6399.9亿元增加到12850亿元，年均增长12%（含物价指数上涨）；城市综合竞争力进入全国10强并保持相对稳定；城市首位度由28.9%提升到35%，每年提高1个百分点。

（二）收入倍加。实施财政收入倍加，全市财政总收入由796.6亿元增加到1600亿元，公共财政预算收入由490亿元增加到1000亿元，年均增长15%。实施居民收入倍加，城镇居民可支配收入由30288元增加到58317元，农村居民人均可支配收入由15057元增加到28991元，年均增长14%。

（三）城乡品质倍升。围绕建设富强、文明、秀美、幸福的大长沙，全面提升城乡规划、建设和管理品质。城区面积增加到2170平方公里（建成区630平方公里、县域和城镇1540平方公里），全市常住人口增加到1000万人以上，其中主城区增加到600万人以上。城乡承载能力倍升，城市路网密度和人均道路面积、公交车拥有量、公共绿地面积、体育设施面积等大幅提升；农村通村公路硬化率达100%，自来水普及率达90%以上。城乡管理水平倍升，构建出行便捷、环境洁净、安全有序、服务高效的城市管理和社会管理体系，交通拥堵率、不文明行为发生率、各类事故死亡率、刑事案件发生率等大幅下降，居民的安全感、舒适感、幸福感大幅提升。城乡生活品质倍升，恩格尔系数下降到35%以下；人均住房面积进一步提升、保持全国领先水平；饮水安全率达100%，城市空气质量优良率（按新标准）提升到90%以上，居民文教娱乐服务支出占家庭消费支出比增至16%以上，食品药品检测合格率达到98%以上并确保安全；社会保障和教育、医疗、文化等公共服务水平大幅提升，跨入全国省会城市前列。城乡生态环境倍升，单位地区生产总值能耗和二氧化碳排放量分别降低16%和17%，化学需氧量、二氧化硫排放量分别减少8%；城市、集镇污水处理率分别达到100%和90%，城市污泥无害化处置率达到80%左右；建成区绿化覆盖率提升到50%，全市森林覆盖率保持在55%以上。城乡品质倍升，归根到底要体现在长沙的宜居宜业宜游指数大幅提升，要体现在全市人民对长沙的认同感、归属感、满意感大幅提升，要体现在长沙的公认度、知名度、美誉度大幅提升。“三倍”是一个综合体系，贯彻了“五位一体”的全面部署，体现了科学发展的内在要求，也顺应了人民群众的热切期待。我们要深刻领会其实质、充分理解其要义、精准把握其内涵，形成强力实施“三倍”的高度自觉。一要充分认识到，实施“三倍”是应对激烈竞争的必然选择。当前的省会城市竞争，你追我赶，百舸争流。广州、成都、杭州、南京、沈阳等先进城市呈加速领跑之势，在转型升级中更加主动，尤其是第三产业增加值高出长沙1000亿元以上。中部的武汉“一马当先”，不仅经济总量过了8000亿元，而且正乘着“复兴大武汉”的强劲东风，着力打造国家中心城市。郑州、合肥等城市也在大干快上，经济社会发展的大手笔、大投入，已有超越长沙之势。上半年，武汉、合肥的固定资产投资为2814亿元、2373亿元，分别比长沙多出600亿余元和250亿余元。“标兵渐行渐远、追兵越追越近”的严峻挑战，倒逼着我们必须强力实施“三倍”战略。二要充分认识到，实施“三倍”是破解发展难题的必然出路。长沙经过前些年的发展，经济总量位居全国省会城市第七位，这的确是令人自豪的巨大成就。但在宏观经济环境趋紧的情况下，长沙也面临着成长中的烦恼和转型中的阵痛。工业“一业独大”和服务业发展滞后带来的经济结构不优，新项目、大项目偏少带来的发展后劲不足，工业化和城市化发育不充分带来的消费需求不旺，都不同程度地显现。看不到问题是最大的问题，看不到危机是最大的危机。只要我们冷静、清醒、理性地分析，就不难理解强力实施“三倍”是多么重要和刻不容缓。三要充分认识到，实施“三倍”是打造品质长沙的必然举措。追求品质生活和人生出彩，已成为全市人民的共同愿景。这种追求是物质上的，也是精神上的；是硬件上的，也是软件上的；是建设与发展上的，也是管理和服务上的。如果交通拥堵、市容脏乱、环境污染、社会无序、服务低效，不仅人民群众的愉悦感、舒适感和幸福感大打折扣，而且还会产生失落感和对党委、政府的不信任感。实施“三倍”就是从发展、建设、管理、环境、服务等多个层面入手，提升水准和档次，打造品质长沙，让人民群众共享品质生活的美好、分享梦想成真的机会。四要充分认识到，实施“三倍”是检验能力水平的必然要求。产业倍增、收入倍加、城乡品质倍升，兼顾当前与长远、速度与效益、扩容与提质、建设与管理、城市与农村、富民与强市，是对发展理念、发展方式和发展举措的综合考量，也是对干部能力、水平、作风的现实考验。能不能加快实施“三倍”、实现“三倍”，需要各级各部门以实际行动作出响亮的回答。我们要把加快实施“三倍”作为考量班子、检验队伍、识别干部的“试金石”，以此来展示更新的面貌、更新的作为和更新的业绩。

四、以力行“五推”为工作重点，努力实现长沙新一轮大建设、大发展、大提升

加快建成“三市”、实施“三倍”，要有具体的工作着力点。这个着力点就是力行“五推”，实现长沙新一轮大建设、大发展、大提升。

（一）推进重点带动、多点支撑的产业格局形成。突出大抓产业、抓大产业，推进产业协调发展，加快实施产业倍增。一是优化布局，促进产业集聚发展。按照企业集中、产业集群、资源集约、功能集成的要求，对“四区十园”进行整合和提升，优势互补，错位发展，打造一批现代城市工业经济综合体，形成东、南、西三大工业板块。大力培育“千亿园区”，长沙经开区、高新区年产值过3000亿元，浏阳经开区、宁乡经开区年产值突破1500亿元。着力打造“千亿集群”，拉长产业链、提升配套率，在扶优扶强工程机械、新材料的基础上，推动食品烟草裂变为两大千亿产业集群，推动汽车及零部件、电子信息、旅游产业成长为新的千亿产业集群。加快建设区域性金融中心、物流中心、文化创意中心和世界旅游目的地，在“一江两岸”合理布局现代服务业聚集区。二是调整结构，推动产业高端发展。全力加快战略性新兴产业突破性发展，在软件与信息服务、新材料、节能环保、生物技术等方面抢占制高点。全力推动制造业高端发展，主攻高端技术，发展高端产品，创造一批全国知名品牌，提升“长沙质量”；鼓励企业和科研院所参与国际、国内标准制定，叫响“长沙标准”。全力促进现代服务业跨越式发展，优先发展现代物流、现代金融、信息服务、科技服务等生产性服务业，大力提升旅游、餐饮、商贸、养老等生活性服务业，积极培育农村和社区商贸服务业，放手发展电子商务、服务外包等新兴业态，推动服务业发展提速、比重提高、层次提升。三是做强主体，支撑产业创新发展。充分发挥长沙高校云集、智力密集、人才汇集的优势，全力推进科研成果的孵化、转化、市场化。加快企业孵化平台、技术研发平台、资源共享平台和产业技术联盟建设，夯实产业创新发展的基础。坚持以创新为动力，把大企业做强、小企业做大、微型企业做多，形成大中小企业协作配套、产业链上下游协调发展的企业组织体系，力争年产值100亿元以上的企业达到15家，年产值10亿元以上的企业达到200家，培育“成长型”规模企业500家，扶持“科技型”小微企业1000家。四是注重联动，加快产业融合发展。坚持三次产业统筹抓，打破部门分割和行业阻隔，推动先进制造业与现代服务业“两轮驱动”，实行改造提升传统产业与大力发展新兴产业“双管齐下”，使之相辅相成。要加强金融与科技、金融与文化、科技与文化、文化与旅游等关联产业的深度融合，在联动中催生新的产业链和增长点。

（二）推进一江两岸、东提西拓的城市品质提升。品质是城市的生命力所在。要贯穿人本化理念、树立国际化视野、彰显个性化特色、践行两型化导向，加快推进“一江两岸、东提西拓”的城市品质提升。一是构建大长沙的空间布局。按照建设1000万以上人口大都市的定位，科学安排城市硬件与软件、地上与地下、资源与环境承载能力，由“单核心圈层蔓延式”向“多中心轴向组团式”发展。河东以改造提质为主，加快黄兴北路、南湖片区等棚户区改造，苏托垸、鸭子铺等城乡结合部开发建设，高铁新城、省府新区、临空经济区、城北商贸物流区等新区整体打造，拓展文化空间、绿色空间、创新空间和枢纽空间。河西以扩容提升为主，进一步优化滨江金融商务区、梅溪湖国际服务区、洋湖总部经济区、大王山旅游度假区的规划，在开发建设上实现互为联动、各具特色。二是增强大都市的承载功能。着力构建立体化、现代化的综合交通体系，在推进空港改造、地铁建设、港口提质的同时，新建宁乡至浏阳的东西大通道，加快规划建设万家丽、东二环、芙蓉路、韶山路等城市快速干道，进一步打通断头路、畅通微循环。切实抓好城市地下管网的改造提质，梳通“毛细血管”，提升承载能力。加快实施马王堆、高桥、红星、南湖等大型市场外迁，拓展主城区发展空间。加强公交、能源、信息、教育、医疗、文化、体育等公共服务设施的配套，增强对产业、人口和要素的吸纳能力。推进“数字长沙”“智慧长沙”建设，实施“三网融合”工程和物联网工程，全面提升信息化水平。三是打造大景区的城市风貌。提升城市建设理念，注重文化、生态元素的深度融入，把长沙打造成文化名城与山水洲城交相辉映的大景区。加强城市建筑设计，使单体建筑各具特色，群体建筑和谐美观，不同街区风貌各异，整体形象特色鲜明。突出城市精品建设，精心打造城市天际线、城市色彩、城市广告、城市街区，新区建设要做到精美、精致、精细，整体成形，凸显亮点；湘江临江地段要严格控制住宅建筑，重点建设高端商务楼宇、酒店、宾馆，打造“百里滨水走廊”形象展示带；加大城市亮化力度，精心设计夜景，提升城市美感；高标准建设大王山、铜官窑等旅游景区，形成以湘江为轴、南北呼应的城市景观带。改善城市生态环境，继续推进湘江、浏阳河等风光带建设，并实行联动治污、全流域截污。实施三年造绿大行动，按照“规划控绿、清脏播绿、拆违建绿、择空补绿、见缝插绿、垂直挂绿”原则，全面提升绿化密度和层次。四是形成大城管的综合效应。切实理顺

部门、条块之间的管理体制，建立综合管理指挥平台和联动机制。坚持日常精细管理与集中综合整治相结合，大力推进城市管理的网格化、精细化和长效化，营造整洁、清新和靓丽的省会新形象。提升社区公园、景观街建设水平，发挥精品示范效应。着眼文明创建常态化，加强思想道德建设，让雷锋故乡成为“爱心城市”；加强对市民文明行为规范和文明习惯养成的引导，让“做文明有礼的长沙人”蔚然成风。

（三）推进两型引领、统筹协调的城乡一体发展。以建成“三市”为目标引领，加快推进城乡一体化进程，让城市享有乡村的清新秀美，让乡村享有城市的现代文明。一是突出全域统筹规划。积极推动城区、乡镇、农村三类规划的有机衔接，加快实现城乡规划全覆盖，统筹谋划和推进城乡资源要素配置、公共设施建设和生产力布局调整，将城乡二元经济融为一体。二是突出公共设施配套。把公共设施配套作为城乡一体化的基础性、先导性工程来抓，加大投入，适当倾斜，全面实施农村公路、农村电网改造，加快推进安全饮水工程、信息化工程建设，强化教育、医疗、卫生、文化、体育等公共服务的均衡化发展。力争在3—5年内，全市农村公共设施配套水平实现大幅提升。三是突出重点城镇带动。以小城镇为城乡一体化的重要支点，加快推进15个小城市、中心镇、重点镇建设，打造一批各具特色的工业型、商贸型、旅游型小城镇，发挥示范带动效应。要优化镇村建制，因地制宜实施“撤村并居”“迁村并点”“生态移民”，促进工业向园区集中、商铺向市场集中、居住向小区集中、农民向城镇集中，打造独具魅力的美丽乡村和幸福家园。四是突出现代产业培育。按照“以工促农、以贸带农、以旅助农”的思路，突出发展高端种养业、生态有机高效农业和农产品精深加工业，加快形成“农工贸一体化、产加销一条龙”的产业化链条。抓好农业综合配套改革试验区建设，形成以现代科技为支撑、现代经营为基础、现代农民为主体、三产联动为特征的现代农业发展格局。五是突出体制机制创新。要着眼于打破城乡壁垒，强化体制机制创新，让要素在城乡自由流动、资源在城乡合理配置、财富在城乡公平分配。积极探索土地有效流转、集约利用、置换开发的有效机制，引导城市资本下乡、民间资本强农。加快推进城乡户籍制度改革，逐步建立城乡统一的户籍登记制度，为农民市民化提供保障。

（四）推进规范有序、和谐共生的社会管理创新。围绕城乡品质倍升，从更高层次推进社会管理创新。一是提升公平正义维护能力。加强民主法治建设，全面推进科学立法、严格执法、公正司法、全民守法，提升各级党委、政府依法执政、依法行政的能力和水平。通过消除身份歧视、放宽准入限制、疏通上升渠道、保障合法权益，建立以权利公平、机会公平、规则公平为主要内容的社会公平保障体系。增强司法的公信力和权威性，坚决纠正执法不公、徇私枉法等损害群众利益的行为，以司法公正保障社会公平。二是提升社会规范管理效能。加强系统创新，完善顶层设计，形成党委领导、政府负责、社会协同、公众参与的社会管理格局。加强源头治理，规范信访秩序，完善人民调解、行政调解、司法调解联动的工作体系，畅通群众诉求表达、利益协调、权益保障渠道。加强流动人口管理、特殊人群管控、虚拟社会管理、社会组织管理，提高社会管理科学化水平。三是提升民生事业发展质量。通过政府购买岗位、鼓励自主创业、支持企业做大、加强技能培训等途径，最大限度地满足社会就业需求。进一步优化城乡教育资源配置，促进学前教育普及发展、义务教育均衡发展、职业教育加快发展、高等教育和终身教育创新发展，办成人民满意教育。深化医药卫生制度改革，加快基层医疗机构标准化建设，保障人民群众“病有所医”。完善社会保障体系，逐步提高社会保险、社会救助、社会福利的整体水平。加快安居工程建设和棚户区改造，共圆低收入家庭的“安居梦”。继续推进文化惠民，完善公共文化设施，确保每个乡镇（街道）、每个村（社区）享有便利的文化服务。四是提升公共安全保障水平。加强社会治安综合治理，推进视频监控网、社区防控网、街面巡逻网、内部单位防控网“四位一体”，壮大群防群治队伍，提高社会面整体防控能力。从严打击“两抢一盗”、黑恶势力、赌博活动、邪教组织以及其他违法犯罪活动，让犯罪分子闻风丧胆，让人们群众拍手称快，把长沙建设成为全国最具安全感的城市之一。完善公共安全体系，提高应急管理水平，铁腕整治，常态监管，有效预防和坚决遏制生产、交通、校园、消防、食品药品等安全事故发生。加强防灾减灾体系建设，提高自然灾害防御能力。

（五）推进务实进取、勤廉为民的干部队伍建设。加快建成“三市”、强力实施“三倍”，离不开全市各级干部的协力同心、务实奋进。要以改革创新精神加强党的建设，锻造一支务实进取、勤廉为民的长沙好干部队伍。一是坚持正确用人导向。“用一贤人则群贤毕至。”要严格按照习近平总书记提出的“信念坚定、为民服务、勤政务实、敢于担当、清正廉洁”的要求选拔干部，严格落实市委“六用六不用”原则，树立重德才、重实绩、重公认的选人用人导向。要坚持从发展大局出发、按事业需要选人，培养选拔政治忠诚、作风过硬、业绩突出的好干部，尤其是把那些政治上强、驾驭力强、敢抓敢管的“狮子型”干部选拔到重要领导岗位上来。要着力构建科学有效的选人用人机制，坚持标准、程序和制度，做到考核考实、选人选准、用人用顺。要坚决防止和纠正选人用人中的“极端化”倾向，不搞“唯票取人”，不搞“拔苗助长”，不搞唯GDP定升迁，不把职位简单地作为激励干部的手段。二是从严管理干部队伍。坚持从严治党、从严治吏，把“认真”作为干部管理工作的一条重要原则。健全干部经常性管理机制，严格践行“有错无为皆问责”“不换状态就换人”，坚决纠正干部管理中“宽”和“软”的现象。开展经常性的谈心谈话，对领导班子和领导干部的苗头性、倾向性问题要及时“点醒”，决不能“睁一只眼闭一只眼”。深入推进“五好”领导班子创建，提升各级班子的凝聚力、战斗力、创造力。严格执行民主生活会量化评价办法，营造敢于批评和自我批评的良好风气。坚决落实省委“约法三章”，把干部人事纪律作为一条“高压线”，谁触碰就处分谁，谁逾越就追究谁。尤其是对热衷跑官、伸手要官、许愿封官、花钱买官的歪风邪气，要狠刹严惩。同时，要加大对高端人才、领军人才、管理人才和专业技术人才的引进和培养力度，深入推进人才强市建设。三是切实改进干部作风。作风问题具有顽固性和反复性，必须常抓不懈。要聚焦“四风”改作风。按照群众路线教育实践活动的要求，集中解决形式主义、官僚主义、享乐主义和奢靡之风，做到严禁、严查、严处。要上行下效改作风。各级领导干部要有“向我看齐”的底气和“对我监督”的勇气，以身作则，率先垂范，一级做给一级看。要着眼长效改作风。中央、省、市有明确规定，我们就要严格按规矩办，做到一抓到底、一改到底。四是加强基层基础工作。基层基础不牢，基层党组织战斗力、凝聚力、创造力不强，我们的工作就难以“落地生根”。要适应经济基础、体制环境、社会条件的新变化，进一步扩大组织覆盖和工作覆盖。加强基层服务型党组织建设，把工作重心转移到服务发展、服务民生、服务群众、服务党员上来。构建重视基层、关心基层、支持基层的长效机制，确保基层党组织有资源、有能力、有能人为党员群众服务。

推进“六个走在前列”，加快建成全面小康之市、两型引领之市、秀美幸福之市，既要胸怀全局谋长远，也要脚踏实地抓当前。要认真贯彻落实守盛书记昨天调研时提出的“五个继续”要求，即继续保持稳中有进、稳中有为的良好发展态势，继续抓重点、解难题、促发展，继续在优化经济发展环境上下功夫，继续保持奋发有为的精神状态，继续加大对长沙发展的支持力度，奋力冲刺全年目标，确保完成和超额完成各项任务。一是要千方百计稳定工业。工业经济不可替代，稳增长必须稳工业。要开展有效帮扶，采取“点对点、实打实”的措施，帮助企业开拓市场、保障要素、释放产能，重点扶持工程机械行业逆势而上、重振雄风，全力支持各类企业开足马力、扩大生产。要强化多点支撑，对电子信息、汽车及零部件等增长潜力大的行业，盘活存量，释放增量，尽可能地弥补工程机械下滑的缺口。要加快园区发展，以强有力的政策支持创新体制机制，以更科学的考核调动积极因素，把工业平台做实、做强。二是要强力推进项目建设。要始终牢记：错过一个项目，可能会丢失一个机遇；丧失一个机遇，可能会耽误一个时期。当前，正是项目开工和施工的黄金季节，要以只争朝夕的精神盯住项目不放，确保加快推进。要敢于担当、不等不靠，全力破解征拆难。对具备开工条件的地铁3号线、万家丽路快速化改造等项目要确保年内启动建设，对已经签约的项目要加快前期准备工作，确保年内顺利开工。希望在年底项目建设流动观摩会的现场，能看到一批令人振奋、眼前一亮的新项目，能看到大干快上、热火朝天的建设场景。要下大气力抓项目的储备和引进，从现在开始，要着手明年的项目安排，在项目策划、包装和推介上先行一步。三是要常态抓好综合整治。市容市貌、城乡结合部环境、道路交通秩序、打击非法营运四大治理虽然取得了初步成效，但这种成效是动态的，紧一紧就能巩固提升，松一松就会前功尽弃。要严格按照保常态、促长效的思路，确保城市环境综合整治力度不减、标准不降、工作不反弹，并全力提升城市管理档次和水平，创造更加洁净、有序、畅通、文明的城市环境。四是要切实办好民生实事。尤其要解决好困难职工、贫困农户、低收入群体的生产生活困难，使他们充分感受党和政府的温暖。要严格控制“三公”经费、降低行政成本，全力保障民生支出，宁可干部“过紧日子”，也要让老百姓“过好日子”。五是要确保社会安全稳定。国庆将至，党的十八届三中全会召开在即，促进和谐稳定尤为重要。各级各部门特别是主要领导一定要始终绷紧安全稳定这根弦，高度重视安全生产和矛盾纠纷调处，加强日常监管、全面排查和专项整治，确保省会大局和谐稳定。六是要积极争取更大支持。切实增强省会意识，担当省会责任，在全力服务的同时争取省委、省政府更大支持，为全市发展注入强劲动力与活力。

这里要特别强调，各区县（市）和市直各单位在贯彻落实这次全会精神上必须不折不扣地做到：一是要准确把握，增强理解力。加快建成“三市”、实施“三倍”、力行“五推”，有丰富内涵，有明确要求，有量化的、可操作的指标。要在传达、学习的基础上，深入研究，深刻领会，透彻领悟，准确把握市委的决策意图，吃透全会的精神实质。二是要狠抓落实，提升执行力。各区县（市）、市直各单位要结合各自实际，对全会精神自觉坚定地执行，营造“层层抓落实、人人重执行、事事讲效率”的工作氛围。要按照加快建成“三市”、实施“三倍”、力行“五推”的要求，定目标，定举措，定责任。要结合正在开展的“六个走在前列”大竞赛活动，把执行力体现在具体方案、具体指标、具体项目和具体措施上，以钉钉子的精神抓好落实，不作表面文章，不搞虚以应付，不走样，不懈怠。三是要争创一流，发挥创造力。贯彻全会精神要坚持从实际出发，既要以全会精神统一思想、凝聚力量、协调行动，又要创造性地开展工作，鼓励创新，激励进取。思考问题要有全局性，在全市发展大局中找准位置、理清思路、争做贡献。确定目标要有挑战性，向先进城市看齐，以一流标准定位，始终贯彻“六个走在前列”要求。推进工作要有突破性，推出创新性的举措，创造实效性的经验，彰显个性特色，全面争创一流。

同志们，加快建成“三市”、共圆“三梦”，强力实施“三倍”、提升“三量”，是时代赋予我们的光荣使命，也是全市人民的共同心声。我们要按照“六个走在前列”的要求，忠诚履职，勇于担当，团结奋进，务实创新，努力开创长沙经济社会更好更快发展的美好未来！

政府工作报告
（摘要）

在长沙市第十四届人民代表大会第二次会议上

市长 胡衡华

（2014年1月11日）

一、2013年工作回顾

2013年是新一届政府履职的第一年。在市委的坚强领导下，全市上下认真落实省委、省政府“四化两型”总战略和“三量齐升”总要求，大力开展“六个走在前列”大竞赛活动，科学应对复杂严峻的宏观经济形势，着力稳增长、调结构、转方式、保民生，完成了市第十四届人民代表大会第一次会议确定的目标任务。

2013年，全市实现地区生产总值7153.13亿元，增长12%；固定资产投资4593.39亿元，增长20.1%；财政总收入883.89亿元，增长19.54%，其中公共财政预算收入536.63亿元，增长23.8%；规模工业增加值达2653.28亿元，增长14%；社会消费品零售总额2801.97亿元，增长14.1%；城乡居民收入增长12%左右；城镇登记失业率为2.89%；居民消费价格指数为102.8；全面完成节能减排任务。

中共长沙市委副书记、市长 胡衡华

（一）新型工业化和现代服务业融合发展

狠抓重大产业项目建设，着力构建多点支撑工业格局。上海大众、蓝思科技等项目顺利推进，基伍通讯、洋河酒业等项目成功签约，广告产业园、中联麓谷第二工业园开工建设。新增国家工程技术研究中心、重点实验室8家，中南大学科技园落户岳麓科技产业园，发明专利授权量居全国十强。汽车制造、电子信息等产业快速崛起，全部工业总产值突破9000亿元。长沙高新区、浏阳经开区和宁乡经开区、金霞经开区、望城经开区分别成为国家创新人才培养、再制造产业、新型工业化产业、知识产权示范（试点）基地（园区）。加强对内对外开放，促进服务业加快发展。新引进世界500强企业2家，中南商贸物流城、阿里巴巴长沙产业带签约落地，实现进出口总额98.93亿美元，增长13.8%。充分发挥外事侨务、对台、贸促会、口岸管理等重要作用。开展国家现代服务业综合试点，推进城市综合体建设和竣工运营，全市重点电子商务企业交易总额达520亿元，增长23.8%。推动金融生态区、滨江金融商务区建设，率先成立民间借贷服务中心。旅游收入突破千亿元大关。花明楼景区晋升AAAAA级旅游景区。成功举办一批重要节会，推进国际会展中心建设，会展经济稳步发展。二三产业互动融合，有效促进了经济结构调整和发展方式转变。

（二）城市承载能力和整体形象显著提升

以规划引领城市发展，不断完善城市基础设施。城市总体规划修改成果上报国务院审批，开展片区控制性详规修改，启动中心城区排水等专项规划编制；实施“一江两岸、东提西拓”战略，提升先导区、高铁新城规划品质，完善湘江滨水区城市设计，省府新区、隆平新区等重点片区建设快速推进。地铁2号线试运行，长浏高速、湘府路大桥、南湖路湘江隧道、人民路东延线建成通车，地铁1号线、湘江综合枢纽、沪昆高铁长沙南站、河西综合交通枢纽、芙蓉北大道等重大项目有序推进，启动东、南二环改造，完成西二环改造。加强城乡环境建设，不断提升整体形象。大力开展市容市貌、城乡结合部环境、道路交通秩序、非法营运“四大整治”，拆除违法建设、户外广告招牌305万平方米。加强社区综合整治，有效激发社区组织活力。依法征拆补偿安置，推进棚户区和城中村改造。启动南郊公园改造，完成晓园公园景观提质，改建4条景观特色街，新建社区公园20个，新增城区绿地300公顷，森林覆盖率达53.48%。继续开展城乡环境整洁行动，推进10条城乡“绿道”工程建设。城市文明程度指数和未成年人思想道德建设工作测评均获全国省会和副省级城市第一，涌现出全国道德模范廖月娥等先进典型。长沙宜居宜游品质更加彰显，湖湘文化特色更加鲜明。

（三）新型城镇化与农业现代化协调发展

完善农村基础设施，改善农民生产生活条件。加快城乡一体化试点镇建设，新建或续建项目434个。完成小二型水库除险加固143座、山塘清淤3333公顷，加强气象、水文服务，战胜前涝后旱等灾害，解决30万农村人口安全饮水问题；建设改造农村公路960公里；新建、改造

10 千伏线路 380 公里、低压线路 1800 公里；完成农村危房改造 4461 户；新建户用沼气池 4484 口；新建、续建乡镇污水处理厂 12 家；启动首个全国农村生态能源服务平台建设。发展特色优势产业，加快现代农业发展。乔口渔都、广联生猪等 100 个重大项目有序推进；农民专业合作社达 4962 家，农村土地流转总面积 19.4 万公顷，粮食种植面积 37 万公顷，新增万亩以上蔬菜示范片 4 个、专业蔬菜基地 1847 公顷，创建畜禽标准化养殖场 165 个；粮食集团收购金健米业；农产品加工销售收入突破千亿元，增长 23.4%；种植花卉苗木 3 万公顷，建设集中连片油茶基地 28 个，发展林下经济 3.4 万公顷；休闲农业实现经营收入 105 亿元。加强供销合作、移民工作。城乡统筹步伐加快，正朝着“农业高效、农村精美、农民富裕”的目标迈进。

（四）“两型”社会建设和配套改革深入推进

加快先导区发展，推进“两型”社会建设。洋湖湿地公园二期、桃花岭、梅岭公园开园，梅溪湖国际新城展示新形象。新引进和建设高端服务业项目总投资达 600 亿元。大围山森林公园获批国家生态旅游示范区，长沙县成为全省首个国家生态县，望城区获评全国科学发展特色县（区），长沙成为全球绿色城市、全国十佳生态文明建设示范城市。深化重点领域改革，推进节能减排财政政策综合示范。实施阶梯水价、电价、气价、生态补偿和排污权交易，开展集约节约用地考核评估和低效利用土地再开发试点，能源消费总量、单位 GDP 能耗稳步下降。推进第二轮环保三年行动计划，实施 24 小时空气质量数据动态发布和国控重点污染源在线监控，加强大气污染治理，淘汰黄标车 3.1 万辆；落实省政府湘江保护治理“一号重点工程”部署，全面实施流域治理和河道、砂场综合整治；建成坪塘、新港污水处理厂，启动主城区污水管网提质改造工程，主城区城市污水处理率达 95.7%。试验区改革深入推进，两型发展成为长沙鲜明的标签和靓丽的名片。

（五）社会事业发展和民生保障富有成效

全面完成为民办实事工程，民生保障持续改善。新增创业主体约 7 万户，新增城镇就业 14.9 万人，城镇零就业家庭保持动态清零。工伤保险实现职业群体全覆盖，第九次调整企业退休人员养老金待遇。改扩建乡镇敬老院 10 所，城乡低保标准每人每月提高 50 元。完成公交企业整合重组，全面取消 3 元票价公交。实行新建居民住宅供水设施统建统管，改造城区居民住宅户表 10 万户。启动经适房上市，完成保障性住房和棚户区改造 2.7 万套，新增住房公积金缴存职工 12 万人。食品安全城市建设深入推进，食品检测合格率保持 97% 以上。加强市场物价预测监管，主要消费品价格基本平稳。加快社会事业发展，推进基本公共服务均等化。新改扩建城区中小学、公办幼儿园 81 所，改造义务教育薄弱学校 197 所，区、县（市）全部通过义务教育均衡发展国家督导评估，获评全国终身教育先进城市。建成示范性文化站 20 个，完成中山亭提质改造，长沙国王陵遗址、胡耀邦故居晋升全国重点文物保护单位，成为首批国家公共文化服务体系示范区。推进县级医院试点改革，市公共卫生中心、口腔医院南院投入使用，基层卫生服务能力不断提升。成功举办市第八届运动会，群众体育设施实现社区、行政村全覆盖。加强和创新社会管理，共建共享社会和谐。全面建成“天网工程”，保持对犯罪活动的高压态势，荣获全国社会管理综合治理“长安杯”。加强重大矛盾纠纷人民调解和法律援助，信访秩序明显好转。加强安全生产监管，推进企业安全生产标准化建设，安全生产形势总体稳定。健全人口网格化信息管理系统和计划生育利益导向政策体系，人口自然增长率为 4.73‰。夯实统计基层基础，第三次经济普查顺利推进。加强国家安全、应急管理、防震减灾、民族宗教、档案、市志等工作。国防、人防和后备力量建设不断加强，在抗险救灾和促进稳定中发挥了重要作用，军政军民团结进一步巩固。各民主党派、工商联及工会、共青团、妇联、科协、文联、侨联、社科联、残联、红十字会、慈善会、关工委、老龄委等为长沙和谐发展做出新贡献。

（六）政府作风建设和执行能力不断加强

坚持依法科学决策，深入推进政务公开。全面开展行政决策法律审查，完善政府合同审查管理机制。认真落实人大及其常委会的决议决定，主动接受人大和政协监督，积极听取民主党派、工商联和无党派人士意见，全面完成人大建议和政协提案办理。做好省级部分管理权限下放的承接工作。办好政府门户网站，开通“12345”市民服务热线，实行非行政许可和年检项目网上办理。坚持精细管理，加强政府廉政建设。加强公共项目资金和国资监管，推行全过程预算绩效管理，财政支出效益明显提升，国资监管实现全覆盖。开展政府性债务和财政专项资金审计，完成政府投资审计项目 878 个，核减投资额 28.6 亿元，综合核减率 17.95%。深入开展行政效能监察，坚决纠正部门和行业不正之风。坚持勤俭节约，机构编制和机关事务管理不断规范，专项治理超编车、超标车，全面清理办公用房，压缩“三公”经费支出，公务出国人次零增长，干部作风明显转变。

各位代表！这些成绩的取得，是省委、省政府和市委正确领导的结果，是历届市委、市人民政府打下坚实基础的结果，是人大、政协监督支持的结果，是全市上下共同努力的结果。在此，我代表市人民政府向全市各族人民，向各民主党派、工商联、人民团体和各界人士，向驻长部队、武警官兵和政法干警，向所有关心支持长沙发展的朋友们，表示诚挚的感谢和崇高的敬意！

回顾过去一年，我们在困难复杂的宏观环境下，实现了稳中有进、稳中向好，成绩来之不易。我们深深地体会到：必须抢抓发展机遇。积极争取长沙发展进入国家战略，“两型”社会、节能减排、现代服务业成为国家试点，为未来发展赢得竞争优势。必须注重改革创新。以改革破解发展瓶颈，以创新增强发展活力，推动又好又快、率先发展。必须强化项目支撑。千方百计引进项目，攻坚克难推进项目，实施一批好项目、新项目，为可持续发展奠定坚实基础。必须坚持民生优先。将更多财力用于保障和改善民生，让群众更多更公平地分享改革发展成果。

在总结成绩的同时，我们也清醒地看到发展中存在不少的困难和问题：产业结构还没有得到根本性调整，转型创新发展任务依然繁重；城市规划、建设、管理还存在薄弱环节，“四大整治”还需进一步加强；雾霾天气对群众生活造成一定影响，环境治理亟待加大力度；社会保障能力和公共服务水平与群众期盼还有差距；政府服务和公务员队伍作风有待进一步改进。对此，我们高度重视，将采取切实有效措施加以解决。

二、2014 年目标任务

2014 年是落实党的十八届三中全会精神、全面深化改革的开局之年，也是落实市委十二届六次全会精神、实施“十二五”规划的关键之年。中央经济工作会议对今年的形势进行了全面分析，世界经济仍将延续缓慢复苏态势，不稳定不确定因素依然存在，新的增长动力尚不明朗，我国经济存在下行压力，但经济发展长期向好的基本面没有变，中央继续实施积极的财政政策和稳健的货币政策，经济社会发展仍处于大有可为的战略机遇期，我们完全有信心抓住机遇，保持经济合理增长，推进转型创新发展。

我们的信心源自全面深化改革的强劲动力。在我国改革开放新的重要关头，党的十八届三中全会提出了“完善和发展中国特色社会主义制度，推进国家治理体系和治理能力现代化”的总目标，吹响了全面深化改革的号角。中央对湖南提出了“东部沿海地区和中西部地区过渡带、长江开放经济带和沿海开放经济带结合部”的新定位，这是湖南的区位优势，也是长沙发展的重大机遇。长沙肩负着多项重点改革使命，只要我们发扬“心忧天下、敢为人先”的“长沙精神”，只争朝夕地深化改革，就一定能激发内在的强大潜力，分享更多的改革红利。

我们的信心源自“六个走在前列”的历史重托。省委、省政府明确要求长沙在加快转型创新发展、城市规划建设管理、两型社会建设、共建共享全面小康、维护社会和谐稳定、提高党的建设科学化水平中走在全省乃至全国前列，成为“一带一部”核心区、深化改革先行区、自主创新示范区、两型建设先导区，赋予更大的权限，给予更多的支持。有省委、省政府作为坚强后盾，有全省人民对省会建设的大力支持，只要我们解放思想、勇于担当，干在实处、走在前列，就能从追赶型发展走向引领型发展，在百舸争流的城市竞争中抢占先机、赢得主动、实现赶超。

我们的信心源自全市人民群众的美好愿景。市委十二届六次全会着眼于满足人民群众过上更好生活的新期盼，对长沙今后一段时期的发展进行了全面部署，明确提出率先建成“全面小康之市、两型引领之市、秀美幸福之市”，强力实施“产业倍增、收入倍加、城乡品质倍升”，加快现代化进程，为我们描绘了未来美好蓝图，激发了干事创业的热情。只要我们紧紧团结和依靠全市人民，用科学的理念推动发展，用勤劳的双手创造财富，用坚实的脚步追逐梦想，就能将美好愿景变为现实。

为贯彻落实中央，省委、省政府和市委的精神，2014 年政府工作的总体要求是：深入贯彻落实党的十八大、十八届三中全会和中央、省委、市委经济工作会议精神，按照市委十二届六次全会的战略部署，坚持稳中求进、改革创新，以转变发展方式为主线，以全面深化改革为动力，以转型创新发展为目标，着力统筹城乡、改善民生、创新治理、转变作风，在全面推进“六个走在前列”、率先建成“三市”、强力实施“三倍”、加快现代化进程中，开创更好更快发展新局面。

综合考虑各种因素，今年经济社会发展的主要预期目标是：地区生产总值增长 11.5%；财政总收入增长 15%，公共财政预算收入增长 13%；固定资产投资增长 18%；规模工业增加值增长 13%；社会消费品零售总额增长 14% 左右；单位地区生产总值综合能耗下降 3%，化学需氧量、二氧化硫、氨氮、氮氧化物等减排指标完成省下达任务；城乡居民人均可支配收入分别增长 12%；城镇登记失业率控制在 4% 以内；人口自然增长率在 7.5‰以内；居民消费价格指数控制在 103.5 左右。

实现上述目标，必须全面深化改革，坚持稳中求进、新中求进、好中求进，进一步解放思想、解放和发展生产力、解放和增强社会活力，以改革稳增长、以改革调结构、以改革惠民生，在工作中牢牢把握以下几点：

一是更加注重市场作用。使市场在资源配置中起决定性作用，大幅度减少政府对资源的直接配置，能由市场配置的资源逐步交由市场配置，能由市场提供的公共服务逐步实现政府购买；市场能有效调节的经济活动一律取消行政审批，企业投资项目一律由企业依法自主决策，依靠市场力量推动更好更快发展。

二是更加注重质量效益。推动经济发展由注重量的增长向更加注重质的提升转变，由注重增量的扩张向更加注重存量的升级转变。以资源环境约束倒逼发展方式转变，使经济发展更多依靠科技进步、劳动者素质提高和管理创新驱动；以质量的提升促进效益提升，增加企业利润和财政收入，增加劳动所得和居民收入。

三是更加注重两型引领。自觉肩负起试验区的历史使命，积极探索“两型”社会建设的科学路径，将两型理念贯穿于长沙改革、发展、建设全过程。加强生态文明建设，经济发展和城乡建设更加注重环境保护，构建两型产业体系和两型体制机制，促进资源集约节约利用，当好全国两型社会建设的排头兵和先行者。

四是更加注重城乡一体。积极推进以人为核心的城镇化，全面放开县城和建制镇落户限制，促进农业转移人口有序实现市民化。优化城镇布局，依托现有山水脉络等独特风光，让城市融入大自然。推动城市和小城镇协调发展，促进产业与城镇融合发展，实现以城带乡、城乡一体，提高城镇化质量。

五是更加注重群众感受。把群众需要作为工作导向，高度重视社情民意，完善社会参与机制，尊重人民群众首创精神，充分调动基层的积极性、主动性。更加关心贫困群众和弱势群体的生活，妥善解决群众最关心、最直接、最现实的利益问题，更好地保障和改善民生，让改革发展的成果更多更公平地惠及全市人民。

三、2014 年工作重点

着重抓好以下七个方面的工作：

（一）突出转型升级，推进新型工业化

提高工业发展质量。坚持科技创新驱动，着力引进一批有创新成果、有知识产权的创新团队和领军人才，支持企业组建研发平台和创新联盟，加强知识产权保护和运用，加快工业化与信息化融合，提升自主创新能力。巩固发展工程机械、食品等已有千亿元产业，加快汽车及零部件、电子信息、两型住宅、新材料、生物医药等成长型产业发展，着力培育新的千亿产业。改造提升烟花、服装等传统产业，淘汰落后产能。注重产业配套，拉长优势主导产业链。

实施重大项目带动。紧盯国内外大型品牌企业，着力引进一批技术含量高、带动能力强的新项目，切实提高履约率、开工率、投产率。加快上海大众、菲亚特二期、比亚迪汽车城、格力电器、蓝思科技三期、介面光电二期、基伍通讯、中联环境产业园等重大项目建设，尽快形成现实生产力。

促进园区错位发展。优化园区功能定位，规范产业落户政策，促进产业集聚发展。开展集群式项目满园扩园行动，实施两型化管理提标提档行动，鼓励发展工业地产，打造现代城市工业经济综合体，提升园区档次和功能。规范乡镇工业发展，打造特色工业小区。支持高新区创建国家创新型科技园区、长沙经开区创建国家知识产权示范园区、雨花经开区创建国家低碳工业园区，加快将宁乡经开区、浏阳经开区培育成新的“千亿园区”，推动望城经开区、金霞经开区晋升国家级经济开发区，支持区校共建中南大学科技园、湖南大学科技园。

（二）突出发展服务业，提升竞争优势

发展新型服务业态。大力发展金融、文化创意、信息软件、科技研发等现代服务业，重点发展总部经济、后援中心、工业设计等新兴业态，加快建立以服务经济为主体的现代产业体系。加快移动电子商务基地建设，大力支持仓储物流发展，引进大型快递物流企业，促进电子商务加速壮大，支持雨花区争创国家电子商务示范基地。支持一批文化产业龙头企业发展，加快广告产业园、湘台文化创意产业园、后湖国际艺术区建设，着力打造文化创意中心，推进国际文化名城建设。

打造中部消费中心。深入推进国家现代服务业综合试点，科学布局现代服务业集聚区，规划引导地铁沿线商业发展，加快中心城区批发市场有序外迁和提质改造，推动高岭商贸市场群、长株潭商圈发展，加快大河西和马王堆农产品物流中心、湾田国际、金桥国际商贸城等项目建设，推进台商总部大厦、保利西海岸等城市综合体建设，抓好芙蓉中央商务区、金融生态区、滨江金融商务区建设，规范民间借贷机构服务管理。加快国际会展中心建设，支持会展经济发展。引导高档餐饮酒店开发面向大众的消费，挖掘消费潜能。加强旅游与文化、生态融合发展，推进大围山、铜官窑、灰汤温泉等旅游区建设，繁荣歌厅酒吧文化，打响“快乐长沙、宜游胜地”品牌。

推动对外经贸合作。引进开放型产业项目，打造一批优质的外贸商品基地，扶持一批进出口总额在1亿美元以上的行业龙头企业，进出口总额增长8%。争取跨境电子商务应用、文化创意自由贸易区等国家试点。增开国际航线。加快金霞保税物流中心、临空综合保税区建设，打造国家级转型示范出口基地。启动霞凝铁路口岸作业区建设，申报海关特殊监管区，建设电子口岸平台。鼓励本土企业走出去参与国际国内竞争合作，加强与泛珠三角、长三角、长江中游城市群经济协作，促进国际友好城市合作交流。

（三）突出建管并重，打造品质城市

坚持规划先导。规划中融入历史文化元素，尊重群众行为习惯，注重细节设计，体现人文关怀。采取多中心、组团式发展，适时启动行政区划调整，优化城市发展格局。注重加强重点地段、重点区域的城市设计，加快编制解放垸规划，整体规划开发月亮岛等湘江洲岛，加强湘江两岸建设项目景观审查，打造和谐美观、特色鲜明的城市天际线。有序推进滨水新区、省府新区、南湖片区、空港城、苏托垸生态新城建设，提升高铁新城开发建设品质。

完善功能配套。启动地铁3、4号线、高铁南站至黄花机场中低速磁悬浮轨道交通建设，加快地铁1号线、城际铁路建设，实现地铁2号线试运营。启动长株潭环线高速建设，加快长韶娄高速、京港澳高速辅道及星沙联接线建设。启动桐梓坡至鸭子铺通道建设、万家丽路快速化改造，推进营盘路和劳动路东延、车站北路和东二环北延，加快黄江公路、宁梅大道、金阳大道、滨河大道建设，完成东、南二环改造，打通红旗路等断头路。实施公交优先战略，全面推进公交都市建设。完成湘江综合枢纽主体建设，加快新港三期建设，提质改造湘江风光带，打造“百里滨水走廊”。实施城区干道架空线缆入地，加强城区防洪排渍、消防设施建设，改造城区地下管网和排水堵点。

加强城市管理。合理安排建设时序，有效减少道路开挖。加强公园广场、出入城口及机场车站周边环境整治，严格治理城乡违法建设。推进老旧住宅区、背街小巷改造，启动雅塘片区、望城坡等区域提质改造。启动城区部分主干道立面改造，提升“一江两岸”主要景观轴线及周边亮化效果。推行网格化、精准化、系统化管理，既以人为本又严格执法，做到宣传、教育、执法有机结合，巩固“四大整治”成果，打造更加整洁有序、清新靓丽的省会形象。

（四）突出城乡一体，推进新型城镇化

加强农村基础设施建设。整合涉农资金，吸引社会投资，建立多元化可持续的资金保障机制，实行整体规划、集中投入、片区实施。启动农村公路提质改造三年行动，加大危桥改造力度，新建农村公路600公里，提质改造300公里。推进农村电网扩容改造，有序推进通讯光纤向行政村延伸。加强农田水利基本建设，完成重点小二型水库除险加固45座，骨干山塘清淤扩容2000公顷，疏浚沟渠1000公里，解决30万农村人口饮水安全问题。新建乡镇污水处理厂10家，建成户用沼气池3000口。

积极发展现代农业。加快建设现代农业综合配套改革试验区，培育现代农庄、专业合作社等新型生产经营主体，大力发展家庭农场。加强种业科技创新，稳定粮食生产，保障粮食安全。大力发展农产品精深加工，打造一批知名龙头企业和名优品牌。完善现代农产品物流网络，加大农产品直销配送。加强农业新技术、新品种和农业机械的推广应用，完善农业保险制度，促进农业增效、农民增收。

推进重点城镇建设。按照生产空间集约高效、生活空间宜居适度、生态空间山清水秀的要求，积极稳妥推进以人为核心的城镇化。坚持慎砍树、不填湖、少拆房，尽可能保留村庄原始风貌，合理引导村民集中居住，融入现代元素改善居住条件。深入实施城乡环境整洁行动，巩固农村连片整治成果。有序推进15个重点小城市、中心镇、特色镇建设，试点探索社会发展总体规划、土地利用规划、城市建设规划、产业发展规划等“多规合一”，打造一批具有历史记忆和湖湘特色的美丽城镇，方便农村人口就近转移，辐射带动周边地区发展。

（五）突出两型建设，加快引领发展

发挥先导区示范作用。全面提升先导区规划、建设品质，大力发展两型交通，创建全国生态文明示范区。加快梅溪湖国际新城、大王山旅游度假区、洋湖总部经济区、滨江新城建设，提质改造滨江风光带等景观工程，开工建设市儿童公园、儿童医院、科技展示中心，完成洋湖湿地公园、巴溪洲公园建设。鼓励发展新能源和绿色建筑产业，大力发展循环经济产业，积极引进高端服务业，加快构建两型产业体系。

加强生态环境保护。坚持“不破坏、少影响”原则，划定禁止开发、限制开发区域。加强环境风险企业管理，落实生态补偿制度。完成第二轮环保三年行动计划，加强年嘉湖、梅溪湖、松雅湖等水质保护。实施三年造绿大行动，加快城区主干道绿化提质，启动沙湾公园、八方山公园建设，新建社区公园20个，新增城区绿地600公顷；加快浏阳河生态经济示范区建设，创建绿色示范集镇10个、绿色示范村庄和社区各30个。

大力治理环境污染。推行环境污染责任保险与年审制度，实行环境污染第三方治理和损害赔偿。强力推进省政府“一号重点工程”，加强湘江流域治理，实现湘江、浏阳河城区段全截污、全治理。加强扬尘源头治理，规范渣土运输和建筑工地现场管理；严格控制油烟、汽车尾气等污染源，引导新能源汽车发展，淘汰黄标车1万辆，确保雾霾天气明显减少。完成10万平方米畜禽养殖污染治理，妥善处置固体废弃物。

推进能源资源节约。推广集约节约用地模式，规范工业用地管理，推进低效利用土地再开发。加速园区和重点新区分布式能源建设，着力推进可再生能源利用，推广建设工业园区厂房屋顶光伏电站，有效降低能源资源消耗。鼓励发展再制造产业。加大建筑工业化支持力度，新建大型公共建筑全部达到绿色建筑标准。

（六）突出公共服务，发展社会事业

提高教育质量。注重教育公平，加快学校标准化建设，不断改善办学条件，新改扩建城区中小学10所、公办幼儿园45所，着力缓解大班额、择校问题，提质改造义务教育薄弱学校130所。加强校长任职交流和教师对口支援，推进中招中考制度改革，完善综合素质评价，促进学生成长、教师进步。支持长沙学院发展。以商贸职院为主体整合相关资源筹办第二所本科院校。拓宽终身学习通道，创建全国学习型城市。

繁荣文化事业。启动公共文化服务示范区提质提效三年行动计划，建设一批集中居住区文化广场，提质乡镇综合文化站30家，创建社区（村）示范文体活动中心100个，加强青少年活动基地和公共阅读场所建设，创作一批文化艺术精品。加强历史文化街区保护，加快长沙国王陵国家考古遗址公园、炭河里遗址公园建设。加强文化市场综合执法，规范文化市场秩序。鼓励非公有制文化企业发展，妥善解决市属文艺院团改革遗留问题。健全诚信体系，弘扬雷锋精神，推动志愿者服务制度化，促进文明创建常态化，引导市民自觉养成文明习惯。

建设健康城市。注重人才引进和设施投入，推进市三医院、第二批县级公立医院综合改革试点。提质改造乡镇卫生院和社区卫生服务中心10所、村卫生室260所，增强农村医疗卫生服务能力。扩大基本药物目录范围，严格控制门诊、住院次均费用增幅，支持民营医院发展，切实减轻群众就医负担。构建全民健身公共服务体系，完善群众体育健身设施，积极备战省十二运会。加强计生基层基础工作，提升计生管理服务水平。理顺食品药品监督管理体制，严格食品药品监管执法，切实保障群众饮食和用药安全，积极创建全国食品安全示范城市。

（七）突出改善民生，促进社会和谐

推进创业富民。充分发挥非公有制经济在扩大就业中的主渠道作用，鼓励自主创业、二次创业，以创业带动就业。健全公共就业服务体系，加强技能培训和指导，开展劳动力转移培训，实施就业援助，抓好高校毕业生等重点群体就业。创建充分就业社区，城镇零就业家庭保持动态清零，促进更高质量的就业。

加强社会保障。提高社会保险统筹层次，完善被征地农民社会保障制度，扩大农村低保、医保和养老保险覆盖面，提高赔付标准。改革医保支付制度，建立低收入家庭大病救助机制，完善居民医保门诊统筹。加快公共租赁住房和廉租住房建设，加大住房公积金在非公企业建制力度，推进黄兴北路二期、火车北站二期、燕山街、南湖片区等棚户区和国有工矿棚户区改造，创新零星棚户区改造模式，完成棚户区改造13260户。推进红星村、戴家河村、天马村等城中村改造，改造农村危房4200户。积极发展养老事业，鼓励发展社会化养老机构，启动乡镇敬老院建设三年行动计划，提升居家养老服务水平。发展慈善事业，加快市儿童福利院和乡镇社会救助站建设，建好市残疾人康复机构。实施价格惠民，推进住宅小区电力专变改公变，完成城区自来水户表改造20万户，公交票价优惠30%。

创新社会治理。深化“天网工程”拓展应用，妥善处置各类突发事件和舆情，依法惩治各类违法犯罪，加强特殊人群管理，增强群众安全感。创新普法教育形式，提升全社会法律素养。实行网上受理信访，落实涉法涉诉信访依法终结机制，加强人民调解、法律援助，及时就地解决群众合理诉求。加强安全保障能力建设，突出隐患排查和专项整治，严防各类安全事故发生。加强社会组织扶持监管，加大社区（村）设施建设力度，完成第九次村委会换届选举。完成第三次全国经济普查，提高统计服务决策水平。促进民族团结，加强宗教场所建设。加强档案、市志、机关事务管理。保障妇女、儿童、老年人、残疾人合法权益。切实加强国防动员、人民防空和国家安全工作，推进国防教育基地建设，深化民兵预备役体制改革，促进军民融合深度发展。

四、切实加强和改进政府工作

贯彻落实十八届三中全会精神，使市场在资源配置中起决定性作用和更好发挥政府作用，全面完成今年目标任务，必须切实加强和改进政府工作。

坚持改革创新。当前经济社会发展受到的制约越来越多，要实现约束条件下的发展，唯一办法就是改革创新。更加解放思想。以解放思想推动观念更新，以解放思想推进全面深化改革，以解放思想引领转型创新发展。把解放思想与实事求是统一起来，坚持“五位一体”的发展理念，不简单地以GDP论英雄，同时立足社会主义初级阶段的基本国情，坚持以加快发展解决发展中的问题。转变政府职能。进一步理顺政府与市场、政府与社会的关系，统筹抓好政府机构改革和职能调整，理顺市与区县（市）、部门与部门关系，有效解决职能交叉问题。推动事业单位分类改革，推进政事分开。做好第一轮国企改革扫尾工作，引导国有资本、集体资本、非公有资本交叉持股，发展混合所有制经济，推进政企分开。推进简政放权。用好、用足、用活已承接的省级管理权限，全面清理市本级管理权限，凡是由基层管理更方便更有效的经济社会事项，一律下放至区县（市）、园区。勇于自我革命，减少审批环节，优化审批流程，确保行政审批效率大幅提升。率先实施商事登记制度改革，实现“先证后照”向“先照后证”转变，更好地调动社会投资创业的热情。

推进依法行政。依法行政是建设法治政府的核心，是政府工作的基本要求，要把依法行政贯穿于政府工作的全过程。依法行使职权。严格按照法定权限和程序行使权力、履行职责。落实政府法制工作规定，实行重大决策合法性审查。加强政府合同审查，保障政府和企业的合法权益。严格恪守诚信。坚决维护政策的稳定性和连续性，做到言必行、行必果，杜绝朝令夕改，以政府诚信带动社会诚信。树立正确的政绩观，不弄虚做假，不虚报浮夸，以没有水分、可持续的增长取信于民。政府工作人员要坚持职业操守，对人民群众承诺的事情要有诺必行、负责到底。主动接受监督。主动接受人大法律监督、工作监督，认真执行人大及其常委会的各项决定、决议。主动接受政协民主监督，积极开展民主协商。及时办理人大代表议案、建议和政协提案。高度重视民主党派监督、社会监督和舆论监督，自觉接受人民群众监督。

弘扬实干精神。实现全年目标任务，关键在于抓好落实。要把抓落实作为政府工作的生命线，作为检验干部作风的试金石。强化问题导向。从制约长远发展的重大问题、群众反映的难点热点问题入手，一项一项研究解决方案，制定详细周密的计划，加强执行的过程控制和结果评价，既要评价工作效率，也要评价综合效益，总结推广普遍性的经验，提高整体工作水平。强化时间意识。既要明确路线图，又要制定时间表，把握时间节奏，以目标倒逼进度、以督查倒逼落实，使各项工作始终处于一种高速运转、高效运行的状态，以高效率赢得高效益、以快节奏换来快发展。强化危机意识。居安思危，沉下心来研究工作，善于发现苗头性、倾向性的问题，未雨绸缪，提前应对。既要纵向比，更要横向比，更多地正视自身不足和差距，增强加快发展的紧迫感。强化进取意识。树立争先进位的勇气和信心，坚决摒弃骄傲自满、停滞不前的思维定势，不回避矛盾，不畏惧困难，甘于奉献，勇于担当，创造性地推动工作落实。

加强廉政建设。廉洁是政府公信力的基石。要对人民、对法律、对权力始终抱有敬畏心，管住权力、管好钱财，清廉从政、勤俭为民。坚决反对“四风”。深入开展党的群众路线教育实践活动，深入基层、深入企业、深入群众，倾听群众呼声，集中群众智慧，着力解决群众反映强烈的突出问题。坚持勤俭办一切事业，严格控制“三公”经费支出，坚决反对和根治形式主义、官僚主义、享乐主义、奢靡之风。加强制度建设。用制度管权管钱管人，健全严格的财务预算、核准和审计制度，管好财政资金、公共资产。继续推进全口径预算管理，筑牢预算约束力防线，防范政府债务风险。落实党风廉政建设责任制，强化廉政教育基础作用和领导干部监督，科学有效预防腐败，坚决惩治腐败，把权力关进制度的笼子里。深化政务公开。突出公共财政、价格收费、资源交易等重点领域，及时主动公开涉及群众切身利益的公共信息，做好公民依申请公开，探索网络时代政务公开的新形式，完善基层政务公开平台，提升市政务中心服务功能，让权力公开透明运行，以廉政赢得人民群众的信赖。

各位代表，长沙的发展站在了新的起点，新形势、新任务催人奋进。让我们在市委的正确领导下，按照“六个走在前列”的要求，求真务实，改革创新，为率先建成“三市”、强力实施“三倍”、加快现代化进程而努力奋斗！

专　文

责任编辑：陈晓红

长沙市“六个走在前列”大竞赛活动纪实

2013年5月9日，湖南省委书记、省人大常委会主任徐守盛在长沙市领导干部大会上对长沙提出了“六个走在前列”的要求：即在加快转型创新发展；城市规划、建设和管理；加快“两型”社会建设；共建共享全面小康；维护社会和谐稳定；提高党的建设科学化水平六个方面均走在前列。5月24日，全市“六个走在前列”大竞赛活动正式启动，掀起了长沙新一轮大建设、大发展、大提升的热潮。

一、科学谋划，创新大竞赛活动的工作举措。根据“六个走在前列”的要求，结合工作实际，对大竞赛活动的目标任务、工作重点、活动载体等进行了科学定位和精心谋划，以工作举措的创新为大竞赛活动的顺利开展打下了坚实基础。

一是提升竞赛标杆。按照省委、省政府对长沙提出的“六个走在前列”的要求，市委十二届六次全会提出了率先建成“三市”（全面小康之市、两型引领之市、秀美幸福之市），强力实施“三倍”（产业倍增、收入倍加、城乡品质倍升），加快现代化进程的战略目标。全市各级各部门围绕市委的战略目标，对照先进找差距、奋勇争先创一流，明确了竞赛目标，提升了竞赛标杆。如维护社会和谐稳定专项组确定了“继续保持全国综治工作最高荣誉——‘长安杯’、在全国率先出台《推进社会管理法治化实施纲要》和争创首批全国和谐社区建设示范市”的目标；提高党的建设科学化水平专项组从机制、班子、队伍、风气等“四好”标准入手提出了14项具体目标。市直单位结合实际争取在一些方面力求突破，如市民政系统争创“五型”民政（示范型、服务型、保障型、创新型、现代型），市教育局牵头组织市文广新局、市卫生局等单位确定了“办好人民满意教育”“全面提高文化软实力”“不断提高人民健康水平”的3大工作目标。各区、县也提出了争创目标，芙蓉区确定了“湖湘之心、中部标杆、全国一流”的目标；天心区加快建设“湘江东岸的璀璨明珠”，全力推进商贸老区、金融强区、文化新区；长沙县提出了“乘势而上再提速，挺进十强登新高”作为总体目标；浏阳市提出了“挺进三十强、再创新辉煌”目标，深入实施“交通融城、产业兴城、人才活城、生态美城”发展战略。

二是突出工作重点。“六个走在前列”体现了经济建设、政治建设、文化建设、社会建设和生态文明建设的“五位一体”，涉及发展、改革、稳定、民生和党的建设等各个方面，其核心是发展和建设，目标是增进人民福祉，保障是社会和谐稳定和党的建设。把大竞赛活动的着力点放在4个方面，即以项目建设为总抓手，强力推进经济转型升级；以综合整治为突破口，大力提升城市品质；以安全稳定为硬任务，全力促进社会和谐；以改进作风为切入点，着力提高党建科学化水平。加快转型创新发展和“两型”社会建设专项组以“创新平台、项目建设、投资管理、能源管理”为重点统筹推进；城市规划建设管理专项组坚持高标准、高品质和高水平原则，着力提升城乡品质；共建共享全面小康专项组按照城乡一体化、劳动就业保障等6大块工作分类指导实施，全面提升公共服务水平，切实保障和改善民生。

三是创新活动载体。活动中，各专项工作组和区、县（市）坚持把大竞赛活动和中心工作进行有力地结合，不断寻求突破，创新工作载体，认真铺排了具体工作。加快转型创新发展和“两型”社会建设专项组提出了6大重点任务、10大示范项目，梳理了一批重点示范项目作为具体抓手；共建共享全面小康专项组安排了城乡教育一体化、文化建设示范等17项实事工程；城市规划、建设和管理专项组以综合整治、项目建设、要素保障“破难”为抓手推进城市品质提升；市宣传文化系统开展“书香长沙”“星城科学讲座”等系列活动；市人社系统开展“三比三看”竞赛活动；市规划局开展“创建规划品牌”活动。芙蓉区以“增三力、作表率、当先锋”为主题、以“五查五比”为载体推进大竞赛；天心区开展“四抓四比四争”主题活动；岳麓区创新开展“四个一”主题活动，推行“三服务”一线工作法；开福区开展“精美城区建设年”活动；雨花区开展“百日冲刺比实绩、奋勇争先创一流”活动，全力推进“六个十大工程”；浏阳市狠抓“经济发展、社会稳定、综合整治、作风转变、民生改善、党建提升”6项工作；

宁乡县开展“四比四抓争先锋”活动；望城区实施“大项目突破年”活动。

二、强力实施，确保大竞赛活动的实际成效。弘扬实干精神，坚持以强有力的举措践行“六个走在前列”要求，力争各项工作走在全省乃至全国前列，取得让省委、省政府和人民群众满意的实际成效。

一是着力加快转型创新发展。开展“实施六大工程，推动转型发展”竞赛活动，2013年完成规模工业总产值8289.13亿元，增长18.4%；规模工业增加值2653.28亿元，增长14%。六大产业集群完成规模工业总产值5057.1亿元，增长12.8%。提质发展现代服务业，现代服务业综合试点工作在全国第二批示范城市中排名第一。提升对外开放水平，全年新引进外商投资项目130个，“港洽周”“第六届湘商大会”“湖南长沙·上海招商推介活动”等招商活动成功签约项目110个，总投资792.6亿元。提高科技创新能力，获国家级奖励16项、省级奖励167项，新增国家工程技术研究中心3家、省级工程技术研究中心14家、省级重点实验室8家。举办科交会，签订项目288个。在3D打印、新材料、高端制造等6大领域新增了18个重大专项子项。特别是上海大众湖南（长沙）项目开工建设，深刻改变了长沙工业经济格局。全力督项目、促项目、抓项目，将项目建设作为转型创新发展的突破口，年底召开了一次项目建设流动观摩会，以项目建设论英雄、以项目建设排座位、以项目建设定奖惩。

二是着力推进“两型”社会建设。长沙以两型引领为发展理念，着力深化体制机制改革，加快推进“两型”社会建设。创新改革体制机制。深化水、气等资源性产品价格改革，启动了非居民用气户超定额累计加价办法的研究。加强能源节约和综合利用机制建设，形成了促进天然气分布式能源产业发展实施办法初稿。完善环境经济政策。完成全市9大行业初始排污权有偿使用工作，9大行业初始分配企业342家，已完成283家，30余家关闭或停产。办理了18家新、改、扩建企业的排污权交易手续。修改完善《长沙市境内河流生态补偿办法》。研究制定《长沙市绿色建筑行动实施方案》并报市政府研究。提高土地利用质量。出台《长沙市建设用地节约集约利用考核办法》，颁布实施《长沙市各主要地类建设用地定额标准》。启动低效利用土地再开发试点。加强大气污染监控和防治机制建设。深化产业转型升级体制机制改革，出台《长沙市两型产业发展引导目录》等配套支持政策。加强两型项目建设。大力推进节能减排全覆盖工程、两型示范片区建设工程、生态绿心保护工程、流域环境综合整治工程，取得了看得见、摸得着的实效。突出两型应用示范。根据省政府要求，按照“政府主导、市场运作、分类推进、项目落实、突出实效”的原则，切实抓好了新能源发电、脱硫脱硝、工业锅（窑）炉节能、“城市矿产”再利用等10大清洁低碳技术推广，突出了两型应用的示范引领作用。

三是着力加强城市规划建设管理。组织开展全市重点工程建设“六比四创”劳动竞赛，实施品质工程三年行动计划。加快建设进程，2013年完成重点工程建设投资608亿元。轨道2号线开通试运营，1号线完成13个站点主体结构施工，3号线开工建设；南湖路湘江隧道实现通车；鸭子铺至桐梓坡隧道和万家丽快速路改造开工建设。加大整治力度，开展市容秩序集中整治行动1800余次，完成4条景观特色街改造，社区公园建设成为全国亮点，餐厨垃圾收集处理、垃圾焚烧工作走在全国前列；完成5座人行天桥建设、20条支路街巷提质改造、9个社区综合整治提质、40个地下通道。拆除违法建设168.5万平方米、户外广告招牌14.3万平方米。大力推进“公交都市”创建工作，推出公交乘车刷卡优惠、2元公交等公共交通系列惠民措施，为市民提供方便、快捷、低廉、高效的公共交通服务。2013年，中央文明办公布2013年全国城市文明程度指数测评结果，长沙顺利实现“稳中有进、走在前列”的目标，在全国城市文明程度指数和未成年人思想道德建设工作这两项测评中，均名列全国省会和副省级城市第一。第四届全国道德模范评选颁奖活动中，长沙市民廖月娥获评“全国孝老爱亲模范”。

四是着力共建共享全面小康。坚持民生优先，进一步加快全面小康建设进程，促进民生福祉持续改善。扎实推进城乡一体化建设，14个试点镇铺排新建或续建项目434个，开工363个。公共财政进一步向民生领域倾斜，民生支出244.65亿元，占公共预算支出的比重为68.25%。举办各类招聘会434场次，帮助1726名就业困难人员实现就业。出台工伤康复管理试行办法、小型服务行业、季节性用工企业工伤保险参保办法，全面实施医疗保险和生育保险市级统筹实施办法，3.7万名五保对象的“衣、食、住、医、葬”得到全面保障，基本实现城区居家养老全覆盖。开展保障性安居工程建设示范项目创建活动和保障性住房管理示范创建活动，建设25030套安居工程，望城区高塘岭镇一期廉租房、雨花区粟塘小区四期廉租房等6个项目获批“全省保障性安居工程建设示范项目”。组织市教育局、市文广新局、市卫生局、市体育局等单位研究确定了“办好人民满意教育”“全面提高文化软实力”“不断提高人民健康水平”的3大工作目标，建立了组织领导、协调联动、督查考评、人才保障等4项工作机制。促进城乡教育均衡发展，提质改造197所基础薄弱学校，所有区、县（市）均通过国家义务教育均衡发展督查。有序推进基层医疗卫生机构建设三年规划，10所乡镇卫生院、3所乡镇卫生院分院、100所村卫生室、5所社区卫生服务中心改造全部开工。生态长沙建设成效明显，组织市环保局、市交通局、市交警支队、市城管局等单位以及各区、县（市），大力开展河流污水、城市扬尘、机动车尾气、餐饮油烟等治理工程，全面落实环境保护三年行动计划，推进湘江治理和保护，大力开展河流污水、城市扬尘、机动车尾气、餐饮油烟等治理工程。建设乡镇污水处理厂12家，湘江长沙段、浏阳河长沙段水质达标率分别为85%、67.5%。食品药品监管坚强有力，扎实抓好食用油市场规范、食品小作坊集中平台建设和食品药品生产企业诚信建设，在中部省会城市率先推行禁止经营使用散装食用油工作。全年全市教育系统被推荐为第八届全国“人民满意的公务员集体”，所有区、县（市）均通过国家教育督导团的义务教育均衡发展督查。长沙市被文化部、财政部授予首批“国家公共文化服务体系示范区”称号，长沙获总评分中部第一、全国第二、市民对文化满意度全国第一的好成绩。

五是着力维护社会和谐稳定。各级各单位严格落实“六个一”措施，深入开展了“星城金盾”“治赌缉枪打黑除恶”“打盗抢保民安”“扫毒害保平安”等一系列打击专项行动。完善和落实社会稳定风险评估机制，健全完善群体性突发事件“三级响应”机制，稳妥处置群体性事件847起。深入开展 “星城金盾”“治赌缉枪打黑除恶”等系列打击专项行动，全面开展道路交通秩序综合整治。广泛开展“三治三防三优”行动（三治：治理违法违规的出租屋业主，治理违法违规的出租屋承租人，治理出租屋包括家庭小旅社安全隐患；三防：防止出租屋内发生“黄赌毒”等治安案件，防止出租屋内发生严重的刑事案件，防止出租屋内发生消防、治安、危爆等安全事故；三优：优化服务理念、优化工作机制、优化管理秩序），深入推进“除火患保平安”、 打非治违、火灾隐患大排查大整治等专项行动，深入推进“红袖章”工程，开展 “零发案”竞赛、平安家庭、“平安路线”等创建活动，确保社会安定有序。开通“12345”市民服务热线，开展“依法办事示范窗口单位”创建活动，省级达标单位80个，市级达标177个。规范司法行为，健全落实执法各领域、各岗位、各环节制度规范，落实重大事项报告备案工作。法院系统在全省司法绩效考评中名列第一。优化发展环境，开展“打假”“打传”“打贿”“打税”活动，扎实推进“六五”普法。深入开展群众工作，选派14598名干部组成1850个工作组进驻村组、社区，走访群众311.6万余户次，办实好事8.3万余件。推进信访积案化解，排查信访积案620个，化解542个，化解重大信访积案51个。推进和谐社区建设，积极创建首批全国和谐社区建设示范城市，广泛开展了“社区文化艺术节”“邻里和睦节”“邻里情深话友谊”等活动。

六是着力提高党的建设科学化水平。长沙从机制、班子、队伍、风气等“四好”标准入手，以改进作风为切入点，着力提高党的建设科学化水平。坚持以制度建设促作风建设，先后制定市委常委会改进工作作风、议事决策规则、领导活动新闻报道以及推行巡查工作等规章制度。坚持把“六个走在前列”大竞赛活动作为考量班子、检验队伍、识别干部的试金石，出台《关于坚持正确用人导向推动“六个走在前列”大竞赛活动顺利开展的意见》，实行“六用六不用”，倡导培养选拔“狮子型”干部，构建“有错无为皆问责”“不换状态就换人”的问责追责机制。继续实行“三级联述联评联考”。强化基层组织运转保障，村级年均运转经费达到13万元，社区年均工作经费增至60万元。在优化经济发展环境上下功夫，深入开展“发展环境优化年”活动，严格按照“十二条禁令”，对破坏经济发展环境的人和事实行“零容忍”。牢牢把握历史机遇，以省委、省政府向长沙下放45项省级经济管理权限为重大契机，进一步深化改革、扩大开放充分发挥以点带面的示范效应。推进行政审批制度改革，出台实施“两意见一办法”，按照审批事项整体提速50%以上的目标，实施并联审批，推行网上审批，为一切经济主体提供更加方便快捷的服务。

三、精心组织，强化大竞赛活动的制度保障。加强对大竞赛活动的组织领导，着力在工作机构、业务指导、体制机制上为大竞赛活动提供坚强保障，确保了“六个走在前列”大竞赛活动的顺利有效实施。

一是健全组织机构。开展大竞赛活动，建立健全组织机构是前提。成立了“六个走在前列”大竞赛活动领导小组，由省委常委、市委书记易炼红任组长，市委副书记、市长胡衡华任第一副组长，市委副书记、市人大常委会主任、市政协主席任副组长，市委、市人大、市政府、市政协、长沙警备区五套班子其他在职领导为领导小组成员。领导小组下设办公室和5个专项工作组，办公室设市委办公厅，由市委副书记任领导小组副组长兼任办公室主任。各专项工作组和各区县（市）、市直机关各单位成立相应的领导机构，切实强化对大竞赛活动的组织领导。

二是注重制度建设。充分发挥总揽全局、协调各方的作用，健全完善各项规章制度，有力指导大竞赛活动向纵深推进。优化决策机制，制定《长沙市“六个走在前列”大竞赛活动领导小组议事规则》，规范决策程序，促进民主决策制度化、规范化、科学化。细化工作制度，以文件的形式建立完善文件审批、会议安排、工作指导、活动开展、简报编发等程序和制度，理顺运行机制。强化统筹协调，完善领导小组办公室与各专项工作组的沟通协调机制，制定下发6个专项方案、子方案，切实做好了方案细化、情况上报等工作。

三是完善运行机制。建立健全宣传报道机制，整合利用新闻媒体、工作简报、公益广告牌、电子显示屏、社区宣传栏等各类宣传资源，着力提高大竞赛活动的知晓率、覆盖面和参与度。年内共编发工作简报28期，在《湖南日报》刊登大竞赛活动专题通讯4篇，形成了强大宣传声势和舆论氛围。建立健全协调调度机制，坚持“月调度、季讲评”，重点围绕项目建设、综合整治、作风改进、和谐稳定等方面进行了调度讲评。深入企业、项目和基层一线开展竞赛活动专项督查，确保市委、市政府决策部署落到实处。全年共组织开展专项督查活动9次，办理领导批示8件，编发督查通报5期。建立健全科学考评机制，制定下发《关于长沙市“六个走在前列”大竞赛活动2013年度专项工作考核的意见》和《长沙市“六个走在前列”大竞赛活动2013年度专项工作年终考核方案》，明确考核内容，量化考核指标。

（欧阳浩）

大 事 记

2013 年长沙大事记

1 月

2012 年 12 月 29 日—2013 年 1 月 4 日　召开长沙市十四届人大一次会议。张剑飞当选为长沙市人民政府市长，陈泽珲、张迎春、何寄华、姚英杰、黎石秋、夏建平、李介德、曹立军当选为长沙市人民政府副市长。

5 日　市委召开全市作风建设大会。会议要求全市省级机关干部切实改进工作作风，对“索、拿、卡、要”等行为实施“零容忍”。

6 日　长沙市委常委张迎春检查春节前市场供应，要求各部门、各企业确保春节市场量足、质优、价稳。

△　《长沙晚报》刊登《中共长沙市委常委会关于改进工作作风密切联系群众的规定》。

7 日　春运火车票正式开售。

△　由市商务局和长沙晚报报业集团主办的“长沙首届金牌店长评选活动”启动。

△　长沙市委副书记、市长张剑飞主持召开市长办公会，专题研究湘江长沙综合枢纽工程长沙库区建设及污染治理工作。市领导陈泽珲、姚英杰、黎石秋出席会议。

△　张剑飞会见美国驻武汉总领事馆李伟明总领事。

8 日　张剑飞主持召开市长办公会，研究近期快速公交建设、轨道交通 4 号线线位站位方案、万家丽路改造方案等议题。何寄华、姚英杰出席会议。

12 日　长沙持续遭遇雾霾，全市 9 个监测点均为重度污染，其中雨花区站点空气质量指数为 336，PM2.5 指数为 286。

△　由长沙市委、市政府主办，市委宣传部承办的“文化名城 · 创意中心”知名文化企业长沙行活动启动。

△　泰国捷特亚洲航空公司承运的普吉（泰国）至长沙的直达旅游包机航线正式开通。

14 日　全国总工会副主席、书记处书记张世平到长沙慰问困难职工。

15 日　张剑飞会见法国驻华大使馆大使白林女士一行。

16 日　张剑飞会见由瑞典驻华大使罗睿德率领的瑞典环保代表团一行，双方签署《长沙市人民政府与瑞典驻华大使馆关于生态城市规划建设合作的谅解备忘录》。

△　长沙市 2013 年文化科技卫生“三下乡”活动在宁乡县黄材镇启动。

△　张剑飞会见香港兰桂坊控股有限公司主席、香港海洋公园主席盛智文。

△　张剑飞调研城乡结合部环境综合整治工作，现场查看 2012 年各城区城乡结合部环境综合整治情况，专题研究 2013 年整治工作重点。

17 日　张剑飞调研文化广电新闻出版工作和科技工作。夏建平参加调研。

△　张剑飞调研安居棚改工作，并走访开福区丝茅冲棚改项目一期工程已回迁居民。

△　市政府与中国人保财险湖南省分公司签署战略合作协议，这是市政府首次与保险机构签订战略合作协议。

△　最高人民检察院党组副书记、常务副检察长胡泽君在长沙调研检察工作，他要求：依法履职，提供有力司法保障。

18 日　湖南省残疾人就业援助中心活动在长沙市人力资源市场启动。

△　由中国质量协会、中华全国总工会主办的 2012 年“中国杰出质量人”评选揭晓，中联重科董事长兼 CEO 詹纯新获此奖，成为工程机械行业唯一获奖企业家。

△　张剑飞主持召开市第十四届人民政府第一次常务会议，学习贯彻落实改进作风有关规定，审议《长沙市物业专项维修资金管理办法》等。张迎春、何寄华、姚英杰、宋达、吴念公、黎勇、张贺文出席会议。

△　召开 2013 年全市第一次安委会防范重特大事故例会。张剑飞在会上强调，要进一步强化领导责任，进一步强化协作联运，进一步强化考核问责，进一步改进工作作风，努力保持全市安全生产形势的持续稳定。

19 日　省委常委、宣传部部长许又声率全省各市州宣传部长到长沙考察。

△　中国著名经济学家、消费经济学主要创始人和学术带头人、湖南师范大学教授尹世杰在长沙逝世，享年 91 岁。

21日 张剑飞主持召开市长办公会，研究环保3年行动计划（2012—2014）增补计划等有关问题。陈泽珲、姚英杰出席会议。

22日 张剑飞调研粮食工作，实地考察湖南粮食集团有关项目，研究部署全市粮食工作。张迎春参加调研。

△ 市政府公布《长沙市技能大师评选表彰管理办法》。

△ 张剑飞会见新加坡国际企业发展局副局长尤善钡先生一行。截至2012年底，长沙共批准新加坡投资企业39家，累计合同利用外资2.8亿美元。

23日 召开2013年"两帮两促（指以帮助扶持企业发展、帮助推进项目建设、促进民生改善、促进经济增长为主要内容的活动）"和"一推行四公开（一推行：就是要全面推行干部联点驻村制度，实行市级领导驻乡联点，县级领导驻村联点；四公开：公开联系方式、公开岗位责任、公开监督机制、公开考核办法）"工作会议。

△ 市政府公布2012年7月1日至2013年6月30日长沙最低工资标准：城区最低工资标准由1020元/月提高到1160元/月，长沙县、浏阳市、宁乡县月最低工资标准由930元/月提高到1050元/月。

△ 长沙市与龙山县对口扶持座谈会在长沙召开，长沙19年间累计投入2亿元扶持龙山发展。

△ 长沙市工商界人士迎春会召开，会议由市委、市政府主办，市工商联承办，600余名企业家出席，截至2012年底，长沙有私营企业92983家，个体工商户343675户。

24日 长沙经开区与娄底经开区签订合作协议，达成长期紧密合作共识。张剑飞见证签约。

△ 公布长沙市改进机关工作作风举报电话：12342、88667249，举报网址：（http://www.cslz.gov.cn）。

25日 湘府路湘江大桥试通车。

△ 洋湖博才小学在长沙大河西先导区洋湖片区动工，这是继雅礼中学之后，又一优质公立学校落户先导区。学校总占地3.33公顷，总建筑面积3万平方米。

28—31日 市政府领导分别到各区、县（市）开展春节下基层走访慰问活动，看望慰问老劳模、老村干部、老党员、特困户、优抚对象、敬老院供养人员等。

30日 《长沙晚报》报道：长沙节能工作跻身全国先进行列。

2月

1日 长沙市军政座谈会召开，省委常委、市委书记陈润儿出席会议并讲话，市领导张剑飞、黎石秋出席。

3日 长沙市文明交通用语评选揭晓：市民王曾颖写的"美丽长沙是我家，交通文明靠大家"获一等奖。

3日—3月31日 长沙市公安局在全市范围内开展为期两个月的"打盗抢保民安"专项行动，确保市民群众度过一个平安祥和的春节。

4日 召开长沙市老干部座谈会，陈润儿出席会议并讲话，市领导张剑飞、陈泽珲出席。

5日—3月5日 在梅溪湖举行长沙国际灯光节暨元宵灯会。

5日 举行长沙市第十四届人大常委会第二次会议，会议任命39人为新一届政府有关部门负责人，此届市人民政府的组成机构正式构建。

△ 张剑飞主持召开市长办公会，研究环卫、市政、园林维护等有关问题，陈泽珲、姚英杰出席会议。

△ 张剑飞陪同省委副书记、省长徐守盛会见德国大众董事会成员、大众汽车集团（中国）总裁兼CEO海兹曼一行。

△ 张迎春陪同副省长盛茂林在长沙县督查节前市场。

6日 长沙市各界人士举行新春团拜会。市委、市人大常委会、市政府、市政协、长沙警备区全体在长沙领导出席。整个团拜会仅50分钟，高效、简朴。

△ 湘府路湘江大桥正式通车。这是长沙第九座过江桥隧。

△ 张剑飞主持召开市长办公会，研究滨江、洋湖片区开发、太平路棚改等有关问题，陈泽珲、姚英杰出席会议。

7日 张剑飞陪同省委书记周强慰问困难职工和环卫工人。

16日 市领导走访慰问各民主党派市委、市工商联机关工作人员并出席调研成果汇报会，张剑飞、陈泽珲、何寄华参加。

△ 张剑飞会见武汉市委副书记、市长唐良智一行，交流商谈"长江中游城市群省会城市首届会商会"有关事宜。

17—23日 在湖南省展览馆举办"2013蛇年新春系列大型人才交流活动周"，共有1500余家企业提供20000个岗位。

18日 张剑飞调研湘江综合枢纽工程长沙库区水利及截污改造项目指出：要在确保质量和防汛安全的前提下，加快推进工程项目，如期完成建设任务；对进度不达标、质量不合格的项目要问责。

19—21日 全国政协副主席李金华到湖南考察。他强调，要充分发挥优势，推动湖南创新发展。

20—24日 中央政治局原常委、中纪委原书记贺国强到长沙考察，他先后考察了长沙综合枢纽工程、梅溪湖国际服务区、杜甫江阁。陪同考察的省、市领导有陈润儿、张剑飞、姚永春、李军、赵文彬、陈献春。

20日 颁布2012年湖南省省长质量奖，湖南方盛制药股份有限公司、山河智能装备股份有限公司、特变电工衡阳变压器有限公司、酒鬼酒股份有限公司、拓维信息系统股份有限公司获奖，省政府对每一个获奖单位奖励50万元。

△ 召开全市安全生产工作会议。张剑飞在会上强调，必须始终坚持用科学发展观统领安全生产工作，着力实现由注重事故查处向注重事前预防转变，由防止人员伤亡事故向保障劳动者职业健康转变，促进经济社会科学发展与安全生产平稳有序的良性互动。

△ 召开全市审计工作会议。张剑飞在会上强调，要将审计监督与转变干部作风紧密结合，坚决杜绝铺张浪费，促进勤俭节约，更好地改善民生。

21日 张剑飞主持召开长沙市土地管理委员会2013年第一次会议，市政府陈泽珲、姚英杰出席。

△ 省政协主席陈求发率省政协主席会议成员到长沙

调研，陈求发对长沙发展取得的成绩给予充分肯定。

△ 台盟中央第一副主席、中华全国台湾同胞联谊会（全国台联）会长汪毅夫到长沙考察调研。汪毅夫充分肯定长沙市投资环境优越，为台商投资发展提供了良好的服务。

22日 陈润儿、张剑飞率长沙市党政代表团到武汉参加为期两天的“长江中游城市群省会城市首届会商会”，这意味着长沙中游城市群开始探寻互融共赢之路，打造“中国经济第四极”。

22—23日 召开全市贯彻落实全国未成年人思想道德建设工作电视电话会议精神专题会议，部署加强和改进未成年人思想道德建设工作。2012年全国未成年人思想道德建设工作测评，长沙市名列全国省会和副省级城市第九名，继续保持了全国先进城市的荣誉称号。

23日 三一重工总裁向文波通过微博宣布，“三一重工状告美国奥巴马一事取得进展，法官正式决定受理该案件”。

25日 召开全市政法工作会议。市社会管理综合治理委员会、市见义勇为基金会表彰13名见义勇为英雄。

△ 张剑飞主持召开市长办公会，专题听取国家商务试点工作情况汇报，张迎春出席会议。

26日 召开长沙市2013年食品安全工作会议。

△ 召开全市城市管理工作会议。

△ 第十届中国公民道德论坛在长沙举行，总结学雷锋活动常态化的经验做法，探讨提高公民道德素质的措施办法。

27日 十一届全国人大常委会第三十一次会议通过表决，确认35个选举单位选举产生的2987名代表的代表资格全部有效，在湘全国人大代表首现农民工，这位农民代表为山河智能市场部推广专员张晓庆。

△ 张剑飞调研“三农”工作，要求以瞄准稳量增效的现代农业为发展目标，发展高效农业、建设精美农村、培育富裕农民。黎石秋参加调研。

28日 召开2013年全市商务工作会议，市政府张剑飞、张迎春出席。

△ 长沙市教育局局长王建华与长沙先导投资控股有限公司总裁邹林共同签署《长郡滨江中学建设及办学框架协议》，标志着长郡中学正式落户滨江新城片区。

3月

2日 2012年“中国最具魅力休闲乡村”在江苏省张家港市发布，宁乡县金洲镇关山村榜上有名，这是湖南乡村首次获此荣誉。

3日 召开中共长沙市第十二届纪委第三次全会暨全市反腐败工作会议，陈润儿要求领导干部为政清廉、秉公执法。

4—17日 张剑飞、何寄华出席十二届全国人大第一次会议。期间张剑飞接受各大媒体采访并介绍长沙经济社会发展情况。

5日 举行纪念毛泽东等老一辈革命家为雷锋题词五十周年暨“八创八评”表彰大会。

△ 长沙慈善会启动实施“助人为善”援助基金项目，旨在帮助行善且生活困难的好人。

△ 召开长沙粮食生产工作会议，市领导黎石秋出席。

6日 市政府授权《长沙晚报》发布《长沙市水功能区划》。8处河段水库被列为饮用水和源头水保护区。

△ 陈润儿专程调研长浏高速公路建设时要求，切实解决工程项目难题，推进长浏高速公路建设，按照保质量、保安全、保进度的要求，确保尽快建成通车。副省长韩永文，省政府副秘书长石华清，省交通运输厅厅长贺仁雨，省交通运输厅副厅长吴国光，市领导李军、钟钢、曹立军等出席。

△ 召开全市工商行政管理工作会议。会上宣布，2013年工商部门将集中开展食品安全监管、红盾护农行动、打击传销行动、打击假冒伪劣、打击商标侵权、治理商业贿赂、整治虚假广告、整治霸王条款、整治无照经营、整治烟草市场10大“亮剑行动”。

7日 陈润儿调研长沙汽车产业。他指出，长沙培育壮大汽车制造业，加快形成工业增长极，一要加快推进项目实施。二要努力改善配套条件。三要认真落实优惠政策。四要积极促进技术升级。

△ 举行长沙市各界妇女庆“三八”表彰大会，副市长夏建平出席。

11日 陈润儿调研长沙卫生改革发展工作。他要求，继续深化医药卫生体制改革，提高人民群众医疗健康水平。陈润儿还就财政投入、改革方案等工作提出意见。

△ 召开全市国土资源工作会议，市领导姚英杰出席会议。

12日 湖南大旺乳饮新厂在望城区普瑞大道动工，项目规划用地21.33公顷。

△ 召开全市工业和信息化工作暨第二届企业技术创新大会。

13日 娄底市新化县上梅镇北渡中心小学校长为保护学生献出生命先进事迹报告会在长沙举行，副省长李友志出席。

△ “诚信让生活更美好”集中宣传活动启动仪式在长沙举行。省委宣传部副部长张志初、宋智富出席，市委宣传部部长张湘涛代表启动仪式承办单位致辞。长沙将重点开展好以下3项活动：一是开展商务失信集中整治活动。二是开展道德与诚信建设宣传活动。三是开展“企业学雷锋，尽社会责任”活动。

△ 召开全市检察工作会议，市领导李介德出席会议。

14日 启动实施义务教育薄弱校提质改造三年行动。

△ 全市公共客运行业开展第二届“明星企业”活动。评出湖南巴士等8家“明星企业”、龙骧巴士8路等13条“明星线路”、龙骧巴士6～1770号等20个“明星车组”、浣兵等50位“明星驾驶员”。

15日 召开长沙市推进创建国家公共文化服务示范工作会议。确定长沙市公共文化服务示范区创建工作具体目标，在主城区、城关镇（小城市、中心镇）、边远乡分别建成15分钟、30分钟和1小时文化圈。长沙6区3县（市）负责人呈递了“创建国家公共文化服务示范区责任书”。

△ 召开长沙市2012年度绩效考核通报讲评大会。长沙的绩效考核工作被列为全国组织工作12个创新案例之

一，在2012年全国干部考核工作会议上，作经验交流。

15—16日 娄底市党政代表团到长沙考察。

19日 省委副书记、省长徐守盛等省领导到洋湖湿地公园与长沙干部群众一道参加全民义务植树活动。陈润儿、张剑飞、何寄华、黎石秋、曹立军参加。

△ 长沙高新区召开2012年度企业总结表彰大会，为29个奖项颁奖，奖励金额5700万元。

△ 召开长沙市公共资产管理工作会议。长沙在全国率先提出分类搭建统一的行政事业单位资产管理及营运平台。

△ 市统计局发布2012年度长沙市国民经济和社会发展统计公报：长沙市城乡居民收入居中部省会第一，长沙城镇居民人均可支配收入30288元，居全国省会第六位，农村居民人均纯收入15763元，居全国省会第三位。

20日 张剑飞会见香港优质旅游服务协会一行，就裕湘纱厂的历史保护和开发建设进行交流。

△ 姚英杰会见英国驻广州总领事摩根和英国贸易投资总署率领的可持续发展城市贸易代表团一行。

22—26日 香港长沙商会会长李秀恒率领香港各商会领袖和传媒高层代表一行到长沙进行访问和交流。

22日 第二十届长沙图书交易会暨长沙市第四届“三湘读书月”活动启幕。交易会上，湖南、湖北、江西、安徽省出版物发行业协会签订了促进长沙中下游地区出版物发行“中三角”战略合作协议。长、株、潭3市出版物发行业签订促进长株潭图书发行一体化战略联盟协议。

23日 召开全市党员领导干部廉洁从政警示教育大会。

25日 《长沙晚报》报道：袁隆平院士获第二届“十佳全国优秀科技工作者”称号。

△ 由市委宣传部主办，长沙晚报报业集团和长沙市广播电视台（集团）承办的长沙市第二届“十大年度新闻事件（2012）”评选活动正式启动。

△ 由美国驻华大使馆和长沙市人民政府联合主办的“精彩美国”系列行业推广交流会在长沙举行。美国驻华大使骆家辉和近30家美国知名企业高管出席。张剑飞会见骆家辉一行。

26日 在中南大学湘雅医院首发居民健康卡，该卡在全国通用，不仅可完成挂号、就诊、检查、取药、缴费等一系列就诊流程，卡内还可记录居民健康档案信息。

△ 陈润儿走访调研台资企业，并主持召开台资项目建设座谈会。要求：积极营造宽松投资环境，全力支持台资企业发展。

△ 召开长沙市推进创业富民工作领导小组2013年第一次会议，市领导陈泽珲、何寄华出席会议。

27日 《长沙晚报》报道：长沙城乡居民基本殡葬服务费政府补助再增400元，符合条件的最高可获6项基本费用合计1520元的补助。

△ 陈润儿会见到长沙参访的台湾海基会董事长林中森一行。

△ 召开长沙市机构编制工作会议。

△ 张迎春会见汇丰银行（中国）有限公司副行长丁国良。张迎春表示，希望在长沙的外资银行积极参与长沙市建设区域金融中心的进程，将现代金融产业打造为长沙的支柱产业之一。

28日 召开全市安居工程和棚户区改造工作会议，张剑飞到会并讲话。

30—31日 由国家发展改革委城市和小城镇改革发展中心、世界经济论坛、世界银行等机构共同主办的“2013中国城镇化高层国际论坛”在上海举行。市长张剑飞出席论坛，并就“城市投融资与债务风险化解”话题参加开放性对话。

30日 湖南省第五届旅游企业大型人才招聘会在红星国际会展中心举行。6.4万求职者进场咨询，1.6万人签订意向协议，现场签约3808人。

31日—4月1日 四川省广安市党政代表团在长沙考察新农村建设和“两型”社会建设。陈润儿会见广安市委书记侯晓春一行。

4月

1日 长沙晚报报业集团、长沙市卫生局、长沙市文明办、长沙市妇联、长沙市广播电视台联合启动“首届长沙十大最美护士”评选活动。

1日—6月30日 湘江干流首次全面禁渔。

2日 湖南首个“雷锋号——爱心报刊亭”牌匾正式挂牌，该亭在长沙市一中附近，由蔡宗义老人经营14年。他每天免费为过往学生提供阅读书籍。2013年1月23日，老人由于突发脑溢血不幸逝世。他感人的事迹被中央电视台等多家媒体报道。

3日 长沙市卫生局发出做好人感染H7N9禽流感疫情防控工作的紧急通知，要求全市落实预检分诊。

△ 由长沙市委、市政府主办，市民政局承办的“缅怀先烈，激励后人”2013年湖南革命陵园清明烈士公祭大型纪念活动在湖南革命陵园举行。

6日 湖南正大投资有限责任公司与宁乡县金洲镇政府签订投资合作协议，在金洲镇关山村建设清晏九州生态文化区。项目总投资约10亿元，占地约62.67公顷，项目以养生文化为建设理念，包括博物馆、老年公寓、疗养院、度假村、商业街、文化村等。

8日 由长沙船舶厂制造的一种“不会沉没”的乡镇客渡标准船在望城靖港首航成功。这种船在破航进水或倾覆时仍可漂浮，将最大限度减少沉船事故中的人员伤亡。

△ 长沙市区道路临时停车管理第一批552个咪表停车泊位、38个人工收费车位启用。

9日 农业部部长韩长赋到国家杂交水稻工程技术研究中心海南南繁基地，与杂交水稻之父袁隆平共同宣布超级杂交水稻第四期攻关启动。

△ 召开全市防汛抗旱工作动员会。姚英杰、黎石秋出席会议。

9—10日 召开长沙市工会第十九次代表大会。会议选举产生市总工会新一届领导班子，张建国当选市总工会主席，彭惊雷、匡涛涛、唐再明、鲁承钢、朱余华、杨宁琳（兼）当选市总工会副主席。10日，市总工会向全市职工发出倡议书，倡议全市职工争当率先发展的主力军、争当科学发展的排头兵、争当和谐发展的促进者。

10日 《长沙晚报》报道:《全国老工业基地调整改造规划(2013—2022年)》获国务院批复,长沙市开福区老工业区列入调整改造规范范围。

△ 在中国南车株洲电力机车有限公司的城轨试验线上,第一列长沙地铁开始动态调试。

11日 全市“两帮两促”活动讲评暨为民办实事工作会议通报2013年“两帮两促”活动的总体进展情况,并对第二批集中交办问题进行部署。全市共安排69家市直部门对30个重大项目、18个其他基础设施和社会事业项目、37个其他产业项目等共161个子项进行重点帮扶。

△ 望城区举办招商引资项目集中签约仪式,10大重大项目签约,协议引进资金27.9亿元。

△ 张剑飞会见全球人居环境论坛理事会秘书长吕海峰一行。

△ 中央政治局原委员、中国政法委原副书记王乐泉到长沙考察,他先后考察了橘子洲生态文化公园、岳麓书院、梅溪湖生态公园。陪同考察的市领导有陈润儿、张剑飞、虢正贵、赵文彬、李军。

12日 省委常委、省委政法委书记、省公安厅厅长孙建国到长沙专题调研政法机关服务经济建设和企业发展工作情况。

△ 张剑飞主持召开市长办公会,研究城中村改造、市政重点工程建设、汽车南站综合交通枢纽项目有关问题。陈泽珲、何寄华、姚英杰、黎石秋出席会议。

13日 《长沙晚报》报道:家庭契约式健康新服务试点在芙蓉区马王堆街道、东屯渡街道、火星街道启动,首批400户居民签约。

△ 国家卫生和计划生育委员会人体器官捐献与获取标准流程与技术规范研讨会在长沙举行。

15日 宁乡县举行“我爱读书”学习竞赛活动预赛,1000余名机关、企事业单位职工参加活动。

△ 全省和长沙市“工人阶级宣传月”活动在湖南龙骧巴士有限责任公司启动。该活动以“寻找最美劳动者”为主题。

△ 召开全市纠风工作会议,2013年长沙开展“阳光用药”电子监察试点,严肃查处过度医疗行为等一系列纠风肃纪工作。

△ 张剑飞陪同徐守盛,省委副书记、代省长杜家毫会见上海大众汽车有限公司总经理张海亮。

16日 召开长沙市领导干部会议,通报中央和省委决定:陈润儿任黑龙江省委委员、常委、副书记,不再担任湖南省委常委委员职务。

△ 望城区农业部门邀请10架无人驾驶飞机在田间上空喷洒农药,为农民示范。

△ 全国人大常委会原副委员长、北京师范大学汉语文化学院院长许嘉璐,全国政协常委、凤凰卫视董事局主席、行政总裁刘长乐到岳麓书院讲坛演讲,其演讲的主题是“大国崛起与文化复兴”。

16—17日 湖南省“美丽湖南,道德先行”主题实践活动现场会在宁乡召开,长沙、湘潭、益阳、岳阳、娄底、张家界6市的代表走访调研、交流学习,共同探索道德建设新路子。

18日 市政府与建行湖南省分行进行了政银企合作签约,长株潭城际铁路项目、河西综合交通枢纽工程、黄花机场二期建设等全市15个重点项目或重点企业获得建行湖南省分行共535亿元综合贷款受信。

△ 市政协启动大力发展现代服务业调研。

△ 在北京人民大会堂举行的第三届中国自主创新年会上,长沙、深圳、成都等城市被评为“中国十大创新城市”。这是长沙2011年被评选为“中国十大创新城市”后,再次获此殊荣。

19日 全国第一家民间金融商会——长沙市民间金融商会正式成立,首批70余家会员企业代表参加成立大会。

△ 长沙反家暴模式在全省维护妇女儿童权益工作交流会上受表彰。长沙率先全国出台了预防和制止家庭暴力的市级规范性文件。

△ 2013年长江中游城市群暨长沙、合肥、南昌、武汉教育合作推进会在长沙举行,4城市将就当下教育难点共同探寻解决之道。项目实施后,4城市将就共同关心的教育问题进行合作,如学前教育及义务教育均衡发展、中考中招政策、发展性评价、高效课堂教学等;建立城市间友好学校关系,开展合作共建,培养教育品牌;加强干部教师队伍交流等。

21日 宁乡县沩山乡启动“绿色家园”行动,倡议成为全市首个“拒塑”乡镇。

22日 市委秘书长李军应邀出席第一届中国波兰地方合作论坛,在“经济·能源·环境”主题论坛上发表了“推进节能降耗,促进持续发展”的演讲。

△ 张剑飞会见台湾“三品会”副会长魏启林一行。“三品会”参访团到长沙的目的是探求加强湘台文化交流、考察长沙文化创意产业发展。

△ 由湖南省委政策研究室、湖南德思勤共同主办的“湖南经济转型与中部产业中心建设”论坛在长沙举行,中共中央政策研究室原副主任、现任中国国际经济交流中心常务副理事长,中国工业经济学会会长郑新立开讲“中国未来经济发展”,把脉中部经济转型和产业出路。

△ 召开2013年全市打击传销工作会议,张迎春全面部署打击工作重点,要求年内创建50个无传销社区。

23日 中西部地区首家民间借贷服务中心——长沙民间借贷服务中心正式启动。省委常委、统战部部长李微微为长沙民间金融商会授牌。

△ 举行首届中国(长沙)民间借贷高峰论坛。论坛由市金融办、市总商会主办,长沙民间金融商会、长沙民间借贷服务中心承办。

△ 英中贸易协会长沙代表处成立。英中贸易协会是由英国政府及工商界共同支持的对华经贸促进机构。英中贸易协会主席白乐威爵士,总裁傅仲森,英国驻广州总领事摩根,张迎春出席成立仪式。

24日 长沙市第二届“十大年度新闻事件(2012)”评选结果正式公布,“长沙市成为全球竞争力提升速度最快的10座城市之一”“湘江长沙综合枢纽工程蓄水通航”等十大新闻事件榜上有名。

△ 省高院召开新闻发布会,发布2012年湖南法院知识产权司法保护状况白皮书,并公布十大案件,“三一”

驰名商标保护案等入选“十大”，获赔40万元，此案被最高人民法院评为“全国法院2012年度知识产权司法保护十大典型案例”之一。

24日—5月31日　开展长沙消费促进月活动。全市各区、县（市）和企业推出60项主题促销活动。活动由市政府主办，市商务局、长沙晚报报业集团、长沙广播电视台和各区、县（市）人民政府共同承办。

25日　文化部党组成员、副部长董伟，文化部非物质文化遗产司司长马文辉等一行到长沙考察，探寻城镇化进程中非物质文化遗产的保护与传承。

△　地铁1号线成功穿越750米最高风险段，该线段同时下穿京广铁路和新中路立交桥，创国内地铁首例桥梁、铁路、地铁呈三层立体。

△　世界最高的高空作业平台世界纪录保持者——星邦重工在宁乡正式投产。

△　全省重大产业项目建设工作推进会在长沙召开，杜家毫出席会议并讲话，省委常委、常务副省长陈肇雄主持会议。张剑飞、陈泽珲参加会议。

25—26日　杜家毫在长沙调研重大产业项目、城市建设等经济社会发展情况。要求长沙要坚持一张蓝图绘到底，围绕“五化一率先”的奋斗目标，率先推进“四化两型”建设，示范、带动、引领全省经济社会发展。

26日　《长沙晚报》报道：非洲英语国家新闻官员考察团到长沙考察“两型”社会建设工作，考察团由马拉维、加纳、乌干达、毛里求斯、苏丹、尼日利亚、利比里亚、莱索托、津巴布韦等10个非洲英语国家组成，先后实地考察了橘子洲公园、长沙大河西先导区规划展示馆、中联重科麓谷工业园。

△　梅溪湖桃花岭公园、洋湖湿地公园二期、梅岭公园3个生态项目全面对外开放。

27日　由市创业办、团市委、长沙银行联合举办的第四届“五四青年创业周”系列活动在长沙市青少年宫杜鹃楼开幕。

△　天心区第四届人民代表大会第二次会议举行第二次全体会议，朱东铁当选为天心区人民政府区长。

△　千名晚报读者、星辰网友在湘江边点亮河灯，为四川省芦山县雅安祈福。

△　召开“转作风、解难题、抓关键、见实效”专项活动动员大会，张剑飞要求：密切联系群众，解决发展难题。

△　由市创业办、团市委、长沙银行联合举办的第四届“五四青年创业周”系列活动在长沙市青少年宫杜鹃楼启动，吸引350余名有创业需求的青年到场咨询、洽谈、接受创业指导。

28日　召开长沙市现代服务业综合试点新闻发布会。长沙获批中部唯一国家现代服务业综合试点城市，长沙试点工作暂定3年，每年将获得不少于6亿元的中央和地方资金支持，以及市场准入、规划、土地、财税等方面的政策倾斜。

△　长沙奥克斯广场开业。奥克斯广场位于大河西先导区滨江新城中心区域，是湖南首个开门迎客的大型城市综合体，商业面积27万平方米。它有室内外步行街、5A写字楼、SOHO公寓、中央广场，具有购物、餐饮、娱乐、休闲、商务、文化交流等各大功能。

5月

2日　民政部党组成员、副部长顾朝曦一行到长沙，就最低生活保障、社会组织管理、民政创制立法等民政工作进行调研。

△长沙市望城区隆平高科新康种粮专业合作社理事长袁虎获共青团中央、全国青联授予的“中国青年五四奖章”。

2—3日　徐守盛到长沙调研企业发展和经济运行情况，就开展“转作风、解难题、抓关键、见实效”专项活动进行督导，并现场办公为企业解决实际困难。市领导张剑飞、何寄华、姚英杰、黎石秋参加活动。

3日　徐守盛到望城区新康乡金城生态种养基地了解农业生产情况。

△　长沙市历史文化名城建设推动委员会举行东岳宫视察论证会，建议应该本着尊重历史、实事求是的原则，保护、传承好东岳宫这一长沙城区唯一的道教活动场所。

△　长沙市青年创业者商会正式成立。有215名会员。商会以公益为出发点，以扶持和服务青年创业为主题。

4日　南郊公园举行主题为“情系雅安、爱心无限、防灾减灾、平安相伴”的义演活动。

△　板仓学院在长沙县开慧镇落成，中南大学教授、著名作家阎真首讲传统文化。

5日　长沙首家“粮食银行”在宁乡县挂牌成立。种粮大户可把从田间收获的湿谷，按每吨80元的费用送到“粮食银行”进行烘干，然后由“粮食银行”提供免费储存服务。

6日　张剑飞主持召开市长办公会，研究朝正垸改造、桐梓坡—鸭子铺城北大通道建设等重大项目建设及退役士兵安置工作有关问题。姚英杰、黎石秋出席会议。

6—7日　举行长沙市第十五次妇女代表大会，来自全市各行各业的499名妇女代表参加会议。大会讨论确定今后5年全市妇女工作的主要任务，选举产生新一届执委和市妇联领导班子。谭慧慧当选为市妇联主席。

6—8日　全国人大常委会原副委员长成思危出席湖南光彩事业全新起航仪式。参观花明楼。

7日　张剑飞调研雨花区雅塘片区综合开发建设情况，要求将雅塘片区综合开发建设作为重大民生工程，精细规划，积极推动。姚英杰参加调研。

△　省委常委、省委政法委书记孙建国到长沙调研长沙城市道路交通治堵工作。张剑飞、李介德陪同。

△　紧急召开全市防汛会商会，张剑飞对全市防汛工作进行全面部署，并迅速启动全市防汛Ⅲ级应急响应。

△　《长沙晚报》报道：长沙新增胡耀邦故居等15处全国重点文物保护单位，全市总数达26处。

8日　宁乡县启动干部素质提升“四五”工程。即用5年时间，投入5000万元，培训5万人次干部人才。

△　“中国梦·湘商情·光彩行——启动仪式”在长沙举行。启动仪式上，55家企业代表以举牌的形式向公众承诺，从2013年至2018年将为光彩事业公益慈善捐赠11.667亿元，项目投资55.6亿元。第九、十届全国人大

常委会副委员长成思危，省领导徐守盛、陈求发、李微微、易炼红、蔡力峰、何报翔、赖明勇等共同见证。

△ 省人大常委会副主任徐明华到长沙专题调研蔬菜生产专业合作社发展情况。

△ 徐守盛、杜家毫会见美国霍尼韦尔航空航天集团总裁兼首席执行官马天明一行。张剑飞参加会见。

9日 由长沙市卫生局、长沙市文明办、长沙市妇联、长沙晚报报业集团、长沙广播电视台等联合举办的首届长沙十大最美护士评选活动结束，龙利亚等十名护士获此荣誉。

△ 长沙市召开领导干部大会。省委常委、省委组织部部长郭开朗宣布省委决定：易炼红任长沙市委委员、常委、书记；易炼红作履职讲话；徐守盛出席会议并发表重要讲话。会议由张剑飞主持。

△ 张剑飞会见博世（中国）投资有限公司总裁陈玉东一行，双方就进一步加强项目合作等进行交流。

△ 徐明华就“双联”活动开展情况到长沙进行专题调研。

△ 沪昆高铁湘江特大桥西岸主桥贯通。

10日 易炼红主持召开市委常委会议，学习贯彻徐守盛讲话精神，研究部署相关工作。

△长沙市麓山寺等6家寺院开始取消门票，市民免费入寺参观。

△湖南省“金融支持文化产业发展恳谈会”在长沙举行。开发银行等13家金融机构与拓维信息等15家文化企业在长沙签订信贷协议，共获93亿元信贷支持，其中信贷合同31亿元，合作协议62亿元。

△ 长沙市公安局召开新闻发布会，通报1月以来警方查破的6起社会反映强烈、情节严重的食品安全领域犯罪案件。

△ 2000名来自长沙市128个机关企事业单位的志愿者，在梅溪湖开展“美丽长沙 低碳生活”徒步竞赛活动。

11日 长沙市排队日，长沙市交警决定：行人闯红灯不听劝者罚款20元。

△ 位于芙蓉区万家丽路上的长沙首家制冷科技体验馆正式开馆。该馆面积约1200平方米，是全国最大的制冷科技体验馆。

△ 受之前强降水天气影响，清晨长沙城区呈现罕见的“云海”奇观。

13日 由中国工程院院士、同济大学教授项海帆带领的专家组，就“宜居城市的交通模式和发展战略”到长沙进行专题调研。

14日 张剑飞主持召开交通治堵和治理非法营运工作会议，他指出，要全面提高道路交通管理水平，规范道路交通客运秩序，保障人民群众安全出行，为全市经济社会发展提供文明、畅通的道路交通环境。

△ 在中山亭安装4.2米高的孙中山先生铜像。

△ 启动道路交通秩序综合整治“百日会战”，重点疏堵12条主干道。

△ 宝石高峰论坛暨国际有色宝石协会（ICA）第十五届年会在长沙举行。

△市政府召开交通治堵和治理非法营运工作会议。张剑飞指出：要全面提高道路交通管理水平，规范道路交通客运秩序，保障人民群众安全出行。

15日 长沙首开直飞扬州航线，这是黄花机场历史上首次开通直飞扬州的航线。

△ 长沙叫停个人承包校园食堂。至7月13日，启动2013年校园食品安全专项整治，对全市范围内所有的普通高等院校、职业技术院校、技工学校、中学、小学、幼儿园和托儿所食堂及周边摊贩进行全面清理、整治。

△ 上海大众汽车有限公司湖南（长沙）项目在长沙正式签约。这是湖南历史上最大的实业投资项目。省委书记徐守盛，上汽集团党委书记、董事长胡茂元出席签约仪式并会谈。

△ 湖南省社会科学普及宣传活动在长沙启动。活动主题为：民生、环境、效率。

△ 全市安全生产“打非治违”专项行动现场会在宁乡县召开。何寄华出席会议并讲话。

15—21日 中央政治局原委员、国务院原副总理吴仪、全国政协原副主席徐匡迪到长沙考察，先后参观考察了宁乡密印寺、橘子洲生态文化公园、岳麓书院、梅溪湖、杜甫江阁、贾谊故居、太平街，市领导易炼红、张剑飞、张迎龙、袁观清、范小新、陈泽珲、赵文彬、李军、李介德等陪同考察。

16—24日 全国人大常委会副委员长、民革中央主席万鄂湘、全国政协副主席、民革中央常务副主席齐续春到长沙进行“农村困难群众权益保障问题”专题调研，参加民革十二届三次中央委会，参观大托村雷锋超市，残疾人就业基地和托养服务中心，湖南惠利普工贸有限公司。省、市领导徐守盛、陈求发、金龙、李微微、易炼红、于来山、张剑飞、袁观清、范小新等陪同考察。

16日 上海大众汽车有限公司湖南（长沙）项目正式开工建设。张剑飞、陈泽珲、何寄华出席项目开工仪式。

△ 张剑飞主持召开市长办公会，研究全市城市环境秩序综合整治工作、砂石运输线路修改方案及砂场建后管理等有关问题。何寄华、姚英杰、黎石秋出席会议。

16—20日 举办中国（长沙）国际矿物宝石博览会。始祖鸟化石、全球最大的金标本首度在中国亮相。首届博览会聚集全球50余个国家和地区的1200家参展商和约20万名参观者。张剑飞出席中国（长沙）国际矿物宝石博览会开幕式。

△ 市非公经济人士理想信念教育实践活动动员大会暨三年培训计划正式启动。长沙计划到2015年重点培养1000名优秀企业家，实现长沙经营管理人才超16万人。

17日 《长沙晚报》报道：西班牙国家研究委员会（CSIC）网络计量学实验室公布最新版基于互联网的世界大学排名（Webometrics Ranking of World Universities，简称“WRWU”），中国清华大学等8所高校入围世界前二百强，中南大学排名第一百九十七位。

△ 长株潭城际铁路湘潭段的北山脚隧道和泉塘隧道同时贯通，成为城际铁路首批贯通的隧道。

△ 张剑飞率考察团到郑州考察商贸、城市规划、市政建设等情况。

17—20日 第九届中国（深圳）国际文化产业博览交

易会举行，市委常委、宣传部部长张湘涛率领长沙代表团赴会。会上，长沙重点推介月亮岛项目。长沙市3大文产项目签约，分别为：宁乡方国文化创意产业园项目、宁乡沩山风景名胜区蚩尤文化小镇项目以及长沙（国家）广告产业园一期项目，共引资82亿元。

18—20日 第八届中部投资贸易博览会在郑州举行，博览会以“持续转型、协调发展、促进崛起”为主题，市领导张剑飞、张迎春、刘明理率长沙代表团参会，推介长沙，吸引投资。

19日 长江中游城市群四省会城市，即武汉、长沙、合肥、南昌共同举办“美丽中三角，我的家乡我的城——5•19长江中游城市群四城惠游”大行动，并联合首次发布旅游优惠联票。

△ 市政府公布《关于建立预备员工工作制度深化校企合作的意见》。职业院校将与企业共同招收、培养学生，毕业后学生可直接到企业对口就业。

20日 黑龙江省齐齐哈尔市代表团到长沙考察，易炼红会见齐齐哈尔市委书记、市人大常委会主任韩冬炎率领的代表团一行。李军参加会见，市政法委书记钟钢陪同考察。

△ 召开长沙市人口计生工作会议。黎石秋出席会议。

21日 召开2013年全市普通高校招生考试工作会议。夏建平出席会议。

△ 陈泽珲组织召开全市“两帮两促（指以“帮助扶持企业发展、帮助推进项目建设，促进民生改善、促进经济增长”为主要内容的活动）”项目要素供给问题集中办理会议。姚英杰出席会议。

△ 省政府常务会议研究决定祁阳等为9个特色县域经济重点县，长沙宁乡县在列，3年内每县将获3亿元财政支持。

△ 易炼红主持召开市委常委（扩大）会议，讨论研究“六个走在前列”大竞赛活动和城市环境综合整治。

22日 团市委、长沙基金会、《长沙晚报》参加“4•20”芦山强力地震社会组织灾后援建项目意向需求对接暨签约仪式。长沙基层团组织和社会各界爱心人士7000余人筹募的300万元专项资金拟定用于雅安青少年活动阵地建设和对500名困难青少年进行为期3年的资助。

△ 张剑飞主持召开市长办公会，研究城市危房管理及处置问题、《长沙住房公积金行政执法管理办法》、住建委建筑工程施工现场视频监控系统主监控中心建设项目等有关问题。陈泽珲、姚英杰出席会议。

23日 省人大常委会副主任陈君文率省人大环资委、教科文卫委及相关省厅有关单位负责人到长沙进行水资源专题调研。

△ 省委副书记孙金龙在长沙调研。他认为长沙作为中部重要的省会城市，经济发展充满活力，社会管理井然有序，城市建设很有品位，人民群众安居乐业，发展态势催人奋进。希望长沙当好先行者和排头兵。

△ 省安委督查组检查长沙市安全生产工作。何寄华参加督查活动，并对安全生产及隐患整改作出部署。

24日 召开“六个走在前列”大竞赛活动暨城市环境综合整治动员大会。易炼红要求，共推长沙发展走在全省和全国省会城市前列。

△ 召开全市防汛工作调度会。黎石秋出席会议，并部署当前防汛工作。

25—26日 亚太经合组织（APEC）低碳城镇与物理储能国际论坛在长沙召开。论坛以“低碳城镇、物理储能”为主题，APEC各经济体国家的知名专家学者、科研人员200余人到长沙开展学术交流与国际合作。

26日 召开全市城区市容市貌及城乡结合部环境综合整治誓师动员大会。姚英杰出席会议并作动员报告。

27日 市人大常委会领导对全市学前教育发展状况进行调研。

△ 省政协副主席杨维刚率调研组到长沙，就“地下水资源开发利用”开展专题调研。

△ 由湖南省青少年发展基金会、小新星教育集团等联合举办“关注幼少儿教育阳光行动”在长沙启动，首批22万元助学物资捐助桑植爬天梯上学孩子。

28日 河北省委常委、石家庄市委书记孙瑞彬率石家庄市党政代表团到长沙考察。

△ 张剑飞就开展“六个走在前列”大竞赛活动暨城市环境综合整治工作进行现场督查。姚英杰、黎石秋参加督查。

29日 2013年“书香长沙•星城科学讲堂”活动启动式暨首场讲座在市政府机关会议中心举行。中国工程院院士、中国著名地球物理学家何继善主讲《绿色能源在湖南的开发和利用》。

30日 创业20年，曾是长沙餐饮行业标杆的鸿基酒楼与新客户签订转租意向合同书，该酒楼正式退出长沙市场。

△ 副省长黄兰香巡视在湖南国际会展中心举办的2013湖南车展，试乘长沙产菲翔给予好评。

△ 中国铁路物资长沙钢铁有限公司正式挂牌，张迎春会见参加挂牌仪式的中国铁路物资有限公司副总裁许强一行。

30—31日 张剑飞、李介德出席省十二届人大二次会议。经大会选举，徐守盛当选省人大常委会主任，杜家亳当选省人民政府省长。

31日 宁乡县公安局治安大队食品安全中队揭牌成立，这是长沙市区县的第一支公安局治安大队食品安全中队。

△ 长沙市“2013年环保世纪行”活动动员大会上获悉，市人大常委会2013年将首次对水资源管理等突出问题进行专题询问。市人大常委会副主任刘新程出席。长沙市“2013年环保世纪行”活动主题为“加强水污染防治，保护湘江母亲河”。

31日—6月1日 深化平安中国建设工作会议在江苏苏州召开。会上，长沙市被授予“2009—2012年度全国社会管理综合治理优秀城市”称号，这也是长沙市连续三届获得4年一次的全国综治优秀地市荣誉。市政法委书记钟钢出席会议，并捧回全国综治工作最高荣誉——“长安杯”。

6月

1日 300余名爱心市民、志愿者和渔民将近500万尾优质鱼苗放入湘江。

2日 长沙“少年警队”成立暨《长沙晚报》第四届百佳校园记者颁奖活动举行。

△ 湖南省打传办打击传销走进社区、高校系列宣传活动在长沙县泉塘社区启动。租房给传销人员的最高可罚50万元。

△ “百日会战”交通整治行动共出动警力856人次，警车180辆次，查处各类交通违法行为1636起。

△ 市公路管理局启动“六个走在前列” 暨路域环境综合整治工作，重点治理长沙9条线路共约287公里国省干道路域环境。

3日 中央电视台英语新闻频道《今日话题》特别节目之“中国梦”在岳麓书院开录。张剑飞受邀参加访谈。

△ 召开全市城区市容市貌综合整治工作调度会。姚英杰、吴念公出席会议。

△ 2013全国百城百台交通广播“学习雷锋、爱心送考”在长沙橘子洲头启动。易炼红致辞并启动爱心送考活动。市领导夏建平出席活动。

△ 2013年长沙市人大系统干部培训班在全国人大深圳培训基地开班授课。

△ 湖南省首个道德评议团在天心区成立。评议团首批成员由天心区人大代表、政协委员、道德模范和市民代表等10人组成，将重点围绕食品药品安全、社会服务、公共秩序，深入开展道德领域突出问题专项教育和治理，着力解决社会诚信缺失和公德失范问题。

4日 长沙慈善会停业接收四川芦山地震赈灾捐款。共接收捐款捐物7848698.9元，其中善款6473687.9元。分3批送往四川芦山。

5日 世界环境日，长沙举行形式多样的环保宣传。

6日 市政府公布《长沙市行政复议听证程序规定》。

△ 岳麓书院讲坛第三场演讲活动在长沙举行。中国当代著名学者、现代新儒学派代表人物杜维明作《从仁学看天人合一》的主题演讲。

7日 安徽省委常委、合肥市委书记吴存荣率领的合肥市代表团到长沙考察工业发展。省委常委、市委书记易炼红主持召开长沙合肥两地工作情况交流会，市政府何寄华出席座谈会。

△ 市政府召开座谈会，征求省、市人大代表和政协委员对长沙城市名片和标志性项目——长沙国际会展中心建筑设计方案的意见。

△ 举行长沙市“弘扬雷锋精神，争做雷锋传人”劳模事迹进机关活动启动仪式暨首场报告会。

8日 易炼红邀请非公经济代表座谈，了解企业发展情况，听取大家对加快发展非公经济的意见和建议。

△ 召开现代服务业综合试点项目推进大会，首批试点项目28个，总投资超300亿元。

△ 召开政协长沙市第十一届委员会集中委派民主监督员工作动员大会。委派78名政协委员到市中级人民法院、市人民检察院和市政府相关职能部门等16个单位担任民主监督员。

9日 易炼红主持召开市委常委会议，审议《中共长沙市委常委会议事决策规则》，研究部署进一步切实加强市委常委会自身建设、文明创建等工作。

10—12日 举行“枫情橘洲”国际爵士音乐节。该音乐节由市政府主办，市旅游局、岳麓区人民政府和岳麓山风景名胜区管理局联合长沙晚报报业集团承办。

13日 举行长沙警备区党委第一书记任职大会暨新任人武部党委第一书记、国动委主任任职谈话会议举行。易炼红任警备区党委第一书记。

△ 2013年洞庭湖区防汛工作座谈会在长沙召开。易炼红出席会议视察活动。

△ 易炼红主持召开长沙市人民政府市长述廉评议工作动员大会。省述廉评议组组长、省纪委副书记李政科作动员讲话，张剑飞作表态发言。

△ 长沙海关关长李文健一行在长沙调研开放型经济工作。市长张剑飞表示，长沙将着力造平台、扶产业、惠政策，促进开放型经济发展。市领导张迎龙、张迎春出席。

14日 市人大常委会组成人员就长沙现代农业发展情况进行集中视察。

15日 中国铁路总公司正式实施货运改革。长沙跻身广铁6大货运中心。

△ 市建委召开集中整治建设工程违法行为专项行动动员部署会议。集中整治建设工程违法行为。

△ 2013年湖南省节能宣传周活动暨第五届湖南（长沙）节能和循环经济博览会在长沙开幕。省委常委、常务副省长陈肇雄，市领导陈泽珲出席开幕式并参观展览。

16日 长沙首次公开免费发放《长沙文化地图》和《长沙市公共文化服务指南》，发行数量各500册。

△ 全国首套应用3D全息成像技术制作的特种邮票——《金铜佛造像》在长沙开福寺首发。

△ 在厦门举行的第五届海峡论坛大会上，国家旅游局局长邵琪伟宣布开放长沙、沈阳等13个城市为第三批大陆居民赴台“个人游”试点城市。长沙等7个城市将于8月28日正式启动。

17—21日 2013湖南（香港）投资贸易洽谈周在香港举行。长沙精选204个项目到香港招商，推出6大专题活动。共签约35个项目，投资总额49.96亿美元，居全省之首。

△ 世界超级计算机500强排行榜揭晓，国防科技大学研制的天河二号成为全球运算速度最快的计算机。

△ 召开全市重大项目和重点工程建设推进会，会议确定开展重点工程劳动竞赛。

△ 召开全市火灾隐患大排查大整治专项行动动员部署会议。要求从17日至10月15日做好火灾隐患大排查大整治专项行动。

18日 长沙最高气温36.9℃，这是自1971年以来6月18日当天的最高温。

△ 长沙市新增500辆出租车，举行发车仪式，首批50台新出租车正式投放市场运营。新增出租车运力是长沙市第一次采取以服务质量为主要条件的招标方式选择经营企业的尝试。

△ 张剑飞在香港会见香江集团董事长刘志强一行。张迎春参加会见。

19日 张剑飞在香港会见江苏洋河酒业总裁助理王耀，并就即将签约落户宁乡经开区的洋河股份湖南工业园项目情况进行详细会谈。

△ 易炼红会见中国华融资产管理有限公司党委书记、董事长赖小民一行。

21日 国家林业局局长赵树丛一行到长沙调研“生态林业，民生林业”建设工作。省、市领导武吉海、张迎龙、黄佳惠等陪同调研。赵树丛指出，农村林权制度改革要维护农民权益，让农民收益增加。林业开发要注重科学性与合理性相结合，使浏阳林业逐步向“生态林业、民生林业”的目标迈进。

△ 《人民日报》报道推介岳麓区村民廖月娥孝老助孤30年感人事迹。

△ 召开全市农村危房改造工作会议。姚英杰出席会议并强调要增强农村危房改造的责任感和紧迫感，确保按时、优质、高效地完成目标任务。

21—23日 第二届中国（长沙）国际工程机械配套件博览会在长沙举行。有来自欧美、日韩和国内的300余家工程机械配套件厂商参展，参展企业现场成交额2852万元，签约金额超过25亿元。

22日 《长沙晚报》报道：长沙被联合国评为“全球绿色城市”，全世界仅3座城市上榜。

△ 非物质文化遗产保护与湘绣产业发展新趋势高峰论坛会在长沙举行，湘绣大师江再红成为国家级非遗项目（湘绣）代表性传承人。

23日 全国政协副主席马飚带领人民政协协商民主建设课题第七调研组到长沙调研。

23—25日 国家公共文化服务体系示范区（项目）创建工作领导小组长沙检查组在长沙检查工作。检查组给长沙市创建工作评分为90.1分（满分为90.4分），对长沙市国家公共文化服务体系示范区创建工作给予高度评价。

24日《长沙晚报》推出“聚力六个走在前列”讨论活动，面向社会广泛征集建设性建议和意见，共圆长沙人民的“小康梦”“两型梦”“幸福梦”。

25日 张迎龙会见以色列驻华大使马腾一行。马腾大使先后考察长沙经开区、长沙高新区的部分企业。

△ 2013湖南（香港）投资贸易洽谈周闭幕。长沙代表团签约35个项目，引资34.42亿美元。

△ “投资旺地，产业望城” 湖南望城工业招商专题推介会举行，总投资206亿元，30个重大项目签约。全国唯一一个国家有色金属新材料精深加工高新技术产业化基地落户望城经济开发区，科技部正式授牌。其中，华菱集团投资20亿元在望城建工业园。

26日 易炼红率四大家主要领导到国防科大走访，并召开座谈会。市领导张剑飞、姚英杰参加活动。

△ 易炼红主持召开市委常委会议，传达贯彻中央组织部有关通报精神，徐守盛重要批示精神和全省进一步严肃干部人事工作纪律会议精神，部署开展干部选拔任用工作专项督查。

△ 湖南（长沙）禁毒教育基地、湖南省毒品实验室正式投入使用。

26—27日 26日下午到27日早上，长沙平均降雨64.5毫米，宁乡县双凫铺12小时内降雨325毫米，短时间集中强降雨历史罕见。

27日 华曙高科3D打印产业基地在高新区开工建设，中国科学院湖南技术转移中心打印研发中心同时挂牌成立，这标志着湖南3D打印技术研究与产品产业化迈入跨越式发展阶段。

△ 张剑飞会见中国交通建设股份有限公司副总裁陈云一行，双方就长沙基础设施建设项目战略合作事宜进行洽谈。

28日 牡丹江市党政代表团到长沙考察。考察了长沙经开区、三一重工、梅溪湖国际新城、远大住工、橘子洲生态文化公园。

△ 长沙首个时尚娱乐城市综合体项目——喜盈门范城购物中心和喜盈门建材家具广场正式开业。

29日 橘子洲风景区综合整治工程获2012—2013年度国家优质投资项目奖。

30日 长沙国际会展中心片区开工。会展中心选址在黄兴黎托片区，紧邻黄花机场、高铁南站、京港澳高速公路和长沙地铁2号线、4号线，规划面积约107.4公顷，场馆建筑面积30万平方米，远期预留30万平方米。

△ 全市财政收入实现历史性增长跨越，财政总收入首次半年度突破500亿元大关，完成501.06亿元。

△ 截至6月30日晚上8时，湘江长沙综合枢纽当月进出过闸船舶首次创日最高38闸次，210艘次。6月累计967闸次，5363艘次，刷新该枢纽蓄水通航以来月均和日均两项最高纪录。

7月

1日 广铁集团实行新的列车运行图，长沙南新增至上海虹桥、南京南、济南西的3对高速动车组。其中，长沙南是首次开行至南京南、济南西的2对动车，也是长沙至合肥首次开行高速动车组。届时，长沙到中国内地所有省会城市均有列车通达。

△ 召开以“立足本职当先锋，服务发展走前列”为主题的座谈会，纪念中国共产党成立92周年。

△ 《中华人民共和国出境入境管理法》实施，长沙黄花机场边检出入境大厅新开辟“中国公民专用通道”，供中国公民办理出境入境手续。

2日 张剑飞主持召开第十四届人民政府第三次常务会议，会议审议《有关深化农业综合配套改革加快发展现代农业的意见》，研究调整城乡居民基本养老保险基础养老金和缴费档次有关问题、长沙县进一步推行相对集中行政处罚权工作有关问题，听取长沙市2013年度第一批次划拨用地项目情况汇报。市政府全体领导出席会议。

2日—9月30日 长沙警备区开展专项治理行动，强化小旅馆治安管理。

2日 召开长沙市征兵工作电视电话会议，夏季征兵展开，这是自1990年国家实行冬季征兵以来首次调整征兵时间。

△ 召开关于城市建筑垃圾处置运输工程全自动洗车设施技术标准研讨会，首次对工地全自动洗车设施提出技术参考标准。

3日 长沙市首次举办职工全民健身排舞大赛。共有来自各开发区和区、县（市）总工会系统及企业的一线员工21支代表队460人参赛。

△ 张剑飞主持召开长沙市安全生产工作紧急会议，通报“7·2”黎托火灾事故情况，部署安全生产和拆违控违工作。

△ 张剑飞对沙湾路过河通道、京广铁路雅塘冲段综合整治工程、桐梓坡—鸭子铺通道工程等全市部分重点工程项目进行现场调研并召开市长办公会。姚英杰参加调研。

4日 省政协副主席童名谦率调研组到长沙，就“提高政协民主监督组织化程度”开展专题调研。

△ “十二五”国家粮食丰产科技工程南方片区现场观摩会在长沙举行。

4—8日 2013长沙（国际）动漫游戏展在湖南省展览馆举行。

5日 梅溪湖国际新城公共自行车租赁系统完工，这是公共自行车首次进入长沙市区大规模运营。

△ 湖南大学与长沙市教育局举行“教育英才”骨干教师学历提升合作办学签约。长沙市每年可推荐百名中青年市级骨干教师到湖大读硕士。长沙教育系统首次以集中学历提升的模式加强对骨干教师继续教育。

△ 召开民族团结进步行动组委会会议，启动2013年“围绕中国梦，唱响主旋律，巩固大团结，实现新发展”长沙市民族团结进步行动。

6日 浏阳市太平桥镇太平工艺烟花厂26号组装车间发生火灾。火灾造成1人死亡3人受伤，并引发山火。

7日 “开放崛起在湖南——行走中国·2013年世界华文媒体高层湖南行”活动在长沙启动。该活动共邀请来自美国、加拿大、法国等15个国家的20家华文媒体参加。

△ 何叔衡烈士纪念广场在宁乡县沙田乡动工。

8日 长沙公安机关针对全市公众聚集场所、水电油气要害部位、老旧住宅区、烟花爆竹行业、道路交通等重点部位和领域地毯式排查整治安全隐患。

△ 梅溪湖国际广场奠基。

9日 易炼红主持召开市委常委会议，讨论审议《中国长沙市委、长沙市人民政府关于深化农业综合配套改革加快发展现代农业的意见》。

△ 长沙2013年度夏秋季征兵“千人首日现场报名活动”在全市各区、县（市）同步举行。省军区副政委万建华，市领导陈泽珲、李田贵在芙蓉区出席相关活动。

11日 由洗心禅寺慈善基金会、长沙晚报报业集团、湖南公共频道联合主办的“2013洗心助学计划”开始启动报名，凡学籍和户籍均在湖南省内，考入国家二本以上高等院校的2013年应届城乡特困家庭子女每人4000元助学金。

△ 张剑飞主持召开第十四届人民政府第四次常务会议，听取市财政局关于市人大常委会审议2012年财政决算报告情况的汇报，研究部署审计整改工作。他要求，各级各部门、各预算单位要对照审计通报的问题，举一反三，自查自纠，堵塞漏洞，防止问题再度发生。

12日 副省长盛茂林率督查小组在长沙汽车西站督查安全工作。市领导李介德等参加督查。

△ 200台新增的士投入运营。新增出租车全部为北京现代名驭车型，是长沙市场最高档的出租车型。

△ 三一重工上诉奥巴马遭驳回。由于美国一家起重机公司申诉，美国国际贸易委员会宣布对三一重工生产的履带式起重机产品发起“337调查”（《1930年美国关税法》第337条款），以确定这些产品是否侵犯美国公司专利权。

△ 中共湖南省委作出关于开展向李杨学习的活动决定。李杨系长沙市公安局雨花区分局黎托派出所四中队中队长、社区民警，二级警督。2013年5月10日凌晨，因过度劳累昏倒在办公楼导致颅内出血，于16日牺牲，年仅36岁。

14日 芙蓉区引进11名博士。

△ 长沙大河西农产品物流中心在宁乡县双江口镇长兴新区奠基。占地66.67公顷，是中南地区最大的的农产品物流中心。

16日 召开长沙海外高层次人才联谊会暨海外高层次人才服务工作部成立大会。市领导张剑飞、陈泽珲、夏建平出席会议。

△ 长沙市首批30辆纯电动公交车正式投入运营，位于汽车东站的60个电动汽车充电台（桩）开始启用，标志着长沙公交迈向新台阶。

18日 市委、市政府召开“发展环境优化年”暨政务公开政务服务工作会议。易炼红提出要求，对损害发展环境的人和事“零容忍”，让长沙成为中部地区乃至全国审批环节最少、办事效率最高、规范收费最好的城市。

19日 基伍集团投资浏阳经开区建设生产基地签约，这是落户湖南的首家手机整机生产企业。何报翔、张剑飞出席签约。

△ 徐守盛到开福区东风路街道东风二村社区，看望基层干部群众，倾听群众的心愿。易炼红、张剑飞、李军参加座谈。

△ 长沙市统战理论会高校联合研究中心成立，18名在相关领域有较高学术造诣的专家学者受聘担任中心首批特聘研究员。市委常委、统战部部长文树勋出席授牌仪式。

19—31日 市政府领导向市人大代表各个联组通报2013年上半年全市经济社会发展情况，并听取人大代表提出的建议和意见。

20日 能容纳3万余人的远大天空城市在望城动工，造价90亿元，总高838米，建筑面积105万平方米；楼层202层，比世界第一高楼多40层。

21日 《长沙晚报》报道：全省首台花生播种机在浏阳开机。作业效率达到0.13公顷/小时，相当于20个劳动力。

△ 中信湘雅生殖与遗传专科医院宣布，世界首批经大规模平行测序技术的胚胎植入前遗传学诊断/筛查试管婴儿（PGD/PGS）在该院诞生，首批15对夫妇生育了17个健康孩子。中国在这一领域走在世界前列。

△ 召开全市消防安全火灾隐患大排查大整治专项行动紧急调度会，会上宣布雨花区临时仓库片区被省政府挂牌督办。

22日 《长沙晚报》报道：市人大常委会对《长沙市城市桥梁安全管理条例》贯彻落实情况进行执法检查，长沙市城区主要桥梁隧道共177座，其中2000年以后建成的157座，带病运营的12座，危桥4座。

△ 长沙市轨道交通集团有限公司对全市地铁建设情况进行通报。地铁2号线由原定年度试营行延至2014年5月。

△ 美国旧金山市市长李孟贤的夫人林进敏率团到长沙，就双方加强经贸合作和建立友好关系进行访问交流。

23日 株洲市委书记贺安杰率党政代表团到长沙考察，就长沙、株洲经济社会发展情况举行交流会，易炼红出席交流会。

△ 张剑飞出席市政协2013年政情通报会，向全体市政协委员通报上半年长沙经济社会发展情况暨下半年重点工作安排情况。

24日 长沙连续25天保持35℃以上高温，长沙站创62年连续高温日数最长历史纪录。

25日 《长沙晚报》发布公告：根据《长沙市人民政府办公厅关于印发〈长沙市中低收入住房困难家庭申报登记工作实施方案〉的通知》文件要求，决定在长沙市市区（不含望城区）开展中低收入住房困难家庭申报登记工作。

△ 湖南启动抗旱Ⅲ级应急响应。长沙市农作物受旱面积26666.67公顷，3.2万人出现饮水困难。

△ 市政协主席范小新会见到长沙进行经贸投资考察的加拿大驻上海总领事馆领事、安大略省政府代表黄文楚。

26日 召开全市第三次全国经济普查动员大会。陈泽珲出席会议。

△ 召开"发挥五老优势、进行四项教育"主题活动总结表彰会，200名优秀"五老"、50个先进集体、50位先进工作者受表彰，25个示范阵地获授牌。"长沙经验"受到中央领导高度评价和群众高度赞誉，并向全国推广。

△ 省政协副主席武吉海率调研组到长沙，就"加快发展环洞庭湖生态经济区农产品加工业"开展调研。市政协主席范小新、副市长黎石秋、市政协党组副书记谢明德参加调研。

29日 长沙市启动抗旱Ⅲ级应急响应。

△ 长沙经济技术开发区管委会与张家界经济开发区管委会签订战略合作框架协议。张迎春出席会议。

△ 易炼红会见到长沙考察的新华联集团董事局主席兼总裁傅军、中国国际投资（香港）集团有限公司总裁苏森昌、复地集团董事长张华等重要客商。易炼红欢迎知名企业家们到长沙投资兴业。

31日 易炼红走访慰问驻长沙部队，主持召开市委议军会议，代表市委、市人大、市政府、市政协向驻长沙部队指战员、武警官兵和民兵预备役人员致以节日的祝贺和崇高的敬意。省军区司令员黄跃进、副司令员戴焕，武警湖南总队司令员赵永平、政委贾龙武参加慰问。

8月

1日 香江集团签约入驻长沙，在长沙建设中南现代商贸物流城。张迎春、姚英杰出席签约仪式。

△ 易炼红会见香港特别行政区政府财政司司长曾俊华一行。截至2013年4月底，已有1300余家香港企业在长沙注册。

△ 省长株潭"两型"社会建设综合配套改革试验区工委书记张文雄率调研组到长沙，专题调研科技创新与清洁低碳技术推广情况，研究如何加强技术推广工作、支撑产业转型发展。常务副市长陈泽珲，长沙高新区管委会主任李晓宏参加调研。

△ 湖南省启动对交通运输业和部分现代服务业开展营业税改征增值税试点工作。2日，杜家毫在长沙考察调研"营改增"试点工作时要求，要加强组织协调，强化宣传培训，确保试点工作平稳有序推进。易炼红、省政府秘书长戴道晋、李军参加调研。

2日 长沙市第二届道德模范表彰暨2013年文明创建工作大会召开，表彰廖月娥等15名道德模范，部署下阶段工作。

6日 长沙市道德讲堂总堂、道德银行总行、"雷锋号"志愿者工作总站揭牌暨道德讲堂总堂首讲仪式在雷锋纪念馆举行。市领导张迎龙、张湘涛、芮英姿等出席。

7日 交通运输部副部长冯正霖率公交优先调研组在长沙调研。张剑飞、何寄华参加调研。

△ 张剑飞与同济大学社会实践团交流座谈，听取师生对长沙城镇化发展的思考与建议，并为"同济青年社会发展研习院——长沙实践基地"揭牌。

△ 召开市政府挂牌督办重点建设项目协调会议。陈泽珲、姚英杰出席会议。

8—9日 市科协第十一次代表大会召开。易炼红出席大会并讲话。

8日 李杨先进事迹报告会在省委视频会议中心举行，长沙主会场和各市州分会场的2300名党员干部和群众聆听了报告会。省、市领导孙金龙、许又声、易炼红等出席相关活动。

9—10日 全国人大常委会原副委员长桑国卫一行12人，在省人大常委党组成员肖雅瑜陪同下，考察长沙市新药创新重大科技专项实施方面工作，考察尔康制药股份有限公司，省药物安全评价研究中心，湖南医药科技文化基地，市领导刘新程、夏建平陪同考察。

12日 易炼红搭乘公交车，专题调研交通工作，了解市民的所想所愿。

13日 市政府和省国资委签署《推进长沙城市基础设施建设战略合作框架协议》，双方将进一步加强战略合作，引导省属大型建设企业投资建设长沙市各类大型、重点工程项目，助推长沙市基础设施和城市建设的大提质、大发展。

△ 张剑飞会见香港恒基兆业地产集团副主席李家杰一行。张迎春参加会见。

15日 中国中铁、海航集团与长沙县政府签订长沙县城镇化基础设施建设项目合作协议。张剑飞、何寄华出席签约仪式。

16日 新加坡建设局与市政府签订绿色建筑与绿色生态城区合作谅解备忘录。此次签订合作备忘录，明确了长沙市政府与新加坡建设局在绿色建筑发展和绿色生态城区建设领域开展合作，以推动长沙市和新加坡友好关系的不断发展，实现互惠双赢。合作领域包括城市规划、建设中引入绿色低碳发展理论与技术；建筑节能与绿色建筑发展；

绿色生态城区建设；城市可持续发展领域双方共同关心的其他问题。

△ 张剑飞主持召开市长办公会，研究人口计生工作有关问题、《长沙市市属国有及国有控股企业负责人薪酬管理试行办法》《长沙市专款资金存量存储管理试点方案》等有关问题。陈泽珲、张迎春、姚英杰出席会议。

20日 长沙市政府与中国联通湖南省分公司签订“智慧长沙”战略合作协议。何寄华出席签约仪式。

21日 中共中央政治局委员、广东省委书记胡春华，广东省委副书记、省长朱小丹率领的广东省党政代表团，在徐守盛、杜家毫等陪同下到长沙考察。

25日 全国人大常委会副委员长、民革中央主席万鄂湘在省人大常委会副主任刘莲玉陪同下，考察民革长沙城建支部活动室，民革长沙市财贸支部活动室，召开民革长沙市基层工作座谈会，市领导袁观清、李军陪同。

26日 省人大常委会副主任蒋作斌到长沙就“十二五”规划实施情况进行专题调研。省人大常委会委员、省人大财经委主任委员田家贵，市领导袁观清、张建国、王国海等参加调研。

27日 张剑飞会见意大利驻广州总领事馆总领事雷腾飞。

30日 易炼红会见比亚迪股份有限公司董事局主席兼总裁王传福一行。市领导李军、何寄华参加会见。

9月

1日—12月10日 长沙市政法综治系统举办“百日大走访”活动。

3日 召开长沙市直属机关在职党员进社区报到工作动员部署会，按照要求，10月31日前全市机关、企事业单位在职党员将完成到居住地社区报到登记工作。

4日 全省党史联络工作座谈会在长沙召开。张迎龙出席会议并致辞，老同志陈香成、张贤遵、董学生等参加会议。

7日 第七届化学生物学与创新药物中美圆桌会议在长沙举行。夏建平会见与会专家代表。

8日 长沙现代农业领军人才研修班开课。副市长黎石秋参加开班仪式。

9日 易炼红、张剑飞专程看望慰问教师代表，向全市教育工作者送上节日问候。易炼红表示，要让尊师重教成为长沙这座全国文明城市的靓丽名片、鲜明标签。

△ 张迎春会见韩国统营市市长金东镇一行。张迎春表示，长沙市与统营市合作潜力很大，今后双方可以在文化、旅游、农业等方面加强交流合作，实现共赢发展。

12日 2013年中国湖南国际旅游节暨湖南旅游产业博览会在长沙橘子洲开幕，杜家毫宣布活动开幕。国家旅游局副局长祝善忠，易炼红，副省长何报翔，省政府秘书长戴道晋，以及市领导张剑飞、张迎龙、范小新等出席开幕式。开幕式由湖南省旅游局局长张值恒主持。

13日 全国人大财经委原副主任委员、内蒙古自治区原党委书记储波到长沙考察经济社会发展情况。易炼红、张剑飞、李军参加考察。储波对长沙近年来经济社会发展取得的巨大成绩给予充分肯定，他希望长沙进一步提升城市建设管理水平，完善城市发展规划，增强城市发展实力，为建设资源节约和环境友好型城市创造更多好经验。

13—17日 2013梅溪湖国际文化艺术周举行。

13日 张剑飞、张迎春会见出席长沙大河西先导区2013年国际高端服务业峰会客商代表。

△ 易炼红会见到长沙出席2013梅溪湖国际文化艺术周的外国驻华使节及代表。

14日 全国政协原副主席张怀西在省政协副主席杨维刚陪同下，考察橘子洲生态文化公园、长株潭“两型”社会发展馆、岳麓书院、梅溪湖，市领导赵文彬、周秋光陪同。

16日 2013年“全国科普日”长沙主场活动在望城光明村启动。市领导夏建平出席活动。

17—18日 “2013湖南·两岸文化创意产业合作周”活动在台湾举行。18日，长沙就文化创意产业和园区进行重点推介，长沙市文化产业协会与亚太文化创意产业协会，天心区文化产业示范园与华山文创园，望城区铜官镇与新北市莺歌镇分别签订战略合作框架备忘录，共同推进双方文化创意产业发展。

21—25日 2013年香港（长沙先导）招商推介会暨香港长沙商会成立一周年庆典在香港举行。会上，长沙大河西先导区作招商专题推介，并成功签约5个项目，合同签约协议总金额55亿元。

22日 举行长沙市第八届运动会。易炼红宣布市八运会开幕，张剑飞致开幕词。市八运会以“健康星城·活力市运”为主题，突破以往只有区、县（市）组队参加的局限性，增加市直机关、各个协会共同参与组队，吸引超过10万人次参与。

23日 徐守盛在长沙市考察经济社会发展特别是项目建设情况，要求长沙市进一步狠抓工作落实，继续保持稳中有进、稳中有为的良好发展态势，为全省发展多作贡献。省委秘书长韩永文，易炼红、张剑飞参加考察。

25日 湖南·上海浦东新区经济社会发展情况交流会在长沙举行，长沙市政府与上海浦东新区政府签署《加强全面合作框架协议》，两地将发挥优势，加强互动合作，共促经济跨越式发展。省长杜家毫，上海市委常委、浦东新区区委书记沈晓明见证签约并出席交流会。

26日 第四届全国道德模范评选颁奖在北京举行，长沙市民廖月娥获评“全国孝老爱亲模范”。

△ 张剑飞主持召开市长办公会，专题研究优先发展城市公共交通，大力推进“公交都市”创建工作。会议确定，从2014年1月1日开始，长沙将实施公交乘车刷卡优惠措施，其中中小学生刷卡5折优惠，普通市民刷卡7折优惠，65岁以上老人、残疾人和现役军人刷卡免费乘车。

27日 全国部分城市政协工作研讨会第二十八届年会在长沙召开。来自全国18个省会城市、地级市、自治州的政协负责人齐聚长沙，就“新时期人民政协工作的创新与发展”开展研讨，互相交流先进经验，共享政协工作优秀成果。会上，长沙市政协切实做好民主监督工作的经验与做法，受到与会代表的高度关注。

27—29日 老挝人民革命党中央总书记、国家主席朱马里携夫人一行访湘。随同访问的有老挝人民革命党中央政治局委员、副总理兼老中合作委员会主席宋沙瓦·凌沙瓦，老挝人民革命党中央政治局委员、中央书记处书记、中央办公厅主任本邦·布达纳冯，老挝人民革命党中央书记处书记、中组部部长占西·普西坎，中联部副部长陈凤翔、中国驻老挝大使关华兵等，省、市领导孙金龙、陈肇雄、易炼红等分别陪同访问。

28日 市委、市政府与中联重科举行座谈会，就进一步推动企业发展进行交流。易炼红表示，长沙将一如既往支持中联重科做大做强做优，成为总部扎根长沙的世界500强企业。张剑飞主持座谈会。陈泽珲、何寄华出席会议。

10月

8日 何寄华带领市安监、质监、国资委等相关部门负责人对全市涉氨企业重大隐患进行专题督办。

9日 易炼红会见上海城建（集团）公司总裁张焰一行。市领导李军、张迎春参加会见。

9—16日 全国人大常委会原副委员长彭珮云到湖南调研。

10日 徐守盛在长沙市和省直单位调研精神文明建设情况。他强调，要深入贯彻落实党的十八大精神，立足精神文明建设主阵地，面向经济建设主战场，大力开展精神文明创建活动，建设好精神家园，为加快全面建成小康社会广泛凝聚正能量。省、市领导许又声、易炼红、张剑飞等参加调研。

△ 张迎龙会见联强国际集团总裁杜书伍一行。张迎春参加会见。

11日 全市就业工作领导小组联席会议召开，张剑飞要求，必须始终把就业放在政府工作的核心位置，坚持以发展经济扩大就业，以扩大就业促进发展，切实把这项关系民生之本、发展之源、稳定之基的大事抓好。

12—15日 彭珮云在省人大常委会副主任王四连陪同下，考察了橘子洲生态文化公园、长株潭“两型”社会发展馆及梅溪湖，召开女性参政议政工作汇报座谈会，易炼红、张剑飞、袁观清、赵文彬、李军陪同。

13日 宝鸡市委书记、市人大常委会主任唐俊昌率队到长沙考察文明创建工作。唐俊昌表示，长沙的先进经验和做法让正在争创全国文明城市的宝鸡很受启发，将带回去学习借鉴。张剑飞、张湘涛、李军出席相关活动。

14日 徐守盛、杜家毫等省领导在长沙市专题督查“转作风、解难题、抓关键、见实效”活动，并召开省委常委办公会议，决定向长沙市下放45项省级经济社会管理权限，促推长沙在全省新一轮发展中承担更大责任和使命。

△ 黑龙江省委常委、政法委书记郝会龙率团到长沙考察综治、平安建设工作。省委常委、政法委书记孙建国，市委常委、政法委书记钟钢陪同考察。郝会龙一行还考察了长株潭“两型”社会展览馆和梅溪湖国际服务区。

15日 举行“创业兴文走在前列——首届长沙阳光娱乐节”开幕式。夏建平出席开幕式。

16日 张剑飞、姚英杰会见广铁集团董事长、总经理李文新一行。

17日 易炼红会见中国安防技术有限公司董事会主席兼CEO涂国身、中国工程院院士岑可法一行。李军、曹立军参加会见。易炼红对“中国安防”选择在长沙开展智慧城市项目建设表示欢迎。希望“中国安防”尽快启动项目实质性建设，将智慧低碳的先进理念植入长沙，形成新的发展亮点，打造可供示范的样板，为长沙推动转型创新发展、实现城乡品质倍升注入新的动力。

△ 易炼红会见洋河股份（苏酒集团）副董事长、总裁王守兵一行。

△ 易炼红会见大连万达集团股份有限公司董事长王健林一行。

△ 长沙市召开省向长沙下放省级经济社会管理权限工作部署会，要求市级相应部门要确保下放权限承接到位，及时向社会公布本部门承接的权限事项，审批事项全部进驻市政务中心受理、办理。

△ 浏阳市与中国安防技术有限公司智慧中国集团签署浏阳河智慧低碳产城融合示范区项目合作协议。市政府曹立军出席签约仪式。

18日 “2013中国（长沙）电子商务高峰论坛暨精英创业者大会”举行，深圳快汇宝、物联世界等6家沿海电商企业签约入驻长沙经开区中部智谷产业园，共同打造电商湘军。老同志唐之享，商务部电子商务和信息化司副司长聂林海、省商务厅总经济师周越，张迎春、李科明出席活动。

△ 陈泽珲接待国防科技大学电子科学与工程学院政委李明一行，双方就加强军地协同、校市合作，加快长沙北斗卫星导航应用产业发展的思路、规划、政策、服务等问题进行交流。

△ 中山亭提质改造重新对外开放，张剑飞为孙中山先生铜像揭幕，并宣布重新对外开放。夏建平主持仪式。

22日 由长沙市海外联谊会、市侨联共同主办的“创业中华，梦起星城”海联（长沙）投资创业论坛举行。张迎春作长沙市市情介绍和重点项目推介，重点推介长沙市新型工业化、现代物流业、金融与会展产业发展项目等。

25—27日 世界休闲农业与乡村旅游城市（城区）联盟第一次峰会在望城举行。该峰会由中国公共外交协会主办，围绕“借鉴统筹城乡模式、探索新型城乡关系”的主题，开展高峰论坛、现代农庄发展报告会、市长论坛、大使论坛等主题活动。

29日 易炼红、张剑飞率领长沙市党政代表团在上海浦东新区考察，学习创新发展经验，共促合作交流。上海市委常委、浦东新区区委书记沈晓明，上海市政协副主席、浦东新区区委副书记、区长姜樑会见代表团一行。

29—31日 2013湖南长沙·上海招商活动在上海举行。此次长沙赴沪招商活动共签订39个项目，总投资额288.9亿元，拟引进资金256.5亿元，涵盖现代物流、文化创意等多个行业和投资领域。

31日—11月2日 第八届中国城镇水务发展国际研讨会暨新技术设备博览会在长沙举办。住房和城乡建设部副部长仇保兴在主题发言中表示，解决城市水安全，主要应从水生态修复入手，进而提高水的使用效率。

11月

1日 纪念杨勇诞辰100周年座谈会在浏阳举行。省委常委、宣传部部长许又声、省军区政治部主任姜英宇，市领导张迎龙、王忠斌、芮英姿、曹立军，杨勇的儿子杨小平等出席或发言，共同追忆和缅怀杨勇为党和人民的事业鞠躬尽瘁、死而后已的崇高风范，表达深切的怀念之情。座谈会由张湘涛主持。

△ 张剑飞会见中国高等院校校友会联合会“春晖计划”访问团一行。张剑飞希望加强海外留学人员与长沙的学术交流，扩大科技合作。

2 日 张剑飞会见台湾“三品会”秘书长陈立恒一行。

△ 第九届湘台经贸文化交流合作会在长沙举行。杜家毫在开幕式上致词。张剑飞出席相关活动。

4 日 中共中央总书记、国家主席、中央军委主席习近平到长沙考察科技创新和经济社会发展情况。徐守盛、杜家毫、易炼红、张剑飞陪同考察。

△ 举行长沙小城市（中心镇）建设暨现代农业发展投资洽谈会，现场签约 33 个项目，签约金额 253.49 亿元。省、市领导徐明华、张大方、张迎龙等出席。

6 日 张剑飞在上海召开的国家公共文化服务体系示范区（项目）创建工作会议上接受由文化部、财政部授予的“国家公共文化服务体系示范区”匾牌，并作典型发言，推介长沙经验。

6—8 日 全国人大常委会副委员长张平率全国人大财经委调研组到湖南调研。7 日 张平一行在省人大常委会副主任蒋作斌陪同下，出席长沙当前经济形势及存在问题座谈会，参观中联重科、远大住工、梅溪湖。易炼红、袁观清、赵文彬、陈献春陪同。

△ 由中国国际经济交流中心与美国保尔森中心联合举办的“未来城市：现代中国的城市可持续性”年度研讨会在北京举行。市长张剑飞应邀出席研讨会，并与中外市长围绕“宜居城市基本元素”进行交流。研讨会开始前，张剑飞与美国前财政部长保尔森举行专门会谈。

10—11 日 2013 中国（长沙）科技成果转化交易会在长沙举行。科交会收集到全国高校、科研院所的最新适用科技成果 7235 项，征集企业技术需求 557 项、融资需求 387 项、人才需求 246 项。科交会期间，组织近 20 场科技成果对接洽谈会、投资推介会和经验交流会，现场解决和协议解决近百项技术难题。经过前期洽谈、对接，会期共签订各类科技合作项目 288 个，签约金额 279.29 亿元。

11 日 易炼红主持召开市级经济社会管理权限下放工作座谈会。

12 日 长沙举行全国道德模范先进事迹报告会。市委书记易炼红会见报告团成员，要求全市广大干部群众认真学习、大力弘扬道德模范无私奉献、勇于担当的时代精神，为推动长沙经济社会更好更快发展注入强大的精神动力。

△ 国家发改委地区司司长范恒山率调研组在长沙就有关问题开展专题调研。易炼红会见调研组一行，省发改委主任胡衡华，市领导陈泽珲、文树勋、李军、陈献春等参加会见或考察。范恒山代表调研组对长沙“两型”社会建设取得的成绩给予高度评价，并对下一步的发展提出建议。

14 日 易炼红主持召开市委常委会议，传达学习党的十八届三中全会精神、习近平在湘考察重要讲话精神以及 11 月 7 日和 11 月 13 日召开的两次省委常委（扩大）会议精神，研究部署贯彻落实意见。

15—17 日 2013 中国（长沙）手机文化产业博览会将在湖南国际会展中心举行。文化部、工信部、中国通信工业协会等相关部门负责人和市领导夏建平、石长松等出席开幕式。中国通信工业协会手机及智能终端分会在开幕式上正式揭牌成立。15 日，张剑飞会见中国通信工业协会会长王秉科、深圳市手机行业协会执行会长孙文平等 20 余位展会重要客商代表，文化部文化产业司副司长高政，市委常委、宣传部部长张湘涛出席。

18 日 易炼红会见中国通信服务股份有限公司董事长李平。张迎春、陈献春参加会见。当日，由中国银联、长沙银行、中国通信服务联手推出的以手机号码为凭证的移动互联网金融服务客户端——“掌钱”在长沙正式发布。

20 日 举行长沙第二届“星城友谊奖”颁奖典礼。张剑飞、陈泽珲出席仪式。

△ 夏建平会见由韩国龟尾市副市长尹正吉率领的代表团一行。夏建平表示，长沙已进入一个新的发展时期，欢迎韩国的投资家、友好人士到长沙投资兴业和观光旅游。

21 日 张剑飞出席中欧城镇化合作会议，并代表长沙市政府与瑞典驻华大使馆签署《中欧城镇化合作城市项目意向书》。

22 日 省气象局与市政府就共同推进气象服务长沙经济社会发展签订合作协议。黎石秋出席签约仪式。

△ 易炼红会见到长沙与长沙广电洽谈合作的新浪董事长兼 CEO 曹国伟一行。张湘涛、陈献春参加会见。

24 日 “刘少奇与民生学术研讨会”在宁乡刘少奇纪念馆举行。

26 日 市政府全体领导参加中央宣讲团党的十八届三中全会精神报告电视电话会。

△ 张剑飞为长沙市 2013 年重点岗位人员廉政培训班的学员讲廉政党课。

27 日 易炼红主持召开市委常委民主生活会。市委常委们以“为民务实清廉”为主题，以“反对‘四风’、服务群众”为重点，开展批评和自我批评，认真查摆问题，深刻剖析原因，明确整改方向和措施。会上，易炼红通报上年市委常委民主生活会整改和作风建设的情况，代表市委常委会作“四风”问题的对照检查，并带头作自我批评，认真查摆问题，深刻对照检查。市委常委们一一发言剖析自身存在的问题。

28 日 易炼红会见中国建筑工程总公司党组书记、董事长易军一行。市领导陈献春、姚英杰参加会见。

28 日—12 月 4 日 2013 中国中部（湖南）国际农博会开幕式暨现代农业与食品安全巡礼活动在长沙举行。农业部副部长于康震，中华全国供销合作总社监事会副主任汤益诚，省人大常委会党组成员蔡力峰，副省长张硕辅，省政协副主席武吉海、袁隆平，省农业厅厅长刘宗林，市领导易炼红、张剑飞、张迎龙、陈献春、赵建强、黎石秋、龚振湘及中部五省相关部门领导出席。

29 日 省十二届人大常委会第五次会议决定任命张剑飞为湖南省人民政府副省长。

△ 杜家毫视察 2013 中国中部（湖南）国际农博会展

馆。易炼红、张剑飞、黎石秋陪同视察。

△ 上海新沪商联合会企业家代表团一行到长沙考察。先后考察高铁新城片区、洋湖片区、梅溪湖片区。并进行座谈，座谈会上，张迎春致辞并作长沙投资环境及项目推介。

30 日 萧劲光故居经过修缮后重新对外开放。萧劲光家属萧凯、萧策能、萧林华等，海军副政委马发祥，海军原副司令员、解放军军事科学院原政委张序三，省、市领导李有新、张剑飞、赖明勇、张湘涛、陈献春、王忠斌、芮英姿、段安娜出席。省委宣传部将故居公布为“湖南省爱国主义教育基地”，同时挂牌。

△ 2013 首届隆平国际论坛暨“隆平新区·种业硅谷”招商推荐会在长沙芙蓉区举行。会上，芙蓉区以打造种业硅谷为总体定位，推出 18 个优质项目面向全球招商。

12 月

1 日 根据《长沙市人民政府办公厅关于发布 2013 至 2014 年度最低工资标准的通知》及《长沙市失业保险办法》有关规定，2013 年 12 月 1 日至 2014 年 11 月 30 日，长沙市城区失业人员的月失业保险金标准调整为 1012 元，较上年 928 元上调 84 元，3 县（市）失业人员调整为 916 元，较上年 840 元上调 76 元。

3 日 召开市 2013—2016 年建设扶贫工作动员会。黎石秋出席会议并讲话。

△ 省委宣讲团“学习贯彻党的十八届三中全会精神 开启全省全面深化改革新征程”首场报告会在长沙举行。易炼红主持报告会并讲话，省委宣讲团成员、省委讲师团巡视员陈志强作宣讲报告。

△ 省委宣传部部长许又声，省人大常委会副主任、省总工会主席刘莲玉到长沙调研企业文化、职工文化建设情况。市领导张湘涛、张建国参加调研。

△ 召开全市三年造绿大行动工作动员会，从 2014 年到 2016 年，长沙将实施造绿大行动，以确保全面实现净增林地面积 2 万公顷以上、森林覆盖率保持在 55%以上、建成区绿化覆盖率提升到 50%，把长沙打造成全省乃至全国生态环境最好的城市之一。市领导张迎龙、黎石秋、龚振湘等出席会议。

4—5 日 杜家毫深入长沙的园区、企业，专题调研现代服务业发展情况。他强调，要充分发挥湖南特别是长沙在区位、人才、产业等方面的优势，加快现代服务业发展。

5 日 易炼红主持召开市委常委会议，讨论审议《长沙市关于进一步深化行政审批制度改革提高行政效能的实施意见》《长沙市优化政府投资项目审批实施办法（试行）》和《长沙市优化社会投资建设项目审批流程实施办法(试行)》（以下简称“一意见两办法”），研究部署进一步转变政府职能、优化经济发展环境等工作，以深化行政审批制度改革的自觉行动，贯彻落实党的十八届三中全会精神。

8 日 “城市群综合客运枢纽发展论坛”召开。会上宣布“十二五”期间，长沙将重（新）建 4 个国家级公路一级综合客运枢纽站。

10—16 日 召开市人大代表各区县（市）、解放军联组，市政协，各民主党派、工商联，老干部座谈会，分别征求《政府工作报告》起草工作意见和建议。市政府各位副市长主持座谈会。

12—13 日 全市项目建设流动观摩现场会举行。易炼红与各区、县（市），园区和市直部门负责人走进建设工地，实地观摩、点评、督导项目建设推进工作。

17 日 中国社科院发布的《中国城市基本公共服务满意度评价报告》显示，长沙在全国 38 个主要城市中名列第九位。

19 日 长沙市召开领导干部会议，宣布省委决定：胡衡华任中共长沙市委委员、常委、副书记，张剑飞不再担任中共长沙市委副书记、常委、委员职务；同意提名胡衡华为长沙市人民政府市长候选人，免去张剑飞长沙市人民政府市长职务。

19—20 日 全国妇联党组书记、副主席、书记处第一书记宋秀岩到长沙，就推进新型城镇化、全面深化改革中如何发挥妇女作用、维护妇女权益等问题进行考察调研。省、市领导孙金龙、易炼红、张文雄等参加调研。

22 日 中央文明办公布 2013 年全国城市文明程度指数测评结果，全国城市文明程度指数和未成年人思想道德建设工作这两项测评中，长沙市均名列全国省会和副省级城市第一。

23 日 第十三届全国“县域经济与县域基本竞争力百强县（市）”排名公布。长沙县居中部第一，浏阳进入百强县第四十七位，宁乡县排第五十六位。

△ 易炼红主持召开长沙市 2013 年度“六个走在前列”大竞赛暨绩效考核述职测评大会。会议采取“双向述职、双向测评”的模式，进行市领导班子及成员的年度考核述职测评和市管领导班子绩效考核述职测评，并开展干部选拔任用“一报告两评议”工作。

23—24 日 市十四届人大常委会举行第九次会议。会议经过审议，决定任命胡衡华为长沙市人民政府副市长、代理市长。同时，会议接受副省长张剑飞辞去长沙市市长职务的请求。市人大常委会主任袁观清主持第一次全体会议，副主任刘新程、张建国、王国海等，秘书长柳美景出席会议。常务副市长陈泽珲，市中级人民法院院长罗衡宁，市人民检察院检察长陈绍纯列席会议。

25 日 胡衡华陪同杜家毫会见复星集团董事长郭广昌一行。

△ “12345”市民服务热线正式开通。陈泽珲宣布开通并为市民服务热线呼叫中心揭牌。

29 日 徐守盛、杜家毫到长沙绕城高速公路杨梓冲互通看望慰问高速公路建设管理者。易炼红、胡衡华陪同慰问。

30 日 举行轨道交通 2 号线试运行仪式。胡衡华宣布试运行，何寄华、姚英杰出席仪式。

31 日 召开全市商事登记改革工作第一次联席会议。胡衡华、张迎春出席会议。

△ 国家食品安全风险监测湖南中心在长沙成立。

△ 举行重大现代农业项目建设现场观摩活动。2013 年长沙市重点铺排的 115 个重大现代农业项目总投资 626.74 亿元，实际完成投资 100.3 亿元。

长沙概况

责任编辑：陈晓红

自然地理

【区域位置】 长沙市为湖南省省会，是湖南省政治、经济、文化、交通、科技、金融、信息中心。它位于湖南省东部偏北，湘江下游和长浏盆地西缘。地域范围为北纬27°53′～28°41′，东经111°53′～114°15′。东邻江西省宜春地区和萍乡市，南接株洲、湘潭两市，西连娄底、益阳两市，北抵岳阳、益阳两市。东西长约230公里，南北宽约88公里。2013年，全市土地面积11815.96平方公里，其中市区面积1909.86平方公里，建成区面积325.51平方公里。

【地质地貌】 长沙的总体地质特征是：地层出露齐全，花岗岩体广布，地质构造复杂，矿产资源丰富。各个地质历史时期的地层在长沙市均有出露，最古老的地层大约是10亿年以前形成的。总体地貌特征是：地势起伏较大，地貌类型多样，地表水系发达。长沙的东北是幕阜—罗霄山系的北段，西北是雪峰山余脉的东缘，中部是长衡丘陵盆地向洞庭湖平原过渡地带。东北、西北两端山地环绕，地势相对高峻，中部递降趋于平缓，略似马鞍形，南部丘岗起伏，北部平坦开阔，地势由南向北倾斜，形如一个向北开口的漏斗。长沙城区为多级阶地组成的坡度较缓的平岗地带，地势南高北低，湘江由南向北流经中部，穿贯市区，江中的橘子洲长5公里，在全国城市中绝无仅有。湘江两岸形成地势低平的冲积平原，其东西侧及东南面为地势较高的低山、丘陵。东有属于湘赣边雁阵式山系的大围山，海拔800米以上山峰有50余座，其主峰七星岭，海拔1607.9米，为全市最高处；西有海拔800米以上的山峰13座，望城区乔口湛湖的海拔23.5米，为全市最低点。

【自然资源】 长沙地下矿藏种类繁多，尤以非金属矿独具特色，已查明的有锰、钒、铜、钨、金、银、磷、海泡石、重晶石、菊花石、石膏、煤等50余种，有全国独一无二的菊花石。其中大型矿床10处，小型矿床16处，矿点300余处。长沙土壤种类多样，可划分9个土类、21个亚类、85个土属、221个土种，以红壤、水稻土为主，分别占土壤总面积的70%与25%。其余还有菜园土、潮土、山地黄壤、黄棕壤、山地草甸土、石灰土、紫色土等，适宜多种农作物生长。长沙动物地理区划属东洋界华中区，生态地理区划属亚亚带林灌、草地—农田动物群，野生动物多为适应耕地和居民点的类群林栖鸟类已少见，田间捕食昆虫、鼠类和两栖爬行动物丰富。植被以亚热带常绿阔叶林为主，有自然生长和引进栽培的木本植物102科、977种，其中常绿树462种，落叶树515种，乔木457种，灌木414种，竹藤类106种。主要林木有松、杉、栎、樟、楠、椿、茶、油茶、柑橘、毛竹等。1985年长沙市第八届人大常委会通过，长沙市人民政府公布香樟为市树，杜鹃花为市花。

【水文气候】 长沙水文特征：水系完整，河网密布；水量较多，水能资源丰富；冬不结冰，含沙量少。长沙市的河流大都属湘江水系，支流河长5公里以上的有302条，其中湘江流域289条。湘江自湘潭昭山流经长沙县西南边境，然后由南向北纵贯市区，经望城县乔口出境。经过市境的长度有74公里，其间流入湘江的支流有15条，其中较大的有：浏阳河、捞刀河、靳江、沩水。年平均地表径流量82.65亿立方米，径流深550～850毫米。湘江流经长沙市的常年径流量年均692.50亿立方米，全年可通航。全市水能蕴藏量24.53万千瓦，地下水总储量9.35亿立方米/年。

长沙地处中国东南部，属亚热带季风气候。由于位居盆地内部，且距海较远，受冬夏季风转换、地势向北倾斜等因素的影响，春温变化大，夏初雨水多，伏秋高温久，冬季严寒少。长沙市气候有两个主要特征：1. 水热充足，生长期长。1981—2010年，长沙市年平均气温为17.4℃，年平均降水量为1475.8毫米，年平均日照为1583.3小时。热量条件比较优越，降水多集中在春夏两季，多雨期与高温期一致，生长期长，对农业生产有利。2. 气

候温和，四季分明，夏冬季长，春秋季短。春季从 3 月中旬到 5 月中下旬，为期约 70 天，期间气温升高很快，对春播有利。春季天气阴雨潮湿，降水量占全年的 40% 以上。夏季从 5 月中、下旬到 9 月下旬，为期约 132 天，季节长，天气热，是夏季的突出特点，夏季温高暑热，常连晴数日，骄阳似火蒸发强盛，在降雨集中期易发生洪涝灾害。秋季从 9 月下旬到 11 月中旬，将近 60 天，是全年最短的一季。冬季从 11 月下旬到次年 3 月上旬，为期 3 个半月，月平均气温大都在 6.1℃以上，冬季气温虽不很低，但比较湿冷，降雪较少，有时会发生冰冻天气，冬季的降水量仅占全年的 16%，是一年中降水量最少的季节。2013 年长沙市年平均气温 18.7℃， 极端最高气温为 41.3℃，极端最低气温为 -4℃，年平均降水量为 1331 毫米。

人口·民族

【总人口及分布情况】 2013 年末，长沙市人口总数为 6628122 人，市区人口为 2992513 人，其中芙蓉区 406273 人、天心区 392340 人、岳麓区 624428 人、开福区 441605 人、雨花区 565405 人、望城区 562462 人（含雷锋镇）。县（市）人口为 3635609 人，其中长沙县 818874 人、宁乡县 1377038 人、浏阳市 1439697 人。全市总人口中，男性 3346546 人，女性 3281576 人，年末男女性别比为 101.98:100。

【人口自然变动】 2013 年，全市出生人口 83357 人，死亡 52090 人，年出生率 12.6‰，年死亡率 7.87‰，年自然增长率 4.73‰。

【人口密度】 2013 年，全市人口密度每平方公里 560.94 人，其中市区每平方公里 1566.87 人。

【民族】 据 2013 年人口统计，长沙市有土家族、苗族、回族、侗族、瑶族、满族、壮族、蒙古族、白族等 51 个族别的少数民族，共计 7.7 万余人。

建置·区划

【封建王朝时期】 秦为长沙郡治临湘县。西汉为长沙国都城。东汉复为长沙郡治，上隶荆州。吴、晋、南朝，临湘析出湘西，临湘为长沙郡首邑，南朝宋开始，湘西为衡阳郡（长沙郡析出）首邑，上隶荆州或湘州（西晋怀帝永嘉元年即公元 307 年分荆、江二州置）。公元 589 年隋统一中国，废州郡，行州、县二级制，临湘（省湘西）改称长沙县，为潭州州治（大业三年（607）隋一度改潭州为长沙郡）。唐武德三年（620）入唐版图。贞观元年（627）设十道，潭州（天宝元年即 742 年，潭州改为长沙郡，至德元年十二月十五日即 758 年 1 月 19 日复改为潭州）暨长沙县属江南道。开元二十一年（733）分十五道，潭州属江南西道。后唐天成二年六月十七日(927.7.18)马殷“以潭州为长沙府”，长沙为楚国都城，周太祖广顺二年 (952)，南唐边镐陷长沙，湖南政治中心移至朗州（常德）。宋太祖乾德元年 (963) 二月，入宋版图，至道三年 (997) 分全国为十五路，潭州为荆湖南路路治。哲宗元符元年 (1098) 设善化县与长沙县同附廓，潭州辖长沙、善化、浏阳、宁乡、湘潭、湘乡、益阳、安化、湘阴、醴陵、茶陵、攸县等 12 县，直至民初，长沙城为路、州及长善二县治所。元世祖至元十三年正月初一 (1276.1.18)，长沙入元版图，设安抚司。十四年设潭州行省，十八年二月初九 (1281.2.28) 迁潭州行省于鄂州，称湖广等处行中书省，徙湖南道宣慰司治潭州路。天历二年三月初九 (1329.4.8)，文宗以“潜邸所幸”，改潭州路为天临路，辖五县七州。元顺帝至正二十四年（吴王朱元璋甲辰年九月二十四日）(1364.10.19) 徐达领兵至潭州，改天临路为潭州府。洪武五年（1372 年）六月，潭州府更名长沙府，辖十二州县，上隶湖广布政使司。清顺治四年四月初八 (1647.5.12) 高士俊领兵入长沙，长沙纳入清版图，沿明制设长沙府，上隶湖广，仍辖十二州县。康熙三年 (1664) 湖广省设右布政使司、湖南按察使司于长沙，偏沅巡抚移驻长沙。清雍正元年 (1723) 改湖广右布政使司为湖南布政使司。清雍正二年 (1724) 改偏沅巡抚为湖南巡抚（仍隶湖广）。长沙（府）城自此为湖南省会。长沙府上有盐法长宝道。乾隆时长沙府城不仅为巡抚治，亦为布政、提学、提法三司，巡警、劝业、盐法、长宝四道治所。

【中华民国时期】 1912 年，军政府执行特别议会颁行《湖南府厅州县暂行条例》“凡与府同城之一县或两县，均并于府”。4 月，长沙、善化二县合并为长沙府直辖地，1913 年 9 月改定。1914 年 6 月 2 日，北京政府划湖南为四道，长沙县属湘江道（即原长宝道，1916 年裁撤武陵道，其中 11 县划归湘江道）。1914 年废都甲设乡镇，长沙县辖 7 乡 11 镇。1920 年长沙设市政厅，年底设市政公所。省会警察厅设东、南、西、北、外东、外南、外北、商埠 8 个警察署（区）。当年废除“道”，县直属省。1930 年 (7 月 27 日，中国工农红军攻入长沙，成立长沙市苏维埃政府）年底，长沙城分设东、南、西、北、外东特、商埠 6 个区，下辖 158 街团，街团下辖甲、牌、联（结），5 家为 1 联，2 联为 1 牌，10 牌为 1 甲。1931 年 5 月，裁商埠入西区。1933 年 8 月 11 日，国民政府行政院同意长沙设市，是第 14 个设为行政区划的市，也是第 7 个设市的省会，面积 48.5 平方公里 (11 月 3 日，废除街团制)。1934 年 4 月 29 日，划全市为 4 个区（按东南西北顺序命名为一、二、三、四区），每区分 4 坊，每坊设 2～4 保，共

58保，40～60户为一甲。1938年上属湖南省第一行政督察区。8月11日，改区坊保甲4级制为镇（乡）保甲三级制，原4区为8镇，市郊为4乡。“文夕大火”后缩编为城南、城北两镇及两乡。1939年（8镇4乡）改为4镇4乡。1945年12月，设城东、城南、城西、城北、文艺、金盆、岳麓、会春8区。1947年至1948年9月有83保1843甲。

【中华人民共和国成立后】 1949年8月，长沙和平解放，共辖8区82保1838甲。1950年3月30日设郊区办事处领导外4区。1953年1月设水上区。1955年内4区建306居委会2909居民组。1956年5月撤销市郊外4区，辖乡并为7乡1镇。同年撤水上区。1957年内4区辖26街道275居委会2766居民组；郊区辖7个乡、镇。1958年9月，农村实行政社合一的人民公社体制，郊区建立万年红、东风、岳麓公社。城区辖4区25街道233居委会2731居民组。

1958年12月24日，湖南省调整县市行政区划，原属湘潭专区的长沙、望城二县划归长沙市管辖。1959年3月（至1977年12月又分设）长沙、望城二县合并称长沙县。2月撤销郊区，并入合并后的长沙县。长沙市辖4区1县，25街道5镇26公社，总面积3842.13平方公里，城区建成区20.93平方公里。1960年1月26日原属郊区的2公社划为3公社，从长沙县划属东、南、北区。3月31日以岳麓公社设岳麓区。4月实行城市人民公社体制。市辖5区改为5个公社，下设分社。1961年9月，撤销城市人民公社恢复5区。1962年1月12日，恢复郊区。1974年1月6日，岳麓区并入西区。1978年底，长沙市辖5区2县（16县辖区）29街道84公社9镇，308居委会1132大队，3604居民组11321生产队，全市面积3754.4平方公里，市区面积352平方公里，建成区面积53平方公里，建域比为1:70.8。1983年2月8日，长沙市增辖浏阳、宁乡、湘阴（1983年7月13日湘阴回归恢复后的岳阳地区）。当年着手改变政社合一建制。1984年市辖5区4县（39县辖区），32街道15镇224乡，445居委会3017村，45811居民组39224村民组。1985年全市面积11818平方公里，建域比为1:206.08。1993年1月16日，浏阳撤县改市。1995年辖县（市）撤区并乡建镇，长沙市辖5区3县1市，38街道67镇53乡，648居委会3091村，市区面积367平方公里，建成区面积101平方公里，建域比1:117。1996年市辖区区划调整，撤销郊区，避免全国城区专名的重名，调整区划范围，新5区为芙蓉、天心、岳麓、开福、雨花。由此，长沙市辖5区3县1市，38街道66镇54乡，651居委会3011村。市区554.07平方公里；建成区110平方公里。2000年辖50街道75镇46乡，763居委会3111村，全市面积11819.5平方公里，市区面积556.33平方公里，建成区面积118.82平方公里，建域比为1:99.47。

国务院2001年10月10日国函〔2001〕131号批复：长沙市人民政府驻地由芙蓉区藩正街迁至岳麓区岳麓大道。

【现行政区划】 2011年5月20日经国务院批准，湖南省人民政府以湘政函〔2011〕67号文件明确，撤销望城县，设立望城区。2013年，长沙市辖6个区：芙蓉区、天心区、岳麓区、开福区、雨花区、望城区，3个县（市）：长沙县、宁乡县、浏阳市。各区、县（市）共辖79个镇，比2012年减少3个。全市共有15个乡，94个街道。各镇、乡和街道共辖村1169个，社区714个。

国民经济和社会发展

【综述】 2013年，长沙市地区生产总值持续增长，全年实现地区生产总值（GDP）7153.13亿元，比上年增长12%。分产业看，第一产业实现增加值294.55亿元，增长3.0%；第二产业实现增加值3946.97亿元，增长12.5%，其中工业实现增加值3352.34亿元，增长13.2%；第三产业实现增加值2911.61亿元，增长12.1%。第一、二、三次产业分别拉动GDP增长0.1、7.0、4.9个百分点，三次产业对GDP增长的贡献率分别为0.9%、58.4%、40.7%。按常住人口计算，人均GDP达99570元，比上年增长10.9%。三次产业结构调整为4.1:55.2:40.7。全部工业增加值占GDP的比重达46.9%。全市非公有制经济实现增加值4433.27亿元，占GDP的比重达62.0%。

全年财政总收入883.89亿元，同口径增长19.5%，其中公共财政预算收入536.63亿元，同口径增长23.8%。公共财政预算支出701.82亿元，增长12.4%。

GDP总量在全省的占比为29.2%，人均GDP为全省的2.7倍，经济总量在长株潭3市中的占比达67.9%。工业增加值、固定资产投资、社会消费品零售总额占全省的比重分别为33.5%、25.0%和31.3%。

为民办实事目标任务全面完成。全年关系民生的省、市44项为民办实事工程建设全面或超额完成目标任务，在促进就业、扶贫解困、教育助学、社会保障、医疗卫生、百姓安居、道路畅通、环境治理等领域效果显著。

全市居民消费价格比上年上涨2.6%，涨幅提升0.6个百分点；商品零售价格上涨1.7%，涨幅持平。城市居民消费价格上涨2.8%，涨幅提升0.5个百分点；城市商品零售价格上涨1.2%，涨幅回落0.3个百分点。原材料、燃料、动力购进价格下降1.6%，工业出厂价格下降1.5%。固定资产投资价格上涨1.3%。

全年新增城镇就业人员14.93万人，年末城镇登记失业率为2.89%。

【农 业】长沙市全年完成农林牧渔业增加值294.55亿元，比上年增长3.0%，其中农业增加值172.31亿元，增长3.8%；林业增加值13.47亿元，增长3.6%；牧业增加值92.84亿元，增长1.0%；渔业增加值10.60亿元，增长5.3%；农林牧渔服务业增加值5.33亿元，增长5.0%。全年粮食种植面积37.1万公顷，与上年持平，其中稻谷播种面积34.0万公顷，增长0.6%，优质稻种植面积所占比重为80.5%；蔬菜种植面积16.8万公顷，增长8.6%；油料种植面积5.0万公顷，增长1.3%；出栏肉猪835.7万头，增长0.3 %。主要农产品产量保持稳定。

全市农产品加工企业5747家，其中国家级、省级龙头企业59家，销售收入249.78亿元，实现净利润16.44亿元，上交税金9.14亿元。农民专业合作组织5386个，比上年增长33.4%；入社农户10.09万户，参与农户24.16万户。

农业机械总动力562万千瓦；农业机械总值28.25亿元；水稻耕种收综合机械化水平72.5%。

农村基础设施建设投入力度加大，全年开工各类水利工程3万处，水利工程投入资金30亿元，水利工程完成土石方0.5亿立方米。

【工业和建筑业】 长沙市全年实现工业增加值3352.34亿元，比上年增长13.2%，其中规模以上工业实现增加值2653.28亿元，增长14.0%。

在规模以上工业中，全市重工业实现增加值1511.65亿元，比上年增长15.4%。重工业增加值占规模工业增加值的比重57.0%，对规模工业增长的贡献率62.1%。

全市园区规模以上工业增加值1604.88亿元，比上年增长13.9%，占全市规模以上工业增加值的60.5%，对规模以上工业增长的贡献率62.7%。

全市县域规模以上工业实现增加值1234.75亿元，比上年增长18.1%，高于全市平均水平4.1个百分点。

全市规模以上工业统计的196种主要产品产量中，产量增长的有132种，占产品数量的比重为67.3%。

全市规模以上工业企业经济效益综合指数达404.0，比上年提高24.9个百分点；实现主营业务收入7758.84亿元，比上年增长15.8%；利润总额589.66亿元，增长13.0%；利税总额1431.12亿元，增长15.3%；亏损企业亏损额19.02亿元，下降10.3%。

全年具有建筑业资质等级的独立核算企业完成建筑业总产值2729.42亿元，比上年增长17.2%；实现利税总额197.62亿元；房屋竣工面积6200.88万平方米，增长36.8%。

【固定资产投资】 长沙市全年完成固定资产投资4593.39亿元，比上年增长20.1%。分城乡看，城镇固定资产投资4254.57亿元，增长19.6%；农村固定资产投资338.82亿元，增长25.7%。全市计划总投资超过5000万元的在建项目1489个，全年完成投资1719.65亿元，占固定资产投资总额的37.4%。

在固定资产投资中，第一产业完成投资（不含水利建设投资）84.91亿元，比上年增长18.7%；第二产业完成投资1494.71亿元，增长25.2%，其中工业投资1467.85亿元，增长26.2%；第三产业完成投资3013.77亿元，增长17.7%。高新技术产业投资200.57亿元，下降14.2%。全年基础设施建设完成投资829.32亿元，增长30.8%。

全年完成房地产开发投资1153.61亿元，比上年增长11.8%。全市商品房销售面积1840.59万平方米，增长20.5%。全市商品房销售额1160.38亿元，其中住宅销售额946.53亿元，增长22.0%。

【国内贸易】 长沙市全年实现社会消费品零售总额2801.97亿元，比上年增长14.1%。按经营地统计，城镇消费品零售额2714.08亿元，增长14.2%；乡村消费品零售额87.89亿元，增长12.6%。按消费形态统计，商品零售额2524.58亿元，增长15.3%；餐饮收入额277.39亿元，增长4.7%。

限额以上批发零售企业零售额比上年增长22.8%，分类别看，食品、饮料、烟酒类增长19.9%；服装、鞋帽、针纺织品类增长8.8%；化妆品类增长37.6%；金银珠宝类增长45.1%；体育、娱乐类增长4.7%；石油及制品类增长22.7%；通讯器材类比上年增长3.8%；家用电器和音像器材类增长34.7%；汽车类增长28.2%。

【交通和邮电】 长沙市全社会运输周转量410.13亿吨公里，比上年增长10.2%；旅客周转量增长8.7%；货物周转量增长10.7%。

全年完成邮电业务总量（2010年不变价）135.32亿元，比上年增长9.7%，其中电信业务总量114.17亿元，增长6.3%。完成邮电业务收入121.19亿元，比上年增长10.2%，其中电信业务收入102.79亿元，增长9.1%。年末本地固定电话用户194.7万户，下降8.0%。移动电话用户1086.5万户，增长10.4%。固定电话普及率26.96户／百人，比上年减少2.65户／百人，移动电话普及率为150.46户／百人，比上年增加12.71户／百人。年末互联网宽带用户142.98万户。

【对外经济和旅游】 长沙市全年进出口总额（海关口径）98.93亿美元，比上年增长13.8%，其中出口总额61.66亿美元，增长19.2%；进口总额37.27亿美元，增长5.9%。在出口总额中，机电产品32.42亿美元、高新技术产品11.75亿美元，分别占出口总额的52.6%和19.1%；在进口总额中，机电产品18.44亿美元、高新技术产品6.37亿美元，分别占进口总额的49.5%和17.1%。利用外资项目（企业）150个。实际使用外商直接投资34亿美元，比上年增长14.2%。全年新增实际到位省外境内资金项目282个，实际到位省外境内资金534.06亿元，增长17.0%。

全年接待国内旅游者9485.36万人次，比上年增长18.8%；国内旅游收入958.00亿元，增长29.3%；接待入境旅游者116.97万人次，增长11.2%；国际旅游外汇收入7.79亿美元，增长17.2%；国际国内旅游总收入1006.30亿元，增长28.5%。

【金融和保险业】 长沙市金融机构各项存款余额（本外币合计，下同）10148.76亿元，比年初增加1345.90亿元，其中城乡居民储蓄余额3507.51亿元，比年初增加500.41亿元；年末金融机构各项贷款余额9633.02亿元，比年初增加1070.23亿元，其中短期贷款余额2331.67亿元，比年初增加330.72亿元，中长期贷款7165.55亿元，比年初增加772.13亿元。

全年保险机构原保险保费收入138.96亿元，比上年增长14.5%，其中财产险原保险保费收入62.44亿元，增长22.0%；人身险原保险保费收入76.52亿元，增长8.9%。赔付支出50.19亿元，增长30.0%。

【教育和科学技术】 长沙市拥有普通高校50所，普通高中71所，初中学校214所，普通小学937所。在学研究生5.21万人，增长3.0%；普通高校在校学生57.34万人，比上年增长9.6%；普通高中在校学生12.99万人，增长4.8%；普通初中在校学生22.72万人，增长3.3%；普通小学在校学生45.79万人，增长4.2%；幼儿园在园幼儿21.57万人，增长5.2%。小学适龄儿童入学率100%，小学升初中入学率110.9%。全市共投入义务教育“免补”经费5.61亿元，127.3万人次学生享受“一费制”全免入学。免除134.8万人次学生杂费，义务教育阶段学生杂费免除率100%。补助4.66万人次农村贫困寄宿学生生活费。

全市拥有科学研究开发机构97个。全年共取得省部级以上科技成果471项。专利申请15956件，比上年增长6.6%；授权专利10362件；签订技术合同3012项，成交金额41.43亿元。高新技术产业增加值1499.24亿元，增长19.1%。

【文化、卫生和体育】 长沙市拥有艺术表演团体9个，文化馆10个，公共图书馆12个，博物馆（纪念馆）16个，档案馆14个。全市广播综合人口覆盖率99.3%；电视综合人口覆盖率98.7%；有线电视用户154.22万户。拥有卫生机构（含村卫生室）4690个，其中医院、卫生院279个；卫生防疫、防治机构12个；妇幼保健机构11个。卫生技术人员6.21万人，增加0.61万人，其中执业医师、执业助理医师2.29万人，增加0.26万人；注册护士2.80万人，增加0.30万人。卫生机构床位5.79万张，增加0.66万张，其中医院、卫生院5.25万张，增加0.61万张。

全年全市开展全民健身项目480项次，全市全民健身运动参加人数440万人。年末拥有各级健身辅导站766个，公共体育场地675个。

【环境、节能和安全生产】 长沙市拥有国家级生态示范乡镇31个，国家级自然保护区1个，自然保护区面积0.67万公顷。城市地表水质达标率100%。

初步核算，2013年全市万元规模工业增加值能耗比上年下降7.5%，重点耗能工业企业的单位产品能耗比上年有不同程度的下降，其中吨水泥综合能耗同比下降0.7%，吨水泥熟料综合能耗下降0.1%，吨铝加工材消耗能源量同比下降24.3%。

全年生产安全事故死亡32人，比上年上升10.3%；亿元GDP各类事故死亡人数0.040人，下降9.1%；道路交通事故死亡人数232人，下降0.43%；万车死亡人数1.49人，下降12.9%。

【人民生活和社会保障】 长沙市年末常住总人口722.14万人，比上年增长1.05%。按户籍人口计算，人口出生率12.60‰，死亡率7.87‰，自然增长率4.73‰。城镇化率70.60%，比上年提高1.22个百分点。

全年城镇居民人均可支配收入33662元，比上年增长10.5%。其中，人均工资性收入17649元，人均经营净收入4575元。城镇居民人均消费支出22346元。在城镇居民消费分类中，食品烟酒消费6289元；衣着消费1804元；居住消费5415元；生活用品及服务消费1388元；医疗保健消费1255元；交通和通信消费2990元；教育文化娱乐服务消费2499元；其他商品和服务消费405元。城镇居民年末每百户家庭拥有家用汽车37.7辆，计算机78.4台，接入互联网的计算机64.5台。人均住房建筑面积41.42平方米。

全年农村居民人均可支配收入19713元，比上年增长12.6%；其中工资性收入10311元。全年农民人均消费支出11586元。农村居民平均每百户家庭拥有家用汽车23.6辆，计算机28.6台，移动电话机260.0台。农村居民人均住房建筑面积61.97平方米。

全市拥有社会福利院、敬老院、养老院、光荣院等128所。各类收养性社会福利单位收养人员1.09万人。城镇各种社区服务设施3576处，其中综合性社区服务中心596个。接受社会捐赠1.75亿元。全年发放居民最低生活保障金6.16亿元，居民得到政府最低生活保障人数为24.23万人（包括城镇和农村）。城市低保资金按规定标准拨付到位率100%，农村最低生活保障资金按规定标准发放到位100%，做到了应保尽保。

全市参加劳动保障部门城镇职工基本养老保险的人数190.85万人，比上年末增长9.3%，基本养老金社会化发放率100%；年末参加城镇居民养老保险人数8.81万人，年末参加新型农村养老保险人数262.18万人；年末参加城镇职工基本医疗保险人数151.12万人，增长2.1%。参加失业保险职工人数101.49万人，增长6.4%，全年领取失业保险金人数1.45万人；参加工伤保险职工人数126.57万人，增长7.8%；参加生育保险的人数101.08万人，增长1.6%；参加城乡居民医疗保险人数513.50万人，增长0.6%。

（邹俊平）

注：地区生产总值（GDP）、各产业增加值绝对数按现行价格计算，增长速度按不变价格计算。

表 1 长沙市主要经济指标占湖南省的比重（2013 年）

	单位	2013 年 湖南省	2013 年 长沙市	占全省比重（%）
一、地区生产总值	亿元	24501.7	7153.1	29.2
第一产业	亿元	3099.2	294.6	9.5
第二产业	亿元	11517.4	3947.0	34.3
第三产业	亿元	9885.1	2911.6	29.5
二、工业增加值	亿元	10001.0	3352.3	33.5
三、粮食产量	万吨	2925.3	244.2	8.4
四、固定资产投资	亿元	18381.4	4593.4	25.0
五、社会消费品零售总额	亿元	8940.6	2802.0	31.3
六、公共财政预算收入	亿元	2023.6	536.6	26.5
七、进出口总额	亿美元	251.6	98.9	39.3
# 出口总额	亿美元	148.2	61.6	41.6
八、实际使用外商直接投资	亿美元	87.0	34.0	39.1
九、年末金融机构本外币存款余额	亿元	26876.0	10148.8	37.8
# 个人存款	亿元	14784.5	3507.5	23.7
年末金融机构本外币贷款余额	亿元	18141.1	9633.0	53.1
十、城镇居民人均可支配收入	元	23414	33662	（比全省高）10248
城镇居民人均消费性支出	元	15887	22346	（比全省高）6459
农村居民人均可支配收入	元	9029	19713	（比全省高）10684
农村居民人均生活消费支出	元	6609	11586	（比全省高）4977

表 2

35个城市主要经济指标（一）

单位：亿元

城市名称	地区生产总值（现价）				固定资产投资			
	2013年	位次	比上年（±%）	位次	2013年	位次	比上年（±%）	位次
长　沙	7153.1	14	12.0	8	4593.4	13	20.1	16
郑　州	6201.9	16	10.0	18	4400.2	16	23.6	10
太　原	2412.9	29	8.1	31	1670.7	28	26.5	5
合　肥	4672.9	23	11.5	10	4535.4	14	19.3	20
武　汉	9051.3	8	10.0	18	6002.0	7	19.3	20
南　昌	3336.0	25	10.7	14	2909.8	24	21.6	12
石家庄	4863.6	21	9.5	25	4369.2	17	20.0	17
南　宁	2803.5	27	10.3	16	2432.7	27	23.7	9
成　都	9108.9	7	10.2	17	6501.1	4	10.4	32
西　安	4884.1	20	11.1	12	5134.6	10	21.0	14
贵　阳	2085.4	31	16.0	1	3030.4	22	22.1	11
昆　明	3415.3	24	12.8	5	2931.5	23	25.0	8
兰　州	1776.8	32	13.4	4	1623.7	29	31.0	3
乌鲁木齐	2400.0	30	15.0	2	1271.6	32	25.9	6
西　宁	978.5	34	14.1	3	925.4	34	32.1	2
呼和浩特	2710.4	28	10.0	18	1504.8	30	15.6	26
银　川	1273.5	33	10.0	18	1149.0	33	25.1	7
沈　阳	7158.6	13	8.8	29	6383.9	6	13.5	31
长　春	5003.2	19	8.3	30	3408.4	21	20.0	17
哈尔滨	5010.8	18	8.9	28	5219.9	9	32.2	1
福　州	4678.5	22	11.5	10	3834.2	19	18.5	22
海　口	904.6	35	9.9	23	649.3	35	27.2	4
南　京	8011.8	10	11.0	13	5093.8	11	18.1	24
杭　州	8343.5	9	8.0	33	4263.9	18	14.5	28
广　州	15420.1	3	11.6	9	4454.6	15	18.5	22
济　南	5230.2	17	9.6	24	2638.3	25	20.7	15
北　京	19500.6	2	7.7	34	7032.2	3	8.8	33
上　海	21602.1	1	7.7	34	5647.8	8	7.5	34
天　津	14370.2	5	12.5	6	10121.2	2	14.1	29
重　庆	12656.7	6	12.3	7	11205.0	1	19.5	19
大　连	7650.8	12	9.0	27	6478.1	5	15.2	27
青　岛	8006.6	11	10.0	18	5027.9	12	21.1	13
宁　波	7128.9	15	8.1	31	3423.0	20	18.0	25
深　圳	14500.2	4	10.5	15	2501.0	26	14.0	30
厦　门	3018.2	26	9.4	26	1347.5	31	1.1	35

续表 2

35 个城市主要经济指标（二）

单位：亿元

城市名称	社会消费品零售总额				公共财政预算收入			
	2013 年	位次	比上年（±%）	位次	2013 年	位次	比上年（±%）	位次
长　　沙	2802.0	13	14.1	8	536.6	16	23.8	2
郑　　州	2586.4	18	13.0	26	723.6	15	19.3	8
太　　原	1281.5	26	13.5	20	247.3	30	14.7	21
合　　肥	1480.8	24	14.8	6	438.6	22	12.6	26
武　　汉	3878.6	7	13.0	26	978.5	7	18.1	12
南　　昌	1270.0	27	13.7	17	291.9	27	21.6	4
石 家 庄	2154.5	21	13.8	15	315.2	25	15.8	17
南　　宁	1450.8	25	14.0	9	256.3	29	11.6	29
成　　都	3752.9	8	13.1	25	898.5	9	16.6	16
西　　安	2548.0	19	14.0	9	502.0	17	26.5	1
贵　　阳	785.7	32	15.0	4	277.2	28	20.2	5
昆　　明	1702.3	23	14.0	9	450.8	21	19.1	9
兰　　州	843.8	31	14.7	7	124.5	33	20.0	6
乌鲁木齐	970.0	30	16.2	1	301.9	26	19.8	7
西　　宁	365.1	34	15.0	4	67.1	35	22.5	3
呼和浩特	1142.4	28	11.8	31	182.0	31	1.9	35
银　　川	348.1	35	12.2	30	134.6	32	19.0	10
沈　　阳	3186.1	11	13.7	17	801.0	12	12.0	27
长　　春	1970.0	22	13.2	24	381.8	24	12.0	27
哈 尔 滨	2728.3	14	13.9	14	402.3	23	13.4	23
福　　州	2611.3	17	15.6	2	454.0	20	18.8	11
海　　口	490.1	33	12.3	29	86.7	34	15.1	20
南　　京	3504.2	10	13.8	15	831.3	11	13.4	23
杭　　州	3531.2	9	13.0	26	945.2	8	9.9	32
广　　州	6882.9	3	15.2	3	1141.8	6	10.8	30
济　　南	2633.9	16	13.4	21	482.1	19	13.9	22
北　　京	8375.1	1	8.7	34	3661.1	2	10.4	31
上　　海	8019.1	2	8.6	35	4109.5	1	9.8	33
天　　津	4470.4	5	14.0	9	2078.3	3	18.1	12
重　　庆	4511.8	4	14.0	9	1692.9	5	15.5	19
大　　连	2526.5	20	13.6	19	850.0	10	13.3	25
青　　岛	2904.3	12	13.3	22	788.7	14	17.7	14
宁　　波	2635.7	15	13.3	22	792.8	13	9.3	34
深　　圳	4433.6	6	10.6	32	1731.3	4	16.8	15
厦　　门	975.0	29	10.5	33	500.6	18	15.8	17

注：长沙公共财政预算收入为同口径增速。

续表 2

35 个城市主要经济指标（三）

单位：亿美元

城市名称	进出口总额（海关口径）				实际利用外资金额			
	2013 年	位次	比上年（±%）	位次	2013 年	位次	比上年（±%）	位次
长　沙	98.9	23	13.8	13	34.0	13	14.2	12
郑　州	427.5	14	19.3	10	33.2	14	-3.1	30
太　原	91.6	26	8.2	18	9.4	25	20.7	4
合　肥	181.9	18	3.1	30	18.9	19	18.1	7
武　汉	217.5	16	6.9	21	52.5	9	18.1	7
南　昌	97.2	24	17.3	11	21.2	18	11.3	17
石家庄	140.0	22	8.1	19	9.6	24	14.0	13
南　宁	44.2	31	6.6	22	5.8	28	15.5	10
成　都	506.0	13	6.4	24				
西　安	179.8	19	38.2	3	31.3	16	26.3	3
贵　阳	63.2	29	25.1	6	6.3	27	32.9	2
昆　明	174.2	20	20.8	8	18.0	21	13.2	14
兰　州	40.6	32	19.6	9				
乌鲁木齐	78.0	27	-25.0	35	2.2	30	15.6	9
西　宁	12.4	35	32.9	4				
呼和浩特	16.0	34	-5.9	34				
银　川	24.1	33	80.9	1	1.3	31	-12.0	31
沈　阳	143.3	21	12.4	15	58.1	5	0.1	28
长　春	204.0	17	3.7	29	9.4	26	10.4	19
哈尔滨	65.4	28	40.3	2	22.6	17	19.1	6
福　州	314.3	15	11.9	16	14.3	22	6.9	22
海　口	51.0	30	21.0	7	5.1	29	13.1	15
南　京	557.6	12	0.9	33	40.3	12	-2.0	29
杭　州	650.7	11	5.5	25	52.8	8	6.4	23
广　州	1188.9	5	1.5	31	48.0	10	5.0	26
济　南	95.7	25	4.7	27	13.2	23	8.2	21
北　京	4291.0	3	5.1	26	85.2	4	6.0	24
上　海	4414.0	2	1.1	32	167.8	2	10.5	18
天　津	1285.3	4	11.2	17	168.3	1	12.1	16
重　庆	687.0	10	29.1	5	41.4	11	34.3	1
大　连	688.2	9	7.3	20	136.0	3	10.1	20
青　岛	779.1	8	6.5	23	55.2	6	20.0	5
宁　波	1003.3	6	3.9	28	32.8	15	14.8	11
深　圳	5373.6	1	15.1	12	54.7	7	4.6	27
厦　门	840.9	7	12.9	14	18.7	20	5.5	25

续表 2

35 个城市主要经济指标（四）

城市名称	城镇居民人均可支配收入（元）				城市居民消费价格指数（%）	
	2013 年	位次	比上年（±%）	位次	2013 年	位次
长　沙	33662	12	10.5	9	102.8	15
郑　州	26615	22	9.8	24	102.8	15
太　原	24000	30	11.0	6	103.1	9
合　肥	28083	21	10.4	11	102.7	18
武　汉	29821	18	10.2	14	102.4	29
南　昌	26151	23	10.8	7	102.3	30
石家庄	25274	25	9.7	29	102.9	13
南　宁	24817	28	10.0	20	102.1	34
成　都	29968	17	10.2	14	103.1	9
西　安	33100	13	10.4	11	102.7	18
贵　阳	23376	32	10.0	20	103.2	8
昆　明	28354	20	12.3	4	103.9	1
兰　州	20767	34	12.6	3	103.5	4
乌鲁木齐	20780	33	13.0	2	103.5	4
西　宁	19444	35	10.3	13	103.8	2
呼和浩特	35629	10	9.1	34	103.8	2
银　川	23776	31	10.0	20	103.5	4
沈　阳	29074	19	10.0	20	102.5	25
长　春	26034	24	13.3	1	103.0	12
哈尔滨	25197	27	12.0	5	102.1	34
福　州	32265	15	9.8	24	102.6	23
海　口	24461	29	9.5	32	102.9	13
南　京	39881	7	9.8	24	102.7	18
杭　州	39310	8	10.1	17	102.5	25
广　州	42066	3	10.5	9	102.6	23
济　南	35648	9	9.5	32	102.8	15
北　京	40321	6	10.6	8	103.3	7
上　海	43851	2	9.1	34	102.3	30
天　津	32658	14	10.2	14	103.1	9
重　庆	25216	26	9.8	24	102.7	18
大　连	30238	16	9.8	24	102.5	25
青　岛	35227	11	9.6	30	102.5	25
宁　波	41729	4	10.1	17	102.2	33
深　圳	44653	1	9.6	30	102.7	18
厦　门	41360	5	10.1	17	102.3	30

“两型”社会建设

【概况】 2013年，长沙市在“建设三市、实施三倍、力行五推”和“六个走在前列”大竞赛活动中创新思路、强化落实，全力推动“两型”社会改革与建设，各项工作取得新的成效。

一、重点改革纵深推进。1. 资源能源节约和综合利用机制建设进一步完善。出台《长沙市用水定额》，确定非居民用水户2013年计划用水指标。出台建设用地节约集约利用考核办法，颁布实施各主要地类建设用地定额标准；试点低效利用土地再开发。建立重点用能单位能耗数据季、年报制度。出台2012—2020年天然气分布式能源发展规划，形成促进天然气分布式能源产业发展的实施办法并审议。2. 完善环境经济政策。健全排污权初始分配制度，开展排污权有偿使用和交易，新、改、扩建排污单位排污权交易率100%。落实长沙市境内河流生态补偿办法及实施细则，完善流域生态补偿管理系统平台，市环保局与市财政局联合设立流域生态补偿专项基金帐户，到位资金1600万元。3. 完善大气污染监控和防治机制建设。研发实时发布系统，全市环境空气质量数据实现24小时动态发布。制定实施《长沙市机动车排气污染防治条例》《长沙市机动车环保检验合格标志管理办法》。全面启动储油库、加油站和油罐车油气回收治理。出台城区建设项目环境影响评价和扬尘污染控制的相关规定，并在重点园区试点。制定实施空气污染应急预案（试行）。4. 推进产业转型升级体制机制改革。出台《关于促进科技与文化、金融结合，打造新兴产业名城的若干意见》《关于深化农业综合配套改革加快发展现代农业的若干意见》以及促进电子商务产业、现代物流产业发展等配套政策。启动全市工业清洁生产中长期规划编制，组织19家企业实施自愿性清洁生产审核。健全循环经济发展扶持政策，长沙（浏阳、宁乡）再制造产业示范基地跻身全国首批“国家再制造产业示范基地”。5. 创新“两型”社会建设投融资机制。出台加快市场化改革促进民间投资发展的政策意见，鼓励引导民间资本进入垄断性行业、基础产业和基础设施、市政公用设施、保障性住房和城镇建设、金融服务等8大行业和领域。发布第一批59个拟对民间投资领域放开的项目，涉及总投资1268.67亿元。成立长沙民间借贷服务中心，启动民间借贷规范化工作。6. 健全新型城镇化建设体制改革。以城乡一体化建设5个小城市、5个中心镇、5个特色镇为重点，探索加快新型城镇建设配套政策。制定推进户籍管理制度改革的实施细则并报市政府审查。经修改后的市政府103号令征地补偿标准10月份公布实施，较原补偿标准提高20%～30%。拓宽新型城镇化投融资途径，14个试点镇实现投入209亿元，新建、续建项目434个。7. 完善行政审批制度改革。完成新一轮市级行政许可项目清理，取消45项，下放6项。按照“整体提速50%”的要求，研究制定进一步深化行政审批制度改革的实施意见和优化政府投资项目、社会投资建设项目审批的试行办法。8. 推进基层改革试点。各基层改革试点单位围绕确定的改革主题，配套推进体制机制创新。岳麓区莲花镇试点的农村土地制度配套改革，长沙县路口镇实行的农村环境卫生网格化管理，雨花区洞井街道探索“农民转市民”配套制度等一批改革试点顺利推进。

二、示范引领效应凸显。1. 推进两型示范片区建设。大河西先导区按照“打造两型社会标杆、建设高端品质新城”的总体目标，大力提升规划建设和产业发展水平，完成地区生产总值1979亿元、固定资产投资1127亿元。交通基础设施进一步完善，建设坪塘大道南延线等骨干道路和片区道路40条，新增通车里程80余公里；科教文卫配套进一步健全，建设配套项目9个，完成投资50亿元；产城融合进一步深化，新引进和建设高端服务业项目50个，总投资600亿元；行政效能进一步提升，实施新一轮行政审批制度改革，行政审批事项由45项减少到36项，审批时限从平均220日缩减到42日；生态优势进一步凸显，建设城市精品景观工程16个，洋湖湿地公园二期、桃花岭公园建成开放，梅溪湖国际新城获批“全国生态示范城区”，并与洋湖生态新城、滨江商务新城共同获批“全国智慧城市试点”。金霞、铜丁、安青等片区发展加快。2. 推进两型示范单位创建。一是完善创建体系。年初召开全市两型示范创建联席会议，专题研究部署创建工作，表彰2012年示范单位和先进单位，出台2013年两型示范创建工作方案。细化部门工作责任，强化创建组织发动，两型示范创建在机关、园区、企业、学校、城镇、村庄、社区、家庭、门店（市场）、景区、园林11个领域深入推进，覆盖面有效扩大。二是加强典型培育。将两型示范创建与社会实际紧密结合，针对不同主体的创建特征，分类集中推广两型技术产品、两型生产生活方式、两型服务设施、优美生态环境、两型文化。在社区和家庭重点推广节能家电、公共自行车、垃圾分类、菜篮子环保袋等；在园区重点推广多层标准厂房、分布式能源、热电联产、废物综合利用等；在企业重点推广绿色认证、节能改造、清洁生产、“三废”资源化利用等；在学校重点推广两型教育读本、两型体验教育、节能节水技术产品、环保生活等，推动创建工作的具体化、日常化。认真抓好两型示范创建单位评审，获批2013年省级两型示范创建单位20家，培育市级两型示范创建单位160家，数量居全省第一。三是规划建设省级两型综合示范片区。认真落实长株潭试验区工委关于推进两型综合示范点创建的实施意见，规划以大河西先导区起步区105.25平方公里区域为主体，通过优化提升划规建设、转型升级两型产业、全面提质生态环境、积极培育两型文化、创新突破体制机制，整合资源重点打造两型新城、两型园区等10类示范样板，创建可看、可学、可推、带动效应显著的省级两型综合示范片区。已形成实施方案并按程序报批。3. 推进两型示范技术推广。一是工作机制初步建立。出台《长沙市关于十大清洁低碳技术推广工作有关事项的通知》和年度工作方案，确定清洁低碳技术推广的组织领导、责任分工、目标任务。建立技术推广重点项目月调度台账，按月进行调度，及时督促协调项目推进。严格考核措施，将清洁低碳技术推广纳入绩效考核。二是示范项目全面实施。全年实施清洁低碳技术推广重点项目49个，总投资额47.97亿元。在长沙高新区、长沙经开区、浏阳经开区、宁乡经开区等开发区（园区）

重点推进光伏屋顶电站建设，建成总装机容量60兆瓦。结合清洁生产稳步推进工业锅（窑）炉技术改造，脱硫脱硝技术推广。

三、项目支撑不断强化。1. 整治流域环境。一是强力开展浏阳河城区段污染整治。以排污口整治、污水处理厂提标提质和扩容扩建、污水管网建设以及淘汰关闭落后企业等重点，出台浏阳河城区段污染治理的实施方案并稳步推进，涉及项目38个，总投资约9.77亿元。二是认真落实省政府湘江治理保护“一号重点工程”。研究确定全市“一江六河”治理范围，申报项目88个，总投资约110亿元。三是加强污水处理基础设施建设。启动主城区污水管网改造专项行动，坪塘、新港污水处理厂投入运行，新建、续建乡镇污水处理厂12家，城市、县城污水处理率分别为97.3%、85%。四是完善城乡生活垃圾处置体系。长沙市生活垃圾深度综合处理（清洁焚烧）项目建设有效推进，城市餐厨垃圾统一收集和无害化处理范围不断扩大，覆盖全市1120个村的农村垃圾收集设施建设全面完成。五是推进重金属污染治理及生态修复。关停、淘汰、退出一批涉重金属企业，铬污染土壤治理及生态修复等项目持续实施。2. 强化节能减排。一是全面推进建筑节能。新建建筑设计和施工阶段建筑节能标准执行率100%，累计启动建设可再生能源建筑示范项目144个、应用面积388.21万平方米。二是扎实推进重点用能单位低碳行动。完成34家单位能源审计专家评审，督查11家企业产品能耗限额标准执行情况，确定29家重点用能单位开展节能综合监察，实施一批合同能源管理项目和重点用能单位节能减排技术改造项目。三是积极推进重点项目建设。长沙经开区、长沙高新区等项目单位启动实施天然气冷热电联供规模化典型示范项目7个，长沙现代服务业产业园、长沙国际创意城等一批现代服务业项目建设全面展开，电子商务、现代物流、再生资源加工利用等项目按计划实施。四是着力推进园区两型化改造。支持长沙高新区、经开区开展循环经济园区建设，推动宁乡、浏阳经开区循环化改造，在国家级园区、省级园区全面规划建设分布式能源系统。3. 建设绿色城镇。一是推进城乡生态化。完成晓园公园提质改造和4条景观特色街建设，新建20个社区公园和100个绿化达标小区，启动金井镇等8个绿色低碳示范小城镇建设、苏托垸等9个城市湿地公园建设、湘江东岸绿道等10条城市绿道建设、月亮岛等湘江洲岛保护性开发。获评“全球绿色城市”“全国十佳生态文明建设示范城市”，长沙县成为“全省首个国家级生态县”，9个区、县（市）均通过“国家级生态示范区”验收，创建国家级生态乡镇56个、生态村79个。望城区乔口镇、长沙县金井镇、宁乡县沩山乡、浏阳市三口镇被评为全省“两型”小城镇。二是推进建筑绿色化。研究形成《长沙市绿色建筑行动实施方案》报市政府研究，全年确定绿色建筑试点项目30个、面积470万平方米。在大河西先导区全面落实绿色建筑指标体系，其中12项属全国首创。总建筑面积1.2万平方米的梅溪湖绿建展示中心成为全国最大的绿色建筑展示中心，获全球首个英国绿色建筑标准（BREEAM2013）杰出级奖项。三是推进交通低碳化。“公交都市”示范城市建设深入推进，大河西综合交通枢纽累计完成投资8.52亿元，启动快速公交系统建设，启用公交全智能调度系统，全面取消3元票价公交。淘汰高污染老旧车辆2.4万台，新增CNG出租车500台，更新新能源与清洁能源公交车600台，推广纯电动公交车60台，新能源与清洁能源公交车占比达55%以上。4. 保护生态绿心。一是严格绿心地区项目准入。根据《湖南省长株潭城市群生态绿心地区保护条例》规定，试行项目准入程序，开展禁开区、限开区项目及控建区重大项目准入审查，对8个项目出具准入意见。二是推进绿心区域规划对接。编制形成《长株潭城市群绿心地区（长沙境内）规划衔接研究报告》。三是明确绿心保护责任分工。根据省政府要求，从规划编制、生态建设、社会保障等方面，确定相关部门和区、县（市）绿心保护的工作职责。四是积极申报省级森林公园。绿心地区内长沙县石燕湖公园获批为省级森林公园。

全省两型示范城镇乔口镇风貌

四、推进机制有效健全。1. 强化战略引领。召开六个走在前列重大项目讲评暨“两型”社会推进大会，出台《关于进一步加快两型社会综合配套改革建设两型引领之市的决定》等文件。2. 健全重点机制。建立区、县（市），市直部门，开发（园）区，示范片区主要负责人“两型”社会建设年度述职和离任评价、两型项目评价、示范片区年度考核评价等重点机制，为进一步加快“两型”社会建设提供了坚实保障。3. 突出项目带动。确定“两型”社会建设三年行动计划72个重大项目和2013年136个示范项目，将两型工作目标分解落实到具体项目。完善两型重大项目推进机制，建立工作调度、问题交办、信息反馈、督查考评4项制度。4. 抓好改革研究。围绕战略性、前瞻性、重大性问题开展研究，推出农村环境综合整治、片区开发建设、合同环境服务、餐厨垃圾处理模式等一批课题成果；与湖南大学两型研究院合作的“两型城市改革与建设”课题完成评审。

（李国雄）

【"六个走在前列"重大项目讲评暨"两型"社会建设推进大会】 9月17日，长沙召开"六个走在前列"重大项目讲评暨"两型"社会建设推进大会，将重大项目建设、转型创新发展、"两型"社会建设大竞赛活动讲评及其推进会议"三会合一"。市委副书记、市长张剑飞指出，全市各级各部门要以项目建设为载体推动转型创新发展、以改革创新为引领加快推进"两型"社会建设、以大竞赛活动为抓手掀起新一轮大发展热潮。张剑飞要求，要提升项目质量，夯实转型创新发展的基础；加快项目建设，增强转型创新发展的实效；加强项目储备，增强转型创新发展的后劲。要围绕走在前列的要求，勇于改革，大胆创新，加快推进"两型"社会建设，为全国和全省探索路子、积累经验、作出示范。纵深推进综合配套改革，切实加强生态环境保护，加快构建两型产业体系，着力打造"两型"社会标杆。会议由市委副书记张迎龙主持。市委常委、常务副市长陈泽珲对2013年以来全市"六个走在前列"大竞赛活动中转型创新发展和"两型"社会建设两项任务的推进情况进行总结，对全市重点项目建设进行了讲评，对"两型"社会建设进行总结部署。先导区、经开区、雨花区、长沙市环保局、长沙市市政建设管理局5家单位进行了经验交流和表态发言，市领导赵文彬、陈献春、何寄华、姚英杰出席会议。 （李　伟）

【非洲英语国家新闻官员考察团到长沙考察"两型"社会建设】 4月下旬，非洲英语国家新闻官员考察团到长沙考察"两型"社会建设工作。考察团由马拉维、加纳、乌干达、毛里求斯、苏丹、尼日利亚、利比里亚、莱索托、津巴布韦等10个非洲英语国家官员组成，先后实地考察了橘子洲公园、长沙大河西先导区规划展示馆和中联重科麓谷工业园。对于长沙先进的科技水平、和谐的社会氛围，新闻官员们给予高度评价，称赞长沙是座干净、漂亮、魅力十足的城市，其"两型"社会建设的经验让人大开眼界。参观完中联重科，来自乌干达的新闻官员表示，现在乌干达使用的重型机械主要来自西方工业大国，没想到中国的重型机械也做得这么好，以后购买重型机械，一定会优先考虑中国。 （李　伟）

【四川省广安市党政代表团考察长沙"两型"社会建设】 3月31日—4月1日，四川省广安市党政代表团到长沙考察。省委常委、市委书记陈润儿会见广安市委书记侯晓春一行。市领导张迎龙、虢正贵、李军、黎石秋等出席。陈润儿对广安市代表团一行表示欢迎，他说，四川与湖南地相连、情相依，民族的进步与发展把两省人民紧紧连在一起。长沙与广安是毛泽东、邓小平两位伟人出生、成长、求学的革命圣地，对伟人思想品格的形成、价值理论的确立产生了重大而深远的影响。希望双方加强合作交流，使毛泽东思想和邓小平理论在两地更好地得到实践和运用，为坚持中国特色社会主义发展道路，开辟更加美好的未来作出共同的努力。代表团一行先后到宁乡、望城、梅溪湖国际服务区等地，考察了长沙新农村建设和"两型"社会建设。 （李　伟）

【《两型社会知识读本》出版发行】 9月，由长沙市教科院参与编写，湖南大学"两型"社会研究院审定的《两型社会知识读本》正式出版发行。长沙市将《两型社会知识读本》纳入全市中小学教材体系，全面推进"两型"教育，使学校的潜移默化影响与校园里的自觉行为融为一体，落到实处。

（长沙市教育科学研究院）

【长沙获评"十佳生态文明建设示范城市"】 9月13日，"第四届品牌生活榜——2013年度城市榜"出炉，长沙市被评为"十佳生态文明建设示范城市"。"十佳生态文明建设示范城市"评选活动由新华社《半月谈》杂志社主办，通过网络投票、问卷投票等方式，由读者、网民投票在全国范围内评选出10个城市。海口市、长沙市等被评为"十佳生态文明建设示范城市"；珠海市、绵阳市等被评为"十佳最具投资竞争力城市（区）"；四川双流县、江苏睢宁县等被评为"十佳最具投资竞争力县（市）"。"品牌生活榜"是在2010年发起的一项大型公益推选活动，活动首次采取《半月谈》全国千万读者直接推选的方式，以老百姓的感受为标杆，从普通公众的角度反映他们对美好城市生活的期待。 （李　伟）

精神文明建设

【概况】 2013年，长沙市精神文明建设工作以社会主义核心价值体系建设为根本，以提高公民文明素质和城乡文明程度为目标，扎实推进新一轮文明创建工作，在全国城市文明程度指数测评和未成年人思想道德建设工作测评中分别获省会和副省级城市第一名。

一、推进"四项综合整治"，提升城市公共形象。把提升城市文明程度和市民满意程度作为文明创建的追求目标，以"六个走在前列"大竞赛活动为契机，全力推进城区市容市貌、城乡结合部环境、道路交通秩序、打击非法营运4项综合整治，加强环境卫生、违章占道、扬尘污染、道路基础设施、户外广告招牌、违法违章建筑6大专项治理，努力打造优美的公共环境、优良的公共秩序和优质的公共服务，展现"洁净、有序、畅通、文明"的省会城市新形象。省委书记、省人大常委会主任徐守盛调研长沙精神文明建设工作并给予高度评价。

二、开展"十项重点工作"，深入践行创建宗旨。诚敬建设举措实。着力解决道德领域的突出问题，围绕食品药品安全、公共秩序和社会服务3大方面举办市民大型道德评议4次，举办长沙市第四届社区文化节，创办社区"半月谈""纳凉议事厅""居民板凳会"等市民身边的道德评议平台。文明礼仪氛围浓。深入开展"做谦恭有礼的中国（长沙）人"活动，组织文明交通、文明引导、文明餐桌和文明传播4项行动，加强市民文明礼仪教育。开展"排队日""礼让日""三关爱（关爱他人、关爱社会、关爱自然）"、网络文明传播等志愿服务活动，文明风尚进一步形成。公益广告覆盖广。宣传开展公益广告"二十进”活动，在机场车站、工地围挡围墙、城市广场等形成文明风景。长沙“雷锋侠”百幅原创“讲文明树新风”卡通作品公益广告在中国文明网专题刊播。文明餐桌效果好。实施文明餐桌行动，出台《宾馆饭店餐馆文明餐桌行动自律公约》，加强对餐饮企业的监管，推动文明用餐、节俭用餐理念。道德讲堂载体新。对雷锋纪念馆进行改造，建立一个市级道德讲堂总堂，10 个区、县级道德讲堂总堂及 429 个基层单位道德讲堂，打造以“道德讲堂总堂、道德银行总行、雷锋号志愿服务总站”“雷锋基金”“雷锋网”为载体，融道德教育与实践为一体的“五位一体”道德建设“长沙模式”。学雷锋志愿服务品牌响。承办“第十届中国公民道德论坛”，论坛对长沙的学雷锋常态化经验进行集中推介。举办“我身边的雷锋”校园微电影大赛，组织“百城百台爱心送考”志愿服务活动、“学雷锋·爱自邮”大型公益活动，联合中国音乐家协会启动“情系雷锋”——2013 全国原创新歌征集暨“锋蜜”在行动系列推广活动，成为全国学雷锋活动的一张名片。文明创建措施硬。 开展文明社区、文明集市、文明窗口单位、文明风景旅游区、文明餐饮示范店等评选表彰活动，在各级各类文明单位中逐步实施履行社会责任报告制度。继续开展省会共创、军地共创、城乡共创等活动，激发社会各界参与创建的强大合力。典型评选成果多。开展道德模范评选和“身边好人”推荐工作，廖月娥获评“第四届全国道德模范”，何平、欧阳恒、毕明哲获评“全国道德模范提名奖”，21 人入选“中国好人榜”，孟繁英、陈宋瑜等 5 人被评为“感动湖南十大人物”，15 人被评为“长沙市第二届道德模范”，320 人当选为“长沙好人·我身边的雷锋”。文化传承力度强。 推动经典诵读进学校、进机关、进社区，举办“我们的节日——中华长歌行”暨百万学生祭英烈、“我们的节日——长沙端午诗会”等活动。未成年人工作影响大。开展“学习雷锋、做美德少年”网上签名寄语活动、“中国梦·我的梦”百万学生征文大赛等活动，举办中国首部革命历史题材 3D 立体动画电影《冲锋号》首映式，中国文明网两次展播长沙市“童心向党”歌咏活动，新建城市和乡村学校少年宫 59 个。

三、加强系列制度机制建设，有效落实创建责任。市委、市政府出台《关于进一步推进文明创建常态化的意见》《文明创建问责实施办法》《关于在文明单位中实施履行社会责任报告制度的意见》等文件，使文明创建工作责任明晰、制度长效、管理常态。（鲁　旸）

【第十届中国公民道德论坛】 2 月 26 日，第十届中国公民道德论坛在长沙举行。此次论坛由中宣部主办，中国伦理学会、湖南省委宣传部协办，长沙市委承办。市委副书记、市长张剑飞代表市委、市政府向出席论坛的嘉宾表示诚挚欢迎；湖南省委常委、宣传部部长许又声致辞。中宣部宣教局局长荆惠民，中国伦理学会会长、清华大学人文学院院长万俊人，市领导张值恒、张湘涛、芮英姿、夏建平、石长松等出席。湖南长沙市、衡阳市蒸湘区、长沙市望城区公安消防大队、辽宁辽阳市、上海普陀区、福建厦门市、河南汝州市、中石化江汉油田负责同志作发言。论坛围绕推进学雷锋活动常态化的主题，总结交流长沙等地开展学雷锋活动的经验做法，研究探讨深化学雷锋活动、提高公民道德素质的措施办法。论坛指出，良好道德素质是经济社会发展的基本支撑，是社会文明程度的重要标志，是民生幸福的根本依托。要把提高公民道德素质作为推进社会主义核心价值体系建设的基础工作，作为建设社会主义文化强国的根本举措，作为全面建成小康社会、加快推进社会主义现代化的战略任务，切实增强道德建设的责任感、使命感。（曹素华）

【纪念“向雷锋学习”题词 50 周年活动】 3 月 5 日，长沙举行省会纪念毛泽东等老一辈革命家为雷锋题词 50 周年暨“八创八评”表彰大会。省委常委、市委书记陈润儿，市领导张值恒、张迎龙、袁观清、范小新、余合泉、张湘涛、陈泽珲、姚永春、虢正贵、程水泉、赵文彬、李军、钟钢等出席。会议由市委副书记张值恒主持；市委副书记张迎龙宣读表彰通报，79 个“雷锋号”示范单位和 82 名“雷锋式”先进个人获表彰；市委常委、宣传部部长张湘涛总结部署全市学雷锋活动工作。陈润儿要求，长沙要积极响应老一辈号召，把学雷锋活动开展得更加丰富多彩、有声有色，让雷锋精神成为家乡人民永远的坚守和永恒的动力。（曹素华）

【湖南首个“雷锋号”爱心报刊亭长沙揭牌】 4 月 2 日，湖南首个“雷锋号”爱心报刊亭揭牌仪式在长沙举行，全省邮政报刊亭“学习蔡宗义，争创爱心亭”主题实践活动启动。该活动由湖南省文明办、湖南省邮政公司、长沙市文明办共同主办。湖南省邮政公司总经理熊勇武，市委常委、宣传部部长张湘涛出席活动。来自市一中的学生代表、邮政报刊亭主代表及市民代表等参加了活动。活动号召全省 1200 家报刊经营者主动担当起路牌维护的“认养人”“百姓问路者”“零钱兑换站”等便民利民服务。张湘涛在报刊亭揭牌仪式上表示，蔡宗义老人用道德的坚守书写大爱，深受师生好评和爱戴，得到社会的赞扬和各级媒体的关注。他强调要学习蔡宗义老人这种大爱精神，深入开展“大爱长沙城，最美长沙人”道德主题实践活动，让雷锋精神扎根长沙。（曹素华）

【“学习雷锋·做美德少年”网上签名寄语活动】 5 月 24 日，湖南省暨长沙市“学习雷锋·做美德少年”网上签名寄语活动在开福区清水塘第三小学启动。该活动由中央文明办发起，省文明办、省教育厅、共青团省委、省妇联、市文明委主办，市文明办、开福区文明委承办。省关工委主任沈瑞庭、中央文明办三局副局长张志勇，中央党史研究室宣教局副局长任贵祥，省委宣传部副部长、省文明办主任宋智富，长沙市领导董学生、张湘涛、宋达等出席。沈瑞庭宣布“学习雷锋、做美德少年”网上签名寄语活动启动。活动以弘扬雷锋精神，深化“做一个有道德的人”为主题，引导未成年人从自己做起、从身边做起、从小事做起，推动学雷锋活动常态化。全省各市州文明办、未成年人工作科（处）长和全国“做一个有道德的人”主题活动湖南省联系点等单位的主要负责人及省会 1400 余名学生代表参加活动。（曹素华）

【"2013 全国百城百台爱心送考活动"在长沙启动】 6 月 3 日，2013 全国百城百台交通广播"学习雷锋、爱心送考"活动在橘子洲头青年毛泽东雕像广场启动，来自北京、深圳、长沙等地的爱心人士代表参加了启动仪式。2013 年爱心送考顺应考生需求的变化，送考的方式从过去一对一的接送服务，转为倡议"为高考少开一天车，为张贴绿色通行证的车辆主动让行"。活动由中央文明办统一部署，中国广播电视协会交通宣传委员会、省文明办、中共长沙市委、长沙市政府、湖南人民广播电台、省公安厅交通管理局、省交通运输厅主办，湖南交通频道、市委宣传部、市文明办承办。省委常委、市委书记易炼红致辞，并与中国广播电视协会顾问李丹，省学雷锋活动领导小组副组长杨忠民等有关负责人共同启动爱心送考活动。市领导张湘涛、李军、芮英姿、夏建平、石长松等出席启动仪式。2013 年爱心送考与"学习雷锋"紧密结合，赋予新的时代精神和内涵，传递了爱心能量，爱心送考 2001 年发端于长沙，并蔓延至全国近百个城市，截至 2013 年 6 月末，已有超过百万台爱心送考参与车辆加入到全国百城百台的联盟，更大规模帮助学子们实现梦想。（曹素华）

2013 全国百城百台爱心送考启动仪式现场

【"我们的节日·清明——中华长歌行"暨百万学生祭英烈活动】 4 月 2 日，"我们的节日·清明——中华长歌行"暨百万学生祭英烈活动在长沙市博物馆清水塘举行。该活动由长沙市文明委主办，市委宣传部、市文明办、市教育局、团市委、市妇联以及开福区相关领导出席。来自长沙市 500 名中小学生和省会各界群众集体宣誓并诵读毛泽东的《祭黄帝陵文》、向毛泽东塑像敬献花篮，活动现场举行了具有长沙传统文化习俗的"点豆插柳"仪式，以寄语和绘画的方式共编"中国梦"长卷，旨在以清明节这一中华民族的传统节日为契机，通过组织开展"网上祭英烈"、祭扫烈士陵园活动，弘扬中华文化，深化群众性爱国主义宣传教育，引导市民群众和未成年人慎终追远、缅怀先辈，激发大家立德立志、报效国家的热情和决心。（曹素华）

【首届"长沙十大孝星"评选颁奖典礼】 10 月 12 日，"美丽长沙·美德先行"首届"长沙十大孝星"评选颁奖典礼在岳麓区咸嘉湖街道步步高广场举行。活动由市文明委主办，市委宣传部、市文明办、市老干局、市民政局、市老龄办、市妇联、市广播电视台、长沙晚报报业集团、岳麓区文明委承办。"卖房尽孝"陈沙、"花季孝女"周馨蓓、"职业孝子"张长安、"孝道满怀"张小珍、"为孝坚守"杨旭辉、"以孝齐家"付友余、"身残孝全"欧云辉、"孝业有德"谢容辉、"忠孝两全"阳吉将、"孝岗先锋"周琳等获评首届"长沙十大孝星"；"小童大孝"的宁乡县 9 岁男孩喻壮、"和孝持家"的岳麓区七旬的徐国斌夫妇获特别奖；张青等 18 人获提名奖。省委宣传部副部长、省文明办主任宋智富，市领导张迎龙、张湘涛、芮英姿、石长松等出席。典礼上，长沙启动"雷锋基金"助"孝星"活动，首批 17 位困难"孝星"分别获 5000 元救助金。（曹素华）

【年度全国城市文明程度指数测评和未成年人思想道德建设工作测评长沙获"双第一"】 2013 年，长沙秉承文明创建的"人本理念、长效理念、共建理念、强基理念"，围绕提高城市文明和未成年人思想道德水平，开展了一系列创建活动，治堵、拆违、打非、整治市容市貌 4 大专项整治成效显著；高质量承办"第十届中国公民道德论坛"；组织"百城百台爱心送考"志愿服务活动；开展"美丽长沙·美德先行"系列主题活动，道德建设品牌相继建立。打造了道德讲堂总堂、道德银行总行、雷锋号志愿者工作总站、雷锋基金、雷锋网"五位一体"道德建设"长沙模式"，道德建设平台不断拓展。广泛开展道德模范评选和"身边好人"推荐工作，廖月娥获评第四届全国道德模范；何平、欧阳恒、毕明哲获评全国道德模范提名奖；21 人入选"中国好人榜"；5 人被评为"感动湖南十大人物"；15 人被评为长沙市第二届道德模范；320 人当选为"长沙好人·我身边的雷锋"，道德建设典型不断涌现。12 月 22 日，中央文明办公布 2013 年全国城市文明程度指数测评结果，长沙在全国城市文明程度指数和未成年人思想道德建设工作这两项测评中，均名列全国省会和副省级城市第一。（曹素华）

【长沙获评"2013 中国最具幸福感城市"】 12 月 28 日，由新华社《瞭望东方周刊》、中国市长协会《中国城市发展报告》工作委员会联合主办的《2013 中国城市形象暨幸福感调查评估报告》在北京发布，经过组委会评审确定，长沙连续 6 年入选"2013 中国最具幸福感城市"，并获评"2013 年中国形象最佳城市"。2013 年"中国最具幸福感城市调查推选活动"主题为"美丽中国·幸福民生"，其评选标准除了继续沿用《瞭望东方周刊》首创的城市幸福感评价体系外，在具体的指标设计上更加细化，对城市经济发展水平、城市国际化程度、城市法制建设、城市政务信息公开、城市行政效率、城市公务员廉洁程度、城市文化生活、城市个性和特色、城市市民素质、城市社会治安、城市幸福感、城市工作和生活、城市环境与资源节约 13 个一级指标进行了全面考量。（曹素华）

中共长沙市委

责任编辑：陈晓红

中共长沙市委机构领导人员

书　　记　易炼红（2013.05任）
　　　　　陈润儿（2013.05免）
副 书 记　张剑飞
　　　　　张值恒（2013.03免）
　　　　　张迎龙
常　　委　张湘涛
　　　　　陈泽珲
　　　　　姚永春（2013.08病逝）
　　　　　虢正贵（2013.05免）
　　　　　程水泉
　　　　　文树勋
　　　　　赵文彬
　　　　　李　军
　　　　　李田贵（2013.10免）
　　　　　张迎春
　　　　　陈献春
　　　　　钟　钢
　　　　　李春艳（2013.10任）
秘 书 长　陈献春（2013.10任）
　　　　　李　军（2013.10免）
市委顾问　余合泉（2013.01任）
　　　　　谢树林（2013.01任）
　　　　　黄中瑞（2013.01任）
　　　　　杨顺初（2013.07退休）
　　　　　李咏芳（2013.07退休）
　　　　　胡伏安（2013.09免）
副秘书长　李　果
　　　　　邢之国
　　　　　何季麟
　　　　　杨　俊
　　　　　文　方（女）
　　　　　唐志远
　　　　　夏文斌
　　　　　彭治华
　　　　　李建贵
　　　　　郑耀频（2013.04任）
　　　　　孙　进（2013.05任）
　　　　　胡春山（2013.07任）

市委工作机构

市委办公厅

主　　任　陈献春（2013.10任）
　　　　　李　军（2013.10免）
副 主 任　李　果
纪检组长　刘业奉
副 主 任　刘　晖
　　　　　舒全球
　　　　　吕发祥

市委组织部

部　　长　程水泉
常务副部长　袁黎明
副 部 长　杨意平（女）
　　　　　王瑜珲
　　　　　文丽霞（女）（兼）
　　　　　易敏华
　　　　　李伟群（兼）
　　　　　陈昌佳
　　　　　张白云（女）（兼）
副县级纪检员　晏建明

市委宣传部

部　　长　张湘涛
常务副部长　赵柏林
副 部 长　刘绪甲
　　　　　李卫政
　　　　　朱锦辉
纪检组长　刘玉龙
副 部 长　郑力虎

市委统一战线工作部

部　　长　文树勋
常务副部长　刘映群
副 部 长　李　伟
　　　　　王国平
　　　　　饶福明
　　　　　袁义和（2013.10任）
副县级纪检员　罗　伟

市委政法委员会

书　　记　钟　刚（2013.05任）
　　　　　虢正贵（2013.03免）
常务副书记　任安良
副 书 记　梅国栋
　　　　　梁　粮
　　　　　周琼芝（女）
　　　　　谭学军
纪检组长　吴　强
政治部主任　李丽萍
市综治办副主任　胡泽宏
　　　　　梁银明
　　　　　成　钢
　　　　　王伟峰
　　　　　陈建新

市委政策研究室

主　　任　蒋红波
副 主 任　杨韶华
　　　　　彭鉴西
副县级纪检员　熊俭贵
副 主 任　石曙光（2013.04任）

市机构编制委员会

主　　任　张白云
副 主 任　向　伟
　　　　　刘晓杏（女）
副县级纪检员　方晓明（女）

市直属机关工作委员会

书　　记　陈献春（2013.10 任）
　　　　　李　军（2013.10 免）
常务副书记　黄如瑾
副 书 记　易　冒
　　　　　尹社来（2013.10 免）
　　　　　邢志忠
纪工委书记　杨　力
工委委员　于安全
　　　　　徐云龙
　　　　　徐克娇
　　　　　陈国胜（2013.01 任）
　　　　　丁柏平（2013.12 任）

市人民政府农村工作办公室
（市委农村工作部）
主　任（部长）郑耀频
副主任（副部长）李雪龙
　　　　　　　陈志雄
纪检组长　　　欧阳广才
副主任（副部长）周其亮
　　　　　　　黄志强
　　　　　　　周文辉

部门管理机构

市委老干部局
局　　长　李伟群
副 局 长　徐水清
　　　　　全晶莹（女）
　　　　　邓国强
纪检组长　黄　虹（女）

市委台湾工作办公室
主　　任　袁义和（2013.10 任）
　　　　　陈树中（2013.10 免）
副 主 任　张克清
　　　　　王劲锋
副县级纪检员　杨成宪
副 主 任　袁湘鄂（2013.01 任）

市直属事业单位

市委党校（长沙行政学院）
校（院）长　肖良定
副校（院）长　罗文章（常务）
　　　　　　范伯力
　　　　　　郑军武（2013.12 任）
纪检组长　　刘国杰（2013.12 任）

市档案局
书记、局长　谭利平
副 局 长　陈艳芳（女）
纪检组长　樊　平
党组成员　何立根
副 局 长　金　科（2013.12 任）

市接待办公室
主　　任　杨　俊（2013.10 任）
　　　　　文　方（女，2013.10 免）
副 主 任　喻中文
　　　　　易达春
纪检组长　蒋莉冰（女）
副 主 任　杨　溢（女）

市委党史研究室
主　　任　毛　求（女）
副 主 任　宋俊湘　何六生
　　　　　李　敏

市委理论教育讲师团
主　　任　喻寿奇
副 主 任　吴泽彪
副县级纪检员　颜　晖
副 主 任　汤文辉（2013.01 任）

刘少奇故里管理局
（刘少奇同志纪念馆）
书　　记　文　方（女，2013.10 任）
　　　　　杨　俊（2013.10 免）
局长、馆长　罗　雄
副局长、副馆长　易锦君
　　　　　　　王定良
　　　　　　　黄　可
　　　　　　　胡伟平（2013.12 任）
纪检组长　熊学爱（女）

长沙晚报报业集团（长沙晚报社）
书记、社长　龙钢跃
副书记、纪委书记　吴安定
党委委员、总编辑　徐　辉
党委委员　符洪舟　庄居湘（女）
　　　　　李　英（女）　董小林
　　　　　肖和平（女）　李万寅

市广播电视台
书记、台长　曾　雄
副 书 记　杨先成
副 台 长　潘开政
总工程师　许新光
副 台 长　刘运喜　周国强
　　　　　贺大公　于　海
纪委书记　胡蓉华（女）
工会工委主任　吴文广

重要会议

【全市政法工作会议】　2月25日，长沙市政法工作会议召开，市委副书记、市长张剑飞主持会议，市委常委、政法委书记虢正贵作政法工作报告。省委常委、市委书记陈润儿在会议上强调，长沙政法部门要一如既往忠于职守，扎实工作，以出色的工作和有效的作为为全市经济社会发展营造和谐稳定环境，提供高效司法保障。2013年，全市政法工作着力推进平安长沙、法治长沙、诚信长沙建设，突出社会管理创新中的项目化建设、网格化管理、社会化服务3项重点，抓好服务发展、服务社会、服务群众工作，推进基层基础规范化、政法工作信息化、政法队伍职业化。市委副书记张迎龙宣读有关表彰决定，表彰2012年度一批先进单位和个人。会议通报市委、市政府对部分综治工作不力、对社会治安和稳定造成一定影响的单位和部门实行“一票否决”或“黄牌警告”的情况。市领导李军、陈献春、谭杭生、李介德、曹立军、龚振湘、罗衡宁、陈绍纯出席。　（谭铁军）

【全市领导干部会议】　4月16日，长沙市领导干部会议召开，市委副书记、市长张剑飞主持会议。省委常委、组织部部长郭开朗通报中央和省委决定：陈润儿任黑龙江省委委员、常委、副书记，不再担任湖南省委常委、委员职务。张剑飞代表市委、市人大、市政府、市政协、长沙警备区及所有领导和全市干部群众，对中央和省委决定表示坚决拥护，并强调全市各级要认真学习贯彻省委全会精神，按市委经济工作会议和“两会”确立的目标，进一步抓好各项工作的落实，高质量、高标准地完成全年的各项任务。

5月9日，长沙市召开领导干部大会，宣布省委关于长沙市委主要领导职务调整的决定。会议由市委副书记、市长张剑飞主持。省委常委、省委组织部部长郭开朗宣布省委决定：易炼红任长沙市委委员、常委、书记。省委书记徐守盛出席会议并发表重要讲话。他强调，长沙市要进一步增强省会意识、责任意识、龙头意识，积极担当先行者使命，切实展示排头兵风采，为湖南加快实现“小康梦”“两型梦”“崛起梦”做出新的更大贡献。会上，徐守盛就长沙的发展提出六点要求：一要在加快转型创新发展中走在前列；二要在城市规划、建设和管理中走在前列；三要在加快“两型”社会建设中走在前列；四要在共建共享全面小康中走在前列；五要在维护社会和谐稳定中走在前列；六要在提高党的建设科学化水平中走在前列。易炼红在会上作履职讲话。省委副秘书长马勇，在职副市级以上领导人员，担任过正市级实职的离退休人员；市人大常委会、市政府、市政协秘书长，市委、市人大常委会、市政府、市政协副秘书长，市人大、市政协各专门委员会主任；市纪委副书记；各区、县（市）委书记及区、县（市）长；市直各单位、省垂直管理单位、市管企业党政主要负责人出席会议。

12 月 19 日，长沙市召开领导干部会议，省委常委、组织部部长郭开朗宣布省委任免决定：胡衡华任长沙市委委员、常委、副书记，张剑飞不再担任长沙市委副书记、常委、委员职务；同意提名胡衡华为长沙市人民政府市长候选人，免去张剑飞长沙市人民政府市长职务。省委常委、市委书记易炼红主持会议，副省长张剑飞出席。易炼红代表全市党员、干部表示，坚决拥护省委的决定，坚决服从省委的决策安排。会上，胡衡华作履职讲话，在职副市级以上领导人员，担任过正市级实职的离退休人员，市人大常委会、市政府、市政协秘书长，市委、市人大常委会、市政府、市政协副秘书长，市人大、市政协委室主要负责人，市纪委常委，市直各单位、省垂直管理单位党政主要负责人，市委巡查组组长，各区、县（市）委书记及区、县（市）长，市管企业主要负责人出席会议。（彭海波 张志雄）

【市委中心组（扩大）第一次集体学习】 6 月 7 日，市委中心组（扩大）第一次集体学习举行，省委常委、市委书记易炼红出席并对各级领导干部提出要求：要重视学习、带头学习、坚持学习，大兴学习之风，担当发展之责，让长沙成为一座弥漫书香气、富有文化味的学习型城市，为实现“六个走在前列”提供强有力的理论指导和智力支持。此次集体学习贯彻“在城市规划、建设和管理中走在前列”的具体要求，就全面提升长沙城市规划、建设、管理水平开展专题学习。集体学习邀请中国城市规划设计研究院院长李晓江作学习辅导报告。报告中，李晓江以《新型城镇化及现代城市规划理念》为题，从“改革开放理念发展”“基于空间分析的中国城镇化道路研究”“现代城市发展理念与城市规划”3 个方面，通过丰富的理论和案例讲解，向与会人员分析阐述了新型城镇化和现代城市规划理念。参加学习的有：市委中心组全体成员，市直机关各单位党政主要负责同志，各区、县（市）委书记及区、县（市）长。

（张云鹏）

【市文明委全会】 7 月 3 日，市文明委召开全体会议，研究部署文明创建工作。市委副书记、市文明委副主任张迎龙主持会议，市委常委、宣传部部长、市文明委副主任张湘涛作工作报告。会议审议通过《长沙市文明创建工作问责实施办法》和《关于在文明单位中实施履行社会责任报告制度的意见》。省委常委、市委书记、市文明委主任易炼红强调，要推动文明创建工作常态化、长效化，让长沙更加美丽、宜居、宜业。近几年，全市上下合力推进文明创建工作，长沙成为全国文明城市之一，城市品质和形象大幅提升，广大人民群众得到实惠，对城市的认同感、归属感、自豪感有很大提升。易炼红指出，全市各级各部门要进一步凝聚共识，克服等待观望、厌倦畏难、应付了事、得过且过等不良情绪，牢固树立人本理念、长效理念、共建理念、强基理念，全方位构建文明创建常态化格局。要实现城市管理、创建活动、素质提升、迎检措施的常态化，把基础工作做在平时，开展暗访等常态化督察，建立健全问责机制，强化城市形象塑造和品质塑造，促进雷锋家乡学雷锋常态化，让创建成果经得起看、经得起查，让洁净、清秀、靓丽成为长沙的本色。易炼红要求，落实共建共创责任，形成强大合力。坚持领导带头，依靠和发动人民群众，注重省会联动，争取各方理解支持，共同参与、同担责任，推动文明创建进社区、进单元，成为千家万户的共识，营造良好的创建氛围。市委副书记、市长、市文明委副主任张剑飞要求，在总结成绩中查找问题，认真履责、严格执法，不断完善文明创建常态机制，按照“六个走在前列”的要求，扎实推进、坚持不懈，确保完成文明创建各项工作目标。市领导陈泽珲、程水泉、李军、李田贵、钟钢、芮英姿、何寄华、姚英杰、石长松出席。（毛先国）

【全市“发展环境优化年”暨政务公开政务服务工作会议】 7 月 18 日，市委、市政府召开“发展环境优化年”暨政务公开政务服务工作会议，省委常委、市委书记易炼红要求，对损害发展环境的人和事“零容忍”，让长沙成为中部地区乃至全国审批环节最少、办事效率最高、规范收费最好的城市。会上，易炼红要求从严整治 4 方面的突出问题：1. 从严整治“三乱”行为，针对“乱收费、乱罚款、乱摊派”和“乱检查、乱评比、乱培训”等新老“三乱”，坚决斩断“权力寻租”的利益链条、“索、拿、卡、要”的市场黑手，为企业“减负”。2. 从严整治行政审批，简化办事环节，确保整体提速 50% 以上，提高办事效率，实行“一窗式受理、一站式办结、一条龙服务”，强化政务公开，实行“阳光政务”，杜绝“暗箱操作”。同时尽可能实现网上办理审批，推行办事公开，定期公布信息。3. 从严整治执法队伍，对违法乱纪、知法犯法的典型案件，一经查实，严肃处理，决不姑息迁就，尤其是对“索、拿、卡、要”、阻工闹事、强揽工程等违法行为重拳出击、坚决打击。4. 从严整治机关作风，强力整治不作为、慢作为、乱作为行为，让全市干部牢固树立群众观念、自觉践行群众路线，全心全意为人民服务。易炼红要求各级各有关部门严格对照上述 4 方面问题，狠抓落实，不断提升执行力。市委副书记、市长张剑飞指出，要清醒认识优化环境和政务公开工作的新要求，突出重点深入开展“发展环境优化年”活动，改革行政审批制度，提高政府办事效率；加强行政效能监督，优化经济发展环境；深化政府信息公开，提升政务服务水平，以过硬措施推动优化环境和政务公开工作落到实处。会议通报了全市6起影响机关效能和损害经济发展环境的典型案件，宣读了全省优化经济发展环境"十条禁令"。市领导张剑飞、张迎龙、陈泽珲、赵文彬、李军、刘新程、李介德、袁志恒、刘明理等参加会议。（毛先国）

【全市第二届道德模范表彰暨2013年文明创建工作大会】 8月2日，长沙市第二届道德模范表彰暨2013年文明创建工作大会召开，市委副书记、市文明委副主任张迎龙主持会议，市委常委、宣传部部长、市文明委副主任张湘涛作动员讲话。会议表彰2012年度文明创建工作先进集体和廖月娥等15名道德模范，通报全市第二季度文明指数测评情况，部署下阶段工作，省委常委、市委书记、市文明委主任易炼红出席大会并讲话。他强调，要充分发挥典型的引领、示范和激励作用，进一步统一思想，凝聚力量，协调行动，展现长沙最美的环境、最优的秩序和最好的状态。要把文明指数测评作为综合整治成果的集中展示，作为构建创建常态的有力推动，作为惠及人民群众的具体实践，作为检验能力水平的重要考场，突出重点狠抓落实，不断把文明创建工作推向深入。强调要抓好5方面的重点工作：要着力排查突出问题；要着力抓好环境整治；要着力发动群众参与；要着力做好迎检准备；要着力构建长效机制。市领导张迎龙、张湘涛、李军、刘新程、姚英杰、夏建平、李介德、曹立军、石长松参加会议。（张宝山）

9月24日，市委十二届六次全体（扩大）会议

【市委十二届六次全体（扩大）会议】 9月24日，长沙市委十二届六次全体（扩大）会议召开。省委常委、市委书记易炼红向全会报告工作，就全市经济社会发展及相关工作进行全面部署。易炼红要求，全面落实"四化两型"总战略和"三量齐升"总要求，全力推进"六个走在前列"，加快建成"三市"、强力实施"三倍"，共圆长沙人民的"小康梦""两型梦""幸福梦"。要加快建成"全面小康之市""两型引领之市""秀美幸福之市"，要以强力实施"三倍"为目标追求，以2012年为基数，力争2017年、确保2018年实现产业倍增、收入倍加、城乡品质倍升，大力提升经济总量、发展质量、人均均量。要以力行"五推"为工作重点，努力实现长沙新一轮大建设、大发展、大提升。一要推进重点带动、多点支撑的产业格局形成。二要推进一江两岸、东提西拓的城市品质提升。三要推进两型引领、统筹协调的城乡一体发展。四要推进规范有序、和谐共生的社会管理创新。五要推进务实进取、勤廉为民的干部队伍建设。市委副书记、市长张剑飞作会议总结，要求全市各级各部门要学习好、宣传好、贯彻好全会精神，市领导张迎龙、袁观清、余合泉、谢树林、张湘涛、陈泽珲、程水泉、文树勋、赵文彬、李军、张迎春、陈献春、钟钢等出席会议。市委委员，市委候补委员，不是市委委员、市委候补委员的市委、市人大常委会、市政府、市政协的领导人员，市纪委常委，不是市委委员、市委候补委员的区、县（市）长，市直各单位、垂直管理单位党政主要负责人参加会议。（张志雄）

【全市项目建设流动观摩现场会】 12月12日，全市项目建设流动观摩现场会举行，省委常委、市委书记易炼红与各区、县（市），园区及市直部门负责人一道，走进建设工地，实地观摩、点评、督导项目建设推进工作。观摩团走访了全市9个区、县（市），考察行程安排紧凑，考察的项目有：长沙经开区上海大众汽车项目基地、蓝思科技、望城区乔口渔都风情小镇项目、宁乡金洲新区的普洛斯金洲物流园、中联重科麓谷第二工业园等数十个考察项目，在项目考察现场，易炼红表示，长沙的发展不进则退，慢进也是退。失去一个项目，很可能错过一次机遇；错过一次机遇，很可能耽误一个时期。他要求随行的各级各部门负责人，要将项目建设作为长沙转型创新发展的突破口，以此论英雄、排座位、定奖惩，特别是各级党政领导干部要对项目建设负总责，要到项目建设一线去，发扬"钉钉子"的精神，在全力推进"六个走在前列"，率先建成"三市"、强力实施"三倍"，加快长沙现代化进程中晒出自己的成绩单，紧紧扭住项目建设这个中心，推动全市经济社会实现更好更快发展。市领导张迎龙、袁观清、范小新、余合泉、谢树林、张湘涛、陈泽珲、文树勋、赵文彬、李军、张迎春、陈献春、钟钢等参加观摩。（彭海波）

【"六个走在前列"大竞赛暨绩效考核述职测评大会】 12月23日，长沙市2013年度"六个走在前列"大竞赛暨绩效考核述职测评大会召开。省委常委、市委书记易炼红主持会议，会议采取"双向述职、双向测评"的模式，进行市领导班子及成员的年度考核述职测评和市管领导班子绩效考核述职测评，并开展干部选拔任用"一报告两评议"工作。省委组织部有关负责人，市委、市人大常委会、市政府、市政协全体领导人员，市中级人民法

院院长、市人民检察院检察长，长沙学院、商职院、长沙职院、卫生职院书记、院长，市纪委常委，各区、县(市)委书记及区、县（市）长，纳入绩效考核的市直单位和省垂直管理单位党政主要负责人，有关企事业单位的主要负责人，以及各民主党派主要负责人，近300人参加述职测评大会。大会主要以书面述职的方式进行，全市述职测评大会不但有市领导的评价和同级部门的评价，还邀请各民主党派长沙市委负责人、全体市属企业负责人参加评价，同时还制度性规定抽取基层“两代表一委员”不少于50人参与评价。2013年，长沙对党政领导班子和领导干部绩效考核工作进行了进一步的探索和完善：一是突出科学发展导向。实施差异化考核，中心城区侧重考核服务业发展和城市建设与管理，区、县（市）侧重考核工业发展和现代农业与城乡一体化建设；科学设置考核指标，紧扣市委市政府战略部署和中心工作，实现政治、经济、文化、社会、生态文明和党的建设“五位一体”的综合考核。2010年开始取消对区、县（市）地区生产总值（GDP）考核，并逐步降低经济指标权重，经济指标权重仅占30%。二是实现考人考事结合。每名领导干部都有具体负责的考核指标，其个人绩效由履行岗位职责、正职评分、民主测评、考察情况综合评价等构成，其中履行岗位职责占35%至45%，由班子绩效得分折算，把干部德才量化为具体的分数评价，做到“考事”有体系、有目标，“考人”有对照、有比较，避免简单以经济发展论英雄，实现人以绩论、绩由事考、事从责定。三是坚持综合评价政绩。拓展多元评价，以制度化的形式充分保障人民群众的知情权、参与权、监督权、评价权，形成“官评”与“民评”相结合的评价机制。采用功效系数法考核地方经济发展指标，兼顾当前与长远、显绩与潜绩、规模与速度。考核财政专项资金使用效益情况，综合衡量工作成果、成本与代价。有效避免简单以票评官和末位淘汰，按规定对绩效得分排名靠后等7类情形的干部进行甄别考察后提出考核等次建议。长沙绩效考核的实践受到社会各界的广泛关注，得到上级组织部门的充分肯定，2013年入选国家行政学院政府绩效管理最佳实践案例。（谭铁军）

附录

中共长沙市委
2013年文件目录

▲长发〔2013〕1号　中共长沙市委长沙市人民政府关于深化农业综合配套改革加快发展现代农业的意见

▲长发〔2013〕2号　中共长沙市委关于印发《中共长沙市委常委会2013年工作要点》的通知

▲长发〔2013〕3号　中共长沙市委、长沙市人民政府关于进一步加强文联工作促进文艺繁荣的意见

▲长发〔2013〕4号　中共长沙市委关于转发《长沙市人大常委会2013年工作要点》的通知

▲长发〔2013〕5号　中共长沙市委关于转发《政协长沙市委员会2013年工作要点》的通知

▲长发〔2013〕6号　中共长沙市委长沙市人民政府关于明确宁乡经济技术开发区管理体制的意见

▲长发〔2013〕7号　中共长沙市委长沙市人民政府印发《关于在全市开展“六个走在前列”大竞赛活动的实施方案》的通知

▲长发〔2013〕8号　中共长沙市委关于印发《中共长沙市委常委会议事决策规则》的通知

▲长发〔2013〕9号　中共长沙市委关于追授李杨同志“优秀共产党员”称号的决定

▲长发〔2013〕10号　中共长沙市委长沙市人民政府关于印发《平安长沙建设工作规划（2013—2016年）》的通知

▲长发〔2013〕11号　中共长沙市委关于坚持正确用人导向推动“六个走在前列”大竞赛活动顺利开展的意见

▲长发〔2013〕12号　中共长沙市委关于印发《中共长沙市委巡查工作办法（试行）》的通知

▲长发〔2013〕13号　中共长沙市委长沙市人民政府关于进一步加快两型社会综合配套改革建设两型引领之市的决定

▲长发〔2013〕14号　中共长沙市委长沙市人民政府关于分类推进事业单位改革的实施意见

▲长发〔2013〕15号　中共长沙市委长沙市人民政府关于进一步深化行政审批制度改革提高行政效能的实施意见

（朱长友）

组织工作

【概况】 2013年，长沙市组织系统认真贯彻落实中央和省、市委精神，扎实推进干部、人才、党建和自身建设各项工作，为长沙大步践行“六个走在前列”，率先建成“三市”、强力实施“三倍”，加快现代化进程提供了坚强的组织保障和人才支撑。

一、领导班子和干部队伍建设。1. 抓好领导班子建设。开展“在提高党的建设科学化水平中走在前列”专项竞赛活动，着力形成党建工作的好机制、建设奋发有为的好班子、打造素质过硬的好队伍、营造干事创业的好风气。提出“六用六不用”选人用人导向（六用：选拔重用政治坚定、忠诚可靠的干部，选拔重用改革创新、开拓进取的干部，选拔重用勤奋敬业、扎实肯干的干部，选拔重用公道正派、坚持原则的干部，选拔重用顾全大局、维护团结的干部，选拔重用作风优良、清正廉洁的干部；六不用：坚决不用信念不牢、品德不佳的干部，坚决不用固步自封、精神不振的干部，坚决不用作风散漫、纪律松驰的干部，坚决不用以权谋私、行为失范的干部，坚决不用拉帮结派、破坏团结的干部，坚决不用“官”念过重、脱离群众的干部），并贯穿干部选任工作之中。扎实推进“狮子型”干部的选拔任用。开展“五好”领导班子创建活动，指导市管领导班子围绕“精神状态好、民主决策好、推进发展好、服务群众好、廉洁从政好”的目标要求，加强自身建设，强化整体功能。构建科学的市管领导班子结构模型，优化领导班子配备。出台《副县级以上党和国家机关党员领导干部民主生活会量化评价办法（试行）》。选取8家单位试点，明确民主生活会的各个环节，明晰每个步骤的标准、要求、目的，促进会前准备、会中交流和会后整改等环节的实效。切实提高民主生活会质量。2. 加强干部宏观管理。组织开展全市干部选拔任用工作专项督查，严肃干部人事工作纪律，规范干部选任操作程序。落实省委要求，大力整治“三超两乱（超编制限额进入、超职数超规格配备领导干部、超范围分设党政职务、随意按年龄划线乱调整配备干部、违反规定程序乱进人）”问题，整改消化超配职数，2013年全市整改消化县处级领导职数27名，按规定将违规党政分设情况清理到位。规范干部管理基础工作，建立县处级领导职数管理信息库，准确掌握各单位领导职数、非领导职数核定和实际配备情况，实行动态管理。制定党外干部5年培养选拔规划，加强党外干部培养配备。3. 激发干部队伍活力。加大干部选拔任用和交流力度，全年提请市委常委会研究讨论干部13批512人次。做好公务员调任考录、领导干部考试测评工作，指导区、县（市）做好统一公选工作。强化干部教育培训，精心组织开展十八大精神、市委十二届六次全会精神轮训，举办培训班15期，培训干部3300余人。举办境内外高校培训班17期，调训干部798人；举办市委党校主体班29期，调训干部1046人。4. 强化日常监督管理。制定出台《关于对领导干部和机关工作人员“有错无为”“不在状态”实施问责的暂行办法》，促使各级干部保持奋发有为的工作状态。制定市委巡查工作办法，完善机构和人员配备，加大对市直部门领导班子和领导干部的巡查力度。出台《关于从严教育管理监督干部的实施意见》，对24位新任党政主要负责人进行选人用人“六个一（进行一次选人用人提醒谈话、赠送一本选人用人政策必读、签订一份选人用人责任承诺书、组织一次选人用人政策考试，做好一次选人用人专项汇报、召开一次选人用人工作座谈会）”提醒谈话，完成13名党政主要负责人的经济责任审计。完成2013年度绩效考核工作，对9个区、县（市）进行分类排名，完成96个市直单位领导班子、985名市管领导干部绩效考核和廉政考核工作，甄别考察48人、诫勉谈话13人。

二、人才强市战略。1. 完善人才工作机制。出台《关于进一步完善市委人才工作领导小组运行机制的意见》等文件，推动人才工作制度化、规范化。2. 引进重点产业领域高素质人才。启动实施引进紧缺急需和战略型人才“3635”计划，着力推动在工程机械、汽车及零部件、生物医药、电子信息及现代物流、新能源和新材料、文化创意6个重点产业领域，分领军人才、高级经营管理和研发人才、专业技术骨干人才3个层次，引进500名经济社会发展当前急需、长远必须的人才。3. 优化人才发展环境。市本级设立人才发展专项资金，将人才工作纳入年度绩效考核目标，建立海外高层次人才服务窗口，为各类人才在长沙创新创业营造良好环境。

三、基层党建工作。1. 强化阵地保障。巩固村级组织运转经费保障机制。2013年村平运转经费超过13万元，领先全省平均水平。村级组织活动场所和社区办公服务用房达标建设工作扎实推进，全年继续投入1615万元对177个未达标的村级活动场所

市委常委、组织部部长程水泉到居住地社区报到

进行提质改造，实现村民服务中心全覆盖。市级财政投入695万元，以新建或改扩建的方式完成27个未达标社区办公服务用房建设。2. 巩固基层组织运转保障机制。出台基层服务型党组织建设“1+3”文件（即《关于加强街道社区服务型党组织建设的指导意见（试行）》《关于在全市推行街道党工委“大工委制”和社区党组织“兼职委员制”的实施办法》《关于在全市街道社区党组织中深化“网格化管理、组团式服务”工作的实施办法》《关于开展在职党员进社区报到工作的实施办法》），开展机关和村（社区）党组织结对共建活动，扎实抓好街道大工委制、社区兼职委员制、街道社区“网格化管理、组团式服务”、在职党员到社区报到等工作。截至2013年底，城区共划分党建网格2900个，组建服务团队3909支，建立特色服务工作室508个，有近10万名在职党员到社区报到。3. 强化组织责任。建立健全管党责任市、县、乡、村（社区）“四级联述联评”制度，形成述职述党建、考核考党建、评议评党建、干部任用看党建的局面，有效增强了基层党组织书记的服务意识和服务动力。组织开展落实管党责任制情况述职。在乡镇（街道）党（工）书记向部务会口头述职大会上，创新述职形式，进行随机提问考核。制定出台《加强乡镇街道干部队伍建设的意见（试行）》文件，着力解决基层干部队伍建设面临的困难和问题。对乡镇街道党政负责人、新任社区书记和村党组织书记进行培训，着力提升基层组织带头人队伍素质。在开福区、望城区开展处置不合格党员工作试点，探索建立不合格党员的退出机制。

四、组织部门自身建设。在全市组织系统开展建设“忠诚型、学习型、勤廉型、创新型”组工干部队伍活动，出台全市组织系统改进作风“五个坚持、五个不准”规定（五个坚持：坚持公道正派、坚持敢讲真话、坚持务实创新、坚持服务基层、坚持廉洁自律；五个不准：不准吃请受礼、不准跑风漏气、不准以权谋私、不准转嫁负担、不准打牌赌博），树立组工干部公道正派形象。以“提高基本素质、遵守基本规范、做好基础工作”为抓手，切实加强组织部门的规范化建设、制度化管理。实施全员绩效考核，坚持“开门评部”，组织工作科学化水平得到有效提升。（付　坤）

【构建干部“有错无为　不在状态”问责机制】 2013年，长沙市制定出台《关于对领导干部和机关工作人员“有错无为”“不在状态”实施问责的暂行办法》（以下简称《办法》），明确提出13种“有错无为”问责情形和7种“不在状态”问责情形。“有错无为”问责情形主要包括：决策严重失误或“三重一大”决策制度执行不力，工作失职致使本系统本单位发生重大事故、事件、案件；完成党委、政府中心工作和重大项目、重要工程、重点工作不力或质量不高；漠视群众诉求，失职渎职，造成不良影响或严重后果等多种情形。“不在状态”问责情形主要包括：精神状态不佳、工作标准不高等影响工作开展和事业发展的；理想信念不牢、思想素质不好、品德修养不佳、违背社会公德、职业道德、家庭美德的；难以适应岗位要求的及大局意识不强；作风散漫、经考察考核不胜任现职等情况。问责包括10种方式：书面检查、诫勉谈话、通报批评、责令公开道歉、停职检查、调离岗位、降职使用、引咎辞职、责令辞职和免职。对领导干部和机关工作人员“有错无为”和“不在状态”实施问责由各级纪检监察机关和组织人事部门负责具体实施。该《办法》明确指出，问责结果将与领导干部和机关工作人员年度考核直接挂钩。如受到书面检查、诫勉谈话等问责的，取消当年年度考核评优和评选各类先进的资格；受到通报批评、责令公开道歉、停职检查、调离岗位等问责的，当年年度考核结果评定为基本称职（基本合格），并按照有关规定进行处理；受到降职使用、引咎辞职、责令辞职、免职等问责的，被问责对象当年年度考核结果评定为不称职（不合格），其中被问责的领导干部一年内不得重新担任与原任职务相当的领导职务。该《办法》适用对象包括全市各级党政机关、群团组织、国有及国有控股企业、事业单位，以及经授权、委托具有公共事务管理职能单位的领导干部和机关工作人员。《办法》出台后，对“六个走在前列”大竞赛活动中、市委主要领导暗访市容环境整治中发现问题的责任领导干部进行问责。（付　坤）

【基层服务型党组织建设】 2013年，长沙市出台基层服务型党组织建设“1+3”文件，有效整合辖区各级各类党组织和党员资源，解决联系服务群众“最后一公里”问题。一是全面推行街道“大工委制”和社区“兼职委员制”。全市88个街道共聘任兼职委员426人、503个社区选聘兼职委员1868人，以“专职委员+X”模式为纽带，聚集驻区单位和全社会的资源为居民群众服务，实现街道社区与驻区单位党组织之间资源共享、组织共建、党员共管、服务共担。二是全面深化街道社区“网格化管理、组团式服务”。采取“党小组+网格”的组织模式，组建“一长多员”服务团队，将党组织的服务触角延伸到城市的每个角落、每个家庭。全市城区共划分网格2900个，党员（家庭、特色）服务工作室508个，服务团队3909个。三是全面推行在职党员进社区报到。按照“亮明身份、接受监督、提供服务”的要求推进在职党员进社区报到，全市有10万余名居住在城市社区的在职党员到居住地社区报到，以党员所愿所能对接群众所需所盼，开展服务8.9万场次。四是推进“五联五共”、实行结对共建。根据分类定级结果，对“一般”“较差”类村、社区党组织，安排一个“好”类机关党组织进行结对，共建时间为两年，实现班子联建、党员联培、实事联办、发展联促、阵地联享。全市结对子268对，48个市直机关与社区党组织结成对子，220个县直机关与村党组织结成对子。（付　坤）

【人才工作建设】 5月15日，市委人才工作领导小组第九次会议召开，会议明确：2013年长沙将大力实施重大人才项目，统筹推进各类人才队伍建设。自2013年起，用3年时间支持鼓励以企业为主体的用人单位在重点产业领域，引进经济社会发展紧缺急需和战略型人才，使长沙成为全国重要的产业基地、现代化人才集聚中心和创业基地。将人才工作纳入党政领导班子和领导干部综合考核评价体系。并且建立健全市和区、县（市）人才发展专项资金，确保对人才发展重大项目投入足额到位。市委副书记、市委人才工作领导小组组长张迎龙指出，更好地为全市科学发展提供优质人才保障，一要进一步统一思想认识，努力使长沙成为人才汇聚的高地和创新创业的乐土。二要进一步明确职责任务，落实各类人才政策，组织实施人才培养、引进工程，确保完成年度各项目标任务。三要进一步形成工作合力，为率先建成“两型”城市和实现全面小康提供更好的人才支撑和智力支撑。2013 年，长沙率先全国省会城市出台《关于进一步加强党管人才工作的实施意见》，市本级设立每年 1.2 亿元的人才发展专项资金，进一步强化人才工作保障措施。出台《长沙市引进紧缺急需和战略型人才计划》，为长沙转型创新发展提供有力人才支撑。全面推动《长沙市中长期人才发展规划纲要（2010—2020 年）》落实，启动宣传文化骨干人才、优秀企业家、教育英才、科技领军人才、高技能人才等重大人才项目。召开全市第七批科技特派员工作会议，选派科技特派员 220 名。争取领导重视，指导长沙高新区建设“国家海外高层次人才创新创业基地”，省委常委、市委书记易炼红视察长沙高新区“海创基地”建设情况，省委组织部副部长郭树人为“海创基地”揭牌，市委组织部部长程水泉组织职能部门负责人到长沙高新区调研办公，成立长沙海外高层次人才联谊会和引进海外高层次人才工作服务部，形成中科院院士姚守拙领衔的 20 名高层次人才团队。（付　坤）

【全市组织工作会议】 11 月 7 日，长沙市召开全市组织工作会议，市委副书记张迎龙主持会议，市委常委、组织部部长程水泉传达全国、全省组织工作会议精神，对长沙下一阶段的组织工作进行部署，下阶段，长沙将着力抓好 7 个方面重点工作：落实培养选拔好干部的用人导向，为长沙率先建成“三市”选贤任能；突出改进作风，扎实开展党的群众路线教育实践活动；体现从严要求，切实加强领导班子和干部队伍建设；深化干部人事制度改革，着力破解干部工作的重点难点问题；坚持党管人才原则，积极推动人才工作创新实践；强化基层党建工作，努力夯实党执政的组织基础；以打造忠诚型、学习型、创新型、勤廉型队伍为目标，切实加强组织部门自身建设。省委常委、市委书记易炼红出席大会并讲话。他强调，要以强烈的责任感、紧迫感和改革创新精神，推动全市组织工作再上新台阶，在提高党的建设科学化水平中走在全省和全国省会城市前列。市领导程水泉、李军、陈献春、曹立军参加会议。（高林涛）

宣传工作

【概况】 2013 年，长沙市委宣传部着力加强核心价值体系建设、壮大社会主流思想舆论、巩固提升文明创建成果、丰富人民群众精神文化生活、推动文化产业快速发展，各项工作均取得新进展、新成效。

一、理论武装发挥更强的引领性作用。1. 深入开展理论学习。推进全市各级党委（党组）中心组学习，市委中心组邀请李晓江、辛鸣、黄中平、彭波等知名专家授课。修订学习型党组织建设考评细则，开展学习型党组织建设“五创四评”活动。推进学习型城市建设，办好“长沙大讲堂”“市民讲堂”“星城科学讲堂”，广泛开展“书香长沙”全民学习活动，在全社会营造崇学乐学的良好氛围。2. 广泛开展理论宣传。组织各级宣讲团深入机关、企业、农村、社区、学校开展宣讲 3000 余场。提质《长沙晚报》理论版、“星城讲坛”等理论宣传阵地，在《长沙晚报》刊发“热点话题谈心录 · 积聚正能量促发展”系列专题辅导文章，紧贴理论热点编发《宣传专报》和形势教育参考资料，编写《长沙人与长沙精神》、长沙读本等书籍，制作《“六个走在前列”在行动》政论片。3. 扎实开展理论研究。加强湖南省中国特色社会主义理论体系研究中心长沙基地建设，通过省委宣传部考核验收。《雷锋精神研究》等重大社科基金项目研究顺利推进，《增强自我净化、自我完善、自我革新、自我提高能力》《干在实处、走在前列——对长沙六个走在前列的认知和思考》等理论研究成果在《人民日报》《湖南日报》等主流媒体刊发。面向全国公开招标，组织对“推进长沙‘六个走在前列’，提升城市综合竞争力的发展思路与对策研究”“长沙基本实现现代化发展战略研究”两个重大课题进行研究，为市委、市政府提供决策咨询。

二、舆论引导产生更好的全局性影响。1. 正面宣传有声势。在中央及省级主流媒体刊（播）有关长沙的正面报道 10000 余篇，其中《人民日报》60 余篇、新华社 1000 余篇、央视新闻联播 30 余条。推出“率先建成三市”“回乡创业风采录”等 30 余个主题宣传报道，开展“六个走在前列”“走进长沙重点工程”等系列重大战役报道，抓好科交会、农博会等节会报道，产生很好的社会反响。精心组织“精彩美国”长沙推介会及驻华大使骆家辉到长沙访问、湖南（长沙）· 上海招商活动等重大文化经贸活动的对外宣传报道，在涉外媒体推出“美丽长沙 · 文化名镇”“快乐长沙”等系列深度报道，积极参评 2013 年中国城市形象调查评价活动，长沙获“中国最佳城市形象奖”。抓好第十届公民道德论坛、诚信长沙等 20 余个主题网络宣传，建立“长沙发布”政务微博，累计发布微博 1100 条，获评全国“政务微博示范奖”，提高长沙在网上的正面“曝光率”。2. 舆情应对有力度。加强新闻发布制度建设，全年审批召开近 30 场新闻发布会。加强突发事件现场管理和服务，妥善处置“女孩坠落下水道”“黎托大火”“陈永洲事件”等近 80 起突发敏感事件舆情。坚持网上舆情监看处置和网上舆论引导“双管齐下”，协调删除涉及长沙的负面网帖、跟帖近万余条，发表原创评论文章、主帖 400 余篇，网上转载、跟评万余条，处置 30 余起重大网上舆情事件，没有出现全国性负面舆论热点。3. 新闻管理有成效。进一步完善制定有关会议和领导活动新闻报道的意见，定期组织召开新闻例会、协调会、通气会。改进新闻阅评工作，推动媒体提高办报办台质量。及时落实省委宣传部新闻警示约 300 条（次），未发生漏报、迟报、错报现象。严格监管违法广告刊播，医疗医药等虚假违法广告播出率明显降低。

三、学习雷锋打造更响的全国性品牌。1. 创新学习载体。编辑出版图书《向雷锋学习》，制作播出政论片《中国雷锋》，阐释雷锋精神的时代内涵。推出“我身边的雷锋”校园微电影大赛，吸引两千余所学校的近万人参加。与中国音协联合举办“情系雷锋”——2013 年全国原创新歌征集活动。举办 2013 全国百城百台交通广播“学习雷锋、爱心送考”活动，策划推出“雷锋侠”公益广告展览、“学雷锋·爱自邮”等一系列鲜活生动的活动载体，学雷锋活动的吸引力和感染力不断增强。2. 推出先进典型。开展学雷锋“八创八评”活动，评选出 79 个“雷锋号”示范单位和 82 名“雷锋式”先进个人，240 人当选为“我身边的雷锋”。认真组织“中国好人”和“道德模范”评选推荐工作，1 人被评为全国道德模范，3 人获全国道德模范提名奖，全市有 92 人入选“中国好人榜”，15 人被评为“第二届全市道德模范”。组织道德模范先进事迹报告活动，营造了崇德向善、见贤思齐的浓厚氛围。3. 夯实基础阵地。对雷锋纪念馆进行提质改造，建立 1 个市级道德讲堂总堂，10 个区、县级道德讲堂总堂以及 429 个基层单位道德讲堂。加强雷锋超市建设管理，开辟“580 雷锋热线”，提高“雷锋网”的办网水平，形成一张比较完整的学雷锋活动阵地网络。吸纳社会资源壮大“雷锋基金”，截至 2013 年 12 月底，基金总额 1850 万元，通过奖励先进典型、救助困难模范，在全社会树立好人有好报的价值导向。

四、文明创建实现更大的跨越性提升。1. 全面抓城市品质提升。推进城区市容市貌、城乡结合部环境、道德交通秩序、打击非法营运 4 大综合整治，开展环境卫生、违章占道、扬尘污染、道德基础设施、户外广告招牌、违章违法建筑 7 大专项治理，展现出“洁净、有序、畅通、文明”的省会城市新形象，省委书记徐守盛在视察调研长沙文明创建工作时给予高度评价。2. 重点抓市民素质教育。精心策划“美丽长沙·美德先行”主题实践活动，深入开展“做谦恭有礼的中国（长沙）人”活动，认真组织文明交通、文明引导、文明餐桌和文明传播 4 项行动，加强市民文明礼仪教育。推进“讲文明、树新风”公益广告宣传，两次获中央文明办专职副主任王世明的表扬批示。建成城市和乡村学校少年宫 72 个，组织开展“做一个有道德的人”“我们的节日”等主题活动，不断健全学校、家庭、社会“三结合”教育网络，着力净化社会文化环境，未成年人思想道德建设深入推进。设立 300 余个志愿服务体验点，在排队日、礼让日开展文明交通志愿劝导服务，网络文明传播在全国最活跃地区中排名前列。在全省首届学雷锋志愿服务先进典型评选活动中，长沙入选优秀志愿者 15 名，优秀志愿服务组织、突出贡献先进集体、优秀志愿服务项目各 2 个。3. 突出抓创建机制完善。出台《关于进一步推进文明创建常态化的意见》《文明创建问责实施办法》《关于在文明单位履行社会责任报告制度的意见》等系列文件，推动文明创建工作责任明晰、制度长效、管理常态。深入开展文明社区、文明集市、文明窗口单位等评选表彰活动，在窗口行业中广泛开展“擦亮服务窗口、树立文明形象”活动，继续开展省会共创、军地共创、城乡共创等活动，不断激发社会各界参与创建的强大合力。全年共开展 4 次城区（县城）文明指数季度测评，城乡文明程度和市民满意程度不断提高。

五、文化发展取得更多的标志性成果。1. 健全公共文化服务体系。扎实推进国家公共文化服务体系示范区创建，以总评分中部第一、全国第二的优异成绩成功创建全国首批国家公共服务示范区。两馆一厅、长沙国王陵遗址公园等一大批公共文化设施建设扎实推进，向基层送文化设备价值 1296 万元、送公益电影 20506 场，开展乡村（社区）“好戏天天送”和湘江剧场“好戏天天演”600 余场。制定《关于进一步加强群众文化工作的意见》，精心组织业余文艺团队评星定级和“百佳千星”评选，举办“欢乐潇湘——长沙篇·舞动星城　歌涌湘江”群众文艺各类演出 500 余场，精心组织“雅韵星城”高雅艺术进园区、进剧场等普及活动。校园文化进社区活动范围从高校拓宽至中小学校，举办各类活动 60 余场次。2. 加快推进文化产业发展。出台《长沙市文化产业百强企业培育计划实施办法（试行）》，举办“文化名城·创意中心”知名文化企业长沙行活动、2013 中国（长沙）首届手机文化产业博览会，分别签约 154 亿元、80 亿元；组织文化企业参加第九届深圳文博会和省港洽周，分别签约 82 亿元、90 亿元，成功举办“第七届中国手机动漫游戏大赛颁奖典礼暨长沙（国际）动漫游戏展”、第二十届长沙图书交易会及第四届橘子洲（国际）音乐节，文化节会带动文化产业发展的作用进一步凸显。制定《长沙市文化创意产业园区发展规划纲要（2013—2020）》，进一步推动文化产业集聚发展，后湖国际艺术区盛大开园，湘台文化创意产业园、开福手机文化产业园等项目列入市委、市政府《实施产业倍增重大项目》计划。深化国家级文化和科技融合基地建设，评选首批长沙市文化和科技融合示范企业。推动中小文化创意企业和金融的无缝对接，促成多家企业与招商银行签订了贷款融资协议。3. 加强文艺精品创作传播。建立文艺精品专项奖扶资金，实施文艺精品创作规划，推动文艺精品创作不断“开花结果”。长沙广电天择传媒《麻辣女兵》《中国力量》等成为多家卫视的定制栏目，大型史诗电视剧《毛泽东》在中央电视台、湖南卫视同步播出，取得了收视与口碑的“双丰收”。8 件作品在全省“欢乐潇湘”群众文艺汇演决赛中获奖，“欢乐星城”大型群众文化活动获第十届中国艺术节“群星奖”，湘剧《苏秀才》入选第十三届中国戏剧节参演节目。

六、基础工作得到更实的制度性保障。1. 加强队伍建设。配齐配强宣传系统各级领导班子，协助做好长沙市文化市场综合执法局主要负责人的调整工作，指导做好市书协、花鸟画家协会换届（成立）工作。制定出台《长沙市宣传文化骨干人才培育工程实施方案》，与湖南大学合作开办文化产业高级研修班，在复旦大学举办全市新闻发言人培训班，组织全市基层宣传干部培训班，选送干部参加县干班、青干班等主体班培训。2. 注重考核考评。出台《宣传思想文化工作多出精品力作、多出工作成果、多出优秀人才创评活动的意见》《“四比四看四争推动六个走在前列”竞赛活动考评办法》和《绩效考核与管理办法》，推动宣传文化工作多出精品力作、多出工作成果、多出优秀人才。制定实施《全市宣传文化系统“六个走在前列”大竞赛活动实施方案》。3. 密切联系群众。确定30个乡镇（街道）为宣传思想文化工作联系点，实行领导联系调研制度。组织开展宣传思想文化系统调研工作，部领导班子成员承担14个调研选题，带头深入基层一线调研，形成一批调研成果，并推动其转化为加强和创新各项工作的实际举措。（吴源清）

【理论教育工作】 7月，市委宣传部面向全国公开招标“推进长沙‘六个走在前列’，提升城市综合竞争力的发展思路与对策研究”和“长沙基本实现现代化发展战略研究”两大哲学社会科学重大课题，着力探索引领长沙经济社会科学发展、加快长沙现代化进程的最优方案和最佳途径。9月，举办2013年第一期长沙大讲堂，邀请著名经济学家、趋势学家、华盛顿特区经济趋势基金会总裁杰里米·里夫金，就“21世纪中国将如何引领第三次工业革命”进行深入阐述。先后邀请中国城市规划设计研究院院长李晓江、中共中央党校教授辛鸣、《求是》杂志社副总编辑黄中平、国家互联网信息办公室专职副主任彭波，分别就城市规划与建设、中国梦、国家主席习近平系列重要讲话精神、中国互联网的发展与治理等课题，为市委学习中心组作专题辅导。出台《关于推进学习型城市建设的意见》和《关于开展“书香长沙”全民学习活动的实施方案》，启动报、台、网“书香长沙”品牌宣传，广泛开展干部群众乐于参与的系列读书学习活动。开展理论宣讲活动。12月，邀请省委讲师团巡视员陈志强就十八届三中全会精神进行专题辅导，各区、县（市），市直各单位党委（党组）中心组学习秘书100余人参加培训。全市各级党组织邀请宣讲骨干、理论骨干、三中全会宣讲团成员开展十八届三中全会精神宣讲1500余场次，形成浓厚的宣讲氛围。（周轶群）

【群众文化活动】 2013年，市委宣传部积极组织和引导开展全市的群众性文化活动。4月，组织开展“欢乐潇湘——长沙篇·舞动星城 歌涌湘江”大型群众文艺汇演活动，完成“欢乐潇湘”乡镇（街道）群众文艺海选、展演500余场，完成区、县（市）级决赛9场，市级决赛1场，参演人数逾20万人，惠及700万名群众。选送优秀群众文艺精品节目参加湖南省“欢乐潇湘”大型群众文艺汇演，获全省节目一等奖2个，节目二等奖3个，节目三等奖3个及优秀组织工作奖。8月18日，《人民日报》头版以《狠刹奢靡风 节俭见行动》为题报道长沙节俭举办“舞动星城 歌涌湘江”晚会。9月30日，中央电视台新闻联播栏目“各地喜迎国庆 喜庆不忘节俭”系列消息对长沙市级展演进行报道。开展长沙市第二届校园文化进社区活动。组织学校师生深入开展“演艺进社区、讲座进社区、培训进社区、作品进社区、网站进社区、图书进社区、设计进社区、比赛进社区”8大主题活动。全市100余所学校师生参与，活动辐射全市200余个社区，举行各类文艺演出100余场，丰富了社区居民的精神文化生活。（闫　丽）

【文艺精品创作】 2013年，市委宣传部组织优秀团队和作品参加第十届中国艺术节及中国第十三届戏剧节，女声小组唱《山泉》获第十届中国艺术节作品类“群星奖”，“欢乐星城”大型群众文化活动获项目类“群星奖”，长沙县江背镇文化站站长陈恭森获“群文之星”称号。湘剧《苏秀才》参加中国第十三届戏剧节，获“中国戏剧节·剧目奖”。长沙县黄兴镇李中笑农家书屋获评“第五届全国服务农民、服务基层文化建设先进集体”。（闫　丽）

【文化产业发展】 2013年，全市文化产业继续保持快速发展势头，一是抓政策保障。出台《长沙市文化产业百强企业培育计划实施办法（试行）》和《长沙市文化创意产业园区发展规划纲要（2013—2020）》（征求意见稿）等文件，为全市文化产业发展繁荣提供政策保障。8月30日，中央文化体制改革和发展工作领导小组办公室在《文化体制改革和发展工作简报》第17期推介长沙市加强文化产业园区规范建设的经验。二是抓项目建设。长沙广告产业园、长沙青苹果数据城、雷宜锌国际文化创意园、浏阳花炮总部经济区等重大文化项目扎实推进，后湖国际艺术区盛大开园，湘台文化创意产业园、开福手机文化产业园等项目列入全市重大产业项目。三是抓平台建设。大力举办、积极参与文化节（展）会活动。1月，举行“文化名城·创意中心”知名文化企业长沙行活动，签约20个项目，签约金额154亿元。7月，举办长沙国际动漫游戏展，签约客户350余家，总金额10亿元。11月，举办2013中国（长沙）首届手机文化产业博览会，洽谈合作意向金额80亿余元；组织文化企业参加第九届深圳文博会和省港洽周，分别签约82亿元、90亿元。四是抓体制改革，推动已转企的湖南长广天择传媒有限公司实行公司股份制改造，批复《关于湖南长广天择传媒有限公司整体变更设立中广天择传媒股份有限公司（筹）国有股权管理方案》。（赵　慧）

【网络舆论引导】 2013年，围绕市委、市政府中心工作，市委宣传部积极抓好“第十届公民道德论坛”“诚信长沙”“推进六个走在前列，率先建成三市”“城市环境综合治理”“文明城市创建”“三湘名博湖南行”等20余个主题网络宣传，向重点新闻网站和门户网站推荐发表、转载各类新闻、图片等5000余条，营造良好网上舆情环境。监测各类典型网络舆情3万余条，编辑《舆情摘报》212期，上报《长沙网络舆情专报》60期、下发《网络舆情通知》68期，获市领导批示38次。4月，建立市委网宣办政务微博“长沙发布”，累计发布微博1600条，在全国“城市网络形象排行榜”发布会上，获评“政务微博示范奖”，经验在《城市网络形象报告白皮书》上予以推介。8月，获评新浪湖南政务微博“最佳案例奖”。成功处置“湖南女孩坠落下水道”“记者乔装流浪汉暗访长沙救助站遭围殴”“《新快报》记者陈永洲被刑拘事件”等30余起重大网上舆情事件，积极维护长沙形象。在各级网络媒体

发表原创评论文章、主帖400余篇，网上转载、跟评2万余条。（王春华）

【“世界华文媒体高层湖南行”主题活动】 7月7日，“2013世界华文媒体高层湖南行”大型主题采访活动在长沙举行。该活动由中国新闻社、湖南省委宣传部共同主办，邀请来自美国、加拿大、法国、澳大利亚、新西兰、日本、马来西亚等15个国家20余家有影响力的华文媒体深入湖南实地采访，为湖南开放型经济营造良好的舆论氛围。7月8日，采访团一行“开放崛起在湖南——行走中国·2013年世界华文媒体高层湖南行”大型采访活动走进长沙，先后参观长沙高新区隆平高科技园、远大科技集团、田汉大剧院、沙坪湘乡博物馆等地，感受长沙加快发展开放型经济决心与举措、成果与经验，领略长沙的文化气息与魅力。7月8日，省委常委、长沙市委书记易炼红会见华文媒体采访团，以“长沙沙水水无沙”的民谣阐述了执政理念和追求，给海外媒体留下深刻印象。采访团表示将认真梳理在长沙的所见、所闻、所感、所悟，把长沙推介给全世界。（郑 峥）

统战工作

【概况】 2013年，长沙市统战工作以“大团结、大联合”为主题，全市统一战线与时俱进、开拓创新，圆满完成各项工作。被评为“全国统战宣传工作先进单位”“全省统战调研工作先进单位”；获“全省统战工作实践创新奖”；统战信息工作获“全国二等奖”。

一、推进政治协商。持续坚持22年从未间断的“新春第一访”，成为全市多党合作领域的一张名片。在全省统战部长会议上，该部连续10年作经验介绍，2013年以《大力推进实践创新，努力实现科学发展》为题作典型发言。省委常委、市委书记易炼红长沙履职首访和“新春第一访”均走访7个民主党派、市委和市工商联、无党派人士，与民主党派人士、无党派人士及市工商联领导人座谈，共商巩固和发展爱国统一战线、坚持和完善中国共产党领导的多党合作和政治协商制度大计。市委常委以及市委统战部机关干部与90余名党外代表人士交友结对，通过调研走访、工作联系、召开座谈会等形式加强沟通交流，共商科学发展良策。促成市政府出台《关于进一步加强政府与民主党派工商联对口联系工作的意见》（长政办发〔2013〕4号），21个政府职能部门与各民主党派市委、市工商联就地方性法规、规章制定，重要改革措施及重大项目论证、工作安排等开展对口协商，确保政府决策科学化、民主化。深化“党委出题、统战协调、党派牵头、部门参与、成果转化、结果反馈”专题调研机制，引导党外人士参政议政。

省委常委、市委书记易炼红（右四）走访民主党派

二、凝聚思想共识。深入推进“同心”工程，引导统一战线广大成员与党委、政府同心同德、同心同行。全市创建65个“同心”社区和“同心”工作站。坚持和完善中国共产党领导的多党合作和政治协商制度，易炼红两次走访各民主党派、市委和市工商联、无党派人士并座谈，听建议、提要求、交任务。市委常委带头与党外代表人士交友结对，共商科学发展良策。大力开展党外代表人士“走访月”活动，深入调研走访县处级以上党外领导干部和后备干部、相关方面的党外代表人士，了解履职情况，加强联络沟通。开展“五一口号”发布六十五周年系列纪念活动，增强各民主党派坚持中国共产党的领导、走中国特色社会主义政治发展道路的信心。

三、推进创业富民。全年市本级创业富民专项资金1.05亿元（含农、工、商、科四口整合资金5000万元），深入开展“创业手牵手，帮扶一加一”活动，组织企业家与初创企业结成帮扶对子144对。做好2013年创业富民专项资金申报、2012年度大学生创业经营场所租金补助等工作。开展市级“一地一品”创业基地建设和创业示范基地评比表彰，认定创业产业示范园、创业孵化示范园等6大类共20家市级创业示范基地，继续畅通“大学生创业就业服务绿色通道”。截至2013年底，全市共有私营企业10.66万户，首次突破10万户大关，新增1.81万户，新增户数较上年增长20.3%；个体工商户28.16万户，新增5.21万户，增长27.4%；农民专业合作社5666户，新增1528户，增长17%。助推非公经济发展，进一步激活民间资本，成立全国首家“民间金融商会”和中部地区首家民间借贷服务中心，吸引全国20余个地市考察学习。全年引进台资企业15家，投资总额15亿美元。

四、建强党外人士队伍。市委统战部与市委组织部密切配合，通过制定5年培养工作规划、抓好源头储备、开展多种培训、深入联谊交友等举措，有力推动党外人士工作。召开市委统战部、市委组织部两部联席会议，围绕进一步加强党外干部队伍建设工作指导等进行深入探讨研究。开展党外代表人士“走访月”活动，深入9个区、县（市）调研走访县处级党外领导干部和后备干部、相关方面的党外代表人士，了解他们的思想动态，掌握履职情况，加强联络沟通。举办7期党外人士专题培训班，培训429人次。

五、增进民族团结。成立到长沙少数民族务工人员服务管理工作领导小组，依法为外来少数民族在长沙就业创业及子女入学等方面提供援助。坚持以服务为先的管理理念，认真贯彻落实党的民族方针政策，全年办理337名高考考生少数民族成分资格审核和百余名公民更改民族成分审核。以“民族团结进步行”为契机，指导支持汉回村打造全省民族特色村寨，争取专项资金200万余元。积极推荐汉回村进入第二批全国民族团结进步创建活动示范单位候选名单，全市民族团结进步创建活动向纵深推进。落实好清真“三食”相关工作，做好少数民族文化保护与传承、扶贫产业开发、新农村建设和特色村寨建设。依法妥善处理涉及少数民族的矛盾纠纷，得到省、市领导的批示与肯定。

六、规范宗教管理。开展以“教风年”为主题的和谐寺观教堂创建活动，成立教风督查组，通过“走、查、看、问”等方式，对部分宗教场所存在的问题进行整改，消除信教场所安全隐患。集中整治私设聚会点和乱建庙宇行为，坚决抵制非法宗教活动，全年处理涉及非法传教及宗教渗透事件10余起。市基督教协会、基督教“三自”爱国会顺利完成换届。

七、海内外联谊工作。召开各类联谊会议。组织召开市海外联谊会五届一次理事大会，市委副书记、市长张剑飞出席并高度肯定海联会工作成绩。召开长沙市海外联谊工作联席会第一次会议，会议讨论《长沙海外联谊工作联席会议制度（草案）》，围绕如何加强与港澳台的联络、整合海外资源进行座谈。开展各类联谊活动。承办“全国台联2013年台胞青年千人夏令营”长沙分营活动、“回家过节·海外华裔青少年潇湘文化行”“湖南省第二届侨商侨智聚三湘——走进望城”活动暨泛珠三角省区侨联（社团）2013年协作年会等活动。组织代表团出席第十一届澳门妈祖文化旅游节。组织湖南知青（侨心）艺术团合唱团到台湾开展“‘亲情中华’台湾行”演出活动。到香港、澳门看望慰问市海联会港澳理事和港澳委员，并召开市政协港澳委员座谈会。海内外联谊工作得到进一步加强。

（申　敏）

【宣传调研工作】　成立长沙市统战理论研究会高校联合研究中心。全年落实“加强基层统战工作问题研究”等20个重点课题的调研。继续开展重点课题社会化招投标活动，全年向省委统战部报送投标课题25个，报送高质量理论研究文章14篇。上报省委统战部信息1500余条，采用1218条；上报中央统战部信息1120条，采用45条，统战信息工作稳居全省第一、全国先进行列。召开全市第九次统战宣传工作联席会议。开展“同心”耀星城——省、市媒体区、县行专题采访活动，在《长沙晚报》、长沙电视台新闻频道开辟“同心”耀星城专栏，连续9期宣传报道各区、县实施“同心”工程中的工作经验、特色品牌和典型人物。全年省、市各级媒体刊（播）发全市统一战线各类新闻210余条次，省委统战部“三湘统战”网站采用该部稿件400余篇，《长沙统一战线》全年出刊6期。组织承办全国统战系统信息化工作会议，全市统一战线网站体系基本形成。

（申　敏）

【帮扶非公经济发展】　积极为非公企业搭建融资、维权、信息、科技等发展平台。4月，成立中部地区首家民间借贷服务中心和全国首家“民间金融商会”，中心开业至今已登记放款金额2.69亿元，借款金额4.01亿元，得到省委常委、统战部部长李微微和省委常委、市委书记易炼红的充分肯定。6月，组织召开全市非公有制经济代表人士座谈会，易炼红出席并作重要讲话，企业家积极建言，所反映的问题建议在市委、市政府组织的专题交办会上交由相关单位办理。11月，举办科交会民营企业科技成果转化专场活动，促成300余家民营科技企业对接200余项科技成果。注重加强企业家培训培养，制定出台《民营企业家教育培训三年行动计划》，确定7所知名院校为首批教育培训基地。推出4期“解放思想、创业富民”大讲坛。

（申　敏）

【招商引资工作】　充分利用台办、侨联、民宗、工商联等统战系统工作资源，广开招商门路，广集招商信息，积极搭建招商引资平台，引进企业项目。全年引进台资企业15家，投资总额15亿美元。会同相关部门承办了“2013年香港（长沙先导）招商推介会暨香港长沙商会成立一周年庆典”活动，成功签约5个项目，总金额55亿元。协助市委、市政府召开台商座谈会，协调处理20余起台资侨资企业纠纷，切实维护好了台商侨商的利益。

（申　敏）

其他工作

·市直属机关党的工作·

【概况】　2013年，市直机关党组织围绕服务中心、建设队伍两大任务，不断强化思想、组织、作风和制度建设，提升机关党建工作科学化水平，长沙机关党的工作在省直工委组织的对全省、市（州）工委工作进行的首次综合考评中，被评为优秀等次。

一、学习型机关建设。依托市委党校、讲师团等方面的师资力量，围绕十八大精神的学习领会进行宣讲和辅导，结合长沙实际解读热点、难点问题；工委发放学习宣传专报，编发中心组学习资料，指导开展学习型党组织建设示范点、优秀学习活动、优秀学习载体、党员学习明星推荐评选活动和以“学习十八大、走前列做贡献”为主题的理论研讨活动，推动了机关学习交流活动开展。

二、基层党组织建设。按照建设服务型基层党组织的要求，开展机关党组织与社区党组织“结对共建”活动和“机关党员进社区”活动，市直机关113个党组织的1.7万名在职党员到居住地社区“亮明身份、接受监督、参与服务”。

三、党风廉政教育和作风建设。组织观看廉政教育片、撰写廉政读书心得、上廉政党课、开辟廉政文化专栏橱窗，扎实推进机关廉政文化建设。市直机关1.4万余名党员干部结合岗位职责提交了廉政承诺书。根据中央和省、市改进作风建设要求，加大作风建设督查力度，扎实推进“为民务实转作风、勤廉办事树形象”主题活动，转变机关作风。

四、文明单位创建。开展市直机关道德讲堂建设，落实“九个一”活动要求，组织“身边好人”“道德模范”进机关宣讲。利用“雷锋纪念日”“国际志愿者日”等特殊时间节点，开展以“关爱他人”“关爱社会”“保护湘江母亲河”“爱树护绿”等为主题的志愿服务活动。全年市直单位向对口帮扶点的老弱病残困难家庭、空巢家庭及困难企业职工送去慰问物资和慰问金80万余元，为四川雅安地震灾区捐款114.8万元，为西藏贡嘎失学儿童捐款35万元。

五、“两型”示范机关创建。制定创建方案，明确创建内容和目标，组织全市机关单位参建参评，培育“两型”理念，提升机关服务和管理水平。全年市级机关申报单位11家，高新区管委会、市供销社、市统计局、市商务局、市公共资源交易中心5个单位被评为“两型示范机关单位”；市人防办被评为“创建工作先进单位”；区、县（市）申报单位24家，芙蓉区机关后勤服务中心、开福区青竹湖镇政府机关被评为“两型示范机关”；长沙县机关事务管理局、浏阳市环保局、望城区公安局、宁乡县回龙镇政府机关被评为“创建工作先进单位”。

六、综治工作。落实市综治办要求，履行对市科技局等50家非成员单位的管理与考核。制定下发年工作要点及考核细则，召开培训会和经验交流会，规范台账建设，加强指导和管理。市烟草专卖局、统计局、市科技局3家单位被市委、市政府评为“社会管理综合治理工作红旗单位”；市审计局、市供销社、市人防办等10家单位被评为“社会管理综合治理工作先进单位”。

七、群团组织工作。年内，市直工会组织倡导“我运动、我健康、我快乐”的生活理念，开展市八运会职工球类、跳绳、广场舞等8大项目的比赛活动。市直团青组织培养和树立青年学习、工作、服务等多方面的先进典型，引导青年爱岗敬业，激励青年成长成才。组织了“美丽长沙、低碳生活”千人徒步梅溪湖竞赛活动。市直妇女组织贯彻落实男女平等的基本国策，努力为机关妇女身体健康办实事。市直关协组织在“五老四教”活动中发挥联络纽带作用，组织开展“兴中华魂、砺报国志、成有用才”主题教育活动，积极参与“五好”关协创建活动。（丁泽权）

•机构编制工作•

【概况】 2013年，市编委办科学配置机构编制资源和党的执政资源，推进政府机构改革和职能转变，加强机构编制管理，推进事业单位改革，不断提高机构编制工作水平和体制机制保障能力。

一、保障和服务水平不断提升。1.为全市经济社会发展提供体制保障。全年组织召开主任办公会议7次，研究审议通过全市机构编制事项218项。争取市编委领导支持，召开市编委会议2次，审议并通过宁乡经开区管理体制、整合市直机关后勤服务机构以及设置河道管理和水务执法机构等重大事项34项。当好市委、市政府参谋助手，为全市经济社会发展提供体制保障。在“加快转型创新发展中走在前列”活动中，调整和明确市文广新局、市工信委、市电子政务办等部门和宁乡经开区、长沙经开区等园区管委会的机构编制事项。在“城市规划、建设和管理中走在前列”活动中，调整和明确市规划局、市住建委、市国土局等部门的机构编制事项，批复长沙临空产业集聚区管委会副处级机构并审定“三定”规定；审定市交通建设质量监督和造价管理站、市林业和园林综合执法支队“三定”规定，调整市建设工程造价站、市墙办、市建筑工程安监站、市物业维修资金管理中心、市土地信息中心等单位人员编制，明确了雨花、望城、长沙等区县的征地拆迁和城市房屋征收补偿管理机构的有关事项。调整理顺城区各城管执法大队人员编制关系，城区新增设8个中队。在“加快‘两型’社会建设中走在前列”活动中，调整长沙大河西先导区土地储备（交易）中心机构设置，增加了市金融办内设机构和人员编制；批复沩山风景名胜区管委会为副处级机构并审定“三定”规定。在“共建共享全面小康中走在前列”活动中，推进大瑶镇经济发达镇行政管理体制改革试点，开展前期调研和方案起草等准备工作；2.为服务民生及社会和谐稳定提供机构编制保障。对教育、卫生、民政、住房等部门的机构编制事项进行调整，严格落实退役士兵安置政策，审核市直机关事业单位接收安置退役士兵计划；调整市人社局所属单位的机构编制事项。在“维护社会和谐稳定中走在前列”活动中，调整和明确市公安、检察、司法等部门机构编制事项。3.为提高党的建设科学化水平提供机构编制保障。在“提高党的建设科学化水平中走在前列”活动中，调整市人大办公厅、市委宣传部、市委组织部、市委政研室和市科协的人员编制。严格按照审批权限划分，对审议后上报省编办批复的相关事项，先后10余次与省编办协调衔接，推进宁乡金洲开发区、望城农科园和市公安局所属机构升格等20余个重点领域和关键环节的体制机制事项的落实。

二、机构编制管理日益规范。1.加强机构编制规范化管理。全年办理市直机关事业单位编制事项652件、人员事项3454件，区、县（市）机构编制事项97件；批复2013年度市直机关事业单位公务员招录及公开选调计划1886名、临聘人员计划5369名；提交市编委会审议市直机关事业单位机构编制事项30件、行政单位人员事项21件，区、县（市）机构编制事项3件；提交市编办主任办公会议审议市直机关事业单位机构编制事项190件，区、县（市）机构编制事项93件。2.加强机构编制实名制管理。根据省编办统一部署和安排，组织召开全市机构编制实名制管理系统数据库建设工作动员暨培训会议，全年基本完成实名制管理系统数据库信息审核入库工作。3.加强机构编制法规政策宣传及监督检查。编印下发《机构编制法规政策选编》（2013年版）3000册，增强各级各部门机构编制法制意识。在《长沙晚报》等媒体加大“12310”机构编制违规违纪举报电话的宣传力度，推行“12310”网络举报，坚决杜绝擅自设立机构 超编进人，财政“吃空饷”等违纪违规现象。全年受理举报5件，均在法定期限内处理完毕，确保举报受理率、处理率100%。4.开展事业单位登记管理业务。

全年共设立登记15家，注销登记4家，变更登记150项；向各区、县（市）登记管理机关下发并指导实施《事业单位登记管理信息查询办法》；全面推进事业单位网上登记，开展事业单位登记管理二期系统的升级培训，在全市正式启用升级后的新系统；完成2012年度事业单位法人年度审核工作，年审合格率100%。所有事业单位登记年审信息均按季度向市统计局报送，并及时对外发布公告。通过“长沙市行政许可在线办理系统”受理行政许可事项259件，办结259件，办结率100%。加强事业单位登记监管，协助市委组织部、市审计局推行《长沙市事业单位法定代表人离任审计暂行办法》，进一步规范事业单位法定代表人离任审计。

三、体制机制改革稳步推进。1. 做好新一轮政府职能转变和机构改革前期准备工作。开展政府机构大部制改革调研，全面总结和回顾上轮政府机构改革成果，系统分析改革后政府职能转变、部门职责关系等问题，形成《大部制改革长沙实践与思考》和《关于长沙市食品药品监管体制改革的思考》等专题调研报告；起草全市卫生、计生、食品药品监管等政府部门职能转变和机构改革的预案；按上级文件要求下文冻结全市卫生、人口计生、食品药品监管系统机构编制事项和人员异动。努力探索和推动“湘江新区”的筹建工作和长沙县“扩权强县”工作。2. 巩固乡镇机构改革成果。按照省编办跨层级调整行政编制的要求，将乡镇机构改革中精简的乡镇行政编制调剂分配到区、县（市）。做好经济发达镇行政管理体制改革试点前期调研工作，提出改革试点的初步建议和意见。3. 推动事业单位分类改革。巩固事业单位清理规范成果，核减收回市园林局和市岳麓山风景名胜区管理局所属11家事业单位共315名编制；撤销市法律服务部、市律师协会秘书处，收回编制9名；整合成立市直属机关后勤服务中心、市交通建设质量监督和造价管理站，将市交通运输职工中等专业学校成建制划入市机动车驾驶员培训管理处，并收回编制5名。通过清理规范，全年减少市直事业单位5家，收回编制329名。组织召开全市分类推进事业单位改革工作会议，拟定《长沙市事业单位分类工作方案》《长沙市市直事业单位分类指导目录》《长沙市市直事业单位分类说明》《长沙市市直承担行政职能事业单位备案方案》，对市直518家事业单位中应纳入分类范围的496家事业单位逐一进行预分类。稳健推动行业体制改革，积极做好工商、质监等行业体制改革配套工作，按要求向区、县（市）转发改革期间冻结全市工商、质监系统人员编制的通知。重点推进市公路体制改革，将4区、县（市）公路管理局成建制下放至所在区、县（市）管理，并收回编制556名。（许　彬）

【全市机构编制工作会议】 3月27日，长沙市机构编制工作会议在市会议中心召开，该会议是长沙市首次召开全市性的机构编制工作会议。会议由市政府秘书长凌勤杰主持；市委副书记、市长张剑飞，市委常委、市委组织部部长程水泉出席会议并分别作重要讲话。各区、县（市）长，市直机关各单位，部分事业单位分管人事工作的领导、人事处长及机构编制系统全体干部职工400人参加会议。会议全面总结近几年全市机构编制工作所取得的成绩，部署2013年及全市的机构编制工作和体制机制改革工作。

（许　彬）

【全市分类推进事业单位改革工作会议】 11月20日，长沙市分类推进事业单位改革工作会议在市会议中心召开。市委副书记、市长张剑飞出席会议并作重要讲话，市委常委、常务副市长陈泽珲宣读市委、市政府《关于全市分类推进事业单位改革的实施意见》（长发〔2013〕14号），市委组织部副部长、市编委办主任张白云就全市分类推进事业单位改革工作作具体说明，会议由市委副秘书长、市委办公厅副主任李果主持。部分市编委领导及成员，市分类推进事业单位改革领导小组成员，长沙大河西先导区、长沙高新区、长沙经开区、宁乡经开区相关负责同志及人事编制部门负责人，各区、县（市）编委主任、编委办主任，市直机关和市委、市政府直属事业单位负责人及人事编制部门负责人，市编委办全体干部职工300余人参加会议。会议学习全省分类推进事业单位改革暨机构编制工作电视电话会议精神，全面启动全市分类推进事业单位改革工作，部署全市事业单位科学分类工作。（许　彬）

【干部人事和机构编制领域突出问题专项治理工作】 2013年下半年，根据湘纪发〔2013〕13号文件精神，全市开展了干部人事和机构编制领域突出问题专项治理工作，市编委办承担专项治理工作领导小组办公室日常工作，协同市直相关部门对9个区、县（市）及市直81家行政单位、518家事业单位的“三超两乱”（三超：指超编制进人、超职数配备干部、超范围分设党政职务；两乱：指随意按年龄划线乱调整配备干部和违反规定程序乱进人）情况进行自查自纠，并对自查出的问题扎实开展复核整改工作，在全省率先完成党政分设问题的整改消化，全市专项治理工作在全省推进会上作典型发言，获省专项治理办的充分肯定。（许　彬）

•党校（长沙行政学院）•

【概况】 2013年，长沙市委党校（行政学院）围绕市委、市政府关于“六个走在前列”的总体部署，按照“凝心聚力、落实规划、稳步推进、奋力前行”的总体要求，圆满完成全年各项工作任务。

一、深化教学改革，提高培训质量。1. 认真做好常规主体班和计划外培训工作。除十八大和市委全会轮训班外，全年完成常规主体班29期，培训1611人次，超额完成市干教领导小组下达学院举办19期主体班的培训任务，举办计划外培训班22期，共培训4466人次。2. 不断提高干部培训实效。在教学培训工作中，组织教师对“六个走在前列”的相关专题进行集体备课，“六个走在前列”相关内容进课堂、进教材、进课题、进学员头脑，完成市委十二届六次全会精神轮训的授课任务。在教学管理方面，初步形成“以党校定位为指导、以两个《条例》规定为依据、以组织需求和岗位需求为重点”的教学专题形成机制。在教学方法改革方面，重点推进讲授式中运用现代培训方法和技巧进行互动的教学形式。并对团队式、研讨式、模拟式、体验式、实训式等教学形式及学员论坛、经验交流、读书报告会、主题考察等教学活动进行总结提升和必要规范。主体班教学测评优良率95%。3. 承办并参与省、市党校系统教学比赛及全市干部教育培训项目对接会。6月，承办全省党校行政学院系统第十次教学比赛暨教学工作研讨会，伍贤华获一等奖，李丽纯获二等奖。5月，在岳麓区委党校举行全市党校系统第十次教学比赛。12月17—18日，承办全市干部教育培训项目对接会。4. 加强学员管理。严格执行中组部《关于在干部教育培训中进一步加强学员管理的规定》，并制定《关于严格学员管理加强学风建设的暂行规定》，把从严教育、从严管理、从严监督贯穿轮训工作的全过程，以好学风凝聚正能量。落实一周以上的主体班学员每周住校不得少于2天的规定，遏制学员各种形式的请吃现象。全年学员无违纪违规现象发生。在职研究生管理规范，所有班次平均出勤率76.8%，参考率97.5%，合格率94.3%。

二、坚持“四个服务”，创新科学研究。1. 成立校院学术委员会，并完善相关制度。制定《学术委员会章程》《学术委员会议事规则》。学术委员会按照章程和议事规则正常运行，召开7次会议，会议议题主要是讨论学术委员会的基本运行制度，评审通过相关制度、方案及长沙市情研究会资助项目，评审全市党校系统“六个走在前列”征文等。2. 扩展课题研究的规模与层次。组织1项国家社科课题申报、组织市招标课题申报，成功申报2项。组织省委党校社科课题申报，区、县（市）委党校共立11项。组织申报省社科规划课题，完成应结项的省级课题2项，全年申报省级课题4项，立项2项。组织申报市公开招标重大课题：《推进长沙“六个走在前列”，提升城市综合竞争力的发展思路与对策研究》，申报国家、省、市社科规划基金课题及其他课题。专职教师在市级以上刊物公开发表理论文章或调研报告37篇。其中省级以上30篇，有4篇论文在国家核心期刊发表，并立项市重点招标课题1项，市科协公开招标课题1项。3. 加强与校外科研单位及部门的联系，强化校内教研部门、教师之间的合作，整合县级党校科研力量。强化与省委党校、省（市）社科联（院）、市委政研室、市政府研究室、市委办、长沙部分高校联系。10月，先后2次召开《湖南社会科学》《长沙大学学报》《湖南科技大学学报》《新湘评论》《湖湘论坛》《湖南日报》《湖南党校报》《企业家天地》《长沙晚报》等20余家单位参加的沟通协调会。聘请湖南师大卢谢峰博士到校进行为期两个半月的科研统计工具SPSS培训，培训对象主要为市委党校45岁以下中青年教师及区、县（市）委党校教师。加强与其他省会城市（武汉、成都、南宁、哈尔滨、呼和浩特等）党校科研的交流与合作。

三、突出“六个走在前列”，服务决策咨询。1. 参与“六个走在前列”大竞赛活动。成立落实“在提高党的建设科学化水平中走在前列”竞赛活动领导小组，制定《中共长沙市委党校长沙行政学院关于落实“在提高党的建设科学化水平中走在前列”竞赛活动的实施方案》并下发执行。2. 组建长沙市情研究会（市情研究中心），并建立健全相关制度。分两次公开招标资助7个课题，其中1个教学类专题，3个创新类专题，1个科研类专题，2个咨询类专题。3. 围绕“六个走在前列”中心工作，加强理论和现实问题的研究。完成市委“推进长沙‘六个走在前列’，提升城市综合竞争力的发展思路与对策研究”课题招标。在《人民日报》《光明日报》《学习时报》《湖南日报》《长沙晚报》先后发表常务副校长罗文章的理论文章《增强自我净化自我完善自我革新自我提高能力》《党校要在服务长沙发展中走在前列》《落实“六个走在前列”加快长沙发展》《发挥党校优势助推率先建成“三市”》《率先建成“三市” 努力共圆“三梦”》《谱写中国梦的长沙篇章》。全市党校系统开展“落实六个走在前列，促进长沙更好更快发展”征文活动，收到参评论文43篇，评出一等奖1篇，二等奖2篇，三等奖20篇。4. 全年完成2期《呈阅件》。《呈阅件》内容分别是《夯实内在动力基础，努力打造走在前列的党员队伍》和《打造长沙经济升级版的战略思考》，均获市委常委、组织部部长、市委党校第一校长程水泉的签批。（金庭碧）

【十八大和市委全会精神轮训工作】 3月8日—5月17日，市委党校举办全市县处级领导干部学习贯彻十八大精神轮训班10期，培训2346人。曹习华在十八大培训班上主讲的《全面提高党的建设科学化水平》一课，市委组织部通知全市党员远程收看，首创该校教师教学在全市党课现场直播。11月3—19日，举办市委十二届六次全会精神轮训班5期，培训1200人。徐少兵的《力行“五推”实现长沙新一轮大建设大发展大提升》，李跃的《率先建成“三市”强力实施“三倍”》，余敏的《全力推进“六个走在前列”》等专题，均获学员们的好评。两次重要轮训均获市委充分肯定和较高评价。（金庭碧）

【全省党校行政学院校长座谈会在长沙召开】 3月14—16日，全省党校行政学院校长座谈会在市委党校（行政学院）召开。该会议的主题是：总结十七大以来的党校发展情况，探索十八大后党校发展新思路。中央党校副校长李书磊、地方党校工作办公室主任谢煜桐出席会议，长沙市委副书记张值恒致欢迎辞，省委党校行政学院常务副校（院）长徐晨光出席会议并讲话。省委党校行政学院副校长刘丹以《坚持以教学为中心，切实推进十八大精神进课堂、进教材、进头脑》为题作主题报告。会议由省委党校行政学院副校长袁准主持。校长肖良定和其他市州党校、省直机关党校、省教育工委党校校长分别在座谈会上发言。省委党校行政学院校班子成员、全省市州党校行政学院院长、办公室主任以及相关人员80人参加会议。（金庭碧）

【“六个走在前列”征文活动】 6月25日，党校（长沙行政学院）下发《关于在全市党校行政学院系统开展“落实‘六个走在前列’，促进长沙更好更快发展”征文活动的通知》，截至11月15日，共收到参评论文43篇。根据活动方案，校（院）学术委员会于11月29日至12月2日组织论文匿名评审，12月2日上午组织会议评审。学术委员会严格按照相关规定进行评审，采取记名投票方式表决产生评审结果。一等奖论文:《着力推进长沙市文化产业发展走在前列》，作者系长沙市委党校马列主义理论教研部姚庆武。二等奖论文:《加强党政干部知识产权教育，推进长沙创新发展走在前列》，作者系长沙市委党校经济学教研部李丽纯;《夯实内动力基础　努力打造走在前列的党员队伍》，作者系长沙市委党校科研处毛政相。三等奖论文:《落实“六个走在前列”，党员干部要做到“六自”》，作者系开福区委党校邹青;《为“六个走在前列”贡献党校力量》，作者系长沙市委党校办公室金庭碧;《长沙县实施“生态立县”战略的实践探究》，作者系长沙县委党校罗静良;《关于创新老旧居民区物业化管理服务的有益探索》，作者系天心区委党校陈泽枝、章建华、骆德勇;《坚持“在城市规划建设和管理中走在前列”的系统思考》，作者系长沙市委党校政治学与领导科学教研部卢岳华;《践行“六个走在前列”要求，推进浏阳花炮文化产业转型升级》，作者系浏阳市委党校骆启顺。（金庭碧）

·对台工作·

【概况】 2013年，长沙市台办认真贯彻中央对台工作方针政策，把握两岸关系和平发展主题，坚持“服从祖国统一大业，服务长沙率先发展”，推动长台经贸合作，深化对台交流，扩大长沙在岛内的影响，全面推进各项对台工作，取得一定成效。

一、扩大深化长台经贸合作。大力推进项目建设。全年新批台资企业23家，协议投资总额9.6亿美元。旺旺乳饮新厂、介面光电二期、创芯集成电路、统实包装、罗莎食品望城厂、金霞厂、崇友电梯、旺旺医院二期、台商总部大厦、绿野香田生态农业示范园、九田蔬菜基地等在建项目进展顺利。开展企业帮扶活动。3月26日，省委常委、市委书记陈润儿主持召开台商座谈会，现场调度和交办12家台资企业反映比较突出、急需政府协调解决的18个问题。市委督查室和市台办负责协调，绝大部分问题得到圆满解决。推动台资企业项目建设，帮助企业做大做强，市台办遴选出23家重点台资企业（项目），按办领导、处室和区、县（市），园区及台办三级进行责任分工，包项目、包进度、包落实，重点协调解决企业存在的困难和问题，取得明显实效。做好台湾客人的接待工作。3月26—28日，接待台湾海基会董事长林中森一行到长沙访问。林中森考察了台资企业罗莎食品、法堤婚纱摄影、旺旺医院和长沙本土企业三一重工和远大空调，召开台商座谈会，参加市台协举办的在长台商春茗酒会，省委书记徐守盛会见并宴请林中森一行。3月24日和11月2日，市委副书记、市长张剑飞会见台湾“三品会”副会长魏启林、秘书长陈立恒一行，商谈全球华人品牌总部建设事宜。市领导张迎龙、张湘涛、文树勋、张迎春等多次会见接待台商、洽谈项目，推动台商在长沙投资。密集走访台资企业。10月中旬，袁义和走访调研台资企业，先后到雨花区、望城区、开福区走访了蓝天电脑、台商总部大厦、康师傅、坤源塑化、旺旺食品总厂、旺旺乳饮新厂、统一集团、普罗集团等台资企业，了解企业在生产经营中的困难和问题，强调市与区、县（市）两级台办要切实增强服务意识，竭诚为台湾同胞服务，促进台资企业健康稳定发展。

二、加强对台宣传教育。全年邀请和接待台湾媒体到长沙采访10批次100余人。“璀璨星城”网站发稿2600余篇。市台办在市委党校、中小学、社区多次举办台湾形势报告会。11月12日，邀请省台办副主任丁学新给全市台办系统干部授课，重点讲解过去5年间两岸关系和对台工作进展、当前对台工作面临的现实问题和挑战，对十八大报告中对台工作表述内容进行深入解读，并与全市台办干部深入探讨交流对台工作。

三、长台两地交流更加务实。全年有84批次团组335人次在市台办办理赴台审批手续，其中公职人员28批次123人次，非公职人员56批次212人次，企业应邀到台湾进行业务交流和经贸考察活动频繁。市委常委、副市长张迎春，市政协副主席刘明理等市领导率团到台湾考察招商，进行实质性交流。

四、投诉协调工作保持规范有序。经市台资企业协会、市仲裁委员会的推荐和遴选，市台办报请省台办、国台办批准，台湾籍人士林怀、郑聪俊担任第三届长沙仲裁委员会仲裁员。市台办配合市人大完成贯彻落实《台湾同胞投资保护法》和《湖南省实施办法》的执法检查。15个市直部门、4个区县政府、4个园区进行汇报，检查组实地考察9家台资企业。通过该执法检查，促进“一法一办法”的深入贯彻实施。全年受理台商投诉20件，结案18件，结案率90%；受理来信来访和求助案件5件，办结5件，结案率100%；处理涉台突发事件5件，办结5件，结案率100%，较好维护了台商台胞和台属的合法权益。

（宋万能）

【杜家毫调研长沙台企创芯集成电路有限公司】 4月25日，省委副书记、代省长杜家毫，省委常委、常务副省长陈肇雄率全省重大产业项目建设推进会参会代表一行130余人，到长沙县及长沙经开区调研县区企业在建项目及企业的发展情况，对台企创芯集成电路有限公司进行现场指导。在听取企业负责人的介绍后，杜家毫指出创芯集成电路有限公司在发展中要重视新产品的开发和升级换代，尤其要注重环保，并寄语企业继续发挥创新、开拓精神，为湖南经济作出新的贡献。市委副书记、市长张剑飞，长沙县委书记、长沙经济技术开发区党工委书记杨懿文，长沙经济技术开发区管委会主任李科明等陪同考察。（宋万能）

【台资项目建设座谈会】 3月26日，省委常委、市委书记陈润儿专程到台资企业长沙统一企业有限公司和湖南罗莎食品有限公司走访调研，并主持召开长沙市台资企业（项目）建设座谈会。会上，陈润儿对12家台资企业急需解决的18个问题向市直相关部门，区、县（市）和园区主要负责人进行集中交办并限期完成，要求各区、县（市）党委和政府及所在园区要为台资企业的发展积极协调、排忧解难，努力营造宽松环境，推动台资企业项目建设健康发展。市领导赵文彬、李军、张迎春、何寄华等出席。

（宋万能）

【开展《中华人民共和国台湾同胞投资保护法》执法检查】 4—12月，长沙市人大常委会对全市贯彻落实《中华人民共和国台湾同胞投资保护法》及《中华人民共和国台湾同胞投资保护法实施细则》《湖南省实施〈中华人民共和国台湾同胞投资保护法〉办法》（以下简称 “一法一细则一办法”）有关情况进行执法检查。市人大执法检查主要采取听取汇报、召开座谈会、实地考察、个别走访等方式，分为发动自查、重点抽查、审议整改3个阶段，重点检查：市人民政府及有关部门贯彻实施“一法一细则一办法”的基本情况；依法维护台资企业合法权益的基本情况；有关涉台侵权案件和久拖不决典型案件的办理情况；存在的主要问题和建议。该执法检查进一步加强了全市“一法一细则一办法”的贯彻实施，提高政府及有关部门依法维护台湾同胞投资者的合法权益，优化全市经济发展环境，促进了全市改革开放和经济社会发展。（宋万能）

【长沙获批大陆居民到台湾“个人游”试点城市】 6月16日，国家旅游局局长邵琪伟在第五届海峡论坛大会上宣布：经两岸协商，新开放长沙、沈阳、郑州、武汉、苏州、宁波、青岛、石家庄、长春、合肥、南宁、昆明和泉州13个城市为第三批大陆居民到台湾“个人游”试点城市。8月28日起，长沙游客可直飞台湾，展开自由行。这意味着长沙游客结束到台湾旅游“团进团出”的局面，可以在台湾开展深度旅游。新政策将促进长沙和台湾两地交流，丰富长沙市民出行旅游产品，对提升长沙旅游品质和地位起到重要作用。（宋万能）

•党史和党史联络工作•

【概况】 2013年，长沙市委党史研究室工作以党的十八大精神为指导，按照“六个走在前列”大竞赛活动的要求，着力提高党史工作科学化水平，各项工作取得长足进步和发展。

一、征研工作取得新突破。1.《中国共产党长沙历史》（第三卷）编纂工作顺利推进。2013年共查阅档案3000余卷，征集资料900万余字，已完成文字初稿；市属9个区、县（市）的党史正本编撰工作率先全省全面完成。2. 继续编辑出版《长沙党委工作纪事》（2013年卷）大型党史综合性年刊，全方位展示2012年度中共长沙市委的重大决策和战略部署，真实记录全市各级党组织的创新工作成就。

二、宣教工作成效凸显。1. 开展党史宣教活动。结合学习党的十八大精神等重大活动，深化“党史四进”活动，先后分别送《中国共产党长沙历史》等党史书籍进天心区桂花坪街道新园社区、长沙市麓谷中心小学、市直机关，并开展党史宣传教育工作座谈；完成《中国红色旅游丛书》湖南卷长沙部分的征编；积极撰文参与纪念毛泽东诞辰120周年学术研讨征文、专栏等系列活动；完善长沙党史党建在线网站。2. 做好党史资料和党史文物征集。完成长沙市革命遗址普查工作并进行系统的总结；完成湖南省党史陈列馆涉长部分的文物、资料征集及陈列方案审定等工作。

三、党史联络工作再上新台阶。1. 协助市委党史联络组充实队伍，充分发挥党史联络组老同志在党史资政育人方面的独特优势。2. 组织开展各类活动。组织开展纪念毛泽东诞辰120周年征文活动；组织参加省党史联络组成立30周年征文活动；编撰出版《回忆与思考》第八辑；成功举办全省党史联络工作会议。（易 斌）

【市委常委会议听取党史和党史联络工作情况汇报】 6月26日，省委常委、市委书记易炼红主持召开市委常委会议，会议听取市委党史研究室关于全国、全省党史研究室主任会议和省委常委会议相关精神及全市党史和党史联络工作情况汇报，并研究讨论市委党史研究室提出的相关工作。会议对近年的长沙党史和党史联络工作予以充分肯定。易炼红指出，党史研究室的同志和从事党史联络工作的老领导、老同志，十分敬业，甘于奉献，在推动全市经济社会发展方面，立足于本职工作，发挥了积极作用。希望党史研究室、党史联络组认真贯彻全国全省党史工作会议精神，进一步围绕中心，服务大局，深化党史研究，加强资政研究。同时，要继续开展好党史的宣传教育，在广大党员干部中要推动学习党史、运用党史的活动，从党史中吸取有益的经验教训，以利于更好的做好各方面的工作。会议同意调整市委党史工作领导小组和充实市委党史联络组力量；逐步解决市、区、县（市）党史部门主要负责人兼挂市委副秘书长和区、县（市）办公室副主任问题；同意市委党史研究室增配一名副县级纪检员；增拨《中国共产党长沙历史》第三卷和《长沙党委工作纪事》编撰经费以及党史联络工作经费。（易 斌）

【全省党史联络工作会议在长沙召开】 9月4日，全省党史联络工作会议在长沙市举行。省委党史联络组组长、省人大常委会原主任、省政协原主席刘夫生，省中共党史联络组副组长、省人大常委会原副主任赵培义，省委党史研究室主任谭大双，长沙市委副书记、市委党史工作领导小组组长张迎龙，省中共党史联络组省直片组负责人刘阳春等领导出席会议。会议由张迎龙致辞。长沙市委党史联络组组长陈香成介绍长沙党史联络工作经验，各市州先后交流党史联络工作情况。谭大双、赵培义、刘夫生先后讲话，对湖南省特别是长沙市的党史联络工作表示充分肯定。省委常委、长沙市委书记易炼红，市委常委、市委秘书长李军到会看望并慰问与会人员。易炼红强调指出，长沙的各项工作历来得到各位老领导的关怀、指导和支持，长沙干部群众对各位老领导心存感激，特别是党史联络工作，应该说是利在当代、功在千秋的一项事业，要以该会议为契机，推动长沙的为民、务实、清廉的群众路线教育实践活动，推动长沙的班子、队伍建设和各项事业的发展。（易 斌）

【区县（市）党史正本编撰工作完成】 2002年3月，长沙市委召开全市党史工作会议，下发《关于加强党史工作的意见》和《长沙市2001—2005年党史工作规划》，对编撰长沙地方党史及其社会主义时期专题系列丛书作动员和部署，强调编撰地方党史既是党史部门的基本职责，也是各级党委的一项重要工作，是一项严肃的政治任务。要求全市各有关部门高度重视，将此项工作纳入本部门的工作计划，组织专门班子，安排专门人员，落实专项经费，共同为写好党的历史尽职尽责。党史正本编撰工作自此成为长沙市2001—2005、2006—2010、2011—2016三个党史工作五年规划中的重中之重。全市各级党史部门，积极争取各级党委重视，营造盛世修史的浓郁氛围。各区、县（市）党委对党史编撰工作高度重视，分别制定地方党史正本的编撰方案，下发相关文件，明确工作职责，拨付专项经费，安排办公场所，配备办公设备，从人、财、物等方面给予大力支持，提供有力保障。截至2013年12月底，长沙市属9个区、县（市）党史正本全部编撰出版，党史正本编撰工作率先全省全面完成。市本级完成一、二卷的编撰出版。全部书稿21卷，上千万字，均经中央、省委党史研究室相关领导专家审核，由中共党史出版社审定出版，书稿质量获一致好评。（易 斌）

·理论宣讲·

【概况】 2013年，市委讲师团以服务全市宣传文化工作为基本职责，以十八届三中全会和市委十二届六次全会精神宣传教育为工作重点，提升服务水平，拓展服务平台，创新服务方式，提高服务实效，为长沙加快建成“三市”、强力实施“三倍”汇聚了思想动力，营造了浓厚氛围。

一、围绕中心，加强理论宣讲辅导。2013年，市委讲师团为机关、基层、企业、学校讲课共156场次，其中十八大精神宣讲30场，“六个走在前列”和市委第十二届六次全会精神宣讲23场，到基层乡镇街道和社区村组宣讲24场，参加学习的干部群众、部队官兵2万余人次。1. 突出主题，紧密联系创新理论与当前实际进行宣讲。全年讲师团重点突出5大专题的宣讲，主要涉及学习贯彻党的十八大精神、习近平重要讲话、十八届三中全会精神、“六个走在前列”、市委十二届六次全会精神。宣讲内容注重与社会关注的热点、焦点问题紧密结合，充分联系党员干部思想和工作实际，真正做到贴近工作、贴近生活、贴近群众，选题尽最大限度地适应不同的社会阶层和群体的需要。把坚持正确导向与通达社情民意统一起来，针对不同的群体进行不同形式灵活实用的宣讲。注重联系当前国际国内形势的发展变化，联系省、市经济社会发展的生动实践，联系所宣讲单位和系统的具体情况，善于运用生动事实、典型事例讲清道理，为干部群众所喜闻乐见，提高宣讲的针对性和实效性。全年下发专题“菜单”5次共1200份，内容涵盖十八大精神、“中国梦”“群众路线”“六个走在前列”等20余个主题，相关课题100余个，其中50%宣讲主题是新课题。2. 注重效果，创新理论宣讲方式。一是改进宣讲语言。要求宣讲教学人员吃透理论，紧密联系实际，坚持贴近群众，贴近生活，把讲“普通话”“地方话”和“百姓话”有机结合起来，不讲“大话”“套话”“废话”。针对不同的受众，运用不同风格的语言，宣讲做到简练、朴实，丰富生动、不离主题。把乏味的理论，用通俗易懂的语言，讲清、讲透。二是改进宣讲形式。在宣讲过程中，结合群众的思想、工作和生活实际，灵活运用座谈交流、现场访谈的形式，采用“台上台下”互动、教员与听众互问互答、教者与听者位置互换等方式，积极调动教学对象参与教学的积极性，变被动接受为主动思辨，活跃教学气氛，提高教学效果。三是改进宣讲模式。做到宣讲“全天候”“全方位”，无论是工作日还是休息日，无论是白天还是夜晚，只要有需求，教研人员都克服困难，上门服务。化解授课单位的工学矛盾，提高授课对象的学习积极性，提高理论宣讲的感染力和影响力。全年讲师团理论宣讲“回头率”大幅升高，受各单位邀请讲课的场次比上年增加20%。3. 深入调研，提高理论教研水平。围绕宣讲专题，深入机关、基层开展广泛调察研究，为理论研究和宣讲掌握第一手资料。4月，组织进行“大力推进马克思主义大众化——基层理论宣讲调查与思考”课题调研座谈，形成调研成果《把握主动权、占领主阵地、弘扬主旋律》，并在全省中心组学习刊物《学习导刊》上全文发表；7月，组织对长沙学习党的十八大精神情况进行调研，形成《关于对党的十八大精神“五进”情况专题调研报告》；9月，组织对全市十个基层理论普及示范点调研，了解长沙市基层理论普及工作现状及示范点的建设情况；10月，组织召开基层理论普及示范点建设经验交流座谈会；11月，安排部署“学习宣传十八届三中全会精神专题调研”活动。针对转变经济发展方式、加快城乡一体化步伐、“两型”社会建设、加强和创新社会管理等重点课题，进行认真、深入的调查研究，推出一批有一定深度和影响的调研报告，取得丰硕的理论成果，全年讲师团在市级以上公开刊物发表各类理论学习和教学调研文章10篇，其中3篇在省级以上刊物发表。

二、健全机制，提高中心组学习服务水平。发挥服务党委中心组学习的职能作用，建立健全中心组学习制度和机制，不断推进各级党委中心组学习的规范化、制度化建设。1. 做好市委中心组学习服务工作。配合市委宣传部，积极领会市委领导意图，结合中央、省、市委重大决策部署和本市经济社会发展特点，拟定全年《市委中心组学习计划》，策划中心组学习专题，推荐权威专家讲课，为市委中心组学习当好“参谋”。发放学习辅导资料、做好学习记录、组织学习调研、接洽省委宣传部督查旁听，做好市委中心组学习学前、学中、学后的各项服务保障工作，当好“服务员”。认真梳理市委中心组学习成果，紧扣市委决策思维，撰写学习综述，大力宣传市委中心组学习的思想成果，营造浓厚的理论学习氛围，促进全市的理论学习，当好“宣传员”。按照“六个走在前列”大竞赛要求，推进学习型党组织建设，建立精细化、信息化的党委中心组学习服务平台，提高指导服务水平。建立中心组学习秘书工作联络群、中心组成员信息库、辅导专家信息库等。2. 加强和规范县级以上单位党委（组）中心组学习。拟定、发放《县级单位中心组学习指导服务计划》、理论专题宣讲“菜单”和学习资料。协调市委“学习办”，开展对部分县级党委中心组按“六个环节”的要求进行旁听督学，并出台督学《评价细则》。积极为各级党委中心组学习辅导讲课。全年组织教学人员为县级中心组辅导讲课65场，听课人数2100余人次。

三、创新方式，拓展理论宣讲新

4月8日，长沙市委讲师团联合《长沙晚报》、长沙电视台举办“中国梦、长沙梦、我的梦”主题座谈活动

平台。面对干部群众理论学习方式方法变化的新形势，整合利用各种资源，及时构建新平台，有效促进理论宣传和普及工作与时俱进。1. 建设网站，创新理论学习载体。网络是理论学习的新载体，2013年，讲师团对《星城讲坛》重新改版，新增《中心组学习动态》《工作动态》《理论宣讲》《讲坛专家》《来稿选登》5项栏目，内容更加丰富，页面设计更新颖美观；功能大幅提升，具备理论宣传、工作平台服务窗口、内容拓展、视频播放等4大功能；外租服务器，提高管理员和浏览者使用效率；与市委组织部《先锋潮》网站合作，《星城讲坛》作为《先锋潮》网站的理论板块，每个工作日同步更新，采集、发表大量优秀理论文章和信息；《星城讲坛》网站已与北京市委讲师团、江西省直机关工委讲师团等10余家理论宣传网站链接，《星城讲坛》网站的知名度和点击率不断提高。2. 运用媒体，创新理论宣传方式。充分运用媒体的宣传作用，提高宣讲时效及理论宣传效果，扩大理论普及范围和影响。4月，讲师团组织开展“中国梦、长沙梦、我的梦”主题座谈活动。通过网上征集和筛选20余名不同身份网友，邀请理论学者、机关领导、机关干部、基层干部、教师、学生、医生、农民代表40余人参加，联系《长沙晚报》、长沙电视台、部分知名网站等新闻媒体参与，围绕“中国梦、长沙梦、我的梦”进行座谈讨论，各抒己见，畅谈梦想，让“中国梦”的精神深入人心。媒体对其进行报道，引起社会很大反响。3. 加强合作，拓展理论宣讲平台。讲师团与市委组织部、市公务员局、市直工委、市军转干部培训中心等单位积极合作，利用在职干部培训、新录用公务员培训、入党积极分子培训、全市军转干部培训等时机，进行理论宣讲普及；与市住建委协作，对住建系统200余名科级以上干部进行专题理论辅导；与市图书馆合作，参与“橘洲讲坛”宣讲。充分利用社会资源，拓展理论宣讲平台，扩大理论普及面。

（李佩儒）

•政策研究•

【概况】 2013年，市委政策研究室围绕市委决策部署和全市中心工作，严把参政设谋、以文辅政这一核心要务，认真履行职责，圆满完成全年各项工作任务。

一、以文辅政有新的成效。全年累计完成各类文稿起草220余篇、100万余字，其中包括市委常委（扩大）会议、市委十二届六次全会、市委务虚会、市委经济工作会、“六个走在前列”大竞赛活动暨城市环境综合整治动员大会、重大项目和重点工程建设推进会等全市重大会议讲话，以及领导调研、讲课、访谈等系列背景材料。累计在省级以上刊物发表理论文章或署名文章12篇，其中《领导干部应知“底”》《为政当思“水无沙”》《打造两型社会标杆、建设高端品质新城》《用科学的考核“指挥棒”奏响转型发展新乐章》4篇文章在《人民日报》《中国经济时报》等中央级刊物刊载。起草和把关全市“六个走在前列大竞赛活动”总体实施方案及子方案、《关于加快转型创新发展实施产业倍增的方案》等政策文件，配合、指导市两型办等单位出台长发〔2013〕13号等政策文件。

二、参政设谋有新的局面。1. 统筹推动更加有力。及时制定政研室年度调研计划和选题参考目录，在内部大力推动全员调研，充分发挥市委政研室在全市调研工作中的牵头抓总与业务指导作用，统筹协调全市年度重点调研课题的立项与开展，制定下发《关于明确2013年度调研参考课题的通知》，分门别类为全市党委政研系统提供调研选题参考目录，做好对接指导和跟踪服务。主动协同上级政研机构和区县、部门开展联合调研，如配合省委政研室就大河西先导区改革建设进程、宁乡发展经验、德思勤项目发展情况等进行调研，协同市委宣传部、高新区、雨花区、市法制办、市城管局就文化创意产业发展、高新技术产业园区建设、农村保障住房建设、政府合同管理情况、长沙城市管理与行政执法工作等进行调研，形成《打造两型社会标杆，建设高端品质新城》《宁乡县好中求快的发展局面是怎样形成的》等一批质量高、影响大的调研报告。依托市委调研联系点和“联点联村”等中心工作载体，在望城靖港镇前榜村、天心区大托镇新港村开展蹲点调研，就城郊村发展模式进行深入研究，为村级经济转型发展和村民朋友增收致富提供有益参考和指导。2. 调研重点更加突出。围绕“六个走在前列”、率先建成“三市”、强力率先“三倍”等市委重大战略部署和制约当前发展、群众反映强烈的现实紧迫问题，就产业发展、城乡品质、消费升级、民生改善、项目征拆等重点领域开展调查研究，形成《关于人的城镇化相关问题调查与分析》《让消费成为驱动发展的新引擎》《坚持把新型工业化作为稳增长转方式的第一推动力》《大力提升城市品质，彰显秀美幸福特质——关于提升长沙城市品质的研究与思考》《关于推进“二次创业”，实施工业倍增的调研报告》等战略谋划型调研成果和《调整转型已是迫在眉睫》《芙蓉区滨河路项目拆迁取得“三零”效果》《新型城镇化视域下休闲农业发展的成功范例》《小医院也有大作为》等典型解剖类调研报告。3. 成果转化更加有效。坚持把成果转化应用作为检验调研实效的标尺，充分发挥政研刊物载体和直接服务市委领导的有利条件，一批调研中掌握的实际情况被纳入领导视野、推动了问题的解决，一批调研中提出的对策建议融入市委决策、变为政策措施、成为工作要求。全年有1篇调研文章获省领导批示，3篇调研文章获市领导批示，2篇作为送阅件呈送省委领导阅示，其中1篇在《中国经济时报》上全文刊发。整理汇编市级领导和市直、区县、园区负责人的年度调研文章，集结出版《创新之源——2012年领导干部调研文选》并发送至全市各级各部门，为全市范围内交流工作经验、借鉴创新成果提供有益参考。

三、资政服务有新的载体。1. 推动《长沙通讯》改版提质。按照“坚持办刊宗旨、突出党刊特色”的思路，着力抓好《长沙通讯》的刊物改版，进一步提升刊物质量，巩固“全国城市十佳党刊”的地位。改版后的刊物注重围绕市委重大战略部署和全市重要活动进行策划设计，突出做好“六个走在前列”“三市”“三倍”（三市：即全面小康之市、两型引领之市、秀美幸福之市；三倍：即产业倍增、收入倍加、城乡品质倍升）等相关专题策划，提高党刊的权威性、导向性。扩大发行范围，将党刊发行扩大至行政村、社区等基层党组织，进一步发挥党刊武装头脑、指导实践、推动工作的重要作用。5月份完成《长沙通讯》改版，全年出刊12期。2. 推动内部刊物整合提升。坚持内容为王、质量取胜的原则，4月份，将《政策研究与信息》和《调查实践与思考》整合改版为《长沙调研》，重点刊发高质量的调研报告和研究成果，全年共出刊《调查实践与思考》4期、《政策研究与信息》3期、《长沙调研》10期。坚持深度阅读、快乐学习的原则，将《学习交流与服务》提质改版为《参谋“悦”读》，丰富内容的涵盖，提高文章的质量，增强版面的美观，全年出刊《学习交流与服务》6期、《参谋“悦”读》6期。三是推动决策咨询内外联动。立足“决策服务”，加强内外联动，开展决策咨询，主动服务领导决策。如结合中央“五位一体”的总体布局和建设秀美幸福长沙的现实需要，组织专家、学者就全市生态文明建设进行深入研究，完成了《长沙市创建生态文明城市研究》课题咨询、书籍出版等工作。

四、服务中心有新的作为。1. 认真履行长沙市加快推进全面建成小康社会工作率先建成全面小康之市领导小组办公室职能。研究提出加快推进全面建成小康社会工作率先建成全面小康之市的总体思路、工作重点、政策措施等建议，着力做好与省全面小康办的工作衔接和对市直部门，区、县（市）的指导督查和服务，协同统计部门拿出长沙市全面小康的监测分析报告，制定下发市全面小康领导小组《工作规则》和长沙全面小康建设《考评工作通知》，并牵头组织全市全面小康考评工作。2. 继续做好参与大托铺机场迁建、“一推行四公开”“联村挂职”等中心工作。3. 积极参与和扎实做好市里统一部署安排的各类招商、节会、文明劝导、“保护湘江母亲河”等工作任务。（郭　浩）

·综合调研工作·

【概况】 2013年，市委办公厅围绕市委决策部署，想大事、谋长远、出思路，认真开展综合调研工作，变被动服务为主动服务，变常规服务为创新服务，积极当好市委的“智囊团”“思想库”和“参谋部”。

一、打造一批文稿精品。切实改进文风，倡导短新实、力戒长空假，把上级精神、领导思想和工作实际有机结合起来，打造了一批高水平、高质量的精品力作。全年起草、修改和整理各类文稿240余篇，对120余篇新闻报道稿把关，在中央、省级刊物上发表理论文章和领导署名文章12篇，省委领导对相关文稿批示4次。特别是“六个走在前列”大竞赛动员大会、全市重大项目和重点工程建设推进会、优化发展环境动员会、市委十二届六次全会、全市组织工作会议、市委工作务虚会、经济工作会议等重要会议讲话；《为政当思“水无沙”》《践行“六个走在前列”，推进更好更快发展》《用好“指挥棒”，保障转型发展》等领导署名文章；《把群众工作贯穿于政法工作全过程》《建设品质长沙》等领导讲课材料；向省委、省政府主要领导汇报材料等，受到领导的肯定和好评。

二、形成系列调研成果。围绕全市经济社会发展重点、难点和热点问题，深入开展了城镇化、信访工作、工业“二次创业”、湘江新区建设、城乡一体化、现代服务业发展等10余次大型调研活动，形成20余篇有见地、有分量、有价值的调研报告。其中，关于大河西先导区、宁乡县加快发展的经验性调研成果呈送省委、省政府主要领导；关于品质长沙建设、加快现代化进程等战略性调研发挥了参谋辅政作用；关于城市管理、全面小康、文化创意产业发展等对策性调研进入市委决策。

三、发挥刊物资政服务。编辑《内情参考》11期、《市委通报》23期。承担了习近平、李援朝、吴仪、徐匡迪、齐续春等党和国家领导人到长沙视察、市委主要领导外出调研、外地考察以及重要客商到长沙考察的背景资料收集、编撰、审核等工作。另外，编辑《区县（市）经济社会发展情况》《国家级园区经济发展情况》《全市主要经济部门工作情况》《中华人民共和国成立以来历任主要领导简历及长沙市历史文化地理概况》《长沙市情资料》《长沙市民主党派、工商联及无党派人士情况》等重要资料。同时将全市经济社会发展和重点工作情况、近3年重要调研成果分类汇编，形成一套完整、详实的学习参考资料。充分发挥了刊物资料资政服务的作用。

四、提升长沙内外影响。策划推出《策马奔驰再加鞭——长沙市“六个走在前列”大竞赛活动纪实·综合篇》《千帆竞发闯“蓝海”——长沙“六个走在前列”大竞赛活动纪实·经济建设篇》《城市今朝更秀美——长沙“六个走在前列”大竞赛活动纪实·城市管理篇》《平安建设掀高潮——长沙“六个走在前列”大竞赛活动纪实·平安和谐篇》《风劲正是扬帆时——市委办公厅提高“三力”确保“三零”》等深度系列报道。并为新华社、中央电视台、《人民日报》《湖南日报》、湖南卫视、湖南经视等新闻媒体采访长沙工作准备了详实的资料。

五、推进大竞赛活动开展。按照市委、市政府开展“六个走在前列”大竞赛活动的总体部署，在市竞赛办的领导下，扎实做好竞赛办综合协调工作。制定各专项工作组的工作职责、程序和制度，规范工作衔接、材料报送、文件制发等事项，编印全市大竞赛活动工作人员通讯录。对大竞赛活动信息进行采集、上报、编发，共编发《工作简报》25期，反映工作动态，宣传推介典型，促进情况交流，扩大了大竞赛活动的影响力，增强了各级各部门扎实推进大竞赛活动的主动性和自觉性。（欧阳浩）

• 保密工作 •

【概况】 2013年，长沙市保密工作贯彻落实中央和省、市委关于保密工作的系列指示精神和工作部署，突出工作重点，深化宣传教育，强化监督管理，注重创新进取，保密工作取得显著成绩。

一、领会精神，周密部署，认真谋划保密工作。召开保密工作会议。3月份，市委保密委召开会议专题学习习近平加强保密工作指示精神和栗战书讲话精神，拟定全年工作要点，抓好贯彻落实。

二、夯实基础，注重宣教，全面提升党政干部保密意识。2013年，全市保密工作以修订版《中华人民共和国保守国家秘密法》为主线，在开展保密宣传教育中，加强针对性，突出目的性，全市保密宣传教育迈上新台阶。保密教育形式多样，干部群众保密意识进一步增强。积极开展调查研究。做好《保密工作》杂志通联工作。

三、依法依规，按质按量，圆满完成全市保密普查工作。按照中央保密委的统一部署，通过广泛深入地调研和切实细致地摸底，圆满完成保密普查任务。摸清家底，全面建立长沙市保密工作数据库，有效掌握全市各级党政机关和涉密单位保密工作现状及存在的突出问题，为下阶段有针对性地开展保密工作打下良好基础。

四、突出重点，完善措施，认真做好保密检查监管。认真做好日常监管和服务。充分利用互联网门户网站搜索工具，净化上网信息；加强涉密考试管理；认真做好市本级涉密会议和重要会议的保密屏蔽工作。建立和强化信息发布保密审查制度。强化机关门户网站的监管。与相关部门一起，全年先后多批次对涉嫌被控IP地址进行排查，消除失泄密隐患。加强机关单位公文印制保密管理工作。认真开展军工科研生产单位保密资格认证工作。

五、大处着眼，小处着手，切实做好涉密载体管理工作。服务本级，做好常规工作。安全地做好市治单位涉密载体和内部资料的回收、保管和销毁。服从上级，做好检查工作。完成国家保密局对长沙市涉密载体的专项检查，保密制度、人员培训、承销地点等检查全部达标。省、市联动，完成省、市共建涉密载体销毁中心前期工作。在科学选址、建设规模及配套设施等方面进行了充分的论证。（黄　涛）

• 信息工作 •

【概况】 2013年，市委信息工作围绕中央、省委的决策部署和市委工作大局，按照“提高三力，确保三零”主题活动的要求，突出提升参谋服务质量，取得一定实效，得到市委、市政府主要领导的肯定性批示。

一、坚持奋勇争先，上报信息继续保持全省领先。按照中央、省委的信息需求，切实加强紧急信息、经验信息、特色工作信息等方面的报送，得到中共中央办公厅信息综合室和省委办公厅的好评。全年信息处共向中共中央办公厅和省委办公厅上报信息4100条，信息采用质量系数累计2792分，在全省保持领先。1. 上报紧急信息。及时报送了“7·2”黎托大火、“9·23”省中医院医患伤人事件、“9·30”浏阳市大瑶镇杀人案、“10·23”新快报记者陈永洲被长沙警方刑拘事件等重大紧急信息。2. 积极推介经验信息。组织编报的“长沙市开展‘治堵、打黑’专项行动，确保省会交通畅通”“长沙市积极打造全省首善之区、努力在维护社会和谐稳定中走在前列”等经验信息，被中共中央办公厅和省委办公厅采用并推广。3. 主动挖掘特色信息。适时向中央、省委编报开展“六个走在前列”大竞赛活动、“两型”社会建设、干部选任“六用六不用”（六用：选拔重用政治坚定、忠诚可靠的干部，选拔重用改革创新、开拓进取的干部，选拔重用勤奋敬业、扎实肯干的干部，选拔重用公道正派、坚持原则的干部，选拔重用顾全大局、维护团结的干部，选拔重用作风优良、清正廉洁的干部；六不用：坚决不用信念不牢、品德不佳的干部，坚决不用固步自封、精神不振的干部，坚决不用作风散漫、纪律松弛的干部，坚决不用以权谋私、行为失范的干部，坚决不用拉帮结派、破坏团结的干部，坚决不用“官”念过重、脱离群众的干部）“建设隆平新区、打造种业硅谷”等特色信息，进一步提升长沙的知名度和美誉度。

二、强化参谋决策，服务同级党委领域不断拓宽。紧扣市委工作中心和领导决策思维，不断提升参谋服务水平。1. 全面加强信息综合。2013年，围绕市委率先建成“三市（即全面小康之市、两型引领之市、秀美幸福之市）”、强力实施“三倍（即产业倍增、收入倍加、城乡品质倍升）”的决策部署，加强信息调研与综合，形成一批综合参谋信息，不少进入领导决策视野。如编报的《长沙县快速推进上海大众项目建设的几点做法》等参谋信息，受到省委常委、市委书记易炼红高度关注，并作出重要批示。2. 升级改版《长沙要情》。7月，信息处对《长沙要情》进行全面改版升级，进一步丰富栏目内容，优化版面设计，得到市委领导的充分肯定。截至12月23日，共编报《长沙要情》225期，得到市领导批示196条次，其中易炼红批示62条次。3. 积极开展网络问政。坚持把网络问政工作作为倾听群众呼声、回应群众诉求、解决群众困难的要事来抓，明确专人负责办理，以妥善回应群众留言，有效引导网络舆论。全年共集中回复网友留言8批次、163条次，得到易炼红高度肯定和广大网民的良好反响。

三、致力强基固本，基础工作水平得到稳步提升。1. 加强业务指导。4月份召开全市党委信息工作大会，7月份举行《长沙要情》改版协调会，

9月份组织全市信息工作调度会，11月份进行区、县信息调研，大力推进各区、县（市）和市直单位信息业务建设。2. 规范业务管理。处室坚持“一周一例会、一月一小结、一季一调度”的工作制度和节假日、特护期值班制度，探索建立向省委、市委的信息报送模式，并对各区、县（市）和市直单位实行信息采用月度通报制度，促进信息业务规范化建设。3. 加强制度建设。起草了《关于进一步加强和改进突发事件信息应急报送工作的通知》，进一步明确紧急信息报送的机制、时限和要求，为强化紧急信息报送提供科学依据。

存在的不足：个别单位存在对信息工作重视不够、力量不强、机制不顺、保障不力等问题。（宋文田）

·督查工作·

【概况】 2013年，市委督查室共组织重要督查活动51次，办理领导批示26件，办结人大建议、政协提案167件，编发《长沙督查》等刊物86期。省委常委、市委书记易炼红在调研督查工作时给予充分肯定。

一、紧扣主线，认真开展督查工作。坚持“市级为主、多方参与、分级负责”原则，充分发挥牵头抓总作用，整合资源，完善机制，实行重点工作督查月报，精心组织“六个走在前列”大竞赛活动的督促检查和考核评比。先后组织开展市委常委会2013年工作要点、市委常委会和常委办公会会议纪要、市委十二届六次全会精神及重点项目建设等重要督查活动。尤其是牵头负责全市停止新建楼堂馆所和清理办公用房工作，部署早、行动快、标准严、效果好，得到省委督查组的高度评价。

二、发挥专项查办主渠道作用，真查实办一批事项。全年办理省、市委领导批示交办事项26件，化解一批信访积案，如省委督查室交办的《天心区某小学校长私设小金库及非法集资办班截留学校家长捐款问题》等；解决一批重大问题，如省委书记徐守盛关于《长沙危险废物处置中心项目建设》的批示件等；回应一批民生诉求，如徐守盛批示的《宁乡县横市镇界头村群众联名反映饮用水污染问题》等。

三、改进督查方式，形成“大督查”格局。把“日常工作规范化、特色工作出亮点”作为目标，以“六个走在前列”大竞赛活动专项督查为载体，构建三级督查体系，形成全方位、立体式的“大督查”格局。改进督查方式，更多地采取不打招呼、不听汇报的形式，运用蹲点、体验、抽样等暗访手段；加强制度建设，健全完善文件传阅、会议报告、调研联系点等制度，促使督查室日常工作流程更趋科学合理；狠抓作风建设，要求督查干部坚持做到“三不”，即不收受被督查单位的红包礼金，非工作必要不在基层单位用餐，不为被督查单位打招呼、求人情、说好话。（王 晔）

·老干部工作·

【概况】 长沙市有离休干部1980人，其中市本级离休干部1172人，区、县（市）离休干部808人，由长沙市代管的中央、省属在长沙单位的离休干部314人，易地安置在长沙的65人。全市有副处级以上退休干部2186人，其中市本级有1070人，区、县（市）有1116人。全市离退休干部中，老红军5人、担任过副市级实职以上职务的93人、享受副市级待遇的114人（市本级86人，区、县28人）。2013年，长沙市老干部工作继续保持良好的发展态势，市关心下一代工作委员会获全国“创建五好基层关工委优秀组织奖”，“五老四教”工作获评中共湖南省委组织部“2011—2013年全省组织工作优秀创新奖”。

一、认真履行职责，服务管理以人为本。1. 建立局领导班子成员分片联系离退休干部制度，做好老干部服务保障工作。全年走访慰问离退休干部2000余人，其中特困离休干部（遗孀）44名，易地安置在外的离休干部27名。市老干部休养所开展保健教育和心理疏导43人次，审批各类费用39万余元，保障老干部服务用车283人次，接诊432人次。解决离退休干部的实际困难。不定期组织召开全市老干部思想政治建设、离休干部待遇落实以及强化服务管理等9个离退休干部座谈会，征求意见建议，加强沟通联系。通过离休干部短信问候平台，于法定假日、传统节日、重要节气向离休干部发送问候短信或保健养生温馨提示短信4556条。协调长沙银行开设“金融直通车”，为离休干部提供免排队的贵宾式服务。2. 扎实做好老干部信访工作。没有因工作不到位而造成的不良影响事件发生，特别是针对离休干部反映至市委、市政府及市公安局的两个问题，市委老干部局迅速组织有关单位，分成8个组上门走访，做好解释说明工作，得到老干部理解和认同，有效维护老干部队伍的和谐稳定。

二、开拓创新，工作特色初步形成。1. 形成新的工作体系。一是形成老年远程教育工作体系。依托远教站点和”先锋潮”网站，在市老干部大学建立网站和老年远程教育网络直播室，形成市、县（市区）、乡镇（街道）、社区（村）4级办学网络和多层次、多学科、多学制的老年教育工作体系，老年远程教育工作在全省第二十三次老年教育工作会议上作典型发言，获“全省老干部工作优秀项目奖”。二是形成民营企业关工委工作体系。开展民营企业关工委组建工作。截至2013年12月底，全市民营企业关工委发展到159家。2. 搭建新的活动载体。一是搭建老干部参与网络宣传的载体。在全市组建一支8000余人的老干部网络宣传员队伍，充分利用网站、微博、QQ群等新媒介，延伸学习领域，发挥自身优势，释放网络正能量。据统计，全市共有8262名老干部参与“唱响主旋律、传递正能量，老干部网络签名承诺活动”和“党的十八大知识竞赛活动”，周启予、吴献成等36位老同志被评为省、市“优秀老干部网络宣传员”。二是搭建“五老”“一格五员四化”工作载体。全市“一格五员四化”工作网格数5582个，涉及社区（村）4043个，有效推动社区（村）管理工作的科学化、精细化和长效化。3. 建立新的运转机制。一是建立离退休干部参与社会管理创新的机制。全市445个符合条件的社区（村）将“四就近”工作与综治工作有机结合，为离退休干部就近参加学习、就近参加活动、就近得到关心照顾、就近发挥作用搭建广阔平台。二是建立“五老四教”工作常态化机制。各区、县（市）先后成立专门机构、将主题活动工作经费列入财政预算，多渠道解决人员编制问题，“五老四教”常态化工作体系在全市范围内基本建立。

三、坚持统筹兼顾，学教乐为齐头并进。1. 老年教育提质提效。全市各级老年学校284所，其中乡镇（街道）、村（社区）老年学校、教学站点新增123所（个）；校舍面积5.7万平方米，新增3538平方米；各区县（市）用于老年教育的经费422.5万元，其中财政常年预算287.5万元；在校老年学员约1.5万人，共开设317个班次，年均2.7万余人次参加学习，其中市老干部大学学员超9000人次。召开全市基层老年教育工作会议，推介宁乡县回龙铺镇、岳麓区八方社区等基层老年学校办学经验；坚持示范引领、以点带面模式，在全市建立28个示范性乡镇（街道）、社区（村）老年学校。2. 活动开展多姿多彩。全年市老干活动中心共接待老干部5.7万余人次，办理“老干部活动证”1386张，开展单位离退休活动日72个工作日、96个单位4266人次；开展迎新春老干部游艺联欢活动，近2000人参加；举办首届老干部运动会，有来自30个单位的82支代表队共796名运动员参加了乒乓球、广场舞、门球、象棋4项比赛；组织市委、市人大、市政府、市政协等8个单位开展麻将、保龄球、台球邀请赛，93名选手参赛，受到参与单位和参赛选手的一致好评。3. 涉老组织常抓常新。广泛开展“兴中华魂，砺报国志，成有用才”主题教育活动，宣讲7200余场，青少年听众63.7万人次；联合《长沙晚报》组织以“中国梦”为主题的征文比赛，吸引近80万青少年参加；深入开展“五好”关工委创建活动，104个关工委获表彰，其中7个受中国关工委表彰；用先进文化引领关心下一代工作和创建“五好”关工委的经验得到中国关工委主任顾秀莲和省、市领导孙金龙、郭开朗、易炼红、张迎龙、程水泉的批示。市老年保健协会编辑发放《中老年保健知识二十四讲》等有关老年健康知识书籍2万余册，开展健康讲座99次，在全市评选表彰100名“健康长寿老人”。市老干部书画协会全年举办各类展赛73次，展出作品5260幅，出版《岁月如歌》书画集。市老科技工作者协会全年进行各类专题调研，撰写调研报告338篇，并整理成《建言献策材料汇编》。市老干部诗词楹联协会组织发动《诗画配》丛书编辑工作，邀请专家举办《红楼梦》研究系列讲座，提高老干部诗词欣赏水平和审美情趣。体育类协会精心组织体育活动和各种赛事，各项活动的开展深受老干部欢迎和积极响应。（罗健宁）

【落实老干部政治待遇】 2013年，长沙市全面落实离退休干部列席重要会议、重要情况及时通报、走访慰问、生日祝寿、丧事办理等政治待遇制度。以创建“五好”“四好”为抓手，集中评选和表彰30个“五好”离退休干部党支部和50名“四好”离退休干部党员。开展“老干部理论学习大课堂”活动，围绕十八大精神全年授课19场次，授众5400余人；举办2场老干部形势报告会，邀请国防科大教授易金务，长沙市委副书记、市长张剑飞，分别解读中国梦、介绍长沙经济社会发展情况；组织89名享受副市级以上待遇老领导分6组到云贵、江浙等地学习考察，积极为长沙率先实现全面小康献计献策；组织107名市级老领导到浏阳市参观工农业生产，并召开全市老干部座谈会暨市情通报会，省委常委、市委书记易炼红出席座谈会并作重要讲话。组织享受副市级以上待遇老领导参加迎春团拜会、新春音乐会、人大政协两会、老干部座谈会、领导干部大会、省委宣讲团报告会、工作报告征求意见会以及市委、市政府安排的其他重大活动等11次；为离退休党支部、离休干部订阅《学习参考》《党建文汇》和《长沙晚报》；全年为81名副市级以上离休干部发放祝寿金，对11名逝世的副市级以上离休干部进行吊唁。

（罗健宁）

【保障老干部生活待遇】 2013年，长沙市按照“单位尽责、财政支持、社会统筹、加强管理”的原则，确保离休干部共享改革发展成果，离休干部“两费”及统筹外经费得到全面均衡保障。困难企业和差额拨款、自收自支事业单位离休干部统筹外经费及其无固定收入遗孀配偶生活补助、中华人民共和国成立前老工人生活补贴资金得到均衡保障，全年落实专项资金4191.45万元；及时督促指导基层落实企事业单位离休人员死亡一次性抚恤金，全年解决困难企业离休干部死亡一次性抚恤金646.37万元；将困难差额拨款和自收自支事业单位离休干部护理费、交通费等纳入财政支持范围；协助医保部门落实离休干部医疗待遇，确保全市离休干部生活待遇全面均衡落实；全年走访慰问离退休干部2000余人次，发放慰问物资198.5万余元。（罗健宁）

【“五老四教”主题活动】 2013年，全市继续深化“五老四教”（五老：老干部、老模范、老教师、老战士、老专家；四教：形势政策教育、党的历史教育、思想道德教育、公民意识教育）主题活动。深入开展“一村（社区）一品”工程，各村（社区）因地制宜地组建“五老党员服务站”“五老维稳协会”等涉老自治性组织，实现“五老”参与活动有乐趣、发挥作用有舞台、推动工作有实效。举办“五老”学习“中国梦”“六个走在前列”和“十八届三中全会”精神等培训班，组织“五老”宣讲员共开展各类宣讲教育活动30111场，教育党员群众和青少年70万余人次。开展“党的十八大精神优秀讲稿”征集活动，在选送的216篇征文中评选出优秀讲稿52篇，形成《“五老”优秀讲稿集（2012—2013）》一书。开展第二批“发挥五老作用”市级示范阵地创建工作，并对符合条件的34家单位进行验收。召开全市“发挥五老优势、进行四项教育”主题活动总结表彰大会，表彰200名优秀五老、50个先进集体、50名先进工作者，为25个市级示范阵地授牌，充分调动各方积极性和主动性。创办《老骥新声》刊物，引导离退休干部为经济社会发展建言献策，刊物得到易炼红、张迎龙、程水泉等省、市领导的高度评价和批示。（罗健宁）

中共长沙市纪律检查委员会

责任编辑：江 雷

中共长沙市纪律检查委员会机构领导人员

书　记　　　李　军（2013.11任）
副书记　　　邱俊杰
　　　　　　周松波
　　　　　　尹小英（女）
常　委　　　周耀炳
　　　　　　陈育俊
　　　　　　熊冬华
　　　　　　沈　光
　　　　　　彭清华
秘书长、办公厅主任
　　　　　　沈　光

长沙市监察局

局　长　　　邱俊杰
副局长　　　尹小英
　　　　　　周耀炳
　　　　　　黄　锋

长沙市预防腐败局

局　长　　　邱俊杰
副局长　　　周耀炳
　　　　　　文灿辉（女）

【概述】　2013年，中共长沙市纪律检查委员会（以下简称“市纪委”），落实党风廉政建设责任制，推进惩治和预防腐败体系建设，全市党风廉政建设和反腐败工作成效显著。

一、增强反腐倡廉工作合力。按照惩治和预防腐败体系建设要求，把反腐工作责任落实到各部门、各环节。实行责任分解，年初以市委文件明确市级领导班子成员和区县（市）、市直单位党风廉政建设责任目标任务，召开全市党风廉政建设专项责任交办会，明确责任部门和牵头单位，并将工作完成情况纳入年度党风廉政建设责任制考核。通过签订责任书，形成一级抓一级、层层抓落实的工作机制和责任体系；加强责任考核，把责任制考核纳入党政领导班子、领导干部目标管理的重要内容，制定2013年《党风廉政建设责任制考核办法》，逐步建立科学的责任制考核体系。由市纪委对区县（市）、市直单位进行廉政（绩效）考核，实行“三考合一”，全面真实掌握各单位廉政建设情况。考核结果及时通报，并与干部的管理使用、工作业绩评定、奖惩“三挂钩”；严格责任追究，坚持执纪必严、违纪必究，对领导班子成员不认真履行党风廉政建设责任制甚至出现违纪违法行为的，实行“一票否决”，视情节轻重给予函询、通报批评、诫勉谈话、调离岗位直至免职处分。在责任追究中坚持“三个不放过”，即责任者没有得到处理不放过，原因没有找到不放过，解决和预防措施未落实不放过。通过多措并举，促进责任制的落实。

二、开展党风廉政宣传教育。组织召开“3•23”党员领导干部廉洁从政警示教育大会，邀请专家作专题报告，播放警示教育片，用顾湘陵这一身边案例教育身边人。组织编写《违反工作作风规定责任追究漫画释义》。在长沙电视台创建《廉政微剧场》，摄制廉政短剧。完善“大宣教”工作机制，把廉政教育融入各级干部培养、选拔、管理、使用各个环节。连续举办涉及市直有关部门从事“人、财、物”管理和行使行政审批职权及区县（市）国土、水利、交通、民政、建设等重点单位主要负责人的廉政培训班，对重点岗位人员重点教育提醒。在新任副县级领导干部党校培训中，专门设置党性党风和廉政教育课程。选派18名纪检监察骨干赴香港参加廉政业务培训班，学习香港先进的反腐倡廉理论及反腐实践经验。着力抓好胡耀邦故居廉政箴言书法碑墙、雷锋纪念馆建设。开展广播、电视、网络、广告牌等“四位一体”廉政文化宣传，充分发挥廉政文化的辐射带动作用。

三、优化经济发展环境。出台《长沙市优化经济发展环境十二条禁止性规定》（长政发〔2013〕15号），组织开展“发展环境优化年”活动，通报6起行政问责案件，优化政务环境。对接项目服务，帮助企业解决一批阻工和用地难问题。针对群众反映强烈的重点、热点和难点问题，督促12个市直单位开展专项效能监察，及时解决存在的效能“短板”。对湘江枢纽排水口改造、万家丽快速路改造等开展服务重点工程专项效能监察。深化行政审批制度改革，提高审批效率，全市行政许可项目办理收件176.6万件，办结176.2万件。加大非行政许可和年检项目上线督办力度，全市完成上线办理非行政许可和年检项目211项。加强电子监察系统建设，制订《长沙市行政审批电子监察绩效测评办法》，加强服务型政府建设，整合各类政务服务热线电话，建立长沙市“12345”市民服务热线社会求助平台。畅通行政效能投诉举报，市行政效能投诉中心办理效能投诉案件252件。开辟《问政问责》栏目，加大行政问责力度，全市办理问责案件216件，问责45家单位268人，其中县处级7人，乡科级49人。开展厉行节约和廉洁自律情况专项抽查，发现问题154个，对存在突出问题的单位进行通报并发函整改。

四、纠正损害群众利益不正之风。加强对规范社会办学行为监督检查，对10名在社会培训机构兼职授课公办教师进行处罚，解决规范社会办学行为过程中存在的突出问题。纠正公务员考录和国有企事业单位招聘中不正之风。查办市人社局、市民政局“3•23”事业单位招聘投诉案件，对6名相关责任人进行行政问责和诫勉谈话。深化整顿规范医药流通秩序专项治理。采取定期普查、随机抽查、专项检查等方法，规范药品、医疗器械、保健食品等医药经营行为。组织开展外地药企驻长机构进医院推销药品专项稽查行动，查处违法违规行为103起，移交公安6起，罚款500万余元。严格执行网上药品集中采购制度，成立药事监督委员会，加强对药品采购使用监督。推进公立医疗机构廉政风险防控体系建设，规范诊疗用药行为。开展民营医院及基层医疗机构专项整治，推进药品、医疗器械市场诚信体系建设。开展打击非法营运专项治理。督促市交通行政执法局严格执法，开展“百日集中整治”行动，组织明查暗访，采取现场播放视频资料、重点案件交办、限时办结方式，督促责任单位进行重点整顿，全市37家“黑站黑点黑公司”得到全面治理，查扣非法营运车辆5000余台，中央、省级媒体专题报道长沙“打非”成果。细化和规范自由裁量权，压缩执法人员手中“弹性空间”。执行中央和省委有关干部配备规定，通过交流任职等方式将市教育局、市卫生局等12个市直单位违规党政分设情况一次性整改到位。全市“政风行风热线”电视、电台播出节目205期，直接解决问题350个。《热线访谈》《民声•民生》播出85期，42个职能部门和窗口单位负责人参加节目，受理群众咨询、投诉32件，解决和回复率90%以上。

五、抓制度建设。创新出台《中共长沙市委巡查工作办法（试行）》，组建市委巡查办和六个巡查组，扎实开展巡查工作，切实加强监督，发现问题，形成震慑，破解“看得见的管不着、管得着的看不见”的监督难题。严格工程项目建设后期跟踪监管，实行资金“双控”管理；全面实行工程投资结算项目“初审、复审、定审”的“三审”制度，近几年来共审计投资项目4543个，审计总金额735.99亿元，核减投资总额116.38亿元，平均核减率15.81%，有效防止“低中高结”。在全市全面推行公务卡（电子化转账）制度，实现公务支出的无现金支付和支付信息的电子化管理。在全市所有全额、差额预算单位全面推行国库集中支付改革。深化政府采购制度改革，推动全市公共资源严格按规定进入交易中心交易。强化廉政高危领域监管，出台《长沙市预防和惩治工程建设违纪违法行为的若干意见》。突出惩防体系全局性战略性地位，制订出台《中共长沙市委关于贯彻落实中央〈建立健全惩治和预防腐败体系2013—2017年工作规划〉的实施意见》，将廉政风险防控由全市行政部门向非行政领域延伸，使党员干部知道“风险”、不敢“冒险”、力求“保险”。开展制度廉洁性评估工作。统筹推进党政机关、事业单位、国有企业廉政风险防控，督促各单位严格按要求对本单位权力进行风险排查、划分等级、分层防控和公布权力运行流程图，探索建立廉政风险预警处置机制和防控工作检查评估办法，提升防控工作标准化、规范化水平。开展对全市国有及国有控股、参股企业股权及收益清查工作，推动国有资产保值增值和预防腐败；实行城乡规划控规修改前置审查，有效遏制建设规划领域腐败现象发生；开展单位“多头开户”账户清理工作；对全市各类基金征管单位资金（专款）进行专项检查，健全资金（专款）规范使用监督机制。（陈　泉）

【长沙市反腐工作会议】　3月3日，中共长沙市第十二届纪委第三次全会暨全市反腐败工作会议召开。市委副书记、市长张剑飞主持，市委常委、市纪委书记姚永春作工作报告，市委常委、市委秘书长李军宣读表彰通报。省市领导陈润儿、张值恒、张迎龙、袁观清、范小新、张湘涛、陈泽珲、虢正贵、程水泉、文树勋、张迎春、钟钢等出席。会议明确2013年反腐倡廉工作重点，提出要严明政治纪律，严查传播政治谣言灰色信息。对党员干部利用短信散布灰色信息，编造和传播政治谣言以及在网上发表违反党的纪律、违背组织原则、丑化党和国家形象言论等行为进行严肃查处。对拟提拔领导任前廉政审查。加大明查暗访和作风整顿力度，从严整治党员干部吃请受礼、索拿卡要、敷衍失职、违规检查、打牌赌博5大突出问题。在全市深入开展以为民务实清廉为主要内容的党的群众路线教育实践活动，严格执行公务接待规定，规范公务用车管理和因公出国出境，防止“舌尖上的浪费”“车轮上的铺张”和“考察中的走样”。畅通信访举报渠道，及时处理网络和新闻媒体对腐败行为的举报和曝光。建立预防腐败信息共享机制，围绕掌握人财物等审批权和管理权的重点领域、重点环节，强化监督、约束和制衡，规范权力运行，真正把权力关进制度的笼子。治理教育乱收费，深化药品、医疗器械市场流通秩序专项治理，纠正金融、电信等公共服务行业乱收费行为，防止和纠正公务员考录与国有企事业单位人员招聘中的不正之风。加强对食品药品安全监管、征地拆迁、环境保护、保障性住房建设和配置、交通运输等领域突出问题治理。对10个市直行政执法部门履职情况开展专项民主评议，促进依法行政。优化经济发展环境，对审批时间过长、转嫁收费、推诿扯皮、故意刁难等问题开展监督检查，重点查处办事难、环节多，“不给好处不办事、给了好处乱办事”等问题。（陈　泉）

【“3•23”警示日】　3月23日，长沙市召开党员领导干部廉洁从政警示教育大会，旨在汲取腐败案例深刻教训，筑牢拒腐防变思想根基。市委常委、纪委书记姚永春主持会议，在职副市级以上领导，市直各单位班子成员，省垂直管理单位主要负责人，各区县（市）委、人大、政府、政协班子成员，市管企业单位主要负责人出席会议。会上，观看顾湘陵贪腐案警示教育片，中国纪检监察学院副院长李永忠作《十八大后反腐形势与任务》专题报告，畅谈反腐形势和现状，结合近年来各地官员，尤其是高级领导干部“前腐后继”具体案例，剖析案件发生深层次原因，对如何从制度方面预防和惩治腐败提出见解。深入浅出诠释“把权力关进制度的笼子里”重要性。警示教育活动期间，市纪委组织编写《违反工作作风规定责任追究漫画释义》，在长沙电视台创建《廉政微剧场》，摄制廉政短剧。在新任副县级领导干部党校培训中，专门设置党性党风和廉政教育课程。省委常委、市委书记易炼红撰文《为政当思“水无沙”》，倡导领导干部执政应有“水无沙”的情怀与境界，当求政治清明、环境清新、生态清秀、社会清正。（陈　泉）

述廉评议大会

【开展作风建设】　加强和改进干部作风，下发“两规定一办法”，即《关于改进工作作风密切联系群众的规定》《关于切实改进机关工作作风的规定》和《长沙市违反改进工作作风有关规定责任追究办法》。在全市组织开展厉行节约和廉洁自律情况的专项抽查，发现问题154个，对存在突出问题的单位进行通报并发函整改。细化“三公”经费使用管理有关规定，抓《党政机关厉行节约反对浪费条例》和《党政机关国内公务接待管理规定》贯彻落实。出台《关于对领导干部和机关工作人员“有错无为”“不在状态”实施问责的暂行办法》，对违反有关规定、决策失误、工作失职、敷衍塞责和不思进取、安于现状、作风散漫等人和事，实行“有错无为皆问责”和“不换状态就换人”。召开全市作风建设会议，对照省委督查调研组指出的问题，对工作纪律、公车私用、“文山会海”、办公用房等存在的问题从严整治，开展全面暗访和查处，形成监督常态。在全市党员干部中开展形式多样的作风建设主题活动，广大党员干部深入基层访民情，服务群众解民忧，受到基层和群众普遍欢迎。2013年，市纪委组织6支督查队伍，针对重点对象、重点场所、重点时段，对吃请受礼、索拿卡要、打牌赌博、工作日中餐饮酒、违规检查评比等问题开展明查暗访。全市组织明查暗访100余次，纠正各类大小问题530个，处理149人，其中给予党纪政纪处分30余人。3个典型案件在全市范围内公开通报。（陈　泉）

【案件查办】　2013年，全市纪检监察机关保持高压态势，严肃查办案件。全年立案632件，结案593件，其中涉及县处级干部15件，乡科级干部82件，市本级立案16件。处分党员领导干部606人，移送司法机关85人。针对案件暴露出来的问题，及时发现制度上的薄弱环节和管理上的漏洞，要求全市查办的大要案件均要撰写一份案件分析报告和一份整改建议报告，帮助发案单位总结教训，推动建章立制，预防同类案件发生，收到查处一案、治理一线、管住一片效果，发挥案件警示效应。（陈　泉）

【信访受理】　2013年，全市纪检监察机关受理群众信访举报2903件，其中市本级受理1447件；实行“直查快办”147件，为本级提供案件线索198件，转入初核247件，信访转立案32件，给予党纪政纪处分33人，移送司法机关追究刑事责任10人，收缴违纪金额287万元，挽回经济损失1000万余元；化解重复信访和矛盾纠纷，及时回应群众信访诉求，为138名党员干部澄清问题199个。（陈　泉）

【纪检监督工作】　2013年，市纪委、市监察局加强对全市重大项目和重点工程建设监督检查，治理行政执法中突出问题。集中约谈6区、县（市）政府负责人，督办整改拆迁补偿中程序不到位、资金拨付不规范、安置保障滞后问题。督促相关单位严格履行职责，扎实开展城区市容市貌、城乡结合部环境、道路交通秩序等4项整治。加大财政预算公开力度，抓党务、政务、村务、厂务和司法公开。深化工程建设领域专项治理，加强对招投标、规划审批、资金拨付等关键环节监督检查。开展闲置土地清理和对耕地保护、节约用地政策落实情况监督检查，强化对节能减排、环境保护政策落实情况监督检查，严肃查处央视曝光的湖南东方钪业违法排污案和环保部通报的浏阳市菲达宏宇公司环境违法事件。推行领导干部任前考廉，开展拟提拔任用领导干部廉洁性量化评价工作，对新提拔任职的市管干部19人进行任前廉政谈话，发挥廉政谈话诫勉功能。出台民主生活会量化评价办法，延伸领导干部“八小时以外”监督。开展党政领导干部任期经济责任审计，发挥审计监督防治腐败作用。开展公务用车专项治理，对市本级219台违规车辆进行公开拍卖、报废、退回产权单位等处置，对全市150名公车私用的领导干部除进行廉政谈话外，责成其缴纳200元至400元不等公车使用费，公车私用现象得到有效遏制。对全市各单位清理办公用房工作进行全程监督检查、审核验收。抓国有企业领导干部廉洁自律工作，督促长沙建工集团、新港有限公司等4家国有企业落实“三重一大”决策和报告个人有关事项制度。

（陈　泉）

【《十二条禁令》出台】 7月30日，《长沙市优化经济发展环境十二条禁止性规定》（长政发〔2013〕15号），（以下简称《十二条禁令》）出台。其主要内容是：禁止利用职权向企业和服务对象“吃、拿、卡、要、报”；禁止利用职权指定中介服务，强制或暗示企业购买指定产品、保险和服务，强制企业参加学会、协会、研究会等社团组织；禁止以拉赞助、打广告、订业务报刊杂志或违反国家规定组织培训、考评等形式加重企业负担；禁止接受企业和服务对象的礼金、会员卡、宴请、游玩安排等；禁止未经办理涉企检查备案手续对企业进行各类检查；禁止未经领导班子集体研究随意进行上限处罚；禁止未经法定程序查封和冻结企业资产、账户，扣押财物，违法限制或非法剥夺企业法人代表人身自由；禁止不按职能职责要求为企业和个人提供应有的政务服务和法律保护；禁止违反服务承诺制度超时办结各类政务服务事项；禁止以负面宣传要挟企业或服务对象；禁止对投诉或正常举报、反映问题的企业或个人进行打击报复；禁止对违反以上禁令、破坏经济发展环境的人和事姑息迁就、袒护包庇。《十二条禁令》适用对象包括具有行政审批权和行政执法权的部门及其工作人员，明令禁止利用职权向企业和服务对象“吃、拿、卡、要、报”等12种违规行为。对违反禁止性规定的单位和个人，根据《湖南省影响机关效能和损害经济发展环境行为处理办法》《长沙市行政问责办法》和有关法律法规进行查处。

（陈　泉）

【会员卡清退工作】 6月6日，长沙市纪委发出《关于在全市纪检监察系统开展会员卡专项清退活动的通知》，根据中央、省纪委有关要求，全市纪检监察干部会员卡清退活动采取自行清退方式清退；因特殊情况无法清退的，持卡人可将会员卡自行销毁。全市纪检监察干部均应于2013年6月13日前，向本人所在纪检监察机关（组织）作出个人会员卡零持有报告。市纪委对清退活动开展情况进行督促检查。此次清退对象为全市纪检监察系统在职各级纪委委员、纪检监察机关干部（含职工），各人民团体、国有企业事业单位、金融机构中从事纪检监察工作干部。此次清退范围是纪检监察干部收受的会员卡。本次清退所称会员卡，是指娱乐、健身、美容、旅游、餐饮等行业机构以及商场、会所、宾馆、俱乐部等发行的，具有一定价值、金额或消费次数，供持卡人在消费活动中进行会员身份认证识别，并凭此消费、免于付费或享受折扣的凭证。自费和各单位按照有关规定办理并发给本单位干部的会员卡除外。

（陈　泉）

【述廉评议工作】 11月28日，市第十二届纪委第四次全体（扩大）会议暨市直单位党政正职述廉评议大会召开。市纪委领导李军、邱俊杰、周松波、尹小英、周耀炳、陈育俊、熊冬华、彭清华、沈光参加会议，市发展和改革委员会党委书记、主任周岳云等8人为2013年度市直单位党政正职述廉评议对象。围绕执行政治纪律和落实科学发展观、遵守廉洁从政规定、落实作风建设有关规定、履行党风廉政建设责任等方面，市纪委委员、市监察局特邀监察员现场提问，集中述廉评议。市纪委组织8个述廉评议组，深入所在单位，通过个人述廉、廉政测评、座谈走访等方式，广泛收集了解述廉评议对象职权涉及范围内干部群众意见建议，了解履行党风廉政建设责任制、个人廉洁自律情况，加强对重点领域、关键部门和党政“一把手”权力运行监督。对于述廉评议对象评议结果、整改及有关问题处理情况，将如实记入本人廉政档案，作为其任用、奖惩重要依据。通过“双述双评”，增强市直部门党政正职廉洁从政意识。

（陈　泉）

【政风行风民主评议】 5月22日，全市召开政风行风民主评议测评大会。评议对象包括市住建委、市国土局、市规划局、市人社局、市林业局、市城管局、市环保局、市水务局、市安监局、市文化执法局10个市直部门。评议内容主要包括信息公开，是否认真履行公开责任；行政机关在实施行政审批、行政处罚、行政强制（行政征收）、服务承诺和领导联系方式、举报电话等方面是否做到应公开尽公开；行政审批是否按照法定职能权限、程序和时限履行审批职责；审批是否存在效率低下等问题，是否存在缓作为、不作为、乱作为以及乱收费等问题；行政处罚是否依法严格执法程序，是否公开、公正；是否存在滥用职权、越权执法、执法不严以及乱罚款和各种摊派等问题；是否严格按法律程序实施行政强制（行政征收），是否存在贪赃枉法、徇私舞弊等问题；工作作风，各项服务措施是否完善，各项服务承诺是否兑现，有无门难进、脸难看、话难听、事难办、刁难群众等问题；是否存在以权谋私、吃请受礼、索拿卡要等问题；对群众投诉举报的问题，是否及时受理、认真查处等内容。6月，参评单位开展依法行政履职情况大走访，设立征求意见箱、电子信箱，公布举报电话，广泛征求管理和服务对象、社会各界的意见建议。8月，召开面对面评议活动，参评单位主要负责人对群众反映存在的重点问题及整改情况进行现场回应。民主评议使广大群众有效行使对政风行风建设的参与权、监督权和评议权，拓宽民主监督渠道。

（陈　泉）

【“发展环境优化年”活动】 7月18日，长沙“发展环境优化年”活动动员暨政务公开政务服务工作会议召开。省委常委、市委书记易炼红要求，对损害发展环境的人和事“零容忍”。市领导张剑飞、张迎龙、陈泽珲、赵文彬、李军、刘新程、李介德、袁志恒、刘明理等参加会议。会议通报全市6起影响机关效能和损害经济发展环境典型案件，宣读全省优化经济发展环境“十条禁令”，市政务中心、宁乡县、市公安局、市规划局4家单位负责人作表态发言。“发展环境优化年”活动期间，针对群众反映比较强烈的重点、热点和难点问题，督促12个市直单位开展专项效能监察，对湘江枢纽排水口改造、万家丽快速路改造等开展服务重点工程专项效能监察。活动中从严整治4个方面突出问题：一是从严整治“三乱”行为，针对“乱收费、乱罚款、乱摊派”和“乱检查、乱评比、乱培训”等新老“三乱”，坚决斩断“权力寻租”利益链条、“索拿卡要”市场黑手，为企业“减负”。二是从严整治行政审批，简化办事环节，确保整体提速50%以上，提高办事效率，实行“一窗式受理、一站式办结、一条龙服务”，强化政务公开，实行“阳光政务”，杜绝“暗箱操作”，实现网上办理审批，推行办事公开，定期公布信息。三是从严整治执法队伍，对违法乱纪、知法犯法典型案件，一经查实，严肃处理，决不姑息迁就，尤其是对索拿卡要、阻工闹事、强揽工程等违法行为坚决打击。四是从严整治机关作风，整治不作为、慢作为、乱作为行为，让全市干部自觉践行群众路线。（陈　泉）

【网络问政】 1月23日，长沙县召开“网络问政”集中回复会。县委书记、长沙经开区党工委书记杨懿文等领导参加会议。县交通局、城管局、工商局、安沙镇、暮云镇等10个镇街科局负责人带着答复件参加活动。会议就百姓关注焦点，进行专门讨论，针对2012年红网“问政湖南”长沙县委书记留言窗口中尚未解决的公交设站、噪音扰民、出行停车等问题进行集中解决回复。2012年，“问政湖南”长沙县县委书记留言窗口收到留言616条，解决回复590条，网民人气47万余人次。该县2011年11月认领红网“问政湖南”网友留言，共受理留言880余条，46个单位和部门实名答疑，留言回复率98.5%，页面总访问量60万人次。根据网友提出的意见建议，县委、县政府研究出台有关大病医疗保险、烈士后代幸福计划、农村困难群众生活保障、孤残人员生活保障、弱势群众维权、社会治安等6个方面19个民生问题政策措施。杨懿文指出，路越修越多，与老百姓的距离不能越来越远；网络越来越发达，与老百姓的沟通不能越来越少。网民的留言，有问就要有答，尽量一次性让老百姓满意。该县网络问政凝聚网民共识，拉近干群距离，成为创新社会管理范本。（陈　泉）

【领导接访公示】 5月17日，为全面贯彻执行中央、省市关于改进工作作风、密切联系群众有关规定，长沙市通过《长沙晚报》集中公示高新区、区县（市）共287名接访领导姓名、职务、分工、时间、地点等要素，保证每个工作日有县级领导公开接访。市联席办牵头组织市委督查室、市政府督查室、市信访局等部门，对全市领导干部公开接访下访工作不定期进行督查暗访，重点督查人员到位、接访效果等内容，督查暗访结果在全市通报。（陈　泉）

【作风建设网格化管理】 干部作风网格化管理，就是将干部作风建设融入已有的社会管理网格之中，通过网格化管理发挥各种社会力量的协同、教育、自律、监督作用，形成转变干部作风、维护群众利益的整体合力。2013年，长沙市芙蓉区韭菜园街道，开展作风建设网格化管理，走出一条适合街道干部作风建设新路子。该街道科学划分，借助社会服务网络，按“6个1”（1牌、1卡、1箱、1报、1本、1台账）原则，将网格内人员分为固定和动态2大块。全街划分6个大网格，82个二级网格监督站，593个三级网格监督点。各网格联系领导负总责，网格第一负责人担任纪检监督组组长，把网格内所有党员干部纳入监管服务范围。街道纪工委采取实地查看、随机暗访、群众访谈的方式对网格化工作进行管理考评，对每季度评选的“最优网格”和“优秀网格管理员”给予奖励，对连续2次排名靠后的网格责任人作出处理。全体网格小组领导与街道签订《作风建设承诺书》，与社区负责人签订《党风廉政建设责任书》，个人履责与绩效挂钩。制定《街道作风建设考核管理办法》，以领导责任制带动社区联点制，以社区联点制带动网络责任制。设立网格群众监督员和意见箱，定期收集群众对街道干部及机关工作意见。设立网格台账登记督导，规定干部每月有2天时间到辖区联点单位、社区、企业、学校和家庭进行服务、走访慰问。街道设置“你廉政吧”，将机关效能、党风廉政教育、群众监督等内容根植于辖区党员、群众之中。（陈　泉）

【一社区书记违规办酒宴免职】 12月15日，望城区铜官镇袁家湖社区支部书记谈春华违反《关于党和国家工作人员操办婚丧喜庆事宜的暂行规定》，操办其公公80岁寿宴，违规收受辖区服务对象礼金。铜官镇党委集体研究决定，免去其社区支部书记职务，责令其退还非亲属所送礼金。谈春华公公有3个儿子在长沙打工，为尽孝道儿子们决定摆宴为父亲庆祝80大寿。谈春华考虑到自己是党员，担任社区书记，提出过反对意见。但2个兄弟认为自己不是国家工作人员，办喜宴是为了尽孝心，坚持要办，在铜官镇袁家湖社区福盛楼酒家预订酒席20桌，每桌标准550元（不含酒水）。12月15日喜宴当天，有群众举报谈春华违规为其公公操办寿宴。接到举报后，铜官镇纪委到现场对其违规办理喜庆事宜进行调查，发现寿宴实际接待宾客32桌，收受礼金49700元，其中亲属礼金21000元，非亲属98户28700元。谈春华虽然没有亲自操办喜宴，但在其兄弟决定办理喜宴后，她通过电话联系方式，邀请其社区平时交往较多的3名组长参加喜宴。随后喜宴消息传到社区其他居民中，部分居民因平时与其有人情往来，进行祝贺，也有个别低保户认为不去参加喜宴就担心会取消低保资格，勉强参加喜宴。经核实，参加此次喜宴低保户共68户，其礼金每户是200元或400元。镇纪委找到福盛楼酒店经理、部分社区组长、社区低保户及谈春华本人进行调查核实，确认其存在违反作风建设规定办理喜庆事宜情况。（陈　泉）

长沙市人民代表大会常务委员会

责任编辑：江 雷

长沙市第十四届人民代表大会常委会机构领导人员

主　任　袁观清

副主任　刘新程　张建国　王国海　赵建强　黄佳惠　谭杭生　芮英姿（女）

秘书长　柳美景

委　员（按姓氏笔画排列）

丁志良　任安良　刘有良（女）　刘映群（女）　杨金其　吴伯成　陈　慧（女）　陈兴平　罗　伟　周　伟　周松波　赵　钺　赵凡存　赵柏林　侯　文　洪　霞（女）　姚仁智　秦光国　袁黎明　翁少兰（女）　高智麟　唐跃军　浣俊懿　黄志平　曹　伟　盛国政　彭友元　彭惊雷　斯洪标　蒋华玲（女）　曾　丽（女）　戴志敏（女）

市人大各专门委员会

内务司法委员会

主任委员　唐跃军

副主任委员　丑毅奇

财政经济委员会

主任委员　丁志良

副主任委员　喻　敏

教育科学文化卫生委员会

主任委员　曹　伟

副主任委员　吴定芝

专职委员　郭天舒

农业与农村委员会

主任委员　斯洪标

副主任委员　全裕高　张红民

城乡建设环境与资源保护委员会

主任委员　陈兴平

副主任委员　张书振　王文华

法制委员会

主任委员　周　伟

副主任委员　孟谏君

民族华侨外事委员会

主任委员　姚仁智

副主任委员　彭罗生

专职委员　包咏鸿

市人大常委会工作部门

副秘书长　秦光国　赵凡存　戴志敏　浣俊懿

办公厅

主　任　柳美景

副主任　秦光国　黄　弘　胡建安

纪检组长　黄　弘

研究室

主　任　彭友元

副主任　文　明　陈日冬

选举任免联络工作委员会

主　任　盛国政

副主任　张建华　彭金城

法规工作委员会

主　任　周　伟（兼）

副主任　孟谏君（兼）

信访办公室

主　任　蒋华玲

副主任　范金枝

预算工作委员会

主　任　黄志平

副主任　朱丽华

【概述】　2013年，市人民代表大会常务委员会（以下简称“市人大”）举行常委会会议10次、主任会议17次；制定地方性法规1件；开展执法检查6次、视察5次；作出决议、决定9项；依法任免国家机关工作人员208人（次）。组织召开全市人大常委会主任联系会议，对全市人大投身“六个走在前列”大竞赛活动作出部署。为确保长株潭城际铁路2015年通车目标，审议批准市政府有关融资议案。为支持“北煤南运”国家战略运输通道建设，复函同意蒙西至华中地区铁路煤运通道通过株树桥水源保护区，强调要遵守国家和地方有关法律法规，抓水土保护，确保线路建设和营运活动不影响株树桥水源保护区水质。组织常委会组成人员集中视察市城市棚改、安居工程建设情况，听取和审议市政府工作情况汇报，及时反馈审议意见。推动现代农业发展，常委会组成人员对市现代农业发展情况进行集中视察，听取和审议市政府工作情况汇报，作出《关于加快推进现代农业发展的决议》。促进经济转型发展，听取和审议2013年国民经济和社会发展计划执行情况及“十二五”规划纲要实施中期评估报告，批准市政府关于“十二五”规划纲要部分指标调整方案。组织全市10个市人大代表联组听取市政府半年工作情况汇报，对代表们提出建设性意见建议，及时进行综合，向市政府进行交办。常委会高度重视市现代服务业发展，对市政府贯彻落实《关于加快发展市现代金融产业的决议》《关于加快推进旅游业发展的决议》情况进行调查研究和督促检查，提出加快区域性金融中心、全面提升依法治旅意见。加强预算执行监督工作。加快地方立法进程。注重立、改、废统筹协调，推进科学立法与民主立法。加大执法监督力度。组织开展红十字会法、台湾同胞投资保护法、安全生产法、长沙市城市桥梁安全管理条例、长沙市水资源管理条例等10部法律法规实施情况执法检查。注重把群众关注热点和法律法规实施难点作为检查重点。针对检查中发现的城市桥梁桥下空间管理不够严格、服务台资企业不够到位、红十字会管理体制不够顺畅等问题，提出审议意见交政府办理，对落实情况进行跟踪监督。对政府落实消防法等法律法规执法检查审议意见情况进行督查。依法对市政府、各区县（市）人大常委会报备66件规范性文件进行备案审查。开展“司法公正长沙行”“三湘农民健康（长沙）行”“三湘环保世纪（长沙）行”“三湘农产品质量安全行”“民族团结进步行动”等活动。重视信访维稳工作，全年办理人民群众来信来访750人（次）。坚持民生为重，助推民生问题改善。常委会把加强水资源管理作为全年工作重点，依法开展专题询问。注重加强代表建议办理工作，完善牵头领办、规范交办、挂牌督办、跟踪督办相结合办理工作模式。加强代表培训，组织市人大代表进行统一集中学习，邀请9位市人大代表作履职经验交流。坚持主任接待代表日制度、“一府两院”向代表联组通报半年工作制度等，保障代表知情知政。全年近100名代表列席常委会会议，70余名代表参加常委会组织执法检查和视察调研活动。加大履职典型推介力度，启动“六个走在前列·人大代表风采”系列宣传报道活动，展示人大代表风采。加强常委会自身建设。组织组成人员、机关干部到全国人大深圳培训基地集中学习。坚持主任会议成员集体调研、专题调研，及时掌握第一手资料，为常委会依法履职提供有力支撑。开展“为民务实转作风、勤廉办事树形象”“一推行四公开”“结对认亲、排忧解难”等主题活动，改进机关工作作风，帮助群众解决实际困难。注重激发机关活力，举办党旗飘扬韶山行、“中国梦·人大梦·我的梦”青年座谈会、“深化改革·与时俱进”读书交流会等活动。加强对区县（市）人大工作联系指导。建立健全市、区县（市）人大常委会协调配合、上下联动工作机制，通过邀请列席常委会会议、举行业务培训和定期召开工作联系会、经验交流会等形式，互相交流情况、沟通信息、研究工作，全市人大工作整体水平不断提升。（谈利兵）

【立法工作】 2013年，市人大注重立、改、废统筹协调，推进科学立法与民主立法。《炭河里遗址保护条例》（以下简称《条例》）草案起草过程中，充分听取专家学者、立法关系人建议，通过报纸、网络公开征求社会各界意见，《条例》于2013年10月1日起施行，对于保护历史文化资源、建设“两型”社会具有重要意义。组织对市十四届人大一次会议主席团交办《关于制定〈长沙市华侨归侨侨眷权益保护条例〉的议案》进行立法调研，将调研结果向提议案代表进行反馈。组织起草《长沙市流动人口服务管理条例》《长沙高新技术产业开发区条例》等法规草案；对需要修改的《长沙市城市公共客运条例》《长沙市城市桥梁安全管理条例》《岳麓山风景名胜区保护条例》等法规，在深入调研基础上形成修改草案。组织对湘江长沙库区污染防治等4项工作进行立法调研。第一次编写地方性法规释义——《长沙市轨道交通管理条例》释义。委托西南政法大学对《长沙市城市地下管线工程档案管理条例》等4部地方性法规进行立法后评估，通过第三方来评估法规制度设计水平和实施效果，进一步拓宽了科学、民主立法平台。协助全国和省人大常委会开展立法工作。（谈利兵）

【财政审查监督】 2013年，市人大加强预算执行监督工作，2次听取和审议预算执行情况报告，审查批准2012年决算报告和2013年预算调整报告。探索全口径预决算审查监督，开展有关前期调研工作，推动市政府确定实施全口径预算管理具体步骤。突出公共项目资金使用管理审查监督。重点对市2012年工业发展、科技发展、社会保障和就业等专项资金管理使用情况和2013年资金分配情况进行调研，提出“把握资金投向、规范资金管理、提高使用效益”审议意见。市政府出台关于推进市级财政专项资金整合规范工作通知，完善公共项目资金管理制度，对专项资金设立、整合、绩效机制等作出新规定。加强对政府性债务监管。听取和审议市2012年度政府性债务收支、管理情况和2013年度债务融资计划报告，要求市政府加强科学决策、控制债务规模、强化债务管理、防范债务风险。强化对审计问题整改情况监督。听取和审议市审计局审计情况和审计问题整改情况报告，为强化对整改落实情况监督，听取和审议市农业局、市文广新局、市园林局审计问题整改情况报告，书面审议市财政局、市国土局等7个部门审计问题整改情况报告，确保审计报告指出问题整改到位、审计成果得到充分利用。（谈利兵）

【代表建议督办】 2013年，市人大注重加强代表建议办理工作，把此项工作作为服务代表履职、发挥代表作用重要抓手。市十四届人大一次会议收到代表建议354件，闭会期间收到建议30件。常委会将384件代表建议分别交有关单位办理，372件代表建议办理完毕并逐件答复代表，12件限时办理。为切实提高办理实效，常委会完善牵头领办、规范交办、挂牌督办、跟踪督办相结合办理工作模式。选取14件涉及发展大局、事关民本民生建议作为重点督办建议，由常委会主任、副主任领衔督办，切实提高建议办理实效。由常委会领导领衔督办《关于解决雨花区雅塘村社区水压过低的建议》，市政府及相关部门高度重视、迅速行动，彻底解决雅塘村

社区居民供水问题。市政府对全市类似问题逐一排查，建立档案，制定“三年行动计划”。（谈利兵）

【水资源管理专题询问】 9月3日，市十四届人大常委会第六次会议举行第二次全体会议，就水资源管理情况开展专题询问。市人大常委会副主任刘新程主持专题询问会议，市人大常委会主任袁观清，副主任张建国、王国海、赵建强、黄佳惠、谭杭生、芮英姿，秘书长柳美景等出席会议，副市长姚英杰、市人民检察院检察长陈绍纯列席会议，市水务局、市环保局、市住建委、市城管局、市农业局和市畜牧局等六部门负责人到场应询。省、市人大代表和市民代表40余人旁听专题询问。市人大常委会委员就农村小型水利设施建设、湘江库区管理等方面内容提出16个人民群众关切热点、难点问题。应询部门实事求是、坦诚作答。专题询问是人大依法监督“一府两院”工作一种重要形式，严格水资源管理事关全市经济社会发展大局和子孙后代福祉。市人大常委会从5月开始对全市水资源管理工作进行深入调研，组成2个执法检查组，深入23个乡镇村组、25个湘江库区及其主要支流关键节点，采取实地考察、专项汇报、座谈研讨等形式，对全市贯彻落实《长沙市水资源管理条例》（以下简称《条例》）情况进行执法检查。组织主任会议成员3次对农村塘坝沟渠等小型水利设施建设及湘江库区水污染防治等情况调研。全体常委会组成人员对《条例》贯彻执行情况进行集中视察，掌握水资源管理第一手资料。为防止询问流于形式，市人大常委会在6月向社会各界和常委会组成人员征集询问问题100余条。根据询问和审议情况形成审议意见，以人大常委会党组名义向市委呈报水资源管理情况报告，致函政府办理。通过专题询问，增强湘江库区蓄水后水污染治理紧迫感，加快城市水污染防治和农村小型水利设施建设步伐。（谈利兵）

市人大常委会主任袁观清调研全市学前教育发展状况

【学前教育发展状况调研】 5月27日，市人大常委会对全市学前教育发展状况进行调研，市人大常委会主任袁观清，副主任张建国、王国海、赵建强、黄佳惠、谭杭生、芮英姿，秘书长柳美景参加调研，副市长夏建平陪同调研。调研组到天心区新开铺中心幼儿园、雨花区万婴鑫天幼儿园、芙蓉区小星星幼儿园、长沙市教育局幼儿园八方园，实地调研学前教育发展状况。近年来，全市学前教育快速发展。2012年底，全市有各级各类幼儿园1325所（其中公办252所、民办1073所），在园幼儿20.53万人，教职工总数为1.99万人，教师1万人（其中在编公办教师数1089人）；学前三年教育毛入园率89.13%，高出全国和湖南平均水平近30个百分点。2011年，市委、市政府颁发《长沙市中长期教育改革与发展规划纲要》，确立全市学前教育发展基本思路为坚持以公共财政投入为主、公办幼儿园为主、公办教师为主，发展公办幼儿园和普惠性民办幼儿园，构建“广覆盖、保基本、有质量”学前教育公共服务体系。袁观清指出，学前教育是老百姓非常关注的民生工程、公益事业，造福子孙后代，要高度重视学前教育发展。要落实国务院关于发展学前教育若干意见和省、市发展学前教育三年行动计划，解决学前教育事业中存在的“公办难”“民办贵”问题，把普惠性幼儿园作为重点工作来抓，加强对幼儿园管理，让人民群众“有园入”“入好园”。2013年，市人大常委会把学前教育当作重要民生工程来抓，将开展学前教育专题调研纳入工作重点。针对“入公办园难、入民办园贵”问题，调研组听取市直10个相关部门情况汇报，召开由9个区、县（市）教育局，10所公办幼儿园，10所民办幼儿园负责人参加座谈会，实地走访30所幼儿园，听取和审议市政府关于全市学前教育工作情况汇报，作出《关于促进市学前教育发展的决议》，促进全市学前教育事业健康发展。（谈利兵）

【代表信息系统开通】 12月10日，市人大常委会举行代表信息系统开通仪式。市人大常委会主任袁观清，副主任刘新程、谭杭生，秘书长柳美景等领导出席活动。该信息系统包括代表服务系统等5大功能模块，其中代表服务系统包括代表基本信息管理、代表建议综合管理、代表履职信息管理、资料查阅管理等。该系统是密切人民群众与代表联系渠道与纽带，是了解社情民意、倾听百姓呼声重要窗口，对常委会机关提高工作效率、全市人大代表提供优质高效服务、展现区县（市）人大常委会各项工作提供更加方便快捷通道，为人大代表建议、批评和意见提出与办理提供“零距离”“零空间”信息网络平台，对人大代表依法履职意义重大。开通仪式上，市人大代表刘彩云现场提交一份代表建议。首先通过长沙人大网站(www.csrd.gov.cn)点击“代表服务信息系统”图标链接打开登录页面，输入代表证号以及密码进入系统。进入系统后，点击“提交建议”，弹出相应表格（与以往的纸质表格并无差异）。刘彩云将自己《关于加快发展浏阳市大围山国家生态旅游示范区的建议》主要内容粘贴进去，附上实地调研拍摄照片等资料，最后进行提交。一份关系国计民生电子版人大代表建议“出炉”。人大代表提交完成后，市人大常委会联工委负责人手机收到一条督办短信。工作人员随即用自己账户和密码登入信息系统，对建议具体内容进行审核后，即提交给相关政府职能部门，附上具体交办建议，明确办理时间以及部门回复截止时间。随后，相关部门工作人员收到短信提示，随即通过相应账号登入系统，选择与人大代表进行沟通，联系相关办理事宜。（谈利兵）

长沙市人大常委会“双联”活动座谈会

【阵地建设交流会】 12月11日，长沙市人大代表活动阵地建设现场交流会举行。市人大常委会主任袁观清，副主任刘新程、王国海、赵建强、黄佳惠、谭杭生、芮英姿，秘书长柳美景参加活动。参会人员分2组现场参观宁乡县菁华铺人大代表活动室、浏阳市大瑶镇人大代表活动室、雨花区左家塘街道人大代表活动室等地方，详细了解9个区、县（市）人大代表活动室建设情况。市人大常委会制定出台《关于推进代表活动阵地建设的实施意见》（长常联〔2013〕24号），把推动代表活动阵地建设列为“双联”（市人大常委会联系代表、代表联系人民群众）活动重点内容，探索开展代表履职情况向选举单位通报、代表向选民述职等活动。建立代表信息互动平台，通过2—3年时间实现代表活动阵地全覆盖。全市110个乡镇、56个街道建立人大代表活动室，部分社区建立人大代表联络站点，逐步形成“代表活动有固定场所、接待群众有工作制度、处理意见建议有工作流程”工作机制，为代表密切联系群众、了解社情民意、倾听群众呼声、依法履职搭建平台。（谈利兵）

【“司法公正长沙行”成果展】 12月19日，“司法公正长沙行”成果展在长沙贺龙体育馆广场举办。市人大常委会主任袁观清、主任会议成员刘新程、张建国、赵建强、谭杭生、柳美景和市委常委、政法委书记钟钢出席活动。该活动以“严格依法履职，维护公平正义，提高司法公信力”为总主题。市中级人民法院、市检察院、市公安局、市司法局、长沙市仲裁委等成员单位结合各自职责，选准主题。长沙中院审判工作服务经济发展大局；市检察院以加强和改进监所检察工作为主题；市公安局构建信息化执法办案模式，在全省推广应用湖南警务信息综合应用平台执法办案系统；市司法局加强刑罚执行工作，创新监管措施，完善执行机制，不断推进全市监所执法规范化建设；市仲裁委是2013年新加入活动成员单位，以“化解经济纠纷，选择仲裁方式”为主题，化解矛盾，促进发展。成果展包括司法成果亮点、普法材料、视频影像等内容，公检法司工作人员现场解答相关问题。中央电视台《经济与法》频道《监督的力量》对“司法公正长沙行”活动进行专题报道。市人大及其常委会依法加强对“两院”司法监督，“司法公正长沙行”活动是一个载体和平台。该活动密切关注和紧密结合社会热点难点和群众反映司法焦点，加强司法工作监督，提高司法行为透明度和公信力。（谈利兵）

【“一法一办法”执法检查】 10月29—30日，市十四届人大常委会第七次会议听取和审议市人民政府关于贯彻实施《中华人民共和国妇女权益保障法》和《湖南省实施〈中华人民共和国妇女权益保障法〉办法》（以下简称“一法一办法”）情况报告及市人大常委会执法检查情况报告。市人大常委会组成人员提出审议意见，为了有效破解妇女权益保障工作中难题，要求市人民政府尽快出台针对妇女土地、财产权益问题规范性文件，设立维权诉讼风险保障金，对“村规民约”进行审查备案和集中清理，完善妇儿工委工作机制，强化工作职能，研究、协调和处理妇女维权方面重点问题。市人民政府高度重视，12月26日，副市长夏建平主持召开协调会，明确要求有关部门按照审议意见，落实工作责任，维护妇女儿童合法权益。2013年，市人大常委会将“一法一办法”执法检查纳入2013年工作要点。9月，市人大常委会副主任谭杭生带领执法检查组，深入市直相关部门、宁乡县、望城区、长沙县、开福区等地，通过查看工作现场、查阅档案资料、听取工作汇报等形式，对妇女婚姻家庭权益、财产权利、人身权利的保障等情况进行检查。针对执法检查中发现维护妇女合法权益氛围不浓厚、机制不完善、政策不配套等问题，要求市政府及其相关部门营造维权氛围、完善维权机制、创新维权方式、破解维权难题，保障妇女合法权益。（谈利兵）

长沙市人民政府

责任编辑：陈晓红

长沙市人民政府机构领导人员

长沙市人民政府
市　长　胡衡华（2013.12任代市长）
　　　　张剑飞（2013.12免）
常务副市长　陈泽珲
副市长　张迎春（2013.01任）
　　　　何寄华　姚英杰　黎石秋
　　　　夏建平　李介德
　　　　曹立军（2013.01任）
顾　问　宋　达　吴念公
　　　　黎　勇
副厅级干部　张贺文
秘书长　凌勤杰
副秘书长　黄雄姿　严凤枝
　　　　曾慧明　刘秋成
　　　　肖雄飞（兼，2013.01免）
　　　　蒋集政（兼）
　　　　黄吉邦　王伟胜
　　　　卢兴映（2013.10免）
　　　　高　伟　涂文清
　　　　康小平　杨小林
　　　　熊开颜（2013.01任）
　　　　周春晖（兼，2013.01任）
　　　　谭　志（兼，2013.03任）
　　　　王体泽（2013.10任）

市人民政府办公厅
主　任　凌勤杰
副主任　黄雄姿
纪检组长　刘含华（女）
副主任　戴建文　陶　琼
　　　　丁财喜　谭　海
　　　　罗许全

市发展和改革委员会
主　任　周岳云
副主任　吴新伟
纪委书记　曾庆忠
副主任　吴德峰（兼）
　　　　胡圣国　王启玮
　　　　杜海霞（女）
　　　　陈光荣（2013.09免）
机关党总支书记　何　荣
市能源局局长　缪晨光
工会主席　张国华
市公共资源
交易中心主任　杨建强
总经济师　曾红鹰

市工业和信息化委员会
主　任　赵跃驷
副主任　刘志辉　黄杏芝
　　　　周双恺　李贤兴
　　　　许卫华　黄　滔（2013.12免）
　　　　吴宏亮　万惠明
　　　　潘建军
工会工委主任　欧卫兵
总经济师　熊祥林
副主任　张铁光

市教育局
局　长　王建华
副局长　王建林　李　枫
纪委书记　欧阳华初
副局长　李　平（女）　邓　芸（女）
　　　　缪雅琴（女）
工会主席　陈仕强
党委委员　胡慎信

市科学技术局（长沙高新技术开发局）
局　长　胡石明
副局长　宁　枫　胡　勇
纪检组长　卢　异
副局长　宋新和　张　凯
　　　　龚矜国　周一平
总工程师　盛湘饶
副局长　举力哈提·阿不都热依木
　　　　（挂职）
　　　　孙　沅

市住房和城乡建设委员会
主　任　范焱斌
副书记　冯　辉
副主任　程定夫　杨彩兰
　　　　赵金伟
纪委书记　黄仲翔
副主任　彭旭峰（兼，2013.12免）
　　　　汤　伟　王星耀
工会工委主任　冯先强
副主任　杨新武　胡汉清
　　　　赵志宏
　　　　周　飞
总工程师　竺钦军
党委委员　袁园棋

市公安局
局　长　李介德
副局长　单大勇　张　慧
　　　　易　昶　何正良
　　　　李湘江（女）
　　　　欧益科　徐波跃
　　　　夏晓鸥
纪委书记　唐亚轩
政治部主任　韦树恒
政治部副主任　丁传东

市民政局
局　长　曹再兴

副局长　丁　文（2013.11任）
伍仁华　胡建淮
贵志平　范凤芝（女）
纪委书记　肖金平
副局长　何水军

市司法局

局　长　魏华松
副局长　肖建中　游建伟
谢朝晖　陈海波
纪委书记　蒋崇发
副局长　贝先明
政治部主任　彭文学
副局长　刘永革　佘再泉
余伟军　孙美秀（女）

市财政局

局　长　张　敏（2013.02任）
副局长　吴金生（2013.03任）
胡岳龙（2013.03免）
肖继红（女）
纪检组长　蔡学辉（女）
副局长　邱兵东　肖正波
张学峰　宋志元
工会主席　唐元立
党组成员　肖文让
副局长　李玮玮（女）

市人力资源和社会保障局

局　长　文丽霞（女）
副局长　王　河　佘正林
章利云（女）
钟建辉（女）
陈英庶　伍水清
尹久长　周柏清
戴崇华（女）
纪委书记　鲁爱民
副局长　李德清
李佑明
总会计师　肖建国
工会工委主任　伍玉明
人才服务中心主任　谭明江
医疗保险管理
服务局局长　罗　昶
副局长　魏　敏（女）

市国土资源局

局　长　汪泽秋
副局长　陈晓阳　傅青山
文　雄　刘光标
罗国良
工会主席　黄凌红

总工程师　舒桂秋
执法支队长　彭志明
纪委书记　杨　勇
副局长　佘　辉
总规划师　李远金
总经济师　刘国梁
市政府征地办副主任　黄志勇

市交通运输局

局　长　刘明理
副局长　姚仲权
李金鑫（2013.10免）
罗齐宏　刘兆群
席超波　李　宏
纪委书记　刘建祥
副局长　厉江华（2013.10免）
浣灿勇　陈　湘
党委委员　程　林
副局长　李学东（兼）
工会主席　李柯宁

市水务局

局　长　李增加
副局长　丑金科　肖才富
陈江浩　袁自力
党委委员　李正文
总工程师　王力新
纪委书记　黎赛美
副局长　罗国强　喻小丽（女）
工会工委主任　肖索夫
副局长　王佳良

市农业局

局　长　吴石平
副局长　陈祖生　彭新国
曾　鸣　戴渐红
张社发　陈水平
纪委书记　罗太平
副局长　周　浩　刘　军
总农艺师　肖志高
副局长　周艳芳（女）　陈　锦

市林业局

局　长　周庆年
副局长　黄树森　汤华亮
谭景长　段建军
纪检组长　谢欣荣
总工程师　恭映壁

市商务局（市招商合作局）

局　长　刘素月（2013.10任）
杨兴龙（2013.03免）

副局长　陈再坤　王　红
易海斌　毕丽颖（女）
毛鹏程　汪东华
彭可佳　吴照舒
纪委书记　李四海
工会工委主任　张德春
党委委员　刘利华

市文化广电新闻出版局

局　长　杨长江
副局长　赵一东　吴应龙
俞小玲（女）　张明清
黎　政　聂　勇
纪委书记　郭学稳
副局长　吴　洪
工会工委主任　隆建光
党委委员　贺平生
副局长　周永康

市卫生局

局　长　郭　塨
副局长　王新良（2013.11任）
刘明章　黄赣湘
邓云其　欧志明
纪委书记　贾保全
党委委员　周英元
工会工委主任　姚喜林
副局长　彭　骅

市人口和计划生育委员会

主　任　周　敏（女）
副主任　李亿成　张云桥
燕国浩　何俊英
党组成员　胡　平
纪检组长　彭水澄
副主任　袁　湘（女）　厉卫东
刘激扬（女）　李淑环（女）

市审计局

局　长　陈芳辉
副局长　段安娜（女）
刘金文（女，2013.01免）
邓国浩　黄永健
纪检组长　赵志强
副局长　彭保刚
总审计师　关士麟
工会主席　钟宏杰
副局长　曹　旨（2013.01任）

市食品安全管理办公室

主　任　黄吉邦
副主任　毕则勇（2013.01任）

副主任　王新良（2013.01免）
陈明南　张熙坤
向建州　彭　进（女）
纪检组长　王本楼

市城市管理和行政执法局
局　长　肖雄飞（2013.11任）
袁志恒（2013.01免）
副局长　肖　玮（女）
曾庆安　张胜祥
赵建军
纪委书记　杨远秀
副局长　胡智慧　胡　刚
邹自强（兼）
执法支队政委　黄剑超
工会工委主任　庄湘衡
副局长　李中秋
党委委员　赵会华
总工程师　邹　特
副局长　韩定安（兼）

市城乡规划局
局　长　冯意刚
纪委书记　姚运奇
副局长　吴学超　张　斌
程展鹏
总规划师　解　成
总工程师　王慧芳
工会工委主任　曾发祥
副局长　匡利娥（女）
党委委员　唐子可

市环境保护局
局　长　王小平（女，2013.11任）
黎　建（2013.11免）
副局长　张力鸣（2013.10免）
纪检组长　胡德云
副局长　张新才　陈小文
刘诗题　郭卫平（女）
邓民生
工会主席　邓　峰
副局长　赵玲芳（女，2013.06任）

市统计局
局　长　刘金文（2013.01任）
芮英姿（女，2013.02免）
副局长　龚志坚　张罗先
邹国兴　韦　薇（女）
纪检组长　赵安明
总统计师　胡建中
副局长　曹敬波

市体育局
局　长　李卓民
党委委员　章定发
纪委书记　谭艳辉
副局长　江哲明
陈　晓　杨亿明
工会主席　钟国林
副局长　李德安（2013.01任）
党委委员　黄太焱

市物价局
局　长　李继红
副局长　汤三明　熊景业
蔡东风
纪检组长　刘安瑜
副局长　陈志恺
工会主席　陈建华
副局长　郭昊嶷（女）
党组成员　雷光裕

市粮食局
局　长　陈　旭
副局长　胡力克　张新亮
周东义
纪委书记　钟　楠（2013.12任）
王中一（2013.10免）
副局长　赵晓军（2013.12免）
工会工委主任　郝玉仑
副局长　王海军
党委委员　龙　文（2013.12任）

市民族宗教事务局
局　长　刘佳勇（2013.01任）
姚仁智（2013.01免）
纪检组长　黄必成
副局长　穆豫湘　彭晓军
王自书（2013.12任）
刘佳勇（2013.01免）

市旅游局
局　长　谭　勇
副局长　陈　威　曾卫军
廖双寅　黄威重
纪检组长　罗晓群（女）
副局长　杨　智（援藏，2013.10免）
工会主席　章友发
副局长　余　岚（女）

市安全生产监督管理局
局　长　文卫红
副局长　谭应球（2013.07任）
张玉玺（2013.07免）
副局长　梁明孝　曹惠民
钟才发　李建勋
李志兵
纪检组长　杨友良
副局长　刘金泽　黄波

市食品药品监督管理局
局　长　孙卫东
副局长　李顺权　易石平
谭志国　蒋国平
钟　卫　肖志杰
金　雷　陈再旭
纪检组长　王长陵
总工程师　曾秋初

市人民防空办公室
主　任　易权吉
副主任　戴中平
纪检组长　谭园春
党组成员　罗　峰
副主任　莫金文（2013.12免）
王业平
党组成员　汤立新
副主任　袁健康（2013.11任）
周吉民（2013.12任）

市人民政府外事侨务办公室（市人民政府港澳事务办公室）
主　任　杜中塔（2013.11任）
袁义和（2013.11免）
副主任　钟发丽（女）
纪检组长　孔亦平
副主任　缪　画（女）
党组成员　刘新明

市人民政府法制办公室
主　任　陈剑文（女）
副主任　钱晓钢（女）　罗励民
纪检组长　金建平
副主任　杨建辉

市信访局
局　长　周春晖（2013.01任）
肖雄飞（2013.01免）
副局长　王强壮　王占一
孙平波
纪检组长　葛燕华（女）
副局长　刘加利　梁琼生
陈　艳（女）
肖　劲（兼）
蔡　冰
杨运雄（2013.01任）

市人民政府研究室
主　任　蒋集政
纪检组长　屈丽华（女）
副主任　唐曙光
党组成员　李守红
副主任　周海毅　王德志

市畜牧兽医水产局
局　长　周宏兆
副局长　尹莉亚（女）
陈志杰（2013.10免）
宋庆明　毛　晓
卞佑明
纪检组长　张仕良
总工程师　瘳命忠
党组成员　邓西京

特设机构

市人民政府国有资产监督管理委员会
主　任　胡政旗（2013.12任）
郭力夫（2013.12免）
副主任　胡珊珞　赵定山
陈　军　刘剑锋
刘　军
肖新田（2013.03任）
纪委书记　廖可强
工会工委主任　钱　军
副主任　杨能武
总经济师　唐鉴明

部门管理机构

市人民政府口岸办公室
主　任　易亮伦
副主任　黄立斌　王光辉
纪检组长　庄大林

市公务员局
副局长　李哲学

挂靠管理机构

市爱国卫生运动委员会办公室
主　任　刘秋成（兼）
常务副主任　成菲菲（女）

直属事业单位

市住房保障局
局　长　李志坚（2013.01任）
局　长　石长松（2013.01免）
副局长　李万雄
周　江（2013.12免）
黄家兴
纪检组长　文振中
副局长　李昌贵　潘　宏
党组成员　苏自立
工会主席　左　坚

市市政设施建设管理局
局　长　张跃先
副局长　刘义山　周谟华
马泽谦
纪检组长　宋　冶
副局长　刘和平　李　航
李卫辉
党组成员　谷　钢
总工程师　刘学武（2013.12任）

市园林管理局
局　长　周　文
副局长　李　伟
韩　辉　唐德华
纪委书记　谢跃军
副局长　黄　哲
总工程师　缪赐立
工会主席　陶晓明
副局长　张明亮（2013.04任）

市政务服务中心
主　任　熊开颜（2013.01任）
秦光国（2013.01免）
纪检组长　周忠民
副主任　黄文彬　李祥龙
王卫江

市机关事务管理局
局　长　谭　志
纪委书记　张献军
副局长　李纪峰　黄　灿
蔡剑锋
工会主席　何见明
副局长　夏寿利　陈　亮

市知识产权局
局　长　彭民安
副局长　孙　进（2013.05免）
张　立
曾　瑛　　张　虹（女）
纪检组长　熊　力

市政府金融工作办公室（市信用征信管理办公室）
主　任　李晓斌
副主任　周练军
纪检组长　李建武
副主任　常跃勤　申志勇
段永松

市地方志办公室
主　任　王习加
副主任　周国平　姚兰（女）
张列群（女）
贺国成
纪检组长　赵祖翔

市供销合作总社
主　任　陈大祥
副主任　杜　强（2013.11任）
陈谷良　谢乐兵
邓大鸣
纪委书记　伍春强
副主任　文朝阳　田晓阳
工会主席　吴伟宏
党委委员　孙玉楼

市人民政府驻北京联络处
主　任　雷曙超
副主任　刘增三（2013.03任）
匡涛涛（女，2013.03免）
肖　劲

其他事业单位

市住房公积金管理中心
主　任　王世平
副主任　苏先啟　高北平
梁　敏（2013.01任）
马保华
宋建桃（2013.12免）
总会计师　周子荣
纪检组长　朱发军

市人民政府驻深圳办事处
主　任　齐　益

市人民政府驻上海联络处
主　任　苏　准

市会展工作管理办公室
主　任　陈树中（2013.10任）
杜中塔（2013.10免）
副主任　吴海东

纪检组长　彭有求
副主任　欧　璟（女）　张　彬

市公路管理局
局　长　卢兴映（2013.10任）
　　　　厉江华（2013.10免）
副书记、纪委书记　王锡财
副局长　赵　锋　刘书臣
　　　　李志丰
总工程师　何贤锋
工会主席　刘利民
党委委员　黎　明（2013.12任）

市地方海事局
局　长　易田宏
副局长　张科正　蒋辽沙
纪委书记　刘郴江（2013.12免）
总工程师　文博微
工会主席　胡晓东
党委委员　柳英平
副局长　周定根

市文化市场综合执法局
局　长　厉江华（2013.10任）
　　　　王体泽（2013.10免）
副局长　谭　旭　郑秋元（女）
　　　　李克强
纪检组长　吴志金
党组成员　余桂良

市政府电子政务管理办公室
主　任　易石军

市移民开发管理局
局　长　张水平
副局长　陈　敏（女）

市能源局
局　长　缪晨光

市枢纽办
主　任　潘胜强
副书记　曹　彪
纪委书记　李立忠

双重领导、以省直厅局为主管理的机构

市工商行政管理局
局　长　卓精华
副局长　潘　虹　周自立
副局长　许柏松　圣洪兴
　　　　谢　辉（女）　谢朝晖
纪检组长　廖　岚

市国家税务局
局　长　李义伯
副局长　钱秀芳（女）
　　　　楚星灿　梁　健
　　　　何正华　黄书惕

市地方税务局
局　长　龙晓清
副局长　刘　进　邹　志
　　　　夏嫒嫒（女）
　　　　袁　斌　陶佼如
　　　　钟奇伟
纪检组长　蒋亚平

市质量技术监督局
局　长　陈曙光
副局长　田建武　李有富
纪检组长　王　浩
副局长　张　炼
总工程师　耿良安

市电业局
局　长　曹立逊
副局长　周宗发　刘夏清
　　　　罗立平　赵　嶷
纪委书记　王　健
副局长　彭京仁
工会主席　杨泽洲
总工程师　车红卫

市邮政局
局　长　李学东
副局长　刘凌云

市烟草专卖局（市烟草公司）
局　长　谢建宏
副经理　杨　奇　徐招深
　　　　罗稳刚
副局长、纪检组长　瞿红兵

市地震局
局　长　张彩虹
副局长　黎品忠　胡文华

市气象局
局　长　郭卫星
副局长　邹林林　匡方毅

市水文局
局　长　杨小康
副局长　易瑾瑜
工会主席　曾　专

政务纪要

【市政府常务会议研究事项】　2013年，长沙市政府共召开常务会议8次，主要研究事项如下：

1月18日，研究部署贯彻落实切实改进工作作风有关规定；研究部署做好低温雨雪天气防范工作；审议《长沙市物业专项维修资金管理办法（草案）》；听取长沙市2012年度第二批次划拨用地情况汇报。

4月7日，学习徐守盛在省委十届五次全会上的讲话；审议《长沙市人民政府2013年立法计划（送审稿）》；审议《长沙市炭河里遗址保护条例（草案）》；听取长沙市征地补偿标准有关问题的情况汇报。

7月2日，审议《深化农业综合配套改革加快发展现代农业的意见（送审稿）》；听取关于调整城乡居民基本养老保险基础养老金和缴费档次有关问题的情况汇报；听取长沙县进一步推行相对集中行政处罚权工作有关问题的情况汇报；听取长沙市2013年度第一批次划拨用地情况汇报。

7月10日，研究部署审计发现问题整改工作；听取市财政局关于人大常委会审议2012年财政决算报告情况的汇报。

8月12日，学习《中华人民共和国立法法》及法律法规有关地方规章设定法律责任的相关规定；审议《关于对〈长沙市征地补偿实施办法〉中地上附着物补偿标准进行调整的通知（送审稿）》；审议《长沙市流动人口服务和管理条例（草案）》；研究宁乡撤县设市工作；研究《长沙市关于深化经济体制改革的意见（2013—2015年）（送审稿）》；研究"两型"社会建设工作。

9月24日，听取全市禁毒工作情况汇报；听取长沙市行政复议工作规范化建设有关情况汇报并审议《长沙市行政复议工作规范化建设实施方案（代拟稿）》；研究省政府"一号重点工程”湘江流域保护和治理“三年行动计划”有关工作；听取长沙市2013年度第二批次划拨用地情况汇报；听取有关人员行政处分的情况汇报。

11月15日，传达贯彻党的十八届三中全会精神；审议《长沙市电梯安全管理办法（草案）》；审议《长沙市城市桥梁安全管理条例（草案）》；审议《长沙市企业国有资产监督管理办法（草案）》。

12月5日，审议《政府工作报告（讨论稿）》；审定2013年（第六届）长沙市科技创新贡献奖。（罗松明）

【市长办公会议研究事项】 2013年，市政府召开市长办公会议，主要研究以下事项：

1月7日，研究湘江长沙综合枢纽工程长沙库区建设及污染治理工作。

1月8日，研究快速公交建设有关问题；研究轨道交通4号线线位站位方案；研究万家丽路改造方案。

1月15日，研究交通运输工作。

1月16日，研究城乡结合部环境综合整治工作。

1月17日，研究文化广电新闻出版工作和科技工作；研究安居棚改工作。

1月18日，研究湘江综合枢纽长沙库区水利及截污改造项目有关问题。

1月21日，研究环保三年行动计划（2012—2014）增补计划等有关问题。

1月22日，研究粮食工作。

1月27日，研究“三农”工作。

2月5日，研究环卫、市政、园林维护等有关问题。

2月6日，研究滨江、洋湖片区开发、太平路棚改有关问题。

2月25日，研究国家商务试点工作有关问题。

3月21日，研究《长沙市规范性文件制定规则（试行）》。

3月22日，研究天心区南湖片区建设有关问题。

3月25日，研究芙蓉路地下过街通道建设；研究湘江长沙城区段滨水区城市设计方案。

3月27日，研究高新区一季度经济运行和园区在建项目工作有关问题。

4月8日，研究长沙重点基础设施及产业项目有关问题。

4月10日，研究宁乡工作。

4月12日，研究城中村改造有关问题；研究市政重点工程建设有关问题；研究汽车南站综合交通枢纽项目有关问题。

4月17日，研究望城区春耕生产和工业发展工作；研究华曙高科就3D打印技术产业项目建设有关问题。

4月28日，研究项目建设有关问题。

5月6日，研究朝正垸改造有关问题；研究桐梓坡—鸭子铺城北大通道建设等重大项目建设工作；研究退役士兵安置工作有关问题。

5月7日，研究雨花区雅塘片区综合开发建设工作；研究长沙城区排渍有关工作；研究防汛工作。

5月8日，研究窑坡山片区建设工作有关问题；研究火车北站片区建设有关问题。

5月13日，研究晓园公园等城市景观提质改造工程。

5月14日，研究交通治堵和治理非法营运有关工作。

5月16日，研究全市城市环境秩序综合整治工作；研究砂石运输线路修改方案及砂场建后管理等有关问题。

5月22日，研究城市危房管理及处置问题；研究《长沙住房公积金行政执法管理办法》；研究建筑工程施工现场视频监控系统主监控中心建设项目有关问题。

6月30日，研究万家丽路快速化改造工程。

7月1日，研究城市交通微循环有关问题；研究霞凝港三期建设；研究沙坪绣坊街项目。

7月3日，研究沙湾路过河通道建设有关问题；研究京广铁路雅塘冲段综合整治工程；研究桐梓坡—鸭子铺通道工程等重点工程项目。

7月10日，研究南郊公园东大门建设；研究晓园公园改造项目。

7月16日，研究消防工作。

7月19日，研究浏阳工作。

8月8日，研究宁乡抗旱救灾工作。

8月13日，研究望城抗旱救灾工作。

8月16日，研究人口计生工作有关问题；研究《长沙市市属国有及国有控股企业负责人薪酬管理试行办法》；研究《长沙市专款资金存量存储管理试点方案》。

8月19日，研究黎托片区开发建设工作。

8月23日，研究雅塘片区京广铁路沿线交通疏解及环境综合整治有关问题。

8月27日，研究《隆平新区控制性详细规划（深化设计）》；研究《长沙市政府投资应急抢险救灾项目实施管理办法》。

8月28日，研究《长沙市各类建设用地定额标准（试行）》；研究《长沙市社会保险基金监督管理办法》。

9月2日，研究西湖文化园、袁家岭地铁站、南湖路湘江隧道等重大项目建设。

9月3日，研究长沙县金井镇、开慧镇城乡一体化建设。

9月4日，研究人民路东路和沙湾公园建设。

9月18日，研究鼓励企业总部大楼建设用地政策、有关企业总部落户南湖片区用地调整有关问题。

9月26日，研究《关于优化发展城市公共交通的实施意见》；研究筹建农村商业银行有关问题。

9月27日，研究晓园公园提质改造工程建设。

9月29日，研究安全生产、交通运输、市场供应工作。

10月9日，研究万家丽路快速化改造工作；研究桐梓坡—鸭子铺通道项目有关问题。

10月10日，研究蓝思科技特种新材料项目有关问题。

10月22日，研究长沙南站至黄花机场磁悬浮项目有关问题。

10月23日，研究拆违控违工作。

11月5日，研究国际会展中心配套项目建设有关问题。

11月12日，研究会展中心合作公司组建有关问题。

11月13日，研究《长沙市国有建设用地使用权有偿使用规定》；研究苏托垸片区开发有关问题；研究西湖文化园项目建设有关问题。

11月20日，研究市直属医疗卫生单位护理人员管理有关问题。

11月28日，研究天心区项目建设有关问题。

11月28日，研究重点工程建设工作。

11月29日，研究省交通职院老校区资产移交及移交后学校举办情况等有关问题。

12 月 9 日，研究 2014 年政府投资重大项目和重要经济工作计划及铺排。

12 月 19 日，研究信访工作。

（罗松民）

【为民办实事工作】 长沙市为民办实事工作从 2004 年开始，截至 2013 年底，已开展 10 年。启动该项工作时共 8 类项目 47 个子项，又称“8 件实事”。各项实事项目涵盖城乡建设、社会保障、公共安全、社会事业、生态环境及其他与广大人民群众生产、生活密切相关的领域，主要向城乡困难群众、弱势群体倾斜，扩大了社会群众受益面，解决一大批群众最关心、最直接、最现实的利益问题。随着实际民生工作的需要，实事工程逐年增多，2013 年，全市有 35 个项目列入省、市为民办实事指标任务，35 个项目又细分为 44 个子项目，其中省级项目 26 个，市级项目 18 个。项目涉及相关单位 42 个，其中区、县（市）政府 10 个（含高新区），市级主要责任单位 21 个，全年各级实事项目投入资金约 48.4 亿元。截至 2013 年底，全市为民办实事各项指标任务均 100% 或超 100% 完成。主要经验有：一是加强领导，优化环境。市委、市政府把为民办实事作为“民心工程”和“德政工程”来办，年初，召开全市为民办实事工作部署会，市主要领导亲自参加并进行详细的部署。对为民办实事进行专项督办、现场办公。抽调、挑选业务精、能力强、作风好的人员充实到为民办实事工作岗位具体抓落实，确保实事工作组织机构健全、人员队伍齐备、上下衔接有序。二是明确目标，落实保障。年初，全市实事考核办把实事的各项指标任务分解到区、县和责任单位，并加强指导。将责任划分到岗到人。科学组织好人力物力财力，对工作任务进行分工和细化，明确具体责任人和完成时间，形成了市、区县（市）、街道（乡镇）、社区（村）4 级联动的工作机制，签订目标责任书，严格实行谁主管、谁负责和责任追究制度。拓宽资金渠道，加强与上级衔接，争取国家、省项目资金的及时拨付。强化资金监管，确保为民办实事的所有项目资金专款专用并及时拨付。三是严格统计，强化考核。严格信息报送。市实事考核办对省、市实事进度情况严格跟踪督查，做到一月一通报、一季一检查、半年一总结，为实事工作的整体调度和领导决策及时提供参考。全市各级统计部门严格按照为民办实事统计工作要求，做好数据统计上报工作。强化考核奖惩。将省、市为民办实事与公务员年度考核、全市绩效考核以及“六个走在前列”大竞赛活动结合在一起，对任务完成好的单位和个人给予奖励，对没有完成目标任务或完成质量不高的单位和个人实行行政问责。实事工程的推进存在的问题：一是绩效考核日益强化，实事考核相对弱化。实事项目没有纳入区、县（市）绩效考核体系；市直责任单位虽纳入绩效考核体系，但只局限于对部分单位和部分项目定量或定性考核，没有直接评估打分。二是数据普检（评估认定）任务日益繁重，缺少专人负责，难以确保实事项目数据统计的客观、真实和有效。

（冯正一）

表 3　2010—2013 年长沙市省、市为民办实事项目情况一览

年　份	省级项目数（个）	市级项目数（个）	项目总数（个）	完成率（%）
2010	28	23	51	100
2011	37	24	61	100
2012	20	17	37	100
2013	26	18	44	100
合计	111	82	193	100

表 4　2013 年长沙市实事项目资金投入情况

资金来源	国家	省级	市级	区县	其他	合计
金额（亿元）	105130.9	13388.5	46413	144633.9	174245.6	483811.9

表 5　2013 年省、市为民办实事考核项目进度情况

责任单位	事项	考 核 项 目		工作目标	计量单位	累计完成工作量	完成工作进度（%）	备注
市交通局	1	★农村公路建设		53	公里	60.4	114.0	
市水务局	2	★病险水库除险加固		68	座	68	100.0	
	3	★解决农村人口饮水不安全问题		21.87	万人	30.2	137.9	
	4	城区户表改造		10	万户	10.3	103.0	
	5	山塘清淤增蓄		3333	公顷	3346	100.4	

续表 5

责任单位	事项	考核项目		工作目标	计量单位	累计完成工作量	完成工作进度（%）	备注
市人社局	6	★新增城镇就业		110000	人	149298	135.7	
市农办	7	★建设新农村示范村		6	个	6	100.0	
	8	★建设农民专业合作社省级示范社		9	个	9	100.0	
	9	★新增沼气池		4300	户	4484	104.3	
	10	★新增农村太阳能热水器		7500	户	10076	134.3	
	11	★新增高效生物质炉灶		2500	户	2760	110.4	
	12	建设农村能源环保服务示范性单位		10	个	10	100.0	
市教育局	13	★义务教育合格学校建设		10	所	10	100.0	
	14	★农村公办幼儿园建设		15	所	15	100.0	
	15	义务教育农村学校课桌提质工程		95%（216688套）	%	231124 套	106.7	
市住建委	16	★农村危房改造（含省 4000 户）		4090	户	4090	100.0	
市民政局	17	★扩改建农村敬老院		10	所	10	100.0	
	18	★农村五保户年分散供养标准		2400 以上	元	2880	120.0	
	19	★城乡低保月人均救助水平	农村	131 以上	元 / 人 / 月	133.5	102.0	
			城市	341 以上	元 / 人 / 月	348.4	102.0	
市农业局	20	★乡村清洁工程示范村建设		6	个	6	100.0	
	21	本地蔬菜农药残留率控制		6% 以内	%	全年，我市蔬菜、水果、食用菌农药残留合格率为 96.56%	100.0	
	22	★新扩蔬菜专业基地面积		1133	公顷	1469	129.7	
市物价局	23	★各级政府价格调节基金用于保障蔬菜的生产、供应、流通和价格稳定的比例		不低于 30%	%	占 46.5%	155.0	
市商务局	24	★农贸市场标准化改造		22	个	22	100.0	
	25	肉类蔬菜流通追溯体系管理市级平台和子系统建设，实现系统试运行		31	项	31	100.0	

续表 5

责任单位	事项	考 核 项 目		工作目标	计量单位	累计完成工作量	完成工作进度（%）	备注
市电力局	26	★行政村配电网改造		110	个	110	100.0	
市文广新局	27	★解决广播电视盲村用户收视问题（含省 3984 户）		60000	户	69345	115.6	
	28	★农家书屋出版物补充更新		406（目标调整为1201家）	家	1256	104.6	
	29	示范性乡镇（街道）综合文化站建设		20	个	20	100.0	
	30	乡村社区“好戏天天送”，湘江剧场“好戏天天演”		600	场	660	110.0	
	31	送电影下乡		20506	场	22870	111.5	
市残联	32	★抢救性康复贫困残疾儿童		347	名	347	100.0	
		★托养救助服务智力、精神残疾人		1590	名	1980	124.5	
市综治办	34	★新安装社会治安视频监控摄像机		3400	个	3400	100.0	
长沙移动	35	★新增通电话自然村		2	个	2	100.0	
市卫生局	36	乡镇卫生院和村卫生室的建设改造	乡镇	8	个	13	162.5	
			行政村	30	个	106	353.3	
市司法局	37	办理法律援助案件		2600	件	3305	127.1	
市体育局	38	全民健身工程建设	篮球场	300	处	317	105.7	
			乒乓球场	300	处	383	127.7	
			健身路径	100	处	222	222.0	
			室内健身房	40	个	46	115.0	
市林业局	39	创建绿色村庄		20	个	20	100.0	
	40	创建绿色社区		20	个	20	100.0	
市环保局	41	建设乡镇污水处理厂		12	家	12	100.0	
市城管局	42	社区公园建设		20	个	20	100.0	
	43	支路街巷提质改造		20	条	21	105.0	
市民政局	44	新增社区办公服务用房建设		27	个	27	100.0	

附录

2013年长沙市人民政府文件目录

长沙市人民政府令

▲政府令第122号　长沙市人民政府关于公布市本级取消、调整、保留非许可行政审批项目的决定

▲政府令第123号　长沙市地名管理办法

▲政府令第124号　长沙市物业专项维修资金管理办法

长沙市人民政府文件

▲长政发〔2013〕1号　关于对2013年《政府工作报告》目标任务实施责任分解管理的通知

▲长政发〔2013〕2号　关于进一步加强和改进消防工作的实施意见

▲长政发〔2013〕3号　关于湘江长沙综合枢纽工程水域设禁航区的通告

▲长政发〔2013〕4号　关于认真做好全市第三次全国经济普查工作的通知

▲长政发〔2013〕5号　关于印发《长沙市规范性文件制定规则（试行）》的通知

▲长政发〔2013〕6号　关于印发《长沙市国有土地上房屋征收范围内未登记建筑调查认定办法》的通知

▲长政发〔2013〕7号　关于建立预备员工制度深化校企合作的意见

▲长政发〔2013〕8号　关于进一步加强教育督导工作的意见

▲长政发〔2013〕9号　关于执行湖南省征地补偿标准有关事项的通知

▲长政发〔2013〕10号　关于印发《长沙市突发事件总体应急预案》的通知

▲长政发〔2013〕11号　关于禁止经营使用散装食用油的通告

▲长政发〔2013〕12号　关于进一步加强园区安全生产工作的意见

▲长政发〔2013〕13号　关于重新公布《长沙市征地补偿监督暂行办法》的通知

▲长政发〔2013〕14号　关于加强港口岸线管理的意见

▲长政发〔2013〕15号　关于印发《长沙市优化经济发展环境十二条禁止性规定》的通知

▲长政发〔2013〕16号　关于印发《长沙市科技技术奖励办法》的通知

▲长政发〔2013〕17号　关于在全市范围内开展高速公路收费环境和服务区经营环境整治的通告

▲长政发〔2013〕18号　关于依法整治违法设置户外广告的通告

▲长政发〔2013〕19号　关于加快市场化改革促进民间投资发展的意见

▲长政发〔2013〕20号　关于印发《长沙市计划生育奖励扶助办法》的通知

▲长政发〔2013〕21号　关于印发《长沙市网上挂牌出让国有建设用地使用权规则》的通知

▲长政发〔2013〕22号　关于印发《长沙市2013年度行政执法指导案例》的通知

▲长政发〔2013〕23号　关于调整征收农村集体土地地上附着物及青苗补偿标准的通知

▲长政发〔2013〕24号　关于防空警报试鸣的通告

▲长政发〔2013〕25号　关于贯彻落实《国务院关于进一步加强和改进最低生活保障工作的意见》的实施意见

▲ 长政发〔2013〕26号　关于保护长沙引水工程设施的通告

▲长政发〔2013〕27号　关于印发《长沙市敬老院管理办法》的通知

▲长政发〔2013〕28号　关于进一步加强农村集体经济审计工作的意见

▲长政发〔2013〕29号　关于加强道路交通安全工作的意见

▲长政发〔2013〕30号　关于印发《长沙市城镇房屋白蚁防治管理办法》的通知

▲长政发〔2013〕31号　关于印发《长沙市市级行政许可项目并联审批实施意见》的通知

▲长政发〔2013〕32号　关于推进水生态文明建设的意见

▲长政发〔2013〕33号　关于印发《长沙市绿色建筑行动实施方案》的通知

▲长政发〔2013〕34号　关于进一步加快学前教育发展的补充意见

▲长政发〔2013〕35号　关于印发《长沙市商事登记制度改革试行办法》的通知

▲长政发〔2013〕36号　关于印发《长沙市商事登记许可审批监督管理试行办法》的通知

长沙市人民政府办公厅文件

▲长政办发〔2013〕1号　关于印发《长沙市数字长沙地理空间框架建设与使用管理办法》的通知

▲长政办发〔2013〕2号　关于印发《长沙市职工基本医疗保险和生育保险市级统筹实施办法》的通知

▲长政办发〔2013〕3号　关于印发《长沙市技能大师评选表彰管理办法》的通知

▲长政办发〔2013〕4号　关于进一步推进市政府及其部门与民主党派工商联对口联系工作的意见

▲长政办发〔2013〕5号　转发市档案局《关于做好民生档案工作的意见》的通知

▲长政办发〔2013〕6号　关于印发《长沙市突发环境事件应急预案》的通知

▲长政办发〔2013〕7号　关于印发《长沙市药品零售企业设置实施细则（暂行）》的通知

▲长政办发〔2013〕8号　关于印发《长沙市治理道路货运车辆非法超限超载暂行办法》的通知

▲长政办发〔2013〕9号　关于印发《长沙市艾滋病病毒职业暴露处理方案（试行）》的通知

▲长政办发〔2013〕10号　关于印发《长沙市重性精神疾病管理治疗工作方案（试行）》的通知

▲长政办发〔2013〕11号　关于进一步加大按比例安排残疾人就业工作力度的通知

▲长政办发〔2013〕12号　关于印发《长沙市行政审批电子监察绩效测评办法》的通知

▲长政办发〔2013〕13号　关于进一步规范征收城镇生活垃圾处理费有关问题的通知

▲长政办发〔2013〕14号　关于印发《长沙市人民政府2013年立法计划》的通知

▲长政办发〔2013〕15号　关于印发《长沙市2013—2015年金属非金属矿山整顿工作实施方案》的通知

▲长政办发〔2013〕16号　关于重新公布《关于进一步加强和规范招标投标监管工作的若干意见》的通知

▲长政办发〔2013〕17号　关于印发《长沙市行政复议听证程序规定》的通知

▲长政办发〔2013〕18号　关于长沙市机关和参照公务员法管理的事业单位及其工作人员参加工伤保险有关问题的通知（试行）

▲长政办发〔2013〕19号　关于印发《望城区长沙县浏阳市宁乡县公路管理体制改革方案》的通知

▲长政办发〔2013〕20号　关于印发《长沙市“12345”市民服务热线社会求助平台考核办法（试行）》的通知

▲长政办发〔2013〕21号　关于印发《长沙市“12345”市民服务热线社会求助平台督查督办工作办法（试行）》的通知

▲长政办发〔2013〕22号　关于印发《长沙市烟草制品零售店合理布局管理办法》的通知

▲长政办发〔2013〕23号　关于重新公布《关于征地补偿安置劳务费和不可预计费有关问题的通知》的通知

▲长政办发〔2013〕24号　关于印发《鼓励股权投资类企业发展办法》的通知

▲长政办发〔2013〕25号　关于加快发展和推广应用新型墙体材料的实施意见

▲长政办发〔2013〕26号　关于建立长沙市广告产业发展长效机制的意见

▲长政办发〔2013〕27号　关于进一步做好城市生活无着的流浪乞讨人员救助管理工作的通知

▲长政办发〔2013〕28号　关于印发《长沙住房公积金行政执法管理办法》的通知

▲长政办发〔2013〕29号　关于印发《长沙市重大建设项目稽察办法》的通知

▲长政办发〔2013〕30号　关于进一步做好退役士兵安置工作的意见

▲长政办发〔2013〕31号　关于印发《长沙市应急频道管理办法》的通知

▲长政办发〔2013〕32号　关于促进现代物流产业发展的扶持办法

▲长政办发〔2013〕33号　关于印发《长沙市艾滋病病人治疗补助实施方案（试行）》的通知

▲长政办发〔2013〕34号　关于印发《长沙市警务辅助人员管理办法》的通知

▲长政办发〔2013〕35号　关于印发《长沙市消防工作考核办法》的通知

▲长政办发〔2013〕36号　关于促进电子商务产业发展有关事项的通知

▲长政办发〔2013〕37号　关于明确电子政务项目管理职责的通知

▲长政办发〔2013〕38号　关于印发《长沙市招标采购活动投诉和违规问题举报处理办法》的通知

▲长政办发〔2013〕39号　关于印发《长沙市政府网站信息公开保密审查实施办法》的通知

▲长政办发〔2013〕40号　关于印发《长沙市行政负责人出庭应诉工作办法》的通知

▲长政办发〔2013〕41号　关于印发《长沙市机动车环保检验合格标志管理办法（试行）》的通知

▲长政办发〔2013〕42号　关于鼓励企业总部大楼建设有关事项的通知

▲长政办发〔2013〕43号　关于做好全市普通高等学校毕业生就业工作的通知

▲长政办发〔2013〕44号　关于印发《长沙市林业生物灾害应急预案》的通知

▲长政办发〔2013〕45号　关于明确政府信息公开工作主管机构和工作机构的通知

▲长政办发〔2013〕46号　关于印发《长沙市食品安全违法行为举报奖励办法》的通知

▲长政办发〔2013〕47号　关于印发《长沙市电子政务工程建设项目管理办法》的通知

▲长政办发〔2013〕48号　关于印发《长沙市政府投资应急抢险救灾工程审批管理办法》的通知

▲长政办发〔2013〕49号　关于印发《长沙市保障性住房行政行为纪律监督办法》的通知

▲长政办发〔2013〕50号　关于印发《长沙市重大政府信息发布管理暂行办法》的通知

▲长政办发〔2013〕51号　关于印发《长沙市企业社会责任评价试行办法》的通知

▲长政办发〔2013〕52号　关于印发《长沙市房地产开发项目资本金与农民工工资保障金合并管理办法》的通知

▲长政办发〔2013〕53号　关于进一步加快发展服务外包产业有关事项的通知

▲长政办发〔2013〕54号　关于加快林下经济发展的实施意见

▲长政办发〔2013〕55号　关于印发《长沙市社会保险基金监督管理办法》的通知

▲长政办发〔2013〕56号　关于印发《长沙市企

业国有资本经营预算办法》的通知

▲长政办发〔2013〕57号　关于印发《长沙市政务服务中心窗口（分中心）及工作人员管理办法》的通知

▲长政办发〔2013〕58号　关于印发《长沙市空气重污染应急预案（试行）》的通知

▲长政办发〔2013〕59号　关于印发《长沙市政府合同审查与管理办法》的通知

▲长政办发〔2013〕60号　关于印发《长沙市优化政府投资建设项目审批流程试行办法》的通知

▲长政办发〔2013〕61号　关于印发《长沙市优化社会投资建设项目审批流程试行办法》的通知

（周　瑀）

政策理论与研究

【概况】　2013年，长沙市人民政府研究室坚持“思想理念、决策研究、政策引领、信息服务、团队建设”走在前列的目标，充分发挥思想库作用，全年高质量完成各类文稿312篇，其中综合性文稿286篇，理论文章10篇，调研报告12篇，政策文件4个，较好地发挥了以文辅政的作用。

一、高水平起草综合文稿。综合文稿起草立足于出精品、出思想、出政策，实现文稿起草零失误。全年共优质高效完成市政府领导重要讲话等综合文稿286篇，进一步突出文章的思想性，力求每一件重要文稿都能体现领导的思想。1. 精心起草政府工作报告。在报告起草过程中认真吸纳代表意见，充分体现代表意志，力求创新突破，获得市人大代表和社会各界广泛好评。2. 加强理论研究，在《求是》《经济》杂志、《中国文化报》等省级以上重点报刊发表了《“长沙路径”是这样走出来的》《政府投资项目管理创新的实践与启示》等10篇有较大影响的理论文章。3. 加强与中央、省、市新闻媒体的协调联系，与市政府办公厅一起组织协助中央电视台九频道拍摄《中国梦》大型宣传片；联系协助瞭望周刊、中央电视台二频道宣传报道望城区新型城镇化及光明村新农村建设等，扩大了长沙在全国的知名度和影响力。

二、高质量开展课题调研。围绕长沙经济社会发展的难点重点和群众关注的热点，深入开展调查研究。1. 开展战略研究。围绕政府发展目标、工作思路和重大举措进行深入调研，出版了《2012长沙人居环境发展报告》专著，系统总结全市近年来在改善人居环境建设方面取得的成效，明确未来发展的方向和目标，多项成果被各级媒体引用，有力地宣传和推介了长沙。2. 加强专题调研。积极把脉经济社会发展，紧贴市领导决策需求开展调查研究。完成《规范城市住宅物业服务管理迫在眉睫》《加快发展长沙现代农庄调查报告》《推进区域消费中心建设政策研究》《努力建设中部消费中心　打造经济增长新引擎》《推进长沙国家创新型城市建设调研报告》《加快推进新型城镇化建设的调研报告》等调研课题12个，共有8个调研课题获领导批示，进入领导决策。3. 服务工作大局。立足全市大局，整合工作力量，加强联合调研。先后与市委、市人大、市国资委、市住建委、民革湖南省委、浏阳市合作，完成信访工作、市属国企改革发展、国有城投企业转型发展、墙材革新、两型城市建设、城市管理和执法工作、学前教育、农村老年人生活保障、公立医院改革等课题调研，起草调研报告8个，得到领导和相关部门的高度肯定。

三、高起点开展政策研究。坚持将政策研究作为服务决策、落实决策的重要载体。将研究成果转化为领导决策和具体政策，促进经济社会发展。着力增强政策指导性，着力提高政策精准度，着力提高成果转化率。研究事关长沙发展的全局性、战略性、综合性问题，创造性地制定政策。先后起草了《长沙市人民政府行政重大决策程序规定》《关于进一步支持长沙学院加快发展的意见》（长办发〔2013〕37号）《关于加快长沙会展业发展的意见》《关于加快长沙体育产业发展的意见》4个政策文件，为实现政府决策的科学性、程序性、规范性，加强高等教育发展、培育壮大现代服务业和规范公共服务管理提供了强力支撑。

四、高标准开展信息服务。加强民情的收集与反馈，及时全面为市领导提供了资讯信息。及时报送期刊信息。1. 发挥参谋服务作用。全年共报送《每日视点》186期、批示18期次；《信息专报》9期，批示2期；报送两办信息30条。建立《每日视点》市长批示督办机制，所有批示均得到及时有效落实。高质高效完成2012年卷《市长文集》《观点长沙》《市长新闻报道集》汇编工作。全年编辑《决策咨询》12期、《调研参考》12期；《调研参考》严格控制发文数量，确保质量，为市领导决策提供了优质参谋服务，全年共编发12期，刊发调研报告12篇，市领导批示8期。2. 提升办刊水平。对《决策咨询》进行了全新改版，由黑白版印刷改为全彩版印刷，版面由48页增加到64页，重新设置了专栏，刊物深度和可读性大幅提升，影响力明显提高。3. 加强新网站建设。完成了长沙决策咨询网新网站建设，及时全面、优质高效地提供资讯服务，成为展示研究室形象的重要窗口。

（李荣裕）

外事侨务

【概况】　2013年，长沙市外事侨务港澳工作充分发挥职能优势，提升对外开放水平，服务全市经济建设和社会发展。6月，长沙获评由全球人居论坛颁发、联合国经济和社会发展事务部、联合国环境规划署支持的“全球绿色城市”称号。12月，全国友协和美国姊妹城市协会共同开展中美友好城市评选活动，长沙市与美国安纳波利斯市获“中美友好城市可持续发展奖”。

一、扩大对外交往。全年接待包括苏里南总统鲍特瑟、俄罗斯总统驻伏尔加河沿岸联邦区全权代表巴比奇（副总理级）等外国政要、外国驻华使节、国际组织代表和国际知名人士、世界500强企业和跨国公司高层、海外侨团侨领逾100批1800人次，组织高规格外事活动27批次。8月，省委常委、市委书记易炼红会见到长沙访问的香港特别行政区财政司司长曾俊华一行。9月，易炼红会见出席2013梅溪湖国际文化艺术周的阿根廷、美国、法国、瑞典等10个国家的外国驻华使节及代表。年内，与瑞典驻华大使馆签订《中欧城镇化伙伴关系示范城市合作意向书》，分别与美国驻华大使馆、泰国驻昆明总领馆、瑞士驻广州总领馆在长沙联合举办“精彩美国行业交流”“泰国美食文化节”和“中瑞友谊日”等系列活动，促成英国对华经贸促进机构——英中贸易协会正式落户长沙。全年市领导率团出访17批次，就推动城市可持续发展、引进海外高端人才、促进对外经贸合作、友城交往合作等与国外开展广泛交流，取得一系列成果。

二、规范涉外管理。认真贯彻执行中央和省、市有关因公出国（境）规定，全年全市共审核、审批因公出国团组307批841人次。其中党政干部221人，占报批总人数的26%，比上年同期下降22%。共审核、审批因公到港澳团组166批503人次，其中党政干部154人，占报批总人数的31%。12月，长沙市出台《关于进一步规范长沙市国家工作人员因公临时出国的实施意见》。全年办理被授权单位邀请函297份497人次。年内开展应急知识宣传周及2013涉外交通事故应急演练桌面推演，处理11起涉外突发事件，实现涉外突发事件处置、境外非政府组织和外国记者到长沙采访管理等联席会议机制常态化。

三、提升服务水平。社区侨务工作持续推进。6月，芙蓉区西湖社区被国务院侨办授予2012年度“全国社区侨务工作示范单位”和“全国侨法宣传角”。年内接待受理涉侨涉港澳来电、来信、来访案件20起，回复率100%，办结率94%。开展《长沙市华侨归侨侨眷权益保护条例》立法调研、论证等工作。积极落实外派教师工资福利待遇和退休归侨政策待遇，全年发放市本级老年归侨生活补助费38.18万元，惠及170人。通过项目申报方式，收集汇总并发放侨务扶贫资金约18万元。年内组织开展中华人民共和国成立以来首次重点侨情调查，初步掌握全市重点侨务对象1.5万余人。主动服务企业发展，不断简化因公出国（境）审批手续和办事程序，大力推广APEC商务旅行卡，全年共审核企业申办的APEC商务卡26批74人。主动服务重点涉外涉侨和港澳资企业。全市外事侨务港澳系统共调研走访服务辖区企业60余次，帮助解决实际问题23个。开展“为侨港澳资企业挂牌服务”活动，推荐蓝思科技、哈药慈航制药股份有限公司、正大集团（湖南片区）3家企业获服务湖南“四化两型”（四化：是指新型工业化、农业现代化、新型城镇化、信息化；两型：是指资源节约型、环境友好型）突出贡献奖。

省委常委、市委书记易炼红会见出席2013梅溪湖国际文化艺术周外国驻华使节

四、推进工作创新。可持续发展成果获国际认可。6月，长沙成功申报并获评由全球人居环境论坛理事会颁发、联合国环境规划署和联合国经济与社会事务部支持的“全球绿色城市”称号。支持区、县开展内涵丰富的涉外活动。年内，长沙首届苏托垸城市湿地高峰论坛、世界休闲农业与乡村旅游城市（城区）联盟第一次峰会、首届隆平国际论坛相继在开福区、望城区、芙蓉区成功举办。精心打造“情系长沙”品牌。以“外国友人徒步梅溪湖·看长沙”为主题，吸引136位在长沙外籍友人参与。深入开展对外文化交流。与美国驻广州总领事馆在长沙共同举办美国“克莱维诺”钢琴三重奏音乐会，组织“花儿与少年”艺术团到奥地利参加第四届“梦想绽放——维也纳金色大厅夏季音乐艺术节”，成功承办2013年“回家过节·海外华裔青少年金辉潇湘文化行”活动。深化友城交往。10月，副市长夏建平应邀率团到友好城市韩国龟尾和日本鹿儿岛进行交流访问，并与两市续签下一个5年交流合作协议。12月，全国友协和美国姊妹城市协会共同开展中美友好城市评选活动，长沙市与美国安纳波利斯市获“中美友好城市可持续发展奖”。

（高伟栋）

【长沙获评“全球绿色城市”】 6月19—22日，在德国柏林举行的“联合国可持续城市与交通柏林高层对话暨2013全球人居环境论坛”上，长沙市获评全球人居环境奖“绿色城市”称号。论坛在颁奖词中称赞长沙“精细管理绿色发展，山水洲城幸福之都”，并邀请联合国经济与社会事务部可持续发展司司长尼克尔·赛斯为长沙颁发“全球绿色城市”奖杯。该届“全球人居环境奖”颁奖活动由联合国环境规划署及联合国经济和社会事务部共同支持，设有包括“全球绿色城市”“全球绿色城镇”和“全球低碳生态景区”等8大奖项。全球仅中国长沙市、葡萄牙欧利亚斯市和日本横滨市获“全球绿色城市”称号，充分反映国际社会对长沙“两型”社会建设的认可。在评选过程中，长沙市各项创建指标优异，在城市规划及城市精细化管理、森林覆盖率、市民幸福指数等方面均达到全国城市的先进水平。在改善人居环境、塑造城市形象、节能减排等方面均达到“全球绿色城市”要求的全部定性标准，并达到定量指标适用条目14条中的12条，达标比例为86%。（高伟栋）

【长沙与韩国龟尾市结好15周年纪念活动】 10月下旬，副市长夏建平应邀率团到友好城市韩国龟尾进行访问，出席两市结好15周年庆典活动。龟尾市是韩国内陆最大的电子工业城市和出口产业区，是韩国电子产品巨头LG公司与三星手机的生产基地。1998年，长沙与龟尾市结为友好城市。两市结好以来，一直在经贸、文化、体育、青少年交流和新农村建设等领域开展了广泛交流与合作。该庆典活动，长沙龟尾双方签署了2013—2017年两市交流协议，进一步推动两市友好关系与交流合作深入发展。11月20—27日，韩国龟尾市副市长尹正吉率友好代表团和龟尾市政府公务员足球队对长沙进行回访，夏建平会见代表团一行。（高伟栋）

【美国名企行业推广交流会在长沙举行】 3月25日，由美国驻华大使馆和长沙市人民政府联合主办，长沙市外侨办、住建委、卫生局、旅游局、贸促会承办的美国系列行业推广交流会在长沙举行。美国驻华大使骆家辉和近30家美国知名企业高管出席。市委副书记、市长张剑飞会见了骆家辉一行。交流会上，美方围绕“美国绿色节能数据中心”“美国旅游”“投资美国”和“美国新医疗技术和医院管理技术”4个主题，与长沙的行业领导、专家、设计院、最终用户及经销商进行了直接交流。访问长沙期间，骆家辉参观考察了湖南卫视和雅礼中学，并在雅礼中学进行演讲。（高伟栋）

【“外国友人徒步梅溪湖看长沙”活动】 6月5日，“情系长沙”外国友人徒步梅溪湖·看长沙活动在长沙举办。市委常委、大河西先导区党工委书记赵文彬、市外侨办主任袁义和、市对外友协秘书长刘芳及相关部门负责人出席启动仪式并与外国友人合影，市外侨办副主任缪画主持启动仪式。该活动由大河西先导区管委会、市外侨办共同主办，市对外友协办、梅溪湖实业有限公司承办。来自湖南大学、湖南师范大学、国防科技大学、长沙学院等高等院校以及经开区、福利院等单位的130余位外籍人士，以徒步行走的方式参观梅溪湖、望城区乔口古镇，共同倡导低碳、生态的生活方式，感受长沙经济发展和“两型”社会建设成果。（高伟栋）

副市长夏建平率团到韩国龟尾参加“长沙·龟尾缔结友好城市关系十五周年纪念仪式”

信访工作

【概况】 2013年，长沙市信访局共受理群众来市信访12013件次，其中来信2716件次，来访2902批7428人次，网上信访1447件次，电话信访422次，获评“2013年度全省信访工作目标管理考核先进单位”。

一、领导高度重视，信访氛围更加浓厚。市委、市政府领导高度重视信访工作，年内，省委常委、市委书记易炼红先后31次对信访工作作出重要批示，7月12日专题调研信访工作，并亲自到岳麓区一线下访、现场接访、如约回访。市委副书记、市长胡衡华12月19日调研信访工作，看望慰问信访干部，并对群众来信办理工作作出重要批示。全年先后有21位市领导接访包案处理信访问题33件次。陈泽珲、钟钢、李介德先后20余次研究调度信访工作。5月17日，在《长沙晚报》集中公示高新区及区、县（市）287名接访领导的姓名、职务、分工、时间、地点，保证每个工作日有县级领导公开接访。区、县（市）和市直部门负责人公开接访4293批10258人次，解决一大批信访问题。

二、调整工作思路，体制机制更加完善。推进“两个转变”，即由重稳控劝返向重解决问题转变，由重事后被动处理向重事前主动预防转变。规范领导机制。市级，区、县（市）信访工作改由常务副市长，区、县（市）长和政法委书记分管，负责公安工作的副市长，区、县（市）长（公安局长）协管。健全约谈责任。对信访责任落实不好、信访问题解决不力、信访积案久拖不办，导致连续两个月信访总量排全市前10位的乡镇（街道），实行重点管理；对排前3名的区、县（市），分管市领导约谈区、县（市）分管和协管负责人。

三、推进积案化解，事要解决更加有力。成立化解信访突出问题领导小组，通过基层梳理、市级复核、现场督办，集中时间、资源和力量化解信访突出问题。市信访局班子成员带队组成10个工作小组分赴高新区和区、县（市），局党组会议明确党组成员每个星期至少到区、县（市）办公一天，现场约谈群众，甄别信访诉求，明确处理答复意见，全力推进积案化解。全年共约谈走访信访群众1100人次，召开协调会、约谈见面会248场次，排查信访积案620个，化解重大信访积案48个。全年市级财政安排300万元，高新区，区、县（市）设立不少于100万元的信访救助资金，帮助解决信访人员实际困难。

四、加强群众工作，源头预防更加有效。进一步整合资源，打造联系群众的平台，联合市委组织部，建立市党代表群众工作联系点制度，统筹安排475名市第十二次党代会代表进驻群工站听民声、解民忧、暖民心。牵头组织全市领导干部开展“结对认亲、排忧解难”、群众工作“三个一”（群工站每月安排一天为信访接待日、工作队员每人联系一名重点信访对象、工作组包案化解一个突出信访问题）“向群众承诺、为群众办事”等主题活动，与群众交朋友，为基层搞服务。年内，全市各级群工队员共走访群众73.6万户，收集意见建议1.9万条，收集群众反映问题2.6万个，化解矛盾纠纷1.3万件，办实事好事2.7万件，帮扶困难群众3.4万人。

五、强化依法治访，信访秩序更加规范。在全国“两会”、文明城市指数测评、“七一”“八一”“十八届三中全会”等特护时段，制定工作方案、组织动员部署、抽调精干力量，坚持统一指挥、各负其责、及时化解、妥善处置原则，接访劝返组织严密、开展有序，确保重点时段的和谐稳定。进一步理顺北京与长沙、长沙与区、县（市）之间接访劝返关系，增派驻京力量、增加专项资金、科学组织管理；将驻京工作人员分成综合调度、情报取证、现场处置和后勤保障等工作小组，明确人员分工，落实工作职责，提升驻京效能；市公安局成立驻京协助大队，负责情报信息和证据收集等工作；建立久敬庄分流点值班制度，及时引导非访群众离开北京返回长沙，组织送返585人次，自行返回2100人次，没有发生一起安全责任事故。各区、县（市）成立由政法委牵头的专项小组，全程指导依法处置涉访违法工作，区、县（市）常务副区、县（市）长，政法委书记、公安局长联合逐个约谈200余名反复越级非访和缠访闹访的重点对象。（袁　晶）

【长沙市信访维稳工作会议】 4月23日，全市信访维稳工作会议在长沙市会议中心召开，市委副书记、市长张剑飞，市委常委、常务副市长陈泽珲，市委常委、政法委书记钟钢等市领导出席会议。会议明确：调整信访领导体制，市、县两级信访工作全部由常务副市长，常务副区、县（市）长分管，负责公安工作的副市长，副区、县（市）长（公安局长）协管。全面推行领导公开接访，在《长沙晚报》等媒体集中公示高新区，各区、县（市）领导接访安排；对年内两次列为重点管理的乡镇（街道），实行年度社会管理综合治理一票否决。在全市各级评先评优，包括覆盖到乡镇（街道）、村（社区）的表彰奖励，要征求信访部门意见；所有项目工程指挥部（项目部）负责人是征拆工作直接责任人，所有遗留问题由项目负责人负责到底。（袁　晶）

10月31日，省委常委、市委书记易炼红（左二）到岳麓区望城坡社区万宝山小区进行回访

地方志工作

【第二轮修志工作】 2013年，长沙市第二轮修志工作继续深入开展。1.出台《长沙市志（1988—2012）》分纂工作方案。根据方案，2013年，各承编单位完成资料收集整理，并开始形成资料长编，试写初稿；2014年，按进度要求指导部分承编单位完成分志初稿；2015年，基本完成分志初稿评审、修改和验收工作。2.开展全市第二轮修志工作督查。根据第二次修志工作会议部署，10月8—28日，市志办联合市委督查室、市政府督查室对全市第二轮修志工作开展全面督查。共发出督查通知164份，收到自查情况表143份。现场督查29个单位，其中市直单位19个，开发园区7个，行管办3个。通过督查，对全市第二轮修志工作进行了全面摸底，发现存在的问题，推动工作进度，为确保第二轮市志按期、高质完成编纂工作打下基础。3.强化全市修志业务指导。一是进行初稿试写评议。针对各单位初稿试写缺乏实际范本、操作经验不足、具体问题认识不清等困难，市志办组织志稿试评活动。9月17日，以市工商联分志初稿作为试评对象，组织市政协和各民主党派、社科群团等17家相关市志承编单位主笔及部分修志单位主笔共32人召开评议会，以评议方式交流意见、沟通体会、总结经验，对规范行文方式，处理行文详略等有重要的意义。各市志承编单位初稿的编纂质量得到明显提高。二是出台人物志、大事记收录标准。大事记入志收录标准35条、人物入志收录标准22条。三是推动开福区修志工作。组织讨论《长沙市开福区志（1989—2012）》篇目，并就篇目框架、排列顺序、统辖归属、行文规范等提出了指导性意见，审定《长沙市开福区志（1989—2012）》篇目。参加开福区区志编纂工作座谈会，对开福区第二轮修志工作提出建议。4.创

新全市修志工作局面。一是率先全国启动全市省级以上开发（园）区志编纂工作。2013年，长沙市率先全国启动省级以上开发（园）区志编纂工作，并组织全市省级以上开发区（园区）修志业务培训班，拟用4年时间编纂完成全市15家开发（园）区志编纂工作，计划2016年出版全市开发（园）区志丛书。二是启动地方志年报工作。为解决修志工作资料收集困难的难题，根据国务院《地方志工作条例》，借鉴外地经验，报市政府同意，2013年，长沙市启动地方志资料年报工作。市政府办下发《长沙市地方志年报工作方案》，全市按单位类别分为13个年报工作组，负责对167个部门单位地方志年报工作的组织指导，市志办成立5个编辑室，对全市地方志年报进行收集、分类、整理和归档。（曾牧野 陈竞哲）

【《长沙年鉴（2013）》出版】 10月，《长沙年鉴（2013）》由方志出版社出版。该年鉴是由长沙市地方志编纂委员会主办，长沙市地方志办公室承编的综合性年度资料性文献，该年鉴采用分类编辑法，设置部目37个，分目174个，子目84个，条目1179个。全书1454千字，另有64面彩色专版，图文并茂全面系统的反映了2013年度长沙市政治、经济、文化、社会事业等方面的发展变化及存在的问题。2013年卷为适应长沙经济社会的发展，框架结构适当调整，新增"长沙数字"版面，将长沙政区地图前置，"长沙概况"部目下增设"防震减灾""气候与气象服务"分目，"交通邮电"部目下归设"城市公共交通"，"社会科学"部目归并为"科学技术"部目，其框架更具时代特色和地方特色。（曾牧野 江 雷）

【《长沙史志（2013）》出版2期】 《长沙史志》刊物由长沙市地方志办公室、长沙市地方志学会、长沙市历史学会共同主办。《长沙史志》刊物原名为《长沙史志通讯》。1985年6月创刊，1988年12月停刊，共出版15期。2012年《长沙史志》复刊并出版1期，2013年出版2期。该刊秉承开门办刊、灵活办刊的原则，着力于史志理论研究、重大事件记载、旧志发掘整理、开发利用长沙史志资源，为长沙经济社会发展服务。文稿主要记载史志研究、志鉴编纂、星城人物、长沙风物、开发利用、志稿选评、历史回眸、旧志点校、方志百科、志鉴动态等内容。每期文字12万字，发行2000册。刊物的出版为长沙市地方志机构开展方志理论研究、学术经验交流提供了很好的平台，为修志编鉴工作起到借鉴作用。（陈 燕）

【《国腐论》出版】 11月，中国地方志学会城市区志专业委员会第三届理事会副会长，长沙市地方志办公室党组书记、主任王习加著《国腐论》由中共中央党校出版社出版。全书共六章，240千字，该书将科学社会主义基本原理应用于反腐败理论研究，认识到腐败是社会发展管理失序的普遍现象，是劳动异化的一种表现形式，是私有制条件下人性异化的必然结果。在私有制和国家存在的情况下，腐败将始终与人类社会为伴。因此，反腐败是阶级社会发展中的永恒课题。《国腐论》指出反腐败的任务就是要将腐败抑制在可控的范围，以使社会冲突保持在"秩序"的范围内，并通过抑制贪欲、平衡利益、制衡公权、健全法治，使公权力在配置资源中实现正当利益最大化和不正当利益最小化。原中共中央总书记胡耀邦的长子，原中共中央统战部副部长、全国工商联党组书记、全国政协常委胡德平为《国腐论》作序。（陈晓红）

【长沙市第二轮修志第二次工作会议】 8月22日，长沙市第二轮修志第二次工作会议在市会议中心召开。会议由市委常委、市委秘书长李军主持。市委常委、市政府常务副市长、市地方志编纂委员会常务副主任陈泽珲；省地方志编纂委员会党组书记、副主任易介南；市人大常委会副主任、市地方志编纂委员会副主任刘新程；市政协副主席石长松；市地方志编纂委员会副主任、市政府副秘书长黄雄姿；长沙警备区副参谋长张泽；市地方志办公室党组书记、主任王习加等出席。会上，王习加作修志工作报告，报告回顾总结了第二轮修志以来所取得的成绩，指出工作中存在的不足，明确了下一阶段修志工作的思路、重点、目标、任务及要求。黄雄姿宣读《长沙市人民政府办公厅关于表彰长沙市第二轮修志工作先进集体和先进个人的通知》。易介南发表讲话，对全市第二轮修志工作作了精心指导，提出具体要求。陈泽珲作重要讲话，他强调对修志工作必须高度重视，统筹推进，强化保障，不断研究新情况、解决新问题，积极探索地方志事业发展的新方法、新途径；要牢固树立"观古鉴今，古为今用"的理念，充分发挥地方志的教化功能，切实加快修志成果转化，扩宽广大群众读志用志的渠道和途径。市委、市政府分管副秘书长和督察室主任；各区、县（市）分管地方志工作的副区县（市）长；大河西先导区和各省级以上开发区、工业集中区的分管领导；《长沙市志》各承编单位负责人和各分志主笔；各区、县（市）史志档案局局长和分管副局长共300余人参会。（陈竞哲）

【开发（园）区志编纂启动】 6月4日，长沙市制订出台《省级以上开发（园）区修志工作方案》（长政办函〔2013〕113号），全市15个省级以上开发（园）区志编纂工作启动。该轮修志上限起于各开发（园）区成立年份，下限止于2012年，可酌情适当上溯或下延。修志内容主要是反映各省级以上开发（园）区改革开放和社会主义现代化建设取得的重大成就及出现的新情况、新问题，展现历史全貌。修志体例采用语体文，运用述、记、志、传、图、表、录等多种形式，以志为主，设置篇、章、节、目4个层次框架结构，志书采取16开本，横排印刷。分4个阶段实施：启动与准备阶段、收集资料与业务指导阶段、编纂初稿阶段、总纂出版阶段。各开发（园）区明确一名分管领导并选配专职人员负责编纂工作，落实"一纳入"（把修志工作纳入经济社会发展计划和各级政府任务中）"五到位"（领导到位、机构到位、经费到位、队伍到位、条件到位）等制度规定。计划用4年时间完成编写和审定工作，2016年出版全市开发（园）区志丛书。（曾牧野 江 雷）

【两个入志标准出台】 12月5日，长沙市地方志编纂委员会《关于印发

〈长沙市志（1988—2012）•人物篇〉〈长沙市志（1988—2012）•大事记〉收录标准的通知》(长志编发〔2013〕2号)制定，下发各区、县（市）史志档案局、市志各承编单位，第二轮市志《人物志》《大事记》两个入志标准出台。其中，《人物志》入志收录标准22条，入志人物为主要或突出活动在长沙，对长沙社会发展有较大贡献者，本籍为主，客籍为辅，兼顾本籍在外有重大影响或较大贡献者。收录时间断限为1988—2012年，对长沙社会发展影响重大的人物可酌情上溯或下延，首轮志书当录未录者，予以补录。《大事记》入志收录标准35条，坚持编年体与纪事本末体相结合原则，编年体为主，纪事本末体为辅，依时记述，一事一记，按照事件发生时间顺序记载大事，持续时间较长的大事，按开始时间记述，同一时间内有两件以上大事，按事情重要程度排序，首轮市志大事记已记未完结的予以续记，首轮当记未记的应当补记，视情况适当上溯或下延，真实记录1988—2012年间发生在长沙或涉及长沙以及对长沙产生重大影响的事件。

（曾牧野　江　雷）

【“5•18”宣传系列活动】 2013年5月18日是国务院《地方志工作条例》（以下简称《条例》）颁布实施7周年，5月，为普及方志知识，推进依法修志进程，促进读志用志，更好地为社会经济服务，长沙市地方志办公室和各区、县（市）史志档案局在全市范围组织开展了内容丰富、形式多样的宣传庆祝活动，一是举行图片资料展。各区、县（市）充分利用政府门户网、内部局域网、机关内部短信平台、电子显示屏、横幅、标语、宣传栏、展板等载体，打出宣传标语，展出《条例》内容和地方志工作成果，使公众进一步知晓方志相关知识。二是开展地方志文化进社区宣传。如开福区在洪山街道、望麓园街道向居民发放宣传资料；天心区在桂花坪街道新园社区开展《条例》宣传活动，并以问卷调查形式组织《条例》知识测试，居民踊跃参与。三是通过电视、报纸等新闻载体开展宣传活动。如浏阳市在浏阳电视台、《浏阳日报》、浏阳交通生活频道分别对宣传活动作了专题报道；长沙县拍摄了《史志档案擦亮文化名片》《依法修志 传承文明》电视专题片；望城区在《望城新闻》栏目中对《条例》宣传活动进行跟踪报道。通过宣传活动的开展，让全市广大人民群众更多的了解地方志工作，营造了浓厚的学志、用志氛围。

（周建文）

政务公开与政务服务

【概况】 2013年，市政务服务中心窗口共接待办事群众97.52万人次，受理各类事项76.65万件，办结75.57万件，办结率98.5%，行政事业性收费10.6亿元，服务性收费1.1亿元。

一、推进行政审批制度改革。1. 召开“发展环境优化年”暨政务公开政务服务工作会议。7月18日，市政府召开了“发展环境优化年”暨政务公开政务服务工作会议，湖南省委常委、市委书记易炼红指出，对损害发展环境的人和事“零容忍”，要让长沙成为中部地区乃至全国审批环节最少、办事效率最高、规范收费最好的城市。2. 完成省下放和市保留非行政许可、年检事项进窗上线工作。省向市下放的45项省级经济社会管理权限、长沙市保留的非行政许可项目和年检项目（除取消、下放、体制内审批、涉密涉隐私项目外），市保留的非行政许可157项、年检项目38项均进入窗口办理；169项非行政许可、40项年检项目实现在全省网上政务服务和电子监察系统办理。所有项目均通过中国长沙门户网站“网上政务服务大厅”栏目查询办件相关信息，并通过电子监察系统实时对所有项目进行全程跟踪、监察和督办。3. 推进“两集中、两到位”改革。进行具有长沙特色的“事项进中心、领导进中心、公章进中心、手续进中心”“四进中心”的“两集中、两到位”工作部署，按应进必进工作要求，对审批和服务事项实行“两个一律，一个区别”，即事项受理和办结一律在窗口，事项的办理区别不同情况在中心或科局进行。全年进驻中心单位有15个实行了“两集中、两到位”。4. 提升行政审批效率。实施的173个行政许可项目中，23个部门和单位的94个项目有不同程度的提速，提速50%及以上的项目有47个（占27.2%）。所有项目办事指南均在门户网站更新、对外公示。5. 推进全程免费代办和“绿色通道”工作。大厅安排专人开展代理办、带着办工作，为百姓提供咨询，帮助企业代办各种手续，引导群众到窗口办理各种业务，全年办理带领业务300余人次。2013年开展重大投资项目绿色通道，受理重大投资项目3个，投资金额19.12亿元。进一步规范了重大投资项目、大学生创业就业、创业富民“绿色通道”管理，共受理“绿色通道”项目67332项。6. 制定出台“一意见两办法”。12月5日，易炼红主持召开市委常委会议，讨论审议《长沙市关于进一步深化行政审批制度改革提高行政效能的实施意见》(长发〔2013〕15号)、《长沙市优化政府投资项目审批实施办法》（长政办发〔2013〕60号）和《长沙市优化社会投资建设项目审批流程实施办法》（长政办发〔2013〕61号）（即“一意见两办法”），强调要加大各级政务服务中心建设力度、加大行政审批工作效能监察力度和过错问责力度，进一步规范强化各级政务服务中心的职能和管理，改进创新服务方式和理念，提升办事效率和服务质量，提升客商、企业经营者和人民群众的满意度，全市政务服务工作氛围进一步浓厚。

二、促进政务信息公开及督查指导工作。1. 完成重点领域政府信息公开工作。在市政府门户网站设立政府信息公开专栏和重点信息公开专栏。制定下发《长沙市2013年度重点领域政府信息公开工作任务分解表》(长政办函〔2013〕150号)，以政府办公厅的名义对相关单位重点领域就政府信息公开明确工作任务和要求并开展专项督查。2. 重新制定《长沙市政府信息公开实施办法》(以下简称《实施办法》)。《实施办法》对全市政府信息公开工作机制、工作责任、工作要求、社会评价机制、考核办法、责任追究等进行了规范。3. 做好政府信息依申请公开工作。不断完善受理机制，规范工作规程，做好网上受理、信函受理、现场受理等工作。4. 加强政府信息公开工作指导。全年本行政区域主动公开政府信息9.83万件，其中公开规范性文件127件，110家市直单位在市政府门户网站编制了信息公开目录，及时发布更新信息。受理政府信息依申请公开410件，认真做好受理、转办、督办答复工作，答复率100%。

三、启动完成基层政务中心标准化建设工作。1. 深入调研。按省政府加强乡镇（街道）政务服务中心标准化建设的要求，深入19个乡镇（街道）政务服务中心调研，召开7次由基层政务服务中心负责人参加的座谈会，下发《关于推进乡镇（街道）政务（便民）服务中心标准化建设的通知》（长政办函〔2013〕114号）。2. 科学实施。通过单位申报，实地考察，对第一批标准化实施主体进行逐一审查、审核，确保第一批标准化建设的示范性、带动性和可行性。3. 指导推进。主管领导带队下乡镇（街道）督查、指导12次，召开工作推进会5次。制定了标准化建设和验收办法。4. 确保投入。与市财政局协调制定市级财政对乡镇（街道）政务中心标准化建设按照新建12万元/个、改（扩）建8万元/个、整修3万元/个的标准投入，并报主管常务副市长同意，已全部列入市级财政预算。5. 顺利验收。按照《长沙市乡镇（街道）政务（便民）服务中心标准化建设验收办法》（长公办发〔2013〕1号）文件要求，市政务中心、市财政局组成联合验收组，对第一批43个乡镇（街道）政务（便民）服务中心标准化建设进行了验收，所有建设单位已经全面完成建设任务。

（向晓芳）

【“12345”市民服务热线开通】为加强服务型政府建设，畅通群众诉求渠道，营造良好的经济发展环境，长沙市委、市政府出台《长沙市“12345”市民服务热线社会求助平台建设和运行工作的实施意见》等文件，整合全市非紧急报警类政务服务热线电话，建立“12345”市民服务热线社会求助平台（简称“12345”市民服务热线）。该热线功能定位为非紧急报警类政务服务热线，按照“统一受理、分类处理、限时办结、过错问责”和“谁主管、谁负责，谁办理、谁答复”以及“首接负责制”的要求，形成覆盖全市、资源共享、系统互通、协调互动、便捷高效、保障有力的的政府公共服务体系，为群众提供全方位、全天候、高效率的政务服务。“12345”市民服务热线在市质监局建立前台呼叫中心，实行人工接听受理前台与后台派单管理一起办公，总占地面积为600平方米，前台话务中心共220平方米，拥有45个坐席，系统平台包括指挥办理系统，综合评价系统、跟踪系统等，实现全面信息化，工作流程更加程序规范，实现话务管理、派单管理和经办单位一体化。11月26日，长沙市“12345”市民服务热线电话开通试运行，2月25日，正式开通运行，成为人民群众联系政府“最重要、最畅通、最便捷、最信任”的渠道。

（向晓芳）

电子政务

【概况】2013年，长沙市电子政务工作按照“统一领导、统一管理、统一规划、统一建设、统一运维”的原则，在网络基础设施、门户网站建设、业务应用系统、信息资源开发、网络信息安全、体制机制和管理制度等方面取得明显成效。市政府门户网站在2013年度政府网站绩效评估中居省会城市第二位。英文网站在第七届中国政府网站国际化程度测评中获领先奖，排名全国省会及计划单列市第五名。

一、电子政务网络体系建设不断加强。全市电子政务内外网平台已建成上联省、下联区县、横向联接各市直部门，内外网物理隔离的电子政务网络平台，基本满足各部门的网络需求。电子政务内网已接入政务部门200家，外网接入部门160家并延伸至全市大部分所辖乡镇和社区，政务网络承载政府门户网站、协同办公、在线行政审批、数字档案、数字审计、数字城管、征信系统等73个应用系统和54个政府部门子网站。

二、政府门户网站建设成效显著。1. 加大政府网站信息公开力度。不断丰富公开信息内容，提高公开信息质量，增强信息公开的主动性、及时性和准确性。2. 提升政府网站网上办事能力。以社会公众为中心，整合6800余项服务事项的网上办事服务指南，重点推动医疗、教育、卫生、就业、交通、工商注册、企业纳税等方便公众和企业的网上办事服务。3. 推进政府网站政民互动服务发展。建立健全公众意见及问题受理、处理及反馈工作机制，实现“市长信箱”“咨询投诉”“民意征集”“在线访谈”“新闻发布会”等互动栏目的制度化和规范化，注重民意收集与信息反馈，保障人民的知情权、参与权、表达权、监督权。4. 加强网上政务舆情监控。利用舆情监控系统对互联网上关于长沙市政府的新闻报道、热点话题、突发事件等进行实时监控，每日将负面信息以《网络舆情简报》的形式报送给领导，向领导传达网民最关注的最新热点难点重点，为领导决策提供参考。

三、全方位统一应用平台建成。在应用方面，建成覆盖人口、交通、资源环境、城市安全、民生服务、社会服务、市场监管等领域的全方位电子政务应用体系，共建成300余个业务系统，基本实现电子政务对核心业务的全面支撑。全市基本建立电子政务统一的应用基础平台，全面支撑政府协同办公系统、非行政许可审批系统、电子监察系统、领导信息报送系统，实现行政审批电子监察上下联动、横向互通，构建行政审批电子监察系统的长沙模式。

四、综合治税平台建设上线运行。长沙市社会综合治税信息平台于7月1日正式上线运行，共整合10个部门的数据资源，采集60项数据，4558万条数据库记录；建立企业所得税年申报销售（营业）收入差异分析、5个户籍对比模型、40个辅助分析模型和14个财政收入分析模型。7—12月，综合治税累计查补成果19777万元，其中查补入库额为13799万元，调减以前年度亏损5979万元。

五、保障网络信息安全。按照“电子政务外网统一建设、互联网统一接入、安全管理统一实施”的原则，通过统筹规划和整合部门现有互联网出口，建立统一安全防护策略和措施，实施集中统一安全监控，达到统一互联网接入口、优化宽带使用，减少信息安全风险的目的。采用SOC

安全监控平台对电子政务外网平台实行安全监控，全年发现并处理安全事件47144起，未发生重大网络安全事故。制定《长沙市人民政府电子政务管理办公室突发事件总体应急预案》和《长沙市政府门户网站突发事件应急预案》《长沙市应用系统突发事件应急预案》《长沙市电子政务网络与机房突发事件应急预案》和《信息安全事件应急处理预案》。

六、优化电子政务发展软环境。推进政府系统电子政务建设标准规范的制定工作。出台《长沙市电子政务工程项目建设管理办法》，推动各级各部门业务系统标准化建设，建立电子政务建设技术规范，确保政府系统电子政务建设协调一致、互联互通和整体应用。电子政务专业技术队伍基本形成，电子政务人才培养机制不断完善，形成多层次、开放型、综合性的信息技术教育与培养体系。

（谭　立）

政府法制建设

【概况】 2013年，市政府法制办坚持以十八大精神为指导，围绕“六个走在前列”的整体部署，以推进依法行政为重点，以建设法治政府为目标，扎实开展各项工作。出台实施全国首部规范政府法制工作的政府规章《长沙市政府法制工作规定》，初步构建符合长沙实际、体现长沙特色的“一决定、一纲要、一规定”制度框架；圆满完成立法工作任务，扎实做好规范性文件管理基础工作，编撰《长沙市规范性文件管理工作手册》，不断提升制度建设质量；制定出台《长沙市政府合同审查与管理办法》，开展政府合同示范文本审查工作；全面推进行政复议规范化建设，出台《行政复议立案审查规则》《长沙市行政复议听证程序规定》《长沙市行政负责人出庭应诉工作办法》等行政复议应诉配套制度。为全市经济社会发展创造了良好的法治环境，提供了坚实的法制保障。（谭琪正）

【依法行政工作】 市政府法制办深入开展依法行政工作。1. 开展依法行政考核，制定对区、县（市）和市直单位依法行政考核指标；主动对接省政府依法行政考核各项指标，将指标分解到各区、县（市）及各单位，10月份开展落实情况督查，召开督查会，推动长沙市“12345”热线的开通。2. 开展行政执法案卷评查。开展对9个区、县（市）的90本行政执法案卷进行集中评查，对44个市直单位的327宗案卷进行交叉评查。3. 完善修订行政裁量权基准。督促各执法单位及时修订完善裁量权基准，确保裁量权基准的依法适用，将裁量权基准的规范适用作为行政处罚案卷评查的一项重要指标。4. 开展依法行政示范单位创建活动，对依法行政示范单位创建活动和创建省级依法行政示范单位工作进行统一部署。5. 推进行政执法指导案例工作。选择5个具有合法性、代表性、针对性和示范性的指导案例，发布《长沙市2013年度行政执法指导案例》。6. 深化重大决策听证机制。就市区道路临时停车泊位施划、征地补偿标准调整等5个重大行政决策组织、指导相关单位举行了听证会。继续推行重大行政决策专家论证制度，组织专家咨询论证会11场次。

（谭琪正）

9月12日，《长沙市电梯安全管理办法（征求意见稿）》立法听证会

【地方立法工作】 2013年，市政府法制办认真推行地方立法工作。1. 完成地方性法规草案起草任务。《长沙市炭河里遗址保护条例》正式出台，《长沙市流动人口服务和管理条例》提请市政府常务会议审议。超额完成《长沙市城市桥梁安全管理条例》（修改）的立法任务，已通过市政府常务会议审议。组织开展《长沙高新技术产业开发区条例》《岳麓山风景名胜区保护条例》（修改）等5个项目的调研、组织起草工作。2. 稳步高效推进市政府规章的组织制定工作。《长沙市电梯安全管理办法》《长沙市企业国有资产监督管理办法》通过市政府常务会审议，《长沙市建设工程抗震设防要求管理办法》（修订）已批准提交市政府常务会议审议。《长沙市大屯营地区生态保护办法》等项目稳步推进。3. 继续坚持立法听证。举行《长沙市电梯安全管理办法》立法听证会。（谭琪正）

【规范性文件管理】 2013年，市政府法制办认真做好规范性文件管理工作。1. 及时审查、报备、受理各类文件。审查市政府和市政府办公厅文件171件次，向法定监督机关报备规章、规范性文件69件，报备率、及时率和规范率均为100%。备案区、县（市）人民政府报备130件。受理公民对行政部门，区、县（市）政府规范性文件合法性审查申请4件，其中决定建议自行纠正1件，确认合法3件。2. 完善规范性文件“三统一”工作。统一登记、编号市政府和市政府办公厅规范性文件70件，登记市直部门和法律法规授权组织规范性文件107件。继续做好市级政府规范性文件效力动态公示，创新开展部门规范性文件“三统一”信息公示，每月将部门规范性

文件“三统一”基本信息在市政府门户网及市政府法制网上公示。3. 做好会议纪要法律审查工作。审查市长办公会议和市政府常务会议纪要34件，涉及议题109个；参加市政府重要决策研究会议近70次，讨论涉及25个政府部门、47项专题工作文件的修改；参加市政府组织的物业管理工作和分布式能源发展情况的调研，为后期相关文件的制定奠定基础；编撰《长沙市规范性文件管理工作手册》，收录有关规范性文件管理工作的主要资料，为全市规范性文件管理工作提供全面系统的指导。（谭琪正）

【行政复议应诉工作】 2013年，市政府法制办收到行政复议申请433件，受理351件，旧存13件，审结354件，所有案件均在法定期限内审结。其中，维持306件，撤销及确认违法6件，驳回申请2件，终止审查1件。承办及协助办理以市政府为被告的行政应诉、应复议事项48起。组织行政复议听证会3场次。1. 全面推进行政复议规范化建设。出台《长沙市行政复议规范化建设实施方案》，从行政复议受理、审理、指导监督、基础保障等方面对全市行政复议规范化建设工作提出要求。2. 加大案件调解力度。通过召开案件协调会、法律释明、说服教育等方式，协调、调解处理行政复议案件39起；有效开展行政司法互动，就集体土地上违法建筑拆除等事项组织召开行政司法互动会8次。（谭琪正）

【政府合同审查管理】 2013年，市政府法制办审查各类政府合同（含文件）77份，出具书面法律意见60份，参加各类涉法事务性会议67次，审查合同金额1000亿余元。积极参与省、市重点项目、工程的推进落实，完成中南现代商贸物流城开发建设、“智慧长沙”等项目的合同审查，就万家丽路快速化改造工程、东南二环线路面应急处治工程、长沙水业集团重组上市、长沙新广电中心项目建设等重点工程提出专业的法律意见；制定《长沙市政府合同审查与管理办法》，征求先导区、高新区管委会、市直各相关部门、市属国有投融资单位和法制专家等多方面的意见、建议，并提交市政府常务会和专题务虚会进行研究；完成法律审查依据汇编。收集有关合同审查的法律法规和规范性文件，编制《长沙市政府合同审查与管理法律法规汇编》，《长沙市政府合同审查与管理情况调研报告》首次被《长沙调研》采用。（谭琪正）

【推进长沙特色制度框架建设】 2013年1月1日，全国首部规范政府法制工作的政府规章《长沙市政府法制工作规定》正式实施，标志着符合长沙实际、体现长沙特色的“一决定、一纲要、一规定”制度框架初步形成，推进依法行政、建设法治政府有了强有力的制度保障。落实《长沙市人民政府关于进一步加快法治政府建设的决定》（以下简称《决定》）。以《决定》为法治政府建设的行动纲领，在完善政府科学决策机制、创新政府法制工作、加强组织保障等方面取得一定成效；落实《长沙市推进社会管理法治化实施纲要》（以下简称《纲要》）。将贯彻落实《纲要》纳入2013 年综治考核。结合“六个走在前列”大竞赛活动，将《纲要》相关内容纳入开展加快“法治长沙”建设大竞赛活动；落实《长沙市政府法制工作规定》（以下简称《规定》）。召开以贯彻《规定》为主题的全市依法行政大会。举办学习贯彻《规定》培训班，全市政府法制系统和办文机构负责人共212人参加，开展《规定》释义的制定工作。（谭琪正）

【法制文化建设】 将法制文化内化于法制干部的职业精神。首次确定了“尚法、务实、创新”的长沙政府法制精神和市政府法制办的标志图案，制作了法治文化视觉系统识别手册；陈剑文主讲《现代法治的基本原理》；召开了以“中国梦·法治梦·我的梦”为主题的五四青年座谈会，进一步增强了干部职工的职业尊荣感和归属感。将法制文化外化于服务群众的具体行动。接待行政复议和信访群众1000余人次，始终做到有礼有节、热情服务，做好法律解释工作；多次深入到天心区创远社区和开福区荷花池社区慰问困难群众、社区工作人员和环卫工人，并为群众提供法律咨询等服务，将法制文化的触角延伸至基层。将法制文化植根于主要领导的关注领域，坚持经常向主要领导汇报法制工作，争取主要领导对法制工作的重视。市政府常务会先后就行政复议规范化建设、行政负责人出庭应诉、政府合同审查管理等工作进行了专题研究，并为市政府法制办增加了行政编制3个、事业编制3个；进一步推动市政府常务会议学法，市政府常务会先后集中学习了《中华人民共和国立法法》及地方性法规、政府规章立法权限的相关规定和《法治建设中的政府行为与司法审查》。各级领导干部尚法、用法的意识不断提升，作为不断扩大。（谭琪正）

附录

2013年度地方性法规和政府规章目录

一、地方性法规

《长沙市炭河里遗址保护条例》（2013年6月26日长沙市第十四届人民代表大会常务委员会第五次会议通过，2013年7月25湖南省第十二届人民代表大会常务委员会第三次会议批准）

二、政府规章

1.《长沙市地名管理办法》（长沙市人民政府第123号令）

2.《长沙市物业专项维修资金管理办法》（长沙市人民政府第124号令）

政协长沙市委员会

责任编辑：江 雷

政协长沙市第十一届委员会机构领导人员

党组书记、主席：范小新
党组副书记、副主席：钟新莲
党组副书记：谢明德
副主席：王力力（兼） 龚振湘
段安娜（兼） 彭继球（兼）
唐志浩 石长松
袁志恒 刘明理（兼）
顾 问：周秋光 李克俭
龙建强 陈立湘
秘书长：彭志一
副秘书长：
朱世平 贺明兰
高清福 朱建军（兼）
李 平（兼） 黄光裕（兼）
刘志红（兼）
常委（按姓氏笔画排列）：
丁 文（女） 尹小英（女）
王力力 王国平
王明娟（女） 王清华（女）
王瑜珲 邓文莉（女）
付 超 帅放文
石长松 刘丹军
刘志红（女） 刘明理
刘诗题 刘绪甲
朱世平 朱建军
汤建尧 何金松
吴晓佳 张 炬
张 青（女） 张业军
张庆和 李 平（女）
李 枫 李天赐
李光华 李丽雄（女）
李卓民 李素娥（女）
杨名兴 杨余飞
邹国兴 陈 忞
陈 斌 陈 锦
陈伟建 陈昉青
陈迪夫 陈剑文（女）
周小春（女） 周至仁（女）
易敬平 罗保罗
范小新 金长义
俞小玲（女） 段安娜（女）
祝珍明 胡日新
胡石明 贺志勇
贺明兰（女） 钟新莲（女）
饶福明 唐再明
唐志浩 徐志刚
涂立奇 袁志恒
郭建华 高清福
康镇麟 黄 锋
黄光裕 黄树明（女）
黄祖群 龚振湘
喻志军 彭志一
彭继球 曾 理（女）
董晓明 蒋 林
蒋言斌 谢丽华（女）
谢明德 释圣辉
释坚愿（女） 熊开颜
谭 勇 谭克涛
谭学军 戴跃锋

政协长沙市委员会工作部门

办公厅：
主 任：彭志一
副主任：朱世平 吴平平 刘 向

提案委员会：
主 任：陈伟建
副主任：
钟志明 易 健
王习加（兼） 王清华（兼）
刘志红（兼） 刘诗题（兼）
李 波（兼） 李建贵（兼）
陈谷良（兼） 苏敏芳（兼）
罗文章（兼） 康镇麟（兼）
黄雄姿（兼）

经济科技委员会：
主 任：徐志刚
副主任：
黄 起 金晓辉
邓自力（兼） 刘志辉（兼）
张明刚（兼） 李范坤（兼）
李雪龙（兼） 周 敏（兼）
林志台（兼） 陈伟其（兼）
胡石明（兼） 缪晨光（兼）

文教卫体和文史委员会：
主 任：陈 忞
副主任：
陶 红（女） 王新良（兼）
龙钢跃（兼） 刘 进（兼）
汤建尧（兼） 李卓民（兼）
李 枫（兼） 张红专（兼）
张庆和（兼） 胡日新（兼）
俞小玲（兼） 熊开颜（兼）

法制群团和民族宗教委员会：
主 任：张业军
副主任：
杨 翌（女） 丁 文（兼）
邓文莉（兼） 刘佳勇（兼）
张 炬（兼） 陈剑文（兼）
陈海波（兼） 周小春（兼）
易敬平（兼） 祝珍明（兼）
唐再明（兼） 喻志军（兼）
谭 志（兼）

港澳台侨和外事委员会：
主 任：谢丽华（女）
副主任：

易　红（女）　王国平（兼）
孔亦平（兼）　刘素月（兼）
张克清（兼）　屈中宪（兼）
郭　峻（兼）　黄光裕（兼）
彭　娟（兼）　曾明晖（兼）
谢军能（兼）　谭　勇（兼）

人口资源环境委员会：

主　任：郭建华

副主任：

邓禹斌　　　朱志刚（兼）
刘激扬（兼）　刘震宇（兼）
杜　强（兼）　李志坚（兼）
杨彩兰（兼）　肖思源（兼）
张彩虹（兼）　陈晓阳（兼）
黄静安（兼）　韩　辉（兼）

研究室：

主　任：杨名兴

副主任：

李德胜　　　万向荣（兼）
王　林（兼）　冯聪龙（兼）
唐曙光（兼）　谭　果（兼）
董升顺（兼）　潘继斌（兼）

政协长沙市第十一届委员会第一次会议

【概述】　2013年，政协长沙市委员会（以下简称“市政协”）把握团结和民主两大主题，坚持“服务大局、继承创新、和谐共进”工作思路，履行职能，助推发展、凝聚人心、促进和谐，各项工作特色鲜明、成效明显。

创新履职载体，聚力服务科学发展。在全市政协系统深入开展“三服务”主题活动（服务“五化一率先”、服务民生民利、服务社会和谐），根据中共长沙市委十二届六次全体（扩大）会议确立的发展战略，将主题活动内涵提升为服务率先建成“三市”、服务民生民利、服务社会和谐。动员和组织全市政协系统投身“六个走在前列”大竞赛活动，参与“两帮两促”“一推行四公开”等党政中心工作。主席会议成员深入联系项目和企业，分别为沿溪镇中心镇建设和比亚迪汽车工业基地、长沙城区受湘江枢纽影响排水管网改建工程、机场迁建工程、环保工程、湘江枢纽工程、民政卫生工程、电力工程、通道联络工程等排忧解难，协调解决规划审批、拆迁安置、融资、配套建设等方面具体问题。市政协和各区县（市）政协、各党派团体和广大政协委员，通过界别活动和委员活动组等形式，紧扣发展大局，紧贴民生事业，积极探索，注重创新，创造许多特色工作，涌现一大批先进典型。“三服务”主题活动开展以来，全市政协系统为企业发展、重点工程等解决实际问题200余个；开展对外合作交流37次，为全市招商引资引智提供服务69次；开展调研视察150余次，撰写报告95篇；推动解决人民群众关心利益问题300余个；举办公益慈善活动124次，捐款捐物总值2000万余元。

突出履职重点，开展协商议政。深入进行调研视察。充分发挥政协组织智力密集、人才荟萃的优势，围绕“大力发展长沙现代服务业”“推进新型城镇化建设”“农村义务教育发展”开展常委会重点调研。主席会议成员带领各调研组，深入园区、企业、乡镇、学校和边远山区进行调研，掌握大量第一手资料，精心撰写调研报告，提出许多有价值、有深度意见建议。主席会议成员就发展园区经济、城市轨道交通建设、扶植市养老机构健康发展、体育场馆建设、保障性安居工程等工作开展专项视察，为全市重点工作建言献策。各专委会、研究室就生活垃圾处理、城乡结合部违章建筑占地问题、医保资金管理、《湖南省食品生产加工小作坊和食品摊贩管理条例》贯彻落实情况等组织专题调研视察，提出许多建设性意见建议。组织开展协商建言。成立地方性立法协商专家组，参与长沙市《炭河里遗址保护条例》《流动人口服务管理条例》等6部法规草案协商听证，为提高市立法科学化水平作出贡献。就市十四届人大二次会议政府工作报告、市中级人民法院和市人民检察院工作报告征求意见稿，召开专题协商会，提出许多有价值意见建议。调整充实长沙市历史文化名城建设推动委员会，组织“推委会”专家调研视察，向市委、市政府提交专题建议，推动潮宗街历史文化街区立项申报工作。加大提案办理力度。通过报请市政府领导牵头办理、市政协主席会议成员督办重点提案，市政协提案委与市委办、市政府办、市人大常委会联工委联合督办，对委员反馈办理不满意提案进行跟踪督办，对各承办单位办理情况复后评议等方式，推动解决一批事关发展和群众切身利益问题，增强提案办理实效。全年提案审查立案557件，办复率100%。

彰显履职特色，推进民主监督。精心组织民主评议。重点评议市民政和地税部门专项资金使用、规范办事程序、服务群众、执行低保政策和税收政策等情况。评议组召开服务对象座谈会近30次，访谈基层干部群众200余人次，发放调查问卷2000余份，4万余人次参与网络问卷调查。通过深入评议调研，市政协召开民主评议大会集中评议，客观指出市民政和地税部门存在的突出问题，提出整改意见建议。市民政局、地税局根据评议意见制定整改措施，明确整改责任，以实际行动改进作风、推动工作，民主评议取得实效。深化委派民主监督员工作。深入推进民主监督员由“聘”改“派”工作，遴选78名市政协委员担任民主监督员，组成16个民主监督小组，集中委派到市中级人民法院、市人民检察院和有关市直部门，在新闻媒体公布民主监督小组联系方式，广泛收集社情民意，及时向监督单位反映群众意见诉求，促进部门工作，收到良好监督效果。拓展民主监督的新途径。探索民主监督与新闻舆论监督结合的新途径，选择农村孩子上学、垃圾科学化处理、豆制品卫生、农民工工资拖欠等民生热点问题，制作《政协之声》26期，在长沙电视台新闻频道播出，引起广泛关注，产生良好社会反响。

把握工作主题，促进社会和谐。加强与各党派团体合作共事和各界人士团结。牢牢把握团结和民主主题，重视发挥各党派团体和无党派人士作用，为各民主党派、工商联、无党派人士参政议政搭建平台和创造条件。贯彻中共中央关于改进作风的精神，采取委员访谈形式，以“干在实处、走在前列、传递正能量”为主题，举办全市各界人士中秋茶话会，面对面向市委、市政府领导建言，营造各界人士共谋发展浓厚氛围。倡议全市各级政协组织和政协委员为长沙实现率先建成“三市”、强力实施“三倍”发展目标凝心聚力、建功立业，得到积极响应。加强政协文史资料挖掘和整理，编撰出版《老长沙见闻——外国人自述》，努力发挥文史资料“存史、资政、团结、育人”作用。广泛开展联络联谊。开展人民政协公共外交，注重发挥市港澳台侨经济文化交流促进会作用，先后接待到长沙观光考察海外朋友和港澳台人士20余批次。向港澳委员通报长沙经济社会发展情况，为助推长沙“六个走在前列”献策出力。开展香港招商推介活动，广泛走访和联络香港商界人士，促成签约5个项目，总金额55亿元。组织对台商在长沙投资企业发展情况调研视察，听取意见建议，加强与台商联络联谊。建立政协侨务工作联动机制，着力凝聚侨心、汇聚侨力、维护侨益。承办全国部分城市政协工作研讨会，交流工作经验，增进相互友谊，展示长沙形象。协助做好民族与宗教工作。认真贯彻党和国家的民族和宗教政策，促成东岳宫原址适度恢复扩建；为解决北正街基督教堂困难、清真寺改扩建等提出建议；积极推动开福区汉回村解决水利设施建设困难，组织委员对汉回村历史资料进行收集整理，为促进民族关系与宗教关系的和谐作出贡献。

加强自身建设，增强科学履职能力。创新学习形式和方法。组织政协委员和机关干部以多种形式深入学习中共十八大和十八届三中全会精神；邀请全国政协、省政协等有关专家授课，分别对全体新任市政协委员、186名乡镇（街道）政协联络处主任，以及政协委员专题调研、撰写提案和反映社情民意进行专题培训；组织50名市政协系统领导干部，赴浙江大学进行为期7天研修学习；开展机关干部“读好一本书”心得交流活动。通过集中培训和自主学习，开阔政协委员和机关干部视野，有效提升履职能力水平。在全市政协系统开展以“协商民主的探索与实践”为主题政协理论征文评比活动，提升政协工作理论研究水平。建立健全工作制度。制定和完善市政协主席会议、常委会议等制度，健全主席联系界别、常委联系委员、委员联系群众和办公厅、专委会、研究室向常委会议述职，对委员进行考核“三联一述一考核”工作制度，为履行政协职能提供坚实制度保障。建立健全政协机关有关管理制度，机关管理进一步规范。认真贯彻中共中央和省委、市委关于改进工作作风有关精神，出台加强市政协机关作风建设文件和相关制度，倡导和践行朴实文风会风，厉行勤俭节约，机关作风明显改进。落实联系委员工作机制，定期走访委员，及时听取意见建议，帮助委员解决有关困难问题；总结提升街道社区民情工作站、委员工作室等有效做法和经验，引导广大委员密切联系基层、扎实服务群众；加强对界别工作指导、协调和服务，引导界别结合自身特点，开展形式多样活动，发挥界别作为扩大社会各界有序政治参与重要渠道作用；建立市政协委员区县（市）活动组，以区县（市）政协为依托开展活动，为地方经济社会发展献计出力；完善委员履职考核考评机制，建立委员履职档案和优秀委员评选制度，评选表彰53名优秀委员。加强政协文化建设和宣传工作。组织举办全市政协系统“政协杯”篮球赛和“忠实履职、奉献湖南”演讲比赛等丰富多彩的活动，活跃政协文体生活。着力打造“团结、和谐、进取”政协文化，政协委员队伍充满活力，政协机关心齐气顺，团结干事氛围更加浓厚。在《长沙晚报》开辟《政协园地》专栏，编发《长沙政协》6期，在全国、省、市媒体发稿120余篇，其中《人民政协报》对“长沙市政协搭建‘三服务’新平台，拓展履职为民演练场”情况进行报道，扩大长沙政协工作影响。（唐朝阳）

市政协主席会议

【政协长沙市第十一届委员会第一次会议】 2012年12月29日—2013年1月2日，政协长沙市第十一届委员会第一次会议在长沙人民会堂举行。该次大会应到委员490人，实到委员487人，符合法定人数。湖南省委常委、长沙市委书记陈润儿，长沙市委副书记、市长张剑飞等领导出席开幕式。政协长沙市第十届委员会主席谢树林代表市政协十届常委会作工作报告，政协长沙市第十届委员会副主席龚振湘代表市政协十届常委会作提案工作情况报告。大会执行主席范小新主持大会并宣布开幕。会议期间，与会委员审议通过市十届政协常委会工作报告和提案工作情况报告。与会全体委员列席市第十四届人民代表大会第一次会议开幕式，听取并协商讨论政府工作报告，对市2012年国民经济和社会发展计划执行情况和2013年国民经济和社会发展计划草案报告、市国民经济和社会发展“十二五”规划纲要、市2012年财政预算执行情况和2013年财政预算草案报告以及法院、检察院工作报告表示赞同。会议经过民主协商，一致赞同中共湖南省委和中共长沙市委提名人事安排事项。2013年1月2日，市政协十一届一次会议举行选举大会。范小新当选市政协十一届委员会主席，钟新莲、王力力、龚振湘、段安娜、彭继球、唐志浩、石长松、袁志恒、刘明理当选副主席，彭志一当选秘书长。大会通过政协长沙市第十一届委员会常务委员会工作报告决议、提案工作情况报告决议和政治决议。（唐朝阳）

全国部分城市政协工作研讨会第二十八届年会在长沙召开

【政协长沙市第十一届委员会第1—5次常委会议】 第一次常委（扩大）会议。1月2日，市政协十一届一次常委（扩大）会议召开。市政协主席范小新，市政协党组副书记、副主席钟新莲，党组副书记谢明德，副主席王力力、龚振湘、段安娜、彭继球、唐志浩、石长松、袁志恒、刘明理，秘书长彭志一出席会议。会议由市政协主席范小新主持。会议审议并通过了政协长沙市第十一届委员会工作机构设置及市政协副秘书长名单和各办、委、室正、副主任人选名单。政协长沙市第十一届委员会工作机构设置为“一办”即办公厅，“六委”即提案委员会、经济科技委员会、文教卫体和文史委员会、法制群团和民族宗教委员会、港澳台侨和外事委员会、人口资源环境委员会，“一室”即研究室。

第二次常委（扩大）会议。3月21日，市政协十一届二次常委（扩大）会议召开。市政协主席范小新，市政协党组副书记、副主席钟新莲，党组副书记谢明德，副主席唐志浩、石长松、袁志恒、刘明理，顾问周秋光，秘书长彭志一出席会议。会议由市政协党组副书记、副主席钟新莲主持。会议审议和原则通过了《政协长沙市委员会2013年工作要点》，《政协长沙市委员会关于在全市政协系统开展“三服务”主题活动的实施意见》，《市政协兼职副秘书长，各专委会、研究室兼职副主任建议名单》。

第三次常委（扩大）会议。7月31日，市政协十一届三次常委（扩大）会议召开。市政协主席范小新，市政协党组副书记、副主席钟新莲，党组副书记谢明德，副主席王力力、彭继球、唐志浩、石长松、袁志恒、刘明理，顾问周秋光，秘书长彭志一出席会议。会议由市政协副主席王力力主持。会议审议并原则通过了《关于大力发展长沙现代服务业的调研报告》《关于我市农村义务教育发展情况的调研报告》《关于我市推进新型城镇化建设的调研报告》《政协长沙市委员会常务委员会会议制度》。

第四次常委（扩大）会议。10月11日，市政协十一届四次常委（扩大）会议召开。市政协主席范小新，市政协党组副书记、副主席钟新莲，党组副书记谢明德，副主席王力力、龚振湘、段安娜、彭继球、唐志浩、石长松、袁志恒、刘明理，顾问周秋光，秘书长彭志一出席会议。会议由市政协党组副书记谢明德主持。会议审议通过了《政协长沙市委员会关于全力服务率先建成“三市”、强力实施“三倍”的倡议书》《关于市民政局改进工作作风情况的民主评议报告》《关于市地税局改进工作作风情况的民主评议报告》《市政协常委会组成人员联系委员安排表》。

第五次常委（扩大）会议。12月10日，市政协十一届五次常委（扩大）会议召开。市政协主席范小新，市政协党组副书记、副主席钟新莲，党组副书记谢明德，副主席王力力、龚振湘、段安娜、彭继球、唐志浩、石长松、袁志恒、刘明理，顾问周秋光，秘书长彭志一出席会议。会议由市政协副主席段安娜主持。会议审议通过了政协长沙市第十一届委员会常务委员会工作报告（草案）和提案工作情况的报告（草案），审议通过了《关于召开政协长沙市第十一届委员会第二次会议的决定》、政协长沙市第十一届委员会第二次会议议程、日程、政协长沙市第十一届委员会第二次会议大会执行主席建议名单、大会秘书长和副秘书长建议名单、委员分组办法和各组召集人名单，审议通过了《关于特约政协委员的选聘及履职管理办法》，市政协各办、委、室负责人代表本单位向常委会述职，常委会组成人员对市政协各办、委、室的述职进行了投票评议；市政府副秘书

长曾慧明通报了市政协十一届一次会议以来提案办理情况。（唐朝阳）

【全国部分城市政协工作研讨会第二十八届年会在长沙召开】 9月27—28日，全国部分城市政协工作研讨会第二十八届年会在长沙枫林宾馆召开。本次年会由长沙市政协承办，年会宗旨是：交流先进经验，共享优秀成果，创新工作理念，服务科学发展。来自齐齐哈尔、太原、福州、昆明、西宁、兰州、南宁、成都、石家庄、乌鲁木齐、郑州、包头、鄂尔多斯、呼和浩特、南昌、贵阳、湘西州、四平、长沙等19个城市的市政协领导、专家、委员共70余人，欢聚长沙，交流思想，共同研讨新时期人民政协工作的创新与发展。（唐朝阳）

【提案工作】 6月27日，市政协重点提案督办会在市水务局召开，会议研究《加快浏阳河长沙城区段截污和污水处理厂提标扩容》提案办理工作。该提案由市政协委员刘诗题、杨红波、陈斌在市政协十一届一次会议上联名提交，提出浏阳河长沙城区段水质多年来一直较差，其下游三角洲及黑石渡断面曾连续数月出现劣V类水质，各类水污染物严重超出浏阳河下游水环境承载能力，直接影响湘江库区水环境安全。委员建议将库区一级支流浏阳河水污染治理纳入绩效考核指标体系，加快浏阳河长沙城区段排污口截污改造和污水处理厂出水水质提标改造，确保改造后的污水处理厂尾水水质由一级B标准提升到一级A标准以上。会上，与会委员就浏阳河水污染治理和污水处理厂提标扩容进行面对面协商沟通，提出意见建议。2013年，市政协委员、市政协各参加单位和各专门委员会收到提案582件，经审查立案557件。市政协主席会议审议确定7件提案作为重点督办提案，分别是：加快浏阳河长沙城区段截污和污水处理厂提标扩容、完善市垃圾科学化处理体系、加强基层医疗卫生机构建设、促进长沙会展业快速健康发展、加强农田生态建设与保护、加强智能电网配套、加强农村病死畜禽处理。（杨　霞）

【“三服务”主题活动】 3月14日，政协长沙市第十一届委员会召开第三次主席会议，审议通过《政协长沙市委员会关于在全市政协系统开展“三服务”主题活动的实施意见》等方案，“三服务”（服务“五化一率先”、服务民生民利、服务社会和谐）主题活动启动。市政协紧扣全市经济社会发展大局，将“三服务”主题活动与推动重大项目建设、排解企业发展难题、解决群众实际困难、化解基层各种矛盾相结合，开展推进新型城镇化建设、农村教育发展情况、大力发展现代服务业调研。引导政协委员每年至少提出1件较高质量提案，反映1条有价值社情民意信息，参加1次政协组织调研或视察活动，实现委员参加各项履职活动全覆盖。全市各级政协组织、各党派团体和政协委员将“三服务”主题活动作为履职重要平台，围绕就业、教育、养老、出行、食品安全等涉及民生民利问题献策出力。全市政协系统共开展相关活动112场次，联系重点工程、项目和企业近200个，为项目和企业解决实际问题200余个；开展调研视察活动150余次，撰写调研报告95篇，推动解决人民群众最关心、最直接、最现实利益问题近300个；举办公益慈善活动124次，捐款捐物总价值2000万余元。（杨　珂）

市政协主席范小新到芙蓉区调研现代服务业

【民主评议】 2013年，市政协组织开展对“市民政局及民政系统改进工作作风情况”民主评议，重点评议民政专项资金使用情况、办事流程规范情况、服务群众满意情况以及低保政策执行情况。成立由范小新任组长民主评议工作组，下设2个评议组，分别由副主席龚振湘和段安娜担任组长。3—7月，评议组先后赴8个区、县（市），深入街道、社区，通过听取情况介绍、进行座谈讨论、发放调查问卷、网络调查，开展明察暗访，组织专家论证，参考市绩效考核办2012年对市民政局领导班子考核结果、市审计局2011年对民政专项资金审计报告，在综合各方面情况基础上，形成对市民政局改进工作作风情况评议报告。（叶向京）

【政协重点调研】 2013年，市政协围绕“大力发展长沙现代服务业、推进新型城镇化建设、农村义务教育发展”开展常委会重点调研，主席会议成员带领各调研组，深入园区、企业、乡镇、学校和边远山区进行调研，广泛听取各方意见建议，充分借鉴外地成功经验，总结成绩、查找差距、寻求对策，精心撰写调研报告，提出了许多有价值、有深度的意见建议。9月10日，市政协重点调研课题成果汇报会在市委常委会议室召开。省委常委、市委书记易炼红出席会议并讲话，他强调，长沙已经站在新的发展起点上，全市上下、社会各界要群策群力，齐心协力，着力建设全面小康之市、两型引领之市、秀美幸福之市，着力实现产业倍增、收入倍加、城乡品质倍升，共推长沙经济社会更好更快发展。会议由市政协主席范小新主持，市领导陈泽珲、文树勋、李军、张迎春、陈献春、姚英杰、夏建平、谢明德、王力力、唐志浩、石长松，市政协顾问周秋光，市政协秘书长彭志一等出席汇报会。（唐朝阳）

【省政协主席会议成员到长沙调研】 2月21日，省政协主席陈求发率新一届省政协主席会议成员到长沙调研。省委常委、市委书记陈润儿，省政协副主席武吉海、刘晓、王晓琴、杨维刚、赖明勇等出席。陈求发一行先后视察了湘江长沙综合枢纽和梅溪湖国际服务区，了解长沙“沿江建设、跨江发展”战略以及两型社会建设成就。陈求发对长沙发展取得的成绩给予充分肯定，称赞“湖南变化大、发展快、势头好，长沙起到了率先和龙头作用”。市委副书记、市长张剑飞介绍了长沙经济社会发展情况。市领导张值恒、袁观清、范小新、谢树林、赵文彬、李军、钟新莲、谢明德、王力力、龚振湘、段安娜、彭继球、唐志浩、石长松、袁志恒、刘明理等参加调研或出席汇报会。（唐朝阳）

【社情民意工作】 2013年，市政协把反映社情民意作为人民政协科学履职重要途径。全市政协系统围绕经济社会发展中重要问题和群众普遍关心热点难点问题，深入调查研究，建言献策，共上报社情民意信息1000余条，市政协编审报送320余条，转办19条，《社情民意》内刊采用71期，上报省政协230余条，省政协采用39条，其中，《改善省国民党抗战老兵生活待遇刻不容缓》被全国政协采用。2013年，市政协被省政协评为反映社情民意工作先进集体。（周英姿）

【《政协园地》专栏开辟】 7月31日，市政协在《长沙晚报》开辟《政协园地》专栏，每月2期，设置“委员在基层”“提案追踪”“履职日记”等专题，创建政协宣传品牌，构建以《长沙政协》会刊、市政协网站、长沙新闻频道《政协之声》电视专栏、《长沙晚报》“政协园地”为主4个宣传平台。市政协制定《政协长沙市委员会办公厅新闻宣传工作管理办法》，发挥4个宣传平台作用，加大在中央和省市各级媒体宣传力度。全年发表各类新闻通讯文章273篇，其中《集民智知民情暖人心稳人心——长沙市政协搭建“三服务”新平台拓展履职为民“演练场”》《形式上做加法 内容上做减法——长沙市政协中秋茶话会变建言会》《用国际事业谋划“以人为本”的城镇化》等三篇通讯分别在7月20日、9月19日、11月2日《人民政协报》头版刊载，在《湘声报》刊载《转化调研成果，促推“六个走在前列》《长沙探路委员工作室》等多篇通讯和消息。出版《长沙政协》6期，制作《政协之声》26期，第63期《政协之声：让农村孩子也上好学》获“湖南省政协好新闻”一等奖。据央视索福瑞调查，《政协之声》栏目收视率在全省30多个新闻栏目中一直稳居前10名。《长沙晚报》刊载《7件提案获重点督办——长沙政协“三服务”主题活动聚力促发展》获“湖南省政协好新闻”二等奖。（袁治伟）

2013年长沙市各界人士中秋茶话会

【长沙市各界人士中秋茶话会】 9月17日，为贯彻中共中央关于改进作风精神，采取委员访谈的全新形式，以“干在实处、走在前列、传递正能量”为主题，在枫林宾馆举办2013年长沙市各界人士中秋茶话会，省委常委、市委书记易炼红，市委副书记、市长张剑飞等领导与长沙220余名各界人士齐聚一堂，共迎佳节。一场简朴的中秋茶话会在建诤言、献良策中拉开序幕，新生代农民袁虎、基层干部张超明、著名雕塑家雷宜锌、经济界知名人士王林和湖南大学副教授梅文慧等各界人士代表，面对面向市委、市政府领导建言，营造了各界人士共谋发展的浓厚氛围。倡议全市各级政协组织和政协委员为长沙实现率先建成“三市”、强力实施“三倍”发展目标凝心聚力、建功立业，得到积极响应。（唐朝阳）

【《老长沙见闻——外国人自述》出版】 2013年12月，《老长沙见闻——外国人自述》一书编辑出版。该书由市政协主席范小新任主编，副主席龚振湘、石长松任副主编，市政协文教卫体和文史委为责任编辑，湖南人民出版社出版。共收录各类文章35篇，约40万字，照片40余幅，包括日本、韩国、苏联、美国、意大利、法国等国家，篇幅涉及公函、信件、日记、回忆录等内容，很多资料都是第一次发现。该书将为人们研究辛亥革命以来，长沙对外开放历史提供比较详实客观资料，发挥文史资料“存史、资政、团结、育人”重要作用。（郑志华）

民主党派·工商联

责任编辑：吴丫丫

中国国民党革命委员会长沙市委员会

【概况】 2013年，中国国民党革命委员会长沙市委员会（以下简称“民革长沙市委”）共有党员1095人，平均年龄55岁，具有中高级职称的575人，占党员总数的52.5%；共有5个工委、2个总支、48个支部、1个小组。

一、履行参政党的基本职能。1. 履行政治协商、民主监督职能。2013年，领导班子、党员中的各级人大代表、政协委员积极参加省、市、区（县）党委、人大、政府、政协举行的各类会议、视察和督查活动，协商长沙市经济发展规划纲要等重大问题。民革长沙市委有30余位党员担任各类特约人员及民主监督员。7月，主委朱建军被推荐为公安部特约监督员。担任各级特约人员和监督员的民革党员认真行使民主监督的职能，参加各类政风行风民主评议活动，并提出中肯意见，受到相关部门的重视。2. 做好专题调研、建议、提案工作。年内，民革长沙市委围绕创新社区管理、农村合作经济、城市排水管网建设等专题，形成《创新社区管理体制 推进长沙社会建设》《发展现代农业的重要主体和有效路径——对长沙农民专业合作社的调查与思考》《关于长沙市排水设施建设的调研报告》《关于优化经济发展环境的调研报告》4篇调研报告，提交《理顺社区“责权利”，创新社区管理体制》《关于加大支持农民专业合作社发展的建议》《结束“长沙看海”的历史——关于我市内涝治理的建议》《关于进一步优化我市经济发展环境的建议》4篇集体提案。年内，民革党员中的人大代表、政协委员在省市人大、政协会上，共提交建议案、提案79件。市政协会议期间，第十一届一次会议提交的集体提案《关于完善我市垃圾科学化处理体系的建议》、朱建军的《关于加强农田生态建设与保护的建议》、谢建国的《关于解决山区偏远地区学校师资等问题的建议》、康镇麟的《关于加快长沙市社工人才队伍建设的建议》和宁帆的《关于扶助失独家庭，坚持计划生育的建议》5件提案被评为市政协年度优秀提案。年内，民革长沙市委在市政协第十一届一次会议上的大会发言《完善城市垃圾科学化处理体系，建设绿色宜居美好家园》获得市委书记陈润儿和市长张剑飞的批示，由其转化的集体提案《关于完善垃圾科学化处理体系的建议》被市政协定为主席重点督办提案；大会发言《夯实乡镇财政管理，维护农村社会稳定》获得张剑飞的批示。3. 做好社情民意、统战信息报送工作。年内，民革长沙市委向省民革和市政协提交社情民意100余篇，其中全国政协采用3篇，省政协采用4篇，市政协采用9篇，总分在全市25个信息报送单位中名列第二。其中《流浪者能否安全过冬亟需关注》和《城市环卫临时工的工作状况不容忽视》两篇信息获市级领导的批示。全年提交统战信息120篇，其中中央统战部采用2篇，省专网采用43篇。2013年，民革长沙市委被市统战部评为“全市统战信息工作先进单位二等奖”，机关干部陈瑞来被评为“全市统战信息工作先进个人”。

二、加强自身建设。1. 抓好政治理论学习。年内，民革长沙市委以学习贯彻中共十八大精神为主线，组织全市党员以报告会、理论学习和征文等形式开展中共十八大精神、全国两会精神、民革十二大精神、中共十八届三中全会精神和“薪火相传 圆多党合作之梦”等主题学习教育活动；组织代表队参加全市政协系统“忠实履职，奉献湖南”的主题演讲比赛并获三等奖；组织党员参加省民革、市政协和市统战部的各类统战理论征文活动并投稿共27篇。杨舜尧撰写的《加强民主党派民主监督职能的几点思考》被市委统战部评为“全市统战理论研究工作优秀成果三等奖”。2. 举办首届“同心论坛”。为进一步夯实多党合作基础，民革长沙市委组织领导班子及全市党员开展“同心同行”学习活动，并以“如何提高民主监督实效性——为执政党建诤言献良策”为主题举办了首届“同心论坛”。3. 加强民革工作成果宣传。一是积极向社会宣传报道市委会各项工作。年内，各类新闻媒体报道民革长沙市委工作110余次，其中《团结报》采用民革长沙市委宣传稿17篇，《湖南日报》《长沙晚报》等报刊刊载稿件34篇，长沙电视台等电视媒体播报民革长沙市委工作14次。二是办好“长沙民革网”，活跃民革宣传阵地。网站更新信息220余次，及时更新市委会和各基层组织重要资讯，网站的吸引力、传播力进一步增强。4. 推进组织建设。一是做好组织发展工作。贯彻组织发展原则,稳妥发展党员47人。全部具有本科以上学历，其中具有硕士研究生学历的5人，博士研究生学历的1人，具有中高级职称的21人，副科以上实职4人。加强对入党对象和党员的培训，全年进行入党前教育47人次，推荐39名党员参加各级组织举办的培训班；积极配合省人大、省政协换届工作，做好省人大代表和政协委员的推荐工作；补选第十三届委员会常务委员和委员各1名；在民革省委开展的“富民强省做贡献，我为民革添光彩”的评先表彰活动中，民革长沙市委5个基层组织被评为“先进基层组织”，8人被评为“优秀基层党务工作者”，33人被评为“优秀党员”。二是夯实组织基础，加强基层组织建设。完善全市党员信息电子档案库，共采集、录入和更新党员个人信息200人次。多方协商、精心筹备，成立民革芙蓉区工委，并根据党员行政区域管理的要求，将天心区一中支部并入天心区工委。落实组织工作章程，指导岳麓区总支二支部、浏阳工委三支部、芙蓉区工委一支部等基层组织进行换届或届中调整。5. 加强机关建设。以创建文明单位为契机，规范档案及内务管理；年内，根据机关干部所长进行岗位大调整，激发了机关工作活力；培养和启用年轻干部，对机关5人的职务和职级进行调整，通过省直公务员考试录用干部1名，拟选调基层干部1名，给机关注入新鲜血液。年内，民革长沙市委被中共长沙市委、市政府评为“2012年—2014年文明创建工作先进单位”。

三、深化社会服务品牌。1. 关爱抗战老兵。年初，出台《关爱抗战老兵工作意见》的文件，开展“关爱抗战老兵”品牌化社会服务活动。全年慰问抗战老兵50余人次，向各级人大和政协提交《关于改善长沙籍抗战老兵生活待遇的建议》的建议和提案，陆续开展为长沙籍70余位抗战老兵送医送药的关爱活动。7月，在民革长沙市委的推动下，长沙慈善基金会、深圳市龙越慈善基金会联合开展的“长沙市幸存国民党抗战老兵关怀计划”项目正式启动，项目每年为每位长沙籍抗战老兵发放1万元的生活补助。11月，民政局对民革长沙市委会核实确认的第二批共104位抗战老兵发放生活补助。年内，该项目共有两批次196位抗战老兵被正式纳入关怀计划。各基层组织也积极投身关爱抗战老兵活动，多次开展上门核查走访及慰问活动。2. 帮扶“同心社区”。民革长沙市委响应中共长沙市委统战部关于同心社区建设的号召，确定雨花区高桥街道怡园社区为帮扶社区，开展“党派进社区”系列活动。民革长沙市委机关支部签约结对帮扶4个贫困家庭并赠与每个家庭每年各2000元的扶助金；结合市政协的“政协界别周”活动，到怡园社区开展“科技知识进社区”和“法律进社区”活动，成立“同心社区法律咨询服务工作站”，组织民革界别的律师为社区居民定期开展免费的法律咨询活动。3. 基层组织牵手困难群众。2013年，民革中央在全党开展“伸出博爱之手——民革基层组织牵手困难群众”活动，各基层组织开展各类帮扶活动。天心区工委在大托铺街道定向援助了湖南省第一个“雷锋超市”，并成立“残疾人就业服务基地”，为社区困难居民免费提供生活物资，为街道50余位残疾人提供就业和培训机会。雨花区工委、城建局支部、浏阳工委、天心区一中支部、科教文卫专委会和岳麓区总支等基层组织关爱山村贫困学子，多次到桑植县汨湖小学、凤凰县山江小学、浏阳小溪小学和岳麓区大坡小学等贫困学校开展系列爱心助学活动；民革部分党员发起成立了“博爱牵手·民革助学”公益基金，为中南林业大学的10名贫困学生每人每年发放4500元的助学资金；开福区工委和城建局支部以多种形式关爱环卫工人，如为环卫工人子弟学校捐资助学、请环卫工人聚餐、邀请环卫工人畅游星城、保障环卫工人劳动权益等。2013年，《团结报》分别以题为《我的人生有了希望》《活跃在星城的民革人》《情系城市美容师》《点燃希望的力量》的头版新闻对市委会社会服务品牌工作进行了系列的专题报道。

四、深化祖国统一大业。1. 开展祭拜抗日远征军英烈活动。清明前后，组织部分党员代表一行20余人到云南腾冲祭拜抗日远征军英烈。2. 开展涉台参政议政调研工作。年内，祖统委员会委员和城建局支部部分党员赴福建开展主题为“从海西经济看长沙的台资企业投资问题”的调研活动，多次到长沙市台办实地调研长沙市台资企业发展情况，并撰写调研报告。3. 多方式开展祖统工作。组织召开一次祖统工作委员会会议，并学习中共十八大精神；印发3期《台情研讨》；举办“中秋三胞联谊会”；组织100余名党员参加由民革中央副主席、台情研究专家郑建邦主讲的台湾

7月5日，民革长沙市委主委朱建军出席“长沙市幸存抗战老兵关怀计划”项目启动暨援助金发放仪式并发言

形势报告会。（黄碧泉）

民革长沙市第十三届委员会

主任委员　朱建军
副主任委员　陈　慧（女）
　　薛开伍
　　刘仙娥（女）
　　蒋　林
秘书长　张蔚秋

中国民主同盟长沙市委员会

【概况】　截至2013年底，中国民主同盟长沙市委员会（以下简称“民盟长沙市委”）共有盟员1544人，平均年龄55.1岁，具有中、高级专业技术职称的占81.4%，下设5个区工作委员会、47个支部。

一、参政议政。十二届全国人大一次会议期间，何寄华提交《进一步完善信访工作机制的建议》等3件建议，并做客人民网强国论坛，接受人民网专访，就创新型城市建设、公交都市、新能源汽车的推广等问题与网友进行深入交流。十二届湖南省人大一次会议期间，刘志红提交《关于积极推动我省开展学校社会工作的建议》等3件建议，并就“舌尖上的浪费”问题接受湖南都市频道的专访。十四届长沙市人大第一次全体会议期间，赵凡存等8位盟员市人大代表共向大会提交9件建议，其中杜有志的《关于长沙市加强电梯安全监管的建议》和《关于长沙尽快推行全民免费体检的建议》分别被《长沙晚报》两会特别报道专版、《三湘都市报》、新华网、新浪网等多家媒体详细报道，市人大相关领导对建议给予高度评价。省政协十一届一次会议上，省政协委员何寄华、张伯序向大会提交《关于大力推进我省特色文化产业发展的建议》等3件提案。市政协十一届一次全会上，民盟长沙市委提交2份大会发言材料、4件集体提案，27位盟员市政协委员共提交45件个人提案。民盟长沙市委提交的大会发言材料《加强基层文化设施建设，让文化发展成果普惠我市城乡民众》和《让“长沙创造”托起我市新型工业化腾飞的翅膀》分别得到市委书记和市长的批示。多位委员的提案被《长沙晚报》《三湘都市报》、星辰在线等媒体报道和关注。民盟长沙市委集体提案《关于推进长沙保障性住房建设的提案》和郑宏旺、张庆和、陆佳宾等委员的共4件提案被评为优秀提案。区级“两会”期间，5个区工委和各区盟员人大代表、政协委员就该区的建设发展积极献计献策。重视信息撰写工作，为破解经济社会发展中的热点难点问题提供对策建议。民盟长沙市委被市政协评为2012年度反映社情民意信息工作先进单位，被市委统战部授予统战信息工作特别贡献奖，被民盟湖南省委评为社情民意先进单位。重视课题调研工作，不断完善调研模式。围绕长沙市中心工作，确立了“加快长沙公交都市建设”“加强农村中小学薄弱学科师资队伍建设”等9个调研课题。联合市政协提案委，组织市政协民盟界委员到湖南龙骧巴士公司，就长沙市建设“公交都市”问题开展视察调研活动。激发基层和盟员参政议政积极性，开展课题竞标。其中刘志红的《社会结构变迁与社区统战工作研究》成为民盟湖南省委和长沙市委统战部统战理论中标课题，长沙商贸旅游职业技术学院支部、涉外经济学院支部、芙蓉区综合支部等中标民盟长沙市委课题，长沙学院、民政职业技术学院、商贸旅游职业技术学院、湖南省涉外经济学院等高校支部及个人参与省市统战理论课题竞标，其中杨建宏的《建立长效约束机制，把权力关进制度的笼子》获市委统战部理论课题二等奖。

二、自身建设。1. 思想建设。制定并下发《民盟长沙市委会2013年学习宣传工作实施意见》，对思想建设做出总体部署。全年就中共中央“八项规定”等政策、中共十八届三中全会精神、全国“两会”精神、民盟精神等开展专题学习活动；组织盟员参加骨干培训班、统战知识主题讲座和竞赛；组织新成员参加培训学习81人次，组织和选送骨干盟员参加市各民主党派骨干进修班、全市科级干部培训班、非中共青年干部培训班、浙江大学进修班学习。注重工作交流，分别与清远、银川、宁波、重庆等民盟组织进行工作交流。注重对外宣传，以专题活动为载体提升形象，组织部分盟员政协委员和青年工作委员会成员在湖南省未成年劳动教养人员管理所开展“中国梦·我的梦”为主题的“五四”青年节活动；组织盟员人大代表、政协委员及骨干成员，考察长沙先导区和高新区“两型”社会建设情况。以主流媒体为渠道推荐民盟，将民盟长沙市委的工作亮点、理论研究成果向外推介。编发12期《工作简报》，出刊3期《长沙盟讯》，及时更新网页和宣传板内容，将重大活动、工作亮点向主流媒体和市委统战部网站、民盟湖南省委刊物、网站推介。以论文征集为抓手推荐研究成果，刘志红的《社会组织统战工作理论研究》获市统战理论论文三等奖，选送8篇论文参加民盟省委高教论文征集活动。2. 组织建设。下发《民盟长沙市委组织发展2013年度计划》，对组织发展工作进行全面部署。成员总数保持稳定增长，新发展盟员平均年龄38.5岁，总体呈现主界别平稳、非重点界别提升、结构优化、层次更高的特点。望城区综合支部举行成立大会，宁乡县成员增幅明显。抓住新一届人大、政府、政协换届时机，主动沟通各级党委，推荐优秀盟员，取得盟员政治安排和实职安排新成果。向市委统战部推荐58位长沙盟员为湖南省“百千万党外人才计划”的人选，孟繁英被评为“感动中国之感动湖南年度人物”，刘毅被授予2012年度“长沙市十大青年律师”称号。积极引导区工委发挥指导、沟通和协调的作用，争取各区委统战部、区政协和区政府有关部门的支持，支持、指导支部开展各有特色的盟务工作；发挥专委会能动性，鼓励各工作委员会充分利用自身优势开展各具特色的专委会活动。召开基层工作会议对评先创优工作进行动员和部署，首次将各区工委工作纳入考核范围。16个支部被评为民盟长沙市委2012年度活力支部，雨花区综合一支部被民盟中央授予民盟组织工作先进基层组织荣誉称号，民盟长沙市委被民盟湖南省委评为2012年度民盟组织工作先进集体。3. 机关建设。发挥机关服务、协调、参谋、沟通的作用，提高工作效能，确保各项工作的贯彻落实。成立档案管理领导小组，制定、完善《档案管理制度》等制度，规范档案管理体系，在市档案局组织的档案检查工作中，民盟长沙市委档案建设被评为优秀。配合民盟湖南省委盟史办的调研，加强对盟史资料的收集和编纂。参加市志编撰工作，被授予“长沙市第二轮修志工作先进集体”称号。

三、社会服务。将“同心工程”作为履行社会服务职能与践行多党合作制度相衔接的良好载体，积极做好“同心社区”工作。参加“同心社区”及“爱心驿站”建设，向怡园社区捐赠价值3000元的爱心书籍，组织盟员企业家结对帮扶社区贫困残疾居民；联合同升街道、长沙商贸旅游职业技术学院支部举办能干堂客厨艺比赛，进行“同心工程”项目推进的有益尝试。将社区大学和孟妈妈青少年保护家园作为服务群众的重要窗口，依托这两个社会服务点的基础和优势，积极开展服务社会活动。孟妈妈青少年保护家园以“雨润心灵，化茧成蝶”特群帮扶项目首批入围并参展第二届中国公益慈善项目交流展示会。将“烛光行动”作为重要项目，开展有实效的扶贫帮困活动。盟员企业家石建平、谭斌、周顺家、彭惜惜等向浏阳龙伏镇贫困大学生捐赠助学款近2万元；特邀民盟中央“农村教育烛光行动”顾问徐方瞿和上海莘越软件科技有限公司总经理徐雯在明德麓谷学校举办《几何王》软件捐赠和培训活动。各区工委、基层组织和全市盟员结合自身特点，发挥自身优势，关注留守儿童、送教下乡、扶贫帮困等方面作出了积极的贡献。（赵　睿）

民盟长沙市第十五届委员会

主任委员　何寄华

副主任委员　刘志红（女）　赵凡存　张庆和　陈迪夫

【龙庄伟调研湖南民盟社会服务工作】　12月10日，民盟中央副主席龙庄伟出席“湖南民盟帮扶石江村十年研讨会”，调研民盟湖南省委、民盟长沙市委帮扶石江村的社会服务工作，参观了党盟共建的医疗服务点、石江村的重点项目——创新搅拌站和施工中的新项目基地。龙庄伟对民盟湖南省委、民盟长沙市委10年来对石江村的帮扶成果给予高度评价和充分肯定，并希望今后湖南民盟进一步做好帮扶工作，为全盟社会服务工作创造更多的新经验和新做法。（赵　睿）

中国民主建国会长沙市委员会

【概况】　截至2013年底，中国民主建国会长沙市委员会（以下简称“民建长沙市委”）建立5个区工作委员会、33个支部、6个专门工作委员会、2个联谊会，共有会员898人，其中经济界人士792人、中上层人士602人。

一、参政议政。1.积极提交提案建议，其中市委会《关于加强我市涉农企业科技创新能力的建议》和政协委员江跃龙《关于“做好长沙农产品现代物流产业试点工作”的几点建议》被市政协评为优秀提案。2.民主评议深入基层，主委段安娜、专职副主委李丽雄分别牵头对民政局、文化市场综合执法局开展民主评议。3.完成3个调研课题、5个集体提案和6篇统战理论论文。段安娜、李风华撰写的《网络意见领袖统战工作研究》为市委统战部统战理论研究中标课题。市委会获民建湖南省委理论研究工作先进单位一等奖。4.全年报送社情民意、统战信息稿件116篇，其中社情民意稿件被民建中央采用4篇、省政协采用8篇，市政协二等奖稿件8篇。市委会获2013年长沙市政协社情民意工作先进单位二等奖和民建湖南省委反映社情民意先进单位二等奖。会员江跃龙被评为市政协反映社情民意信息工作先进个人。

二、组织建设。1.深入开展“创先争优”活动，进一步增强各基层组织活力和凝聚力，共评出先进集体16个、优秀会员70名、优秀会务工作者59名、参政议政先进个人10名。2.召开基层组织经验交流会，及时总结基层工作经验，传达民建全国基层组织建设研讨会议精神。3.进一步加强后备干部队伍建设，通过接待、走访、座谈等形式了解基层组织工作情况和会员思想动态，对在机关事业单位工作的23名会员进行重点走访。4.全年共发展35名新会员，平均年龄37.5岁，大专以上学历33名（其中研究生3名）。

三、思想建设。1.抓好领导班子思想建设，召开常委层面的民主生活会，深入开展批评与自我批评。2.通过学习十八届三中全会精神和开展纪念中共“五一口号”发表65周年征文等方式，对会员进行生动的爱国主义和多党合作历史教育。3.加强新会员会章会史教育，召开新会员座谈会，通过播放会史宣传片、发放会刊杂志、邀请会务骨干和老会员现身说法以及鼓励新会员畅谈感想等形式，加深新会员对民建历史和传统的了解。4.保

12月10日，全国人大常委、全国人大农业与农村委员会副主任、民盟中央副主席龙庄伟出席“湖南民盟帮扶石江村十年研讨会”

持民建长沙市委网站正常运行，使广大会员便捷的学习上级文件精神，掌握会的工作动态，了解基层的活动情况。

四、社会服务。1. 组织各区工委与联点社区继续开展“同心工程”建设工作。12 月 19 日，《团结报》在头版以“攀亲”为题，对天心区工委与白沙井社区联点共建工作进行了大篇幅报道。在 9 月召开的民建全国基层组织建设研讨会上，天心区工委主委王德军作为湖南唯一发言代表进行发言，获2013年度湖南省“十大‘同心人物’提名奖”。2. 参与市政协“三服务”主题活动。邀请长沙学院法学教授孙喜峰为民建企业家们进行“服务民营经济发展助推法制环境建设”的主题讲座；组织会员参加 2013 中国非公有制经济发展论坛及第十五届中国风险投资论坛；企业家联谊会组织岳阳、益阳、衡阳的民建企业家到长沙开展联谊交流，并邀请湖南知名学者王林教授对十八届三中全会全面深化改革的政策进行了分析和解读；11 月，三胞亲友联谊会发起接待了中国台湾两岸医师交流协会 10 人代表团，并与长沙市第一人民医院开展了友好技术交流，为两岸医术交流搭建平台。3. 继续打造“扶贫助学敬老”爱心品牌，开展多项社会公益活动，通过联络固定社区、村落，长期开展慰问、咨询、联谊、招商等社会服务工作。（张　正）

民建长沙市委第十三届委员会

主任委员　段安娜
副主任委员　李丽雄（专职）
　斯洪标　刘诗题
　张海岸
秘书长　石莉波

中国民主促进会长沙市委员会

【概况】　截至 2013 年底，中国民主促进会长沙市委员会（以下简称“民进长沙市委”）有会员 897 人，平均年龄 53.5 岁，具有中、高级专业技术职称的 716 人，占 82.8%，基层组织有 7 个工委、2 个总支、54 个支部。

一、参政议政。1. 依托“两会”平台，积极建言献策。省、市“两会”上，提交代表意见、批评建议 15 件，委员个人提案 37 件，向市政协提交集体提案 6 件。集体提案《关于依法治理促进长沙会展业快速健康发展的建议》和李素娥的《关于加强我市农村病死畜禽处理，从源头上消除食品安全重大隐患的建议》被列为市政协年度重点督办提案（全市共 7 件）。2. 发挥自身优势，深入开展调研。确定《关于长沙会展业法制化建设》和《关于在长沙市推广中小学陶艺教育的调查研究》两个调研课题，向中共市委提交了 2 篇高质量的调研报告，获中共市委常委、副市长张迎春的批示。配合民进湖南省委完成《湖南省流动人口现状及管理的调查研究》《湖南省湘江流域面源污染的调查研究》等课题的调研工作。参加省、市政协《湖南省高校产学研结合》《城镇化建设》《现代服务业发展》《农村教育发展》等课题的调研和省人大《长沙市炭河里遗址保护条例（草案）》的备案审查工作。3. 加强对口联系，开展民主监督。加强与市教育局、市城管局等对口联系部门之间的沟通协调，及时跟踪提案办理和建议答复等事宜。会领导参加全国政协到湖南专题调研以及中共中央巡视组、最高人民法院、中共湖南省委、省政府、中共长沙市委、市政府召开的各种协商会、座谈会、市政协民主评议活动等 10 余次，就经济、政治、社会和文化建设中的重大问题发表意见和建议。参与市重大工程项目招标监督。受聘于市纪委、市国资委、市审计局、市质监局等部门的特约人员认真履行民主监督职责。4. 围绕“六个走在前列”，开展“三服务”主题活动。参与市政协“三服务”主题活动，动员会员和会内政协委员积极投身长沙经济社会发展的主战场，组织开展政协委员界别活动，就长沙市文化建设与素质教育等方面建言献策，在市政协“三服务”主题活动经验交流会上作典型发言。选送 1 名成员参加市政协“忠诚履职 奉献湖南”演讲比赛获二等奖。5. 紧扣热点难点，反映社情民意。报送社情民意信息 300 余条，被采用 22 条，采用量连续 5 年名列全市第一。报送统战信息 120 余条，被采纳近 60 条，其中《关于将建设国家级长沙新区作为我省新的重大发展战略选择的建议》等 4 条得到省、市主要领导的批示。6. 深化理论研究，扩大宣传影响。2 篇统战论文中标省、市统战部统战理论研究课题，在市政协理论征文活动中 2 篇文章获奖，向各级媒体报送宣传报道稿件 200 余篇，被采用 300 余篇次。副主委张早平、岳麓区工委分别被民进中央评为宣传信息先进个人和先进集体，民进长沙市委被评为全国《民主》杂志征订优秀集体。民进长沙市委网站正式开通运行，会刊《长沙民进》的形式和内容不断改进，全年编印发行 4 期，受到广大会员喜爱和支持。

二、社会服务。1. 参与“同心工程”，做实同心品牌。发挥会内教育文化界的优势，积极参与“同心工程”系列活动。5 月 3 日，承办民进湖南省委的“同心共进·文化惠民”大型文化公益活动的启动仪式暨首演，谢勇、文树勋等省市领导出席，近千名群众到场观演，《人民政协报》、民进中央网站、湖南卫视、红网等多家主流媒体作专题报道。参与中共市委统战部“同心社区”建设系列活动，对怡园社区四户特困家庭进行结对帮扶，年内开展多次慰问帮扶活动；向社区捐赠价值 5000 元的书籍一批；会内政协委员积极参与两代表一委员工作室活动，走进社区，贴近群众，帮助基层解决实际困难。各基层工委开展“同心百课进基层”“同心惠民·雅韵三湘”送戏进社区、“党派连村”等同心活动，受到群众的普遍欢迎。2. 开展捐资助学活动，支持公益事业。组织开展“大爱民进”系列捐资助学活动，为农村学校捐赠价值 5 万元的学习用品和 5000 元爱心助学款，组织会内骨干教师开展送课下乡支教活动。为四川雅安地震灾区重建和灾民救助捐款 20 万余元；会领导专程到平江看望因病致残的会员王翔，并为她送去爱心帮扶款。3. 加强联点帮扶，助力新农村建设。4 月，民进省委、市委领导到宁乡县山园村开展送温暖活动，走访慰问因龙卷风受灾的困难群众，赠送慰问款物价值 2 万余元。12 月，配合民进湖南省委在山园村举办“大爱民进——情系山园村”大型社会服务活动，捐赠价值 4 万余元

5月3日，民进长沙市委在宁乡县文体中心举办“文化惠民、同心共进”大型文化公益活动启动仪式暨首演

的慰问物资，组织会内优秀教师、农技专家对学生和农民进行培训。4. 继续推动“阅读·梦飞翔”项目。做好牵线搭桥和协调服务工作，使项目得到快速拓展，截至2013年底，在全省10余个县、区捐建“阅读·梦飞翔”图书室149间、环保公厕7座，奖励资助学生1200余人次，累计投入资金超过1000万元，受益学生达10万人，项目被民进中央《民主》杂志和长沙电视台专题报道，并被民进中央《大爱民进》收录，社会反响强烈。5. 发挥经济界人士联谊会作用，服务会员企业。年初，联谊会组织常务理事上门为华能自控有限公司上市融资提供指导；4月，邀请华泰证券公司投融资专家举办投资理财讲座；8月，召开专题研讨会，为会员的企业在发展中遇到的问题和困难进行把脉并出谋划策。10月，会员陈杏华创办的千龙湖生态旅游度假山庄承办世界休闲农业与乡村旅游城市（城区）联盟第一次峰会，吸引来自27个国家的部长和省、市长及45个国家的外交使节参加，原外交部长、中国公共外交协会会长李肇星等多位中央、省、市领导应邀出席。

三、自身建设。1. 深化主题学习活动，加强思想建设。深入学习贯彻中共十八大和十八届三中全会精神，邀请民进湖南省委副主委、省环保厅副厅长潘碧灵和民进长沙市委副主委张早平作学习传达中共十八大和全国“两会”精神辅导报告，会内市委委员、各级人大代表、政协委员，基层工委班子成员等120余人参加学习。十八届三中全会召开后，在民进市委全会上进行专题学习，在会刊上开辟学习专栏，在基层组织开展各种学习活动。加强“同心”思想教育，通过座谈会、主题征文活动等形式，进一步统一思想，提高认识，在合作共事实践中推动同心同行。在市统战系统纪念“五一”口号发布65周年座谈会上，主委李平作题为《传承“五一口号”精神，加强高素质地方参政党建设》的发言，并在《长沙民进》上发表纪念文章。教师节庆祝活动期间，组织全体会员观看电影《周恩来的四个昼夜》。加大市志会史工作力度，完成1988—2012年市志民进篇前期编撰任务，坚持开展会章会史学习教育活动，邀请专家进行指导，进一步提高档案管理水平，使会史志、档案管理工作始终处于省、市先进行列。2. 提高队伍素质，推进组织建设。严把入口关，着力提高组织发展质量，优化会内人才结构，全年共发展新会员44人，平均年龄34岁，大学本科以上学历42人，中级以上职称25人，会员净增率4.8%，完成民进湖南省委布置的理顺组织发展流程、规范入会审批程序的相关工作。加强联系指导，推进基层组织建设，5月，成立宁乡县工委，工委组建工作全部完成。全年召开4次工委主委会议，加强市委与基层之间的沟通与衔接。下拨6万余元经费支持基层开展工作和活动，完成5个工委届中调整和2个支部重组的工作，推进机关干部下基层活动，加强机关与基层的交流互动。加强后备队伍建设，注重人才培养，落实《湖南省党外代表人士队伍建设“百千万党外人才计划”实施方案》的要求，切实做好后备干部推荐工作。完成省、市委统战部干部调训任务，选派会内领导班子成员和骨干会员参加市级以上学习培训38人次。完成参政议政工作委员会人事调整，完善会内人大代表、政协委员和特约人员履职考评机制，加大对会内新任人大代表、政协委员的培训力度。开展慰问活动，增强组织凝聚力，春节前夕，完成对会内120余名老同志和5名困难成员的慰问工作，全年看望因病住院、吊唁去世会员10余人次。认真组织迎春联欢会、教师节活动，指导基层开展“三八”妇女节、老人节和“三胞”联谊等庆祝活动。组织开展机关老干部和“关协”的活动。3. 创新制度管理，深化机关建设成果。推进“制度建设年”活动，对各项制度进行修订完善，编印《制度汇编》。加强机关干职工队伍建设，选调1名基层干部进入机关工作，完成机关干部轮岗交流，与贵州、乌鲁木齐、南宁等地民进组织开展交流。（兰德泉）

民进长沙市第十一届委员会

主任委员	李　平
副主任委员	高智麟（专职）
	张早平　邹国兴
	李正元
秘书长	李素娥

中国农工民主党长沙市委员会

【概况】 截至2013年底，中国农工民主党长沙市委员会（以下简称“农工党长沙市委”）有党员836人，具有中、高级专业技术职称的812人，占总人数的97%，平均年龄49.5岁。基层组织有5个区工委、6个总支、30个支部。

一、参政议政。农工党长沙市

委《关于进一步推进我市食品工业发展的调研》《关于我市民办幼儿园收费与管理的调研》等调研课题的对策建议，得到了中共长沙市委的高度重视和采纳。农工党长沙市委向长沙市政协提交集体提案4件，其中《关于加快发展我市农村电子商务的建议》获市政协优秀提案奖。周锦民撰写的《关于推行城市垃圾分类回收处理的建议》成为市政协第十一届主席会议重点督办提案之一，并获个人优秀提案奖。农工党长沙市委与市监察局、市国土资源局、市卫生局等7个对口联系单位加强联系，履行监督职能。组织党员参加中共长沙市委、市人大、市政府、市政协举行的民主协商会100余次，充分履行政治协商、民主监督职能。洪霞、陈忠参加市监察局对市水务局行政执法民主评议。王林、李光焰、刘军亮被聘为市优化经济发展环境暨机关效能建设监督员。全年共报送统战信息50余条，提交社情民意50余篇。农工党长沙市委被中共长沙市委统战部评为全市统战信息先进单位，易介兵获2013年度全市统战宣传工作先进个人。发挥党刊《前进论坛》《农工湘讯》《长沙农工》作用，进一步统一党员思想认识，提高党员政治素养和理论水平。编辑《长沙农工》4期，征订《前进论坛》516份，被农工党中央评为党刊发行工作先进集体。主委龚振湘《加强社区建设、创新社会管理》的调研报告、副主委陈忞《赴俄、德、匈三国学习考察报告》在农工党中央刊物《前进论坛》上发表。组织完成《长沙市地方志》关于农工党长沙市委1998年至2012年历史撰稿工作任务。

二、自身建设。1. 加强自身建设。农工党长沙市委全年共发展34名党员。新成立望城区支部，填补望城区无农工党基层组织的空白。宁乡支部升格为总支。市中医院总支、市直属一支部完成换届工作。成立天心药业支部和开福药业支部。对岳麓区工委、市第四医院总支、直属四支部、药业支部、教育一支部的领导班子进行调整充实。农工党长沙市委在5月农工党湖南省委组织的纪念中共中央发布“五一口号”65周年和农工党省委成立30周年评先活动中，被评为“先进地方组织”，13个支部、总支被评为“先进基层组织”，42名党员被授予“优秀党员”称号。重视培训锻炼，推进后备干部队伍建设，组织党员参加各类培训30余人次。2. 完善规章制度，走访联络工作出成效。启动党员信息数据库建设，为党员建立完整的电子档案，并对党员纸质档案重新进行整理归档。在全市档案验收工作中，机关档案工作被评为优秀等次。制定《2013年度机关服务联系基层组织方案》和具体实施计划，全年看望慰问各级人大代表、政协委员60余人，走访联系基层组织50余次，走访农工党省委、各级统战部门60余次，春节慰问老党员100余人次，慰问生病住院、去世、家庭困难和过70岁以上整生日的党员40余人次，接待来访党员100余人次。3. 以活动为载体，增强党组织凝聚力。举办庆祝“三八”节女性保健知识讲座、“喜迎国庆、欢度中秋”联谊会、重阳节健康知识讲座及两年一度总结表彰暨新春联欢会。农工党长沙市委对评选出的2011—2012年度的2个先进区工委、3个先进总支、4个先进支部、93名优秀党员进行表彰。4. 党员立足本职，推进长沙“六个走在前列”。党员刘振是楚天科技企业上市公司的创始人和技术中坚，共获专利405项，其中发明专利27项。夏放群在2013年的“中博会”食品安全保障和“创建全国文明城市”工作中被市委、市政府评为“先进个人”。黄树明主研课题《“三通四联法”治疗腰椎间盘突出症的临床研究》获2013年省中医药科技奖二等奖。高智颖在市政协组织的“忠实履职、奉献湖南”演讲比赛中获三等奖。彭顺超捐款600万元为家乡益阳市赫山区岳家桥镇建立一所面积5000平方米的中心卫生院。贺小平出版小说散文集《荆楚烟云》、散文集《大地苍茫》、报告文学集《灰汤四十年》。陈俊在市卫生局、市文明办、市妇联等单位联合举办的首届长沙十大最美护士评选活动中被授予“首届长沙十大最美护士”称号。

三、社会服务。以宁乡支部为依托，农工党长沙市委与农工党省委、宁乡县支部三级联动在宁乡县横市镇泉柳村开展的三级定点社会服务活动成为党派社会服务工作的“精品工程”。开展“同心社区”建设工作，组织14名医药专家在高桥街道怡园社区开展义诊服务活动，8名党员捐资8000元，结对帮扶社区中的8户贫困家庭。农工党长沙市委与市政协提案委组织农工党界别等30余名政协委员及农工党市委医药、法律专家到芙蓉区东岸街道望龙村开展医疗义诊、法律咨询“三服务”主题活动，共提供价值近3万元的药品和4000元捐赠，对望龙村部分患病及困难群众进行帮扶，受到当地村民的一致好评。联合市政协法制群团委和党员杨永和到市第二社会福利院开展爱心捐助活动，将100床价值近4万元的双面凉席捐赠给福利院的老人和儿童。组织引导基层组织和广大党员开展医疗义诊、扶贫帮困、爱心助学、法律援助等活动30余次，捐款捐物数百万元，受益人数上万人。芙蓉区综合支部在湘湖卫生服务中心开展“学雷锋、献爱心”捐资助残活动，对每位残障者资助价值500元共计3万元康复消费卡。法律支部无偿为弱势群体提供法律援助30余人次。天心区工委帮扶登仁桥社区的特困户。岳麓区工委参与中共岳麓区委统战部组织的“呵护健康，关爱儿童”为主题的大型义诊活动。开福区工委药业支部11位党员对湘西吉首矮寨小学11名小学生结对帮扶，承诺帮扶至大学毕业，对慈利县宜冲桥歇驾庄小学爱心捐助10万余元，帮扶该校改善教学环境。雨花区工委开展学雷锋活动，多次开展义诊进社区和健康知识讲座活动。农工党长沙市委被农工党中央评为“2010—2012年社会服务工作先进集体”。（易介兵）

农工民主党长沙市第十二届委员会

主任委员　龚振湘
副主任委员　洪　霞　陈　忞
　　　　　王清华　黄树明
秘书长　周锦民

中国致公党长沙市委员会

【概况】 2013年，中国致公党长沙市委员会（以下简称“致公党长沙市委”）团结带领全市致公党党员，认真学习贯彻中共十八大、十八届三中全会和致公党十四大精神，全力服务发展大局，切实加强自身建设，各项工作取得了新成绩。

一、认真履行职能，服务科学发展。1. 参政议政。致公党长沙市委被致公党中央评为“先进集体”。通过“两会”平台建言献策。年初，向各级“两会”上提交议案、建议和提案105件，其中集体提案4件。《完善产业服务平台，壮大长沙文化创意产业》被评为优秀集体提案。关于“提高自主创新能力，推动经济结构转型升级”和“发展文化产业”2件大会发言获市委书记陈润儿和市长张剑飞批示，2件个人提案被评为优秀。围绕难点热点深入调研。开展调研“中小企业创业环境优化”“现代服务业人才队伍建设”和“科技金融服务业发展”3个事关长沙市深化改革和经济社会健康发展的重要问题，形成3篇调研报告，并改写为集体提案提交市十一届政协二次会议进行转化。各区（市）工委立足当地实际开展调查研究，获得调研成果7项。致力和谐反映社情民意。全年向政协、统战部门和本党上级反映各类社情民意和信息90余条。2条被省政协采用，1条被推荐到全国政协，1条信息被中央统战部《零讯》采用。获2012年度全市统战信息工作三等奖。通过协商评议实施监督。通过参加协商座谈、民主评议等，对中共党委部门的作风建设、市直单位党政正职廉洁从政情况、市直单位行政执法情况、政府部门行风政风建设、建设工程招投标等提出意见建议，履行民主监督职能。2. 社会服务。全年累计开展各类服务活动60余次，捐赠款物共260万余元。社区共建添力量。积极参与市统战系统联点共建“同心社区”——雨花区怡园社区的建设，除结对帮扶4户困难居民外，向社区“雷锋超市”捐献2万元的物资。各区（市）工委建立了自己的共建社区，开展法律服务、医疗义诊、扶贫帮困等活动。浏阳工委和雨花区工委的“同心社区”受到中共长沙市委常委、市委统战部部长文树勋的视察。“致公助学”创佳绩。全年在长沙、常德、邵阳、浏阳、平江等地开展助学活动近20次，累计捐款捐物共130万余元。其中向浏阳市淳口中学、向坪小学捐款捐物共9万元；浏阳工委及其党员中的政协委员向浏阳市特殊教育学校和山区学校捐资12万元；雨花区工委向平江小水完小捐款捐物1万余元；党员李清江全年资助贫困学生50万余元；党员王静向商务职业学院以及平江、邵阳等地学校捐资20万余元。基地服务献计策。组织党内专家开展关于如何搞好浏阳淳口佳源油茶林基地的产品加工、品牌培育、市场营销以及发展融资等问题的咨询活动。3. 内外联谊。密切与涉侨单位和统战系统的关系。参加全市“五侨”联席会议并介绍有关工作。11名党员当选新一届市侨联委员，1名党员当选市侨联主席，2名党员当选市侨联常委。25名党员进入新一届市海联会，其中1位被聘为理事会顾问，6位当选常务理事，18位当选理事。加大与党内组织交流的力度。通过接待、交流和参加湘粤两省致公党组织交流座谈会，与致公党其他市级组织交流感情，加强合作。雨花区工委启动“致公万里行”活动。拓宽凝聚海（境）外爱国进步力量的渠道。2次接待美国洪门致公总堂秘书长陈建平，并与纽约洪门致公堂总理李炎榆开展交流。党员李明促成浏阳市联城社区与台北忠顺里、明星里结为友好社区。

二、加强自身建设，夯实履职保障。1. 推进组织建设，优化组织管理。完善组织结构。成立长沙学院支部，为今后更好地吸收高校人才搭建平台，进一步优化组织结构。对部分支部及支部班子进行调整。加强工委建设。以设立工委10周年为契机，专题召开座谈会，总结工委设立10年来取得的成绩和经验。并通过专题工作部署会、调整充实工委班子等举措，保持工委的活力和战斗力。壮大党员队伍。全年新发展党员30名，平均年龄37岁。其中硕士研究生10名、博士研究生2名，22人有侨海关系。全市党员总人数545名。规范人才培养。选派46人次的党员参加各类培训，选送12人到深圳和浙江大学进行学习。10名党员获任新一届市青联委员，3人当选常委。2名党员被授予首届“浏阳市十佳党外代表人士”称号。2. 抓好宣传教育，夯实“同心”思想。专题会议促工作。组织召开思想宣传工作会议，总结致公党长沙市委近6年来思想宣传工作的成绩和经验，对今后工作进行部署，并对宣传工作队伍进行培训。学习教育抓重点。通过提出学习要求、下发学习通知、开辟学习专栏等方式组织开展中共十八大、十八届三中全会和致公党十四大等重要会议精神的学习。以“五一口号”发布65周年纪念活动，组织女党员瞻仰刘少奇故居，组织老龄党员看长沙新变化等活动，进一步夯实“同心”思想。思想宣传多途径。开通长沙致公网，改《长沙致公》为半年刊。全年累计投稿327篇次，大量稿件刊登在中国致公网、湖南致公网、三湘统战网、和网、《长沙统一战线》《长沙晚报》《湘声报》等媒体。理论研究添成果。选择“社会组织的统战工作”和“统一战线服务湖南新一轮发展的路径选择”2个问题开展理论调研。1项研究课题纳入省、市委统战部的重点理论调研项目。3. 进行制度创新，完善制度体系。制定出台《参政议政专题调研课题招标暂行办法》《集体提案征集办法》两项制度和“长沙致公网”管理办法。（彭　磊）

致公党长沙市第五届委员会

主任委员　王国海

副主任委员　黄光裕　李光华　吴晓佳　邓雪琴

九三学社长沙市委员会

【概况】　2013年，九三学社长沙市委员会（以下简称“社市委”）共有社员571人，其中女性231人，占40.5%，具有高级职称的267人，占46.8%，平均年龄53.2岁。社市委共设基层支社21个，设芙蓉、天心、岳麓、开福、雨花5个区工作委员会和参政议政、城建环保、社会法制、文教卫、海外联络、妇女、青年、老龄8个专门工作委员会。

一、履行参政党职能。1. 做好重点调研工作。2013年，社市委调研组完成《以人为本，积极推进我市人居环境品质建设》《关于加快推进我市电子商务产业发展的建议》《推进新型城镇化要注重文化特色建设》《湖南人口老龄化与公共管理创新研究》

《关于建立湘江鱼类人工增殖放流效果评估机制的思考和建议》《关于在长株潭城市群加速推进新能源（电动）汽车发展应用和路网充电站规划建设的建议》课题调研。其中《以人为本，积极推进我市人居环境品质建设》针对新型城镇化建设中长沙城镇特色和内涵，提出从人与环境和谐共生、城乡融合包容、传承湖湘人文特色、体制机制突破等方面提出策略建议，得到中共长沙市委书记易炼红赞扬和肯定。2. 各级人大政协积极履职。组织社内人大代表、政协委员搞好参政议政，提交意见、建议和提案60件。社市委向市政协提交集体提案5份，大会发言材料2篇。集体提案《加强基层医疗卫生机构建设，提高公共卫生服务水平》和《创新社会组织管理，扶持科技社团发展》作为市政协大会发言获得中共长沙书记陈润儿、市长张剑飞的批示和高度肯定。其中《加强基层医疗卫生机构建设，提高公共卫生服务水平》被列为市政协重点督办提案。在市十四届人大一次全会上，提交的《关于丰富中小学生军训内容的建议》被长沙市人大列为重点督办建议。《关于加快特高压电网入湘步伐为“两型社会”绿色湖南提供能源支撑的建议》被湖南省政协十一届一次会议作为能源领域的第一号提案。3. 履行民主监督职能。社市委特约监督员对长沙市安监局行政执法工作开展专项民主评议，取得良好效果。市纪委2013年度市直单位党政正职述廉评议工作，对市体育局党组书记、局长李卓民开展述廉评议。参加市人大常委组织开展的水资源管理专题询问和市桥梁（隧道）管理的执法检查等工作。

二、开展社会服务。1. 共建“同心社区”。雨花区怡园社区针对“同心社区”建设开展启动仪式，社市委参加并对社区两位困难群众进行慰问捐款，社员张西军所在企业向社区捐赠药品和赠阅1年的《文萃》报刊，价值3.5万元。社市委机关工作人员走访慰问困难户陈凤芳，社员董晓明进驻社区两代表一委员工作室了解社情民意，为社区争取到《科普进社区系列活动》经费3万元。芙蓉区工委与古汉城社区、德政园社区开展共建活动，非公企业、九三学社爱心人士进行现场捐助，与古汉城社区3户困难家庭进行“同心”结对，并为每户提供1万元的帮扶资金。天心区工委在天剑社区开展共建活动，慰问天剑社区、黄土岭社区贫困户、残疾人共8000元。开展“进社区、听民声、解民难”活动，举行“和你在一起”感恩读者电影节活动，设置旧报回收服务台、绿色农产品展销台、家电免费检测与维修点、听力义诊台、法律咨询服务等便民服务点。岳麓区工委与阳明山庄社区开展共建活动，参加大坡村“党派联村落”活动，为贫困学生、家庭献出了一份爱心。在关爱“失独”家庭的“心桥”行动中，积极捐款，并与“失独”家庭进行结对扶助。开福区工委与东风路社区开展共建活动，在东风路街道社区卫生服务中心挂牌成立东风路社区慢病研究基地。对辖区内的慢性病人进行全面调查、研究，采取积极措施干预和健康指导，逐步减少慢病发生率，减少并发症的出现。雨花区工委在雨花区高升社区开展共建活动。举行“同心梦工厂·我们在一起”——圆梦失地青年同心主题活动，为失地青年创业就业搭建平台，提供就业创业指导，提供资金技术帮助。将每月的9日、10日、27日、28日设立为“同心圆梦就业创业服务日”。2. 开展帮扶活动。社市委妇委会举行“手拉手海星助养活动——爱心妈妈启动仪式”，在长沙彩虹孤残儿童服务中心开展助养活动，“爱心妈妈”分别助养18位残疾儿童。3. 组织社会救助。4月20日，四川雅安发生地震后，社市委组织九三社员为灾区捐款捐物共4万余元。市政协委员、雨花二支社主委傅琼琼在支社捐款中出资1000元外，另在公司、社区的捐款活动中又捐款1万元现金和救灾物资。4. 延伸红丝带品牌。11月29日，“行动起来，向‘零’艾滋迈进——让红丝带在企业飘起来”防治艾滋病知识宣传公益活动现场，向企业员工发出防治艾滋病倡议，发放防治艾滋病宣传资料等，开展防艾知识抢答活动，观看防治艾滋病电影《最爱》。

11月29日，九三学社长沙市委员会举办“行动起来，向‘零’艾滋迈进——让红丝带在企业飘起来”防治艾滋病知识宣传公益活动

三、加强自身建设。组织社员围绕十八届三中全会精神及中共市委十二届六次全会等开展学习讨论活动，推荐40名社员到中央、省、市社会主义学院参加理论学习。组织社员分别参加了社中央、社省委开展的“贯彻学习十八大、同心共铸中国梦”“纪念中共发布‘五一’口号65周年”“九三学社民主与科学”征文活动，组队选派了48名社员参加中共长沙市委统战部举办的“长沙市统一战线知识竞赛”活动。开通九三学社长沙市委员会网站，向社省委、统战部上报各类稿件186篇，对《长沙九三》和机关墙报进行全新定位和全面改版，出版社刊3期，墙报2期。2013年，社市委宣传、参政议政工作居九三全省前列，社情民意工作获社省委“先进集体”称号。年内，社市

委新发展社员30人，成立九三学社长沙市望城区支社。（周新建）

九三学社长沙市第七届委员会

主任委员　王力力
副主任委员　刘有良（专职）
　匡利娥　汤建尧
　邓立新

【九三学社长沙市望城区支社成立】 7月19日，九三学社长沙市望城区支社成立大会在望城区联诚华天大酒店召开。大会由九三学社长沙市委专职副主委刘有良主持，市政协副主席、九三学社长沙市委主委王力力，中共长沙市委统战部副县级纪检员罗伟，中共望城区委、区人大、区政协等领导和嘉宾出席大会，农工党望城区支部主委李琼代表各兄弟党派、工商联向大会致贺词。该支社共有社员8人，欧洋任支社主委，余海燕任宣传委员，曾喜萍任组织委员。（周新建）

长沙市工商业联合会（总商会）

【概况】 2013年，长沙市工商业联合会（总商会）（以下简称“市工商联”），立足“两个健康”工作主题，践行“六个走在前列”要求，围绕中心、服务大局，深化创业富民工作，实施创新驱动计划，为民营经济又好又快率先发展做出了新贡献。截至12月31日，全市共有私营企业106645户，首次突破10万户，新增18054户，增长20.3%；个体工商户281636户，新增52071户，增长27.4%。2013年，全市非公有制经济完成增加值4433.23亿元，占全市GDP的65.2%，同比增长13.3%；完成投资3353.96亿元，占全社会投资额的73.0%，投资增速为20.9%；实缴税金596.23亿元，占全市税收收入的48.9%，同比增长10%。全市非公经济呈现出稳中有进、稳中提质、稳中向好的良好发展态势。

一、服务大局，促进非公有制经济创新转型发展。1. 开拓融资服务。在中部地区率先成立首家民间借贷服务中心和全国首家民间金融商会，省委常委、统战部部长李微微等省、市领导出席启动现场。省委常委、市委书记易炼红到长沙市民间借贷服务中心考察全市民间融资规范和发展情况。该中心运营情况良好，截至2013年底，累计登记放款金额26903万元、借款金额40145万元，吸引了成都、西宁、苏州、郴州、无锡、吴忠等20余个兄弟城市到中心考察学习。举办中国长沙民间借贷高峰论坛，邀请国务院发展研究中心研究员吴庆和中央财经大学金融法研究所所长黄震等学界、金融界知名人士共话中国民间金融阳光发展之路。2. 强化创新驱动。制定启动《协同创新发展走在前列三年行动计划》，与中科院技术转移中心、国防科技大学、浙江大学签订创新驱动战略合作协议，共同打造科技成果转化、奖项申报服务、军民融合服务等6大合作平台。召开全市非公企业创新发展大会，国家长沙超算中心、中南大学等单位以及300家企业和商会代表参会，促成院校民企技术合作。举办科交会民营企业科技成果转化专场活动，收集科技成果3000余项并精选202个编印成册，经过前期项目对接，9个项目签约1.1亿元，会上有300余家民营科技企业对接200余项科技成果，签订意向协议项目30余个。与百度公司建立战略合作关系，为会员企业开拓市场、提升品牌形象、创新商业模式提供新平台。制定《长沙市工商联（总商会）移动电子门户及信息化管理系统APP的应用平台建设方案》，在全国工商联系统中首个建立移动互联网终端信息平台。完成全国工商联科技进步奖和中小企业发展专项资金扶持项目的推荐工作。3. 积极建言献策。组织召开全市非公有制经济代表人士座谈会，省委常委、市委书记易炼红出席并作重要讲话，会议气氛热烈，企业家积极建言。协助市政府召开全市非公有制经济代表人士座谈会反映的问题建议交办会，并将相关问题交相关部门单位办理。截至10月底，所有问题均得到有效解决或在逐步解决中，所提建议得到采纳，办理工作高质高效，使民营企业家倍感振奋，倍受鼓舞。全年通过座谈会、企业家沙龙活动、调查问卷等形式收集问题、建议200余条，并交相关部门落实，既为决策提供参考，又促进企业问题的解决。向市政协十一届一次全会提交《关于破解中小微企业生产要素制约发展的建议》等7份集体提案和1份界别提案，其中《促进长沙民间融资市场健康发展的建议》和《关于解决黄泥岭社区帆布厂宿舍天燃气入户的建议》获优秀提案奖。组织人大建议、政协提案协商办理会，促成相关建议、提案高质量办结。就市政府出台《长沙市关于加快市场化改革，促进民间投资发展的意见》提出10条意见，部分建议得到采纳。完成调研课题《实施创新驱动战略，推动我市中小企业转型发展》。完成130家上规模民营企业调研任务。报送社情民意45篇。积极参与理论征文，上报统战理论文章8篇，政协理论和“六个走在前列”征文3篇。4. 加强经联服务。充分发挥香港长沙商会的桥梁作用，开展靶向招商，通过对象搜索，目标锁定等方式，组织前期项目发布、项目对接洽谈，策划举办了香港长沙招商专场推介会暨香港长沙商会成立周年庆典，香港五大商会及长沙100家客商参会，成功签约5个项目，总金额达55亿元。组织中美（长沙）运输与物流合作交流会，美国运输部雷诺运输中心主任吴浩然等业界知名人士出席，120家物流企业参会，美国运输与物流协会与湖南物流院校签订战略合作协议。举办“在长港资企业家座谈会”。组织企业参加“湖南长沙香港周”“第十届城市友好商会”“第十九届兰洽会”等经贸活动。与澳大利亚国际商会、包头市总商会等缔结友好商会，截至2013年底，总商会与175家中外商会建立了友好商会关系。接待美国、欧盟、东盟和香港商业专业评审中心、台湾经贸团等境内外团队到长沙考察对接。5. 做好权益服务。联合开展工资集体协商春季要约行动，并下发《关于贯彻〈湖南省企业工资集体协商条例〉的协商意见》，组织企业举行《工资集体协商办法》座谈会。参加市行政执法机关的履职情况专项评议工作，负责评议市城管局并拟写行风评议报告。组织企业参加市纪委优化经济发展环境大会及相关座谈会，反映企业的诉求。为10家直属会员企业通过仲裁解决商事纠纷案件11件，涉及标的3700

万余元。

二、全面推动，促进创业富民工作。1. 创业体系进一步健全。市政府批复同意《长沙市中小微企业服务体系中长期发展规划（2013—2020）》（长政办函〔2013〕54号），为全市中小微企业服务体系建设提供政策支持。联合市人社局颁布实施《长沙市创业培训管理实施细则》等文件，完成GYB培训14555人，SYB培训7018人。“大学生创业就业服务绿色通道”接待大学生7047人次，受理办结创业事项1761件。发展了长沙市大学生创业促进会等7家创业型社会组织。2. 创业氛围进一步浓厚。将“我的创业梦”电视创业大赛作为创业大本营特别活动，55个学校近300个创业项目参赛，掀起了高校创新创业热潮。承办第二届中国创新创业大赛暨首届湖南省创新创业大赛，426家企业和101家创业团队参赛，长沙市企业获全国决赛二等奖。联合举办“五四青年创业周”“创业富民·巾帼示范在行动”等活动，为多类群体提供创业帮助。《中国统一战线》系统推介了长沙创业富民工作经验，央视、《光明日报》等主流媒体宣传了长沙市创业典型，市广电和《长沙晚报》继续开设专栏专版，解读创业富民配套政策。开展第三届“创业百星”表彰大会等表彰活动，树立一批创业典型。3. 平台建设进一步强化。开展“一地一品”创业基地建设和创业示范基地评比表彰工作，认定创业产业示范园、创业孵化示范园、创业示范街镇、创业示范商圈、创业示范楼宇、创业教育示范基地等6大类共20家市级创业示范基地。开展“创业手牵手，帮扶一加一”活动，组织144对牵手单位作为活动第五批帮扶对子。在岳麓区黄泥岭社区等街道社区开展实施“同心工程”、推动“同心创业”、共建“同心社区”等特色活动。4. 创业资金进一步规范。按照“创业富民专项资金随地方经济增长适当递增”的文件精神，申请市本级财政安排创业富民专项资金10460万元。组织2013年第一批创业富民专项资金申报、2012年度大学生创业享受经营场所租金补助工作，共扶持664个创业项目、267批次的大学生初创企业租金补助。联合市财政局下发《2014年度长沙市创业富民专项资金项目申报指南》，保障资金管理使用的公开、公平、公正和科学高效。

三、注重引导，促进非公经济人士健康成长。1. 开展理想信念教育。围绕“提振发展信心、激活民间资本、促进二次创业、推动经济发展”的目标，突出“三信”内容，组织召开千名企业家参加的长沙市非公经济人士理想信念教育实践活动动员大会，开展“民营企业家与中国梦”座谈会等系列活动，并对全市非公经济人士理想信念教育活动中涌现出来的先进单位和先进工作者进行表彰。组织召开全市非公有制经济代表人士学习贯彻市委全会精神座谈会，邀请市委政研室主任就市委全会精神进行深入解读。长沙市理想信念教育工作在全省发挥了引领示范作用，市委常委、统战部部长文树勋在全省推进理想信念教育活动会议上作典型发言。2. 搭建培训平台。制定出台《民营企业家教育培训三年行动计划》，授予7个知名院校为首批教育培训基地。推出“解放思想、创业富民”大讲坛5期。邀请知名企业家董明珠、唐骏和国务院发展研究中心经济学家巴曙松等专家学者传道授业。联合香港中华总商会举办第194期香港工商业研讨班，组织40余名长沙民营企业家到香港参加培训，通过听取讲座、参观考察、座谈交流等方式，学习香港先进工商管理经验，了解香港工商、贸易、金融等经济运行以及社会发展方面的情况。组织召开提案征集工作暨提案、社情民意信息员培训会，有效促进了工商界政协委员、工商联和商会信息员参政议政能力和水平的提升。3. 推进非公党建。启动“非公经济组织基层党组织规范化建设年活动”（2013—2014），把非公党建工作重心转移到规范化建设上，对3049个非公基层党组织进行分类定级，全部达到“六个一”的要求。举办非公经济组织党建工作成果展示汇报比赛活动，发掘和推广全市非公党组织工作实、措施硬、投入足、亮点多的好做法。对所有非公企业党组织书记进行岗位培训。实现1+5信息平台对非公企业党组织的覆盖。启动党员远教站点。探索工业园区党建联组工作法，以长沙高新区为试点，开展联组为主体党员活动。以芙蓉区为试点，创造性开展“125”工作法。4. 发展光彩事业。制定完善光彩事业基金会各项规章制度，形成《湖南省长沙市光彩事业基金会制度汇编》。建立光彩事业基金会网络慈善募捐系统。组织开展“省会企业家革命老区行”等多项光彩事业活动。基金会用于公益事业累计支出231.08万元，账存余额380万元。积极做好雅安地震募捐赈灾工作，合计捐款捐物4537984.5元，四川雅安市委、市政府专门发来感谢信。完成“情系‘三区’感恩社会光彩大行动”信息收集工作。持续开展“雷锋家乡学雷锋，民营企业当先锋”“社会拥军当先锋”系列活动，连续第五年慰问95333部队，开展军民结对共建活动。

四、夯实基础，促进自身建设不断完善。1. 加强商会建设。成立长沙市青年创业者商会、长沙市福清商会、长沙市无锡商会等4家商会。培育中国特色商会组织，成立全国首家民间金融商会。指导长沙市益阳商会等4家商会圆满换届。指导女企业家商会开展“学雷锋·庆三八”活动。坚持半年一交流，一年一总结的模式，认真组织对商会的综合评价，召开全市工商联基层组织建设工作暨商会联席会议，开展基层工商联、行业商会、异地商会组织建设经验交流和部署安排。组织区、县（市）工商联及市直属商会数据库填报培训会，完善了会员数据库建设，加强会员管理。发展企业会员1521家，全市共有会员总数21849家。2. 加强机关建设。制定《长沙市工商联“三联三促”活动方案》《关于开展“转作风、解难题、抓关键、见实效”专项活动的实施意见》《关于贯彻落实“六个走在前列”大竞赛活动的实施意见》《长沙市工商联2013年度学习计划》以及学习贯彻中共十八届三中全会和市委十二届六次全会的实施方案等，提出“建学习型机关，当知识型公仆”。抓好廉政勤政学习教育，认真传达中央、省、市反腐倡廉会议精神，制定党风廉政建设责任目标，签订领导干部廉政承诺书，召开纪检专题会议。高质量通过了计生、综治检查。严格执行“三会一课”党务公开制度，组织支部共建活动。开展“爱心小棉袄”“保护湘江母亲河”、学雷锋等主题志愿

活动。（陈林希）

长沙市工商业联合会（总商会）

主　席（会长）	彭继球
第一副主席（副会长）	饶福明（兼）
专职副主席（副会长）	张明刚
	傅　纯
	刘立红
副县级纪检员	蔡　虹
秘书长	周承能

【创业平台“一地一品”建设】 2013年，为突出创业基地特色，推动基地因地制宜发展，长沙市创业办组织开展“一地一品”创业基地建设和创业型社区（街镇）建设，制定《关于开展创建创业示范基地活动的实施方案》，开展2013年度市级“一地一品”创业示范基地评比表彰工作，通过自愿申报、资格初审、实地考察、专家评审等前期环节，在50家申报示范基地中，认定创业产业示范园、创业孵化示范园、创业示范街镇、创业示范商圈、创业示范楼宇、创业教育示范基地6大类共20家市级创业示范基地。这些基地累计撬动非公经济投资47.5亿元，入驻初创企业2150余家，缴税2.3亿余元，带动就业2.7万人次。（宋　威）

【长沙市非公经济人士理想信念教育实践活动】 5月16日，长沙市非公经济人士理想信念教育实践活动动员大会暨三年培训计划正式启动。市委常委、统战部部长文树勋，市政协副主席、市工商联主席彭继球出席。长沙将用3年时间对工商联执、常委以及规模以上非公有制企业经营者进行轮训，力争到2015年，全市企业经营管理人才达16万人以上，重点培养1000名优秀企业家。开展“民营企业家与中国梦”座谈会等系列活动，组织召开全市非公有制经济代表人士学习贯彻市委全会精神座谈会，并对全市非公经济人士理想信念教育活动中涌现出的先进单位和先进工作者进行表彰。（陈林希）

【科交会民营企业科技成果转化专场活动】 11月11日，中国（长沙）科交会民营企业科技成果转化对接会在高新区举行，对接会由2013中国（长沙）科技成果转化交易会组委会主办，湖南省委统战部、省工商联支持，长沙市工商联（总商会）和长沙市创业办承办，由市政协副主席、市工商联主席彭继球主持。省委统战部副部长崔永平，省工商联副主席李曦，市委常委、市委统战部部长文树勋出席会议，中科院院士、博士生导师、湖南大学原校长俞汝勤，湖南省科学技术厅厅长助理、中科院湖南技术转移中心主任费璟昊以及国防科技大学、浙江大学以及省市统战部、省工商联、市知识产权局、市科协等单位的专家和领导出席，200余家民营科技企业参加会议。会上有9个科技成果转化项目对接签约，涉及金额累计1.1亿元。市工商联从3000余项科技项目中挑选出的一批高、精、尖科技项目202个，参会的民营企业与这些项目进行对接，签订意向协议项目30余个。该活动是全市工商联、商会组织第一次集体申办、自行组织、全力参与的民营企业科技成果转化对接专场活动。（陈林希）

【长沙市非公有制经济代表人士座谈会及所反映问题建议交办会】 为及时反映非公经济人士对改善长沙市经济发展环境的诉求，促进政府有关部门更好地转变作风、为企服务，市工商联按照市委的指示，在6月8日组织40余名民营企业家召开非公有制经济代表人士座谈会，省委常委、市委书记易炼红专题听取非公经济代表人士在经济发展中的问题和建议，会议气氛热烈，企业家们积极建言。反映的189条问题建议后经整理为30个问题和23个建议，会后易炼红作出重要批示“凡是合理的意见和建议均应予以重视，分门别类向相关部门和单位进行交办，由相关部门和单位依法依政策办理，或提出有利于问题解决的意见方案”。市领导陈泽珲、文树勋、李军、张迎春、何寄华、姚英杰、黎石秋、夏建平、李介德以及市政府副秘书长黄雄姿等领导均就该次办理工作作出批示。（陈林希）

【长沙市非公企业创新发展大会】 8月28日，市工商联组织的长沙市非公企业创新发展大会召开，会上启动了《长沙市工商业联合会（总商会）协同创新发展走在前列三年行动计划》，中科院院士俞汝勤、中科院湖南技术转移中心主任费璟昊、副市长何寄华出席，国家超算中心、国防科大、市“六个走在前列”竞赛办、市政协、市工信委、市科协等单位以及近300家企业和商会代表参会。何寄华指出，创新是推动经济可持续发展的根本出路，各非公企业要整合主导项目，培育未来项目，加大人才培养，建好协同创新、资源共享、社会评估、政府公共服务平台，推动非公经济创新发展、转型发展、跨越发展。会上，市工商联分别与中科院湖南技术转移中心、市科协签订了创新驱动战略合作协议，以“优势互补、资源共享、平台共建、活动共搞、定期对接、共同推进”为原则，共建科技成果转化平台、奖项申报服务平台等6大平台，从举办产学研对接活动、建设科研载体、开展科技人才培训、进行科技信息推广应用等方面，实现全方位合作，以推动非公经济转型创新发展。（陈林希）

【香港（长沙先导区）招商专场推介会】 9月22日，长沙先导区招商专场推介会在香港举行，推介会由长沙市委、市政府主办，市工商联（市总商会）与长沙先导投资控股有限公司、香港长沙商会承办。香港工业总会主席钟志平，全国政协委员、香港经贸商会会长李秀恒，全国政协委员、广东社团总会主席王国强，香港文汇报董事总经理欧阳晓晴，香港出入口商会会长庄成鑫，香港中小型企业总商会会长丁铁翔等出席大会。推介会促成长沙先导控股有限公司和香港长沙商会签订建设香港商会大厦（长沙）合作协议、港资企业湖南高岭国际工业园和湖南世专置业有限公司签订老年公寓项目合作开发协议、香港诺贝尔国际教育机构和长沙市房地产商会签订合作办学协议等5个项目成功签约，合同签约金额55亿元。（陈林希）

社会团体

责任编辑：江 雷

长沙市总工会

【概况】 2013年，长沙市总工会在省总工会目标管理考核中，获一等奖第一名，市总工会班子首次获市委绩效考核“一等班子”。全市新建工会组织2500余个、涵盖法人单位5700余个，新发展会员11万人，其中农民工会员5.7万人。

劳模工作品牌影响扩大。开展全国、省级“五一劳动奖章（奖状）”评选工作，组织召开全市劳模座谈会，组建劳模事迹报告团，进机关、进企业、进社区、进学校开展宣讲；举办2期一线劳模和优秀职工培训班；联合组织、人社等部门面向劳模和优秀一线工人定向考录5名公务员；推动创建“劳模创新工作室”，筹备成立“长沙市劳模协会”；组织劳模进行免费体检和疗休养，年内为市级以上劳模发放慰问金、低收入补助金、特殊困难帮扶金570万余元。《人民日报》《工人日报》等重要媒体专题报道市劳模管理服务工作成果。“职工之家”建设进一步规范，实施整顿建家行动，不断增强“职工之家”公信力、影响力，继续开展50人以上非公企业工会组织规范化建设和“双亮”活动，达标率85%以上，为组织、团结、引导广大职工群众投身市改革发展稳定奠定坚实组织基础。职工劳动竞赛效益进一步提升。全市各级工会依托重点工程、工业企业、服务行业和女职工“芙蓉杯”竞赛“四位一体”劳动竞赛工作格局，以创建“工人先锋号”为主要载体，在全市企事业和各重点建设项目中广泛开展劳动竞赛和各工种职业技能竞赛，创造显著经济效益和社会效益。工会宣传教育形式进一步丰富。结合市工会十九大、工人阶级宣传月等重大活动，组织开展“中国梦·长沙梦·职工梦”职工演讲比赛、“红心向党”长沙市职工合唱比赛、全市女职工全健排舞大赛、“我的长沙我的梦”微博征集等活动，编印《家·长沙工会这5年》画册，制作播出“12351职工维权直通车”电视公益广告，传播工会正能量，树立职工正导向。

服务职工扎实推进。普惠服务常态化。市职工服务（帮扶）体系及功能日益完善，建成市级中心1个，区县级中心11个，区域性和行业性站点123个，配备社会化职业工会工作者123人。以“工会服务卡”为基础职工保障救助计划为普惠常态化提供有力保障，2013年，为35名持卡会员发放保障救助金32万余元，第一期职工医疗（住院）互助计划吸引1300余个基层工会11万余名职工参加，为6400余人次住院职工发放互助金400万余元。关怀慰问人本化。2013年，全市各级工会广泛开展节日慰问、日常救助、大病救助、生活救助、助学救助、技能培训、就业创业等工作，市总本级发放帮扶资金约1000万元，投入254万元用于开展大病致贫致困特别救助。筹资40万余元开展女职工“关爱行动”，对单亲特困女职工进行生活救助及特病救助，把“金秋助学”补助标准提高到每人4000元，为10万余名女职工赠送和购买特殊疾病保险。全市各级工会开展“关爱在身边，夏日送清凉”活动，升级为全市转变机关作风重要举措之一，进一步融洽市干群关系，密切党委、政府、工会和广大职工血肉联系。开展“文化送清凉·电影到工地”活动，深入全市百个建设工地和农民工聚居区放映电影、开展宣传，构建一条文化生活最低保障线。维权手段多样化。借助社会资源，发挥职工维权律师和志愿者作用，为困难职工提供法律援助，基本实现应援尽援。整合立法和政府资源，推动市人大启动《长沙市职工劳动权益保障条例》立法工作，借助“双联”帮扶工作平台，切实为企业发展搞服务、为职工群众办实事。2013年，市总工会把特困集体企业到龄不能退休职工专项补助列为“双联”帮扶项目，投入补助金35万元，汇集财政局、人社局、国资委等部门合力，为帮助解决市特困集体企业职工退休问题发挥作用。促进和谐机制化。联合三方四家开展工资集体协商和厂务公开民主管理工作，全市百人以上非公企业厂务公开、职代会建制数478家，全市累计签订单个工资集体协议1690余个、行业（区域性）工资集体协议360余份，开展工资集体协商企业1万余家，覆盖职工46万余人。市召开市企业社会责任建设领导小组第一次会议，出台企业社会责任评价办法和实施意见，举办企业社会责任建设培训班，开通企业社会责任建设网。

自身建设成效明显。成功完成换届，长沙市工会第十九次代表大会召开，选举产生长沙工会新一届领导集体，确定长沙工会工作今后五年总体要求和目标任务。紧扣上级要求，立足实际改作风。市总工会机关从整改办公用房、严控三公消费、管好公务用车、严肃工作纪律、改进文山会海等方面入手，对机关作风建设方面存在问题进行自查自纠和专项整治，机关干部深入一线开展调研和入户走访慰问，增强宗旨意识、群众意识、服务意识，营造勤勉实干、团结和谐工作氛围。坚持扩面提质，规范管理强基础。加大与地税合作力度，联合开展“费·惠民生”系列宣传活动，探索在长沙地区征收建安企业工会经费可行办法，共同确保经费收入稳步增长。与财政协调，争取市财政资金支持。强化预决算管理和审查审计力度，优化工会经费支出结构。加强对文化宫、职工技协等直属事业单位管理规范，推动事业单位改革和文化宫改造开发。创新培训模式，引智借力提素质。利用全国总工会和省总工会干部调训轮训、全国工会干部在线学习网络平台进行培训，邀请专家就办公规范化、信息调研等业务开展专题讲座，发挥高等院校教学资源优势，在北京大学举办长沙工会领导干部高级研修班，工会干部工作能力和综合素质进一步提高。（谢　帆）

长沙市总工会领导人员

主　席	张建国
党组书记、副主席	彭惊雷
党组副书记、副主席	匡涛涛
党组成员、副主席	唐再明
	鲁承钢
党组成员、副主席	朱余华
党组成员、纪检组长	孙兴红
副主席（兼）	杨宁琳
党组成员、经审委主任	汪中会

【工会十大新闻评选活动】 2013年，长沙工会换届，市总工会从2月5日起，以“看新闻、选新闻、评新闻”方式，开展五年十大新闻评选活动。3月12日，“长沙工会五年十大新闻”评选结果揭晓，《温泉温暖职工心——长沙市委、市政府邀请千名劳模泡温泉、看演出》等入选长沙工会五年十大新闻。本次活动征集推荐阶段2013年1月30日—2013年2月5日；评选投票阶段2013年2月7日—2013年2月26日；发布宣传阶段2013年3月10日。由评审委员会综合推荐和筛选50件候选新闻，在长沙工会网发布，长沙各级工会组织职工登陆长沙工会网“看新闻、选新闻”进行网络投票。最后根据网络投票结果，得票票数居前15条新闻交评审委员会“评新闻”，确定长沙工会五年十大新闻，在《湖南工人报》、长沙工会网进行新闻发布。评选范围与条件是2008年1月1日—2012年12月31日期间发生、在长沙工会工作中产生重大影响并经中央电视台、人民网、工人日报、湖南日报、湖南工人报、长沙晚报等市级以上新闻媒体报道的新闻事件。推荐内容注重工会工作创新、务实，且影响深远、反响良好，推动长沙工会工作等特点。通过微博转发和网络投票，受到各级工会和职工群众广泛关注，全国微博转发量13万人次。（谢　帆）

长沙市工会第十九次代表大会第一次会议

【市工会第十九次代表大会】 4月9日，长沙市工会第十九次代表大会召开。省总工会党组书记、副主席刘革安，市领导张剑飞、张迎龙、张湘涛、陈泽珲、文树勋、赵文彬、李军、李田贵、张迎春、钟钢、何寄华、龚振湘出席。市人大常委会副主任、市总工会主席张建国主持。本次会议讨论确定今后5年全市工会工作指导方针和主要任务，选举产生市总工会新一届领导班子。市总工会党组书记、副主席彭惊雷代表市总工会第十八届委员会作工作报告。市工会第十八次代表大会以来，长沙工会工作逐步进入科学化、法制化、社会化发展轨道，全市新建基层工会组织9200余家，涵盖独立法人单位1.5万个，新增会员50.1万人，其中农民工会员27.5万人。长沙工会形成一手抓以“工会服务卡”为主要载体职工普惠服务，一手抓以企业社会责任建设为主要平台和谐劳动关系的“两手抓”工作格局，基本建成职工服务（帮扶）三级体系。4月10日，会议举行选举，选举产生市总工会新一届领导班子，张建国当选为市总工会主席，彭惊雷，匡涛涛，唐再明，鲁承钢，朱余华，杨宁琳当选为副主席，汪中会当选经费审查委员会主任。（谢　帆）

【2013年市劳动模范座谈会】 5月8日，长沙市劳动模范座谈会在湘麓山庄举行。市人大副主任、市总工会主席张建国主持会议，市总工会党组书记、常务副主席彭惊雷汇报市劳模工作情况。市委副书记张迎龙、市委常委、市委组织部部长程水泉，以及市委组织部、市总工会等领导出席座谈会。谢炳勋、李娟玲等历届劳模代表，2013年全国、省五一劳动奖章获得者，全国、省五一劳动奖状单位代表，参加定向考录的劳模代表及用人单位代表参加交谈。该座谈会主旨是为弘扬工人阶级伟大品格，发扬劳模精神，团结动员广大职工群众坚定信念，共创长沙美好未来。董志平、浣兵等6位劳模代表发言，讲述在各自岗位上辛勤劳动、发挥才干先进事迹。参加一线劳模和优秀工人定向考录的

2位劳模代表就如何立足新岗位、发扬劳模精神作发言，定向考录用人单位代表肯定劳模工作表现，呼唤更多优秀人才通过定向考录进入公务员队伍，发挥熟悉基层、密切联系基层优势，服务企业服务社会。张迎龙指出，要主动顺应时代要求、适应社会变化，继续开展劳模党校轮训、湖南大学专业培训和一线劳模、优秀工人定向考录公务员等工作，给劳模提供良好环境，宣传劳模先进事迹，为劳模精神发扬光大创造条件。（谢　帆）

2013年长沙市劳动模范座谈会

【一线劳模培训班】　6月25日，市一线劳模和优秀职工生物医药培训班开班仪式在湖南大学举行，市人大常委会副主任、市总工会主席张建国，副市长何寄华，湖南大学党委副书记唐亚阳，湖南大学党委委员、工会主席王红悦，湖南大学生物学院党总支书记徐晓波等领导出席活动。湖南大学生物学院院长、国家“千人计划”教授谭蔚泓主持开班仪式。该培训是市委、市政府、市总工会关心一线劳模和优秀职工成长有力举措，有利于提高一线职工思想道德素质、科学文化素养和职业技能水平，为长沙生物医药企业创新发展培养一支优秀人才队伍。参加培训学员39名，是长沙各生物医药企业推荐具有一定管理能力、科研能力一线劳模和优秀职工。培训师资力量雄厚，各科目授课教师均由国家千人计划、长江学者等学术专家担任，培训采取课堂理论与实验教学为主，素质拓展和先进企业参观为辅，多种方式相结合方式，着力提升培训人员基础理论水平和实验检测及新产品研发能力。（谢　帆）

【工会领导高级研修班】　7月19—23日，长沙市总工会在北京大学举办一期工会领导干部高级研修班，全市各开发区、区县（市）、委局（产业）、大中型企业工会主要负责人和市总机关中层以上干部等48人参加培训。市人大常委会副主任、市总工会主席张建国在开班式上作动员。本次研修班邀请北京大学、中国人民大学、中央财经大学、中国传媒大学、中国社会科学院、中国劳动关系学院等8名专家教授和著名学者授课，重点围绕管理沟通与团队建设、工会在加强和创新社会管理中的作用、依法治国与依法维权、中国社会问题分析、当前中国的社会稳定与管理创新、工会干部新闻媒体应对、政务礼仪与领导修养、如何当好工会主席等课题进行学习。授课教师在学术问题上大胆质疑探究精神、实事求是科学态度、高屋建瓴独到视野，影响、激励、感动工会学员。本届研修班，是长沙市总工会落实“六个走在前列”大竞赛活动要求和市工会第十九次代表大会提出“打造一支政治坚定、业务扎实、作风过硬、廉洁自律、热爱工会工作、热爱职工群众工会干部队伍”目标，全面提升工会领导干部综合素质和业务水平，推动长沙工会转型升级一项重要举措。（谢　帆）

【第一期职工医疗互助计划】　2013年，长沙市第一期职工医疗互助计划在全市范围内启动，截至2013年9月30日，全市3025人（次）住院职工享受医疗互助活动实惠，平均每人（次）补助金额644.2元，每人（次）补助金额是个人所缴互助金12.9倍。互助金缴费标准为每人每份50元，参加该互助计划职工如发生符合基本医疗保险规定医疗费用，在基本医疗保险、大额医疗保险和各种补助（如公务员补助等）结算支付后，个人自付医疗费用（不含自费费用）可按分段计算办法获医疗互助补助金，最高可享5万元补助。第一期有1351个基层工会11.4万名在职职工申请参加。（谢　帆）

【企业社会责任评价启动】　10月28日，长沙市企业社会责任建设工作领导小组召开第一次会议。市委常委、副市长陈泽珲，市人大常委会副主任、市总工会主席张建国出席会议。会议决定，从11月开始，全市首次企业社会责任评价工作启动。企业社会责任是指企业除了追求利润外，也应该承担对员工、消费者、债权人、社区和环境等方面的社会责任，包括遵守商业道德、生产安全、职业健康、保护员工合法权益、注重保护环境、保护弱势群体等。长沙市企业社会责任评价工作坚持公开、公平、公正原则，根据《长沙市企业社会责任评价办法（试行）》和《长沙市企业社会责任评价体系》，按照企业自主申请、企业自查自评、职能部门审核评价、第三方机构实地验证、等级评定、社会公示、结果通报等7个步骤，依托市企业社会责任评价网络平台，对申报企业履行社会责任情况进行评价。长沙县是长沙企业社会责任体系建设试点县。该县对积极履行社会责任企业在信贷、土地和政府采购等方面实行政策倾斜和项目倾斜，对企业社会责任不落实个别企业实施淘汰机制。建立包括企业道德责任、经营责任、环境责任、用工责任、公众责任等在内5大评价体系。（谢　帆）

【工会职工培训基地揭牌】　10月31日，省、市两级工会职工培训基地揭牌仪式在长沙职教基地报告厅举行。副市长夏建平为基地揭牌，副秘书长刘秋成，市总工会党委书记、副主席彭惊雷等领导出席揭牌仪式。这是长沙市教育局、长沙市总工会贯彻落实市委、市政府提出“六个走在前列”大竞赛活动要求，实施“科学发展、创业富民”发展战略，拓展就业渠道、提高职工队伍素质一项务实性举措。省、市两级工会与长沙职业教育基地合作，联合打造湖南省工会创业就业培训基地、长沙市工会职工培训基地。该基地注重整合资源，致力于培训一支务工有能、创业有方、致富有道高素质职工队伍，实施“职工素质提升工程”。基地培训分为困难职工、农民工技能培训和职工、农民工素质提升2大类，培训结束后学员获得有关部门职业技能证书比例80%以上，实现就业比例70%以上。（谢　帆）

共青团长沙市委员会

【概况】　2013年，共青团长沙市委（以下简称“团市委”）坚持服务党政中心大局，服务青年成长发展，以“我的中国梦”主题教育活动为总揽，开展“红领巾相约中国梦”“我的一次志愿者经历”主题团队日、少先队献词比赛等活动，充实完善“let's go 快乐阵线”信息，“我的一次志愿者经历”市级示范活动被确定为中宣部第十届道德论坛观摩内容，引进159名北大清华学子到长沙见习调研，围绕战略性新兴产业、新型城镇化等撰写调研报告18篇，助推长沙经济转型升级。建成“长沙共青团网上政务大厅”“长沙青年文明号在线”网站，举办青年文明号培训班，评选93家市级优秀集体，促进青年文明号管理创新、优质服务。鼓励青年职工立足岗位创新创效，参与星城杯劳动技能竞赛，评选147名市级青年岗位能手。动员30万余人次青少年持续深化“保护母亲河行动”和“家园整洁行动”。出台“580工作体系”推进雷锋号志愿者工作站创建升级，命名13家市级雷锋号志愿者工作站。服务青年搭建载体平台。召开青年创业工作座谈会，举办第4届“五四青年创业周”，青年创业金融服务中心发放创业贷款3.1亿元；举行长沙创业青年沙龙活动8次，组织创业青年赴广州、深圳开展交流对接活动；开展“我最满意的创业服务项目”评选、GYB创业培训、典型事迹报告会，争取29个资助项目，培育全国级创业青年典型袁虎、戴跃锋、陈石罗、黄鹏。通过“面对面”活动，促进各级各部门共建青少年活动阵地。克服新青少年宫建设选址、过渡、拆迁等难题，多方努力协调促成新青少年宫顺利开工建设。组织第三届机关青年足球赛，举办首届爱心公益博览会，市青基会筹资551.19万元，援建或改善13个希望学校、青少年阵地。完善巩固“一体两翼”枢纽型组织体系。夯实乡镇实体化“大团委”直属团组织2933家，新建两新团组织303家。市青联、市学联成功换届，选举新一届领导机构。完善TSW团组信息网。与北京大学团委合作举办长沙创业青年新媒体培训班，举办团干主体培训班。健全团内激励、评价、督查等机制，实现考核量化、简化、实效化、规范化。全年推荐一大批基层先进集体及个人获评国家、省、市级荣誉奖励。（徐彬洋）

共青团长沙市委员会领导人员

书　记	侯　文
副书记	喻志军
	叶　妙（女）
	詹萍萍（女）
青少年宫主任	苏启丰
纪检组长	戴　旭

【爱心公益活动】　2013年，团市委举办“爱心公益博览会”“爱心捐赠零花钱”“城乡少年手拉手”“汉藏一家亲”“蓝丝带爱心助学”“圆梦行动”等系列爱心公益活动，筹资551.19万元，比上年增长16.28%。援建希望学校、青少年阵地或改善办学条件13个。市青基会获长沙市基金监管领导小组办公室“基金管理工作先进单位”一等奖和全国青基会共同体“一致行动奖”。为履行团的十七大提出的组织动员青年、引导培养青年、服务青少年、加强自身建设等4项使命，落实全市“六个走在前列”大竞赛活动，长沙共青团系统开展“办好10件实事”活动。10件实事为：升级北大清华高端人才见习计划，重点引进50名以上博士、硕士等优秀人才到长沙见习、实践和调研；开展雷锋号社区志愿者工作站创建升级行动；开展擦亮青年文明号、提升青年岗位能手先锋行动；开展“文明新一代”志愿服务思想引领工程；开展“家园整洁行动”；实施青年就业创业服务计划；推进新青少年宫建设；以青年人大代表、政协委员推进青少年活动阵地建设；实施爱心公益项目拓展计划；实施基层组织活力工程。爱心公益拓展计划是10件实事之一。

（徐彬洋）

【新青少年宫原址重建】　11月8日，长沙市新青少年宫开工建设。副市长夏建平宣布项目动工。该项目总建筑面积54294.20平方米，总投资3.86亿元，分素质教育阵地、社会生活实践阵地和文体阵地等功能区，建成后可同时容纳1.4万名青少年开展各种活动。建筑面积3万余平方米，青少年活动面积增长近4倍，功能和定位由培训为主，转变为以活动为主、培训为辅，由关注幼儿和小学生为主，发展为青年项目与少年项目并举格局。主要由文体活动区、社会生活实践区、素质教育区、多功能影剧院、地下停车库组成。其中文体活动区共有五层，包括游泳馆、溜冰馆、动漫娱乐馆，科普馆和羽毛球、篮球馆。社会生活实践区侧重于提高青少年素质，包括青少年绿色网吧和机器人厅、DIY手工坊、科普实验厅以及武术、跆拳道室、乒乓球馆等活动场地。素质教育区将成为长沙市中小学生素质培训新基地，一层、二层为舞蹈教室、综合教室，三层为小杜鹃艺术团、综合教室，三层夹层为美术、书法教室，四层为声乐教室、器乐教室。多功能影剧院则包括多功能厅、影剧院。地下两层设置324个停车位。新青少年宫橘红色主色调，圆顶钟楼设计，充满人文艺术气息。建设工期约31个月，计划2016年竣工。市青少年宫建成于20世纪50年代末，是新中国成立后第一批建立青少年宫之一，为加强青少年活动阵地建设，长沙于2005年启动青少年宫整体改造工作。历经多次选址、反复研究论证，市委、市政府决定原址重建青少年宫，并将其纳入“长沙市十大民生重点工程”。市青少年宫位于黄兴北路与中山路交汇处。（徐彬洋）

长沙市新青少年宫建设项目开工仪式

【北大清华学子到长沙见习】 7月2日，第一批北京大学新闻与传播学院9名学子到长沙，赴浏阳市文化产业园开展“文化产业与旅游深度融合模式探索”课题调研，北京大学、清华大学高端人才长沙见习调研活动启动。团市委副书记喻志军、市委组织部人才处处长余万贤向北大学子介绍长沙市情和见习调研工作安排。为落实全市“六个走在前列”大竞赛活动，拓宽人才引进渠道，团市委紧扣人才需求，面向全市征集52个见习岗位，科学筛选55个调研课题，2013年6月前往北京大学、清华大学开展对接工作，向广大学子推介长沙人才政策和成长环境，长沙见习调研岗位得到北大清华学子热捧，出现多人竞争一个岗位、多个团队申报一个课题情况，通过申报、初选、面试等环节，选拔优秀学子到长沙参与30余个岗位见习，对城市品牌推广、区域经济发展、现代物流、电子商务、社会管理创新、信息化建设、小城镇建设、生态经济开发建设等19个课题开展调研。本次活动共引进北大清华学子159名到长沙见习调研，撰写调研报告17篇。

（徐彬洋）

【志愿者工作站升级】 2013年，团市委全面推进雷锋号志愿者工作站创建升级行动，出台《长沙市雷锋号志愿者工作站学雷锋志愿服务580工作体系》。“580”寓意“我帮你”，“5”即开展公共文明引导、开展家园整洁、开展关爱特殊群体、开展平安社区建设、开展群众文化等志愿服务；“8”即有标识、有队伍、有场地、有机构、有活动、有平台、有台账、有制度；“0”即努力实现雷锋号志愿服务沟通零距离、对接零缝隙、服务零障碍。团市委举办雷锋号负责人交流培训班开展交流学习活动，召开全市雷锋号志愿者工作站现场推进会，全市创建市级雷锋号社区志愿者工作站44家，省级雷锋号志愿者工作站6家。引导广大市民、雷锋号志愿者积极参与志愿服务，针对农民工子女、闲散青少年、有不良行为青少年、空巢老人、残疾人等开展困难帮扶；通过开展清洁家园、清理水源、垃圾分类、环保宣传等志愿服务，促进城乡品质提升。

（徐彬洋）

【雷锋号创建工作推进会】 11月7日，长沙市雷锋号创建工作现场推进会在雨花区侯家塘街道廖家湾社区举行。共青团长沙市委、市文明办举办，共青团长沙市雨花区委、雨花区文明办承办，团市委副书记叶妙主持，团省委志愿者指导中心主任王柱湘、市文明办副主任杨立平、市文明办志愿服务工作处处长袁军、共青团长沙市委权益部部长周道以及区县（市）、高新区文明办主任及团委书记、社区雷锋号志愿者工作站负责人等70余人参加会议。现场参观廖家湾社区雷锋号志愿者工作站；社区主任刘映先介绍雷锋号工作经验；周道部署省市雷锋号志愿者工作站验收工作等相关事宜；各区、县（市）、高新区团委书记就雷锋号志愿者工作站创建工作作表态发言，对下一阶段工作安排作汇报。杨立平从创建文明城市角度，对“雷锋号”志愿者工作站创建工作具体指导。王柱湘对省、市、自治州等地雷锋号创建工作作出分析汇报，对长沙市前阶段创建工作给予充分肯定。就如何处理建工作站与创“雷锋号”、阵地建设与项目建设、服务人民群众与服务志愿者、宏观管理与微观能动、培养团队与发展伙伴关系详细解释。该活动积极引导广大市民、雷锋号志愿者参与志愿服务，巩固和提升雷锋号志愿者工作站建设成果，指导各雷锋号志愿者工作站进一步规范、健全服务阵地、志愿者队伍、服务项目、工作机制和管理制度，推动雷锋号志愿者工作站创建工作深入发展。

（徐彬洋）

长沙市妇女联合会

【概况】 2013年，市妇女联合会（以下简称“市妇联”）指导开展新一轮“创业富民·巾帼示范在行动”系列活，创建国家级“巾帼文明岗”3个、省级12个、市级55个，开展“巾帼现代农业科技示范基地”创建工作，“春风行动”中组织女性专场招聘会63场次，介绍女性就业11362人，市妇联职业技能培训中心培训3532人，市妇联家政服务中心新增就业岗位2861个。推进联点驻村工作，群工组全年走访家庭420余户，发放民情联系卡1200余张，收集群众意见、建议78条，其中62条妥善协调解决。发挥妇联家庭工作独特优势，开展万户“文明和谐示范家庭”创建活动，评选表彰百户“五好文明家庭”。开展“两型”家庭创建活动，获评省级“两型”示范家庭6户、创评市级“两型”示范家庭18户，绿色家庭20户。编印《两型家庭创建知识手册》10万册，组织“美丽星城·我的家”文艺展演，动员妇女投身城乡环境卫生整洁行动，《中国妇女报》专题报道市“两型”家庭创建情况。市儿童活动中心加强公益培训、公益书屋建设，与市电视台互动旅游频道联合开设《成长天空》栏目，拓展未成年人思想道德建设载体。组织家庭教育师资培训班，开展家教赛课活动。开设家长课堂，举办家教知识讲座273场。发挥家庭服务业协会龙头作用，牵头组织“家政服务公司等级评定”和“家庭住家服务规范”地方标准制定工作，市妇联家政服务中心工作稳步发展。凝聚妇女智慧和力量。开展“新家园、新女性、新生活”摄影作品征集活动，评选“十大最美女性人物”。推荐道德模范和“中国好人榜”候选人，廖月娥获第四届“全国道德模范”称号。完成全国城市文明程度指数测评任务，举办巾帼志愿者骨干培训班和女性课堂，中央媒体到长沙采风拍摄《星城春争俏》专题片，在《决策咨询》上制作妇女工作专题，全年共在各级报刊、电视台、网站宣传报道妇女工作400余篇（条），为弘扬“四自”精神、引领全市妇女共筑“中国梦”营造良好氛围。推动源头维权，组织《2011—2015年长沙市妇女儿童发展规划》中期监测评估，协调推动市人大“一法一办法”执法检查，大力宣传男女平等基本国策。开展以“学法守法依法，建设平安之家”为主题“三八”妇女维权周活动，汇编《维权优秀案例》，编发《预防未成年人性侵手册》，对上访困难户进行回访并送去慰问金。全市妇联系统共受理信访件1681件次（其中，市妇联698件867人次），提供心理咨询服务78次/126人，受理妇女群众涉及诉讼的法律援助申请16件，审批16件，办结3件。打造省级“平安家庭”示范点和市级“妇女之家”反家暴工作示范点，开展“多机构合作，识别和干预家暴”试点项目，在全省维护妇女儿童权益工作经验交流会上作《积极探索反家暴“长沙模式”》典型发言，提供2个经验现场。关爱特殊妇女儿童群体，推动新一轮农村妇女“两癌”免费检查项目，组织健康长跑宣传活动，全年完成宫颈癌检查114541人，乳腺癌检查6072人。慰问道德模范、一线代表、特困妇女、“两癌”妇女等各界妇女410人次，发放慰问金67万元。通过“春蕾计划”“走进山村学校”和“我的梦·大家的梦”等活动，资助1040名贫困留守（流动）儿童61.35万元和一批书籍、物资，援建贫困小学图书室9所。筹建“长沙市妇女儿童发展基金会”，以健全关爱特殊妇女儿童群体的长效机制。妇联组织自身建设得到加强。市第十五次妇代会召开，499名妇女代表参加。大会选举产生市妇联第15届执委会。加强自身建设，验收省级“示范妇女之家”6个、创建市级“示范妇女儿童之家”24个。实行妇联系统工作目标管理，组织“长沙市妇联妇女儿童工作创新奖”评选，工会女职工委员会、女领导干部联谊会等8个学协会及全市各级妇联组织开展各具特色联系、服务妇女工作，《中国妇女报》头版头条报道市妇联基层组织建设成效。举办长沙基层妇联干部培训班，完成省妇干校妇联干部调训任务。组织市妇联新一届常委及部分基层妇联主席赴复旦大学继续教育学院举办能力提升研修班，“30分钟课堂”开课29堂（次）。2013年，市妇联获全国维护妇女儿童权益先进集体、小额担保财政贴息贷款工作先进集体、农村妇女岗位建功先进集体，湖南省妇联系统调研工作先进单位、宣传工作先进集体等荣誉。（杨凯龙）

长沙市妇女联合会领导人员

主　　席	谭慧慧（女）
党组副书记	刘云霞（女）
党组副书记	周小春（女）（2013.04任）
副 主 席	曾　丽（女）
	钟小珍（女）（2013.05任）
党组成员、副主席	赵景利（女）
	李　辉（女）（2013.05任）
党组成员、纪检组长	杨倩之（女）（2013.04任）

【“妇女之家”建设】 2013年，市妇联在全市开展市级“妇女之家”反家暴工作示范点创建工作，涌现关爱空巢老人长沙县望仙桥社区“时间银行”，关爱青少年芙蓉区滩头坪社区“达佳爱心工作站”，为妇女维权开福区荷花池社区“妇女维权岗”等典型。全市在17个街道、1860个社区（村）建立“妇女之家”。市妇联开展第一、二批省级示范“妇女之家”验收工作。省、市妇联对长沙县望仙桥社区、芙蓉区定王台社区、马王堆街道滩头坪社区、高新区麓景社区、岳麓区润泽园社区5个社区进行验收，通过召开座谈会，听取情况汇报，了解妇女之家建设情况。对照验收评估表，逐一实地查看社区设施设备、组织机构、规章制度、活动照片，翻阅工作台账、妇女队伍建设花名册、活动开展情况以及特色工作。5个社区全部做到设施设备完善，组织健全，制度上墙，经费公开公示，妇女活动经常，达到示范达标效果。天心区湘园社区、宁乡县夏铎铺社区创建第三批省级示范“妇女之家”，其中天心区湘园社区通过省、市妇联验收。市级示范“妇女儿童之家”要求达到“四有”：有固定场所和设施；有健全的管理制度；有专职或兼职工作人员；有特色品牌活动。市级“妇女之家”反家暴工作示范点要求达到：一是成立领导机构。二是组织开展活动。三是提供社区服务。四是建立志愿者队伍。全年共有芙蓉区文艺路街道乔庄社区等24个单位获得2013年长沙市“示范妇女儿童之家”称号，长沙县星沙街道牛角冲社区等10个单位获得长沙市“妇女之家”反家暴工作示范点称号。（文庆林）

【反家暴长沙模式】 10月24日，长沙市举行“多机构合作，识别和干预家庭暴力”项目试点启动仪式。该项目试点由市妇联和反家暴网络北京帆葆联合开展，选取“一城区”（开福区）“一县乡”（浏阳市）作为试点地。中国社会科学院法学研究所研究员陈明侠，省妇联党组成员、副厅级纪检员郑丽东，市委政法委常务副书记任安良，市妇联党组书记、主席谭慧慧等领导出席活动。项目通过开展基线调研、能力培训、搭建信息平台、发起联席会议等工作，对家暴危险评估分级，根据等级进行干预，建立多机构合作、识别和干预家庭暴力案件工作网络。活动期间，开展2次集中学习、培训和研讨，北京、台湾反家暴专家进行识别和干预家庭暴力案件专题讲座。开发建设长沙市多机构合作反家暴信息平台，实名注册。12月17日，召开高危家暴案件联席会议，开福区、浏阳市两地以真实案例为基础，通过信息平台，通报个案案情，两地法院、检察院、公安局、妇联和社区等部门80余人参与联动，公安警力迅速干预，法院提供法律咨询，伤情鉴定机构提供详实记录，庇护机构及时救助，司法行政调解适当介入，教育机构关爱儿童，法律援助志愿者、社会、心理工作者参与服务，北京、台湾和湖南专家在现场观摩点评联席会议。两地多机构合作干预家庭暴力案件模式得到《中国妇女报》报道。长沙早在1996年1月制订出台反家暴规范性文件《关于预防和制止家庭暴力的若干规定》（长办发〔1996〕3号），以政府名义公开反对家庭暴力，先后在全市推广“零家暴社区”工程、“人身保护令”试点、“五大维权网络”建设，组建反家暴男性参与行动志愿者队伍，成立家庭暴力庇护救助中心、伤情鉴定中心、妇女儿童心理咨询服务中心等机构，全市各基层派出所设立“家庭暴力投诉站（点）”176个。（李万锋）

【市第十五次妇女代表大会】 5月5—7日，长沙市第十五次妇女代表大会在枫林宾馆召开。开幕式由副市长夏建平主持，省妇联主席肖百灵，市领导张剑飞、张迎龙，袁观清，范小新，张湘涛，程水泉，李军，李田贵，张迎春，钟钢等出席会议。市妇联主席谭慧慧作工作报告。参会代表487名，来自全市工业、农业、教育、科技、文化、卫生、体育、司法、金融等各个领域。代表中，中共党员365人，占总数73.15%；大专以上学历473人，占总数94.79%；代表平均年龄42.55岁，其中年龄最大65岁，年龄最小19岁，代表全市350万妇女参政议政。会议为期3天，选举产生长沙市妇联第十五届执委会主席、副主席、常务委员。谭慧慧当选市妇联主席，曾丽、钟小珍、赵景利、李辉当选副主席，16人当选常务委员。会上，宣布启动长沙市“十大最美女性人物”评选活动。引领妇女服务大局，构建和谐，保障权益，改革创新，实施巾帼建功“促发展”、巾帼文明“提素质”、巾帼维权“惠民生”、妇联组织“强基础”四大工程。向全市妇女发出“汇聚巾帼梦想，同建美丽家园”倡议，号召全市妇女主动融入中国梦，助力“长沙梦”。会议期间，在长沙妇女网开辟妇代会专栏，湖南日报、长沙晚报、长沙电视台新闻频道、都市频道、红网等主流媒体对会议有关工作信息进行刊发播出。联合《决策咨询》杂志制作全市妇女工作专题，刊文11篇。联合电视台拍摄《星城春争俏》宣传片，《中国妇女报》以“芙蓉国里尽朝晖”头版头条报道妇联基层组织建设成效，《今日女报》用2个专版以“美丽星城、巾帼添彩”为题进行特别报道。（文庆林）

长沙市第十届家庭文化艺术节

【第十届家庭文化艺术节】 11月16日，长沙市第十届家庭文化艺术节之“美丽星城·我的家”文艺展演活动暨“美丽长沙·美德先行”两型示范家庭、绿色家庭表彰活动在市少年宫举办。市妇联、市文明办等单位联合主办，省妇联主席肖百灵、市政协副主席龚振湘、市妇联党组书记、主席谭慧慧等领导出席活动。本届家庭文化艺术节以“弘扬家庭文化·建设美丽家园”为主题，以家庭成员共同参与为主体，通过家庭才艺展示，丰富和活跃长沙市家庭文化生活，展示家庭和谐文化和“两型”建设成果。该活动历时4个月，面向全市征集节目，自下而上逐级筛选审定，最终11户家庭脱颖而出，获展演一、二、三等奖。表演者以歌舞、曲艺、器乐演奏、模特秀、表演剧等形式向观众展示幸福和美家庭生活理念、多姿多彩家庭文化生活。活动表彰长沙市两型示范家庭18户、绿色家庭20户。市妇联以“家庭文化艺术节”为平台，先后开展“十佳两型示范家庭”评选、“节能减排社区”评选、巾帼参与城乡环境卫生整治行动等一系列主题活动，为引领妇女投身“两型”社会建设发挥作用。（刘爱兰）

【新一轮农村妇女“两癌”检查】 2013年，长沙市实施新一轮农村妇女“两癌”检查项目，改善妇女民生，促进公共卫生服务均等化。一是开展流动妇女健康状况调研活动。7月，对雨花区、浏阳市进行流动妇女健康状况专题调研。通过发放调查问卷、实地走访以及召集区县妇幼、计生、卫生、农业等相关部门和基层妇联干部、企业代表、流动妇女代表座谈交流，掌握流动妇女健康状况第一手资料。10月，召集市政协妇联界别委员在芙蓉区开展“流动妇女健康状况”调研视察活动，为流动妇女健康献计出力，撰写《长沙市流动妇女健康状况调研报告》。二是组织“两癌”健康知识宣传活动。为倡导妇女健康生活理念，推动新一轮农村妇女“两癌”免费检查工作实施，开展以“健康与美丽同行”为主题农村妇女“两癌”免费检查项目宣传活动，提高广大女性对乳腺疾病防治意识。6月26日，接待全国妇联及哈佛大学专家团到宁乡县金洲镇关山社区观摩考察乳腺癌防治现场宣教活动。10月12日，市妇联与嘉丽购联合，在贺龙体育场东广场开展“粉红丝带飘起来——预防乳腺癌健康跑”活动。三是推进“两癌”项目实施。农村妇女病普查普治工作进展顺利。2013年，全市完成妇女常见病筛查697767人，检查率40.25%。宫颈癌早诊早治率90.3%。四是实施贫困妇女“两癌”救助项目。

市妇联下发《关于实施2013年长沙市贫困妇女“两癌”救助项目通知》，对符合条件100名贫困“两癌”妇女救助对象按每人一次性给予3000元标准实施救助。另外向省妇联、全国妇联申报“贫困母亲两癌救助专项基金”，为长沙县、浏阳市和宁乡县3个项目县19名贫困“两癌”妇女每人争取一万元专项救助资金。

（朱耀国）

【“大爱无疆”母亲节感恩活动】5月13日，长沙市“大爱无疆”母亲节系列感恩活动在市儿童活动中心举行。省妇联副主席卢妹香、市委常委、宣传部部长张湘涛出席活动，500余名学生及母亲代表参加活动。该活动由市妇联主办，市儿童活动中心、湖南富基置业有限公司承办。活动由市妇联副主席赵景利主持。市妇联党组书记、主席谭慧慧介绍活动开展情况。全市各级妇联组织以构建和谐社会为主题，按照“党政所急、妇女所需、妇联所能”工作定位，以母亲节为契机，在社会各阶层开展征集“心愿祝福、感人故事、典型代表”等系列感恩活动，涌现出一大批心愿祝福卡、感人故事等优秀佳作，表达对母亲眷恋之情和感恩之心，现场表彰王学英、徐蓉、彭诚、缪文霞、商南花、唐友良等6名坚强妈妈、大爱妈妈等雷锋式无私奉献母亲典型。高新区东方红镇金南村爱心基金会获“爱心妈妈团”表彰。现场10名学生代表为母亲赠送心愿卡，弘扬中华民族传统美德。

（向　宇）

【“童心向党”主题活动】6月1日，长沙市“童心向党”暨庆“六一”活动在市儿童活动中心举行，该活动由市委宣传部、市文明办、市妇联、市教育局、市广播电视局、长沙晚报报业集团、湖南富基置业有限公司等联合举办，长沙市儿童活动中心承办。省妇联主席肖百灵、市领导陈泽珲、罗购三、陈立湘出席活动，全市各中小学幼儿园1500余名学生及家长代表参加活动。该活动分序曲、红星闪闪、抗日小英雄、黎明前的歌声、在共和国的阳光下、雷锋式的好少年、祖国前进我成长、绿色的家园、诚信礼仪的好孩子、幸福长沙、我向党来唱支歌等11个部分，有合唱、舞蹈、情景表演、RAP等节目，整场活动贯穿“说说、唱唱、跳跳、闹闹”。市妇联党组书记、主席谭慧慧现场介绍此次活动宗旨与特色：此次活动历时2个多月，经过宣传报名、分区选拔、节目审查等阶段，在全市营造童心向党良好氛围。活动紧扣时代主题，高唱主旋律，培养全市少年儿童从小爱党、颂党、跟党走坚定信念。经组委会专家评审，长沙市儿童活动中心小天使艺术团等4家单位获最佳表演奖，雨花区砂子塘新世界小学等3家单位获最佳创意奖，国防科大附小安琪尔艺术中心等3家单位获最佳风采奖，枫树山大桥小学等3家单位获最佳诵读奖，芙蓉区妇联等11家单位获组织奖。

（向　宇）

【走进山村学校系列活动】6月14日，“走进山村学校，牵手留守儿童”望城站活动启动，市妇联党组书记、主席谭慧慧，市文明办副主任胡述斌等领导参加活动。活动现场，20名贫困留守儿童代表每人获1000元捐赠，将自己填写的心愿卡投放到心愿箱里，市妇联收集整理孩子心愿，通过网上公示等形式开展圆梦行动，呼吁爱心人士共同关爱留守儿童，帮助实现愿望。募集到书籍200余本、自行车12辆、点读机13台、电脑2台，衣物、学习用品等30余套。此次活动援建镇上3所小学图书室，给每所学校捐赠价值1万元的图书。9月26日，“走进山村学校，牵手留守儿童”系列活动之“我的梦，大家的梦”在市儿童活动中心举行。活动由市妇联主办，市儿童活动中心承办。市委副书记张迎龙、省妇联副主席龚健等领导出席活动，宁乡、望城、浏阳60名贫困留守儿童和20余名社会爱心人士到现场参加捐赠活动。参与捐赠爱心人士来自社会各行各业，有公务员、企业家、记者、教师，也有退休普通职工。活动现场，市妇联党组书记、主席谭慧慧介绍活动开展情况。孩子们免票参观游玩生态动物园。2013年，为加大对留守儿童关爱、帮扶力度，关心、支持山村学校发展，市妇联组织开展“走进山村学校”系列活动，活动在望城区铜官镇、宁乡县资福乡、浏阳市龙伏镇3地开展，通过送文化下乡、送关爱到人等活动形式，将党和政府关爱送进山村学校，让留守孩子与其他小朋友一样共享一片蓝天，快乐成长。活动分两个阶段进行，第一个阶段是走进山村学校，牵手留守儿童，征集孩子心愿；第二个阶段是邀请山村孩子到城里作客，帮助其圆梦。

（向　宇）

【妇女儿童发展规划中期监测评估】8月7日，市“十二五”妇女儿童发展规划中期监测评估工作座谈会召开。会议由副秘书长刘秋成主持，20余个成员单位代表参加座谈会，市政府妇女儿童工作委员会主任、副市长夏建平出席会议并提出：要把规划实施作为做好妇女儿童工作的具体行动，为妇女儿童多办实事，形成重视支持妇女儿童工作长效机制。为督导评估区县（市）工作，由市妇儿工委领导牵头，抽调组织、教育、人社、卫生、统计、妇联等单位人员组成督导组，分别于8月21日、27日、28日对浏阳市、芙蓉区、岳麓区3个区、县（市）实施规划情况进行督导评估。本次中期评估结果显示：市妇女儿童总体发展状况良好，达标环境不断优化，规划得到有效执行，妇女儿童在经济、参与决策和管理、教育、健康、法律、环境、社会保障等领域权利进一步保障。7大领域70项主要目标60项重点可量化指标中，44项提前达标，占可量化指标73.3%；有7项达标进展顺利，可望达到终期目标，占可量化指标11.7%；9项缺少监测统计数据，占可量化指标15%。通过此次中期监测评估，了解了妇女儿童发展规划实施进度，反映妇女儿童发展目标达标情况，通过总结经验、研究问题，为推动和促进各级政府及其有关部门依法履行职责，健全工作机制，制定和完善相关政策措施，解决妇女儿童发展中重点、难点问题奠定了基础。

（周　献）

【“巾帼文明岗”培训班】9月23—25日，长沙市“巾帼文明岗”负责人培训班举行。该活动由市“巾帼建功”竞赛活动领导小组举办，各区县（市）150余名“巾帼文明岗”负责人参加活动，进行为期3天集中学习培训。培训班针对参训学员职业特点和实际需求，精心设计培训课程，邀请王林教授为“巾帼文明岗”负责人培训班学员讲授《女性个人品牌的塑造》；邀请湖南省演讲与口才学会常务副秘书长蒋维进行《魅力演讲与口才是怎样炼成的》知识讲座。活动期间举行培训班开学典礼暨巾帼文明岗授牌仪式，对长沙市非税收入管理局等55个长沙市“巾帼文明岗”进行命名授牌。为增进全市“巾帼文明岗”之间交流和创建经验共享，培训班举办“服务创一流、巾帼展风采”创先争优活动经验交流会。长沙市第三社会福利院心翼会所以《走进你的世界，我们不孤独》为主题，介绍该岗位长期默默奉献，专注社会爱心事业情况；长沙市第四（女子）看守所作《规范执法，文明管理，彰显法治文明》发言，讲述女警们柔情执法、人性执法故事；望城区人民检察院控申科作题为《创巾帼文明，展望检风采》发言，生动诠释检察战线女性时代风采；政法频道法制栏目组以《坚守法制新闻最前线的娘子军》为题，讲述女记者们不畏艰险，坚守新闻一线感人事迹。（朱耀国）

【创业致富女带头人培训班】 11月11—13日，市妇联举办2013年长沙市创业致富女带头人培训班，全市优秀女企业家及优秀创业女大学生代表150余人参加培训。11月11日，举行培训班开学典礼暨妇女小额担保贷款工作总结表彰会，市委常委、统战部部长文树勋出席。会议表彰全市20个妇女小额担保贷款工作先进集体和20名先进个人。培训班精心设计培训课程，重点邀请湖南女子学院教授蒋璟萍为学员讲授《女性魅力修炼与成功创业》；邀请中南大学教授王林为学员讲授《女性创业专题讲座》。举办创业致富女带头人经验分享沙龙。长沙县信善珍稀食用菌专业合作社总经理汤昭、浏阳市浏阳河劳务公司董事长易群、宁乡县百灵鸟小学董事长卢中华、长沙睿德教育咨询有限公司法人刘萍、湖南盟昇物流有限公司董事长彭爱萍、湖南省泰山热工材料装备有限公司董事长蒋芳梅、长沙博瑞特文化传播有限公司总经理侯樱7位创业女性进行经验交流。邀请创业导师，与创业女性开展面对面互动交流活动。湖南科佳商业投资管理有限公司总裁周璟、湖南商学院工商管理学院教授熊苹、湖南知音贸易公司董事长易敬平、长沙仁和律师事务所主任刘岳等4位长沙市女性创业导师现场担任嘉宾，与学员们进行互动交流。在交流活动现场，宁乡县青年创业者协会创办人张晔就创业扶持政策，天心区鱼飞瑜伽生活馆总经理彭余晖就营销品牌推广，望城区首源生态合作社总经理易煜群、长沙林盛林业董事长陶文英就农产品市场拓展和认证等女性创业困惑进行提问，4位创业导师结合各自领域和实践经验，回答学员问题。（朱耀国）

长沙市归国华侨联合会

【概况】 2013年，长沙市归国华侨联合会（以下简称“市侨联”）组织侨联系统干部学习侨务知识和侨务政策法规，分析侨联工作面临新形势、新情况，市委常委会议专题听取市侨联工作汇报，充分肯定侨联近年来工作，为市侨联机关增加办公经费，增设处室和人员编制，召开长沙市第九次侨代会。一是加强基层组织建设。9月高新区召开第一次归侨侨眷代表大会，成立全省首个科技园区侨联组织。为进一步推动侨联工作向基层延伸，市侨联开展第2批“侨联工作示范社区”创建活动，8个社区（村）被评为“侨联工作示范社区（村）”，其中长沙县龙华村、宁乡县菁华铺村作为省首批农村侨联工作示范村，在发挥侨界力量参与新农村建设方面作出有益探索。二是发挥侨界优势，服务大局作贡献。开展海外联谊，加大引资引智力度。市侨联邀请美国、英国、法国、澳大利亚、日本等国家和地区侨领及华侨华人35批93人次到长沙参观考察。11月，市侨联和望城区政府共同承办“湖南省第二届侨商侨智聚三湘——走进望城”活动暨泛珠三角省区侨联（社团）2013年协作年会，邀请海内外侨领侨商150余人参加，通过项目推介、重点项目考察等方式，推介长沙及望城区招商引资项目。2013年市侨联获评全市“招商引资服务奖”。三是服务侨资企业，优化发展环境。市侨联重点走访侨资企业、新侨企业家30余个，帮助企业协调解决困难20余个。经市侨联争取，市委常委、统战部部长文树勋，市委常委、副市长张迎春专程对侨资企业开展解难帮困调研，组织发改委、工信委、电力等10余个部门与侨资企业开展对口帮扶座谈，一批问题得以解决。四是坚持以侨为本，维护侨界权益。重点推进涉侨案件通报机制，市侨联联合市委政法委、中级人民法院、检察院、公安局、司法局等单位联合下发《关于建立市涉侨案件工作机制的实施意见》。召开市侨联二届一次法律顾问委员会议暨涉侨案件通报机制协商会议，聘请以市政法委副书记周琼芝任主任，法院、检察院、公安局、司法局等单位分管负责人以及律师、法学家任委员第2届法顾委。全市侨联组织及区涉侨法律援助中心接待来访120余人次，处理反映各类问题来信80余件，为侨界群众解决各类问题90余个。五是打造活动品牌，凸显特色。打造“送温暖、献爱心”活动品牌。2013年春节期间市侨联筹集7万余元，各区县侨联筹集15万余元，上门走访慰问困难归侨侨眷和社区困难户。市侨联分3批组织110余位老年归侨到机关座谈，集中发放慰问金。中秋、国庆期间，市侨联以走访慰问、座谈联谊等方式，慰问侨领侨商、侨界劳模和顾问、困难归侨侨眷等130余人次。11月，市侨联举办“老年归侨看长沙”活动，组织近100名老归侨参观长沙观光景点和重点工程。打造“创业中华”活动品牌。市侨联走访慰问在长沙工作海外高科技人才60人次，宣传推介侨界新典型，及时完善、更新侨界人才信息库。10月市侨联联合市海联会举办“创业中华·梦起星城”海联（长沙）投资创业论坛，邀请政府官员、经济学家与优秀海归创业代表及200余位新侨人士参加，引导海归人士在长沙投资创业。打造“亲情中华”活动品牌。开展“亲情中华”文化交流，6月市侨联组织湖南知青（侨心）艺术团赴台湾开展“‘亲情中华’台湾行”演出活动。12月市侨联主席赴阿联酋、南非开展侨务交流，开展“亲情中华”慰问与交流活动。市侨联与望城区侨联联合在靖港民丰侨心小学开展“亲情中华”李丽主题演讲活动，邀请市侨联委员、2007年度感动中国十大人物李丽就心理教育问题进行演讲。打造“侨爱心”活动品牌。六是汇集侨界大爱无疆，开展扶侨帮困公益活动。在全市范围内开展贫困归侨调研活动，为9户特困归侨家庭制定帮扶计划，争取各方资金对特困家庭从住宅改造到家具、家电配置等方面进行扶持；市侨联副主席洪也凡捐款15万元支持市侨联“侨爱心”活动，副主席贾民向望城区靖港民丰侨心小学赠送电脑10台。七是积极建言献策，参政议政。开展侨情调研，摸清底子。市侨联联合市外侨办在全市范围内开展一次全面深入侨情调查。成立全市侨情调查工作领导小组，制定工作方案，市、县（区）以及乡镇、街道和村组、社区都确定工作机构和工作人员，采取入户调查方式，对全市重点侨情进行一次全面摸底。建立工作机制，为代表、委员参政议政服务。市侨联组织侨界人大代表、政协委员及侨界参政议政积极分子建立侨界参政议政委员会，定期对参政议政选题开展座谈对话，针对提案、议案选题开展调研视察，定期对侨界提案、议案进行表彰奖励。召开新一届侨界人大代表、政协委员培训座谈会和参政议政工作会议，组织代表委员考察调研活动。撰写提案、议案，建言献策水平明显提高。各级两会上，侨联组织和侨界人大代表、政协委员提交提（议）案21件，被省、市等有关单位重视和采纳；市侨联在人大、政协全会上分别提交《关于制定长沙市华侨侨眷保护条例的议案（建议）》，被列为市十四届一次人大会议唯一议案，5月，市政府常务会议将《长沙市归侨侨眷保护条例》列入立法计划，明确侨联为起草单位。市侨联成立联合调研组，按照计划开展立法调研座谈和论证工作。及时反映侨情民意，撰写侨界信息123条（篇），被省级以上媒体摘登69条（篇），市侨联获评“省侨联系统信息工作红旗单位”，郭琴等5人被评为全省侨联系统信息宣传工作先进个人。（粟威武）

长沙市侨联第九届委员会领导人员

主　　席	翁少兰（女）
副主席	谢远知
副主席	刘　斌（女）
	丁小琥（兼）
	洪也凡（兼）
	邓文胜（兼）
	曹　凛（兼）
	贾　民（兼）
秘书长	粟威武

【市第九次归侨侨眷代表大会】 3月28—30日，长沙市第九次归侨侨眷代表大会召开。省、市领导陈润儿、张剑飞、张迎龙、文树勋、李军、芮英姿、谢明德和省侨联主席朱道弘出席大会开幕式。归侨侨眷代表、特邀代表200余人参加会议。市侨联主席翁少兰代表市侨联第八届委员会作工作报告，会议选举产生长沙市侨联第九届委员会，翁少兰当选新一届侨联主席，谢远知、刘斌、丁小琥、洪也凡、邓文胜、曹凛、贾民等7人当选副主席，粟威武当选秘书长，王艾莲等10人当选为侨联委员会常委。表彰一批长沙市优秀侨资企业、侨务工作先进个人、归侨侨眷先进个人，大邦（湖南）生物制药有限公司等13家企业为优秀侨资企业，毛远强等11人为侨务工作先进个人，王朝阳等22人为归侨侨眷先进个人。（粟威武）

【市侨联获“全国侨联系统先进组织”称号】 12月2—5日，第九次全国归侨侨眷代表大会在北京召开，大会对优秀侨联组织和侨界个人进行颁奖。长沙市侨联获“全国侨联系统先进组织”荣誉称号，长沙市侨联副主席谢远知、湖南省仁和环保科技有限公司董事长洪也凡、哈药慈航制药股份有限公司董事长段燕文、湖南省西湖建筑集团董事长周健获“全国归侨侨眷先进个人”。（粟威武）

长沙市台湾同胞联谊会

【概况】 2013年，长沙市台湾同胞联谊会（以下简称“市台联”）全年召开会长扩大会议、座谈会4次。机关干部积极参加省台联各类专题学习会议，11月，市台联会长白树仁、副会长方敏到北京参加全国台联组织的人大、政协委员专题学习班；9月市台联专职副会长陈昉青参加统战部组织的领导干部素质提高班到浙江大学参加培训。台联界别政协委员参加政协组织学习培训和情况通报会、提案汇报会，通过电话、邮寄资料、向台胞台属宣传台海政策和长沙改革开放成果，长沙经济发展趋势，帮其解惑释疑。一是主动服务台胞台属，增强“台胞之家”凝聚力。开展台胞联谊服务工作是台联作为“台胞之家”重要职责。台联开展走访慰问送温暖活动，扶贫济困送爱心活动。坚持平时走访和节日慰问相结合，把党和政府关怀及时送到台胞手中。开展“送温暖、献爱心”活动。机关平时注重加强在长沙台胞、台属联谊交流，利用走访调研、组织节庆联谊活动以及谈心、话家常等方式，了解其工作、生活现状，了解在台亲属生活工作，增强“台胞之家”凝聚力，下拨30余份慰问物资送发给全市困难台胞。抓住各种机会、上门看望慰问因病住院台胞、生活困难台胞。对一代台胞给予特别关心，协助解决林云医疗费用，向老台胞朱振行寄送定期生活补贴；为台胞学生考上学校提供政策支援和方便。为一代老台胞订阅党报。在端午、中秋和春节，向生活困难台胞、台属给予生活补贴。向考上大学困难台胞给予学费支援，探望因病住院台胞并送去慰问金，对去世台胞家属给予慰问，参加去世台胞追悼会等。先后深入了解台胞、台属家庭，面对面沟通，心与心交流，了解他们工作生活创业等情况，反映其愿望和心声。利用传统节日邀请台胞台属参加座谈会，沟通交流乡亲感情，畅谈个人成长经历和感受，表达对党和政府感激之情。二是创新思路、拓宽视角、加强乡亲联谊。配合全国台联每年举办的“龙脉相传、青春中华”台湾青少年夏令营湖南、长沙活动，派出机关工作人员和志愿者到张家界迎接湖南分团，陪同其游览张家界，交流感情，介绍湖南，推介长沙。在长沙安排参观岳麓书院、橘子洲头、简牍博物馆、台资企业，进行座谈交流。热情接待来访台胞、台属，协助解决遇到的困难、解答遇到的问题。全年接待来访台胞、台商20余人次，接待来访台属40余人次，协助解决房产遗留问题、在长沙创业问题和孩子上学、寻找亲友等问题，宣传长沙投资环境，鼓励其到长沙发展。

以参政议政服务经济建设为目的，推荐优秀人才。为了提高台联社会地位，将具有一定参政议政能力、有强烈愿望为省、市发展作贡献台胞、台属先进代表举荐到社会群团组织中去，加强海内外联系，创造施展才华平台。经大量考察摸底和沟通工作，推荐到长沙市海外联谊会16人，其中副会长2人，常务理事6人。机关抽出1人参加海联会换届工作，举荐增补2人到青联担任委员。

结合参政议政、服务“五化一率先”投入“三服务’工作。市台联发挥桥梁、纽带作用，通过“两会”平台，以建言献策方式，投身“六个走在前列”大竞赛活动，组织各级人大代表和政协委员向各级“两会”提交议案、建议和提案。各级人大代表、政协委员提出建议案、提案20余份，其中，委员张治学、肖成军、林瑄的提案《关于长沙城市运行安全的建议》得到重视，政协多次联系拍摄专题片。一方面多收集反映百姓呼声，为其合理诉求“鼓与呼”；另一方面协助党委政府协调关系、化解矛盾工作。根据在长沙台商和台属反映情况，经过调查、咨询反映2条社情民意，一条是《关于在长沙率行放开台资个体注册经营的建议》，另外一条是《关于长沙市招商过程中及服务过程中注意产业聚集和扶持产业链开发的建议》。这2条建议紧密围绕长沙市经济发展和台商投资意向，切合长沙实际，得到相关部门关注。拓展联谊面，服务“民生民利”。台联秉承为台胞服务、为台属服务宗旨，通过各种方式，服务台胞、台属，服务“民生民利”。结合“三服务”活动开展，配合全国人大、省人大开展对《台湾同胞投资保护法》执法检查活动，举行调研座谈会，就长沙市台胞投资和企业发展遇到的问题进行调研。配合省台联，对长沙市困难台胞进行摸底调查。长沙市一、二、三代台胞约180余人，还有一些从台湾回来的老兵。由于历史原因，这些台胞大部分文化层次不高，工作状态不理想，生活层次大都在中等水平以下，还有部分在平均生活水平以下。对困难台胞进行摸底，有助于政府及有关部门了解台胞生活状况，为扶助贫困台胞提供依据。配合全国台联对台籍台属的情况进行了摸底调查，为全国台联了解、掌握情况提供了详实的依据。

加强对台联络工作，支持长沙经济建设。发挥与台商联系紧密优势，推进对长沙老字号企业合作、复苏和振兴工作，多次联系国资委和内贸行办，就长沙老字号品牌“九如斋”与台湾泰元食品“元味”品牌进行合作牵线搭桥，达成合作意向，准备进行深层次合作谈判，在互利互惠合作基础上，为长沙老品牌注入新血液，提供动力。接待台湾永固焊材股份有限公司董事长方协东一行，与湖南波特利德焊接材料有限公司合作进行洽谈，加强与长沙市台湾同胞投资企业协会联系，为促进长台经济贸易合作做出努力。为台资、台属企业牵线搭桥，为亚太公司、开福区建工塑料厂等单位就一些问题与有关部门进行沟通，协助解决。参加同心社区建设工作，号召台胞、台属企业依托自身优势开展各类“服务民生民利”工作。参加公益活动、扶贫助学、接济弱势群体。

加强联谊工作。参与接待全国台联会长汪毅夫一行全国台联领导到长沙考察调研。陪同省委统战部长李薇薇到困难台胞家中进行慰问。接待副会长徐汉华领队的湖北武汉市江夏区台胞台属联谊会到访，双方就台联工作进行交流，两地台联加强联系、互相学习。向南昌市台联、南京市台联、武汉市台联召开代表大会发出祝贺电。为上海市台联要求协助寻找在长沙失去联系近20年的旅美台胞做出回应，通过有关部门与其在台湾亲友、同学取得联系，其效率得到台湾、上海方面高度评价，获得良好社会效应。2013年市台联工作存在的不足：组团到台湾考察联络乡情乡谊工作由于主客观原因没有完成，对深入基层，联系台胞、台属工作还不够，与区、县统战部、台办联系有待加强。

（彭众评）

长沙市台湾同胞联谊会领导人员

会　长	白树仁
副会长	陈昉青

【台胞青年夏令营活动】 7月7—10日，2013年台胞青年夏令营湖南分营举行。来自台湾东吴大学、台商子女、大陆台胞大学生20余名青年参加活动，省委统战部副部长邓焕生、省台联会长林华生、长沙市委统战部副部长王国平等领导出席相关活动。该活动主题是“龙脉相传•青春中华”，采取寓教于乐的夏令营形式，组织台胞青年到张家界、岳麓书院、简牍博物馆、台资企业、湘绣研究所参观游览，感受湖南自然风光和千年沉淀的楚文化，让台湾同胞认识、了解祖国，增强民族凝聚力。该活动已举办10届，共有500余名台湾大学生参加，成为台湾青年了解大陆、丰富阅历、广交朋友的重要平台。（彭众评）

2013年台胞青年夏令营活动

长沙市红十字会

【概况】 2013年，市红十字会根据第八届理事会第五次会议确立的工作目标，科学把握红十字会事业发展机遇，加强自身建设，按照《关于进一步完善区、县（市）红十字会管理体制的意见》，望城区、浏阳市、长沙县红十字会实现机构独立，分别配备正科职常务副会长1名，编制3—4名；天心区、岳麓区、开福区实现机构相对独立，设正科职常务副会长1名。为加快推进依法建会、依法治会、依法兴会进程，市人大常委会对长沙市执行《中华人民共和国红十字会法》和《湖南省实施〈中华人民共和国红十字会法〉办法》进行执法检查。按照转变政府职能要求，把政府不及、社会所需、群众所盼、红十字会所能事情由红十字会去办，发挥红十字会桥梁纽带作用。开展社会救助、救护培训、组织宣传等方面工作；开展红十字模范单位创建活动，提升基层红十字工作品质；开展文明城市学雷锋志愿服务救护培训工作，进行全市急救知识和救护技能比武；组织雅安地震募捐，共募集款物716.9万元。开展"博爱送万家"走访慰问活动；全年共发放救助款物价值300万余元。深入开展红十字模范单位创建工作，2013年创省级红十字模范单位12个、市级红十字模范单位22个，红十字工作得到全面发展。 （谢奇艳）

长沙市红十字会第八届理事会领导人员

会　长	夏建平
名誉会长	谢树林
	张菊萍
	钟新莲
	胡子敬
	何清华
副 会 长	刘秋成
	缪雅琴
	李玮玮
	彭　骅
	彭惊雷
	唐俊杰（专职）
	苏松泉
	段军如
秘 书 长	戴　云

【公益项目】 2013年，市红十字会联合友阿集团投入资金100万元，针对社区困难群体实施"长沙市红十字友阿学雷锋社区陪伴"公益项目，对符合条件的700余名困难群众每人救助1000元；针对大病特困群众实施"长沙市红十字友阿救助110"公益项目，对符合条件的特困群众每人救助1万元。湖南省佛慈基金会每年拿出10万元，专门用作项目的实施经费。通过加强与捐赠方以及长沙晚报、湖南公共频道等媒体的深度合作，坚持公开、透明、诚信、高效的运作模式，不断提升公益项目服务水平。一批微基金公益项目应运而生：三德公司连续8年坚持通过市红会开展助学行动，长沙市广电局干部职工自发捐资设立"广电博爱基金"，长沙市供水公司捐资设立"供水博爱基金""博爱家园"公益项目在宁乡实施。春节前夕，全市红十字会组织价值380万余元爱心款物，开展"博爱送万家"走访慰问活动，受益群众2万余人次。联合中南大学湘雅医院、湖南省儿童医院成立红十字救护培训市民学校，面向社会开展各种公益培训。免费为环卫工人、女子监狱服刑人员开展自救互救知识培训，为警察学校新上岗的警察开展应急救护技能训练。市红十字会争取中国红十字基金会30万元资金支持，在橘子洲头建立省首批旅游景区红十字救护站。 （谢奇艳）

【救护培训"百千万工程"】 2013年，市红十字会组织开展救护培训"百千万工程"，在全市培训100名救护师资，1000名救护员，10万名以上掌握基本急救常识中小学生和社区群众。推动社区应急救护知识培训。2013年6月，全国城市文明程度测评首次将红十字应急救护培训纳入测评体系，要求每个社区组织以红十字会为主体社区应急救护培训学雷锋志愿者活动，为确保文明城市测评加分不丢分，市红十字会联系市文明办，专门针对街道卫生服务中心医务人员开办一期社区应急救护培训师资班，满足社区救护培训对师资的需求，联合市文明办开展工作督查，全市620余个社区共组织居民普及培训4万余人次。加强与教育部门的合作。联合市教育局开办中小学校红十字救护师资班，将63所中小学校和青少年素质教育基地校医、教官培训成救护师资。长郡中学、德馨园小学、枫树山小学等学校被评为红十字模范校。全市各级红十字会共为5万余名中小学生开展救护知识普及培训。 （谢奇艳）

【县级红十字会建设】 2013年，市红十字会在市委组织部、市编办和相关部门支持下，特别是在市人大组织《中华人民共和国红十字会法》和《湖南省实施〈中华人民共和国红十字会法〉办法》执法检查后，县级红十字会理顺管理体制取得突破性进展。望城区、浏阳市、长沙县先后发文明确红十字会机构独立，列入群团组织序列，配备1名乡科级正职常务副会长，芙蓉、天心、岳麓、开福、雨花5区红会机构虽未从卫生系统完全独立，但均配备1名乡科级正职常务副会长兼卫生局领导班子成员。区县红会机构的独立和调整，为全市红十字事业未来发展开辟广阔空间，各级红会工作力量明显增强。全市共有2个街道18个社区和2所学校成功创建市级红十字模范单位，省红十字会4月在长沙召开现场经验交流会，向全省推介长沙社区红十字工作经验。（谢奇艳）

【四川雅安地震救援】 4月20日，四川雅安发生7.0级地震。市红十字会第一时间组织抗震救灾红十字志愿者紧急救援队，将圣得西服饰集团通过市红十字会捐赠的210万元救灾物资送到雅安地震灾区孤岛——芦山县。向全市发出募捐倡议，在长沙晚报和长沙电视台公布捐赠账号和热线电话，接受社会各界捐款捐物，共接收捐赠款物716.9万元，其中善款311.2万元，物资价值405.7万元。市红会第一时间将捐赠物资送达芦山重灾区。派出制水队在灾区一线开展饮用水生产净化工作。联合市直机关工委组织募捐，所募115.5万元全部用于34户村民灾后重建。 （谢奇艳）

【红十字服务进社区】 3月14日，省红十字会2013年工作会议暨红十字服务进社区经验交流会在长沙召开，省红十字会党组书记、常务副会长曾凡国，市人民政府副市长、市红十字会会长夏建平，全省各市、州红十字会领导一行50余人参加活动。长沙市红十字会秘书长戴云、雨花区红十字会副会长邱林强、左家塘街道红十字会会长莫正文和开福区捞刀河社区红十字会会长苏立雄分别代表市、区、街和社区介绍经验。清水塘街道清水塘路社区红十字会是长沙市现场观摩点，与会代表参观清水塘路社区红色服务基地、红色服务队活动展板、红十字志愿服务中心、清水塘街道社会管理指挥中心，听取社区红十字会工作、红色服务队活动开展、爱心救助基金运行机制等相关情况汇报，与红色服务队老同志交谈。经验交流会指出，每个人都要弘扬“人道、博爱、奉献”红十字精神，在社会广泛传递奉献理念，为更多困难、需要帮助的人提供服务和帮助，让爱心温暖社会。

（谢奇艳）

【应急救护技能比武】 9月13日，长沙市红十字会与长沙市文明办在枫林宾馆共同举办CPR、包扎搬运等红十字应急救护技能比武。通过二轮比赛，宁乡县获竞赛一等奖，雨花区、长沙县获二等奖，浏阳市、芙蓉区、望城区获三等奖。在救护技能比武现场，分别为中南大学湘雅医院红十字救护培训学校和湖南省儿童医院红十字救护培训学校授牌，利用社会资源，开展红十字救护培训工作。2013年，市红十字会推动实施救护培训“百千万工程”，在全市培训100名救护师资，1000名救护员，10万名以上掌握基本急救常识中小学生和社区群众。全市620余个社区共组织居民技能培训4万余人次。 （谢奇艳）

长沙市残疾人联合会

【概况】 2013年，长沙市残疾人联合会（以下简称“市残联”）实施“生活提质、地位提升、服务提效”工程，残疾人生活更加幸福，残疾人事业发展更加科学。

实施“生活提质”工程。开展“阳光康复行动”，强化优质优惠康复服务。实施省为民办实事“0—6岁贫困残疾儿童抢救性康复”项目，全年投入523.7万元，为482名0—6岁贫困残疾儿童实施抢救性康复训练，超计划任务135名。对全市符合条件47名0—14岁贫困残疾儿童发放康复训练补助。实施“义肢助残”工程，投入95万元免费为全市147名贫困下肢缺肢者免费安装假肢。实施“光明关爱”工程，投入100.65万元，筛查眼疾患者10万人次，为1152名低、弱视力患者验配助视器和861名贫困眼疾患者进行青光眼、胬肉、眼底病手术，超计划数152名。实施“辅具适配进家庭”项目，投入70万元为464户贫困残疾人家庭免费提供一对一、面对面辅具适配，超计划任务114户。实施中残联残疾人事业专项彩票公益金辅助器具项目，发挥辅助器具流动服务车辐射作用，将服务车开到宁乡县、芙蓉区等地农村和社区，免费上门为贫困残疾人进行辅具适配服务，产生良好社会效果。展“阳光就业行动”，构筑更宽更广就业平台。全市开展特色按摩手法、连锁企业经营与管理、电子商务等适合残疾人自身条件和就业创业前景较好职业技能培训班，培训残疾人1770人。市政府办公厅下发《关于进一步加大按比例安排残疾人就业工作力度的通知》，协调财政、税务部门加大残保金征收力度，对未缴纳2011年度残保金300家企业，通过寄送公开信、告知书等强制征收措施，促使用人单位依法履行按比例安排残疾人就业义务。2013年，全市有1120家单位参加年审，按比例安排残疾人2589人，征收残疾人就业保障金1.03亿元，成为全省首个残保金突破亿元市州。开展“残疾人就业援助月活动”和“百万残疾人就业工程”，全市举办25场残疾人专场招聘会，实现新增残疾人就业1028人。扶持培源社工创办残疾人创业孵化基地，帮助8名残疾人成功实现创业梦想。开展“盲人按摩进社区”创业项目，全市有12家盲人按摩机构达到省盲人保健按摩机构规范化建设标准，安排67名盲人就业，得到省级“盲人按摩机构资金扶持”21.8万元。开展“阳光帮扶行动”，创造舒身舒心幸福生活。加大残疾人家庭无障碍改造力度，全市投入254万元为495户残疾人进行家庭无障碍改造，比计划数多85户。深入推进残疾人无障碍社区改造建设，在9个区、县（市）各打造一个高标准残疾人无障碍社区，方便残疾人日常生活，使残疾人生活更加舒心。提高重度残疾人生活补助标准，将重度残疾人特殊生活补助标准农业人口由每人每月40元提高到60元、非农业人口由每人每月补助60元提高到80元，2013年共为全市30240名重度残疾人发放重残补助金2225万元。落实残疾人入学帮扶政策，对就读普通高中、中职和高等院校残疾人和贫困残疾人子女按标准给予补助，全年共补助1750人，发放补助金138.9万元。加强与市住建委协调，将危房改造重点向残疾人危房户倾斜，全年共为619户残疾人危房改建给予补贴。开展节假日走访慰问贫困残疾人活动，全市各级各部门走访慰问贫困残疾人28410户，发放慰问金及慰问品1128万元。

实施“地位提升”工程。以“为”提“位”，赢得领导高度重视。坚定有为才能有位思想，矢志不渝抓发展。中残联主席张海迪、副主席吕世明及省残联领导先后对市残疾人工作进行视察，肯定市基层残疾人组织建设及康复、托养机构建设工作。以“法”争“利”，全面保障合法权益。随着全国各地陆续出台残疾人免费乘车优惠政策，长沙市残疾人要求免费乘坐公共交通工具呼声越来越高。市残联就残疾人免费乘坐公共交通工具进行专题调研，到株洲市、南京市、常州市学习取经。理事长熊慈明以市政协委员身份递交关于残疾人免费乘坐公共交通工具提案。市长办公会决定从2014年1月1日起实施残疾人凭“爱心卡”免费乘坐公交车政策。市残联会同市交通部门，投放10辆无障碍出租车进入营运市场，对残疾人实行免费预约，上门服务。加强残疾人信访工作，对残疾人反映问题与要求及时协调办理，做到矛盾不上交，问题不出门，全年共接待残疾人来电来访2100余次。加大残疾人法律援助力度，建立市县两级残疾人法律援助站，聘请律师为残疾人提供无偿法律援助，维护残疾人合法权益。以“声”造“势”，浓厚社会助残氛围。充分运用省、市新闻媒体和残联系统刊物、网站等媒介，宣传残疾人事业，发表稿件927篇，市残联被评为中残联“两刊”宣传工作先进单位。举行庆祝第23次全国“助残日”活动暨“大爱长沙·扶残助残善行四十佳”评选表彰活动，制作“善行四十佳”公益宣传片，在长沙新闻频道进行为期40天每天4次反复播放，长沙新闻频道在《热线001》栏目和《天天生活》栏目中，连续报道9个助残优秀典型，《长沙晚报》在《我身边的道德模范》栏目中对4个优秀典型进行深度宣传，使扶残助残先进模范故事家喻户晓。与《长沙晚报》深度合作，推出系列报道，宣传按比例安排残疾人就业，取得良好效果。发展残疾人文体事业，丰富残疾人精神文化生活，在全国第八届残疾人艺术汇演中，长沙市共夺得3个一等奖，3个二等奖，占全省获奖总数一半以上。开展残疾人运动员冬训和暑期训练。关注残疾人群体婚恋生活，举办首届残疾人相亲交友会。

实施“服务提效”工程。抓平台建设，夯实事业发展基础。探索市场化运作和政府购买服务相结合方式，引导社会力量举办康复机构和托养机构，残疾人服务体系建设不断完善。以创建全国“阳光家园”示范区为抓手，不断完善托养服务网络，切实提高托养服务水平，优质高效完成省政府实事工程目标任务。2013年全市新建残疾人托养机构8家，规范化建设5家，全市22家托养机构共为1980名残疾人提供日间照料和居家托养服务。全市形成以“家庭为基础，社区为依托，机构为补充”多层次、多样化残疾人托养服务保障网，实现残疾人就近、就地、就便享受托养服务目标。推进省残疾人居家托养试点工作，创造性推行“1+1”居家托养服务模式，即通过政府采购，购买服务形式，委托一家家政公司和一家社工机构为残疾人提供居家照料、职业发展和生活支持3类服务，创造残疾人居家托养“长沙经验”。加强市残疾人辅具中心建设，高标准打造全省最先进残疾人辅助器具展示中心、咨询中心和服务中心，改变以往残疾人辅助器具中心展厅、办公室、仓库共用局面；扶持和规范民办康复机构建设，组织全市残疾儿童康复机构骨干从业人员进行一次较大范围免费轮训，全年共培训1200人次。开展民办康复机构达标评审管理工作，经过中期督查、终期评审，对评定出的14家达标机构共给予57万元补助资金。抓好组织建设，强化事业发展保障。扎实推进基层残疾人组织建设，健全市、县、镇、村四级残疾人工作机构，选聘残疾人专职委员1792名，市级发放补贴108万元，有效调动专职委员工作积极性。市县两级共投入创建资金400万元，推进全市残疾人工作明星乡镇、明星社区创建工作，29个乡镇被评为长沙市残疾人工作明星乡镇，182个社区被评为残疾人工作明星社区。出台《〈中华人民共和国残疾人证管理办法〉长沙市实施细则》，加强和规范“残疾人证”发放工作，全年共核发第二代“残疾人证”6519本，注销3375本。加大基层残疾人工作者培训力度，举办全市残疾人专职委员、乡镇（街道）残联理事长培训班2期，培训乡镇（街道）残联理事长和专职委员210名。开展基层残疾人专职委员优秀工作案例征集及宣传活动，增强基层残疾人工作人员服务能力。根据市委“六个走在前列”竞赛活动有关精神，区县残联出台加强作风建设、加快残疾人事业发展系列举措，增强残疾人工作者竞争意识和工作激情，营造你追我赶、力争上游良好氛围。按照省残联“连千村帮万户”工作要求，市残联和各区县残联分别联系一个村，开展结对帮扶活动，帮助残疾人解决实际困难，提高残疾人幸福生活指数。

（朱阳辉）

长沙市首届残疾人相亲大会现场

长沙市残疾人联合会领导人员

党组书记、理事长　熊慈明
党组成员、副理事长　唐乐炎
曾　军

【长沙市首届残疾人相亲大会】 12月2日，长沙市“首届残疾人相亲大会”在长沙亚华大酒店举行。该活动主题是“相亲吧，让我们相互温暖”。长沙市残联主办，湖南成才职业培训学校承办。参加活动残疾人和亲友500余人，年龄最大61岁，最小20岁，包括长沙、怀化、吉首、郴洲、湘乡、益阳、衡阳、邵阳等地残疾人。活动通过自我介绍、游戏互动、才艺展示、成功伴侣爱情分享等环节，加深残疾人之间相互了解，提升残疾人幸福指数，拓宽单身残疾人男女沟通渠道，最终有8对残疾人在现场相亲成功。湖南经视、湖南公共频道、长沙电视台、《三湘都市报》《长沙晚报》等新闻媒体进行报道。（朱阳辉）

【重度残疾人特殊生活补助标准提标】 11月24日，长沙市政府下发《关于提高市重度残疾人特殊生活补助标准的通知》（(长政办函〔2013〕20号），提高和改善重度残疾人生活质量。决定从2013年1月起提高重度残疾人特殊生活补助标准，每人每月增加20元，即农业人口补助标准由每人每月补助40元提高到60元、非农业人口补助标准由每人每月补助60元提高到80元。（朱阳辉）

【“大爱长沙·扶残助残善行四十佳”活动】 5月17日，第23次全国助残日暨“大爱长沙·扶残助残善行四十佳”表彰活动在宁乡举行，长沙市残联、文明办共同主办，省残联党组书记、理事长肖红林，市政府副市长黎石秋等领导出席活动。该活动主题是“帮扶贫困残疾人”。5 月 19 日是国家法定第二十三次全国“助残日”，为弘扬中华民族扶弱助残传统美德，在全市范围内掀起更加广泛扶残助残热潮，市残联下发《关于在全市开展第二十三次全国“助残日”活动的通知》，各区、县（市）残工委结合本地实际，分别制定实施方案，全市各级残联组织开展丰富多彩帮扶残疾人活动，浓厚全社会帮扶残疾人氛围。活动期间，表彰“长沙市十佳扶残助残爱心个人”“长沙市十佳扶残助残爱心家庭”“长沙市十佳扶残助残爱心企业”“长沙市十佳扶残助残爱心社区”，为 100 名视障朋友赠送价值 5 万元读书机，为宁乡县贫困残疾学生赠送价值 5 万元学习用品，举行残疾人文艺演出。（朱阳辉）

张海迪调研长沙市残疾人工作

【扶残民生工程】 2013 年，长沙实施 8 大扶残民生工程，帮扶贫困残疾人。该工程包括：实施“残疾人无障碍设施改造”工程，打造 9 个残疾人无障碍社区，为 410 户贫困残疾人家庭进行无障碍改造；实施“万人托养”工程，新建不少于 5 家 20 人以上的托养机构，做到全市托养机构建设无空白县市区，实现居家服务救助 1400 人，日间照料服务救助 180 人，寄宿托养服务救助 10 人的目标；实施“连千村帮万户扶贫”工程，市、区县（市）残联帮助 10 个村实现贫困残疾人全部解决温饱问题，扶持 100 户贫困残疾人家庭收入达到或接近当地平均收入水平，实现稳定脱贫；实施“残疾人职业技能实用技术培训”工程，培训残疾人 1000 人，提高残疾人就业竞争能力；实施省为民办实事“0—6 岁贫困残疾儿童抢救性康复”项目，为 347 名 0—6 岁贫困残疾儿童进行抢救性康复训练；实施“光明关爱”贫困眼疾患者救助项目，为全市 1000 名低、弱视力患者免费进行康复训练和配发低视力助视器，为 1000 名胬肉、青光眼及眼底病患者实施手术救助；实施“义肢助残”工程为 150 名贫困下肢缺肢者免费安装假肢和为 40 名肢体残疾人装配矫形器；实施“辅具适配进家庭”项目，为 350 户贫困残疾人进行辅具适配服务。（朱阳辉）

【张海迪调研长沙市残疾人工作】 7 月 23 日，中国残联主席张海迪到长沙调研残疾人工作。副省长盛茂林、省政府副秘书长虢正贵、省残疾人联合会理事长肖红林、市政府副市长黎石秋等陪同。张海迪一行先后到雨花区侯家塘街道廖家湾社区和雨花怡智家园，详细了解基层残疾人工作情况，对志愿助残工作大加赞赏，对优秀残疾人代表邵京英剪纸艺术赞不绝口，对其他残疾人代表也给予亲切勉励。张海迪详细询问了残疾人朋友的学习生活情况，并向他们赠送了礼物。张海迪走到残疾孩子跟前，亲切地和他们交谈，并详细询问他们的情况，鼓励他们努力学习、快乐生活。（朱阳辉）

中 共 长

①②
③④
⑤

① 10月30日，省委常委、市委书记易炼红在2013湖南长沙·上海招商推介会上致辞

② 4月17日，市委副书记、市长张剑飞（右三）一行到望城区视察春耕生产

③ 4月14日，市委副书记张迎龙（右二）调研营盘东路东延线工程

④ 8月5日，市委宣传部部长张湘涛（右二）到岳麓区洋湖街道现场察看项目建设

⑤ 11月12日，市委常委、组织部部长程水泉（中）调研桔子洲街道天马村群众工作

沙 市 委

① 9月24日，市委十二届六次全体（扩大）会议召开

② 5月24日，“六个走在前列”大竞赛活动暨城市环境综合整治工作动员大会召开

③ 6月7日，市委中心组（扩大）学习

④ 7月3日，长沙市文明委全体会议召开

⑤ 10月30日，2013湖南长沙·上海招商推介会签约仪式

⑥ 5月16日，上海大众湖南（长沙）项目开工仪式

⑦ 6月30日，长沙国际会展中心片区开工仪式

长 沙 市 人

①②
③④
⑤⑥

① 1月4日，市人大常委会主任袁观清在市十四届人大一次会议闭幕会上讲话

② 8月3日，袁观清到望城区走访慰问代表：要求积极投身“六个走在前列”大竞赛活动

③ 7月5日，全市人大常委会主任联系会议在宁乡县举行

④ 8月15日，市人大常委会主任会议成员集体调研长沙市公安工作

⑤ 6月14日，市人大常委会组成人员集中视察长沙市现代农业发展情况

⑥ 8月27日，市人大常委会组成人员集中视察长沙市水资源管理情况

大　常　委　会

①②
③④
⑤
⑥⑦⑧

① 长沙市第十四届人民代表大会第一次会议开幕
② 5 月 20 日，市人大常委会开展安全生产“一法一条例”落实情况执法检查
③ 5 月 29 日，市人大常委会开展《长沙市水资源管理条例》执法检查
④ 9 月 3 日，市人大常委会举行第一次专题询问，6 部门应询 16 个“涉水”问题
⑤ 9 月 10 日，长沙市贯彻实施妇女权益保障法汇报会召开
⑥ 12 月 10 日，市人大常委会举行信息系统正式开通仪式
⑦ 12 月 11 日，市人大常委会举行代表活动阵地建设现场观摩交流活动
⑧ 市人大常委会组成人员集中视察重点工程和城市棚改、安居工程建设

长 沙 市

① 市长胡衡华在长沙市十四届人大二次会议上作《政府工作报告》

② 常务副市长陈泽珲（中）到联点镇开慧镇调研项目建设

③ 副市长张迎春（左一）在湖南粮食集团调研

④ 副市长何寄华接受红网专访，呼吁加大新能源汽车推广力度

⑤ 副市长姚英杰在福元路大桥通车仪式上讲话

人 民 政 府

①

②

③

④

① 副市长黎石秋（中）调研现代农业

② 副市长夏建平（左一）在科技企业调研

③ 副市长李介德（右二）到市公安局交警支队调研全市公安交通管理工作

④ 副市长曹立军（前排右二）调研太平桥镇湘东竹木加工厂

CHANGSHA

NIANJIAN

2014

政 协 长 沙

①②
③④
⑤

① 4月18日，省政协主席陈求发到长沙调研

② 7月16日，省委常委、市委书记易炼红到市政协调研

③ 3月22日，市政协到浏阳调研小城镇建设

④ 11月20日，市政协主席会议成员视察体育场馆建设

⑤ 8月28日，长沙市政协系统领导干部浙大研修班学习交流汇报会

市 委 员 会

①	②
③	
④	⑤

① 3月21日，召开市政协十一届二次常委会

② 4月17日，召开全市乡镇（街道）政协联络处主任培训班

③ 6月8日，召开集中委派民主监督员动员大会

④ 10月24日，全市政协“三服务”主题活动

⑤ 7月25日，首届“政协杯”篮球赛闭幕

长 沙

①6月13日，长沙警备区举行市、县（区）两级军事机关党委第一书记和国动委主任任职仪式，省委常委、市委书记、警备区党委第一书记易炼红为县（区）新任职的党委第一书记、国动委主任颁发任职证书

②10月26日，长沙警备区司令员王忠斌到长沙民兵高炮分队训练场看望参加实弹打靶的部队和民兵预备役官兵

③长沙警备区政委李春艳在街道武装部进行现场检查指导

④4月26日，长沙市民兵信息大队正式组建，长沙警备区原司令员李田贵代表市委、市政府和长沙警备区为信息大队授旗

⑤长沙警备区副政委金长义深入芙蓉区民兵应急连开展实地调研指导

⑥10月27日，长沙警备区参谋长赵钺在民兵高炮训练现场指导参训人员进行瞄准射击

警　备　区

① 3月5日，长沙市召开纪念毛泽东“向雷锋同志学习”题词发表50周年暨“八评八创”评比大会，长沙警备区政治部主任王洪浪代表驻长部队发言

② 长沙警备区后勤部长欧阳文卫按照战时需要，认真参加军事理论学习和考核

③ 3月5日，是毛泽东等老一辈无产阶级革命家发出“向雷锋同志学习”50周年纪念日，驻长部队1000余名官兵聚集到雷锋纪念馆，向雷锋雕像敬献花篮并庄严宣誓，立志走雷锋成长道路，做新时代雷锋式的新军人

④ 6月18日，长沙警备区机关模拟敌空袭背景下的疏散拉动，指挥员在临时搭建的帐篷内开展疏散指挥

⑤ 6月25日，长沙市夏季征兵宣传周启动仪式在长沙医学院举行，该校300余名在校应届毕业生现场踊跃报名参军

⑥ 2013年入夏以来长沙地区持续发生严重干旱，长、望、浏、宁4区、县（市）农村20万余名群众出现饮水困难，长沙警备区组织部队干部战士和民兵预备役官兵组成200余个送水小分队昼夜为群众送水上门，解决了群众的燃眉之急

长沙大河西先

全国绿色生态示范城区——梅溪湖国际新城（一期） 周文迪 摄

夜色中的岳麓大道 郑贝贝 摄

步步高新天地项目效果图

全球顶级绿色建筑展示中心——梅溪湖绿建展示中心效果图

节庆岛

桃花岭山体公园溪区一角

夏日梅溪湖 邓建平 摄

长沙中加学校

导区管理委员会

中部地区最大的城市湿地公园——洋湖湿地公园

洋湖湿地

梅溪湖国际新城一期

滨江商务新城 唐跃军 摄

秀美大河西

鸟瞰大河西 陈敏捷 摄

长 沙 市 国

6月17日，国家土地督察武汉局局长王广华一行在长沙市开展新型城镇化背景下土地问题调研

11月12日，省国土资源厅厅长方先知（左三）在长沙县开展用地情况调研

11月15日，市国土资源局党委书记、局长汪泽秋（左三）在宁乡县开展用地情况调研

8月16日，市国土资源局党委副书记、副局长陈晓阳等局领导与全市国土资源系统乒乓球比赛决赛获奖者合影

8月30日，市国土资源局党委委员、副局长刘光标陪同国土资源部调控司曹清华一行在望城区乔口镇开展城乡建设土地差别化政策调研

7月16日，市国土资源局副局长佘辉一行在望城区国土资源局茶亭国土中心所调研基层国土所建设

土 资 源 局

CHANGSHA

NIANJIAN

2014

① 1 月 24 日，市长张剑飞（前排右二）一行在市国土资源局调研时听取"数字长沙地理空间框架建设"成果汇报

② 3 月 11 日，副市长姚英杰在全市国土资源工作会议上讲话

③ 4 月 25 日，市人大常委会副主任刘新程一行在市国土资源局开展集体土地征地拆迁安置工作调研

④ 6 月 25 日，雨花区委宣传部、雨花区国土分局联合举办纪念第 23 个"全国土地日"宣传活动启动仪式

⑤ 8 月 2 日，全市国土资源系统财会人员"湖湘会计人的中国梦"演讲比赛在市国土资源局举行

①｜②
③
④｜⑤

政　法

责任编辑：尚　畅

【概述】 2013年，全市政法机关切实履行政法职能，主抓政法队伍建设。5月，在江苏省苏州市召开的深化平安中国建设工作会议上长沙市被中央综治委授予“2009—2012年度全国社会管理综合治理优秀地市”称号和全国政法综治工作最高荣誉“长安杯”，连续两年被评为“湖南省综治工作和维稳工作先进市州”。

一、维护社会稳定。实现市委提出的“五个不发生”（不发生重大政治影响事件、不发生暴力恐怖事件、不发生重大刑事案件、不发生大的群体性事件、不发生公共安全事件）目标，确保全市社会大局持续稳定。进一步明确“一把手”的维稳责任，落实“六个一”（一个问题、一名领导、一套班子、一个方案、一定期限、一抓到底）措施，及时化解重大不稳定问题769个。完善和推进社会稳定风险评估工作，对260个重大项目实施风险评估，通过239个，暂缓实施20个，否决实施1个。健全和落实“三调联动”机制，成功调处各类矛盾纠纷35526起，中央政法委交办的51件进京信访案件和省里交办的46起重大信访案件全部化解息访。落实群体性突发事件“三级响应”机制，稳妥处置群体性事件847起，完成300余批次的出警保卫任务。依法打击“同城饭醉”“公盟”年会、“街头举牌”等非法活动，侦破一批间谍和邪教专案，有效防范和打击敌对势力的渗透破坏活动。

二、深化平安建设。出台《“平安长沙”建设工作纲要（2013—2016年）》。深入开展“星城金盾”“清霾行动”“打盗抢保民安”等专项打击行动，破获刑事案件16469起，查处治安案件91417起，抓获违法犯罪嫌疑人39790人，批捕7174人，提起公诉9908人，审结一审刑事案件5858件7452人。推出综治“双联”措施，将12个治安重点地区实行市级预警督办；推行刑事发案月通报制度；开展出租屋“三治三防三优”行动、“黄赌毒”等治安重点问题专项整治、消防安全整治行动等，治安秩序明显改善。开展道路交通秩序整治，着力构建常态，交通秩序有效改善。“天网工程”建成并投入使用，利用视频技术侦破刑事案件2000余起。在加强警力巡防的基础上，推进“红袖章”工程，组织10万名“红袖章”开展治安巡防。开展“四个十佳”评选活动；深化基层平安建设，实行动态管理，开展“零发案”竞赛、平安家庭、“平安路线”等创建活动，确保社会安定有序。长沙市平安建设的经验得到中央政法委、中央综治委的充分肯定，并向全国推介。

三、推进公正执法。健全落实执法各领域、各岗位、各环节制度规范。市委政法委落实重大事项报告备案制度。法院系统推进量刑规范化改革，开展“清积案、强管理、提效率”专项活动，检察系统落实集中审查出庭制度、办案风险评估预警和检侦协作机制，公安机关开展执法领域“治虚灭假”专项行动，建成184个专业化、规范化、集成化的执法办案区域。组织开展看守所罪犯交付执行与留所服刑、刑事涉案财物处理、依法清理纠正久押不决案件、监外执行（保外就医）等一系列专项执法检查活动，促进执法规范。加强政法机关内部监督制约机制建设，强化检察机关法律监督，自觉接受人大监督、政协民主监督、社会监督；全面推进审务、检务、警务、狱务公开；开展案件评查活动，促进执法公正。推进轻微刑事案件快速办理机制改革、涉法涉诉信访机制改革试点工作，取得初步成效；完善信访救助机制，全市安排近700万元用于涉法涉诉信访救助，涉法涉诉信访工作考核全省排名第一；提前谋划和推进劳教场所转型升级，取消劳教制度实现平稳过渡。

四、积极服务经济。破获经济犯罪案件560起，为企业挽回经济损失4.5亿元；强化调节职能，审结民商事案件42129件；强化服务职能，组织引导律师和法律工作者，为2026家企业担任法律顾问，参与招商引资、经贸谈判1058次。减少行政审批项目，推进户籍管理制度改革，简化户口迁移审批程序，落实十条便民措施。对全市5759家无证小旅馆，统一规范为“家庭旅馆”，引导其向合法、合理方向发展，创造就业机会。开展“211”工程、“服务经济月”等活动，联系企业（重点项目）2064家，化解涉企矛盾纠纷5675起，帮助企业和群众解决实际问题9256个。加大打击职务犯罪力度，立案查办涉嫌职务犯罪案件108件133人，挽回经济损失6135万元，打造廉洁政务环境。开展矛盾调解进园区、进企业活动，配套建立流动调解庭，及时稳妥化解各类涉企矛盾纠纷8016起，营造和谐经营环境。开展平安园区创建活动，加强企业周边环境整治，改善周边治安环境。（肖　湘）

【维护社会稳定工作】 围绕影响社会和谐稳定的源头性、根本性、基础性问题，着力从源头上化解社会矛盾，及时稳妥处置各类不稳定问题，重点保障十八届三中全会等维稳特护期的安全稳定，全年没有发生有影响的群体性事件和影响恶劣的不稳定事件，社会大局持续和谐稳定。全市市级领导共召开维稳工作大会和专题会议、现场调度会议 36 场次，作出重要批示 127 件。全市各级各部门强化重点时段、重大不稳定问题的防范控制和化解处置工作，着力做好全国、全省“两会”，习近平到长沙，党的十八届三中全会，省委第十届七次全会扩大会议，省、市党代会，第十次公民道德论坛，文明城市检查测评，中国湖南国际旅游节暨湖南旅游产业博览会等重点时段的维稳安保工作，有力确保长沙市社会大局持续和谐稳定。（李　锋）

【平安长沙建设】 认真落实中央、省有关建设平安中国、平安湖南建设以及市委“六个走在前列”之“在维护社会和谐稳定中走在前列”的要求，对平安长沙建设工作进行认真规划，以市委、市政府名义制订《平安长沙建设工作规划（2013—2016 年）》，明确工作目标、创建标准、主要任务及工作步骤，力争到 2016 年实现“56789”的战略目标，即：全市杀人、抢劫等八类恶性刑事案件占刑事案件总量控制在 5% 以下，平安社区（村）的覆盖率达到 60% 以上，平安乡镇（街道）、平安单位的覆盖率 70% 以上，平安区、县（市）80% 以上，人民群众满意率 90% 以上。提出维护大局稳定的“六个不发生”目标，即：确保全市不发生重大政治性事件、影响恶劣的极端反社会事件、大规模群体性事件、重大舆情危机事件、暴力恐怖事件和“法轮功”邪教组织进京、滋事、插播等事件。（唐建彬）

【刑事发案情况通报制度建立】 为切实加强社会治安重点地区专项整治工作，全力助推“平安长沙”建设，长沙市综治委决定自 2013 年 5 月开始，建立社会治安重点乡镇（街道、园区）刑事发案情况通报制度，通报按照“一月一通报、一季一曝光、半年一小结和年度一总评”方式进行。对每月发案增幅在前 5 位的重点乡镇，给予内部通报批评；对每季度发案数增幅排在前 5 位的重点乡镇，给予公开曝光；对半年发案数增幅排在前 5 位的重点乡镇（街道、园区），实行“黄牌警告”；对全年发案数增幅排在前 5 位的重点乡镇（街道、园区），实行“一票否决”，同时还将视情况实施领导分级约谈。（唐建彬）

【实施社会治安综合治理“一票否决”和“黄牌警告”】 全市各级各部门根据社会管理综合治理“谁主管、谁负责”和“属地管理”原则，认真贯彻落实社会管理综合治理领导责任制和目标管理责任制，促进全市社会管理综合治理工作的全面开展。但仍有少数地方、部门和单位对本地区、本部门、本单位综治工作重视不够，措施不硬，推进不力，对全市社会治安和稳定造成不良影响。根据《长沙市社会治安综合治理一票否决权制和黄牌警告制实施办法（试行）》，市委、市政府决定对市人力资源和社会保障局、长沙县湘龙街道、宁乡县大成桥镇、湖南麟辉建筑集团公司 4 个单位给予黄牌警告，对湖南众益文化传播有限公司给予一票否决。（唐建彬）

【监所交付执行专项整改活动】 为确保修改后的《刑事诉讼法》和《监狱法》顺利施行，解决看守所在罪犯交付执行、留所服刑、监狱收监等执法活动中存在的问题，3 月 20 日，长沙市委政法委转发省委政法委《关于印发〈湖南省开展犯罪交付执行与留所服刑专项整改活动方案〉的通知》，成立全市看守所罪犯交付执行与留所服刑专项整改活动领导小组，及早对该项工作进行安排部署。4 月 17—18 日，省委政法委在长沙就罪犯交付执行与留所服刑检查时对长沙市的该项工作给予高度评价与肯定。（李红兵）

【刑事涉案财物专项检查活动】 4 月，长沙市委政法委组织市法院、检察院、公安局、司法局和财政局分管领导及部分业务骨干成刑事涉案财物督导检查组，全面检查各地各级政法机关形式涉案财物管理、处理情况。7 月份，从全市政法机关随机抽取 11 件案件，逐案阅卷评查提出整改意见，切实规范全市政法机关刑事涉案财物处理工作，坚决杜绝违法扣押、违规罚没、随意处置、管理混乱，刑事涉案财物不随案移送、法院对刑事涉案财物模糊判决或不予判决等问题，切实维护当事人的合法权益。（李红兵）

【清理久押不决案件专项检查活动】 5 月，长沙市委政法委印发《关于在全市政法系统开展依法清理纠正久押不决案件专项检查的实施方案》，会同市直政法各单位成立市专项检查工作领导小组，对截至 6 月份犯罪嫌疑人、被告人被羁押超过法定期限尚未办结的形式案件进行全面摸查。在摸清底数，掌握情况的基础上，督促政法机关依法纠正和防止案件久押不决，严格责任追究，切实保障刑事诉讼活动依法顺利进行。（李红兵）

【监外执行及取保候审专项执法检查工作】 6 月，长沙市委政法委印发《关于开展监外执行及取保候审专项执法检查工作的实施方案》，将全市监外执行罪犯 116 名（含管制、缓刑、假释、暂予监外执行和单处剥夺政治权利）中涉及暴力刑事犯罪、刑期较长、年龄较轻的 90 名罪犯列入重点检查范围，再通过逐案筛查，对其中 20 名暂予监外执行（保外就医）罪犯进行突击身体复查。经集中约谈、身体检查、复查评审等执法检查程序，4 名罪犯不符合暂予监外执行（保外就医）条件或条件消失，被依法迅速收监执行。（李红兵）

【案件评查活动】 6—11 月，在全市政法机关部署开展案件评查活动，印发《2013 年度长沙市委政法委案件评查活动实施方案》，成立由市委常委、政法委书记钟钢任组长，市法院、检察院、公安局、司法局的主要领导和市委政法委分管副书记任副组长的案件评查活动领导小组。共评查全市政法机关办理的各类案件 99 件，印发《2013 年度长沙市政法委案件评查活动情况通报》（长政法〔2013〕28 号），督促政法机关切实规范执法行为，提升执法水平。（李红兵）

【轻微刑事案件快速办理机制改革】 9月11日，长沙市委政法委印发《关于印发＜全市实行轻微刑事案件快速办理机制暨发挥拘役刑教育矫治作用工作领导小组成员名单＞的通知》，成立由市委常委、政法委书记钟钢任组长，市法院、检察院、公安局、司法局的主要领导和市委政法委分管副书记为副组长的高规格领导小组，强力推动轻微刑事案件快速办理机制改革。在深入调研的基础上，11月18日，市委政法委召开书记办公会议，决定印发《长沙市关于实行轻微刑事案件快速办理机制的规定（试行）》，推动改革进入实质阶段，切实提升全市刑事诉讼效率和刑事执法水平。

（李红兵）

【“一包双联”活动】 全市政法系统334名领导包案（事）793件，化解678件；中央政法委交办长沙市的51件进京信访案件全部化解息访，排名全省第一；化解到省信访案件108件，化解率98.2%，在2012年度全省涉法涉诉信访考核中名列全省第一。561个支部联系703个社区（村），13000余名干警联系近20000户群众，出台便民利民措施1351条。化解涉企业矛盾纠纷5675起，帮助企业和群众解决实际问题9256个。（刘向尧）

【“服务经济月”活动】 7月，全市政法系统累计走访企业、重点项目2064家，组织召开座谈会1289场次，收集意见和建议1946条，协助解决问题1036个，周边环境整治涉及企业、项目1342家，调解纠纷3131起，开展法律服务3328次，出警4335次，打击涉企违法犯罪1106起，审理涉企案件1561起，结案977起，出台服务举措500条，印发宣传手册89936本，制作宣传橱窗441块，刊发报道512篇，投入帮扶资金218万元。

（刘向尧）

【“百日大走访”活动】 9月1日—12月10日，长沙市委政法委在全市开展为期100天的集中走访，全市政法综治系统累计走访群众230126户，召开群众恳谈会1975个，听取小诉求11321个，办理小案件9736个，调处小矛盾13014个，整改小隐患3076个，解决小困难11136个。 （刘向尧）

【表彰长沙市社会管理综合治理先进集体和个人】 经市委、市人民政府同意，授予浏阳市、望城区、天心区、开福区、长沙县为社会管理综合治理红旗区县（市），授予岳麓区、宁乡县、沙高新技术产业开展区、雨花区、芙蓉区为社会管理综合治理先进区县（市、开发区），授予市纪委检查委员会（市监察局）、市委组织部、市教育局、市科学技术局、市公安局、市司法局、市城市管理和行政执法局、市统计局、共青团长沙市委员会、市工商行政管理局、市烟草专卖局为社会管理综合治理红旗单位，授予市委办公厅、市政府办公厅、市委宣传部、市委统战部、市中级人民法院、市人民检察院、市直属机关工作委员会、市住房和城乡建设委员会等35个单位为社会管理综合治理先进单位，授予芙蓉区定王台街道走马楼社区、天心区城南路街道白沙井社区等10个社区（村）为社会管理综合治理“十佳”平安和谐模范社区（村），授予新民学会成立会旧址管理处、市第一医院等10个单位为社会管理综合治理“十佳”平安和谐模范单位，授予芙蓉公安分局火星派出所曾家坪社区警务室、天心公安分局新开铺派出所豹子岭社区警务室等10个警务室为社会管理综合治理“十佳”警务室，授予芙蓉区韭菜园街道人民调解委员会调解室、天心区文源街道文源社区人民调解委员会物业纠纷专业调解工作室等10个调解室为社会管理综合治理“十佳”调解室，授予芙蓉区荷花园街道恒达社区、天心区大托铺街道新港村等20个社区（村）为社会管理综合治理平安和谐先进社区（村），授予长沙市第二福利院、市口腔医院等15个单位为平安和谐先进单位，授予长沙县长龙街道、望城区格塘镇等15个乡镇（街道）为社会管理综合治理红旗乡镇（街道），授予浏阳市七宝山乡、宁乡县偕乐桥镇等45个乡镇（街道）为社会管理综合治理先进乡镇（街道），授予曾超群、李蔚等162人为社会管理综合治理先进个人。

（唐建彬）

【表彰见义勇为先进个人】 全市广大人民群众在各级党委、政府的领导下，积极参与社会治安综合治理，为打击违法犯罪，匡扶正义，促进社会治安的明显进步和培养良好的社会风气出很大的贡献，涌现出一大批见义勇为先进典型。谭庚仕被湖南省人民政府授予2013年度“湖南省见义勇为先进个人”称号。为进一步弘扬正气，激励广大人民群众自觉同各项违法犯罪行为作斗争，市社会管理综合治理委员会、市见义勇为基金会决定，授予陈成、陈尚桂、吴建伟、高平、周建均、肖广、冷亮、程良海、陈叶胜、张雷、朱奋煌、吴秋波、詹正良、陶正兵等14人“长沙市见义勇为先进个人”称号。 （唐建彬）

公　安

【概况】 长沙市公安局下设警令部、政治部、后勤装备部、纪委，刑事侦查、治安管理、交通警察、特巡警、监所管理、经济犯罪侦查、禁毒、网络安全保卫与技术侦察、人口与出入境管理、单位内部安全保卫、警务督察、执法监督12个支队，警校（警官培训中心），芙蓉、天心、岳麓、开福、雨花、高新6个城区公安分局，公交治安管理分局和森林公安分局（森林公安分局接受市公安局、市林业局双重领导），指导望城、长沙、浏阳、宁乡4个区、县（市）公安局，联系消防、武警、警卫3支现役部队。

2013年，全市公安机关深入推进各项公安工作和队伍建设，为全市经济社会发展创造了稳定安全的社会环境。

一、确保社会政治稳定。面对错综复杂的对敌形势和繁重艰巨的维稳任务，全市公安机关有力维护政治安全和社会稳定。坚持情报为先、预警在前，及时搜集研判各类情报信息。坚持主动进攻，加强对敌斗争，积极适应对敌斗争新形势。扎实开展反恐怖日常检查和应急工作，严密防范恐怖袭击事件发生。坚持关口前移、源头治理，及时化解不安定因素，稳妥处置群体性突发事件。坚持改进安保模式，在全面改进路线和现场管控模式中强化各项安全措施，实现安全保卫与政治保卫和谐统一。

二、深化“平安长沙”建设。深入开展集中打击整治，落实打防管控措施，确保治安大局持续平稳。全年侦破刑事案件16469起，查处治安案件91417起，抓获违法犯罪嫌疑人39790人。坚持破大打恶，现行命案发101起破96起，摧毁恶势力团伙56个，抓获网上在逃人员1622名。突出关注民生，破获多发性侵财案件9366起，打掉侵财犯罪团伙622个，打防多发性侵财犯罪经验被《人民公安报》头版头条推介。严打经济犯罪，挽回经济损失7.5亿余元，葛兰素史克专案得到中央领导肯定。健全三级缉毒破案和社会禁毒机制，全面推进禁毒工作，重创毒品犯罪，缴获毒品折算海洛因1066.3公斤。扫荡“黄赌”现象，抓获涉黄涉赌嫌疑人9045人。不断完善“网格化巡逻，立体化防控”机制，实行多警种联勤巡逻防控，街面见警率和管控率有效提升。强化内部单位治安防控，突出重点行业治安防控，加强虚拟社会管控，推进治安重点地区排查整治。深化群防群治工作，发动10万余名治安志愿者参与“红袖章”工程，形成社会治安“大巡防”格局。省综治考评业务排名全省第三，较上年提升2个名次，民调提高1.11分。在中国城市竞争力研究会发布的2013年中国最安全城市排行榜上，长沙排名全国第七位。

三、深化社会管理创新。优化人口服务管理，出台“十项便民利民措施”，受理审批、办理发放各类证照108.5万余张（次）；开展出租屋“三治三防三优”专项行动，登记流动人口177万人，清理出租房屋27万余户，依法查处涉出租屋案件2.9万起，有力挤压违法犯罪空间。深化交通疏堵保畅，以背水一战的气魄打响交通整治“百日会战”，推动深化整治构建常态，纠处交通违法行为121.1万起，查扣违法车辆3.8万台，查处非法营运车辆1241台，交通秩序明显好转，交通拥堵有效缓解，省市主要领导多次批示肯定，两次群众问卷满意率均达到90%以上。强化消防安全管理，深入开展系列大排查大整治行动，检查各类单位17.4万家，督促整改火灾隐患32.5万处，责令“三停”277家，临时查封192处，确保没有发生群死群伤的火灾事故。危爆管理未发生重大安全事故。监所管理实现“三零”目标，监所全面上等级。优化经济发展环境，出台《优化经济发展环境十二条》，提升服务水平。

四、推进执法规范化建设。深化“治虚灭假”和突出执法问题专项整治，营造求真务实的良好警风。围绕“执法无懈怠、办案无过错”的目标，深入推进执法规范化建设，按照“七化”标准，扎实开展执法主体能力建设、整治执法突出问题、强化执法信息化建设应用、执法制度体系建设和执法办案区域建设应用“五大攻坚”，执法水平和执法公信力明显提升。在公安部、省公安厅5年为期的执法规范化检查验收中，6类18项工作以全优成绩通过；在全国公安机关取保候审专项督察中取得全省第一、全国领先的成绩，受到公安部通报表彰。

五、夯实公安基础工作。信息化建设再上台阶，信息化应用进一步拓展。应急联动指挥系统通过验收，24家联动单位顺利接入。“天网工程”建成运行摄像机26534支，运用视频技术破获刑事案件2833起。强化实地抽检、奖励兑现、督察约谈措施，基础信息采集数质并升，情报平台归集整合内外部信息547类31亿余条，产生690个信息化应用成果，通过红色预警抓获逃犯340人，临控预警抓获嫌疑人816人。警综平台完成建设试点任务，实现全省率先。多个警种专业系统投入实战。推进基层基础建设，958名辅警全部充实到基层所队，派出所形成城区“三队一室”和县市农村“警务区”工作模式，社区民警逐步实现专职化，基础设施和基层装备建设加快推进，增强基层实力。

六、加强队伍教育管理。坚持“三铁治警”不动摇，有力整肃警风警纪，确保队伍风清气正。落实从优待警措施，丰富警营文化活动，健全权益保护机制，凝聚队伍正能量。切实加强正面宣传，组织举行“人民满意警察”“拥警模范市民”评选、“警营开放日”等系列活动，营造和谐警民关系。一年来，全局共有36个（次）单位、68人（次）受到省、部级以上表彰奖励，涌现李杨、周正军、刘培友、张萍、何华清、张茂斌等一批全国、全省先进典型，徐守盛、杜家毫等省领导先后对李杨先进事迹作出重要批示，中共湖南省委发出《关于开展向李杨同志学习活动的决定》，树立长沙公安队伍的良好形象。（肖体忠）

【“星城金盾”行动】 长沙市公安局组织贯穿2013年的“星城金盾”行动。“打”的方面，就是严厉打击“八类”恶性暴力犯罪、严厉打击黑恶势力犯罪、严厉打击多发性侵财犯罪、严厉打击涉毒违法犯罪活动、全力开展追逃工作；“防”的方面，就是警力跟着警情走、构建多元化防控体系、完善立体化防控网络、推行四色预警机制；“管”的方面，就是加强重点地区集中整治、加强重点场所治安管理、加强人口的管理；“控”的方面，就是强化阵地控制、强化销赃渠道的控制、强化地域性高危人群的控制；“研”的方面，就是完善工作机制、夯实信息基础、强化成果落地。行动开始后，全市各级公安机关高度重视，全警动员，全力以赴，迅速掀起严打整治高潮。市局打防办坚持“一月一通报、一月一排名、一月一调度”的工作机制，建立“以平台数据为主、牵头警种分类考核、市局汇总把关”的考核通报模式，各牵头警种积极作为，有效挤压违法犯罪空间，有力支撑“星城金盾”行动开展。行动期间，各参战单位共破获刑事案件12174起，打击处理违法犯罪人员34489人，提请批准逮捕直诉11389人（提请批准逮捕直诉侵财犯罪嫌疑人4746人），打掉恶势力团伙56个、侵财团伙622个；抓获网上逃犯1089人；破获毒品刑事案件1106起，缴获毒品1029公斤。（肖体忠）

【“治赌缉枪打黑除恶”专项行动】 4月10日—10月10日，在全市范围内开展为期6个月的“治赌缉枪打黑除恶”专项行动，将打击锋芒对准涉赌涉枪涉黑涉恶犯罪，不断提升打击、整治、管控效能，最大限度地清剿赌患、枪患和黑恶势力。行动期间，全市公安机关坚持“边摸边打、露头就打”的方针，对呈现的涉赌涉枪涉黑涉恶犯罪集中力量重拳打击，坚决打击地下赌场、赌博网站、出境赌博等犯罪活动以及由赌博衍生的各类违法犯罪活动，彻底摧毁黑恶犯罪团伙及其“保护伞”和经济基础。进一步依法严厉打击操纵“黄赌毒”活动的黑恶势力，开设地下赌场、赌博网站，以恶护赌、以赌养恶、赌场“放典”的黑恶势力，持枪护赌、持械护赌、非法拘禁犯罪活动；城郊结合部、社区“扳坨子”“推牌九”聚众赌博犯罪活动；中高档宾馆、酒店内开设堵局、聚众赌博犯罪活动、出境赌博犯罪活动；强抢强要、欺压群众、称霸一方的黑恶势力；欺行霸市、强买强卖、以恶护商、以商养恶、垄断经营的黑恶势力；强揽工程项目、妨害重点工程建设的黑恶势力；采用暴力威胁、非法拘禁、斗殴滋事等手段替人“消灾”、帮人“出气”、代人“了难”的犯罪团伙；插手经济纠纷、操作利用特殊利益群体影响社会稳定的黑恶势力；从事非法集资、放“高利贷”等危害金融秩序的黑恶势力；收缴流散社会的枪支弹药、管制刀具。

（肖体忠）

【道路交通秩序综合整治“百日会战”】 5月13日—8月23日，全市公安机关集中力量在全市范围内开展为期100天的道路交通秩序综合整治，力争在较短时间内实现“城区各类交通违法明显减少、交通秩序明显好转、交通拥堵明显缓解、道路通行效率明显提升”的工作目标，为建设“人民满意城市”营造更加安全、畅通、绿色、文明的交通环境。此次整治行动为践行市委、市政府部署“六个走在前列”大竞赛活动的重要举措，全市公安机关特别是交警部门以敢打必胜的坚强决心，采取集中整治与日常管理相结合，定点整治与流动巡查相结合，白天整治与夜间整治相结合的方式，重点加大对芙蓉路、五一大道等“六纵六横”12条主干道，松桂园路口、韶山路文艺路口等10个重要交通节点，机动车闯灯越线、乱停乱放等8类严重交通违法行为的整治力度。行动期间，全市城区共查处各类交通违法行为为41.9万起。国家统计局长沙调查队对全市交通整治“百日会战”进行随机调查，90%以上的市民知道交通整治“百日行动”，九成以上的市民对交通整治“百日会战”专项行动持赞成态度，97%的市民表示对此次交通整治行动很有信心，九成以上的市民对交通整治专项行动取得的效果表示满意，调查结果表明：“整治交通乱源，缓解交通拥堵”的行动非常有力度，交管部门施重拳、出实招，给予交通违法行为以严厉打击。

（肖体忠）

【“三治三防三优”专项行动】 3—12月，全市公安机关部署开展以整改治安隐患、堵塞管理漏洞、强化服务举措为主要内容的出租屋“三治三防三优”专项行动。“三治”即治理出租屋业主不如实依法申报出租屋和承租人信息、不守法依法经营导致管理混乱、底数不清、台账不明、信息不登等问题，治理出租屋承租人不依法主动申报、承租后不依法守法或利用出租屋从事违法犯罪活动，导致出租屋内发生治安问题等行为，治理出租屋包括家庭小旅社管理混乱、藏污纳垢、消防等安全隐患突出问题；“三防”即防止出租屋因管理混乱成为“黄赌毒”和“四黑四害”窝点，防止出租屋被不法人员利用导致严重刑事案件反弹，防止出租屋内发生消防、治安、危爆等治安安全和灾害事故；“三优”即优化服务理念、优化工作机制、优化管理秩序。此次行动强化“以房管人”措施，深化基础工作信息化，全面规范约束出租屋责任人申报登记信息等租赁行为，最大限度挤压违法犯罪空间，最大限度减少出租屋内重大刑事案件和治安灾害事故发生，进一步提升出租屋服务管理水平，为全市经济社会又好又快发展创造安全稳定的社会环境。

（肖体忠）

【湖南（长沙）禁毒教育基地投入使用】 6月26日，湖南省禁毒委、长沙市禁毒委在湖南（长沙）禁毒教育基地广场联合举办“6·26”国际禁毒日宣传活动。湖南（长沙）禁毒教育基地、湖南省毒品实验室正式投入使用。湖南（长沙）禁毒教育基地由中央、省、市三级投资建立，位于长沙市雨花区城南东路131号，总建筑面积6200余平方米，包括6个展区和毒品实验室。该基地是面向青少年和普通民众进行免费禁毒宣传教育的政府公益性场所。展厅采用图文介绍、实物展示、数字媒体、互动参与、仿真体验等教育方式，知识容量大，科技含量高，参与互动性强，省、市禁毒部门将定期组织青少年学生和社会公众到基地进行参观，将基地打造成毒品预防教育的前沿阵地。长沙公安机关全面加强禁毒基础工作，有序推进各项禁毒基础设施建设。2月1日，樊塘戒毒康复所建成揭牌。樊塘戒毒康复所是国家发改委、公安部、司法部联合确定的全国公安机关戒毒康复试点项目之一，被列为全国一类戒毒康复所。该所规划总用地面积1.6万余平方米，建筑用房6栋，总建筑面积8800余平方米，规划可容纳戒毒康复人员300人。（肖体忠）

【“红袖章”工程建设】 为加强社会管理综合治理，维护全市治安保卫重点单位稳定安全，6月份开始，公安内保部门扎实推进治安保卫重点单位“红袖章”工程建设，发展保卫干部、护卫队员、保安员等“红袖章”10万余人。以社区配备、单位自筹等方式，统一为安保人员配备标有“执勤”字样的“红袖章”，配齐防暴头盔、警棍和武装带等必要装备，并加强队伍日常教育和岗位技能培训。“红袖章”工程作为整合民力资源、强化单位内保工作的突破口，公安内保部门着力建立健全信息研判机制、指导帮扶机制等，为“红袖章”工程的顺利开展创造条件、打下基础，确保其在加强自身单位安全防范的同时，延伸辐射单位周边治安防控，发挥群防群治的综合效能。“红袖章”工程开展以来，全市各内部单位“红袖章”队伍维护单位内部稳定安全的意识明显加强，有效压减内部发案，保障单位安全。特别是6月份以来，全市未发生一起针对自助银行客户和金银珠宝柜台、门店的“两抢”刑事案件。“红袖章”队伍在认真履行安保职责的同时，热心为市民群众提供帮助和服务，积极弘扬社会正气，传递正能量，得到人民群众的高度肯定和广泛好评。“红袖章”队伍已成为公安机关加强社会管理、维护社会和谐稳定的一支重要辅助力量。（肖体忠）

【十项便民利民措施】 6月5日，市公安局推出并发布人口与出入境服务管理十项便民利民措施。内容包括：长沙市各区、县（市）居民办理护照及港澳旅游证件取消户籍地限制；已领取长沙市居住证的湖南省内流动人口，可就近向市、区（县）公安出入境管理部门申办出国境证照（赴台申请除外）；长沙市出国境申请人可进行护照、港澳通行证及赴台通行证的网上预约申请；在长沙市出入境自助受理系统受理的再次赴港澳个人旅游签注办证时限由原来的10个工作日缩短至5个工作日；对高考学生、福利院老人、偏远地区群众等特殊群体集中的单位和社区，推行居民身份证预约办证服务；对因购房、招聘、投资、获荣誉称号落户长沙的户口申请，申请人直接到市公安局或市政务中心户政窗口办理；海外高层次人才不受原户籍地限制，可在长沙申请办理华侨回国定居手续；海外高层次人才申请签证和居留许可，可电话预约受理，特殊情况可在节假日受理，提供上门服务等。十项便民利民措施涉及市民群众证照办理、户口申报及移民落户等与工作、生活息息相关的诸多内容，在法律、法规许可范围内最大限度简化手续，缩短了程序，为申办、申领、申报相关业务的市民节省时间、精力。便民利民措施一经推出，即受到社会各界广泛好评，被媒体誉为“看得见的民生之举”。（肖体忠）

【长沙首支“少年警队”成立】 6月2日，市公安局与《长沙晚报》、市教育局等单位共同策划，联合创立长沙首支“少年警队”。“少年警队”邀请市文明办担任特别指导单位，以《长沙晚报》近万名“校园小记者”队伍为基础，吸纳全市优秀中小学生加入，通过定期组织小队员走进警营，走近警察，开展培训、参观、体验等主题活动，增进下一代对警察职业的理解、认同和热爱，培养他们勇敢正义的品格，提升他们的安全防范意识和技能。“少年警队”成立后，面向全市公安机关征集一批少年警队指导员，在全市中小学校挂牌命名一批“少年警队特色学校”，并组织开展社区实践、主题夏令营以及“我眼中的最美警察”征文等一系列丰富多彩的活动，不断扩大“长沙少年警队”的影响力和辐射力。市公安局警令部110指挥中心、刑侦支队警犬大队、交警支队特勤大队、交警支队驾管科、特巡警支队特警一大队、特巡警支队岳麓巡警大队、芙蓉分局五里牌派出所、雨花分局高桥派出所、高新区分局雷锋派出所、长沙市人民警察学校等10个单位成为“少年警队”首批十大实践基地，“少年警队”将依托这些实践基地开展各种特色活动，邀请小队员们体验警营生活，感受警察工作的苦与乐，不断增进警民互动，提质警民关系。（肖体忠）

6月，长沙公安机关推出十项便民利民措施

检 察

【概况】 长沙市检察机关辖市检察院、星城地区检察院和9个区、县（市）检察院。截至年底，全市检察机关有在编干警1061人（其中检察专项编1037人，事业编24人），平均年龄42岁，其中有法律职称的894人。

2013年，检察工作全面推进。芙蓉区、开福区检察院被评为“全国先进基层检察院”，长沙县检察院被最高人民检察院记“集体一等功”，全市两级检察院9个控告申诉接待室被最高人民检察院授予“全国文明接待室”称号。在省检察院组织的“全省先进市州检察院”评比中，市检察院再次被评为“全省先进市州检察院”。在省检察院组织开展的年度执法状况考评中，市检察院执法质量得分位居全省第一；开福区、长沙县检察院和星城地区检察院被评为“全省先进基层检察院”；芙蓉区检察院被评为“全省检察文化建设示范单位”。在长沙市第十四届人民代表大会第二次会议上，通过全体市人大代表电子投票表决，《长沙市人民检察院工作报告》赞成率高达87.9%。

一、依法全面履行审查批准逮捕和审查起诉职责，有力推进平安长沙建设。全市检察机关共批准逮捕各类刑事犯罪嫌疑人7178人，不批准逮捕2548人；提起公诉9908人，不起诉791人。严厉打击严重刑事犯罪。批准逮捕爆炸、放火、贩卖毒品、制造枪支等严重刑事犯罪嫌疑人1310人，提起公诉1200人。犯罪嫌疑人向某等9人大肆制造并通过互联网贩卖枪支、弹药，涉枪数千支，严重危害社会治安，浏阳市检察院提前介入，依法从快批准逮捕，有效遏制了犯罪活动的蔓延。从宽处理轻微刑事犯罪。坚持宽严相济，对涉嫌犯罪较轻或涉嫌犯罪但无逮捕必要的案件，不批准逮捕1437人；对犯罪情节轻微，依照刑法规定不需要判处刑罚或可以免除刑罚的案件，不起诉462人。确保无罪的人不受刑事追究。对事实不清、证据不足的案件，不批准逮捕938人、不起诉201人；对不构成犯罪的案件，不批准逮捕109人、不起诉128人。市检察院受理侦查机关移送审查起诉的张某涉嫌故意杀人一案后，通过严审细查，认为张某没有对被害人实施犯罪行为，不构成犯罪，依法决定对张某作出不起诉处理，防止错案发生。

二、依法全面履行查办和预防职务犯罪职责，有力推进廉洁长沙建设。坚持“老虎”“苍蝇”一起打，共立案侦查涉嫌职务犯罪案件127件160人，其中涉嫌贪污贿赂犯罪案件99件126人，涉嫌渎职侵权犯罪案件28件34人。突出查办大要案。立案查办涉嫌职务犯罪的县处级以上国家工作人员18人，涉嫌贪污受贿10万元以上、挪用公款百万元以上案件87件。市检察院依法立案查办省交通厅原副厅长李晓希受贿案、湖南华菱置业有限公司原总经理方平受贿、挪用公款案、长沙县建设测绘规划设计院原院长刘汉明涉嫌贪污、受贿、私分国有资产案等一批涉嫌职务犯罪大要案，取得良好效果。大力开展深入查办和预防发生在群众身边、损害群众利益的职务犯罪专项行动。依法立案查办雨花区黎托街道粟塘社区筹委会原书记李勇波贪污、受贿案，浏阳市洞阳镇财政所原会计黎谟湘滥用职权、挪用公款案等职务犯罪案件27件33人，维护群众切身利益；深入开展查办商业贿赂犯罪专项行动，立案侦查10件13人，维护公平竞争的市场经济秩序；开展追捕在逃职务犯罪嫌疑人专项行动，依法将涉嫌贪污、受贿、潜逃三年的湖南有色金属勘探局地质总队原副队长谢光建等13名在逃职务犯罪嫌疑人抓获归案，维护法律权威和尊严。重视查办行贿犯罪。加大惩治行贿犯罪力度，依法立案侦查涉嫌行贿、对单位行贿、介绍贿赂、单位行贿犯罪案件34件44人，震慑行贿犯罪，防范贿赂犯罪案件的发生。大力提升“预防生产力”。举办警示教育活动，组织党员干部参加活动接受教育，引导其提高预防能力，筑牢预防防线，巩固预防效果。加大个案、专项、系统预防力度，提出检察建议54份，对9个重大公共建设项目进行同步预防，促进资金安全使用、工程优质建设、干部清正廉洁。大力开展预防调查，全面、深入剖析职务犯罪案件发生的特点、原因，向有关领导机关及部门报送职务犯罪分析报告26件，推动预防社会化，防止和减少职务犯罪的发生。雨花区检察院结合办案，制作并赠送《预防“村官”职务犯罪宣传挂图》，受到当地干部群众好评。

三、依法全面履行诉讼监督职责，有力推进法治长沙建设。强化对刑事立案、侦查和审判的监督。对侦查机关应当立案而不立案的，监督立案99件；对不应当立案而立案的，督促撤案44件；对侦查机关应当提请逮捕而未提请逮捕的犯罪嫌疑人，追加逮捕176人。开福区检察院对冒充人民警察抢劫的犯罪嫌疑人刘波追加逮捕，刘被依法判处有期徒刑十一年十个月；对应当移送起诉而未移送起诉的被告人，追加起诉91人。天心区检察院追加起诉的张雁林贩卖毒品案被依法判处有期徒刑十年。对刑事审判中的违法情况提出纠正意见42件次；对认为确有错误的刑事裁决，提出刑事抗诉29件，法院已审结14件，其中改判12件。市检察院提出抗诉的廖志伟、王戡贩卖毒品案，法院依法将廖由无期徒刑改判为死刑，缓期二年执行，将王由十年有期徒刑改判为无期徒刑。强化对刑罚执行和监管活动的监督。对139名呈报减刑、假释、保外就医但经审查不符合条件的罪犯，依法监督不予批准；开展保外就医、职务犯罪罪犯刑罚变更执行等专项检查，对20名不符合保外就医等暂予监外执行条件或条件已消失的罪犯，依法监督收监执行刑罚；对不宜继续羁押的“老、病、残”罪犯，实行司法人文关怀，建议暂予监外执行。省女子监狱83岁罪犯罗某认罪悔罪，因生活难以自理不宜继续羁押，星城地区检察院依法建议将其保外就医，并主动联系将其送回原籍所在地社区执行刑罚，受到各方好评。强化对民事和行政诉讼的监督。重点监督虚假诉讼、违法调解和其他显失公正、严重损害公共利益和当事人、案外人合法权益的裁决，依法提出抗诉4件，提请抗诉16件，法院再审后判决17件（含积案），其中改变原决定5件，发回重审9件；依法提出再审检察建议12件，法院采纳13件（含积案）；依法督促、支持起诉一批效果良好的公益民事案件。宁乡县检察院办理的“李盈庭人身损害赔偿纠纷提请抗诉案”被评为“全国检察机关首届民事行政检察优秀案件”。（李克明　罗　娜）

长沙市人民检察院领导人员

党组书记、检察长　陈绍纯
党组副书记、副检察长　刘　建
党组副书记、副检察长　彭志敏
党组成员、副检察长　姚湘中
副检察长　祝珍明
党组成员、星城地区人民检察院检察长　李宗戈
党组成员、机关党委书记、工会主席　薛乐基
党组成员、副检察长　闵　文
党组成员、政治部主任　盛　磊
党组成员、反贪污贿赂局局长　丁晓波
党组成员、纪检组长　周亚红(女)
党组成员、反渎职侵权局局长　胡飞虎

【监所检察】 星城地区人民检察院认真履行监所检察职能，不断完善监所检察工作机制，各项业务取得新成绩。1. 新增监所检察业务全面开展。对11名罪犯进行死刑执行临场监督；办理羁押必要性审查案件46件，成功对其中28名犯罪嫌疑人变更强制措施为取保候审或暂予监外执行；对15名犯罪嫌疑人开展指定居所监视居住执行监督。2. 刑罚变更执行工作机制创新。加强刑罚变更执行监督，完善检察建议启动刑罚变更机制，创设罪犯假释呈报海选制度，积极探索短刑期罪犯减刑、假释工作。全年共审查呈报减刑、假释、暂予监外执行5472人次，纠正减刑、假释、暂予监外执行呈报不当188人次；将不符合暂予监外执行条件的19名罪犯检察建议收监，已收监执行刑罚15人。3. 监所检察信息化建设稳步推进。加快推进院办公办案用房和专业技术用房维修改造项目进程；驻省女子监狱检察室办公楼建成并投入使用，实现监控、信息联网；认真开展驻看守所“两网一线”建设，以信息化促进检察业务规范化、检察队伍专业化。一是监狱检察处：全市监狱新收押4589人，释放3916人；减刑呈报审查4612人次，发现并纠正减刑呈报不当97人次；假释呈报审查192人次，发现并纠正假释呈报不当32人次；暂予监外执行呈报审查69人次，没有发现不当的；严管、禁闭检察57人次，没有发现违法情况；开展重点安全防范检察8次，发现并纠正安全隐患73起，提出书面检察建议13份；受理并处理控告申诉案件8起。二是看守所检察处：全市看守所新收押10600人，出所9963人，没有发现超期羁押；审查减刑、假释、暂予监外执行呈报599人次，发现并纠正减刑不当59人；发现并纠正安全隐患13起，提出检察建议书29份、提出纠正违法通知书42份。三是劳教检察处：共审查解教239人，9月前提前解教839人。四是职务犯罪侦查局：受理案件线索6起，开展初查6件6人，

立案5件5人，侦查终结1件1人，移送起诉1件1人。五是刑事检察处：共受理侦查机关移送审查起诉案件3件3人，移送市检察院审查起诉1件1人，协助市检察院办理审查起诉案件2件4人；受理侦查机关提请批准逮捕案件1件 1人；开展死刑执行临场监督案件11件11人；办理控告申诉案件5件5人。六是监外检察处：全市共有监外执行（社区矫正）罪犯3390人。其中管制罪犯157人，剥夺政治权利罪犯119人，缓刑罪犯2741人，假释罪犯250人，暂予监外执行罪犯123人，无脱管漏管现象发生。

（李克明　罗　娜）

【反贪污贿赂】　全市检察机关反贪污贿赂部门共立案侦查贪污贿赂等职务犯罪案件97件124人，其中大案96件，县处级以上要案16人（其中厅级干部1人）；侦查终结92件117人，全部移送审查起诉；提起公诉114人，法院已作出有罪判决82人。一是提升侦查能力，转变侦查模式。特别注重自行初查、自主办案能力的提高，通过不断推进“两化”建设，加强与其他行政执法部门特别是公安部门的信息对接与共享，使得线索和涉案人员信息的查询更为便捷、秘密和全面，全年共自行初查立案39件57人，占立案件数的40.2%，初查成案率达到92.5%。二是扎实推进专项行动开展，高度重视人民群众反映强烈的工程建设领域职务犯罪和损害群众利益职务犯罪，通过办案为优化经济发展环境服务。共查办工程建设领域职务犯罪53件62人，查办发生在群众身边损害群众利益职务犯罪55件76人。开福区院查办的湖南省职业病防治院系列贪贿案件6件6人，维护群众切身利益，化解社会矛盾，受到群众广泛好评。三是扎实开展个案预防工作，共开展个案预防92件，推动发案单位整章建制71个。注重通过办案化解社会矛盾，结合办案调处矛盾12个。四是更新侦查观念，调整侦查结构。继续保持对大要案的查处力度，查办大案96件，大案率为99%；查办县处级以上要案16人（其中厅级干部1人），要案率为12.9%。严肃查办省交通厅原副厅长李晓希（副厅级）、中南大学湘雅附三医院原副院长郑治（副处级）等16名位高权重的职务犯罪要案。坚持“老虎”“苍蝇”一起打，共立案查办科级以下基层干部贪贿案件67人，受到党委和群众的充分肯定。五是完善工作机制，提升案件质量保障。紧密结合转变执法理念教育实践活动，探索建立防止错立案、错采取强制措施的意见和建议，完善证据审查机制，特别注重加强同步录音录像和笔录的审查核对工作，确保案件质量。共侦查终结92件117人，全部移送审查起诉，无撤案、不起诉案件；清理积案22件27人。在2013年度省检察院组织的执法状况考评中，全市反贪部门再次实现“零扣分”。

（李克明　罗　娜）

【反渎职侵权】　全市检察机关反渎职侵权部门共立案查办渎职侵权案件27件33人；侦查终结19件27人，移送审查起诉18件28人，移送审查不起诉1件1人，撤销案件1件1人；提起公诉18件26人，不起诉1件1人；有罪判决18件25人。市检察院反渎职侵权局被高检院渎职侵权检察厅评为“严肃查办危害民生民利渎职侵权犯罪专项工作先进集体”。立足履行检察职责，严肃查处渎职侵权犯罪。注重社会关注热点问题。对严重侵害群众利益、群体性事件和重大责任事故背后的渎职侵权犯罪，生态环境保护、资金有效监督管理的渎职犯罪和国家机关工作人员玩忽职守等渎职犯罪案件加大力度，共查处案件16人。开展社会重点领域“小专项”活动。深入在人社系统领域开展“小专项活动”活动，查处国家机关工作人员在人社系统领域农民工职业技术培训国家专项补贴系列案6件6人；突出在福利企业监管领域开展“小专项”活动。针对相关民政部门和税务部门在福利企业的审核和企业税收优惠审定过程中玩忽职守或滥用职权，组织查办此类渎职犯罪案件3件4人。加大拆迁领域滥用职权案件查处力度，共立案查办拆迁领域案件5人。服务大局、化解社会矛盾，注重办案政治效果、社会效果、法律效果的统一。加大大要案查办力度。全年查办重特大要案25人，占查办总数的75.8%。起诉要案3人。起诉渎职侵权类案件21人，占起诉人数80%。坚持开展职务犯罪预防保障。发挥“侦防一体化”工作机制作用，注意从查办的渎职侵权犯罪案件入手，帮助发案单位开展警示教育，完善制度，堵塞漏洞，推进公正执法。全年共提出检察建议5份，开展预防咨询和警示教育3次。积极维护社会稳定。全年介入11起重大责任事故的调查，协助做好善后处理，安抚受害者家属情绪，化解社会矛盾，维护社会稳定。

（李克明　罗　娜）

【刑事检察】　全市检察机关共受理侦查机关提请批准逮捕的各类刑事犯罪案件6355件9817人，审结6349件9792人，批准逮捕案件4847件7241人。批捕率73.9%，不捕1502件2551人。依法打击严重刑事犯罪，切实维护社会治安秩序。对危害国家安全犯罪、严重暴力犯罪、黑恶势力犯罪、“两抢一盗”、诈骗等多发性侵财犯罪，坚决依法打击，及时作出批捕决定。全市共批捕上述几类犯罪嫌疑人3565人，占批捕总人数的36.4%。继续深入开展禁毒、禁赌等专项行动。重点打击涉嫌制造、走私、贩卖、运输等毒品犯罪活动，共批捕此类犯罪嫌疑人1292人。加大对食品药品安全等民生领域犯罪打击力度，共批准逮捕侵犯知识产权和制售假冒伪劣商品犯罪案件47件84人。打击破坏生态环境犯罪案件，共批捕此类犯罪案件22件26人。妥善办理陈永洲涉嫌损害商业信誉案等系列案件。全市侦查监督部门共提前介入侦查机关侦查活动120余次。认真落实宽严相济刑事政策，努力化解社会消极因素。全市共对1438名犯罪嫌疑人作出无逮捕必要不捕，占审结案件总人数的14.7%，占不捕总人数的56.4%；共适用刑事和解办理刑事案件247件308人。

全市两级检察机关公诉部门共受理各类刑事案件7093件12089人。审结6597件10879人，其中提起公诉6125件10056人，不起诉460件804人。一是以维护社会稳定、经济发展为第一要务，加大依法指控犯罪力度。依法严惩严重刑事犯罪，全力维护社会和谐稳定。始终把严重暴力犯罪、多发性侵财犯罪、毒品犯罪以及严重影响群众安全感的犯罪等作为打击重点。共起诉故意杀人、强奸、绑架等严重暴力犯罪案件136件167人，“黄赌毒”犯罪案件1312件2401人，抢劫、抢夺、盗窃、诈骗等多发性侵财案件2415件3625人。不断增强经济安全意识，积极服务经济发展。依法严厉打击侵犯知识产权、制售假冒伪劣商品、危害食品药品安全以及集资诈骗等其他涉及民生的涉众型经济犯罪。共起诉破坏社会主义经济秩序案件265件699人；各类危害食品安全犯罪案件22件62人。突出打击职务犯罪大要案，有效推进反腐倡廉建设。严肃惩治贪污贿赂和失职渎职犯罪。共受理职务犯罪案件134件187人，经审查后提起公诉108件148人。其中县处级干部23人、涉案金额百万元以上职务犯罪大案25件。二是以贯彻落实新刑诉法实施为重点，进一步规范执法活动。全面开展简易程序案件出庭工作。全市公诉部门适用简易程序案件3830件，占提起公诉案件的62.5%，全部实现派员出庭。建立完善公诉环节羁押必要性审查工作机制。全市共开展羁押必要性审查2164人，改变强制措施99人。努力做好“排除非法证据”工作，确保指控证据合法性。全年共排除非法证据29份，开展非法证据调查核实工作30次。认真办理特别程序案件，全面贯彻落实新刑事诉讼法。共办理强制医疗案件11件。如开福区院办理的苏欢强制医疗案是全省范围首例强制医疗案件。坚持准确理解和运用宽严相济刑事政策，全年共对315人适用刑事和解程序，有效地化解社会矛盾，促进社会和谐。着力加强未成年人刑事检察工作。共起诉未成年犯罪嫌疑人290人，不起诉未成年犯罪嫌疑人21人，附条件不起诉18人。三是以促进执法公正、维护司法公信力为主要抓手，全面强化诉讼监督。大力开展侦查监督，切实提高监督能力与水平。全年共追诉漏犯94人，追诉漏罪440条，向侦查机关发出纠正违法通知书327份。全面加强审判活动监督，维护司法权威与公正。全市提出刑事抗诉29件，法院已审结14件，采纳检察机关抗诉意见12件，采纳意见率为85.7%。

（李克明　罗　娜）

【民事行政检察】 全市民行部门共收到控申部门受理的不服民事行政生效裁判、调解书及执行的申诉案件194件；办理提请抗诉案件16件，向中院提出抗诉4件；发出再审检察建议12件，法院采纳13件（含积案），采纳率为100%，其中再审后已改判4件、和解撤诉3件；收到抗诉案件法院再审判决文书17份，其中改变原判14件；收到提请省院抗诉案件法院再审判决文书12份，其中改变原判9份。全市办理执行监督案件并向法院发出检察建议63件，法院采纳62件；办结法官渎职行为调查及监督审判活动违法，并向法院发出检察建议或纠正违法通知书26件，法院已采纳23件；办理支持起诉393件，法院采纳367件；办理督促起诉24件，被督促单位均已自行追回损失并回复检察机关；办理督促履行职责案件13件。市检察院民行处共收到控申转来及省院交办案件99件，提请省院抗诉11件，办理不支持监督申请案件67件，办结渎职行为调查案件1件，作终止审查决定并回复控告人。（李克明　罗　娜）

【控告申诉检察】 全市控告申诉检察部门共受理群众来信644件，其中涉检来信16件；接待来访1819人，其中涉检来访44人。组织检察长接待日267次，检察长接待来访219人，检察长批办案件68件，办结57件。全市控申部门受理举报线索415件：受理本院管辖的举报线索317件，其中举报中心初核49件；转反贪部门164件；转反渎部门50件，存查54件。受理下级院管辖的举报线索53件。受理非检察机关管辖的举报线索45件。共受理刑事申诉案件30件，立案复查21件。其中受理不服检察机关处理决定的案件11件，立案10件，办结10件，全部维持；受理不服法院判决的案件19件，立案复查11件，办结11件，其中提请上级院抗诉2件，提出抗诉1件，该抗诉意见被法院采纳并改判，建议法院再审2件，再审建议被法院采纳改判1件。受理刑事赔偿申请5件，立案5件，予以赔偿5件，支付赔偿金24.3万元。受理刑事赔偿复议案件2件，办结并维持原决定2件。刑事被害人救助26件，救助金额14.9万元。全年受理各类交办案件8件，办结8件，其中息诉2件。

（李克明　罗　娜）

【职务犯罪预防】 全市预防部门共完成预防调查27件，完成犯罪分析报告26件，提出检察建议54件，开展警示宣传教育72次，受教育人数15000余人，提供预防咨询18次；进行行贿犯罪档案查询5000余次。按照高检院和省检院的要求，对2012年度辖区内发生的职务犯罪案件和2009年1月至2013年9月涉农惠民领域职务犯罪情况进行全面深入分析，撰写《长沙市2012年度职务犯罪分析报告》和《2009年1月至2013年9月长沙市涉农惠民领域查办职务犯罪案件分析》。结合办案，分别对长沙市城市规划建设领域、长沙县消防安全验收工作开展预防调查。与市消防支队创建职务犯罪预防平台，双方签订《长沙市公安消防支队、长沙市人民检察院“关于在全市公安消防系统共同开展预防职务犯罪的工作的实施意见”》。积极贯彻习近平关于“预防职务犯罪如何出生产力”的讲话精神，制定《长沙市人民检察院关于加强预防职务犯罪工作的意见》和《长沙市人民检察院预防职务犯罪工作实施细则》。

（李克明　罗　娜）

【人民监督】 人民监督工作办公室制定《关于做好省人大代表联络工作的紧急通知》和《市检察院领导分片联系走访市人大代表工作方案》。全年共受理省市人大、政协交办、转办的信访材料、建议及意见5件。其中省人大代表交办1件，市人大常委会交办的代表议案1件，市代表交办转办的事项或案件3件，省政协通过省院人民监督办公室转办的1件。对高检院规定的“七类案件或情形”实行异地交叉监督，全年共监督“七类案件”15件15人，其中拟撤销案件5件5人，拟不起诉案件10件10人。全年共刊印《长沙检察·人大代表、政协委员联络专刊》4期并及时寄送至1000余名市人大代表、政协委员和人民监督员。全年共向代表和监督员发送检察信息48期。市检察院认真制定《长沙市人民检察院贯彻落实民主监督员制度的实施意见》，征集社情民意。全市两级检察机关主动邀请代表、委员、监督员参与重要的检察工作会议、检察长研讨班10余次，邀请视察检察工作、汇报重大工作部署和重大案件处置20余次，监督员参与检察长接待日、参与接访90余人次。全市两级检察机关集中开展12场观摩评议公诉庭活动，参加观摩的代表、委员、监督员、特约人员近200人。（李克明 罗 娜）

审 判

【概况】 长沙市中级人民法院（以下简称“长沙中院”）下辖芙蓉、天心、岳麓、开福、雨花、长沙县、望城、浏阳、宁乡9个基层法院，全市两级法院定编人数1487名，其中中央政法专项编制1418名，地方事业编制和工勤编69名。

长沙中院有工作人员302名（含在编人员295人，政府雇员7人），其中具有审判职称的法官183名；队伍文化层次：博士研究生8名，硕士研究生101名，大学本科生166名，专科毕业27名；队伍年龄35岁以下116名。设置31个职能部门，其中审判庭、局18个：刑一庭、刑二庭、未成年人综合审判庭、民一庭、民二庭、民三庭、民四庭、知识产权与涉外商事审判庭、行政庭、土地房屋征收审判庭、审监庭、立案一庭、立案二庭、执行局(含执行一庭、执行二庭、执行三庭、执行指挥中心）；审判管理、队伍管理和司法行政管理等部门13个。

长沙中院设置24个人民法庭，岳麓区法院设置坪塘、莲花法庭；长沙县法院设置经济开发区、跳马、枭梨、黄花、路口、福临6个人民法庭；望城区法院设置丁字、高塘岭、靖港、雷锋4个人民法庭；浏阳市法院设置园区、沿溪、大瑶、镇头、北盛和沙市6个人民法庭；宁乡县法院设置金洲、黄材、花明楼、双凫铺、偕乐桥、流沙河6个人民法庭。全市农村人民法庭共有法官和其他工作人员170余人,法庭年均审执结案件数5000余件。

2013年，长沙中院多项工作受到中央政法委、最高人民法院、省委和市委表彰，涌现出“全国优秀法官”“全国法院纪检监察优秀个人”“全国维护妇女工作权益先进个人”“全国法院优秀庭审”“2013年CCTV湖南法治人物”“全省维护妇女儿童先进集体和个人”等一大批先进典型。芙蓉区法院成立全省城区首家交通事故纠纷巡回法庭，快速化解简单道路交通事故纠纷。天心区法院开展“弘扬诚信，防治虚假诉讼”专项活动，获《人民日报》等各大媒体肯定。开福区法院坚持依法调解，85%以上的拆迁案件通过调解方式结案。岳麓区法院构建诉讼与非诉讼相衔接的矛盾纠纷解决机制，经验被最高人民法院推广。（吴树兵）

长沙市中级人民法院领导人员

党组书记、院长	罗衡宁
党组副书记、纪检组长	梁英飞
党组副书记、副院长	钊作俊
党组成员、副院长	黎 军
党组成员、副院长	邹剑钧
党组成员、副院长	周芳乐
副院长	邓文莉（女）
党组成员、工会主席	刘显杰
党组成员、副院长	刘革强
党组成员、执行局局长	范登峰
党组成员、政治部主任	陈永超

【刑事审判】 以贯彻新刑事诉讼法为契机，坚持宽严相济刑事政策，坚持证据裁判和程序正义。共审理刑事案件698件，判处罪犯1407人，其中，判处五年以上有期徒刑至死刑286人。依法严惩暴力犯罪，审理故意杀人、绑架、黑社会性质组织等严重危害人民群众人身安全的刑事案件155件，判处罪犯296人，对制造爆炸装置并实施爆炸致3人死亡的被告人李明华等一批罪行极其严重的罪犯依法判处死刑。审理侵害人民群众财产安全的抢劫、抢夺犯罪案件44件，判处罪犯93人，对跨省抢劫杀人系列案被告人徐小明、胡志雄等依法判处死刑，增强人民群众安全感。依法严惩毒品犯罪，审理走私、贩卖、运输、制造毒品犯罪案件110件，判处罪犯203人，对贩卖、运输麻古39.887公斤的被告人罗常在、谢阳明等罪犯依法判处死刑，净化社会环境。依法严惩职务犯罪，审理贪污贿赂、滥用职权等职务犯罪案件28件，判处罪犯32人，对省食品药品监督管理局原党组副书记、副局长刘桂生等一批职务犯罪被告人依法从严惩处，保持反腐败的高压态势。依法审理减刑假释案件5882件，严格刑罚的执行。切实保障律师依法行使诉讼权利，认真对待并全面回应律师对案件处理的主张和意见。严格执行证人、鉴定人和侦查人员出庭作证制度，加大非法证据排除力度，对贾维贩卖毒品等7起案件中不符合法定程序、可能影响司法公正的非法证据予以排除，防范冤假错案。

（吴树兵）

【民商事审判】 认真贯彻新民事诉讼法，积极创新民商事审判机制，依法调处纷争，公正认定责任，平等保护各方当事人合法权益。共审理民商事案件5578件，其中，调撤结案1488件，调撤率26.68%。审理婚姻家庭继承纠纷、侵权责任纠纷等案件990件。不断加强反家暴案件审理工作，审判经验被中央电视台等多家新闻媒体广泛报道，人身保护令建议被纳入新民事诉讼法行为保全制度。审理涉军案件7件，切实维护国防利益和军人军属合法权益。审理民间借贷、金融借款等案件646件，防范化解金融风险。审理房地产案件395件，规范建筑市场秩序，快立快审工程款结算连锁纠纷案件206件，最大限度避免引发群体事件。审理公司股权、票据、破产案件126件，促进企业发展。审理劳动争议案件771件，妥善处理原长沙某机器厂谭某某等45名职工再就业纠纷等国有、集体企业改制中的劳动争议案件，理顺改制企业与劳动者之间的用工关系。审理著作权、商标权、专利权等知识产权案件444件，其中“三一”驰名商标保护案、东风日产垄断纠纷案以及湖南高雷同层排水科技有限公司专利权纠纷案分别入选中国法院知识产权司法保护十大案件、十大创新性案件以及五十件典型案例，让恶意造假制劣者付出高昂代价，全力保障自主创新。审理涉外民商事案件29件，积极营造长沙市对外开放的良好司法环境。审理涉港澳台民商事案件22件，积极办理涉台司法互助事务10项，保护台商投资企业的合法权益。（吴树兵）

【行政审判】 严格按照行政诉讼法规定受理案件，切实解决行政诉讼“告状难”问题，受理案件同比上升37.11%，对不予受理或驳回起诉的，依法出具法律文书并在法律文书中给出令人信服的理由。审理行政诉讼案件955件，对违法的具体行政行为或行政不作为，判决变更、撤销、确认违法或责令履行法定职责的案件92件，监督与支持行政机关依法行政。促进行政争议实质性化解，注重调撤结合，有效化解曾某某诉某县人力资源和社会保障局等一批矛盾纠纷突出、社会稳控压力大的行政纠纷案件，取得良好社会效果。增进司法与行政良性互动，参与政府法制机构的行政政策制定，从司法审查角度对重点工程建设的房屋征收拆迁、拆违及客运市场的整治等问题提出建议，积极推动《长沙市行政负责人出庭应诉工作办法》出台，发布《2012年长沙法院行政案件司法审查报告》，支持政府法治建设。（吴树兵）

【执行工作】 规范执行工作行为，创新执行工作机制，加大执行工作力度，保障当事人胜诉权益。共执结案件459件，执结标的10.8亿元，执结率72.1%，组织指导基层法院执结案件14054件，执结标的42.8亿元。推行“两限令”，对不自动履行债务的马丁·约翰尼斯等282名被执行人发出“限高令”和“限制出境令”，执结远大公司与某机器人系统股份公司技术合同纠纷案等重大案件。推进失信被执行人黑名单制度，依法采集失信当事人的相关信息195次，将失信被执行人名单信息以信用报告的形式向金融机构等单位提供，督促其主动履行义务。组织开展全市法院专项执行活动，集中执行小额民生案件523件，执结标的7214.4万元。集中执行涉金融机构积案162件，执结标的1.3亿元。集中执行涉党政机关积案83件，执结标的3.3亿元，全力推进执行积案化解。加强立案信访、审判监督工作。运用好诉讼服务中心、立案大厅以及涉诉信访接待窗口，严格执行统一的工作流程、司法礼仪和服务规范，努力为人民群众参与各项诉讼活动提供热情、合法、高效的服务。进一步推进诉访分离、责任通报、多元化解等制度，把涉诉信访纳入法治化的解决轨道。畅通信访渠道，坚持院长定期接访、约期接谈和法官带案下访相结合，共接待处理来信来访4110人次，引导人民群众理性表达诉求。落实审判监督新要求，审理再审案件147件，其中，维持37件，改判29件，发回重审30件，调解和撤诉39件，严格依法纠错。（吴树兵）

【扩大司法公开】 一是拓展审判工作空间。延伸审判职能，用好司法手段，充分发挥人民法院在服务经济发展中的能动作用。以审判促发展，推动行业规范，及时为金融机构提供诉讼指导，提出司法建议。与省保险行业协会联合建立保险纠纷诉讼与调解对接机制，依法、公正、高效化解保险纠纷。公开发布5个涉建工企业典型案例，促进建筑行业良性发展。以“服务经济月”活动为载体，帮助企业应对经营中存在的法律风险。宁乡县法院开展“资深法官进园区、联企业”活动，向企业提出建议196条，帮助企业依法规范经营和防范法律风险。对涉及重点工程的各类案件采取交叉审理方式，审结以滨江新城、洣湾镇棚户区改造、黄兴北路棚户区改造、黄兴北路地铁1号线站点建设等为代表的重点工程征拆案件288件，保障重点项目建设。二是创新便民利民措施。注重司法审判工作与社会生活的融合，努力增强司法为民的实际效果。加强对当事人的诉讼指导，发放便民手册，告知诉讼权利义务和诉讼风险。从现阶段当事人参与诉讼能力差异较大的实际出发，在保证程序公正和平等对待的前提下，为当事人提供必要的程序性帮助。注重发挥基层法院密切联系人民群众的桥梁和纽带作用，落实各项便民利民措施。望城区法院在乡镇、街道和园区增设便民联络室24个，开展巡回审判67次，让群众在家门口就享受到优质便捷的司法服务。雨花区法院推进“一站式”服务工作模式，及时办理司法确认案件52件，使当事人达成的人民调解协议法律效力得以快速确认。长沙县法院推行裁判文书改革，试行小额案件快速审，简单案件简易审，确保当事人权益的快速实现。积极开展司法救助，对经济确实困难的当事人共发放救助金140.7万元。实施孤寡老人、残疾人、低保户等特殊诉讼群体缓、减、免交诉讼费制度，让有理无钱的当事人打得起官司。（吴树兵）

【社会管理创新】 在准确把握法律精神、全面体察社情民意的基础上，依法公正裁判，彰显司法裁判对强化规则意识、引领社会风尚、维护公共秩序的功能价值。打造阳光司法，严格实施裁判文书上网，健全立案公开、审判公开等6大公开制度，让人民群众更全面了解司法，信赖司法，更愿意选择并方便利用诉讼途径化解纠纷、维护权益。多形式开展普法教育，与长沙政法频道合作创办《一号法庭》栏目，举办“送法进校园”活动，到湖南大学、湖南师范大学星城实验中学等学校开展庭审活动，以案释法，增强公民法治观念。不断加强未成年人案件审判工作，全市两级法院建立统一的未成年人案件审判体系，落实审前社会调查和轻罪记录封存等制度，以定期回访考察、签发“社会服务令”等措施完善未成年人社区矫正机制，促使青少年罪犯悔过自新，回归社会。（吴树兵）

【开展专项审判】 按照“两型”社会建设要求，审慎稳妥审理相关案件，促进经济转型升级。推进破产案件专项审理，利用破产清算、破产重整等方式淘汰落后、过剩产能，加快产业结构调整。审理乐金飞利浦曙光电子有限公司破产案，创新监管模式，整合破产资源，支持省重点项目蓝思科技的快速发展。审理旺胜食品有限公司破产案，选择破产和解方式，推动债转股，实现企业重组和持续发展。推进涉农案件专项审理，服务新农村建设，依法审理城乡一体化建设过程中引发的农村集体经济组织成员权、宅基地使用权等涉农案件30件，保护农村土地流转，提高农村土地资源的利用效率。推进环保案件专项审理，保护生态环境。浏阳市法院充分运用林业审判庭的专业优势，审理汤某某等非法采伐国家重点保护植物野生闽楠树等毁林案件48件，判处罪犯72人，支持建设秀美长沙。（吴树兵）

【司法管理现代化】 坚持把保证审判质量作为第一责任，确保长沙法院审判质效走在全省前列。推行精细化管理，实行案件质量评查。积极开展审限问题的调研，加强审限跟踪督导，开展“清积案、强管理、提效率”专项活动。发布《司法统计情况通报》和《超审限未结案件集中排查情况通报》，整肃办案作风。推行科学化管理，修订《长沙市中级人民法院审判委员会工作规则》，提高审委会工作效率和重大疑难案件的裁判质量。完善对外委托机构制度，出台《对外委托社会机构管理办法》《对外委托工作规程》等规定。推行信息化管理，全市法院以科技保障审判质量，建成标准数字化法庭37个，实现对审判活动的远程即时监督和指导，共完成庭审录音录像2408次。以科技提供司法便利，实现全市23个人民法庭全部接入全省法院专网，完成法院内网的全面覆盖。以科技加快执行平台、政务平台、即时通讯等应用建设，实现办公信息化，长沙中院被评为“全省先进数字法院”。 （吴树兵）

司法行政

【概况】 长沙市司法局主要承担普法依法治理、监狱劳教戒毒、律师、公证、法律援助、司法鉴定、国家司法考试、人民调解、安置帮教和社区矫正等工作职能。市司法局内设14个职能处室，辖有坪塘监狱、长桥强戒所、星沙强戒所、长沙公证处、市法律援助中心、市“12348”法律服务和信息指挥中心、市工读学校、市律师协会等单位和9个区、县（市）司法局及188个司法所；对全市180家律师事务所的2725名律师、10家公证机构的58名公证员、70家法律服务所的530名基层法律服务工作者、35家司法鉴定机构的428名司法鉴定人负有监管职责。局机关及直属单位有干部职工549人，其中局机关64人，直属单位485人。

2013年，全市司法行政工作发挥法制宣传、法律服务和法律保障职能，突出六项重点推进工作，工作成效力争“三个突破”，司法行政系统的归属感、荣誉感和职业自信感不断增强。全系统执法状况考评检查工作连续3年获全省第一。

一、基层基础建设。1. 完善机构职能。坪塘监狱、长桥劳教（强戒）所、星沙强戒所和市工读学校完成机构升格和工作转型，困扰多年的基层司法所管理体制、机构级别问题得到逐步解决，社区矫正处加挂市社区矫正工作管理局牌子，公证体制改革顺利完成机构调整方案的设计。2. 推进基础建设。坪塘监狱新址建设全面铺开，长桥劳教（戒毒）所的监控设备和星沙强戒所接见楼、围墙、巡逻通道建设基本完成，市工读学校二期工程主体建筑施工有序进行，星沙强戒所建立了青少年禁毒教育基地。全系统信息化建设稳步推进，完成“12348”法律服务热线平台改造升级和监控指挥中心建设，市局办公自动化系统进入实质论证阶段。全市法律援助机构围绕建设一流便民服务窗口目标，在人流量集中的临街一楼位置增设法律援助便民服务窗口。3. 规范基层组织。全面推进司法所组织机构、队伍建设、业务工作、基础设施、所务管理的规范化建设，全市国债建所项目基本完成。律师行业党建工作卓有成效，将不足3名党员的律所全部纳入党支部范畴，实现党的组织和党的工作对律师行业的全覆盖。

二、服务能力建设。1. 服务发展大局。切实加强政府法律顾问工作，积极为党委政府在经济建设、社会治理、城市建设、招商引资等方面重大决策提出法律意见、提供法律服务，提高党委政府依法决策、依法管理水平，推进法治政府建设。积极运用多种法律服务手段，为长沙地铁、过江隧道、湖南高速公路建设、旧城改造等数百个政府重大项目建设和武广客运站建设、雨花亭及红星商圈腹地项目开发等重点工程，提供多方面、多层次的法律服务。深入开展“服务经济月”活动，积极探索司法行政服务企业的“零距离联系、零障碍帮扶、零违纪执法、零风险发展”新模式，深入联点企业、重点项目座谈走访，走访企业、项目183家，召开座谈会159场次，协助解决问题214个，为中小企业规范经营、转型升级发展提供法律支撑，确保经济平稳健康发展。2. 服务改善民生。法律援助形成四级法律援助机构工作站以及驻工会、共青团、妇联、看守所、律师事务所等部门法律援助工作站为主体的工作网络，限时办理法律援助申请审查，切实提高对困难群众的法律援助。律师工作积极服务群众，170余家律师事务所先后与260余个社区签订法律服务协议，解决居民日常法律问题。公证机构为困难家庭减免公证收费30万余元，接待群众来访11万人次，办理公证援助事项500余件。司法鉴定机构积极为遭受家暴的妇女等弱势群体减免伤情鉴定费用，提高了司法鉴定社会公信力和群众满意度。“12348”法律服务热线接听法律咨询电话31000余个，接待群众上门咨询470人次，化解可能引发民转刑等重大紧急案件30余起。国家司法考试长沙考区组考工作不断创新，坚持高效优质服务考生，高标准完成年度组考任务。

三、法治长沙建设。围绕“全社会参与、网络化覆盖、立体化推进、个性化发展”目标，加大普法力度，有效推进法治长沙建设。1. 拓展普法新方法。深入贯彻实施“六五”普法规划，组织普法讲师团成员深入开展“百个单位百场法制讲座”“百个社区百场法制讲座”活动，实施青少年法制宣传“三万工程”，举办“人人学法、全民守法”大型法治成果展览，进一步提升全市法制水平。2. 探索宣传新途径。与长沙晚报合作推出法制宣传专栏《案例说法》，与长沙新闻广播电台开通《举案说法》栏目，通过报纸和广播传播法律知识，弘扬法律主流价值文化。进一步推广无纸化学法考法系统，全市共享学法网络平台。3. 打造法治新典型。继续开展“依法办事示范窗口单位”创建活动，充分发挥“依法办事示范窗口单位”在依法、公正、文明执法中的示范表率作用，提高行政机关依法管理水平。

四、维稳防线建设。1. 巩固监所安全重点防线。监狱劳教戒毒场所始终以确保监所安全稳定为首要任务，以提高教育质量作为首要目标，以提升执法水平为首要要求，规范管理，创新教育，形成严密责任体系，确保全市监所持续安全。严格执行生产安全准入评估制度和新增生产项目报告审批制度，进一步强化生产安全管理和监督，杜绝安全事故发生。稳妥推进劳教制度改革，及早调整场所功能布局，积极探索强制隔离戒毒工作流程和工作方法，为全面收治强制隔离戒毒人员做好准备。2. 筑牢人民调解第一道防线。建立重大矛盾纠纷挂牌督办和重大矛盾纠纷人民调解专家首席制度，突出医疗、交通事故、资源等新领域专业性、行业性人民调解组织建设，探索建立湘赣省际边界联防联调协作机制。全年共排查出各类纠纷35101件，成功调处34733件，调处成功率99%。3. 强化特殊人群基础防线。建立完善的社区矫正信息管理系统，建立法、检、公、司联席会议制度，新建雨花区、长沙县2个区（县）社区矫正中心，全面落实监管措施，未出现脱管漏管现象，无一人重新犯罪。全面运用全国刑释解教人员信息管理系统，加强预释放人员的衔接工作，制定具体帮教计划，实际衔接率达100%。市工读学校注重加强德育工作的针对性、实效性，加强与校外教育机构的交流与合作，不断提升教育水平。（曾浪平）

【监狱工作】 2013年，坪塘监狱在确保场所稳定、提高教育转化质量、增强队伍综合素质等工作方面取得新的突破。一是场所持续安全稳定。严格落实监管和生产安全工作责任，以全面深化精细化管理为抓手，高标准规范狱政和生产管理，积极开展“监管安全隐患大排查、大整改”主题整治活动和监管“安全年”活动，加强基础业务建设，完善服刑人员互监责任网络，监管秩序持续稳定。二是改造质量稳步提高。对服刑人员实施综合施教，打造管理、教育、文化三个方面的监管特色，寓教育于监管工作的各个环节中。严格落实“5＋1＋1”作息制度，消除工学矛盾。采取细分班次、分时段上课和及时补课等措施，确保了教学工作正常进行。三是执法意识有效提升。进一步加大狱务、刑务、党务公开力度，认真开展监狱执法考评，加大执法监督力度，将重大执法活动纳入全程监督之中，对涉及人、财、物的部门和民警执法及维护服刑人员权益方面的制度作进一步完善，民警文明执法意识和执法水平进一步提高。四是整体迁建进展顺利。为配合大河西先导区整体规划，监狱整体南迁6公里，迁建工程于2013年6月启动。新监狱严格按照司法部中度戒备监狱建设标准设计施工，截至2013年12月底，已有12栋房屋完成主体工程，其余5栋房屋及道路、围墙等工程正在有序推进，预计2014年年底工程竣工。（张 琳）

【劳教戒毒】 2013年，长桥强戒所以劳教制度废止、推进强制隔离戒毒工作为重点，全面完成场所转型升级。一是劳教使命圆满完成。自建所以来，长桥劳教（强戒）所曾荣获司法部现代化文明劳教所称号，为长沙经济社会发展和社会和谐作出重要贡献。7月份，按照上级统一要求和部署，对在所的劳教人员分批办理提前解教手续，圆满结束劳教工作光荣使命。二是戒毒转型稳步推进。完成医疗戒护、康复教育、常规矫治和回归适应4个功能区的改建，按标准配备医护人员及管教民警，备足生活用品，修订工作制度，通过省戒毒管理局的考核验收，从10月份开始收治强制隔离戒毒人员。三是执法行为日趋规范。以精细化考核为手段，探索并推行安全稳定“四级必办”工作。督促民警落实“三大现场”直接管理，深入开展个别谈话教育，及时召开所情动态研判会，确保安全隐患有效排查整改。四是教育矫治亮点纷呈。以教育矫治质量年活动为载体，落实“六三制”和周四集中教育日制度。举办民警教学比武和课件比赛，按要求落实“三课”教育内容。深化教育性管理“PB模式”，组织矫治对象开展“一讲一评一议”，进行自律管理，收效良好。

星沙强戒所科学推动戒毒工作一体化、专业化、社会化建设，场所持续安全稳定，矫治质量提升。一是强基固本，场所安全持续稳定。通过加强安全工作研判，全面夯实“四项机制”“四道防线”基础，进一步规范和落实安全检查、隐患整改和对重点人员、时段、部位的现场管理、直接管理，严格落实民警值班、应急处突等各项制度，加大安全督查力度，加强生产安全管理，加强门禁管理，确保全年场所持续安全稳定。二是打造特色，矫治质量稳步提升。全面开展“教育质量年”活动，严格落实教育课时，稳步推进教育矫治机制常态化。每周确定1天为集中学习时间，深入开展“三课教育”。导入循证矫治，建立“课件库”和“成果库”。加强环境文化建设，做到“一队一特色，一队一品牌”。成立长沙市青少年禁毒教育基地，先后有多所学校青少年来所接受警示教育。三是综合矫治，戒毒管理科学规范。进一步完善“三期四区五级管理六项机制”的基本构架，推进戒毒工作专业化、科学化、规范化建设。通过一日生活流程介绍、所规队纪学习、学做心理手语操、定期团体辅导、个体咨询等方式，认真做好戒毒人员环境适应及身心康复训练。集中开展戒毒人员抗复吸训练、生活技能训练、社会支持系统恢复与重构等强戒工作，切实提高戒治效果。四是强化保障，服务性执法全面推进。定期发放劳动报酬，保证矫治对象伙食质量和数量。认真做好入（出）所体检，全面规范疾病防治工作。坚持对“四大现场”进行日常巡诊，严格落实岗位责任制、首诊负责制，严防各类传染性疾病发生。

（叶 旋 汪杰明）

【普法依法治理】 2013年，全市普法依法治理工作深入实施“六五”普法规划和《湖南省法制宣传教育条例》，坚持法制教育与法治实践相结合，传播法治理念，弘扬法治精神，构建法治文化，不断增强法制宣传教育的针对性、实效性、导向性，为全面推进依法治市、建设法治长沙、率先建成“两型”城市和实现全面小康营造良好法治环境。一是开展“法律三百”活动。在全市100个机关单位开展“百个单位百场法制讲座”活动，进一步传播法治思想，弘扬法治精神。开展“百个社区百场法制讲座”活动，举办讲座120堂，提高社区居民依法表达利益诉求、依法维护自身合法权益的能力。在9个区、县（市）学校开展“百个学校百场法制讲座”活动，举办讲座110堂，有效提高青少年学生的法律意识和预防犯罪的能力。二是突出重点对象学法用法。实施青少年法制宣传“三万工程”，与市教育局联合举办青少年法制宣传“三万工程”暨青少年法制宣传周活动，在全市义务教育阶段的中小学实行“一万本法制读本、一万张法制挂图、一万场法制电影”进校园行动，获得师生一致好评。全面推行无纸化网络平台学法用法，加大无纸化学法考法系统的推广力度，基本实现全市国家工作人员学法考法的无纸化和网络化。三是创新法制宣传教育方式。在开福区湘江路风帆广场举行全市服务“六个走在前列”“法治长沙、幸福城市”大型法治文化宣传活动，在烈士公园中心广场举办“人人学法、全民守法”大型法治成果展览，集中开展法制文艺演出、法律知识抢答、现场法律咨询等活动，充分展示全市各单位法制宣传和依法治理的成果。四是推进基层依法治理工作。举办首届“法治长沙建设走在前列”法治文化培训班，来自市直各单位和区、县（市）负责法制宣传和依法治理工作的部门负责人或专干近180人参加为期4天的集中培训。继续开展“依法办事示范窗口单位”和“法治村（社区）创建活动，评选出依法办事示范窗口单位26个，创建法治村（社区）20个。（王　文）

【人民调解】　2013年，全市司法行政基层工作以矛盾纠纷排查化解活动为主线，推动全市司法行政基层工作的科学发展。一是加强人民调解体制机制创新。建立健全矛盾纠纷排查调处工作协调会议制度和重大矛盾纠纷信息报告制度，强化“三调联动”工作保障措施，完善“三调联动”基层组织、平台和机制，推动全市人民调解工作创新发展。建立健全重大矛盾纠纷挂牌督办制度，加强对重大疑难矛盾纠纷化解的指导，对纠纷积案及新发生的重大矛盾纠纷实行挂牌督办。鼓励和支持“五老人员”及社会志愿者参与调处重大社会矛盾纠纷，引导法律专业人员参与人民调解工作，推行法律服务人员联村参与人民调解工作制度。着手建立重大矛盾纠纷人民调解专家制度，积极推进特色调解室建设。层层开展人民调解大竞赛，引领全市人民调解员深入学习人民调解的知识技能，全面提升调解组织和广大人民调解员化解社会矛盾纠纷的能力水平。二是抓好人民调解工作规范化建设。加强村（社区）人民调解工作规范化建设，全面开展规范化调委会创建活动，村（社区）规范化调委会城区达77%、县（市）达62%。不断规范县级联合人民调解委员会和乡镇（街道）人民调解委员会的人员、机构、职能。开展人民调解工作示范单位创建活动，每个区、县（市）都创建两个以上人民调解工作示范乡镇（街道），每个乡镇（街道）都创建两个以上规范化人民调解工作示范村（社区）。全面规范人民调解委员会的名称、标牌、标识、文书格式和工作流程、档案管理，提高人民调解工作的规范化水平。三是推进专业性、行业性人民调解工作。突出医疗、交通事故、资源、环保、林业、水利等党委政府重视、社会各界关注的新领域，与卫生、环保、住建等部门联动协调，着力推进专业性、行业性人民调解工作。大力健全医疗纠纷人民调解工作机制，建立交通事故纠纷调解工作平台，有效推进环保纠纷、物业管理纠纷人民调解工作。望城区建立医疗纠纷调解中心，雨花区建立劳动争议人民调解委员会，开福区在湘江世纪城建立物业纠纷人民调解委员会，宁乡县新建立妇女儿童权益保护、医疗纠纷、交通事故等专业人民调解委员会，天心区开展土地流转、物业管理人民调解工作，浏阳市建立林权、食品药品安全、劳动争议等领域的专业性人民调解组织。全市专业性、行业性调解组织共成功调处各类行业性、专业性矛盾纠纷1800余件。四是化解社会矛盾纠纷。在重大节日、重大会议、重要时期，全方位开展矛盾纠纷排查，及时把矛盾纠纷化解在基层，化解在萌芽状态。继续深化“调解化积案，息访保平安”人民调解专项活动，着力化解纠纷积案和涉法涉诉上访案件。开展边界创建活动，逐步完善边界联防联调机制。以乡镇为单位，建立跨边界矛盾纠纷联合人民调解委员会，全力化解跨县、市、省矛盾纠纷，重点推动湘赣“平安边界”创建活动。（吴　宽）

【社区矫正和帮教安置】　2013年，全市累计接收社区矫正人员8309人，顺利解除矫正4875人，在册3434人，未出现脱管、漏管和重新违法犯罪情况。全市15000余名刑释解教人员帮教率100%，安置率90%，重新犯罪率控制在1.9%以内。一是基层基础建设。大力推进市、区两级社区矫正机构建设，开福区司法局经市编办批准成立全市首家区一级社区矫正管理局，市编办同意市司法局社区矫正处更名为市社区矫正工作管理局。扎实开展岗位练兵活动，组织230余人在麓山宾馆开展全市社区矫正岗位练兵培训活动。大力推进社区矫正规范化建设，明确规范化建设的主要内容、实施步骤和工作要求，确定天心区司法局、开福区司法局和浏阳市司法局为第一批区县（市）级创建单位。二是监控管理。由市中院、检察院、公安局、司法局四家单位联合下发《关于加强全市社区矫正衔接监管工作的规定（试行）》，进一步加强各部门配合和执法力度。严格执行刑罚和考核奖惩规定，进一步完善社区矫正信息管理系统，率先在全国地州市中全面实行指纹图像核查监管。推进社区矫正中心建设，先后新建雨花区、长沙县社区矫正中心，截至12月底，全市已有6个区、县（市）建立社区矫正中心。三是帮扶教育。全面运用全国刑释解教人员信息管理系统，完成核实6028人，核实率98.78%，实际衔接率100%。加强区、县（市）过渡性安置基地建设，全市共建立过渡性安置基地11个、安置点167个，5年来共过渡性安置刑释解教人员685人次。与湖南穗诚粮油集团有限公司签订过渡性安置基地合作协议，截至12月，已长期安置40余名刑释解教和社区矫正人员就业。落实各项帮扶政策，为刑释解教人员办理“低保”468户、办理医保171人，介绍就业机会338人次。联合市人社局在雨花市民广场举办全市大型特殊人群就业招聘援助周活动，活动吸引68家优质企业入场招聘，提供各类岗位202个，有近千名特殊人员参加求职应聘。

（李　喆）

【律师工作】　2013年，全市律师代理刑事案件4236件，民事案件12650件，行政案件677件，担任法律顾问3454家，办理非诉讼法律事务16357件，为维护社会公平正义、服务经济社会发展、促进社会和谐进步作出突出贡献。一是积极建言献策。引导律师参与全市重要地方性法规和政府规章制定修改工作，提出许多专业性意见和建议，为法治长沙建设做出应有贡献。在人大代表和政协委员换届选举中，全市担任省、市、区县（市）人大代表和政协委员的律师人数增加到55名。二是完善领导机制。成立由副市长李介德任组长、相关部门负责人为成员的律师工作领导小组，召开全市律师工作领导小组第一次会议。积极推进律师事业发展各项扶持政策和保障措施的落实，大力加强律师执业权益保障，改善律师执业环境，为律师事业持续健康发展提供重要支持。三是提炼“长沙律师精神”。在全市律师行业开展长沙律师精神征集提炼活动，经广泛征集、初步筛选、专家论证、主题座谈等过程，确定“尚法、担当、至诚、精业”八字为长沙律师精神。四是扩大行业影响。召开全市律师宣传工作会议，出台《关于加强律师行业宣传工作的意见》，组建一支律师宣传队伍，构建起以《长沙律师》《律师工作简报》和长沙律师网为主要载体的宣传平台，全方位推介长沙律师行业改革发展的经验和成果。（陈方元）

【公证工作】 2013年，全市公证工作着力规范执业管理、改善执业环境、增强管理能力、提升队伍素质，在重点工程建设、国有土地使用权及国有资产出让转让、企业改制等事项中继续担当重要角色，积极为长沙经济建设发展保驾护航。全年办理各类公证事项57172件，公证收费1600万元，接待群众来访11万人次，办理经济公证事项涉及金额65亿元。长沙市司法局被评为“全省公证质量管理先进单位”。一是规范化建设。制定出台《全市公证机构规范化建设方案》及标准等相关规范性文件，明确各区县（市）公证机构规范化建设的目标和任务。着力改善公证办证条件，已有长沙公证处、望城公证处、浏阳市公证处、长沙县公证处完成办证服务大厅建设工作。二是办证质量。通过随机抽卷的方式，开展案卷督查及质量跟踪。通过公证处自查、主管局抽查、市司法局督查的三级检查模式，全面检查卷宗质量。通过层层把关抓落实，确保全年未出现一例错、假公证，公证投诉案件降到历史最低点。

（邓　红）

【司法鉴定管理】 12月，省司法厅将湖南文成司法鉴定中心等23家司法鉴定机构委托下放到市司法局管理，市司法局管理的司法鉴定机构由原来的11家增加到35家，司法鉴定人由原来的114名增加到428名，司法鉴定种类由原来的8个增加到23个。全年市直各鉴定机构共完成鉴定8736件，其中三大类的7510件。一是加大监管力度，确保客观公正。加强日常管理，创新监督方式，采取一般检查与重点检查、平时检查与投诉查处、明查与暗访相结合等方式，对鉴定机构、鉴定人及其执业活动的全方位、全过程管理。开展年度考评，按照《湖南省司法鉴定机构考评办法（试行）》，认真组织对鉴定机构进行年终考评，对存在的问题提出有针对性的整改意见，进一步提高司法鉴定行业的标准化、规范化水平。加大查处力度，进一步完善投诉处理工作机制，严肃查处司法鉴定执业中的违法违规行为。二是规范执业活动，提高鉴定质量。严格准入条件，按照有关法律法规的要求，进一步加强司法鉴定执业登记初审工作，严把准入关。全年办理司法鉴定人异动许可申请初审1件，司法鉴定人申请注销初审1起，司法鉴定机构住址变更许可申请初审1件，司法鉴定机构法定代表人变更初审1件。规范执业行为，继续完善司法鉴定程序和操作规范，规范司法鉴定市场和执业行为，增强司法鉴定的社会公信力。（冷　泠）

【法律援助】 2013年，全市法律援助工作认真探索工作举措，注重提高服务质量，为弱势群体提供法律援助。望城区法律援助中心被评为全国法律援助“便民服务示范窗口”。一是优化服务。全年办理法律援助案件3305件，提供其他法律服务事项6687起，较好的满足全市困难群众的法律援助需求。二是理顺体制。召开全市刑事法律援助工作会议和法律援助工作领导小组会议，进一步理清新形势下各部门法律援助工作职责，为提升法律援助工作的协作水平打下坚实基础。通过细化和明确公、检、法、司各部门在法律援助案件办理过程中的具体职责，确保符合条件的法律援助对象能及时获得优质高效的法律援助服务。三是窗口建设。市、区县（市）两级均增设高标准的法律援助便民服务窗口，并从便民、利民的角度出发不断优化窗口服务措施，把服务窗口打造成法律援助的宣传阵地。长沙市、开福区、宁乡县法律援助中心被评为“全省法律援助基础建设年活动先进集体”。四是宣传工作。结合“宣传贯彻《法律援助条例》，维护社会公平正义”的主题活动，开展内容丰富的法律援助宣传活动。充分利用广播电视、网络、报纸等媒体集中宣传报道法律援助工作，红网、《潇湘晨报》《三湘都市报》《长沙晚报》、长沙电视台新闻频道和政法频道对法律援助工作十年来的成绩进行集中报道。精心设计制作以法律援助工作“十年历程”“十年变化”“十年成就”为主要内容的宣传折页和板报，向困难群众深入宣传法律援助工作。

（黄　程）

【工读教育】 2013年，市工读学校在强化基础设施建设、提升教师队伍素质、创新教育管理理念、教育挽救问题学生等方面踏出坚实的一步。学校二期工程建设已完成体育馆主体施工。一是完善考核机制。建立促进教师成长和学校课程实施的有效评价机制，制订教师教育教学工作绩效考核方案，工读教师的服务意识、业务水平、创新能力不断提升。二是创新德育手段。制定学校德育管理目标和主题活动，组织编写集教育性和可读性于一体的《育人手册》，将学生急需解决的问题、采取的教育措施及取得的效果写入手册，逐步形成科学完整的校本教育特色。在2013年的中考中，学生升学率77.8%。三是巩固教育成果。积极开展公益性讲座、艺术治疗等活动，不断提高工读学校服务社会的功能。深入开展返回普通学校学习学生的跟踪回访及后续教育工作，建立回访档案，巩固教育成果。

（胡春和）

地方军事

责任编辑：尚 畅

长沙警备区

【概况】 2013年，警备区按照年初工作部署，完成各项任务，部队和国防后备力量建设稳步发展、整体提升。

一、思想政治建设富有成效。围绕学习贯彻十八大和十八届三中全会精神，开展两项重大教育活动，坚持常委带头学习、带头授课，全年抓4个专题的学习辅导，组织5次讨论辨析，官兵听党话、跟党走的思想根基更加牢固。“雷锋家乡学雷锋”活动影响大、效果好，警备区被总部评为全军学雷锋先进单位，在军区介绍经验，伍少林干事被军区评为“十大三学标兵”；网络舆情应对成果巩固深化，在中南五省区互联网安全防范协作会议上，介绍《着眼防范涉军敏感问题炒作，加强源头全面预防》的做法，为新形势下应对网络炒作涉军敏感问题探索一些有效办法。军营文化生动活泼，利用宣传橱窗、军营广播等宣传阵地，浓厚文化氛围，参加军地篮球比赛、文艺调演，两名战士在省军区演讲比赛中分获前两名。新闻报道成绩突出，连续三年省军区排名第一，被广州军区评为新闻报道先进单位。军人军队权益得到有效维护，全年受理涉军维权案件49起，妥善解决涉法案件42件，接待来电来访人员158人次。

二、军事斗争准备扎实推进。坚持战斗力唯一标准，军事斗争准备进一步深化拓展。战备工作落实较好，结合战备防护期，先后11次开展战备形势教育，增强官兵的紧迫意识和打仗意识。值班秩序进一步正规，两级军区多次通过网络、电话抽查警备区本级值班情况，人员全时在位。2次组织方案修订和对接，9次组织实案化拉动，圆满完成“神十”备勤任务。各项训练比较扎实，全年组织现役干部进行2期研究作业和2次军事训练考核，坚持早操体能训练，干部军事素质得到提升。组织1期基层武装部长集训，在普训的基础上，重点抓好舟桥、高炮、防火等民兵专业分队训练，年度军事训练任务圆满完成。改进演训作风，参加军区“中南—13”演习和省军区“湘江—2013”演习，锻炼提高指挥机关谋划打仗能力；组织民兵高炮分队参加省军区民兵高炮实弹战术演习，取得命中6个拖靶、击落1个拖靶的好成绩。民兵建设转型稳步推进，完成应急、支援、储备三类基干民兵队伍的整组工作；组建民兵信息大队，完成芙蓉区常驻民兵应急分队建设试点。兵役征集任务圆满完成，招录直招士官XX名、新兵XX名，大学生比例达到34.33%。

三、依法从严治军成效明显。努力夯实强军之基，部队秩序正规，全年没有发生任何事故、纠纷和案件。安全发展理念更加牢固，坚持每周大交班一次提醒、每月办公会一次讲评、每季度常委会一次分析，强化官兵安全意识。“百日安全无事故”和作风纪律教育整顿活动开展扎实，5次组织安全隐患排查，查摆解决33个倾向性问题。重点部位安全防范有力，投入20万元整修民兵武器装备仓库安防设施，投入3万元在干部公寓房周边设立6个红外高清摄像头，在机关营院周边增设护栏拒马，规范岗哨执勤，严防各类突发事件。私家车、互联网、手机登记审查制度落实较好，涉密资料载体管理规范，多次接受上级检查，没有出现大的问题。连队秩序正规，各项制度落实，四个“一帮一”活动常态开展，突出抓好司机等公勤人员的教育管理，人员车辆没有失管失控。警备任务完成较好，2次召开驻军联席会议，军车专项治理活动成效明显，全年出动执勤人员2496人次，执勤车辆465台次，检查过往军车301台次，查纠违章军车20台次，处理军警民纠纷3起，查扣假冒军车2台。警备区被省军区评为“安全工作先进师级单位”。

四、综合保障能力整体提升。高标准完成集训演训、观摩演示、重要活动和抓建基层的后勤保障工作。3次组织后勤干部业务培训，队伍能力素质得到加强。物资经费管控严格，先后迎接广州军区公务用车专项检查、省军区财务检查、警备区主要领导离任审计、宁乡县人武部部长在职审计，本级组织全区财务工作检查，对岳麓区人武部双主官调整进行审计监督，没有发现大的问题。后勤保障社会化改革成效明显，物资集中采购、油料供应等经济效益较好，圆满完成全区房地产资源普查统计上报工作；依托市机关事务管理局维护管理警备区本级营院，成本低，质量高；提前完成8名军休职工移交安置手续。对外租赁有偿服务经营合法，秩序正规。教导队和民兵武器装备仓库搬迁前期工作扎实推进，做好动工准备。组织部分官兵职工团购商品房，降低购买成本。顺利完成武器装备大清查活动，全部帐物相符。日本遗化武鉴别作业保障到位，鉴别航弹3枚，其中2枚确认为化学武器。

五、后备力量建设有为有位。党管武装制度落实，召开宣布警备区党委第一书记任职命令大会，组织新任区（县、市）人武部党委第一书记、国动委主任任职谈话，成功召开常委议军会，党管武装工作的一些重难点问题得到有效解决。抓建5类基层建设典型成效明显，芙蓉区人武部被广州军区评为全面建设先进单位，东屯渡街道、沙坪街道、中联重科和湖南农业大学武装部建设力度大、标准高，硬件设施得到显著改善。国防动员机制更加完善，“一综七专”办公经费纳入财政预算，国动委动员指挥能力在“中南—13”演习和“湘江—2013”演练中得到检验。参建参治作用发挥明显，组织民兵预备役人员四万余人次参与抗旱救灾、森林扑火、扶贫帮困、文明创建、维护社会稳定，受到地方党委政府充分肯定；协同地方有关部门严密应对参战退役人员聚集上访，确保毛泽东诞辰120周年纪念活动安全顺利。

预备役高炮团完成年度任务，多次承担省军区以上赋予的重要任务，成建制组织部队拉动，部队战斗力进一步提高，两项重大教育开展扎实，“整合资源、搞活教育”经验做法被广州军区《政治工作简报》刊发，战备值班系统升级改造和营院建设都取得了新的进步。预备役登记、对台宣传、保密档案、计划生育、医疗卫生、服务接待和军事志等工作，完成任务好。

（黄元德）

长沙警备区领导人员

司令员	王忠斌（2013.9任）
	李田贵（2013.9免）
政治委员	李春艳
副政治委员	金长义
参谋长	赵　钺
政治部主任	王洪浪
后勤部部长	欧阳文卫

【长沙警备区党委第十届四次全体（扩大）会议】 1月15日，警备区党委召开十届四次全体（扩大）会议。会议的主要任务是认真学习总书记习近平的重要讲话和两级军区党委全体（扩大）会议精神，部署新年度警备区部队建设和民兵预备役工作任务。警备区党委副书记、司令员李田贵代表党委常委向大会报告工作。各区、县（市）人武部、干休所党委向警备区党委汇报2013年工作情况。警备区党委书记、政委李春艳、省委常委、市委书记、警备区党委第一书记陈润儿先后在会上发表讲话。强调警备区部队建设和民兵预备役工作必须以习近平关于“走在前列“的指示为根本要求，用雷锋家乡学雷锋的实践，培育当代革命军人的核心价值观，强化军魂意识，用能打仗、打胜仗的紧迫感，创造一流的工作业绩，为推进军队国防建设和地方经济建设作出新的贡献。

（伍少林）

【“百日安全无事故”活动】 1月16日，警备区系统“百日安全无事故”活动启动。该活动主要是针对岁末年初官兵们思想容易松懈、纪律容易淡化、安全事故容易多发的实际开展的。活动分思想教育、重点排查和整改3个步骤进行。在思想教育阶段，警备区两次召开安全防护会议，主要领导动员讲话，并针对官兵集体休假多、老兵退伍、新兵入伍和部分干部面临提升和转业的实际，广泛开展谈心活动，注重做好一人一事的思想稳定工作。在排查阶段，由首长带队，组成3个工作组，对全区所属单位的战备值班、安全保密、网络安全、营院管理、涉军上访、枪支弹药管理、车辆管理、饮食卫生、有偿服务场所和军民关系等10个方面逐一进行检查，共查出安全隐患83个。在整改阶段，警备区先后3次召开安全形势分析会议，针对存在的问题，对号入座，修定出台《关于加强警备区安全管理的若干规定》，与各单位军政主官签订《安全管理责任书》促进了安全管理工作的落实，防止安全责任事故发生。

（周惠英）

【总政治部学雷锋活动座谈会议在长沙警备区举行】 1月22日，解放军总政治部学雷锋活动座谈会议在长沙警备区举行。座谈会由总政治部青年局局长韩晓东主持，国防科技大学、省武警总队、航空兵第18师、省消防总队、武警湖南边防总队、第41集团军舟桥84团、广州军区通信4团、望城区人武部、望城区消防大队、雷锋纪念馆等单位的代表和市党政军领导张迎龙、李春艳等参加会议。长沙警备区、国防科技大学自主创新团队、望城区人武部、望城区消防大队，武警湖南边防总队长沙边检站执勤业务一科等全国、全军学雷锋先进单位的代表分别在座谈会上发言，畅谈雷锋家乡官兵传承雷锋精神、走雷锋成长道路为实现强国强军梦想贡献青春力量的经验和事迹。总政治部机关领导对长沙驻军在雷锋家乡学雷锋当先锋的做法给予肯定。

（何　波）

【“雷锋家乡学雷锋”系列主题活动】 2月12日，警备区召开“雷锋家乡学雷锋”活动动员会议。筹划部署“雷锋家乡学雷锋”系列主题活动。该活动的主题是在前几年创造性提出“三个融入”，推动学雷锋活动制度化、常态化的基础上，以毛泽东“向雷锋同志学习”题词发表50周年为契机，以“接过雷锋手中枪，当好雷锋家乡兵”为行动口号，积极推进学雷锋内涵时代化，载体大众化和传承经常化。主题活动的内容为针对少数贫困学生上学难的问题，开展“大手牵小手”扶学帮扶活动，发动100名官兵与贫困学生结对，一帮一，每年每人至少资助每名学生2000元；针对革命老区发展相对滞后的实际，继续推进“我助老区奔小康工程”活动，帮助7个村、129名贫困户脱贫致富；针对社会上一度出现的“做好事惹麻烦”的消极现象，推广雷锋家乡流行语“这是我应该做的”，教育引导官兵危难之时挺身而出，为促进社会风气的根本好转当先锋；针对孤寡和空巢老人心里需求多的实际，开展“春风送暖”一对一认亲活动，组织官兵定期到四所敬老院进行慰问和义务劳动；针对农村青壮年劳动力流失的实际，每年组织1—2次助民劳动，帮助急需解决实际困难的单位或农户搞好生产；针对长沙每年突发性自然灾害多的实际，及时组织完成急、难、险、重任务遏制突发事件。推动学雷锋主题活动深入开展的措施是不断加大学雷锋活动的宣传力度，在营区制作深入开展学雷锋活动的广告宣传牌、宣传栏，浓厚学雷锋的氛围，每年组织全区官兵和入伍新兵到雷锋纪念馆参观见学雷锋事迹，重温入党入团誓词，面对雷锋雕像开展宣誓，坚定向雷锋学习，走雷锋成长道路的决心；在全区开展学雷锋“十佳人物”和“十佳专武干部评选”，树立“雷锋就在身边”的典型。（王　荣）

【三项试点工作】　2月8日，警备区组织召开试点工作会议。部署民兵信息分队建设、民兵应急分队建设和警备工作正规化建设三项试点工作任务。上述三项试点工作是由广州军区和省军区年初赋予的任务。三项试点工作时间紧，牵扯军地单位多，质量标准要求高，均需在上半年拿出成果。为此，警备区党委要求全区各单位必须做好5个方面的工作：一是由司令部组织制定试点方案，明确试点组织机构，细化试点任务和要求；二是由政治部协调地方有关部门考察确定试点分队的干部和骨干任用人选；三是由后勤部拟定试点工作经费预算；四是组织有关人员外出参观见学，探索试点工作经验；五是协调市委、市政府督促地方有关部门和基层单位积极协调配合，把试点工作任务落实到基层。（曾　庆）

【长沙“民兵应急连”成立】　4月12日，长沙市民兵应急连揭牌仪式在芙蓉区人武部举行。长沙警备区司令员李田贵和长沙市人民政府副秘书长黄雄姿为“民兵应急连”揭牌。长沙市“民兵应急连”市以芙蓉区民兵民兵应急分队为基本班底组建而成。编制为XX人，连长由芙蓉区人武部副部长兼军事科长兼任，政治指导员由芙蓉区人民政府办公室主任兼任。其主要任务是担任长沙市应急处突的调配征用。“民兵应急连”的成立，为长沙市应急处突储备了一支突击力量。（彭智峰）

【长沙“民兵信息大队”成立】　4月16日，长沙市“民兵信息大队”成立揭牌在长沙警备区举行。长沙警备区司令员李田贵、副政委金长义、参谋长赵钺、政治部主任王洪浪和长沙市人民政府副秘书长黄雄姿等出席揭牌仪式。长沙市民兵通信大队由天心区、岳麓区和长沙县民兵应急通信分队组成，编制XX人，大队长由长沙警备区副参谋长张泽兼任、政治委员由市人民政府副秘书长黄雄姿兼任。其主要任务是保障长沙民兵应战应急通信网络安全畅通。5月16日，长沙警备区司令员李田贵在全省民兵工作会议上推广长沙市民兵信息大队组建经验，在与会领导和代表中引起强烈反响。长沙警备区组建民兵信息大队的主要经验是按照任务牵引，确定组建规模，按人员素质，确定组建岗位，按快捷原则，确定编组机构，按官兵相认，确定指挥人员，按任务区分，组织应急培训。省军区司令员黄跃进、政委李有新等领导要求全省民兵专业分队的组建都要以长沙市民兵信息大队的组建经验为模板，组建专、精、尖的民兵队伍。（王　为）

【海南省国防教育代表到长沙参观交流】　5月27日，由海南省军区政委刘新率领的海南省国防教育参观团一行28人在省军区李有新等领导陪同下，到长沙市参观交流。长沙警备区政治部主任王洪浪向海南省国教委军地领导介绍长沙市开展全民国防教育的情况。海南省国教委军地领导还实地考察天心区长坡社区和雷锋纪念馆国防基地。参观访问期间，双方军地领导还共同探讨利用长沙、海口两地红色资源，相互推动两地全民国防教育深入开展的有关事宜。（毛主亮）

【武器装备安全管理隐患排查整治活动】　6月5日，警备区全区系统武器装备安全管理隐患排查整治活动启动，该活动为期1个月。为加强活动的组织领导，警备区专门成立由参谋长赵钺为组长的领导小组，并从司令部警备办、后勤部供应办和纠察连及民兵武器仓库各抽调一名干部，组成督查小组，对警备区本级民兵武器仓库和9个区、县（市）人武部“部库合一”进行全面倒垛清查，对已经封存的武器弹药逐件逐箱开箱检查，共查验武器弹药XX万余件（套），对已经确定报废处理的XXXX件（套）武器弹药进行封存，确保武器装备管理安全，受到广州军区安全工作检查小组的高度好评。（徐　志）

【疏散拉动演练】　6月18日，警备区组织机关和民兵应急机动分队开展疏散拉动演练。该疏散拉动演练以战时敌机空袭为背景，事先没有预先号令，一切行动以突发形式展开。防空袭拉响后，机关人员立即进入临战状态，作战指挥室内，军事指挥人员下达疏散拉动命令，政工首长组织机关非作战人员和家属迅速进入防空隐蔽场所，长沙县、芙蓉区、岳麓区、开福区4个区、县民兵高炮分队迅速集结进入高炮阵地，对“敌机”开展集炮射击，警备区后勤首长组织阵地后勤供应和弹药补给，整个疏散拉动用时4小时，通过拉动演练提高应对突发事件的能力。（黄　勇）

【民兵整组工作完成】　6月28日，长沙市民兵整组验收工作最后一批单位获得验收合格通过，长沙市民兵整组工作结束。此次民兵整组历时1个半月，整组根据广州战区赋予的应战应急任务，按照编实编强的原则，适当压缩普通民兵的编组数量，扩大森林防火、道路维修、工程机械、医疗救护、高炮高机、民兵应急、民兵舟桥、民兵心理战等XX个专业技术方面的民兵编组建设，全市民兵预备役建设更加适应应战应急任务和推动地方经济建设的需要。（李　乐）

【军校青年学员和国防生招收工作】　7月1日，全省军校青年学员和国防生招生工作正式启动，首日，长沙市XX名高中毕业生来到武警湖南总队医院进行体检。全省此次军校青年学员和国防招生共招XX名，报名参加体检4800余人。长沙、株洲、湘潭和娄底4地考生统一在长沙进行体检和面试。该次军校青年学员和国防生招生公招生源比上年增加约10%，其中不乏高分学子，近7成达到500分以上，长沙地区600分以上的多达10人，最高为646分，充分反映广大青年学子从军报国的赤子热情。（李柏利）

【征兵工作】　7月13日，随着湖南广播电视台《军营生活》频道开播，长沙市夏季征兵宣传正式启动。在征兵宣传期间，长沙市区（县）两级共设立征兵宣传站27个，印发征兵宣传资料10万份，书写宣传标语近50万条，派出巡回宣传车辆65台次，举办专场报告会262场次，有效激发广大适龄青年参军热情。9月19日，长沙市2013年夏季征兵工作宣告结束。XX名新兵从长沙火车站登车前往部队服役，此次夏季征兵长沙市共有征兵任务XX人，其中男兵XX人，女兵XX人，征兵开始后，经过宣传发动和政策宣讲，全市共有近XX名适龄对象报名应征。经过体检、政审等层层筛选，最后为26个接兵单位输送合格兵员。（赵佑华）

【士官直招工作】 8月22日，长沙市最后一批XX名部队士官直招工作圆满结束，此次部队士官直招工作历时近2个月，直招指标为XX人，直招专业涵盖工程机械、航空航天、海洋气象、网络通信、生物工程、医药卫生等26个方面。通过报名、体检、政审、笔试面试等层层筛选，优中选优，为部队士官队伍建设选拔优秀人才。（罗 锦）

【参加“广字6号电台网”通信演练】 7月18—20日，根据两级军区统一部署，长沙警备区组织天心、开福、望城和长沙县4个区（县）的民兵通信分队XX名报务员参加广州军区组织举办的“广字6号电台网”通信演练。本次演练以战场无线电报务发送为主要内容，重点检验报务人员在临战状态下的报务发送技能。通过严格检查评比，警备区参加演练的XX名报务员有XX人被评为“战时报务发送优秀个人”。（李东泽）

【长沙民兵应急分队连续扑灭大火】 8月1—8日，由于受持续热高温干旱影响，长沙浏阳、宁乡、望城等地连续发生山林大火，警备区紧急组织民兵森林消防分队赶赴现场，开展灭火施救，7天中共出动民兵1800人次，扑灭森林火灾7起，总过火面积近53.33公顷，为人民群众挽回经济损失近千万元，受到地方政府和人民群众的称赞。12月19日，望城区桥驿镇、宁乡县黄材镇和浏阳市洞阳镇3地相继发生森林大火，总过火面积达到280余公顷，3区、县（市）人武部接警后，迅速组织600余名民兵和6辆消防车赶往现场灭火，经过近16个小时的紧急扑救，3地森林火灾扑灭，为人民群众挽回损失2000万余元。（黄元德）

【组织民兵抗旱救灾】 8月5—13日，由于长沙地区连续高温，全市很多地方发生严重干旱，长沙市20万人民群众出现饮水困难。长沙警备区在机关和9个区、县（市）成立由现役干部战士和民兵预备役人员组成的“送水小分队”900余个，筹集应急资金100万余元，出动应急送水车辆150余台次，及时把纯净水送到应需的人民群众手中，解人民群众饮水困难的燃眉之急。8月15日，长沙警备区再次从中联重科紧急调集30名民兵预备役人员和30台经过改装的抗旱车辆，驰援旱情特别严重的常德汉寿和湘西凤凰等地，参加抗旱救灾。长沙警备区已出动现役官兵和民兵预备役人员3000余人次，各种车辆机械560余台次，修复水坝渠道2000余处，抗旱保苗800余公顷，为人民群众解决生活用水2000余吨，受到地方政府和人民的赞扬。（何 波）

【开展一级主要目标数据采集】 8月12—15日，根据两级军区指示精神，长沙警备区组织专门力量，在地方有关部门的协助下，对辖区内黄花国际机场的各项数据开展采集，共收集文字数据XX万余字，图（照）片XX余幅。完成视频制作XX余分钟，为战时应急提供参考。（黄 勇）

【参加“中南—13”实兵演习】 9月6日，警备区组织全体官兵和XX个民兵专业分队XXX人参加广州军区组织的“中南—13”实兵演习。演习分室内网络指挥作业和室外实兵对抗两部分进行。室内作业全体现役干部必须完成战斗文书拟定、抗电磁干扰、临战情况处置等三大课题作业。室外实兵演练为“红、蓝”双方展开攻防，重点检验“红、蓝”双方指挥员的临战指挥处置和参战官兵的战斗意志和战术素质，通过这次演习，提高了广大官兵的应战能力。（赵 钱）

【参加“湘江—2013”演习】 10月16日，“湘江—2013”演习第一次预演启动。此次演习按照分练、合练、预演3个阶段进行。为保证让演习顺利进行，长沙市设立分指挥部，由市长张剑飞任指挥长，常务副市长陈泽珲、警备区司令员王忠斌为副指挥长、警备区政委李春艳为指挥部政委（由于李春艳政委离职学习，改由副政委金长义代为政委）演习分湖南省、市国民经济动员展示，长沙山河智能装备股份有限公司工程机械装备展示、国防科技大学高新科技研究成果展示3个层次展开。演习采取情况导入的方式，不配解说词，用情况进入带出作战进程和具体任务，重点演练信息化条件下大规模作战国民经济动员行动的组织指挥和动员实施。（曾 庆）

【民兵信息分队开展实弹射击】 12月3日，长沙警备区组织所属3个民兵信息分队赴宁乡县民兵射击场进行实弹射击。干部为手枪、冲锋枪、步枪三种枪械，士兵为机枪、冲锋枪、步枪三种枪械，每人每种枪械实射5发子弹（机枪10发）。参加实弹射击的60人，其中成绩优秀的15人，良好的22人，及格的18人，不及格的5人。该次实弹射击，旨在检验信息分队的民兵在熟悉本职业务的同时，熟练掌握一般步兵武器的运用，为战时参战奠定基础。（周 彦）

【长沙国防兵器展】 9月27日，2013长沙保利国防兵器展暨爱国主义教育在长沙举办。该兵器展上，有歼十战斗机、63式坦克、63A水陆两栖坦克、T—34坦克、坦克导弹发射车、导弹装甲指挥车、XLW—P01、4×4轮式装甲巡逻车、XLW—TB炮车、陆100高射炮、陆57高炮等同时亮相，同时中国第一艘航空母舰辽宁舰完整模型首次登场，展示了中国兵器工业的飞速发展和人民军队的日臻强大。展出期间，全市有近100万市民亲临现场观摩，受到良好的爱国主义和国防教育。（黄元德）

【“星城基层武装部长之星”评选活动】 10月23日，由长沙市委组织部、宣传部和警备区政治部联合举办的“星城基层武装部长之星”评比活动启动。经过组织推荐、基层单位初评，区、县（市）审定，芙蓉区东岸街道办事处武装部长谭干华等85人入围，竞争10个名额。该评选是人武战线深入开展"六个走在前列"活动的重要内容，旨在通过评选，进一步增强人武干部的国防意识，强化爱岗敬业精神。评比结果将作为个人年度绩效考核和提拔使用的参考依据。（王洪波）

【抗战类文物资源登记】 长沙市十分重视抗战类文物资源的保护利用。截至2013年8月底，全市已登记抗战类文物资源38处，已公布各级文物保护单位13处，包括国家重点文物保护单位1处，省级文物保护单位8处，市级文物保护单位2处。同时启动文物保护利用规划，实施抗战类文物资源分类利用规划编别，对抗战类文物资源集中分布地区编制专题规划。（黄元德）

【兵要地志修编工作】 11月18日，长沙市兵要地志修编工作全面展开。此次兵要地志修编的范围涵盖全市工业、农业、商业及交通通信、环境保护、军事设施等近100个方面，涉及的单位和部门达到200余个，警备区本级和各区、县（市）均组成专门的班子，开展资料收集和实景拍摄。月底完成初稿，得到上级肯定。（黄元德）

【长沙籍"两弹元勋"刘西尧逝世】 8月24日，中国"两弹之勋"刘西尧在武汉逝世，享年97岁。刘西尧祖籍长沙市，1937年加入中国共产党，同年11月踏上从戎之路，中华人民共和国成立之后，历任湖北省委第一副书记、国防科工委副主任、教育部部长。是中国"两弹"（原子弹和氢弹）试验的主要负责人和专家团成员，1963年被授予少将军衔。（黄元德）

【长沙首次发生入伍新兵中途溜号现象】 9月8日，宁乡县籍入伍新兵陈珍宇被确定入伍到浙江省军区服役，但从宁乡县到长沙火车站登车时，未经报告无故溜号，藏于其女朋友家中。这是近20年来长沙市首次出现的入伍新兵中途开溜现象。市、县两级征兵办采取紧急措施，及时更换入伍对象。市征兵办责成宁乡县征兵办作出检讨，对当事人及其家属进行批评教育，按照《兵役法》有关规定严肃处理。（赵佑华）

武装警察

【概况】 中国人民武装警察部队湖南省总队长沙市支队（以下简称"长沙市支队"）于2005年6月8日在一支队和原长沙市支队的基础上重新组建（旅级）。支队机关位于长沙市岳麓区天顶乡青山村雷锋大道。2013年，支队党委紧紧围绕强军目标，坚持"十化两率先"工作思路，转变观念打基础，改进作风抓落实，各项任务完成圆满，部队建设稳步提升。

一、思想政治建设。学习贯彻十八大、十八届三中全会精神和习近平系列重要指示，落实党委中心组带机关促部队理论学习制度，开展"三学一研"活动，每月举办"麓山大讲堂"，每周三坚持留营学习，推动理论武装向纵深发展。扎实开展主题教育，严密组织"弘扬雷锋精神，争做新时代革命军人"和"让人生出彩，让青春闪光"主题党团日教育实践活动，望城区中队被总部评为"学雷锋"和"拥政爱民"先进单位。大力推进先进军事文化建设，建成支队数字警史馆、警营广播之声、影视制作中心、文化长廊和心理行为训练基地，建立流动图书馆，为基层配发电脑、更新图书，蝉联总队"潇湘卫士杯"篮球赛冠军，长沙县、浏阳市中队警营文化建设初具规模。注重任务锤炼，出色完成总部军师职领导干部理论轮训班教学保障、总队战备工作现场会、"六种力量"成果展示等任务。

二、完成多样化任务。严格落实执勤八项制度，强化科学组勤、领导跟勤、全员查勤机制，大力推进执勤"六查"，排查整改执勤隐患91处，成功处置目标重大险情19起，有效制止上访人员自杀、自焚16起。出色完成中央首长到湘视察三级以上警卫勤务31批次，重要物资押运、犯人押解、城市武装巡逻、机动待命等任务298批次，担负扑灭山火等抢险救援任务3批次。坚持科学组训、严格施训，积极营造训练有功、训练有为、训练有奖的氛围，军事训练质量有新提高，获总队特战分队比武竞赛团体第二名、训练尖子竞赛团体第三名，1人被总部表彰为优秀教练员。

1月26日—2月2日，支队出动兵力545人次，车辆20余台次，完成湖南省"两会"期间安全保卫任务，实现"三个确保"目标。12月23日，中共湖南省委在省人民会堂召开"409"情况通报会，与会人员1800余人。根据总队和省警卫局统一部署，长沙支队出动150名兵力担负会场外围警戒、车场守卫、武装巡逻和机动备勤任务。11月3—5日，长沙市支队出动XX名兵力，圆满完成中共中央总书记、国家主席、中央军委主席习近平到湖南视察时的临时警卫、专机、首长住地和机动备勤等任务。11月27日，中共中央政治局委员、国家副主席李源潮一行5人到湖南考察。长沙市支队动用XX名兵力，按一级警卫规格担负首长住地、专车警卫及机动备勤任务。

三、部队管理。坚持依法从严治警，深入开展"严自律、守法纪、保安全"专题教育，严密组织条令条例学习月活动，设立"2•2"教育警示日，认真贯彻新《警备条令》，加大全面整治力度，部队正规化建设水平大幅提升。狠抓士官教育管理，2人分获总部、总队"优秀士官人才奖"二、三等奖。严密组织安全大整治大排查活动，推行安全工作"四级操作法"，开展百日安全竞赛、作风纪律整顿和隐患排查治理等活动，共排查安全隐患163处，查处违规违纪问题4起，确保部队安全稳定。

四、基层建设。认真落实武警党委1号文件和总队抓经常性基础性工作"两个文件"精神，加大经常性检查力度，定期分析部队建设形势，每季组织按纲建队考评，推动了经常性基础性工作落实。深入基层办实事解难题，组织8批247人次当兵蹲连，"三帮一提高"活动成效明显，1个重点帮扶和2个中间层面单位跨入先进行列。贯彻总队三级主官《纲要》集训精神，持续开展大练基本功活动，采取自学自训、集中培训、挂钩帮训和以考促训等措施，加强对干部骨干的指导帮带，基层自建能力不断提高，望城区中队被总队评为"基层建设标兵中队"。

五、综合保障能力建设。着眼建设现代后勤，高标准完成总队现代后勤建设试点任务。加强后勤规范化管理，支队军需仓库被总部评为先进队属仓库，支队被总队评为运输油料业务先进单位。开展各类专业培训10批次，参加总队后勤业务竞赛取得团体总分第一。抓基础设施建设，完成浏阳市中队营房新建搬迁。坚持厉行节约，严格经费预决算，规范开支程序和审批权限，各项经费开支合理透明。大抓生产生活秩序整顿，定期公布食品采购价格，实行农副业生产成本核算。投入80万余元，组织干部和中级以上士官进行体检，解决部分伤残士兵医疗费用，官兵生活水平明显改善。（乔艳军）

支队和支队各部门领导人员

支队长	熊贤清
第一政治委员	李介德（市公安局局长兼）
政治委员	张力强
副支队长	祝立志　刘　胤 黄　勇　何文斌
副政治委员	陈海勇
参谋长	戴国兵（2013.3月任） 陈智斌（2013.3月免）
政治部主任	詹长虹
后勤部部长	付必胜

武警消防

【概况】　2013年，全市消防部队启动“长沙消防”品牌战略规划，有效推进消防工作“六大体系”（组织体系、制度体系、社会火灾防控体系、灭火救援体系、后勤保障体系、消防文化体系），确保全市火灾形势和队伍管理的高度稳定。省委常委、市委书记易炼红上任半年内3次调研检查消防工作；省政府副省长张剑飞，市长胡衡华，市委常委、常务副市长陈泽珲，副市长李介德等领导先后多次召开各种会议研究消防工作，并深入基层一线指导消防工作。4月3日，在北京召开全国公安机关深入开展学雷锋活动先进事迹报告会，望城区消防大队教导员黄黔湘作为报告团成员受到国务委员、公安部部长郭声琨部长接见。市政府于6月组团赴郑州、青岛、成都考察学习消防工作，此次考察是近年来市政府组织的规模最大的一次综合性消防工作考察。7月16日，张剑飞在支队召开的现场办公会上听取考察工作汇报，有效解决了市政消防消火栓缺失、消防装备更新换代缓慢、政府专职消防员队伍建设等制约长沙消防发展的瓶颈性问题。支队党委2012年、2013年连续两年被总队评为“先进党委班子”，2013年被公安部消防局评为先进支队党委，望城区大队被公安部授予“雷锋式模范消防大队”荣誉称号。

截至12月31日，全市部队共接警出动8621次（其中火灾4549次、抢险救援2232次、社会救助1683次、执勤保卫157次），出动车辆12772台次，出动警力86768人次，抢救被困人员2856人，疏散人员5987人，抢救财产价值7.2亿元。先后完成2013年“两节两会”、中国（长沙）国际矿物宝石博览会执勤保卫、“3·22”坠井事故救援、“5·7”城市内涝抢险救援、“7·2”雨花区黎托乡物流仓库火灾等重大活动安保、灭火和抢险救援任务。（李丹琳）

长沙市公安消防支队领导人员

支队长	宋利军
政治委员	粟　平
副支队长	王建军
副支队长	李志明（2013.8任） 李　旺（2013.8免）
副支队长	刘　钧
副政治委员	彭建国
参谋长	刘红军
政治处主任	曹爱民
后勤处处长	毕良之（2013.8任） 肖卫旗（2013.8免）
防火监督处处长	李文才

【公共消防基础建设】　为全面提升省会城市火灾防控能力，市委、市政府年内加大经费投入力度，强力推进全市公共消防基础建设。一是消防规划建设加快推进。市委、市政府坚持将消防专业规划纳入全市城市建设整理规划，做到同规划、同部署、同建设、同验收。年内，《长沙市消防专业规划（2011—2020年）》已进入审稿阶段，预计在2014年上半年能颁布实施。二是市政消火栓建设提质升级。为偿还主城区消火栓的历史欠账，市政府按照6000元/座的标准，首先在主城区建设消火栓3579个。年底已建设完成2135个，还有1444个在建，预计在2014年上半年全部完成。长沙县、宁乡县、浏阳市共计投入800余万元用于新增、改造市政消火栓。三是扩充政府专职消防员队伍。市政府年内征召政府专职消防员528名，并将原有46名合同制消防员套改为政府专职消防员，整个队伍规模扩大12倍。同时，市政府将专职消防员的经费从每年3万元/人提高到每年5.8万元/人，并从2014年开始每年划拨100万元设立政府专职消防员专项基金。（李丹琳）

【防火监督工作】　2013年，支队先后开展“除火患、保平安”、火灾隐患大排查大整治专项行动和第二次“清剿火患”战役，多次召开调度会推进各项专项行动、战役，建立“每周一打分，每月一排名”考核机制，督促社会单位严格落实“三公布”制度和消防安全主体责任。加强对重点区域、重点对象的排查整治，集中对黎托、东岸、马王堆、鸭子铺、下河街和暮云等片区开展联合检查，将雨花区黎托临时仓库片区列为区域性重大火灾隐患报省政府挂牌督促整改，排查摸底违章仓库1000万余平方米，拆除各类违法建筑300万平方米。2013年，检查单位16688家，发现火灾隐患11475处，督促整改10803处火灾隐患，临时查封217家，关停295家，拘留19人，重大火灾隐患挂牌42家，销案31家。（李丹琳）

【消防宣传教育】　2013年，支队通过长沙政法频道《火线》专栏、移动电视《火警先锋》两大栏目，向社会公众及时报道消防部队消防监督、灭火救援情况，提升全民消防安全意识和逃生自救能力。部署开展“畅通生命通道　增强自救技能”系列消防宣传活动，发动20000余人次的社区负责人、派出所民警、消防志愿者深入周边社区、农村、单位、学校，积极参加生命通道守护行动，发动群众参与“我的安全我做主”家庭疏散图绘制，邀请湖南卫视《快乐男声》参与活动并进行宣传，营造浓厚的消防宣传氛围。7月18日，武警消防支队支队长宋利军、司令部参谋长刘红军、防火处处长李文才等一行5人做客《长沙晚报》“96333”热线直播间，就当前火灾形势、消防安全防范、火灾隐患投诉举报、灭火救援、消防宣传教育等方面问题接听群众热线。在支队开展的“119镜头”消防微电影征集活动中，《烈火生辰》获得全省微电影剧本一等奖、《因为爱情》获得微电影影片二等奖。年内，支队共组织公共聚集场所粘贴“三提示”公益宣传海报9000余份，在“消信通”显示屏每天插播“消防安全知识二十条”及消防安全知识48万余条，举办各类消防宣传活动4500次，培训市民群众20万余人，全面增强全民消防安全意识。（李丹琳）

8月20日，“青春护航，幸福成长”生命通道大型体验活动

【军事业务工作】 一是加强部队正规化管理。支队以“正规化建设年”活动为平台，深化安全管理“五无一创”活动，与各单位层层签订责任状，每月定期开展“安全工作每月一讲”，制定出台《车辆安全管理规定》，深化安全管理。严格士兵调动审批程序和权限，规范义务兵、士官和已婚士官请销假和轮休工作，确保基层执勤警力充足。二是推行基地化训练。年内，支队创新推行基地化训练模式，统一中队体能训练项目，明确日常训练项目由各中队自行组织并定期考核，司令部进行抽查监督。全年共抽调12名业务骨干担任教员，分4批轮训执勤中队攻坚组成员，对各级战训岗位人员进行基地化轮训。三是提升全员专业化素养。结合星级铁军中队创建评比活动要求，举办了全市部队创建铁军中队比武竞赛活动，全市建成“9个一”星铁军中队。四是创新战评模式，推行以基层干部发言讨论为主、支队点评为辅的战评方式，对实战案例和演练行动进行总结学习，提升基层指挥员综合素质。五是推进信息化建设。延伸和扩展指挥中心指挥调度系统功能，成功接入长沙市城市道路视频监控系统。（李丹琳）

【后勤保障】 一是加快营房建设步伐。年内，支队积极推进消防队站建设，雨花区环保科技园，宁乡县、望城区第二站主体工程已完工；浏阳集里站、南区站已开工建设；梅溪湖站已进入室内装修阶段；天心大托站已完成规划立项。通过与海事、交通部门协调，金霞消防取水码头主体工程的选址和江岸线的划定正在市发改委审批当中。二是消防装备更新换代。2013年，先后将7422件（套）个人基本防护装备、1769件（套）消防员特种防护装备、373件（套）特种器材，4台重型水罐车、1台排烟车、1台举高消防车全部配发到基层一线，并迅速形成战斗力。为满足消防装备更新换代的需要，市政府决定从2013年至2015年，每年由市、区两级财政安排4100万元专项经费采购消防装备。（李丹琳）

表6　2013年分区县火灾基本情况统计

地区	2013年火灾四项指数			
	起数	亡人数	伤人数	损失（万元）
合计	4546	14	5	8060.1
芙蓉区	429	2	1	175.1
天心区	448	1		128.4
岳麓区	746	3	1	91.0
开福区	646	5		114.4
雨花区	754	2	3	5846.8
高开区	134			55.9
经开区	102			123.2
长沙县	466	1		994.4
望城县	231			136.0
宁乡县	268			62.4
浏阳市	318			332.5

人民防空

【概况】 2013年，长沙市人民防空办公室（以下简称“市人防办”）以“战区一流、全国领先”为目标，以信息化条件下防空袭斗争准备为牵引，以准军事化机关建设为抓手，各项业务工作均取得较好成绩。深入开展人防宣传教育进社区、进学校活动，继续以“11•1”防空警报试鸣活动为依托，在各区、县（市）开展形式多样的宣传活动；人防信息化建设走在战区前列，将高科技融入人防网络和信息系统建设之中；人防工程建设不断拓宽领域，严格规范审批流程，确保“结建”审批规范、公开限时，做到不减不免。全年审批“结建”项目228个、XX万平方米，竣工验收103个，XX万平方米，验收人防工程合格率达100%，市级人防工程综合结建率达102.3%。人防工程日常维护管理措施到位，内五区平战结合利用率达93%。市人防办在广州军区省会城市人防机关“准军事化”

建设考评中，以总分第一的成绩获得达标先进单位。成功组织全市人防系统干部职工训练比武竞赛活动，获评“广州军区人防训练比武竞赛先进单位”，3人获国家人防办通报表彰。

（贺菲菲）

【信息化建设】　完成10台区、县（市）小型人防机动指挥车建设第一期任务，并组织开展指挥通信演练；完成“湘江—2013”湖南省国防经济动员演习、长沙警备区无线电台通信演练、省办组织的跨区拉练等演练任务；开发长沙市防空袭方案三维地理信息系统；完成超短波城区组网方案，并通过相关专家评审；完成人防指挥所接入党政专用通信网宽带红网建设，市、区县（市）无线短波电台定时沟通联络顺畅；升级完善防空警报网络，新安装固定防空警报器10台；配合省、市应急知识宣传周活动，准时鸣放防空警报信号，并组织开展全市11月1日防空警报试鸣活动，鸣响率、覆盖率实现“双百”达标。

（贺菲菲）

【工程建设与管理】　一是重点项目建设进展顺利。全面启动1501工程建设，2号口部已完成主体建设，主体坑道掘进270米。杜花路人防工程建设土建主体工程已完工，与轨道公司共同完成了招商引资工作，设备安装已经招投标产生安装单位，内部装修已基本完成。二是民生工程不断拓展。启动芙蓉路、香樟路人防通道工程建设，芙蓉路工程基本完工、香樟路（南雅）工程正在抓紧建设。开创平战结合融入民生工程建设的新途径。三是地下空间兼顾人防建设。完成轨道交通1、2号线的审查和验收工作，出具长沙市轨道交通1号线一期工程调整初步设计审查意见和长沙市轨道交通2号线一期工程项目兼顾防空地下室的设计审查的行政许可决定书和验收复函。组织召开长沙市轨道交通3号线一期工程初步设计人防专项审查会议并出具审查意见。与市规划局对接，对地下空间开发项目尤其是过江隧道、地下过街通道项目提出兼顾人防的要求。

（贺菲菲）

【人防宣传教育】　以社区为依托，认真开展人防宣传教育“五进”活动。做好人防知识进学校工作。编写《公众人防知识手册》漫画，普及人防知识和自救互救技能。在全省警报试鸣日，全市设立人防宣传教育点，发放人防宣传教育资料，开展人防疏散演练。浏阳市人防办主办防空知识家庭抢答竞赛活动，全省各地州市组织参加观摩，影响大、效果好。全市人防宣传教育进社区的主要做法在全省人防会议上推介，并在《中国人民防空》杂志刊发。望城区人防办在东马小学建成人防素质教育基地“两室一长廊”项目，在全省起到较好的示范作用。芙蓉区以体验人防为主的素质教育基地建设规格高，内容丰富，功能齐全。

（贺菲菲）

人民防空宣传活动

【人防训练比武】　按照国家人防办要求，认真承办人防训练比武竞赛全省初赛和广州军区湖南赛区复赛；成功组织全市人防系统干部职工参加训练比武竞赛活动。在8月5日结束的全省人防训练比武竞赛初赛中，该办选拔13名专业选手从全省180名选手中脱颖而出，12人获得广州军区湖南赛区复赛资格。其中王业平、胡蓉、吴世怀3人获国家人防办“六通”型领导干部、“六会”型机关干部、“六能”型技术骨干。市人防办获评“广州军区人防训练比武竞赛先进单位”。

（贺菲菲）

【获评“省会城市人防机关‘准军事化’建设达标先进单位”】　8月19日，由广州军区人防办处长汪纯带队，军区人防办相关人员及五省（区）人防办秘书（综合）处处长组成的考评组检查验收长沙市人防机关“准军事化”建设。此次考评主要采取听取汇报、民主测评、理论考核、实地考察和人防机动指挥所开设等多种方式进行。考评汇报会在市人防办九楼会议室进行，湖南省人防办副巡视员黄宏江、长沙市人民政府副市长姚英杰、长沙警备区参谋长赵钺及市人防办机关全体人员参加会议。汪纯介绍检查考评目的、组织方式和实施流程；姚英杰代表长沙市人民政府及长沙警备区致欢迎词，对全市人防机关“准军事化”建设所做主要工作进行简要介绍。长沙市人防办以汇报片的形式进行汇报，汇报片以“以机关准军事化建设为抓手，努力实现战区一流、全国领先的奋斗目标”为题，从领导班子建设、信息化建设、工程建设、宣传教育、干部队伍素质、作训环境等多方面对全办“准军事化”建设所做工作进行全面总结。该办在人防基础理论考核、人防机动指挥所开设及资料查看等考评环节中均获得较好的成绩。考评组一致认为，长沙市人防办创建“学习型”党组织和机关活动的工作扎实有效，指挥控制和快速反应能力明显增加，特别是机动指挥所开设时间仅用4分09秒，在军区省会城市中位列第一。在综合考评中，市人防办被评为“省会城市人防机关准军事化，建设达标先进单位”。

（贺菲菲）

人力资源和社会保障

责任编辑：刘盼盼

人力资源

【概况】 2013年，全市就业创业服务体系更加完善，全市就业形势保持整体平衡。全市新增城镇就业14.93万人，失业人员再就业3.96万人，新增农村劳动力转移就业5.56万人，新增小额担保贷款2.47亿元，零就业家庭连续7年保持100%动态清零，城镇登记失业率控制在2.89%。1. 就业联动机制初步形成。长沙市委、市政府高度重视就业工作，省委常委、市委书记易炼红实地调研就业难问题，市长张剑飞召开就业工作领导小组联席会议，各成员单位职能进一步明确和强化，形成共同推进就业工作的强大合力。完善小额担保贷款实施办法，全年发放贷款2.47亿元。主动争取部、省、市支持，争取各级就业专项资金3.05亿元，促进各项就业政策的落实。创业型城市创建成果得到进一步巩固，大学生创业引领计划深入推进，在首届全国创业专项大赛中，长沙市成绩名列所有参赛城市首位，大学生创业代表事迹被央视报道。2. 重点群体就业成效显著。围绕高校毕业生、农民工、城镇就业困难人员等重点群体，开展了“就业援助月”“春风行动”“民营企业招聘周”等一系列服务活动，并形成“就业大篷车”“十五分钟就业圈”等一批就业服务品牌。为2.4万人发放“就业失业登记证”，为2万人进行了困难认定，帮扶1.83万名困难人员就业。高校毕业生就业政策更加完善，全面实行实名制信息登记，设立高校毕业生就业互动平台，积极搭建校企合作平台，见习基地达329家。3. 就业服务基础更加扎实。进一步拓展各级人力资源市场功能，各级人力资源市场举办招聘会465场，提供岗位40.99万个，7.2万人达成就业意向。进一步完善基层就业服务机构建设，依托基层开展企业用工需求、农村劳动力资源、城镇劳动力资源、未就业高校毕业生等专项调查，掌握全市劳动力资源供需情况，为长沙市制订有关就业政策、破解“用工难”和“就业难”问题提供重要依据。4. 技能人才培训全面推进。开展送培训下乡、定向培训、订单式培训等多种形式的培训，全年全市职业培训12.77万人，创业培训2.15万人。进一步规范职业技能鉴定体系，全面开展各类技能竞赛活动，全年全市技能鉴定6.04万人。调整充实全市高技能人才队伍建设领导小组，制定出台高技能人才振兴计划、技能大师表彰管理办法等系列文件。在全省率先启动实施了高技能人才振兴计划，并实行目标责任制。启动开展全市首届技能大师评选表彰活动，评选15名技能大师，评审高技能人才基础能力建设项目3个，技能大师工作室6个，开创长沙市高技能人才队伍建设的先河。（刘　毅）

【人才引进】 积极加大高端人才引进力度，参与制订《长沙市引进紧缺急需和战略型人才计划》，组团参加留交会并深受好评。积极落实引进人才的各项优惠政策，共为引进人才发放各项经费1.33亿元。争取国家引智项目14个和省级引智项目73个，引智资金887万元。搭建高层次人才一站式服务体系，组建长沙海外高层次人才联谊会，成立长沙市引进海外高层次人才工作服务部，初步建成长沙市国际高端人才和专家数据库。精心策划第二届“星城友谊奖”颁奖大会，为7个国家的10名杰出外国专家颁发“星城友谊奖”。（刘　毅）

【事业单位人事改革】 2013年，已核准区、县（市）事业单位招聘计划2622个，完成129家市级事业单位1262人的公开招聘，无不良社会舆情，社会反响良好。事业单位岗位设置及人员聘用工作基本完成，为102家事业单位办理岗位异动1200余人次。集中组织了全市工勤技能一级岗位和工勤技能二级岗位的报名和资格审查工作。改革军转安置办法，注重军转干部个人专长与岗位需求的匹配度，对随军家属安置实行集中审档，圆满完成2013年度营以下及专业技术军转干部的安置工作，267名军转干部全部到位。（刘　毅）

【人力资源市场】 全市现拥有各类人力资源服务机构50家，42家建立了人力资源数据库，发布岗位招聘信息237460条，为187万求职者提供人力资源服务。长沙人才网人才库新增人才简历10万余份，提供28万余个职位。开展了全市诚信人力资源市场评选活动，市人才市场、人力资源市场等6家人力资源服务机构获得省厅授牌，数量在全省各市州中排名第一。市人才中心荣获“全国人力资源

社会保障系统2011—2013年度优质服务窗口”。（刘　毅）

【2013中国中部（湖南）国际农博会农业企业人才招聘会】　11月21日上午，2013中国中部（湖南）国际农博会农业企业人才招聘会在长沙市红星国际会展中心举办。2013年农博会首次融入人才引进元素，旨在着力解决农业企业招工难和高校毕业生求职难的供需矛盾。省内外512家企业到场参会，提供就业岗位1.1万个，主要面向农业企业需要的综合性服务类、专业技术及其他人才，其中湖南农业大学、长沙民政学院等20余家高校组织毕业生到场求职，现场工作人员还为求职人员提供一对一的就业推荐服务。下午，2013中国中部（湖南）国际农博会农业高端人才洽谈会在长沙市华雅国际大酒店举行。克明面业股份有限公司、湖南明园蜂业有限公司、湖南红星盛业食品股份有限公司等农业龙头企业在内的50家企业到场参会，共提供就业岗位500余个，组织具有高职称高学历人员、海归人员、外国专家、农业项目负责人等与企业进行洽谈。此次洽谈会是一场纯公益活动，由2013中部农博会组委会拨专款，实行全方位、全免费服务。（刘　毅）

社会保障

【概况】　2013年，长沙市覆盖城乡的社会保障体系更加完善，覆盖群体和人数进一步扩大，待遇水平不断提升，运行机制更加规范。1. 社会保险覆盖面不断扩大。全市城镇职工基本养老、医疗、失业、工伤和生育保险参保人数分别达到139.1万人、151.12万人、101.48万人、126.57万人和101.01万人，城乡居民基本养老保险、医疗保险参保人数分别达267.98万人、513.5万人。全市累计征收社会保险费178.05亿元，再创历史新高。2. 统筹城乡的社会保障体系更加健全。出台工伤康复管理试行办法和机关事业单位、小型服务行业、季节性用工企业工伤保险参保办法，实现工伤保险职业人群全覆盖。率先在全国建立城乡居民基础养老金正常增长机制，在“十二五”期间，基础养老金每年每月每人增加10元，2013年达到每人每月90元，到“十二五”末达到110元，缴费档次提升到100—3000元共30个档次。实现职工医保和生育保险市级统筹，居民门诊统筹工作在全市全面铺开。长沙市统筹城乡社会保障体系建设经验被人社部内刊向全国整体推介。被征地农民社会保障制度与城镇职工社会保障制度有效对接，工作经验被人社部和国家法制办向全国推广。3. 待遇水平持续提高。连续9年完成企业退休人员养老金调待工作，全市人均养老金达1662元，市本级达1826元。城镇职工医保、城乡居民医保政策范围内统筹基金最高支付限额分别提高到20万元和10万元，住院费用政策范围内报销比例分别达87%和72%。失业保险金标准调整为每人每月1265元，支出范围不断扩大。4. 社会保险经办服务再出新招。在全国率先启动了失业人员签到认证一体机和失业保险网上申报工作。全面推行退休人员人脸识别认证，完成29.81万人的建模认证工作。创新采用网上银行开展养老金发放工作，机关事业单位养老保险业务档案管理工作获得省厅高度评价。出台规定对用人单位社会保险参保缴费行为进行了规范，制定了工伤调查和认定适当分离制度，开辟了“小工伤”快速处理绿色通道。完成“12333”咨询服务系统的硬件平台搭建、软件平台开发和咨询员招录、岗前培训等工作，已开通6台“12333”电话座席。积极推进长沙市社会保障卡工作，成立长沙市社会保障卡管理服务中心，完成300万张社保卡数据核对任务。5. 创新加强社保基金监督。出台了《长沙市社会保险基金监督管理办法》《长沙市社会保险基金管理综合评估制度》《长沙市社会保险监督委员会章程》等制度，成立了以分管市领导为主任、相关职能部门、用人单位、参保人员、工会、专家代表等组成的社会保险监督委员会，并召开了第一次会议。全面加强社保基金监管软件实施应用，落实内控、追责制度，与各区县（市）签订社会保险基金安全责任状。（刘　毅）

【劳动关系和维权】　1. 劳动关系协调机制不断健全。率先在全国组建了村级人社工作服务平台。全市98个乡镇、90个街道、679个社区、1242个行政村均建立了基层人社工作平台，实现了就业社保维权信息全覆盖。全市各类企业的劳动合同签订率稳定在98%以上，稳定就业的劳动者合同签订率达100%，市本级1084家企业92660人次进行劳动用工备案。全市共有10699家企业实行工资集体协商，建制率为97%。在全省率先依法开展劳务派遣单位清理核查和行政许可工作，先后受理20余家单位的申请，现有17家单位已获通过并颁发了行政许可证。2. 监察执法水平显著提升。坚持投诉和举报第一时间立案、调查、纠正、处罚；坚持突发事件第一时间赶赴现场协调处理；与《长沙晚报》联合开展为期一个月的热线跟踪办案，掀起农民工权益维护的高潮。全市各级劳动保障监察机构受理并处理举报投诉1652起，为3.3万余名劳动者追回工资和押金6660万元，举报投诉案件法定时效内结案率100%。制定了劳动保障监察网格化网络化建设工作标准，完成全市劳动保障监察网格化网络化建设划分、首批协管员培训等工作，共划分二级网格10个，三级网格177个，四级网格559个。依托两网化建设，全市劳动监察年审工作已有50%实现网上审批，受到企业普遍欢迎。3. 劳动争议调处机制不断完善。积极推动劳动仲裁实体化建设，市本级、各区县（市）全面组建劳动人事争议委员会或仲裁院，全市街道（乡镇）调解组织组建率达100%，50%以上的案件可以在基层调解组织处理，切实将劳动纠纷化解在基层。全市共受理劳动争议案件11756起，其中立案3769起，案内调解成功率将近40%。（刘　毅）

【长沙市劳动人事争议仲裁委员会成立】　3月5日，长沙市劳动人事争议仲裁委员会正式挂牌运行。长沙市劳动人事争议仲裁委员会由市委组织部、市人力资源和社会保障局等10个部门组成，主要负责管辖长沙高新区、芙蓉区、天心区、岳麓区、开福区、雨花区内市级以上机关以及长沙高新区内有关机关注册登记或者批准设立的用人单位与劳动者发生的劳动争议，以及劳动合同履行地或劳动者实际工作场所地在以上区域内的劳动争议；市级（含市直）机关及市属事业单位等发生的人事争议；驻长沙部队师级（含）及以下单位发生的劳动人事争议；跨地区、跨行业以及本行政区域内有重大影响的劳动人事争议；有关法规规章规定由长沙市劳动人事争议仲裁委员会处理的其他劳动人事争议。长沙市行政区域内发生的其他劳动、人事争议应由各区（县）市设立的劳动人事争议仲裁委员会负责处理。近年来，劳动人事争议呈易发、多发，争议日趋复杂尖锐，集体争议案件增多，处理难度加大。长沙市劳动人事争议仲裁委员会的成立和正式挂牌运行，有利于切实提高劳动人事争议处理效能，进一步提高劳动人事争议仲裁的能力和权威，适应了构建和谐社会的需要，将为妥善处理长沙市的各类劳动人事争议，构建和谐长沙发挥重要的作用。（谭跃平）

【全国城乡居民社会养老保险宣传工作座谈会在长沙召开】 3月28日，人力资源和社会保障部农保司在长沙市召开全国城乡居民社会养老保险宣传工作座谈会，主要目的是总结交流各地宣传工作经验，推动城乡居民社会养老保险工作向纵深发展。辽宁、黑龙江、湖南等8个省市代表参加座谈会，长沙市人社局农保处、长沙市城乡居民养老保险管理服务局参加了会议并作经验交流发言。人社部农保司司长游钧指出2012年全国城乡居民社会养老保险实现了全覆盖，希望各地高度重视，加强部门配合，通过组织适应业务发展、形式多样、有针对性的宣传活动，巩固和发展城乡居民养老保险全覆盖的成果。长沙市自2010年7月全面启动实施城乡居民养老保险工作以来取得显著成效，实现制度100%全覆盖。全市将宣传工作作为城乡居民养老保险工作的重中之重，既造成铺天盖地的舆论氛围，又形成闻者心动的利导氛围，有效地激发了广大群众的参保热情，培育了参保群众自觉缴费、多缴多得、长缴多得的缴费意识。截至2013年3月，全市城乡居民养老保险参保人数292万人，全市年满60周岁以上享受待遇73.3万人，3年来共计缴费7.1亿元，发放待遇15亿元，实现应保尽保的目标。（成 娟）

省、市领导与获奖专家在颁奖仪式上的合影

【第二届"星城友谊奖"颁奖活动】 11月20日，长沙市第二届"星城友谊奖"颁奖活动在湘麓山庄举行。大会由长沙市人民政府主办，长沙市人力资源和社会保障局、长沙市外国专家局承办。荣获"星城友谊奖"的10名外国专家及其家属、在长沙工作外国专家代表，部分市直单位负责人以及省人社厅党组成员、副厅长、省外国专家局局长王瑰曙，省外国专家局副局长卢湘丽，长沙市委副书记、市长张剑飞，市委副书记张迎龙，市委常委、常务副市长陈泽珲等领导共80余人出席该活动。"星城友谊奖"是长沙市人民政府为推动长沙与世界交流合作，增进长沙与各国人民的友谊，对在长沙工作，参与支持长沙建设发展并作出突出贡献的外国专家授予的最高表彰。此次获奖的10名外国专家来自美国、加拿大、德国、摩洛哥、日本、马来西亚、澳大利亚等7个国家。颁奖仪式由张迎龙主持，陈泽珲宣读了获奖专家名单，张剑飞为获奖专家颁发了奖章和证书。获奖专家代表，来自三一帕尔菲格特种车辆装备有限公司的美国专家埃里克·克鲁夫表示长沙是一座很具有活力和发展前景的城市，很愿意在长沙工作和生活。颁奖结束后，长沙市外国专家局组织与会外国专家参观了梅溪湖国际新城和长沙大河西先导区规划展示馆，外国专家对长沙的日新月异表示赞叹，都愿意与长沙一起携手，共创美好未来。（朱文敏）

公务员管理

【概况】 长沙市公务员局于2012年3月开始独立办公，2012年11月人员基本到位，2013年全面开展各项工作。2013年，长沙市公务员局围绕"建一流队伍、创一流业绩"的目标，不断推进公务员制度建设、队伍建设和基础建设，圆满完成全年工作目标和任务。

一、安全圆满做好公务员招录。长沙市公务员招录组织实施上紧抓"四个关键"，抓好计划申报关、人员思想关、面试实施关、资格终审关，做到了考生、招录机关以及社会三满意。2013年全市计划招录公务员430名，实际录用409名（1名考生因怀孕未进行体检，另有20名考生因面试分数未达到本组平均分数、放弃体检、体检或考察不合格等原因取消录用，招录单位不进行递补）。此外，稳步推进400名交通民警招录相关工作。首次邀请20名来自不同岗位、不同单位、不同身份的人社政风、行风社会监督员作为面试工作人员，对面试全过程进行现场监督。首次面向媒体全方位开放面试场地，新闻记者除不能进入考场外，可到总候考室、分候考室、监控室进行采访拍摄，可随机采访考生。这些举措进一步提高公务员面试透明度，提升公务员考录

长沙市2013年第一期“公务员大课堂”开讲

公信力，打造长沙市“阳光考录”的诚信品牌。

二、全面完成公务员培训任务。结合长沙市“六个走在前列”大竞赛活动的要求，不断规范培训管理，打造精品课程，提高公务员履职能力，逐步构建以4类培训为基础，在职培训骨干班为特色，“公务员大课堂”为品牌的公务员培训体系。进一步加强内部处室的联动，将公务员培训工作与考录、职位管理和考核业务紧密联系，即对照考录处的考录和任职名单直接调训，强化各市直单位参训的自觉性和紧迫性，逐步提高学员的参训率。2013年长沙市初任培训（含参照管理登记人员培训）和在职培训轮训率达到100%，市直行政系统的任职培训率达70%，初任培训和在职培训模块已基本成熟，开展公务员各类培训共32期（含三期公务员大课堂），培训9654名公务员，超额完成各项培训计划和目标任务。同时，以“推进公共服务型政府建设”为主题的深圳和上海骨干班、“公务员大课堂”等特色和精品培训，得到媒体的广泛关注。长沙市公务员培训被湖南省公务员局综合处作为特色工作推荐到国家公务员局。

三、深入推进全员绩效考核。为进一步创新考核内容和方式，重点加强平时考核，邀请湖南省公务员局一起，历时半年，深入到区、县（市）和市直有关单位对全员绩效考核工作进行专题调研，调研报告先后在人社直通车、《长沙晚报》《中国组织人事报》等相关媒体发表。市委常委、副书记张迎龙对调研成果签批意见，强调全面研究并组织实施。长沙市各级各部门在全员绩效考核工作中，细化考核内容，强化结果运用，考人与考事有机结合，初步建立“以岗位职责为依托、工作绩效为核心、结果运用为手段”的全员绩效考核体系。全年共对全市机关、事业单位34323人的年度考核结果进行审核备案。

四、规范开展职位管理和奖励评比表彰工作。依法界定公务员身份，按照规定程序和条件，对2323名公务员进行日常登记。严格职务任免和晋升条件，审核办理市直390名公务员晋升科级职务。稳步推进公务员公开遴选工作，面向全国、全省共公开遴选77名公务员。制定下发《关于认真贯彻执行公务员调任有关规定的通知》，积极推进公务员调任、转任工作，审核办理公务员调任21名、转任290名。积极配合有关部门，深入开展干部人事和机构编制领域突出问题的专项治理工作。严格审核程序，组织开展了安监、食品药品、广播电视、体育、民政等系统的国家级、省级先进评比推荐工作。进行全国第八届“人民满意的公务员”和“人民满意的公务员集体”的推荐工作，长沙市教育局荣获第八届“人民满意的公务员集体”荣誉称号。全年共承办各类专项奖励26项，其中省、部级以上14项，共推荐到省、国家的先进集体29个、先进个人46人。

五、积极推进公务员管理信息系统建设。按照中央和省信息系统建设要求，及时推进公务员管理信息系统建设，在全省率先试点，以电子政务内网为平台，实现了公务员管理信息系统在全市党政机关人事管理部门中互联互通，制定下发了日常管理维护实施细则，建设专题网站加强业务指导，将公务员的信息更新嵌入到各项日常管理业务办理流程中，全市已审核入库2.8万余人，公务员信息库初步建成，长沙市公务员管理信息系统坚持建用结合的做法在全省公务员管理工作会议上作重点推荐。（曾　懿）

经济管理

责任编辑：刘盼盼

宏观经济管理

【概况】 2013年市发改委围绕“六个走在前列”和率先建成“三市”、强力实施“三倍”的总体部署，开拓进取，较好地完成各项工作。

一、加强宏观研判，发挥决策参谋作用。1. 抓好全市经济监测预警。精心组织全市经济形势分析，调研完成一、二、三季度3篇经济形势分析报告。起草完成1—9月全市经济社会发展计划执行情况报告、2014年全市发展思路建议和2014年国民经济和社会发展报告等重要材料。2. 开展重大规划政策研究。组织“十二五”规划纲要中期评估。起草了《关于加快市场化改革促进民间投资发展的意见》《关于深入推进经济体制改革的意见》《关于大力发展电子商务的实施方案》《关于加快引进发展企业研发中心的若干政策》《长沙市加快节能环保产业发展的实施方案》等文件。3. 提高决策参谋水平。组织完成《长江中游城市群建设背景下长沙新型城镇化发展战略研究》《长沙市产业多点支撑体系研究》等6个重大课题研究。调研形成《关于未来长沙产业发展的若干思考》《关于提高政府投资效益的建议》《关于加快发展北斗卫星导航应用产业的建议》等一批重要建议。此外，编制了2013年全市经济社会发展白皮书。

二、落实工作重点，争取优质发展资源。1. 争取资金支持。全年共争取国家、省各类预算内资金11.89亿元。其中高新技术和工业发展资金3.3亿元、农业农村资金1.8亿元、基础设施资金2.2亿元、社会事业资金1.3亿元、资源环境资金2.5亿元，服务业、流通经贸等相关资金约8000万元。协助湖南环保科技产业园10兆瓦储能电站等项目申请美国政府贷款。2. 加快发展直接融资。全年共有轨道公司等5支企业债券获批发行，可募集资金73亿元。其中轨道公司25亿元、金霞粮食产业有限公司6亿元、先导土地开发公司18亿元，雨花城投公司18亿元，麓山城投公司6亿元。突破国家非财政百强县不能单独发债的瓶颈。开创性开展产业债和城镇化集合债发行工作。3. 积极开展品牌创建。全年共争取国家、省各类重大布局40个。其中长沙（浏阳、宁乡）国家再制造产业示范基地实施方案正式获批，长沙市成为全国首批再制造产业示范基地。组织申报“国家下一代互联网示范城市”“国家电子商务示范城市”，均已通过专家答辩。下发《关于做好城区老工业区调整改造工作的通知》，长沙市开福区列入全国老工业基地调整改造规划范围。成功申报长沙市为省级低碳试点城市、金洲工业集中区为省级低碳试点园区。全年共争取国家和省级创新平台24个，其中国家地方联合工程研究中心（工程实验室）4个、省级企业技术中心9家、省级工程研究中心（工程实验室）11家，获批数量保持全省领先。开展市级企业技术中心认定，57家企业申报并进入专家评审阶段。

三、扩大有效投入，推进重大项目建设。1. 加强项目包装推介。以市政府名义下发2013年全市重大项目投资计划，以市发改委文件下发2013年全市重大项目投资计划。遴选对全市具有明显带动作用且具备现实条件的项目，编制形成未来3—5年重大项目规划。编制长沙市拟向民间资本放开的项目名录，首批59个项目已公开发布。协调建立长沙市招商引资项目库，发布了《2013中国·长沙重大招商引资项目册》。收集形成2014年全市重大项目投资计划，拟铺排重大项目580个，初步预估总投资7587亿元，2014年预估投资1509亿元。2. 做好项目前期工作。协调做好综合交通、通用机场规划前期工作。轨道交通3号线已获国家发改委批复，轨道交通4号线已召开可研评审会。开展长沙南站至黄花机场磁悬浮项目前期论证工作。蒙西至华中地区煤运通道确定过境浏阳并设站。完成浏阳至苏马湖等16条公路干线上报审批工作。协调推进湘江流域重金属污染治理项目等重大环境资源项目建设。完成浏阳河敢胜垸堤防整治工程等重大农业农村项目审批协调工作。牵头开展市青少年宫等社会事业项目前期论证工作。3. 优化项目审批流程。起草《关于进一步深化行政审批制度改革提高行政效能的实施意见》《长沙市优化政府投资项目审批流程实施办法》和《长沙市优化民间投资项目审批流程实施办法》。收集30家单位共94项请求下放的权限上报省政府。研究提出市发改委14项项目审批权限拟下放给区、县（市）。4. 强化项目调度服务。建立全市投资常态化调度分析机制，每月编制项目建设进展情况分析册及明细表上报市委、市政府。起草《长沙市重大项目推进实施方案》和《长沙市"六个走在前列"重大项目调度、讲评、考核办法》，牵头全市重大项目协调工作，全年共收集上报各类项目问题和困难203个。

四、规范投资管理，提高政府资金使用效率。1. 完善投资管理体制。制定《关于进一步规范本市土地整理项目审批工作的若干意见》及市政道路等其他4个涉及政府投资管理的办法意见，并对全市楼堂馆所项目进行全面清查。严格政府投资审查，组织可研评审会65次，上报总投资121亿元，审减投资11.2亿元。2. 积极推行项目代建制。组织雷锋学校等项目通过公开招标选择专业化项目管理单位。全市累计已有23个政府投资类项目实行代建制，总建设规模达63万平方米。3. 加大重大项目稽查力度。对全市部分战略性新兴产业和技术改造、节能环保、社会民生等中央预算内投资项目进行稽查。开展地铁建设项目质量管理回头看评估。配合国家和省稽查办对全市进行多次较大规模的项目督查。参与完成中央和省市转方式督查工作。4. 严格招标投标管理。全年共核准招标方案147个，完成备案备查项目1384宗。完成轨道交通、万家丽高架、长沙国际会展中心、大王山国际旅游度假区等全市重大项目招标协调服务工作。开展省评标专家库长沙专家培训，累计培训专家2200余名。全面清理整改全市各类招投标文件。

五、推行阳光交易，加强公共资源交易监管。1. 提高交易服务效能。中心全年完成各类交易项目2059宗，实现交易额430.06亿元，为国家节约资金19亿元，为各类项目抽取专家7592人次，完成了1658个项目的监委抽取和1121个中介服务机构抽取工作。2. 推进交易规范化建设。全面完成新交易中心大楼建设和搬迁工作。开展国土、产权、排污权等项目入场交易的调查研究，充分做好项目进场的接收准备工作。3. 提升交易电子化水平。完成投标人信息库建设并正式启用，累计对企业入库及相关信息变更核对1989次。开展先导区电子化招投标试点。对交易信息管理系统进行升级，构建"云终端"一体化管理模式。

六、聚焦重点改革，深入推进"两型"社会建设。1. 加强两型综改思路谋划。以市政府名义下发《关于进一步加快"两型"综合配套改革建设两型引领之市的决定》和2013年"两型"综改实施方案。推出"两型"城市、片区开发建设等一批课题，进一步充实"两型"思路。2. 抓好"两型"示范宣传创建。开展"两型"园区等11类示范创建活动，推荐申报省级"两型"示范单位35个，入围数量全省第一。推进先导区省级两型综合示范片区建设。编制"两型"示范重点项目3年行动计划和2013年项目表。策划"两型梦"等大型宣传活动，进一步浓厚"两型"社会建设氛围。3. 做好清洁低碳技术推广。开展十大清洁低碳技术推广工作，2013年实施重点项目49个，总投资额47.97亿元。此外，建立区、县（市），市直部门，开发（园）区，示范片区主要负责人"两型"社会建设年度述职和离任评价等考核机制。

七、加强能源管理，建立节能减排长效机制。1. 加强节能推介宣传。成功举办节能宣传周暨第五届节博会，充分利用《节能课堂》《在线访谈》等有效载体开展节能宣传"四进"活动，改版提质长沙能源网，开通新浪·能源频道。2. 加强节能管理创新。深化"能评"审批制度改革，简化办事流程，共完成节能评估项目121个，节能备案审查项目676个。建立节能新技术、新产品数据库，发布《长沙市第八批节能产品导向目录》。大力推动重点行业领域节能，组织开展334家重点用能单位低碳行动。加强节能监察执法，对29家重点用能单位进行了节能监察，完成34家单位能源审计，推荐27家节能服务公司获得国家第五批备案资格。3. 加强示范项目建设。制定天然气分布式能源中长期发展规划和实施办法，黄花机场天然气分布式能源项目实现并网发电，其它9个天然气分布式能源项目进展顺利。金太阳示范项目建设规模已达90余兆瓦。首个风电场开发项目宁乡观音阁风电场成功获批。

八、统筹协调，扎实推进各项中心工作。1. 开展"六个走在前列"大竞赛活动。抽调专门人员成立专项工作组，制定《加快转型创新发展和两型社会建设竞赛活动实施方案》，牵头组织全市加快转型创新发展、两型社会建设走在前列大竞赛活动和"六个走在前列"重大项目协调工作。2. 推进湘江新区规划建设工作。多次赴国家和省发改委进行汇报衔接，研究形成初步意见向市委常委会做了专题汇报，起草完成《长沙湘江新区若干问题研究》总报告及若干专题报告初稿。3. 做好节能减排综合示范工作。顺利通过国家发改委和财政部对长沙市节能减排工作考核。上报年度节能减排奖励资金项目，正在开展项目验收和资金拨付。4. 推进医药卫生体制改革。召开全市医药卫生体制改革领导小组扩大会议，下发《长沙市深化医药卫生体制改革重点工作安排（2013—2014年）》。积极推进县级公立医院改革试点。5. 推进大托铺军用机场迁建。签订了机场迁建协议，完成老机场土地移交方案和土地资产评估，做好新机场安置区规划选址工作。立项所需基础工作全部完成，正按程序上报中央军委和国务院。可研报告文本基本形成，用地预审、环评等9大配套专项工作快速推进。全年共受理进窗项目601件，办理备案项目197件，办结率均为100%。（陈　娟）

统计工作

【概况】 2013年，全市统计工作全力推进服务型统计建设，夯实基层基础，做好经济普查，强化队伍建设，各项工作亮点纷呈。获全国统计宣传工作先进单位、省级文明标兵单位等10余项荣誉。

一、围绕中心优化服务。1. 服务党委政府。把服务党委、政府作为"第一要务"，主动作为，多角度、全方位、深层次进行分析研究，"把脉"经济运行，监测重点工作。一是统计分析"三量齐升"。将统计分析作为服务的"拳头产品"来打造、提升，通过"定目标、定奖惩、定责任"和"月通报、季讲评、年考核"等方式，强化责任，实现统计分析数量、人均完成量、批示采用量"三量齐升"。全局共撰写统计分析204篇；先后被省、市领导批示70篇次，比上年增加30篇次，其中被省级领导批示6篇次，同比增加5篇次，批示采用数量为历年之最。二是重点课题全面提质。对全市经济社会发展中的重点、难点问题进行深度分析，全局共完成重点课题14个，比上年增加4个。其中有11个课题被省市领导批示，所有课题均被省以上网站采用。《长沙服务业发展现状及对策研究》《长沙经济总量、发展质量、人均均量研究》《大力推进新型工业化促进长沙经济转型创新发展》等3个课题被市委《内情参考》全文采用。三是参谋服务成效显著。针对全年复杂多变的经济形势，每月开展经济形势分析，每季召开会议研判，突出问题意识、加强预警分析，及时准确反映经济运行中存在的问题和困难，并提出针对性强的工作建议。针对1—4月全市投资增速持续下降、增速低于全国全省平均水平的问题，向市委、市政府主要领导报告。针对长沙市工业投资占比长期偏低、投资增速逐年下降的情况，统计局认真分析，及时报告。针对高新技术产业发展增幅回落，撰写了《长沙市高新技术产业发展增幅回落》一文，市委、市政府采取了一系列的调研和帮扶活动，高新技术产业增加值增幅明显提升。服务全市中心工作，为及时反映全市“六个走在前列”大竞赛活动情况，收集整理全市重大项目、城市建设、转型升级等5个方面情况，以《重点工作督查月报》形式呈报主要市领导。牵头起草了全市收入倍加工作方案，方案经市委常委会研究通过，为全市强力实施“三倍”作出了积极贡献。2.服务企业方式更新。把服务统计调查对象作为“第一职责”，在全国率先推行重点企业（单位）统计服务联系制度，当好企业“服务员”，解决被调查单位联系少、调查对象配合程度不高的问题，掌握一线经济运行情况，为准确分析经济形势提供了基础资料。一是提升服务理念。树立“服务企业就是服务发展”的理念，深入了解企业在统计上的需求，按照“分级分层、突出重点、量力而行、稳步推进”原则，在全市有针对性地确定具有代表性的315家重点企业作为首批重点服务对象，实行个性化的“VIP”服务。二是服务方式一线法。大力推行“一线工作法”， 组织召开重点企业工作交流、数据监测评估、经济形势分析和统计业务培训会议60余次，发放统计产品，提供统计服务、搭建交流平台，研判经济运行，真正做到“情况在一线掌握、问题在一线解决、服务在一线提供、感情在一线融洽、能力在一线提升”。3.服务社会意识增强。一是打造多元化的统计产品。全力打造以《长沙统计年鉴》为核心，《决策参考》《统计青春》为品牌，《月度快报》《横向对比》《重点课题集》为支撑的多元化统计产品体系。编印《长沙统计年鉴》，不仅向部分机关、企事业单位免费赠送，还及时在统计外网发布，并开通网上查询功能，最大程度地方便广大用户，《长沙统计年鉴》获得全省唯一的国家二等奖。二是建立信息化的服务平台。加大对统计数据的发布解读力度，通过《长沙晚报》等媒体及时发布全市经济运行情况，以长沙统计信息网为主要平台，将《月度运行快报》《决策参考》《统计资料》等统计产品在网上发布，大力宣传长沙经济发展成果；创新统计信息传播平台，开通长沙统计微博，为社会公众提供更加便捷、高效的统计信息。三是提供人性化的现场服务。推行首问责任制、服务评价制，及时做好来电、来访群众的服务工作，做到统计服务“零投诉”。全年接待社会各界统计信息咨询280余次。做好市人大、政协“两会”信息咨询服务，开设“两会”信息服务专网，热情、耐心为两会代表、委员参政议政提供个性化的数据服务。

二、全市联动做好经济普查工作。1.7月26日召开全市经济普查动员大会。全市各级政府成立普查机构，进行动员部署，层层签订责任书，形成了“有人管事、有人办事、有钱做事”的良好工作局面。制定单位核查实施方案，开发数据处理程序，编印核查工作手册和统计分类标准。从8月份开始集中开展单位核查，在长沙县湘龙街道进行市级综合试点，通过试点探索方式方法，积累实践经验，为普查的开展提供样板。2.高度重视普查员和普查指导员的选聘工作，严格标准、创新方式，精心选聘业务能力强、综合素质高的“两员”6000余人。认真测算“两员”经费预算，及时向市政府报告，确保各区县及乡镇（街道）普查工作经费、“两员”经费落实到位。与编制、民政、工商、税务、质监等部门密切配合、协同作战，定期统计登记资料，对于单位核查中注册地与经营地分离、撤迁迁移等难以查找的单位，共同查找，大大提高了工作效率。制订严密的工作制度和工作流程，倒排时间、倒逼进度，一环扣一环，实行“每旬一通报，每月一调度，每季一讲评”。统一编印、制作和下发普查工作手册、单位调查表、致经济普查单位一封信等各项资料，登记造册下发了PDA等普查设备，确保普查物资及时到位。3.在全省率先召开经济普查宣传工作会议，开辟经济普查网站专栏，全年采编信息230余篇，其中被省经普专网采用99篇；编发普查工作简报42期。

三、注重调查监测实效，创新工作方式。调查监测是基础性统计工作，创新统计方式、开展统计监测、深化调查领域，统计职能得到不断拓展。1.巩固联网直报成果。为进一步深化长沙联网直报工作，市统计局不断创新工作方式方法，确保长沙联网直报工作在全省领先。一是按照一套表制度要求制定联网直报提醒日历，安排专人在报送、审核、验收截止前一天及时提醒各专业处室、区县和直报单位，确保了上报率、审核率、验收率居全省前列。二是升级联网直报系统专线。为确保市联网直报系统的网络畅通、系统稳定，网络专线由10兆提升为100兆，并及时对系统进行维护。三是认真开展“三查”。督促5800余家企业进行了全面自查，市局对雨花区、望城区、长沙县、浏阳市进行检查，随机抽取100余家企业进行了现场核查，顺利通过了省局对长沙的检查，该项工作得到了省局的肯定。四是专网延伸效果明显。制定网络延伸工作方案，建立管理办法，召开多次业务指导会议，协助经费落实解决，全市统计专网延伸到了70%的乡镇街道。2.考核监测工作。在新型工业化考核中，加强部门联系，及时监测新型工业化相关指标数据，做到每季考核测算，及时通报分析，全省新型工业化考核居全省前列。在乡镇街道考核中，严格审核相关数据，客观组织民意测评，公正、客观地评选出了“十强十快”乡镇街道，首次在《决策咨询》开辟专栏，对2012年“十强十快”乡镇街道的经验做法进行系列报道。在投入产出调查、资源产出率调查、人口和劳动力等专项调查工作中，精心组织、如实填报、后续开发，确保数据质量和成果应用。3. 民意调查特色突出。配合市纪委完成行政执法履职情况专项评议调查、政风行风调查，配合市委督查室完成了“八项规定”贯彻落实情况调查。全年完成民意调查近10项，设计调查问卷30余种，真实、全面、准确地反映了全市老百姓的社情民意。

四、全面推进基层基础统计规范化建设。1.“达标争先”率居全省首位。全面落实县、乡统计工作规范化建设“达标”规划，对未达标对象加强督促指导，切实做好“达标”推进工作；对于已经“达标”的单位，进一步规范工作流程，巩固提升，长沙市县级统计局和乡镇街道统计站省级规范化建设达标率居全省之首。与市政府督查室共同组织，对42个乡镇街道进行督查，巩固了基础建设成果。2. 社区统计平台建设。根据全市统一的社区统计平台建设标准，指导各区、县（市）加强社区统计平台建设，定期通报建设进度。全市设立窗口的社区达1025个，城区社区统计平台建设率达81%，真正构建一张“横向到边、纵向到底”的长沙统计网络，在全国率先建设社区统计平台。3. 名录库建设。健全工作机制，将名录库工作纳入对区县和市局专业处室考核内容；创新管理模式，率先推行名录库更新维护向乡街延伸；加强部门联动，与编制、民政等部门及时交换统计资料；组织相关专业对调查单位基本情况和主要数据进行上门核查，采取电话抽查、网上查询的方式，对未及时入库单位进行确认，并及时入库。名录库维护节点成功延伸到乡镇街道一级，工作模式在全省推广。（曹敬波）

审计工作

【概况】 2013年，长沙市审计机关共完成审计项目1984个，审计单位346个，查出违规问题金额68.66亿元，促进增收节支和挽回损失111.02亿元，核减投资额38.01亿元，移送违法违纪案件线索59件，审计要情、报告、信息被市级以上领导批示和省级以上媒体采用84篇，提出审计建议914条。长沙市审计局被评为全国政府性债务审计公务员集体嘉奖单位、全省审计系统先进集体。（唐朝阳　夏海军）

【政府性债务审计】 8—9月，长沙市审计机关组织169名审计骨干，按照“见人、见账、见物、逐笔、逐项”的原则，对9个区、县（市）政府性债务进行审计，基本摸清全市政府性债务规模及变化情况、债务来源以及投向情况。审计结果表明长沙市政府性债务总体适度、风险可控。同时，通过汇总分析，揭示突出问题，为市委市政府经济决策提供了重要参考。长沙市审计机关1人被评为全国先进个人、5个区、县（市）审计机关被评为全省先进集体、39人被评为全省先进个人。（唐朝阳　夏海军）

【财政预算执行审计】 2—6月，市审计局对市本级、长沙市国土局等10个部门及其下属的62个二级机构开展预算执行审计，揭示了预算编报欠完整、上级转移支付预决算差异过大等问题。市人大审议“同级审”工作报告时，市人大常委会主任袁观清给予“反映问题更深、更细，质量更高，有突破”的评价。（唐朝阳　夏海军）

【政府投资审计】 全年市审计局共完成政府投资审计项目878个，建设方送审金额159.37亿元，审定金额130.76亿元，核减投资额28.6亿元，综合核减率17.95%。同时，对湘江长沙综合枢纽工程、南湖路湘江隧道工程、地铁1、2号线等24个重点项目开展跟踪审计，提出加强工程管理、严控投资规模等审计建议32条，全部被建设单位采纳。长沙市“创新政府投资评审模式，狠抓工程建设源头治腐”的经验作法被湖南省纪委评为“2013年度全省纪检监察创新性工作”。（唐朝阳　夏海军）

【领导干部经济责任审计】 长沙市审计机关共对163名党政主要领导干部和企事业单位领导人员开展经济责任审计，其中县处级19名、乡科级143名、其他人员1名。全面实施《经济责任审计纲要》，审计结果量化划等、专业部门履职联审等新举措成效明显，审计覆盖面进一步拓展，案件线索查处更为有力，经济责任审计预防、警示、教育、惩戒作用得到有效发挥。市审计局“突出三个重点深化经济责任审计”的经验做法在《中国审计报》作了推介。（唐朝阳　夏海军）

【国有资产审计】 1月，市审计局在全省率先挂牌成立国有资产审计局，重点关注国有资产运行中“投资决策、经营管理、股权转让”三个环节，实现国有资产审计“常态化”。6月，市审计局向市政府上报“文物资产管理亟待加强”的审计要情，市政府高度重视，督促相关单位开展藏品全面清库，清理文物藏品达60716件，相关单位修订完善《文物征集制度》《藏品提用制度》等资产管理办法，确保国有资产安全。（唐朝阳　夏海军）

【民生及专项资金审计】 审计局重点对长沙市财政局1.67万条、141.4亿元专项资金数据进行汇总分析，揭示专项资金管理制度有待完善、分配有待规范、效益有待提升等问题，在机制制度层面提出审计建议，推动了长沙市专项资金分配管理机制改革。5月，市审计局向市政府上报“市级林业专项资金管理使用亟待规范”的审计要情，市长张剑飞批示“凡是使用财政资金的企业，都要接受审计监管”，市政府相应调整了市本级对县（市）林业专项资金的安排规模。（唐朝阳　夏海军）

【审计成果转化】 加强与纪检监察机关的互动，资源共享，联合办案。长沙市审计机关共移送案件线索59件，移送力度是近5年之最。其中长沙市审计局移送案件线索13件，涉案人数17人（县处级7人、乡科级6人）。2013年2月至12月，对市某开发区集团有限公司资产负债损益情况进行审计，揭示该公司存在的严重违纪违规问题，4名涉案人员被移送司法机关追究刑事责任，收缴应当上缴的财政资金2143.8万元，挽回

市审计局局长陈芳辉陪同省审计厅厅长唐会忠在长沙债务审计现场调度

直接经济损失 343 万元。5—12 月，在市某城建单位经济责任审计中，查处私设小金库的问题，纪检机关对 5 名单位领导和责任人进行党纪政纪处分。提出审计建议催生新制度。重点揭示经济运行中存在的风险和隐患，长沙市审计机关共提出审计建议 914 条，95% 被采纳，推动出台 90 余项规范性制度。长沙市政府下发《关于在 2014 年度预算编制中推进市级财政专项资金整合规范工作的有关通知》，相关市直部门单位相继出台和完善多项专项资金管理办法，进一步规范专项资金管理。　（唐朝阳　夏海军）

【创建新型审计模式】　1 月，市审计局新成立审理处、审计执行处，探索实行审计“计划、查证、审理、执行”四项权能分离的新型审计模式。坚持需求立项，根据市委、人大、政府、政协等领导机关的要求，征求纪检监察机关和组织部门的意见，制定全年审计项目计划，增强了立项的针对性。完善质量控制制度，修订《业务控制规定（试行）》《行政处罚自由裁量权实施办法》等业务制度，完善审计项目集体审议制度，实施兼职复核员制度，规范审计操作程序和行为。

（唐朝阳　夏海军）

【构建“五维”整改体系】　2013 年，市审计局探索审计决定、政府督办、纪委督查、人大监督、绩效考核构成的“五维”审计整改体系，得到审计署、省审计厅的高度肯定，被审计署官网、《中国审计报》等多家媒体宣传推介。市政府成立由纪检监察、两办督查室、人社、审计、财政等部门组成的审计发现突出问题整改情况联席会议；纪检监察、政府督查室和审计机关的联合督查已成常态机制；市人大常委会在审议市审计局提交的审计整改工作报告时，首次听取相关部门的审计整改情况报告，有力促进审计整改；审计结果被市绩效办作为绩效考核的重要依据。7 月，市政府首次召开常务会议专题研究部署审计整改，明确政府交办和销号的整改机制。

（唐朝阳　夏海军）

物价管理

【概况】　2013 年，全市价格部门充分发挥价格对宏观经济的杠杆作用，为长沙市打造“三市”、实现“三倍”发展战略营造良好的价费环境。市物价局被人社部、国家发改委评为“全国价格工作先进集体”。

一、加强宏观调控，稳定物价水平。扎实开展价格预警，做好重要商品的生产、流通和供应工作，积极维护市场价格平稳。畅通监测渠道，加大重要商品价格分析与预测力度，加强对市场突发性、异常波动事件的监测和反映，采集上报第一手市场价格信息，为党委、政府稳定市场物价提供了可靠依据。强化价格调节基金征管、使用，全年共投放价格调节基金 8542 万余元，重点扶持蔬菜基地建设、重要商品储备、低收入群体补贴等方面，为市政府调控市场、发展经济、平抑物价、保障民生发挥重要作用。持续深化资源性价格改革，重点抓好水电气价改及后继管理，中央电视台经济频道《经济信息联播》对长沙市阶梯式水价实施情况进行了专题报道。全年长沙市 CPI 累计同比涨幅 2.8%，在全国 27 个省会城市排名第 16 位；全年全市蔬菜价格指数负增长 1.2% ，在全国 36 个大中城市中排第 36 位，全年价格总水平保持基本稳定。

二、规范价费秩序，优化经济环境。全面清理行政性收费，根据国家、省统一部署安排，对 71 项行政性收费项目进行减免，进一步优化经济社会发展的价格环境。着力解决价费热点问题，重点规范停车收费、景点收费、中介机构服务和砂石价格监管。推进价格诚信工作，进一步督促各类企业、商户诚信守法经营，营造了良好的经营环境。充分发挥价格举报热线的作用，加大价格行政执法力度，重点组织了城乡客运、涉农、教育、医药、住宅小区物业服务、电力价格等收费项目专项检查，案件的办结率、价格咨询的回复率和按期办结率均达到 100%，切实维护了广大群众的合法利益。为贯彻落实市委、市政府“发展环境优化年”相关工作要求，由市纪委牵头，市物价局联合市财政局、市优化办等部门，从 8 月开始，在全市开展“发展环境优化年”收费专项检查，重点检查了国土、建设（含规划、房管）、环保、水利、公安（含交警、消防）、人防等部门及所属单位和供水、供气等公用事业单位，查出违规收费 4.81 亿元，有效净化了企业投资环境。

三、全力保障民生，促进社会和谐。高度关注公共交通、教育、医药、保障性住房等民生价费问题，全市取消 3 元公交票制；充分调研，反复论证，强化成本监审，周密拟制地铁票价方案上报市政府，为 2014 年长沙市地铁顺利运营奠定了基础；积极推动长沙市寄宿制学校改革，对其收费情况进行跟踪调研，总结经验，探索管理模式，《湖南日报》、湖南都市频道等媒体对此进行了报道。扎实有效推进价格认证工作的开展创新建立公务车维修价格认证机制，对全市机关公务车维修实行价格审核，开展两个月即完成单次维修金额 500 元以上且已上报财政备案的维修审核 770 余台次，核减维修金额 13 万余元，为强化公务车管理提供了有力支撑。关

市物价局党组书记、局长李继红对价格调节基金扶持蔬菜基地进行检查

注低收入群体生活，认真落实各项价费惠民政策，对全市低保户每月每户减免10千瓦时电费、6吨水费、6立方米天然气费，城市低保液化气用户钢瓶液化气按每瓶85元的优惠价格供应，全年为老百姓减负近2000万元。

四、夯实价格基础，提升服务质量。积极推进价格信息服务，在市政府门户网站上开辟“长沙物价信息”专栏，不定期向市委信息办、市政府信息办发送常规价格监测分析、热点价格问题、重点价格调研材料，为领导决策提供服务；在平面媒体不定期开辟专栏，对老百姓密切关注的“米袋子”“菜篮子”“油壶子”价格及变化趋势予以发布，使群众及时了解价格政策，知晓价格变动情况。积极推进依法行政，规范办事流程，对非行政许可项目和年检项目开展在线办理和进窗办理。（梁　俊）

【价格调节基金征管】　全年共完成征收任务1.148亿元。市本级全年共投入价格调节基金8542万余元，重点投向蔬菜基地的建设、灾后蔬菜的及时抢种、推广农产品直销店、粮食肉食储备、低收入群体补贴、应对价格异常波动、价格监管监测等7个方面，为市政府平抑物价、调控市场、发展经济、保障民生发挥了应有作用。其中5118万元投入到“菜篮子”工程建设，会同市农业局、市财政局，确定63家蔬菜基地为2013年扶持单位，长沙本地蔬菜市场占有率从原来的20%上升到30%—60%。（梁　俊）

安全生产监督管理

【概况】　2013年，长沙市安全生产监督管理局围绕“四降低两提升”（降低事故总数、降低死亡人数、降低受伤人数、降低经济损失数；全面提升安全生产监管水平，全面提升企业本质安全水平）的整体目标，开拓创新，依法履行安全生产监督管理职责职能。2013年，全市发生各类生产安全事故（不含火灾事故）302起，死亡107人，受伤300人，经济损失3102.7万元。与上年同期相比，增加事故8起，上升2.72%；减少死亡3人，下降2.7%；减少受伤3人，下降0.99%；增加经济损失690.4万元，上升16.2%。市人民政府被省委、省政府评为2013年度安全生产工作先进单位。

一、严格控制事故指标，安全生产形势进一步稳定。1. 分解下达事故考核控制指标。按照“属地为主、条块结合”的原则，兼顾地域面积、产业结构、经济发展、行业特点、近年来的事故情况等诸多因素通盘考虑，及时分解下达了2013年度安全生产事故考核控制指标。落实按月通报安全生产事故和指标控制情况的制度，及时进行事故统计、分析、预警。全年未发生生产安全事故的瞒报、迟报和漏报行为。2. 实施安全生产目标管理考核。及时制定了各区、县（市）政府和高新区管委会，各区、县（市）和高新区安监局以及市直17个重点部门、22个一般部门、6个其他部门的安全生产目标管理考核评价实施细则，并认真组织实施了考核评价。进一步完善科学评价体系，注重日常考评和现场考评相结合、例行工作考评和重点工作考评相结合、指标控制考评和工作过程考评相结合，将煤矿安全、交通运输、消防安全、特种设备、建设施工等12个重点行业领域的考核评价由市公安局、市质监局、市住建委、市煤监局等重点部门承担，确保了考核评价的全面客观、公平公正。

二、搭建平台，落实企业主体责任。1. 推进企业标准化创建。在对2012年达标企业“回头看”的基础上，继续推广“十步工作法”“210”服务模式等工作方法，扎实推进企业安全生产标准化创建，超额完成了全市1500家企业完成三级以上标准化创建的目标任务。企业安全生产标准化的创建极大地改善了生产经营建设单位的安全生产条件，有效地规范了生产经营建设单位的安全生产秩序。2. 研发推广事故隐患自查自报自改系统。在全省率先开展了事故隐患自查自报自改系统的研发和推广运用。6月2日，省人民政府副省长盛茂林、市人民政府副市长何寄华、曹立军在2013年湖南省第十二个“安全生产月”活动启动仪式上正式宣布启用长沙市隐患排查治理系统。该系统获2013年度中国软件和信息服务“政府安全生产监督管理领域最佳应用奖”。3. 开展安全生产示范创建活动。继续深入开展示范乡镇（街道）和安全社区（村）的创建活动，并在此基础上加强了示范城区的创建。已创建省、市级示范乡镇（街道）116个，其中获得省政府命名表彰的有31个，雨花区被省政府命名表彰为首批“安全生产示范区”，安全社区（村）创建工作先进单位187个。对已命名的省、市级安全生产示范乡镇（街道），实行动态管理、跟踪指导。

三、推进专项行动，改善本质安全水平。1. 开展“安全生产大检查”。根据国务院的统一部署，按照“全覆盖、零容忍、严执法、求实效”的总体要求，在全市范围内扎实开展安全生产大检查并取得明显成效。共组织督查暗访组5365个，调动执法检查人员27000余人，监督检查企事业单位和场所4万余家，下达安全生产执法文书2万余份，责令改正、限期整改、停止违法行为13133起，通报批评50余家企业单位和乡镇（街道），对存在严重问题和安全隐患的9家企业主要负责人和3个乡镇（街道）负责人进行集中约谈。10月16日，市委常委会作出了继续深入开展安全生产大检查（延期至2014年2月底）的决定，市政府印发《关于进一步深入开展安全生产大检查集中行动的通知》，安全生产大检查专项行动在全市范围内深入开展。2. 持续推进安全生产“打非治违”。市安委办印发《长沙市2013年安全生产“打非治违”专项行动工作方案》，先后多次召开工作现场会、调度会，对全市安全生产领域“打非治违”工作进行分析、部署。按照“四个一律”要求，采取明查暗访、设立举报投诉电话、开展重点督查、联合执法等多种措施。3. 深化“安全专项整治”。扎实开展了职业病防治工作，在全市540家高危粉尘、高毒物质、高噪声企业开展了职业病危害专项治理，认真落实建设项目职业卫生“三同时”制度和备案审查制度，编写《职业卫生培训教材》，发放职业卫生培训合格证1308份，发放职业病防治特刊3万份，推行职业健康监护信息卡制度。先后牵头组织、积极参与了市煤监局、市公安局（交警、消防、治安）、市交通运输局、市住建委等负有安全生产监管职责的重点部门结合本行业领域特点组织开展的烟花爆竹运输安全专项整治、“道路客运安全年”、砂石运输超载超限整治、交通整治“百日会战”、违章仓储专项治理、油气管线隐患排查、涉氨企业安全整治、火灾隐患大排查大整治专项行动、旅游市场检查周、缉枪制爆、平安农机创建、水上安全等20余项专项整治；先后参与协调长沙粮贸大厦、长沙县凤凰城电梯、长重机器股份有限公司、福元路大桥等14项重大隐患的整改。据统计，全年共转办交办督办各类安全隐患252条，已整改202条，隐患整改率80.16%。

四、加大执法力度，安全监管能力增强。对涉及安全生产行政执法的26部法律、41部法规、127个规章和省安监局及市政府157个政策文件规定进行了梳理，对9项行政许可、368项行政检查及处罚事项的执法依据进行清理，对涉及行政执法的8个规范性文件依照程序予以废止，基本形成了安全生产监管、许可、处罚、复议，以及检查、监督等在内的一整套安全生产工作规范和严谨的程序。被省政府评为“全省安全生产行政执法先进单位”，被市政府评为“2013年度行政处罚案卷评查优秀单位”。1. 严格安全生产行政许可。全局共办结安全生产行政许可事项1496件，全部在规定时限内办结完毕，未发生一例群众举报和投诉的事件，并及时在《长沙市安全生产信息网》上进行了公示。2. 严格计划执法和委托执法。实行计划执法倍增计划，完成206家重点生产经营单位执法检查任务。全市县级安监部门计划执法直接检查的企业3000余家，市本级按照不低于5%的比例进行抽查。积极探索执法新途径，落实“全面公开行政执法信息、全面使用行政执法监管软件系统、全面开展委托执法”的要求，全市8个县级安监部门对145个乡镇（街道）实施了安全生产委托执法，基本形成了事权清晰、权责明确、高效快捷、管理现代化的安全生产行政执法格局。3. 严格事故查处和责任追究。进一步完善《长沙市一般生产安全事故查处挂牌督办办法》《长沙市生产安全事故报告和调查处理工作规则》等一系列涉及事故报告、调查和责任追究的工作制度。市本级完成生产安全事故调查处理8起（4起较大事故、4起一般事故），已结案8起，在规定时限内结案率100%，实施行政问责8个单位，实施责任追究36人、10个单位，移送司法机关刑事责任追究8人，吊扣安全生产证照8本，经济处罚106.68万元。

五、强化宣教培训，安全文化氛围浓厚。加大安全文化的培育力度，提升全民安全意识和安全技能。被评为“2013年全国安全生产月活动先进单位”。1. 部署“安全生产月”活动。6月2日，负责承办了湖南省“2013年安全生产月”启动仪式，启动仪式当日发放安全常识手册等宣传资料30万册（本），2万余人参加现场咨询。各区、县（市）分别举行了安全生产宣传咨询日、安全倡议与承诺等活动，张贴横幅、宣传板报过万条，发放安全生产短信10万余条，在《长沙晚报》上开设安全生产宣传专版、在电视台播放公益广告、组织举行安全知识竞赛及安全生产文艺专场演出10场。2. 强化安全生产培训。全面宣贯落实《国务院安委会关于进一步加强安全培训工作的决定》，出台《长沙市安全培训机构“黑名单”管理制度（试行）》，加强对安全培训机构的监督管理，规范安全生产资格考试发证的相关行政许可工作。全市共组织各类安全生产培训班353个，考核发证17177人（次）。集中举办2期乡镇（街道、园区）分管负责人及安监站长安全监管培训，全市192个乡镇（街道、园区）分管负责人及安监站长471人参加。3. 营造安全生产浓厚氛围。积极探索、充分运用宣传教育的新途径、新平台，有效强化市民安全生产意识，提升市民的安全技能，营造浓厚的安全氛围。共编印《长沙安监》杂志3期13500份，免费发到全市各级各部门和2000余家生产经营单位。在各类新闻媒体发布安全生产政策法规、重大隐患、事故通报等新闻稿件（报道）2093篇（次）。组织开展了“长沙市安全知识竞赛”“安康杯竞赛”“职业卫生知识竞赛”、安全生产志愿者、“遴选最佳安监人员”等活动。

六、创新监管模式，推进重点工作。1. 推进监管模式创新。率先启动隐患自查自报自改系统建设，成为全国隐患排查整改试点城市；积极开展地下矿山企业“六大避险系统”建设、高危行业（领域）企业电子监测监控系统和烟花爆竹“五化”建设；构建了涵盖各方面安全监管内容，能够充分整合各方资源，调动各方力量的安全生产“网格化管理模式”；全面实行安全生产风险抵押金和责任保险“双轨运行”机制，努力融入全省平台，不断扩大试点成果，持续保持了长沙地区3大高危行业安全生产责任保险适时动态参保率在95%以上的成效；根据市政府整顿关闭矿山企业的部署和安排，牵头研究制定具体的实施方案，联合相关部门协调联动，强力推动工作落实，全市已关闭到位72家。2. 积极推进城市工业灾害防治，完善应急救援机构队伍。提请市政府印发了《长沙市城市工业灾害防治工作规则》，加强与相关部门的协调配合，初步形成“群众广泛参与、安全规划先行、强化保障体系”为特点的城市工业灾害防治工作机制。成立全市安全生产应急救援指挥中心，配备专职工作人员，先后指导、配合、参与各区县（市）和相关部门开展了水上搜救、地震应急救援、涉氨涉氯应急救援、消防火灾等一系列大型综合应急演练。有效地提升政府、部门和生产经营单位对突发事件的处置意识和救援能力，强化政府和企业协同处置安全生产事故的综合应急水平。3. 研发和推进烟花爆竹机械化生产，全面实行高危行业电子监测监控。全市烟花爆竹企业推广应用烟火药混合机等机械450台、鞭炮自动装药机265台、空气源干燥设备529台、礼花弹敷球机225台、自动内筒装药机2台、湿法制引机300台、新型防爆运输车40余台。其中2013年新增烟花爆竹涉药机械262台，涉及201家生产企业，机械化覆盖率达到70%。在宁乡县试点、推广的基础上，市内5区安全生产应急救援指挥调度（监测监控）系统已经与公安“天网”工程及城管“网格化”工程联网，完成了对辖区内所有非煤矿山企业、危险化学品生产企业、烟花爆竹生产和批发储存企业的实时监控，并完成区、县（市）局的指挥平台和企业的联网，实现网络互通、数据兼容、信息共享、执法联动。长沙县、望城区、浏阳市的安全生产应急救援指挥调度（监测监控）系统在建设中，即将建成投入使用。

存在困难和问题：1. 高危行业相对集中，监管任务十分繁重。长沙市高危行业门类齐全、总量较大、规模偏小、布局分散且安全条件相对较差，安全监管工作难度远远高于省内乃至全国其他城市。而市、区、乡三级现仅有安全监管人员700余名，执法力量与执法量不相匹配，难以适应日益繁重的监管任务和监管质量的要求。2. 事故隐患大量存在，治理难度依然很大。相关行业（领域）特别是高危行业（领域）布局不合理、安全条件差、企业规模小、安全管理水平低的矛盾和问题比较突出，一些单位面临停产、转产、搬迁、关闭，但由于涉及发展与稳定问题，彻底整改治理的难度很大，安全生产工作基本处于“因地制宜”“严防死守”和“逐步完善”的初级阶段。3. 基层基础工作薄弱，安全投入有待加强。部分乡镇（街道）取消了原来单独设立的安监站，采取与经济、统计、食品安全、环保等部门合并，“多块牌子、一套人马”，安监工作职能模糊，安全监管呈现弱化趋势。高新区及工业园区安监部门的法律地位不明确，安全生产行政执法体制机制一直未能理顺，安全生产基础设施建设严重滞后，先进科技难以得到广泛推广应用，重大隐患得不到彻底整治。4. 主体责任落实不够，底线意识亟待提高。部分企业负责人安全意识淡薄，重效益，轻安全的倾向比较严重，安全生产规章制度形同虚设，投入不足致使安全隐患长期不能消除。部分从业人员遵章守纪的自觉自律意识不强，缺乏基本的安全知识技能，违规违章操作现象比较普遍。

（欧阳军）

国有资产监督管理

【概况】 2013年，市国资委完善和创新国资监管工作体制，推进国有企业改革改组和转型发展，梳理解决各类遗留问题，确保国有资产保值增值和国有经济运行质量的不断提升。

一、创新体制机制，推进国资监管工作。1. 完善国资监管制度体系。《长沙市国有及国有控股企业负责人薪酬管理办法》（以下简称《办法》）已经市长办公会审议通过。《办法》进一步明确了国资全覆盖工作体制，确定国资委作为履行出资人职责并实施监管的唯一主体地位，规范了国资监管工作程序。并出台国资委规范性文件《长沙市国资委监管企业内部审计管理办法》《长沙市国资委监管企业监事会工作管理办法》《长沙市国有独资公司董事会工作指导意见》，修定了《长沙市企业国有资本经营预算管理办法》。全市国资监管“1+7”的法规制度框架基本成型。2. 拓展国资监管覆盖范围。对接完成了路桥公司、教建集团有关资产、债务、人员等全面纳入国资委监管的工作，第一批国资监管全面覆盖基本到位。组织召开区、县（市）国资监管工作座谈会，进一步统一思想认识，全市国资工作“一盘棋”的工作格局逐步形成。继续扩大经营业绩考核范围，考核企业户数增加至40户。推进国有资本经营预算工作，完成收益收缴17171.7万元。全面加强公司章程管理，对第一批监管企业公司章程实行了归档管理。长沙市国资监管由单一监管有形资产逐步延伸至无形资产监管这一举措，得到国家工商总局的高度肯定。3. 规范产权管理和资产处置。对78户国家出资企业进行了产权重新登记。加大企业重大经济行为的调研审核，对先导控股转让所持大康牧业公司股权等20个项目进行调研、分析和审核，并提出相关处理意见。完成清理整顿全市产权交易场所工作，健全市、区（县）二级产权交易“五统一”工作体系（统一信息发布、统一交易规则、统一交易鉴证、统一收费标准、统一监管平台）。完善产权交易网站功能，实现产权转让信息发布和竞价交易互联互通，推进产权交易项目网络竞价交易。截至12月底，完成资产评估核准备案23例，完成率100%。其中，评估核准3例，评估备案20例，评估前资产总额161465.53万元，评估后的资产总额802786.95万元，增值率397.19%；资产处置审批16项，完成率100%；交易凭证27宗，办理产权交割报告4宗，产权交易入场率100%。

二、服务国企发展，国有经济运行良好。1. 国资营运态势良好。截至2013年底，市本级资产总额2453.52亿元，同比增长11.03%；净资产总额1099.32亿元，同比增加8.75%；实现营业收入201.1亿元，同比增长29.96%，实现利润总额12.43亿元，同比增长9.98%。国有资本保值增值率为101.21%，国有经济发展质量和效益同比稳中有增，运行态势良好。2. 央企对接初见成效。坚持用“四个一”（一个项目、一套方案、一个工作班子、一名领导挂帅）工作机制推动2012年北京央企对接推介会上22个签约项目的落地。已履约或竣工投产的项目3个，在建或者启动运作的项目11个，在办理相关手续及开展前期准备工作的项目5个，待进一步洽谈的项目3个，已实现到位资金85.12亿元。3. 重点项目调度。2013年，调度市属国家出资企业在建项目102个，完成投资123.3亿元；发布重大招商项目100个，预计总投资5600亿元。4. 安全生产。组织举办系统消防安全演习，进一步强化了消防安全意识；组织开展安全隐患排查，进一步强化D级危房、651仓库、曙光集团、湖药厂旧货市场、锅炉厂木材市场等涉危涉爆重点区域的安全监管；安排安全隐患整改引导资金306万元，积极进行整改。全年未发生重大安全生产责任事故。

三、推进改革重组，增强企业活力。1. 推进第一轮国企改革的扫尾工作。组织对全市2000年以来国企改革情况进行回顾总结和分析研究，形成《长沙市国有企业改革改制报告》，提出下一步深化国企改革的建议和意见。全市纳入改革范围的199户国有企业中已有189户企业实行了不同形式的改制，15.7万名职工中已有15.36万名理顺了劳动关系。其中，湖药厂政策性破产工作已多次召开专题会议，就现有土地处置、筹措职工安置资金等问题征求了市财政、国土、规划等部门意见，形成了初步方案，为2014年全面启动破产清算及职工安置工作奠定了基础。试剂总厂职工安置方案已上报市政府，待资金到位后适时启动。长沙正圆动力配件有限责任公司破产改制工作得以突破，全年召开专题会议20余次，通过国资委、企改办、行办、法院、企业的积极工作，破产终结裁定书已下达，完成了省政府下达长沙市的国企改革目标考核任务。2. 推进国企重组、转型和上市。毛巾集团顺利完成环保关闭并搬迁至湘阴继续生产，与毛巾集团环保搬迁相关联的长沙菲菲公司和湖南菲菲公司股权规范基本完成；曙光集团产业重组方案已报市政府待专题研究；长鼓公司与中航起落架公司合作项目解决了股权收购问题，水业集团、丽臣公司、天择传媒、和光传媒等企业的股改上市工作稳步进行。3. 企业改革遗留问题处理。做好长沙列为全国处理改革遗留问题、分离企业办社会职能试点城市的申报工作。组织相关部门完成了市属103户国有企业、省属18户在长企业，共计1181名原国有企业职教幼教教师的资格审核、资料呈报、落实待遇工作。对10户改制企业的资产处置情况进行了监管，监管资金18256.94万元，召开专题会议14次，联审报批拨付资金6600万元。

四、解决民生问题，信访维稳形势良好。1. 帮扶困难对象。慰问企业退休军转干部1757名，发放慰问金174.4万元；慰问困难党员689名，发放慰问金79.1万元；组织对1143名市属国有企业在职、离任领导人员的特殊困难进行了审核，发放困难补助208.13万元；筹集帮扶慰问资金126.6万元，帮扶慰问困难职工1431人，帮扶寒门学子50人；借支92万元解决了原顺特厂66名企业内退人员生活困难问题，借支228.8万元解决了交通工具厂等12户特困集体企业职工到龄不能退休问题。“一推行四公开”工作组筹集资金20万元帮助大塘社区建好为民食堂、解决了社区文体器材缺失问题、慰问困难家庭72户。对青少年用品商店黄义华、唐小兵，协裕公司吴炳恒等重复信访问题，积极疏导并逐一研究解决，重复信访个案正逐年减少。配合区县积极做好城市房屋征拆工作，完成了涉及21户企业、1.1万名职工、16万平方米的全市重点项目征拆工作。全市最大国有工矿棚改项目长重棚改B地块主体基本完工。加强民主管理，指导通程等31户企业与1.4万职工进行了工资集体协商并签订相关协议。2. 化解职工集体上访事件。对博翔厂、正圆厂、商业物流公司、长元人造板厂、原建湘瓷厂等10余户企业职工集访省、市政府及相关部门的不稳定事件，坚持领导包案，一线调度，成立6个联合工作组，加大对职工集访问题的化解力度。全年召开相关专题会、答复会、问题研讨会70余场，全系统信访维稳形势基本可控。截至12月底，收到省长信箱7件，答复7件；收到市长信箱23件，答复23件；处理市级交办件28件，比上年同期下降37.5%；接访169批920余人次，比上年同期分别下降10.1%和20%；全系统2013年未发生非正常到北京集体上访事件。（李　斌）

【机械行业】　1. 行业改革发展。2013年，市机械行业改制工作重点任务仍然是继续做好破产企业的改制扫尾工作。长沙重型机器厂、湖南动力集团有限责任公司、长沙轴承厂破产总费用锁定的相关材料已报送市兼破办审核。长沙化油器厂、长沙正圆动力配件有限责任公司已分别于2013年12月13日、17日召开债权人会议，通过了财产分配方案。12月31日湖南省长沙市中级人民法院〔2008〕长中民破字第0341—8号民事裁定书宣告了终结长沙正圆动力配件有限责任公司的破产程序。同时解决了长沙金属材料加工厂的土地资产处置改制遗留问题。未实施产权改制的长沙标准件厂的一揽子企业遗留问题有了新的突破。经市政府批准，先期由市财政局借支，解决长沙标准件厂历年所欠职工的工资社保等费用。机械行业列入“长沙与央企对接”签约项目之一的长沙鼓风机厂有限责任公司已圆满完成了与长沙市企业国有资产经营有限公司及中航工业飞机起落架有限公司的合作，签订了三方“合作协议”，并对长沙鼓风机厂有限责任公司进行了股改重组，重组后新公司的股东已全部产生。同时行业中利税过5000万元的利税大户有湖南长重机器股份有限公司、长沙电机厂有限公司；湖南长重机器股份有限公司第3959540号图形被列入2013年度中国驰名商标之一。2. 行业管理。为了防止国有资产的流失，市机械行管办加强了对2003年以来与行管办签订了“已核销的部分不良资产和负债实施监管协议”的10家已改制集体企业的监管资产的管理，收回了部分企业改制监管资产处置收益。积极探索行业管理工作的有效途径与方法，加强行业在企业管理、市场信息、产业协作等方面的沟通与合作，邀请专家学者做形势报告，使企业及时了解相关产业政策。定期对全行业经济运行数据进行统计分析，对典型企业进行重点跟踪，总结分析影响经济运行的主要因素，了解重点企业的经济运行情况，及早发现问题，并采取相应的应对措施，做好行业的指导服务工作。（刘文卓）

【汽车电子行业】　1. 行业发展。曙光电子集团有限公司（以下简称“曙光集团”）全年共生产真空电子管161万只，电子枪2.2万支，完成生产总值5213万元，在岗职工人均工资增长12%。股权重组产业搬迁方案历经多次修改，已上报上级部门论证。长沙新创韶光微电子有限责任公司（以下简称“新创韶光”）生产经营取得新的突破，完成了技术升级改造和引进战略投资者工作，在产业经济增速持续放缓的大环境下，实现产销逆势增长，生产匀胶铬版189825片，车用洗涤器5790套，网罩34800套，全年完成销售收入3379万元，同比2012年增长18%，在岗职工人均收入水平增长20%。2. 行业改革改制。长沙汽车拔叉厂（以下简称“拔叉”）、湖南天心电子公司（以下简称“天心”）的资产处置和职工安置工作。拔叉通过盘活处置企业资产，筹措资金，完成了理顺职工劳动关系工作，并完成了人员安置工作。天心拟通过处置西长街10号1—3楼房屋资产来解决职工安置后续资金问题，但由于该处资产产权属性复杂，一直无法处置。2013年，由长沙市人民政府国有资产监督管理委员会（以下简称“市国资委”）专题呈报市政府，提出了资产处置建议意见。市委常委、副市长张迎春作了批示，明确了解决问题的原则、方法和途径。曙光集团、湖南电视机厂（以下简称“电视机”）、长沙汽车发动机总厂（以下简称“长发”）、长沙万发客车厂、长沙汽车水箱厂、长沙无线电六厂等企业向社区移交党员279名；长沙汽车制造总厂、长沙韶光微电子总公司留守工作组（以下简称“韶光”）、电视机、长沙电子仪器二厂（以下简称“二仪”）、长沙电子发展公司（以下简称“发展公司”）等企业做好了企业档案和人事档案的整理移交；二仪全面完成了水电分离扫尾及水电管理移交，长沙无线电四厂完成了电分离工作，韶光解决了社区居民夏季供电紧张和附近村民用水纠纷问题。落实国有企业职教幼教退休教师待遇。行业共申报9家企业133人，经上级审核，符合政策要求和标准的7家企业63人获得通过。曙光和长沙无线电厂两家国有企业的自建经适房已分房到户。韶光的企业办社会职能分离工作作为长沙市典型，在北京市国资委代表团到长沙考察期间进行推介。

（王　俊）

【煤炭建材行业】　1. 行业改革改制。市石材公司拆迁关闭总体方案和人员安置预案制订并上报；石棉水泥制品厂妥善解决了部分职工到龄不能退休问题，并就企业整体改制进行了探索；市石棉制品厂职工集资房住户产权分割问题得到有效解决；玻纤留守组妥善处理破产遗留问题，积极寻求缺口资金解决办法和原企业不良资产处置办法；改制企业在法人治理结构和内部管理制度进行完善。行业建立健全了信访维稳8项工作制度，全年排查不稳定因素40余项，协调处置不稳定事件20余起，行办全年共接访39起126人次，信访总量和上访人数同比分别下降40%和34.8%。市石材公司4栋120户廉租房基本建成。黄兴北路拆迁涉及的毛家桥贸易公司等3家企业和一个个案拆迁基本完成，毛家桥贸易公司成功引进开发。湘江大道北延线建设涉及的市石材公司、湘江建材厂初步实现了重点工程建设和企业当前问题解决两不误的基本要求，确保道路建设如期施工。坪塘工业基地建设项目涉及的市水泥厂按照改革改制“两个置换一个分离”的要求对环保关闭后的社会职能进行分离。2. 煤矿本质安全发展。完成市政府督查两县（市）煤矿安全和市人大“一法一条例”检查调研的各项工作。全年共检查煤矿154矿次，明察暗访38矿次，发现问题隐患1384条，下发监管指令2份。教育培训实现了全覆盖，达到9000余人次，行业管理、安全监管、特种人员轮训1500余人次，轮训率100%。市级煤矿安全监管信息平台、煤矿教育考试平台共计筹资50万元已建成投入使用。制定《长沙市煤矿打非治违推行正规开采专项行动方案》，以落实58号令为重点，结合各类监管执法活动、进一步推进“四取缔”“四淘汰”“四实现”。通过了省煤炭管理局的打非治违验收。全年全市共出动执法人员650人次，“三违”罚款57万元，停产整顿、整改矿井12矿次。机械化开采实现了质的突破，26家煤矿达省三级以上质量标准化矿井，清理规范151家煤炭经营企业。按照“三有”“五统一”的要求和长沙市煤矿兼并重组规划方案，积极推进煤矿企业兼并重组，全市已组建5个煤炭产业集团并开始进入实质性运作。跟踪落实调煤保电，落实奖励兑现，落实返还价调基金188万元。　（张凤辉）

工商行政管理

【概况】　2013年，长沙市工商系统坚持用现代科技手段改造传统工商工作方式，狠抓信息技术和网络技术的综合应用，一批信息网络技术与工商业务工作深度融合的实用软件开发完成并投入使用。全年共获得市级以上荣誉38项。市局机关被评为全国工商行政管理系统先进集体、全省系统绩效考核二等奖、全市党风廉政建设先进单位、社会管理综合治理红旗单位、安全生产先进单位。

率先启动商事登记制度改革，营造宽松平等的准入环境。全国首推《长沙市商事登记许可审批监督管理试行办法》，切实规范行政许可部门监管行为。全年新登记市场主体72227户、广告经营主体1145户、网络商品经营主体23192户，指导培育注册商标7218件。全市拥有注册资本过亿元企业1059家、中国500强企业9家，186家跨国公司（世界500强119家）在长沙设立分支机构，64家集团公司、37家上市公司总部落户长沙；拥有省著名商标592件，马德里国际商标88件，全市驰名商标达91件。突出监管执法，营造公平竞争的市场环境。普查市场主体53.89万户，公开市场主体违法行为记录1787条，查办各类案件2806件，捣毁制假窝点149个，移送司法机关案件13件，遣散传销人员9350人。强化维权服务，营造安全放心的消费环境。建立消费者维权服务站526个，设立消费者投诉站和“12315”联络站1135个，共受理消费者咨询、申诉、举报88380件，为消费者挽回经济损失1680万元。

新开发市场主体电子监管系统、重要商品电子溯源系统，升级网络经营监管系统、“12315”指挥调度系统和广告监测系统，极大地提高了全市系统市场监管、消费维权、服务发展的水平。市场主体电子监管系统以长沙三维电子地图为依托，将所有市场主体的地理位置用经、纬度坐标在地图上标注，并与现有的登记、监管信息数据库对接，使市场主体的区域分布、产业分布、注册信息、监管信息、信用信息、监管提示信息、干部履职情况“一键通”。重要商品电子溯源系统以电信网络为依托，将索证索票和进销货台账、商品安全警示信息库与市场主体登记数据库相链接，建立市、区、所、片四级监管和工商部门、市场开办者、经营者3方联动的网络平台，实现重要商品源头可溯、去向可追、消费可查、问题可控的工作目标。“12315”新指挥调度系统新增受理线路至20条，实现来电显示、指挥调度、效率跟踪、在线调解、热点监控、监管警示、统计分析7大功能，使消费维权更加畅通、便捷、高效、理性。（徐志龙）

表7　　2013年内资（非私营）企业统计

	户数（户）	其中：企业法人	注册资本（金）（万元）
合计	14755	7005	12982635.91
农、林、牧、渔业	175	100	116433.00
农业	46	30	93752.59
林业	17	16	868.20
畜牧业	15	12	11720.00
渔业	1	1	3.00
农、林、牧、渔服务业	96	41	10089.21
采矿业	75	61	13873.20
煤炭开采和洗选业	1	0	0.00
石油和天然气开采业	3	1	3000.00
黑色金属矿采选业	5	5	1961.70
有色金属矿采选业	0	0	0.00
非金属矿采选业	65	54	8908.30
开采辅助活动	0	0	0.00
其他采矿业	1	1	3.20
制造业	2235	1975	1651871.40
农副食品加工业	82	75	23550.35
食品制造业	53	40	16664.77
酒、饮料和精制茶制造业	27	24	24870.60
烟草制品业	3	1	16000.00
纺织业	26	22	9196.00
纺织服装、服饰业	83	75	13345.99
皮革、毛皮、羽毛及其制品和制鞋业	28	26	1953.90
木材加工和木、竹、藤、棕、草制品业	42	38	1837.30
家具制造业	22	20	1209.20
造纸和纸制品业	70	66	6225.30
印刷和记录媒介复制业	138	124	11995.76
文教、工美、体育和娱乐用品制造业	60	49	9508.14
石油加工、炼焦和核燃料加工业	6	3	188.00
化学原料和化学制品制造业	136	122	41288.44
医药制造业	27	23	46303.32
化学纤维制造业	1	1	30.00
橡胶和塑料制品业	84	72	6544.11

续表 7

	户数（户）	其中：企业法人	注册资本（金）（万元）
非金属矿物制品业	301	279	139379.53
黑色金属冶炼和压延加工业	30	28	2255.40
有色金属冶炼和压延加工业	26	24	38752.17
金属制品业	136	126	55755.07
通用设备制造业	194	180	181571.71
专用设备制造业	149	129	494458.88
汽车制造业	61	54	183054.69
铁路、船舶、航空航天和其他运输设备制造业	29	27	111784.32
电气机械和器材制造业	155	141	104692.95
计算机、通信和其他电子设备制造业	71	59	65849.80
仪器仪表制造业	45	42	5275.40
其他制造业	95	80	23965.50
废弃资源综合利用业	34	9	12377.70
金属制品、机械和设备修理业	21	16	1987.10
电力、热力、燃气及水生产和供应业	119	65	215535.83
电力、热力生产和供应业	70	29	102224.23
燃气生产和供应业	15	9	22823.70
水的生产和供应业	34	27	90487.90
建筑业	569	361	913650.31
房屋建筑业	226	148	435345.56
土木工程建筑业	99	85	264641.40
建筑安装业	55	24	46079.31
建筑装饰和其他建筑业	189	104	167584.04
批发和零售业	5145	1878	572553.49
批发业	1995	1022	406810.78
零售业	3150	856	165742.71
交通运输、仓储和邮政业	604	164	224183.54
铁路运输业	25	9	53166.50
道路运输业	212	98	120627.64
水上运输业	12	11	7435.40
航空运输业	10	0	0.00
管道运输业	0	0	0.00
装卸搬运和运输代理业	64	23	4122.40
仓储业	28	22	38630.60
邮政业	253	1	201.00
住宿和餐饮业	440	188	84783.98
住宿业	211	94	41181.51
餐饮业	229	94	43602.47
信息传输、软件和信息技术服务业	305	64	81171.24

续表 7

	户数（户）	其中：企业法人	注册资本（金）（万元）
电信、广播电视和卫星传输服务	201	20	43074.01
互联网和相关服务	48	16	2161.00
软件和信息技术服务业	56	28	35936.23
金融业	2244	265	5083345.28
货币金融服务	1317	25	184605.33
资本市场服务	301	187	4734587.91
保险业	336	2	1400.00
其他金融业	290	51	162752.04
房地产业	569	522	2701777.23
房地产业	569	522	2701777.23
租赁和商务服务业	1049	476	492324.28
租赁业	31	23	7155.84
商务服务业	1018	453	485168.44
科学研究和技术服务业	572	442	576044.15
研究和试验发展	169	142	406400.49
专业技术服务业	299	231	106947.95
科技推广和应用服务业	104	69	62695.71
水利、环境和公共设施管理业	95	82	152102.20
水利管理业	18	14	82230.00
生态保护和环境治理业	27	21	13911.20
公共设施管理业	50	47	55961.00
居民服务、修理和其他服务业	326	202	16571.77
居民服务业	111	48	2904.70
机动车、电子产品和日用产品修理业	115	91	4271.90
其他服务业	100	63	9395.17
教育	25	18	5664.50
教育	25	18	5664.50
卫生和社会工作	14	11	14292.00
卫生	14	11	14292.00
社会工作	0	0	0.00
文化、体育和娱乐业	194	131	66458.51
新闻和出版业	31	25	15254.32
广播、电视、电影和影视录音制作业	36	32	26755.99
文化艺术业	26	17	5499.80
体育	20	15	12159.00
娱乐业	81	42	6789.40
其他	0	0	0.00

表 8　2013 年长沙地区私营企业基本情况统计

行业分类	户数（户）	其中：分支机构	投资者人数（人）	雇工人数（人）	注册资本（出资金额）（万元）
合计	106645	9641	240745	326104	30259755.55
农、林、牧、渔业	1694	31	4074	11793	510131.76
农、林、牧、渔服务业	178	4	442	1263	61027.00
采矿业	248	2	551	2827	44180.88
开采辅助活动	0	0	0	0	0.00
制造业	9799	266	24392	136514	3192416.53
金属制品、机械和设备修理业	145	3	348	1381	16233.21
电力、热力、燃气及水生产和供应业	177	22	478	1172	58796.70
建筑业	4487	324	10083	23395	1551431.90
批发和零售业	35580	3689	74304	55081	6262663.00
交通运输、仓储和邮政业	1976	327	4182	5602	457534.73
住宿和餐饮业	1047	349	1543	7276	138097.11
信息传输、软件和信息技术服务业	4064	389	8305	8077	763861.50
金融业	4719	1063	12510	7698	6657111.10
房地产业	3682	339	8995	12411	3232848.51
租赁和商务服务业	18880	1896	43068	22505	3301847.45
科学研究和技术服务业	16144	408	40125	17840	3442184.33
水利、环境和公共设施管理业	580	70	1341	1719	217394.96
居民服务、修理和其他服务业	2074	200	4159	5835	204716.98
教育	121	15	261	472	19594.00
卫生和社会工作	168	20	297	1269	41539.23
文化、体育和娱乐业	1205	231	2077	4618	163404.88
其他	0	0	0	0	0.00

表 9

2013 年个体工商户情况统计

行业分类	期末实有						其中：本期登记		
	合　计			其中：城镇					
	从业人员（人）	资金数额（万元）	户数（户）	户数（户）	从业人员（人）	资金数额（万元）	户数（户）	从业人员（人）	资金数额（万元）
合　计	281636	596081	1740200.22	241422	524289	1242288.97	52071	123621	420689.55
农、林、牧、渔业	4245	16415	177837.74	2307	8329	72155.10	846	3313	54912.70
农、林、牧、渔服务业	255	916	6722.40	177	703	5600.70	21	74	512.00
采矿业	162	904	4348.65	54	273	2078.10	2	20	108.00
开采辅助活动	0	0	0.00	0	0	0.00	0	0	0.00
制造业	12635	42388	119807.55	9267	32001	92418.69	1270	5727	23455.20
金属制品、机械和设备修理业	175	425	1194.72	126	334	996.25	13	47	115.00
电力、热力、燃气及水生产和供应业	42	114	328.80	30	67	280.80	1	7	50.00
建筑业	367	1181	4540.40	292	946	3533.40	28	125	415.80
批发和零售业	197857	353169	995181.53	170178	312568	702214.59	38104	74466	234791.14
交通运输、仓储和邮政业	8861	14347	47067.04	7790	13132	24938.51	387	827	1097.56
住宿和餐饮业	21321	75024	159461.92	19691	71193	147311.76	5103	19485	46724.70
信息传输、软件和信息技术服务业	1714	3177	7242.27	1383	2647	5958.30	169	403	1263.80
金融业	1	1	10.00	1	1	10.00	1	1	10.00
房地产业	248	625	948.38	244	618	933.38	40	120	137.50
租赁和商务服务业	5233	12647	60040.69	4970	12251	58333.23	1484	3530	18227.38
科学研究和技术服务业	1296	3038	5819.60	1114	2713	5346.98	123	339	771.80
水利、环境和公共设施管理业	291	442	1099.44	200	344	846.39	7	17	48.00
居民服务、修理和其他服务业	23199	59453	120827.31	20507	55214	93151.10	4117	12889	29792.07
教育	63	497	1441.52	54	431	1329.72	11	31	106.00
卫生和社会工作	1006	2679	6601.68	964	2610	6464.06	138	396	1144.00
文化、体育和娱乐业	3095	9980	27595.70	2376	8951	24984.86	239	1924	7628.90
其他	0	0	0.00	0	0	0.00	1	1	5.00

质量技术监督管理

【概况】 2013年，全市质监系统以“抓质量、保安全、促发展、强质监”为总揽，全面履职，实现基础增实、服务增效、发展增速。市质监局被评为“全省质监系统先进集体”。

一、全力推进质量强市战略。以宣贯落实《质量发展纲要》为主线，构建“依靠政府、联合部门、抓住企业”的质量工作机制，不断推动全市质量工作。在政府及相关部门层面全力推进。进一步推动区（县、市）政府和相关部门对质量工作的关注重视。联合市工信委继续实施中小微企业标准化战略推进工程，组建长沙市标准化专家团队，指导试点企业推行标准化管理体系。会同市旅游局首次组织18家旅游企业参加“湖南名牌”评定申报。“长沙高新区质量奖”评选全面启动。宁乡县政府在全省产品质量监督工作会议上作典型发言。天心区、望城区出台对湖南名牌企业、企业质量创新、标准化工作的奖励政策。浏阳市将乡镇一级质量监管责任纳入目标考核，积极申报国家级浏阳花炮知名品牌创建示范区。各区（县、市）政府均对乡镇（办事处、园区）下达特种设备安全监督管理责任书。在企业和社会层面全力推进。落实企业质量主体责任，与食品生产企业、特种设备使用单位等签订了目标责任状。推进企业质量诚信建设，中联重科等3家试点企业向总局报送并发布《企业质量信用报告》，楚天科技股份有限公司获评“国家级中小学校质量教育社会实践基地”。加强质量宣传，以“质量月”“安全生产月”等为契机，发动企业开展质量提升、QC小组等活动，举办特种设备“四进”活动，引导企业建立健全质量管理体系，全局系统组织开展各类培训宣贯近200期，营造较浓厚的质量强市、强企氛围。发挥质量管理优势企业的引领作用，积极组织部署中国质量奖、省长质量奖、湖南名牌、长沙名牌申报工作，中联重科股份有限公司和三一集团有限公司获得首届“中国质量奖”提名奖，全市2家企业、1位个人入围“湖南省省长质量奖”现场考核，62个产品入围“湖南名牌”现场考核。在质监业务工作层面全力推进。申报湖南省标准化战略项目15个，6家标准化良好行为示范企业通过验收，制定地方标准5项、联盟标准2项。引导支持两个国际标准化技术委员会秘书处积极开展工作。宁乡花猪国家级农业标准化示范区、望城百里水产走廊省级农业标准化示范区项目已顺利通过验收，浏阳新农村综合标准化开发项目即将验收。公共服务和社会管理标准化试点工作有序推进、初显成效。开展认证行政监管“网格化”试点，不断规范认证市场，完成了59家实验室新申报受理和现场评审工作，对302家获得管理体系认证的单位进行了巡查建档。

二、强化安全监管措施。确保全市没有发生生产加工环节食品和特种设备较大质量安全责任事故。突出重点环节。严格食品生产许可受理，共计新发生产许可证328张、换发385张，上报省局注销133张；建立健全了全市1300余家食品生产企业监管档案；严格实施日常监督检查和监督抽查，建立不合格企业负责人约谈制度；稳步推进制售分离食品小作坊生产许可工作，制定了监督管理办法及第一批品种目录。突出特种设备使用环节安全监察，深入开展打非治违和城市工业灾害防治工作，全面排查特种设备安全隐患，消除城市危险源；芙蓉、雨花分局等组织开展特种设备应急救援演练；确定11家特种设备使用单位开展分类监管和使用管理标准化试点工作，开福区政府申报电梯安全管理国家级综合标准化试点项目。突出重点区域。加大雨花区食品重点区域专项整治力度，取缔34个黑作坊，集中销毁假冒伪劣食品200余吨。组织开展“一非两超”、乳制品、食用油等10余个专项整治行动，共查处食品生产违法案件120起，移送公安部门2起。通过近两年的区域整治，雨花区黎托片区基本摘掉了假冒伪劣重灾区的“帽子”。突出城市燃气管道、液化石油气储备站等重要场所特种设备安全监察，开展商业公共场所电梯、液化石油气瓶、工程建设领域起重机械、节前大型游乐设施、涉氨气涉氯气企业等专项治理，检查各类特种设备生产使用单位700余次，督查整改安全隐患31个，强制报废过期钢瓶15万余只，立案查处16起。突出重点行业。严格执行乳制品加严监督抽查和婴幼儿配方乳粉生产企业驻厂监督；联合公安、卫生等部门严厉打击米粉企业滥用食品添加剂行为，抽查合格率由2012年初的56%提高到95%；完成食品生产加工环节监督抽查3549批次，合格率91.7%；乳制品三聚氰胺及黄曲霉毒素M1专项抽检合格率达100%。力争从根本上解决与市民生活息息相关的电梯放心乘用问题，地方政府规章《长沙市电梯安全监督管理办法》已经市长签署即将

《长沙市电梯安全管理办法（征求意见稿）》立法听证会

发布，长沙市电梯应急处置中心在建设之中，将于2014年5月开通试运行。

三、服务经济社会发展。将党委政府关心的问题作为部门发挥作用的选题，将地方经济社会发展的热点作为质监工作的重点，在促发展中主动作为。服务全市中心工作。积极响应、全力参与“六个走在前列”大竞赛活动，努力推动全市质监工作走在前列。完成工业产品定期监督检查计划4700批次，完成率为91.8%。扎实推进工业企业的分级分类监管工作，完成405家生产许可证和3C认证产品生产企业分类分级监管的调查摸底、定级核查、纸质建档及电子建档工作，并启动首轮巡查。组织开展建材、农资、非法超限超载、电线电缆、消防产品等13个专项执法打假行动，立案691起。大力推进能源计量工作，开展宣贯培训、调查摸底等工作和能效标识执法检查。组织专家和专业技术人员开展“质量走基层”活动，对全市近200家重点企业开展调研服务，解决企业在质量管理和技术提升等方面存在的实际困难，帮扶企业提升质量水平，促进产业技术升级。服务企业转型升级。积极发挥工业产品生产许可的调控作用，组织开展复混肥、磷肥、燃气灶具等生产许可证获证企业的监督检查。推动烟花爆竹、食品等传统优势产业优化升级，加强对食品工业园区和豆制品生产加工平台建设的指导和服务，引导扶持企业进入园区规范生产。成功申报长沙县“罗代黑猪”地理标志产品保护，有序推进浏阳烟花、沙坪湘绣、望城铜官陶瓷地理标志保护工作，牵头制定湘绣湖南省地方标准，颁布了铜官陶瓷保护办法。服务保障民生利益。“12365”投诉举报中心共受理投诉举报案件549宗（含省局批转90宗），处理率达96%，为消费者挽回经济损失40万余元。规范组织机构代码证办理工作，完善长沙市标准信息服务平台功能，成立长沙市条码技术与应用协会，按政策减免组织机构代码证办理费用50万余元。组织开展对全市148家汽车生产、销售、维修企业的信息清查工作，举办宣贯培训班，为贯彻落实汽车“三包”规定奠定了基础。组织开展单相智能电表、瓶装液化气净含量、电话计时计费装置等重点计量器具的专项检查。对城区110个加油站和7个加油机维修单位建立了动态监管档案。自筹资金40万元对115家内5区农（集）贸市场10270台件衡器进行了免费强制检定。完成了对302家医疗机构计量器具的检测工作，为“看病准”提供了坚实保障。质检能力不断提升。省汽配中心整合、市质检所迁入新址后，软、硬件建设得到加强，在国家总局组织的质检机构分类监管考核中继续确认为一类质检机构，工程机械液压件国检中心得到国家总局批筹。省花检中心顺利通过国家安全生产浏阳烟花爆竹检测检验中心资质认定复评审。长沙县局综合检测楼建设项目即将完工并搬迁。省花检中心和市食检中心各1个课题获得省局“科技兴检奖”二等奖。（肖建军）

食品药品监督管理

【概况】 2013年，长沙市食品药品监督管理部门履行监管职责，开展基层服务，积极促进产业发展，圆满完成各项目标任务，长沙连续12年未发生源发性药害事件。长沙作为全国唯一的副省级城市和省会城市及地级市的代表，在2013年全国食品药品监管年度会议上作典型发言。在全国药品“两打两建（严厉打击药品违法生产、严厉打击药品违法经营、加强药品生产经营规范建设和加强药品监管机制建设）”专项行动中，高桥中药材市场整治工作得到国家总局通报表扬。

一、全面加强日常监督管理。1. 监督检查频次高。以高风险品种和基本药物为重点，加大检查频次。全年共检查药品、医疗器械、保健食品和化妆品生产经营企业5038家次，下达《责令整改通知书》515份，约谈企业负责人133人次。2. 严格把关市场准入。严格资质审核，做到“一把尺子量到底”。全年依法核发、变更、换发证照668家，注销234家；完成药品零售企业GSP（药品经营质量管理规范）认证检查650家，变更或补发GSP认证证书115家；办理保健食品经营备案548家；建立化妆品生产经营企业档案2345家。3. 风险防控。加强对上市产品的安全监管。全年收集、上报、审核、评价药品不良反应报告6881份，医疗器械不良事件报告1476份，药物滥用报表2329份；完成药品、医疗器械、保健食品、化妆品抽验883批次，药品快检507批次；监测违法广告4354条。芙蓉区药品不良反应监测激励机制、宁乡县化妆品安全风险监测均受到省里的表彰。4. 稽查打假工作。全年组织开展7次专项稽查行动，立案116起，其中刑事案件7起，涉案金额达到1.1亿元，保持了对违法违规行为的高压震慑态势。

二、食品安全管理。2013年，食品安全保障能力不断提升，食品抽检总体合格率为97.98%。1. 专项治理有新进展。全市各级食品安全监管部门，紧扣食品安全热点、难点问题，从重点区域、重点行业、重点品种入手，深入扎实开展“两节两会”整治、校园食品安全整治以及肉制品、食用油、食用农产品等系列整治工作，取得明显成效。全市共检查各类生产经营单位95479家次，查处食品安全行政违法案件2479起，罚款1392.6万元，责令停产停业35家，吊销证照4家。取缔无证无照学校食堂、餐饮店、食品店89家，收缴过期变质和不合格食品2140公斤，取缔私屠滥宰窝点41个，收缴白板肉及问题肉制品18.4吨，查处假劣农资51.6吨。2. 违法犯罪打击有新力度。加强行刑协调衔接，主动出击，全年共侦破食品犯罪刑事案件35起（较2012年增加15起），抓获涉案人员102人，其中刑事拘留75人，逮捕直诉45人，摧毁犯罪团伙13个，捣毁食品犯罪黑作坊黑窝点50个，涉案总价值达2630万元。3. 源头治本有新举措。一是针对“地沟油”这个难题，在全市范围内深入开展禁止经营使用散装食用油专项工作，全市经营使用散装食用油的行为基本杜绝，有力切断了“地沟油”进入食用油市场的通道。二是探索豆制品安全治本工作。针对食品生产加工散、乱、差的特点，积极开展专题调研，排查重点隐患，找准问题症结，按照逐个品种治理、逐个品种规范的思路，采取相对集中的办法，先期启动豆制品集中生产加工基地建设，逐步引导长沙市食品生产加工小作坊的规范发展。三是继续推进重点水产凭证入市

市政府副秘书长黄吉邦带队督查食用油市场

制度。鲈鳜鱼、多宝鱼、对虾、乌鳢凭证入市占比分别达95.3%、100%、80.5%和70.4%；新启动二维码信息查询追溯系统，重点水产市场准入机制进一步完善。4.“共建共享”竞赛活动有新局面。全市设置乡街食安专干589名、信息员9329名，基层监管网络不断完善；加强日常监管，餐厨垃圾无害化处理、肉菜溯源体系等项目建设扎实推进；评定食品安全示范乡街20个，创建市级农业标准化示范基地32个、畜禽水产示范养殖场43个，建立食品企业诚信档案6.1万份；扩大举报奖励范围，提高奖励标准，兑现奖励31万元。

三、专项整治，生产经营秩序持续好转。1.药品“两打两建”出成效。严厉打击药品违法生产和违法经营行为，加强药品生产经营规范和药品监管机制建设。全市排查问题隐患3700余个，召回问题产品71个品种，查处案件35起。望城区、浏阳市做到早打快打严打，工作完成出色。创造性地对高桥中药材市场经营户实行备案登记，市场秩序得到全面整顿规范。在全国率先组织药品零售连锁企业开展远程审方，有效破解执业药师不足的瓶颈，先后有福建、广州、杭州、武汉等30余个省市到长沙市观摩学习。2.严厉打击保健食品的非法生产、非法经营、非法添加、非法宣传。全市检查保健食品企业3100余家次，立案38起，货值达2100万余元，责令停业整顿11家，吊销经营许可2家。特别是长沙县查处的“7·18”保健食品案被列为全省5大典型案例之一。3.整治药店、餐饮门店环境卫生。采取监管人员逐一检查、手机短信定期提醒、市区联合滚动排查、分级负责督促整改、媒体曝光突出问题等办法，对城区3万家余药店和家餐饮门店进行全面整治，环境卫生水平大幅提升。4.行业安全生产风险排查。在夏季高温时段，集中力量、集中时间，对全市419家药品企业的生产经营场所和仓库，以及高桥、和瑞、老照壁3个大市场内的593家保健食品和化妆品经营门店进行安全生产大排查，清除安全隐患1324个，确保行业全年安全生产事故的“零发生”。

四、深化服务发展理念。深入开展“走进基层，服务群众”活动，依托社区、药店，建立基层工作站598个，组织集中活动1421场次，发放宣传资料164万余份，组织专题讲座682场次，服务群众120万余人次，受理投诉举报132起。岳麓区“安全用药巡回大讲堂”活动深受群众欢迎。指导行业协会动员全行业的力量建设中国长沙医药健康产业园引导行业企业走“聚集发展、规模发展、两型发展”之路。一个园区均已完成了选址、拆迁、摘牌前期准备工作。按照“四步走”的方法，继续推进诚信体系建设，率先在药品流通领域开展诚信等级评定试点，努力在全行业营造诚实守信的发展环境。开福区在全省首创食品药品安全信用评价平台，探索了科学监管新模式。（王海毅　符中华）

【药品“两打两建”专项行动】 按照国家总局和省局的部署，深入开展药品“两打两建”专项行动，全面整顿规范市场秩序，得到国家总局的通报表扬。1.严打严查。行动中，始终坚持“五不放过”，即原料来源、产品流向未查清的不放过；问题产品未召回、未处理的不放过；不法分子未受到惩处的不放过；管理和监管措施不到位的不放过；案件警示教育没有落实的不放过。共排查问题隐患3700余个，召回问题产品71个品种，查处案件35起。特别是查处了“7·18”长沙县重大制假售假窝点案、刘梦书涉嫌制售假药“人血白蛋白”案、乡亲大药房网上非法售药案等多起重大案件，引起了强烈的社会反响。2.整治高桥中药材市场。出动工作力量158人次，对市场内的85家经营户进行地毯式排查，严肃查处人工增重、染色、硫磺熏蒸、掺杂掺假、以次充好、以假充真等问题。同时，创造性地对高桥中药材市场经营户实行备案登记，严控交易范围，规范交易行为，指导市场管理方建立健全诚信经营、教育培训、检测检验、质量管理、索证索票、不合格品处理、进货查验、入库出库等一系列制度，市场秩序得到全面整顿规范。3.在强化打击整治的基础上，突出抓好监管体制机制建设，不断巩固打击整治成果。在全国率先组织药品零售连锁企业开展远程审方，有效破解执业药师不足的瓶颈。同时，通过建立食品药品企业诚信等级动态评估制度、行业药师指纹登录制度、零售连锁企业管理制度、企业信息分类上报制度、行业企业联点帮扶制度等，推进长沙市药品生产经营的规范化和制度化。（王海毅）

【药店和餐饮门店环境卫生整治】 市食品药品监督管理局按照教育引导、综合施治、常态管理的工作思路，狠抓药店和餐饮门店环境卫生整治，取得明显成效。1.坚持教育引导，变被动应付为自觉规范。食品药品监管人员对城区3万余个药店和餐饮门店进行逐一走访，向经营户面对面宣传全市城区市容市貌综合整治的有关精神，并在门店内张贴整治通告，有效提高了广大群众和餐饮行业从业人员对环境卫生整治工作的知晓率、参与率。同时，建立了13000余家经营户的信息数据库，定期发送短信提醒经

营户注意保持环境卫生。组织长沙饮食集团、大蓉和、好食上、无名粉店、杨裕兴等30家大型餐饮企业和主要餐饮连锁公司的负责人召开了餐饮门店环境卫生整治专题会议。通过专家授课、典型发言、座谈交流等方式，对与会人员进行了全面、系统地培训，增强经营者的环境卫生意识。2. 坚持综合施治。市、区两级食品药品监管部门均成立专门机构、配备了专门人员，为整治工作提供了强有力的组织和人员保证。在此基础上，组成5个联合督查组，对城区药店和餐饮门店的环境卫生状况进行不间断、全方位、全天候的暗访督查。并通过建立“自行整改—限期整改—停业整顿”三级处理模式，及时整治暗访督查中发现的问题。同时，发动媒体和群众积极参与整治工作，营造良好的整治氛围。对坡子街四娭馳美食城等5家环境卫生极差且整改不力门店的集中曝光。各区局也组织街道、社区通过宣传栏、社区小广播等，对整治工作进行宣传，赢得了群众的广泛支持。3. 常态化管理。通过建立滚动排查机制、即时整治制度、定期通报制度，对所有药店和餐饮门店的环境卫生情况不断进行“回头看”，确保监管的长效化。同时，按照“一户一档”的规模，为所有经营户建立环境卫生档案，记录且及时更新店内卫生、门前“五包”、相关设备等方面的情况，实现对各门店环境卫生状况的动态监管。（王海毅）

【全市范围内禁止经营使用散装食用油】 2013年，长沙市食安办在全面梳理食用油相关法律法规的基础上，组织对全市散装食用油市场开展全面调查和专项质量抽检，召开专家论证会，起草并由市人民政府于7月1日向社会公布《关于禁止经营使用散装食用油的通告》，明确从2013年9月1日起在全市范围内禁止经营使用散装食用油，确实保障市民“油罐子”安全。全市共下发张贴通告8万余份，检查采购使用食用油的生产经营单位1万余家，关停非法分装、制售食用油窝点4个，拆除散装食用油储油罐75个，收缴不符合要求的散装食用油近千公斤，责令停业整顿22家，处罚2家，全市经营使用散装食用油的行为基本杜绝，食用油经营使用行为日趋规范。（符中华）

【实行举报奖励制度】 2013年，长沙市食安办牵头重新制定，并由市人民政府办公厅印发实施新的《食品安全违法行为举报奖励办法》，将举报查处的一般性违法案件、媒体举报等纳入奖励范围，将奖励金额由原来的最高3万元提高到6万元，提高并进一步细化了奖励标准，市民投诉举报大幅增多，参与食品安全监督热情高涨。全市共受理举报投诉3335起（较2012年增加1000余起），立案666起，兑现奖励160起共31.17万元（较2012年增加10万元）。（符中华）

【“食品安全诚信守望”公益宣传活动】 2013年，4月2日，长沙市启动“食品安全 诚信守望”大型新闻公益宣传活动，《中国食品安全报》《长沙晚报》《三湘都市报》长沙新闻频道、星辰在线等10余家省内外媒体，通过座谈、专访和现场体验等方式，深入到全市10个区、县（市），对22家食品生产经营诚信企业进行宣传报道，形成专题报道32篇。在采访调研和宣传报道中，各区、县（市）推介特色，展示成果，宣扬风采，挖掘出一大批食品安全生产经营单位的“真、善、美”，坚守正义，弘扬正气，传递食品安全“正能量”。（符中华）

【食品安全示范创建活动】 2013年，长沙市积极推进食品安全示范乡镇（街道）创建活动，加强创建工作指导，全市有61个街镇申创市级食品安全示范单位，验收评定20家。在开福区开展“阳光餐饮”工程，75家餐饮单位建立透明厨房。开展示范餐饮单位建设，推荐4家学校食堂、5家餐饮单位为首批省级示范单位，确定天心区坡子街等3条街为市级食品安全示范街，16家单位为市级餐饮示范单位。组织170个基地开展农产品标准化生产，创建验收市级标准化示范基地32个，示范面积达2.53万公顷。稳步推进标准化养殖，申报创建国家、省、市级畜禽水产示范养殖场43个。（符中华）

【食品安全违法犯罪典型案例】 “1•10”工业硫磺熏制干辣椒案。2013年1月10日，长沙县食安办、跳马镇派出所、县质监局开展联合执法，查处该县跳马镇白竹村一加工干辣椒的黑作坊。经查，2012年10月—2013年1月，作坊老板李良从江西购买90袋工业硫磺，熏制红干辣椒逾15吨，熏制后的干辣椒二氧化硫残留量超标近20倍。长沙县人民法院以生产有毒有害食品罪判处被告人李良有期徒刑3年，并处罚金人民币5万元。

“2•05”制售高档假酒和伪造名

“3 • 12”销售有毒有害水产品案

酒商标案。2月5日，长沙市食安、公安、工商联合执法，成功侦破一起制售高档假酒和伪造名酒商标标识的案件，抓获犯罪嫌疑人11名，捣毁制假窝点5个，查扣茅台、五粮液、酒鬼内参等各类品牌假酒600余瓶，各类假酒包装箱、包装盒、酒标识、防伪标识共计21万余个，涉案金额1200万余元。犯罪嫌疑人常怡红、窦艳辉和胡定武3人被刑事拘留。

“3•12”销售有毒有害水产品案。3月12日，长沙市畜牧局在马王堆海鲜市场开展水产品例行抽检工作时发现，来自广东的一车乌鳢（约8吨）检出含有违禁物质孔雀石绿且含量较大。获知信息后，市区两级食安、畜牧、公安部门迅速行动，对含有违法添加物的水产品全部予以查封，依法进行无害化处理，对涉嫌销售有毒有害食品的犯罪嫌疑人田义文予以刑事拘留。

“5•03”制售“假海蜇丝”案。5月3日，长沙市食安办联合市公安食安大队、雨花区食安、工商等部门，查处位于雨花区高桥商贸城10栋的一个专门制售“假海蜇丝”的窝点及3处销售门店，抓获违法犯罪嫌疑人4人，查扣化工级氯化钙、明矾、苯甲酸钠等非食品原料及滥用的食品添加剂100余公斤，“假海蜇丝”及半成品300余公斤，制假工具7套，成功捣毁制售“假海蜇丝”的犯罪团伙。

“8•26”制售不合格笋丝、野蕨菜案。8月26日，长沙市食安办、市公安食安大队联合雨花区质监、工商部门，捣毁一家位于雨花区黎托乡合丰村生产、加工劣质笋丝和野蕨菜的黑工厂，打掉一个多年盘踞长沙制售伪劣食品的犯罪团伙，抓获制假售假犯罪嫌疑人7人，查处销售门店和储货仓库9个，扣押劣质笋丝和蕨菜的成品、半成品共116吨，收缴违法添加物焦亚硫酸钠128.5公斤。

（符中华）

表10　2013年度长沙市食品安全刑事案件

序号	办案单位	立案时间	案件性质	简要案情	犯罪嫌疑人	处理情况
1	长沙市公安局食安执法大队	2013年1月8日	生产销售假盐案	2013年1月7日，公安与盐政执法人员，在雨花区黎托街道合丰村一处用工业盐制作食用盐的黑窝点，现场查获成品盐和原料盐65吨。11月23日犯罪嫌疑人邹红兵伙同陈金树再次作案时被现场抓获（见第十案例）	邹红兵 陈金树	移送起诉
2	长沙市公安局食安执法大队	2013年1月22日	非法经营案	犯罪嫌疑人赵增强伙同王永寿等11人于2012年8月在望城县乌山镇建立食盐加工厂，赵增强则负责联系建厂地址、招聘民工工人、联系购买生产设备，并以入干股的方式成为股东之一，主要负责处理打点当地关系，并由丁义辉联系从中赚取利润。从2012年8月到10月期间，该厂共非法获利6万余元	何正良 蒋扬均 何正才 蒋伯均 罗伏强 何仕春 颜建高 何秋良 何石坚 舒　健 王永寿	移送起诉
					赵增强	监视居住
					丁义辉	在逃
3	长沙市公安局食安执法大队	2013年2月6日	销售非法制造的注册商标标识罪（假酒案）	2010年下半年始，犯罪嫌疑人胡定武租赁开福区洪山桥鸭子铺社区居民甘寿泉家，为长沙等地的假酒销售商贩代加工生产假冒茅台、国窖1573、五粮液、酒鬼等品牌的高档白酒，从中收取加工费。涉案金额30万余元	常怡红 窦艳辉 胡定武	移送起诉

续表 10

序号	办案单位	立案时间	案件性质	简要案情	犯罪嫌疑人	处理情况
4	长沙市公安局食安执法大队	2013 年 5 月 4 日	生产销售伪劣产品案	2012 年 2 月底，犯罪嫌疑人江乃强、刘德素夫妇二人为牟利，学得假冒海蜇丝制作技术，并租用雨花区高桥农副商贸城新村 10 栋 3 门 2 楼为生产窝点。在未办理任何生产、经营证照的情况下，利用该技术，使用食品添加剂海藻酸钠为主要原材料，以氯化钙、明矾等为辅料，大肆制作假冒海蜇丝。涉案货值 20 万余元	江乃强 刘德素	移送起诉
5	长沙市公安局食安执法大队	2013 年 5 月 10 日	销售假冒注册商标商品案	2011 年 12 月至 2012 年 2 月期间，犯罪嫌疑人陶文震先后从卢家茂手中以 400 元至 7500 元每瓶不等的价格购得假冒茅台、五粮液系列白酒共计 62 瓶，后将该批酒以 999 元至 17000 元每瓶不等的价格销售给湖南金房国际酒店管理有限公司，共计 129588 元，非法获利 6 万余元。另在其住处现场查获尚未销售的假冒茅台酒 51 瓶	陶文震	移送起诉
6	长沙市公安局经侦支队	2013 年 5 月 2 日	销售假冒注册商标商品案	犯罪嫌疑人李军从 2011 年至案发多次从陈爱山处购进假酒并销售给湖南宁乡的“南哥”等人，销售金额共计 20 万余元。	陈爱山 李　军	移送起诉
7	长沙市公安局食安执法大队	2013 年 6 月 24 日	非法经营案	2013 年 6 月 17 日，长沙市盐务管理局在芙蓉区湖南农业大学液化气站仓库内发现有人正在违法装卸工业盐。执法人员现场查扣工业盐 49.5 吨。11 月 23 日，邹红兵、陈金树再次作案时被现场抓获	邹红兵 陈金树	移送起诉
8	长沙市公安局食安执法大队	2013 年 7 月 26 日	非法经营案	2013 年 7 月 9 日，长沙市盐务管理局执法人员在芙蓉区杉木村查获一非法生产假冒食盐的窝点，现场查扣假冒食盐原料、成品、半成品数十吨。11 月 23 日，邹红兵、陈金树再次作案时被现场抓获	邹红兵 陈金树	移送起诉
9	长沙市公安局食安执法大队	2013 年 8 月 27 日	生产销售伪劣产品案	2010 年初至 2013 年 8 月 26 日期间，犯罪嫌疑人方荣坤伙同其子王勇朝、儿媳方华芝、女儿王秀芳、女婿甘兴忠，租赁雨花区黎托乡合丰村一民房开设加工作坊，从广东、广西、贵州等地低价购入干笋丝、野蕨菜，先后雇佣蒋小花、刘再勇、周琳 3 人为帮工，在未办理生产经营许可证的情况下，生产、加工“能辉”牌笋丝和野蕨菜，且在生产加工的过程中，为防止腐烂变质，非法使用焦亚硫酸钠水溶液浸泡笋丝和野蕨菜	王勇朝 方荣坤 王秀芳 方华芝 甘兴忠 刘再勇 蒋小花	移送起诉

续表 10

序号	办案单位	立案时间	案件性质	简要案情	犯罪嫌疑人	处理情况
10	长沙市公安局食安执法大队	2013 年 11 月 23 日	非法经营食盐案	2013 年 1 月以来，犯罪嫌疑人邹红兵在未取得食盐批发、零售许可证的情况下，先后多次从江西宜春李某、湖北孝感张某处以 300 元 / 吨的价格购进工业盐 200 余吨，并将其中的 50 余吨工业盐通过改换回收“雪天”牌食用盐包装的方式制作成假冒“雪天”牌食用盐，以 650—840 元 / 吨不等的价格对外销售（其中已查证的为 128 吨）	邹红兵 陈金树	移送起诉
11	岳麓区公安分局经侦大队	2013 年 3 月 14 日	销售有毒有害食品（保健品中违法添加药品）案	2012 年 12 月底，龙涛声与妻子喻艳红向易科配送价值达 1799.5 元的各类假冒保健药品及器具。2013 年 3 月 13 日晚，犯罪嫌疑人易科在其经营的成人保健店将部分假冒保健药品以 200 元的价格出售给受害人张子健。受害人服用后感觉头晕，认为其买到了假药，返回该店找老板退钱时，发现民警正在检查该店，随即向民警报案	喻艳红 易科 龙涛声	移送起诉
12	岳麓区公安分局经侦大队	2013 年 3 月 18 日	销售有毒有害食品（保健品中违法添加药品）案	2013 年 3 月 18 日，公安机关在犯罪嫌疑人吴昌发店内查获假药“蚁力神”5 盒、假药“金典伟哥”3 盒。经查，假药“蚁力神”、假药“金典伟哥”系其分别从高桥大市场医药流通园陈国璋和王远递经营的保健品批发行购得。当日，公安机关从陈国璋、王远递店内查获假药“蚁力神”4 盒、加药“金典伟哥”30 盒	陈国璋 王远递 吴昌发	移送起诉
13	岳麓区公安分局经侦大队	2013 年 3 月 19 日	销售有毒有害食品（保健品中违法添加药品）案	2012 年 5 月以来，犯罪嫌疑人杨小兰、吴信坤分四次销售“A8 延时生精片”“德国黑蚂蚁生精片”“美国花旗参伟哥”“动情三鞭粒”等性功能假药给犯罪嫌疑人曾海元。2013 年 3 月 11 日，犯罪嫌疑人曾海元将“A8 延时生精片”假药销售给受害人刘建国。3 月 19 日，民警将犯罪嫌疑人曾海元抓获，根据其供述将犯罪嫌疑人杨小兰、吴信坤一举抓获。经依法鉴定，德国黑蚂蚁生精片、A8 延时生精片等产品按假药论处	杨小兰 吴信坤 曾海元	移送起诉
14	岳麓区公安分局望月湖派出所	2013 年 4 月 3 日	销售有毒有害食品（保健品中违法添加药品）案	2012 年 11 月以来，犯罪嫌疑人谢正华在明知“蚁力神”“第二代蚁力神”“伟哥二代”“蚁力神生精丸”“硬三天”等药是假药的情况下，仍然对外销售。2013 年 3 月 26 日，受害人黄某在犯罪嫌疑人谢正华店内购买了一盒“蚁力神”使用后，出现拉肚子、浑身无力、头昏脑胀等不良反应	谢正华	移送起诉
15	岳麓区公安分局望月湖派出所	2013 年 3 月 27 日	销售有毒有害食品（保健品中违法添加药品）案	2013 年 2 月份以来，犯罪嫌疑人陈敏在其“幸之乐”性保健品专卖店销售“蚁义神”“一炮到天亮”“猛男神”等假药。3 月 26 日犯罪嫌疑人陈敏贩卖一盒“第五代蚁力神”给受害人陈某，4 月 2 日贩卖一盒“第五代蚁力神”、一盒“一炮到天亮”给受害人邓某	陈　敏	取保候审

续表 10

序号	办案单位	立案时间	案件性质	简要案情	犯罪嫌疑人	处理情况
16	岳麓区公安分局坪塘派出所	2013 年 4 月 9 日	销售有毒有害食品（保健品中违法添加药品）案	2013 年 4 月 2 日，受害人王某在岳麓区含浦镇白鹤小区黄丙武经营的“无名性保健品店”内购买了三盒“伟哥”，服后感觉身体不适，怀疑是假药，要求公安机关查证，并提供了一瓶“绿色伟哥”药品。经鉴定，“绿色伟哥”为假药。4 月 8 日，民警对黄丙武经营的“无名性保健品店”进行搜查，依法扣押 VIAGRA（伟哥）9 粒、一炮到天亮 9 瓶、枪王 9 瓶、蚁力神生精丸 15 粒、绿色伟哥 3 瓶	黄丙武	取保候审
17	岳麓区公安分局含浦派出所	2013 年 4 月 10 日	销售有毒有害食品（保健品中违法添加药品）案	2013 年 3 月以来，犯罪嫌疑人朱云辉从淘宝网上购得蚁力神等假药后，在明知是假药的情况下，多次对外销售。4 月 10 日晚，犯罪嫌疑人朱云辉向被害人黄某销售假药时，被守候的民警当场查获	朱云辉	移送起诉
18	岳麓区公安分局含浦派出所	2013 年 4 月 11 日	销售有毒有害食品（保健品中违法添加药品）案	2012 年 9 月 28 日以来，犯罪嫌疑人伍小辉在未取得合法资质的情况下开设夜色情趣成人用品店，多次从高桥市场医药物流园“龙城”性保健品批发部以极低价格购入金伟哥 VGA、蚁粒神生精丸、德国小钢炮等假药。伍小辉在明知是假药的情形下，多次将所购入假药高价出售牟利。4 月 10 日民警将犯罪嫌疑人伍小辉抓获	伍小辉	移送起诉
19	岳麓区公安分局含浦派出所	2013 年 4 月 11 日	销售有毒有害食品（保健品中违法添加药品）案	2012 年 2 月以来，犯罪嫌疑人王智强从高桥医药物流园“龙成”“洋扬”保健品批发行以低价购入大量假劣性药，以高价出售，谋取利益。4 月 10 日民警将犯罪嫌疑人王智强抓获	王智强	移送起诉
20	岳麓区公安分局治安一大队	2013 年 4 月 1 日	生产有毒有害食品案（硫磺熏制辣椒）	2013 年 2 月份，犯 罪嫌疑人朱红军和祝友良合谋从事硫磺熏制辣椒的生意，朱红军收购干辣椒后，由祝友良在岳麓区含浦镇白鹤社区租赁的一废旧工厂进行硫磺熏制加工，从中牟利。3 月 1 日对该加工厂检查时，当场查获用硫磺熏制干辣椒共 700 袋共 1 万余公斤	朱红军 祝友良	移送起诉

续表 10

序号	办案单位	立案时间	案件性质	简要案情	犯罪嫌疑人	处理情况
21	宁乡县公安局	2011年6月5日	生产销售有毒有害食品案	2011年5月18日，罗金刚在宁乡县白马桥乡仁福村租住屋加工卤菜时，在卤水中添加亚硝酸钠来制作卤菜，次日下午五点，唐梅芝买下罗金刚所剩余的卤菜，给其小孩吃，一个多小时后发生食物中毒，送至宁乡县人民医院、湘雅三医院进行抢救方脱离生命危险。2013年5月10日罗金刚因涉嫌生产销售有毒有害食品罪被依法刑事拘留，5月22日被依法予以逮捕	罗金刚	移送起诉
22	宁乡县公安局	2013年8月15日	生产销售伪劣产品案	2013年8月12日，民警与质监局工作人员对宁乡县煤炭坝镇菖丝塘村贺正军、贺贵炎夫妇所经营的“君正米粉厂”进行检查时，在该厂生产车间旁一杂屋内查获包装袋上标有“苯甲酸钠”字样的物品1袋，执法人员当即对该厂所生产的“米浆”及成品“米粉”进行现场抽样，经检测发现，现场提样的成品“米粉”中二氧化硫的残留达95.45毫克/千克，“米浆”中二氧化硫的残留达到43.30毫克/千克，不符合DB43/156—2007米粉标准要求	贺正军 贺贵炎	移送起诉
23	宁乡县公安局	2013年7月12日	假冒注册商标案	2011年6月份，犯罪嫌疑人胡尚峰、潘建为从宁乡县老粮仓镇村民隆星光处以51500元的价格接手了一套生产水果冻的机器，租用宁乡县双凫铺镇原粟溪村小学礼堂作为生产车间，由宋陶亮提供假冒“喜之郎”商标的水果冻封口、包装、生产技术及相关原材料，帮宋陶亮进行假冒“喜之郎”水果冻的生产，每件得加工费6元，截止公安机关抓获，犯罪嫌疑人胡尚峰、潘建为其生产水果冻10059箱，销售金额达50万余元，犯罪嫌疑人胡尚峰、潘建为非法获利50000余元	宋陶亮	移送起诉
24	宁乡县公安局	2013年11月27日	生产销售不符合安全标准的食品案	2013年9月至11月间，犯罪嫌疑人陈秀伟在宁乡县历经铺乡历经铺村家中多次以低价收购犯罪嫌疑人邱凡玉等人送来的2500余公斤死因不明的死鸡，熏制成腊鸡以5元每斤的价格到宁乡县玉潭镇杉木桥市场销售	陈秀伟	移送起诉

续表表 10

序号	办案单位	立案时间	案件性质	简要案情	犯罪嫌疑人	处理情况
25	开福区公安分局刑侦大队	2013 年 1 月 3 日	米粉中毒案	2012 年 12 月 18 日，长沙学院陆续有 60 名学生在第三食堂桂林米粉店吃完米粉后，出现胃痛、呕吐、腹泻等中毒症状。事件发生后，民警在对在津市米粉店工作的郑敦坤、王建辉进行调查时，两人在明知犯罪嫌疑人王海丰在米粉中投放巴豆致使他人中毒的情况下，仍为王海丰隐瞒掩盖犯罪事实而不如实陈述，并由王建军、郑孝凌两人将剩余的巴豆和磨粉机等证据转移或毁弃。2013 年元月 7 日，犯罪嫌疑人王海丰、王建军因涉嫌投放危险物质罪，郑敦坤、王建辉因涉嫌包庇罪被公安机关依法刑事拘留	郑敦坤 王海丰 王建军 王建辉	移送起诉
26	开福区公安分局	2013 年 10 月 31 日	生产销售有毒有害食品案	2012 年初至 2013 年 10 月 31 日期间，犯罪嫌疑周希才，先后两次购进甲醛 40 瓶。周希才、肖满秀夫妻二人在明知甲醛为有毒有害、非食品添加剂的情况下，仍将购买的 23 瓶甲醛先后添加入其购买的白粒丸中，并通过其农贸市场摊位将添加有甲醛的白粒丸以 1.5 元 / 斤对外销售，至案发被查获时止共计销售量达 1000 余公斤，非法获利 1500 余元	周希才 肖满秀	移送起诉
27	芙蓉区公安分局	2013 年 3 月 16 日	生产销售有毒有害食品案	2013 年 3 月 12 日长沙市畜牧兽医水产局在对海鲜市场进行抽样检测时发现一起检测标本非法添加了“孔雀石绿”。随即将案件移送至芙蓉公安分局治安大队。经侦查，犯罪嫌疑人田义文从广东佛山市贩运乌鳢 8000 公斤，雇佣牌照为豫 P88983 的大货车运输运往长沙、武汉等地	田义文	移送起诉
28	天心区公安分局	2013 年 7 月 27 日	生产销售伪劣产品案	2013 年 7 月 26 日，执法人员在天心区解放四村农贸市场将前来送货的犯罪嫌疑人段洪光抓获，查获“卤香干”100 余公斤。经审讯，段洪光交代“卤香干”是捞刀河一豆制品生产作坊生产的，民警立即赶到捞刀河查处了这家无名豆制品生产作坊，抓获作坊老板段落昌以及工作人员 4 人，现场查获卤香干成品 140 公斤，半成品 1000 公斤，非法添加剂——苯甲酸钠 50 公斤。经审讯销售金额达 20 万余元	段落昌 段洪光	判有期徒刑 8 个月，罚金 1 万 5 千元。
29	天心区公安分局	2013 年 6 月 10 日	非法经营（食盐）案	2013 年 7 月 24 日，天心区刑侦大队分别在长沙等地实施收网，破获一起特大销售假盐案。现场收缴工业盐 20 余吨，抓获凌国平、何帮敏、李军伟 3 人	凌国平 何帮敏 李军伟	批准逮捕 监视居住

续表 10

序号	办案单位	立案时间	案件性质	简要案情	犯罪嫌疑人	处理情况
30	浏阳市公安局治安大队	2013年6月25日	生产销售有毒有害食品案	接群众举报，浏阳市公安部门在浏阳市北盛镇卓然村香西组老织布厂厂区内查获一加工劣质腊肉"黑窝点"，抓获犯罪嫌疑人周申文、熊春花、毛立初3人，查获经亚硝酸盐、工业盐、胭脂红、焦糖色等有毒有害原料加工腌制的腊肉成品2000余公斤	熊春花 毛立初 周申文 张果成 于平辉	移送起诉 治安处罚
31	浏阳市公安局柏加派出所	2013年9月9日	生产销售不符合安全标准食品案	9月8日，浏阳市公安部门捣毁一制贩"病死猪"肉制品"黑窝点"，刑事拘留2人，收缴"病死猪肉"1000余公斤。2013年8月以来，犯罪嫌疑人高春伏先后3次从浏阳市普迹镇、太平桥镇等地生猪养殖户购得13头病死猪，与犯罪嫌疑人吴广华一起对病死猪进行去毛、分割、整理、装载，然后销往长沙红星大市场的多个猪肉经营户及私营肉食加工作坊	高春伏 吴广华	移送起诉
32	望城区公安局治安大队	2013年6月6日	生产销售有毒有害食品案	犯罪嫌疑人熊正军承租望城区铜官镇太丰村一村民的仓库，从一名叫"春生"的男子处购得"长征"牌工业硫磺3000千克，由"春生"提供技术，聘用熊铁刚、熊建军用硫磺熏制"干辣椒"，姚定庚担任货车司机，将辣椒销往长沙县、汨罗市等地。至案发，熊正军共熏制"毒辣椒"2万公斤，涉案金额20万余元	熊正军 熊铁刚 姚定庚 熊建军	移送起诉
33	长沙县公安局	2013年1月12日	生产有毒有害食品案	1月12日，长沙县公安部门成功破获公安部督办的生产有毒有害食品案，捣毁一个非法熏制干辣椒的"黑作坊"，抓获犯罪嫌疑人李良、周军，查获经硫磺熏制的干辣椒15760公斤、工业用硫磺3950公斤	周军 李良	移送起诉
34	长沙县公安局	2013年5月7日	生产销售假冒注册商标商品案	2013年4月份以来，犯罪嫌疑人刘建武租住长沙县黄兴镇光达村一村民房屋，制造假冒"旺旺碎冰冰"并转销外地，现场查获假冒"旺旺碎冰冰"732件（共计58560支）以及600个印有"旺旺碎冰冰"的空包装纸盒。假冒"阿尔卑斯棒棒糖"605件（共计290400个）、多功能枕式包装机1台、100卷和10大袋印有"阿尔卑斯棒棒糖"的塑料包装袋	刘建武	移送起诉
35	长沙县公安局	2013年7月23日	生产销售不符合安全标准食品案	2013年7月24日，接群众举报，长沙县公安部门在该县青山铺镇洪河村，查获一非法加工屠宰病死、死因不明的生猪的"黑窝点"，抓获犯罪嫌疑人冯彪。经查，冯彪自2013年6月底至案发，从周边村民家中低价收购病死牲猪在家中屠宰，大部分的病死猪肉存放在自建的冷库里；一部分病死猪肉用亚硝酸钠、工业用盐腌制以待销售	王津世 冯　彪 熊海春	移送起诉

城乡建设

责任编辑：尚　畅

规划管理

【概况】　2013年，长沙市城乡规划系统坚持高标准高起点完善城乡规划，不断增强规划的科学性和权威性，充分发挥规划的引领和宏观调控作用，有效地促进全市经济社会发展。

一、规划引领。2013年，长沙市城乡规划引领作用日益凸显，策划项目实施有序推进。在新区建设方面，以控规和城市设计为引导，加强片区规划和建设。联合先导区和各区政府加快重点片区规划编制，按照完善功能、提高建设集约度的理念，加快推进梅溪湖、洋湖垸、滨江新城等片区建设。旧城区改造以突出重点、完善公共空间体系、加大支路网密度建设、改善环境为重点，加大轨道站点周边建设力度，有效推进南湖新城、芙蓉CBD、黄兴北路片区等建设。高标准策划重大项目，立足城市环境改善、基础设施建设、交通发展等重大问题，有序推进重大项目的规划和实施。开展桐梓坡—鸭子铺通道、万家丽路快速化改造、东二环改造、湘江航电枢纽排水管网改造、丽江路等规划前期研究，加快推进4大市场选址、大托机场搬迁等工作。加强对重大项目的策划，有效推进轨道工程1号线、3号线、4号线、综合交通枢纽、京珠高速辅道、长沙国际会展中心等重大项目建设。围绕市委、市政府重大决策开展大量规划前期论证和方案编制，如湘江新区规划研究、万达文化旅游城项目选址、黄鹤村村庄规划、傅家洲名人园等。

二、规划编制。通过编制优秀的规划成果科学谋划长沙发展。总体规划修改按住建部要求修改完善并上报国务院审批。全面启动专项规划编制，组织编制《长沙市中心城区排水专项规划》《长沙市绿地系统规划》等专项规划，清理全市已编、在编专项规划41个并提请市政府督促编制单位加快编制进度，为提高城市承载力奠定良好基础。开展黄兴生态新城南片等6片控规的编制和上报，从整合专项规划内容、提升城市承载能力、功能和形象3个方面全面推进控规修改，完成57个控规管理单元的修改、公示和上报，完善规划管理依据系统。加快先导区规划编制，与先导区共同组织河西区域控规提升，开展洋湖垸西片、望江路北片等控规编制。促进城乡统筹，以排水、电力、绿地规划为重点，加快推进望城区与主城区规划对接。以15个中心镇（小城市、特色镇）为重点加快村镇规划编制，完成镇总规和给排水等相关规划的编制，创造性地将小城镇规划浓缩表达为镇域（区）基础设施图、镇域（区）近期建设图等“八张规划基础图”，明确近年建设重点和发展方向。开展重点地区城市设计及地下空间规划，完善湘江滨水区城市设计，组织苏托垸、朝正垸、五一广场、滦湾镇周边地区等城市设计和地下空间规划编制，着力打造城市亮点。加强历史文化名城保护，完成《历史文化名城保护规划》《汉长沙王遗址公园及周边地区总体规划》并上报市政府，《靖港历史文化名镇保护规划》获省政府批复，委托国家名城研究中心开展古城风貌区城市设计，着力彰显文化特色。

三、规划实施。严格规划修改，完善《长沙市容积率管理技术规定》并上报市政府批准，编制《控制性详细规划修改服务手册》《控制性详细规划修改工作手册》《控制性详细规划修改规定》，全年完成控规修改项目113个。提升服务意识，出台《长沙市乡村建设规划许可管理规定（试行）》《市政工程规划审批服务手册》《市政工程规划审批工程手册》《轨道建设项目报建流程（试行）》，规范行政许可程序，探索“保姆式”规划服务。制定规划督导员制度，加大对重点项目规划行政许可的督查、监督力度，提高审批效率。开展行政效能评估课题研究，继续推行行政许可与技术审查分离制度，简化案卷出窗流程。局政务中心窗口坚持落实“一站式服务”和“一次性告知”，推行延时服务、预约服务、代办服务、跟踪服务和快递服务，提高服务满意度。市局全年受理报建1538项次；核发《选址意见书》119个；《建设用地规划许可证》168个，用地面积928.95万平方米；《建设工程规划许可证》519个，面积1590.41万平方米，管线长度191.03千米，全年行政许可实际办理时限24个工作日。先导区及各分局受理报建2849项次；核发《选址意见书》252个；《建设用地规划许可证》236个；用地面积2816.67万平方米；核发《建设工程规划许可证》666个，面积1490.05万平方米，管线长度382.59千米；核发《乡村建设规划许可证》38个，面积 13825.78 平方米。

四、规划研究。加大城市规划重大课题研究力度，按照“六个走在前列”要求，完成《国内先进城市规划建设水平研究》课题，以城市品质倍升为目标，从城市总体形象、片区建设、景观环境和重要建筑等方面对全国 12 个先进城市的实际建设效果进行跟踪研究，找准差距、明确措施，引领长沙规划走在全国省会城市前列。开展 2030 年基本实现现代化规划指标体系研究，以纽约、首尔等城市发展指标为样本研究长沙 2030 年基本实现现代化的规划指标体系。开展《城乡规划促进城乡品质倍升实施方案》研究、国内 7 个国家级新区横向研究以及《加强规划引领研究专题报告》等，科学辅助城乡规划决策。筹备成立规划技术审查委员会，着力提高技术审查水平。编印《2012 年长沙市规划实施年度报告》《2012 年长沙市交通状况年度报告》《长沙建筑图集》，及时总结长沙规划实施情况。

五、规划执法。以加强法治化建设和严格规划执法为契机，强化依法行政意识，提高规划执法水平。1. 强化法治意识。完成《长沙市城乡规划条例（草案）》，上报市政府、市人大列入适时出台计划。出台《长沙市城乡规划局听证规定》，充分保障利害关系人的合法权益。完善行政执法指导案例制度，制定《合法性审查工作规定（试行）》，逐步推行合法性审查分类指导制度，全年共对 158 个案卷进行合法性审查。推行行政诉讼和行政复议的统计分析制度，指导和规范行政行为。全年办理行政复议案件 12 起，均判维持市规划局行政行为，行政诉讼案件 62 起，均胜诉。继续开展执法案卷评查，评查结果作为绩效考核的重要依据。2. 创新执法手段。以“全程监控重及时，批后管理重过程”为目标，切实履行批后管理职责，放线检查、正负零检查、主体封顶检查、竣工验收检查到位率以及现场公示到位率均达 100%。建立批后管理全程照相或摄影制度，制作建设工程批后管理档案。建立违法建设查处四级管理机制，包括大队现场督促停工、支队牵头联动监控、责令停止建设以及提请市（区）政府责成有关部门强制拆除等措施，坚决杜绝“喊不停、制不住”的现象。与先导区管委会联合印发《关于大河西先导区岳麓区范围规划监察执法工作的意见》，规范大河西先导区岳麓区范围建设工程项目批后监管。全年参与放线验线 294 次，实施建设位置复验 106 处，主体封顶检查 108 次，竣工检查 294 次，巡查 1289 次，现场公示 384 次，违法建设移送城管部门 92 件。下达行政处罚决定书 47 份，处罚违法建筑面积 101015.28 平方米。积极参与全市城市环境综合整治，印发《长沙市城乡规划局城市环境综合整治实施方案》和城乡结合部环境综合整治详细方案，做到主动谋划、前期介入、责任到位。完成全市混凝土搅拌站选址布局规划和大型渣土消纳场选址规划，积极参加全市棚亭和地下通道整治。运用卫星遥感影像技术辅助规划执法监管，组织开展三次卫星遥感影像异常图斑核查，核实面积 1628.6 平方公里，核查异常影像图斑 3682 处，清理未取得“建设工程规划许可证”擅自建设的建（构）筑物 1422 处，底层面积合计 149.9 万平方米，由市政府办公厅按照职责分工交给各区政府、管委会和相关职能部门开展整治处理。

六、信息化建设。创新规划信息化手段，开展《长沙市城市规划信息化工作纲要（2010—2012）》实施评估，完成《长沙市城乡规划信息化规划（2013—2015）》。1. 信息化平台覆盖面更广。完成长、浏、宁规划管理信息化平台项目验收，实现市域范围市、县（区、市）两级管理平台全覆盖。完成先导区与市规划局“一站式规划管理服务平台”的联网对接，有效地提升城乡规划信息化管理水平。全面改版局官方政务网站并于 11 月份正式上线，全年总访问量达 96 万人次，网络信息更新 3000 余条，局政务网站在 2012 年度全市评比中荣获第一名。2. 信息化工具应用性更强。完善《长沙市城市规划测绘管理办法》，开展地下管线的补测、补绘，会同长沙市住房与城乡建设委员会、长沙市城建档案馆等职能部门推进长沙市地下管线地理信息系统建设。完善移动一站式规划管理服务平台。基于 B/S 架构的一站式规划管理服务平台获“湖南省测绘科技进步奖二等奖”。完成易建通图库管理系统功能测试和完善性开发，逐步推行网络预约报建。完成 9.5 平方公里三维仿真精细建模，基于 CityMaker SDK 完成城市规划三维决策支持平台及相关辅助工具的研发，提升三维辅助决策水平。

（李　畅）

【《长沙市城乡规划条例》立法调研】 根据《中华人民共和国城乡规划法》《湖南省实施〈中华人民共和国城乡规划法〉办法》要求，为健全统筹城乡规划管理机制，完善城乡规划管理制度，为城市发展提供有力的法律保障，2013 年，市规划局加快推进《长沙市城乡规划条例》（以下简称《条例》）立法调研相关工作。通过实地考察、召开座谈会、书面征求意见等各种形式，了解相关城市立法现状和先进的立法经验，广泛征求相关部门以及专家学者等对于规划立法的建议和意见。经过多次修改完善，于 2013 年 12 月形成《条例》草案，并向市人大常委会申请列入长沙市 2014 年适时出台的立法计划。此次立法强调规划的严肃性，通过设立严格的程序，加强对城乡规划制定、修改等行为的规范；促进规划的科学性，强调城乡规划的制定和修改必须进行科学地分析和论证，充分吸收社会各界的意见和建议；提高规划的公开性，通过城乡规划制定、修改、实施和监督检查全过程的公众参与，增强透明度。在规划管理制度设计上，始终坚持以科学、客观、务实的原则，运用改革创新的思维和公众参与的方式，力求达到特色鲜明、内容先进、操作性强，能够解决实际问题。（李　畅）

【控规修改方案向社会公示征求意见】 10 月 20 日，市规划局在《长沙晚报》、湖南城乡规划信息港等媒体开展大规模的控规批前公示活动，吸引社会各界的高度关注和广泛参与。为了深化落实城市总体规划的发展意图，完善项目审批法定依据，实现城市功能和品质的提升，市规划局自 2012 年启动控规修改工作，并于 2013 年度取得重大进展。该控规提升工作共涉及 27 片，58 个单元，分两个阶段开展：第一阶段是通过完善控规中的基础设施规划要素，提升城市承载能力；第二阶段是通过完善用地规划，优化开发强度控制和公共设施规划布局，提升城市功能。2013年初，市规划局启动控规提升编制标准和成果标准研究等一系列前期研究，实现思路的统一和成果的规范，为控规提升工作有序开展提供技术依据和有利保障。2013年6月起，组织对27片控规提升成果进行技术预审和规委会专家审查。12月下旬，经综合各相关单位、部门以及社会各界意见后上报市政府并同步开展汇编工作。同时，为了提高控规修改的科学性和群众参与性，市规划局就控规修改成果进行网络公示、媒体公示和社区公示，开展控规成果进社区活动，通过社区大讲堂、社区座谈会、社区现场咨询等形式，收到良好社会效益，得到媒体与公众的广泛关注和参与。（李　畅）

【15个中心镇（小城市、特色镇）规划提升工作完成】　根据市委、市政府关于打造灰汤、大瑶、永安、铜官、暮云5个小城市，金井、镇头、流沙河、沿溪、花明楼5个中心镇，开慧、乔口、沩山、大围山、莲花等5个特色镇的工作部署，2013年，市规划局加快推进15个中心镇（小城市、特色镇）规划编制和提升工作。先后组织对15个中心镇（小城市、特色镇）进行规划专题调研，4次组织省内外规划专家及相关部门领导到永安、金井等乡镇召开专家咨询会、规划工作协调会，对小城镇规划建设提出建设性的意见和建议，提升规划的科学性。安排400万元规划编制专项资金用于15个中心镇（小城市、特色镇）规划编制，先后委托8家高水平设计单位对15个中心镇（小城市、特色镇）开展总体规划、控制性详细规划、修建性详细规划和专项规划等编制，所有规划编制成果均通过专家审查会审查，按要求上报县（市、区）政府审批。突出规划重点，按照全市统一标准，对15个中心镇（小城市、特色镇）编制镇域（区）现状图、镇域（区）土地利用及指标图、镇域（区）基础设施图、镇域（区）近期建设图等“八张基础图”，作为规划整合提升的规定动作，明确近年建设重点和发展方向，提高规划的指导性。加强规划编制经费保障，在市政府专项引导资金中积极争取到1000万元拨付给乡镇用于乡镇规划编制和提升。（李　畅）

城市管理

【概况】　2013年，长沙市开展城区市容市貌整治、城乡结合部环境综合整治、道路交通秩序综合整治、打击非法营运专项整治等“四大整治”，其中，城区市容市貌专项整治和城乡结合部环境综合整治由长沙市城市管理和行政执法局负责。全年，城管系统整治工作保持强有力的态势，市容市貌明显改善，城市品质大幅提升。此外，精细化管理、城管执法规范化建设、文明程度指数测评迎检等工作深入推进，城管工作保持良好发展势头，得到各级领导的充分肯定和市民群众的认可。

一、集中整治。城管系统拓宽整治思路，创新整治方法，优化整治手段，开展城区市容市貌和城乡结合部环境两大整治，全年拆除违法建设280万余平方米、户外广告招牌25万平方米。城区市容市貌综合整治方面，以“五个一”活动（即每周开展一次违章占道大整治、一次夜间渣土管理大执法、一次门前三包大纠违、一次疏导点大清查、一次户外广告大强拆）为切入点，开展环境卫生、违章占道、扬尘污染、道路基础设施、户外广告招牌、违法违章建筑等6大专项整治。全市共组织开展规模较大、影响较大的市容秩序集中整治行动1800余次，城区市容秩序得到明显提升。城乡结合部环境整治方面，按照以拆为主、全面提质、建立长效的整治工作思路，继续推进整治工作。对长潭西收费站入城口周边的一些设施进行立面整治和设施完善；进一步加大拆违工作力度，强力拆除违法仓储物流、户外广告招牌和亭棚等各类违法建设，全市范围内掀起拆违的热潮，全市城乡结合部范围共拆除违法建设250.4万平方米，城乡面貌明显改善，环境品质明显提升。

二、维护水平。围绕精细管理做文章，创新管理机制，细化管理标准，落实管理责任，城市维护管理水平大幅提升。环卫维护方面，对全市主次干道及环卫公用设施进行维护，3600万余平方米道路清扫保洁到位，清洁维护3000余块路名牌，公共垃圾站、果皮桶等环卫设施均正常使用，每天5000余吨生活垃圾日产日清，无害化处理率达100%。市政维护方面，修补路面近60万平方米，修补人行道20万余平方米，清掏井30万余次，疏浚排水管道120万余米，有效改善道路运行情况，确保城区道路状况运行良好。绿化维护方面，全年补栽补种行道树1.4万株、花灌木9.5万株、模纹植物70.5万平方米。草皮40万平方米；喷洒农药稀释液4500余吨，施肥（液）790吨；修复损坏园林绿化设施4.8万余（套）米；全市道路绿化设施和植物完好率达98%以上。景观亮化方面，严格实施《长沙市夜景亮化设施维护管理办法》及《实施细则》，加强楼宇业主单位和电力部门协调指导，确保全市终端监控完好率达到95%以上。门前市容管理责任落实方面，在全市继续开展创建“门前市容管理示范路段”活动，重点打造22条门前市容管理示范路段。交通设施维护方面，加大交通隔离设施的清洗力度，完成河西高校周边交通设施优化；对河西奥克斯广场、省政府机关二院等50余处交通隐患较为严重的路段进行交通组织优化。

三、城管执法。进一步加强管理，落实责任，实现城管行政执法工作的全面推进，为长沙市城市管理走在前列发挥积极保障作用。1. 健全落实行政执法网格化责任体系。按照“包路分片”的原则，全市1274名执法干部承担全市535个网格责任片区、路段的行政执法责任，通过责任落实、监督与追究，形成“人人有责任、层层抓落实”的工作局面，进一步强化全体执法干部的责任意识和主动作为意识。2. 实施分级督查督促机制。严格实行主要路段重点场所守点、全员上路、空档时间管理执法、夜间执法和值班等制度，对工作落实情况进行分级督查督促，有力推动市容管控全天无空档和执法常态化，在保障各重大活动、节会及维护城区良好市容秩序上发挥明显成效。3. 坚持常态讲评工作机制。通过实行日常督查、每月考核排名、召开季度讲评会的方式，对各大队工作落实情况、问题进行客观评价，较好的形成“比拼争创”的竞争氛围，引导队伍良性发展。

四、竞赛活动。全市城管系统认真落实“六个走在前列”大竞赛活动的新要求。通过全系统的努力，城市品质大幅提升，竞赛活动亮点频现，两大整治深入推进，城市环境整体上一个大台阶；4条景观特色街改造完成；餐厨垃圾收集处理、垃圾焚烧工作已走在全国的前列；湘江两岸、重要桥隧和路段的33栋楼宇景观亮化工程建设，为长沙市增添新的夜景亮点；5座人行天桥、20个社区公园建设、20条支路街巷提质改造、9个社区综合整治提质、40个地下通道和200座公共厕所维修改造、20条道路交通护栏提质改造、16处排水堵点改造、100个绿化维护达标小区的创建等项目建设全面完成。

五、文明测评。在2013年全国城市文明程度指数测评备战中，全市城管系统强力推进文明测评迎检工作。1. 强化迎检调度，迎检工作部署周密。以局长、书记为总指挥的迎检工作指挥部，全面统筹工作，按照“快速反应、及时调度”的原则，及时组织调度工作。测评期间，全系统工作人员24小时严守阵地，每晚召开全系统工作调度会，通报问题、传达指示、部署工作、解决问题。2. 开展督查工作，问题整改及时到位。对照《全国城市文明程度指数测评体系（2013）》要求，组织对全市主干道、主要商业大街等进行综合督查并督促整改，确保市容秩序良好。3. 落实蹲点守线，市容秩序明显提升。安排专人24小时值班，与各区创建人员形成强大的合力。成立专门应急处突队伍，应急队伍做到随叫随到、随到随战。除值班人员外，全市城管系统按照路段、责任片区、责任制的要求，全部参与一线工作，实行全员上岗，分片包干，责任到人。通过强化迎检调度、强化督查整改、落实蹲点守线，市容秩序明显提升，迎检测评工作任务圆满完成。

六、信访工作。共处置市长信箱件372件、局长信箱件366件，接待群众来访、来电、来信134批次，无越级上访和集体上访等重大事件发生。办理省市建议政协95件，回复率、见面率、满意率均为100%。

七、政务服务。优化整合审批项目，缩短审批办理时间，大力推行在线办理和电子监察。年内，政务窗口共办理行政审批2万余批次，受理行政许可2000余件；数字化平台采集各类城管问题32.7万余件，有效问题32.4万余件，处置率99%；12319投诉平台受理投诉案件1.7万余件，回复案件1.6万余件，回访案件1.6万余件，投诉反馈率达98%，群众满意度达92%。　　（钟　庭）

【市容环境卫生】 2013年，重点突出市容环境卫生精细化维护，修改完善长沙市市容环卫维护专业考核细则，合理调整城区24小时保洁、18小时保洁和12小时保洁的路段和区域。确保全市4689万余平方米道路、公共广场、710座垃圾站、5541个公厕蹲位、177座地下通道的维护保洁到位；确保城区（含主城区、长沙县部分）5000余吨生活垃圾日产日清。规范生活垃圾收集、运输、填埋处理。全年中转压缩无害化填埋生活垃圾170万余吨，无害化处理率达100%；全年固化填埋处理城市污水厂污泥20万余吨，达标处理渗沥液50万吨；利用填埋气发电量5400万千瓦时；全年收运处理餐厨垃圾约12万吨，安全卫生销售回收油脂5000余吨。进一步规范环卫机械化作业。对296台洒水车、124台机扫车、264台垃圾运输车等环卫专用车辆实施严格监管，对车辆标志、标识及编号进行规范统一，树立行业形象。加强道路清洗、加大渣土管理执法力度。2013年长沙提出史上最严的渣土管理，继续落实夜间人工配合水车专业清洗。结合对城区雾霾治理，在全市开展为期一个月的集中清洗大行动，实施3天一轮回全面精洗。强化渣土扬尘治理，每月第一周、第三周开展全市集中整治行动，7部门联合执法；第二周、第四周进行分区整治。规范渣土消纳；推进渣土立法，拟定《长沙城市建筑垃圾管理办法》，落实扬尘管控，强化检查执法，全年组织集中执法78次，教育整改违章施工工地760个次；查验渣土、砂石、搅拌混凝土车辆10860台次；办理案件166起。全市环卫部门配合园林部门加强抗旱保苗，加强夏季洒水降尘，有效促进渣土扬尘专项整治工作的深入开展，改善空气质量环境。加强环卫设施配套项目建设。完成40座地下通道、200座站厕设施维护改造、10座垃圾站设备采购。新建36座站厕。完成固废处处理场二期道路和污水处理场脱水污泥集中处置厂建设，启动生活垃圾深度综合处理（清洁焚烧）项目等。但生活垃圾处理方式单一，唯一的垃圾中转、填埋场处理体系负荷压力大、环境影响控制困难，站、场规划建设滞后，周边维稳协调成本不断提高。发生处理填埋场阻工堵路30余次，接市长信箱、市民上访、投诉来电、来访330余起。积极应对冰冻、灾害天气，全市防冻抗冰出动人员近5万人次，车辆近2000台次，清除积雪约6000吨，全市撒盐1080吨，融雪剂19吨，铺设草袋23000余只。另外，配合市直机关部门完成中国湖南国际旅游节暨湖南旅游产业博览会，长沙市“欢乐潇湘—长沙篇·舞动星城歌颂湘江”大型群众文艺汇演、梅溪湖国际文化

英才园生鲜市场整治

艺术周；第四届中国国际公路自行车赛等工作活动，保持良好的市容环境，展示长沙省会城市形象。（侯跃辉）

【市政管理】 2013年，市政管理工作以建设人民满意市政为目标，组织完成芙蓉中路（人民路至劳动路段）道路提质改造，牵头组织完成17处排水堵点改造，完成芙蓉路八一桥、韶山路竹塘西路口、劳动中路、三一大道德雅路口、营盘路蔡锷路口5处人行过街设施建设。同时，加强日常性市政设施维护。全市共修补路面592146平方米，修补人行道208196平方米，清掏井300259个/次，疏浚排水管道1202307米，更换各类破损、缺失井盖7025块，调整恢复侧平石31275套米，清淤12503立方米，安装防坠网9569个，更换带锁井盖464个。在城区重点工程多、大部分道路超年限及超交通压力运行的情况下，经过市政系统全体干部职工的艰苦工作，实现城区道路、排水设施基本处于良好水平，道路完好率达到98%，确保市民的出行安全。在2013年全国城市文明创建检查中，市政硬件迎检工作没有扣分。通过强化市政业务单位与城管执法队伍的衔接，全面加强对路政审批事前、事中、事后的监管，并加大对市政设施日常巡查与监督管理的力度。共办理临时占道审批1704处、破路挖掘审批716处，路政管理得到进一步规范。联合行政执法部门，组织对全市基建围档占道的专项整治行动，出动人员1100人次，查验工地175处，下达责令整改120份，实现工地围挡退让79处，退让还路面积28884.7平方米，围档占道现象明显得到好转。（张杰捷）

【城区绿化】 一是精细管理，维护水平稳步提升。全年补栽补种行道树（含大乔木）1.4万株、花灌木（含大灌木）9.5万株、模纹植物70.5万平方米、草皮40万平方米，累计修剪行道树（含大乔木）35万株、花灌木（含大灌木）95万株、模纹植物820万平方米、草皮110万平方米，喷洒农药稀释液4500余吨，施肥（液）790吨，修复损坏园林绿化设施4.8万余（套）米。全市道路绿化设施和植物完好率达98%以上，顺利完成全国文明城市测评任务。二是主抓项目，工程建设圆满完成。高品质完成20个社区公园建设任务，实施五一大道道路绿化提质（增绿）工程，有效提升了城市绿化品质。3—4月在全市主要干道、重要广场和节点组织种植紫薇、茶梅、夹竹桃、黄花槐等26个品种，38.3万株季节性花卉、苗木，基本实现城区道路四季有花的工作目标。三是严格审批，行政许可程序进一步规范。进一步规范绿化占用，树木移伐行政许可审批程序，严格行政审批前置条件，对不具备许可条件的一律不予受理。全年累计办理行政审批120件，积极兑现服务承诺，做到三个100%，即：办理单位（群众）满意率100%，到场查勘100%，按时批复100%。积极配合行政执法部门，对损毁绿化、占用绿化行为加大查处力度，有效保护了城市绿地。特别是地铁等重点工程，每件都实地与相关人员协调，尽量减少毁绿、损绿。四是活动搭台，工作实效逐步提高。分别组织“3•12”植树节暨补栽补种月活动、业务培训及考察活动、绿化维护作业示范路段创建、建设绿化达标小区等专项活动，通过活动搭台，提高工作实效，绿化维护工作整体水平得到大幅提升。（陈国平）

【城管行政执法】 2013年，城市管理行政执法执法管理和整治工作力度显著加强，一是扎实开展城市市容环境整治。按照“每周有整治计划、专项整治有行动安排、每周整治有明显成效”的原则，加强市容执法经常性整治，全市共组织开展规模较大、影响较大的市容秩序集中整治行动1800余次，累计规范店外经营17039处，查处占道经营流动摊贩75507处，取缔非法马路市场589处，查处违章占用人行道停放机动车辆18290台次，整治占道施工、围挡行为1296处，整改占道亭棚391个，查处占绿、破路等占道行为258起。二是加大违法建设、违章户外广告、渣土、餐厨及占道专项整治工作。强化控违拆违工作力度，加大对违法建设的拆除力度。加强户外广告执法的巡查、批后监管和工作督办，有效遏制、查处新增违法户外广告（招牌）违规行为；全面推进全市两批户外广告清单拆除工作。加强渣土整治工作，联合各部门开展大规模、高频率和不定期的集中整治，全年组织管理执法行动78次（其中全市大规模整治行动46次），参加整治行动15000人次，检查工地4200个次，教育整改违章施工工地760个次，拍照取证6000张，下发责令限期整改通知书184份，查处无证偷运工地26个，查验渣土、砂石、预拌混凝土车辆10860台次，证据登记保全车辆158台次，办理案件166起，取得良好整治效果。推进餐厨垃圾执法整治，通过各区政府牵头联合整治、市局牵头定期整治的方式，有力打击餐厨垃圾违法违章行为，全年共组织开展餐厨集中整治行动54次，办理餐厨垃圾行政执法案件489起，罚款29万元，暂扣非法收运车辆450台，教育餐饮单位1856余家次，教育非法收运人员1500余人次。开展亭棚和地下通道专项整治，进一步规范亭棚的经营秩序，确保全市过街地下通道的整洁有序；全市建设工地围挡占道行为，查验工地208处，下达整改通知143份，实现工地围挡拆除或退让83处，退让还路面积达5万余平方米。建立全市规范疏导点电子地图管理和调整退出机制，对调整后84个夜市疏导点加强管理执法。三是深入推进城乡结合部环境整治。市局按照以拆为主、全面提质、建立长效的整治工作思路，发挥市指挥部牵头、组织的工作职能，实行每周一调度一安排，大刀阔斧清理拆除。按照“以拆为主、以拆开路”的整治原则，加大清理拆除力度，以重点、难点区域整治的突破口，拆除大面积制约城市发展、影响城市形象和存在安全隐患的各类违法建设、违法户外广告和大型违规木材市场。积极组织提质建设。按照“清理拆除一片、提质建设一片”的整治思路，全面实施基础设施配套建设，突出主要道路两厢绿化、美化和亮化，以大建设促进基础设施条件的大改善，以大提质促进环境品质的大提升。逐步建立长效机制。按照疏堵结合、长效管理的整治模式，着力改善城乡结合部基础设施配套建设，加快城乡结合部环境长效管理机制建立。2013年，全市城乡结合部范围共拆除违法建设250.4万平方米、户外广告招牌16.1万平方米，整治亭棚742处，治理施工场地193处，治理砂石场167家、非法营运341处、"五小企业"210家，清退养殖场69处，清理垃圾2.05万吨，建设环卫设施1890处、道路基础设施761处，路灯设施135处，完成绿化提质26.4万平方米、建筑立面改造2939处。四是积极开展城管执法服务活动。大力开展"学习雷锋式城管干部李特为"和"文明创建立新功，做一件有意义的事"活动，积极开展入户走访、恳谈、大接访、扶贫帮困、柔性执法等各项工作，每名执法干部为民办1件以上的实事和好事，有效增强执法干部文明执法、为民服务意识，树立城管执法队伍良好形象。（程代国）

【基层管理】 2013年，全市城市管理基层管理工作有序推进并取得明显成效。一是全面推进街道社区管理工作。全年开展5次全市性综合督查，修订印发街道社区管理规章制度，健全完善街道（乡镇）、社区行政区划图及平面图信息，建立网格化管理台帐；采取日检查、周通报、月讲评、季排名等措施，定期开展市区联合、交叉等多种方式督查，重点落实马王堆街道辖区脏乱差和武广新城卫生不洁等问题督办整改，组织开展学校、市场、车站、码头等重点场所集中暗访督查。严格按照定人、定岗、定路段、定职责"四定"管理原则，强化门前市容环境卫生责任落实。联合市文明办在贺龙体育馆举行"长沙市2013年创建门前市容管理示范路、五星级门店（单位）和优秀城市协管员集体活动启动仪式"，长沙晚报、潇湘晨报、三湘都市报、红网等多家新闻媒体专题报道该活动；试行"管理执法同步推进"工作机制，量化门前责任制管理办案指标；每月组织开展两次门前市容责任制大纠违活动，通过推行温馨提示单、警告通知单、案件移送单"三单制"管理方式，强化责任，加强工作衔接；创建22条"门前市容管理示范路段"创建指导，评选出五一路、韶山路、车站北路、劳动路、芙蓉路、观沙路、枫林一路、东风路、三一大道、麓谷大道10条"门前市容管理示范路段"；每季开展星级门店评比活动，年度综合评选100家"五星级"履责门店（单位）；在全市城市协管员队伍中开展"三个一"活动（一次体检、一次培训、一次文体活动），评选出10个年度优秀城市协管员集体。11月底在岳麓区博才阳光小学成功举办第二届城市协管员趣味运动会，增强了城市协管员队伍的集体荣誉感和凝聚力、战斗力。以强化"五公共""五规范"管理措施及实现"六有"服务为主要内容，重点加强对全市135个拟创开放式样板社区物业服务工作指导、协调、检查、监督、考核和管理，评定出年度110个样板社区、25个示范社区，超额完成工作任务。组织编撰《长沙市开放式社区物业服务资料汇编工作手册》，系统规范开放式社区物业服务工作。在雨花区狮子山社区成功举办开放式样板社区物业服务经验交流会。二是进一步普及城镇集镇管理工作。继续加强对长沙县、望城区、浏阳市、宁乡县的小城镇管理工作督查和指导，抓好长沙县安沙、春花、福临、开慧，望城区乔口、靖港，浏阳市大瑶、北盛、镇头，宁乡县沩山、偕乐桥、大成桥、流沙河11个乡镇创建任务，全年开展3次全市集镇管理示范镇创建工作集中督查；11月份在望城靖港镇召开了全市集镇管理示范镇创建现场经验推介会，受到与会市领导高度肯定和与会人员一致好评，《长沙晚报》《三湘都市报》、政法频道、都市频道、红网等多家新闻媒体进行宣传报道。通过考核，评定长沙县安沙镇、望城区靖港镇、浏阳市北盛镇、宁乡县偕乐桥镇、沩山乡为长沙市2013年集镇管理一类示范乡镇，长沙县福临镇、春华镇、望城区乔口镇、浏阳市大瑶镇、镇头镇、宁乡县大成桥镇为二类示范乡镇。指导督促长沙县、望城、浏阳、宁乡4县（市、区）扎实开展城郊结合部整治工作，较好地解决城乡结合部区域脏乱差问题。三是圆满完成社区提质改造项目建设任务。完成芙蓉区杨家山，天心区广厦新村（北片）、仰天湖，岳麓区岳北（南片）、白鹤咀，开福区花城、风亭，雨花区牛角塘、野坡9个老旧社区的提质改造项目建设任务。完成粉刷、清洗立面外墙78300平方米，拆装更换雨阳棚11000平方米，路面整治改造74648平方米，下水道等地下管网改造23568平方米，做防水11403平方米，整治规范店招店牌4770平方米，拆除违章1000平方米，改造、新增化粪池144个，绿化补栽补种4800平方米，新增设垃圾箱297个、宣传栏16个、油烟分离器480个，新建检查井775座，新修休闲亭和篮球场各1个。项目均达到合格以上标准，实现安全无事故。赢得社区居民群众的一致好评。四是履职尽责能力快速提升。牵头组织各区城管局、各街道社区、沿街门店单位、居民群众15.2万人，开展"洁净长沙城、欢乐过新年"卫生大扫除活动；组织"开展城管服务进社区活动"，先后组织举办城管服务进杨家山社区、广夏新村社区、白鹤咀社区活动，通过实地调研、召开现场会等方式，与社区群众面对面交流，现场收集居民群众提问26个，反映的问题全部纳入社区提质改造或在答复期限内得到解决。通过多种有效举措，拉近与市民群众的距离，提升民众对城管工作满意度。（匡绍武）

【城市景观亮化】 2013年，全市景观亮化维护维护管理工作稳步推进。一是完成年初应急景观亮化工程建设任务。年初，按照市委、市政府主要领导的安排，全面完成湘江两岸、重要桥隧和路段的33栋楼宇景观亮化工程建设任务。二是加强市、区两级景观亮化日常维护管理。严格实施《长沙市夜景亮化设施维护管理办法》及《实施细则》。制定和完善各项检查考核制度，按照"每月检查、每季考核、按季拨付"的原则，对亮化设施维护管理单位按分数拨付相应的工程维护款项。三是进一步强化安全工作力度。先后4次组织各区城管局、园林局（中心）、社会维护单位等召开专项安全会议，要求各单位都根据要求进行安全巡查、建立安全台帐、签署安全生产承诺书。同时，较快处理各级各部门及人民群众指出的问题并及时反馈。组织12次全市景观亮化工作检查，召开讲评会，下发检查情况通报。四是全力以赴做好迎国检工作。按要求开展督查工作：对全市主次干道、风光带、广场、楼宇的景观亮化设施进行地毯式排查，全面修复毁损的设施、设备，确保100%的亮灯率和景观效果，并排除所有的安全隐患。五是做好维护招投标工作。已完成2006年、2008年建设楼宇的维护合同续签工作，完成2007年建设的楼宇第二轮维护招标与2011年建设的楼宇维护招标的前期准备工作。在招标工作中，严格按规定组织招标，确保招标工作公开、公平、公正，顺利进行。全面清理全市景观亮化维护项目按时间排序，对各年度的景观亮化维护项目的责任人、责任楼宇（路段）、维护周期、建立详细的台帐，并将市、区两级建设和维护的240余处夜景亮化设施编制成数字化地图。（任　伟）

【交通设施管理】　2013年，全市交通隔离设施管理品质不断提升。1. 交通设施管理机制不断完善。一是整章建制。在完善基本制度的基础上，制定《路名牌清洗维护检查考核办法》《GPS车辆定位、定时、定点管理制度》，出台《关于进一步加强交通设施精细化管理的通知》。二是强化检查。每周专项抽查、检查1—2次，对交通设施清洗维护作业实行日考核、周通报、月讲评管理。三是拓宽信息渠道。将交通设施管理执法工作纳入全市城市管理数字化信息采集平台，出台《关于加强数字化案卷办理工作的通知》，细化数字化采集标准，建立数字化案卷快速反应机制，深化交通设施和路名牌精细管理。2. 交通隔离设施不断提质。一是通过学习外地先进经验和参加交通设施建设国家标准的学习培训，拟定《长沙市城市道路交通隔离设施和路名牌设置管理办法（草案）》。二是对全市防撞桶统一粘贴城管行政执法标志，提升城管设施执法队伍形象。三是按照市委、市政府交通整治的要求，协调财政资金3000万余元，采用新京式护栏对芙蓉路等全市38条道路交通护栏进行整体提质改造，建成中央交通护栏6万余米，人行护栏1万余米。四是与市交警部门紧密合作，对湘江路等73处主次干道的交通节点、交通堵点进行交通组织优化。对北雅中学等50余处交通隐患较为严重的路段进行交通组织优化。对云栖路（长潭西收费站出口—猴子石大桥西）全线约4000米交通隔离带进行提质改造，拆除原有870水泥隔离梁，建设新京式护栏。整体提质改造东南二环线，二环线中央870水泥隔离梁，在道路中央和主辅道之间分别建设1万余米的新京式中心护栏和7千余米的新京式机非护栏，进一步提升二环线的整体品质和形象。3. 路名牌维护管理工作不断规范。2013年3月，经公开招投标，确定长沙锄禾标识设计服务有限公司为长沙市路名牌政府招投标维护单位。一是与锄禾公司签订《路名牌维护合同》，实现路名牌维护的市场化运作管理。二是出台《长沙市路名牌维护检查考核办法》，将路名牌维护作业车辆进行CI设计，统一形象标识，加装GPS，纳入统一管理。三是建立高效的协调机制，依托执法干部、路名牌认养人对路名牌的清洗情况实行及时监控，以周为单位汇总路名牌清洗状况，根据具体情况调度各区环卫局，有效解决路名牌脏乱现象。四是通过公益认养等措施，路名牌管理工作实现巡查全面、维护高效、程序规范、制度严格的管理目标，对全市道路建设单位、重点工程建设单位以及内五区、高新区等不符合路名牌建设标准的异型路名牌全面整改。对式样复杂且影响市容市貌的街巷路名牌进行摸底，并以新路名牌为蓝本对韭菜园路等60处街巷路名牌进行重新设计和改造更新。4. 重要活动重大任务保障有力。圆满完成国家畅通工程检查、2013年度文明指数测评、环湘江自行车赛、中央、省委主要领导视察长沙等重大任务，特别是在2013年度文明创建期间精心组织，精益求精，坚持早准备、早部署、早行动的方针，历时3个月精心准备全市交通设施和路名牌的测评迎检工作，并通过5项专项整治的精细作业，保持交通隔离设施和路名牌管理的常态化、精细化、长效化。11月份，习近平视察长沙期间，认真按照局党委工作部署，在最短时间内迅速完成车站北路和万家丽北路交通护栏建设安装工作，有效保障视察线路的交通安全，充分体现城管交通设施队伍善打硬仗、能打胜仗的精神风貌。（刘建东）

【长沙数字化城管模式】　2013年，数字化城管信息平台共立案督办城市管理工作问题391229件，结案387466件，结案率99.86%，按期结案整改380625件，按期结案率达98.09%。一是强化科技，数字化系统提质改造。2013年已完成数字城管三期项目初验工作，数字化新系统于2014年1月1日正式投入使用；与国土GIS地理信息资源、公安视频监控资源达成共享协议，筹划数字城管创新项目。先进的数字化系统为城市管理考核评价工作提供有力的技术保障。二是落实责任，全面推行网格化管理。将网格划分情况、责任单位、责任领导、责任人整合于平板电脑、手机等电子终端应用软件中，利用GPS定位技术、GIS地理空间技术，以数字化城管信息平台为依托，结合数字化城管绩效考核机制，全市已建成基于网格化软件平台的工作责任体系。三是多措并举，提高信息采集质量。通过制定《信息管理业务工作规定》、落实190个采集网格责任，规范信息采集运行机制；清理整顿采集队伍，加强业务培训，不断提高信息采集队伍的综合素质；12月18日在贺龙东广场举行“长沙市信息采集挂牌服务暨监督员队伍全新运行”启动仪式，信息采集全面接受社会各界和市民群众的监督，充分展示城管工作服务城市发展、服务群众生活的全新形象；接受业务处室指导，制定每周采集重点和每月采集计划，有针对性的开展工作。2013年，全市共采集各类城市管理问题信息435405条，信息采集差错率控制在4.7%以内，采集质量进一步提高。四是改革创新，健全考核评价体系。完善考评办法，使考评指标、立结案标准、处置时限的设置更加科学合理，责任更加明确；规范销案权限，实行立案、销案分离；制订《长沙市数字化城管案卷申诉工作规定》，统一申诉案卷标准，简化流程，强化日常对接销案和申诉；建立协同平台，考评中心接受各区平台全面监督的同时，也加快申诉案卷的流转，方便市、区各级平台的沟通与对接；每日公布各区各处置部门考核数据和所有数字化城管案卷处理情况，每月公布区域类别综合考核排名情况，定期公布专业评价成绩和扣分明细，考核评价工作更加公开、透明，全面推进绩效考评的公平、公正。五是公众参与，市民满意率提升。2013年，数字化城管信息平台受理市民有效投诉25499件，结案21097件，市民反馈满意率超过97%。（盛六银）

【首届“最美城管人”评选活动】 2013年10月，由长沙市城市管理和行政执法局主办，长沙首届“最美城管人”评选活动正式启动。活动历时两个月，经基层单位民主推荐、资格初审，最终有30位候选人入围。12月5日，在长沙晚报和星辰在线网站对30位候选人进行集中宣传报道，并开通网络和短信投票，活动共计收到网络投票240万余张。经专家评审及领导小组审定，并结合网络投票结果，最终环卫代表王芳、张小兰，园林代表庞景红，市政代表戴晓金，社区代表魏成粮，执法代表李特为、郭强、唐赪、胡丹、贺伟毅等10人当选长沙首届“最美城管人”。（朱建辉）

勘察设计

【概况】 2013年，全市共完成建筑工程初步设计审查4948.3万平方米，完成建筑工程施工图审查备案4269.3万平方米。长沙市住房与城乡建设委员会（以下简称“市住建委”）全年完成建筑工程初步设计审查1300.4万平方米，较2012年增加98.9万平方米，同比增长率为8.2%；完成建筑工程施工图审查备案1104万平方米，较2012同期增加194.5万平方米，同比增长率为21.4%。项目的初步设计审查及施工图审查备案覆盖率100%，按时办结率达到100%。5个项目获绿色建筑设计标识，占全省88%。组建施工图审查机构服务库，完成3号线一期工程、万家丽路快速化改造等一批重大项目的设计审批。（张　旭）

【规范审查收费管理】 为进一步增强服务意识，规范长沙市政府投资建设工程施工图设计文件审查服务和收费管理，合理确定施工图设计文件审查收费标准，出台《关于加强长沙市政府投资建设工程施工图设计文件审查服务及收费管理的通知》（以下简称《通知》）。《通知》首次明确长沙市政府投资建设工程施工图设计文件审查服务单位的选取方式和收费标准，组建长沙市政府投资建设工程施工图审查机构服务单位库，进一步规范和加强市政府投资建设工程施工图设计文件审查服务和收费管理。（贺　辉）

【《长沙市农村危房改造技术指导手册》制定】 8月20日，长沙市农村危房改造工作领导小组办公室正式编印《长沙市农村危房改造技术指导手册》（以下简称《手册》）。《手册》是长沙市农村危房改造工作小组通过对望城区茶亭镇、宁乡县流沙河镇及浏阳市小河乡等地农村危房改造实地调研，根据已有的危房改造经验，结合当前农村危房现状、特点及经济技术水平编印而成的。《手册》分为改造原则、农村危房加固、农村危房新建、周边环境及基础设施、附表及附图五个篇章。为满足指导施工的需要，《手册》编制了砂浆配合比用料表、混凝土配合比用料表、挖方边坡坡度参考表等操作参数指标，方便群众直接参照使用；收录农村危房改造加固与修复图集、新建参考图集等内容，以供施工人员参考。该手册进一步提高了长沙市农村困难群众基本居住建筑的规范性、安全性和可靠性，为长沙市农村危房改造及后续农村民房新建提供技术指导。（贺　辉）

【编制暴雨强度公式】 为积极应对暴雨极端天气出现频率和强度增加造成的城市内涝问题，根据国务院、住建部的相关要求，市住建委会同市城乡规划局共同组织编制新的暴雨强度公式。8月1日，该公式正式颁布实施。该暴雨强度公式的编修参考了长沙市近30年的雨量记录统计，通过分析资料、雨样选样；开展频率分布线型选择及暴雨公式型等一系列研究，进行暴雨强度公式参数的优化求解，最终确定长沙新版暴雨强度公式。（贺　辉）

建筑业

【概况】 2013年，长沙市建筑业保持较快增长速度，产值总量继续攀升，规模不断扩大。一是建设市场管理进一步规范，优化施工报建流程，提高服务市场能力；制定“暂估价”招标管理细则，组建轨道交通招标代理机构库；建立政府投资项目估算指标体系，开发建设工程造价管理软件，形成全过程造价管理模式。2. 建筑业持续保持增长，全地区建筑业总产值2729.42亿元，同比增长17.2%；增加值594.63亿元，同比增长10%。其中市管建筑企业总产值1117.94亿元，同比增长18.75%；增加值249.36亿元，同比增长15.72%。截至2013年底，全市市管建筑业企业结构状况是：企业总数1004家，其中，施工总承包企业246家（特级3家、一级78家、二级89家、三级76家），涵盖12个总承包序列的10个专业；专业承包企业483家（一级27家、二级75家、三级354 家、不分级27家），涵盖60个专业承包序列的40个专业；劳务分包企业275家（一级242家、二级9家、三级24 家），涵盖全部劳务工种。工程监理企业30 家（其中甲级13家、乙级12家、丙级5家）。征收劳保基金6亿元，维护企业权益。3. 行业素质得到提升，完成岗位培训2.08万人，资格考试2.92万人，技能鉴定1.52万人。4. 质量安全形势全面可控，累计受监建设工地面积7054平方米，管养桥隧177座。创国家AAA标准化诚信工地9个、省标准示范工地291个、市绿色工地185个；全地区4个项目获鲁班奖，4个项目获市政金杯奖，获奖总数在全国省会城市中排名第二。5. 绿色建筑快速发展，新增绿色建筑试点示范面积473万平方米，可再生能源建筑应用面积182万平方米。绿色建筑实施方案顺利出台，建筑能效测评中心成功获批，地下管线建设管理开始统筹，沥青路面再生等科技研究取得进展。2013年，市住建委被住建部授予“‘十一五’建筑节能先进集体”。（张　旭）

【施工现场质安监管】 2013年，市管在建受监项目517个，单位工程1659个，建筑面积3277.145万平方米，区（县）在建受监项目645个，建筑面积2439万平方米，全年共办理竣工验收备案1166个，建筑面积1150万平方米，区（县）办理竣工验收备案616个，建筑面积452万平方米。在日常监督检查和各类专项检查、整治工作中，共签发安全生产隐患整改通知书3307份，质量问题整改通知单728份，机械设备限制使用通知书584份，督办函168份，停工整改通知书120份，不良行为告知书82份，上报不良行为23份。全市共发生安全生产责任事故5起，死亡8人。通过强化监督措施，督促责任主体单位整改施工现场质量安全隐患，未发现影响主体结构安全和使用功能的严重质量缺陷，全市工程质量安全处于受控状态。（孙　艳　方　俊）

【建筑市场监管】　为确保建设工程质量和安全，保障建筑经营活动当事人的合法权益，根据《中华人民共和国建筑法》《湖南省建筑市场管理条例》等有关法律法规的规定，参考其他省、市已出台的建设市场管理办法（条例）的先进经验，多次征求相关部门意见，数易其稿，形成《长沙市建设市场管理办法》（草案）。市住建委牵头制定“暂估价”招标管理细则，推动“暂估价”招标规范化管理工作走在全国的前列。2013年全市共发放施工许可803个（不含先导、高新区、经开区），同比增长12%，总建设规模2306.29万平米，同比增长3.06%，总造价384.81亿元，同比增长7.45%，累计备案中标通知书512份，中标造价251.75亿元。应招标工程招标率、应公开招标招标率、应招标建设监理项目招标率、应入场招标工程入场交易率均达100%。

（孙　艳　方　俊）

重点工程

【概况】　2013年，全市共铺排重点工程项目304个，总投资为608.35亿元，其中政府投资项目264个，年度投资526.52亿元。截至12月底，全市政府投资重点工程开工263个，开工率为99.62%，完成投资549.95亿元，占年度计划投资的104.45%。重点工程竣工项目34个：东南二环线团结立交抢险暨路面应急整治工程、西二环线整治二期、南湖路过江隧道、乡镇敬老院改扩建工程、乡镇污水处理厂建设项目、畅通工程项目、市污水处理厂污泥集中处置工程项目、城乡结合部环境综合整治项目、社区公园项目、景观街项目、社区环境综合提质项目、支路街巷项目、道路综合提质项目、排水管网改造和疏通项目、三汉矶公交过渡站场、高桥村高层安置小区、浏阳河风光带二期南段、雨坪公路一期、岳麓科技产业园路网、青竹湖路东延线二期、沙湾南路、东塘支路、井塘路、进港大道、福嘉园一期保障住房项目、板塘村保障住房一期、新安东路、黄兴大道南延线工程、砂石转运场建设项目、人民东路东延线、斑马湖片区配套路网、S309浏阳—官渡公路一期、开元大道东延工程一期、宁乡公共租赁房项目。

（张　理）

【湘江长沙综合枢纽工程蓄水通航】　湘江长沙综合枢纽工程是省、市“十一五”重大项目，以适应湘江水运大通道建设、提高城乡供水保障水平和长株潭三市城市发展需要为主，兼顾发电、交通等功能的公益性基础设施建设工程，工程总投资63.78亿元。截至11月30日，枢纽船闸已安全运行428天，船闸过闸11190闸次，过闸船舶66259艘，基本确保船闸通航安全和水上交通秩序，枢纽船闸社会效益初步显现。水库调度作用凸显，确保湘江长株潭段水位一直保持在26米以上，为湘江沿岸人民群众农业灌溉及生产生活用水提供保障。（张　理）

【湘府路湘江大桥通车】　该项目位于猴子石大桥和黑石铺大桥之间，西接洋湖大道，东接湘府西路。桥梁全长2655米，其中主桥长730米，河中主跨采用65米+120米×5+65米预应力混凝土刚构连续梁结构。道路等级为城市主干路Ⅰ级，设计行车速度50千米/小时，近期按双向六车道布置机动车道，远期按双向八车道预留结构荷载，桥面标准总宽32.5米。工程总概算约7.84亿元，工程于2010年9月开工，2013年1月通车。该项目作为长沙市城市交通建设重点工程，对缓解长沙湘江过江交通压力、加快推动长株潭一体化城市交通网络建设具有重要的战略意义。（张　理）

【南湖路湘江隧道通车】　该项目位于橘子洲大桥与猴子石之间，西起阜埠河与潇湘大道交叉口，东接南湖路。北线隧洞长1582米，南线隧洞长1375米，东西两岸匝道总长2912米，道路等级为城市路Ⅰ级，设计行车速度50千米/小时，由南北两条单层单向双车道的隧洞组成，两条隧洞内径均为10米，设置2×2.5米机动车道。工程总概算12.99亿元，工期30个月，2013年12月25日实现通车试运行。南湖路湘江隧道作为新的湘江东西向交通主轴，在城市路网中的功能有集中跨越功能和路网节点功能，对于引导和拓展城市发展空间有重要的作用。同时，随着长沙市近年来汽车保有量快速增长，建成后将极大缓解两岸快速增长的过江交通的需求，改变五一大道、芙蓉路、韶山路城市主干道的交通拥堵局面。（张　理）

【晓园环境综合整治和提质改造工程完工】　参见P204页“园林建设与绿化”相关条目。

【西二环线整治二期完工】　西二环路面整治二期工程（罗家嘴立交—三汉矶大桥西）位于长沙市岳麓区，项目总长约9.85千米，东半幅主线加铺路面约为123269.42平方米，西半幅主线加铺路面约为87705.76平方米，总加铺量约为210975.18平方米。设计标准为公路Ⅰ级，双向六车道，机动车道设计车速60千米/小时。该工程于7月12日开工，9月2日完工。（张　理）

【桐梓坡至鸭子铺通道工程】　该工程起点位于大河西先导区金星大道西侧的桐梓坡路，沿规划桐梓坡路铺设；隧道下穿湘江西汊、傅家洲、湘江东汊后，沿湘雅路—德雅路一线铺设，先后下穿湘江大道、黄兴路、蔡锷路、芙蓉路、东风路；在德雅路东端下穿烈士公园、跃进湖、车站北路、浏阳河，东二环和万家丽路后，达到追风路；线路向东延伸最终连接规划西龙路。线路全长约12.2千米。项目总投资约102亿元。（张　理）

【万家丽路快速化改造工程】　万家丽路快速化改造工程，北起福元路，南至湘府路，全长约16.5公里，改造为全线高架的城市快速路。万家丽路高架桥建成后，这一路段将形成3

层立体交通格局，将安沙、星沙、开福区、芙蓉区、雨花区、暮云等片区紧密联成一体，成为拉动经济和区域同步发展的重要纽带；并与福元路、湘府路和西二环线形成一个快速通道圈，为中心城区日益拥堵的南北交通分流，构建东南二环外的一个辅环，成为中心城区的交通走廊。（张 理）

【轨道交通2号线一期工程】 轨道交通2号线一期工程线路为东西走向，全长22.26千米，起于河西望城坡站，终点至光达站，途径枫林路、五一路、荷花路、沙湾路及杜花路，分别下穿湘江、长沙火车站、东二环线及浏阳河，全部为地下线。2号线一期工程共设站19座，均为地下站，分别为望城坡站、金星路站、西湖公园站、溁湾镇站、橘子洲站、湘江中路站、五一广场站、芙蓉广场站、迎宾路口站、袁家岭站、长沙火车站、锦泰广场站、万家丽广场站、人民东路站、长沙大道站、体育公园站、杜花路站、武广长沙站、光达站，工程总概算120.64亿元，建设工期为5年，2009年9月28日开工，2013年1月13日全线贯通，2013年12月30日试运行。（张 理）

【轨道交通1号线一期工程】 轨道交通1号线一期工程线路为南北走向，北起汽车北站，沿芙蓉路向南，穿越北二环、浏阳河、新河三角洲规划开发区，进入黄兴路由北向南，经劳动路回到芙蓉路，向南过南三环后止于万家丽路。线路全长23.63千米，其中地下线22.28千米，高架及过渡段线1.35千米，设车站20座，其中地下站19座，高架站1座，分别为汽车北站站、开福区政府站、北辰三角洲站、开福寺站、湘雅路站、营盘路站、五一广场站、黄兴广场站、南门口站、侯家塘站、南湖路站、赤黄路站、涂家冲站、铁道学院站、友谊路站、省政府站、桂花坪站、大托站、中信广场站、尚双塘站。设换乘站4座，分别与轨道交通2号线（五一广场站）、3号线（侯家塘站）、4号线（黄土岭站）和长株潭城际铁路（开福寺站）换乘。工程总概算141.94亿元，建设工期为5年，2010年12月26日开工。预计2015年试运营。（张 理）

12月30日，2号线一期工程试运行仪式

【河西交通枢纽工程】 长沙市河西交通枢纽位于大河西先导区现代服务业核心区域，是集地铁、长短途客运、城市公交、出租车、社会车辆等多种交通功能及写字楼、购物中心、商业街等商业功能于一体的城市综合体。项目总用地面积14.53公顷，总建筑面积31.5万平方米，交通站场面积17.5平方米；项目总投资约30亿元，其中交通站场部分14亿元，配套商业及其他16亿元。该项目按照国家一级站场标准建设，采用立体交通布局，将公路客运与市内交通在空间上分离，严格实行到发分离、人车分离，公交、长短途分区运行，出租、社会车辆分区行驶、停放，同时将地铁、公交、长短途客运等交通方式无缝衔接、零换乘。项目于2012年11月20日开工建设，至2013年底基坑支护、土方工程、地下工程主体已全部完成。计划于2015年5月竣工。（张 理）

【长沙梅溪湖国际文化艺术中心】 长沙梅溪湖国际文化艺术中心定位为国际一流、全国领先、湖南省规模最大、功能最全的文化艺术中心。项目用地面积约10万平方米，总建筑面积约12.5万平方米，由英国扎哈·哈迪德建筑事务所进行方案设计，总投资30亿元。项目包括1800座位的大剧院、500座位的多功能小剧场和艺术馆，建成后将集大型歌剧、舞剧、交响乐等高雅艺术表演、艺术展览、交流、培训等功能于一体。项目于2012年10月26日启动建设，至2013年底桩基及基坑围护工程全部完成，计划于2016年9月投入运营。（张 理）

【全省重点办主任座谈会在长沙召开】 10月25日，全省重点办主任座谈会在长沙召开。活动由湖南省重点建设办公室主办，长沙市住房和城乡建设委员会、长沙市重点工程建设管理办公室承办。湖南省重点办主任傅丹舟，副主任彭小沙、胡南，长沙市政府副市长姚英杰，各市、州重点办负责人以及长沙市部分重点工程项目负责人参加会议。与会人员先行观摩南湖路湘江隧道、轨道交通1号线侯家塘站、轨道交通2号线袁家岭站和湘江长沙枢纽工程等重点工程项目，随后召开座谈会，对各市州前三季度重点项目建设完成情况进行调度，确保如期完成全年任务。同时，各市州重点办负责人就工作特色、面临问题以及如何创新工作机制等进行交流。通过该活动，进一步加强各市州重点办的交流合作，有力推动全省重点项目建设工作。（孔祥海）

表 11　2013 年部分长沙市重点工程项目（市级）

单位：万元

序号	项目名称	建设规模	起止年限	总投资	
				总投资	其中征拆
1	湘江长沙综合枢纽工程	枢纽主要包括船闸、泄水闸、电站、坝顶公路桥、鱼道、护岸及管理区营地等，船闸为双线船闸，船闸等级为 2000 吨级，闸室有效尺寸 280 米 ×34 米 ×4.5 米（长 × 宽 × 门槛水深），设计年通过能力 9800 万吨（双闸双向）。双线船闸共用引航道，引航道宽度为 146 米，上下游引航道长度分别为 910 米。泄洪闸共设 46 孔，左汊 26 孔，堰顶高程 18.5 米，单孔泄流净宽 22 米，泄流宽度 572 米；右汊 20 孔，堰顶高程 25 米，单孔泄流净宽 14 米，泄流宽度 280 米。电站为河床式厂房，总装机容量 57 兆瓦，安装 6 台单机 9.5 兆瓦的灯泡贯流式机组，年均发电量 2.32 亿千瓦时。	2009—2015	637788	
2	轨道交通 1 号线一期工程	线路全长 23.63 千米，起于汽车北站，终于万家丽路站，设站 20 座。	2010—2015	1419461	94379.45
3	轨道交通 2 号线一期工程	线路全长 22.26 公里，起于望城坡站，止于光达站，共设 19 座车站。	2009—2013	1206400	102000
4	雷梅片区开发地下配套交通工程	线路全长 4.53 公里，含 4 站 4 区间，起于望城坡站，止于西三环。	2011—2014	246518	
5	轨道交通运营控制中心	总建筑面积 36259.3 平方米。	2011—2013	33097	
6	杜花路	京珠高速东辅道至新花侯路，长 767 米，宽 79 米。	2012—2013	10485	4400
7	川河路（人民路—湘府东路）	人民路—湘府路，约 8.65 公里，规划宽 26 米。	2009—2013	64194.74	24000
8	红旗路浏阳河大桥及红旗中路	南北引桥共长 295.0 米，全桥总长 550.0 米，南桥头引道长 117.85 米，北桥头引道长约 142.91 米。红旗中路南起湘府东路（K0+000），北至长沙大道（现名机场高速），全长 4980 米，路幅 60 米。	2012—2014	78178.37	
9	京港澳高速公路长沙黎托段改造工程	雨花互通至李家塘互通，全长约 3.7 公里，宽 40 米，投资 72284 万元。	2012—2013	72284	10700
10	南湖路湘江隧道	隧道采用双管单层型式，内径 10 米，外径 11 米，主线单洞长 2956 米，匝道长 2912 米，双向 4 车道。	2010—2013	129897	2700
11	芙蓉北路浏阳河桥改扩建	道路全长 800.77 米，其中桥梁长 396.3 米，内容包括：桥梁工程、道路工程、交通工程、绿化工程、排水工程等。	2011—2013	10567	
12	沙河大桥	近期建设跨沙河大桥，主线桥梁跨径布置为（33+26.2）M（南引桥）+（39+60+39）M（主通航孔桥）+（25+3*30）M（北引桥）。建设内容：道路工程、桥梁工程、排水工程、绿化工程、景观亮化工程、交通设施工程以及相应的市政和城管等一体化配套设施。	2011—2013	13952.73	1088

续表 11

序号	项目名称	建设规模	起止年限	总投资	
				总投资	其中征拆
13	渔业路及延伸工程	1. 盛世路—车站北路段，道路桩号（K0+000—K2+481.504），全长2481.5米。全线道路等级为城市主干道，规划路幅宽度36米。2. 车站北路—东二环，全长1000米，规划宽度36米。	2012—2014	50200.58	待定
14	营盘东路东延线	西起农园路，东至星沙大道，道路全长4038.83米，双向六车道。	2010—2014	76332	22880
15	人民路东延线芙蓉区段	芙蓉区段8640米，投资9337.72万元。	2011—2014	9337.72	
16	圭白路二期道路工程	1. 北段：花卉路—时代阳光大道；2. 南段：金井路—振华路（涉及雨花区及长沙县）。	2011—2014	29373	9758.84
17	长沙河西交通枢纽工程	河西交通枢纽工程（站场及商业）总建筑面积31.5万平方米，其中交通站场17.5万平方米，商业14万平方米。	2010—2015	300000	46000
18	三汊矶公交过渡站场	公交停车坪、配套用房及维修保养场地	2012—2013	1100	/
19	轨道交通3号线一期工程	线路长35.48公里，起于坪塘莲坪大道站，止于星沙龙角路站，设车站26座。	2013—2017	2174715	待定
20	黎托路北段（劳动路—香樟路）	黎托北段起机场高速南辅道，止于香樟路。	2013—2014	15560	待定
21	长沙市芙蓉路—南湖路交叉口下穿隧道工程	项目宽11.5米，全长427.14米。	2013—2014	6268	/
22	桐梓坡—鸭子铺通道工程	项目起点金星路，终点西龙路，全长14公里，城市地下快速通道，一期工程为芙蓉路至鸭子铺路段。	2013—2016	690000	
23	京珠高速东、西辅道（芙蓉区段）	东辅道总长2654米，宽20米，其中：北段（西垅路—远大路）长2102米；南段（人民路—滨河路）长552米；西辅道总长3650米，宽20米。	2013—2015	37885	19741
24	洞井路（香樟路－雅塘冲路）	长1350米，路幅宽46米。	2013—2014	20482.24	5394.97
25	长沙市公路养护工程	公路大中修、危桥改造、安保工程、应急救援、中心养护站、信息化建设等。	2013	22000	/
26	暮云污水处理厂及中水回用工程	完成污水处理厂建设及配套管网建设。	2012—2014	44191	15000
27	湘江长沙综合枢纽长沙库区水利建设项目市本级二期工程	24座泵站改造和15处涵闸改造。	2012—2014	35000	/
28	全市农村危房改造	长沙市将在“十二五”期间加快推进农村困难危房户房屋改建工程，每年改建农村困难危房户房屋约7000—8500户左右，其中计划在三年内基本完成对农村特困危房户的房屋改建。	2013	51000	/

续表 11

序号	项目名称	建设规模	起止年限	总投资	
				总投资	其中征拆
29	市污水处理厂污泥集中处置工程	日处置污泥 500 吨 / 天；建设内容：包括污泥接料仓站、污泥热水解车间、消化池及控制室、污泥脱水及干化车间、污水处理站、沼气锅炉及发电机房、变配电房、综合楼、办公及生活楼、生物除臭间、脱硫塔、沼气柜、沼气火炬、高位水池等建构筑物的土建施工、设备购置及安装调试，还包括工程项目的联动试车、工艺调试及试运行等，以及管网、道路、园林绿化等配套工程。	2011—2013	37836	/
30	城乡结合部环境综合整治	对全市城乡结合部进行全面整治提质，重点对高新区金洲大道沿线、麓谷长丰安置小区及周边，芙蓉区人民东路沿线、京珠高速辅道沿线、远大路沿线，天心区京广铁路沿线、省政府周边、新开铺路钢材市场周边，岳麓区西北二环沿线、学士联络线沿线、市政府周边、岳麓山周边，开福区北二环沿线、福元路沿线，雨花区长沙大道沿线、花侯路沿线，望城区雷锋大道沿线、金星大道沿线、北二环沿线，长沙县 107 国道（安沙段）沿线、黄兴大道沿线、远大路沿线、机场高速榔梨出口等重点部位进行整治提质。拆除各类违法建（构）筑物、违章广告和不规范门店招牌，全面清理整顿各类违规种植、养殖场所和仓储、砂场、“五小企业”等，集中整治河道水域、违法排污及非法营运行为，着力改善城乡结合部脏、乱、差现象，大幅改善城乡结合部居民生活环境；对主要干道和重要节点、部位范围内的房屋实施立面改造和亮化景观改造，对道路沿线进行绿化、美化，对环境卫生进行综合治理，对拆迁及建筑工作进行扬尘污染治理，对公交、道路等基础设施进行改造完善。	2012—2013	85000	/
31	西湖文化园	综合整治龙王港下游西湖渔场区域，完成龙王港防洪工程、湖体整治、环境整治、以及公园建设项目。	2010—2014	260000	48603
32	天马山景区综合整治工程	综合整治工程，包括旅游服务中心、配套旅游服务设施等，建筑面积 5.4 万平方米。	2010—2014	225000	150000
33	12 家乡镇污水处理厂建设项目	基本建成 12 家乡镇污水处理厂主体工程，配套管网启动建设，每家设计处理规模约为 2000 吨 / 天。	2013	8400	/
34	长善垸污水处理厂二期扩建及提标改造工程	将一期 16 万吨 / 天的规模进行提标改造，并扩建 20 万吨 / 天的规模，建成后处理规模将达到 37 万吨 / 天，包括长善垸污水厂、管网及污水泵站三大部分。	2013—2015	105868	23400
35	长沙固体废弃物处理场渗滤液处理厂扩容项目	建设日处理规模 1200 吨 / 天的污水处理厂。	2013—2014	12000	/

续表 11

序号	项目名称	建设规模	起止年限	总投资	
				总投资	其中征拆
36	长沙高新区2013年公共租赁住房建设项目	1. 和沁园二期，项目位于雷高路以东，金洲大道以南，建设内容包括新建公租房800套，面积24000平方米，业主单位为高新区规建局（高新区公租房公司）。2. 和馨园二期，项目位于高宁路以西、长川路以东，建设内容包括新建公租房1000套，面积30000平方米，业主单位为高新区规建局（高新区公租房公司）。3. 中电软件园公寓楼，项目位于青山路以南、尖山路以东，建设内容为新建公租房600套，面积20000平方米，业主单位为高新区规建局。	2013—2014	86000	待定
37	全市敬老院改扩建	改扩建敬老院12所，平均每所预计500万元。每所人均住房使用面积7平方米以上，新增床位100张以上，床位总数达到150张，食堂、卫生间、浴室、活动室等基础设施齐全，有菜园、池塘、猪栏等生产基地。	2013	6000	/
38	长沙国际会展中心	项目拟选址黄兴镇，会展中心的规划会展场馆建设面积暂定约30万平方米，在周边区域考虑场馆的配套设施以及片区土地综合开发。	2012—2015	300000	待定
39	内科大楼	建筑面积：38000平方米，地下：二层地上：20层。	2011—2014	16800	/
40	长沙市青少年宫	建筑面积5.7万平方米，包括文体活动区、游乐活动区、素质教育区及地下车库。	2013—2014	40000	/
41	“无线长沙”建设项目	1. 湖南移动将在长沙建成1万个WLAN热点、15万个AP，以2G+TD+WLAN构成立体、无缝的高速无线宽带网络；2. 将重点搭建“无线长沙”综合信息平台、并着力将“无线长沙”打造成为市县乡三级无线政务应用平台、全国性的移动电子商务平台等，3. 打造移动电子商务、公共事业、医疗、教育、金融、旅游、生活服务、消费购物、就业、交通等十大信息化应用，满足社会各行业的信息化应用需求，提升城市信息化水平。	2013—2015	1000000	/
42	220kV宁乡北输变电工程	变电容量180兆伏安。	2012—2013	8700	/
43	蓝思科技220KV变电站	主变压器2x240兆千伏安，220千伏进出线4回。	2012—2013	9160	/
44	110kV沙田	变电容量31.5兆伏安。	2013—2014	6000	/
45	2013年长沙地区城配网建设	城市10千伏电网建设。	2013	25000	/

表 12　　2013 年部分长沙市重点工程项目表（区级）

单位：万元

序号	项目名称	建设规模	起止年限	总投资	
				合计	其中征拆
1	芙蓉区路网建设	1. 杉木路（一段：远大路—人民路　长 970 米，宽 26 米，约 2.53 公顷；二段人民路—滨河路，长 796 米，宽 26 米，约 2.07 公顷）；2. 合平路（远大路—人民路　长 1393 米，宽 36 米，约 5 公顷）3. 支三十九路（法院路），古曲路—沙湾路；4. 白沙湾路，荷花路—长善路）。	2012—2013	43217	12374
2	滨河路（含浏阳河风光带东岸景观工程）（浏阳河河堤改造项目）	一段：西垅路—大河路，长 4554.8 米，道路宽 26 米，占地约 11.87 公顷，一期风光带平均宽约 89 米，面积约为 40.47 公顷。二段：大河路—长榔路，长 4893 米，道路宽 26 米，用地约 12.73 公顷，二段风光带平均宽约 55 米，占地约 27.27 公顷。	2013—2015	177800	97900
3	浏阳河风光带	圭塘河西侧河堤，从白沙湾路至火焰路，长约 1.12 千米，临水面及背水面景观绿化建设。	2012—2013	4000	/
4	岳麓科技产业园路网	1. 茯苓冲路：三环线辅道至长潭西线辅道路幅 26 米，长度 2493 米； 2. 医专路：长潭西辅道至茯苓冲路路幅 16 米，长度 1276 米； 3. 观音路：长潭西辅道至茯苓冲路路幅 20 米，长度 985 米； 4. 有成路：三环线辅道至莲含大道路幅 16 米，长度 1151 米； 5. 黎家村路：梨张路至学士路路幅 16 米，长度 441 米。	2011—2013	16117	8775
5	青竹湖路东延线二期	K1+560—长青路，全长 1950 米，宽 29 米。	2012—2013	11800	5000
6	滨河南路	道路长 2.4 千米，宽 26 米。	2012—2014	23665	15714
7	汉沙公路南延线	该项目全长 6.6 千米，路面宽度 7.5 米，路基宽 8 米，双向二车道的二级公路。	2012—2014	11300	2081
8	芙蓉大道望城段	1. 梅花岭至湘阴界段 3.54 千米，其中非集镇段 2.54 千米宽 30.5 米，集镇段 1 千米宽 50 米，用地 5.6 公顷。2. 沙河至梅花岭段长 17.96 千米，宽 24.5 米，用地 40 公顷，按一级公路标准建设，由湖南长岳高速公路建设有限公司实施。	2012—2014	80000	20000
9	湘江大道北延线（丁字段）	长 9.5 千米，宽 48 米，起于丁字街道翻身垸村，止于黄桥大道。设计时速 60 千米，城市 I 级主干道，沥青路面。	2011—2014	110800	42810
10	黄兴大道南延线工程	一期工程全长 5.9 千米，按城市 I 级主干道建设，路幅宽 38 米。	2012—2013	36050	15000
11	黄江公路东延拓改工程	全长 29.635 千米，2013 年启动建设，初步完成路基、桥梁下构、涵洞及附属工程。	2012—2015	200000	80000
12	金洲西线连接线	全长 2.71 千米，设计时速 80 公里 / 小时，路幅宽 65 米，沥青路面。	2011—2013	49749	17950

续表 12

序号	项目名称	建设规模	起止年限	总投资	
				合计	其中征拆
13	溜子洲大桥	桥面总宽度 30 米，全长 720 米；匝道桥跨径 20 米，桥面总宽度 13 米，全长约 260 米。	2012—2013	28000	2000
14	区域道路基础设施建设	1. 圭星路（新河路——万家丽路），长 460 米，宽 20 米； 2. 华塘路（湘府路—圭星路），长 500 米，宽 20 米； 3. 长塘路（万家丽路—香月路），长 306 米，宽 30 米； 4. 雀园路（万家丽路—仙姑岭路），长 485 米，宽 20 米； 5. 大桥路（沙湾路—圭塘河），长 560 米，宽 23 米； 6. 香月路（香松路—湘府路），长 659 米，宽 30 米； 7. 丽白路（万家丽路—沙湾路），长 767 米，宽 20 米。 8. 万侯路（湘府路—双塘路），长 530 米，宽 20 米。	2013	20985	8735
15	园区道路基础设施建设	1. 比亚迪路（一期），环保大道至长沙县界长约 2.9 千米； 2. 花卉路东段延长线（一期），圭白路至振东路，长约 1.91 千米。	2013—2015	33464	10840
16	天马路	潇湘大道一麻园路，全长 0.693 千米，宽 26 米。	2013—2014	5296	3950
17	双拥路东段	道路长约 0.46 千米，宽 26 米。	2013	1500	200
18	进港大道改造	芙蓉北路—新港大道，全长 0.89 千米，宽 60 米。	2013	5340	/
19	洞株公路工程	全长 12.387 千米，按公路一级标准建设，2013 年完成路基、桥梁下构、涵洞及附属工程。	2013—2014	44000	18000
20	北山大道	全长6.13千米，为城市次干道，双向四车道，有效路面宽 26 米，对接规划中的长青公路，通过长青公路连接青竹湖大道，新路建设。	2013—2014	8000	7500
21	浏阳荷花—文家市公路	全长 35.72 千米，全线采用二级公路标准，沥青路面，路基宽度 12 米，路面宽度 9 米。设计行车速度 60 千米 / 小时。	2013—2015	46778	4505
22	大浏高速茶林互通—白沙公路一期工程	全长 20.5 千米，全线采用二级公路标准，沥青路面，设计行车速度 40 千米 / 小时。	2013—2015	29581	2562
23	浏阳张坊—小河公路	全长 16.815 千米，全线采用二级公路标准，沥青路面，路基宽度 8.5 米，路面宽度 7 米，设计行车速度 40 千米 / 小时。	2013—2014	10658.63	2251
24	S309 浏阳—官渡公路	全长 42.5 千米，全线采用二级公路标准，沥青路面，路基宽度 15 米，路面宽度 13.5 米，设计行车速度 60 千米 / 小时。	2013—2014	23675	2952

城市共用事业

•城市供水•

【概况】 2013年，长沙市水务集团在市委、市政府的正确领导下，以资产重组和股改上市为工作重心，以“提升基础管理工作”为抓手，各项工作都取得较好成绩。全年集团继续以“两保一压缩”为目标，实施从紧预算政策，积极拓展融资渠道，深入开展营销管理提升工作，集团整体经营稳中有升。全年供水总量52738.63万立方米，原水输送13604.63万立方米，污水处理共计13970.21万立方米，实现营业总收入10.34亿元（不含排水公司）。供水公司实现营业收入7.45亿元，引水公司实现营业收入1.47亿元，江南水务实现营业收入11.15亿元，兴水物业实现营业收入1453.66万元。按2012年同口径统计（不含引水公司，未按IPO要求做会计政策调整），集团实现利润2687.63万元，实现利税总额10807.75万元。2013年，长沙水业集团获评“创建全国文明城市指数测评先进单位”。 （吕　明）

【生产运营】 一是确保安全生产。供水公司通过“注重制度建设、提高业务技能、加强设备维护”三位一体管理模式，确保安全生产，全年没有出现一起重大安全责任事故。引水公司克服输水管线长、维护难度大的困难，通过科学调度、加大管线巡检力度、争取立法保护，实现引水工程全年安全运行。长善垸、花桥、新开铺3个污水处理厂通过对工艺的科学调控，加强对设备的前期维护，实现全年污水处理系统的稳定运行。二是确保水质全面达标。全年供水公司对制水分公司抽查出厂水质3600项次，投入使用的100个管网采样点共计检测20952项次。另外，供水公司还有计划地安排管网冲洗工作，水质综合合格率达到100%。三是有效应对应急处理。提早谋划，积极应对，密切关注原水水质变化对制水的影响，针对湘江重金属污染等水质影响的潜在风险，开展应急投加工艺去除水中铊、锰等重金属研究并取得了突破性进展，有效积累应急处理经验。四是全力抗战持续高温。2013年夏季持续高温给供水带来巨大压力，最高日送水量近183万立方米，日送水量超过160万立方米达58天，旺季总供水量较去年同期增加12.47%。为此，集团通过科学调度，优化管网运行能力，建设移动式加压泵站，切实解决高远程地区供水不足问题。积极开展覆盖全集团的旺季生产劳动竞赛活动，确保持续高温季节生产运营持续稳定。 （吕　明）

【重组股改】 一是推进实施方案报批。12月20日，《长沙水业集团有限公司重组上市实施方案》获市政府批准，标志着集团重组上市工作由论证沟通阶段进入全面实施阶段，为集团在未来成功登陆资本市场创造有利条件，并为集团的强劲可持续发展奠定坚实基础。二是推动集团内部重组。集团各部室、各子公司凝心聚力，围绕重组上市核心工作责任上肩，狠抓落实。排水公司股权划转已完成清产核资和财务审计工作；江南水务股权改革工作全面启动，并于12月18日完成中层管理人员持股清理工作；其他各项内部重组事务按照重组上市整体要求有序推进。三是争取政策支持。12月23日，根据市政府整体部署，集团启动首轮增资工作，并在一周时间内完成5.3亿元现金增资的审批、拨付、验资和工商变更登记工作。积极与各方沟通协调，明确新的污水处理政府采购模式和价格。首轮增资的成功和污水处理采购服务的明确不仅是集团重组上市工作迈出实质性的第一步，更是对改善集团财务状况、提升集团盈利能力及2014年持续融资工作起到关键性作用。 （吕　明）

【水务建设】 一是推进项目建设。纳入市政府重点工程考核的暮云污水处理厂项目已于8月份全面启动厂区土建、截污干管建设；长善垸污水处理厂、花桥污水处理厂改扩建项目前期审批手续已取得阶段性成果；长善垸污水处理厂厂外部分沙咀子泵站、滨河路截污干管已全面开工；一、三、八水厂提质改造项目已全面启动前期审批工作；全年新建、续建输配水工程项目66项，完成口径100毫米及以上管网建设总长度47.5千米，建设区域加压泵站共计11个，有效缓解环保科技园、雅塘村、望城经开区等高远程地区的水压不足情况；望城水厂二期改扩建工程常规处理工艺于10月12日全面竣工通水，有效提升望城区域供水产能。二是推进户表改造工作。市政府已将户改工作纳入各区绩效考核范围，建立长效工作机制。集团推动出台《长沙市城区新建居民住宅供水设施建设和管理办法》《长沙市建筑供水一户一表及二次供水技术导则（试行）》等政策性文件。截至2013年12月底，完成政府下达的全年10万户户表改造任务。三是积极响应并实施市政公共消火栓建设。响应政府关于新增3579座消火栓建设的要求，迅速确定设计、监理、施工队伍，理顺资金来源。截至12月底，已完成三分之二的工程任务。集团全方位规范建设领域行为，全年纪委监察参与工程建设施工、监理招投标达30次，涉及金额近5亿元；参与各类物资设备采购招投标监督工作10次，涉及金额达8000万余元。（吕　明）

【基础管理】 市水务集团以“基础工作提升年”为主题，全方位加强内部管理：一是提升人力资源管理。坚持以精细化管理及科学的人力资源管理为出发点，多层次开展员工培训，提升员工职业素养；评选出首批高特级技能员工，着力打通3条职业通道；多渠道引进人才，优化人才结构。二是提升财务管理。推动集团财务系统升级，强化资金使用的计划性、效率性和安全性。规范和提升投融资管理，2013年通过新增贷款、续贷、融资租赁等方式筹措资金20.49亿元，保障集团资金需求。三是提升现场管理。以精细化管理为方向，以ISO标准化管理为手段，将中国供水服务评级指标体系转化为管理制度，落实到水厂、污水处理厂、客户服务场所、建设工地、办公区域等现场管理之中。四是提升信息化管理。编制集团信息化发展规划，通过营销系统升级，实现营销信息的集成和统一。优化供水管网地理信息系统并试点运行，为管网系统信息采集及整体调配提供技术支撑。五是提升服务管理。围绕大客服理念，推进客户信息收集，规范水表信息管理，制定投诉处理流程。主动加强对外服务宣传力度，通过组织2013年首届供水联合开放日、2013年全国城市节水宣传周等活动，进一步提升集团对外形象。2013年，供水行业用户满意率达99%。（吕　明）

【2013首届供水联合开放日】 3月22日，2013首届供水联合开放日（长沙市活动）在长沙供水有限公司第二制水分公司举行。该活动由中国供水服务促进联盟主办，全国20余家城市供水单位联合举办。该活动以“认知自来水”为主题，以“走近生命之源，走进健康生活”为口号，通过媒体、公司网站、营业网点公开征集民众代表，政府机关公务员、社区代表、民主人士、大学生、媒体代表及长沙晚报小记者等140余名代表参加活动。活动启动仪式由集团董事、董事会秘书杨淑岚主持，集团董事、副总经理、供水公司董事长汤光明以及各子公司代表也参加启动仪式，集团总经理贺湘林发表致辞。在活动中，代表们分成两组跟随领队和讲解员前往参观水厂工艺流程。讲解员为民众逐一展现湘江水净化成自来水的过程。市民在参观中感慨自来水的制作流程“神奇又复杂”，不少代表当场品尝出厂自来水。活动还设立服务小组为嘉宾现场答疑、检测水质，确保加深市民对自来水的认知。通过现场参观、工艺解读、咨询交流，民众亲身体会到制水流程和供水服务，加深对供水行业和供水服务的认知。（吕　明）

·城市排水与污水处理·

【概况】 2013年，全市排水行业主抓截污改造、污水处理厂运营监管和湘江长沙综合枢纽工程库区水利等项目建设，严抓城区提升、排渍泵站的运行管理，取得明显成效。长沙市主城区现共建成污水处理厂9座，污水处理能力达到133万吨/日；已运行的有8座，其中，金霞污水处理厂18万吨/日，湘湖污水处理厂14万吨/日，岳麓污水处理厂30万吨/日，开福污水处理厂20万吨/日，长善垸污水处理厂16万吨/日，花桥污水处理厂16万吨/日，新开铺污水处理厂10万吨/日，坪塘污水处理厂4万吨/日。2013年共处理污水40618.40万吨，日均处理污水111万吨，出水水质均达到国家排放标准一级B，污水处理厂负荷率为86.94%，主城区城市污水处理率达到96.32%。（孟祥宇）

【污水设施建设】 按照长沙市最新修编的城市总体规划，在中心城区范围共规划17座污水处理厂，扣除已建成或在建的（主城区共9座，望城、星沙共4座），长沙市近期规划新建的污水厂还有暮云污水处理厂，规划处理规模28.5万吨/日；雨花污水处理厂，规划处理规模18万吨/日；雷锋污水处理厂，规划处理规模10万吨/日；苏家托污水处理厂，规划处理规模15万吨/日。长沙市还将根据城市污水总量的不断增加，对花桥、长善垸、岳麓、开福、新开铺等污水厂进行扩容建设，以实现对城区污水全面的收集处理。同时为保护湘江库区水环境安全，对正式运行的7座污水厂进行提标改造，实现出水水质达到国家排放标准一级A。（孟祥宇）

【防洪排渍能力建设】 全面推行排水许可制度，排水许可在地铁、隧道及大型房地产工地全面推进，先导区基本实现全覆盖；排水设施运行管理及监管不断规范，根据防汛工作目标，长沙市城区排水设施运行服务中心严格确保汛期和暴雨时沿江所有泵站完好运行；落实在38.37米水位下城区服务范围区内不渍水的要求，运行科坚持每月制定设备检修计划，认真组织实施，确保泵站设备提升污水和排渍的需要，保证中心服务范围内排渍通畅。（孟祥宇）

【湘江库区长沙城区段截污改造工程启动】 湘江库区长沙城区段（包括湘江、浏阳河、圭塘河、龙王港、捞刀河、靳江河“一江五河”）110个排水口截污改造工程全面启动，共有110个排水口需进行截污改造。按改造性质分为3大类：Ⅰ类：维护管理类，共有15个项目，其中湘江两岸10个、浏阳河3个、圭塘河2个；Ⅱ类：建设类，共计86个项目，其中湘江两岸21个、浏阳河25个、圭塘河18个、捞刀河1个、龙王港15个、靳江河6个；Ⅲ类：预备类，共9个项目，其中湘江两岸1个、浏阳河4个、捞刀河3个、龙王港1个。（孟祥宇）

·燃气供应·

【概况】 2013年，长沙市新建天然气管网153公里，新增天然气用户15万户，年供应天然气8.2亿立方米（含车用压缩天然气1.29亿立方米），同比增长32%，最大日供气量363万立方米，正常供应率100%；年供应液化石油气8.4万吨；车用燃气销量1.29亿立方米，同比增长22%。出台《关于加强燃气工程建设管理的通知（试行）》，将燃气工程建设纳入建设管理基本程序；燃气发展规划编制基本完成；燃气企业、供应网点、加气站场的安全监管得到加强，燃气供给与安全使用得到保障。（肖　南　刘　舒）

【安全用气宣传活动】 依次开展集中宣传、从业人员安全知识轮训、居民用户入户宣传和非居民用户入户宣传。采取办培训班、主要领导授课的办法，近500名从业人员参与培训；带领干部职工和企业上百人到全市7个人流密集区上街宣传，联合市教育局在全市2500余所中小学对几十万中小学生进行专题教育，组织企业人员进小区、入用户家庭宣传。活动期间，湖南经视等多家省市级媒体进行宣传报道，共印发资料10万份，张贴海报1万份，入户宣传8万余次，活动惠及30万余人，有效提升全市燃气用户和从业人员的安全供用气意识。（肖　南　刘　舒）

【首届“星城杯”劳动竞赛】 10月22日，首届“星城杯”燃气行业劳动技能竞赛在长沙新奥燃气培训中心举办。全市15支代表队、48名选手参赛，他们分为燃气管道安装工、燃气管道调压工、储配站运行工与维修工3大工种，先后参加理论知识考试和操作技能比武，最终角逐出各个工种的前6名。活动充分展示行业一线职工的劳动技能和精神面貌，提升各燃气企业领导对一线职工技能培训的重视程度。促进行业形成不断学习、追求卓

越的氛围。（肖 南 刘 舒）

•地铁与轻轨建设•

【概况】 长沙市规划远景年城市轨道交通线网由12条线路组成，总体结构布局为“米字形构架，双十字拓展”，整体上呈主副中心轴带放射形态。线路总长约456千米，设车站333座，其中城市轨道换乘车站45座，中心城区范围内线网规模416千米，线网密度0.6千米/平方千米。线网中，1—6号线是沿城市主客流走廊布置的骨干线路，7—10号线是市区补充线，11、12号线为市域快线。2013年，全市轨道交通项目进展顺利。轨道交通2号线一期工程完成投资33.04亿元。全线所有车站主体及区间施工已全部完成；黄兴车辆段综合楼、运用库及检修库开始装修及相关机电施工；运营控制中心设备安装及装修已基本完成；轨道施工已全部完成；车站公共区装修工程及设备安装抓紧进行。线路于12月30日实现试运行，试运行时间不少于3个月。轨道交通1号线一期工程完成投资21.5亿元。汽车北站等13个站点主体结构施工完成，正在进行附属结构施工；黄兴广场站等6个站点抓紧开展附属结构或连续墙施工等；友谊路站至中信广场站、铁道学院站至涂家冲站区间双线贯通、汽车北站至开福区政府站等6个区间盾构双线贯通；中信广场站至尚双塘站明挖区间完成。轨道交通3号线一期工程已于12月26日开工建设。10月8日启动疏解工程招标，第一批土建施工招标已启动，12月中旬完成第一批土建单位招标工作。轨道交通4号线和2号线西延一期工程已组织召开项目可行性研究评估会，相关前期工作加快进行。（杜 邦）

【长沙市轨道交通近期建设规划获批】 2012年12月，国家发改委批复《长沙市城市轨道交通近期建设规划（2012—2018年）》，至2018年建成2号线西延一期工程、3号线一期工程、4号线一期工程和5号线一期工程，长约96.3千米，形成“米字型构架、双十字拓展”轨道交通网络主骨架。其中2号线西延一期工程自梅溪湖西站至望城坡站，线路长4.5千米，设站4座，投资24.66亿元，规划建设期为2012—2015年；3号线一期工程自莲坪大道站至龙角路站，线路长35.6千米，设站25座，投资236.28亿元，规划建设期为2012—2016年；4号线一期工程自普瑞大道站至桂花大道站，线路长33.5千米，设站24座，投资219.38亿元，规划建设期为2013—2017年；5号线一期工程自蟠龙路站至时代大道站，线路长22.7千米，设站18座，投资156.63亿元，规划建设期为2014—2018年。项目总投资636.95亿元。（杜 邦）

【长沙首条地铁试运行】 12月30日，长沙首条地铁2号线一期工程开始试运行。长沙地铁2号线贯通长沙东西，自西向东连接河西新城、长沙主城区、长沙火车站、长沙火车南站，是长沙轨道交通东西向的核心线路，也是长沙最早开工建设的地铁项目。12月19日，长沙地铁2号线控制中心正式投入运行，工作人员对全线站点进行监控和管理，19个地铁站装修进入扫尾阶段。2号线的线路色是冰蓝色，车站标准出入口也按照“一线一色”（长沙规划建设的12条地铁由12种不同的颜色来标识，）的原则标识，车站边框轮廓、顶板等主题色均以冰蓝色为主要元素。地铁站的装修采用简洁、美观、实用的整体风格；地面采用浅色花岗岩材料，硬度高、易清洁；柱子边缘处理成弧线，可以避免乘客上下车时因拥挤造成伤害；天花板是浅灰色细圆柱排列的镂空吊顶，有利于空调通风和其他设备的散热与检修；站台内装有二氧化碳、空气温湿度传感器等，人多时可以自动加大排风力度。2号线对应长沙市东西向客流量最大、公交压力最大的交通走廊，串连城市东西向3大客运枢纽（汽车西站、长沙火车站、长沙火车南站）和4大客流集散中心（溁湾镇、五一广场、芙蓉广场和袁家岭），它的开通能有效缓解沿橘子洲大桥和五一大道的公交客流压力，同时引导河西新城、长沙火车南站地区等新区的发展。（尚 畅）

园林建设与绿化

【概况】 长沙市园林管理局（以下简称“市园林局”）围绕市委、市政府的工作部署，圆满完成全年的各项工作任务，实现园林事业与长沙经济社会协调发展。2013年，市园林局获中国建设职工政研会风景园林行业分会授予的“先进会员单位”称号、长沙市“公共机构节能工作优秀单位”“第二轮修志工作先进集体”、人大代表建议政协提案办理工作“先进单位”、维护稳定工作和安全生产目标管理“先进单位”等荣誉。在第九届中国（北京）国际园林博览会中，长沙园被授予“室外展园综合大奖”（最高奖）、植物配置和建筑小品大奖、设计和施工优秀奖，长沙市政府获国家住建部授予的“特别成就奖”和“组织奖”，长沙市园林局获“先进集体”

长沙地铁2号线杜花路站自动检票闸机安装完成

称号和“展园特优建设奖”。

2013年，全市建成区新增绿地面积372公顷，其中新增公园绿地面积123公顷，分别完成年度绿地建设任务指标的124%和123%；在公园推广常绿草坪建设，新增常绿草地11万平方米，完成年计划的126%。组织长沙市城市绿地系统规划修编，初步构建城市绿地规划管理体系。绿化审批项目，办理总图审查144件，绿化方案审查82件；办理企业和企业人员变更、证明等业务共计236件，其中三级企业资质延续11件、核准25件，一、二企业资质延续初审14件、晋升初审14件，指导扶持两家企业成功获得一级企业资质；规划审批项目，严格执行专家论证和四级审查制度，全年接受审批项目11项，调整项目和调减绿地面积明显减少。积极推动审批程序简化、审批环节优化，行政许可整体审批时间提速50%。全市市属公园举办了元宵水上游园灯会、清明公祭、鲁冰花生态文化节、民间剪纸艺术展、插花鉴赏大赛、恐龙主题科普展、儿童节环保科普教育、蛇展、动物狂欢节、汉文化游园会等10大文化主题活动。（罗雅清）

【风景名胜区管理】 2013年，市园林局制发《关于做好长沙市风景名胜区总体规划编制工作的函》，分别与各风景名胜区签订“总体规划编制目标责任书”，指导、督促、落实各风景名胜区规划编制工作。沩山国家级总体规划已编制完成，完成市级审查并报省政府审查；花明楼总体规划已编制完成，完成市级审查并报省政府；大围山规划编制工作已启动；道吾山规划编制已完成，待省级审查。加强风景区资源保护工作，以长沙县为重点，深入挖掘风景名胜潜在资源，积极开展省级风景名胜区的申报工作。加强市园林系统文物保护工作，天心阁古城墙、王陵公园古墓群被国务院公布为第七批全国重点文物保护单位。（罗雅清）

【园林工程建设】 黄花国际机场新航站楼陆侧区环境景观提质改造工程如期完工，顺利通过项目竣工验收，开创长沙市城市园林建设项目专业代建的新模式。晓园公园环境综合整治及提质改造工程全面完成。10月1日对外开放，公园建设成为城市中心的一片“绿肺”。白沙古井公园提质改造工程提前进入施工阶段。白沙井提质改造工作2013年目标任务为完成立项、设计及报建等前期工作，11月市园林局完成方案设计及相关前期手续，提前启动施工建设，预计2014年1月24日完成施工重新对社会开放。沙湾公园建设正式启动。2013年9月4日，市长张剑飞一行视察沙湾公园，对沙湾公园建设的前期工作给予充分肯定，同意沙湾公园整体规划建设方案，要求市直相关部门开辟绿色通道，力争2013年底开工，2014年底对外开放。（罗雅清）

【“见缝种花”行动】 在市属公园内开展“见缝种花”行动，充分利用公园内的小块闲置空地、绿化死角，种植色彩多样、成本低廉、适应力强的花卉，丰富景观层次，增添公园野趣，2013年市属各公园见缝种花种植面积累计达20180平方米。2013年7月份开始，市园林局下属的市园林生态园、园林科研所对原有苗木生产基地进行重修和完善，科学划分科研生产区域，完善水、电、路网等基础设施，整修连栋大棚，新建近4000平方米的“见缝种花”试验基地。试验基地共引进种植景观花卉品种70个，花卉组合12个，对部分品种采取耐荫蔽、耐干旱和耐瘠薄的对比试验，为“见缝种花”行动提供长期的技术支持。（罗雅清）

晓园“西门迎翠”

【晓园环境综合整治和提质改造工程完工】 10月1日，经过改造提质后的晓园公园重新对外开放。长沙晓园公园建成于1986年。近年来，园内基础设施老化，服务配套功能难以适应市民、游客需求。2013年4月，市园林局开始对晓园公园实施提质改造，拆除五一大道、晓园路沿线的商业门面，建成开云山绿地，改建成460米长的通透式围墙；拆除园内原来的破旧游乐设施和硬化地面，将腾出的土地改建成1700平方米亲子广场，并采用水磨石作为铺装材料，满足市民休闲和晨练的需要；新栽种200多棵樱花树，更加突出晓园公园樱花文化特色。该次提质改造共新增绿地6949.77平方米，安排市民休闲场地2200平方米、座位65个。公园改造积极推广应用绿色照明、清洁能源、雨水收集利用等以及实施采用很多新材料、新工艺、新技术进行建设。利用修地铁挖掘出来的土烧结出来的环保透水砖进行全园游路铺张，从一个侧面反映长沙市城市开发实现良性循环，是体现环境友好、资源节约的两型发展的实践典范。这种砖具有抗折耐磨、这种砖具有抗折耐磨、抗冻防滑之特性，也是城市公园改造对节约型用材的首次应用；公园照明亮化灯具，统一都采用节能灯具，全园安装音响系统，公园全部采用太阳能LED节能灯具，外型与园内建筑风格相协调；青年湖上安装生态基、曝气机等净化循环设备，可以抑制蓝绿藻的滋生，改善湖面水质。《长沙晚报》、长沙新闻频道对晓园提质改造进行连续报道，红网、《湖南日报》《潇湘晨报》等省内主流媒体对此进行报道。晓园的改造工程建设得到省、市领导的充分肯定。（罗雅清　张　理）

【“长沙园”获第九届中国（北京）国际园博会最高奖】 11月18日，长沙园获第九届中国（北京）国际园林博览会室外展园综合大奖（最高奖）。该博览会由住建部和北京市人民政府共同主办，从5月18日—11月18日，历时半年，以“园林城市，美好家园”为主题，总占地34.2公顷，共有128个室外展园。长沙园主题为“赫曦怀古”，占地面积3650平方米，以“心忧天下，敢为人先”的长沙精神为主旨，借用岳麓书院中赫曦台的景观元素，以“问道、忧民、励志、革新”4个篇章，分别呈现求学问道、朱张会讲、经世致用、赫曦怀古等园林场景，并充分运用对景、障景、借景等经典造园手法，营造一个集游览观赏、品味文化、推介湖湘的精致展园。长沙市作为参展城市之一，在中共长沙市委、市政府的大力支持下，市园林局精心组织，对长沙园的选址、设计、用材、施工等各环节精益求精。长沙园充分展示了历史悠久的湖湘文化精华，反映了对建设“两型”引领、秀美幸福之市的探索与追求。长沙市因参加四届中国国际园林博览会并获大奖、金奖，被住建部授予中国国际园林博览会“特别成就奖”，长沙市人民政府被授予第九届中国（北京）国际园林博览会“组织奖”，市园林局被授予先进集体称号和展园特优建设奖。（罗雅清）

房地产业

·房地产开发·

【概况】 2013年，全市共有房地产开发企业1826家企业，在建项目826个，在售项目475个。全市共完成房地产开发投资1153.61亿元，同比增长12%；房屋施工面积为8668.15万平方米，同比增加17.7%，增速比上年同期增长21.7个百分点；房屋新开工面积为2782.64万平方米，同比增加52.5%，增速比上年同期增加74.2个百分点；房屋竣工面积为1400.36万平方米，同比减少0.1%，增速比上年同期增加3.3个百分点；房屋空置保持在851.71万平方米，同比增加30.9%，增加率比上年同期增加1.4个百分点。保障性住房27883套，超年计划28.5%。产权发证26.37万户，房产交易代征税费26.4亿元。住房供应结构逐步改善，中介及租赁市场逐渐规范，房价控制在年初的目标之内。形成《关于落实调控政策推进市场健康发展的座谈意见》，成功举办长沙市第三十五届房地产交易展示会。（蒋　菁）

【构建行业诚信体系】 加强房地产信用信息系统建设，成立长沙市房地产行业信用信息管理领导小组，逐步将全市房地产开发企业纳入全省企业普评体系；建立企业诚信台账，及时将企业不诚信行为记入台账，并定期录入信用信息系统；专项清查房地产交易环节的违法违规行为，严肃查处无证开发、越级开发、转借倒卖资质、抽逃注册资金和项目开发资金、非法集资等行为，并对该类企业采取注销资质或将开发资质权限限定在某一范围，防止新的问题出现；强化房地产项目资本金监控，根据市政府办公厅下发的《长沙市房地产开发项目资本金与农民工工资保障金合并管理办法》（长政发〔2013〕52号）明确具体标准和操作办法，确保房地产项目在保证质量的前提下，按期开工和交付使用；进一步完善《长沙市房地产开发企业信用信息管理办法》《长沙市房地产开发企业信用等级评价标准》，开展2012年度房地产开发诚信金牌企业评定。（蒋　菁）

【产业结构调整】 成立住宅产业化发展中心，参与制定绿色建筑评定实施地方标准；考察学习广州、珠海等地推进现代建筑产业化、全装修商品房等方面政策措施和企业（项目）实践经验，对长沙市全装修深入进行调研，形成《长沙市人民政府关于加强全装修住宅推广工作的实施意见（代拟稿）》；市住建委起草《长沙市人民政府关于加快推进现代建筑产业化的指导意见（代拟稿）》和《长沙市现代建筑产业化工程建设管理暂行办法》，通过出台政策引导建筑产业化发展；申报国家住宅产业化综合试点示范城市。（蒋　菁）

·土地征收与房屋拆迁·

【概况】 2013年，全年市本级（内五区）共完成房屋征收拆迁面积38.71万平方米，共2716户（含私房2502户，24.46万平方米；单位自管房151家，13.66万平方米；直管公房63户，0.59万平方米）；共审批16个房屋征收项目的征收补偿方案，监控补偿资金51.6亿元，解控38.28亿元，其中，监控强拆款2.38亿元，解控强拆款0.26亿元。出台《国有土地上征收范围内未登记房屋建筑认定办法》，建立涉征（拆）信访重点人员基本档案。黄兴北路棚改项目征收经验经国家住建部在全国进行广泛推介。排查出全市危房面积76.9万平方米，办理房屋安全鉴定3.02万平方米，争取市财政危房改造专项资金1000万元。出台《长沙市城区危旧房屋改造实施暨应急抢险资金管理办法》，建立城市危房改造常态机制。（周　志）

【城市房屋征拆工作新闻媒体协调会】 4月24日，市征收办和市委宣传部共同举办长沙市城市房屋征拆工作新闻媒体协调通气会。中共长沙市委常委、宣传部部长张湘涛，副市长姚英杰等市领导出席会议，新华社、《人民日报》《中国青年报》、香港《大公报》等20余家境内外驻湘（驻长沙）新闻媒体负责人应邀参加。会上，市征收办通报全市征拆工作的有关情况。通过主动邀请新闻媒体进行监督等形式，取得新闻媒体对长沙征拆工作的理解和支持，凝聚了房屋征拆舆论正能量。（周　志）

【重点项目征收】 一是完成芙蓉区营盘东路项目、和平小学建设项目、芙蓉生态新城一号安置小区建设项目，天心区省直机关集中办公区项目、天剑社区零星地块棚改项目、白沙路道路建设项目，岳麓区麓南广场建设项目、大河西综合交通枢纽工程项目及梅溪湖（土地整合）项目、洣湾镇窑坡山棚改项目、土城头路项目，开福区九尾冲棚改及保障性住房建设项目、太平路北段棚改项目（五一路至中山西路路幅）、上麻园岭地块棚改项目、渔业路项目征收工作；二是启动芙蓉区营盘东路项目、京珠高速西辅道项目、十六中新校区改建工程项目、远大路地块棚户区改造项目（一期），天心区都江路周边零星棚改项目，岳麓区清风南路项目、黄泥岭6号长沙啤酒厂宿舍地块棚改项目、大王山生态环境整治工程项目、麓山水泥有限责任公司征收项目、二十中学整体提质改造项目、西湖文化园（三期）项目，开福区城际铁路开福寺站及S1—1号地块项目、滨河南路项目，雨花区木莲冲路（洞井路—韶山路）项目、洞井路（香樟路—雅塘冲路）道路建设项目征收工作。同时，加快征拆项目扫尾建设，市征收办积极配合各区人民政府加紧对在拆项目扫尾涉及的拆迁补偿个案和遗留问题进行全面梳理，加快征拆工作进度。

（周　志）

【“征收主体规范化”研究】　2月，市征收办应邀参加中国房地产研究会《城市房屋征收和补偿管理规范化》课题研究并承担“征收主体规范化”部分的起草工作。3—4月份，组织三批次人员赴海南三亚、福建厦门、江西南昌等地参加该课题的研究讨论会，积极提供建设性意见。3月22日，湖南省住建厅房产处、湖南省房地产业协会城市房屋征收拆迁专业委员会通报国有土地上房屋征收与补偿工作经验交流材料评选结果，市征收办提交的《依法行政促发展 和谐征收保稳定》的经验材料被评定为一等奖。7月，住建部房地产监管司召开全国房屋征收工作经验交流会，长沙市开福区黄兴北路棚改项目因征收成效突出，被省住建厅推荐为全省的代表，在会上作书面交流。

（周　志）

•房地产市场及管理•

【概况】　2013年，全市加强房地产市场监管，按照国家房地产宏观调控政策要求，年初研究制定《长沙市公布2013年新建商品房销售价格控制目标的通知》。11月25日，为实现长沙市房地产宏观调控达到预期目标， 出台《关于进一步做好长沙市房地产市场调控工作的通知》（长政办函〔2013〕227号），从增加普通商品住房及用地供应、抑制不合理住房需求、引导房地产开发企业理性定价、重视保障性安居工程建设4方面提出政策要求。认真分析房地产市场的影响以及走势，积极组织相关企业召开座谈会，要求房地产开发企业、房地产经纪机构认真落实和遵守国家关于房地产宏观调控的文件，维护长沙市房地产市场良好环境。

一、规范登记管理。规范内五区房屋集体土地上房屋登记工作日常管理，对各区住建局及高新区房产规划局集体土地上房屋登记工作人员开展业务培训。按照《房屋登记办法》要求，上半年内5区和高新区集体土地上房屋登记全部实现计算机网络系统管理。

二、优化办理流程。进一步优化二手房登记有关流程。在保留二手房资金监管的前提下，取消资金监管的强制性，简化房屋登记流程，推广二手房买卖合同的示范文本，方便购房人便捷办理房屋所有权证书。市房地产交易管理所加快抵押注销登记归档时间，将注销归档时间提前1个工作日后，客户办理注销手续由即来即办变为即办即结，方便客户继续办理下一步的房产交易手续；同时，简化住房抵押手续费缴费流程，将住房抵押手续费由银行代缴改为房地产交易管理所柜台直接收取，节省客户银行排队等候时间，缩短群众办事时间。

三、规范房地产经纪管理。严格执行《关于进一步规范长沙市房地产经纪管理的通知》（长住建发〔2012〕131号），启用房地产中介管理信息系统，制作新的房地产经纪机构备案证、房地产经纪人员执业卡，通过该系统与现有房产交易系统的有效对接，逐步实现全方位的动态管理，显著提升监管水平，有力遏制“黑中介”的生存空间。

四、拟定《长沙市国有土地上房屋登记遗留问题处理意见》。按照尊重历史、民生优先的原则，对长沙市存在房屋产权遗留问题的项目进行认真的梳理，市住建委拟定《长沙市国有土地上房屋登记遗留问题处理意见》（以下简称《意见》），该《意见》通过多次征求相关部门意见，反复论证，已上报市政府，争取以市政府规范性文件形式颁布，确保房屋产权登记遗留问题得到有效解决。

（张志强）

表13　　全市房产交易情况统计

统计时间：2013年1—12月　　（单位：万平方米、套、亿元、元／平方米）

项目名称		全市	同比（%）	其中：内六区				
				累计数	同比（%）	本月数	同比（%）	环比（%）
一、商品房批准预售面积		2234.40	17.16	1505.06	12.76	130.07	6.28	-26.42
其中：	住宅	1916.97	29.32	1280.01	26.96	108.09	19.08	-26.81
	商业	183.02	-14.34	111.51	-30.86	9.20	-41.70	-25.69
	办公	86.47	-23.41	86.35	-23.09	12.80	40.29	117.05
二、商品房网签面积		1966.95	30.45	1388.88	27.22	113.04	-8.71	-5.81
其中：住宅		1709.98	29.13	1193.30	26.67	97.06	-3.61	-7.71

续表 13

项目名称		全市	同比（%）	其中：内六区				
				累计数	同比（%）	本月数	同比（%）	环比（%）
三、商品房网签套数		187096	30.16	134192	27.04	10509	-12.29	-9.68
其中：住宅		161539	29.65	113801	27.35	8778	-6.55	-12.35
四、商品房网签金额		1285.53	38.96	1005.31	37.59	88.00	-3.76	3.00
其中：住宅		1001.73	35.80	769.65	35.10	65.82	5.50	-3.82
五、网签均价	住宅	5858	5.17	6450	6.66	6782	9.44	4.22
	商业	13082	1.02	14795	4.78	15218	2.07	-17.11
	办公	11938	15.79	11990	14.94	10567	-18.96	-8.32
六、商品房备案面积		1948.10	35.46	1391.51	37.48	106.77	-0.70	-28.60
其中：住宅		1678.49	35.04	1176.40	37.08	87.44	-4.22	-30.36
七、商品房备案套数		186121	32.35	135599	38.11	10223	0.46	-28.50
其中：住宅		158396	32.78	112493	38.34	8268	-3.34	-28.52
八、商品房备案金额		1210.57	42.14	951.83	43.67	75.03	9.19	-25.07
其中：住宅		956.35	40.65	735.45	42.57	57.29	3.93	-25.31
九、商品住宅备案均价		5698	4.16	6252	4.00	6552	8.50	7.24
商品房非住宅备案均价		9429	7.10	10059	5.64	9180	9.63	-6.04
十、二手房成交面积		525.63	68.23	321.40	50.11	29.18	76.57	8.74
其中：住宅		368.57	89.67	264.31	89.36	20.37	62.19	-11.19
十一、二手房成交套数		39178	34.26	28747	49.09	2220	37.29	-10.99
其中：住宅		35098	45.14	26507	61.73	2065	38.40	-11.49

制表单位：长沙市房产研究中心　　填表人：邓 晖　　核对人：申 蝶　　报出日期：2013 年 12 月 30 日

表 14　　内六区新建纯商品房交易统计

统计时间：2013 年 1—12 月　　（单位：万平方米、套、亿元、元 / 平方米）

项目名称	累计数	同比（%）	本月数	同比（%）	环比（%）
一、商品房批准预售面积	1462.84	13.13	130.07	6.28	-23.75
其中：住宅	1239.61	27.23	108.09	19.08	-23.65
二、商品房网签面积	1324.92	27.74	108.38	-6.89	-5.04
其中：住宅	1130.16	26.99	92.69	-0.64	-6.68
三、商品房网签套数	128623	27.51	10136	-10.77	-9.15
其中：住宅	108315	27.88	8431	-3.91	-11.64
四、商品房网签金额	981.70	37.31	86.34	-3.55	3.79
其中：住宅	746.91	34.42	64.47	6.60	-2.65
五、商品住宅网签均价	6609	5.85	6956	7.29	4.32
商品房非住宅网签均价	12055	11.42	13934	10.93	21.65
六、商品住宅网签中位数价	6350	4.96	6327	2.84	-1.51

续表 14

项目名称	累计数	同比（%）	本月数	同比（%）	环比（%）
其中：普通商品住宅	6307	4.98	6231	2.35	-2.24
七、商品房备案面积	1306.80	37.04	100.72	-3.74	-24.81
其中：住宅	1091.77	35.61	81.39	-7.92	-25.99
八、商品房备案套数	128265	36.64	9742	-1.49	-25.93
其中：住宅	105173	36.47	7787	-5.81	-25.28
九、商品房备案金额	923.97	43.78	72.85	7.13	-21.90
其中：住宅	707.66	40.91	55.11	1.28	-21.11
十、商品住宅备案均价	6482	3.90	6771	10.00	6.61
商品房非住宅备案均价	10059	6.43	9180	9.63	-6.04

制表单位：长沙市房产研究中心　　填表人：邓 晖　　核对人：申 蝶　　报出日期：2013 年 12 月 30 日
（注：本表中商品房相关数据均不含集资、定向开发、经济适用房数据）

物业服务

【概况】 2013 年，全市物业服务企业达到 1047 家，其中：一级资质 30 家，二级资质 82 家，三级资质 935 家。特别是一、二级资质企业新增 24 家，增幅 27.3%。行业从业人员进一步增加，达到 10.15 万人，增长 15.7%。物管项目进一步增加，总数超过 2900 个，新增物管面积 1940 万平方米，全市物管面积累计超过 1.4 亿平方米。物管覆盖面进一步扩大，覆盖率 74.3%，增长 4.3 个百分点。物业维修资金总额进一步增加，新增 16.11 亿元，增长 14.95%，全市累计总额 111.63 亿元，稳居全国省会城市第四。维修资金使用额同比增长 96.4%；白蚁防治面积 1931 万平方米，超年计划 28%。成功举办“第三届中国物业管理长江论坛”；启动智慧物业小区试点工作。

一、提高行业服务水平。创建国家级物业管理示范项目 4 个，省级物业管理优秀项目 22 个，总数累计新增 10 个，增长 62.5%。开展物业行业文明程度指数测评，推动测评结果与企业资质升级、项目招投标和评优评先直接挂钩，取得显著成效，得到中央文明委肯定；组建物业小区志愿服务站点，推动社区志愿者服务常态化；统筹推进社区管理创新、文明创建和平安物业建设，打造一批“平安物业”品牌；共答复人大代表、政协委员有关物业管理工作的建议提案 19 件，并及时将建议提案有关意见落实整改到物业管理工作当中，满意率达到 100%；接待业主投诉 189 起，尽最大可能地满足业主的合理诉求，特别是妥善处理了“和景园、西城龙庭、万煦园、湘府名邸”等业主投诉，没有引发大的矛盾纠纷。

二、创新行业监管手段。创新企业信用管理，开发物业服务企业信用信息平台，着手从企业、项目、人员三个层面进行诚信管理考核，逐步将考核结果运用到企业的资质管理、评先评优当中，促进行业诚信经营；创新维修资金使用机制，全面贯彻《长沙市物业专项维修资金管理办法》，拓展维修资金使用表决渠道，推动维修资金使用效率不断提高；创新物业企业的收费管理，联合市物价局规定长沙市普通住宅物业服务项目收费在省定基准价基础上可以上浮 30%，低密度住宅物业服务收费标准由市场机制确定；开展物管行业专题调研，形成《长沙城市住宅小区物业服务状况调查与对策研究》调研报告，为下阶段进一步创新长沙市物业服务监管工作打下基础。

三、推进县（市）物管工作。长沙县政府下发《关于加强住宅区物业管理工作的若干意见（试行）》，成立物业管理监督委员会，强化行业行政监管职责；宁乡县政府下发《关于进一步加强物业管理工作的意见》，成立物业管理工作领导小组，形成物业监管和执法合力。浏阳市开展物业服务行业突出问题专项整治，集中联合执法，解决一批物业管理中的突出问题，提升物业管理的整体形象。

（邓林飞）

【第三届中国物业管理“长江论坛”】 7 月 3—5 日，在长沙普瑞温泉大酒店召开“第三届中国物业管理长江论坛”。住建部房地产市场监管司副司长王玉平、中国物业管理协会会长谢家瑾、湖南省住建厅副厅长唐道明、长沙市人民政府副市长姚英杰等相关领导出席论坛。来自上海、南京、南昌、郑州、合肥、武汉、北京、深圳、成都、重庆等省外代表团和省内代表团 1000 余人参加论坛。论坛对长沙市物业专项维修资金的创新模式和万科物业在探索企业转型升级方面的经验进行介绍，对行业的人才培养、转型升级和收费调价三个方面进行互动交流，谢家瑾为论坛做总结讲话。本届论坛，在全行业的大力支持下，高质量的完成各项工作，得到住建部、中国物业管理协会和参会人员的一致好评。

（邓林飞）

住房保障

【概况】 2013年，长沙市住房保障局围绕加快实现“住有所居”的战略目标，主动创新作为，完成省、市下达的各项工作任务。获湖南省保障性安居工程劳动竞赛先进单位、长沙市党风廉政建设工作先进单位、长沙市文明单位、长沙市文明窗口示范单位称号。

一、保障性安居工程项目建设。紧扣目标任务，注重督查调度，强化协调服务，严格监督管理，实现安居工程和棚户区改造工作又好又快推进。全年实现保障性安居工程开工建设27883套，为年度任务的138.72%，基本建成30402套，为年度任务的151.25%，项目建设进度从6月份起，一直稳居全省第一。其中廉租房实施项目2个，开工建设696套，为年度任务的139.2%；公租房实施项目39个，开工建设12530套，为年度任务的113.91%；经适房建设任务通过货币补贴方式完成，新增发放户数1253户，为年度任务的198.89%；城市棚户区改造实施28个项目，开工建设13304套，为年度任务的169.05%；垦区棚户区改造100户，基本建成100户。全年共争取中央、省级专项资金74693.53万元，同比增长25.7%。望城区、宁乡县被推荐为省保障性安居工程工作优秀县（市）。

二、住房保障管理服务。1.优化分配审批服务。编发《住房保障服务手册》，优化业务办理流程，在窗口显要位置摆放《业务办理指南》，设立志愿者服务站，提供便民利民优质服务。探索建立“绿色通道”，在黄兴北路棚改项目开展电子审批登记试点，实行一站式申报、并联式审批。全年办理经适房购房资格确认单1945户、准购单1808户、货币补贴凭证869户；办理廉租房租赁补贴资格审批451户，廉租房实物配租资格审核新增备案1139户；办理廉租房租赁补贴资格审批451户，廉租房实物配租资格审核新增备案1139户；审查“半边户”购保障性住房资格1465户，出具资格单908户；审批发放职工住房货币补贴2117户2412.91万元，审批支取职工住房货币补贴974户895.09万元。2.提升运营管理水平。科学调配房源，共为黄兴北路等全市棚户区、片区重点工程项目调配经适房、廉租房1856套。规范房源管理和配租管理工作，出台《关于进一步规范经适房房源管理的通知》《关于印发租赁型保障住房实物配租管理实施细则的通知》。开展保障性住房管理示范创建活动，长沙县幸福家园、开福区福润园等7个保障房小区被评为全市保障房管理示范（规范）小区。破解保障性住房管理经费难题，争取廉租房委托管理经费和空置物业费303.25万元，实现长沙市本级廉租房管理经费零的突破，向长沙市财政上缴廉租房租金323.8万元。

三、住房保障信息化建设。全面推进住房保障政务信息公示公开制度，全年共编发各类政务信息2975条。每月定期在政府门户网站和《长沙晚报》公示住房保障政务信息，全年公示住房保障准入资格审批信息11批次，公示保障性房源4批次。组织开发并运行了经适房上市交易系统、廉租住房管理系统、中低收入住房困难家庭申报登记系统，完成省住房保障管理信息系统历年数据录入工作。7月份在城区铺开中低收入住房困难家庭申报登记工作，全市共有85106户家庭（人员）申报登记。

四、创新住房保障工作。1.探索多元化融资模式，与省安居投资公司对接，黄土塘棚改等项目采取合作融资方式，开辟融资新渠道。2.规范退出新机制，启动经济适用住房上市交易工作。全市经济适用住房（含单位自建）上市交易6113户、经适货补房上市交易1141户，共上缴财政非税收入3.1599亿元，为市财政作出了积极贡献。3.打造建管新载体。探索适合“两型”社会发展规律的旧城区改造机制，实施乔庄社区等项目改造修缮，创造了新鲜的棚改试点经验。以示范创建活动为载体，打造一批精品工程，望城区高塘岭镇一期廉租房等6个项目获批全省示范项目。4.各项工作创新推进。芙蓉区在芙蓉生态新城廉租房项目中率先实行绿色建筑一星标准；天心区大力推进5712工厂国有工矿棚改；岳麓区顺利完成遗留多年的黄泥岭6号地块棚改征收工作；开福区黄兴北路棚改项目推进迅速，完成征收1539户，为全市之最；雨花区承担全市往年需补建的廉租房项目全部开工；高新区、长沙县以园区为主导大力发展公租房，促进园区经济发展；浏阳市积极推动乡村教师公租房建设，这些创新举措为全市住房保障工作创造示范典型，积累成功经验。（盛　利）

【《长沙市保障性住房行政行为纪律监督办法》正式实施】 10月31日，长沙市人民政府颁布《长沙市保障性住房行政行为纪律监督办法》(以下简称《办法》)。《办法》明确规定：由市纪委和市监察局对保障性住房建设、分配和管理实施监督检查；承担保障性住房建设、分配、管理等行政行为的单位领导和工作人员，应依据规定廉洁高效履行职责；明令禁止隐瞒、扣压或有意拖延调查有关保障性住房建设、管理、配售、配租等问题的举报，以及阻挠、抗拒监督检查和不按规定回避等行为。《办法》还对党员和行政监察对象提出相关要求。《办法》的制定属全省首创，也是国内监督住房保障行政行为最完善、最全面的创新制度。2013年12月31日《中国纪检监察报》予以专题报道。（盛　利）

住房公积金管理

【概况】 2013年，长沙住房公积金管理中心在加快归集扩面、发挥住房保障作用、资金风险防控、提高服务品质中争创一流，住房公积金各项业务指标全面实现历史性突破。岳麓区管理部作为中心驻市政务服务中心的窗口部门，多次获市政务中心通报表彰，并被评为2013年度“政务服务先进窗口”，其优质服务工作经验被《经济日报》推介。望城区管理部获评“全国模范职工小家”，浏阳市管理部获批“省级文明窗口单位”和“省级模范职工小家”，中心被评为“全省文明单位”。

一、归集扩面。2013年，全市新增开户单位1068个，新增开户缴存职工12.1万人，新开户职工占全省的30%，实现住房公积金归集55.2亿元，同比增长17.7%。至2013年底，住房公积金累计归集总额290.7亿元。1.推广“双联”机制。将住房公积金联席会议、联动工作的“双联”工作机制由市本级向区、县（市）政府推广延伸。各区、县（市）政府及园区管委会将住房公积金归集扩面工作纳入议事日程，成立扩面工作领导小组，组织召开联席会议，以区、县（市）政府或政府办公室名义下发文件，明确责任，落实任务。强化监督检查和绩效考核，实施奖优惩劣。2.调整缴存政策。在全省率先将住房公积金最低缴存比例由5%提高到8%，提高低收入职工购房支付能力，缩小不同收入群体的缴存差距。全年有1142家单位近5万名职工住房公积金缴存比例由5%提高到8%，每月增加职工个人公积金缴存额572万元；在全省率先解决行政事业单位聘用职工建制缴存问题，增强制度公平性和普惠性。3.推动非公企业建制。和市总工会、市工商联等部门联合开展非公企业建制缴存工作调研，协调市统计局、工信委、商务局支持，收集并梳理非公企业建制缴存基础数据，重点对非公企业开展扩面专项行动。芙蓉、开福等多个区县政府、长沙经开区、高新区等多个开发区管委会牵头组织召开园区、街道、行业等非公企业“制度推进会”。全年有943家非公企业2.9万余名职工开户缴存住房公积金。4.加强行政执法。实施《长沙住房公积金行政执法管理办法》，对应建未建、应缴未缴住房公积金单位在新闻媒体进行公示。全年下发催建催缴通知书1357份，整改通知书1046份，对275家违法单位在相关媒体上进行公示，对27家违法单位行政处罚立案。

二、作用发挥。1.公积金提取快速增长。全年共提取住房公积金24.7亿元，同比增长21.3%。其中，住房消费类提取（包括职工购建房提取和偿还贷款提取）16.7亿元，占提取总量的67.6%，支持职工购建房90万平方米。2.个人贷款再创历史新高。继续严格实施“保一限二禁三”（保障第一套、限制第二套、禁止第三套）的差别化贷款政策，对符合贷款条件的职工，及时审批，应贷尽贷，及时放贷，支持职工刚性住房需求，抑制投资投机性购房贷款。全年发放个人住房贷款13094户38亿元，支持职工购建房160万平方米。至2013年底，全市累计发放个贷10.8万户，个贷总额193亿元。3.“试点”项目贷款有序推进。在做好第一批试点项目贷后管理的同时，加快第二批试点项目贷款审批和发放工作。加强对项目单位和相关部门的指导与协调，多次实地调研并帮助项目单位解决试点工作中的困难和问题。全年发放“试点”项目贷款4.5亿元，将支持保障性住房建设40万平方米，累计收回试点项目贷款本金5500万元，收回贷款利息6884万元。以上累加，上年，住房公积金支持全市住房建设超过300万平方米（包括提取城市廉租房建设补充资金2.3亿元，预计将支持全市廉租房建设15万平方米）。

三、资金安全。2013年，全市完成住房公积金业务收入7.4亿元，实现增值收益3.6亿元，增值收益率2.3%，全市个人住房贷款、“试点”项目贷款逾期资金、贷款逾期率均为0。1.严格内控管理制度。坚持大额资金调动集体决策，实行提取、贷款“三级审批制”，规范业务审批流程，定期开展内部稽核检查和风险评估，强化责任追究。2.提高信息化防控手段。与人民银行个人信用信息、房屋产权信息全面联网，防范骗提、骗贷风险；实现公积金业务网上审批，推行“电子稽核系统”，实施后台网络稽核，全面强化信息系统刚性约束。3.规范业务财务管理。加强受委托银行开户汇缴管理，审核、清理现有银行账户，全面清理挂账资金，纠正单位缴存不规范行为，清理合并职工重复账户，完善、规范个人账户信息。全面实施“零余额账户”管理，优化短中长期存款品种配置，提高资金收益率。全年取消银行账户7个，清理完成50个单位历史挂账资金47万元，整合职工重复账户69861个。

四、服务品质。1.“综合窗口制”全面推行。改进业务受理模式，全面推行“综合窗口制”，全面实行“一窗式受理，一站式办结，一条龙服务”。2.业务审批全面提速。按照市委、市政府“行政审批效率在现有基础上整体提速50%”的要求，将住房公积金提取、个贷审批等4个非行政许可项目上线运行，简化办事流程，缩短办事时间，实行提取业务即时办结，个贷审批5个工作日完成。住房公积金业务办理整体提速超50%。浏阳市个贷收件、审核、审批、发放一个工作日内办结的经验做法被住房和城乡建设部在全国推介。3.人性化服务全面推进。开展个人住房贷款上门集中面签服务。推行职工重大疾病、低收入职工租房提取，以及个人住房贷款划拨还贷等人性化提取举措。推出延时服务，为老弱病残孕等特殊人群开展上门服务。4.多元化服务全面推广。建设具有提取、贷款、还款、信息查询等功能的“网上服务厅”和“手机短信平台”。结合“12329预约”窗口，实现24小时接受咨询、查询、预约和投诉建议，以及缴存、提取、贷款等业务预受理和预审批服务。“12329”热线全年共接听咨询电话7.7万个，满意率接近99%。2013年7月，《长沙晚报》对全市热线电话测试调查中，

长沙住房公积金管理中心开展上门面签服务

"12329"热线位列"最理想"热线之首。（沈资江）

【《湖南日报》专题推介长沙住房公积金管理工作】 2月6日，《湖南日报》以《长沙住房公积金管理：创新诠释"住有所居"》为题，推介长沙住房公积金管理中心在资金运作、风险控制、便民服务等方面创新举措。一是功能创新。为职工购建房与保障性住房建设面积超130万平方米，累计支持全市职工购建房建筑面积超过1000万平方米。长沙作为全国首批、湖南第一个利用住房公积金贷款支持保障性住房建设试点城市，计划发放试点项目贷款21.08亿元，支持全市保障性住房建设近210万平方米。2012年还提供廉租住房建设补充资金近2亿元，专项用于城市廉租住房建设。二是管理创新。让老百姓放心缴存"安居钱"。建立内部稽核、廉政风险防控等内控管理制度，实现与人民银行个人征信、房产信息系统的数据共享，严格落实个贷发放"三级审批"。在全国率先出台《长沙市住房公积金监督办法》，首创"长沙市住房公积金监督委员会"，对住房公积金决策和运作情况 进行动态监管。较早探索管理与运作分离整合的业务模式，中心内设机构分设"管理层"和"运作层"，两类职能分类。创新开发"长沙住房公积金管理信息系统"，住房公积金提取、贷款的规定、流程全部融入信息系统，实现"提多少、贷多少、问电脑"的系统裁定模式，启用"电子稽核系统"，实施后台网络稽核。三是服务创新。制定并实施《长沙住房公积金服务细则》，简化办事流程，全面推行"综合窗口制"。在全国第一个建设并开通全国统一"12329"住房公积金热线，为群众提供24小时全天候服务。同时积极探索网上业务，单位可通过公积金网站办理汇缴、补缴、变更等业务，职工可办理提取、贷款业务预受理和预审批。在芙蓉、天心、岳麓、开福、雨花等市内5区全面设立管理机构，增设服务窗口，住房公积金9大业务网点全面覆盖全市各区县，各管理部业务实现"通存通贷"。（沈资江）

能源节约

【概况】 2013年，长沙市能源工作以节能减排财政政策综合示范城市建设为契机，加强能源运行与节约管理，创新节能举措，强化节能监管，有序推进能源各项工作，圆满完成各项工作任务。全年全市单位GDP能耗在2012年基础上下降4.56%，完成"十二五"节能目标进度85.6%，单位规模工业增加值能耗同比下降9%，六大高耗能行业产值占地区工业总产值比重上升1.6%。成功举办第五届湖南（长沙）节能和循环经济博览会。全市首个风电场开发项目——宁乡观音阁风电场工程获省发改委核准批复，长沙风电开发实现"零突破"，屋顶光伏建设居全国前列。制定《长沙市天然气分布式能源中长期发展规划（2012—2020）》，浏阳经开区、望城经开区、两个区域性项目已完成供热规划。远大天空城、科霸汽车电池和长沙新奥调整指挥中心等楼宇型项目已开始施工建设。黄花机场天然气分布式能源项目8月实现并网发电。（周志强）

【节能示范项目建设】 组织开展节能减排财政综合示范节能技术改造、合同能源管理、天然气分布式能源和太阳能光伏发电等类别项目的申报、预审和初审、绩效评价、验收、资金核拨等工作，有9个合同能源管理项目、33个节能技术改造项目分别获得261.7万元和2009.3万元财政奖励支持，预计形成节能能力7.57万吨。组织华电长沙发电有限公司"发电设备系统节能优化改造项目"争取国家节能技术改造财政奖励支持，获批资金900万余元。制定出台《长沙市天然气分布式能源中长期发展规划（2012—2020）》，《长沙市促进天然气分布式能源产业发展实施办法（暂行）》，推动天然气分布式能源项目建设或进行前期工作，铜官循环经济工业基地分布式能源项目等5个项目前期工作推进顺利，黄花机场天然气分布式能源项目在8月实现并网发电。长沙经开区、长沙高新区、浏阳经开区、宁乡经开区等金太阳屋顶项目建设规模达90余兆瓦。10月，长沙首个风电场开发项目宁乡观音阁风电场工程获省发改委核准批复，长沙风电开发"零突破"。项目动态总投资4.5亿元，建设地点位于宁乡县花明楼镇、道林镇。项目装机规模达4.95万千瓦，将安装24台单机容量2000千瓦和1台单机容量1500千瓦的风力发电机组，于2014年7月份开工。（周志强）

【能源管理机制】 颁布《长沙市产业能效指南》，启动湖南省首个地方能源行业管理标准前期工作，开展长沙市新能源与可再生能源企业产品及技术规范认证研究，能源行业管理和企业能效管理地方性标准逐步完善。对接国家、省、市有关政策和专项规划，策划储备一批能源项目，项目储备长效机制基本建立。定期统计分析全市煤、电、油、气生产流通消费情况和重点用能单位能耗动态，汇总编印《能源运行月报》，能源运行分析管理机制有序实施。制定《长沙市节能示范单位创建工作方案》，20家优秀单位被授予2012年节能示范单位称号，组织2013年节能示范单位创建工作。（周志强）

【重点领域节能工作】 制定《长沙市2013年度节能工作计划》，大力推动工业、建筑、交通、农村、商务、公共机构等重点行业领域节能，并按季度组织调度分析。工业节能方面，积极推进重点用能单位低碳行动，完成34家单位能源审计，坪塘南方水泥等11家企业执行单位产品能耗限额，湖南顶立科技有限公司等19家企业实施自愿性清洁生产审核。交通节能、建筑节能、公共机构节能等取得积极进展。（周志强）

【节能监督管理】 推进项目"能评"工作，并按市政府要求和权限职责，将区（县）立项审批的项目"能评"下放到区县负责，从项目审批环节从严制定节能方案，从源头控制高耗能项目上马和优化项目节能标准，市本级共完成节能评估审查项目32个，节能备案审查项目142个；各区（县）共完成节能评估审查项目89个，节能备案审查项目534个，能耗源头控制全面加强。组织开展春夏季温控执法专项检查行动，严控公共建筑能源浪费；大力开展节能综合监察，依托具备资质的节能监察专业机构，对29家重点用能单位进行能耗设备能效检测和节能措施落实情况现场督察，对工作不到位、监察结果不理想的单位下达整改通知，督促整改落实；同时，积极推进宁乡县节能监察试点，推进以区县（市）为主组织开展执法，增强执法合力，节能监察执法力度不断加大。（周志强）

【节能宣传】 举办节能宣传周暨第五届节博会，参观人数和现场交易（签约）额实现“双十”目标，即参观人数突破10万人次，交易（签约）额突破10亿元。利用节能宣传座套、节能文化桌垫、节能知识小册子等有益载体，组织开展节能宣传进机关、进企业、进学校、进基层“四进”活动。组织举办“美丽长沙梦，低碳长沙行”摄影作品巡回展览，全面展示长沙节能与能源开发成果和风采。加强与长沙晚报、星辰在线、长沙新闻频道等主流媒体深度合作，开辟《节能小贴士》《节能课堂》《节能在身边》等专题栏目，改版提质长沙能源网和开通新浪・能源频道，节能宣传影响不断深化。（周志强）

【第五届湖南（长沙）节能和循环经济博览会】 6月15—17日，第五届湖南（长沙）节能和循环经济博览会，在长沙红星国际会展中心举行。该活动由湖南省发展和改革委员会、长沙市政府人民政府主办，湖南省节能监察中心、长沙市发展和改革委员会、长沙市公共机构节能工作领导小组办公室、长沙市能源局共同承办。省委常委、常务副省长陈肇雄出席开幕式并宣布节能宣传周和节博会开幕，省政府副秘书长刘岳辉主持开幕式，省发改委主任胡衡华和长沙市委常委、常务副市长陈泽珲分别致辞。省、市节能减排领导小组成员单位负责人、长沙高新区、长沙经开区等长沙市内国家级园区管委会和各区县市政府分管负责人以及1000余名企业、学生和市民代表参加启动式。博览会设国际标准展位400余个，展览面积1.5万余平方米，包括湖南省节能服务产业和循环经济成果展、节能服务产业和循环经济企业展、工业节能与能源综合利用展、节能电器及绿色低碳建材展四个展区。兴业太阳能、中电48所、汉龙节能科技、湖南同力循环经济、海尔电器等140余家省内外企业参展，集中展出上千种节能、节水、新能源先进技术，以此推动新型节能技术产品走进更多家庭。展会设湖南省节能服务产业和循环经济成果展和企业展，对全省节能服务产业和循环经济发展取得的成效进行回顾总结，对节能服务产业和循环经济领域的典型项目、典型模式等作集中展示。节博会开幕式上，长沙市能源局、长沙现代低碳节能技术推广中心，与望城区机关事务管理局、通程集团、湘能楚天电力集团，签订湖南首批自愿节能协议，签约额达到600万元。本届博览会还拓展主题活动，推出高效节能灯免费赠、节能低碳产品大团购、购物抽奖等着您、节油器优惠券大派送、节能知识大讲堂等主题活动。组委会还特邀中南大学、中国建筑科学研究院上海分院等知名教授在展区三楼开办5场节能专题讲座。节博会上，现场签约、定购、销售、意向协议等，交易总额达到10亿元以上，其中，节能家电和绿色低碳建材团购展区现场销售额即达8亿元。一批节能企业借展会收获订单，影响力进一步放大。（周志强）

村镇建设

【概况】 2013年，长沙市小城镇基础设施建设开工项目达684个，小城镇基础设施建设投资额达120亿元，同比增长15%；县域城镇化率达到51.7%，同比增长1.5个百分点。农村危房改造任务为4090户，实际完成4461户，超额完成年计划9%。全市农村危房改造工作中央财政投入3067万元，市级财政投入3594万元，各区县（市）财政配套5263万元，全年各级财政共计投入11924万元。浏阳大瑶、宁乡沩山成为全国节能减排示范乡镇。（张　旭）

【《长沙市农村危房改造爱心企业援建办法》制定】 9月16日，长沙市农村危房改造工作领导小组办公室会同长沙慈善会联合印发《长沙市农村危房改造爱心企业援建办法》（以下简称《办法》）。《办法》本着自主选择、自愿捐助的原则，鼓励企业积极参与农村危房改造爱心援建活动。同时，《办法》进一步明确援建范围与对象、援建标准，规范援建组织、管理、审批、监督等工作流程，将有效地指导全市农村危房改造重点援建帮扶工作，切实解决特困户建房资金困难，为爱心企业参与慈善活动提供一个良好的互动平台，促进全市农村危房改造工作有序、稳步推进。11月7日，长沙市建筑企业农村危房改造爱心认捐活动在开福区顺天黄金海岸酒店举行，这是自《办法》颁布后的一次大规模的认捐活动。仪式由市住建委副主任程定夫主持，市住建委主任范焱斌、总工程师竺钦军及长沙慈善会相关领导出席活动。2012年度长沙市建筑业“AAA”信用企业、全市其他二级及以上施工总承包企业负责人200余人参加活动。（刘　园）

【表彰“两型创建”示范单位和先进单位】 5月20日，岳麓区莲花镇、岳麓区坪塘镇、浏阳市柏加镇、浏阳市葛家乡、浏阳市沿溪镇、宁乡县花明楼镇等6个乡镇被长沙市人民政府授予“2012年长沙市‘两型’创建示范单位”；长沙市金井镇、长沙县果园镇、望城区靖港镇、望城区乔口镇、浏阳市大瑶镇、浏阳市永安镇、宁乡县沩山乡、宁乡县夏铎铺镇、岳麓区雨敞坪镇、长沙县开慧镇、望城区铜官镇、浏阳市三口镇、宁乡县黄材镇等13个乡镇被长沙市人民政府授予“2012年长沙市‘两型’创建工作先进单位”。（刘　园）

国土资源与环境保护

责任编辑：尚 畅

国土资源管理

【概况】 2013年，长沙市国土资源系统服务发展大局，严格落实耕地保护措施，维护群众利益，完成全年目标任务改革。

一、服务经济社会发展。1. 建设用地报批。做好建设用地报批工作，坚持主动服务，提前介入，重点项目用地得到及时保障。省国土资源厅批准长沙市非农建设项目用地437宗4714.74公顷，其中农用地转用3766.43公顷，较好地保障上海大众项目、长沙国际会展中心项目、长沙湘江航电枢纽排水改建工程等重大工程、重要基础设施、新型工业化和民生项目的用地需求。2. 节约集约用地。出台《长沙市建设用地节约集约利用考核办法》《长沙市主要地类建设用地定额标准》。开展2012年度开发园区节约集约用地先进单位评选，长沙高新区、长沙经开区、望城经开区和雨花经开区分别获奖，共获得土地利用计划指标90公顷奖励。开展第三届国土资源节约集约模范县（市）创建，完成全市2012年度单位GDP建设用地下降考核年度评估、市人民政府对各县市区人民政府及省级以上开发园区管委会2012年度建设用地节约集约利用考核。城镇低效用地再开发试点全面启动，制定《长沙市城镇低效用地再开发试点工作方案》。3. 窗口服务。开展“三亮三比三评”活动和省级青年文明号创建，较好地落实一次性告知、疑难问题会审、行政问责等各项制度，窗口服务稳步推进，业务受理、办理、呈报、发卷工作运作良好。总窗口接待业务咨询44849人次，网上咨询回复180余条。受理业务18386宗，呈报业务626宗，发放个人业务12303宗、土地使用权证16791本，其他单位业务卷宗1630宗、土地使用权证64511本。积极推行便民服务措施，与长沙邮政快递合作，开通个人过户办证快递服务。推进“12345”市民服务平台建设。

二、加强国土资源保护。1. 建设用地预审。对不符合土地利用总体规划、不符合国家产业供地政策、无具体项目、有圈地嫌疑的一律不予供地。严格按照《长沙市主要地类定额标准（试行）》中规定的节约集约用地标准核减用地规模。全市通过预审项目729个，涉及用地总规模5146.54公顷，其中新增建设用地4106.19公顷，农用地4085.55公顷，耕地占2216.75公顷。其中市本级完成用地预审项目360个，涉及用地总规模3055.96公顷，其中新增建设用地2297.54公顷，农用地2279.18公顷，耕地占1209.4公顷。2. 耕地保护工作。市政府与区、县（市）政府签订新一轮土地管理与耕地保护目标责任书。对全市历年易地补充耕地指标和易地占补平衡情况进行清理。全市经批准新增建设用地占用耕地1957公顷，均得到及时补充。有序推进土地开发项目实施，全市验收土地开发项目106宗，新增耕地678.95公顷；完成选址备案项目161个，建设规模1238.49公顷，预计新增耕地1015.35公顷。探索土地整治新模式，启动长沙县金井镇涧山、龙泉村耕地生态保护型土地整治示范建设。积极申报省市级项目，本年度申报项目中安排实施土地整治项目36个，总规模12412.04公顷，投资总额33865.91万元。全市共实施2012年项目45个，涉及建设规模13203.72公顷，投资预算35164.78万元，已完成工程验收44个。3. 矿产资源管理。开展2012年度矿产资源开发利用及储量数据库统计，全市共有矿山企业470家，年产矿石量3662万吨，工业总产值14.5亿元。对省厅下达的15家矿山企业“三率”指标进行调查与统计，实地抽查宁乡县五亩冲煤矿、浏阳市七宝山铜锌矿、金桥磷矿等的“三率”指标完成情况。全面启动地质资料“两化”工作。完成《宁乡县砖瓦用黏土（页岩）矿矿业权设置方案》等8个矿业权设置方案的编制和评审。加强矿山储量动态监管，开展矿山储量动态监管质量建设年活动。开展矿产资源节约与综合利用项目专项检查，对浏阳七宝山矿区复杂多金属矿综合利用等4个矿产资源节约与综合利用示范工程项目进行竣工验收。

三、规范国土资源市场建设。1. 土地储备管理。积极探索对工业用地的收储，市本级全年新增工业用地收储入库66.67公顷。编制《长沙市储备土地招商指南》，召开用地意向单位见面洽商会，参加厦门第五届国际地产投资交易会，加大宣传推介及招商工作力度，全年储备土地新征入库10宗，182.27公顷；储备土地出库8宗，89.73公顷，其中，挂牌出让5宗、划拨出让2宗、协议出让

1宗，成交价款33.94亿元，创历史新高。2. 国有土地出让。对《长沙市国有土地有偿使用规定》进行修订，加强市场监测和房地产开发用地供后监管，开展城市土地价格动态监测。严格落实国有建设用地使用权招拍挂出让规定，全市共出让土地522宗，面积1791.86公顷，价款548.95亿元，其中挂牌出让土地455宗，面积1680.33公顷，价款539.98亿元。市本级挂牌出让118宗，面积519.64公顷，成交价381.5亿元，增值70.32亿元。全年征收土地出让金348亿元，首次突破300亿元大关。入库247.86亿元（河东91.71亿元，先导区156.15亿元）。落实保障性安居工程用地96.34公顷。3. 矿业权市场建设。全市新设矿权全部实行网上挂牌出让，全年共成交矿业权2宗，分别为望城区丁字湾麻石矿及浏阳市葛家乡新源村粉砂岩矿，总成交价款2711万元。其中丁字湾麻石矿以2689万元成交，溢价920万元，取得突破性进展。全年市级办理探矿权申请核查初审33项，采矿权延续登记6家、划定矿区范围1家、抵押备案2家、注销2家，完成矿产资源储量报告备案133项，采矿权价款评估报告备案8项。

四、维护群众合法权益。1. 依法行政工作。印发《国土资源常用法律法规文件汇编》1000余册。对行政许可事项进行清理，修改并制定新的办事指南和审批流程图。加大政府合同审查力度，加强规范性文件的制定和管理。举办征地补偿标准提高、土地利用总体规划调整两次听证会。认真做好行政诉讼、行政复议和司法协助工作，以长沙市局为被告的行政诉讼案件13件，代理市政府为被告的案件6件，一审审结12起。切实把好行政复议案件的受理关、审核关和决定关，全年收到行政复议案件90件，已审结26件。其中不服强制腾地的案件为67件，占全年总案件的74%。协助人民法院查封土地使用权151宗，解除查封37宗，维护权利人的合法权益。2. 地质灾害防治。发布《长沙市2013年度地质灾害防治方案》。及时更新群测群防体系，调整地质灾害应急抢险分队，开展地质灾害气象预警预报。加强应急处置，启动实施两处重要地质灾害隐患点自动化监测试点。积极推进地质灾害防治，排查出各类隐患点844处，其中大型地质灾害隐患点12处，中型地质灾害隐患点110处。狠抓汛期地质灾害防治和加强农村居民切坡建房地质灾害防治。开展汛期地质灾害巡查，确定省级重要地质灾害隐患点10处。扎实推进项目建设，组织申报了4项中央资金地质灾害防治项目。宁乡县大成桥地区地质灾害综合治理项目新争取中央投资2亿元，已按计划到位资金1亿元，正在按综合治理二期规划进行建设。（陈炳阳）

【土地利用总体规划】 全面完成全市各级土地利用总体规划数据库建库、长沙市土地利用总体规划中期评估工作。及时启动市委、市政府确定的15个中心镇（小城市）和特色镇的土地利用总体规划修改，保证农产品交易市场搬迁、长沙家禽市场重新选址、红星大市场迁建等项目不因规划原因耽误建设。15个乡镇土地利用总体规划的实施评估报告已全部通过省厅组织的专家组评审，依程序修改完善后逐个上报市政府审批实施。

（陈炳阳）

【征地拆迁补偿安置】 调整征地补偿标准，以市政府名义下发《关于执行湖南省征地补偿标准有关事项的通知》《关于调整征收农村集体土地地上附着物及青苗补偿标准的通知》。加大工作监管力度，联合市纪委监察局、市征地办对全市集体土地征收补偿安置工作进行全面督查。严格落实征地安置补偿实施办法，全市实施项目542个，新启动项目168个，完成腾地3002.53公顷。其中，市本级实施项目366个，新启动项目131个，完成腾地1086.47公顷。加大保障住房建设力度，2013年新建成103号令各类保障住房面积128.86万平方米，现有在建保障住房453.31万平方米。

（陈炳阳）

【国土资源执法监察】 土地矿产卫片执法检查顺利完成，全市疑似违法图斑1091个，下发新增建设用地B+W图斑面积1740.25公顷，占耕地666.04公顷；往年批而未用当年实地已建设用地面积404.75公顷，占耕地138.28公顷。全市违法面积占新增建设用地总面积比例5.23%，违法占用耕地面积占新增建设用地占用耕地面积的比例2.89%。矿产卫片疑似图斑共计14个，经调查核实，合法图斑6个，违法图斑6个，伪变化2个，矿产违法图斑已全部立案查处并结案。加大土地违法案件查处力度，全市共立案查处土地违法案件216件，涉及土地面积110.27公顷，其中耕地41.74公顷，结案198件。（陈炳阳）

【闲置土地清理】 全年清理闲置土地199宗，面积1070.87公顷。其中，市区（含高新区）共清理116宗636.67公顷，各县（市）（含望城区）83宗434.2公顷。加强部门配合，研究制定六项约束性、干预性措施，闲置土地处置力度进一步加大。全市共处置闲置土地82宗，面积571.32公顷。其中督促开发建设58宗412.89公顷；收回土地使用权6宗47.22公顷；收取闲置费方式处置4宗12.54公顷，收取闲置费108.16万元；重新约定动工时间14宗98.68公顷。

（陈炳阳）

【地籍测绘管理】 顺利推进农村集体土地所有权确权登记发证工作，各区、县（市）全部通过省发证办外业权属调查成果预检验收。结合宗地编码与城镇地籍数据库对接，开展地籍区和地籍子区调整划分工作，市内5区农村集体土地所有权数据库建设已完成。坚持依法依规，严把土地登记关，全年共办理土地登记761宗，总发证104310本，土地面积4214.72公顷；土地确权22宗，面积26.56公顷；抵押登记401宗，抵押土地1159.26公顷，抵押金额459.75亿元。

（陈炳阳）

【基础测绘工作】 市本级完成日常地籍测绘及勘测定界测量3484宗。开展全市测绘资质单位年度注册工作，69家乙级以下测绘资质单位提交注册申请，有66家获得通过。组织全市测绘单位汇交测绘成果副本和目录，共汇交401项。开展2013年度测绘地理信息监督检查，在省国土资源厅抽取长沙15家甲乙级单位检查的基础上，市本级抽取8家丙丁级单位进行了检查。办理土地开发项目立项167个，土地开发项目竣工测绘验收135个；审查土地综合整理项目32个，为确认开发和整理后新增耕地数量提供可靠依据。（陈炳阳）

【国土资源信息化】 电子政务系统实现零故障运行，确保了建设用地报批、土地市场动态监测信息服务工作有序进行。为共同构建土地报建审批监管系统，实现“先税（费）后证”的要求，完成数据接口开发和测试，实现土地报建审批流程间有机衔接。根据土地各项税款进行综合监管的要求，完成土地各项业务数据的整理，移交给综合治税平台，实现综合治税平台的数据交换。完成档案信息化和“一张图”系统的基础硬件网络平台。局门户网站主动公开信息523条，公布业务查询信息1005947条，处理政民互动信息314条。（陈炳阳）

环境保护

【概况】 2013年，长沙市环境保护局围绕环境保护三年行动计划、流域污染治理、大气污染防治等重点工作，统筹推进城乡生态环境一体化建设，全市生态环境质量稳步提升。年内，市环保局案卷评查工作被省环保厅评为“行政处罚指导案例与处罚案卷双优秀”；市环境监察支队被省环保厅评为“全省环境监察与应急管理工作一等奖”。

2013年，全市化学需氧量、氨氮、二氧化硫、氮氧化物4项主要污染物排放量较上年分别削减1.55%、1.3%、0.16%和2.61%，超额完成年度工作任务，排在全省前列。全年全市集中式饮用水源地水质达标率100%，湘江长沙段水质优良率97.9%；空气环境质量优良率按新、老标准计算分别为54%和84.7%；区域环境和交通干线噪声平均值分别为54.8和69.1分贝，优于年初制定的目标。（王凌燕）

• 污染防治 •

【大气污染防治】 以可吸入颗粒物（PM2.5）防治为重点，推进大气污染治理。编制《长沙市大气污染防治行动计划实施方案》，成立市长任组长的领导小组，安排项目136个。出台《长沙市机动车环保检验合格标志管理办法（试行）》，恢复机动车排气检测，启动机动车环保标志核发，淘汰黄标车3.1万辆。出台《城区建设项目环境影响评价扬尘污染控制若干规定》，集中曝光扬尘控制最差建筑工地。在全省率先启动储油库、加油站和油罐车油气回收工作。（王凌燕）

【水污染防治】 以湘江库区污染治理为重点，推进流域综合整治。浏阳河城区段污染整治取得阶段性成果，10项污水溢流排口治理任务全部完成。按照湖南省政府“一号重点工程”要求，安排湘江流域治理与保护项目86个。加强饮用水源地环境保护，设立农村饮用水水源地保护标识3500个，新建乡镇污水处理厂12家。巩固非法水上餐饮整治成果。完成《湘江长沙库区流域水污染防治条例》立法调研。（王凌燕）

【噪声污染防治】 严格控制夜间施工许可，加大夜间无证施工违法行为的查处，有序取缔一批在居民密集区内设音乐茶座、石材加工等噪声污染源，遏制交通主干道、铁路、地铁等周边所有敏感地段噪声恶化趋势。（王凌燕）

【固体废弃物污染防治】 开展全市危险废物环境污染专项整治行动，联合卫生部门为医疗机构及医疗废物集中收集处置单位开展污染整治专项行动，摸清产生危险废物企业的家底，建立危险废物管理台账和档案。长沙市危险废物处置中心开工建设。完成原铬盐厂止水帷幕一期工程可研批复，开展铬污染土壤修复试验，严格现场维护管理。（宁来杰）

【污染物总量减排】 开展工业、农业等6类污染源统计调查，摸清总量基数。完成第一批初始排污权分配核定工作，出台《长沙市建设项目主要污染物总量指标管理实施细则》，严控造纸、印染、煤电、水泥等项目，对新改扩建项目实施主要污染物总量指标前置审核。关停天山水泥厂等立窑水泥生产线，完成南方水泥等脱硝工程建设和升级改造。启动国祯等6家污水处理厂提标改造，确保14家城镇污水处理厂稳定达标，推进60家已建成的乡镇污水处理厂规范运营。完成畜禽养殖污染治理22万平方米。（张　琳）

【全面核发机动车环保标志】 1月1日起，长沙市全面实施机动车排气定期检测，形成19个检测站点、63条检测线的排气检测规模，全年共检测机动车533421辆，合格率89.9%。实施机动车环保标志管理，出台《关于印发〈长沙市机动车环保检验合格标志管理办法（试行）〉的通知》，设立30个标志核发点位，2013年11月18日开始机动车环保标志核发试运行，截至12月31日全市共发放机动车环保标志100213套（其中绿色标志约9.9万套、黄色标志约0.12万套）。环保标志核发工作的顺利开展，为下阶段长沙市主城区实施黄标车限行措施奠定基础。（邓彭娇）

【第二轮环保三年行动计划】 2013年度长沙市共计安排“环保三年行动计划”（含增补）项目153个，完成项目146个，约占项目总数的95%。其中，泉塘生态公园项目于2013年初提前竣工，向市民开放；污泥集中综合处理项目于12月启动设备联调并试运行；市固体废弃物处理场（黑麋峰）二期改扩建项目于2013年11月14日完成主体竣工验收；花桥、长善垸污水处理厂等二期建设工程已启动实施。（傅　扬）

【浏阳河城区段污染综合治理全面实施】 2月26日，长沙市人民政府印发《浏阳河城区段污染治理实施方案》，市环保局按照“规划先行，分步实施、突出重点、标本兼治、整体推进”的思路，成立浏阳河污染治理工作督查小组，执行“日检查、周督查、年考核”工作机制，全年先后33次对列入《浏阳河城区段污染治理实施方案》的38个项目、涉及的12个责任主体工作进展情况进行督查，先后编写20期工作简报。2013年全面完成亭子港泵站等10个污水溢流排口清淤清堵及整改疏浚工作；污水处理厂新建、扩容及提标改造项目中，

雨花、花桥、长善垸 3 个项目均已完成可研等批复。（李 嘉）

【《长沙市空气重污染应急预案（试行）》出台】 为提升对空气污染的应急处置能力，切实保障人民群众环境权益，12 月 25 日，长沙市出台并实施《长沙市空气重污染应急预案（试行）》。按照空气质量指数（AQI），对空气重污染的预警和应急响应分为Ⅲ级预警（黄色）、Ⅱ级预警（橙色）和Ⅰ级预警（红色）。成立长沙市空气重污染应急指挥部，由市政府分管副市长任指挥长，应急指挥部办公室设在市环保局，市环保局局长兼任办公室主任。指挥部负责启动预案，向全市发布相应级别预警，组织实施应急响应措施，宣布预警和应急响应终止。（张爱民）

·环境监察与监测·

【环境监察】 开展针对重金属污染、水上餐饮、危险废物等行业领域的 19 大类环保专项执法行动，出动执法人员 2.1 万余人次，检查排污企业 7741 家次，严肃查处各类环境违法行为，责令限期改正 312 家，立案查处 40 家，处罚金额 37.9 万元。严格规范排污费征收工作，追缴排污费 124.4 万元。及时处理各类环境污染问题，加大对投诉举报反映问题的查办力度，做到“有报必接、有访必查、有访必督、违法必处”。长沙市率先在全省建立、使用移动执法系统，充分运用移动执法系统规范环境执法工作，成功经验被环保部环监局在全国同行调度会、培训班中推介。（刘跃辉）

【环境监测】 2013 年，市环保局继续强化环境质量及污染源监测和评价，探索建立水、气环境监测预警体系，为环境决策、管理提供科学依据。完成 10 个 PM2.5 监测站点标准化建设，实时发布环境空气质量信息。积极参与长株潭 PM2.5 源解析工作，初步研判区域大气污染成因分析。建立湘江库区水质预警和库区环境风险处置预案，编制全流域水质实时监控规划，开展湘江长沙枢纽库区水质加密监测 34 次，确保饮用水源地水质安全。完成长沙市区域声环境质量监测的优化布点，对橘子洲烟花燃放时的环境空气质量和噪声等进行监测分析，为政府决策提供依据。（陈 双）

【突发事件应急处置】 为有效防范突发性环境污染事故的发生，及时、合理处置可能发生的各类重大、特大环境污染事故，维护社会稳定，市环保局成立环境污染事故应急指挥部，编制突发环境事件应急预案。2013 年，针对湘江河面出现大量死鱼现象、浏阳河污水直排等 16 起突发性事件，及时启动应急预案，密切加强环境巡查与监测，全年全市未发生重大环境安全事件。（张爱民 陈 双）

【实施 24 小时空气质量数据动态发布和国控重点污染源在线监控】 为充分满足公众的环境知情权，按照环保部要求，长沙市建成沙坪、湖南中医药大学、湖南师大附中、高新区、伍家岭、经开区、火车站、马坡岭、雨花区、天心区等 10 个空气质量监测站点，完成 PM2.5 仪器设备的安装、调试和验收测试，自主开发信息发布平台软件，在全省率先开展 PM2.5 监测。1 月 1 日起长沙市按时实施环境空气质量新标准监测，通过国家、省、市三级平台 24 小时向全国动态发布空气质量数据。为加强对重点污染源的排污监督，截至 2013 年，长沙市共对 36 家国控重点污染源企业实施在线监控，安装在线监控设备 39 台套，与长沙市监控中心、湖南省环保厅、环保部实现三级联网，实行 24 小时不间断监控。（陈 双 李志尧）

·生态文明建设·

【生态创建】 积极推进生态创建工作，夯实生态文明基础。长沙县成功创建全省首个国家级生态县，望城区国家级生态区创建通过省级技术评估，《长沙大河西先导区生态文明建设规划》通过省环保厅技术评审，经开区国家生态工业示范区创建工作有序推进。2013 年，全市累计创建国家级生态乡镇 56 个、生态村 79 个，省级生态乡镇 64 个、生态村 162 个，市级生态村 288 个。（禹文峰）

【环保宣传与教育】 以世界环境日、环保开放日等为依托，举办大型宣传活动。创建环保手机报，及时分析发送和处置环保舆情。在各级媒体刊发（播）新闻 800 篇（条）。针对“两高”环境污染罪司法解释、核与辐射等热点问题，强化培训与教育，增强环保理念和业务能力。创建首个国家级环保教育基地，创建市级绿色学校（幼儿园）24 个、节能环保社区 48 个。（刘美兰）

【环境经济政策】 开展排污权有偿使用和交易，对 283 家企业收缴初始排污权有偿使用费 652 万元，新、改、扩建排污单位排污权交易率 100%，收缴率全省第一。继续实施河流生态补偿，流域生态补偿基金账户到账 1600 万元。对 109 家企业开展环境行为信用评价，并将评价结果对社会公布。开展环保责任审计，完成对雨花区、开福区政府主要领导干部 2009 年至 2012 年任期环保责任审计。（管春花）

表 15　2013 年长沙市环境质量状况

主 要 指 标		2013 年	
城区环境空气质量	二氧化硫（毫克／立方米）	0.033	
	二氧化氮（毫克／立方米）	0.046	
	可吸入颗粒物（毫克／立方米）	0.095	
	空气质量达标率（%）	API:84.7	新 AQI:
	优良天数（天）	API:309	新 AQI:197
城市环境噪声质量	区域环境噪声 dB(A)	昼间 54.8	夜间 48.8
	交通干线噪声 dB(A)	昼间 69.1	夜间 59.1
地表水环境质量	湘江长沙段水质优良率（%）	97.9	
	集中式饮用水源地水质达标率（%）（不计粪大肠菌群）	100	

（监测数据由长沙市环境监测中心站提供）

先导区
开发（园）区

责任编辑：江 雷

大河西先导区

【概况】 2013年，长沙大河西先导区实现地区生产总值1979亿元，增长13.9%；完成财政总收入413.41亿元，增长79.74%，其中先导区管委会市级总收入191亿元；完成固定资产投资1603亿元，增长22.9%；实现社会消费品零售总额439.4亿元，增长12.9%；完成高新技术产值3000亿元，增长58.7%；第三产业增加值542.9亿元，增长19.1%；实际到位省外境内资金164亿元，增长22%。

现代服务业呈现快速发展势头。形成高档酒店、总部经济、现代金融、高端商业、文化旅游、科技研发等高端服务业态加速发展格局。共引进、建设、建成、开业50个高端服务业项目，其中投资50亿元以上项目5个、10亿元以上项目5个，总投资600亿元。包括晟通梅溪湖国际总部、中建梅溪湖中心、中冶长天、湖南省建筑设计院、福晟财富中心等8个企业总部，初步形成总部经济集群；梅溪湖山涧明月精品酒店、佳兴世尊、世茂希尔顿、柏宁、万豪、梅溪湖艾美、大王山朗豪酒店等8家高档酒店，形成星级酒店集群；奥克斯、渔人码头、骑龙商业大街、罗马商业广场、绿地中央广场、步步高新天地、梅溪湖国际广场、红星美凯龙等10个商业项目，形成高端商贸产业集群；建设广发银行、浦发银行、楷林国际、省信用联社等6个金融项目，形成现代金融产业集群，这些产业项目将在2016年之前全面建成运营，将从根本上改变河西公共服务配套、现代服务业薄弱局面。

高端品质新城形象初步展现。交通基础设施进一步完善，共建设坪塘大道南延线、黄桥大道二段及南延线等骨干道路和片区道路40条，新增通车里程80余公里，核心区共建成城市一级道路16条，通车里程160公里。梅溪湖国际新城一期片区路网全面建成，每平方公里拥有城市道路2条，城市路网密度和道路通行能力相比2012年提高30%。科教文卫配套进一步完善。建设教科文卫配套设施项目9个，完成投资50亿元。梅溪湖师大附中、梅溪湖周南中学、梅溪湖博才小学、洋湖小学等4所学校主体竣工，中加学校、银盆岭小学建成开学，湘雅梅溪湖医院开工建设，梅溪湖国际文化艺术中心、梅溪湖国际研发中心等重大文化科技项目加快推进。拉开了300平方公里城市建设区的道路框架，形成了200平方公里城市建成区、150万城市常住人口的交通、市政和公共服务承载能力。核心区要素聚集力显著增强，实现社会投资90亿元，增长119%，占比达到50%；房地产市场量价齐升，核心区共出让经营性土地31宗163.35公顷，成交价达166亿元，溢价34亿元，亩均地价680万元，增长23%；新建商品房成交面积327万平方米，增长57%。

“两型”社会建设取得明显进展。大力建设生态景观。全年建设城市精品景观工程15个，包括洋湖湿地公园二期、施家港水上公园、巴溪洲水上公园等3个以水为特色的城市公园，桃花岭公园、梅岭公园等6大以山为特色的森林公园，坪塘大道景观轴、梅溪湖环湖景观轴、洋湖大道景观轴、湘江西岸景观轴等生态景观绿轴。深入推进环境整治。运用工程和生态治污技术，推进湘江西岸及靳江河、龙王港等八大支流近100公里的流域综合整治，启动龙王港、靳江河两厢建成区排水管网雨污分流改造，完成肖河综合整治、雅河景观工程，建设截污干管50公里，湘江主河道水质稳定达到Ⅲ类，地表水环境达标率100%，起步区农村垃圾无害化处理率和乡镇污水处理率100%，核心区落后产能淘汰率100%，城市人均绿地面积达到25平方米，80%的生态指标或基本达到全国生态市标准。全面推广绿色建筑。全面落实涵盖11个方面50项量化指标的绿色建筑指标体系，其中12项指标在全国尚属首创。建设方兴梅溪湖绿色建筑展示中心、长郡梅溪湖中学、保利麓谷林语、绿地中央广场、金茂梅溪湖等20个星级绿色建筑。核心区新建绿色建筑覆盖率80%，绿色建筑技术覆盖率100%，节能、节地、节水、节材等综合节约率30%。从项目、政策、技术、机制等领域深入推进两型社会建设，梅溪湖国际新城获批全国生态示范城区，并与洋湖生态新城、滨江商务新城共同成为全国智慧城市试点。先导区两型治水的实践，得到住建部肯定，第八届全国城镇水务会议10月底在先导区召开。

行政审批制度改革取得新进展。实施第3轮行政审批制度改革，下放5项直接投资项目审批权限，推进行政前置审批中介化改革，率先探索建设工程分部审批，优化国土、规划、环保等环节审批程序，从45项行政审批权限压缩到36项，审批时限从原来的平均220日缩减到42日，平均审批效率时限在平均缩短了80%以上。行政审批效率的大幅提升，大大降低了商务成本，加快了项目建设进度，先导区成为全省行政审批效率最高的地区。（刘　文）

大河西先导区党工委、管委会领导人员

党工委书记、管委会主任	赵文彬
党工委委员、管委会副主任	刘继雄
	陈鲁青
党工委委员	李爱诚
	文　雄
	谈文昌
	夏艳兰

【洋湖湿地晋升国家AAAA级景区】 9月13日，全国旅游景区质量等级评定委员会发布公告（2013年第10号），洋湖湿地景区被评为国家AAAA级旅游景区。11月8日，2013第七届长沙生态旅游节开幕式暨洋湖湿地国家AAAA级景区授牌仪式在洋湖湿地景区举行，标志该景区正式成为国家AAAA级旅游景区。2013年5月，该景区启动国家AAAA级旅游景区申报工作，长沙先导投资控股有限公司下属子公司长沙先导洋湖投资建设有限公司、洋湖湿地开发管理有限公司对景区实施标准化建设和管理服务提质。6月19日，湖南省旅游局对洋湖湿地申报国家AAAA级旅游景区初步检查验收；9月1日，该景区通过国家旅游局国家AAAA级旅游景区检查验收。洋湖湿地公园总面积4.85平方公里，景区一期(休闲区)、二期(多样性展示区）建成对外开放，三期通过生态修复，形成具有洋湖湿地风貌特色湿地保育区。景区授牌仪式上，市旅游局发布《长沙生态旅游洋湖宣言》：承诺大力发展生态旅游，打造生态旅游品牌，提升长沙城市品质，充分彰显秀美自然风光，全面展示深厚文化底蕴，把长沙打造成为文化名城与山水洲城交相辉映大景区。（刘　文）

【奥克斯广场开业】 4月28日，长沙大河西先导区滨江新城奥克斯商业广场正式开业。长沙市委常委、大河西先导区党工委书记赵文彬、奥克斯集团董事长郑坚江等领导出席开业庆典，知名百货“平和堂”、韩国CJ集团旗下“CGV国际影城”、国内连锁超市龙头“华润万家”、知名音乐量贩连锁品牌“魔方KTV”、国内家电连锁巨头“国美电器”等知名入驻商家代表参加活动。该商业广场位于长沙大河西先导区滨江新城中心区域，占地面积6.79公顷，总建筑面积45万平方米，总投资19.5亿元，集商业、写字楼、公寓于一体一站式大型城市综合体，涵盖国际化购物中心SHOPPING MALL、室内外步行街、5A级名企总部写字楼、奢华白金中央公馆、精装格调SOHO公寓、大型休闲广场和大型停车场等业态。地理位置优越，毗邻长沙市政府，周围辐射人群达100万人，是一座最具创新精神和时代意义高端城市综合体。该项目是奥克斯地产正式进驻长沙首个项目。（刘　文）

洋湖湿地公园

【桃花岭公园开园】 4月26日，长沙梅溪湖国际服务区桃花岭山体公园正式开园。公园规划面积292.12公顷，是国家AAAAA级旅游景区岳麓山风景名胜区重要组成部分。公园定位以郊野游览、生态观光、徒步登山、科普体验、假日休闲为主要功能，由5个分区组成：公园入口区寓意“粉桃迎客”，以大面积桃林、草坪以及人工水景湖营造城市自然公园景区入口；景观跌溪区为“林涧探踪”，打造自然叠水景观；景观水库区利用水库湖面和绵延山脉，使之成为公园最具特色景观；特色水景区结合层层分布人工鱼塘，打造一处现代桃园秘境；还有洪寺庵水库、腊八寺遗址区，包括洪寺庵水库、腊八寺遗址等重要景观节点。园内设置景区主要道路（机动车和人行）、公园游览线路、滨水游览线路和山林游览线路4种游览体验路线。游步道依据现状道路整合，总长23公里。（刘　文）

【长沙中加学校建成】 10月8日，长沙中加学校建成开学。该校是长沙市人民政府引进的湖南省第一所中外合作办学新型国际学校，也是湖南第一所可授予中外双学籍、双文凭普通高级中学。学校位于大河西先导区洋湖片区，紧邻洋湖湿地公园，占地面积12.06公顷，总投资3亿元，一期占地7.97公顷，建筑面积5.6万平方米，可容纳高中学生1450名，由湖南大学和加拿大纽宾士域省教育部以及加拿大加皇国际教育集团联合办学。该校办学条件优越，包括教学楼、教辅中心、多功能汇报厅、国际图书馆、学生公寓、食堂、中教公寓、外教公寓、室内体育馆、室内游泳馆、壁球馆、健身房、网球场和壁球场等教学场所，是一所现代化、园林化、网络化、生态化国际型学校。学校开设中加两国高中课程，使用中英双语教学，实施3年学制，课程执行中国教学大纲并兼容加拿大学生课程，实行学分制管理，学生可同时拥有中国普通高中学籍和加拿大高中学籍。主

长沙中加学校

要面向长沙市及湖南省招收高中生，也面向全国及海外招生。（刘　文）

【河西首条步行街开建】　11月5日，长沙河西首条步行街——步步高·新天地（梅溪湖）项目举行开工庆典，市委常委、先导区党工委书记、管委会主任赵文彬、步步高集团董事长王填等领导出席活动。该项目由步步高置业有限责任公司投资开发，占地19.89公顷，总建筑面积约60万平方米，投资总额40亿元，是集国际时尚家具广场、情景式时尚街区、酒店、公寓、写字楼、住宅等商业形态于一体国际城市综合体。项目定位为中高端业态，拥有22万平方米步步高大都会超级MALL和650米长室外休闲风情步行街，设计风格不同于长沙黄兴南路步行街，是长沙首条充满文化艺术氛围和创意生活风情步行街区。街区内除步步高旗下百货、超市、电器、美食外，最大特色为娱乐休闲，包括迪斯尼小镇、儿童主题乐园、28米超高巨幕电影院、5000平方米室内高尔夫练习场、飞行体验馆等项目。计划2015年9月建成开业，配备8000个停车位。（刘　文）

【梅溪湖绿建展示中心获世界级认证】　12月4日，中英梅溪湖绿色建筑合作交流会在长沙梅溪湖国际新城举行。方兴地产（中国）有限公司、英国投资贸易总署、英国建筑研究院（BRE）共同举办。市委常委、大河西先导区党工委书记、管委会主任赵文彬等领导参加相关活动。会上，英国驻广州总领事馆总领事摩根为梅溪湖国际新城方兴地产绿色建筑展示中心项目颁发“杰出级”设计认证，这是英国绿色建筑标准（BREEAM）最高级奖项。该绿建展示中心是梅溪湖公共建筑类首个三星级绿色建筑，由方兴地产、英国建筑研究院和上海建筑科学院单位共同设计，是全球范围内首个获得BREEAM 2013国际版杰出级认证绿色建筑，也是亚洲首个BREEAM杰出级项目，重点展示梅溪湖交通、能源、水资源等8个方面“两型”特色，对于推广生态城市绿色建筑技术意义重大，是梅溪湖国际新城绿色建筑标杆之作，成为中南地区绿色建筑技术应用检验平台。英国绿色建筑标准是全球最广泛使用绿色建筑评估方法。该方法通过对管理、健康和舒适、能源、交通、水资源、垃圾、土地利用和生态、污染等综合评价，分别评出“通过、良好、优秀、优异、杰出”等级，最高级“杰出级”建筑代表未来节能环保建筑发展方向。（刘　文）

【洋湖湿地景区二期开园】　4月26日，洋湖湿地景区二期建成开园。位于长沙市大河西先导区洋湖片区，总投资4.4亿元，占地面积91.05公顷，其中河道及浅水区26.8公顷，是洋湖湿地景区的核心区域，建设期从2011年至2013年。主要建设内容有鸟类栖息地、生物多样性展示区、游憩大草坪、观鸟区、赏荷区等多个特色景点，展现城市与自然的和谐发展、人与动植物的和谐共生的“两型”城市及生态文明。开园期间，该项目建设投资方长沙先导洋湖建设投资有限公司举办系列活动，包括李志辉新世纪地理音乐会、第二届洋湖湿地花卉艺术展、意大利光雕艺术展等开园活动，免费对市民开放，吸引游客10万人次。（刘　文）

【民生银行大厦竣工】　2013年4月，民生银行湖南分行大厦竣工，完成内外部装修。该大厦位于滨江新城中央商务区范围内金融中心区，总建筑面积3万余平方米，楼高100米，25层，由民生银行于2010年10月摘地，是民生银行湖南总部，也是滨江金融商务区引进的第一家大型金融机构总部，总投资5.3亿元。项目于2011年11月开工建设，预计2014年对外营业。（刘　文）

国家级开发（园）区

·长沙高新技术产业开发区·

【概况】　2013年，长沙高新技术产业开发区（以下简称“长沙高新区”）完成实际到位外资2.78亿美元，增长16%；省外境内到位资金28.7亿元，增长16%；市外境内资金形成固定资产投资45.3亿元，增长22%；外贸进出口总额16.3亿美元。新注册入区企业1100余家，新批外资企业11家，引进购地产业项目14个，其中投资过10亿元项目2个，投资过5亿元项目3个；世界500强费森尤斯、丰树集团落户麓谷；新签订经营性用地项目4个，签约金额9亿元，卜蜂莲花、马来西亚假日酒店、国美电器、中影影院、劳斯莱斯汽车4S店等品牌服务业项目入园。电子信息、新材料、生物医药、新能源与节能环保产业规模产值分别同比增长38.9%、125.9%、27.7%、45.4%，电力智能控制与设备产业集群纳入科技部和湖南省创新型产业集群试点。全年麓谷园区技工贸总收入突破2000亿元，完成规模工业增加值368亿元，增长14%；财政总收入72.1亿元，增长19.5%。综合经济实力在105个国家级高新区排名由第十六位上升至第十四位。全年新开工产业项目32个、竣工项目20个。完成全社会固定资产投资168亿元、增长20%，其中工业投资82.9亿元、增长22%。全年有420个项目获得国家和省、市立项支持。新增市级以上创新型企业试点12家，累计97家；新获批省级以上企业工程（技术）中心3家，其中国家级2家；新申报通过复审高新技术企业95家，认定国家重点高新技术企业3家，高新技术企业累计516家。麓谷园区企业专利授权总量2100件，发明专利450件。举办第七届科交会；完成科技部对国家创新型科技园区中期评估。麓谷创投和天使基金等创业投资累计为36家园区企业有效投入3.23亿元；浦发银行、长沙银行两家科技支行为143家小微企业授信4.1亿元；中小企业合成基金为22家中小企业担保贷款总额1.1亿元；科技保险成为全省唯一试点园区；金融大厦投入使用，与市经信委、深交所、省股交所、科技厅合作，全面建设征信评级、网上路演、产权交易、股权交易四大基础平台，引进各类中介服务机构30余家。8家企业递交挂牌申请。高新区科技与金融结合工作在央视新闻频道进行了专题报道。园区孵化器、加速器达12家，总面积120万平方米，湘能孵化器获批国家级孵化器。麓谷企业广场一期实现销售20余万平方米，入驻企业130余家；麓谷国际医疗器械产业园一期建设全面竣工，省内首个软件产业综合体长沙芯城科技园封顶；湖大科技园、麓谷科技孵化器和中电软件园等5家单位获评全省中小企业创业基地。广电计量检测认证平台正式运行。与韩国忠北科技园、意大利马尔凯大区科技集团签订合作协议，开展园区技术合作和企业交流。深入实施“555”高层次人才计划，奖励哈药慈航、永清环保、华曙高科等12名创新创业人才和专家共850万。新增5人入选省“百人计划”专家。3家企业获2013年度“企业科技创新市长奖”，24家企业分获长沙市科技进步奖、产学研合作与科技成果转化奖；推进高层次人才服务窗口建设和专员化服务，人才服务中心被评为“湖南省诚信人力资源服务机构”。城市配套功能健全完善。全年组织编制高新区公共和公用设施规划、综合交通规划、雷锋湖片区中心区控规和黄桥大道以西发展用地控规研究等10余项。加强土地利用规范管理，集约节约用地成为全省样板。全年新建和在建政府投资基础配套项目105个、累计投资30亿元。完善主次干道路网，实现14条道路竣工、10条道路提质改造，新增通车里程28公里，园区东方红南路首获全国“市政金杯示范工程”奖。加强市政设施配套，推进雷锋水厂、三益变电站、麓谷燃气加压站、东方红北路公交首末站等项目落地。全年启动新拆项目15个，完成征拆面积337.88公顷。开展扫尾攻坚专项行动，强力推进拆迁腾地，36个扫尾项目的遗留问题得到根本解决，133户老大难签约倒

国家海外高层次人才创新创业基地揭牌仪式

地，完成集体设施及土地两费的结算。新竣工26万平方米、累计竣工96万平方米、安置5000余人，在建项目73.6万平方米，交房1171套；公租房筹集房源30万平方米，交房3717套；雷锋机电市场二期等3个项目实现当年拆迁当年安置。制定“美丽麓谷”三年行动方案，实施十大重点工程，投入1.9亿元，全面推进道路提质、公园改造和园林绿化修复。严把入园企业环评关，强化企业环境监管，空气质量优良率保持90%以上。民生改善不断加强。全年发放各类救助资金460万元，救助城乡低保对象884户；积极开展临时救助、慈善救助和医疗救助，出台《城乡困难居民医疗救助办法》。东方红敬老院获国家级“敬老文明号”称号。制订实施《幸福麓谷三年行动方案》。加快实施教育强区，全年投入1500万元完善学校设施设备，金南中学、和印小学建设全面启动，和润园幼儿园主体建成，推山小学、枫树小学和平安小学3所薄弱学校启动提质改造，麓谷小学改扩建工程进展顺利。全面推进“被征地农民就业创业三年行动计划”，全年实现被征地农民和城乡居民稳定就业9356人，失业人员实现再就业524人，职业技能培训1460人，开展“送岗位下乡”活动13场，31家园区企业与村（社区）就业建立对口帮扶机制。加大社会保险扩面力度，城乡居民基本医疗保险市级统筹开展率100%、参保率97.34%；基本养老保险实现全覆盖、参保率96.48%，在全省试点县市区中名列前茅。持续开展“平安园区”和“天网”“棋盘”“风声”工程建设，深化群防群治，构筑立体化、联动化、网格化治安防控体系，及时化解信访积案和社会矛盾，妥善处理群体性不稳定事件25起，调处化解矛盾171起，有效解决蓝猫动漫劳资、湘麓国际物业等纠纷。推进“一推行四公开”群众工作。新增两个社区群工站，18个村（社区）群工站共向群众承诺办理实事47件，为群众代理代办事项1035件、排忧解难704起；实行委领导带头公开接访，全年接访群众129批332人次。加强安全生产监管，推进安全生产标准化创建，雷锋镇获省安全生产示范乡镇，公众安全感和满意度测评排名全市第二。基层基础进一步夯实。完成两批次干部调整竞聘、轮岗交流与公开选拔、政府雇员考录工作，对信息产业园和软件园进行了整合；围绕学习十八大、市委全会精神，对县处级干部进行了84人次轮训；举办6期麓谷大讲堂、镇街领导班子培训班；加强全员目标绩效模块化、规范化管理，完善绩效考核办法与实施细则。党建工作联组模式获得全市组织工作重大创新奖，并获全国非公党建征文二等奖。深入开展和谐社区示范单位创建，规范建设和馨园等4个社区办公服务用房，麓谷街道通过省级“和谐社区建设示范街道”验收。坚持“党建带工建、工建带群团”，全年新建工会166家、基层团组织50家；东方红建设集团创建省级“模范职工之家”，麓景社区获得省级“妇女之家”称号，华自科技生产焊接组创建省级“工人先锋号”、获评“全

国芙蓉标兵岗”。高新区设立法院、检察院获市里批准，《条例》修订加快推进。采取预备案、红线代理单、容缺预审、条件后置等措施，开辟项目建设绿色通道，协调解决岳麓大道以北企业污水排放、中石化7公里管道迁移和项目基础设施配套问题200余个。提升创新文化建设和宣传工作，长沙高新区门户网站荣获2013年度国家高新区门户网站综合影响力领先奖、人才服务领先奖。作风建设不断深化。开设廉政专题讲座，开展公开述职述廉活动，组织全区干部观看廉政电影《先遣连》，增强全体干部员工的廉政意识。全面梳理部门工作职能和岗位权限，建立全面排查、动态监管和预警化解机制。规范财务管理和专项资金管理，加强工程建设、津补贴发放、集中支付、办公用房、公务接待、公务用车、政府采购等领域专项治理。加强政务服务监督，全程进行电子监察，采取黄牌催办、红牌警告，确保各项审批工作在规定时限内完成。推进接审分离，优化工作流程，全面清理行政权力和服务项目，150余项精简、合并至127项，审批时限均压缩至1/3，提高窗口即办和在线审批比率，全年完成各类审批和服务业务17000余件。接审分离工作经验在省市推广。成立作风建设领导小组，开展明察暗访10余次，纠正上班迟到、缺岗、服务态度生硬等各类问题20余起。（李倩倩）

长沙高新区党工委、管委会领导人员

党工委书记　罗社辉

党工委副书记、管委会主任　李晓宏

党工委副书记　黄德湘

党工委副书记、管委会常务副主任　邓自力

党工委委员、管委会副主任　刘　琳　莫一平　陈志红　陈大庆　詹立明　周意龙

党工委委员、纪工委书记　刘颖鹏

党工委委员、总工会主席　杨金林（2013.4任）

党工委委员、人大政协联络办主任　江从平（2013.4任）

党工委委员　甘其斌

党工委委员、长沙市公安局高新区分局党委书记、局长　陈曙光（2013.12任）

【高层次人才基地成立】 7月22日，湖南首个国家海外高层次人才创新创业基地在园区揭牌成立。该基地投资10亿元，涵盖人才创业大厦、科技金融中心、科技孵化器、加速器等功能区，总面积约50万平方米。拥有各类海外人才1万余人，其中“两院”院士9名，长江学者8名，新世纪百千万人才工程国家级人选15名，国家“千人计划”专家10名，湖南省“百人计划”专家21名。海外高层次人才数量占长沙市一半以上。设立1亿元人才发展专项资金、5亿元产业发展专项资金，50余家海外高层次人才企业进驻，对引进的“555”高层次人才或团队给予最多1500万元经费支持，对科技领军人才给予最高100万元启动资金支持；对留学人员新创办企业，给予房租补贴、贷款贴息等资金支持；每年安排5000万元创新专项资金，对人才创办企业创新项目给予配套、贴息、补助和奖励。引进银行、物流、社会中介机构、食堂和超市等配套设施，配套建设数10栋标准工业厂房，构筑一个功能齐全新型工业社区，可满足各类创新创业人才需求。5月22日，长沙高新区获批成为国家首批创新人才培养示范基地，要求以高等学校、科研院所和科技园区为依托，建设人才培养政策、体制机制“先行先试”人才基地。（李倩倩）

【新加坡丰树集团落户】 10月23日，长沙高新区与新加坡丰树集团有限公司（以下简称“丰树集团”）签约落户投资协议。市委常委、副市长张迎春，高新区管委会主任李晓宏等出席签约仪式。丰树集团在麓谷投资建设一个现代服务综合产业园，为大型商贸企业和生产制造型企业提供物流基础设施和供应链管理，为区域特色产业聚集提供服务支持。该项目以国际高端汽车体验中心及零部件分销中心、电子商务运营及数据中心、现代医药及医疗器械组装制造、现代物流等产业为主，兼有区域和城市生产配送、现代服务等多项功能。首期投资约2亿美元。预计2014年开工建设，2015年正式投产。丰树集团是一家总部位于新加坡的房地产和资本管理世界500强企业。（李倩倩）

【3D打印产业基地奠基】 6月27日，华曙高科3D打印产业基地在高新区开工奠基，中国科学院湖南技术转移中心3D打印研发中心挂牌成立。市委副书记、市长张剑飞宣布项目奠基，省市（区）领导彭国甫、文晓林、何寄华、李晓宏、邓自力、陈智勇等出席揭牌仪式。该产业基地项目为科技型、创新型企业工业地产示范工程，长沙麓谷实业投资有限公司承建，总用地约3.22公顷，建筑面积约2.7万平方米，位于高新区长延路以南、东庆路以西地块，主要由1栋

华曙高科3D打印产业基地奠基

设备生产厂房、1栋材料生产厂房、1栋研发楼及1栋宿舍构成。项目达产后预计可形成年产设备100台、材料100吨产能。3D打印技术应用于航空航天、汽车制造、精密机械、医疗卫生、艺术设计、日常生活等各个领域。由美籍华裔科学家、湖南省首批“百人计划”专家许小曙创办的华曙高科科研团队，历时3年研制出中国首台工业级选择性激光烧结设备、国内首款SLS粉末材料。中科院和湖南省以该项目为龙头，引进、建设并培育一批3D打印设备企业、材料企业和服务企业，打造本土智能制造业增长极。

（李倩倩）

【麓谷环境产业园竣工】 11月，中联重科麓谷第二工业园项目一期——环境产业园竣工。该一期工程投资约9亿元，规划面积40.2公顷，生产厂房面积13万平方米，办公区面积2.5万平方米。主要用于环卫机械、餐厨垃圾处理、高浓度污水处理等产品研发和生产。预计2014年正式投产。该园区位于长延路、瓦水路、雷高路、寺凉路合围区域内，项目包括中联再制造中心、中联环保产业园、中联客户集训中心、中联配套物流园等部分，重点发展垃圾收运设备、垃圾压缩站成套设备、垃圾填埋场成套设备和餐厨垃圾收运及资源化处理系统等9类100个品种环境产业产品和系统。

（李倩倩）

【德国费森尤斯入园】 8月，德国费森尤斯集团在长沙高新区成立费森尤斯卡比健源（长沙）医疗有限公司。费森尤斯通过整体收购长沙健源公司全部股权和业务，在园区麓谷建立起全球医用输注泵、营养泵和麻醉泵的研发和生产基地，这是费森尤斯在亚太区集研发、生产为一体生产研发基地。麓谷有32家上市企业，全球500强企业16家，德国费森尤斯集团成为第17家进驻高新区世界500强企业。德国费森尤斯集团（Fresenius）是世界医用输注泵、营养泵、麻醉泵领导厂商之一，其产品在全球医用输注泵、营养泵市场的占有量排名第二。集团总部位于德国巴登洪堡，分别在美国纽约及德国法兰克福证券交易所上市。费森尤斯在全球150个国家和地区开展业务，雇员16万余人。全球销售额229.73亿美元（约合人民币1447亿元），持续多年名列世界500强。

（李唯敏）

【园区排名晋升至全国第十四位】
12月12日，科技部火炬中心发布全国105家国家级高新区最新综合排名，长沙高新区排名从第十六位上升至第十四位。其中，知识创造与技术创新能力排名全国第十二位；产业升级和结构优化能力排名全国第七位，顺利进入十强。国家高新区评价体系含4个一类指标：知识创造和技术创新能力、产业升级和结构优化能力、国际化和参与全球竞争能力、高新区可持续发展能力。科技部评价结果表明，长沙高新区在园区规划建设、体制机制创新、政府支持创新创业、带动区域经济发展、融入全球创新网络和聚集全球创新资源等方面，展示出麓谷创新魄力与实力。此次全国高新区综合排名衡量标准表明，GDP不再是衡量高新区实力头号指标，自主创新能力变得越来越重要。 （李倩倩）

·长沙经济技术开发区·

【概况】 2013年，长沙经济技术开发区（以下简称“长沙经开区”）实现规模工业总产值1450亿元，增长13.6%；完成规模工业增加值412亿元，增长12%；完成工商税收90亿元，增长5.5%，工商税收占规模工业产值6.2%；实现财政收支12.3亿元，财政财务总支出55亿元，新增融资49.8亿元；完成工业固定资产投资102.5亿元，增长18.1%；完成到位外资3.6亿美元，增长32%；完成省外境内到位资金16.5亿元，增长19.6%；完成市外境内到位资金形成固定资产投资39.6亿元，增长27.7%。全年完成进出口总额22.67亿美元，其中加工贸易10亿美元，增长100%。园区工程机械、汽车制造和电子信息三大主导产业产值占比分别为62%、16%、8%，工程机械产业占比下降12%，汽车制造、电子信息两大产业分别增长130%、110%，广汽菲亚特、广汽三菱、博世新工厂、蓝思科技等新投产项目相继释放产能。全年高新技术产业科技研发经费投入27.6亿元，市级以上技术创新项目立项20个。完成新开工项目22个，竣工项目15个。上海大众项目成为全省项目建设经验交流会观摩现场。牵头或参与组织“港洽周”、ICA第十五届年会、第二届工程机械配套件博览会、电子商务高峰论坛、上海招商推介会、日韩招商会等重要招商节会，签署项目引进合同15个，总投资约155亿元。上汽集团、德国大众、日本日邮3家企业在经开区投资新建项目。中国通号、广汽三菱配套园、电子商务产业园等投资项目签订入园协议。引进一批电子商务、现代物流、现代商贸、生产服务业等项目，包括广汽日邮、广汽顺捷等知名物流企业，红星美凯龙、金科地产等现代商贸企业，工程机械交易展示中心、宝石文化产业园等项目。人民东路顺利通车，星沙海关、长沙出入境检验检疫局综合楼项目主体工程竣工。启动飞地发展战略规划，开展汨罗飞地工业园10平方公里控规编制。全年共征回土地398.2公顷，保障园区项目特别是上海大众项目用地需求。争取260.87公顷易地补充耕地指标，破解园区土地报批耕地占比平衡问题。平整场地306.67公顷，启动大小建设项目72个，新建道路里程16.5公里，基础设施建设投资6.2亿元。启动龙华二期安置区、榔梨公租房、板桥公租房建设，园区在建公租房面积约42万平方米，建成后预计能容纳4万产业工人。完成华湘、泉塘三期安置区建设，完成建筑面积28.6万平方米。全区共签订房屋补偿协议1068户3200人，拆迁房屋建筑面积40万平方米，拆迁腾地337.53公顷，支付拆迁补偿资金15亿元，拆迁过程中未发生一起群体性事件。挂牌出让土地35宗，实现土地收入22.45亿元。园区获批成为专利审查员实践基地，“国家知识产权示范园区”申报工作通过省局评审。全年安排社会管理创新经费2000万元，安排公共服务项目23个。完成企业员工集中居住小区提质改造，完善湘绣苑、创业乐园基础设施和配套环境，蓝思科技、广汽三菱、广汽菲亚特、德国博世等20余家园区企业9000余名员工集中入住。应对和解决三一搬迁、LG破产、上海大众壳资源等重大问题。争取三一支持和配合。三一集团总部继续留在长沙经开区，三一重工注册地变更到北京，但已将其混凝土机械研发和制造业务进行了整体划转，保留了产业规模和税收规模，实现了“实业不走、存量不减、发展不断”的预期目标。完成LG破产工作。管委会以4.77亿元价格拍得LG的全部资产，处置100余债权人达15.3亿元的债务。协调上海大众“壳资源”问题。“壳资源”问题政策性强，牵涉面广，园区多次向省市汇报，多次赴云南、北京、上海联系洽谈，最终与长春华奥汽车谈妥签约，解决了上海大众和德国大众的后顾之忧，坚定了上海大众的投资信心和决心，确保项目顺利开建。出台《招才引智三年行动计划》和《加快引进和培养技能型人才三年行动计划》，3年投入2亿元，引进培养100名高层次创新创业人才和10000名技能型人才。在美国硅谷、华盛顿及温哥华设立长沙经开区海外招才引智工作站，打造“才聚星沙”招聘会，为园区企业招揽人才9300人次。依托“星沙大讲堂”等平台，面向企业开展各类培训。区人才中心获批“省诚信人力资源服务机构”。加大干部交流挂职锻炼力度，选聘机关人员到集团公司、合作园区任职挂职，拓宽干部交流渠道和成长空间，激发队伍活力。创新集团公司经营团队人员选派方式，采取竞争对象差额自荐、干部职工代表按比例推荐、董事会成员和园区企业高管面谈答辩与合议等层层淘汰的竞争办法，按照公平公正的程序，使一批德才兼备、以德为先、想干事、能干事的领导干部走上了新的创业岗位。加强干部管理和培训，严格部门及员工绩效考核，分别在北京大学和省委党校组织举办2期干部轮训班。落实园区工会属地化管理，获批全省试点园区。推行园区工会会员代表常任制，获中华全国总工会“全国工会基层组织建设创新成果一等奖”。维护职工权益，推进企业工资集体协商机制建设，覆盖面达85%，调处劳动争议，加大扶贫帮困力度，组织开展劳动竞赛、“单身派对”、素质拓展训练、“送节目下企业”等职工活动，营造宜居乐业的良好环境。推进“职工之家”建设，为产业工人打造温馨舒适的公共家园。优化政务服务，提升行政效能。完善领导干部联系项目制度、项目调度会制度、项目现场观摩督查制度、问题集中交办制度，及时解决项目建设中的困难和问题。简化审批程序，落实全程代办、首问负责、一次性告知、宁静日等制度。深入推进项目建设“全程代办”工作，制定全程代办工作手册，工商注册类项目代办办结率达100%。推进企业信用体系建设，园区32家施工单位纳入信用体系，打造诚信企业、建设诚信园区。完善ADR调处机制，全年处理案件62起，成功调解58起，成功率94%。年内组织开展两次优化经济发展环境测评，测评结果在区门户网站公开，问题整改接受社会监督，做法被省市监察（优化办）部门在全省推介，被湖南卫视等多家省级媒体报道。加强机关管理，提升服务水平。在园区广泛开展先进典型人物宣传推介，弘扬“简洁务实、无我有为、创新高效”的园区精神，传播和集聚发展正能量。加强园区形象宣传，制作园区文化系列短片，编印系列文化手册，与《星沙时报》合作推出《产经周刊》，依托园区规划展示馆窗口平台，优化机关大院环境，塑造长沙经开区领导干部良好形象。

（区志办）

上海大众湖南（长沙）项目开工仪式

长沙经开区党工委、管委会领导人员

党工委书记、长沙县委书记　杨懿文
党工委副书记、管委会主任　李科明
党工委副书记、管委会常务副主任　吴京生
党工委副书记、纪工委书记　高　杰
党工委委员、管委会副主任　陈新忠
巩　固
黄　瑶
刘逢春
范遵新
党工委委员、总工会主席　丁仁义
党工委委员　张贤长
张文球
王维倩
郭汉辉
主任助理　谭超纲
王新民
张湘鸿

【上海大众湖南（长沙）项目开工】 5月16日，上海大众汽车有限公司（简称“上海大众”）湖南（长沙）项目在长沙经济技术开发区（简称“长沙经开区”）开工。省委书记、省人大常委会主任徐守盛宣布项目开工。省委副书记、代省长杜家毫，省政协主席陈求发，上汽集团党委书记、董事长胡茂元，上汽集团总裁陈虹，大众汽车集团（中国）总裁兼首席执行官海兹曼，上海大众汽车有限公司总经理张海亮，省市领导陈肇雄、易炼红、陈君文、黄兰香、张剑飞、袁观清、范小新、陈泽珲、李军、何寄华、刘明理等出席活动。该项目落户长沙经开区，占地面积138万平方米，工厂将新建冲压车间、车身车间、油漆车间、总装车间以及相关配套办公生活楼、技术中心、冷冻站、废水处理站等先进设施。项目一期投资120亿元，预计2015年建成投产，规划年产能30万辆整车，项目全部达产后可实现年产值1500亿元。5月15日，该项目签约仪式在长沙举行，标志上海大众开启长江沿线联动发展，为优化生

产布局、拓展中部地区、辐射南方市场提供重要机遇，成为长沙汽车产业快速发展生力军。（区志办）

【众泰汽车下线】 4月18日，长沙地区自主设计、研发、生产的众泰Z100在园区企业众泰汽车基地下线。长沙经开区管委会副主任巩固、黄瑶出席下线仪式，与众泰高层领导一起按下新车下线启动按钮。众泰Z100是基于国际先进小车平台设计与研发基础上研制的全新微型轿车，以偏爱时尚和个性的年轻消费群体为目标市场，与之前偏重商务家用的Z300实现市场互补。众泰Z100搭载自主研发的1.0L高效节能发动机，辅以BOSCH燃控系统，燃油利用效率比一般A00级轿车显著提升，同时ABS+EBD系统和1000MPA的侧碰防撞钢梁，为这款车型保驾护航，众泰Z100采用其他A00级微型轿车中没有使用的EPS电子助力转向系统，使驾驶中操作中低速更轻盈、高速和稳健，为转向操作带来可靠保证，4年或15万公里的超长质保更是远超所有同类车型，更加凸显众泰汽车对这款车型质量的信心。众泰Z100下线标志着长沙汽车产业突破“长沙制造”时代，迈入“长沙创造”时代。（区志办）

【宝石高峰论坛】 5月14日，国际有色宝石协会（ICA）第十五届年会暨宝石高峰论坛在长沙万达文华酒店举行。该届年会是首届中国（长沙）国际矿物宝石博览会主体活动之一，以“汇聚国际资源、拓展中国市场”为主题，由国际有色宝石协会、中国珠宝玉石首饰行业协会、国家珠宝玉石质量监督检验中心、湖南省商务厅和长沙市人民政府联合主办，长沙经开区管委会、长沙市商务局共同承办。湖南省副省长、首届中国（长沙）国际矿物宝石博览会组委会主任李友志、中国珠宝玉石首饰行业协会常务副会长孙凤民、国际有色宝石协会主席袁健荣、湖南省商务厅副厅长罗双锋、长沙市委常委、副市长张迎春、长沙经开区管委会主任李科明等领导出席开幕式，全球30余个国家和地区108家高端有色宝石资源商、开采商、交易商、切割商及国际顶级宝石鉴定机构、教育培训机构和业界权威专家300名代表参加。李友志向来自全球的客人介绍湖南经济社会基本情况，长沙经开区管委会常务副主任吴京生、管委会主任助理张湘鸿对长沙经开区宝石文化创意产业园进行推介。该届年会是湖南发展宝石产业，优化产业结构的重要契机，更是对接国际先进资源与理念、促进中国与世界合作交流的重要平台。（区志办）

【“飞地工业园”签约】 8月15日，国家级长沙经济技术开发区汨罗产业园项目签约仪式在汨罗举行。省经信委总工程师黄宝林、岳阳市副市长向伟雄、长沙经开区管委会主任李科明、汨罗市委书记白维国等领导出席，长沙经开区党工委副书记、纪工委书记高杰与汨罗市委副书记、市长周金龙共同签署战略合作协议。“飞地工业园”是指以工业园区为载体，经济相对发达地区整批输出项目，欠发达地区提供土地，双方合作开发。2013年5月，长沙经开区与汨罗就建设“飞地工业园”达成初步意向。根据框架协议，长沙经开区汨罗产业园由长沙经开区主导，园区成立管委会，以公司化运作方式统筹园区的建设发展。产业园主要承接长沙经开区汽车和工程机械的配套产业及其他符合汨罗资源开发利用的产业，打造汽车整车生产制造基地和工程机械设备制造基地。（区志办）

【链刀式连续墙设备试制成功】 6月30日，铁建重工首台链刀式连续墙设备在制造总厂成功完成试制和厂内调试。此次试制成功的链刀式连续墙长约9米，宽约8米，高10余米，是集机械工程、液压传动与自动控制技术、数字信息技术于一体的特种机械设备。它能够在地下0—60米的深度范围内，形成宽度50—850毫米的无缝连接的水泥连续墙，特别适用于沿海沿江地带、地下水丰富地带的止水地下连续墙成型，还可广泛应用于建筑物基础工程、地下通道及盾构竖井、大型垃圾填埋场、地铁交叉工作井、基础挡土墙、止水墙、港湾以及大型水库堤防工程。该连续墙设备具有成墙载水性能好、强度高、质量均匀，且整机重心低、稳定性好等优点，是铁建重工集团研发的具有独立知识产权的地下连续搅拌桩墙成墙设备。（区志办）

【海外招才引智工作站设立】 11月8日，长沙经开区人才政策发布暨海外高层次人才经开区行活动启动，省市领导王瑰曙、程水泉、杨懿文、李科明等出席活动。长沙经开区与美国九九人集团创始人兼CEO雷虹、北美洲中国学人国际交流中心副主任杨恒生签订驻硅谷、北美人才联络站合作框架协议，广纳海外高层次人才参与经开区经济社会各项事业建设，园区首批海外招才引智工作站设立。经开区特聘中国与全球化研究中心主任、哈佛大学高级访问研究员、中国欧美同学会副会长王辉耀博士指导园区开展人才发展服务工作，长沙经开区管委会主任李科明为王辉耀颁发《人才发展战略顾问》聘书。会上，长沙经开区宣布实施两大人才政策：《招才引智三年行动计划》和《加快引进和培养技能型人才三年行动计划》，计划用3年时间，围绕园区工程机械、汽车等6大产业，引进和培养100名高层次创新创业人才、10000名高技能型人才，对引进国际国内先进水平领军型人才，创新创业资助和奖励最高1000万元。推出项目资金扶持、银行贷款贴息、办公住宅租金补贴、购房补贴、交通工具支持、税收奖励等10项特色政策，支持人才创新创业。（区志办）

·宁乡经济技术开发区·

【概况】 2013年，宁乡经济技术开发区（以下简称“宁乡经开区”）完成工业总产值558亿元，同比增长18.12%，工业增加值167亿元，同比增长22.8%；实现财政总收入12.62亿元，同比增长36%。园区坚持立体化招商，注重战略项目引进，突出全产业链招商。全年引进项目20个，包括中联重科、格力电器、洋河酒业、华润饮料华中总部、红星美凯龙等国际国内龙头企业，合同引进县外资金169亿元。产业升级全面推进。园区获全省加速推进新型工业化一等奖。深入创建全国首家“安全食品示范园区”，深耕液态食品、休闲食品、农副产品加工产业；全国再制造产业示范基地获批，形成工程机械、药械等五个再制造产业方向；长沙市首批文化产业示范园区获批；启动总投资超过50亿元未来方舟城市综合体建设。成立园区企业家协会，推进企业升级三年计划。项目建设全线发力。全年园区优化项目服务流程，强化项目联系责任制度，深入开展“项目攻坚月”等主题活动，全年新竣工项目22个，新开工项目36个，在建项目64个，实现固定资产投资85亿元，同比增长41%。要素瓶颈逐步破解。通过创新征拆补安模式，全年征地363.94公顷，腾地480.39公顷。格力电器综合生产基地项目和宁乡大道旧城改造项目征拆完成。全年批回土地291.58公顷，办理土地权证167.5公顷。管理体制有效创新。宁乡县委、县政府将60项县级审批事项授权园区，机构升格“三定”工作完成，三年一届全员竞聘和人员招聘完成。管委会内部项目化管理模式深化创新，ISO9001质量管理体系认证顺利推进。作风建设突出问题专项治理深入开展，严格政府采购、公务用车等管理制度，坚决扼杀公款送礼、奢侈浪费等不正之风。建立作风建设一月一报常态化机制，坚持有案必查、查处必严，查处违反作风规定事件5起，行政问责当事人8名。机关推行马上就办，增强执行力，塑造公信力。创先争优亮点纷呈，园区获批湖南省文明标兵单位，加快“全国文明单位”创建进程，道德讲堂走进企业，志愿者服务、学雷锋、第五届园区运动会、“经开梦”征文比赛、文明读书等活动广泛开展，机关工会成功创建全省园区首家“全国模范职工之家”。工会联合会组建县内首家职工服务维权帮扶中心。蓝月谷集团公司获评“市级青年文明号”。

（饶洁玲）

宁乡经济技术开发区与洋河股份签约

宁乡经开区党工委、管委会领导人员

工委书记、县委书记	黎春秋
工委副书记、管委会主任	戴中亚
工委副书记、金洲新区党委书记	刘永红
工委委员、管委会副主任	陈海波
工委委员、管委会副主任	张君来
工委委员、纪工委书记	刘　辉
工委委员	王子进
工委委员	喻锦东
工委委员	袁　钊

【洋河酒业落户】 12月7日，宁乡经开区和江苏洋河酒厂股份有限公司（简称“洋河股份”）举行签约仪式。长沙市委常委、副市长张迎春主持，宁乡经开区工委副书记、管委会主任戴中亚与江苏洋河酒厂股份有限公司总裁、党委副书记王守兵代表双方签订洋河股份湖南生产基地落户宁乡经开区协议书。江苏省宿迁市委书记蓝绍敏，洋河股份（苏酒集团）董事长、党委书记张雨柏，湖南省委常委、长沙市委书记易炼红及其他省市县区领导出席签约仪式。洋河股份（苏酒集团）湖南工业园项目总投资10亿元，通过收购当地白酒生产主体的方式建设湖南生产基地，分期建设，其中一期用地13.4公顷，投资3亿元，项目整体设计年产值30亿元。洋河股份是国有大型酿酒企业，总部位于江苏省宿迁市，2009年在深交所上市，2010年控股收购双沟酒业，成立苏酒集团统筹销售业务，拥有“洋河”“蓝色经典”“梦之蓝”“双沟”“双沟珍宝坊”5个系列。2012年，洋河股份营业收入172.78亿元，稳居国内白酒行业前三强。该项目落户是一个高端品牌强势入驻，是重振长沙白酒产业发展契机，是长沙巩固千亿食品产业重要支撑点。（饶洁玲）

【红星国际生活广场奠基】 10月9日，红星美凯龙国际生活广场在宁乡经开区开工。宁乡经开区管委会常务副主任陈海波主持开工仪式，长沙市政府副秘书长卢兴映宣布项目开工，宁乡经开区工委副书记、管委会主任戴中亚致辞，长沙市商务局党委副书记、副局长陈再坤和宁乡县委副书记邓杰平、红星美凯龙上海鸿美投资有限公司董事长刘海斌等领导以及县直相关部门、建设单位、施工单位和党校地块旧城改造指挥部相关人员出席奠基仪式。该项目是宁乡经开区与长沙润怡城乡开发建设有限公司合作开发，宁乡党校地块旧城改造工程内首个开工项目。总建筑面积约6万平方米，固定投资约5亿元，建成后将引入国内外一线家居品牌和红星美凯龙全国战略合作伙伴等近500家商户入驻，为消费者提供家装潮流咨询、个性家居设计、品牌家具购物和售后服务等全新消费体验，成为覆盖宁乡，辐射益阳、常德、娄底和长沙大河西先导区家居产业新坐标，对于宁乡经开区加快现代商贸物流业发展、提升城市发展水平具有重大意义。红星美凯龙1986年创立，在全国85个城市开办115家连锁家居商场。（饶洁玲）

【4个项目集中签约】 9月29日，宁乡经开区“项目攻坚月”集中签约仪式举行，园区领导黎春秋、戴中亚等出席仪式。集中签约4个项目为：红星美凯龙宁乡国际家居商场项目、湖南力天世纪矿业有限公司钨材料循环经济产业园项目、宁乡经济技术开发区与永升建设集团有限公司战略合作项目、湖南正昊置业发展有限公司“新康·玛依拉山庄”项目，总投资约28亿元。此次签约项目包括工业、商业、房地产开发和平台合作，红星美凯龙投资5亿元，在宁乡经开区建

设运营涵盖家居建材仓储、销售、配送、展示综合性大型家居商场；力天世纪矿业借助中南大学技术支持，投资3亿元在园区建设钨材料循环经济产业园；“中国建筑工程鲁班奖”获奖企业永升建设集团携全资子公司正昊置业，投资20亿元与园区在基础设施建设、高端商住综合开发、食品、旅游等领域全面构建战略合作关系。宁乡经开区坚持“一天一汇总，一周一督查，一旬一调度”推进机制，抓好项目对接、签约、储备。（饶洁玲）

【格力家电生产基地入园】 10月13日，副省长何报翔率、副市长何寄华、宁乡经开区工委书记黎春秋、工委副书记、管委会主任戴中亚等领导赴珠海格力电器总部，与格力电器董事长董明珠举行项目签约仪式，格力电器综合生产基地落户宁乡经开区。该项目计划投资50亿元，规划用地约134公顷，承担商用空调、家用空调、空气能热水器、净水器等产品研发和生产，建湖南最大集研发、生产、销售于一体家电生产基地。达产后年产值350亿元，税收15亿元以上，用工1万人以上。项目分两阶段推进，一阶段建设商用空调和晶弘冰箱生产基地，2013年11月启动建设；二阶段建设家用空调、空气能热水器和净水器生产基地，预计2015年启动。项目产品服务湖南及周边几个省市消费市场。格力在宁乡经开区已投资2个项目，分别是绿色资源再制造基地与中部区域销售中心。绿色资源再制造基地已建成投产，年处理废旧家电120万台，年处理废旧车辆2万辆，是全国再生资源行业标杆项目；中部区域销售中心是辐射半径500公里、服务1亿人口格力全线产品物流中心，涵盖物流、仓储、销售和售后服务等业务，打造中部地区最大集产品发布、展示、定价等于一体家用电器销售物流中心。（饶洁玲）

【华润怡宝二期签约】 11月11日，华润怡宝（长沙）项目二期落户宁乡经开区签约仪式在宁乡通程国际大酒店举行，经开区管委会副主任陈海波主持签约仪式，经开区工委副书记、管委会主任戴中亚与华润怡宝饮料（中国）投资有限公司董事、总经理刘洪基代表双方签订落户协议。县委副书记、县人民政府县长周辉、华润集团副总经理、华润创业有限公司董事会主席陈朗等领导出席活动。签约仪式上，陈朗介绍，华润怡宝项目一期从2013年8月投产以来，发展态势良好，基于其发展前景，集团决定提前布局，在宁乡扩大产能，打造项目二期，涵盖“怡宝”纯净水、“午后”系列饮料等现有核心产品，承担新产品研发试产功能，整体设计年产量100万吨，预计2014年4月建成投产，预计年产值30亿元。此次签约后，华润怡宝（长沙）项目总投资15亿元。全部达产后，成为长沙最具影响食品饮料企业之一，是华润集团旗下最大饮料产业基地。华润（集团）有限公司总部位于香港，下属7大战略业务单元，在香港拥有5家上市公司，在内地间接控股6家上市公司，总资产9393亿港元，销售收入4046亿港元，2013年列世界500强企业第187位。

（饶洁玲）

【园区（深圳）推介会】 6月20日，宁乡经开区承接产业转移（深圳）专场推介会在深圳举行，包括亿和控股、台湾萤茂集团、美盈森环保等12家境内外上市公司50余名企业家参会，涵盖食品饮料、机电、新材料新能源和现代服务业等产业。推介会上，宁乡经开区与深圳华广投资集团有限公司、宝湾物流控股有限公司、深圳市磊鑫合成科技有限公司分别签订湖南观光农业及影视文化基地项目、中部电商物流平台项目、金融安全支付设备产业园项目框架协议书，总签约资金22亿元。《深圳特区报》《深圳商报》等当地主流媒体对该活动进行专题报道。（饶洁琳）

•浏阳经济技术开发区•

【概况】 2013年，浏阳经济技术开发区（原名长沙国家生物产业基地）实现工业总产值520亿元，同比增长38%；其中，规模工业实现产值510亿元，同比增长39%；实现固定资产投资96亿元，其中企业固投91.5亿元，园区基础及配套设施投入4.5亿元；招商引资到位资金33亿元，到位外资8800万美元。实现财政税收17.5亿元，同比增长40%，比上年净增5亿元。园区被评为湖南省推进新型工业化一等奖，获批成为湖南省循环经济示范园区、湖南省中小企业信用体系建设示范园区、湖南省工业旅游明星单位。

一、招商引资。全年新引进项目14个，总投资163亿元。其中投资过100亿元项目1个，投资过30亿元项目1个，投资过10亿元项目1个，投资过5亿元项目4个，总占地面积198.9公顷。引导已投产大企业二次投资再创业，先后引进盐津铺子食品有限公司投资10亿元建设上市总部及生产基地项目、湖南华纳大药厂有限公司投资5亿元建设40亿片中药制剂及配套5000T中药提取加工生产基地项目、湖南农大动物药业有限公司投资5亿元建设生物制品及中药制剂生产基地项目、银杏投资在园区投资5亿元建设医疗器械园项目。免费为蓝思科技三期等148个项目（其中企业项目96个）立项备案，为企业节约资金3000余万元。蓝思科技三期暨总部基地、盐津铺子四期、湘粤盛、贺福记、等25个项目如期开工建设。泰谷生物、盐津铺子三期、爱康新材一期、味香源等25个企业新项目投产。帮助威尔曼等68家企业及园区争取上级资金6000万余元。其中，国家类补助资金1971万元；省级补助资金615万元：市级补助资金2158万元。

二、基础设施建设。完成蓝思新材料项目、安阳家园、洞天酒店、北园开发、科源制药、华强制药等项目土地征收234.5公顷，拆迁房屋60余栋，拆违拆旧20余栋，迁移坟墓2000余冢，租赁农田40.2公顷，调处征拆遗留问题100余宗。捞刀河片区征收土地69.88公顷。安置拆迁户124户，完成13个组561人的社保办理。完成安阳家园安置区一期建设，面积7.8万平方米，工程造价1.5亿元。全年融资到位资金7.44亿元。完成平地69.88公顷、完成路基6.3公里、完成路面6.6公里、完成市政道路提质改造10公里(25万平方米)、新增绿化5.5万平方米；新安装路灯385盏（约15.4公里），新敷设高压10KV电缆6.2公里，10千伏电力线路4公里、电力管线4.5公里，电力扩容 50000 千伏安。完成捞刀河核心区规划和多个项目设计评审工作，启动捞刀河路路基和长郡浏阳经开区实验学校平地填方工程。供水排污扩容提质。全年供水 1430 万吨、处理污水 621 万吨。完成主管铺设 7 公里，完成安装合同收入 779.5 万元。全年营业总收入 4279.5 万元，同比增长 60%，实现利润 1250 万元，同比增长 65.5%。投资 240 万元新建综合服务大厅。污水处理厂扩建后日处理能力 5.5 万吨。在现有污水收集管网 21 公里基础上新建管网 20 公里，出水水质由一级 B 标准提高到一级 A 标准。

三、科技工作。管委会及全资子公司到位科技资金 1600 余万元，争取国家发改委支持我园化合物库建设资金 1000 万元、争取长沙市工信委平台资金 500 万元。协助企业争取科技资金 5664 万元。新引进孵化企业 3 家，其中麓鸣生物公司建成 600 平方米的基因功能与调控实验室投入使用，引进国家级重点实验室——湖南师范大学蛋白药物多肽合成国家重点实验室。获批国家发改委 2013 年通用名化学药和蛋白生物药专项。专利申请量 187 项，同比增长 35.5%，其中发明专利 85 项，同比增长 30.6%。获得专利授权 119 项，其中发明专利 43 项。

四、社会配套服务。长郡浏阳经开区实验学校正式签约。完成总投资 1100 万元农贸市场建设，方便园区农副产品采购。园区汽车站主体竣工，公交中心站开建，开通园镇职工公交车 6 路。确保非浏阳市户籍企业员工子女 120 余人转入园区周边学校就读。制订、实施“人才扎根”措施。制订、实施农民工工资支付保障金制度，缴存工资 1705.305 万元，代扣保障金 312 万元。“五个险种”参保职工 206281 人次，年征缴社保基金 38219.7 万元。调解劳资纠纷 200 余起。加强建设管理。完成项目正式选址 30 余个，完成工业项目审批 15 个，完成科源生物、华纳大等 13 个工业项目方案审查，办理企业建设用地规划许可证 32 宗，私人住宅“建设工程规划许可证”85 户。办理三清药业等 34 家单位施工许可证项目，总建筑面积 779.25 万平方米。完成 40 家企业雨污管线普查。加强国土报批。申报建设用地 312.07 公顷，取回“特种功能玻璃科技研发中心等 7 个工业打捆项目”等 6 个工业项目”两个批次共计 77.01 公顷建设用地审批单。在建设用地集约节约考核中，园区在长沙地区 18 家参评单位中位列第 5 名，在国家级园区中位列第 3 名。加强招标采购。完成 52 个项目招标，合同中标造价约 4.23 亿元。完成采购成交资金 3500 万元，同比增长 46%。编制完成 177 个工程项目预算，总金额 6 亿元。完成 112 份工程项目结算审核，核减金额 1632 万元。节约招标代理费 221.43 万元，节约咨询服务费 285.55 万元，节约咨询服务费 239.01 万元。加强城市管理。全年处理园区及洞阳周边村镇垃圾 2.3 万余吨，收缴环卫费 60 万余元。发现违章建筑 48 起，依法强制拆除 20 起。加强环保管理。完成佰佳中药饮片、以翔科技等 25 家企业排污许可证核发，完成 17 家企业环保审批手续，征收排污费 70 万余元。蓝思科技中水回用项目运行，日均中水处理回用量约 4140 立方米。加强工商管理。新登记内资企业 74 家，办理企业变更 193 家。推荐丰日等 5 家企业为省级“守合同、重信用”单位，新增省著名商标 9 件。加强安监管理。按县级以上政府模式强化安全生产监督管理工作，全面开展事故隐患“清零”行动，简化园区企业安全生产行政许可审批程序。

五、党政服务。与中央党校策划重点调研课题《中部县域高科技园区的创造性实践》，理论文章《对接国际生物电子高端市场，建设荟萃湖湘文化时尚新城》收入中国工业经济联合会的资料汇编。园区工作写进长沙市政府工作报告和长沙市委经济工作会议主报告。接待大连花园口经开区、上海医药协会客商等 182 批次 2850 人。为“关注山区教育，关爱山区孩子”主题活动组织捐款 10.9 万元。新组建非公经济党委 1 个、非公企业党总支 1 个、企业党支部 4 个、新发展党员 26 人。创建长沙市文明单位 4 家、浏阳市文明单位 4 家。园区团委被长沙团市委评为优秀团委，蓝思科技团总支被浏阳团市委评为五四红旗团支部。党风廉政建设进一步加强。下发落实“三个一律”“严肃机关工作人员工作纪律”等党风廉政建设专门文件。开展廉政文化进园区、党风廉政警示教育活动，组织参观耀邦故居、浏阳看守所。对办公用房、公车使用、三公经费使用等情况，按照上级纪委规定进行严格规范。园区网站上传新闻及文章 840 篇、图片 320 张，浏览量 120 万次。与《湖南日报》、湖南卫视等主流媒体建立良好关系，策划基伍手机落户等大型报道。综治维稳工作进一步加强。公安分局接处警 1563 起，破刑事案件 150 起，逮捕、直诉 51 人，查处治安案件 228 起，治安拘留 124 人，打掉犯罪团伙 4 个，瓦解团伙成员 12 人。“五进企业”（矛盾排调、治安防控、预防犯罪、法律服务、安全生产）创建措施落实到位。调处各类矛盾纠纷 1384 起，调处成功率 95% 以上。（胡晓江）

浏阳经开区党工委、管委会领导人员

党工委第一书记　曹立军（兼）
党工委副书记、管委会主任　张贺文
党工委书记　郭力夫（2013.12 任）
党工委副书记　余勋伟（兼）
党工委副书记、管委会副主任　周全文
管委会副主任　周　剀
刘良成
邹先瑜
罗其胜
伍建明
陈志高
纪工委书记　杨围山
党工委委员　胡汉圣

【基伍通讯入园】　7 月 19 日，深圳基伍集团（以下简称基伍）和浏阳经开区在长沙九所会议中心举行项目签约仪式，长沙市副市长何寄华主持，湖南省副省长何报翔、长沙市市长张剑飞出席签约仪式。浏阳经开区管委会主任张贺文和基伍集团总裁张勤学签订合作协议。该项目总投资 100 亿元，总体规划面积 134 公顷，计划 3 年内完成建筑面积 200 万平方米工业厂房，配套引进 200－300 家智能手机产业链企业，建中部地区集手机制造、科研检测、商务销售于一体的手机整机生产基地。投产后年产量 1000 万台，年产值 500 亿元。基伍集团总部在深圳，系全球重要手机供应商之

一，在民族手机品牌中具有较高声誉。主要生产基伍品牌手机。（胡晓江）

【长郡中学与园区合作办学】 11月13日，浏阳经开区与长郡中学合作办学签约仪式在长沙市教育局举行。长沙市副市长夏建平、浏阳经开区管委会主任张贺文、浏阳市委副书记、市长余勋伟等出席活动。该学校将完全参照新加坡华侨中学进行建设，总投资3.5亿元，是一所12年一贯制公办实验学校，招生规模48个班，学生规模2160人，其中寄宿生规模1800人。预计2015年秋季正式招生。所有骨干教师除长郡总部委派外，其余需在总部培训1年以上才能正式上岗教学。（胡晓江）

【蓝思科技入选中国民企500强】 8月29日，全国工商联在北京发布2013年中国民营企业500强名单，园区蓝思科技股份有限公司排名第309位，这是园区企业也是浏阳企业首次入围中国民营企业500强。2013年中国民营企业500强名单是根据其2012年营收总额确定，2013年入围门槛提高至77.72亿元。民营企业500强名单显示，蓝思科技2012年营收总额111.63亿元。蓝思科技股份有限公司2006年12月注册成立，2009年4月正式投产，是一家集研发、生产、销售显示屏功能玻璃面板于一体外商独资企业。（胡晓江）

【"湖南省中小企业信用体系建设示范园区"授牌】 11月27日，中国人民银行长沙中心支行为园区授牌，授予园区"湖南省中小企业信用体系建设示范园区"称号。为推进信用体系建设，浏阳经开区支持引导银行和企业建立良好合作关系，创新企业信用信息采集和评级办法，创新中小企业信用融资模式。浏阳经开区企业信用服务中心是通过政府、银行、担保、企业多方联动成立的整体信用平台，下设立征信、债券融资、股权融资、综合服务、管理咨询5个平台（即1中心5平台模式），以征信平台为基础开展具体业务。有200余家企业和中介机构申请成为信用服务中心会员，15家企业通过信用服务中心获得贷款2.3亿元，为会员企业融资5.4亿元。（胡晓江）

【一抗禽流感新药生产获批】 4月5日，湖南有色凯铂生物药业有限公司（以下简称有色凯铂）获国家食品药品监督管理总局批准，生产抗禽流感新药帕拉米韦。该药是抗禽流感药物原料药，有色凯铂与解放军军事医学科学院毒物药物研究所共同研发，经历4期临床，2011年完成全部临床试验。帕拉米韦体外实验表明其对流感甲、乙型病毒神经氨酸酶半数抑制浓度IC50值，是另一抗流感药物"达菲"1600倍，对多数流感病毒株具有很好抑制作用。（胡晓江）

【"海外赤子为国服务潇湘行"活动在园区启动】 11月15日，湖南省首届"海外赤子为国服务潇湘行"活动在浏阳经开区医药科技文化馆启动。该活动由湖南省人社厅主办，浏阳经开区留学人员创业园承办。省人社厅副厅长杨士雅、园区党工委委员胡汉圣等领导出席启动仪式，60余名知名归国学者专家、省内13个地州市人社局负责人130余人参加活动。会上，胡汉圣介绍园区发展情况，欢迎海外人才到园区创业；留学人员创业园主任龙科介绍园区创新创业平台；园区留学人员代表、企业代表先后作典型发言。活动按照"归国学者—企业交流洽谈""留学人员创业平台建设研讨""青年留学人员畅谈青年梦—留学梦—中国梦"等不同主题设立3个分会场，参会人员分别到各分会场参加讨论。会后，部分专家学者组成考察组赴岳阳、常德、怀化等地实地考察，开展项目交流对接活动。（胡晓江）

【园区3家企业获评"国家火炬计划重点高新技术企业"】 经过科技部火炬中心严格审查，浏阳经开区尔康制药、九典制药、迪诺制药等3家高新技术企业获评"国家火炬计划重点高新技术企业"，于2013年1月正式授牌。培育和发展国家火炬计划重点高新技术企业是火炬高新技术产业化及环境建设的重要内容，入选重点高新技术企业都是具有特色的高新技术产业化骨干企业。（胡晓江）

省、市、县级开发（园）区

·望城经济开发区·

【概况】 2013年，湖南望城经济开发区（以下简称"望城经开区"）完成规模工业总产值513.3亿元，同比增长22.1%，占全区总量的78%；完成规模工业增加值125亿元，同比增长21.3%；完成财税总收入25.62亿元，同比增收5.56亿元，增长27.76%；完成固定资产投资161.6亿元，同比增长34.7%；完成工业投资158.9亿元，同比增长38.1%；完成技改投资115亿元，同比增长18.6%；完成社会消费品零售总额1.01亿元；新增规模以上工业企业7家，新增社消零限上企业3家。国家级有色金属新材料精深加工高新技术产业化基地挂牌，园区获评"国家知识产权试点园区"。园区规划日趋科学。完善南北两片控规编制整合，区域环评获得省环保厅批复，完成调区扩园、分布式能源集中供热等10余项专项规划，实施《经开区基础设施三年行动计划》，对望城大道、航空路西沿线、黄金西路等道路进行规划，经开区"南北对进、东西互动"发展格局逐步形成。招商引资成效显著。举办"投资旺地、产业望城"湖南望城工业招商专题推介会和产业项目集中签约仪式，新引进联东U谷望城工业园、天章绿色产业园、普洛斯（长沙望城）物流配送中心、勤业光电LED产业园等优质项目36个，其中投资亿元以上、年税收可达1000万元以上的项目10个。项目征拆和谐推进。全年铺排项目43个，拆迁腾地413.06公顷，拆除房屋622户，支付征拆资金8.47亿元；安置群众2780人，为698人发放了购房补助补贴，发放金额5584万元；为201户申购限价房416套共计43835平方米；办理695名拆迁户的转户参保；缴纳社保资金1.46亿元；组织各类就业培训，推荐就业4000余人次。项目建设不断加速。全年完成项目场平326.13公顷，完成土方1000万余立方米，投资2亿元。基础配套设施建设方面，实施《经开区基础设施三年行动计划》，按照“适度超前”的原则，用地、立项、设计、报建等前期工作全面启动；对接高新区的马桥河路南延线已全面拉通路基，完成工程总量80%，沿河路、金星路西延线加快建设，金山路工程前期工作全面完成。产业项目建设方面，有色靶材、统一马口铁罐、旺旺乳饮、金桥商贸城、经阁铝材等27个项目开工建设；长沙起重机厂、金锐科技、车商世纪城、高星物流园市场区及仓储加工区等24个项目顺利投产；精心铺排中航起落架一二期、航天磁电二期、晟通型材二期、天园地芳二期、奥特莱斯二期、黄金创业园二三期标准厂房等22个续扩建项目建设，其中黄金创业园二期、新汇制药二期、中联路机等11个项目竣工投产；房地产项目绿地集团香树花城建设进展顺利。要素保障坚强有力。全年共22个批次（项目）311.19公顷用地获批，完成目标管理考核任务的154%；获全省开发区节约集约用地一等奖，获20.1公顷新增建设用地指标奖励。通过土地出让、银行信贷、合作开发等模式累计筹集资金14.8亿元；加强资金调度和预算管理，全年调度资金24.02亿元。作风建设不断加强。严肃治理“庸懒散奢”等机关不良风气，倡导厉行节约，反对铺张浪费，严格控制“三公”经费支出。深化干部人事制度改革，内聘部分局室班子成员，择优为6名政府雇员解决事业编制。开展“创先争优”和学雷锋系列活动，新组建非公企业党组织3家，经开区成立党组织的非公企业56家，发展新党员39名。工会联合会第一次代表大会召开，经开区文体协会正式成立。（刘双富）

望城经开区党工委、管委会领导人员

党工委书记	张　权
党工委副书记、管委会主任	吴　皓
党工委委员、管委会副主任	谭平安
党工委委员、纪工委书记	余梅香
党工委委员、管委会副主任	浣望民
党工委委员、管委会副主任（兼）	刘　彪
党工委委员、总规划师	李彦波
党工委委员	李小平
管委会副主任	杨　智（2013.11任）

【望城经济开发区获批“国家知识产权试点园区”】 6月4日，按照《国家知识产权试点示范园区评定管理办法》要求，经集中评定，国家知识产权局确定湖南望城经开区为国家知识产权试点园区（国知发管函字〔2013〕58号），试点时间自2013年5月起，为期3年。标志着望城经开区现有知识产权创造、管理、实施和保护工作取得成效，知识产权在促进园区经济社会发展与提升区域经济综合实力方面将发挥更大作用。望城经开区按照试点工作方案及《国家知识产权试点示范园区考核指标》，以提升产业核心竞争力和企业自主创新能力为重点，挖掘企业专利技术，提升专利申请量，开展知识产权战略制定和实施，加大知识产权工作体系、保护环境建设、制度建设、信息利用、专利技术产业化和人才培养等工作，推进专利成果转化，为知识产权创造和运用环境提供重要制度保障，完成试点园区各项任务目标。截至2013年底，园区已拥有国家驰名商标12个、湖南省著名商标57个、湖南名牌产品12个。（刘双富）

【车商汽车城开业】 9月8日，国内首家商用车专业市场——湖南车商汽车城开业。望城经开区党工委书记张权、管委会主任吴皓等领导出席开业典礼。该汽车城位于廖家坪街道，黄桥大道以东、岳麓大道以北临路地块。规划占地面积196.31公顷，包括仓储式商用车大卖场、工业中心、物流园区和综合配套区等区域。一期工程为仓储式商用车大卖场，占地面积20.1公顷，入驻商用车包括福田、东风、解放、江淮等20余个主导品牌，涵盖商贸物流、汽车前市场和汽车后市场等多元化业态。该汽车城投资建设者是入驻汽车经销商本身，形成集群效应使车商汽车城在经营模式上打破原有各个品牌经销商各自为战局面，实行统一规划、统一建设、统一管理，采用网络化、信息化、规模化商业新模式，旨在实现汽车营销产业链双向延伸、建成辐射全省乃至全国新型汽贸物流产业园。车商汽车城将建设大型汽车文化主题公园。建成后车商汽车城将以汽车卖场、汽贸物流为主，汽车文化为辅，通过规模化经营，形成产、供、销、服务、配件、维修产业配套体系，实现政府、厂商和消费者共赢，可创造就业岗位5000余个，实现年营业收入50亿元、年税收1亿元以上。（彭　珊）

【湖南高星（钢铁）物流园开园】 12月28日，湖南高星（钢铁）物流园开业庆典举行，1000余家钢贸经营户正式入住。该项目是经湖南省发改委核准的大型钢铁产业集群项目，也是“省、市、区”三级重点建设项目。该园区位于望城经开区普瑞大道西侧，占地面积308.2公顷，由“仓储、加工、配送”物流区和“钢材商流”交易区组成，采用“店库分离式”国际先进设计，以流通服务集成为主干，利用现代装备和技术为载体，发展物流基地和实体物流，衔接钢厂、钢材贸易商、加工企业、耗钢企业，搭建交易品种齐全的一站式采购平台，提供电子商务、产品交易、研发、仓储加工、物流、融资、期货、会展、办公、配套住宅等10大全业态升级版服务集成，引入铁路专线为项目服务，依托先进电子商务平台打造中部地区一站式、现代化、超规模的钢材物流园。项目一期18万平方米交易区、5万平方米仓储区和2万平方米堆场区全部对外开放。（彭　珊）

【国家有色产业基地挂牌】 6月25日，在湖南望城工业招商专题推介会上，“长沙望城国家有色金属新材料精深加工高新技术产业化基地”授牌仪式举行，科技部高新技术发展及产业化司副司长王力为基地授牌。省人大常委会党组副书记杨泰波、省政府副秘书长王光明、省商务厅厅长谢建辉、中国交通银行湖南省分行行长唐玲、省有色金属管理局局长宋建民、省科技厅副厅长黄新亮、省国防科技工业局副局长唐勇、省经协办党组书记、主任毛七星、长沙市人民政府副市长何寄华、市政协副主席、工商联主席彭继球等领导出席活动。该园区内有晟通科技、金龙铜业、五矿湖南有色等规模以上有色行业企业35家，其中高新技术企业19家；基地管理委员会和中国（长沙）有色金属新材料及精深加工产业技术联盟等管理机构成立；与清华大学老科学技术协会、湖南大学科技成果及知识产权管理办公室、中南大学技术转移中心、湖南省生产力促进中心5家省级以上科技中介机构达成合作；拥有晟通科技国家企业技术中心、国家金属矿产资源综合利用研究中心等13家省级以上研发检测机构。园区内湖南有色金属研究院是具有安全和环保研究开发资质和能力的专业研发机构，也是湖南省有色金属产品质量监督检验权威机构。到2015年，基地将重点培育3个以上销售收入过100亿元的大型有色金属新材料精深加工集团，5家以上销售收入过10亿元的有色金属新材料精深加工企业，实现有色产业总产值500亿元以上、高新技术产值占90%以上的目标。（彭　珊）

【金桥国际商贸城开工】 3月18日，金桥国际商贸城（原名长沙大河西国际商贸物流城）开工建设。该项目是国家商务部全国20大物流配送基地之一、湖南省"十二五"规划十大重点建设工程，毗邻石长铁路望城货运站和长益常城际铁路枢纽金桥站，距离京珠高速西线9公里，距离湘江两大千吨级码头10公里，周边形成公路、铁路、水路三式联运立体交通格局。由大汉控股集团、曾氏铝业集团、建鸿达集团、德庆置业等多家实力企业共同投资，湖南百家汇投资有限公司开发运营。项目总投资400亿元，总规划用地面积约737公顷，规划总建筑面积约1500万平方米，由商贸区和仓储物流区两个部分组成，分三期开发建设。项目以"云商贸"理念，致力打造湖南"千亿商贸物流产业园"，建成后将拥有商铺5万个，日均客流量30万人，年成交额1000亿元，年创税收50亿元，带来就业岗位20万个，是一个集商品交易、会展博览、仓储物流、电子商务、研发中心、总部办公及相关配套为一体的大型商贸物流综合体。（彭　珊）

【产业项目集中签约】 11月30日，湖南望城经济开发区产业项目集中签约仪式在望城普瑞温泉大酒店举行，经开区党工委书记张权主持，经开区党工委副书记、管委会主任吴皓介绍项目情况。省经协办副主任祝拥军，市委副书记张迎龙，市委常委、统战

长沙望城有色金属精深加工高新技术产业化基地授牌仪式

部长文树勋，副市长何寄华，市工信委党委书记、主任赵跃驷，市商务局党委委员刘利华，区委书记谭小平，区委副书记、区长孔玉成等领导出席活动。签约项目主要涉及工业、商贸、物流、总部经济等领域，高端进口汽车主题文化科技产业园、联东U谷望城产业综合体、华润万家中南地区加工配送中心、勤业光电LED产业园等10个产业项目签约，总投资116.26亿元。项目全部达产后，预计年产值400亿元、年利税25亿元。（刘效艺）

·隆平高科技园·

【概况】 2013年，隆平高科技园完成工业总产值318亿元，同比增长23.5%；规模以上工业总产值310亿元，增长24%；规模工业增加值增长率20%。规模工业利税增长率13%；固定资产投资增长率22%。园区入园企业418家，其中规模以上工业企业73家（新增7家），省级高新技术企业40家（新增9家），上市公司4家。招商引资注入新活力。新引进湖南省广东商会总部经济产业园和特格尔健康产业园2个购地项目，合同投资额20.5亿元。协助区委、区政府举办首届隆平国际论坛，召开专题招商推介会，与华智生物、香港时代国际现场签约，合同金额20亿元。强化创业平台招商，新入驻企业30余家，完成招商面积4万余平方米，年创税5000万余元。现代物流产业加速集聚，顺丰、联邦、中铁、中通、申通等16家全国知名物流企业区域总部入驻。项目建设有新起色。园区加强与街道和部门协调，基本完成张公岭村30.49公顷现代产业用地拆迁，加速推进苏宁云商、广东商会、特格尔药业等省市重点项目落地。金茶农业产业基地项目建设取得进展，园区雨污分流工程基本完成政府采购程序。自主创新呈现新亮点。全年帮助企业争取省市各类项目扶持资金3600万余元。园区拥有新振升、君山银针、爱尔眼科等商标23个。知识产权优势企业3家。企业专利申请量440件、授权量328件。企业参与制定国家标准42个，省地方标准10个，行业标准40个。建成国家工程实验室2个，工程（技术）中心国家级、省级18个，市级10个，博士后工作站2个。2013年，长沙十大科技新闻事件，有3件出自隆平高科技园。广发隆平成立全市首家创业平台非公党委，获芙蓉区"红旗党组织"称号。园区14家企业成功创建安全生产标准化企业。（王　勇）

隆平高科技园党工委、管委会领导人员

党工委书记　王曙光（2013.12任）
党工委副书记、管委会主任　黄　滔（2013.12任）
党工委副书记、管委会副主任　李明权
党工委委员、管委会副主任　曾　理
党工委委员、纪工委书记　汤季平
党工委委员　吴清斌
党工委委员、总经济师　易　鹰
工会联合会主席　阳林艳

【首届隆平国际论坛】 11月30日，首届隆平国际论坛暨“隆平新区•种业硅谷”招商推介会在长沙隆平国际会展中心举行。本届论坛由湖南省政府主办，国家杂交水稻工程技术研究中心、省农业厅、省农科院、湖南农业大学和长沙市政府承办，芙蓉区政府、隆平高科技园管委会执行承办。主题是“杂交水稻与世界粮食安全”。副省长盛茂林、省政协副主席、中国工程院院士袁隆平出席论坛，并作为特邀嘉宾参与中央电视台财经频道《对话》栏目。联合国粮农组织、国家农业部和亚、非、拉、美10余个国家政府官员、技术和产业代表，国内12家顶级民族种业企业CEO，以及省、市、区领导、专家、企业家300余人参加活动。论坛学术氛围浓厚，现场反应热烈，论坛对话内容由中央电视台《对话》栏目现场录制，12月22日以“天下粮仓”为题播出。活动期间，举行了专场招商推介会，重点推介了隆平新区和隆平高科技园招商项目，包括滨河路及相关商业金融和居住用地、“一馆三中心”（隆平水稻博物馆、国际种业交易中心、隆平国际会展中心、水稻分子育种技术中心）等18个招商项目，总投资额约500亿元。现场签约种业电子交易中心、杂交水稻分子育种平台等6个重大项目，签约金额约50亿元。隆平国际论坛由中国工程院院士袁隆平发起，旨在推动隆平新区种业硅谷建设，构建国际种业权威学术交流平台，夯实长沙在全省实现农业现代化和“国际种都”的发展基础。

（王　勇　鲁素爽）

【3产品入围《长沙市本地产品推荐目录》】 4月10日，市工信委发布第一批《长沙市本地产品推荐目录》，园区3家企业产品成功入围，分别是：湖南经阁投资控股集团的铝型材和门窗、幕墙，长沙新振升集团有限公司的建筑铝型材、铝合金门窗及配件，稀土新能源的节能灯、LED照明产品、无极灯。首批《长沙市本地产品推荐目录》包括78家企业、144类产品信息，以工程机械、电子信息、新材料等产业为主。

（张琼婷）

“隆平国际论坛”——副省长盛茂林、院士袁隆平接受中央电视台《对话》栏目访谈

【农产品电子商城上线】 4月15日，全国大宗农产品电子商务交易平台——长沙沁坤电子商城在隆平高科技园上线运营，与深圳安品资本管理有限公司在金丹科技创业大厦举办签约仪式，采购约30万吨、总价值15亿元无公害大米。该商城专业从事农产品现货交易，农产品生产、销售、加工3大环节联通于一体，直接服务农户、农业生产企业、农产品消费企业、农产品加工企业，具备大宗农产品类货物战略储备、调节物价、组织生产和套期保值4大基本功能，形成贯穿整个大宗农产品产业链服务体系，是湖南专为农产品服务大型电子商城。2013年1月26日，该电子商城在隆平高科技园金丹大厦启动，在长沙投资45亿元，一期投资2亿元，先期打造沁坤农产品现货电子交易商城和实体市场，实现农产品年交易量200万吨，实现农产品年交易额40亿元，预计年营业收入5亿元，实现年税费4389万元。

（张琼婷）

【湖南省节能服务产业联盟在园区成立】 9月29日，湖南省节能服务产业联盟在隆平高科技园金丹科技大厦挂牌成立。省市领导王亮方、郭秀宏、徐新楚、黄雄姿等出席成立仪式，省、市、园区有关部门，部分金融机构、节能服务公司等单位代表100余人参加活动。该联盟是由园区企业湖南财信节能环保科技服务公司等14家单位牵头组成联合体，旨在通过技术互补、信息共享、资金互助、平台共建，实现资源整合、共同发展，促进全省节能服务产业发展，完成湖南省节能服务产业领域从过去“单兵作战”到“抱团发展”创新实践，有利于解决企业规模不大、项目质量不优、融资不畅、市场不规范等问题，对推动全省节能减排工作具有重大意义。成立仪式上，联盟执委会主席、湖南财信节能环保科技有限公司董事长胡军介绍联盟宗旨和发展方向；城光（湖南）节能环保服务有限公司代表联盟发布湖南省节能服务产业公共信息平台；联盟成员湖南财信节能、长沙远大建筑节能、湖南互创能源等公司就相关节能合作项目签约。

（张琼婷）

•天心经济开发区•

【概况】 天心经济开发区（以下简称“天心经开区”）成立于2002年，控规面积4.48平方公里。其中，工矿仓储用地147.07公顷，商服用地79.93公顷，住宅用地76.05公顷，道路、绿化、公共设施用地137.35公顷，实际可用于项目开发建设用地268公顷。园区批准编制18个，在编干部21人。工委班子成员9人，其中，工委书记正县级，主任副县级，其他为正科级。内设6个科级局室，正副科级干部9人。借调、外聘工作人员25人。园区以“融城核心、精品园区”为发展目标，坚持“和谐园区、创新园区、效能园区”发展理念，组织实施“一园（总部经济园）、一圈（长株潭融成核心商贸物流圈）、一带（新型产业带）、一基地（光伏产业基地）”产业规划布局。致力谋求转型升级发展，明确“工业立园、商贸活园、科技强园”发展思路，着力规划建设“长株潭融城核心高端商贸圈”，发展特色产业、总部经济。

2013年，天心经开区技工贸总收入突破200亿元，税收3亿元。完成规模工业总产值195亿元，增长18%；工业固定资产投资26亿元，增长18.8%；完成技术改造投资10.55亿元，增长18%。全年市级以上技术创新项目立项5个，实现新产品产值增长率25%。建立国家、省、市级技术中心11个，完成科技创新项目53个，获专利142项，开发新产品30个，25个新产品实现产业化；完成高新技术总产值97亿元，占全部工业总产值71%，新产品年产值60亿元。土地利用状况，供应国有建设用地390公顷，占土地总量94.56%。其中，有偿使用国有建设土地211.78公顷，占51.53%，划拨土地占48.47%。未供应土地剩下22.43公顷，占土地总量5.44%。投入产出状况，建设城市道路16.1公里，完成房屋总建筑面积230.8万平方米，其中工矿仓储用地上总建筑面积79.3万平方米。土地综合容积率0.73，工业用地综合容积率0.74，工业用地建筑系数39.97%。产业特色定位。天心经开区培育龙头企业，吸引相关产业集聚，实现产业健康发展，形成以中国中电集团第48研究所红太阳新能源公司光伏产业为龙头高新技术产业，以中信新城为龙头房地产业，以友阿奥特莱斯为龙头现代商贸业产业特色。红太阳新能源公司和友阿奥特莱斯成为天心区工商业龙头企业。引进长沙中科院文化与创意科技研究院科技平台，为实现科技强园注入活力。完成规划整体修编，启动工业地产试点，成为长沙市首批工业地产试点单位，编制工业地产规划，超世实业、新兴电器、长沙电机厂、三远钢结构等项目启动规划设计工作。天心经开区致力于实现“腾笼换鸟”，按照建设“融城核心新城”目标定位，重点发展总部经济和现代商贸物流业。项目引进与建设情况。天心经开区引进中信新城、长沙电机厂、友阿奥特莱斯、华宇机械集团、五田医药、龙盛电子、长庆机电、宇航科技、益丰医药、康尔佳医药、天鹅工业泵、防火装备等主要项目。其中，中信新城项目是天心经开区龙头项目，占地面积201公顷，总建筑面积200万平方米，投资过100亿元，是一个集商贸、酒店、居住、写字楼为一体大型城市综合体。该项目完成购物中心、城市广场、文化广场、凯旋蓝岸、中信小学等建设。凯旋城项目，投资总额过50亿元，商业建筑面积近25万平方米。湖南红太阳新能源光伏项目，2008年启动项目建设。2013年新增一条全自动生产线，全年完成工业总产值80亿元，同比增长14%，成为天心区最大工业企业。长沙电机厂项目，第一期工程占地约13.4公顷，2008年建成投产。2013年完成工业总产值6亿元，同比增长17.3%。友阿奥特莱斯项目：2010年建成营业，投资约3亿元。2013完成销售收入8亿元，成为全区最大商业企业。五田医药物流项目，2011年建成投产，入驻五田医药、同安医药、徐福记等3家企业。2013年，三家企业全年营业收入过15亿元。华宇机械物流项目，占地面积约9.61公顷，规划建筑面积95000余平方米，总投资额约5亿元，计划2014年全部建成，将建设成为长沙乃至湖南地区规模最大、功能设施最完善工程、机电设备展销基地之一。湖南龙盛高科技电子产业基地项目，总建筑面积50000平方米，总投资额1.2亿元，2009年开工建设，2013年竣工，入驻企业12家。

（袁　杜）

天心经开区党工委、管委会领导人员

工委书记	师大学
工委副书记、管委会主任	彭泽南
工委副书记、管委会副主任	邓志平
工委副书记	鲁志高
	翁开明
管委会副主任	刘科宁
	罗　青
纪委书记	方婉人
工委委员	钟书宏

·长沙金霞经济开发区·

【概况】　2013年，长沙金霞经济开发区（以下简称“金霞经开区”）完成财政收入12.8亿元，同比增长28%；完成规模工业总产值340亿元，同比增长25%；完成工业增加值60亿元，同比增长25%；完成社会物流总额600亿元，同比增长45%。物流企业完成货物吞吐量2500万吨，同比增长45%；实现主营业务收入255亿元，同比增长35%。年内铺排“十大道路工程”和“十大配套工程”，全年启动市政道路项目建设5个，办理报建手续14条；青竹湖路东延线Ⅱ期、进港大道实现竣工通车；新安东路完成主体工程；捞刀河路、植基北路南段启动建设；沙坪自来水加压站建成投入使用；保税综合楼全面封顶；友谊大厦、金灿大厦加快建设。市城投投资沙河大桥、汤家湖路跨线桥、冯蔡路跨线桥进展顺利。产业建设提速提质。全年纳入管理项目68个，新启动项目8个、在建项目11个、竣工投产项目10个，平台性项目落地26个，闲置项目开工9个。按照“战略项目促进度、摘牌项目促开工、在建项目促提速、竣工项目促达效、闲置项目促启动”工作思路，全程优化服务，强力推进项目。长沙统一完成产值15亿元，实现税收1.5亿元，成为园区首个税收过亿元企业。香江项目8月1日正式签约，绿地·海外滩项目6月9日摘牌滨江地块。佳海二期、卓尔二期、统一扩征、山河实业、新源石油等新摘牌项目启动建设，湘诚、长重、恩瑞、联运物流、湘运物流等闲置项目建设加快。园区产业两型化、高端化、品质化不断提升。战略招商硕果累累。园区招商立足产业高端化和企业品质化，年内接待战略投资商考察100余批次，引进重大战略性企业和项目7个。先后与台湾统一二期项目，中国民营企业500强、上市公司南方香江集团，绿地集团，上市公司福晟集团，中国地产业龙头、香港上市公司雅居乐集团，亚洲工业及物流基础设施提供商和服务商普洛斯集团，全球体育用品零售商迪卡侬正式签约。规划编制优化提升。园区委托上海红东公司、郡原公司、新加坡盛邦公司、省建筑设计院等知名专业公司，重点对金霞片区综合交通规划、高岭商贸物流城产业与城市设计、芙蓉北路两厢产业策划及城市设计、湘江风光带（金霞段）景观设计等“四大规划”进行优化提升。征地拆迁取得突破。全年完成卓尔孵化基地、新时代医药、九州通等拆迁扫尾项目20个、153.83公顷，新启动捞刀河路、香江项目一期、统一二期3个拆迁项

目、84.35 公顷，完成土地统征 12 宗、152.09 公顷。发展体制改革创新。开福区委、区政府确立打造“五个特色产业区”发展战略，其中，“物流名区、保税特区、商贸旺区、工业兴区” 4 个区布局在金霞经开区。开福区委、区政府将原捞刀河镇和新港镇设置为秀峰、新港、沙坪、捞刀河 4 个街道，按照“五统、三不变”原则，实施“一区带两园”运行体制，由园区统领青竹湖生态科技产业园、长沙金霞保税物流中心，统一城市规划、统一开发建设、统一招商政策、统一产业培育、统一投资融资，进一步夯实体制机制保障，激发发展活力。经营园区活力增强。园区克服宏观形势趋紧和政策不利等因素影响，创新融资模式，实现新增银行融资 6.3 亿元；实现滨江地块（一）、天都配套（一）、佳海二期（二）等 16 宗土地挂牌、出让总金额 22.8 亿元，破解建设资金难题，确保资金不断链、发展不停步。收储联运地块，引进世界 500 强、全球体育用品供应商法国迪卡侬旗舰店项目。合作经营友谊大厦、金灿大厦项目。创新争优亮点纷呈。园区“国家新型工业化产业示范基地”获批，举办“第二届企业劳动用工招聘会”，继续面向“211 工程”院校选聘一批高素质专业技术人才，为“产业兴园”提供智力支撑。加大“营销金霞”力度，围绕重大招商、重大活动和重大成果，开展专题报道 32 次。深入开展“五好班子”、民主评议党员处置不合格党员、在职党员进社区报到等创先争优活动。加强干部作风建设，倡导“一线工作法”，努力营造勤廉务实干事创业氛围。广泛开展拔河比赛、登山比赛、羽毛球赛、自行车骑行拓展等丰富多彩企业文化活动，浓厚园区文化氛围，凝聚园区发展“正能量”。

（吴高山　胡双玲）

金霞经开区党工委、管委会领导人员

党工委书记　张　毅
党工委副书记、管委会主任　袁政国
党工委委员、管委会副主任　李剑刚
党工委委员、纪工委书记　荣爱华
党工委委员、机关工会主席　杨永达
党工委委员、管委会副主任
易新宇（2013.11 任）
罗　辉（2013.08 任）
党工委委员　侯凌新
胡仕勇
蹇敦波（兼）
谭树茗（兼）
易文斌（兼）

【优传酒业交易中心启动】 1 月 18 日，金霞保税物流中心进口食品企业入驻签约暨优传进口葡萄酒品鉴会在保税中心举行。长沙海关、湖南出入境检验检疫局及省、市、区相关部门领导、新闻媒体、优传公司、国际知名酒庄、酒商、园区企业代表 200 余人出席活动，法国、西班牙、意大利、德国、澳大利亚、智利等国 10 余家明星酒庄、200 余款原瓶进口葡萄酒现场品鉴交流，长沙优传酒业交易中心正式启动。该交易中心首期专业展厅及 2000 平方米恒温恒湿仓库汇集世界各地 100 余家知名酒庄、500 余个品种优质原瓶装进口葡萄酒，采取现代化专业运营模式，为消费者、经销商和团购客户提供“一站式”全球采购、专业仓储物流等服务，减少中间环节，降低流通成本，确保进口酒货真价实，同等级酒价格比市场价约低 30%，可加快资金周转。在优传买酒等同于直接从世界名优酒庄采购。长沙优传供应链有限公司是国内保税区连锁酒业——厦门优传供应链有限公司全资子公司，专业经营原瓶装进口葡萄酒及相关进口食品，为中国市场提供世界各地优质葡萄酒、食品及原材料，打造全国范围内保税区酒类连锁企业。（胡双玲）

【长沙统一企业二期签约】 2 月 6 日，园区与台湾统一企业集团举行项目签约仪式。经开区管委会主任袁政国和统一企业华中区行政总监李俊忠代表双方签约，经开区党工委书记张毅、开福区人民政府副区长邓平及园区党工委相关领导出席签约仪式。此次签约项目为长沙统一企业二期项目，该项目选址园区所辖沙坪工业组团内，总面积约 11.32 公顷，计划投资 5500 万美元，主要增加饮料、方便面生产线及相关配套设施，预计新增产值 12 亿元。预计 2014 年建成投产，年产值 25 亿元，年利税 2.8 亿元。（胡双玲）

【卓尔第一企业社区项目获批】 2 月 26 日，金霞开发区卓尔第一企业社区•长沙基地项目获批“湖南省重点工程项目”。该项目由卓尔发展（长沙）有限公司投资开发，项目总规划用地 27.07 公顷，计划建筑面积 53.8 万平方米，总投资 12 亿元，分 2 期开发建设。其中，一期用地 6.5 公顷，投资 2 亿元，主要建设产品展示中心和企业社区办公楼；二期用地 20.57 公顷，投资 10 亿元，主要建设企业社区办公楼和商业配套设施。项目内企业社区办公楼致力于聚集一批从事电子商务和服务外包业务企业，主要提供政务服务中心、产品展示中心、企业会展中心 3 大核心服务。项目建成后将形成现代物流、广告创意、消费品营销、电子商务等产业总部集群。该项目还设立湖南小微企业孵化器，入驻企业将享受相关政策优惠及补贴。（唐建彬）

【香江集团落户】 8 月 1 日，金霞经济开发区与全国商贸物流龙头企业香江集团项目签约仪式举行。中国工业经济联合会主席团主席、香江集团董事局主席刘志强，香江集团决策委员会主席符中士和市、区领导张迎春、姚英杰、李蔚、廖建华、沈裕谋、曾筱峰、许振勤、熊建伟、张毅、袁政国等出席活动。开福区区委副书记、区长廖建华主持，经开区管委会主任袁政国和香江控股商业公司总经理陆国军代表双方签约。签约项目为中南现代商贸物流城项目，在金霞经开区高岭组团，项目投资 300 亿元，总占地 493.99 公顷，经营面积 600 万平方米，建成后将吸引就业人口 35 万，年交易额约 4000 亿元。中南现代商贸物流城从形态上塑造城市景观功能，还以电子商务等现代信息化平台将全球商品整合，形成“工厂直销店”商业新模式，给老百姓带来更多实惠，成为中南地区专业市场集群。（胡双玲）

【迪卡侬签约】 12 月 17 日，全球体育用品零售商迪卡侬与金霞经开区举行项目签约仪式，金霞经开区管委会主任袁政国和迪卡侬华东区发展总监汪漪代表双方签约。该项目由迪卡侬（上海）体育用品有限公司投资建设，总投资1亿元，占地约1.21公顷，建设具有国际品质迪卡侬长沙旗舰店，建设内容主要为商业店面、室内外运动体验中心等，对长沙全民体育普及及发展提供支持。预计2015年开业。迪卡侬公司是一家集设计、生产、流通、销售、服务于一体跨国大型体育用品专营企业，集团在全球开设超过600家大型运动品连锁超市。

（胡双玲）

【中美（长沙）运输与物流合作交流会】 6月30日，中美（长沙）运输与物流合作交流会在金霞经济开发区举行。会议由金霞经开区、市工商联（市总商会）和美国运输与物流协会联合举办。市政协副主席、市工商联主席彭继球主持。市政协、市工商联、市委统战部、市商务局、金霞经开区等相关部门领导，长沙理工大学、湖南商学院、湖南现代物流职业技术学院等院校代表，以及一力物流、物产中拓、宏光物流等企业代表约200人参加交流会。会上，经开区管委会主任袁政国介绍园区基本情况和现代物流业发展现状；美国运输与物流协会和长沙理工大学、湖南现代物流职业技术学院签订战略合作伙伴协议；美国运输部雷诺运输中心主任、美国运输与物流协会中美物流合作办主任、加州州立大学终身教授John Wu博士，加州州立大学信息和决策科学系主任、终身教授Jake Zhu博士，加州州立大学终身教授Harold Dyke博士分别作《开发智能运输和绿色物流的金矿》《如何使用信息技术改进供应链管理》《美国最新物流技术分享——大数据技术与实践》演讲。此次交流会主旨是为引进美国最先进物流和供应链人才培养体系，推动长沙市物流、供应链国际化发展，提升物流企业科学信息化水平，增强物流企业国际竞争力。

（胡双玲）

·长沙雨花经济开发区·

【概况】 2013年，长沙雨花经济开发区（以下简称“雨花经开区”）完成财政收入14亿元，同比增长40%；实现规模工业总产值247亿元，同比增长37%；完成固定资产投资50亿元，同比增长38.8%；完成技改投资26.2亿元，同比增长18%。引进各类产业项目105个，园区企业数417个。全年完成省外境内资金15.4亿元，完成实际到位外资1.05亿美元。园区获评科技工作先进单位和集约节约利用土地先进单位。提升企业服务质量，为突出企业需要，帮助企业排忧解难，园区搭建企业服务平台，通过寻求校企合作、异地招工、媒体宣传等方式帮助比亚迪缓解用工压力，建立与比亚迪工作对接新机制，及时跟踪服务解决问题。园区抓大不放小，国际企业中心服务站正式成立，实现融资中介平台、管理提升平台、合作交流平台及公共服务平台“四台和一”，为小微企业提供“一站式、保姆式”服务。利用“助保贷”“互助担保”等融资平台帮助近百家中小微企业累计融资突破10亿元。园区通过发行期刊杂志《雨花经开区》，为园区与企业以及企业与企业之间提供一个信息交流、心得共享纸质平台。全年举办9期企业家交流沙龙活动，为企业与政府、园区、相关专业人士搭建一个沟通桥梁，让政务、经济、管理等有利于企业发展信息在一种轻松氛围中传导，有效提升园区企业家管理水平、学术和人文素养。加快基础设施建设，完善公共设施配套。加快东片路网覆盖，污水处理厂完成重新选址；比亚迪南路、花卉路东延线、荷新路等8条道路按照计划完成目标任务；完成东片56、57、70号工业地约20.1公顷90万立方米土方平整。加强服务企业建设工作，配合区交通局洞株路雨花段建设迁改杆线近10条，服务园区企业德永置业、东湖和庭、博瑞医药、九泰置业、唐智科技等企业迁改杆线近10条，为企业报建、建设协调市规划局、市住建委等上级职能部门。为企业建设进出开口、管网接入等协调各级部门，确保项目尽快启动建设。加大招商引资力度，督促项目加快启动。采取产业链、行业协会、活动平台、小分队等多种形式开展招商，园区以万家丽、新韶山路为两个战略支点，布局商住项目，推进拆迁工作，提高农民安置效率。按期完成洞珠路项目拆迁，完成雨花建材厂整体拆迁腾地工作。农民安置工作，在白田家园分房基础上，完成联盟家园分房工作，近2000名被征地农民搬进新家。创新园区特色品牌，打牢公司上市基础。加速推进自主开发项目，首个园区公司独资开发地产项目“南庭城果”开盘，实现销售额一亿元；长沙东湖和庭投资有限公司“国际创新城”项目推进顺利，有多家企业开始预定，预定面积超一万平米；58号工业地产项目顺利完成土地摘牌，产品定位基本明确，公司按照“医药物流基地”及“设计创意城”二个方向开展前期招商工作。推进健康产业园项目。与北京相关部委联络，组织对上海张江、武汉生物城、复星医药等项目考察；对接湘雅医院、市妇幼保健院、国药控股、省医师协会、省药品流通协会合作洽谈。

（彭智平）

雨花经开区党工委、管委会领导人员

党工委书记 杜旭辉
党工委副书记、管委会主任 郭四军
党工委副书记、管委会副主任 喻新义
工委委员、管委会副主任 李国庆
刘庄（女）
工委委员、纪工委书记 李逾之
工委委员、开发公司副总经理 廖昌规（2013.8任）
工委委员、社会事务局局长 张昱
工委委员、同升街道党工委书记 张建
工委委员、金桃派出所所长 王文辉

【设计创意产业总部基地落户】 6月13日，长沙设计创意产业总部基地——工业地产总部基地试点项目落户雨花经开区，正式对外招商。该基地试点项目总体规划面积约33.5公顷。项目一期位于京珠高速以东，振华路以北，占地面24.12公顷，建筑面积42万平方米，打造集工业设计、建筑设计、装饰设计于一体，具有设计、研发、展示、制作、交易、培训及公共服务等综合功能中南地区设计产业集群。首期重点引进勘察、设计、装饰、检测、咨询等专业机构30～50家，预计年营业额30亿元。该项目充分考虑入驻总部基地单位和企业诉求，为入驻单位量身定制个性化产品，其物业形态包括独栋、联排、

多层及高层，可以在别墅般环境里从事设计创意产业，也可以一栋大厦集约容纳百家创意企业总部。入驻单位可享受雨花区产业发展扶植以及长沙市关于工业园区标准厂房管理办法等政策扶持。（彭智平）

【国际创新城首批预定客户签约】 12月13日，长沙东湖和庭投资有限公司与两家企业举行首批定制签约仪式，定制13000平方米工业标准厂房。雨花区委常委、长沙雨花经济开发区党工委书记杜旭辉，党工委副书记、管委会主任郭四军，工委委员、管委会副主任刘庄，工委委员、开发公司常务副总经理廖昌规参加活动。国际创新城由长沙东湖和庭投资有限公司开发，项目位于雨花经开区振华路与京珠高速交汇处，规划用地面积14.67公顷，总建筑面积30万平米，规划建设以办公、研发、流通、仓储等功能于一体企业总部集群，预计可引入企业150家。其中一期位于地块西南侧，总建筑面积约6.5万平米，由4栋6层厂房、2栋9层研发厂房以及2栋配套服务用房组成。预计2014年6月公开预售。（彭智平）

【"湖南省工业机器人产业示范基地"授牌】 8月15日，省经信委副主任卓群来雨花经开区授牌，授予园区长泰机器人公司"湖南省工业机器人产业示范基地"。省市（区）领导徐世昌、夏俊辉、龚放民、许卫华、杜旭辉、郭四军、李国庆等参加授牌仪式。该基地由12台泰坦机器人组成精密铸造生产线，价值上亿元，它可节约大量人工，实现铸件生产制芯、下芯自动化。可以做各机种编程，为用户制作不同类型机器人。长泰机器人除了服务于工程机械、汽车及零部件外，在轨道交通、轻工造纸、食品饮料等领域都有应用。长泰机器人公司是中国工业机器人协会副理事长单位，致力于工业机器人技术开发创新，是民族装备工业发展重要组成部分，对提高工业制成品质量，降低生产成本意义重大，是湖南"两型"产业发展重要方向。机器人与3D打印技术，被称为"新一轮工业革命领跑者"。到2015年，中国机器人市场需求总量将达3.5万台，占全球销量比重17.5%，成为世界规模最大市场。（彭智平）

【长沙国际企业中心服务站成立】 7月12日，长沙国际企业中心服务站成立暨揭牌仪式在长沙雨花经济开发区举行，雨花区区委常委、经开区党工委书记杜旭辉，经开区党工委副书记、管委会主任郭四军出席仪式，2家工业地产开发商、8家中介机构及70家国际企业中心入驻企业，共100余人参加活动。成立长沙国际企业中心服务站是经开区管委会服务职能下移重心、贴近企业、专业规范重要举措，通过科技工作站、企业联络站及职工服务站"三站并建"，实现融资中介平台、管理提升平台、合作交流平台及公共服务平台"四台和一"，为小微企业提供"一站式、保姆式"服务。会上，经开区管委会与中介机构在经开区设立服务点进行签约。（彭智平）

【朱玉国到园区调研】 10月11日，长沙银行总行行长朱玉国一行到雨花经济开发区调研。雨花经开区党工委副书记、管委会主任郭四军，管委会副主任李国庆陪同调研。调研组考察国际企业中心和长沙比亚迪汽车公司，就园区及园区内中小企业融资问题座谈交流。郭四军在座谈会上介绍，随着整体经济形势好转和园区企业发展，园区经济得到增强，园区以独特自身优势，吸引大批好企业、好项目争相入驻园区。希望长沙银行能够在园区设立金融创新示范基地，将一些新产品、新模式、新机制带进园区，深化中小企业金融服务。朱玉国表示，长沙银行看好园区发展，将拿出在园区设立金融创新示范基地方案，根据园区发展思路和企业特点，建立全面战略合作关系，开发园区金融产品。长沙银行是湖南首家区域性股份制商业银行，获"中国城市金口碑服务银行"、中国银行业"最佳金融创新奖"和中国"最具成长力中小银行"，长沙银行与园区内100余家企业建立业务往来关系。（彭智平）

【园区安监分局成立】 12月27日，长沙市雨花区安全监督管理局雨花经开区分局举行揭牌仪式，正式挂牌成立。雨花区副区长余宏卿、雨花区安监局党政主要负责人、园区有关领导出席活动。董卫任经开区安监分局局长。会上，园区纪工委书记李逾之指出，经开区安监分局成立，标志经开区安全生产工作迈上新台阶，园区有300余家企业入驻，安全生产责任重于泰山，丝毫不能马虎，园区将继续把安全生产工作放在突出位置抓落实。余宏卿强调，经开区要把安全生产工作措施落实到位，保持清醒头脑，坚持"安全第一、预防为主、综合治理"方针，落实安全生产责任制，排查安全隐患，严格行政执法，强化各项安全生产措施。（彭智平）

·暮云经济开发区·

【概况】 暮云经济开发区（以下简称"暮云经开区"）位于长沙县最南端，东连跳马镇，南与湘潭市接壤，西与湘潭县、岳麓区隔江相望，北邻天心区，东北接雨花区，紧邻湖南省政府新址，地处长株潭三市中心地带，辖区内有芙蓉南路、新韶山南路、沿江风光带等4条城市干道纵贯南北，水、燃气、电信管网等基础设施配套完善。2001年8月，成立暮云工业园，2002年，晋升为"国家级乡镇企业科技园区"，2006年，被国家发改委、湖南省人民政府批准为省级开发区，2013年3月，暮云工业园更名为暮云经济开发区，2013年12月，暮云镇完成撤镇设街，在原暮云镇行政区划范围内，北部以芙蓉南路为界，南部以原有村界为界，分设南托、暮云两个街道，其中，南托街道辖沿江、北塘、牛角塘、三兴、兴马等5个建制村，南托岭社区以及西湖、南塘建制村在芙蓉南路以西的部分区域，总面积24.97平方公里；暮云街道辖高云、莲华、许兴、暮云新等4个建制村，暮云、云塘、华月湖等3个社区以及西湖、南塘建制村在芙蓉南路以东的部分区域，总面积34.6平方公里。区域内企业单位232个，其中，工业企业139个（37家规模工业企业），房地产企业32家，垂直工程项目8个，省市部门驻区单位15个，年均固定资产投入40余亿元。芙蓉南路、万家丽路、沿江风光带、新韶山南路、107国道等5条主干道实现与城市对接。

2013年，暮云经开区实现总产值

115亿元，产品销售额115.5亿元，创汇48100万元；实现工业总产值56亿元，其中，规模工业总产值50.5亿元；实现财政总收入9.42亿元；引进项目3个，总投资14亿元；实现固定资产投资65.5个亿，其中基础设施投资3.9亿元。项目建设。全年各类项目63个，其中工业项目16个；三产业项目27个；基础设施项目12个；省、市重点工程项目8个。推进长株潭烟草物流园、暮云污水处理厂、沪昆客运专线、长株潭城际铁路、湖南省国土资源厅地质资料库、长沙市地铁一号线（尚双塘机务段）、湖南省消防器材市场、湖南亚太实业有限公司二期、长沙明照日本语专修学院、湖南科技职院新校区、顶立科技等项目建设，形成以项目推动转型升级、推动城市提质、推动民生事业发展和生态文明建设良好局面。投资1000万余元新建综合文体服务中心和市民休闲广场，丰富群众业余生活。总投资5000万元暮云镇龙湾小学完成前期筹备工作。暮云南大门市场竣工投入使用。推进限价房建设及高云、莲华、西湖等安置区相关基础设施配套完善。加强园区重点工程建设。1. 沪昆客运专线：沪昆客运专线为中央重点工程，暮云境内5.5公里。2010年9月底启动建设，涉及暮云镇许兴、莲华、兴马、沿江4个村共17个村民小组，36.72公顷红线内土地，拆迁房屋43户，动迁人口245人，2010年10月开工建设。2013年，红线内建设完成，预计2014年试运行昆明至娄底段。2. 长株潭城际铁路（省重点工程）：暮云境内9.2公里，涉及暮云镇西湖、南塘、莲华、暮云新村4个村，占地52.53公顷，动迁127人。2010年10月启动拆迁，11月开工建设，在暮云境内设有生态动物园、暮云两个城际车站，预计2016年整个城际铁路建成通车。3. 长沙暮云污水处理厂（市重点工程）：地处湘江河畔，占地面积19.23公顷，涉及暮云镇牛角塘、三兴村2个行政村7个村民小组，一期用地6.7公顷，全面开工建设，项目远期总建设规模28.5万吨/日，一期规模4万吨/日，其污水收集管网建成，其配套设施莲华、三兴泵站加紧建设，预计2014年10月试运营。4. 长株潭烟草物流园：占地100.5公顷，一期建筑面积约为40万平方米，总投资约40亿元。该项目作为烟草行业第一个跨地区综合性大型物流建设试点，建成后每年将承担长沙、株洲、湘潭三市近5万个零售户，60万箱卷烟的分拣配送业务。5. 省国土资源厅地质实物资料库：涉及暮云镇许兴、莲华2个行政村，占地54.40公顷。6. 长沙地铁1号线：尚双塘车辆段坐落在暮云镇牛角塘村，产业转型升级。按照“绿心保护区”规划定位，实施“调结构、转方式、促发展”两型社会建设。一方面对现有工业项目实行改造升级，利用绿色技术改造提升传统产业，培育一批如顶立科技、南方博云、磐吉奥拉线、亚太实业、亘盛门窗等高科技、低能耗、自主创新为主新型产业项目。另一方面，重点发展现代服务业、商贸服务、休闲旅游及总部经济。如以学海集团（出版）、明照动漫产业园（IE电子）为代表服务外包项目和以长株潭烟草物流园为代表现代配套物流企业，以花之林中南总部、协众医药物流等为代表商贸市场群，带动周边经济发展。加快九纬置业、远航集团宇航企业广场等工业地产项目发展。通过工业地产招商引进中小型电子科技企业80余家。城镇居民医疗保险、农村低保、大病医疗救助等社会保障全面覆盖。开展扶贫助学活动，扶助贫困学生15人，捐款38000元，推进“安居工程”，实现危房改造25户，优抚建房6户。落实安全生产责任制，及时排查整改各类安全隐患。加强社会治安综合治理，新增高云、西湖、莲华、牛角塘、暮云新村5个警务室。（唐　敏）

暮云经开区党工委、管委会领导人员

党工委书记	黄　勇
党工委副书记、管委会主任	王　剑（2013.01任）
党工委副书记	凌　异（兼）（2013.12任）
党工委副书记	蔡　逸（兼）（2013.12任）
管委会副主任	冯学武（兼）（2013.12任）
管委会副主任	陈　泽（兼）（2013.12任）
党工委委员、管委会常务副主任	唐伏奇（2013.12任）
党工委委员、纪工委书记	袁　勇

【暮云工业园更名为暮云经济开发区】2013年3月，根据《湖南省人民政府关于部分省级开发区更名的通知》（湘政函〔2012〕88号）文件精神，经长沙县人民政府批准，暮云工业园正式更名为暮云经济开发区。暮云工业园2001年8月动工兴建，2002年，晋升为“国家级乡镇企业科技园区”，2006年，被国家发改委、湖南省人民政府批准为省级开发区（湘政函〔2006〕79号），暮云工业园管委会、暮云镇政府，采取一套人马，两块牌子，“镇园合一”管理运作模式。（唐　敏）

【园区环境治理】　2013年，暮云经开区加强城管执法力度，对区域内门面、市场、广告牌等进行有序管理整顿，加强对渣土运输、非法砂场和违章建筑综合治理，突出对在建工地、搅拌场等重点区域整治，组织联合执法行动18次，查处违法现象21起。全年组织拆违10余次，拆除违章建筑1000余平方米。新启动18个拆迁项目，完成10个项目拆迁，实现腾地56公顷。提升城市品位，年投入600万余元引进深圳市鑫梓润和湖南六建兴发2家一级资质保洁公司对区域保洁分片实行数字化管理。投入200万余元新增保洁设施及组织专业立面保洁队伍重点进行城市牛皮癣清理。集中开展对南托岭市场流动摊贩、高云路周边废品店、高云安置区前坪夜宵市场的整顿改造，规范市场秩序，确保环境卫生整洁。（唐　敏）

·浏阳工业集中区·

【概况】　2013年，浏阳工业集中区（湖南浏阳制造产业基地）实现企业总产值193.4亿元，同比增长31.8%；完成规模工业增加值37.2亿元，同比增长25.6%。完成财税收6.1亿元，同比增长20.6%。完成固定资产投资50.41亿元，同比增长49.1%，新增规模企业11家，规模企业总数97家。2013年基地获批成为国家再制造产业示范基地、湖南省新

型工业化产业示范基地、长沙市创新型园区、省级知识产权示范基地和长沙市首家精益生产试点园区。招商引资。围绕工业、三产、再制造平台及产业链延伸进行招商，全年19个项目签约落户。转型升级。主要立足设备更新、产品创新、管理创新和营销创新，加大企业科技创新扶持力度。设备创新方面，主要加大智能型设备引进和创新，由原来大批量标准化生产单个产品向为客户量身定制智能型生产线转型。在产品升级方面，主要引导汽车零部件企业加快由商用车配套向乘用车配套转型，重点瞄准大众一级配套商波特尼项目，通过乘用车配套企业的聚集入园带动园区汽车零部件产业转型升级。规划编制。对芦塘、南园、捞刀河、花果山、蚕种场等地块进行前期业态定位和市场分析，聘请专业项目包装公司进行策划与包装。南园开发建设进入实施阶段，经四路南延道路完成部分硬化，南园总规设计、防洪论证及景观设计完成。北园华润新都汇、博大雅苑、海滨广场等商业项目全面启动，园镇实现无缝对接。项目报批。全年完成项目立项审批23个，完成7宗用地21.19公顷挂牌手续；15宗用地43.46公顷土地出让发证手续；完成农用地转用、土地征收审批建设用地项目16个，土地面积63.45公顷；完成申报建设用地11个，申报用地面积45.02公顷；完成预审建设用地项目12个，预审用地面积35.51公顷。征拆安置。全年共征地79.13公顷，涉及18个村民小组；拆迁94栋，迁坟195座。发放三批共1093名对象社保存折，办理286名退休人员相关手续，1010名老年人老龄补助全部发放到位，补助金额500万余元。完成礼耕安置小区5栋住房建设，安置拆迁户76户，启动礼耕安置小区6—9栋和南园保障性住房报建工作。投入4000余万元对株陵小区进行升级改造。付被征地农民股田利息2315万元。工程建设。完成13条共计6公里道路建设和12个地块共计67公顷平地工程，完成绿化工程1.5万平方米和污水主管线900米铺设。湖南一朵、海洋胶囊等6个工业项目建成，再制造产业发展中心、旧件回收物流中心等公共平台完成招标。企业服务。成立企业社会化服务中心，致力为企业提供专业化、高效化、优质化的综合服务。争取金融部门支持，全年为会员贷款8000万元。帮助企业向上争取各项资金2000万余元。简化有关报建手续，全年为企业减免约1500万元报建费。管委会开设“智赢天下”大讲堂，定期聘请专家到基地现场授课，在企业管理、市场推广、科技创新等方面进行专场辅导，帮助企业加快转型。环保管理。全年审批新入园企业5家，成立6个环境整治小组，对园区市政雨污管网及企业违规排放进行全面检查，督促金意油脂、景明器材、海得威等重点企业限时整改，确保园区雨污彻底分流和用水安全。组织环境纠纷调处，处置和化解百宜饲料噪声扰民、污水处理厂臭气扰民和景明电力环境污染等投诉，维护居民生活环境和企业发展环境。市政管理。全年开展专项整治活动22次，取缔占道经营31次，拆除不合格门店招牌45块，清理乱涂乱画580余处，查处渣土运输违章38车次，园区企业实现100%垃圾由环卫公司收集处理。开展8次拆违专项行动，重点对永安社区郭中奇等15户联建房、引水工程工棚等违法建筑进行集中拆除。对园区垃圾桶进行全新置换，对212处路沿石、人行道彩砖、井盖和雨水栓进行修复改造。319国道入园口、管委会广场和部分主要交通路口进行鲜花地栽美化，园区形象得到提升。就业安置。组织8期422名被征地农民就业培训。加大技术培训和人才引进，全年组织举办2期焊工、电工等技工培训，通过3次大型招聘活动，为企业揽才1000余人。党群工作。发挥党组织、工会、共青团、妇委会桥梁纽带作用。举办建园十周年庆典、建党93周年红歌赛、基地企业体育竞赛、青年团员拓展训练和井冈山党性教育等系列活动。廉政建设。落实开门办公、去向告知、“八条禁止”和“三禁行动”等规定要求，加强公务用车、办公用房和公务用餐管理，全年节省各项行政性开支200万余元。（李艳玲）

浏阳工业集中区（湖南浏阳制造产业基地）党工委、管委会领导人员

党工委书记　寻阮豪
党工委副书记、管委会主任　周耀辉（2013.11任）
党工委副书记、管委会副主任　赵志武
党工委副书记、纪工委书记　李　建
管委会副主任　刘来宏
　陈训武
　黄杰伟（2013.10任）
党工委委员、工会联合会主席　蓢正红

【长沙（浏阳、宁乡）再制造产业示范基地获批】 11月27日，长沙（浏阳、宁乡）再制造产业示范基地获批媒体通气会在长沙举行。长沙将按照“一体两翼 ”、资源互补、差异化发展模式发展再制造产业。东翼为浏阳再制造产业专区，规划控制面积4.5平方千米，发展工程机械零部件和汽车零部件再制造产业；西翼为宁乡再制造产业专区，规划控制面积6.2平方千米，发展机床零部件和医药设备零部件再制造产业。东西两翼将共享拆解清洗中心、检测与鉴定中心、表

园庆十周年文艺晚会

面处理中心、产业发展中心、产业孵化中心等公共服务平台。预计5年内长沙将筹资64.52亿元，实现基地再制造工业总产值90亿元，聚集68家再制造企业。（李艳玲）

【基地10周年庆典】 3月28日，为总结10年来基地发展成果与经验，浏阳制造产业基地在中铁五新集团重工厂房举办10周年庆典。市领导吴震、王隆礼、周高梓和曾在园区工作过的领导、员工、园区重点企业出席活动仪式。期间开展“10大精英企业、10大精英人物”双10佳评选、春贺庆祝大会、“摄影采风成果展”“我想上春晚”分赛区、基地文化关键语征集五个活动，举办以“潮动浏阳河、梦筑新城、春天中国”为主要内容的文艺汇演。50余位曾经在基地工作过的开创者、亲历者和见证者畅谈10年感言，为基地发展建言献策。浏阳制造产业基地成立于2003年3月28日。经过10年发展，形成机械制造、汽车零部件、再制造三大特色产业集群，成功获批湖南省工业集中区和国家级再制造示范基地。10年间，园区工业总产值增长25倍，财政收入增长16倍。园区建成面积扩大2倍，人口劲增10倍。园区亿元企业总数35家，税收过千万元企业10家，规模以上企业125家，产业工人2.2万名，拥有国家、省市级技术创新项目100余个，专利授权总数200余件。（李艳玲）

【4项科技成果通过国家鉴定】 11月24日，中国机械工业联合会组织的宇环数控机床股份有限公司“YHZD001智能化双平面加工成套设备”等4项科技成果及新产品鉴定会在浏阳制造产业基地宇环数控公司召开。中国工程院院士谭建荣担任鉴定委员会主任，鉴定专家组听取项目组技术报告、审阅相关资料、考察样机和生产现场，经过质询和讨论，一致认为，宇环数控“YHZD001智能化双平面加工成套设备”等四项科技成果及新产品整体技术达到国际先进水平。此次通过鉴定的项目成果分别为：YHZD001智能化双平面加工成套设备、YHCX43全自动显示屏玻璃擦洗机、单面系列抛光装备以及高精度数控立式双端面系列，共4大系列7个产品。在自动化协同工作、产品自动化及节能高效、薄型及超薄型零件高效、高精度研磨抛光以及提高加工精度和效率等方面取得突破，产品将广泛运用于汽车、IT电子、军工、航天航空、船舶、轴承、密封件、家电等国民经济主要领域。宇环数控股份有限公司是研发生产精密、高效数控系列磨床的重点装备制造企业，主要从事磨床产品的研发、制造、销售。（李艳玲）

【焊接机器人下线】 9月9日，长沙华恒机器人系统有限公司自主研发的叉车机器人焊接柔性生产线下线。该生产线是由具有国际先进水平的机器人位置传感技术、电弧跟踪技术，以及由两台机器人协同工作主从控制技术、开启式变位机链轮传动装置专利技术及MIG自动焊接专家系统等高新技术研制而成。公司规划单班产能每年5000台，使用焊接机器人7套，机器人抓手两套，配备工人20名。该产品的应用，使焊接效率在原有单人单枪方式基础上提高5倍以上，焊接质量和工作效率大幅度提高，该焊接机器人应用于焊接、装配、搬运、涂胶等领域。（李艳玲）

【园区鹏翔星通企业获整车专用车生产资质】 12月30日，湖南鹏翔星通重工机械有限责任公司（简称“鹏翔星通”）等7家企业通过公示，成为工信部《车辆生产企业及产品公告》（第256批）发布的新增车辆生产企业。标志着鹏翔星通成为浏阳第一个获得整车专用车生产资质企业。1992年，公司负责人胡建民创建浏阳车架二厂，2002年更名为鹏翔车架。2008年金融危机中，企业由汽车零配件生产企业向整车企业转型。（李艳玲）

·金洲新区工业集中区·

【概况】 2013年，金洲新区工业集中区（宁乡金洲新区）实现工业总产值449亿元，同比增长27.15%，完成固定投资79.23亿元，同比增长23.46%。引进项目20个，吸引投资109亿元。金洲国库正式投入使用，实现财政收入15亿元。新区获批长沙市创新型园区、湖南省低碳试点园区。新区重点聚焦电子信息产业，外出招商80批次，引进招商项目20个，合同引资109亿元，实际到位内资49亿元，实际到位外资7100万美元。引进培育高新技术企业31家、省市级以上企业技术（工程技术研究）中心15家，新引进10亿元以上项目有美国新视野光电、湖南信托战略合作等6个，亿元以上项目12个；新引进高新技术企业6家，国家科技进步二等奖企业2家。天和钻具、先导电陶等4家企业获长沙科技进步奖。通过鼓励收购盘活现有企业、租赁现有闲置厂房、企业扩资增产等方式，节约用地13.4公顷以上。新区完成拆迁140户，安置309户，报批89.91公顷，批回134.49公顷，摘牌项目33宗50.92公顷。开展东部片区拆迁，一次性拆迁120户，拆迁面积32697平方米，新增可用土地73.7公顷。提高物业管理水平和标准；推行网格化管理，强化拆违控违工作，社会大局保持和谐稳定。新区调度项目81个，其中工业项目42个，基础设施项目31个，民生及三产项目8个；星邦重工等23个项目竣工投产。红宇新材成立院士工作站，圣得西入选中部六省国家级企业工业设计中心。调度项目81个，新增竣工投产项目27个。财政融资良性运转。新区强化对资金调度、使用和监管工作，重点抓银行融资、资金双控、税收征缴等工作，促进新区保持良性运转。新区下属新城公司参股担保公司、种子基金等单位，拓展投资途径，放大资本效应；新增融资9.44亿元，全年新增融资12.97亿元。党风廉政扎实有效。新区组织“四优四强”颁奖典礼、资本运作高层论坛等活动，开展内审工作，全年审结项目40余个，节约资金2000万余元；出台公车管理、公务接待等制度，“四项费用”同比下降20%以上；全年撰写总结汇报、调研报告等重要文稿180余篇，接待重要上级检查、重要调研、安排会议等60余批次，在《人民日报》等中央上市县主流媒体刊发文章150余篇。（邵宝盛）

金洲新区工业集中区（宁乡金洲新区）党工委、管委会领导人员

党工委书记	刘永红
党工委副书记、管委会主任	廖非平
党工委副书记、纪委书记	欧立新

党工委委员、管委会副主任　曾　辉
张阳生
刘　颖
张学秋

【新区“三定”方案获批】　9月5日，根据省编办《关于中共金洲新区工业集中区工作委员会金洲新区工业集中区管理委员会机构规格的批复》（湘编办复字〔2013〕31号）精神，长沙市编制委员会按照“小机构、大服务、高效率、少层次”和精简、统一、效能原则，批准设立中共金洲新区工业集中区工作委员会、金洲新区工业集中区管理委员会，分别为中共长沙市委、长沙市人民政府派出机构，合署办公，副处级机构，委托中共宁乡县委、宁乡县人民政府管理。金洲新区工业集中区党工委、管委会负责规划范围内规划编制实施、指导企业经营、招商引资、征拆安置、财政审计、党群工作、纪检监察以及中共宁乡县委、宁乡县人民政府及上级有关部门交办的其他事项。金洲新区工业集中区党工委、管委会内设办公室、经济发展局、招商合作局、规划建设局、社会事务局和财政分局、纪检监察室等机构，均为副科级架构。金洲新区工业集中区党工委、管委会机关开发区专项编制35名，其中党工委书记1名，管委会主任1名（副处职），党工委副书记兼纪工委书记1名、副主任3名（正科职）。金洲新区工业集中区“三定”（定机构、定职能、定编制）方案获批，标志金洲新区跻身省级开发区后正式实现机构升格。（邵宝盛）

【圣得西入选国家级工业设计中心】　11月25日，工业和信息化部印发《关于2013年国家级工业设计中心名单的通告》，认定32家首批国家级工业设计中心，金洲新区企业圣得西入选，成为中部6省唯一一家获评企业。标志圣得西工业设计水平、设计资源整合能力达到国内工业设计界和同行业领先地位，为同行业充分应用工业设计、加快转型升级树立标杆。圣得西作为国内引领时尚商务男装品牌，始终走“整合世界资源，打造全球品牌”道路，通过突破地域限制国际化设计、开展对苎麻面料特色研究、自主研发三维数字化设计、开展中国时尚商务男装设计大赛等形式，在创建自主品牌、开拓消费需求、提升核心竞争力等方面取得成果，成为运用工业设计促进传统服装企业转型发展典范。国家级工业设计中心认定有利于引导企业重视工业设计，加大设计创新投入，提升工业设计服务水平。　（邵宝盛）

【光电信息产业园落户】　11月10日，在2013中国（长沙）科技成果转化交易会上，美国新视野有限公司在金洲新区投资建设光电信息产业园。该项目总投资4亿美元，建光电子全产业链生产厂区30万平方米，预计2014年年底竣工投产，2015年实现年产值10亿元，完成县级税收2000万元；2016年实现年产值20亿元，完成县级税收4000万元；2017年实现年产值30亿元，完成县级税收8000万元；2018年实现年产值40亿元，完成县级税收1.2亿元。新区以中南大学和国防科技大学为依托，在长常高速两侧规划约134公顷地作为光电产业发展片区，出台《宁乡金洲新区光电信息产业振兴政策》和《关于鼓励科技型中小企业进驻孵化园的暂行办法》，促进创新要素，加速产业集聚，提升新区在光电信息产业招商上核心竞争力。美国新视野有限公司为专业研究、开发和生产小型液晶显示器、液晶显示模块、触摸屏模块高新技术企业，拥有小型液晶显示器自动生产线及液晶显示模块装配线，主攻车载中控台及医疗用高档显示屏，拥有数10项专利。　（邵宝盛）

【“无地招商”开展】　招商引资是经济工作生命线，厂房、土地是其重要因素，土地需求成为困扰招商工作一大瓶颈。金洲新区打破“招商引资，土地先行”传统思维，探索开展“无地招商”新路，在不占用新增国有用地基础上，盘活现有闲置厂房、收购低效利用资产，有效提高园区土地利用效率和投资强度。主要采取4项举措：1. 与中南大学、国防科技大学建立战略合作关系，以恩吉创业园为载体，促进科技成果孵化；2. 盘活闲置厂房，以供新进项目租赁或购置使用；3. 鼓励优质企业收购原有企业，通过追加投资、技术改造等方式实现“腾笼换鸟”；4. 鼓励现有发展态势企业追加投资，扩大规模，提高项目建设容积率。2013年，金洲新区通过开展“无地招商”，促成华远收购中和能源、蓝盾消防收购迪克硬质合金，推动东湘源服饰腾出合同用地2.01公顷租赁鑫洲智能标准厂房，鹏泰新材、莱拓福、华泰重装等8个项目入驻标准厂房或企业闲置厂房，合同引资8.5亿元，年产值30亿元，纳税9000万元以上。　（邵宝盛）

•岳麓工业集中区•

【概况】　2013年，岳麓工业集中区（长沙岳麓科技产业园）围绕“项目达效、产业集聚”，定期召开项目调度会，适时召开个案分析会，加强项目跟踪服务，提升园区经济活力。推进规划设计、市场营销、拆迁腾地等工作，示范区开建。浦洋节能、中大检测、达嘉维康等6个产业“园中园”项目完成单体设计，全面启动基础工程建设。中南大学（赛恩斯）科技园稳步推进征拆腾地和规划设计。晚安家居实现整体量产，“中国红木馆”开张营业。省奥林匹克体育中心签订框架协议，启动土地调规。与上药九旺、深圳富美公司达成合作意向，启动项目拆迁。精选推介5个优质项目参与“港洽周”。商业氛围日渐浓厚。上城国际广场（一期）开工建设，江山帝景商业街（一期）启动装饰。九城集团和三马名车总部进驻园区，汽车4S单店陆续建成。中心商务走廊动工建设。中心商务岛项目签订合作开发协议，启动土地调规。门户双塔等商业项目与多家意向单位商洽。江山帝景、橡树湾、水岸御园、公园尚等一批房地产项目抓紧建设。园校合作全面启动。共同承办2013中国（长沙）科交会岳麓专场，岳麓区与中南大学签订合作协议。挖潜储备孵化场地4000余平方米，启动创智中心建设，引进孵化企业19家，正与中南大学41个科技项目进行洽谈对接。注重完善基础配套，提升城市承载功能，致力打造品位彰显、魅力无穷现代活力新城。交通路网逐步完善。茯苓冲路、有成路竣工。含浦大道汽车4S城段完成路基精加工和部分综合管网施工，第三段启动建设。张家村路基本拉通土路基，观音路、梨张路完成水稳基层。医专路因长韶娄高速辅道穿越长潭西线，南段部分建设完成，其北段部分待穿越长潭西线方案确定后再行实施。含浦大道一段和车塘河路改造完成。公共配套加紧实施。联丰苑安置小区完成4栋高层人工桩基础开挖。科教新村二期环境综合改造项目完成施工单位招标。师大博才·江山帝景中学建成。市容环境明显改观。全面完成市政、环卫、园林移交，协调配合相关职能部门开展非法砂场整治行动。完善入园交通标识标志，全面启动城市斑点整治行动，完成12公里围墙提质与美化。实施建成区主干道路灯管网改造，实现全面亮灯。象嘴路学士路口等4处红绿灯设置工作与市、区交警大队协调对接。创新工作理念，破除发展制约，全力保障项目建设。拓展渠道融资筹资。交通银行3.5亿元、长沙银行1.6亿元、农发行0.98亿元顺利放款，争取土地融资1亿元、社会融资3.94亿元。采取委托开发模式实现联丰苑安置小区项目融资3.78亿元。共计融资到位14.8亿元，项目建设、征地拆迁的资金压力得到有效缓解。搭建全新融资平台——智谷新城。有序推进用地报批。全年共计征地179.85公顷，批回联东工业地产等6个项目共计49.89公顷用地、完成审查待缴费项目5个共计37.61公顷用地。含浦大道西厢用地2.81公顷、科技新村南区1.47公顷挂牌，工业用地挂牌程序正在办理。合力助推征地拆迁。园街共同配合，完成长韶娄高速、联丰苑安置小区、产业“园中园”一二期、汽车4S城东片共计80.07公顷拆迁腾地，启动联东U谷（一期）、中南大学（赛恩斯）科技园、含浦大道（三段）、云栖路白鹤片区共计43.75公顷征地拆迁。服务意识不断提升。借助外脑，剖析园情，凝炼概括“岳麓智谷·活力新城”未来新城形象，确立“总部商务基地、科技研发中心、文化创意高地、两型宜业新城”发展战略定位。《产业战略研究和发展规划》通过先导区国土规划部评审。启动玉赤河流域整治景观规划及重点区段详细设计国际方案征集。管理体制不断健全。全面推行周工作会商、周休日全员加班、绩效考核机制，制定完善财务管理制度、项目施工管理办法、项目内审及绩效评价等规章制度10余项。组织开展“高举党旗，奉献园区振兴工程”座谈会，以干部联点项目为重点扎实推进“一推行四公开”活动。启动园区整体形象设计与门户网站升级改造。引进专业人才13人、高校应届优秀毕业生10人。（徐　玢）

区校共建中南大学科技园

岳麓工业集中区（长沙岳麓科技产业园）党工委、管委会领导人员

党工委书记　曾跃平
党工委副书记、管委会主任　张永久
党工委副书记　周建华（兼）
党工委副书记　罗　政（兼）
党工委副书记、管委会副主任　刘正文
党工委委员、管委会副主任　张俊雄
纪工委书记、管委会副主任　单旭红
管委会副主任　张双武
黄　颖
方胜昔

【区校共建中南大学科技园】 11月11日，“岳麓智谷·活力新城”区校共建中南大学科技园启动仪式在中南大学举行。本次活动是2013科交会特色专场之一，科技部火炬中心、省科技厅、教育厅、长沙市政府、中南大学有关领导和创新创业师生代表及企业、金融机构负责人500余人参加会议。会上，岳麓区与中南大学签署共建中南大学科技园合作协议，岳麓科技产业园与院士工作站、省级工程技术工作签署合作协议，推进高校高新技术项目孵化和产业发展。本次专场活动设置5个展区：园区风貌区、创业平台区、融资服务区、政策展示区、明星企业区。50余项科技成果在专场展示、推介和对接。发布区校合作科技成果园区转化路径图。依托含浦大道和学士路，实施中南大学科技成果入驻转化“西进”计划。园区规划3年内在联东U谷·长沙国际企业港项目内选址3.35公顷，筹建企业加速器，对接高校科技研发、中试科技企业加速器和科研转换综合体。2年内打造5万平方米的科技企业孵化器和中小科技企业培育中心，主要包括创业街区、创业大厦、继善高科、创智天地等6处孵化基地。3年内建成国家级中南大学科技园，打造科技创新创业示范性园区。岳麓科技产业园位于长沙高校、科研院所集聚地带，区内拥有科研机构100余所，省部级及独立科研院所28所，国家级重点试验室和国家级工程技术研究中心20个。（徐　玢）

【省奥林匹克中心落户】 11月18日，“潮涌西岸·财富岳麓”八大商圈商务投资说明会举行，省奥林匹克中心项目落户岳麓区岳麓科技产业园等65个项目签约。市委常委、宣传部部长张湘涛，市政协副主席、市工商联主席彭继球等领导出席签约仪式，210家企业近300名客商参会。该项目由省体育局规划建设，总规划面积58.96公顷。项目位于东山湾路以西、莲含大道以南、含浦大道以东、望江路以北区域。项目计划总投资17.9亿元，总建筑面积27.28万平方米，主要建设国家级训练基地、教育科研基地、全民健身基地和体育产业基地。八大商圈：滨江新城、金星中路、溁湾镇、大学城、洋湖一大王山、望城坡、梅溪湖、学士。（徐 玢）

•星沙产业基地•

【概况】 2013年，星沙产业基地实现工业总产值17.67亿元，其中规模工业总产值约13.25亿元，完成固定资产投资24亿元，实现招商引资到位县外市内资金1.82亿元，到位市外境内资金4.53亿元，到位外资6000万美元；基础设施投资1.41亿元；批回用地指标124.82公顷；融资到位12.56亿元；拆迁对证167户，腾地85.48公顷。科学规划特色园区。调整园区污水专项规划及中长期土地利用发展规划。高标准编制产城融合概念规划，完成园区18.7平方公里控规修规工作，在园区一期启动区规划城市起步区，对城市起步区概规进行深化调整；新规划3个主题公园和3个湿地公园，保留20余口自然水塘，沿长永高速、长株高速、机场联络线保留3条绿带，充分发挥原有生态体系和绿色效益；规划广汽三菱配套园、上海大众配套园、汽车电子电器产业园、工程机械配套园和新工业地产项目，将园区打造成为汽车产业配套园和工程机械及其零部件配套园。重点招引特色项目。一方面抓重大项目招引，重点招引世界500强、国内500强和“四新一高”产业项目，快速形成核心竞争力；另一方面抓汽车制造及零部件等现有产业招商，借上海大众、广菲、广三等重大项目，打造汽车零部件工业走廊；兼顾成长型新兴项目招引，如电子信息、生物医药、节能环保等产业，培育主导产业多元化。园区新引进项目38个，分别是入驻广汽三菱配套园项目12个，入驻星工场项目15个，入驻产业基地项目9个，入驻大众汽车配套园项目2个。开展特色服务。园区坚持一切以项目为中心，为企业谋发展，持续开展“两帮两促”活动，为企业提供“保姆式”服务、“上门服务”等特色服务活动。坚持周碰头、月调度、季分析，加强统一调度和专人联点，通过开展各类项目调度活动、企业走访活动，解决相关问题80余项。针对重点行业和企业出台相关支持政策，在人才、资金、技术等方面为企业搭建平台。通过一系列项目服务举措，住友橡胶、山河智能、云箭科技、康宝莱等7家企业投产，久纳科技、中缆电缆、赛隆药业等8个工业项目开工，园区在建项目23家。基础配套取得新进展。全年投入资金3.21亿元，加快推进水、电、路、话、气等基础设施配套建设。道路建设方面，全年实现红枫路等3条道路通车，茶塘路等4条道路开工，完成长界路等3条道路绿化工程及交通辅助设施建设，完成龙井路规划设计；全年平整场地33.5公顷，移动土方73万立方米；完成蓝田路、长界路、凉塘路、双塘路综合管线安装，其中电缆单管敷设5.76万米，自来水管敷设6200米，燃气管道敷设6400米。产城融合呈现新面貌。以多样性产业提升多样性城市生活，实现“园区经济”与“城市经济”协同发展。启动长龙湾保障性安居工程等住宅和服务业项目，规划布局园区第一条商业街和步行街。园区部分公厕、垃圾站、社区、农贸市场、社区医院、蓓蕾小学、长龙派出所、人社服务中心进行规划控制和调整设计。（田春雷）

星沙产业基地党工委、管委会领导人员

党工委书记	刘晓龙
党工委副书记、管委会主任	刘庚林
党工委副书记、纪工委书记	张慧利
党工委副书记、纪工委书记	唐艳灵（2013.12任）
党工委委员、管委会副主任	王 璎
	吴 微
	何 展
	田立新
管委会主任助理	罗 卫

【金融服务产品对接会】 8月1日，积极支持中小微企业融资需求、推动“助保贷”金融服务产品对接会暨签约仪式在星沙产业基地举行，长沙县委副书记李洪波、星沙产业基地党工委书记刘晓龙出席签约仪式，建行天心支行、鼎都投资担保及20余家中小微企业负责人参加对接会。会上，星沙产业基地管委会主任刘庚林与建行天心支行副行长林湘、鼎都投资担保公司董事长贺翼签署三方战略合作协议，支持地方中小微企业发展。建行推行“助保贷”业务，可在“重点中小微型企业资金池”基础上放大相应倍数贷款规模，可由其授信担保公司提供部分连带责任担保，有效解决许多中小微企业融资难、担保难、融资渠道单一等问题，通过强化政府、银行和企业有效互动，建立政府增信平台和助保金池。（郭 俊）

【8个项目集中开工】 12月19日，园区8个工业项目集中开工。工管委领导刘晓龙、刘庚林、唐艳灵、王璎、吴微、何展、田立新、罗卫及长龙街道、开工项目主要负责人出席开工仪式，园区全体员工及企业员工代表200余人参加活动。8个开工项目包括久纳科技汽车内外饰件及车灯生产项目、中缆电缆新型电缆项目、合力兴邦工程搅拌车副车架制造项目、旭昂精密模具开发设计及制造项目、三农宇通整车与配件服务、运想科技高空作业机械工程项目6个工程机械与汽车配套项目；赛隆药业总部经济建设与医药生产项目、华新达怡宝牌饮用纯净水生产项目2个高端产业项目。其中包含宇通客车和达意隆2家国内上市公司投资项目。项目总投资14亿元，总占地面积32.16公顷，全部建成达产后可实现年产值约40亿元，创利税约4亿元。园区产业呈现多元化发展趋势，形成以住友轮胎、大众汽车配套园、广汽三菱配套园为龙头汽车零部件产业，以山河智能、云箭集团等为核心装备制造业，以康宝莱、赛隆药业为代表医药类新兴产业。（郭 俊）

芙 蓉 区

芙蓉区区委书记　梁　仲

芙蓉区区长　于新凡

芙蓉区人大主任　罗树林

芙蓉区政协主席　刘建新

芙蓉广场一景

人 民 政 府

①
②③

① 5月14日，省委常委、市委书记易炼红到芙蓉区考察调研

② 4月1日，市委副书记张迎龙到芙蓉区调研

③ 6月7日，举办全国第八个“文化遗产日”芙蓉区宣传活动

④⑤
⑥

④ 1月24日，举行银企政座谈暨项目推介会

⑤ 5月22日，《长沙市芙蓉区街巷志》首发式赠书

⑥ 10月16日，举办微创业讲堂为创业者搭建交流沟通平台

芙 蓉 区

11 月 30 日，隆平国际论坛启幕

11 月 30 日，隆平国际论坛招商推介会项目现场签约

11 月 30 日，隆平国际论坛嘉宾合影

人 民 政 府

东二环荷花园段

五一大道袁家岭以西路段

人民东路德政园段

韶山路与解放路交汇处

芙蓉路浏城桥以南路段

岳 麓 区

① 2013 晚安·中国红木奇石博览会在岳麓区晚安工业园开幕

② 5 月 12 日，岳麓区望月湖街道启动“百万助老济困益寿工程”

③ 11 月 11 日，区校合作共建中南大学科技园，打造湖南硅谷

④ 11 月 18 日，“潮涌西岸·财富岳麓”八大商圈商务投资说明会

⑤ 11 月 20 日，红星美凯龙湖南总部在岳麓区奠基

⑥ 先导区、岳麓区重点客商座谈会

人 民 政 府

5 月 15 日，湖南省社科普及宣传活动启动仪式暨社科普及经验交流会在岳麓区举行

12 月 20 日，湖南省两型社区两型家庭示范创建观摩交流会在岳麓区咸嘉新村举行 高亮 摄

① 9 月 1 日，岳麓区 50 辆“大鼻子”校车走进农村学校

② 4 月 29 日，全国“苗苗杯”小篮球联赛（湖南赛区）在岳麓区举办

③ 11 月 29 日，“枫情麓山 红动西岸”第七届中国·岳麓山红枫节开幕

④ 银盆岭村“情浓家园，味满人生”厨艺大赛

岳　麓　区

①② ③ ④⑤

① 12月31日，《中国共产党长沙市岳麓区历史》首发式暨党史编纂工作总结会议

② 9月27日，全国道德模范廖月娥载誉返湘，将爱继续传递

③ 11月30日，萧劲光故居修缮重新开放，省爱国教育基地同时挂牌

④ “美丽岳麓·魅力滨江”元宵喜乐会

⑤ 4月23日，岳麓书友会“读书启智·精彩人生”读书倡导分享活动

人 民 政 府

① 长沙步步高“生活广场”王家湾店

② 绿地中央广场

③ 奥克斯广场

④ 巴溪洲水上公园

⑤ 洋湖再生水厂

①	②
③	④
⑤	

开 福 区

2013年，开福区紧紧围绕“两型引领、南提北拓、五轮驱动、领跑三湘”的发展战略，建设开放、繁荣、秀美、幸福的新开福，年初确定的各项目标任务圆满完成。全年完成地区生产总值600.7亿元，增长13%；地方财政总收入、公共财政预算收入分别达到86亿元、31.7亿元，分别增长22%、18.5%；固定资产投资、社会消费品零售总额、规模工业增加值分别实现497.4亿元、490.2亿元、44.4亿元。三次产业比调整为0.6:24.8:74.6，第三产业的优势地位更加突出。税收占财政总收入的90.5%，结构全市最优。工业和商业地产投资增长较快，房地产投资比重逐步下降，投资结构逐年优化。单位GDP能耗同比下降4.55%，规模工业增加值能耗同比下降6.88%。新增规模工业企业30家，居内5区第一。开福区正在利用独特的资源优势，致力建设保税特区、物流名区、金融强区、商贸旺区、工业新区，“五马奔腾”打造开福经济“升级版”。

区委书记 李蔚

区委副书记、区长 廖建华

中央政法委副书记综治办主任陈训秋视察社会管理创新工作

11月4日，民政部副部长窦玉沛一行就“如何加强和改进社区思想政治工作”到开福区调研

10月14日，国家发改委副主任徐宪平率“依托长江建设中国经济新支撑带”国家调研组一行实地考察长沙新港

人 民 政 府

①
②
③④

① 省委书记、省人大常委会主任徐守盛调研开福区

② 省长杜家豪视察开福区

③ 省委常委、市委书记易练红调研开福区

④ 市长胡衡华调研开福区

开　福　区

① 区委书记李蔚视察营盘路提质改造工程

② 区长廖建华调研开福区重点促开工项目

③ 长沙首届苏托垸城市湿地高峰论坛

④ 开福区第六届金秋经贸文化节系列活动之 2013 全国 LED 显示应用技术交流会

人 民 政 府

①
②
③

① 12 月 24 日，三一大道浏阳河新大桥建成通车

② 万达广场

③ 9 月 27 日，开福万达广场开业

CHANGSHANIANJIAN2014

雨　花　区

①②
③④
⑤

① 7月23日，中国残联主席张海迪（中）视察廖家湾社区残疾人工作

② 10月10日，省委书记、省人大常委会主任徐守盛（右一）视察雨花区廖家湾社区

③ 5月13日，省委常委、市委书记易炼红（左五）调研比亚迪项目

④ 12月31日，市委副书记、代市长胡衡华（前排左三）视察高桥大市场安全生产工作

⑤ 11月7日，市委常委、宣传部部长张湘涛（右一）调研雨花区中国联通手机阅读运营基地

人 民 政 府

① 11 月 28 日，中国中部（湖南）国际农博会启动仪式浇灌开启六省“希望之水”启幕亮灯装置

② 领导参观中国中部（湖南）国际农博会展销现场

③ 2013 湖南·长沙高铁新城暨雨花重点项目（上海）招商会签约仪式

④ 3 月 5 日，湖南省首个公益电子商务平台“雷锋 e 超市”上线

⑤ 6 月 16 日，神农茶都开业典礼暨“乐购茶都”消费月启动仪式

⑥ 11 月 28 日，现代农业与食品安全论坛召开

①②
③④
⑤⑥

雨 花 区

①
②③
④

① 圭塘路（湘府路－井圭路）竣工通车

② 井塘路（圭塘路－北冲路）竣工通车

③ 木莲冲路（万家丽路－洞井路）竣工通车

④ 沙湾路（木莲冲路－湘府路）竣工通车

人 民 政 府

①
②
③ ④

① 喜盈门·范城正式开业

② 华晨世纪广场分期投入使用

③ 运达中央广场进展顺利

④ 潇影综合大楼实现封顶

财政·税务

责任编辑：尚 畅

财 政

【概况】 2013年，全市完成辖内公共财政预算收入1420.34亿元，比上年增长14.05%。全市完成公共财政预算收入536.63亿元，同比增长9.37%，同口径增长23.8%，其中，市本级完成204.45亿元，同比下降11.59%，同口径增长13.49%；区、县（市）完成332.18亿元，同比增长28.06%，同口径增长31.13%。全市完成财政总收入883.89亿元，同口径增长19.54%。税收收入占财政总收入的比重为84.13%，同比提高3.45个百分点；税收收入占公共财政预算收入的比重为73.86%，同比提高5.23个百分点。全市完成上划中央“两税”（消费税和增值税75%部分）133.06亿元，比上年增加18.22亿元，增长15.87%。2013年全市完成公共财政预算支出701.82亿元，同比增加77.2亿元，增长12.36%。其中，市本级完成229.49亿元，同比减少9.48亿元，下降3.97%。

一、突出助推经济发展，致力调结构促转型。充分发挥财税政策扶持带动作用，千方百计筹措资金，加大支持力度，进一步调整和优化经济结构。1. 支持重大基础设施项目建设。多渠道筹集资金230亿元，支持加快轨道交通、湘江综合枢纽、南湖路隧道等重大工程建设。投入143亿元支持省府新区、梅溪湖等片区建设。投入6000万元用于水利投资公司增资发展。2. 支持推进新型工业化。筹集产业发展资金10亿元，支持巩固工程机械等传统产业发展，重点扶持汽车零部件、电子信息、新材料、生物医药等战略性新兴产业发展。安排4亿元专项资金，用于支持企业科技研发、创新和成果转化。安排国有资本经营预算收入6760万元，支持水利投增资扩股及博翔公司新厂建设。3. 支持现代服务业发展。整合资金4亿元推进现代服务业综合试点。投入3亿元建设长沙国际会展中心。投入1.52亿元加速现代金融业和文化创意产业发展。投入1.6亿元支持外经贸、旅游产业发展和开展招商引资等重大活动，投入4280万元用于临空保税区建设和航线补贴。4. 推进公共服务体系建设。着力提高科技公共服务能力，投入1.98亿元加大对麓谷科技孵化器、科技创新创业服务体系等平台支持力度。建立健全中小企业社会化服务体系，投入5000万元搭建中小企业管理升级、上市对标、协同创新等管理公共服务平台。5. 助推城乡统筹发展。投入5.64亿元支持五一路提质改造和市容市貌、城乡结合部环境综合整治。筹措3.5亿元支持加快黄兴北路、东牌楼等棚户区改造。筹措9亿元支持城乡水利基础设施建设。筹措资金近10亿元推进城乡污水、生产生活垃圾处理和畜禽养殖污染治理工作，进一步促进城乡生态文明建设。

二、突出收入任务完成，致力拓空间促增收。充分发挥组织收入的牵头作用，强化协调配合，创新征管手段，牢牢把握收入组织的主动权。1. 抓好沟通协调。及早制定财政收入目标任务，逐月细化、分解和落实收入任务到相关单位和区、县（市）。坚持财税工作例会制度，加强与征管部门、人民银行等单位的协调配合，完善协税护税机制，全市形成良好的收入组织工作氛围。2. 强化税源监控。进一步加强对重点行业、重点税种、重点企业的税收动态监控，分规模、分行业、分单位对重点税源企业生产经营和税收情况进行实时监控。社会综合治税信息平台第一期建成运行，通过涉税数据比对分析，累计查补入库税收1.5亿元。3. 挖掘增收潜力。拓宽城市经营增收渠道，规范城区道路和公共场所停车泊位国有资源有偿使用收入征收管理。全面启动事业单位及其创办经济实体国有资产占用费征缴工作，核定资产收入过亿元。强化土地出让收益管理和收入征缴，全年经适房上市补缴土地价款2.3亿元。4. 创新征管手段。交通违法罚款实行POS刷卡缴款，实现交通违法罚没收入及时入库。土地报建审批监管系统上线运行，土地报建审批环节关键数据实行联合监控，为土地收入应收尽收奠定基础。

三、突出保障能力建设，致力惠民生促和谐。始终将民生改善作为财政工作的根本出发点，将民生保障作为财政支出的第一职责，持续提高民生保障水平，市本级民生支出占公共财政预算支出的比重达78.46%。1. 促进教育文化事业发展。2013年市本级完成教育支出32.4亿元，同口径增长16.34%，高于法定增长水平。投入5.23亿元推进标准化学校、合格学校和薄弱学校建设，投入7.86亿元落实各项学生资助政策。投入引导资金

1600万元，支持长沙市成功创建国家公共文化服务示范区。投入1.16亿元推进“两馆一厅”等重大惠民文化项目建设。2.支持医疗卫生事业发展。安排4.77亿元支持稳步推进医药卫生体制改革。落实基层医疗卫生机构标准化建设和基本药物制度，提高基本公共卫生服务经费补助标准，支持计划生育家庭特别扶助和手术并发症患者扶助标准翻倍。3.提升社会保障水平。安排7354万元用于企业养老保险补助和做实个人账户。完成企业退休养老金第九次调待，人均每月调增177元。筹集5.1亿元用于城乡最低生活保障及第十次提标，人均每月调增50元。筹集1.49亿元补助城乡居民医疗保险，财政补助标准人均提高40元。安排3900万元支持发展残疾人事业，重度残疾人生活补贴人均每月提高20元。安排5295万元，城乡居民基础养老金调整到人均每月90元，高出国家规定标准35元。筹措10亿元推进廉租房、公租房等保障性住房建设及经济适用房货币补贴、廉租房租赁补贴发放等工作。安排国企改革稳定专项资金1.6亿元，用于长化、正圆等改制企业职工安置、解困帮扶及维稳支出。4.保障就业再就业工作落实。安排4000万元落实退役士兵自主就业补助、税费减免等优惠政策，稳妥推进退伍安置改革。筹集2.8亿元落实就业培训、创业富民及求职补贴等政策，帮助农村转移劳动力、城镇就业困难人员、高校毕业生就业创业。

四、突出完善监管机制，致力增效益促管理。把提升绩效作为规范财政管理的目标，着力在提高财政资金使用绩效上下功夫，切实推进管理创新和科学理财。1.推进全口径预算管理。继续完善公共财政预算制度，细化政府性基金预算，完善国有资本经营预算办法，试编国有资本经营预算和社会保险基金预算。2.推进预算公开工作。进一步扩大预算信息公开范围，公开97项重点民生项目资金安排使用情况。建立公共项目资金平台管理制度，统一时间、同一平台集中公开申报，有效杜绝项目多头申报和重复申报，增强财政资金分配透明度。3.深化预算绩效管理。突出部门预算项目和产业发展类公共项目绩效目标管理，强化项目运行绩效跟踪监控，市本级重点项目绩效评价资金28.5亿元，同比增长39.4%，37家单位和部门专项资金绩效评价结果纳入领导班子绩效考核范畴。4.加强财政支出管理。完善国库集中支付网上支付制度，政府性投资项目“双控”资金、“备用金”网审和网上支付范围进一步扩大。建立政府采购管理信息化平台，创新公务车加油、维修、保险服务定点三位一体的管理模式，全市实际完成采购规模78亿元。完善资产管理信息系统功能，实现资产配置与部门预算、政府采购有效对接，以资产存量约束增量，努力降低行政成本；全面开展廉租房、安置公房等资产清查，理顺产权关系，明确管理责任，进一步规范和加强了国有资产收入管理。5.强化财政监督。财政检查工作实行“统一检查计划、统一组织协调、统一检查规则、统一经费管理、统一行政处罚”的归口管理制度，重点开展财政支出、会计管理、专户清理等监督检查，有效杜绝财政资金管理漏洞。制定全市基金及专款资金存量存储指标政府调控试点方案，充分发挥财政资金效益。认真开展地方政府性债务管理工作，建立风险预警信息系统，严格控制债务规模，积极防范债务风险。全年接受中央、省、市各类审计共4批次，针对审计提出的问题，积极采取措施认真整改。

五、突出优化服务举措，致力抓执行促转变。坚持以加强执政能力建设为主线，强化机关作风和效能建设，队伍素质和服务水平提升。1.优化资金拨付流程。制定《关于进一步优化财政性资金拨付流程切实提高办事效率的通知》，精简资金审核拨付程序，在确保资金安全的前提下压缩合并相关工作环节，整合财政业务系统，财政服务效能明显提升。2.狠抓工作作风转变。完成长沙财政网移动信息平台、触摸式财政政务服务系统建设，设置服务评价功能，实时接受服务对象监督。以无记名的方式，向有关领导、预算服务单位寄送测评表，对局党组成员、局机关各处室、局属各单位及其主要负责人等测评对象进行服务质量测评，并将测评结果与年度评先评优和提拔任用挂钩。组织举办市本级财政业务培训，深入宣传财政改革与管理，进一步提升财政干部与预算单位财务人员业务能力。（严　波）

·财政统发工资·

【概况】　2013年，市财政统发工资工作认真贯彻新修订的《长沙市市级财政统一发放工资管理实施办法》，完成财政统发工资各项工作任务。全年全市纳入财政统发工资单位2100余家，纳入财政统发工资人员16.6万人，发放总额51.41亿元。其中：市本级全年共发放工资及津补贴18.18亿元，统一发放工资的单位317家，发放人员32474人，全年代扣款项8982.17万元，办理各项工资异动36.4万人次。

一、抓统发工作质量，更好地为统发单位和统发对象服务1.在日常业务工作中，注重从源头上把好入口关。统发中心严格按照该纳入的单位不遗漏、不该纳入的单位不统发的原则，，坚持定期与组织部、编办、人社局等部门召开例会，研究讨论工资发放的各项政策规定，落实工资政策、明确执行标准、统一发放口径，对申请纳入统发的单位进行审核，从源头上把好入口关。2.定期组织各区、县（市）统发工资人员召开工作会议，交流工作经验，围绕统发工作中出现的新情况、新问题，探讨解决问题的办法。加强与区、县（市）统发工资中心的工作联系，在统发工资软件操作、数据处理、津补贴规范、工资改革政策等方面给予指导，提高全市统发工资队伍的整体业务水平。3.健全完善工作制度和业务流程。统发中心对《长沙市市级财政统一发放工资管理暂行办法》（长政发〔1999〕51号）文件进行认真学习，并与市机构编制委员会办公室、市人力资源和社会保障局等部门进行商讨，代政府拟定《长沙市市级财政统一发放工资管理实施办法》，经政府审定同意予以印发（长政办发〔2012〕39号），于2013年1月5日起施行。《长沙市市级财政统一发放工资管理实施办法》对纳入市级财政统发工资的对象、申请纳入统发的程序等都做明确的规定，明确财政、监察、编办、人社部门对区、县（市）财政统一发放工资工作的指导、监督和检查。4.清理“吃空饷”工作常抓不懈。配合编办、人社等部门，对清理“吃空饷”工作常抓不懈。根据市清理“吃空饷”专项治理办公室的安排，经反复核实，对工资关系、人事关系仍在原统发单位的3名干部进行工资及津补贴发放情况的核查，按要求出具文字证明材料。5.解释工资政策，积极为单位做好服务工作，确保各项工资津补贴的及时准确发放到位。在确保单位工资数据安全和个人工资数据隐私的前提下，为统发单位和个人提供详细的工资查询服务，同时提供长沙财政网上工资数据查询和银行柜台工资条打印等查询服务。最大限度地保障统发对象对自己工资的知情权。

二、抓内部管理，严格按国家政策和规定的时限开展工作。统发中心相继健全和完善例会制度、业务工作流程、接件按时办结制度、公章使用制度、数据传递和工资单领取保密制度、稽核对账制度，做到业务工作步步衔接、环环相扣，责任明确。使全体人员有章可循，自觉按照标准、程序办事，使工作走上制度化、程序化、规范化的轨道，提升管理档次，从而保证中心工作运行始终处于科学、有序的状态之中，为中心工作的开展提供了有力保障。统发中心着手从内部管理入手，不断修订完善《长沙市财政统发工资中心办理工资资料收发登记单》，更进一步的规范整个业务流程，使内部流转程序更加简单明确，职责到人，为给统发对象提供优质服务提供制度保障。将财政统发工资的业务流程及办事指南制作成简明的公示栏予以张贴公示，让服务更加公开、透明。在整个业务工作中，对工资异动资料的收集、数据录入、数据稽核汇总、工资预算网上申报、经费指标申请到工资专户核对等各个环节从严要求，并分别明确权限和责任。全年市本级和区、县未出现漏发、错发、重发和核对不符的业务，也未出现纠纷和投诉，忠实履行好自己的职责，树立财政窗口良好形象。（黄　沁）

·国库集中支付·

【概况】 2013年，市国库集中支付局把好支出关口，优化支付流程，提高支付效率，强化资金安全管理，各项工作均取得较好成绩。市本级已实施改革的343家预算单位，2013年，总支付254194笔，金额118.75亿元，比上年同期增加25.03亿元，增长26.71%，其中直接支付175499笔，金额115.56亿元，占总支付的97.31%，授权支付78695笔，金额3.19亿元，占总支付的2.69%，拒付违规资金5747笔，金额5.98亿元；市本级纳入“双控”管理的有182个单位、799个项目，共开设“双控”账户 352个，较上年同期增加29个单位、166个项目，新增“双控”账户65个；累计支付项目资金6143笔，金额159.55亿元，拒付各类违规资金246笔，金额6.28亿元。

一、扩大网审范围，提高支付效率。市国库集中支付局结合工作实际，采取一系列措施提高支付效率。在确保资金安全和强化监督的前提下，进一步扩大网审范围。4月，出台《关于进一步明确和扩大国库集中支付网上审核事项的通知》（长财预〔2013〕18号），增加“政府采购”标识事项、物业管理费、工会经费等事项的网审，使同类事项的支付更加便捷高效。

二、启动备用金业务，方便需要单位。创新备用金业务是以适用于市级财政国库集中支付改革预算单位因特殊情况不能明确具体资金性质时急需提取现金或转账的情况。2013年6月，在人民银行的大力支持、各商业银行的共同配合下，“备用金”正式上线，市国库集中支付局通过设立备用金借款，实现备用金借款资金的网上“支付、报账、清算和退回”等业务功能，使国库集中支付系统能完整覆盖预算单位全部资金使用需求，既方便预算单位特定备用支出，又满足财政全面了解和分析资金使用情况、对财政资金进行全方位监控的需求。

三、“双控”网上支付，增强财政调控能力。为充分发挥财政国库资金使用效益，提高财政直接支付比例，实现沉淀资金直接存放于国库，市国库集中支付局于2013年5月下发《关于政府性投资项目“双控”资金实行网上支付的通知》。明确“双控”资金网上支付事项，并对预算单位和财政内部的操作流程进行明确，实行“双控”资金网上支付后，财政国库存款余额增加两亿余元。

四、优化企业资金拨付，补贴直达接受对象。为实现财政对企业的补贴直达企业单位，市国库集中支付局与市财政局相关业务处室进一步规范市本级企业单位资金的拨付流程：单笔补助金额在500万元以下的财政资金不通过业务主管部门拨付的，由预算处根据资金安排方案下达指标，并按程序申报用款计划，资金直接支付至相关企事业单位。通过设置虚拟预算单位名称和单位编码、配备操作角色和操作权限、优化国库计划核批环节等工作，通过财政零余额账户，办理了多笔直接支付对企业单位的补助，无特殊情况，通过现代化的支付系统当日就能到达补助对象账户，实现公共项目专项资金的网上支付。

五、强化交流学习，区、县改革整体推进。为促进全市国库集中支付改革全面整体深入推进，市国库集中支付局定期对区、县（市）进行督查指导，并组织区、县（市）之间交流学习，全市支付改革实现整体推进。截至2013年12月31日，已实施改革的9个区、县（市），总支付681921笔，金额368.58亿元；其中直接支付566789笔，金额359.6亿元，占总支付的97.56%，授权支付 115132笔，金额8.99亿元，占总支付的2.44%，拒付违规请付资金12460笔，金额6.3亿元；对政府性投资项目实行监管达152个单位，1305个项目，核付资金332.15亿元。

（黄　浩）

·非税收入管理·

【概况】 2013年，长沙市非税收入管理局不断深化非税收入精细化管理和“收支两条线”管理，确保全市非税收入管理工作的有序开展和各项工作任务的圆满完成。全年共完成市本级非税收入51.62亿元（不含国土收入及教育费附加），其中纳入公共财政预算的非税收入完成15.88亿元，纳入政府性基金预算的非税收入完成31.46亿元，纳入财政专户管理的非税收入完成4.28亿元。2013年，长沙市非税收入管理局被湖南省财政厅授予“全省非税收入征收管理工作先进单位”。

一、立足目标任务，狠抓收入征管。1. 根据目标任务考核要求，及时将全年收入任务量化到各征管科室和执收单位，并逐月下达收入征收计划，逐月通报收入任务完成情况，确保市政府下达的收入目标任务全面完成。2. 分析当前收入形势，研究制定各项征管措施。坚持定期召开收入形势分析会，一方面积极应对当前非税收入范围逐渐变窄、项目逐年减少的严峻形势，分析研究政策层面对非税收入的影响，另一方面积极拓展非税收入来源渠道，努力挖掘新的非税收入增长点，确保市本级同口径非税收入实现平稳增长。3. 加强国有资源有偿使用收入管理，严控非税收入缓减免。落实市政府关于贯彻《湖南省国有资源有偿使用收入管理办法》的实施意见（长政发〔2012〕16 号）和市政府办（长政办函〔2012〕171 号）文件规定，重点加强城市基础设施配套费和基本建设项目报建缴费等主要收入的征收管理，并实行跟踪促收，严格控制非税收入缓减免行为。4. 做好罚没物资和追缴赃款赃物的监销工作。全年配合市公安交警、城管等部门，参与监督及委托销毁 7 批次，集中报废车辆 8482 台，取得变价收入 216.1 万元，集中拍卖罚没车辆 5 台次，金额 9.97 万元，所有处置收入全部上缴国库。

二、坚持以票管收，规范财政票据管理。1. 继续推进财政票据精细化管理，积极完善财政票据管理办法。继 2012 年先后制定财政票据保管、购领、核销、使用、销毁等管理制度后，2013 年，按照《湖南省非税收入管理条例》《财政票据管理办法》（财政部令第 70 号）等规定要求，结合长沙市实际，制定出台《长沙市财政票据管理办法》（长财非税〔2013〕6 号），进一步从制度上规范财政票据管理行为。2. 坚持以票管收，严把财政票据核销关。凡需再次购领财政票据的单位，必须经稽查、征管科室审核，确认应上缴金额已及时足额上缴“长沙市财政局非税收入汇缴结算户”后方能办理票据购领和核销手续。据统计，全年全市共发放财政票据 3747.77 万份，其中市本级发放 1258.89 万份，核销 1167 万份。3. 做好财政票据年检工作，确保财政票据管理规范。2013 年，开展对全市直各行政事业单位及社会团体 2012 年度的票据使用情况进行年检。市本级应参加年检的单位 515 家，其中年检先进单位 22 家，年检合格单位 493 家，合格率 100%。

三、强化稽查手段，发挥财政监督职能。1. 强化收入资金日常监督稽查。坚持每季度定期对非税收入资金收缴情况进行内部稽查，通过核对收入缴库凭证，核对银行余额的方式，保证非税收入资金账实相符。2. 强化财政票据核销日常稽查和基本建设项目报建缴费《完费通知单》审核稽查。严格按照财政票据管理和基本建设项目报建缴费要求，加强审核监督，保证票款同步和应收尽收。3. 强化执收工作专项稽查。8 月，配合市监察局、市物价局等部门对所属区、县（市）8 家重点执收部门的收费项目、标准、票据使用以及财务收支管理情况开展“发展环境优化年”收费专项检查，重点就检查过程中存在的有关问题要求执收单位积极整改，规范执收单位的票据管理和执收工作行为。

四、开展调研活动，不断健全征管制度体系。1. 根据罚没物资处置工作要求，为确保罚没物资规范处置，资金及时缴库，2013 年，通过组织对相关执收执罚单位进行调研，经讨论，制定出台《长沙市市本级罚没物资处置工作规程》（长财非税〔2013〕5 号），对市本级罚没物资和追缴赃物的登记、保管、申报、审批、移交、拍卖、销毁、调剂、变卖和变现收入上缴等行为进行程序性规范。2. 根据财政“收支两条线”管理规定，2013 年，组织对市规划信息中心等 6 家自收自支单位履行或部分代行政府职能、借助行政管理权力收取的相关经营服务性收费和国有资源（资产）有偿使用收入等收入情况进行调研，并撰写调研报告上报市政府，引起市领导高度重视。3. 开展票据改版调研工作。根据省非税局《关于开展财政票据改版调研的通知》要求，及时组织各区、县（市）开展对所辖执收单位的票据管理及使用情况进行调研。形成《长沙市财政票据改版调研报告》上报省局，为全省财政票据改版提供较好的参考意见。

五、推进网络建设，完善系统控收功能。1. 及时清理更新系统收入项目库。2013 年，按照全省非税收入项目库建设要求，对市本级非税收入挂接项目库进行全面清理，同时根据清理结果及时调整非税收入项目库，确保市本级非税收入基础数据实现同步更新。2. 继续推进征收网络化管理。2013 年重点推进非税收入征管系统与公安业务系统的联网对接工作。特别针对交通违法罚款缴款开通银联 POS 刷卡缴费方式，基本实现市本级交通违法罚款收入及时缴库、即时打印票据和消除违章记录。3. 加强非税收入征管系统维护管理。建立与局信息中心、远见公司、网络银行、银联公司等部门的日常工作联系机制，定期收集汇总系统运行过程中出现的有关问题，并逐项研究解决。对涉及征管系统执收端、银行端、机房硬件、线路故障等突发事件，做到及时调处，确保收费网络系统平稳运行。

六、加强收入核算，强化资金运行安全。1. 严格实行非税收入分类管理。认真做好各类非税收入凭证的收集、记账和审核工作，并将其分别纳入公共财政预算、政府性基金预算和财政专户管理。同时，及时准确地编制汇总非税收入报表，全面分析非税收入预算执行情况及收入增减变动原因，为领导决策及时提供实时非税收入管理信息。2. 严格非税收入分级次划缴资金。按照财政资金安全管理制度要求，除将属于本级的非税收入按不同类别分别定期划解国库和财政专户外，对属于上下级分成的非税收入做到分级次进行核算，定期上解或下拨。3. 加强财政资金专户管理。根据省财政厅《关于进一步加强财政专户管理的实施意见》精神和省厅国库局财政专户检查组的督查要求，组织对银行账户进行全面清理，共撤消银行账户 4 户。4. 做好债务融资管理工作。2013 年共计办理各项到期融资款归还本金 5.3 亿元，归还利息 0.8 亿元，续借贷款 3.1 亿元，新借资金 3 亿元，极大地发挥非税收入管理局融资平台作用。

七、强化执收责任，开展绩效评估考核。1. 落实《湖南省财政厅关于开展 2013 年度省对市州非税收入执收工作绩效评估考核的通知》（湘财非税〔2013〕14 号）要求，做好全市非税收入执收工作绩效评估考核迎检部署工作。2. 严格按照市政府办公厅（长政办函〔2012〕171号）文件要求，抓好非税收入执收工作责任制规定的督促落实工作。明确要求各单位实行主要领导负总责、相关领导和执收人员具体负责的工作责任制。3. 印发《关于做好2013年省对市非税收入执收工作绩效评估考核迎检工作的通知》（长财非税〔2013〕7号）等文件，要求市直各单位，各区、县（市）财政部门对照绩效评估考核内容，认真自查，抓好整改。4. 开展市本级收费项目清理。配合"发展环境优化年"收费专项检查，向各执收单位发放收费项目清理调查表，并根据清理调查结果，编印成《长沙市本级行政事业收费项目手册》对各执收单位进行发放，以便于执收单位掌握政策，依法依规收费。（张宏伟）

·政府采购监督管理·

【概况】 2013年，全市政府采购监管工作围绕"夯实基础、强化监管、稳步提高"的工作目标，继续推进政府采购改革。

一、加强管理，扩大政府采购规模。1. 采购规模逐年扩大。2013年，全市实际完成采购规模达到77.75亿元，较上年同期增长27.48%。其中：市本级完成28.97亿元，比上年同期增加2.55亿元，增长10.04%，节约资金3.46亿元，资金节约率为10.67%；公开招标项目占采购总额的86.5%；受理完成并审批采购项目5558个，共签订合同3479个；通过湖南省政府采购专家库管理系统随机抽取采购项目2775个，参加评审的专家9023人次；全年完成百万元以上的采购合同259个（含协议供货），预算金额25.89亿元，合同金额22.85亿元。2. 采购范围不断拓宽。根据省厅下达的《2013年政府集中采购目录及限额标准的通知》文件精神，结合长沙市实际，印发《长沙市2013年政府集中采购采购目录及限额标准》。较好地完成协议供货、档案密集架、超市定点和汽车维修、保险新一轮定点的招标工作，并结合上一轮招标执行情况，完善定点项目后续管理制度，保持工作的连续性。2013年，拓展新的服务定点项目，将全市公务车装饰美容纳入统一管理范畴，并积极开展公益性社会公共服务采购，全面提升政府服务民生、服务基础的能力。

二、强化监管，依法规范政府采购行为。1. 加大招标项目的监管力度。一方面加强对项目的日常监管，继续推行项目管理登记备案制度，对项目的进展情况进行跟踪监督。另一方面是加大对项目开评标现场的监管力度，对300万元以上的项目和重大或特殊项目，项目经办人需对该项目的开评标过程进行全程监管。2. 完善和规范政府采购代理机构管理。在工作中采取多种规范政府采购代理机构监督管理的措施，建立对政府采购代理机构日常监督与专项考核相结合的监管机制。积极抓好日常对代理机构项目代理过程中的监管，共登记各代理机构违规情况42次。3. 加强对政府采购执行情况的监督检查，依法查处违规行为。全年对采购单位如长沙市中医院、卫生监督所违规加油行为进行检查通报；对有违规行为的8家代理机构下发为期3个月的整改通知，暂停其在长沙市的政府采购代理活动；查处2家定点加油站违规加油行为，下发违规通报并各扣10000元履约保证金，取消其公务车定点加油站资格；没收长沙教育学院监控及播音系统设备项目投标供应商湖南创发科技有限公司投标保证金共5000元；行政处罚4个采购项目的7家供应商，共计罚款为45013元并上缴国库；对在长沙市政府采购评审活动中10名专家不认真履职的违规问题进行通报；全年共下发处理决定17次。处理举报及情况反映17起，投诉7起，做到了件件有回音、事事有着落。

三、全面推进，提高政府采购信息化水平。完成政府采购管理信息化平台建设和公务用车定点管理系统建设。初步实现网上申报，网上竞价办理相关采购业务等基础功能，逐步推行公务车保险、加油、维修三项定点合为一卡管理，不断提高采购时效和精细化、科学化、规范化管理水平。政府采购管理信息化平台于2013年8月1日正式运行，并组织财政业务处室、监管局、采购人、代理机构的培训，完成共9期1000余人的培训的工作。逐步向无纸化便捷高效办公平稳过渡。公务用车定点管理系统建设于2013年8月1日正式上线运行。与市监察局、市物价局联合发文《关于进一步加强长沙市公务车定点维修信息化管理的通知》，对车辆维修的信息化管理作出新的具体要求。引入物价价格审核机制，将维修（装饰）价格审核通过购买服务方式委托给物价价格认证中心，实现单位管理与部门监管的职能归位。

四、优化结构，发挥政府采购政策功能。为促进省产乘用车企业发展，根据市发改委等6部门关于印发《长沙市关于鼓励采购自主创新和节能环保产品的暂行办法》（长发改〔2012〕403号）和《长沙市自主创新和节能环保产品目录（第一批）》（长发改〔2012〕681号）的通知精神和长沙市省产乘用车采购的相关要求，联合市纪委、市公车办就公务用车采购菲亚特飞翔汽车、比亚迪汽车、广汽三菱、江南众泰等省产乘用车政府采购协议价格进行谈判，以低于省协议供货最高限价的谈判结果报市政府批准。省产乘用车已基本纳入长沙市协议供货范围，促进本地企业发展。积极发挥政府采购政策功能，强制购买节能环保产品，大力支持中小企业发展，严格审批进口产品，并将上述政策优惠要求体现在新的招标文件范本中，从机制和措施上确保政策功能发挥。为落实"两型"社会建设，下半年长沙市转发省厅的《湖南省两型产品政府采购认定管理办法（试行）的通知》和《关于印发〈湖南省两型产品政府采购目录〉（第一批）的通知》。

五、明确责任，规范政府采购履约验收。依据《中华人民共和国政府采购法》《中华人民共和国合同法》《政府采购货物与服务招标投标管理办法》（财政部令第18号）等法律、法规，于2013年4月发布《关于加强政府采购合同履约验收工作管理的通知》，要求采购单位根据政府采购合同的金额和性质分别按照简易程序或一般程序及时实施验收。监察、财政、审计等行政机关按各自职责，依法履行政府采购合同履约和验收工作有关的日常监督管理职责。

六、配合监督，搞好政府采购政策宣传。全面落实市委办公厅转发的《政协长沙市委员会党组关于委派政协委员担任民主监督贯彻实施意见》的通知，在市政协民主监督员小组于9—11月对长沙市政府采购监管工作进行重点监督期间，积极配合政协民主监督工作，让监督小组和广大群众能进一步了解和掌握政府集中采购的程序，有效地展示政府采购管理在推动经济、社会发展中的积极作用，探讨进一步提高政府采购的经济效益工作效率的方法途径。全年借助各类媒体和平台，开展政府采购法律与政策宣传。在《中国政府采购报》《政府采购信息报》《湖南政府采购》、湖南长沙政府采购网等媒体平台上介绍工作情况和经验，反响良好，营造政府采购的良好外部环境。 （杨　栋）

税　务

•国家税务•

【概况】 2013年，长沙国税围绕"为民、务实、清廉"工作主题，贯彻落实总局"三个服务、三个实在、三个禁止"工作要求，各项工作取得全新成效，得到国家税务总局、湖南省国家税务局以及省、市党委政府的肯定，产生良好的社会反响。

一、税收收入实现新突破。始终突出组织收入中心，面对宏观经济处于低谷、支柱行业和重点税源企业减多增少、收入任务持续多年高基数高增长的局面，长沙国税严格执行收入纪律，坚决制止虚收空转、收过头税等虚增收入的行为，围绕控风险、严征管、强评查3大重点，加强税收分析，严格收入考核，完善征管格局，强化大企业和国际税收管理，开展对房地产、出版业等9大行业及重点企业专项检查，实施市局选案、区县局交叉检查、稽查重点突破的立体控管，堵塞漏洞，确保应收尽收，完成组织收入任务。全年入库税收收入总额848.94亿元，同比增收123.72亿元，增长17.06%。收入规模位列中部省会城市第二、增幅第一。贯彻"不执行税收优惠政策也是收过头税"的指导思想，发挥税收政策的导向作用，全力助推长沙经济转型升级。认真执行小微企业税收优惠政策，全年落实小微企业免征收增值税24528户，免征增值税509.35万元；落实高新技术、节能环保、福利企业等税收优惠，全年依法减免税47.64亿元。推进开放型经济发展，加快出口退税进度，全年办理退（免）税44.29亿元，同比增长4.41%，占全省的56.36%。

二、推行税源专业化管理。11月，在全市全面启动税源专业化管理，以"集中统一识别、分级分类应对"为核心，实行分行业的团队管理，突出风险应对，建立一套"风险分析、等级排序、应对处理、监控考核"的闭环流程，开展5次重点风险应对工作，共评估、稽查146户，其中突出房地产行业的交叉核查，查补税款7.1亿元，初步实现评估一个行业、整治一个行业、规范一个行业的目标。开展个体委托代征，全年共计委托32个街道及市场代征个体零散税收3263.4万元。全面推行委托邮政代开发票工作，全市设置邮政代开网点137个，全年代开发票83461份，代征税款3089万元。逐步构建综合治税平台，降低税收征收成本。

三、落实减负增效工作。开展税收管理制度性、文件合法性和权责明晰性清理，共清理规范性文件96个，废止46个。全面实现"一窗一人一机"的全职能窗口办税，在全市范围推行"同城通办"服务模式，对140余项办税事宜进行优化，其中对38

表16　　2013年长沙国税收入分税种完成情况（含营改增）

单位：万元

序号	项　目	本月数	收入额	比上年同期	
		市局计划		增减额	增减（%）
1	一、税收收入合计（含车购税，含营改增）	8186400	8489418	1237246	17.06
2	税收收入合计（不含车购税，含营改增）	7923100	8182750	1171115	16.70
3	其中：中央级收入		7378579	1068790	16.94
4	省级收入		624381	100532	19.19
5	市本级收入	296400	318730	58760	22.60
6	区县级收入		343919	53110	18.26
7	其中：卷烟税收	4900000	5081026	736046	16.94
8	剔烟收入	3023100	3101839	435184	16.32

续表 16

序号	项　　目	本月数	收入额	比上年同期	
		市局计划		增减额	增减（%）
9	（一）　国内增值税（含营改增）		2655680	360545	15.71
10	（二）国内消费税		3895406	548948	16.40
11	（三）海关代征		176811	43985	33.11
12	（四）企业所得税		1631707	261902	19.12
13	（五）个人所得税		122	-115	-48.52
14	（六）车辆购置税	263300	306668	66131	27.49
15	二、　出口退税		-442889	-28954	6.99
16	三、其他收入合计		2742	2282	496.09
17	四、财政专员办市级退库		-621	-40	6.88
18	五、营改增入库		53501		

项实行免填单。对普通发票领购、延期申报审批、所得税减免备案登记、增值税减免资格认定等事项，减化流程，办理时限平均缩短 30%。强化信息管税服务支撑，完善房地产行业的结算模型。拓展纳税服务新平台，在中烟公司成立全国第一家驻企办税服务厅，实现纳税服务零距离。围绕“税收、发展、民生”的主题，开展“税惠民生、福泽万家”政策宣传系列活动，获得全国“税收宣传创新奖”；被国家税务总局、湖南省国家税务局评为“2013 年优秀税收宣传项目”。

四、推进营改增试点。对重点行业、重点税源、税源结构组织专题调研，找出管理难点，提出管理建议；针对“营改增”后的税收管理风险与应对问题认真分析调研，积极建言献策，撰写了《营改增对长沙经济发展的影响及对策研究》《关于税收促进长沙新型工业化发展的调研与思考》等多篇税收分析报告。8 月 1 日，长沙市正式启动营改增试点工作。截至 2013 年底，全市营改增纳税人 17715 户，比期初增长 91.66%，入库营改增增值税 5.35 亿元，减轻纳税人负担 2.8 亿元，为促进产业升级和结构调整发挥积极作用。8 月 2 日，省长杜家毫专程到芙蓉区局调研，对全系统的营改增工作予以高度肯定。　（胡慧鹏）

【全国第一家驻企办税服务厅成立】
12 月 4 日，全国第一家驻企业办税服务厅在湖南中烟公司挂牌成立。该驻企业办税服务厅可办理纳税辅导、申报认证、发票验旧发售、涉税文书审批、资产损失认定、跨境税源管理、汇算清缴、信息采集、调查分析等十几项涉税业务，基本涵盖企业所有办税需求。开设该办税服务厅，是长沙市国税大胆创新服务模式的重要举措之一，实现真正意义上的政策咨询、

8 月 1 日，营改增试点工作顺利实施

沟通互动、纳税服务零距离。

（胡慧鹏）

• 地方税务 •

【概况】 2013年，全市地税系统坚持“一调两转三确保”工作基调，积极服务长沙经济社会发展大局，全面实现各项工作目标。全年入库各项收入438.41亿元，增长16.75%，省级收入50.95亿元，增长14.62%；收入总量居中部省会城市第二，占全省的39%；完成财政口径收入465.67亿元，占全市财政总收入的52.68%。为服务长沙经济发展、民生改善提供坚实的财力保障。强化执法审核和发票账户清理；开展区级收入分配等各类审计16次；审核行政处罚和执行程序4145起，审理重大案件15户；严查利用职权非法谋利、经商办企业行为，立案查结2起案件，处分2人。全市系统网络测评满意率达99.63%。望城区局亲子助廉活动受到省、市纪委推介。

（龙群飞）

【组织收入】 2013年，全市地税系统坚持把“向税政要税源、向征管要收入”理念和“依法征收、规范征管”原则贯穿组织收入全过程，强化“三个不要”，即不要有水分的增长、不要没有征管质量的增长、不要不能体现政策水平的增长，有效提升地税收入质量。1. 着力税政挖潜。从经济—税政—税源三维入手，加强结构性分析和政策性研究，挖掘限售股解禁、股权转让、房企契税和土地增值税、土地使用税的增收潜力。共入库房地产项目已扣未缴契税6.28亿元、土地增值税欠税4.93亿元、股权转让税收1.44亿元、限售股企业税收1.03亿元。2. 强化监管堵漏。坚持人机结合、内外互促，强化税源监管，31户重点税源企业实行数据直报，加强收入预警，强化收入保障。直属局土地出让控税、天心区局纳税评估、雨花区局税务电子地图、望城区局房地产一体化管理、浏阳市局行业税负预警、宁乡县局房地产建安企业“四方数据比对”，成效突出。3. 严格稽查促收。抓好企业自查督促辅导和积案清理，组织重点行业检查，开展专项促收，发挥稽查促收促管作用。全市稽查系统组织自查辅导和入户检查947户，查补收入12.87亿元，查处涉税金额100万元以上案件36起，成功破获“1•4”假发票专案。宁乡县局分行业建设案源参数库效果明显。

（龙群飞）

【征收管理】 2013年，全市地税系统着力提高征管信息化水平和系统化程度，税收征管更加高效、更富内涵、更具活力。1. 推进征管改革。经过高新区局和项目开发组一年多的攻坚克难，改革试点正式运行。新的征管模式依托6个系统平台，将纳税人依申请的140项涉税事项全部前置到大厅集中受理、限时办结，程序电子流转、结果短信告知，纳税人足不出户就可以处理涉税业务，推进分类管事、风险主导、办税便捷。2. 加强税费管理。高度重视“营改增”工作，顺利完成18358户纳税人移交；12万元以上自行申报51412人连续6年位居中部省会前列；所得税汇缴补税15.73亿元；新建商品房契税、印花税申报缴税方式调整到位。强化税费同征同管，费金收入37.6亿元。芙蓉区局汇缴交叉检查、岳麓区局土地增值税清算审核、开福区局小税种大税源管理、高新区局限售股税收征管等，都可圈可点。3. 深化信息管税。首创契税自缴系统，在全国率先实现住宅类存量房交易纳税评估“三网互通”，存量房交易入库10.72亿元，增长92.8%。依托《湖南省税收保障办法》和全市综合治税平台比对数据补税1269万元。清理大集中系统虚假欠税数据1.75万笔，涉及税额3.82亿元。4. 注重规范建制。研究市场税收、现代物流、电子商务、网络购物等源泉控管办法或委托代征模式，建立重点税源划分、地方税收减免、个体税收征管等全市统一的工作标准，构建部门交流、先税后证的综合治税机制。雨花区局5个市场税收实行委托代征、长沙县局开发税管员事项涉税通等，促进征管规范。

（龙群飞）

【纳税服务】 2013年，全市地税系统坚持从税收视角服务长沙发展大局，“营改增”影响分析、餐饮业发展调查报告获领导批示。依法减免支持高新技术、环境保护、循环经济、小微企业的税收10亿余元；帮助345户企业获批23.3亿元“税融通”授信贷款。优化“五个一”服务平台，落实九项便民举措，实现高效率、低成本、零距离办税。纳税人学校办班110期培训6万人次；12366受理咨询投诉13.1万人次，满意率100%；全市办税服务厅实现6个方面的统一规范；12个业务项目实行免填单、简化填单服务；30余项业务不需填写身份证信息；网上厅、实体厅、自助厅“三体合一”的办税服务格局初具雏形；免收发票、税务登记工本费1294万元；下放房产税、契税、资源税的审批权限。全市系统4个宣传项目被省局评为优秀，税收短信宣传获得好评；高新区局连续3届在全国税收动漫大赛中获奖；岳麓区局“税企掌上通”为50%以上纳税人提供地税资讯等，收效明显。

（龙群飞）

【专项整治】 2013年9月，全市地税系统开展土地增值税、房地产企业代收未缴商品房购买环节契税以及股权转让行为相关税收3个专项整治，全面铺开限售股转让缴纳营业税清理排查。全年共清理预征土地增值税1172户，查补预征欠税4.93亿元；清理房地产项目1191户，查出已扣未缴契税9.12亿元，入库6.28亿元；入库股权转让税收1.44亿元；清理限售股企业301户，查出营业税税款1.78亿元，入库1.03亿元。

（龙群飞）

【综合治税平台上线】 6月1日，依靠政府支持和部门配合，全市综合治税平台上线，31个市直部门的涉税信息实现共享。平台上线后，通过差异数据比对分析，第一期核实异常数据167户（条），补缴税款1269万元。各基层局以《湖南省税收保障办法》为契机，建立健全与相关部门之间定期交流、先税后证等长效机制，从更高层面、更广范围推进综合治税。

（龙群飞）

金　融

责任编辑：刘盼盼

【概述】 2013年，全市金融继续快速发展，金融业核心作用日益凸显。金融业增加值277.33亿元，同比增长17.7%，占全市GDP和第三产业比重分别为3.88%、9.51%。金融对全市经济发展支持的深度与广度不断拓展。

银行业：2013年，全市共有各类银行业机构41家。全市银行业金融机构本外币各项存款余额10148.76亿元，同比增长15.32%，占全省的37.76%；存款比年初增加1345.90亿元，占全省的36.13%，同比少增89.65亿元。各项贷款余额9633.02亿元，同比增长13.08%，占全省的53.10%；贷款比年初增加1070.23亿元，占全省的43.71%，同比多增35.12亿元。全市银行业金融机构实现盈利292.60亿元，同比增盈40.97亿元。金融支持新农村建设和农村信用社改革不断推进。（截至12月末，市农村信用社各项存款余额为1021.46 亿元，增长19.87%，各项贷款余额602.14亿元，增长22.33%。）

证券业：2013年，全市共有证券公司3家，证券咨询公司6家，期货公司4家，证券营业部92个。

保险业：2013年，全市保险业省级及以上公司46家，实现原保费收入138.96亿元，同比增长14.46%，保险各项赔付支出50.19亿元，同比增长29.98%。政策性农业保险试点稳步推进，农业险实现保费收入12190.5万元，同比增长6.59%。

担保业：2013年，全市新增融资性担保机构7家。截至2013年末，全市融资性担保机构共计75家，注册资本合计75.13亿元，融资性担保在保余额113.04亿元。2013年，全市融资性担保机构新增担保额109.86亿元。全市各担保公司累计融资性担保金额459.92亿元。

小额贷款业：2013年，全市新增小额贷款公司12家，至2013年末，全市小额贷款公司总计42家，注册资本合计41.56亿元，小额贷款公司贷款余额38.29亿元，累计发放贷款71.21亿元。

直接融资：2013年，全市直接融资总额343.43亿元。其中：熊猫烟花、金瑞科技和电广传媒3家上市公司定向增发60.98亿元；远大住工、泰通科技和湘江新城3家公司股权融资10.63亿元；湖南投资、友阿股份和方正证券3家上市公司发行短期融资券40亿元；金霞粮食、轨道交通、先导土地、麓山城投和雨花城投5家企业发行企业债券73亿元；先导控股、轨道集团和华天酒店3家企业发行中期票据38亿元；湖南信托发行信托规模70.85亿元；财富证券、方正证券和湘财证券券商资产管理计划融资9.17亿元；长沙县、宁乡县和望城区发行小城镇基金0.8亿元；轨道集团利用金融租赁和金融机构自营理财资金各融资20亿元。

重点项目：长沙金融生态区作为全省唯一一个政府主导的金融产业重点项目，在“港洽周·港湘金融合作暨境外上市推进会”和湖南省第三届金融博览会进行了专项的推介。招商工作也取得新进展，已成功引进邮储银行、五矿证券、新华保险、中国银联和中信银行等5家机构入驻。2013年8月中旬，长沙金融后援服务中心项目获得望城区发展和改革局的备案通知，项目的建设和招商工作有序推进。（朱慧星）

银　行

【概况】 2013年末，全市共有全国性、区域性银行业分支机构30家，包括2家政策性银行及国家开发银行、5家大型国有商业银行、9家股份制银行、1家邮政储蓄银行、3家外地城市商业银行、5家外资银行，4家资产管理公司；共有地方法人机构18家，包括城商行2家、农村中小金融机构11家（包含4家农合行、5家农商行、2家村镇银行）、信托公司1家、财务公司3家（不含已批复筹建的出版财务公司）、汽车金融公司1家。全市银行业共有机构网点1399个，从业人员2.9万人。长沙市银行业组织机构、服务架构、经营质量和市场活力在全省位于前列。

业务规模稳步增长。年末，长沙市银行业机构资产、负债总额分别为16161.5亿元、15608.4亿元，同比分别增长11.9%和11.57%，分别占全省银行业资产、负债总额的47.53%和47.15%；全市银行业机构各项存款余额10148.8亿元，占全省存款总额的37.76%，比年初新增存款1345.9亿元，同比增长15.3%，新增存款占全省新增存款的36.12%，同比下降2.65个百分点。全市银行业机构各项贷款余额9633亿元，占全省贷款总额的53%，比年初新增贷款1070.2亿元，同比增长12.56%，新增贷款占全省新增贷款的44%。

质量效益持续提升。受经济增速下滑，部分行业经营风险加大影响，部分机构不良贷款有所反弹，但资产质量总体稳定、风险可控。年末，全市银行业机构资本充足率和拨备覆盖率分别达到17.7%和466.83%，不良贷款比例比年初上升0.12个百分点，低于全省水平约2.52个百分点。盈利能力继续保持良好发展势头，2013年全市银行业机构税后利润比2012年增加15.17%，税后盈利占全省银行业机构盈利总额的54.17%，同比下降2.78个百分点。

支持实体经济发展。全年全市银行业机构进一步优化信贷结构、提高信贷资金使用效率，支持国家及省级重点项目建设、绿色环保、产业升级、消费等重点领域。其中，全年交通、水利等基础设施领域新增贷款351亿元，比年初增加13.42%，占全部新增贷款的32.8%；农林牧渔新增贷款68.8亿元，比年初增加2.5%，占全部新增贷款的6.4%；小微企业新增贷款224.1亿元，比年初增加14.13%，占全部新增贷款的20.9%；个人消费新增贷款251.1亿元，比年初增加19.14%，占全部新增贷款的23.5%。

（王怀奚）

•中国人民银行长沙中心支行•

【概况】 2013年，全市金融机构按照早预见、早谋划、早准备、早动手的工作基调，突出信贷支持重点，信贷总量平稳增长。截至2013年末，全市金融机构贷款余额9633.0亿元，增长12.6%，低于全省3.3个百分点；全年新增贷款1070.2亿元，同比多增35.1亿元。其中，地方法人机构全年贷款多增26.0亿元。

信贷支持重点突出。1. 重点支持基础设施建设。全市全年交通运输、水利等基础设施领域新增贷款334.6亿元，同比多增46.0亿元；新增额占全市对公贷款的48.9%，同比提高4.5个百分点。2. 重点支持薄弱环节发展。全年全市小微企业贷款新增281.5亿元，同比多增9.8亿元，增速高于全部贷款增速18.1个百分点；新增县域贷款211.6亿元，同比多增57.0亿元。3. 重点支持全市工业企业快速复苏。全市全年新增工业企业贷款84.0亿元，同比多增76.4亿元。4. 重点支持居民消费需求。全市全年个人消费贷款新增204.1亿元，同比多增40.6亿元。

存款稳步增长。2013年末，全市金融机构存款余额10148.8亿元，同比增长15.3%，低于全省0.8个百分点。全年新增1345.9亿元，同比少增89.7亿元。其中，单位存款新增752.6亿元，同比少增51.2亿元；个人存款新增500.4亿元，同比多增23.3亿元。

金融效益稳步增长。2013年，全市金融机构盈利292.6亿元，同比增盈41.0亿元。其中地方法人金融机构盈利60.2亿元，同比增盈9.6亿元。

（邹庆华）

【贯彻落实金融宏观调控政策】 1. 引导信贷合理增长。2013年，人民银行长沙中支结合本地实际，努力增强窗口指导的针对性和有效性，把握信贷投放节奏，调整优化信贷结构，改善对薄弱环节的金融服务。通过出台指导意见、开展政策效果评估、试点县域法人机构新增存贷款考核奖惩机制等途径，引导信贷平稳增长。引导银行机构重点支持基础设施建设、薄弱环节和民生领域，压缩调控领域信贷投放。2. 促进金融市场规范发展。严格落实银行间债券市场、同业拆借市场和黄金市场的准入管理，制定推动湖南省金融市场业务的指导意见，促进金融市场发展。推动债务融资工具多元化，初步统计，2013年全省发行非金融企业债务融资工具432亿元，同比增长38.5%。推动跨境人民币业务发展，简化经常项下跨境人民币结算银行审核流程，全省共办理跨境人民币业务288.4亿元，同比增长157%。3. 提升调研统计监测水平。推进统计改革试点，全面开展标准化存贷款抽样统计工作。通过建立经济调查规范指引、开展统计数据质量评估、推行统计人员持证上岗等举措，进一步夯实统计监测工作基础。加强特色监测分析，指导开发“环洞庭湖粮食监测价格系统”，完善湖南有色金属价格监测指数并每周通过省政府门户网站发布，试点编制房地产金融指数。

（刘瀛洲）

【提升金融服务水平】 1. 支付体系建设稳步推进。深化农村支付环境建设，推动各银行实现助农取款跨行联网通用，拓宽服务内容，全省共发展助农取款服务点6.6万个，比年初增加2.2万个，基本覆盖所有行政村；在6个县市试点农村地区手机支付应用，交易量突破8亿元；在3个市试点农村地区远程账户核准，方便农村企业。2. 经理国库水平继续提升。联合省财政厅开展省本级国库现金管理试点，提高政府资金运作效率。在全国率先出台代理支库业务资格年审管理制度，强化代理支库业务监管。修订《湖南省非税收入收缴管理办法》，与财政联合下发《湖南省银行业金融机构代理非税收入收缴业务资格认定管理办法（试行）》，规范非税收入收缴管理。联合税务、银联等部门开发湖南银行卡刷卡缴税业务应急处理系统，不断完善国库应急处置机制。3. 征信管理服务扎实深入。优化征信服务，推行贷款卡网上年审和申办预审方式，为政府和社会提供信用报告查询服务21.5万次。开展小额贷款公司、融资性担保公司信用评级，拓展机构信用代码应用，支持34家小微金融机构接入征信系统。深化中小企业和农村信用体系建设，全省累计为5.25万户中小企业和723万户农户建立了信用档案，试验园区企业信用建档率超过90%，贷款满足率在80%以上。4. 货币发行服务不断拓展。加强现金调拨和回笼券清分销毁，建立小面额人民币主办银行和主办网点制度，确保合理现金供应。推进假币“零容忍”专项治理，加快人民币冠字号码记录查询系统建设，督促金融机构收缴假币913万元，协助公安机关破获假币案件7起，收缴假币715万元。推进银行对外支付现金的全额清分，推动回笼现金的社会化清分工作，提高流通中现金的整洁度。

（刘瀛洲）

【金融管理】 1. 金融风险监测有效加强。出台银行机构风险防控指导意见，跟踪反馈辖内部分银行不良贷款重大变化情况，及时提示风险。完善金融风险监测手段，推动部分市州中支建立小额贷款公司、融资性担保公司、投资公司、民间借贷等影子银行风险监测制度。2. 金融生态环境持续改善。对全省14个市州和87个县的金融生态环境开展评估，召开专题新闻通气会公开发布评估结果，社会反响积极。推动“金融生态良好城市”建设，对首批6个试点城市开展年度测评，新增衡阳、郴州市为试点地区。截至2013年末，全省共有市级以上金融安全区57个，其中省级金融安全区27个。3. 反洗钱工作继续深入。建立适用性洗钱风险动态评估指标，统一规范评估工作流程，对全省613家银行机构开展评估。同时，督导地方法人金融机构落实客户风险分类管理，加强法人监管。启动湖南省区域洗钱风险评估，与省监察厅签订反洗钱合作备忘录，配合公安、监察、海关等部门开展反洗钱行政调查60余次，增强了反洗钱工作合力。（刘瀛洲）

【外汇管理转型】 1. 稳步推进外汇管理改革。围绕贸易外汇管理改革和资本项目外汇政策调整要求，探索外汇管理转型，实施货物贸易非现场监测联动工作机制，建立货物贸易敏感企业库和专管员制度，探索货物贸易外汇风险等级管理，推进直接投资简政放权及外债管理改革。2. 提高外汇管理效能。开展跨境资金“控流入”专项行动，加强银行综合头寸管理，强化重点企业资金流入监测，防范异常外汇资金流入。组织全省开展外汇专项检查46次，首次对12家外汇指定银行开展集体约谈。开展企业外汇资金营运及监管、企业跨境融资等专题研究，探索企业主体监管的路子。3. 主动改进外汇管理服务。修订《企业外汇收支操作指南》《银行执行外汇管理法规尽责指引》等外汇管理与服务丛书，并由湖南人民出版社正式出版发行。开通湖南省涉汇企业联合会网站，组建全省外汇政策咨询员队伍。协助解决华菱钢铁专项委托贷款代理支付难题、中联重科境外融资租赁难题，为五凌电力、长岳高速等企业解决境外融资、结汇等具体问题，促进了贸易投资便利化。（刘瀛洲）

•中国农业发展银行湖南省分行营业部•

【概况】 2013年，中国农业发展银行湖南省分行营业部（以下简称“营业部”）着力加大对长沙地区的信贷支农力度，有效地开展各项工作，较好地完成了全年各项工作任务。截至2013年末，各项贷款余额139.27亿元，同比增加7.8亿元，增幅5.94%；各项存款余额20.38亿元，全年日均存款余额39.41亿元，比上年增加3.3亿元，增幅9.14%；实现中间业务收入605万元，做到了应收尽收；不良贷款余额17360万元，同比持平。不良贷款占比1.25%，下降0.07%；实现账面利润29928万元，人均创利128.72万元。（何　舟）

【公司业务】 1. 落实资产、负债、中间业务统筹发展策略，各项业务均衡发展。为确保年度工作目标的实现，提出了“六个确保”，即：确保贷款扭降为增，比年初略有增长，确保到期约期贷款本金和利息全部按期收回，确保各项存款稳中有升，确保中间业务应收尽收，确保不出新的贷款风险，确保贷款利息收回率达到98%以上，除不良贷款以外利息百分之百收回。一是着力信贷资产业务的有效发展。全年累放贷款53.46亿元，累收45.65亿元。截至12月末，营业部贷款余额为139.27亿元。有力缓解了金融资源缺乏的“三农”领域对信贷资金的刚性需求。二是全力推动负债业务发展，低成本存款组织成效显著。强化存款组织工作考核，建立存款台账，按月通报进度，按季考核，最大限度的调动全员抓存款的积极性。低成本资金自给率（同业存款除外）31%，对提升全行经营绩效起到了重要作用。三是积极拓展中间业务创收渠道，在总行文件取消信用等级评定等收费项目的情况下，实现中间业务收入605万元，做到了应收尽收。完善国际业务服务功能，加强与省茶叶公司、湘银、棉麻等重点合作伙伴的业务往来，进一步加大本外币一体化营销力度，国际结算业务品种结构优化，国际业务量达7321万美元。四是狠抓收息管理。贷款利息综合收回率98%，同比增加0.94%。2. 坚持“两轮驱动”的业务发展战略，信贷支农成效突出。一是始终把支持粮棉油收储作为全行业务工作的重中之重。适时启动了粮食最低收购价预案和棉花临时收储，2013年累放早籼稻收购贷款5.04亿元，支持企业收购早稻18.48万吨，累计发放中晚稻收购贷款3.3亿元，支持企业收购中晚稻11.81万吨；对于2013年的棉花收购，坚持“以储定购”的基本要求，贷款投放与棉花收购质量好坏、实际加工及交储进度等相匹配。特别是银华、湘棉两家企业在益阳地区铺点收购，该行在资金供应、账户开设等方面给予大力支持。坚持“以储定购、以储定贷”，核定棉花累放额度16亿元，实放棉花收购贷款11.16亿元，支持企业收购籽棉509.27万担，加工皮棉162.29万担，交储63.5万担，均占全省棉花收储一半以上。没有发生一例因农发行工作原因而引发的农村社会问题，实现了政策性收购职能“零风险”。二是抓住城镇化建设的历史性机遇，大力支持农业农村基础设施建设。着眼于统筹城乡发展，重点支持新农村建设和农村水利建设，择优支持农业生产基地、农村交通、农业生态环境等建设项目，适度支持各区、县党政关注、关乎民生建设、有稳定还款来源、担保足值有效的其他农业基础项目。在中长期贷款规模趋紧的情况下，全年累放中长期项目贷款13.09亿元。截至2013年，中长期贷款在贷款余额中占比62.73%。（何　舟）

【严控信贷风险】 1. 落实不良贷款“防新降存”策略，严控信贷风险。一是除政策指令性贷款和政策指导性贷款外，全部实行了有效资产抵押和担保，抵押担保贷款余额占比71.39%，风险防控能力进一步加强。二是攻坚克难，共134笔、17.02亿元到约期贷款全部按期收回。2013年是到约期贷款还贷高峰期，根据银监局每半年还款一次的要求以及项目评估的还款计划，全年需归还政府融资平台及商业性中长期约期贷款16.26亿元，较上年增幅54.67%。农发行严格执行贷款约期还款计划，全面减轻政府融资平台及中长期贷款后期还款压力。年初印发《今年要收回的中长期贷款和流动资金贷款到期情况》，提前与企业及政府主管部门协商资金来源，对重点难点地区采取上门蹲守，曲线协调等方式清收。与各支行行长签订《到约贷款收回责任书》，对单笔到约期贷款不能按期收回的进行处罚。三是做好附营业务停息挂账贷款的核销工作。组织召开主管行长和相关人员参加的专题会议，对此项工作进行安排部署，共核销贷款13101万元，资产结构良性转化。四是提升信贷风险监测的针对性和有效性，无新增不良，无信贷风险。继续做好贷款逾期欠息监测预警，加强潜在风险贷款客户监控。根据营业部实际，有针对性地开展潜在风险贷款客户监测分析，通过系统监测、现场检查、调查研究等多种方式，确立重点监控目标，发出风险提示，及时化解风险。认真落实信贷基础管理“三项制度”。在县级支行实行“周例会、月小结、后评价”三项制度，二级分行实行“月分析、季点评、年排查”三项制度。建立风险分析例会制，营业部每月组织召开一次风险分析会。农发行58家企业的风险可控，没有形成新的不良。2. 全面加强基础工作。一是细化操作流程，强化各项制度的落实。在全辖推行《县级支行综合考评与岗位绩效考核办法》等5大激励约束机制。出台并严格执行《进一步强化信贷管理的十条措施》，着力抓好贷前、贷中、贷后3个关键环节管理措施的落实到位；出台《关于切实加强项目贷款支付环节管理的通知》，提出了五个严禁，五个严格，夯实了制度基础。组织了粮油收购贷款等17次专项合规检查。二是加强财务会计管理。挖掘增收潜力，优化支出结构，优化使用财务资源，加大检查辅导力度。创新财务资源分配方式，出台《业务经营费用挂钩考核办法》，全辖拿出业务管理费用210万元进行挂钩，有效促进了该行经营绩效的提升。三是提升科技支撑能力。落实信息科技人员业务岗位管理有关规定。推动CM2006系统和综合办公平台的推广应用，逐步实现无纸化办公，提高工作效率。加强运维能力建设，定期开展应急演练，确保网络安全和各信息系统安全稳定运行。四是做好迎接审计署检查的自查自纠和检查发现问题的整改工作。确保审计检查无信贷风险、无违法案件、无重大违规和失职失责行为。审计署抽调农发行省分行营业部23个信贷企业的档案资料；对其中17家企业进行了现场检查。（何　舟）

【客户服务】 1. 切实加强客户的服务和维护工作。一是加强客户营销。采取高层营销、上下联动等多种方式，加强省、市政府及各县（市、区）政府有关部门的联系，共营销新项目19个，金额48亿元。二是做好客户评级授信工作。截至2013年6月末，该行评级授信工作完成率100%。三是做好客户分类排队和风险排查工作。对58家企业，涉及贷款金额123.45亿元进行了客户分类排队和风险排查。四是认真做好客户准入和续贷工作。2013年实行提前3个月开展续贷工作，按照不同类型客户的准入标准来规范新客户的准入，按照“一企一策”，对黄金客户和重点支持的客户进行重点维护，为客户提供安全、优质的金融产品和服务，最大限度地满足客户的金融需求。有效客户数量继续呈增长趋势，省级以上黄金、优质和战略客户占现有实体经营企业的34.29%，信贷支农的辐射能力和社会影响力进一步增强。2. 开展多层次的对外宣传，全年在各类新闻媒体刊发文章246篇，在中央主流媒体上刊发稿件166篇，是2012年的 3.02倍，切实防控声誉风险，提升社会形象，营造良好的舆论氛围。（何　舟）

·中国工商银行湖南省分行营业部·

【概况】 2013年，中国工商银行湖南省分行营业部（以下简称“工行省分行营业部”）积极应对复杂多变的内外经济金融形势，经营发展总体情况良好，取得阶段性成效，各项工作完成预定目标任务。全年实现拨备前利润22.48亿元，拨备后利润21.37亿元，净利润15.94亿元，经济增加值8.54亿元，利息收入44.02亿元。各项存款余额715.69亿元，较年初增加25.90亿元，其中，储蓄存款、对公存款分别增加17.39亿元、8.51亿元。各项贷款余额756.41亿元，较年初增加15.40亿元，其中个人贷款增加28.44亿元。全年累计投放非信贷资金46.80亿元，占全省非信贷资金投放额的82%。实现中间业务收入8.90亿元，同比增长27%，在全国一级分行营业部排名较上年上升6位。完成国际结算量25.95亿美元，同比增长19.60%；跨境人民币业务量32.71亿元，同比增长320%。新发信用卡5.78万张，扭转了持续两年卡量下滑的被动局面；信用卡消费额99.73亿元，同比增长20.93%。净增企业网银证书客户、个人网银证书客户、手机银行客户分别为2285户、18.03万户、20.66万户。票据融资交易额130.60亿元。销售法人理财产品58.67亿元，同比增长93.25%。累计清收处置不良贷款6.11亿元，完成潜在风险贷款退转额1.40亿元。（龙　灿）

【市场拓展】 1. 狠抓优质信贷市场营销工作。积极应对全行集中还贷高峰期，始终坚持“抓大不放小”的信贷营销战略，重点营销了符合信贷政策要求的客户。加快拓展大中型信贷客户市场，推进重点项目营销审批投放进程，重点支持了沪昆高铁、轨道交通、高速公路、泊富广场、中信广场等一批优质项目，实现了广汽菲亚特乘用车、有线网络农村电视数字化、3大国家级开发区园区建设等项目的成功开贷。全年累计发放本外币公司类贷款191.31亿元。加快拓展小企业信贷客户市场，坚持以国内贸易融资作为企业短期融资主要方式，以核心企业为依托大力拓展供应链融资，重点加强“网贷通”“小企业经营性物业贷”“标准厂房按揭”等特色产品的使用与推广，全年工行省分行营业部新增网贷通客户32户，网贷通余额1.72亿元。加快拓展个人信贷客户市场，积极开展“工行进市场，服务进商户”主题营销活动，积极营销全省乃至全国优质大型房地产项目，有效拓展个人信贷业务客户群。全年累计发放个人贷款57.85亿元，较年初新增28.40亿元。2. 狠抓各项存款稳存增存工作。强化“增存款就是增效益”的经营意识，夯实存款增长基础。切实加强网点营销管理，积极抢抓旺季营销先机，联动营销代发工资业务，有效拓展借记卡消费市场，促进储蓄存款稳定增长。全年累计本外币理财产品转化为储蓄存款4.81亿元，大个金业务旺季大会战增储39.77亿元。提升存量对公大户的营销质量，抓牢财政、社保、移动、军队、公积金、交通、烟草等系统客户的业务份额，巩固和夯实对公存款主体架构，拓展对公存款业务市场。

（龙　灿）

【转型业务】 1.有效提升中间业务整体贡献水平。将基础投行业务、品牌投行业务、担保承诺、贸易融资、资产托管业务作为中间业务专项重点增收项目，提高了信贷类中间业务收入贡献度。全年累计实现投行业务收入4.15亿元，占中间业务收入总额的46.68%。将高附加值的积存金、保管箱、现金管理服务协议、代理保险、代理国债、理财产品、基金定投、信用卡分期付款等作为核心产品来抓，提高了转型业务收入贡献度。全年累计实现信用卡中间业务收入1.31亿元，同比增长44.71%；实现国际业务收入6082万元，同比增长33.63%；实现贵金属中间业务收入1535万元，同比增长215.17%。拓展金融资产服务业务领域和投行业务新品种，拓宽了中间业务收入增长新空间。全年累计实现创新类中间业务收入3.87亿元，同比增长2.1亿万元，占中间业务收入总额的43.52%。2.拓展电子银行业务客户市场。开展“银企互联联百家”竞赛活动，先后为老百姓大药房、中烟公司等单位开办了银企互联业务。深化与长沙市电子商务协会合作，成功投产“酒洲网”签约电子商务业务、中移电子商务BTC项目，全年电子商务交易金额40.24亿元。加大电商平台营销力度，重点营销名优特商户，1872高尔夫、远大空品、湖南永通、梦洁家纺等14家企业已正式入驻工商银行电商平台。3.开拓了信用卡业务市场领域。加大项目集团发卡力度，积极推动交通卡、龙行天下卡、新奥燃气卡、湘通卡等新项目的实施推广，以重点卡种带动发卡规模的快速增长。全年净增特约商户983户，实现信用卡签购额99.73亿元；汽车专项分期交易额11.45亿元，普通消费转分期交易额4.83亿元。4.增强国际业务市场竞争力。加大省建工集团、省路桥、中南院、有色集团等“走出去”企业的跟踪力度，争取境外投资项目落户工商银行，拓展了出口买方信贷、内保外贷等外汇业务市场。进一步密切与人民银行、国家外汇管理局职能部门的沟通联系，实现跨境人民币业务提速发展，全年实现跨境人民币业务量32.70亿元。5.有效壮大对公结算账户规模。密切与工商联、发改委、招商局、商务局、技术监督局等部门的合作，开展县域、开发区、楼宇、供应链等集群营销活动，做深做细名单制营销管理，推动账户规模质量双提升，有效巩固“第一结算银行”地位。年内新开对公结算账户7306户，完成年度任务的146.12%；新开账户存款日均余额10.71亿元。

（龙　灿）

【风险管控】 1.加大潜在风险贷款处置力度。合理确定潜在风险贷款客户名单，全面排查辖内具有潜在风险特征的贷款，针对潜在风险的不同特征制定多种灵活处置方案，将退出计划逐一分解落实到人，有效提高信贷资产质量。全年压降潜在风险贷款1.4亿元，完成年度任务的138.77%。2.不良贷款处置工作取得一定成效。继续实行部领导挂帅清收不良贷款责任制，加大不良贷款的分析会诊力度，充分运用呆账核销、转让给资产管理公司的快速压降不良贷款方式，全年通过现金清收方式收回4.52亿元，通过呆账核销的方式处置5400万元，其他方式转化1.05亿元。3.提升内控案防管理工作水平。推进“内控评价一级行”活动，加强内控合规制度体系建设，构建“三位一体”内控合规管理体系，持续开展员工行为规范教育活动和“三个一工程”活动。开展风险事件整治和运营风险核查工作，有效实施准风险事件核查监督机制，全年核查重点关注类准风险事件3561笔；下发整改通知书1901笔，整改率100%；对347人次进行了风险事件责任认定。做好反洗钱工作，加强高风险客户的监测和管理，取得良好的社会效果。层层抓好党风廉政建设和案件防范工作，将“两个责任制”落实情况作为各级班子和管理人员考核的重要内容和奖励惩处、选拔任用的重要依据，建立纪检、人事部门联合督导制和党委成员、职能部室和基层行三级巡查制，突击性明察暗访，督查工作取得明显效果。做好重要风险点排查治理工作，强化风险治理督查力，及时消除案防隐患，在员工经商办企业和民间借贷排查中，全行排查率、签约率均达100%。

（龙　灿）

【渠道建设】 1.加快网点建设进度。围绕网点渠道建设3年规划，本着“网点跟着资源走，机构随着资源迁”的原则，将工作重点放在网点结构的调整优化上，形成了渠道优化建设新格局。年内续建网点10个，新建离行式自助银行20个，银亭式自助银行2个。2.加速电子渠道分流。开展“柜面业务分流明星”劳动竞赛活动，细化电子银行业务操作指南，加大对客户分流的引导力度，每日通报各支行、网点柜面业务分流情况，逐步形成了比、学、赶、超的良好竞争局面。3.狠抓优质文明服务。围绕“服务品质提升年”工作要求，做好服务规范化建设、示范单位建设，开展“最满意网点”“服务明星”评比活动，突出抓好服务质量监测系统和排队管理系统的装机和使用工作，着力解决客户排长队、个别业务领域客户投诉较多的问题，有效提升客户对工行省分行营业部服务态度、效率、产品和环境的满意度。

（龙　灿）

·中国农业银行湖南省分行营业部·

【概况】 2013年，中国农业银行湖南省分行营业部加快经营转型步伐，强化风险治理和内部控制，推进业务发展大提速、基础管理大提质，较好地完成了全年工作任务。在全省系统内综合绩效考评中名列第一。2013年末，人民币各项存款时点余额533.3亿元，较年初增加45.4亿元，人民币各项贷款余额490.8亿元，较年初增加63.1亿元，实现拨备前利润16.75亿元，同比增盈2.04万元，增幅13.86%；实现账面拨备后利润14.96亿元，同比增盈1.73亿元，增幅13%。实现中间业务收入4.75亿元，同比多增0.38亿元。

（曾祥林）

【公司业务】 持续推进对公业务经营转型，大力提升价值创造能力和市场竞争能力。1. 抓客户营销，促对公业务有序快速发展。加强对公客户及对公存款的营销，有效开展对公客户“扩户提质”营销活动，重点围绕对公有效结算账户净增、规模负债类客户扩户及优质法人贷款客户净增进行针对性营销；重点开展机构类客户专项营销活动，以机构类客户营销为重点，拓宽客户营销渠道，加强与政府机构的联系，着力营销区级及以上财政、社保、非税账户，团级以上部队及后勤单位、标志性学校、医院等行政事业单位的对公存款。提速中小微企业融资业务的发展，组建16个专业营销团队，确定（55户）市场客户、（73户）园区客户和（44户）核心客户的营销客户，落实营销责任，逐步发挥营销作用。2. 抓产品营销，强化产品推广与应用。强化对公领域“投行、贸易融资、支付结算”3大体系创新建设，进一步推动对公存款和中间业务收入增长。拓展融资租赁、信托、短融中票等高端投行业务，发展信托计划保管、同业融资等新兴业务。为中电财湖南分公司、湘投控股等客户提供现金管理产品（资金池）服务。充分发挥网点销售渠道的优势，加快推进代理保险业务营销进度。3. 抓业务转型，促对公营销效能充分释放。出台《深化对公业务转型实施方案》，指导和规范全行深入推进业务转型到位；出台客户经理日常管理制度，改进工作作风，严格落实团队考勤、访客报告、周（月）例会、双人现场调查等制度，进一步提高团队的服务能力。（曾祥林）

【零售业务】 以服务水平提升和市场份额拓展为重点，持续深入地开展零售业务转型工作。1. 着力提升转型效果。制定《零售业务深化转型实施方案》，进一步深入推进零售业务转型工作，促进零售业务的持续快速有效发展。2. 有效提升客户关系。开展个人贵宾客户“扩户提质”营销活动，加强了高端客户管理。围绕优质代发工资户、优质法人高管户、优质私营业主、上市公司解禁资金自然人股东、优质拆迁户和优质高档小区业主等“六优”客户，开展营销活动。3. 特色营销提升零售业务竞争力。分别参与组织“春天行动”“夏日激情”“收获金秋”和“赢在冬季”4个阶段的营销活动。组织辖内支行进行“百县千镇”营销宣传活动，组织校区网点开展校园IC卡营销活动；组织支行进行“金融知识万里行”的活动，成功上线万达广场BMP收单项目，实现个贷投放7.01亿元。（曾祥林）

【“三农”业务】 以“三农”业务转型为引领，以“111工程”和“千百工程”为抓手，优化客户结构，提高价值贡献。1. 推进县域业务的发展，按照“一行一策，因地制宜”的原则，做强做优县域业务，占领县域蓝海市场。对县域龙头企业进行摸底调查，确定营销目标。2. 开展“三农”事业部制探索。结合农总行“三农”政策与规划部的有关要求，开展对事业部所辖县域支行情况摸底，全面统计县域支人员数量、业务经营情况，市场竞争力情况、自助设备配置情况等内部情况调查和县域经济组织数量、市场数量、农业产业化龙头企业数量等外部情况的调查，通过调查，摸清当前县域经济情况及农行所处的竞争地位，为下一步规划农行“三农”工作打下的基础。3. 加大农户贷款的管理力度。实现“四个转变”，即从完成任务向发展业务转变，从注重数量、速度向注重质量、效益转变，从传统管理向精细管理转变，从规模导向向价值导向转变。全面掌握客户生产经营和风险状况，加强到期贷款的收回管理。（曾祥林）

【基础管理】 持续夯实内部管理基础，为业务快速高效发展保驾护航。1. 顺利上线BOEING3期系统。实现了农行营业网点生产系统的再次优化升级，将进一步提高柜面人员工作效率，减少工作强度，增强运营网络系统稳定性。2. 推动合规网点创建工作。提高基层网点员工的主动合规意识，基层营业网点违规数量明显下降，创建网点风险管控力、制度执行力及规范化服务能力和发展水平均明显提升。3. 加强信贷风险管理。全面强化内部评级管理，评级质量得到持续提高，按季对支行评级工作进行考核，促使各行提高评级基础管理水平。严格执行分类制度规定，从严掌握分类标准，做好信贷资产风险分类事项审核工作。加强重点领域风险管理，防控系统性风险。开展了重点领域信用风险、担保链等风险排查，对全行房地产、钢铁、钢贸、工程机械等重点领域行业客户进行风险排查，及时发现客户风险隐患，前瞻性地预警和处理风险。（曾祥林）

【支持地方经济】 积极投身于长沙经济社会发展之中，助力长沙地区城镇化建设。加大基础设施建设贷款投放，利用政府平台给予银团贷款、项目融资，有力支持长沙地铁二号线、长沙轻轨、各县城投公司的基础设施以及县乡公路路网建设。主要客户有省高速公路建设开发总公司、省公路建设投资公司、长沙市轨道交通集团公司、长株潭城际轻轨以及长浏、长韶娄高速等，贷款余额97亿元。支持国家级园区道路建设和土地开发，累放贷款近20亿元。2013年，中国农业银行湖南省分行营业部加大对小微企业的金融支持力度，在营业部本部成立了小企业营销经营团队，支行组建了10个小微企业专营团队，负责辖区内小微企业营销，2013年年末小微企业客户贷款余额26.01亿元。（曾祥林）

•中国银行股份有限公司湖南省分行•

【概况】 2013年，中国银行股份有限公司湖南省分行以“做最好的银行”为目标，深入贯彻内生动力机制，全面深化转型，取得业务较快发展、资产质量稳定、效益持续提升、管理持续进步的良好成绩，实现“稳中求质”的总体目标。2013年，实现业务净收入79.32亿元，同比增长13.79%；净利润30.13亿元，同比增长26.39%；各项存款余额2155.70亿元，较上年增加103.03亿元，增长4.95%；各项贷款余额1521.87亿元，较上年增加140.15亿元，增长4.96%。（王晓丹）

【支持湖南经济建设】 2013年，中国银行股份有限公司湖南省分行净增贷款投放140.15亿元，支持湖南企业“走出去”。全年为湖南省大型企业累计叙作35.1亿美元内保外贷业务，叙做汇率风险管理业务总额超过

22亿美元；为中小微企业累计投放355.18亿元，其中支持湖南县域及“三农”经济发展，全年支持县域及涉农企业116余户，新增贷款投放3.33亿元；支持湖南省交通基础设施建设，全年高速公路行业贷款投放8.6亿元，新增7.04亿元，铁路行业累计发放65.33亿元，较年初新增14.4亿元，重点支持沪昆高铁和武广高铁，城市轨道交通行业累计投放18.77亿元，其中轨道交通1号线8亿元，2号线10.77亿元。（王晓丹）

【改革成效明显】 2013年，中国银行股份有限公司湖南省分行在落实内生动力机制、加快网点转型、强化全面风险管理、实施后台集中等方面取得明显成效。1.主抓资产负债平衡管理、改善净息差、进一步优化费用结构，有效贯彻内生动力机制。2.通过夯实客户基础、加强产品创新、以产品推广带动存款增长、抓战略业务发展、强化同业合作等，转变发展方式，促进业务稳步发展。3.开展产品下沉、完善产品计价、推进网点业务销售流程导入、提升网点服务水平、加大对基层人才倾斜，加快网点转型。4.通过坚守风险底线、推进新协议工具应用、大力清收不良资产、推出操作风险管理新举措等手段，强化全面风险管理。5.持续优化运营板块建设、深入实施运营集中改革、加强运营管理创新，实施中后台集中，提升运营价值。（王晓丹）

【战略业务】 2013年，中国银行股份有限公司湖南省分行跨境人民币结算量达104.52亿元，市场份额54.93%。代发薪单位和代发个人客户分别增长13.40%、5.65%。保障卡发卡31.44万张，非保障类借记IC卡净增107.24万张，新增占比87.19%，信用IC卡新增15.74万张，新增占比70.20%。企业网银、个人网银、手机银行交易客户数分别增幅79.65%、40.66%、840.38%。（王晓丹）

【特色业务】 2013年，中国银行股份有限公司湖南省分行推出“碳排放EPA保函”“信利通”“区间宝”“聚财易”“中银家园通卡”“联名账户”“付款保函+境外贷款”“远期信用证+海外行错币议付”等新产品和产品组合。13家二级机构开办投行业务，实现核心投行收入1.3亿元。表外理财同比增长32.34%。批量发展车位分期业务，投产“易分期”外呼平台，卡户分期交易量突破30亿元。为蓝思科技股份有限公司量身定制的“国际双保理+NRA账户+海外分行融资”产品组合方案获评香港《财资》杂志“年度最佳结构化贸易融资解决方案”奖项，成为中国银行业唯一获此类奖项的产品组合。（王晓丹）

·中国建设银行湖南省分行·

【概况】 2013年，中国建设银行湖南省分行扎实推进各项经营管理工作，加快提升金融创新和金融服务能力，取得良好的经营业绩。截至年末，全行一般性存款余额4203.72亿元，较年初新增447.18亿元，其中长沙地区一般性存款余额1457.68亿元，较年初新增136.04亿元。各项贷款余额2618.94亿元，较年初新增306.96亿元，其中长沙地区各项贷款余额1262.39亿元，较年初新增103.48亿元。各项主要业务指标继续保持省内和长沙地区同业领先。（陈梦圆）

【公司业务】 2013年，中国建设银行湖南省分行积极搭建银政企合作平台，出台对公客户分层服务管理办法，突出推进长沙、县域等重点区域，狠抓有效客户增长和存量客户挖潜，全行企业存款余额1876.31亿元，较年初新增161.84亿元，其中长沙地区企业存款余额830.59亿元，较年初新增56.30亿元。加强有效信贷需求营销，巩固基础设施建设领域传统优势，抢抓城镇化建设贷款等新兴市场机遇，加快对公信贷项目储备转化，全行公司贷款余额1944.43亿元，较年初新增161.60亿元，其中长沙地区公司贷款余额952.20亿元，较年初新增39.31亿元。（陈梦圆）

【个人业务】 2013年，中国建设银行湖南省分行持续加强客户精准营销，提升个人客户产品覆盖度、交易量和金融资产总量，做大做强有效客户规模，私人银行业务加大公私联动拓展客户力度，落实对私人银行客户的差别化综合金融服务，全行个人存款余额2327.41亿元，较年初新增285.34亿元，其中长沙地区个人存款余额627.09亿元，较年初新增79.73亿元。推动个人信贷提质增效，个人贷款余额674.50亿元，较年初新增145.35亿元；其中长沙地区个人贷款余额310.20亿元，较年初新增64.17亿元。（陈梦圆）

【战略性业务】 2013年，中国建设银行湖南省分行积极推动战略性业务健康持续发展。电子银行业务狠抓常态营销，电子银行账务性交易量比43.83%，善融商务交易额8.42亿元。信用卡业务围绕“质量、效益、速度同步发展”，信用卡客户新增39万户，累计发卡219万张，消费交易额599亿元。国际业务基础进一步夯实，实现国际结算量59.95亿美元，跨境人

中国建设银行湖南省分行南岳金首发仪式

民币结算量29.45亿元。投资银行业务保持稳健经营，全年累计发行理财产品169期，共计金额309亿元。（陈梦圆）

【风险内控】 加强信贷风险管理，成立综合授信评审委员会，建立重大不良和审计关注风险项目化解机制，出台问题贷款责任收贷实施意见，加快存量不良处置工作，全年共处置各类不良贷款17.71亿元，审计后不良贷款率0.97%，比年初下降0.11个百分点。持续优化信贷结构，压缩“6+1”行业贷款9.72亿元。推进“双基”管理长效机制建设，完善内控管理体系，将内控管理嵌入日常业务流程，加强风险梳理和主动识别。（陈梦圆）

【业务创新】 推进产品创新，成功营销建行系统内第一单银证信资产收益权类理财产品，开发韶山金、南岳金等特色金业务，黄金租借业务成功破零，进一步推广金融IC卡行业应用，完成多个城市公交车、出租车等公共应用项目。加快服务创新，推出“湖南建行”微信服务号、个人客户自助填单系统，率先在同业实现全省网点WiFi无线网络覆盖。加强流程创新和优化，实现经费共享中心全省集中、长沙地区现金集中配送和离行式自助设备集中维护，完成新一代核心系统一期项目试点上线工作。（陈梦圆）

【支持地方经济】 2013年，中国建设银行湖南省分行积极支持长沙地方经济建设，与长沙市政府举办政银企合作签约仪式，与望城区政府签订银政全面战略合作协议，集中力量支持长沙地区的国家重点在建续建基础设施项目和城建、交通、机械、电力等重点行业信贷需求，长沙地区全年累计投放基础设施领域贷款108.74亿元，投放新农村和城镇化建设贷款25.46亿元，支持了长沙经开集团、长沙水业投资、水电八局、中铁五局、湖南路桥、顺天集团、三一重工、五凌电力等一大批重点客户和项目。加大对湖南中小企业的金融支持力度，全行中小企业贷款余额1065.73亿元，其中小微企业贷款余额364.67亿元；长沙地区中小企业贷款余额545.50亿元，其中小微企业贷款余额183.70亿元。（陈梦圆）

•交通银行湖南省分行•

【概况】 2013年，交通银行湖南省分行围绕“稳中求进、转型发展、深化改革、控制风险、创新驱动、强化管理、提升服务”的工作方针，不断深化“二次改革”，深入推进“第三次创业”。在交总行的综合考核中名列第三名，综合竞争力排名第七名、内控评价排名第七名、服务提升考核排名第二十一名，再次获得总行颁发的“经营管理优胜单位奖”。

一、主抓存款业务。分行落实存款责任制，推进全辖“五一”工程建设抓行业存款，部分厅局级单位的营销初见成效。抓住湖南省城镇化发展机遇，选择部分经济基础好、财政实力强的城市，率先支持一批新农村建设项目，带动了财政存款的发展。强化客户管理，夯实存款基础，全年对公有效户新增完成率、领汇财富高端客户完成率、对私中端客户、有效借记卡、代发有效客户等指标完成率均排名系统前列，达标沃德、贷记卡新增客户两项指标完成率分列系统前三。

二、调整经营结构。严格落实国家宏观调控政策，严把贷款投向，坚持“好中选优”，加大对优势行业、高成长性优质企业和小微企业的支持，对房地产、融资平台、“两高一剩”行业贷款进行重点压降。支持小微企业发展，中小微型企业贷款新增额占全部贷款新增的57.7%，高出全部贷款增幅16.28个百分点。获得长沙市政府颁发的“最佳小微企业金融服务奖”和“最佳小微企业金融产品奖”；“政府采购速贷通”产品被银监会评为“小微企业金融服务特色产品”。推进不良资产压缩工作开展，全年压缩存量不良贷款完成率为131%，减退贷款完成率146%，加固贷款完成率126%，超额完成交总行各项资产质量任务，确保了资产质量的优良。

三、多项业务显亮点。由公司部牵头对全辖创新进行指导和推进，组织了“创新2013”公司条线业务骨干集中培训及考试，加大全行创新推进力度。加快推广票据池业务，全年票据累计交易量增幅有显著提高，系统内排名较上年提升较大。加快发展分行公司类资产理财，以表外融资支持实体经济发展。以国内证偿付、四方协议等多项产品满足客户结算和融资需求。全力推进小微企业扶持债，省发改委确定交行为独家试点银行。依托电子供应链，加强对优质小微企业营销，推进机构改革试点，尝试设立小微企业专营机构，同时在部分支行设立了小微营销团队，探索支行专营模式，进一步服务小微企业发展。

四、提升服务水平。加快电子银行发展，全辖新增离行式自助银行66个。电银分流率完成总行计划的101.1%。完善客户经理绩效管理机制，提升客户经理的战斗力。对岳阳分行实施矩阵式改革，优化机构和人员配置，激活业务发展潜力，强化“两轮驱动”作用，辖属分行的存款增量在全省增量占比中持续上升。推进服务提升工作开展，落实“一把手”抓服务、副行长大堂值班制，提高营业网点处理问题和服务的能力。精心组织“走进交行、感受温馨”服务明星评选，开展了“服务标准我到位”服务竞赛、“我的服务，心的出发”等主题演讲比赛，常德分行营业部获得中银协2013年度全国“百佳创建奖”。

五、强化监管控风险。全面风险管理委员会每季举行例会，按照“纵到底、横到边、全覆盖”的要求，将各条线风险纳入全面风险管理范围。辖属分行均已成立全面风险管理委员会，逐步形成风险管理的长效机制。对融资平台、房地产、涉及民间融资、钢贸、担保链等企业组织专项风险排查。把所有表外业务进行梳理并视同表内业务管理，出台一系列规章制度，组织对表外业务以及非信贷融资业务开展全面检查，加强表外业务风险管控。加大贷后回访和监控频率，加强贷后工作现场检查，强化贷后管理。组织多项案件专项防控教育活动，强化风险培训，对不同岗位进行分析，提高培训实效，完善风险把控能力。（刘　兵）

•中国民生银行长沙分行•

【概况】 2013年，民生银行长沙分行按照“调方向、重专业、健制度、

民生银行长沙分行办公新大楼——民生大厦

强管理”的经营管理思路，较好地完成各项工作任务。截至12月末，存款余额为401.52亿元，比上年增加57.44亿元。各项贷款余额279.87亿元，比年初增加45.88亿元。其中商贷通贷款余额110.21亿元，比年初增加39.22亿元。资产质量处于较好水平，其中公司类贷款不良率为零，个人贷款不良率为0.29%。已开业全功能网点18家，2013年新增5家。员工人数780人，比年初增加130人。实现开业5年多来安全平稳运行。民生银行长沙分行获得湖南省人民政颁发的“金融机构支持地方经济发展目标管理二等奖”、长沙金融服务节“最佳小微企业金融产品奖”和“最佳小微企业金融服务奖”、湖南省银行机构支付结算工作“综合优胜单位奖”及“优秀开户单位奖”等多项荣誉。并被评为2012—2013年全国金融系统思想政治工作标兵单位，股份制银行全国仅有民生银行获此荣誉。香樟路支行当选“2013年度中国银行业文明规范服务百佳示范单位”。（谭盛中）

【零售业务】 2013年7月，小微贷款余额突破100亿元大关，成为小微业务发展的里程碑。年末小微贷款占分行贷款总额的49.30%、新增额的130.08%。服务小微客户近3万户，小微企业贷款覆盖率、小微企业综合金融覆盖率均位列湖南省中小股份制商业银行前列，实现了小微贷款“两个不低于”目标。民生银行年内设立了6家社区支行。储蓄存款突破100亿元大关。开展主题活动走近小区。开展露天电影进小区、“花好月圆、福满中秋”月饼DIY、分行党员、团员以及全员进小区等活动，促进了传统零售业务延伸服务范围，将普惠金融进行到底。（谭盛中）

【公司业务】 民生银行坚持做“金融服务集成商”，做真正的金融资源整合者，打通银行、投行、券商、信托、保险等资源边界，突出做好“金融管家”服务。进一步聚焦特色经济。积极探索公司业务转型模式，积极聚焦湖南特色经济领域，业务已深入湖南省首批特色经济县（9县1区）中的6个，对循环特色经济等的开发形成了较好的商业模式。（谭盛中）

·长沙银行·

【概况】 长沙银行成立于1997年5月，总行位于湖南省省会长沙，拥有包括广州、株洲、湘潭、常德、郴州、娄底在内的23家分支机构、90个营业网点，控股发起湘西、祁阳、宜章3家长行村镇银行。截至2013年12月31日，全行资产总额1901亿元，存款余额1606亿元，授信总额814亿元，实现税前利润28.1亿元，不良率0.65%，资本充足率12.04%。2013年，长沙银行获中国金融网评选的“2012年中国城市金口碑服务银行”称号；社区银行案例获中国《银行家》杂志评选的“最佳金融创新奖”，专营支行案例获“十佳产品营销奖”；在英国《银行家》杂志评选的“2013全球银行1000强”中名列546位，较上次攀升117位；在中国社科院金融研究所发布的“2013中国商业银行竞争力评价报告”中，获“2012年度最佳进步城市商业银行”奖，并位列2012年度全国城市商业银行（资产规模1000亿元—2000亿元）财务评价“第四名”。（牛　芳）

【战略业务】 长沙银行准确把握行业态势，持续深化市场定位，转型方向日趋清晰，转型基础不断夯实，5大战略板块业务均呈现出良好发展态势。1. 小微金融业务。小企业信贷中心新设4家分中心，“长湘贷”产品已具备一定市场影响力，专营支行实现快速发展，“信贷工厂”技术引进工作取得实质性进展。2. 社区金融业务。2013年长沙银行55家社区银行建成开业，在长沙市场抢得先机；“财富长行”建设全面启动，高端零售品牌基本成型。3. 政务金融业务。社保卡开户突破百万，ETC产品成功推出，省级政务金融实现突破，省、市、区县三级系统化、立体化的政务金融格局渐现雏形。4. 移动金融业务。“掌钱”平台正式上线，构建了国内领先的移动互联网综合金融服务平台。5. 金融市场和管理资产业务。长沙银行金融市场业务成功渡过“钱荒”危机，债券投资顺利实现“控规模、降久期、避风险”目标，同业业务、票据业务取得快速发展。（牛　芳）

【风险防控管理】 2013年，长沙银行在全力推动业务发展的同时，把夯实管理基础、强化风险防控、提升竞争能力放在突出位置，为转型发展提供有力保障。1. 系统改革全面推进。总分支架构进一步理顺，事业部制改革全面推进，积极探索实施全覆盖的绩效管理体系。2. 风险防控严密高效，全面风险管理体系建设初步完成。3. 案防工作卓有成效。合规体系建设成效彰显，内控三道防线平台系统逐步完善。4. 授信管理日趋优化。5. 资产负债管理持续夯实。资产负债管理系统已正式上线，FTP系统实现试运行，司库管理、新资本管理协议落地工程全面启动。6. 科技支撑更加有力。“两地三中心”已正式建成，运维标准化管理确保IT风险得到有效管控。（牛　芳）

【获中国“最佳金融创新奖”】 5月29日，由《银行家》杂志社主办的“2013年中国金融创新奖评选”在北京揭晓，长沙银行摘得中国银行业年度大奖“最佳金融创新奖”，其“专营支行”营销案例获“十佳金融产品营销奖”。“中国金融创新奖”是《银行家》杂志社主办的3大核心品牌活动之一，已连续举办5届。2012年开始，评选活动组委会面向二十几家全国性银行及近百家地方性银行进行案例征集。参选案例全面涵盖金融产品、品牌策划、市场推广、金融服务等主题，堪称全国金融创新领域的年度群英会。长沙银行坚持做“最贴心的中小微企业银行、最给力的市民银行、最可靠的政务银行”，进行一系列金融服务创新实践，朝着社区银行、“专业+专营”银行和移动银行发展，并力图通过加快金融服务进社区、先后成立21家专营支行、大力推进小微贷业务等，把长沙银行从“湖南人的银行”变成“湖南人家门口的银行”。（牛　芳）

【“最美长沙，最惠生活”十六周年行庆全城路演活动】 6月1日，由长沙银行推出的38台“最美长沙 最惠生活”公益路演主题活动开展。该次路演活动作为十六周年行庆系列活动之一，摒弃了以往的庆典仪式，通过路演宣传和推广长沙行金融产品，提升社会公众金融知识水平，营造和谐的金融消费关系，引导消费者了解和熟练运用银行金融服务。该次路演通过精彩的节目表演、趣味的亲子游戏，以及综合金融知识有奖问答，现场小微企业和青年创业政策和金融服务咨询，给市民们的节假日送上了一份公益礼物，呈现了长沙银行作为“企业公民”的社会责任感。（牛　芳）

“最美长沙 最惠生活”长沙银行行庆路演活动

• 长沙市农村信用合作社联合社 •

【概况】 2013年，长沙市农村信用社（农村商业银行、农村合作银行）围绕年初确定的“建商行、过千亿、保平安”目标，突出发展主题，把握改革重点，各项工作呈现稳中求进、稳中向好的良好局面。截至12月末，全市农村信用社各项存款达1021.35亿元，较年初净增169.23亿元，存款增幅为19.86%，同比增加2.58个百分点。

贷款结构持续优化。截至12月末，各项贷款总额602.14亿元，较年初增加109.93亿元，贷款增速22.33%。涉农贷款余额512.60亿元，贷款增速25.67%，高于各项贷款平均增速4.96个百分点。小微企业贷款余额215.34亿元，贷款增速29.53%，高于各项贷款平均增速8.83个百分点。

新业务发展迅速。截至12月末，累计发行福祥借记卡350.64万张，便民卡3.23万张，贷记卡3.3万张。网银业务累计开户6.48万户，交易136.63万笔，交易金额为1022.06亿元。“三行一通”（手机银行、电话银行、自助银行、福祥卡缴费通）业务在内五区试运行情况良好。

资产质量明显改善。截至12月末，不良贷款余额14.79亿元，占比2.46%，全市农信社不良贷款全面真实反映，“三大系统”全面对接。资本充足率、贷款损失准备充足率、不良贷款拨备覆盖率分别达到16.73%、203.66%和233.77%。

盈利能力不断提升。12月末，全市实现总收入72.04亿元，较上年同期增长11.55亿元，实现经营利润35.76亿元，比上年同期增加6.49亿元，缴纳各项税收8.65亿元。其中，2013年，全市实现资金营运净收入14.74亿元，资金加权收益率4.54%。（王劢丁）

【综合实力提升】 2013年，长沙市联社全面推行以“管理机制、经营实力、发展质量”为核心、涵盖16项内容的“八一三工程”，显著提升了长沙农信整体实力。1. 资产规模进一步壮大，通过组织开展“存款过千亿”竞赛活动，各区、县行均结合自身实际组织了各具特色的专题营销活动，9月末，全市农信社各项存款余额突破千亿元，实现了历史性的跨跃。2. 支持重点进一步突出，着力推进小额农贷、小额商贷和小微企业贷款评级授信，截至12月末，全市农信社农户评级授信户数92.86户，评级授信面达88.18%，用信户数17.58万户，用信额度328.47亿元。3. 系统管理进一步完善，自主创建信用风险管理系统，为全面风险管理奠定了坚实基础，并启动全国农信银数据中心、长沙市农信社网络汇聚中心和信用风险管理系统中心建设。（王劢丁）

【体制机制创新】 1. 深化产权改革。长沙市人大常委会在2012年8月28日第十三届人大常委会第四十二次会议通过的《关于加快发展我市现代金融产业的决议》中将“组建长沙农村商业银行”纳入到长沙现代金融产业“一二三加速发展工程”中，长沙市政府也已原则通过了长沙市城区整合改制可行性方案。6月，长沙市城区整合改制项目获邀参加在香港举办的“港洽周”港湘金融合作暨企业境外上市推进会，得到重点推荐，获得境内外投资者的广泛关注。2. 市场战略转型。积极探索“金融超市”“金融便利店”等社区金融的经营模式，围绕区域特色，推行“一行

长沙市农村信用联社党组书记、理事长唐浩（左三）走访调研微小微企业发展情况

一品”“一行一特色”的信贷模式，推行客户分类管理模式，加大对小微客户的支持力度。截至12月末，全市拓展战略客户901户，黄金客户9026户，基础客户11.46万户。央视对浏阳农商行支持“三农”的特色服务模式进行了专门报道。3. 内部考核加强。区、县行逐步建立健全科学合理内部考核机制，对各层面人员进行区别性考核，逐步形成对外有竞争性、对内有公平性、对个人有激励性的薪酬考核体系。（王劢丁）

【服务水平提升】 1. 渠道完善，加大网点转型升级力度。全年投入2.49亿元，共撤并低产低效网点5家，新建精品网点82家。2. 服务公开。全面推行贷款条件流程、贷款利率政策、客户经理信息、贷款服务承诺、贷款监督方式“五公开”，增设阳光办贷大厅、窗口232个，增设各类公示牌876张，将信贷服务信息在全市304个网点、1029个社区和村组进行公示。3. 产品突破，结合信用工程建设和金融宣传活动，大力推广福祥便民卡、贷记卡、公务卡和福农一卡通、网银等新业务。先后对接和拓展了代理湖南电力收费业务和社保IC卡新业务合作渠道，农信社便民利民的服务进一步深入人心。组织开展金融产品设计大赛，评选出农租贷、订单贷、网商贷等优秀产品设计15个。（王劢丁）

【风险管控】 1. 自主创建信用风险管理系统，该系统在宁乡和天心试点已初显成效，对全行资产进行了分析，对资产风险度进行计量，对资产风险点进行梳理，并提出了风险化解措施。2. 加快推广远程监控系统、集中授权系统、指纹认证系统，强化预警系统功能，提高风险管控的集约化和自动化水平。3. 全面真实反映不良贷款，清查并入账隐性不良贷款5.39亿元，实现了“三大系统”全面对接。

（王劢丁）

保　　险

【概况】 2013年，长沙保险业践行“抓服务、严监管、防风险、促发展”的保险行业核心价值理念，结合长沙市场实际，有序推进各项工作。保险市场运行呈现出缓中趋稳，稳中向好的特点，市场保持健康较快发展态势。

一、行业实现平稳较快发展。全年长沙市保险行业总体呈现平稳较快发展态势。1. 业务规模较快增长。2013年全市实现原保费收入133.78亿元，占全省保费的26.39%，保费规模仍然列全省第一，同比增长11.61%，增长速度高出全省平均水平2.28个百分点。其中财产险公司实现保费收入63.98亿元，同比增长24.12%。人身险公司实现保费收入69.8 亿元，同比增长2.16%。2. 业务结构不断优化。财产保险业务中，非车险保险收入15.36亿元，占比24.01%，较上年提高1.35个百分点。其中：企业财产险5.16亿元，占比8.05%，较上年度增长27.57%；信用险2.81亿元，增长52.36%、工程险1.05亿元，大幅增长62.84%。企财险、信用险、农业险、责任险、意外险等险种在财产保险中发挥的作用愈加明显；人身险保费业务中新单期缴业务仍然维持较大的比重，达8.2亿元，健康险、意外险占比均有不同程度的增长。3. 新型销售渠道作用突出。电话销售、网络销售等新型销售渠道在2012年获得突破销售业务首超10亿元后，2013年再上台阶，全年累计销售达16.92亿元，增长55.92%， 逐步成为保险销售主渠道之一。其中电销15.51亿元、网络销售1.41亿元。随着保险业的深化改革、创新驱动，将不断开辟出新型销售渠道推动保险业快速发展。4. 市场竞争格局稳中有变。财产险市场格局基本维持稳定，人保财险、平安财险、太平洋财险、中华联合财险和国寿财险5家公司市场份额分别为34.64%、17.17%、10.64%、12.62%和7.27%。其中，平安财险和中华联合财险的市场份额较上年略有上升，其他公司基本保持稳定，市场格局变化不大；人寿保险市场格局有所变化。2013年，吉祥人寿、中邮人寿进入长沙寿险市场，发展势头强劲。中邮人寿实现保费收入4.03亿元，占市场份额1.26%。中国人寿、新华人寿、平安人寿、人民人寿、以及太平洋人寿位列市场前5名。太平人寿、农银人寿、华泰人寿等公司发展较快，同比增长分别为34.55%、38.83%、58.4%。

二、助推经济建设贡献加大。长沙保险业深入推广湖南财产保险业城乡服务体系建设试点经验，深化改革发展方式，发挥保险行业服务保障经济社会发展的作用。1. 保障社会经济能力增强。2013年保险行业为全市经济社会提供2.83万亿元的财产风险保障，同比增长55.42%。为因自然灾害、意外事故受损企业和人民群众提供了38.8亿元（含短期健康险及意外险）的经济补偿，同比增长26.78%；人身险期末有效保险金额0.738万亿元，期末有效承保人次0.38亿人次，同比增长2.18%。2. 农业保险覆盖面扩大。2013年保险业加大农业保险开发力度，国寿财险、平安财险、太平洋财险等公司相继获批开办农业保险。农业保险的服务领域从农房、水稻、棉花、能繁母猪、森

林火灾等险种延伸到特种种植、养殖业。全市种植业承保面积173.33万公顷，同比增长8.3%；养殖业承保头数50.02万头，同比增长7.44%；森林保险承保面积扩大到70.01万公顷，同比增长9.35%。农业保险赔款支出0.54亿元，近11万农户受益。3. 责任保险有效作用显现。全市累计提供风险责任保障金额3107.97亿元，同比增长94.89%，赔款支出6047.95万元。环境污染责任保险由试行逐步向全市推广，高危行业安全生产责任险试点也稳步推进。4. 补充社会保险保障体系完善。配合国家医疗体制改革，积极参与城镇职补充医疗保险、企事业单位补充医疗保险。大病保险和城镇居民、城镇职工及企事业团体补充医疗保险共覆盖人口80.5万，同比增长10.72%，承保新农合及新农合补充商业医疗险118.5万人次，同比增长129.15%，累计保险赔款1294.65万元，有3151人次获得赔付。5. 促进出口贸易发展能力提高。出口信用保费收入7348.7万元，实现短期出口信用保险保额44.77亿美元，同比增长43.25%，短期险项下累计贸易融资额5.84亿元，较好的发挥了保险在促外贸、稳增长等方面的极积作用。6. 为重点工程保驾护航贡献进一步突出。全市产险业为360.5亿元的高速公路、地铁等重点项目建设提供了工程保险保障服务，及时支付赔款3591.7万元，保证了重点工程工程进度。

三、行业服务水平不断提升。长沙保险业以服务为导向，切实改进服务方式，提升服务水平。1. 行业诚信建设稳步推进。保险行业在湖南保监局统一部署下，大力弘扬“守信用”的行业核心价值理念，着手建立行业诚信信息平台、行业诚信奖惩机制。在长沙地区寿险业开展了“湖南保险业诚信服务标兵”评选活动，评选出100名诚信服务标兵，树立行业诚信榜样，发挥诚信标兵示范带头作用。加强保险从业人员不诚信行为的信息公开，2013年通过行业网站公布一般违规人员90人，业内通报严重违规人员1人，起到了一定的警示作用。2. 不断优化保险服务标准。进一步落实湖南保监局《关于进一步加强机动车辆保险理赔管理的通知》精神，财产保险公司完善理赔基础管理和车险统一服务标准，建立客户个人信息保护制度，依照《湖南保险机构客户个人信息保护工作监管指引》，建立保险机构完善客户个人信息保护机制，依法收集和使用客户个人信息。寿险公司规范投保计划书管理，按照《关于规范人身保险投保计划书管理的通知》要求，统一投保计划书管理标准。3. 切实维护保险消费者合法权益。一方面有力推进保险纠纷调解工作。2013年进一步完善保险纠纷调解工作机制，建立人民调解机制和诉调对接机制，调解的案件数量大幅提升。全年共受理案件139件，同比增长239%；涉案金额1511.77万元，同比增长512%；调解成功87件，调解成功率68.5%。其中诉调对接案件64件，占调解案件总数量的46%，调解成功38件，调解成功率59%。调解的服务范围拓宽。由原来仅受理保险合同当事人10万元以下寿险、20万元以下产险的保险合同纠纷，扩大为涉及保险的所有案件和相关人员。另一方面坚持有效开展信访投诉工作。行业贯彻落实《中国保监会保险消费投诉处理管理办法》，不断规范信访投诉处理，妥善解决消费者合理诉求，切实维护消费者合法权益。仅保险行业协会全年就接听咨询电话897个，接待消费者158人次，受理投诉143件，其中电话投诉119件，亲访投诉21件，网络投诉3件。投诉全部及时妥善处理，没有一位消费者上访。4. 快处快赔工作成效显著。针对快处快赔案件数量不断上升的情况，省保险协会新增2个快处快赔点，全市达9个快处快赔点。全年共受理快处快赔案件79747件，平均每天受理218起，同比增长26%；定损161424台次，平均每天定损442台次，同比增长17%。通过快处快赔处理的案件，占符合快处快赔程序处理案件总数的70%，占长沙城区道路交通事故案件总数的50%。快处快赔工作的社会参与度和认同度大大提高，为缓解长沙城区交通拥堵发挥了较大作用。5. 反保险欺诈工作有所进展。由于保险诈骗案件的增多，行业加大反保险欺诈工作力度。优化了湖南省道路交通事故印鉴核验系统，更新道路交通事故处理公章134枚，有效防范了“萝卜章”保险欺诈行为。筹备建立湖南省机动车辆保险理赔人员、汽修厂、骗保人员不良信息平台，公开保险欺诈人员和行为的信息，加强保险诈骗防范。加强与公安部门的合作，加大保险欺诈案件的查处力度，全年共查处保险欺诈案件9起，挽回经济损失230万余元。（刘纵波）

·中国人民财产保险股份有限公司长沙市分公司·

【概况】　中国人民财产保险股份有限公司长沙市分公司（以下简称“人保财险长沙市分公司”）着眼全局，在现代金融、社会保障、农业保障、防灾减灾和社会管理等方面发挥重要作用，取得较好的成绩。2013年，公司被长沙市人民政府评为“文明标兵单位”；被长沙市工商行政管理局评为“重合同守信用”单位。2013年，人保财险长沙市分公司实现保费收入13.64亿元，为118万个企事业单位、个人及车辆提供了3755亿元的风险保障；共受理有效报案15.2万件，平均每天417起；共支付各项赔款7.37亿元；共上缴和代收税款2亿元；公司服务地方经济社会建设的能力不断增强。

一、保险保障方面。人保财险长沙市分公司加大对长沙市重要产业、重点工程、重大项目的风险管理和保障，积极开办了车辆保险、工程险、建筑施工企业意外险、信用险、中小企业保证险、健康险等险种。主动参与社会管理，协调促进住建行业安全生产责任险、校园方责任险、环境污染责任险、食品安全责任险、民生保险、农房统保等险种的推广，发挥了保险的保障功能和经济补偿作用。2013年，湖南中宝现代供应链有限公司因经销商破产导致应收账款不能及时收回，一次性得到人保财险长沙市分公司2276万元的保险赔款，不仅保证企业免受损失，也减少银行的坏账，保障社会的和谐稳定。

二、交通安全管理方面。2013年，人保财险长沙市分公司继续配合做好长沙市道路交通事故快处快赔，在全市设立的8个快处快赔服务点均派驻快处快赔专员，方便出险客户迅速撤离现场，减少道路拥堵；做好农村“五小车辆”保险工作，配合交警部门将摩托车专项整治活动作为一项长效机制抓落实，保障乡村道路交通安全；进一步加快理赔速度，实行万元以下案件1小时通知赔付。2013年，公司1小时通知赔付达成率97.08%；发挥费率的杠杆作用，激励投保人提高安全驾驶意识，减少交通事故的发生，改善道路安全状况，产生良好的社会效应。

三、服务“三农”方面。长期以来，人保财险长沙市分公司把发展农险作为自己义不容辞的责任，把“三农”服务体系建设作为服务“三农”的依托。2013年，人保财险长沙市分公司为76.32万户农户承保水稻1.21万公顷、油菜2.75万公顷、森林21.33万公顷、能繁母猪19.76万头、育肥猪22.62万头，承担风险保障达22.35亿，全年支付农险赔款4238.39万元，开办农业保险以来，累计支付农险赔款近2亿元。2013年长沙地区发生的60年一遇的特大旱灾，人保财险长沙市分公司迅速启动大灾应急预案，本着“应赔尽赔快赔”的原则，对受灾的县（市）及广大受灾农户及时进行理赔，支付水稻赔款2200万元。在发展农业保险的同时，公司持续推进“三农”保险基层服务体系建设工作，积极打造集承保、理赔及服务咨询于一体的“三农”营销服务部。2013年，长沙市分公司在金井、黄花塘、沿溪、流沙河等乡镇建立了13个“三农”营销服务部，让服务更贴近一线，更贴近农民。

四、防灾减损方面。2013年，人保财险长沙市分公司充分发挥风险管理专业优势，通过风险评估和防灾减损，促进全社会风险管理水平的提升。建立联动机制，将生产经营企业的安全评级、重大隐患整改情况与费率浮动挂钩，推动企业安全生产工作落实；开展防灾减损工作。为重点风险标的提供专业培训，加强风险防范，帮客户规划防灾防损策略，发挥了风险顾问和安全检测员的作用；与气象局开展气象预警信息服务合作。为投保客户提供免费的气象预警信息服务，及时向客户发送的实时灾害动态短信通知，为降低自然灾害带来的损失发挥积极作用。

五、加强服务能力建设。2013年，人保财险长沙市分公司把全面提升“客户服务能力”作为公司发展的战略追求，搭建“百家万户”VIP客户服务平台，全面推进长沙地区客户服务标准化建设。通过全面宣导、系统培训、动态监测和常态考评，着力开展提高服务标准、提升服务水平的“服务双提升”工作，使公司服务水平跃上新台阶；积极搭建服务平台、整合服务资源、配备人力财力、理顺服务流程，加强客户互动，使公司VIP客户服务工作取得新突破，提高客户满意度，提升公司品牌形象。客户节期间，公司再次推动理赔服务升级，推出了四项理赔服务承诺：一是全国范围内7×24小时全天候查勘和理赔咨询服务；二是安心修车：万家维修单位修车无烦恼；三是电子理赔：“掌上人保”之电子速递员服务——您随身携带的索赔单证速递员；四是简便理赔：“免填单证、免事故证明”双免服务。（罗杰斯）

【与长沙市政府签订战略合作协议】2013年1月17日，长沙市市委常委、副市长张迎春与人保财险湖南省分公司总经理周有颖在长沙签订了战略合作协议。双方将在保险项目、保险创新、投融资服务等方面深化合作，共同推动长沙建设区域金融中心。这是市政府首次与保险机构签订战略合作协议。根据协议长沙市政府将支持人保财险湖南省分公司在长沙开展政策性农业保险（含种植业、养殖业、森林）和农房统保，加大对农业保险服务“三农”的考核奖励力度，建立覆盖全面、服务到位的“三农”保险基层服务体系；支持开发推广其他涉农保险产品，包括涉农人身意外保险、家庭财产保险、农村个人建房综合保险、外出务工人员保险等。人保财险湖南省分公司将积极发挥资金融通作用，加大在长沙基础设施建设方面的投资力度，近期拟争取上级公司投资30亿元，参与长沙地铁三号线的建设；积极开展科技保险、文化保险、小微企业贷款保证保险、综合治安保险、物流保险等新型业务。（罗杰斯）

·中国人寿保险股份有限公司长沙市分公司·

【概况】2013年，中国人寿保险股份有限公司长沙市分公司系统按照“重发展、提效能、防风险、促和谐”的工作方针，加强队伍建设，加强风控防控，取得显著的工作成效。公司在全省系统中的年度考核排位同比上升4个名次，成功跨入A类公司行列，获得全省“满期给付先进单位”等称号，为“三个湖南”建设作出积极的贡献。

一、经营创新，业务发展取得新进展。2013年公司实现总保费收入19.45亿元，完成标准保费1.07亿元，同比增长29.11%；完成短险保费1.84亿元，同比增长10.86%，其中意外险1.02亿元，同比增长17.24%。1.个险渠道。达成标准保费9800万元，同比增长34.93%；实现首年期交保费1.95亿元，同比增长16.82%，其中10年期及以上期交保费1.26亿元，同比增长53.41%，10年期业务增幅在全国省会城市中名列第二；完成短险保费3768万元，同比增长6.56%，其中意外险保费1598万元，同比增长10.69%。个险渠道在全省的年度考核排位同比上升了6个名次，成为进位最显著的销售渠道。营销七部获评“中国人寿上市十周年杰出区部”。2.银保渠道。达成寿险首年保费3.65亿元，期交保费4001万元，长险首年标准保费853万元。长沙支公司、浏阳支公司在“我爱三千三”微训营推广活动中成绩显著，得到总、省公司的充分肯定和表扬，为全国和全省银保渠道的期缴业务节点经营提供了成功的运作经验。3.团险渠道。达成短险保费1.47亿元，同比增长12.01%，完成年度预算的112.33%；达成意外险保费8572万元，同比增长17.99%，完成年度预算的114.29%。拓展二部获“中国人寿上市十周年全国十佳团险销售团队”称号。

二、队伍建设实现新突破。1.拓宽选人用人渠道，完善人才梯队建设。通过校园招聘、多渠道推介、特殊人才引进等多种方式，全年签约新员工11人，新进人员本科学历达到100%。通过实施第二期“春苗计划”

和“百名青年员工成长计划”，选拔出3名春苗和2名百名青年培养对象，优选了9名年轻干部到县支公司挂职锻炼，进一步充实了公司后备干部力量。2. 推行“一把手”工程，持续推进队伍常态化运作。个险渠道借助新基本法上线路演、职场创星晋级活动的开展、制度经营等，进一步完善了常态化增员体系。全年净增持证人力112人，月均增员率为4.36%，达成年度预算的97%；月均长短险举绩人力2033人，达成年度预算的106.61%；月均长险举绩人力1418人，达成年度预算的108.49%。全年成功举办扬帆训练营6期、初级主管训练营2期，提升销售队伍专业技能，基本满足业务发展需要。银保渠道突出理财队伍建设，利用创说会等多种增员渠道，渠道有效人力较上年净增62人。团险渠道严格《基本法》考核，加强了人员筛选与培训，渠道有效人力较上年净增31人，特别是专业化团险大客户服务团队的组建，显著提升了销售队伍的整体素质。

三、突出风险管控，提升运营水平。1. 提升运营效率效果明显。前台柜面平均处理临柜业务时长由12分钟缩短至5.5分钟，显著提升服务时效；理赔处理时效显著加快，5日结案率达95%以上，提升15个百分点；降赔增效取得历史性突破，全年简单赔付率39.61%，同比下降8.69%，全年综合赔付率37.21%，同比下降21.55%。客服雨花柜面获“2013年全国十佳柜面”称号。2. 应对满期给付成效显著。面对2013年满期给付高峰，分公司集全员之力，通过成立满期给付专项工作小组、建立维稳办公室、下拨维稳专项基金等多种形式，积极应对满期纠纷，稳妥处理客户投诉，公司上下经受住了满期给付和退保高峰的考验。全年累计完成满期给付2.98万件，满期给付金额5.36亿元，件数、金额达成比例分别为93.72%、92.41%，所有满期给付业务100%通过银行转账，累计受理并成功处置满期纠纷投诉件1796件。市公司客服中心获总公司“满期给付优质服务柜面”称号，市公司本部、市公司银保部分别获得全省系统“满期给付工作组织奖”“满期给付先进单位”称号。3. 强化风险管控。充分运用销售人员风险预警系统和信用评价系统，做好销售风险防范工作。全年销售风险预警系统共运行22批次，进入预警范围的销售人员达23859人，提交排查的预警人数3124人，查处违规营销员91名，依规问责处罚8人；组织开展18次单证、印章、集中采购、非法集资、反洗钱等专项检查和联合检查；强化对关键岗位风险的前置管控，建立谈心谈话机制和关键岗位现场检查机制，全年谈话81人次，现场检查关键岗位26人次。

（阳爱萍）

·中国太平洋财产保险股份有限公司长沙中心支公司·

【概况】　2013年，中国太平洋财产保险股份有限公司长沙中心支公司（以下简称“太平洋产险长沙中支”）面对严峻的市场挑战，太平洋产险长沙中支坚持以“市场为导向、发展为中心、效益为根本”的方针，全年实现保费收入5.54亿元，业务实现持续、稳步的增长，占湖南太保产险保费收入总额19.64亿元的28.3%，为湖南太保产险的高速、健康发展发挥了主力军作用，被太平洋产险湖南分公司评为“先进单位”。

一、业务高速发展。2013年，太平洋产险长沙中支实现保费收入55406万元，完成年度任务目标50370万元的110%，比上年同期增长11410万元，增幅25.93%，剔除年初业务流失因素，实际净增14675万元，增长率33.36%，高于行业平均水平，也快于人保、平安的增速。其中，车险业务完成入账保费48728万元，同比增长9859.2万元，增幅25.3%；非车险业务完成入账保费6678万元，同比增长1603万元，增幅31.59%。重大客户业务基础稳固，继湖南中烟工业有限责任公司财产险统保业务重新招标继续夺得主承保地位之后，又相继突破了中国电信和中国水利水电第八工程局财产险统保业务，仅太平洋产险长沙中支独家承保的中国水利水电第八工程局财产险统保业务，保费即达1300万元。

二、服务品质升级。2012年，太平洋产险长沙中支五星级示范服务门店建设取得骄人成绩。 2013年，为进一步落实“关注客户需求、改善客户界面、提升客户体验”转型的3大使命，太平洋产险长沙中支坚持“以客户需求为导向”战略转型，不断提升门店柜员的专业技能和工作效率，向上门客户提供更优质的服务，展示太平洋产险长沙中支良好的企业形象。经过2012年基础建设的硬件提升后，2013年门店的工作重点落在制度建设、员工教育、服务品牌以及依法合规经营等软件升级上，首先从引进人才开始切入，采取招聘、机构推荐、营销团队挖掘等办法，逐步组建一支素质过硬、能打硬仗的星级服务团队，同时完善管理制度，严格岗位考核。2013年，太平洋产险长沙中支五星级示范服务门店再获多项荣誉，3月获评2012年全国用户满意服务明星班组，4月获评中国保险业首届双十佳“优质服务窗口”，10月获太平洋产险总公司颁发的“2013年卓越服务团队”等。

三、优化理赔流程。2013年，太平洋产险长沙中支重点整顿理赔队伍，聘任2名理赔副经理，并在长沙理赔中心设立4个组长实行分组管理，以人员结构的优化，提升理赔服务水平，为广大客户提供更优质、专业、快捷的理赔服务，真正为客户解决“理赔难”问题。全年累计赔款支出29684.26万元，共计为约7.1万客户提供专业理赔服务。继2012年推行公估查勘、定损、单证收集三位一体理赔新模式后，2013年太平洋产险长沙中支持续关注理赔过程，优化理赔流程，节约理赔成本，在全市依托集团车商设立7个集中定损点，向客户提供更便捷的“一站式”理赔服务，客户反响热烈，赢得良好口碑。中南定损中心是太平洋产险长沙中支建立的第一个集中定损点，也是全省第一个集中定损点。推行集中定损，打破传统的上门定损服务，节约了查勘员来回奔波的时间及人力成本，并收回公估公司对非直赔车辆的案件定损权，由公司内部人员集中定损、二次送修，有效挤压了理赔水分，打击了虚假赔案，在消费者心中树立诚信的形象，维护良好的市场秩序。

（刘　密）

证　券

【概况】 2013年，湖南资本市场以诚信监管为中心，强化市场监管，全力维护市场稳定，促进市场发展，取得明显工作成效。

一、上市公司质量不断提升。截至2013年三季度，全省72家A股上市公司合计总资产5185.29亿元，同比增长8.4%；合计净资产2057.76亿元，同比增长9.06%。从总资产看，超百亿的有11家，同比增加1家，占比15.28%，超三百亿的5家，同比增加2家；从净资产看，超百亿的有4家。全年共有16家上市公司通过定向增发、配股、公司债等方式再融资189.76亿元，同比增长249.53%。辖区上市公司在服务经济社会发展方面也取得重大成绩。技术创新方面，隆平高科的“两系法杂交水稻技术研究与应用项目”获国家科技进步奖特等奖，三一重工的“大吨位履带起重机关键技术与应用项目”获国家科技进步二等奖，中联重科研制成功国际首创超吊动臂技术，“超大型塔式起重机关键技术及应用项目”获国家科技进步奖二等奖。产业升级方面，中联重科、三一重工、千山药机以及时代新材分别通过跨国收购实现产业全球化；中南传媒入选全国首批数字出版转型示范单位等。商业模式创新方面，现代投资、唐人神、科力远、克明面业等公司，顺应民资银行改革潮流，发起筹建湖湘银行股份有限公司；友阿股份、张家界股份以及方正证券积极布局互联网。

二、证券机构发展不断加快。截至2013年底，辖区3家证券公司实现总收入42.6亿元、净利润13.3亿元，分别较上年增加45%、170%，其中融资融券业务收入6.03亿元，是上年的4.4倍，成为仅次于传统经纪业务的收入来源；各机构在分类评价中稳中有升，特别是方正证券被评为A类AA级，成为少数分类评级最高的证券公司。各机构业务活力不断增强。方正证券在“天猫商城”设立从事投资咨询产品销售的网络直营店，成为全国首例。湘财证券成功改制，并成为全国中小企业股转系统挂牌的首只券商股；财富证券成功发行国内首只流域重金属污染治理公司债券，成功设计并上报国内首只创投企业支持小微企业专项债券。

三、期货市场培育不断深化。湖南证监局通过简化行政许可审核工作流程、降低新设营业部门槛、取消营业部筹建时间、数量限制和开业验收环节、负责人任前考试等措施，支持期货机构创新发展，并积极落实《2013年湖南期货市场培训工作计划》，大力培养期货后备人才、普及期货知识、扩大期货金融影响力。2013年，期货市场服务湖南省实体经济的能力进一步增强，期货经营机构的实力稳步发展，辖区机构客户同比增长20.42%，营业部数量同比增长11.87%，期货公司累计成交量同比增长45.43%，累计成交额同比增长53.48%，期货公司分类评价方正期货被评为A类、大有期货和德盛期货为B类、金信期货为C类，较2012年的1B3C有质的提升，大有期货获得中金所交易结算会员资格。

四、监管执法力度不断加大。全年共办理证券期货类违法违规案件20起，同比增长82%，立案案件查实率100%，送达行政处罚决定90份，移送公安案件2起，其中万福生科欺诈上市案件的查办和风险处置工作，取得良好的社会反响。同时，加强监管执法协调，协调相关管理部门关闭或屏蔽15个非法网站；严厉打击证券从业人员代客理财、无资格人员从事投资顾问业务以及盗取客户资金等违法违规行为，对3家机构采取行政监管措施，将2名违规从业人员记入“黑名单”；与省公安厅签署《关于办理证券期货违法犯罪案件协作章程》，建立了行政刑事有效衔接机制；加强与人民银行、省通信管理局、省工商局等部门合作，完善打击非法证券活动、反洗钱等协调联动机制。

五、投资者保护工作不断加强。湖南证监局联合人民银行长沙中心支行、湖南银监局、湖南保监局等部门主办“金融理财知识进高校活动”，开创辖区金融管理部门在投资者教育领域合作之先河，并以此为契机探索建立金融消费者保护的信息共享机制、协作组织机制和宣传互动机制。编辑整理并印发了《证券期货百姓课堂》《大学生财富智慧读本》，受到广大投资者的热烈欢迎。建立“12386”热线投诉办理机制，拓宽投资者投诉维权渠道；完善湖南证监局领导接访机制、处级干部信访岗位锻炼机制、重大问题会商机制以及调解、仲裁、诉讼多元化纠纷解决机制，维权工作流程进一步规范，市场矛盾不断化解，全年信访事项同比下降18.8%。

（周　静）

工　业

责任编辑：刘盼盼

【概述】　2013年，长沙市规模以上独立核算工业企业2407家，从业人员平均人数61.77万人，资产合计6259.61亿元。全市共有规模以下工业企业和工业个体户49163家，从业人员36.27万人，其中企业8682家，从业人员20.25万人，工业个体户40481家，从业人员16.02万人。

2013年长沙面对工程机械产业首次出现负增长的不利局面，全市工信系统主动适应市场变化，积极调整产品结构，不断深化企业服务，强力推进转型升级，确保工业经济稳定增长，全面完成全年各项目标任务。全年实现工业总产值8938亿元，增长17.7%，工业增加值3352.3亿元，增长13.2%，规模工业总产值8289.1亿元，增长18.4%，规模工业增加值2653.3亿元，增长14%，实现工业投资1465.9亿元，增长26.2%，工业招商到位内外资502亿元，增长10.1%。

一、增长速度逐步回升。2013年，全市规模工业增加值增速环比连续提高，由第一季度的12.1%提高到上半年的12.3%，到第三季度的13.5%，再到全年的14%，高于全国平均增速4.3个百分点，高于全省2.4个百分点，在全省14个市州中排第一位，在中部6个省会城市中，继续保持总量第三、增速第二的排名，和上年同期相比，增速排名上升一位，总量与排名第二位的郑州差距正在缩小。工业经济对GDP贡献率达52.7%，拉动GDP增长6.5个百分点。规模以上工业企业经济效益综合指数达404.0，比上年提高24.9个百分点，利润总额589.7亿元，增长13.0%，利税总额1431.1亿元，增长15.3%。

二、多点支撑加速形成。全年6大产业集群完成规模工业产值6284亿元，增长15.5%，占全市规模工业总产值的75.8%。工程机械产业受宏观调控影响，随着全国行业整体下滑而急转直下，完成产值1877.5亿元，负增长4.2%，占比由上年同期的27%下降到22.7%；材料和食品烟草产业平稳增长，规模直追工程机械，分别完成产值1577.5亿元和1387.9亿元，分别增长23.6%和12.1%，占比分别为19%和16.7%；汽车、电子信息产业迅速补位，保持了高速增长，增速分别为70.6%和41.4%；生物医药产业增速20.4%。

三、核心竞争力不断增强。全市共创建国家级企业技术中心11家、省级企业技术中心62家，国家级技术创新示范企业2家，拥有中国驰名商标79件，居中部省会城市第一位。全年开发省级新产品40项，市级重点新产品100项，新产品对规模工业总产值的贡献率31.7%，高新技术产业增加值占规模工业的45.1%，科技进步对全市工业经济增长的贡献进一步加大，成为拉动长沙工业发展的支柱力量。

四、园区经济平稳增长。受工程机械产业负增长影响，“四区十园”克服一季度的整体下滑，增速从一季度谷底逐步回升，实现平稳较快增长。“四区十园”全年完成规模工业产值5801.3亿元，增长18%，增速比一季度提高9.6个百分点，园区规模工业产值比重由66.4%回升到70%；完成规模工业增加值1604.9亿元，增长13.9%，增速比一季度提高6.2个百分点，园区规模工业增加值比重由50.8%回升到60.5%　。

五、项目建设卓有成效。随着上海大众、基伍手机、格力电器等一批高品质产业项目的取得，全市工业招商取得新的突破，扭转了长沙市近两年来重大项目缺失的被动局面。全年投资2000万元以上工业项目共计2364个，其中本年度新开工建设项目1894个、续建项目470个，竣工投产项目896个。上海大众、广汽三菱、广汽菲亚特、蓝思科技、比亚迪汽车等重大产业项目进展顺利。

六、服务模式不断创新。全年投入1000万余元，继续深入开展管理升级、协同创新、上市对标、与创业同行等服务活动，深度服务企业达246家。73家参与管理升级活动的企业，31家制定了《企业战略报告》，23家在瓶颈突破期间销售收入增长48%，利税增长35%；50家参与协同创新活动的企业，新立研发项目增长42%，新产品开发数增长34%，专利申请数增长52%；20余家参与上市对标活动的企业找准了上市路径，两家已成功挂牌新三板；100家参与“与创业同行”活动的企业，45家获得百度市场推广，56家获得人才招聘支持，3家与投资机构达成股权融资合作意向，1家成功获得股权融资1500万元。

七、“两型”建设成效显著。启动《清洁生产中长期规划》编制，跟踪督查9家企业清洁生产中／高费方案实施情况，实施工业锅（窑）炉节能技术推广工作计划，推进长沙国家再制造试点建设，加强资源综合利用工作，着力推进废弃电器电子产品以及余热余压废气回收和综合利用。全年3家工业园区和40家企业积极开展“两型”创建，19家企业已实施自愿性清洁生产审核，热电、食品、饮料等高耗水行业节水改造稳步推进，形成年均节水能力700万立方米。

八、“两化融合”不断深入。在基础设施领域，着力打造“光网长沙”和“无线长沙”；在社会应用领域，着力推进“智慧长沙”建设，重点推进了“数字城管”“智能交通”“天网工程”等一批信息化项目建设；在工业经济领域，着力打造企业电子商务、智慧法律综合管理、金融服务等公共信息服务平台，着力创建数字企业，大力促进产业数字化、智能化、网络化发展，逐步实现产业转型升级。

存在困难和问题。一是发展后劲不足。近年全市工业投资占固定资产投资的比重远低于南京、合肥、郑州的水平，重大项目不足，企业研发投入占主营业务收入比重仅为1.3%，核心零部件依赖进口，创新型人才紧缺。二是结构不够合理。“一业独大”“一企独大”的现象较为突出，多点支撑的产业格局和大中小微企业梯次发展的组织体系尚未完全形成。三是布局亟待优化。战略性新兴产业、高新技术产业发展相对滞后，且存在“一哄而上”的同质化竞争，特别是工程机械产业在10个产业园区都进行了布点，材料、食品产业各有6个园区布点，项目布局的分散严重制约了产业聚集效应的扩大和产业规模的做大。四是园区质量效益不高。全市工业园区用地产出平均强度为28亿元/平方公里，投入产出效果不佳，而园区之间产出强度差距大。（文龙辉）

【全市工业和信息化工作暨第二届企业技术创新大会】 3月12日，2013年全市和信息化工作暨第二届企业技术创新大会在机关会议中心召开。市委副书记张值恒主持会议，市政府副市长何寄华作工作报告，会议全面总结了2012年工业和信息化工作，精心部署了2013年工业和信息化工作；市人大副主任王国海宣读表彰通报，通报和表彰了2012年工业经济工作先进单位；市人民政府向各区县（市）、工业园区下达了2013年度工业经济目标管理任务；省经信委党组副书记、副主任钟志慧作重要讲话；省委常委、市委书记陈润儿充分肯定了长沙工业在发展过程取得的成绩，对2013年工作目标的确定进行了全面深刻分析，就如何抓好工业经济工作提出了三点要求。市政协党组副书记谢明德出席会议，各区、县（市），工业园区，有关部门，企业和金融机构负责人参加会议。（文龙辉）

【徐守盛调研上海大众项目】 5月2—3日，省委书记徐守盛率省直相关单位负责人深入长沙经开区，到上海大众汽车长沙生产基地开展调研，并进行现场办公。作为湖南省历史上最大的实业投资项目，上海大众项目一期工程计划5月16日正式开工建设，2015年5月投产。在项目现场，徐守盛详细了解项目总体规划及开工前期准备工作，要求各部门各单位紧紧围绕开工开建这一重要时间节点，认真排查梳理存在的问题和薄弱环节，加强组织领导、协调调度和对接会商，做好群众工作，全力以赴做好准备工作，确保项目顺利推进。（文龙辉）

【“两岸制造行业信息应用交流会”在星沙召开】 9月23日，“两岸制造行业信息应用交流会”在长沙经济技术开发区召开，参加信息交流会的有台湾中华资讯软体协会、台湾8家IT企业、长沙经济技术开发区、市工信委、县工商联、长沙40余家制造企业的代表共计70余人参加，旨在推动信息化促进工业化落实，提升长沙制造行业信息运用水平，促进长沙工业转型升级。（文龙辉）

【湖南新亚胜科技发展有限公司获2012中国LED创新产品和技术奖】 4月，中国电子报发布了中国LED行业2012年度评选获奖项目和企业结果。湖南新亚胜科技发展有限公司的魔幻舞台系列LED显示屏项目获得2012中国LED创新产品和技术奖。“魔幻舞台”是由新亚胜光电自主研发的LED显示屏系列产品，采用高分子纳米技术材料，创新多项结构设计，获得2项发明专利和8项实用新型专利，其“轻、薄、快、奇、省”的特点给演艺演出、体育赛事等LED显示应用带来了全新的表现力和创造力。

（文龙辉）

表17　2013年各园区规模工业主要指标

园　　区	总产值（亿元）		增加值（亿元）	
	绝对值	增长（%）	绝对值	增长（%）
园区总计	5801.29	18.0	1604.88	13.9
长沙高新技术产业开发区	1301.18	12.8	366.37	12.3
长沙经济技术开发区	1455.97	13.6	412.14	13.2
湖南浏阳经济技术开发区	522.72	41.6	160.47	27.8
湖南宁乡经济技术开发区	561.75	25.5	137.48	26.2
湖南长沙天心经济开发区	199.17	18.3	58.31	18.8
湖南长沙雨花经济开发区	254.47	37.9	63.23	27.7
湖南长沙金霞经济开发区	311.14	34.8	70.71	25.8
湖南长沙暮云经济开发区	55.71	21.4	13.34	16.3
湖南望城经济开发区	513.43	22.1	126.63	21.4
隆平高科技园	310.51	17.1	68.34	22.0
湖南浏阳工业集中区	178.24	31.4	50.04	25.5
湖南金洲工业集中区	449.18	23.3	105.38	17.4

表 18

2013 年六大产业集群主要经济指标

单位：亿元

指 标	绝对值	增长（%）
一、规模工业总产值	8289.13	18.4
六大产业集群合计	6283.99	15.5
工程机械产业集群	1877.46	-4.2
汽车及零部件产业集群	468.19	70.6
食品产业集群	1387.85	12.1
新材料产业集群	1577.54	23.6
电子信息产业业集群	974.81	41.4
生物医药产业集群	234.50	20.4
二、规模工业增加值	2653.28	14.0
六大产业集群合计	2101.09	11.6
工程机械产业集群	543.30	-3.3
汽车及零部件产业集群	112.63	56.2
食品产业集群	768.53	8.6
新材料产业集群	384.71	20.4
电子信息产业业集群	285.68	36.6
生物医药产业集群	68.21	16.3

表 19

2013 年各区、县（市）规模工业主要指标

单位：亿元

指标名称	绝对值	增长（%）
一、全社会工业总产值（现价）	8289.13	18.4
其中：1. 规模以上工业	8289.13	18.4
芙蓉区	369.85	19.8
天心区	398.48	11.6
岳麓区	1082.06	10.5
开福区	174.06	21.2
雨花区	1084.87	13.9
望城区	667.61	24.5
长沙县	1712.66	15.3
宁乡县	1463.66	21.7
浏阳市	1335.87	32.7
2. 规模以下工业		
二、工业产品销售率	98.3	-0.2
三、规模以上工业增加值（现价）	2653.28	14.0
芙蓉区	83.46	18.1
天心区	103.95	12.3
岳麓区	308.86	9.8
开福区	44.43	13.1
雨花区	713.33	11.2
望城区	164.50	18.2
长沙县	471.07	10.7
宁乡县	358.06	19.4
浏阳市	405.63	20.2

工程机械

【概况】 长沙工程机械产业有规模企业132家，其中主机企业28家，配套件企业104家，形成了以中联重科、三一集团、山河智能等知名企业为龙头，以铁建重工、恒天九五、奥盛特重工、长沙方圆、湖南中立、德邦机械等新兴企业为补充的各具特色的制造群体，集群重点聚集在长沙高新技术开发区、长沙经济技术开发区、浏阳工业集中区和宁乡经济技术开发区。2013年长沙工程机械产业完成规模工业总产值1877亿元，同比下降4.2%。从主营产品产量看，起重机累计产量94.59万吨，同比下降8.3%；挖掘、铲土运输机械累计产量30697台，同比下降15%；压实机械累计产量2856台，同比下降5.9%，混凝土机械累计产量45299台,同比下降8.6%。

受宏观经济下滑和国家产业政策影响严重。工程机械产业的发展与国家宏观经济形势及政策走向密切相关。从2012年下半年开始，随着国家宏观政策的调整，工程机械产业行情骤变，整个行业由沸点跌至冰点，2012年增速严重下滑，2013年更是变成了负增长，产值同比下降4.2%。

产品需求下滑，行业竞争加剧，企业营收利润双降。随着行业整体形势的急转直下，急剧扩张的产能与需求不足的矛盾、产品结构的不合理、产业区域的不平衡等原因导致企业应收账款激增、资金链紧张等一系列问题接踵而至。从中国工程机械协会发布的数据分析，2013年行业主要企业集团销售收入同比下滑8.39%，而利润总额下滑幅度却达到了36.6%，由此可见，在激烈的市场争夺中，下调产品售价，降低产品利润率已经成为各企业争夺市场的手段之一。

配套企业发展更加艰难。长沙工程机械配套企业虽然数量众多，但绝大多数实力较弱，拥有核心技术的企业不多。户数占近80%的配套企业，产值却只占10%。没有核心技术的配套企业在主机企业进入调整和下降周期时，必然压缩配套件价格和拉长付款周期，面临严峻的资金紧张、运转艰难的困境。

企业经营风险增加。一方面由于年内重大项目开工不足，工程量偏少，客户设备开工率低，闲置设备较多，客户的还款能力不足致使企业的应收账款增加；另一方面虽然众多主机企业都着力优化库存，并且取得了一定的成效，但企业库存量仍然处于历史高位，大量的库存占用了企业的资金，使得企业的流动资金十分紧张。

创新能力和精益管理得到提升。工程机械的增速急剧下滑，行业面临着巨大困难，这种倒逼机制使得企业更加注重创新驱动，更加需要依靠产品升级来开拓新的空间，尽管企业增长速度降下来了，但企业的内在竞争力稳步提高。（文龙辉）

【国内首台16吨级无泄漏压缩式垃圾车ZLJ5169ZYSDE4下线】 1月8日，由中联重科环卫机械公司自主研发、生产的国内首台16吨级无泄漏压缩式垃圾车ZLJ5169ZYSDE4下线，并已成功实现销售，正式投入使用。该产品为国内最大吨位的无泄漏压缩式垃圾车，是中联重科创新研发的环保型垃圾收运车辆产品，设计大胆突破了传统后装压缩式垃圾车的固有作业模式，借鉴国外产品的先进设计理念。该款无泄漏压缩式垃圾车取消了传统的填装器，将压填机构布置在垃圾箱顶部，并将垃圾箱底板尾部向上翘起350毫米以上，形成独创的箱体尾部结构。其独特的箱体尾部形成了船型结构垃圾箱，可以将收集和转运过程中产生的污水完全封闭在箱体内，不会溢出、滴漏，杜绝了二次污染，彻底解决了压缩式垃圾车的污水滴漏问题。该产品的成功研发和推广运用，将为传统的垃圾收运模式带来创新性的变革。（文龙辉）

【中联重科获3000吨级以上履带式起重机制造许可证】 4月19日，中联重科3200吨履带式起重机特种设备制造许可发布会在北京举行。此次会议的召开，标志着中联重科成为了国内第一家获得3000吨级以上履带式起重机制造许可的企业，是可实现对外销售的全球最大吨位履带式起重机。会上，国家工程机械质量监督检验中心主任李建友给中联重科颁发了超大吨位履带式起重机《特种设备制造许可证》及《形式试验合格证》。国家工程机械质量监督检测中心第三检验研究所所长李晓飞，中联重科董事刘权，中联重科工程起重机公司副总经理罗凯、总经理助理方晓及众多行业媒体出席发布会。ZCC3200NP履带式起重机（该产品曾获2011TOP50技术创新金奖）由中联重科自主研发制造，专门针对中国第三代核电施工吊装而开发，最大起重量达3200吨。下线至2013年，ZCC3200NP履带式起重机在国家质量监督检验检疫总局以及国家核电上海工程公司的监督下，先后完成了3200吨额载、4000吨超载等额定载荷、动载荷、静载荷、侧向载荷和稳定性试验，整机、机构、控制系统性能检测试验，结构部件的探伤检测以及整机拆卸、组装能力测试试验，各工况带载360度回转、带载行走、起升变幅等连续作业试验和安全监控管理系统16小时连续作业验证。（文龙辉）

【全球最大水工混凝土搅拌机研制成功】 7月15日，中联重科自主研发并具有完全自主知识产权的全球最大水工混凝土JS8000搅拌机在汉寿工业园试验成功。水工混凝土搅拌主机JS8000是中联重科继推出的全国最大的商品混凝土搅拌主机JS5000后，研发的新一代综合性技术产品，该搅拌机集两项发明专利、三项实用新型专利于一身，JS8000在吸收国外先进技术的基础上进一步优化提升，搅拌效率比普通水工混凝土搅拌机提高20%。JS8000水工混凝土搅拌机有几个特点：一是效率高。搅拌效率超过每小时303立方米，8小时内可以完成一个普通水坝的施工，生产普通商品混凝土可达到每小时540立方米。二是寿命长。搅拌装置及耐磨件均采用了新配方的耐磨铸铁制造，比传统的搅拌装置及易损件寿命提高了一倍。三是卸料门采用了浮动式结构，具有双重可调节功能及维护简单，操作方便等特性。四是下水方式采用了自落式下水结构装置，与传统设计中使用的增压泵下水方式相比，效率提高了80%。JS8000水工混凝土搅拌机试验成功，标志着中联重科已经掌握了研发制造水工混凝土搅拌机的核心技术。（文龙辉）

【流动式起重机技术国家地方联合工程研究中心落户中联重科】 10月17日，国家发改委批准建立的工程机械行业第一个由国家地方联合组建的国家级创新平台——“流动式起重机技术国家地方联合工程研究中心”落户中联重科。这是中联重科在完成建设机械关键技术国家重点实验室、国家混凝土机械工程技术研究中心组建后，再次承担的一项国家关键领域重大创新能力建设任务。“流动式起重机技术国家地方联合工程研究中心”主要任务是围绕中国流动式起重机主导产业链建设，开展产业关键共性技术研究和重大装备研制，拓展工程化验证测试能力，加强行业技术服务能力，为促进产业技术进步和结构升级调整、支撑和推动经济持续健康发展提供重要技术支撑。 （刘盼盼）

【三一重工超长臂架获“国家技术发明奖”】 1月18日，在北京人民大会堂召开的国家科学技术奖励大会上，三一重工“混凝土泵车超长臂架技术及应用”获2012年度国家技术发明奖二等奖。此次获奖是工程机械行业获得的国家级科技发明奖项的最高级别荣誉。超长臂架技术有多项创新，在设计方面，从传统的等应力设计进入等寿命的设计领域；采用多级预警防倾翻方法；轨迹规划处理超长化带来的柔性形变的方法。在超长臂架研究方面，三一集团的超长臂架设计方法及装置、主动抑振技术、基于重心轨迹跟踪的防倾翻控制技术和超长臂架泵车多参数匹配节能技术4项专利获24项授权发明专利（含美国专利2项、德国专利2项、俄罗斯专利1项）。其中“用于抑制混凝土泵车臂架振动的方法及装置”与“一种混凝土输送泵的节能控制方法”两项专利获中国专利金奖，是中国工程机械行业仅有的获奖专利。三一重工是全球最大的超长臂架泵车研发、制造基地，年生产能力1.4万台。产品成功应用于奥运场馆、上海中心、迪拜塔等国内外标志性工程建设和日本福岛核电站救援，有力提升了中国制造的国际形象。 （周进银）

【三一重工推出多款创新产品】 2013年，在行业深度调整的背景下，三一重工发力新增长点，陆续推出了C8、A8、V8新品，在混凝土机械领域，继续引领行业创新潮流，从而巩固了全球混凝土机械第一品牌地位。C8泵车是三一并购普茨迈斯特后，融合双方顶级技术、制造工艺与优质服务推出的第一代产品；A8砂浆大师，融合德国顶尖技术，开创了预拌砂浆施工新模式——湿拌砂浆，可谓是中国砂浆市场的一次“工业革命”；V8城镇先锋成套设备适应中国新型城镇化建设需求，不但绿色环保，而且在施工工艺、工期、成本、质量上具备绝对优势。 （文龙辉）

【山河智能一体化液压潜孔钻机获授“国家新品”荣誉】 1月25日，山河智能申报的一体化液压潜孔钻机产品被科学技术部、环境保护部等四部委联合授予“国家重点新产品”荣誉。一体化液压潜孔钻机设计中采用全新的设计理念，运用人性化、模块化设计和机电液一体化设计、人机与自然相融合的原则。同时参考国外先进的同类各种机型，对各机型的优缺点进行取舍。集钻进系统、空压机、动力三位一体，方便、实用、高效；关键元器件采用国外最成熟、先进的液压系统技术、动力系统，稳定性与可靠性高。该项目已获授权专利21项，其中发明专利1项，并且参编《履带式一体化潜孔钻机》国家标准，产品填补国内空白，经现场实用，技术性能达到国内领先、国际先进水平。山河智能研发生产的一体化液压潜孔钻机在全国各地的水泥矿山、煤矿、金属矿山、采石厂、交通建设等工程中得到广泛推广应用。研发生产的一体化液压航道潜孔钻机在长江三峡库区整治、长江航道疏浚、沿海航道拓深等水下钻孔爆破作业中发挥了巨大作用。 （文龙辉）

汽车及零部件

【概况】 长沙是全国首个具备完整车系制造能力的城市，截至2013年，全市共有规模以上汽车及其零部件企业99家，其中整车企业10户，零部件企业89户，其整车生产能力涵盖了轿车、轻中重载货汽车、越野车、专用车、客车、新能源汽车等6大类，初步形成了以“两区、两园、一廊”为基地、以6大类整车为核心的汽车产业集群。2013年共完成产值468.19亿元，同比增长70.6%，产量25.78万台，同比增长148.1%。

（文龙辉）

【上海大众新厂落户长沙】 参见P223“长沙经济技术开发区”相关条目。

【比亚迪插电式混合动力车型上市】 比亚迪全新插电式混合动力车型秦于12月17日在北京上市，新车售价

表20 主要整车企业产量和规划产能

	2013年产量（万台）	2013年产值（亿元）
合计	25.7	233
比亚迪轿车	8	40
广汽三菱	4	55
广汽菲亚特	4.8	55
众泰	3.4	17
北汽福田	5	45
梅花	0.2	5
陕汽环通	0.4	6
比亚迪客车	0.04	10

区间为18.98万—20.98万元。该车是一款汽油机与电池作为驱动力的车型，搭载的是领先业界的双擎双模技术，汇集了技术领域的全新理念和尖端成就，从2003年进入汽车行业就研究插电式混合动力技术，2008年12月15日上市的F3DM是全球首款针对个人销售的插电式混合动力车型。秦的双擎双模即DM2代系统是在DM1代系统上全面升级而来，相较于F3DM做了6项提升。（文龙辉）

【广汽菲亚特全球首发第二款国产车型】 11月21日上午，广汽菲亚特全新亮相第二款国产车型——两厢掀背式轿“Ottimo致悦”。Ottimo致悦的整体内饰风格与菲翔极为相似，但内饰配色有细微差别。此外，新车方向盘还增加一些镀铬装饰，档次感由此得到提升。Ottimo致悦依然搭载的是一台1.4T发动机，该发动机有两个版本，其中高功率版最大功率为150马力，低功率版最大功率为120马力。传动方面，与之匹配的是5速手动或7速双离合变速箱。（文龙辉）

【众泰集团获“2013中国企业形象先进单位”称号】 9月24日，在北京召开的第四届中国企业形象管理大会上，众泰控股集团荣获“2013中国企业形象先进单位”称号。众泰控股集团拥有“众泰”“江南”两大自主知识产权汽车整车品牌。营销网络遍及全国各大城市以及县市二、三级市场；产品销往亚、非、欧、美等80余个国家和地区。主导产品曾荣获“创新中国绿色先锋品牌”“CCTV年度车型奖”“中国汽车节能环保成就大奖”“最佳经济车型奖”等多项荣誉。（文龙辉）

食品·烟草

【概况】 食品烟草已成为长沙工业经济发展的主导产业，初步形成了浏阳经开区、隆平高科技园、望城经开区、宁乡经开区等4大聚集区，汇聚了烟草制品、乳制品、肉类加工、粮油加工、调味品、酒类、饮料、茶叶、休闲食品、保健食品、饲料加工和其他农副食品加工12个子行业。2013年，全市食品烟草产业规模以上企业达257家，年产值过亿元企业136家，过十亿元企业8家，完成规模工业产值1388亿元，增长12.1%，实现规模工业增加值768.5亿元，增长8.6%，其中中烟工业公司完成工业产值777亿元，增长11.1%，增加值583亿元。

从产业发展情况看，2013年食品工业延续了一贯的稳健平稳增长发展态势。农副产品加工能力得到快速提高，产品附加值逐渐提升，产业链日益完善，资源优势进一步凸显，食品产业过重依靠烟草工业的支撑体系正在悄然发生改变。

从重点企业情况看，2013年骨干企业发展稳定。加加集团成功推出品牌营销和淡酱油策略，引领全新食用健康酱油的消费理念，产品销量急速攀升，出现产能不足供不应求的现象。洽洽项目自4月份投产，产值达到1.3亿元，通过其先进装备、独特工艺、优质原料选才等绝对优势成为全球瓜子行业老大。宏全企业投资1000万余元引进国际领先装备，重新获得统一集团近两年满额定单，企业新一轮发展全新在望。青啤、美怡乐等企业在旺季，产品深受市场欢迎，2013年均满负荷生产。

从工业投资和招商项目的调度看，部分重点项目进展顺利，有效的支撑了长沙工业的持续平稳增长。2013年食品烟草产业建设项目109个，其中在建81个，待建项目28个。大旺食品旺旺乳饮、加加集团调味品生产基地、华润饮料、绝味食品、小洋人乳业、皇室食品、青岛啤酒、绿之韵、湘丰机械等项目进展良好。洋河酒业已在2013年完成签约，落户宁乡。（文龙辉）

【旺旺集团湖南总厂乳饮新区奠基】 3月12日，旺旺集团湖南总厂乳饮新区开工奠基仪式在望城经开区举行。省台办主任冯波，市委常委、副市长张迎春，区领导孔玉成、喻金平、骆志平、秦国良、周志辉、张权、吴皓出席活动。该项目选址望城大道以西，普瑞大道以北，雷高公路以东，占地面积21.44公顷，总投资20亿元，引进先进生产设备，对湖南总厂米果、包材等生产线进行全方位升级改造。预计2016年29条乳饮生产线、17条米果生产线全部建成投产，成为旺旺系列产品全国最大规模生产基地。项目投产后，年产值62亿元、税收5亿元，可接纳1500人就业。（彭 珊）

【烟草生产】 2013年，长沙市全年生产22个规格内销卷烟，20个规格出口卷烟，生产卷烟663.881亿支（132.7762万箱），其中生产内销卷烟654.5亿支（130.9万箱）、出口卷烟9.381亿支（1.8762万箱）。生产“白沙”651.581亿支（130.3162万箱），其中“白沙”精品类325.5853亿支（65.11706万箱）。加工“万宝路”10亿支（2万箱）。年内万支卷烟综合能耗3.11千克标煤，烟叶年平均消耗分别为6.788千克/万支、20规格滤棒1680.150支/万支，25规格滤棒2534.347支/万支，20规格盘纸643.193米/万支，

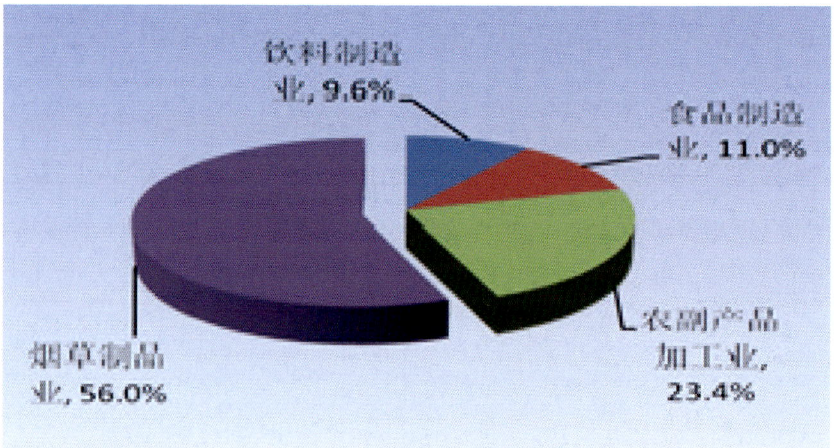

2013年食品产业占比图

25规格盘纸596.274米／万支。水年平均消耗为0.098 吨／万支，电年平均消耗为9.175千瓦时／万支。

湖南中烟工业有限责任公司长沙卷烟厂卷烟厂主要生产 “白沙”“利事”“万宝路”品牌卷烟，主厂区占地面积32.77万平方米，大托、圭塘、吉首仓库用地44.82万平方米。固定资产原值59.73亿元，净值18.11亿元。拥有意大利产制丝线3条，国产、德国产卷接机40台，国产、德国及意大利产包装机42台，国产、德国产滤嘴成型机18台，年卷烟生产能力750亿支（150万箱）。在册在岗人员2213人。9月，长沙卷烟厂关心下一代工作委员会获得全国“五好基层关工委先进集体” 称号，制造中心“白沙”QC小组获得湖南省QC成果发布一等奖和 “湖南省优秀质量管理小组” 称号，卷包车间包装技术QC小组获得“湖南省优秀质量管理小组” 称号，制丝车间联合工房乙轮班获得湖南省“质量信得过班组”称号。11月，长沙卷烟厂获得“湖南省职工科技创新工作先进集体” 称号。12月，制造中心“白沙”QC小组获得“全国优秀质量管理小组” 称号，制丝车间一线生产轮班获得“长沙市工人先锋号”称号。

长沙卷烟厂强化生产组织与过程控制，及时调整品牌规格生产布局，实施特制烟线扩容改造，引进包装设备，开展高档烟生产效率提升课题攻关，有序推进高速机置换准备工作，配合完成行业重大科技专项——国产超高速卷包设备的鉴定工作。开展投资和维护项目1135个，其中工程投资项目126个，信息化建设项目40个，零星工程969个，完成投资60424.79万元。公司技术中心建设项目按计划推进，大托烟叶醇化库项目全面实现主体封顶。完善企业综合管理信息系统，推广应用个人工作平台，整合岗位工作信息，实施数据集成、界面集成及业务处理集成，提高员工系统应用效率。开发系统“管理监督”与“指标波动预警”功能，促进指标的持续改进。完善《课题管理制度》，实施“全面推进岗位安全生产标准化对标，提升安全防控水平”等5个重大课题和27个基础管理优化课题。制定企业《6S管理推行方案》《办公区域6S管理规范》与《生产区域6S管理制度》，提升6S管理水平。以过程控制为重点，促进全工序过程控制精度提升。强化质量保障能力，以过程控制为重点，推进参数化管控的深入应用，促进全工序过程控制精度提升，制丝整体工序的过程质量控制能力指数达标率95.79%，卷包工序烟支与盒装缺陷率分别同比下降10%、19.3%。深化环保职能管理，成立环保治理专项工作组，针对13项清洁生产自评失分项目，开展40项改进措施，确保污染物在源头得到控制。 （长烟办）

【凌成兴到长沙卷烟厂考察】 2013年7月15日，国家烟草专卖局局长、党组书记凌成兴到长沙卷烟厂考察联合工房制丝车间和卷包车间生产情况。听取车间员工关于制丝生产指挥系统的详细介绍，了解制丝车间MES、SPC等信息系统的综合应用情况，询问白沙烟的现有规格与规模情况，仔细观察正在平稳运行的行业第一台套国产超高速卷接包样机的运行情况。在卷包中控室，详细了解“秒级数采、分钟监控”的卷包过程参数化预防控制模式，并与一线员工亲切握手。湖南省省长助理袁建尧、国家烟草专卖局副局长李克明一同考察。

（长烟办）

材料产业

【概 况】 2013年，规模以上企业575户，从业人员约8万人，完成工业总产值1577亿元，同比增长27.3%，占全市规模工业总产值的比重为19%。其中晟通科技、金龙铜业完成总产值分别居全市材料产业第一、二位。长沙市材料工业围绕调整结构这根主线，加快化工材料、建筑材料等传统材料产业改造升级步伐；加快储能材料、先进金属材料等新型材料产业发展进程；加快材料工业与长沙市主导产业的融合。材料工业规模不断扩大，产业结构不断优化，成为全市工业经济4大主导产业之一。与“十二五”初期的2010年相比，长沙市材料工业产值规模由774亿元上升到1577亿元，年均增长26%。

金属材料全年完成总产值490亿元，新能源材料全年完成总产值50亿元，化工材料全年完成总产值约380亿元，建筑材料全年完成总产值约320亿元。 （文龙辉）

生物医药

【概况】 长沙生物医药产业发展以浏阳经开区为核心区，在地理范围上主要聚集在浏阳经开区、长沙高新区、开福区、暮云工业园、金霞经济开发区等，同时还有部分散布在其余各区县（市）及园区。初步形成产业集群的是浏阳经开区和长沙高新区。长沙生物医药产业由现代中药、基因工程和现代种苗产业组成，现代中药加工技术和现代种苗技术处于全国领先水平，而基因工程及技术处于中部领先水平。长沙生物医药产业现已形成7大特色领域：现代中药创新及特色中药（以九芝堂、泰尔、春光九汇等为代表）、高端原料药及制剂（以九典、华纳大、迪诺、威尔曼等为代表）、抗肿瘤药物（以迪诺、哈药慈航医药研究所、天赐生物医药等企业为代表）、药用辅料（以尔康为代表）、生物诊断试剂（以宏灏生物、博童生物、新康公司等企业为代表）、疫苗（以九芝堂斯奇制药为代表）、动物保健药产业（以农大动保、施比龙、广安、泰丰等企业为代表）。

2013年，长沙75家规模以上医药企业，延续了一贯的高增长积极态势，完成工业总产值234.5亿元，同比增长20.4%。2013年，浏阳生物医药园完成工业总产值523亿元，其中生物医药总产值占比3成以上，产销规模近200亿元。生物医药已成为基地主导产业，形成蓄势待发之势。

（文龙辉）

电子信息

【概况】 2013年电子信息制造业实现规模工业总产值974.81亿元，同比增长41.4%；规模工业增加值285.68亿元，同比增长36.6%；软件和信息服务业营业收入200亿元；通信服务业营业收入100亿元，全市信息产业全行业收入1275亿元。在国际经济复苏缓慢，国内经济持续放缓的宏观环境下，长沙市电子信息产业受国家产业政策持续利好的影响以及产业自身的优势和特点，从第二季度开始逆势上扬，规模工业总产值和增加值都保持40%以上的高速增长，增速在全市6大产业集群中排第二位，成为长沙市工业经济稳增长的重要力量。（文龙辉）

【重点园区发展】 浏阳经开区电子信息产业规模近年来迅速壮大，2013年全区电子信息产业实现产值265亿元，同比增长67.6%，占园区总产值55%，依然占据最主要的比重。长沙经开区拥有电子信息产业企业21家， 2013年电子信息产业实现规模工业总产值115.24亿元，同比增长102.52%，实现营业收入106亿元，同比增长98.21%。长沙高新区全电子信息制造业实现工业总产值120亿元。（文龙辉）

【骨干企业发展】 1. 龙头企业表现突出。蓝思科技受益于移动互联网产业快速发展，产品一直供不应求，人工蓝宝石晶体成功应用于最新产品，完成工业总产值236.9亿元，同比增长54%。宇顺电子中小尺寸触控屏的产能持续放大，主营业务收入达到9.87亿元，同比增长近5倍。介面光电产销两旺，实现主营业务收入36亿元，同比增长7倍。龙头企业爆发式增长的态势，对整个产业起到了引领和带动作用。2. 光伏产业正在逐步走向复苏。随着国家光伏产业鼓励政策的持续出台、行业危机趋于缓和以及中电48所面对危机及时调整产业方向，企业各项经济指标企稳回升，主营业务收入60.2亿元，同比增长17.1%。3. 柔性印刷电路板发展迅速。得益于智能手机和平板电脑旺盛的需求拉动，利尔电路板同比增长46.3%，牧泰来技术同比增长39.6%。4. 消费类终端产品销售快速下滑。因市场竞争加剧，产品创新能力不强、销售渠道不畅等原因，导致销量快速下滑，产品积压严重，纽曼数码主营业务收入仅为上年同期的1/4。5. 仪表、线缆类企业受到经济下行以及房地产等相关行业调控的影响，虽然整体是增长的，但增长幅度不大，京广线缆相比上年有微弱增长；威胜集团受国家电网招标资金缩减影响，与上年基本持平。（文龙辉）

【项目建设】 全年共引进23个项目，计划总投资258.25亿元，代表性的项目有：基伍集团在浏阳经开区启动的科技智谷和长沙智慧港项目。科技智谷总投资2亿元，长沙智慧港项目总投资100亿元，建成后可实现年产值500亿元；湖南中以光通信科技有限公司在浏阳经开区投资45亿建设二代光纤生产基地；总投资约40亿元，总占地153.34公顷的蓝思科技第三期暨新总部基地建设项目；领益科技拟投30亿元建设华南生产、研发基地，生产高端手机金属精密件及其他配套产品等。全年新开工项目16个，预计总投资121.16亿元；在建的项目中，蓝思科技大尺寸触控功能玻璃面板项目主体工程已经基本完工，正在进行内部装修，其中一栋厂房已经投入使用；介面光电二期项目总投资1亿美元，建设15000平方米的十级洁净度生产车间，设计单膜双层超低电阻导电薄膜5条生产线的项目已完成车间主体建设，设备已订购，计划于年底正式启动设备安装调试工作。已竣工投产的主要有创芯科技、丰源迪美、金洲存储、先导电子陶瓷、力合科技、万强通信等10余家企业的项目，预计新增产值近10亿元。（文龙辉）

【信息化建设】 全市信息化建设稳步推进，信息化在促进长沙市制造业高端发展、改造提升传统产业、加快发展新兴产业、构建现代产业体系、经济社会转型等方面取得了明显成效。1. 在基础设施领域，着力推进“光网长沙”“无线长沙”和“智慧长沙”建设，完善了移动电子政务、公共事业、医疗、教育、金融、旅游、生活服务、消费购物、就业、交通十大信息化应用，使市民享受到更加便捷的网络服务。在社会应用领域，重点推进了“数字城管”二期、“智能交通”二期、“天网工程”等一批信息化项目建设，逐步现实了城市管理精细化、城市服务便捷化、城市运行可靠化、城市经济绿色化和城市生活舒适化。2. 在工业经济领域，打造了中小微企业云服务平台、行业电子商务平台、智慧法律公共服务平台和工业经济运行分析监测平台，并实施了100项产品智能化改造，推进了100家企业内部管理信息化，创建了20家“两化融合”示范企业，大力促进产业聚集化、绿色化、智能化、网络化发展，逐步实现产业转型升级。（文龙辉）

电　力

【概况】 2013年，长沙电力供需总体保持平衡，用电需求保持中速增长态势，全年最高负荷476.1万千瓦，增长18.37%，全社会售电量200.9亿千瓦时，增长8.47%，用电量223.00亿千瓦时，增长9.3%。第一产业用电量4.8亿千瓦时，下降48%；第二产业用电量94.6亿千瓦时，增长15.8%，其中工业用电量88.2亿千瓦时，增长16.3%；第三产业用电量51.7千瓦时，增长11.5%；城乡居民生活用电71.8亿千瓦时，增长7.7%，其中城镇居民生活用电量45.61亿千瓦时，乡村居民生活用电量26.2亿千瓦时。2013年7月原长沙电业局正式更名为国网湖南省电力公司长沙供电分公司，简称国网长沙供电公司。

一、指标任务全面完成。完成售电量200.9亿千瓦时，同比增长8.47%；综合线损率8.83%，同比下降0.36%；城市、农村综合电压合格率分别达到99.988%、99.376%，同比分别上升0.0009、0.636个百分点；城市、农村供电可靠率分别达到99.9795%、99.9585%，同比分别上升0.0009、0.034个百分点。

二、电网安全管理。以“不停电就是生产力”的理念保障长沙电网稳定运行和安全可靠供电。完善以“五类制度”为核心的电网安全管理体制，建立安全生产反违章常态工作机制，加大了作业现场安全监督力度，实现了稽查100%到位、重点现场无管理真空。科学安排运行方式，强化电网风险防控，成功应对电网负荷13次突破历史纪录、最高达到476.1万千瓦的严峻考验，圆满完成迎峰度夏任务，最大限度地满足了长沙经济社会发展和人民群众的用电需求。完成各类重大保电工作70余项，年内圆满实现第四个“安全年”目标，实现连续安全生产3763天。公司顺利通过国家电网公司长沙城市电网安全性评价等一系列检查，连续两年被中国电力企业联合会授予“全国供电可靠性金牌企业”称号。

三、推进长沙电网建设。开展了长沙电力市场分析预测和电网负荷特性研究工作，推进规划评估分析和项目库优化排序。完成《2014—2015年10千伏及以下配电网规划项目优选排序报告》《2013—2020年长沙地区配电网滚动规划》，编制了浏阳制造产业基地、521个行政村2014—2015年村网规划报告。累计完成投资10.29亿元，新增线路119.86公里，新增变电容量80.05万千伏安。主网投产220千伏蓝思科技输变电工程，110千伏沙田、长龙、化工园输变电工程等9个重点工程。城网配电网建设改造与管理提升工程通过国网公司验收。度夏项目基本按计划完成。农网投产5个35千伏项目，完成改造升级工程51个。完成“为民办实事”工程17个。

四、提高服务质量。以“你用电，我用心”服务理念为引领，实施“大服务素质提升体系建设”工程，真诚服务全市电力客户。以客户满意为导向，主动对接政府新建住宅项目，搭建了快捷高效的服务“绿色通道”。组建“台区经理班”为台区客户提供远程停送电管理、服务信息发送、业务咨询等服务。在省内首创“长沙供电”微信服务平台，成功实现手机查缴电费、在线服务等功能，方便用户实时解决用电问题。实施差异服务，为238户重要客户排忧解难，得到一致好评。加快低压计量抢修响应速度，实现了零投诉、零超时、零事故。自主开发营销系统短信平台，拓展了联系客户的深度和广度，增强了工作的及时性。完成汽车东站充电站50台纯电动汽车投放目标，率先在省内实现满载运行。推广光伏式能源报装新业务，引导光伏发电项目安全可靠并网。

五、加快发展农村电力。按照“新农村、新电力、新服务”农电发展战略，大力推动专业管理向农电延伸，城乡电力一体化建设进程不断加快，实现县级供电企业信息系统全覆盖。圆满完成农网改造升级任务，完成行政村配电网改造110个，供电范围内的行政村配电网改造面由2012年底的99.55%提高到100%，户表改造率由90.89%提高到98.26%。（陈　进）

【电力生产】　长沙市境内现有一家电力生产企业，湖南华电长沙发电有限公司。该公司是中国华电集团公司独资建设的大型火力发电企业，划归中国华电集团湖南分公司管辖，于2003年10月成立，位于湖南省长沙市望城县铜官镇，距离长沙市区约40千米。公司规划装机容量2×600兆瓦＋2×1000兆瓦，公司一期工程建设容量为2×600兆瓦，工程总投资48.2亿元，是国内首批、华电首座燃煤脱硫脱硝发电机组。2013年，湖南华电长沙发电有限公司完成51.30亿千瓦时的发电量。为长沙电网迎峰度夏、迎峰度冬做出重大贡献，全年电煤库存总体维持较高水平，年末库存电煤35万吨。（文龙辉）

烟花爆竹

【概况】　2013年，花炮产业大力推进“集团化、专业化、机械化、信息化、安全型、环保型”等四化两型战略，浏阳市花炮产业集群实现总产值190.9亿元，同比增长10.5%。其中出口销售额26.13亿元，同比增长9.6%；国内销售额118.07亿元，同比增长12.94%；相关产业实现产值43.9亿元，同比增长15.2%。宁乡县花炮产业实现总产值41.37亿元，同比增长9.77%。

一、整合提升。建立了“严进宽出”的行业准入退出机制，出台《关于加快花炮产业转型升级的决定》，积极争取长沙市工信委4000万元工发资金，产业整合提升取得重大进展，全年通过依法退出、兼并重组、转行转产等方式淘汰散小乱差企业100家，开展礼花弹企业、黑火药、引火线企业专项治理工作，组建颐和隆、明义、三联、庆泰4家紧密型企业集团，成功引进1家上市公司进入烟花行业，专业化生产、集团化经营初见成效。开展全市《烟花爆竹　安全与质量》GB10631—2013强制性新国家标准宣贯培训活动，推动产业朝着安全环保方向转型。

二、安全提质。建立和完善联席会议制度，有效强化部门联动，形成各部门各司其职又紧密协作的产业监管格局。开展以整治跨厂区运输危险品、“四超两改”、防静电等为重点的安全专项整治和烟花爆竹安全生产“百日攻坚”专项行动，提升企业安全生产水平。全面实行《浏阳市烟花爆竹行业12类重大事故隐患行政处罚基准》，出台《浏阳市烟花爆竹企业安全生产管理记分暂行办法》，进一步强化常态监管和刚性执法。全面执行《烟花爆竹安全与质量》新国家标准，持续开展行业打假治劣和产品质量安全专项整治行动，产品质量安全水平进一步提升，2013年湖南省烟花爆竹质量安全监督抽查中，浏阳花炮以94.6%的合格率超全省平均水平27.2个百分点。有效应对烟花爆竹运输安全隐患，实行以奖代补政策，新增危货专用车辆286台，提升道路运输安全保障能力。加强烟花爆竹安全燃放的宣传教育，向全国各地经销商制作发放7000余份烟花爆竹安全文明燃放指导光碟，提高终端消费安全水平。

三、科技创新。花炮新材料、新产品和新机械的研发应用实现重大进展，微烟发射药、微烟引线、花炮除味剂等系列安全环保新型材料得到推广，其中无硫发射药已于2013年8月份通过省科技厅鉴定，被国家安监总局推荐为北京、上海市场优先使用产品；模压技术的应用夯实花炮生产实现全面机械化、自动化的基础，受到国内外客户的青睐；新型环保鞭炮、无引线连接环保组合烟花等新产品成功研发并投入市场，3D架子烟花—梦幻花环、97发中国梦等近200个安全环保新产品受到市场追捧；组合烟花全自动生产线、全自动电光花机、全自动内筒装药机等数控智能化机械设备应用，大大提升了产业安全系数与生产效益。

四、品牌宣传。为深化公众对烟花爆竹的安全环保认同，及时召开浏阳花炮安全与环保新闻发布会，主动化解雾霾质疑。成功举办第十一届中国（浏阳）国际花炮文化节，第五届中国（浏阳）国际音乐焰火大赛、新产品燃放展示暨看样订货会以及第十四届国际烟花论坛等主题活动，其中花炮新产品燃放推介暨看样订货会，将杂技、舞龙舞狮、特技表演等中国传统文艺表演和烟花表演相结合，演绎一场人与烟花共舞的烟花文化艺术盛宴。精心打造橘子洲周末焰火文化品牌，展示浏阳花炮安全环保新成果和新形象，提升浏阳花炮的艺术魅力和品牌影响力。2013年，“浏阳花炮”文化品牌以价值1071.4亿元上榜中国“五星级地理标志”。

五、市场开拓。全年组织企业进入山东、辽宁等12个省、市、自治区参加烟花爆竹供货备案会议，为浏阳花炮生产企业和省外经营商搭建了良好的购销平台。加强电子信息建设，成功研发首个APP交易平台，花炮营销正式进入手机电子交易时代。加强国际交流与合作，成功举办第十四届国际烟花论坛，吸引了300余位国外烟花人士到浏阳参会，通过学术交流、产品展览、焰火展示等活动，为浏阳花炮与世界烟花搭建最广泛的交流合作平台，大力提升浏阳花炮的国际影响力和美誉度。组织企业参加德国国际烟花展、日本动漫主题烟花展、伊朗“MTM”烟花文化节、迪拜烟火秀等行业国际交流活动。

六、协调服务。主动加强对上协调，接待国家安监总局副局长孙华山，通过展示浏阳最新安全环保烟花材料和机械，使总局领导坚定烟花可以安全、环保发展的信心。先后接待湖南省副省长盛茂林、省委常委、宣传部部长许又声、北京市政府办周正宇等上级领导调研花炮产业，争取北京修改禁售禁放内筒组合烟花的规定，为产业发展创造良好的政策环境。优化企业融资环境，新引进民生、光大等银行向花炮产业投资。加大法律维权服务，全年累计解答花炮企业法律咨询190余次，代理花炮企业民事、行政诉讼13起，协助企业解决运输、销售、燃放过程中各类法律事务16起。

（黄　露）

【《烟花爆竹安全与质量》GB10631—2013实施】　3月1日，《烟花爆竹安全与质量》GB10631—2013实施。相比GB10631—2004，新标准将烟花爆竹分类从之前的14大类调整为9大类，将产品分级从A\B\C\D四级调整为专业燃放类和个人消费类。新国标的实施，明确保留内筒组合烟花，为组合烟花长达3年的存废之争画上句号。与此同时，新标准的调整，将极大地促使烟花爆竹转型升级从而适应现代社会城市化高度发展要求。

（黄　露）

【淘汰100家散小乱差花炮企业】　3月22日，花炮产业发展暨安全生产工作会议召开，浏阳市宣布依法淘汰散、小、乱、差花炮企业100家。近年来，浏阳花炮产业安全形势较为平稳，但在运输、燃放等后续环节上仍存在一些安全隐患，加上环保压力的不断升级，花炮行业处于“爬坡过坳”的关键期。浏阳市出台一系列推进行业整合提升的措施，原则上不新增、不新建花炮企业，并建立执行“严进宽出”的行业准入退出机制。同时，严控中小企业的生产类别和品种，实现由多产品许可向单一产品许可转变。鼓励规模企业兼并、重组，年内引导组建3—5家大型企业集团，并加强对花炮企业集团公司的扶持奖励。通过依法退出、兼并重组、转行转产等方式，2013年顺利淘汰散小乱差花炮企业100家，圆满完成年初提出的目标。

（黄　露）

【国际烟花论坛首次在中国举行】　10月14—18日，国际烟花论坛在长沙举行，来自中国、美国、德国等20余个国家的花炮行业专业人士就烟花爆竹相关问题进行探讨。这是国际烟花论坛首次在中国举办，为浏阳花炮乃至中国花炮出口搭建一个更加广泛的推介平台，该活动是国内举办的最具国际影响力和最负盛名的行业盛会之一。

（黄　露）

【第十一届中国（浏阳）国际花炮文化节】　10月19日，第十一届中国（浏阳）国际花炮文化节拉开序幕。烟花艺术汇演、第三届花炮新产品燃放展示暨看样订货会、第五届中国（浏阳）国际音乐焰火大赛、第十四届国际烟花论坛、第二届花炮双年展、国际烟花协会第六届年会6大主体活动，为花炮产业发展搭建经贸平台，展示花炮行业生产、燃放领域的最新研发成果。与以往不同，该次花炮节更名为“花炮文化节”，并首次由民间主办，进一步体现节会的文化性和群众性。

（黄　露）

企业选介

【经阁集团】　经阁集团成立于1992年8月，位于长沙市高新技术开发区隆平高科技园内，占地40余公顷，拥有资产16.5亿元，年产高档铝型材能力12万吨。产品有：高档彩色电氟铝型材、高档氟碳铝型材、木纹铝型材、电泳涂漆铝型材、粉末喷涂

第十一届中国（浏阳）国际花炮文化节开幕式

铝型材、隔热节能铝型材、工业型材，以及电子产品、航空航天、高速列车、轻轨专用铝型材等，其中节能铝门窗、幕墙、防护智能门窗年加工安装能力300万平方米，是建设部全国铝门窗、幕墙型材科研、生产定点基地。2013年又一次获“中国铝型材十强企业”称号、“2013中国建材企业500强”排名第七十二等荣誉。2013年10月与日本不仁铝业和日本关西株式会社合作，国内首创研发生产彩色电氟节能铝型材，彩色电氟产品集经阁集团20余年铝型材研发制造经验之大成，不仅在型材的耐候性、强度、自洁性上再次取得了重大突破，还搭载了多项先进技术，并实现了使用寿命长达80年，不沾灰不沾水、有效防止雾霾等功能。2013年实现年产值38.6亿元，年销售37.8亿元。（许兵兵）

【湖南省乐福来食品有限公司】 湖南乐福来食品有限公司，地处国家级宁乡经济技术开发区谐园路，总占地面积8公顷，是一家集肉类食品深加工，冷链物流于一体的股份制企业、湖南省肉类协会副会长单位、长沙市人民政府“两帮两促”重点项目单位。公司投资1.7亿元，全套引进欧洲最先进的肉类食品加工技术和设备，建成3条国际一流水平的肉类食品加工生产线和库容量达1万吨的冷链物流系统，年加工低温肉类制品2万吨。公司旗下“乐福来”品牌产品，完全按国际化标准进行研发生产，并已通过ISO9001质量管理体系认证，ISO22000食品安全管理体系认证。共有香肠，火腿，培根等6大系列近200余个产品，致力于为消费者提供健康，安全，营养，美味的肉类食品。公司产品分别销往北京，南京，云南，武汉，太原，合肥，广州，深圳，香港及湖南全省。客户群体分别为各大经销商，连锁商超，高中档酒店，餐厅，高校食堂，企事业单位食堂。2013年，随着订单的增加，公司增加了一大批生产设备，增建了一个1000吨容量的冻库。（文龙辉）

【湖南优蜜食品科技有限公司】 湖南优蜜食品科技有限公司总部位于长沙市国家级隆平高科技园区内，是一家专业从事果汁饮料与液态奶的科技型加工制造企业，公司由原湖南省畜牧研究所所办牛奶加工厂重组改制而来，是省内最早从事乳制品加工企业之一。经过4年的发展，公司下设2个分厂，9部1中心（市级技术中心）1室（省级畜产品研究室）。公司坚持以创新发展来获得核心竞争优势，并取得了3项国家发明专利，2项省级科研成果，从业人员近300人，拥有博士2名，硕士6名组成的高素质技术专家团队。公司现为湖南省最大的以高档餐饮果汁为主的加工企业之一，是省内3大中国学生饮用奶定点生产企业之一，拥有国内一流的现代化生产加工设备，日产能过200吨，率先通过了ISO9001国际质量管理体系认证，拥有优蜜、优氏两个省著名商标，40余个品种产品。公司是湖南省高新技术企业；长沙市十大优秀农业产业化龙头企业之一；首批湖南省食品质量与安全诚信试点企业。2013年进一步开拓创新，开发杂粮乳饮料、富硒乳酸菌饮料等新产品，进行年产4万吨芒果汁生产线技术改造与乳制品生产线技术改造，以及奶源配套设施基础建设。延伸产业链，在长沙县高桥镇建设玉米种植基地，在常德西湖管理区建设奶牛养殖基地，开发现代农业“种—养—加”生态循环产业链。并在省畜牧所国家级奶牛原种场基础上进行提质改造，成立湖南都市田园牧业科技发展有限公司，现存栏奶牛800头，种植牧草14.67公顷，为下游乳品加工提供安全品质保障。3月，获发明专利—紫薯玉米粒乳酸菌乳饮料及其制备方法（ZL201110318634.8），公司又添一项自主知识产权。2013年销售收入达7236万元，利润670万元，税收150万元，市场前景良好。（文龙辉）

【湖南湘丰茶业（集团）有限公司】 湖南湘丰茶业（集团）有限公司地处长沙县金井镇，是集茶苗繁育、茶叶种植、加工、销售、茶旅游、茶会所、茶业培训、茶叶卖场，茶叶生产机械于一体的全产业链标杆企业。公司旗下有9个全资、控股分子公司，系中国茶叶行业十强、湖南省重点农业龙头企业。公司秉承“让国人喝上放心茶、品质茶”的发展理念，整合控制茶叶基地1.34万公顷、自有基地0.3万公顷，成功带动近20万农户增收致富。茶叶通过“有机茶认证”并多次获国际茶博会金奖、省国际农博会金奖，“湘丰”荣获中国驰名商标。2013年湘丰集团被授予“湖南省园艺产业研究生培养创新基地”“湖南农业大学大学生校外教学实习基地”“湖南农业大学就业基地”3块招牌；湘丰以良好的社会责任感被评选为“湖南省助农增收十强企业”。湘丰茶机研制出的六轴工业机器人在国内技术领先，并申请了专利，湘丰茶机在长沙经济技术开发区购地6公顷建设湘丰产业园，用于扩大茶机生产产能，新项目建成达产后，年产值6亿元以上，年利税过亿元，新增就业岗位400个以上。在渠道销售方面，湘丰与花之林签订了合作同盟协议，标志着湘丰产品将进入花之林遍布全国的200余家门店，更深入地代表湘茶走向全国。湘丰与长沙海关、长沙县委县政府开展了生态文明建设三方共建活动；湘丰茶业被认定为长沙市首批院士工作站。（文龙辉）

优蜜果汁系列——鲜浓芒果汁

九芝堂主导产品：六味地黄丸

九芝堂主导产品：驴胶补血颗粒

【九芝堂股份有限公司】 九芝堂股份有限公司是国家重点中药企业、国家重点高新技术企业、国内A股上市公司、湖南省质量管理奖企业、国家博士后科研工作站。公司前身“劳九芝堂药铺”创建于1650年。公司主要从事中成药、生物药品的研制、生产、销售及药品的批发、零售业务，综合经济实力在湖南省医药行业中名列前茅，并连续获评纳税信用A级单位。截至2013年底，公司已发展成为拥有总资产19亿元，净资产15亿元，年销售14亿元，下辖8家直接控股子公司、2家间接控股子公司，拥有近200家连锁门店的工、商、研一体化的现代大型医药企业。2013年公司年销售收入较上年同期增长16.25%，全年利税总额过4亿元，向社会缴纳的税金突破2亿元。公司投资近7亿元建设的九芝堂科技产业园即将全面投入使用，该园区引进国内先进的中药制剂工艺技术和生产设备，建立了自动化生产与管理信息平台，建设了符合GSP标准的高科技物流中心，新园区的建成使用将使公司升级成为高效、环保、节能的高科技现代化企业。

（文龙辉）

【湖南方盛制药有限公司】 湖南方盛制药有限公司创始于2002年6月，于2009年9月完成股份制改造，整体变更为湖南方盛制药股份有限公司（以下简称“方盛制药”）。方盛制药下辖两家控股子公司：湖南湘雅制药有限公司、湖南方盛华美医药科技有限公司。方盛制药是一家集新药研发、成药生产和销售于一体的高品质、综合性制药企业。方盛在中药领域现已成功开发“欣雪安”牌心脑血管科、“金蓓贝”牌儿科、“美尔舒”牌妇科、“方盛堂”骨伤科及消化科等系列产品。在化药和生物制剂领域，方盛还将重点开发具有自主知识产权、防治重大疾病（如癌症）的重磅药物，形成独有的核心技术和创新实力。方盛先后获评国家火炬计划重点高新技术企业、湖南省省长质量奖企业、湖南省首批示范性医药企业、湖南省小巨人计划企业、湖南省质量信用AAA级企业、方盛制药博士后科研流动站协作研发中心、湖南省心脑血管药物工程技术研究中心等荣誉称号。

（文龙辉）

【康普药业股份有限公司】 康普药业股份有限公司，原名湖南康普制药有限公司，历经20余年发展，现已成为在全国享有声誉的现代化中西制药企业。公司拥有现代化中西药制药基地，常德汉寿、湘潭一笑堂两大生产基占地18.2公顷，拥有符合GMP标准的片剂、胶囊、颗粒、小容量水针、冻干粉针、原料提取、化药合成等多个剂型的生产线。公司连续多年被评为利税逾千万元大户，省医药行业十佳企业，入选省高新技术企业、省级企业技术中心，重点上市后备企业、小巨人计划企业；康普自主研发的产品达100余个，拥有“康普”牌化学药和“喜来乐”牌中成药两大系列产品，产品中西合璧。与国内外知名高等院校、科研机构建立产学研结合平台，建立省内首家企业医药研究院，拥有专利98项。拥有独立的医药营销公司，营销渠道网络覆盖全国省市县级终端，与全国300余家医药经销商建立战略合作联盟，逐步打开越南市场，主导产品肝复乐胶囊、补肾益寿片、奥美拉唑肠溶胶囊等产品疗效显著，拥有大批忠实消费者。（文龙辉）

交通 · 邮电

责任编辑：吴丫丫

城市公共交通

【概况】 2013年是长沙创建“公交都市”的第一年，长沙市全力推进“公交都市”建设。1. 加强政策保障。编制《公交都市建设示范工程实施方案》，修订出台《长沙市人民政府关于优先发展城市公共交通的实施意见》和《公交规划修编》，推动《长沙市城市公共客运条例》的修订工作。2. 加大财政支持力度。对普通市民乘车给予7折优惠、学生乘车5折优惠，残疾人和老年人乘车免费；取消全市所有“3元公交”票价；明确金霞经济开发区72.93公顷土地作为交通发展用地，其收益部分用于“公交都市”等交通建设。3. 强化基础工作。优化调整公交线路15条，填补公交空白路段24.5公里；启动快速公交BRT建设；开展公交整合工作，公交对市民的吸引力有所提高，进一步方便群众出行。（杨　甜）

【公共客运管理】 2013年，长沙市公共客运行业开展“脏、乱、差”、出租汽车拒载、公交车丢站甩客、班线车乱班乱线和异地经营、站点周边经营秩序专项整治行动。检查公共客运车辆126578台次，其中公交车38004台次、出租汽车69568台次、道路客运车辆19006台次。对公共客运行业服务质量实行“一月一考评，一月一排名，一月一通报，一季一讲评”。在公共客运行业开展“争当雷锋精神传人，弘扬社会文明新风”“管理服务提升年”“规范经营行为，提升服务质量”百日竞赛主题活动。3月13日，印发《长沙市出租汽车服务质量信誉考核实施细则（试行）》。6月3日，印发《长沙市道路客运企业服务质量考核实施细则（试行）》。8月1日起，在出租汽车行业实施“出租车交接班线路提示牌”。12月19日，印发《关于加强更新下线出租汽车管理的通知》。（陈　娟）

【城市公交】 2013年，长沙市有公共汽车线路141条，营运线路总长度3484.2公里。有营运车辆4155台，折合5381标台，分属5家经营企业，按燃料类型分，燃油车3483台（柴油车1538台，油电混合动力车1945台）、天然气燃料车617台、纯电动车55台；按是否带有空调设备为等级标准来分，高等级车3278台、非高等级车877台。营运总里程3.1亿公里，客运总量7.4亿人次，营运总收入11.2亿元。有18条道路（五一大道、芙蓉路、三一大道、人民东路、书院路、晚报大道、桐梓坡路、银盆南路、麓山路、韶山路、万家丽路、金星路、岳麓大道、蔡锷路、中山路、解放路、城南路、车站路）设置了大客车专用道，总长度129.6公里。公共汽车行业从业人员10222人，其中驾驶员6351人。（潘　晖）

【城市出租】 2013年，长沙市有出租汽车6780台，分属26家经营企业（含城市出租汽车协会个体分会），出租汽车品牌为捷达、威志、雪铁龙、桑塔纳3000、新款捷达、现代名驭。行驶总里程106651.3万公里，营运总收入171869.6万元，客运总量14211.3万车次/28422.6万人次（按每车次载客2人统计）。出租汽车行业有从业人员17536人，其中驾驶员16582人。（吴　兵）

【交通行政执法】 2013年，长沙市交通行政执法规范有序。1. 领导高度重视。省市领导多次到重点地区、地段、站点督查“打非”工作，参与执法活动，并给予指导。以市委副书记张迎龙为组长的市打击非法营运专项治理工作领导小组多次召开打非工作推进会、调度会，出台《长沙市打击非法营运专项治理工作方案》，下发《关于深入开展打击非法营运专项治理工作有关事项的通知》，将打非工作纳入对各打非相关单位年度绩效考核。2. 打非纵横延伸。加大车辆查扣力度，共出动执法人员2.28万人次、执法车辆3192台次，共查扣非法营运车辆6001台、线路牌证256块，非法营运得到控制；加大专项整治力度，着力保障春运秩序，参加百日集中整治，务实开展文明测评工作；市交通行政执法局与市公安局、市旅游局、市工商局等市直各部门按照职责分工，协调配合，形成强大合力，与内6区、3县（市）开展一系列联合整治行动，与岳阳等异地联合开启，共同打非；充分发挥枢纽作用，作为打非领导小组下设办公室，市交通行政执法局办公室加强与打非领导小组及各成员单位的沟通与联系，及时汇总打非信息，下达打非文件，上报打非情况，保障打击非法营运专项整治工作的强力、有序开展；重视打非舆论宣传，做到打非动态天天有图像、有声音、有文字，中新社、中央2台、中央13台专题报道打非成果，省、市各类媒体系列报道共300余期次，红网系列报道14期；提升打非执法保障，强调文明执法、安全执法，与财政等部门单位沟通协调，人、财、物政策支持方面给予大力倾斜，研制开发交通行政执法管理系统，购置执法车辆、设备，为打非工作提供坚实有力的保障。3. 规范行政处罚。严格执行《行政处罚自由裁量执行基准》，依法处罚，秉公执法，在轻处罚重教育上下功夫。全年共调查处理案件2174起，其中非法营运1933起、道路运输45起、道路运输违章196起，制作各类文书35120份无差错；结案率95%，罚款额度无1例不与案情相符，无1例错案，行政诉讼案件5例无败诉，行政复议案件8起，均维持原决定。4. 着力法制工作。组织办理群众举报、投诉案件938件，其中电话举报、投诉案件880件，来信来访案件18件，上级转办案件40件。所有案件都及时处理，按规定予以回复；组织办理行政案件共31例，其中诉讼案件13例、复议案件13例、非诉执行案件1例、听证4例，无行政案件败诉或被撤销；以“以会代训”、法规知识抢答赛、观摩行政诉讼案庭审、专家授课和“六五”普法教育结合等形式开展业务知识培训，共组织开展各类培训7次；组织制定《长沙市交通行政执法局行政处罚自由裁量权实施办法》。（张　金）

【驾培管理】　2013年，全市驾培机构招生人数25.7万人，考试合格18.9万人，核发道路运输从业人员资格证4219本，道路运输从业人员继续教育考核合格7687人，新增汽车驾驶模拟器46台，新增油改气车辆120台，开展稽查行动85次，关闭非法训练场11处，取缔非法报名点8处，罚款共计10.2万元，长沙市机动车驾驶员培训管理处各项工作稳步发展。1. 定员招生。出台《全市驾培机构定员招生制度》以及配套措施《关于规范机动车驾驶培训记录审核的通知》，严格按照各驾培机构的月培训能力来核发培训记录，从源头上控制驾培机构无序招生，保障驾培市场培训总量在规定的范围内。2. 规范收费。制定《关于规范全市机动车驾驶培训机构培训考试收费的紧急通知》，用制度约束驾培机构实行培训考试收费“一费制”。3. 联点管理。重新修订《长沙市机动车驾驶员培训管理处联点管理制度》。全年日常联点稽查756人/次，填写联点检查记录732份，及时解决发现的问题，实现行业动态监管。4. 教练员培训。根据湖南省道路运输管理局《关于印发湖南省机动车驾驶培训教练员素质提升工程实施方案的通知》，邀请业内专家进行授课，全市3000余名教练员参加继续教育培训。5. 教练车管理。制定《长沙市机动车驾驶培训机构教学车辆管理暂行规定》，明确教学车辆在驾培机构间不能相互转让，驾培机构有非法训练场、车辆数超过上限数或教练员数量达不到教练车匹配标准的，都不予增车。6. 信誉考核。调整质量信誉考核制度，由年度考核改为半年度考核，并邀请行风政风监督员全程参与，通过量化考核指标，促使各驾培机构依法经营，把提高培训质量和提升服务水平放在首位。（覃　超）

【交通运输信息化】　2013年，长沙市交通运输信息中心重新编制《长沙市交通系统信息化发展整体规划》。以服务行业二级平台建设为目标，协助系统内信息化项目业主多渠道筹措资金，积极争取国家部委资金，确保信息化项目建设经费落到实处。1. 黎托站被交通运输部列为全国7个综合客运枢纽信息服务与协同管理系统建设的试点工程，总投资4440万元，其中交通运输部投资1000万元。该项目初步设计文件通过省厅组织审查。3月26日，长沙市城市公共交通智能化应用工程通过交通运输部审定，9月30日正式被列为交通运输部10个示范工程之一，总投资4000万元，其中交通运输部投资1000万元，省配套资金500万元，该项目工程可行性研究报告在市工信委、发改委备案立项，初步设计招投标文件编制完成。完成“长沙市公路管理局信息化管理平台建设项目”的立项及工程可行性研究报告的行业内审查，提出以实现交通信息化管理扁平化为目标，尽可能的实现二级事业单位与局一级平台的充分对接，全行业统筹，有效节约了二级平台的建设成本。2. 完成省、市信息系统建设方面配合、协调、对接，全年省重点工程建设领域项目信息公开录入项目信息8个、从业单位信息20条、从业人员信息50条。“12345”市民热线开通后，收集和录入热线平台信息共40条。网站日平均访问量628人次，历史最高日访问量5424人次（2013年7月18日），2013年度累计访问量15.57万人次，约为2012年的1.5倍。一是配合省交通运输厅转发交通部组织的《IC卡技术规范》的征求意见收集，组织相关单位进行讨论将意见综合反馈。二是配合省交通运输厅重大信息项目的建设，包括长株潭一卡通的建设和公众信息服务系统的建设，组织相关单位提出意见和建议。三是配合市工信委进行智慧交通调研，为长沙市建设智慧城市智慧交通提供基础信息及相关意见和建议。四是配合市应急办完成市应急联动系统交通局终端的建设，按照市应急办的要求收集资料、提出建设方案、采购设备、配合安装、完成检查验收，并负责应急设备的日常维护。五是完成市电子政务办对市交通电子政务系统整合前期工作。六是配合建设市综合治税平台，收集整理相关信息和发布信息。配合建立“公交都市”网站专栏。按照长沙市政府网站评阅要求按时按量完成每季度1篇的阅评报告。3. 参与长沙市万家丽路BRT建设相关调研，提出BRT智能化相关意见和建议。4. 指导、协助市交通运输局属3个事业单位执法局、质监站、驾培处完成单位网站建设。5. 市政府门户网站交通运输部分和长沙市交通运输局门户网站更新信息3000余条，回复局长信箱信件100余封。长沙市交通运输局门户网站手机客户端测试版开发完成，局门户网站提供下载链接，进入测试阶段，手机客户端以“无时不有，无处不在，所想即得”为目标，实现交通新闻、交通地图、公交站点线路的查询功能。（王　磊　杨　甜）

【易炼红调研长沙交通工作】　8月12日，省委常委、长沙市委书记易炼红到京港澳高速公路长沙连接线浏阳河大桥、汽车东站和火车站，专题调研长沙交通工作，市委常委、市委秘书长李军，副市长何寄华，市政协副主席、市交通运输局局长刘明理等市领导参加调研。易炼红实地查看浏阳河大桥建设情况和公共交通运力情况，现场了解公共交通调度，亲自登上126路公交车，全程体验公共交通的运行情况，与普通市民互动，一线了解民情社情。（杨　甜）

【冯正霖调研长沙“公交都市”建设】8月7日，交通运输部副部长冯正霖率公交优先调研组到长沙调研，市委副书记、市长张剑飞和市领导何寄华、刘明理参加调研。调研组一行考察了火炬路公交首末站城乡公交一体化运营情况和汽车西站综合交通枢纽工程建设情况，对长沙优先发展公交事业、枢纽立体交通组织方式和“零换乘”理念给予高度肯定。冯正霖指出，公交的发展水平体现了政府的公共服务能力和水平，希望长沙在“公交都市”建设中走在全国前列，牢固树立“公交都市”发展理念，巩固创建工作的良好态势，进一步发挥企业在城市公交发展中的主体地位，真正让人民群众愿意乘公交、更多乘公交。（杨　甜）

【长沙公交全面取消3元票价】8月20日起，长沙公交全面取消3元票价。8月19日，市交通运输局召开新闻通气会，通报公交价格调整的相关信息，具体如下：312路票价由上车每人次3元调整为2元；114路、704路、903路、918路4条线路原为跨段加收1元，现调整为普通车上车每人次1元，高等级车上车每人次2元，跨段不另外收费。人民网、新华网、湖南交通电台、长沙新闻频道、《湖南日报》《潇湘晨报》《长沙晚报》《三湘都市报》等媒体进行了宣传报道。（杨　甜）

【新增千台出租车通过听证】11月8日，长沙市举行新增1000台出租汽车运力听证会。听证会共征集听证代表23人，其中消费者代表8名、出租汽车驾驶员代表2名、出租汽车企业代表2名、人大代表2名、政协委员2名、政府部门代表4名、专家代表3名，1名代表因事未能出席听证会。22名出席的听证代表中，21人表示赞成新增车辆，仅有1名代表持保留意见，该政策顺利通过听证程序。新增的1000台出租车将继续实行以服务质量、安全生产为主要竞标条件的经营权招投标方式，来决定新增出租车经营权的归属，继续沿用“公司化经营、员工制管理”的模式。（杨　甜）

8月7日，交通运输部副部长冯正霖调研长沙“公交都市”建设情况

【首批50台新出租车投入运营】6月18日，长沙市新增500台出租车发车仪式举行，首批50台新出租车正式投放市场运营，其余450台出租车分批次陆续投放。该次新增出租车运力是长沙第一次采取以服务质量为主要条件的招标方式选择经营企业的尝试，也是近10年来长沙首次增加出租车数量。新增出租车共有两个车型，分别是上海大众桑塔纳3000畅达和北京现代名驭BH7183FMY，排量均是1.8升的油气混合动力；采用“一体机”设备，即将计价器、空车载客标志灯、IC卡刷卡设备等整合为一个系统，可完成客运服务所需的各项流程，并具备北斗卫星定位、视频监控、电召终端等功能，实现行业统一监管、智能调度、数据采集，增设与计价器数据相连的服务评价装置；全部实行“公司化经营，员工化管理”，所有的营运成本由出租车公司投入，驾驶员不需承担营运投入和考虑营运成本。（杨　甜）

【首批30台纯电动公交车投入运营】7月16日，由市交通运输局主办、比亚迪汽车公司承办的比亚迪纯电动大巴运营启动仪式在汽车东站举行。长沙首批30台纯电动公交车投入运营，位于长沙汽车东站的60个电动汽车充电站（桩）开始启用。副市长何寄华、副秘书长严凤枝、市交通运输局党委书记胡岳龙出席仪式，市发改委、市工信委、市科技局、市财政局、比亚迪公司、湖南巴士、龙骧巴士等相关单位负责人参加启动仪式。上路运营的比亚迪纯电动大巴K9每台造价高达200万元，整车长12米，可载客70名左右，最高车速80公里/小时，一次充电5～6小时，可行250公里左右，保证车辆行驶一整天的电力需求。由于其采用的是电能，相比于燃油公交车，具有环保零排放、噪音小、平稳等优点。（杨　甜）

铁　路

【概况】2013年，经长沙市通车运营的铁路有武广高铁、京广铁路、石长铁路，在建项目有沪昆客运专线、石长复线增建二线、长株潭城际铁路、蒙西至华中地区煤运通道岳阳至吉安段铁路。根据全国中长期铁路网规划纲要，还将逐步启动渝厦高铁、长岳城际铁路、长沙西环线等项目。2013年是长沙市铁路建设攻坚克难的关键

之年，铁路建设各项工作取得实质性成效：沪昆客运专线建设接近尾声，石长铁路、城际铁路建设进入攻坚冲刺阶段，蒙华铁路项目前期顺利完成。

一、监督管理情况。依据工作职能定位，分层次、分类别加强对铁路建设工作的监督管理，全年共开展综合和专项工作督查活动10次，督查解决问题30余个，有力地促进了全市铁路建设工作。1. 对市直有关部门监督。重点跟踪督办涉及铁路建设工作的单位部门的到会率、会后工作落实情况、市领导批示件办理结果等，及时向市政府反馈工作办理进度，并向市委、市政府的铁路建设工作决策部署提供参考性意见、建议。3月8日，市委常委、常务副市长陈泽珲，副市长姚英杰专题调度长株潭城际铁路征拆资金，明确由市轨道集团有限公司和市先导投资控股公司各负责1.5亿元。会后，长沙市铁路建设办公室及时跟进办理进度，并将资金到位情况反馈至市政府。2. 对区、县（市）监督。除了将区、县（市）的工作完成情况列入到年度省、市重点项目的绩效考核内容外，还注重健全完善区、县（市）的信息反馈制度，定期通报工作进度；征询建设、施工单位意见，了解项目建设施工环境。如每周安排1天时间，赴区、县（市）了解工作情况，掌握第一手资料。对于工作久拖不决的、影响重大的，报请市纪委行政效能室、市政府督查室审查。3. 对施工单位监督。重点对施工单位的职工安全教育、安全员资质、安全生产宣讲等方面进行核查落实；利用大会或工地现场办公会的时机，将发生在周边的建设安全事故案例对施工单位进行教育，通过实例说教，达到安全生产教育的效果。4. 加强安全监管。长沙市境内铁路项目施工单位均为央企、国企，均有铁路建设专业的监理部门，安全监管主要责任在铁路总公司、广铁集团。而按照属地管理原则，长沙市又要担负安全事故责任。鉴于这种情况，长沙市采取一系列行之有效的工作措施，积极认真督促建设、监理单位加强对项目安全生产的监管力度，例如：明确安全生产各方负责人，创建工作联络册；联合市安监、质监部门开展工地检查，邀请建设、监理单位共同参与，发现问题，及时通报，限期整改等等。5. 倡导文明施工建设。贯彻落实长沙市文明施工相关规定，主要体现在3个方面：一是领导重视有基础。9月和11月，省委常委、市委书记易炼红两次带队市直相关部门察看长株潭城际铁路建设工地，提出文明施工要求。二是专项资金有保障。业主、施工单位克服建设资金紧张的实际困难，安排专项资金用于项目围档设置、交通标识、路面保洁等。据统计，长株潭城际铁路施工单位中铁隧道集团共投入专项资金约650万元，中铁十四局共投入专项资金约410万元。三是文明竞争有氛围。长沙市将“文明施工”作为铁路建设优秀施工单位考核评选的重要内容，在项目参建单位中迅速开展竞争活动，施工单位充分发挥央企、国企的大企业、大团队作战精神，以“树品牌、立形象”为宗旨，认真执行市委、市政府决策要求。

二、资金筹措情况。2013年，长沙市累计完成铁路建设筹措到位资金15.19亿元，其中武广征拆资金1.11亿元、石长望城站西移新建资金0.43亿元、长株潭城际铁路资金14.08亿元；完成高铁新城片区（武广）基础设施配套建设投资89.93亿元。根据2012年9月原铁道部与省政府铁路建设工作会谈纪要，长株潭城际铁路征拆资金需由3市先行筹措。一年时间，长沙市需筹措项目资本金21.56亿元，主要用于境内征拆工作。市委、市政府高度重视，常务副市长陈泽珲组织市财政局、先导区投资控股公司、高新区投资控股公司、市铁投公司等部门，对征拆资金银行贷款13.21亿元等事项进行研究明确；市人大常委会主任袁观清特批将长株潭城际铁路省级统贷资金列入财政预算等工作事项提交市人大常委会讨论，会议讨论顺利通过。长沙市仅长株潭城际铁路1项的资金筹措到位14.08亿元。

三、宣传报道情况。1. 加强阵地宣传，定期刊发《铁路建设工作简报》，及时发布相关铁路建设信息，为市委、市政府领导和上级业务主管部门能够及时全面系统了解和掌握全市铁路续建、新开工和前期工作项目的动态和进展情况提供参考。刊发区、县优秀工作经验，通过树典型、以点带面，促进推动全盘工作。2. 加强联合宣传，与省、市新闻频道、报刊、红网等媒体进行联合，定期对国家、省、市重点工程建设给予多方位、深层次地宣传报道，为铁路项目建设顺利推进提供良好的舆论氛围，全年共发布相关工作新闻、信息30余次。3. 加强结合宣传，结合市委、市政府开展的“六个走在前列”专题活动，专设铁路建设宣传栏，2013年，长沙市铁路建设办公室在湖南经视、《长沙晚报》、都市新闻频道和交通频道等省、市报刊、电视等媒体平台上连续报道项目建设进度。（张　翔）

【铁路项目建设】 2013年，长沙市境内全年共完成投资36.62亿元，境内开工累计完成投资154.47亿元，投入征拆资金26.87亿元。1. 石长复线增建二线。2013年度完成投资4.45亿元，境内开工累计完成投资13.53亿元。工程建设进度加快，路基土石方完成设计总量的89.5%，桥梁完成设计总量的64%，涵洞完成设计总量的90.03%，隧道完成设计总量的43.4%，正线铺轨（Ⅱ线）完成设计总量的20.17%，站线铺轨完成设计总量的17.73%。征拆补偿任务基本完成，共完成征拆资金投入4.02亿元，全面完成项目红线内房屋征拆工作，进行红线外“三电”迁改征拆扫尾工作中。2. 沪昆客运专线。全年境内完成投资2.17亿元，境内开工累计完成投资86.94亿元。工程形象进度明显，长沙境内线下土地工程全部完成，铺轨完成，长沙火车南站改造工作基本完成，四电工程完成设计总量的85%，站房工程完成设计总量的95%。共完成征拆资金投入10.3亿元，超前完成项目红线内征地拆迁任务，杭长段、长昆段腾地率100%，红线内房屋拆迁率100%，进行红线外“三电”迁改征拆扫尾工作中。3. 长株潭城际铁路。全市境内年度累计完成投资30亿元，长沙境内开工累计完成投资54亿元。部分桥梁开始连续梁施工；树木岭隧道盾构安全穿过既有京广线，滨—开区间湘江隧道双线盾构安全穿过湘江；长沙市内8个地下车站全部开工，4个地面站基本完成设计方案，站前广场等配套设施也在设计中；站前工程完成33.6%。完成征拆资金投入约9亿元。按照省委、省政府下达的“保八争六”征拆目标要求，长沙市在长株潭3市中率先完成，即集体土地上房屋征拆工作和国有土地上房屋第一期征收补偿全面完成，开展补充征拆计划的涉铁房屋拆迁工作中。4. 蒙西至华中地区煤运通道岳吉段铁路。顺利通过专家可研评审，线路途经浏阳段方案已经敲定，项目确定在浏阳境内共设8个站，其中5个会让站、3个中心站，该项目已报国家发改委待批复，浏阳境内连云山隧道和官渡特大桥等控制性工程前期工作准备就绪。5. 长益常、长浏城际铁路。分别通过项目可研和预可研评审，受国家下移行政审批权力的影响，城际铁路建设审批权下放省级政府负责受理。6. 铁路专用线建设。捞霞地区港口专用线、长重专用线可研评审和铁路相关行政许可均完成；河西望城区高星物流园铁路专用线可研评审获广铁集团批准。高铁武广站、高铁沪昆站、石长长沙西客站、城际铁路等市内站口周边市政综合配套建设推进顺利，推进站前广场及市政综合配套建设的规划、设计等前期工作，确保与铁路同步建成并投入使用。（张 翔）

【协调服务工作】 2013年，长沙市铁路建设办公室充分发挥协调服务的工作职能，加大工作机制创新力度，为全市铁路项目建设加快推进创造了条件。1. 优化日常工作调度机制。2013年，在省委、省政府的高度重视下，铁路项目建设进程加快，为积极配合做好地方工作，长沙市铁路建设办公室在实行市领导半年度或季度1次工作调度的基础上，推行“专项工作由分管领导调度、紧急工作及时调度”的机制。2月27日，副市长何寄华专题调度汽车南站箱涵改迁工作，长株潭城际铁路汽车南站正式进场施工；3月和5月，常务副市长陈泽珲两次调度长株潭城际铁路征拆资金筹措工作，确保征拆进度不受资金短缺制约；7月10日，市人大常委会主任袁观清主持召开主任会议，明确蒙西至华中地区铁路煤运通道通过株树桥水库水源保护区的相关要求，确保蒙华铁路项目前期工作顺利推进；8月7日，副市长姚英杰召开紧急工作调度会，传达部署省委、省政府下达全市的“保八争六”征拆任务等等。在项目施工建设、征拆进度、施工环境等方面，长沙市领导始终做到“定期调度、及时协调、随时办理”。2013年，市领导共召开专项工作会议18次，施工现场协调、调研慰问9次，呈报市领导审批的专项工作文件32个。2. 优化联席会议协调机制。为避免工作脱节失误，出现“二传手”的现象，长沙市优化原有的联席会议协调机制，继续加强省、市、区、街道（乡镇）、建设单位、施工单位等多方的沟通衔接力度。3. 优化责任分工机制。铁路项目建设过程中遇到的矛盾和问题都是即时性的，协调处理稍有迟缓或遗漏，都会造成工程建设的重大浪费。城际、沪昆、石长、蒙华铁路途经区、县（市）均成立协调建设指挥部，以解决铁路建设中有关征地拆迁、市政道路、与铁路建设方案对接及三改的各类矛盾问题，长沙市铁路建设工作会议上明确提出：对建设过程中发现的突出矛盾问题必须在5个工作日内解决，小问题必须做到当天查勘现场、当天解决。4. 优化施工环境专项整治机制。开展铁路项目建设施工环境专项整治活动，打击个别阻工扰工、强揽工程、强行参运、强买强卖、偷盗的破坏行为。9月初，长沙市结合市委、市政府“六个走在前列”活动契机，由长沙市铁路建设办公室牵头组织市纪委、市政法委、市公安局等部门，开展了1次长株潭城际铁路项目建设专项巡查行动，对施工环境中存在的矛盾问题进行综合整治，切实保障项目建设顺利推进。（张 翔）

【长沙车站】 长沙车站位于湖南省长沙市芙蓉区车站中路406号，分为京广线长沙站和高铁长沙南站，管辖范围为479.591公里，涉及岳阳、长沙、株洲、衡阳、郴州5个地市，在册职工1718人，具有技术职称的有109人，其中高级职称3人、中级职称26人、初级职称80人。车站管理设置为2办7科2室6车间：行政办、党群办，安全科、技术统计科、人劳科、财务科、职教科、客专科、收入路风科，值班室、电算室，客运车间、售票车间、运转车间（含客技站）、乘务车间、行包车间、长沙南站，其中高铁长沙南站下设7个班组站，分别为岳阳东站、汨罗东站、株洲西站、衡山西站、衡阳东站、耒阳西站、郴州西站及长沙南动车所，设有31个生产班组。1. 生产与经营指标。2013年，长沙车站日均接、发旅客列车316列，其中高铁日均144列、既有线日均172列，日均发送旅客10.84万人，完成运输收入54.86亿元，完成年计划109.5%，同比增长24.8%，发送旅客3957.14万人，完成年计划的105.24%，同比增长13.84%，固定资产6455.62万元。2. 安全生产及经营管理。2013年是铁路转换经营机制，实行政企分开重要改革的第一年，长沙车站继续开展“以服务为宗旨，待旅客如亲人”活动，不断提升职工队伍素质。年内，长沙车站顺利实现两次调整列车运行图，在长沙南站新增长沙南至上海虹桥、南京南、济南西3对高铁动车组，实现旅客运输的快捷流动。全年实现无行车、人身、火灾、设备责任事故，截至12月31日，实现无责任铁路C类及以上交通事故2442天。（谷祥文）

长沙车站

站　　长　易甫生
　　　　　贺利平（2013.11免）
党委书记　周爱国
党委副书记、纪委书记　李旭东
工会主席　陈　浩
副 站 长　王　伟　赵军生
　　　　　何秋利　王海湘
　　　　　匡文彬
总工程师　郦宏远
站长助理　刘　菁

【春运工作】 2013年，长沙车站春运工作始于1月26日，止于3月6日，历时40天。京广线长沙站节前日均接发列车191列，节后197列；武广高铁长沙南站节前日均接发动车组172列，节后189列。长沙车站春运发送旅客407.55万人，同比增长11.9%，其中武广高铁发送旅客246.79万人，同比增长15.3%；长沙站发送旅客160.75万人，同比增长7.06%。1. 创新售票服务。一是售票方式多渠化。春运人工窗口售票预售期18天，互联网和电话订票预售期20天较人工窗口提前两天。充分利用电话订票、互联网售票、代售点售票、自动售票机售票。广东、湖南、海南

3省电话订票可在长沙市内通订通取。车站共开办301个代售点，其中长沙市管辖乡镇共新增27家代售点；在长沙市区人流集中地段，每500米有1个代售点，全市平均每2公里设有1个代售点，市区代售点做到“零盲区”。车站配齐配全代售点的售取票设备，为各代售点配备二代身份证识别仪和学生证识别仪，实现代售点和车站窗口售票功能统一。二是售票组织均衡化。加大信息传播力度，车站每2小时将剩余票额、临客开行等信息通过QQ群向省市45家主流媒体发布；大力推行互联网售票，强化互联网售票的宣传，让旅客足不出户就能完成购票的全过程，实现随时点击、随时购票。客流高峰由2012年的15天延长至2013年的19天，在出行高峰段未出现明显高峰点，而是持续在一个高峰平台，呈现“时间长、客量大、波动幅度小”特点，连续19天在10万人以上，最高发送14.6万人，最低4.7万人，有利于春运高峰客流组织；售票宣传透明，利用视听媒体、平面媒体、站车揭示、交通广播、手机短信、网站微博、宣传资料等多种渠道和载体，为旅客提供全方位、立体化春运售票资讯与信息服务。三是售票资讯及时化。旅客须知“日”发布，成立春运信息岗，设置信息员，收集资讯，撰写通稿，每日通过互联网向社会主流媒体提供。并将列车开行、服务项目、售票方式等信息，编辑成《长沙车站旅客服务指南》，免费发放；剩余票额“时”发布，在《湖南日报》《潇湘晨报》、红网、湖南卫视、长沙移动电视、湖南电台交通频道和湖南人民广播电台开辟“长沙火车站剩余票额信息专栏”，即时发布既有线和高铁客票信息。四是售票服务人性化。开展“旅客走进厅里，我走进您的心里”活动，推进“三心”服务（“热心”服务、“耐心”解答、“细心”照顾）和“五点”承诺（“理解多一点，态度好一点，动作快一点，口气柔一点，投诉少一点”为中心的“五点”服务承诺）。2. 服务理念。一是改善服务环境，完善引导标识。对内容过时、影响美观的宣传标语、宣传海报进行清理，利用电子显示屏、揭示牌、视频、广播等平台滚动播放春运温馨提示和出行信息，免费为旅客发放春运宣传资料；开展车站环境卫生整治，做到站容站貌环境优美、卫生干净、整洁，营造和谐、平安的春运环境。二是提高服务质量。春运期间停售站台票，对老幼病残孕及行李多的旅客进站乘车，车间妥善安排青年志愿者帮忙提供提行李、引导候车等服务；推出爱心卡服务，旅客凭爱心服务卡，到进站大厅爱心起点站进行登记，由值班站长引导旅客从爱心通道上车，小勇服务队热情为旅客提供帮助，顺利实现无缝对接；打造“爱心小花篮、爱心小推车、爱心小名片”三小服务品牌。三是在新浪网站推出以“长沙站客运车间”为品牌的微博，开辟春运服务专题专栏，实时记录展播客运服务过程和细节。3. 加强现场重点检查，确保安全稳定。成立以站长、书记为组长的春运工作组织领导小组以及由各分管领导为组长的行车、售票、验证、候车、乘降、高铁组织领导小组以及春运运输组织协调小组，制定详细的实施方案；下发《关于确保2013年长沙站区行邮安全、运输畅通的函》；加强对委外上水、保洁、旅客站台售货车管理；针对各类突发情况以及2013年春运的特点，车站制定了26个应急预案，其中既有线14个、高铁12个，并对部分应急预案进行了演练。强化重点环节卡控，确保现场安全。（谷祥文）

【开通长沙至桂林动车】 12月28日，衡柳铁路竣工通车，经过5年的建设，长沙开通至桂林动车组列车，过去到达桂林需7小时，动车开通后，最快仅需3小时16分钟。长沙南至桂林的高铁商务座、特等座、一等座和二等座票价分别为557元、335元、250元和181.5元。衡柳铁路的开通更有效地带动沿线资源开发和旅游事业的发展，推动沿线工业化、城镇化的进程。（周玉良）

公　路

【概况】 2013年是长沙市公路系统实施管理体制改革、推进发展转型的关键一年。2013年，全市高速公路完成投资45.3亿元，农村公路完成投资5.25亿元，干线公路完成投资12.1亿元，站场建设完成投资9.3亿元。全年全市公路运输完成客运量35143.06万人，旅客周转量130.43亿人公里，分别为2012年同期的103.8%、105.5%；全市公路运输完成货运量24627.29万吨，货物周转量235.25亿吨公里，分别为2012年同期的106.4%、114.1%。（杨　甜）

【道路客运】 2013年，长沙市（包括长沙县、望城区、浏阳市、宁乡县）有道路客运站283个，实际占地面积83.18万平方米，其中一级站4个、二级站5个。营运客车4312台，客位数121587座，其中班线车3053台、旅游车993台、包车266台。客运线路1137条，其中跨省线路145条、跨地市线路326条、跨县线路211条、县内线路455条。2013年年客运量9046万人，旅客周转量712824万人公里。道路旅客运输经营从业人员15943人，其中驾驶员7643人、乘务员3905人。汽车站经营从业人员1716人。（唐汝明）

【货物运输管理】 2013年，长沙市成立甩挂运输试点工作领导小组，负责全市甩挂运输试点工作的组织开展和监督协调。2013年，湖南晟通科技集团物流有限公司成功申报全国甩挂运输试点项目第三批试点单位。12月17日，交通运输部规划研究院战略与政策研究所所长谭小平一行到长沙市开展城市配送专项调研，市政府副秘书长严凤枝组织市交通运输局、市商务局、市公安局交警支队、市财政局、市规划局等单位负责人进行座谈，开启长沙市构建城市绿色货运配送体系总体思路研究的调研工作。长沙市“两客一危”车辆、新增牵引车和重型载货车辆接入全国道路货运车辆公共监管与服务平台，货物运输车辆北斗监管稳步推进，并取得良好的成效。2013年，长沙市安装北斗双模车载终端的货物运输车辆3582辆。车辆北斗双模车载终端的安装和有效监管，规范了长沙市道路运输企业安全生产，规避了道路运输安全事故和风险。（龚　正）

【路政执法管理】 2013年调整后的全市治超工作领导小组办公室设在长沙市公路管理局，7月，完成治超工作组织机构的组建并正式启动运行。1. 加强超限运输治理。根据市政府3月出台的《长沙市治理道路货运车辆非法超限超载暂行办法》，各区、县（市）均开展以政府为主导的联合治超。全年省局组织3次超限率调查，长沙市公路管理局平均超限率3.42%，比上年下降0.8个百分点，无因超限超载引起的重特大交通事故发生。2. 整治路域环境。制定路政整治实施方案，与公路沿线乡镇政府密切配合，多次开展联合整治行动，基本实现“八无”目标。全年共清理非公路标志1310块，拆除跨路龙门架6处；拆除违法棚屋1493个，拆除违法建筑9栋；清理和规范摆摊设点1033处，整顿马路市场10个；清理公路用地范围内堆物放料2402处，清除砂场13处。3. 认真规范执法行为。发布《长沙市公路管理局路政处罚自由裁量权基准制度》，统一执法尺度；坚决执行路政案件查处分离制度和治超卸载放行政策，促进执法公平公正。没有违法乱纪或执法不规范被投诉的行为。建成驻站管养站17个，实施养护、路政联合巡查，提高对公路违法行为的快速反应和快速处置能力。全年公路违法行为查处率98%，路政案件结案率100%。4. 推进标准化治超站建设。杨家超限检测站的标准化建设资金预算经市财政审批和公开招投标后，12月初开始进场施工。（于国栋）

【交通质监和造价管理】 2013年，长沙市交通建设质量监督和造价管理站持续保持工程质量零责任事故、施工安全零责任事故的良好态势，初步形成立体化、全方位、多层次的监督格局。有效确保全市14个在建干线公路项目129.3公里、独立大桥4座共计500延米的质量安全。1. 加强质量安全监督工作。一是规范“关键人员”履约监管，制定新的指纹考勤制度，统一购买配备了同一型号的指纹考勤机，派专人担任考勤机管理员，收集整理考勤信息，及时向建设单位反馈人员履约情况，加强对施工单位、监理单位人员履约的管理，杜绝修改考勤数据的现象。二是制定《长沙市干线公路项目首件工程、关键工序（部位）验收备案管理办法》，通过项目各关键工序验收的管理，督促施工单位改进现场管理、监理单位严格验收程序、建设单位加强现场控制，确保工程整体质量不断上升。三是制定《长沙市干线公路项目监理（施工）工作信息上报制度》，要求总监、各项目监理处长、各标段项目经理每日以日志的形式向项目监督工程师上报工作信息，督促各参建单位关键人员到岗切实履职。2. 加强行业监管力度，提升工程实体质量。一是加强业务培训，4月18—19日，举办2013年全市公路建设质量安全培训班，聘请江苏省交通设计院的教授王婕、省质安局的高级工程师欧鹏进行系统培训，参建各方技术人员共计150人参加培训。二是注重集中讲评。对每个项目平均每月检查2次以上，并进行现场讲评，解决问题，半年度依据几次检查存在的问题进行集中讲评。8月29日，针对问题，召集各级主管单位及各项目参建各方负责人举行长沙市公路建设前期手续及质量安全讲评会，120余人参加。3. 创新监督模式，确保工程质量与施工安全。一是检查形式多样化，促进项目建设优良发展。2013年，该站联合市纪委效能办等相关单位对全市在建干线公路共开展联合督查5次、专项检查8次、质量安全巡查86次、整改复查12次，全年干线公路共抽检数据13788组，合格12791组，合格率92.8%。其中路基工程抽检4867点，合格率89.6%；路面工程抽检8506点，合格率96.6%；桥梁工程抽检230点，合格率84.3%；原材料抽检185组，合格率95.7%；交通安全设施抽检710点，合格率94.4%。对存在质量安全隐患的部位，督促参建单位进行整改，严格按照有关标准、规范和合同要求进行处理。二是加强行业管理，促进市场健康发展。为规范监理、检测单位行为，确保工程试验检测数据真实可靠，10月和12月对全市干线公路各在建项目工地试验室及监理处进行 专项检查。对在工程管理中不作为、弄虚作假的单位和人员进行严肃处理，清退邵阳宏腾交通建设监理有限公司和4名监理人员。4. 有序开展造价管理工作。一是全面完成市交通运输局交办的项目审查任务，全年共计审查项目10个，所审核项目总造价59894.95万元，经审核后核定造价总额56431.23万元，审核中核增造价额6.2万元，核减造价额3472.6万元。二是全年对干线公路项目进行2次大检查，召开讲评会，指出问题并提出解决问题的办法。三是借助现代信息手段，通过网站、《长沙交通质造信息》提升长沙市交通建设质量监督和造价管理站的公共服务能力。4月8—15日，该站对全市主要地材生产商进行一次全面的摸底调查，调查内容为4区、县（市）地材厂地址、主材规格、材料出厂价格以及厂址至主要公路的运输里程。资料整理后，把材料厂按主材分类以不同颜色和厂址坐标标注在长沙市交通图上，为项目提供准确的材料预算价格，方便造价从业人员在完成施工图预算时可以直观选择运距最近的材料厂。此举率先走在全省前列，为省造价站工程材料预算价格信息平台的建设起到积极的作用。（刘 锡）

【国省干线公路管理养护】 2013年，长沙市抓好养护主业，提升路况水平。1. 超额完成路况优良率指标。全年实现普通国省干线路况优良率86.8%，新增调普通国省道年末路况优良率74.98%，分别超出省年度考核目标2.8和0.98个百分点，均创历史新高。2. 超额完成公路大中修任务。全年实际完成公路大中修标准里程137公里，为年度任务的143.48%；完成危桥改造13座；完成安保工程线路3条，里程51公里；创建文明样板路26.3公里，工程合格率100%。3. 实施安保工程和危桥改造。全年实施的安保工程线路共2条，实施里程37.15公里。为确保桥梁运营安全和道路安全畅通，积极主动排查隐患，筹集资金，对发现的危桥采取加固或维修措施，及时排除安全隐患，在省厅下达危桥改造计划2座的基础上，实际完成5座危桥改造任务。4. 推广预防性养护。为延长公路的使用寿命，市公路管理局通过实施水泥路面清灌缝、板底灌注乳化沥青、板底压浆，对国道319、国道106、国道107、省道103、省道206、省道207、省道208、省道209、省道310等线路实施预防性养护，共计完成预防性养护里程46公里，实施里程达到在养国省干线公里里程6.13%，超过省下达指标1.13个百分点。5.加强资金监管。根据工程进度、质量，由业主单位、监理单位和市公路管理局计划、养护、财务等部门共同审核，经局领导签署批准后支付资金，全年无超预算支付资金现象，确保了资金安全。6.规范养护工程管理。严格执行省、市要求，对2013年计划内的公路大修、危桥改造、安保工程等养护工程均由各县（市、区、郊）局当业主，在各县（市、区）交易平台实行公开招投标。7.创新道班管理模式。市公路管理局推行原有养护道班资源整合，全面推行"中心养护站+道班"管理模式，投入近1000万元重点对石门坎、茶亭、雷高、大瑶站、宁横和莲花6个中心养护站进行改造，并大力推行机械化养护，购置近1000万元的养护设备，履行平时养护、急时应急、需时服务的职能，形成网络效应。8.加大科技创新力度。在G319线、S103线、S208线路面大中修中采用碎石化工艺，能加强路面基层强度，减少浪费，节约材料。在浏阳S103线大修基层层间采用机械洒布水泥浆工艺，达到加强层间结合，共同受力的目的。在浏阳S103线拌和场实施远程监控，通过网络传输将实时信号传送至终端，市公路管理局可实行在办公室实时监控拌和场工作状态，有效防止使用不合格材料等行为，保证工程质量。在G107南段埋设自来水管基坑回填采用气泡混合轻质土工艺，有效增强回填基层强度。（于国栋）

【农村公路管理养护】 2013年，长沙市农村公路建设绩效考核目标为900公里（省为民办实事项目53公里）。全市农村公路建设共完成投资5.25亿元，实际建设改造农村公路1202.6公里，为年度目标任务的134%。其中省规为民办实事项目59.3公里，市规1143.3公里。全年全市计划危桥改造51座（含2013年3座），计划总投资7209万元（国省补助2282万元，地方自筹4927万元）。开工51座，占目标任务的100%，完工28座，为年度目标的133.3%，完成投资4664万元。2013年，省公路管理局新下达安保工程计划项目5个，连同2012年续建项目共66.362公里，计划投资789.65万元，全部完工。1.管养年活动。一是健全养护体制机制，长沙市农村公路局召开全市农村公路工作会议，明确目标任务，进行总体部署，出台《农村公路大中修管理规定》《农村公路危桥安保工程实施指导意见》《农村公路文明示范路创建实施意见》，使农村公路管养工作有章可循。二是创建管养示范乡镇和文明示范路。全年全市创建7个管养示范乡镇，打造完成文明示范路329.6公里。其中县道68公里、乡道133.9公里、村道127.7公里。三是超额完成农村公路养护目标。2013年初农村公路列养率、路况优良路率、绿化率目等指标均达到或超过，圆满完成年初制定的各项目标任务。2.打非治超，路政执法。2013年，市农村公路局路政工作采取"常态巡查，疏堵结合"的工作方式，路政执法形象得到提升。在培训和宣传手段上下功夫进行疏，在联合执法和源头治理上下功夫进行堵，加强日常巡查。全年出动人员2000余人次，行程近2万公里，清理公路乱堆乱放1500立方米，纠违200起，拆除非公路标志85块，检测、处理超载车辆3200余台，收缴罚款近1000万元。所查处案件无申请行政复议、无提起行政诉讼，无社会影响恶劣的案件，结案率100%，遏制破损公路势头。（文　霞）

【城市群综合客运枢纽发展论坛在长沙举行】 12月8日，由交通运输部、世界银行全球环境基金主办，湖南省交通运输厅承办的城市群综合客运枢纽发展论坛在长沙举行，来自世界银行中国和蒙古可持续发展局和香港MVA弘达交通设计专家，以及全国30余个省市100余名交通专家与学者等参加。会上宣布"十二五"期间，长沙将重（新）建4个国家级公路一级综合客运枢纽站。根据省交通运输厅和市政府联合批复的《长沙公路运输枢纽总体规划》，长沙公路客运枢纽系统规划了"12+14"的格局，以12个国家级综合客运枢纽为核心，提升公路运输在"3+5"城市群及中国中部地区的辐射能力；以14个区域性普通客运枢纽为补充，促进城乡、区域一体化发展。26个客运枢纽项目规划总占地面积约129万平方米，日均发送旅客31.9万人次，总投资90亿元。到2020年，长沙市公路运输枢纽体系将全面建成，充分体现设施一体化、空间立体化、功能多样化，实现"零换乘"和"无缝衔接"，实现路、站、运协调发展。（吴丫丫）

水　路

【概况】 2013年，全市港口、枢纽完成投资11.61亿元，水路运输完成货运量2947.88万吨，货物周转量28.23亿吨公里，分别为2012年同期的115.3%、110.7%。长沙新港全年共完成港口货物吞吐量339.24万吨，其中集装箱吞吐量9.22万标箱，件杂货吞吐量119.94万吨，散货吞吐量34.9万吨；新港公司总收入6097.4万元。

一、综合施策，保障水上运输安全。1.2013年初，市地方海事局与业务科室和海事处签订安全生产责任状，将安全职责具体落实到岗到人，推行"一岗双责"制，将安全生产工作纳入绩效考核并加大考核权重，实行"一票否决"。2.明晰重点、强化监管。结合水上交通安全专项整治行动，立足守重点、攻难点、扫盲点，狠抓重点港口码头、重点水域、重点船舶、重点时段的安全监管，组织开展巡航稽查，强化无证航行、配员不足、违章作业、船舶超载等专项整治，查处整治了一批安全隐患，促进了水运平安。3.推进渡口、渡船改造，落实监管责任，推进辖区老旧船舶改造和标准化渡口、渡船建设，全年落实改造资金115万元，上报标准化渡船建设计划11艘、渡口3处。开展对14处重点渡口的全天候视频监控。结合辖区特点，积极和区、县（市）政府及有关部门联系，督促相关区、县（市）政府建立健全"县管乡包村"的安全管理责任制、渡口"签单发航"、渡口"六不发航"和学生乘船交接等制度。4.开展水上交通安全专项整治行动。按照省整治办的要求，推进水上交通安全专项整治，3月开展"打非治违"专项行动；5月开展"安全生产月"活动；6月起开展为期3年的“平安交通”创建活动，活动内容有：平安港站、平安船舶、平安渡口创建，目标是：安全检查率、船舶持证率、技术船员持证率、重点客渡船视频监控设备安装率、船员教育培训率均达 100%。全市水运安全形势持续稳定，没发生 1 起船舶污染水域事故，辖区水运实现零死亡事故目标，市地方海事局被省政府评为“全省水上安全专项整治先进单位”。

二、严格现场管理，促进水路交通规范有序。采取日常巡查与专项行动相结合的方式，重点打击非客船载客、“慢慢游”停靠橘子洲接客、船舶乱停乱靠等现象，对城区段的“三无”船舶进行专门清理整治。扎实有效维护周六橘子洲焰火燃放水运安全，确保全年 41 次焰火晚会零事故。牵头组织对浏阳河、捞刀河实施全面禁航 14 个月，配合市水务局打击湘江沿线违规采砂和偷卸砂石行为，进一步净化湘江水域环境。全市水上搜救中心项目完成立项审批。浏阳河、捞刀河下游整治项目纳入全省水上交通建设“十二五”重大项目投资计划，前期工作基本完成。湘江综合枢纽保持安全、有序、畅通，克服执法人员紧张、调度设备落后、管理经验欠缺等困难，加强枢纽锚地管理、通航过闸管理，组织实施水上巡逻、维护通航秩序、船舶安检、交通管制和船舶签证工作，全年共为 51320 艘次船舶提供过闸服务，总货运量 2682 万吨。

三、全面推进行业管理，践行海事责任。规范岸线使用审批程序，加强港口岸线特别是危货码头安全管理，进一步规范港口及涉港企业年检、年审工作，理顺港口危化安全监管职责。加强航道养护、航标设置及维护，全年维护航道里程 162 公里、设标 67 座，完成航标养护 21600 标天，及时清理疏浚 3 处碍航浅滩，保障航道畅通。强化实施船舶质检管理体系（3.0 版），严格新造船舶图纸审核、技术检验，从源头把好船舶安全质量关，突出“四客一危”营运船舶检验重点，检验率 100%。加强对集装箱船和砂石船的营运检验，注重引导辖区船舶向标准化和现代化方向发展，督促辖区 226 艘 500 总吨以上级别的船舶安装 AIS（自动识别系统），提高船舶安全航行的技术条件。加大船舶、船员的服务力度，组织开展客渡船船员和乡镇渡口签单员安全培训，优质、高效办理“船舶登记证书”“船员适用证书”核发工作。加强运输组织调度，做好重点时段、重点物资、重点水域运输组织协调，保障重点物资运输畅通，督促、检查、落实水运企业安全生产标准化创建工作，危货运输企业全部验收达标。推进执法规范化建设，严格行政审批，全年办理 1200 余件行政许可事项全部实现在线限期审批，依法办理行政处罚案件 106 起，无差错。市地方海事局被省委法治湖南建设领导小组评为“全省依法办事示范窗口单位”。（倪卫民）

【宣传贯彻新的《国内水路运输管理条例》】 2012 年 10 月 13 日国务院颁布新修订的《国内水路运输管理条例》，2013 年 1 月 1 日起正式实施。该条例是规范国内水路运输以及水路运输辅助活动的重要行政法规，对于促进水路运输结构调整，加快水路运输业转型发展具有重要作用。将《条例》的各项规定落到实处，积极推进水路运输管理信息系统建设、诚信体系建设、规范水路运输经营行为，维护市场秩序，保障运输安全，促进结构调整，提升监管和服务水平，改善行业发展环境，是海事工作的目标任务。市地方海事局组织干职工进行学习，并制定了向全市水运系统从业人员宣贯方案。抓紧对原有法规、规章及规范性文件的清理、修订和制定工作，对行政处罚裁量基准作相应调整。湖南省营运船舶数据库、国内水路运输行政许可信息管理系统建立并投入使用。（倪卫民）

【湘江长沙综合枢纽船闸开行“绿色通道”】 4 月起，为使集装箱班轮、矿石、钢铁、煤炭和汽柴油、危险品等省内重点急运物资尽快通过船闸，市地方海事局制定“绿色通道组织调度方案”，成立以局长易田宏为组长的领导小组，成员有相关业务科室和水路运输单位的负责人，湘江枢纽海事处负责落实“绿色通道”船舶的通航、过闸调度工作。属“绿色通道”运输的上下行船舶必须在每天上午 11 时之前到达指定水域，由船舶单位提出申请、申报基本信息，经执法队安检合格后，调度室根据过闸船舶的先后、主尺度、货种及有效提高闸室利用率等原则，科学编制过闸计划，安排当天过闸，一级化学品、危险品安排一号船闸集中优先通过。（倪卫民）

【水上搜救演习】 9 月 27 日，以“关注航行安全、保护水域清洁、共建和谐长沙”为主题的“2013 长沙水上搜救演习”在湘江鹅羊山水域举行，演习由长沙市人民政府举办，市交通运输局、市地方海事局承办，副市长何寄华任演习总指挥，市海事局局长易田宏任执行总指挥，市政协、市交通运输局、市应急办等领导参加，海事、公安、消防、卫生、环保、气象、水产、水务、航道、移动公司、石油公司为参演单位，参演 200 人，出动船舶 18 艘、医疗救护车 1 台、环保监测车 3 台、移动中继车 1 台，相关应急处置、检测设备 6 套。演习历时 60 分钟，演习分为 4 幕：人员及船舶救助、船舶消防、水域污染控制、检阅参演队伍与首长总结讲话。（倪卫民）

民用航空

【概况】 2013 年，长沙黄花国际机场完成旅客吞吐量 1600.72 万人次，货邮吞吐量 11.76 万吨，起降 13.78 万架次，同比分别增长 8.5%、6.3%、8.5%，连续 5 年实现年旅客吞吐量中部地区排名第一，中南地区仅次于广州、深圳，排名第三，全国机场排名第十二。其中国际旅客吞吐量 86.25 万人次，同比增长 18.1%，再创历史新高。截至 2013 年 12 月 31 日，长沙黄花国际机场旅客吞吐量突破 1600 万人次，成为全国第十二个旅客吞吐量达 1600 万人次的枢纽机场。

一、安全形势与安全管理。SMS、SeMS 两个体系建设持续强化，机场安全防范管理能力稳步提升，全年未发生责任原因造成的不安全事件，顺利通过中国民用航空局 SMS 审核和民航中南管理局航空安保后续审计，年度安全绩效管理评估获民航湖南监管局优秀评级，实现连续第十九个空防安全年。有效控制运行风险。全面系统开展安全大检查，主动防范 FOD；整治道面病害1.68万平方米；严格不停航施工管理。开展空防安全重点监察，彻底整改风险点，深入开展危险品航空运输专项治理，定期开展T2航站楼爆炸物专项检查。应急处置保障有力。完善预案，开展专项科目演练。2月6日，成功处置MU5755航班起落架显示灯故障紧急事件；10月27日和10月31日，成功处置两起航班威胁信息非法干扰事件。

二、开拓航空市场，增长经济效益。全年长沙黄花国际机场共执行直达国内外72个城市106条定期航线，平均每周航班起降3056架次，平均每天436个定期航班。每周可计划提供进出港航班客座34.6万个。新增扬州、百色、桂林、遵义等航点。其中全年共执行国际及地区航线（含包机）17条，起降6114架次。5月29日，正式启动长沙黄花国际机场中转服务；12月1日，开通“湘沪快线”。引进泰国航空、宿务太平洋航空、德威航空以及济州航空等国际包机航线。全面实行预算管理，有效控制成本费用，加强维修项目外审前的内审工作。完成中央空调油改气主机改造项目，优化T2航站楼用电管理，比2012年节约用电量127万千瓦时。顺利完成“营改增”工作。严格控制办公费、差旅费、招待费等非生产性费用。

三、发挥平台作用，提升服务质量。充分运用长沙黄花国际机场机坪运行管理委员会、长沙黄花国际机场旅客服务质量共同促进委员会平台，协同驻场单位不断提高服务质量，稳步提高航班正常放行率。在CDM系统建设和运用、优化机位分配、提高廊桥利用率3个方面制定措施，航班正常放行率95.96%。推进协同决策系统建设。6月8日，长沙黄花国际机场航班协同放行（CDM）系统试运行。完善延误航班服务保障。下发专项治理航班延误工作应急处置预案，完善机场停机位分配细则，2013年启动大面积航班延误黄色预警12次、橙色预警3次，未造成因旅客滞留引起的群体性事件。航班放行率在全国吞吐量千万级机场排名前列。获不正常航班机场地面服务“大陆优秀机场”称号。航空邮件保障品质提升。严格检查标准，优化流程，航空邮件通行率由70%提升至99%，获湖南机场管理集团公司通报表彰。完成“两会”、中共十八届三中全会等重大活动服务保障，全年长沙黄花国际机场共安全保障专机任务10架次，警卫任务52架次。

四、优化资源配置，提高保障能力。深入推进行政管理。修订完善行政管理规定和部门工作职责，9月1日开始全面实行电子办公。强化资产投资管理。完成焚烧炉改扩建、呼叫中心二期建设专项投资计划申报。信息化建设全面推进。1月18日，长沙机场呼叫中心“96777”客服系统正式对外运营，客户月满意率99.4%；12月26日，正式开通微信值机平台。严格抓好综治工作。持续开展打击非法营运工作，积极化解机场发展与周边乡村之间矛盾，协调处理30起村民上访事件。5月9日，长沙机场安防员布控成功抓获1名盗抢分子，被长沙市公安局左家塘派出所授予“见义勇为事迹”称号。医疗急救中心与湘雅二医院签订协议，为员工就医提供方便。

五、荣誉表彰。长沙黄花国际机场分公司被湖南省直机关工作委员会评为“湖南省直机关创先争优群众满意窗口”和“湖南省直机关第五届思想政治工作十佳先进单位”，被湖南省总工会女职工委员会评为“湖南省第六轮‘芙蓉杯’竞赛百优女职工集体”，长沙黄花国际机场分公司呼叫中心“96777”被湖南省妇联授予“湖南省巾帼文明岗”称号，长沙黄花国际机场分公司候机楼管理部楼宇管理室被湖南省总工会评为“湖南省安康杯优胜班组”，“中国梦”公益广告宣传推进文明创建工作突出，长沙黄花国际机场分公司被市委、市政府评为“全国城市文明程度指数测评先进集体”。（唐骊萍　曹泽明）

邮　政

【概况】　2013年，湖南省邮政公司长沙市分公司完成业务收入4.78亿元，同比增幅6.53%。全年完成有效收入3.26亿元，较上年同期增加2290万元，增幅7.54%。代理金融业务取得较快发展，代理储蓄余额154亿元，累计净增余额12.8亿元。代理保险业务完成代理保险总保费2.81亿元，同比增幅14.8%。邮务类业务保持平稳发展态势。邮务类业务收入2.06亿元，同比提高3个百分点。

一、加强管理，降本增效，夯实持续发展根基。1.精细管控，财务管理显成效。2013年，财务进一步强化预算和资金的管控，营收欠费率首次降到省公司5%控制的目标以内；“降本增效”工作收效显著，在收入增长2000万余元的情况下，业务费用同比下降539万元。2.精兵简政，实现“四个压缩”目标。截至2013年4月底，公司按照精简高效、公开、公正、择优的原则，对干部进行考评考核，进一步理顺机构职能，优化岗位配置，机构调整为25个，减少科级管理人员36人，管理人员总人数控制为183人，用工总量压缩到2962人，有效降低了企业用工成本，保持企业总体平稳运行。3.优化网络，加强通信服务质量。4月，市公司运输分公司和邮件处理中心两部门人员、车辆、场地、设备移交至长沙中心公司，逐步规范两网中的信息处理及操作流程。并加强投诉管理和进口邮件时限管理，全年时限管控各项指标全部达标，投递各类邮件时限合格率100%。全市通信服务质量指标显著提高，用户满意度明显改观。4.加强预防，提升安全管理水平。严格落实安全生产制度，组织开展应急演练，强化安全培训教育，健全安全管理机制。加大人防、物防、技防建设力度，提升网点安防能力和监控系统技术水平。加强安全监督检查工作，完善考核机制，重点针对安全管理关键部位开展现场和非现场检查，及时发现和整改各类安全隐患158处。12月，安全保卫部和护卫大队均获长沙市公安公司集体嘉奖。5.保障有力，提升支撑服务能力。支撑部门及时处理各类故障报修，全年完成8个网点的搬迁，完成6个投递之家建设与搬迁任务，完成市公司办公楼调整搬迁及邮票库房、湖大网点等11处维修改造和场所调整。提升物业管理水平，清除职工小区垃圾杂物31车，清除牛皮癣18栋，有力地支撑了市公司文明创建活动，为全公司生产经营和职工生活提供了有力支撑和保障。

二、增强企业发展后劲。1. 便民服务，加快打造综合服务平台。全面推进“便民服务”工程，结合投递网改造，在城区，加快便民服务代投点建设，提高投递服务深度和广度；在农村，大力建设具备代收费、代办业务、分销、助农取款、网络购物及代投功能的综合便民服务平台。推进社区五全便利店建设，在便利店中叠加邮政综合服务功能，建立 43 个社区超市类邮政综合服务便民站。全年全市共建立 55 个邮政综合社区点，共代投各类邮件 36342 件，代理业务 4280 笔。2. 转型升级，网点转型效益日渐显现。10 月，全公司正式启动网点转型培训，通过搭建网点转型管理体系、开展多频次转型课程培训、加快高效网点人员配备等，加快邮政营业网点形象、产品、服务、管理“四统一”的转型升级。3. 素质提升，推进员工队伍建设。认真开展各类培训，以岗位技能竞赛为抓手，提升员工业务能力。9 月，参加省公司组织的第六届湖南省邮政通信特有职业技能竞赛，公司 8 位选手获全省团体综合一等奖和 5 个单项奖。9 月，公司与邮储银行长沙分行 4 名员工联合组队，在邮储银行湖南省分行举办的首届邮储银行杯“提升服务 魅力邮储”服务礼仪展示竞赛中获团体第一名。

三、优化企业发展环境。1. 激励机制随势而行，改进配套措施，完善绩效考核办法和薪酬分配办法。薪酬分配向支公司（所）长、投递班长、营销人员、投递员倾斜。大幅提高支公司长（所主任）和投递班组长津贴。投递人员按其他员工正常的绩效结算外，还结算计件工资，增加了投递人员的收入。2013 年度员工劳动生产率 10.53 万元 / 人，劳动生产率增长 13.2%，员工人均年收入较上年增长 10.61%。2. 发扬勤俭节约作风。公司持续开展对领导人员贯彻执行中央“八项规定”、集团公司“20 项实施意见”，以及省公司党组“24 条实施办法”的监督检查，制定相关配套的文件，严格监察领导人员是否存在“四风”问题。6 月起，公司要求市公司本部中层以上干部挂靠城区 46 个网点进行帮扶。2013 年，全公司办公费、通信费、管理用车辆费用、会议费、差旅费、业务招待费等行政费用下降 203 万元；在“三重一大”的相关事项上严格按有关制度执行，全年的建设、采购等项目，经公开招投（议）标，审减 245.08 万元，为企业有效节约了开支。3. 创先争优，发挥先进模范示范作用。宁乡县花明楼支公司被国家邮政工会授予全国“模范职工小家”称号，浏阳市镇头支公司被国防邮电工会授予全国“模范职工小家”称号，天心区南门口邮政所被交通运输部、共青团中央授予“全国青年文明号”称号。（钟 杰）

【代开国税普通发票业务启动】 1 月 1 日起，长沙市邮政分公司在长沙县、浏阳市、宁乡县、望城区的 42 个邮政网点启动代开国税普通发票业务；8 月 1 日起，代开国税普通发票业务推广至全市。2013 年，长沙市邮政分公司累计代开票 84345 份，代开发票金额 10.45 亿元，代收发票税款 3043 万余元。（钟 杰）

【《毛泽东“向雷锋同志学习”题词发表五十周年》纪念邮票首发】 3 月 5 日，《毛泽东“向雷锋同志学习”题词发表五十周年》纪念邮票全国首发式在望城区雷锋纪念馆举行，首发式由长沙市委、市政府、湖南省邮政公司主办，中共长沙市望城区委、望城区人民政府、长沙市邮政局承办，湖南雷锋纪念馆协办。望城区委副书记、区长孔玉成主持首发式，中国邮政集团公司副总经理李丕征、省人大常委会副主任蒋作斌，市委常委、宣传部部长张湘涛，望城区委书记谭小平等领导出席活动并为纪念邮票揭幕。纪念邮票 1 套共 4 枚，邮票名称分别为向雷锋同志学习、学习钻研、爱岗敬业、助人为乐，全套邮票面值 4.40 元。中国集邮总公司向湖南雷锋纪念馆捐赠了“向雷锋同志学习”集邮巡展展品及雷锋题材相关邮品。（钟 杰）

【《金铜佛造像》纪念邮票首发】 6 月 16 日，全国首套运用 3D 全息成像技术制作的《金铜佛造像》纪念邮票在长沙市开福寺首发。1 套 6 枚，小型张 1 枚，全套面值 12.80 元，为配合邮票首发，还配套推出了 5 款《金铜佛造像》专题邮品。（钟 杰）

【贾谊纪念邮票首发】 9 月 15 日，2013 年长沙·天心文化新区推介暨贾谊纪念邮票全国首发式在天心区坡子街中信悦方举行。副市长何寄华，省公司副总经理阎洪生，市旅游局党组书记、局长谭勇，天心区区委书记曾超群，天心区区委副书记、区长朱东铁以及省集邮协会、市局领导出席。首发式由天心文化产业园管理委员会、长沙市贾谊故居管理处、长沙市天心区商务和旅游局和长沙市集邮协会主办，长沙市天心区对文化新区进行了推介，并发行《中国古代文学家（三）》邮票一套 4 枚，分别介绍贾谊、司马相如、扬雄、班固 4 位文学大家。该套邮票是中国邮政自 1983 年、1994 年分别发行两组《中国古代文学家》系列纪念邮票以来的第三组，全套面值 4.80 元。（钟 杰）

【《杂交水稻》特种邮票首发】 10 月 25 日，《杂交水稻》特种邮票首发式在长沙县举行，首发式由长沙县政府、长沙市邮政局举办，副市长何寄华出席。《杂交水稻》特种邮票 1 套 2 枚，面值 2.40 元，邮票票图名称分别为《制种》《丰收》。（钟 杰）

【《毛泽东同志诞生 120 周年》邮票首发】 11 月 16 日，长沙市邮政局在长沙市清水塘博物馆举办《毛泽东同志诞生 120 周年》邮票发行暨“五进”巡回邮展活动。纪念邮票以表现毛泽东形象的 4 幅大型油画为主题内容，一套 4 枚，名称分别为：问苍茫大地谁主沉浮、北国风光、毛泽东在十二月会议上、心潮，全套邮票面值 4.80 元。（钟 杰）

通 信

·中国电信股份有限公司长沙市分公司·

【概况】 中国电信股份有限公司长沙市分公司下辖长沙县、望城区、浏阳市、宁乡县 4 县（市）电信分公司。2013 年，完成收入 23.75 亿元，同比增长10.74%。移动净增25.67万户，宽带净增18.16万户。

一、市场经营。1.推进营销末梢市场化体系，严格落实“1+1+N”四位一体的协同营销模式，坚持按一小区一方案的小区营销，进行多种方式宣传覆盖，加强与物业公司合作，实行小区宽带买断包销，开展社区经理、网点协同，代理商买断经营等。2.拓展社会网点，优化内部结构，打造专业支撑与管理队伍。整合自营渠道、开放渠道和终端运营，将终端管理纳入渠道运营管理体系，更好地发挥终端引领销售的作用。开展自营厅及核心商圈自有物业卖场化改造，品牌店进驻，扩充TOP（米柜）卖场、专属渠道和直供便利店，对用户发展和维系起到积极作用，终端销售逐月攀升。3.以政务信息化为契机，抓行业应用带动移动业务拓展，重点拓展ICT和IDC，以及小交换机改制等固本增源工作；针对重点行业应用，成立专业支撑团队，提升行业应用服务水平；结合行业特性，开展精细化营销，制定高收入单位存量保有计划，通过电路提速实现高价值银行存量保有，制定潜力单位移动业务发展计划，通过融合、填充等方式进行固移融合拓展；结合集团客户特性，细分网格，加强商客网格覆盖，对商业客户群采取“承包经营”“超收分成”模式，吸引资源型代理商，大力发展商客网格代理，实现业务发展、业务受理、终端配货“一条龙”服务。4.树立平安校园标杆，进行经验复制，规模推广；抓住驻校经理、校园代办和天翼先锋3条主线，发挥校园先锋暗线营销作用，开展以组包片的方式进行营销。开展院系担保租机，翼机通合作，现场集中式营销，联合校方官方网站、学校微博群、学生微信群、QQ群开展线上宣传推介，引导组建易信院系群、易信班级群，拓宽营销半径，拉动移动业务在校园市场的渗透。5.完善电子营销功能，做好网厅在本地的宣传推广、集约销售活动的宣传，引导客户登录网厅，开展微博/微信营销，鼓励客户使用微博应用关注微博主题，成为忠实粉丝，开展圈子营销。利用现有VIP客户俱乐部、天翼QQ群资源，实时发布天翼卖场热门终端促销、淘宝团购信息，将线下社会营销模式复制到线上，依托与外部网站、新媒体、翼返利平台、搜索引擎等进行广告推广，提升网上营业厅的知名度和影响力。通过不定期地发布终端知识、电信产品小应用，以限时抢购、购机抽奖、应用体验、手机贴膜、客户领奖等促销活动营造网络氛围，吸引博友关注，呼应配合线下促销，成功开展电商转型的运营模式。

二、管理机制。深化人力资源改革，加大人力资源机制创新力度，完成人力资源综合转型和架构优化调整，为企业跨越发展提供良好环境。1.完善4级责任单元体系建设，及时调整和调配人员3000余人，增编102人，4级穿透达1224人，设4级责任单元188个，确保前端面向客户人员整体人数增加。2.制定农村支局经营责任制承包、超收分成激励、号百业务收入激励、增值业务与流量经营激励、营业厅店长负责制、渠道运营中心、电子营销中心、系统集成机制创新特别激励等一系列办法。重点突出管控能力。核定承包费用，公开竞聘农村一、二类支局长，市公司下派6名干部到农村支局开展工作，鼓励能人、强人参加支局承包，整体提升支局覆盖范围的经营能力。注重企业人工成本、营销费用等有限资源合理管控、有效配置，着重问责中层管理人员，加大业绩考核力度，严格执行业绩排名和末位淘汰，淘汰、解除上岗协议287人。为员工职业规划引导，开辟员工晋升通道，从派遣员工中招聘合同制员工34人，充分调动员工的积极性和创造性，确保提升企业核心竞争力。

三、网络建设。把应对市场竞争和满足市场需求放在首位，大力推进光网建设，积极部署TD—LTE试验网建设，继续推进农村集镇FTTH建设，为企业可持续发展和保持竞争优势提供能力支撑和保障。完成80个核心集镇的FTTH的改造和用户平移工作，形成FTTH OBD末端端口能力61万个，新建农村光交285个、布放主干光缆26263纤芯公里，为提升集镇宽带的核心竞争力提供有力支撑。新建基站逻辑站点870个、室分系统及信源数116套，建成100个C网宏基站、296个DO扩载波站、37个1X升DO站；新增移动无线网配套光缆扩容5373纤芯公里、WIFI接入光缆扩容2571个热点；新增城市FTTH皮线光缆34500纤芯公里、城市主干光缆104912纤芯公里，完成1415处配线扩容工程，新增铜缆11300线对公里；完成126个新建小区和楼盘接入，完成EPON和AG设备扩容工程697处，建成道路管道331.35孔公里、小区管道49.86孔公里。确保通信管网的完整性，基础战略资源得到巩固，满足业务发展需求，解决待装用户10520户，接入用户72340户，暗管预埋、五类线、家庭信息箱覆盖7.1万户。配合TD—LTE新建基站676个的光缆建设，新增配线光缆21400纤芯公里、LTE主干光缆14400纤芯公里，为4G的试商用奠定基础。

四、网络维护。1.抓支撑发展、集约维护、提质增效、开放合作4个关键，实现从被动维护转变为主动维护，重点落实基础管理、机制创新、降本增效。建立信息安全资产管理、风险评估防范和事态提前感知3个体系，调整考评体系，调动一线人员积极性，加强利益共同体的合作，加大终端社会化推进力度。2.加强对核心网络及设备安全的巡检和隐患排查，完成网络结构性隐患排查。完成设备整治77批次，对全区3400余台户外设备进行排查，排除安全隐患197处；更换19处UPS电池，保障机房供电安全；优化宽带网络，消除网络拥塞492处，基本消除峰值流量超过80%的中继；加快老旧设备退网，完成南托EWSD母局、宁乡双凫铺EWSD局、香樟路E10B母局、曙光路EWSD母局、长途TS1、北电软交换平台以及小灵通IGW等部分旧设备退网；开展OLT扁平化、烽火老式OLT替换、中继带宽扩容、同沟同缆、同板卡等优化整治292次，完成各类系统升级20余次，升级相关设备500余台，保证设备的正常运行；针对日益发展迅速的3G业务，开展移动网质量提升专项整治，整治动环400余起，完成103座铁塔、638处各类设备线缆接地整治，完成218个基站天馈线系统整治，完成DO邻区调整1026条，基站2兆资源调整30余站，扩容DO二载频190个，升级DO基站135个。C网基站断站率下降至0.07%，AP可用率96.38%，热点信息准确率98%。加强农村线路整治，完成39个农村集镇光进铜退改造，完成31个项目的城镇线路整治，费用278万元；完成城区TOP60专项整治，完成48处主干电缆、配线电缆故障高发区域整治，全业务维护支撑水平和运行维护体系的整体保障能力不断提升。确保实现服务客户、支撑市场集约化、高效率、安全的网络运营体系。

五、企业服务。聚焦客户满意度，重点突破和提升直接影响客户感知区域，完善服务体制，全面治理服务突出短板，聘请社会监督员，制定服务手册，多渠道收集用户意见和建议，针对服务问题进行整改，加大考核力度，提升全员服务意识，明确关键区域、责任部门、第一责任人KPI横向关联考核机制，对严重违规行为追究部门负责人和主管领导的连带责任；对收费项目、资费套餐、客户账单、增值业务等项目开展多维度整治。主动推送电子账单，方便客户查询，减少疑惑，定期发送套餐消费情况短信，及时提醒欠费或流量超过的用户。加大SP业务、流量包外呼业务清理整改力度，有效控制费用类投诉。针对阶段性服务热点、难点问题及时召开服务专题会，加强对各阶段服务较弱、问题较多单位的调研督导，共同分析探讨问题，每天对员工工单办结满意度进行排名，要求100%回访用户，发现虚假回单从重考核并纳入KPI，用户满意率大幅提高。重拳整治“三强”问题，实行从严、从重的零容忍处理原则，针对“三强”问题与相关部门签订责任书，与代理商、SP商家签订承诺函，对出现“三强”行为的代理商及SP商家取消代理资格和追究法律责任。综合治理垃圾短信，实行业务管控责任制，强化端口短信管理，更新和优化关黑、拦截机制，严控垃圾短信。全年组织服务协调沟通会议100余次，下发服务督办单50余张，开展服务检查、调研、指导、暗查暗访1000余次。因服务问题考核相关单位KPI合计162.7分，考核金额217253元，考核相关领导16415元，提高客户可感知的触点服务水平。

（邓惠君）

【长沙TSH1长途局完成退网】 4月28日，长沙TSH1长途局完成退网。工程前后进行了14个省际方向、13个地市分公司、16个长沙本地网交换局共计32次话务割接，完成3万门IVPN用户、20万余门天翼一号双机用户的业务迁移，56个局向共计1178个2兆的电路拆除，关电17排，共计134个分架。 （邓惠君）

【“宽带智能提速”功能上线】 5月17日，“宽带智能提速”功能在长株潭区域上线，电信宽带用户可以通过湖南电信网上营业厅（http://hn.189.cn）点击“宽带智能提速”在家体验免费提速，提速后用户的最高网速可达20兆。 （邓惠君）

【TD—LTE实验网工程启动】 7月，TD—LTE实验网工程正式启动，该工程采取FDD与TDD混合组网，完工后实现主要城区及县城的基本覆盖，4A级及以上景点的点覆盖，机场高速以及市到市、市到县道路的弱覆盖，以及机场、武广高铁站、地铁、高档星级酒店及电信自有通信大楼的深度覆盖，为4G的试商用奠定基础。

（邓惠君）

【天翼手机全面实现翼支付功能】 11月8日，长沙天翼手机全面实现水费、电费查询和缴费功能，该业务交易快捷，系统稳定，用户足不出户，便可实现轻松查询和缴费，还可实现交通违章查询、罚款缴纳、购买电影票、电视费缴纳等功能，为天翼用户带来生活的轻松体验与便利服务。

（邓惠君）

【2013中国电信智慧城市应急管理现场会】 11月15日，以“融合智慧应用，提升应急效能”为主题的“2013中国电信智慧城市应急管理”现场会在长沙召开。公安部通讯保障总站副站长仝京来，黑龙江省人民政府办公厅副主任刘春林，中国电信集团公司政企部副总经理项煌妹，中国电信湖南公司党组成员、副总经理万鹏以及湖南省公安厅、长沙市公安局等单位领导参加会议。会议推荐了长沙应急联动指挥机制体制和技术平台建设模式，以及平台建设和投入使用取得的成果。来自52座城市的70余家主管应急联动管理与应急指挥负责人参观了市应急联动指挥中心，并实地观摩体验雨花公安分局高桥派出所的三级处置和移动指挥平台的运行。

（邓惠君）

•中国移动通信集团湖南有限公司长沙分公司•

【概况】 中国移动通信集团湖南有限公司长沙分公司（以下简称“长沙移动”）是中国移动在长沙的市级分支机构，下辖芙蓉区、雨花区、天心区、开福区、岳麓区、长沙县、望城区、浏阳市、宁乡县9个区、县（市）

11月15日，2013中国电信智慧城市应急管理现场会在长沙召开

分公司。截至2013年底，公司共有在职员工2805人。

一、业务发展。2013年累计完成运营收入突破53亿元，期末客户超过719万户；缴纳各类税款近6.36亿元，其中缴纳国税约4.14亿元，地税约2.22亿元，被湖南省国家税务局评为“纳税信用A级单位”。在国家政策范围内，有效降低资费，推出国际漫游1元、2元、3元区，统一下调38个国家和地区的语音、短信、移动数据等国际漫游资费。全力打造具有示范意义的集团客户行业应用项目，与市政府合作开通“12345”市民服务热线，推出平安城市、城管通、校讯通、农信通、电子商务等亮点信息化工程项目。长沙移动在“无线长沙”建设上，研发了56项“无线长沙”应用，为服务长沙市“两型”社会的建设，提高长沙城市运行效率和城市核心竞争力贡献力量。12月4日，工信部发放了4G牌照，并取消了对中国移动固定网络业务经营的限制，长沙移动正式迈入4G和固网运营元年。12月18日，中国移动正式启用全新的4G网络品牌“and！和”。

二、客户服务。客户服务体系不断完善，建立和完善“客户为根、服务为本”的客户服务体系。服务流程不断优化，形成以客户为导向的客户服务体系；高度重视网络质量保障和客户投诉问题解决，客户投诉48小时内首次回复。连续两年投入大量资金开展“渠道倍增”计划，2013年新增渠道397家，共计各类移动实体渠道网点4042家。持续向广大客户提供“10086”服务热线24小时服务，并开通官方微博、微信等互联网服务平台；专门成立垃圾信息治理小组，搭建实时拦截及举报平台（“10086999”举报平台），配合有关部门对违规违法垃圾信息进行实时拦截，通过设定短信发送量的门限值，实时更新短信疑似敏感字段，重点封堵黄色、诈骗等犯罪信息，受理客户对接收的垃圾信息举报，有效控制垃圾短信的蔓延。

三、网络建设。2013年，长沙移动用于网络等基础建设投资超过15亿元；截至2013年底，公司2/3G基站总数超过1万个，载频数超过11.6万个，HLR容量达1507万户，VLR容量达925万户。2013年是4G元年，4G是第四代移动通信及其技术的简称，TD—LTE是中国移动自主研发的4G标准，具有高速度、低延时的特点。在4G网络的支持下，用户能够以最快100兆位/秒的速度下载。为尽快让市民体验到高速优质的4G网络，长沙移动投资9亿元，在全省率先启动LTE一期工程建设，规划新建基站超过3400个。网络维护方面，理顺面向市场、客户的运维机制，网络指标持续改善；扎实做好各项重大活动、重大突发事件通信保障工作，确保网络质量。（张　薇）

【“宽带中国”专项行动推进】 2013年，在“宽带中国”专项行动的指导下，长沙移动推进“农村宽带普及计划”“宽带产品研发计划”等核心战略举措，并在3G站点建设、WLAN热点覆盖等与市民生活息息相关的领域取得进展。移动宽带累计发展8.4万户，建设端口9万线。年内，长沙移动在推进乡镇宽带方面，开通乡镇宽带端口数1.6万线，年底前覆盖6区3县90余个镇村。在浏阳市洞阳镇，得益于乡镇宽带的优惠政策，200余户当地居民第一次装上宽带，实现与互联网世界的亲密接触。为达成“使用户能够在任何时间、任何地点均能实现数据通信”的目标，长沙移动积极将传统的网络接入技术由有线向无线、由固定向移动、由单一业务向多媒体发展，利用无线接入灵活性高、扩展性强的优势，因地制宜地发展无线宽带，成功解决宁乡煤炭坝、浏阳官渡镇云山村等相对偏远区域乡镇的网络接入问题，有效提升农村地区信息基础设施水平，让“移动改变生活”惠及民生，真正造福百姓。建设WLAN热点，完善城区无线网络覆盖，有近2500个热点覆盖大型产业园区、大型会展中心、机关单位、旅游景点、酒店、医院、银行、校园等各类场所。（张　薇）

【“悦”品牌家庭融合产品推出】 3月30日，长沙移动联手长沙有线公司正式签订战略合作框架协议，“悦”品牌新闻发布会在湘江世纪城举行，“悦”品牌家庭融合产品全城发布。双方拟以产品融合、技术融合、渠道融合、宣传融合的方式开展全方位业务合作，共同拓展三网融合蓝海市场。该产品实现长沙移动与长沙有线电视的“多层面”“全方位”融合，其重点是通过无线数字电视与通信接入平台建设，实现打电话、看互动电视、上互联网的多业务网络融合，为长沙广大客户提供更为优质的宽带、3G、有线电视等融合业务。该产品主要基于融合机顶盒产品进行，融合机顶盒通过在普通机顶盒中内置WIFI等功能模块，可提供高清电视节目、有线宽带、WLAN等多重服务。通过该新型融合终端，移动、有线两大网络可充分利用各自现有基础设施，大幅降低网络改造成本，充分体现“三网融合”的优势。该产品还具有“快乐融屏”互动功能，手机、平板电脑、电视屏幕可互相切换，实现广播电视内容、网络视频内容、互动收视的多屏观看。传统的收视用户只要配备支持多屏互动技术的电视机，再到有线营业厅办理相关手续，升级为有线电视机顶盒，就可在电视、个人电脑、平板电脑、手机之间快速互动。配合“悦”动家庭套餐，客户以实惠的价格同时获得高清频道、4兆高速家庭宽带和2兆移动CMCC无线宽带“双信号”上网服务、移动家庭网、海量影视点播及电视回看等内容，套餐的优惠幅度比各单项服务的优惠幅度达48%以上。“悦”品牌充分利用两方的网络优势、数字电视资源、客户资源，实现资源共享，有利于加快推进湖南三网融合的进程，并影响用户收视习惯从“看电视”到“用电视”，预示着广播电视“以家庭”为单位的传统服务模式转变为“以个人”为单位的全新服务模式。对于移动方面来说，与有线电视合作不仅有利于发挥自身基础网络优势，也有利于三网融合后用户和业务的进一步拓展。（张　薇）

·中国联通长沙市分公司·

【概况】 中国联合网络通信有限公司长沙市分公司(以下简称“长沙联通”)是中国联通在长沙的市级分支机构，负责经营在长沙市行政区域内的基础电信业务即2G业务、3G业务、固定电话业务、互联网宽带业务、国际国内长途、IP业务、数据通信业务和增值电信业务。2013年，长沙联通先后被评为长沙市青年文明号、长沙市内部安全保卫示范单位、长沙110社会服务联合行动先进单位、长沙市综合治理管理委员会先进单位，被集团总公司评为“先进集体”。

一、发展状况。2013年，长沙联通围绕省公司“三年破百亿、率先变格局”的目标，实施“渠道扩张工程”“3G规模工程”“校园拓疆工程”等6大营销计划。通服收入继续保持高速增长，连续4年收入同比增长超过20%。截至2013年底，长沙联通2G、3G、固话宽带总用户突破340万户。上缴各种税费近1.1亿元，被长沙市地方税务局、长沙市国家税务局联合评为“纳税信用等级A级单位”。

二、客户服务。2013年，长沙联通通过“服务优先工程”，系统开展存量经营工作、全网管控工作、流量经营工作，提升客户续约率25个百分点，连续欠费同比降低67.83%，户均流量从2012年的187.6兆提升到271.9兆；重点治理话费赠送不到位、增值业务类投诉，两类投诉分别降低18%和55.4%；开拓互联网服务新渠道，上线实名制微博在线服务，创新“VIP俱乐部”微信服务，实现电子渠道从“业务分流”到“服务主流”渠道的转变。2013年客户满意度保持在82分以上，位居全省前三名。

三、通信能力。2013年，长沙联通通过“186”与“101”工程和“转维行动”，提升移固两网的网络质量；开展“转维行动”，建立了一套适应IPRAN网络的维护标准和维护体系。2013年，长沙联通新建WCDMA基站622个，铺设光缆2000公里；3G网络投诉率同比下降45%，3G热点投诉解决率82.68%。长沙联通在全国率先完成LTE实验网的建设，为4G时代的高速互联体验奠定坚实的网络基础。在宽带网络建设方面，长沙联通FTTH项目覆盖达50%，实现全长沙光网覆盖。长沙联通宽带用户平均速率8兆，高速宽带足以支持各种高清视频、上网等宽带应用，极大丰富了人们的物质文化生活，也在侧面推动了全社会的可持续发展。

11月15日，在2013中国手机文化产业博览会联通展厅，副市长何寄华在听工作人员介绍“沃阅读”产品

四、基础管理。长沙联通以“管理增效工程”为平台，深入推进党的群众路线教育实践活动，全面贯彻“三大纪律、八项注意”的工作要求，细化和优化了会议管理、公文管理、督办管理、呈批件审批、劳动纪律、节能降耗等一系列基础工作。推进管理创新，建立区、县准利润中心考核制度，上线代理商营业款预缴系统、内部商城系统、物资采购全程管理系统。在管理创新上，长沙联通被评为2013年集团“先进集体”，《企业责任文化体系建设》获湖南省企业管理创新成果二等奖，《机房精密空调节能在通信核心机房的应用》获中国联通总部QC成果二等奖。（陈　念）

【获2013中国手机文化产业评选活动“最佳布展奖”】 11月15—17日，首届2013中国（长沙）手机文化产业博览会在湖南国际会展中心举行，长沙联通获“掌握PHONE云榜”2013中国手机文化产业评选活动“最佳布展奖”。主题为“极速好网络 智能新生活”的联通展厅近200平方米，以亮丽的橙色为主色调，分为终端展示区、行业应用区、体验互动区和3G玩家俱乐部4大功能区，围绕联通网络优势、终端优势、服务优势展现各项产品。在终端展示区内，联合三星厂家展示最新、最炫的三星手机，以及自行备货最热销的3G终端吸引大量顾客咨询；体验互动区内10毫秒的在线游戏、下载速率高达150兆比特/秒的高清视频、15分钟内完成20兆HDTV视频下载以及便捷的手机营业厅成为观展人员最青睐的体验项目。11月17日，副市长何寄华到联通展馆，在长沙联通领导的陪同下了解“沃阅读”和新一代信息化教育应用平台的“微校”，并观看基于联通LTE高速网络的4G机器人的表演。（陈　念）

农村经济

责任编辑：吴丫丫

【概述】 2013年，长沙市实现农林牧渔业总产值454.62亿元，增加值294.55亿元，同比分别增长3.0%、3.0%；农村居民人均可支配收入19713元，同比增长12.6%。

一、推动农业提档升级，农产品生产稳中有进。2013年，全市粮食收获面积37.4万公顷，总产244.23万吨，湘米振兴工程全面实施，优质稻面积27.13万公顷，高档优质稻面积6.93万公顷，分别占水稻总面积的72%和18%。全市蔬菜播种面积13.6万公顷，全年产量47亿公斤，产值61亿元。养殖业平稳发展，全市出栏生猪835.68万头，出笼家禽5951.7万羽，出栏牛11.07万头，出栏羊84.59万只。林业产业发展加快，花卉苗木年产值超过40亿元，林下经济发展面积3.2万公顷，油茶面积5.73万公顷，水产、水果等产业规模和效益均实现稳步增长。

二、加大城乡统筹力度，推进中心镇(小城市)建设。有关区、县(市)，各试点镇按照“一年一个样，三年大变样，五年成榜样”的要求，推进中心镇（小城市）建设。1. 优化规划布局。15个试点镇全面开展规划编制和修编工作，城镇规划、土地利用规划、产业规划、生态建设规划“四规”逐步融合，镇村布局规划、村庄规划、农业规划、乡村旅游规划、水系规划等专项规划有机衔接，推动城镇开发建设有序进行。2. 开展项目建设。围绕城镇基础设施、产业发展、公共事业、房地产业等，全年共铺排新建或续建项目434个，2013年实现投入近300亿元，其中投入过10亿元的项目11个、过亿元的项目55个。3. 培植特色产业。重点培植支柱产业，特别是新型工业、现代农业、旅游业快速发展，各试点乡镇的自身造血功能和内在发展动力不断增强。4. 改善镇村面貌。各试点镇加大基础设施建设，推进道路交通、供水供电、燃气管网、污水治理、垃圾处理等配套工程建设，城镇综合承载能力和公共服务水平全面提高，镇村生产生活条件得到显著改善。

三、加快建设现代农业，农村经济蓬勃发展。1. 推进重大农业项目。2013年是全市重大现代农业项目推进年，重点铺排100个重大现代农业项目，由市直农口部门联点帮扶，累计完成投资71.12亿元，16个项目全部完成建设并投产达效。2. 农业产业化。全年农产品加工企业实现销售收入1043亿元，同比增长23.4%。全年休闲农业接待游客2410万人次，实现经营收入56亿元。农业规模基地建设加快，全市33.33公顷以上的花木培育基地37个，4个万亩蔬菜示范片已进驻蔬菜生产企业、合作组织40个。3. 招商引资。全年包装农业项目280个，签约引进农业项目248个，协议引资总额462亿元，实际到位资金102.6亿元。成功举办长沙市小城市（中心镇）建设暨现代农业发展投资洽谈会，合同签约金额253.49亿元，全部为投资过亿元的项目。4. 夯实水利基础。全年完成143座小二型水库除险加固，修复水毁工程1800余处，完成山塘清淤3333.33公顷，改善灌溉面积5333.33公顷，解决30.5万农村人口饮水不安全问题。宁乡县累计投入6亿余元启动农村田间水利扩容提质工程，先进经验在全省推广。5. 建设生态循环农业。启动全国首个农村生态能源服务平台及监管体系建设，在全市范围内建设95个农村能源服务网点，带动和促进6.67万公顷有机生态农业的发展，农业可持续发展能力增强。

四、创新体制机制，激发农业发展动力。1. 搭建“三农”融资平台。组建长沙市农业担保公司，年内实现农业项目担保筹资额5亿元，有效破解农业项目融资难题。召开长沙市中心镇（小城市）项目建设融资对接会，各试点镇通过成立城建投资开发公司与政策银行、商业银行、投资公司开展合作，融资规模达15.4亿元。2. 探索农业人才培养模式。重点实施全市现代农业领军人才培养工程，组织近300名学员分别赴中国农业大学、台湾参加现代农业管理经营的学习培训和考察交流。3. 加快培育农业新型经营主体。全市经工商部门注册的农民合作社5386家，比上年增加1347家，入社农户10.09万户，发展现代农庄351家，家庭农场达112家。4. 推进农村党风廉政建设。着力推进33个农村资产资源交易平台的示范建设。阳光三农网全面开通，覆盖全市10个区县（市）、155个乡镇街道、1484个村社，上传各类公开信息91327条，成为推进农村“四公开”的专业平台，实现权力在阳光下运行。

（张　婷）

【农业技术教育】 2013年，长沙市农科教工作从5个方面推进。1. 加强农村实用人才培训。发挥乡镇农科教中心的纽带作用和培训功能，开展农业生产技术培训、农民理财培训、农民创业培训、经营技能培训等农村实用技术培训。全年全市共培训农民28万余人次，开展农村实用人才培训1.3万人次。2.推广农业新技术新品种。以乡镇农科教中心为实施主体，组织引导农民开展优质种子种苗繁育、农产品生产加工、标准化高效种养等农业新技术和优良品种推广示范项目120余项次。根据各项目实施情况，择优重点扶持生态茶叶栽培示范、珍稀食用菌培育、无公害蔬菜栽培示范、生态果蔬栽培示范等推广示范项目40个。3.完善农科教服务体系。启动双江镇、青山铺镇、白箬铺镇、乔口镇、文家市镇、沿溪镇、煤炭坝镇、沩山镇、莲花镇9个示范乡镇农科教中心建设。通过添置教学设施、改善教学条件、完善生产示范基地，增强乡镇农科教中心和村级教学服务点的科技培训功能和生产示范能力。宁乡县煤炭坝镇张家湾村被评为湖南省第四届“三湘读书月”活动十佳村组。全市各乡镇农科教中心基本达到“五有标准”（即有机构、有人员、有资金、有示范基地、有教学场地）要求，有38个乡镇农科教中心通过省、市教育系统的示范农校验收。4.开展农村科技信息服务。将农业科技信息化服务纳入乡镇农科教中心的工作考核内容，利用媒体优势，开辟电视专栏，开通农技服务热线电话，及时为农民提供农业科技服务信息。指导区、县（市）农科教办开展科技下乡活动，安排3万元的物资和资金，参加市委宣传组织的在浏阳市金刚镇举行的2014年“长沙市科技三下乡”活动启动式。5.打造现代农业领军人才。启动实施现代农业领军人才培养工程，与中国农业大学合作，采取集中培训、系统培训、现代农业讲座、考察学习等多种培训方式，培养一支现代农业领军人才队伍。9—11月，举办3期综合培训班，每期为期10天，培训学员296人；分两批组织50余名学员到台湾学习考察现代农业管理经营，参观苗栗雅闻生技农场、台南市农友种苗公司和善化农会，开展现代农业管理培训交流。年内，全市农科教系统共向农民发放农业实用技术资料40万份，赠送种养殖科技书籍8000余本、实用技术光碟4000套。望城区通过做好“科教阳光”信息服务、农科教110电话咨询服务、创业富民科技小分队下乡服务、教育培训网站及QQ群网络服务，打造农村科技信息服务的特色。浏阳市组织专家服务团深入36个乡镇的240个村进行“科技服务进村组，科技知识进万家”活动，为农民现场解决生产疑难问题。通过完善专家信息服务群，健全农科教信息服务平台，进一步提升农村科技信息服务水平，从深度和广度上促进先进的生产技术、生产方式和农业经营管理经验的推广应用。（邹修成）

【农村能源建设】 2013年，长沙市农村能源围绕“两型”农村建设，实施中央预算内投资农村沼气项目和实事工程，发展农村清洁能源，推进节能减排和生态能源建设。全市累计投入农村能源建设资金2768.9万元，其中争取中央资金974.8万元、市级财政投入550万元。生态建设成效显著，全年新增户用沼气池4452个、太阳能热水器7578台，更新改造高效生物质炉灶1.8万台，建设示范性能源环保服务站10家，超额完成省、市政府下达的实事任务；新增沼气工程79处，其中大型沼气工程3处、中型沼气工程2处、小型沼气工程74处；推广普及小型光伏发电21处，装机容量25千瓦；完善农村能源服务网点95个，培训新能源建设、推广和服务等各类技术人员752人次，指导30万农户开展沼气综合利用，推广“猪—沼—菜（果、茶）”生态农业模式4.47万公顷。生态能源建设为长沙减少碳排放近1.2万吨。启动全国首个农村可再生能源服务平台及监管体系建设，被评为“省级为民办实事推广农村清洁能源先进单位”。（胡 玉）

【长沙首家“粮食银行”成立】 参见P328“粮油贸易”相关条目。

【长沙大河西农产品物流中心奠基】 7月12日，长沙大河西农产品物流中心在宁乡县双江口镇长兴新区奠基。省商务厅正厅巡视员易昌龙、省商务厅商贸服务处副处长赵子瑞、市政府副秘书长卢兴映、市商务局副局长易海斌、县委副书记邓杰平、副县长龚畅、副县长冯智君、副调研员周明山以及县主要部门领导、各界嘉宾和媒体朋友出席奠基仪式。大河西农产品物流中心项目总规划用地66.67公顷，计划投资20亿元，按中南地区规模最大、最先进的一级农产品综合批发市场标准建设的现代农产品物流中心，也是大河西先导区范围内唯一一家大型综合性农产品交易市场，是长沙市的重大民生工程。项目1期建设30公顷，规划建筑面积30万平方米，成为一个集农副产品集散、农耕文化展示、农业休闲等农业产业链覆盖的农业综合体。项目功能划分为交易区、仓储区、商务区、住宅区和配套娱乐休闲服务区，商住分离建设配套服务中心、食品安全检测中心、电子结算中心和高、低温冷库等完备的产业配套设施。市场内部设置32～40米的高等级路幅，以适应现代物流大进大出、快进快出的要求。大河西农产品物流中心项目是长沙市建设现代服务业试点城市的重点商贸项目，是该县成为全省首批农业特色县后启动建设的重大农产品流通项目。该项目将激活地区发展潜力，提升区域人气，加快现代农业发展，加强食品安全保障，增加人民群众收入，成为长沙地区农副产品流通新亮点，为全面提升宁乡农业产业发展水平具有重要意义。（张 婷）

【2013长沙小城市（中心镇）建设暨现代农业发展投资洽谈会】 11月4日，由长沙市人民政府举办、长沙市人民政府农村工作办公室承办的“2013长沙小城市（中心镇）建设暨现代农业发展投资洽谈会”举行。省、市领导徐明华、张大方、张迎龙、袁观清、余合泉、谢树林、陈献春、赵建强、黎石秋、彭继球出席。世界500强在湘投资企业、国内大型央企、知名地产投资商、全国农业产业化重点龙头企业、全国涉农上市公司等230余家，400余名客商参会。投资洽谈会以“统筹城乡发展，推进现代农业”为主题，共推出投资项目80个，其中小城市（中心镇）项目17个、现代农业综合开发项目12个、休闲观光农业项目25个、特色种养业项

目11个、农产品加工及物流项目15个，总投资额913亿元。会上签约项目33个，合同签约金额253.49亿元，全部为投资过亿元的项目。其中长沙县浔龙河生态农业开发有限公司与广东棕榈园林股份有限公司签订的湖南浔龙河景观生态园项目，投资51亿元；宁乡县灰汤镇与雅居乐地产控股有限公司签订的雅居乐生态温泉城项目，投资50亿元；浏阳市蕉溪乡与（香港）天地集团控股有限公司签订的生态特色小城镇建设项目，合同签约金额20亿；望城区茶亭镇与湖南杨李投资有限公司签约的南美风情园项目，合同签约金额20亿元。

（张　婷）

【2013中国中部（湖南）国际农博会】11月28日—12月4日，由农业部和省政府共同主办的2013中国中部（湖南）国际农博会在长沙红星国际会展中心开幕。农业部副部长于康震宣布大会开幕，全国供销合作总社监事会副主任汤益诚，省领导易炼红、蔡力峰、张硕辅、武吉海、袁隆平等出席。农博会以“绿色与品牌，交流与合作”为主题，共有1200余家国内外企业参展，其中国家级龙头企业30余家。3万平方米的展区中，共设1500个标准展位和300个特装展位，展出1万余种名优特新农产品。展会期间，组委会打造了现代农业暨食品安全巡礼、产销对接商务洽谈暨农业企业人才引进签约仪式、“中部农业情·强国兴农梦”2013中国中部（湖南）农业企业年度致敬颁奖礼、专业观众观展、中部现代农业企业暨农民文化艺术节活动、系列评奖活动、隆平国际论坛、总结表彰大会8大特色主体活动。8天展会吸引近100万人次，日均人流量超10万人次，实现合同成交和现金交易总额170亿元，为历届农博会最高。（张　婷　朱　乐）

种植业

【概况】2013年，长沙市农业紧紧围绕现代农业发展这一主线，进一步优化产业结构，不断强化技术支撑，加强农产品质量安全管理，推进产业化经营，农业和农产品加工业保持良好的发展势头。

一、种植业生产稳步增长。1.粮油生产扩面稳产。2013年，长沙市粮食全面完成省、市政府目标要求，宁乡县被评为“全国粮食生产先进县”，长沙县被评为“全省粮食生产先进县”，望城区被评为“全省粮食生产标兵县”。全市粮食播种面积37.11万公顷，总产244.23万吨，其中水稻播种面积33.98万公顷。全市油菜收获面积4.57万公顷，同比增长3.61%。全年全市优质稻面积27.13万公顷，占水稻播种面积的79.9%，其中高档优质稻6.93万公顷。初步形成以宁乡东湖塘、双江口，望城格塘、靖港沿湖区和长沙县果园等为中心的高档优质稻核心示范区域。2.蔬菜生产提质增效。全年蔬菜播种面积 13.62万公顷，总产量47.1亿公斤，总产值61.3亿元。在基地建设上，标准化专业蔬菜基地面积1.11万公顷。在市场建设上，社区直销工作加快推进，全年新增785家直销终端，年总交易量突破6000万公斤，年总销售额近3亿元。3.经济作物生产扩面调优。全市经济作物播种面积10.27万公顷，同比增加0.29万公顷；实现总产值49.8亿元，同比增加5.6亿元。茶叶、水果两大主要品种通过低产改造和良种扩面，产业发展优势更加突出。全市茶叶种植总面积1.4万公顷，总产量5.01万吨，总产值10.28亿元，同比增长10%。全年完成新建良种茶园面积206公顷，改植换种湘波绿2号、槠叶齐、碧香早、湘妃翠、黄金茶1号等良种，良种茶园总面积0.81万余公顷，良种化率58%，同比增长1%。全市水果生产面积2.61万公顷，总产量13.57万吨，总产值6.57亿元，同比增长19%。白沙时鲜水果产业带逐步开发建成以红颜草莓、灿烂蓝莓、宝石红桃、东方明珠杨梅、中秋脆枣和黑琥珀布朗李等品种为主的200公顷高档时鲜水果基地，其“东方明珠”杨梅以100元/公斤的价格进入“百元果”行列；金洲光明时鲜水果产业园开发建成100公顷生态葡萄园和100公顷四季水果采摘园，并规划建设133.33公顷的现代时鲜水果产业核心示范园。

二、农业科技服务推广能力提升。2013年，全市共推广农业新技术42项，优质农作物新品种44个。“阳光工程”培训农民26073人，实现就近就业85%以上。超级稻示范推广共创建万亩示范片7个、千亩示范片45个、百亩示范点16个，示范面积6.8万公顷，亩平均利润比常规稻增加约135元，全市增收1.38亿元以上。完成水稻专业化统防统治7.47万公顷，实施测土配方施肥面积37.08万公顷。

三、农业综合服务能力增强。1.农业执法水平不断强化。通过积极贯彻实施《农业法》《种子法》《农业技术推广法》等有关农业法律法规，加强执法督查，有力推动了农业法制建设和依法治农工作。全市共出动执法人员2468人次参加农资市场整治行动，共查获假劣农资255吨，为农民挽回经济损失241万元。“种子执法年”各项工作任务顺利完成，全年共抽取纯度鉴取样176个，代表种子170万公斤，合格率97.7%。2.农业信息化服务逐步完善。以长沙农业信息网和长沙农产品加工网为基础，进一步完善市级平台建设，新增价格行情、供求信息等农民迫切需求的栏目，服务能力提升。农业气象灾害预警平台投入使用，服务对象过20万人次，对农业防灾减灾起到重要指导作用。“12316”农业公益服务热线升级，服务职能拓展到农资打假、农业技术和政策咨询、农产品质量安全投诉等多个领域。（周　鹏）

·粮油作物·

【概况】2013年，长沙市粮食播种面积37.11万公顷，粮食总产244.23万吨，在全省粮食生产平均减产3%的情况下，把灾害损失降到了最低，同比减少3.59万吨，减产1.4%；油菜收获面积4.57万公顷，增加1600公顷，同比增长3.61%。粮油生产均全面完成省、市政府下达的任务。

一、稳定粮食面积和总产。1.市政府与粮食生产主产区、县（市）签订粮食生产目标责任状。明确各级粮食生产的基本目标与要求。市人民政府召开粮食生产工作会，下发《关于进一步推进粮食产业发展的通知》，将发展粮食生产列入对区、县的绩效考核中，为稳定粮食生产提供行政支持。2. 加强遏制耕地抛荒力度。市人民政府下发《关于强化粮食生产坚决遏制耕地抛荒问题的会议纪要》，落实遏制耕地抛荒、双季稻区“双改单”及水稻直播工作责任制，出台《长沙市耕地抛荒严重乡镇和行政村具体评价标准》等办法，详细界定了粮食生产扶持政策及处罚措施，对认定为抛荒严重的行政村，市财政按5万元/村扣减所属乡镇下拨经费，对该村按抛荒耕地500元/亩进行处罚，并取消市级涉农项目和经费支持。这些严厉措施的出台，有力地促进了粮食生产的稳定。3. 积极开展督查。通过开展乡镇自查、县市区普查、市级抽查，强化动态管理。粮食生产状况有了大的改观，常年性抛荒基本遏制。

二、粮食生产转型升级。重点扶持金霞、盛湘等规模粮食加工企业，提高粮食精深加工能力，延伸了产业链条。依托龙头企业发展，推动功能稻、特色稻、有机稻的产业化开发。有机、特色稻米最高收购价最高达380元/50公斤，亩收入比常规种植的优质稻高1620元，亩加工利润最高可达13920元，经加工增值，“沁香一号”有机米价格60元/公斤，卫红生态有机米48元/公斤，盛湘富硒有机稻米 98元/公斤，雨杰红米15元/公斤。尚海科技的发芽红紫米因具备独特的养生和药用价值，售价高达296元/公斤。

三、集约化经营加速推进。全市加大对龙头企业、种粮大户、种粮合作社的政策扶持和财政投入力度，大力推动粮食的适度规模化生产、集约化经营、社会化服务、产业化开发。全市粮食产销企业、合作社及专业化合作组织510个，同比增长25个。2公顷以上种粮大户9426户，同比增长769户。隆平粮社、万家春合作社、格塘粮社和双江口隆平粮社成为全国、全省的示范合作社。

四、良种良法配套，推进科技兴粮。1. 推广集中育秧。全市新增早稻育秧大棚45个，总面积5.8万平方米，完成早稻机插面积1.6万公顷，高标准完成集中育秧面积4.4万公顷。长沙县谷丰、望城区金成、浏阳市五塘、宁乡县五禾专业合作社分别在金井镇、新康乡、北盛镇、坝塘镇建设4个1万平方米的育秧中心，全部建设并完成早稻育秧。2. 推广优良品种。早稻主要推广湘早籼24号、45号，陵两优268、211、996、17，潭两优83、268等14个品种；一季稻主要推广深两优5814，皖稻153，黄花占品种；晚稻主要推广五优308，天优华占，湘晚籼13号、17号，黄花占品种；油菜主要推广湘杂油4号、5号、6号、7号、753、丰油730、丰油823等优良品种（组合）。全市粮食作物良种覆盖率84%以上，技术入户率100%。3. 推广实用技术。应用推广增种、增盘技术，2013年早稻杂交稻大田用种量2.5公斤，常规稻5～6公斤，早稻大田用种每亩增加0.5～1公斤。长沙县、浏阳市353孔的每亩大田用软盘70～90片，高的达100片；望城区、宁乡县308孔的每亩大田用软盘100～110片，多的达120片。全市晚稻每亩增盘5～10个，基本苗增加1.5万～2万元，为提高水稻单产、防控2013年自然灾害奠定基础。

五、开展高产创建，发挥样板辐射作用。进一步巩固提高长沙县、浏阳市永安镇、宁乡县回龙铺镇成建制水稻高产创建水平，抓好花明楼等10个乡镇的水稻高产万亩示范片创建。全市水稻高产创建水田面积5.33万公顷，经省农业厅交叉测产，高产创建示范点早稻平均亩产505公斤，比非示范区增产77公斤/亩；双季晚稻平均亩产548公斤，比非示范区增产76公斤/亩。

六、抗灾补种，降低灾害损失。夏秋旱情发生时，正值一季稻抽穗灌浆期和晚稻分蘖期，正是水稻等粮食作物需水量较大时期。针对旱情，市农业局成立抗旱督查工作小组，组织统一调运储备种子、农机、化肥、农药、油料等物资，确保救灾改种生产所需，并迅速补种、改种、扩种旱粮。大力推广节水灌溉措施，对脱水农田采取机械抽水润田或组织挑水泼浇，喷施有抗旱功能的叶面肥，以提高植株的抗旱能力。对秋玉米、红薯等旱地作物，除浇水抗旱外，喷施旱地龙等抗旱药剂，提高作物抗旱能力。对缺水未能移栽的，改种荞麦和蔬菜。长沙市将灾害损失降到最低限度，全市粮食作物受灾面积7.53万公顷，干旱未插和水稻绝收面积3666.67公顷，针对旱情导致的绝收与无法及时种植的耕地，市农业局及时指导改种工作，稻田改种其他作物2000公顷，对无法及时改种的稻田，列入秋冬种计划，实现夏秋损失秋冬补。

七、加强试验示范，开展镉污染综合治理。开展抗阻镉新品种选育与试验示范。市农业局与湖南师大合作，在浏阳市永安镇、宁乡县煤炭坝开展早、晚稻新品种对比试验与品种选育、筛选工作。全市早稻共安排6个品种、面积3.2公顷的阻镉种子繁殖基地。在永安镇种植早稻品种12个、晚稻品种23个，所选品种在重金属污染超标地区具有较强吸、阻、抗镉功能，大部分表现吸附在叶茎部分，阻隔于米粒之外。在煤炭坝镇主要进行中稻抗、阻隔品种筛选，共33个品系，面积0.33公顷。经前期试验，米粒含镉量大多在0.2毫克/千克以下，符合国家标准。冬季安排高吸镉油菜品种0.4公顷，实验结果显示该类品种秸秆中镉含量是一般品种的100倍以上，具有明显吸镉能力，而菜籽油中镉含量完全达到国家标准，初步形成以冬季种植吸附并移除镉等重金属油菜品种，早晚稻种植阻、抗镉品种的粮食重金属综合治理模式。推广镉污染综合治理技术。重点推广“三元”和“福山”富硒叶面肥、生物富硒肥两个专利产品，全市推广应用3333.33公顷。（周　鹏）

•蔬菜产销•

【概况】　2013年，长沙市蔬菜播种面积13.62万公顷，同比增加0.15万公顷，同比增长4.3%；总产量47.1亿公斤，同比增加0.9亿公斤，同比增长1.8%；总产值61.27亿元，同比增加1.1亿元，同比增长1.7%。马王堆、红星两大批发市场全年成交总量36.74亿公斤，成交额100亿元，同比增长5.5%和27.1%。

一、推进标准化基地创建。1. 开展标准化创建。2013年，全市有115家纳入市级标准化专业蔬菜基地创建单位，5家纳入国家标准园创建，新扩专业蔬菜基地面积1513.33公顷。2. 推进“百千万”工程。种苗中心建设上，建成2100平方米生产管理车间、2000平方米智能连栋温室、3500

平方米薄膜连栋温室，开始种苗生产。4个万亩示范片和10个千亩示范园建设均超过预期进度。4个万亩示范片进驻蔬菜生产企业、合作组织41个，累计完成基地建设面积1340.47公顷，投入各类建设资金6.15亿元，生产各类蔬菜6.39万吨，实现年产值1.85亿元。10个千亩示范园共投入各类资金1.48亿元，完成基础设施建设面积514公顷，第一年完成总建设任务的70%。10个千亩园全部建有农残检测室开展自检，全部通过无公害、绿色或有机产地认定，形成一套完整的生产技术应用、过程控制记录方法，使每一批次产品实现从播种到种植、采收、销售的质量可追溯；全年共生产各类蔬菜2.68万吨，全部供应本地市场，实现产值8216.4万元。3. 打造品牌。全市重点打造众发、采鲜园、金双园、隆平等地方蔬菜特色品牌，博野、浩博、天野山等有机蔬菜品牌，国进、致远摩谷等食用菌品牌。

二、科技兴菜，促进蔬菜高产优质。1. 发展设施蔬菜生产。推广钢架大棚、竹架棚、遮阳网、防虫网等设施及碰滴灌节水栽培技术，设施蔬菜栽培面积稳步增加，设施栽培面积1.29万公顷（其中大中棚2826.67公顷、小拱棚9453.33公顷、温室64.67公顷）。2. 加大科研推广与技术培训力度。选育出的2个辣椒新品种通过湖南省品种审定委员会审定，筛选推广了芦笋等12个优新品种，提纯复壮宁乡七星椒、高沙红菜苔等2个地方特色品种，研究和推广春提早、秋延后等7项栽培新技术，对韭黄等10个品种的露地或设施高产栽培技术进行探索与推广，研究和推广了农业、物理、生物病虫害综合防治技术各3项。市蔬菜科研所完成的《早优系列丝瓜新品种选育与配套栽培技术集成研究及推广应用》获2013年度长沙市科技进步三等奖，选育出的辣椒、丝瓜、苦瓜、南瓜、冬瓜、豇豆新品种在湖南、四川、重庆等地得到大面积推广应用。

三、加强监管，狠抓蔬菜质量安全。1. 从源头入手，开展标准化生产。指导基地按照行业标准开展生产，制定《长沙市标准化专业蔬菜基地建设标准》（试行），对基地的园地园貌、栽培管理、采后处理、质量控制、产品上市、制度执行等提出一系列明确要求。督促各基地规范从播种到采收的全程生产操作技术，依法严禁使用高毒高残留农药，推广使用蔬菜良种和高效低毒低残留农药。2. 强化基地自检工作。凡配备有检测设备的蔬菜生产单位，在产品采收上市之前，必须开展农残检测，暂无检测设备的必须委托有关检测机构进行检测，检测合格后方可采收上市销售，全市标准化专业蔬菜基地创建单位中90%都配备有农残检测仪开展自检。3. 开展培训宣传。组织蔬菜基地有关人员进行《农产品质量安全法》等相关法律法规及农药安全使用常识的培训和学习，全市全年共开展各类培训214期，培训31980人次。将禁用、限用、常用农药名单、防治对象、使用方法及相关农事操作记录表格等打印成册发放到每个基地，督促基地在显眼位置设立公示牌，营造质量安全第一重要的氛围。4. 加强市级监督抽检。加大对基地的抽检监测力度，2013年，市农产品检测中心5次例行监测共抽检9310批次，合格率99.78%，对不合格产品进行销毁，并严格实行蔬菜产业项目质量安全否决制。农业部4次对蔬菜生产基地进行“国检”，合格率97.92%，全年全市未发生1起因食用蔬菜引起的群体性中毒事件。

四、全面贯彻落实《蔬菜基地管理条例》。1. 扩补标准化专业蔬菜基地。在城市快速发展、城郊原有优质蔬菜基地大量被征占的背景下，向4县（市）远郊乡镇谋求发展。2. 开展基地登记造册工作。为保护和管理好现有的蔬菜基地，市农业局组织区、县（市）蔬菜行政主管部门与专业队伍按照相关要求对全市规模蔬菜基地进行登记造册，并要求区、县（市）农业主管部门发文确定。3. 做好基金的收缴和使用工作。加强与国土部门衔接，开展新菜地开发建设基金的收缴工作，2013年度收取400万余元并将上年度结余的800万元拨付到各区、县（市），用于新建蔬菜基地，促进了全市蔬菜基地占补平衡和产业发展。

五、健全流通体系，开展产销对接。1. 开展直销配送。加大在直销网点建设、门店改造升级等方面的支持力度，积极培育直销配送主体企业，引导其建立生鲜超市、社区直销店、团体单位配送、电子商务等多种形式的直销终端，2013年，全市新增标准化农产品直销终端785家（其中直销店385家，配送网点400个），全市有直销配送主体企业30家，各类直销网点1250家（其中直销店585家，配送网点665个）。2. 开展产销对接活动。以集配中心为平台，构建点对点产销网络，举办了12场小型和1场大型的本地蔬菜产销对接活动，50余家蔬菜基地与步步高、家润多等20余家采购商直接对接。（周　鹏）

畜牧水产养殖

【概况】2013年，长沙市畜牧水产养殖工作克服H7N9禽流感疫情和持续高温干旱、生猪价格低迷等多重不利因素影响，全市养殖业转型升级步伐加快，行业工作基础不断夯实，执法监管体系进一步健全，各项工作取得新成效。全年出栏（笼）生猪835.68万头、牛11.07万头、羊84.59万只、家禽5951.7万羽，水产品产量11.94万吨，实现养殖业总产值161.2亿元，占第一产业总产值的37.67%。各类商品饲料总产量200万吨，产值58亿元。

一、转变发展方式，推进产业转型。1. 实施项目带动，提升发展水平。年初制定下发《关于加快推进2013年重大养殖业项目建设工作的通知》，围绕标准化生产、地方品种保护、现代渔业生态园等5项重点工程，铺排14个重点产业发展项目。筛选8个产业项目列入全市百大现代农业重点项目，成立由局长任组长的“重大现代养殖业项目帮促工作领导小组”，下设6个工作组，分别由长沙市畜牧兽医水产局（以下简称“市畜牧局”）党组成员带队，对口联系、服务、帮促具体项目。明确年度目标任务、责任单位和工作要求，每月初召开局务会议，听取项目建设和帮扶工作进展情况，及时了解动态、掌握进程、交办任务，确保项目建设顺利推进。截至2013年底，22个项目基本完成1期工程建设，共完成投资3.76亿元，新改建标准化栏舍5.67万平方米，发展名特优水产养殖520公顷，配套完善了防疫、粪污处理、水产底部增氧等一系列设施设备。2. 加大扶持力度，引导科学发展。争取各级养殖业政策资金，统筹安排扶持项目，引导养殖业向规模化、产业化、标准化、现代化的方向发展。全年安排市级扶持资金1200万元，全部用于重大项目建设；与发改委联合申报国家生猪标准化建设项目64个，争取资金1760万元；组织申报湖南省“菜篮子”畜禽水产品生产项目9个，申报资金350万元；加强畜牧良种补贴项目监督管理，落实生猪、奶牛、肉牛良种补贴资金301.8万元。3. 开展示范创建，推进健康养殖。开展生猪标准化生产创建活动，编制实施方案，召开现场经验交流会，在年存栏500头以上生猪规模养殖场推行标准化生产。各区、县（市）开展多期标准化生产培训班，组织有条件的规模养殖场申报参与示范创建活动。加大督促力度，逐场深入指导，并严格实施过程监管，多次开展瘦肉精、产品药物残留抽检。全年共创建国家、省级畜禽标准化示范场5个，市级示范场10个、生产场86个。推进水产健康养殖工作，规范水产健康养殖场申报程序和考核机制，明确创建工作要求，全年创建市级水产健康养殖基地686.67公顷，6家企业通过农业部示范场考核验收，11个基地获全国、全省休闲渔业示范基地称号。以奖代补指导企业开展畜禽水产品无公害认证工作，共有15个畜禽水产品完成无公害、有机产品认证申报工作，兑现奖励资金60万元。4. 打造特色品牌，提升产业素质。抓好地方良种保护工作，推进宁乡猪、大围子猪和湘东黑山羊3大地方品种核心群保种工作，大围子猪和宁乡猪扩繁场建设进展顺利，“罗代黑猪”通过国家质检总局批准，获“国家地理标志”产品保护认证，“宁乡花猪”申报湖南省著名商标通过初审。坚持保种与开发并重，大力招商引资，开发品种资源。宁乡猪产业深度开发多点突破，多家企业与“盐津铺子”“良品铺子”、青莲等食品加工企业签订合作协议，花猪产品打入北京、上海、广州、海南等全国多个城市销售网络及麦德龙等大型连锁超市，品牌影响日益深远；沃尔德等4家企业投资数亿元，新建宁乡猪现代化加工生产线，研发精深加工产品近30种；沙龙畜牧、乐福来、资源集团等重点企业继续追加投资。地方良种产业开发由初加工向深加工转变，产品附加值逐步提升。湖南柳吉观赏鱼产业园加快新品种研发，形成自有特色品牌，销售网络遍布全国，成为全省最大的观赏鱼养殖基地。5. 强化污染治理，推行生态养殖。配合环保部门及区、县政府，抓好畜禽污染治理工作，截至2013年底，完成3446家畜禽规模场粪污整治，栏舍面积54.96万平方米。探索总结种养平衡、工业化、生态湿地和生物垫料治理4种畜牧业污染治理模式，编印《走生态环保之路 实现养殖业可持续发展》宣传画册，引导养殖户因地制宜开展污染治理，为省畜牧局《湖南省生猪养殖污染防治技术指南》编写提供典型案例10余个。11月，省畜牧局在长沙市召开全省畜牧业环保工作会议，向全省推介长沙市养殖污染治理典型经验。

二、强化疫病防控，健全长效机制。推进全市兽医管理体制改革，理顺兽医工作机制，整合防疫与检测职能，健全动物疫病防控体系，积极应对突发动物疫情，开创动物防疫工作新局面，在国内外A型口蹄疫等重大动物疫病多发频发，特别是多地出现人感染H7N9禽流感病例的背景下，全市动物疫情始终保持稳定。2013年，长沙市动物疫病预防控制中心（以下简称“市疫控中心”）被授予“全国巾帼文明岗”和“市级文明单位”称号。1. 落实综合防控措施。市、县、乡3级层层签订目标管理责任状，建立行政、业务“双轨并行”的责任考核体系，在春秋两季和重点防控时期，报请市政府督查室牵头开展2次专项督查，确保防控措施落实到位。一是扎实开展基础免疫。科学制定动物疫病强制免疫实施方案，全面推行“规模养殖场（大户）程序化免疫、散养农户春秋季集中免疫和平时申报免疫相结合”的新型免疫制度，向社会公示各乡镇防疫责任人及联系电话，免疫宣传资料送达到每位养殖户手中。组织春秋两季免疫抗体效果评估抽查，全年抽检免疫抗体21171批次，确保“真苗、真打、真有效”。在省畜牧局组织的免疫抗体抽检中，4种疫病免疫抗体平均合格率93.4%，居全省之首，超过农业部“免疫抗体合格率70%以上”的目标要求。二是严密实施疫病监测。着力构建动物疫病监测预警网络，进一步发挥市、县两级兽医实验室功能，在全市设置32个定点监测点，制定高致病性禽流感等10种疫病监测方案，全年共开展动物疫病病原学检测1.03万批次，为有效防控动物疫病提供科学支撑。三是统筹防控人畜共患病。在城区设置狂犬病免疫点19个，对狂犬病国产苗实施免费免疫，并通过《长沙晚报》广泛公示，在服务市民的同时提升狂犬病免疫率，城区犬只免疫数同比增长63%。指导督促区、县开展动物血吸虫病的查病及人畜同步化疗工作，全年普查牛羊3000头、化疗2138头。2. 科学应对突发事件。及时启动应急机制，积极应对H7N9禽流感疫情和水域死猪漂浮等突发事件，及时组织新闻发布会，应对媒体、社会关切，做好宣传引导。上海黄浦江漂浮死猪事件发生后，主动作为，联合海事部门出动巡逻船，沿湘江、浏阳河、捞刀河开展拉网式搜寻，建立常态化巡查机制，全年打捞并无害化处理病死猪17358头。在全国H7N9疫情严重的非常时期，市防指办公室实行集中办公，一日一调度。加大对城区活禽交易市场、农贸市场、养殖场等重点部位的监测力度，共检测H7N9禽流感样品13321份，监测数为2012年的8.3倍，结果全部为阴性。加大市场监管力度，严格督促活禽市场实施准入制度，所有家禽必须凭检疫证明方可入市交易，严禁从发生人感染病例的省市调入活禽。要求交易市场落实轮流休市制度，做到一日一清洗、一日一消毒。并按要求做好人员、物资和技术等应急准备，确保长沙未出现动物H7N9疫情，得到省畜牧局和市政府的高度肯定。3. 推进动物疫病净化。率先全省启动疫病净化工作，制定生猪伪狂犬病净化项目总体实施方案，联合湖南农大等科研单位向市科技局申报立项，获得市科技重大专项支持。选定项目示范场22个，有针对性地采取综合防治措施。与各示范场签订三方协议，明确项目参与方的责、权、利，指导督促相关区、县（市）建设配套缓冲隔离区，跟踪实施猪伪狂犬病免疫抗体监测。净化项目有序推进，得到农业部的高度关注，两家规模养殖场被选定作为农业部动物疫病净化项目示范场。

三、抓好执法监管，确保质量安全。1. 完善动物卫生监督体系。着力于机构、队伍及基础设施建设，不断完善动物卫生监督执法体系。协调编制、人事、财政等部门，落实国家兽医体制改革要求及各项保障政策，市及4区、县（市）均挂牌成立动物卫生监督机构，共核定人员编制134名。以市领导包案化解信访积案为契机，在市委组织部部长程水泉的重视和支持下，统筹解决内5区和高新区动物防疫员上访、设立区级动物卫生监督所问题，进一步稳定基层动物防疫队伍，健全城区动物卫生监督体系。组织开展首期官方兽医培训，提升队伍素质。定期组织执法案卷评查活动，1例执法典型案例被收录为长沙市2013年度行政执法指导案例，3份案卷作为全省优秀案卷参加全国动物卫生案卷评查。支持8个乡镇动物防疫站和14个动物检疫申报点开展标准化建设，夯实基层工作基础。推进病死畜禽尸体无害化处理体系建设，指导浏阳市、望城区开展畜禽尸体无害化处理窖试点工作，累计建设无害化处理窖1368个。到青岛等地考察学习先进经验，向市政府报送《病死动物无害化处理体系建设情况汇报》，市长张剑飞、市委副书记张迎龙、副市长黎石秋均作出专题批示。在城区建立1处无害化处理场并组织2家规模场，共引进3台台湾无害化处理设备，实现病死动物利用生物发酵工艺处理，做到零污染的重大突破。2. 打击动物卫生违法犯罪行为。2013年，全市共出动执法人员2845人次，开展监督检查701次，办理动物卫生监督等各类违法案件217起，同比增长161%，移送公安、工商等部门案件9起，追究刑事责任16人，申请强制执行3起，法定期限内案件审结率100%，无执法责任事故。3. 强化检疫监管。按照“风险分级、量化监督”的思路，开展畜禽规模养殖场动物防疫管理综合评价活动，重点对生猪标准化生产创建场进行防疫条件审查，对动物防疫条件差、基础设施滞后，防疫制度不完善的养殖场下达整改通知书，暂不纳入标准化生产项目扶持范围。严格实行产地检疫与“瘦肉精”同步抽检，把好基地准出关。全年共同步抽检“瘦肉精”15.36万批次，阳性检出率为零。严格实行屠宰检疫和水产品凭证入市，把好市场准入关。与生猪屠宰企业、生猪贩运商签订质量安全承诺书，明确企业主体责任，认真执行生猪进场查验制度和“瘦肉精”自检制度，全市屠宰检疫生猪67.7万头，监督无害化处理检疫不合格生猪669头、生猪产品1246千克，抽检“瘦肉精”3.46万份，合格率100%，屠宰检疫率100%。4. 开展质安监测排查。制订畜禽水产品质量安全监测工作实施方案，全年配合农业部、省畜牧局开展畜禽水产品产地质量安全例行监测10次，共监测畜禽产品210批次、水产品106批次、生猪“瘦肉精”3000批次，阳性检出率均为零。市本级共完成畜禽水产品及养殖投入品监测21892批次，其中定量监测2463批次，为年度计划的123.15%，检出不合格样5例，监测合格率99.79%，对监测中发现的问题，及时进行溯源查处。针对媒体曝光的“镉大米”事件，主动开展畜禽水产品重金属预警监测。在湘江流域、矿区周边乡镇采集各类样品48批次进行重金属检测，结果均为合格。5. 开展质安专项整治。畜禽水产品质量安全监管是2013年“三湘农产品质量安全行”活动的主题。市畜牧局制订全市畜禽水产品质量安全专项整治方案，先后开展“瘦肉精”、生鲜乳违禁物质、兽用抗菌药、水产品禁用药物等专项整治行动，全方位、多角度加强畜禽水产品质量安全监管工作。在养殖投入品监管上，加强兽药、饲料和饲料添加剂生产、经营、使用各环节监管，督促养殖场完善生产记录档案，严格执行兽药休药期制度，组织开展假冒伪劣兽药、饲料查处行动。全年省兽药饲料监察所在全市共抽检兽药样品85个、饲料样品177个，合格率分别为100%、98.9%。继续实施水产品凭证入市制度，抽检各类外来水产品样品2543批次，总体合格率99.81%，查处并销毁不合格水产品8292.3千克。在各专项整治工作中，全市共立案218起，移送公安和其他机关10起，追究刑事责任17人。浏阳市和宁乡县成功创建全省畜禽水产品质量安全监管示范县。6. 推进诚信体系建设。组织召开诚信体系建设座谈会，探索诚信体系建设的新办法、新举措，扩大养殖业信用档案建立范围，对不良信用信息一一记录在案，并通过市畜牧局政务网站公开发布，督促相关单位对其实施重点监管。自建立畜禽水产品质量安全诚信体系工作以来，有21家企业因违法失信被市畜牧局曝光。

四、健全渔业资源养护机制，严格渔政执法。1. 坚持春季禁渔制度。实施为期3个月的湘江长沙段春季禁渔工作，期间实行24小时值班制，加强重点水域的巡查整治力度，有效地遏制非法捕捞现象的发生，实现“江中无渔船，岸边无网具，市场无河鱼”的禁渔目标。2. 开展鱼类人工增殖放流活动。全年开展人工增殖放流活动3次，累计向湘江投放各类鱼种820万尾。市畜牧局与省人民广播电台联合举办的“关爱美丽湘江、建设生态家园”百万鱼苗公益放流活动，吸引300余名爱心家庭市民、志愿者、渔民参与，省、市多家主流媒体进行宣传报道，提高市民参与、支持水生生物养护和保护湘江生态环境的社会意识。3. 严厉打击各类非法捕捞行为。组织开展打击非法捕捞作业专项行动，维护渔业生产秩序。全年共查获违法船只33艘、各类违法网具136件；立案、结案3起，行政处罚3人，有效保护湘江渔业资源。（柳　斌）

【应对H7N9禽流感疫情】2013年，面对国内外日益复杂的动物疫情，尤其是4月以来中国陆续人感染禽流感疫情，长沙市疫控中心迅速启动应急预案，全面加强动物H7N9禽流感的监测和流行病学调查，重点对活禽交易市场、水网密集区、候鸟迁徙地等进行全面排查、全面监测，共检测各类动物H7N9禽流感样品13321份，比2012年禽流感监测数增加8.3倍，其中拭子样品9313份，血清4008份，超额完成省、市下达的监测任务，动物H7N9禽流感监测结果全部为阴性，实现全市人感染H7N9禽流感疫情零发生。（刘增再）

【动物无害化处理体系建设】2013年，长沙按照部、省关于加强病害动物无害化处理工作的部署安排，切实推动病害动物无害化处理体系建设。组织市、县两级畜牧兽医水产工作人员，到外地考察学习先进经验，撰写专题考察报告《病死动物无害化处理体系建设情况汇报》并得到政府领导专题批示。召开专题研讨会，邀请养殖企业、设备生产企业、县级主管部门共同商讨长效机制建设，确立分步推进的原则，即在大型规模养殖场由养殖企业自行建设无害化处理设施，在养殖密集区由政府投资建设无害化处理中心，并在化尸窖处理的基础上，探索生物发酵处理法。全市在浏阳市新五丰、长沙县鑫广安以及红星屠宰场各引进1台台湾无害化处理设备，采用生物发酵方法处理养殖过程中产生的动物尸体，实现“零污染”的重大突破。全省畜牧业环保工作会议和农业部副部长于康震对长沙病害动物无害化处理体系建设工作给予充分肯定。（陈宇明）

【长沙市畜牧兽医水产远程管理服务平台全市覆盖】 2013年，历时4年，投入近300万元的长沙市畜牧兽医水产远程管理服务平台基本建成并通过市科技项目验收。平台在浏阳市的全面启动，使长沙市畜牧兽医水产远程管理服务平台实现全市全面覆盖，平台涵盖全市行政区域、兽医队伍、养殖场（户）3大基础数据模块，防疫管理系统、检疫管理系统、疫情监测与预警、视频监控系统、生猪标准化养殖、水产健康养殖6大业务管理模块。所有模块均实现基础数据快速采集、审核上报、查询和统计分析、相关数据表格导出等功能。市、县、乡镇3级管理人员均能通过平台即时掌握辖区内动物免疫、检疫、生产等工作进展，并产生各类业务工作需要的报表数据。全市登记在册的养殖/场户共计40万户，登记免疫台账数据达130万条，有66个标准化生产示范场、58个水产健康养殖纳入平台管理，有8个规模养殖场实现视频监控。（颜克旭）

【创新畜禽规模养殖场监管方式】 2013年，市动物卫生监督所按照“风险分级、量化监督”的思路，以养殖业标准化生产示范场创建为契机，开展规模养殖场动物防疫管理综合评价，重点对96家申报生猪标准化生产扶持项目的养殖场开展评估，根据评估结果，对评分在90分以上且持有“动物防疫条件合格证”，动物防疫基础设施完善，制度规范，符合动物防疫要求的规模养殖场，提出了“重点考虑纳入2013年生猪标准化生产项目扶持范围”的建议。该项举措拓宽指导养殖业标准化生产思路，为确定养殖业项目扶持提供重要依据。（陈宇明）

【创新城区流通环节检疫监管方式】 2013年，长沙市动物卫生监督所创新检疫监管思路，依托动物检疫申报点，在黑石铺外来肉品批发交易市场、红星冷库、五里牌冷库建立快速检测室，添置了酶标仪、药物残留快检图像分析仪等一批快检仪器和快检试纸，对进入流通环节的动物产品开展“瘦肉精”等违禁物质快速抽样检测。检测合格产品换证分销，疑似不合格产品就地封存并送市疫控中心复检，确认后再依法处理。快速检测在检疫工作中的运用，丰富了动物检疫手段，提高了检疫的准确性，确保动物产品质量安全。（陈宇明）

【推行城区宠物狂犬病免费免疫】 4月，市畜牧局率先全省推行城区宠物狂犬病免费免疫。按照“方便市民，服务市民”的原则，在全市城区实施国产狂犬病疫苗免费免疫惠民举措，设置授权免疫点18个，基本覆盖全市城区。据统计，全年全市城区共计免疫犬只13247只，同比增长64.2%。（郑冠伟）

【通过农业部质量安全检测能力验证考核】 5月，市疫控中心申请参加农业部2013年农产品质量安全检测能力验证考核活动。在5月10日完成水产品中孔雀石绿及4种硝基呋喃类代谢物药物残留测定2个项目验证工作，所有实验结果及各项原始数据等资料上交农业部相关组织部门。8月底，农业部通报农产品质量安全检测能力验证考核结果（农办质〔2013〕43号），市疫控中心申请参加的水产品中孔雀石绿和4种硝基呋喃类代谢物药物残留2大类考核项目全部合格，成为全国27家合格单位之一。（徐丽君）

【全省畜牧业环保工作会议在长沙举行】 11月18—19日，全省畜牧业环保工作会议在长沙召开。14个市州的畜牧水产局长、63个生猪调出大县的畜牧水产局长及20家规模养殖企业负责人参加会议。18日，与会人员到长沙县北山镇常应根养殖场、锡福村生态湿地、鑫广安路口原种猪场，浏阳市新五丰永安分公司养殖场、湘天合作社、新康畜牧公司6家规模养殖场的治污现场，考察学习长沙市普遍推广运用的种养平衡、生态湿地、大型工业化治污等多种养殖污染治理模式。与会代表一致认为，各参观现场具有典型性和代表性，大、中、小型养殖场都能找到学习借鉴的合适模式，值得推介。19日，与会代表观看

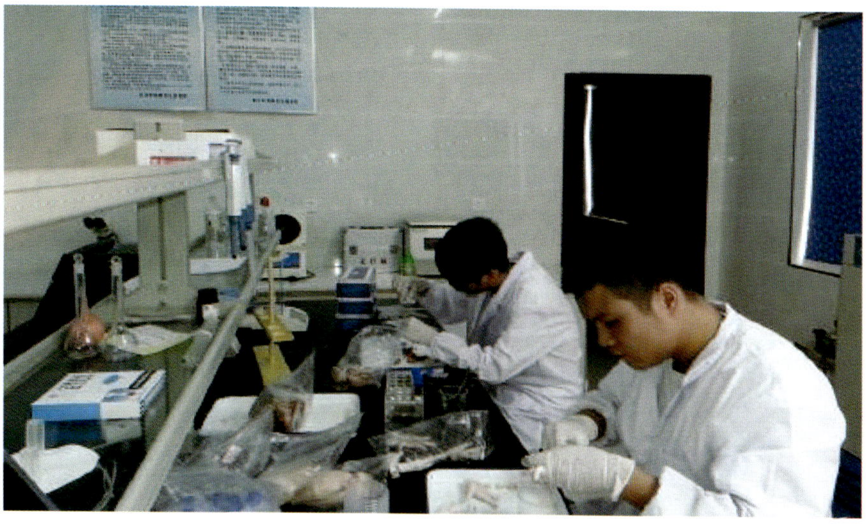

申报点检疫员开展违禁物质快速抽样检测

长沙市畜牧业污染治理工作宣传片和宣传画册，长沙县、浏阳市畜牧兽医水产局在会上作典型交流发言，副省长张硕辅发表书面讲话，省农业厅厅长刘宗林到会讲话，省畜牧水产局局长袁延文作主题报告。（柳 斌）

【参加全国农产品质量安全检测技能竞赛】 12月12—14日，由中华人民共和国农业部办公厅、中华全国总工会办公厅和中国就业培训技术指导中心联合举办的第二届全国农产品质量安全检测技能竞赛在北京举行，全国共34支代表队参赛，市疫控中心选派技术能手参加，获湖南代表队团体二等奖，市疫控中心的卢艳芬获个人一等奖，被授予“全国技术能手”的称号。（徐丽君）

林 业

【概况】 2013年，全市共有林业用地面积61.32万公顷，森林覆盖率53.48%，比上年增长0.13个百分点；活立木蓄积量2440万立方米，比上年净增49.47万立方米，增长率2.09%；林业总产值189.02亿元，比上年增长29.41%。省级林产工业龙头企业增加到42家。

一、推进绿色工程，造林任务全面完成。1. 推进绿色创建。结合绿色湖南建设重点工程，落实市人民政府《关于推进长沙城乡绿化一体化的意见》，推进绿色通道、绿色集镇、绿色村庄、绿色社区、绿色庭院、绿色屏障、绿色文化建设。2013年，全市连接城乡的10条主要干线绿化列入全市绩效考核内容，20个绿色示范村庄、20个绿色示范社区建设列入2013年度全市37件为民办实事工程项目。全年共完成创建市级绿色示范集镇10个、市级绿色示范村庄20个、市级绿色示范社区20个、市级绿色示范庭院100个。绿色屏障不断巩固，全年新增湿地保护面积13046.1公顷，全市湿地保护面积15787公顷，保护率39.37%，名列全省前茅。新增石燕湖和北山两个省级森林公园，大围山森林公园获批国家生态旅游示范区，长沙县成为全省首个国家生态县。12月初，以市委、市政府名义牵头组织召开专题动员会议，制订并以市委办公厅、市政府办公厅名义印发《长沙市实施三年造绿大行动总体方案》，全面启动三年造绿大行动。2. 推进工程造林。全市抢抓季节，科学实施，共完成人工造林8346.67公顷，为年度计划任务的100.02%，造林质量合格率100%。其中油茶林2466.67公顷，退耕还林386.67公顷，长防林400公顷，血防林100公顷，优材更替200公顷，速丰林2000公顷，面上造林2180公顷，其他项目613.33公顷。完成补植、补造1800公顷，完成“三边”造林2369公里、绿化面积1600公顷。3. 推进义务植树。落实《长沙市义务植树基地建设管理办法》，全市共督建各级义务植树基地138处、面积600公顷，发动市民群众参与义务植树378.3万人次，完成义务植树1331.3万株，适龄公民义务植树尽责率87.9%。

二、发展绿色产业，林业质效全面提升。1. 发展“三百产业”（百万亩优质油茶、百万亩高效楠竹、浏阳河百里花木走廊）。推动油茶、楠竹、花木产业信息化、集约化、规模化发展。全市共完成油茶新造2466.67公顷、市级油茶抚育5000公顷。完成楠竹低产改造666.67公顷，培育千亩以上集中连片楠竹示范基地15个。编制《浏阳河生态经济规划区花木产业规划》，扶持20家花卉苗木生产基地和龙头企业进行提质改造。全市花卉苗木种植面积2.83万公顷，生产从业人员22.5万人，年产值40.5亿元。2. 发展木竹精深加工业。按照“两型城市”和新型工业化建设要求，突出抓好实木楼梯、仿古家具、竹木地板、竹木工艺品、竹木纤维等竹木产品精深加工业，推动企业进园区发展，全市新增“省林产工业龙头企业”2家，总数达42家。3. 发展林下经济。推广林禽、林畜、林药、林蜂和森林生态休闲等林下经济发展模式，创建市级林下经济示范点20个，林下经济发展面积达3.37万公顷；浏阳市湘纯油茶种植专业合作社、望城区湖南雪峰山油茶专业合作社等2个农民林业专业合作社获批省委、省政府为民办实事农民林业专业合作社示范社。4. 推动产业富民。全年共为企业争取国家林业贴息贷款6431万元，落实中央财政贴息192.93万元；为长沙中南园艺世界、浏阳金霞万亩油茶基地、光明蝶谷乡村生态旅游展示区等15个现代农业项目落实市级帮扶资金325万元，争取省级扶助资金70万元。林业经济总量不断扩大，全市全年完成林业总产值189.02亿元，比上年增长29.41%，其中第一产业87.66亿元、第二产业62.41亿元、第三产业38.95亿元，林业产业结构进一步优化。

三、抓好基层基础，森林火灾应急能力全面提高。在2013年夏秋两季持续高温干旱的异常天气条件下，全市全年仅发生森林火灾36起，平均每10万公顷林地发生火灾6.3起，大大低于20起的控制指标，森林火灾受害率为0.23‰，低于省控1‰指标，没有发生火烧连营、群死群伤和重特大森林火灾，其中71个乡镇实现全年无火灾发生。1. 基本队伍建设。加强、组建、扩充11支人员达1501人的专业和半专业扑火队伍，并与武警长沙市支队协作新组建了一支兵力为100人的森林消防应急专业队伍，全市常年村一级森林防火巡查人员达1734人。11月26日，成功举行全市第三届森林消防队伍技能比武和实战演练，800余人参与和观摩，得到省、市领导高度评价。2. 基本装备建设。全年新购置远程消防水车3台，现总数14台；新购置便携式进口森林消防水泵26台，现总数80台；新购置风水灭火机10台，现总数150台，全市拥有现代森林消防装备数量名列全省第一。便携式进口森林消防水泵在2013年雨花区黎托仓库火灾扑救中发挥了重要作用，得到市委、市政府主要领导的充分肯定。3. 基层基础建设。推进长沙市森林重点火险区二期工程建设，超额完成项目计划下达、土建项目实施和装备采购等年度工作任务，全市新建生物防火林带292.19公里，为年度任务的146.5%。新创建森林防火规范化乡镇10个，设立森林防火宣传标语34.13万条，森林消防基础进一步巩固，森林火灾防控能力进一步增强。

四、严格落实管林措施，森林资源管护全面加强。1. 林木限额采伐管理。全年共办理林木采伐许可证4011

份，采伐林木蓄积24.6万立方米，采伐毛竹300.6万根，不仅没有突破省政府下达的采伐限额，还节约采伐指标57.2万立方米，大幅减少了资源消耗，实现了节约发展。2. 林地保护管理。全年共办理征占用林地手续420宗，面积1198.2公顷，积极争取省林业厅支持，在年度计划875.2公顷的基础上增加林地指标323公顷，有力支持了重点工程建设和经济社会发展。加强生态公益林管理，全市各级生态公益林保护面积达18.37万公顷，占全市林地总面积的30%。3. 森林保护、野生动物保护管理。全年共发生林业有害生物1.5万公顷，已防治1.48万公顷，其中无公害防治1.47万公顷，无公害防治率99.1%。虫害成灾面积80公顷，成灾率仅0.13‰，大幅低于省控指标。松材线虫病监测普查率100%，对外省调入的松科植物及产品检疫复查率100%，全年没有发现新疫情。加强野生动物保护，组织开展“爱鸟周”和“蛇年护蛇，零蛇餐馆”野生动物保护宣传活动，共救护鸟类、蛇类、蛙类30380条（只），全市未发生非法猎捕野生动物重大案件。4. 打击涉林违法犯罪。全市森林公安机关、资源林政和森保机构、市林业和园林执法支队等组织开展打击林火犯罪、乱砍滥伐、非法占用林地、非法猎捕和运输珍稀野生动物等专项行动，全市共受理各类林业案件1976起，其中刑事立案109起，刑事拘留63人，逮捕14人，移送起诉91人；办理行政案件1772起，查处率100%；办理治安案件95起，治安拘留100人，有力惩治了违法犯罪分子，教育和警示了市民群众。（刘少尧）

【最美城乡绿色通道建设】 11月13日，长沙市召开专题会议，就“最美城乡绿色通道”建设提质工作进行全面动员和周密部署。根据市委、市政府2013年一号文件《关于深化农业综合配套改革加快发展现代农业的意见》精神，围绕打造“整洁靓丽的风景线，宽敞快捷的文明路、特色鲜明的产业廊”城乡一体化发展目标，全市明确S207线、黄兴大道北延线、永安—大瑶线、浏阳河线、宁韶线、宁沩线、高乔线、黄桥大道线、金洲大道线、莲花—雨敞坪线城乡连接10条重点干线绿化建设，决定从2013年9月起开展“最美城乡绿色通道”建设和提质竞赛活动，活动暂定3年，逐年对竣工完善的绿色通道进行初评，3年后进行总评，分3个不同等次给予适当补贴，并授予一等奖“最美城乡绿色通道”称号。（刘少尧）

【三年造绿大行动】 12月3日，市委、市政府召开三年造绿大行动动员会议，印发《长沙市实施三年造绿大行动总体方案》，全面启动三年造绿大行动。三年造绿以“规划控绿、清脏播绿、拆违建绿、择空补绿、见缝插绿、垂直挂绿”为主要内容，重点推进城郊绿化、宜林地绿化、社区（单位）绿化、城市绿道建设、街景（立体）绿化、集镇绿化、村庄（庭院）绿化、通道绿化、水系绿化、屏障绿化“十大”城乡绿化示范工程，到2016年末，全市实现有林地面积净增2万公顷以上，森林覆盖率由53.35%提升到55%以上，建成区绿化覆盖率由42.41%提升到50%（含湿地），全面提升城乡绿化水平，努力把长沙建设成为全省乃至国内生态环境最好的城市之一。成立长沙市三年造绿大行动领导小组，负责全市三年造绿大行动的组织、指导和协调工作。城乡绿化的重点项目优先列入市重点建设项目计划，并给予政策和资金扶持等。（刘少尧）

【两家农民林业专业合作社获评“省级示范社”】 5月14日，浏阳市湘纯油茶种植专业合作社、望城区湖南雪峰山油茶专业合作社被省委、省政府授予“为民办实事农民林业专业合作社示范社”称号。浏阳市湘纯油茶种植专业合作社于2010年12月组建，主要经营油茶及相关产品生产销售、农业综合开发、种养殖业，现有土地201.67公顷，栽培油茶201.67公顷，常年聘用当地农民80余人从事生产，是周边地区标准化生产程度最高的油茶示范基地之一。湖南雪峰山茶油专业合作社于2008年6月在望城县注册成立，是一家拥有“雪峰山”“hayyo好啊哟”两大系列自主品牌的茶油农民专业化合作组织，采取“基地+农户+工厂”的合作经营模式，对成员及其收购的野生山茶籽实行统一生产、统一品牌、统一包装、统一宣传、统一销售，年产量300吨。产品获得有机食品认证和中国农产品出口认证，生产基地通过ISO9001:2000国际质量安全体系认证。（刘少尧）

【北山和石燕湖获批“省级森林公园”】 8月2日，省人民政府以（湘政函〔2013〕148号）批复同意长沙县北山森林公园和石燕湖森林公园晋级“省级森林公园”。北山森林公园位于长沙县西北部的北山镇，距长沙市区仅15公里，交通便利。公园总面积3374.5公顷，其中森林面积3962.3公顷，境内生态条件突出，水文条件得天独厚，人文自然景观丰富，文化底蕴深厚，资源产权清楚，是长沙县西部生态旅游开发战略的重点区域。石燕湖森林公园位于长沙县跳马镇，地处长株潭绿心区，交通便利。森林公园中的石燕湖景区是国家旅游局首批评定的AAA级旅游景区，也是湖南首家野生动物园、湖南百景、湖南十大水体旅游景区以及最受长沙市民欢迎的十佳旅游景区之一。公园总面积560公顷，森林覆盖率93.8%，境内各种动植物种类繁多，生物多样性特征明显。（刘少尧）

【大围山森林公园获批“国家生态旅游示范区”】 参见P486“浏阳市”相关条目。

农产品质量监管

【概况】 2013年，长沙市按照《农产品质量安全法》要求，认真履行农产品质量安全监管职责，农产品质量安全保障措施得到进一步落实，质量安全总体水平保持稳中有升的良好态势，全市连续10年未发生农残中毒重大事故。

一、健全监管体系。1. 加强管理工作体系建设。全面落实乡镇农产品质量安全监管站建设，做到有机构、有场地、有人员、有设备、有经费。在长沙县、望城区、浏阳市、宁乡县4个县（市）区各选择1～2个乡镇开展农产品质量安全综合监管试点工作。建立市、县、乡三级管理工作体系。2. 加强检测安全体系建设。在巩固基地与市场监测机构的基础上，在蔬菜产业集中区建立一批乡镇农残速测站，进一步健全完善四级检测工作体系，切实加强农产品质量安全日常监测。3. 加强执法工作体系建设。在巩固完善4县（市）区农业执法大队的基础上，着力组建正式的市农业执法支队，健全市、县两级农业综合执法工作体系。

二、推进农业标准化生产。为规范标准化生产基地建设，市农业局组织制定并严格施行《农业（种植业）标准化生产基地管理规范》等14个市级农业地方标准，确保农产品生产源头的质量安全。2013年，全市共组织170个基地开展农产品标准化生产创建，示范总面积4.26万公顷，其中粮食基地68个，示范面积3.04万公顷，蔬菜基地50个，示范面积7533.33公顷，水果、茶叶基地25个，示范面积4666.67公顷。大力培育标准化农产品品牌，2013年全市新认证“三品一标”农产品211个，其中无公害农产品123个、绿色食品74个、有机食品12个、农产品地理标志2个，全市“三品一标”认证农产品741个，其中无公害农产品422个、绿色食品196个、有机食品120个、农产品地理标志3个，居于全省前列。

三、加强农产品质量安全监管执法。1. 开展农资打假专项治理行动。2013年，全市农业部门共出动执法人员2468人（次），检查经营企业、门店、市场824个，重点检查无证经营、超范围经营、生产或销售标签标识不规范及国家禁用农业投入品，生产或销售未登记审定批准使用的农业投入品，以次充好、掺杂使假等假冒伪劣农业投入品。通过检查，共查获假劣种子、农药、肥料等农资数量255吨，货值241万元，立案查处违法案件75起。2. 进行农业投入品监督抽样。为了加强农业投入品质量监督，确保用种、用肥、用药安全。全年市本级共监督抽查农业投入品样品157个，其中种子样品40个、肥料样品44个、农药样品73个，对监督抽查不合格产品进行依法查处。3. 开展打击侵犯品种权和销售假劣种子专项行动。根据市政府工作部署，制定《长沙市农业局打击侵犯知识产权和制售假劣农业投入品专项行动方案》，成立专项行动领导小组。对30余家种子企业和经营门店开展了种子质量监督抽样，确保农业生产用种安全。

四、加强产地环境安全监管，开展耕地土壤、农业面源污染治理。1. 加强产地环境监控。按照《湖南省2013年农业环境质量定位监控方案》要求，全面完成长沙市4个点源、4个面源长期定位监测点的监测、取样任务，共取土样12个、水样20个，产品样12个，获得有效数据342个。2. 开展长株潭重点区域农产品质量调查。以长沙城郊农产品生产区、重要农产品生产区、认定的无公害农产品产地、农业标准化生产示范基地为重点，加强对农产品产地周边污染源的监控，对全市8个农业环境定位监测点进行实时动态监测。开展重金属污染调查与防控，并采取修复治理措施，在每县（市）开展6.67公顷的生态修复试验，在全市开展1.33万公顷的硒肥调控试验，对常用肥料进行重金属调查检测等。综合开展农业面源污染防治。大力推广测土配方施肥，全年全市共计完成测土配方施肥35.56万公顷，推广农作物病虫害专业化防治10.42万公顷。通过实施农村清洁工程加大农业投入废弃物回收力度；通过实施“农村环保三年行动计划”治理焚烧秸秆和农村生产生活污水泛滥现象。依法严格无公害农产品产地认定。认真做好无公害农产品产地认定的现场检查、取样化验、田间档案和环境现状评价等工作，完成14个新认定产地和2个到期产地的复查换证工作。

五、增强农产品质量监测能力。全市农产品质检机构的硬件设施进一步完善，检测能力处于全省领先水平，市、县检测中心检测频次每年超过4万批次，马王堆、红星蔬菜批发市场常年完成检测10万批次和7万批次。2013年，市本级在各区、县（市）所在地蔬菜基地及辖区内农贸市场和超市、马王堆和红星两大蔬菜批发市场完成蔬菜质量安全例行监测6次，共抽检蔬菜样品1000批次，经农药残留定量检测，合格960批次，合格率96%。组织在全市各蔬菜生产基地、批发市场、农贸市场和生鲜超市开展蔬菜农残速测，共抽检各类蔬菜9285批次，合格率98.8%。1月、3月、5月，市农业局对长沙市3县（市）、7区范围内35个生产基地、3个超市、5个农贸市场、2个批发市场的蔬菜进行年度重金属专项监测，共监测各类蔬菜360批次，其中生产基地256批次、农贸市场15批次、生鲜超市9批次、批发市场80批次。所抽检360批次蔬菜中，合格325批次，合格率90.28%。市农业局根据农业部和省农业厅的要求，认真做好农业部、省农业厅农产品例行监测、监督抽查的监测抽样和样品处理工作。农业部对长沙市蔬菜、水果、食用菌农药残留等进行4次例行监测，共监测231个样品，合格227个，合格率98.27%。其中监测蔬菜样品160个，合格156个，合格率97.5%；水果样品36个，食用菌24个，均达农残控制目标。

（周　鹏）

农机管理

【概况】 2013年，全市农机总动力562万千瓦，同比增长4.1%；全市机耕面积335.04千公顷，机耕率98.6%；机种面积43.15千公顷，机种率12.8%；机收面积330.58千公顷，机收率97.3%。

一、推进水稻生产全程机械化。抓好水稻机插秧技术推广，市农业局投入378万元资金用于机插秧育秧大棚建设的补贴，在长沙县、望城区、浏阳市、宁乡县建立了4个1万平方米的集中育秧育苗中心和13个1280平方米的集中育秧示范基地，新建育秧大棚56640平方米。长沙县投入113.5万元用于机插秧的设备补贴和机插作业补贴，重点推广高速插秧机。浏阳市安排95万元用于购买插秧机累加补贴和大棚建设、育秧基质等的补贴。2013年，市、县两级用于机插秧技术推广的扶持资金总计1076.5万元，新推广插秧机569台，其中高速插秧机82台、乘坐式插秧机111台、步进式插秧机376台。

二、做好农机购置补贴工作。1. 严格农机购置补贴程序。农机购置补贴项目运行操作严格按照《农业机械购置补贴专项资金管理暂行办法》和《湖南省2013年农业机械购置补贴直补到户实施方案》进行。2013年，全市共办理补贴指标7464.52万元，补贴农机具11773台。2. 加强购机补贴督查力度。成立以市纠风办、监察室为牵头单位，由农业、农机、财政等单位为成员的市农机购置补贴监督检查联席会议，对补贴政策实施进行全程监管。根据《湖南省农业机械管理局、湖南省财政厅关于印发〈湖南省2013年农业机械购置补贴实施方案〉的通知》（湘农机计发〔2013〕39号）要求，制定《长沙市2013年农业机械购置补贴监督检查方案》。全市的购机补贴工作进入常态的监督检查机制。3. 加强购机补贴经销商监督管理。按照《湖南省农业机械购置补贴产品经销商监督管理办法》（湘农机科发〔2013〕1号）的要求，要求各农机补贴产品经销商补贴产品进行明码标价，建立销售台账与售后服务档案。所有补贴机具经销商必须对其所经销的补贴产品实行明码标价，要求各农机补贴产品经销商在显著位置明示配置和技术参数。

三、加强科技推广，增强发展农机化的动力。1. 开展农机作业现场演示。2013年，全市成功举办大规模水稻机插秧现场演示会18场、无人直升机植保现场演示会6次。4月，在望城区开展的机械化插秧暨无人直升机植保现场演示会，历时两周，吸引中央、省、市、区2批次20余家新闻媒体的宣传报道。省委书记徐守盛，省委常委、市委书记易炼红，副省长张硕辅，省农机局局长王罗方，市长张剑飞，副市长黎石秋等观看了飞机植保表演，并给予充分肯定。2. 开展农机培训。按照《湖南省2013年农业机械化教育培训大行动实施方案》的要求，开展农机教育培训工作。全年共计培训农机驾驶操作人员1500余人、农机管理人员140余人、农机技术人员3415人，总计培训5000余人。

四、提高农机服务水平。1. 抓好农机服务保障工作。组织农机技术人员进村入户，帮助和指导农机机手保养、调试和检修各类农机具。全市各地共派出100余支农机维修技术小分队，开展对示范点的巡回技术指导。组织相关人员到属地的生产企业、销售市场检查，走访用户开展质量保障督导。2. 扩大农机服务组织规模。通过农业机械推广项目，重点扶持长沙县春阳农机专业合作社、三明农机专业合作社等16个农机服务组织。2103年新增农机合作社14家，有一定规模的农机服务组织111家，4家被评为“全国农机示范合作社”。

五、履行农机安全生产监管职责，确保全市农机安全生产。2013年，全市拖拉机年检6582台，拖拉机、联合收割机及其牌照证合格率96%，拖拉机登记造册与年检交强险购买率100%。全年新增4个“平安农机”乡镇、21个“平安农机”示范村、240个“平安农机”示范户。（周　鹏）

农产品加工

【概况】　2013年，全市农产品加工企业7487家，其中规模以上企业358家，国家级龙头企业7家、省级48家、市级285家。农产品企业快速壮大，年销售额过亿元企业79家，过5亿元企业15家，过20亿元企业4家（加加食品、旺旺食品、统一集团、绝味食品），过50亿元企业1家（湖南粮食集团）。2013年，农产品加工企业实现销售产值1043亿元，同比增长23%，实现利润总额65亿元，同比增长8.3%。

一、加工项目建设发展势头强劲。坚持以项目促发展，一方面抓投资规模大、带动能力强、市场前景好的农产品新加工项目建设，另一方面加大对现有企业的技术改造。2013年实际完成投资24.6亿元，其中投资额在亿元以上的有5个，5000万元以上的有7个，1000万元以上的项目28个。全国知名的企业“统一”“洽洽食品”“克明面业”落户长沙并投入生产。

二、龙头企业产销两旺。全市重点调度的77家农产品加工龙头企业，2013年，实现总产值344亿元，同比增长27%，实现销售收入389亿元，同比增长75%，实现利润34.2亿元，同比增长90%，重点调度的龙头企业中，销售收入增长50%以上12家，年销售收入过亿元的企业40家，其中年销售过5亿元的企业8家，过10亿元的企业7家，加加集团，湖南省粮食集团年销售收入52亿元，湘茶集团销售收入42亿元。

三、带动效应显著。按照现代农业规模化、集约化、产业化的发展理念，实施龙头企业带基地，基地促进龙头的战略，推广“企业＋基地＋农户”产业化运作模式，龙头企业通过流转土地、自主经营、合作社运作、订单包销等方式，与农户之间建立利益联结机制，促进农产品加工企业原料基地建设的发展，全市共创建原料生产基地面积23.13万公顷以上，分别建设粮油、茶叶、蔬菜标准化生产基地3.04万公顷、4666.67公顷、7513.33公顷，给农民带来收益20亿余元。农产品加工企业吸纳农民就业10.9万人。如沩山香茗茶业、湘丰茶叶、盛湘米业、万家春米业、亮之星、省粮食集团等加工龙头企业通过土地流转，租用农民连片土地发展优质高产有机茶、优质稻，取得显著效果。农业企业通过最低保护价、利润返还等多种形式，与农户建立更加密切的利益合作关系，促进农民增收。2013年，省级龙头企业通过合同订单直接带动农户45万户，户均增收3800元，同比2012年增加7万户、户均提高600元；省级龙头企业吸纳农民工就业人数3.2万人，比2012年增加0.8万人。支付劳动者工资10.3亿元。

四、加大重点企业和项目帮扶力度。1. 加强对重点农产品加工建设项目的督查指导。深入企业调查研究，搞好工作协调化解难题，提供优质信息服务。2. 择优选择20家农产品加工建设项目进入长沙市推进重大现代农业项目中，确立市帮促领导后盾单位和区、县（市）帮促领导，定期开展工作。3. 18家省级龙头企业列入市“两帮两促”对象，每个企业安排1个市直部门对口帮扶，实施项目跟进服务，帮助企业排忧解难，全年共帮助企业解决难题159个。

五、提高科技创新能力，产销对接更为紧密。23家省级龙头企业与驻长科研院所建立产学研合作关系，10家企业参加了科交会，加强对外科技合作，提高了科技创新意识和科研技术应用推广意识。全市55家省级以上龙头企业均建有产品研发机构，获

得省级以上科技奖励25个，投入科研经费1.2亿元。（周 鹏）

休闲农业

【概况】 2013年，全市有休闲农业企业1700余家，规模以上休闲农庄337家，从业人员3.4万人。新增土地流转面积2866.67公顷，带动农民增收12.3亿元，上缴税费6.8亿元。全年接待游客2410万人次，创收56.1亿元。金太阳农庄被评为全国“十佳农庄”和“全国休闲农业示范点”，鑫明等5家农庄被评为“国家四星级农庄”。

一、休闲农业发展氛围不断浓厚。2013年，市委、市政府一号文件明确将休闲农业列入新型农业经营主体培育和“美丽长沙·生态家园”建设工程主要内容，提出了发展目标任务、推进办法和保障措施。全年全市有13个休闲农业项目列入市级现代农业重点对口帮扶项目。望城区集中打造了千龙湖大道沿线的现代农业观光、休闲集聚区；长沙县争创休闲农业与乡村旅游示范县，规划两年内改造20家休闲农庄，打造4条休闲农业旅游线路；宁乡县以夏铎铺凤凰山板块、关山村新农村建设板块、花明楼红色旅游板块、沩山佛教文化板块、灰汤温泉休闲板块5大板块为龙头，形成辐射周边、带动全县的休闲农业发展格局；浏阳市与省农业科学院签订战略合作框架协议，编制休闲农业发展规划，指导帮助休闲农业企业提质改造。

二、推进产业农庄建设。1.制定实施意见。按照“十百千”工程计划，提出2013年产业农庄建设实施意见，明确建设任务、建设重点、推进措施和项目管理办法。2.制定项目建设规范。为保证产业农庄项目建设有章可循，从产业发展、产品开发、功能拓展、设施建设4个方面提出初步建设要求和标准。3.筛选创建单位。按照项目管理要求，采取公开征选的办法，由企业自主申报、区县推荐、市农业局逐个考察核实，经综合评审，最终确定80个创建单位，其中万亩3个、千亩25个、百亩53个。4.推进项目落实。召开产业农庄创建动员会，提出项目建设要求。采取跟踪调度、现场督促等办法，推进项目落实。经验收，75个单位基本完成项目建设内容，投入建设资金7.23亿元，完成建设项目387个，扩展产业面积1466.67公顷。

三、提升休闲农业影响。望城区继2012年举办全国休闲农业与乡村旅游节后，2013年再次举办世界休闲农业与乡村旅游城市（城区）首届峰会，邀请来自26个国家的驻华使节、外籍专家学者和国内外嘉宾等460余人参加，进一步扩大长沙休闲农业的影响。

四、加强综合服务能力。1.申请项目资金。引导休闲农业企业申报项目，积极争取各类产业扶持资金和相关项目建设资金，2013年，市级各类资金支持休闲农业超1000万元。2.行业协会不断壮大。全年长沙县、浏阳市相继成立了休闲农业协会，全市县级协会5家，入会会员317个。3.解决融资难题。2013年，组建长沙市休闲农业互助基金合作社，为休闲农业企业搭建融资贷款平台，全年放贷额度5980万元。4.开展培训服务。休闲农业从业人员纳入“蓝色证书”培训，2013年培训1320人。（周 鹏）

新农村建设

【概况】 2013年是认真落实市委〔2012〕13号文件精神、全面启动试点乡镇建设的开局之年。推进中心镇（小城市）建设，试点镇建设取得阶段性成效。

一、快速推进重点项目。2013年，一大批优质项目相继启动，呈现出以下几个特点。1.项目投入大。据统计，全市14个试点镇铺排新建或续建项目434个，已开工363个，实现投入231.9亿元。2.重大项目多。各试点镇围绕城镇基础设施、产业发展、公共事业、房地产业，实施大项目引领带动。全年各试点镇新建或续建投入过20亿元的项目7个、过10亿元的项目22个、过5亿元的项目44个、过亿元的项目120个。3.特色亮点多。各试点镇依托各自的地域条件和资源优势，论证、争取、实施一批体现自身特色的重点项目：大围山街道美化工程、沿溪万亩蔬菜产业核心区、大瑶国际商贸城、镇头金霞油茶生态博览园、流沙河新城商业街和老街立面改造、花明楼广场改造、铜官古镇、开慧市民下乡点、板仓人工湿地、金井湘丰自行车赛道及万亩茶园建设、沩山八角溪村民居立面改造、乔口渔都乐园、莲花滨河商业街等项目建设。

二、产业发展态势良好，融资平台迅速搭建。各有关区、县（市）和试点镇在推进城镇建设过程中，突出支柱产业的重点培植和融资平台的搭建。1.产业支撑。各试点镇突出支柱产业的重点培植，特别是新型工业、现代农业、旅游业快速发展。铜官镇引进的工业项目多，园区经济发展快，华能电力、三环颜料、巨星集团、中石油等企业相继落户投产。大瑶花炮原材料产业、现代物流商贸业和房地产业共同发展。金井镇先后引进7大现代农业项目，开慧镇铁皮石斛基地项目经济效益高，沿溪的蔬菜辐射湘赣市场，镇头的油茶加工、流沙河的花猪养殖形成规模。灰汤镇相继建成东鹜山桃花谷、紫龙湖等一批高品质旅游项目，旅游产业实现跨越式发展，花明楼、开慧红色旅游，乔口、大围山、沩山特色休闲旅游大规模开发，人气渐旺。莲花镇打造“一线两厢三点四区五园”，相继启动森蓝科技、天泉草业、四季田园、楠竹农林生态园等项目建设。2.融资平台。各有关区、县（市）和试点镇招商引资，盘活土地资源，搭建融资平台，创新拓宽融资方式，破解建设资金瓶颈难题，取得显著成效。

三、夯实基础设施，改善镇村面貌。各试点镇对照各自的发展定位，积极招商引资，创新融资方式，加大基础设施建设，拉开城市发展骨架，完善城市配套功能，提升城市发展品位。道路交通日渐发达，加快建设供水供电、燃气管网、污水治理、垃圾处理等配套工程，提高城镇综合承载能力和公共服务水平，改善镇村生产生活条件，增强农业生产后劲。大瑶、永安、灰汤等镇现代小城市风貌初现雏形，推动灰汤温泉旅游区建设、铜官古镇改造和新镇建设。花明楼少奇故里景区交通环线工程建设以及 AAAAA 景区创建；沿溪镇金玉国际、滨河新城、东信大厦等大项目建设；流沙河新城商业街建设、金井大道的拉通，进一步拓展城镇发展空间，中心镇作用日益明显。开慧、乔口、沩山、大围山、莲花立足各自的功能定位，发展特色产业，不同风格的立面改造，特色小镇建设见成效。 （杨 勇）

表 21 重大项目（总投资过 5 亿元项目）基本情况

投资规模	项目个数	项目名称	投资总额（亿元）	2013 年实现投入（亿元）
20 亿元以上	7	灰汤雅居乐地产	200	1
		南川河生态休闲片区（大瑶）	46	0.02
		灰汤温泉华天城	40	10
		天子湖开发项目（沿溪）	35	3.5
		灰汤龙熙温泉山庄	30	2.8
		滨河新城（沿溪）	30	8
		大瑶镇企业提质改造	22	18
10 亿～20 亿元	15	花炮文化主体公园（大瑶）	18	0.02
		中国长沙青山国际狩猎场（金井）	15	0.02
		浏阳市环保科技示范园（镇头）	15	2.8
		永安镇企业扩建	15	12
		芙蓉寨老年休闲度假城（花明楼）	13	0.75
		石壁湖（老金井）商业片区（金井）	12	0.5
		长韶娄高速公路（莲花）	11.8	3.5
		金玉国际房地产（沿溪）	10	3
		东区商贸城（沿溪）	10	3.98
		金太阳生态休闲山庄（灰汤）	10	4
		紫龙山庄园（灰汤）	10	0.6
		绿野香田温泉生态城（灰汤）	10	0.6
		湖南大学国际交流中心（灰汤）	10	0.6
		华盛健康城（永安）	10	8
		湘丰生态茶博园（金井）	10	0.1
5 亿～10 亿元	22	温泉商业街（灰汤）	9	0.5
		京珠西线及莲花互通	9	3
		人瑞居老年公寓（开慧）	8.3	0.5
		大瑶国际商贸城	8	6.8
		省职工疗养院招新项目（灰汤）	8	0.63
		乔口鱼都乐园	8	4.5
		国际商贸城（大瑶）	8	6.8
		金昌·浙江商贸城（大瑶）	8	1.2
		金玉国际家私城（沿溪）	8	3
		花明国际幸福城（花明楼）	8	0.93

续表 21

投资规模	项目个数	项目名称	投资总额（亿元）	2013年实现投入(亿元)
5亿～10亿元	22	长沙璟达物流（中石油）（铜官）	8	7
		大瑶中心汽车站及汽车商贸城	7.3	0.7
		客家大观园（大围山）	7	0.7
		通程实业（大瑶）	6.2	6.2
		金富置业（大瑶）	6	5
		花炮机械彩印包装物流（大瑶）	6	0.2
		白石洞水库（金井）	6	1
		灰汤紫龙湾（一、二期）	5.5	2
		灰汤龙泉山庄	5	0.4
		阳光至尊（大瑶）	5	1.3
		白沙休闲体验区（大围山）	5	1
		盈成油脂（铜官）	5	1

表 22

各试点镇融资情况

单位：万元

乡镇名称	融资公司名称	融资规模	运作情况
灰汤镇	灰汤温泉投资开发建设有限公司	12000	与中国建设银行开展合作
大瑶镇	瑶和城建投资开发有限公司	25000	与浏阳农村商业银行合作，融资5000万元已到位，与中国建设银行签了2亿元贷款协议
永安镇	永安城建投资开发有限公司	5000	与浏阳农村商业银行、长沙银行合作
铜官镇	铜官城建投资开发有限公司	1500	与望城农村商业银行、长沙银行合作
金井镇	长沙县金诚建设投资有限公司	12000	与长沙县城建投融资合作
镇头镇	浏阳市西利投资有限公司	6000	与浏阳农村商业银行合作
流沙河镇	流金建设开发公司	2000	主要开展土地融资
沿溪镇	浏阳市花炮精品园城建有限公司	4500	主要开展土地融资
花明楼镇	湖南金洲凤凰谷投资有限公司	7600	与国家开发银行、湖南金洲凤凰谷投资公司等金融机构开展合作
开慧镇	开慧城建投资有限公司	9800	与长沙县城建投融资合作
乔口镇	乔口城建开发公司	35000	与长沙银行、先导银行合作
沩山乡	沩山经济建设投资有限公司	27000	以土地回报形式融资
大围山镇	浏阳市城建集团	1700	与国家开发银行合作
莲花镇	莲花城建投资开发有限公司	5000	岳麓区财政出面支持

水文·水利

·水　文·

【概况】 2013年，长沙市水文局为长沙率先建成"三市"、实施"三倍"，提供了优质服务和技术支撑。

一、防汛抗旱测报工作。2013年1—11月，全市累计平均降雨1288.4毫米，较历年同期均值偏少11.6%；汛期（4—9月）全市累计平均降雨919.2毫米，较历年同期均值偏少7.5%。湘江长沙站、浏阳河榔梨站等各水文控制站均出现多次洪水过程，但洪峰水位均不高，全市河流各控制站均未超警戒水位。6月29日雨季结束起，全市持续了48天的罕见连续晴热高温天气，降水异常偏少，气温异常偏高。7月中旬全市旱情初露，7月下旬旱情迅速蔓延，8月中旬宁乡县、望城区、长沙县、城区出现特大水文干旱，浏阳市为重度水文干旱。8月22—24日，受12号台风"潭美"外围云系影响，全市出现一次强降雨过程，旱情基本解除。市水文局全体干部职工及时了解、分析和掌握雨、水、旱情动态，开展水情、墒情监测工作，完成各项测报预报工作任务。2013年，市水文局水情30分钟内到报率99.8%。整个汛期，该局共提供雨水情专题分析材料15期，旱情专题分析材料7期，雨水情简报材料40多份，发送手机短信3.8万余条。7月中旬后，全市旱情加重，该局加密了雨水旱情信息的报送次数，并为市防办提供旱情日报表20余份，为各级领导正确决策防汛抗旱工作提供科学依据。

二、水文服务支撑作用。1. 防汛抗旱服务。做好大江大河的洪水预报和水情服务，特别是湘江长沙站、浏阳河双江口站和榔梨站、沩水宁乡站、捞刀河罗汉庄站的汛期洪水预报；夏秋连旱发生前的3月和5月，水文局连续2次向市防指发布预警信息，建议赶在雨季结束前，对水利工程进行科学调度，利用山塘、水库为7月后可能出现的旱情储备好抗旱水源。市防指根据水文气象的预报结论和建议，组织调蓄库容、清淤山塘，拦蓄洪水资源。大旱之前，全市蓄水总量14.7亿立方米，尤其是黄材和株树桥两座大型水库分别达到应蓄水量90%和75%。干旱期间，市水文局加大土壤墒情监测和雨水情分析预测工作力度，为全市胜利抵御50年一遇干旱做了大量工作；年内，该局全面接收全市范围内195个山洪预警系统站点的运行及维护管理工作。长沙市浏阳、宁乡两地都是湘东著名的暴雨集中区，受暴雨影响，山洪灾害潜在隐患巨大。这套系统能根据暴雨等级对可能发生的泥石流、山体滑坡等地质灾害进行全面预警，管理、维护、使用好这套系统能为全市防御山洪地质灾害、保护人民群众生命财产安全奠定坚实基础；在城市防内涝方面，该局通过调查走访，收集全市内涝"堵点"、排涝设施的分布情况等基础资料，编制《长沙市城区防内涝应急预案》。城区强降雨期间，该局根据降雨强度以手机短信的形式将降雨实况报告给市主要领导和相关责任人。2. 水资源开发利用管理服务。严格执行《长沙市水资源管理条例》和《长沙市境内河流生态补偿办法》，做好全市境内主要江河湖库的水量、水质监测和7个生态补偿断面的水量监测工作；完成2013年度《长沙市水资源公报》《浏阳市水资源公报》的编制和长沙市水功能区确界立碑查勘选址、省级饮用水源地核查、国家水资源监控能力建设、水资源保护规划编制基础资料收集工作；完成《浏阳河流域水资源承载力分析研究》《长沙市水资源保护规划修编》《长沙市水功能区监测与实施方案》《株树桥水库饮用水源地安全保障达标建设实施方案》等报告的编制；参与长沙市饮用水安全保障、饮用水源地水质监测、枯水期水资源调度等工作；加强水功能区的监测与评价工作，配合市水务局实施最严格的水资源管理制度提供技术支撑。3. 水环境监测、饮用水安全服务。确保全市所辖范围的水功能区站、水资源质量站、城市饮用水源地等22个水质监测断面共25个监测点的地表水日常监测工作及生产科研任务的正常开展，收集正常水环境监测数据7000余个；完成长沙水质自动监测站的正常运行、维护及保养，确保对湘江长沙段水质的24小时实时监控；注重突发性水污染事件的应急监测。年内发生的某牧业公司污染湘江事件，市水文局水质应急监测队伍在得知情况后赶到事发地开展应急监测工作，并及时进行分析检测将结果上报上级部门，确保了湘江饮用水安全；每月定期向省、市及有关部门发布全市"一江四河"的水资源质量状况通报；定期向浏阳市及长沙市水务局等有关部门发布株树桥水库水资源质量状况通报。4. 工程建设服务。充分发挥生产和科研优势，及时了解水务、交通、铁路、农业、环境等部门对水文的需求及社会公众在涉水旅游、城市景观等方面对水文的需求，广泛承担城市规划、堤防、公路、铁路、桥梁、地铁、过江隧道、枢纽工程、城市建设等方面的水文需求服务。

三、中小河流水文监测系统项目建设。长沙中小河流水文监测系统项目建设得到了市政府和市直相关部门的支持和关心。6月，市财政局领导到各建设站点调研，解决项目建设配套经费不足的问题。年内，市水文局完成金刚、镇头、达浒、安沙、灰汤、宁乡、螺岭桥等7个水文（位）站、49个雨量站的新建及改造任务，均已投入试运行。　（王　亮）

资料

2013年长沙市汛期雨水情情况

一、雨水情综述

2013年1—9月全市累计平均降雨1190毫米，较历年同期均值（1306毫米）偏少8.9%；汛期（4—9月）全市累计平均降雨919.2毫米，较历年同期均值（993.4毫米）偏少7.5%。湘江长沙站、浏阳河榔梨站等各水文控制站均出现多次洪水过程，但洪峰水位均不高，全市河流各控制站均未超警戒水位。6月29日雨季结束起，全市持续了48天的罕见连续晴热高温天气，降水异常偏少，气温异常偏高。7月中旬全市旱情初露，7月下旬旱情迅速蔓延，8月中旬宁乡县、望城区、长沙县、城区出现特大水文干旱，浏阳市为重度水文干旱。8月22—24日，受12号台风“潭美”外围云系影响，全市出现了一次强降雨过程，旱情基本解除。

二、雨情

1. 汛前雨情概况

2013年1—3月全市累计平均降雨270.9毫米，比历年同期均值（312.6毫米）偏少13.4%。其中1月降雨28.3毫米，比历年同期均值偏少61.6%；2月降雨102.3毫米，比历年同期均值偏多6.0%；3月降雨140.3毫米，

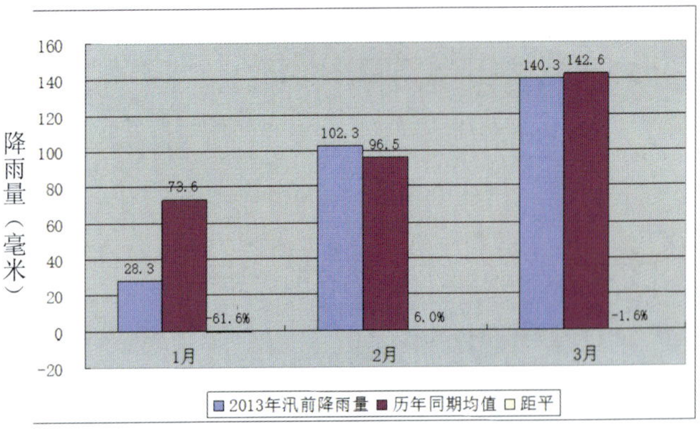

图1　1—3月降雨量与历年均值对比

比历年同期均值偏少1.6%。1—3月降雨量与历年同期均值对比见图1。

2. 汛期雨情综述

2013年汛期（4—9月）全市累计平均降雨919.2毫米，较历年同期均值（993.4毫米）偏少7.5%。除7月和8月降雨偏少以外，其他月份降雨均偏多。降雨主要集中在4—6月，降雨量696.2毫米，占2013年汛期降雨量的75.7%。长沙市汛期各县（市）每月降雨情况见表23，汛期逐月降雨量与历年同期均值对照见图2，汛期各月降雨

表23　　2013年汛期长沙市各县（市）降雨情况与历年比较

单位：毫米

月份	降雨	长沙市区	浏阳市	长沙县	望城区	宁乡县	全市
4月	雨量	183.8	232.7	181.6	207.5	206.8	204.9
	历年均值	189.3	212.8	187.5	191.9	189.5	199.6
	距平（%）	-2.9	9.4	-3.1	8.2	9.2	2.7
5月	雨量	276.2	216.2	232.9	278.5	248.3	240.9
	历年均值	193.8	231.9	196.7	192.7	205.5	212.8
	距平（%）	42.6	-6.8	18.4	44.5	20.8	13.2
6月	雨量	156.9	263.8	208.3	266.0	316.2	250.4
	历年均值	205.5	268.2	228.1	202.5	209.7	234.4
	距平（%）	-23.7	-1.7	-8.7	31.4	50.7	6.8
7月	雨量	12.3	82.2	14.4	1.0	4.6	30.0
	历年均值	126.1	158.0	140.4	128.7	127.5	141.9
	距平（%）	-90.2	-48.0	-89.7	-99.2	-96.4	-78.8
8月	雨量	65.3	139.3	68.1	60.0	91.5	94.4
	历年均值	112.4	139.6	124.1	114.2	132.6	131.3
	距平（%）	-41.9	-0.2	-45.1	-47.4	-31.0	-28.2
9月	雨量	103.0	67.4	87.1	121.0	133.4	98.6
	历年均值	65.1	75.7	75.0	80.3	67.8	73.4
	距平（%）	58.2	-11.0	16.1	50.8	96.8	34.3
4—9月	雨量	797.6	1001.4	792.4	934.0	1000.8	919.2
	历年均值	892.1	1086.1	951.8	910.2	932.6	993.4
	距平（%）	-10.6	-7.8	-16.7	2.6	7.3	-7.5

量分布情况见图 3。

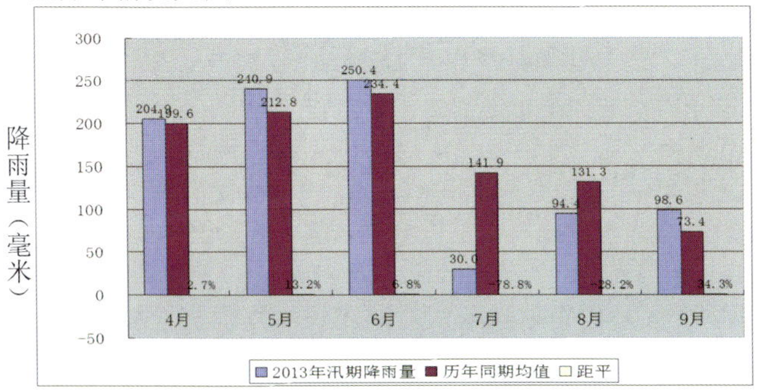

图 2　汛期各月降雨量与历年均值对比

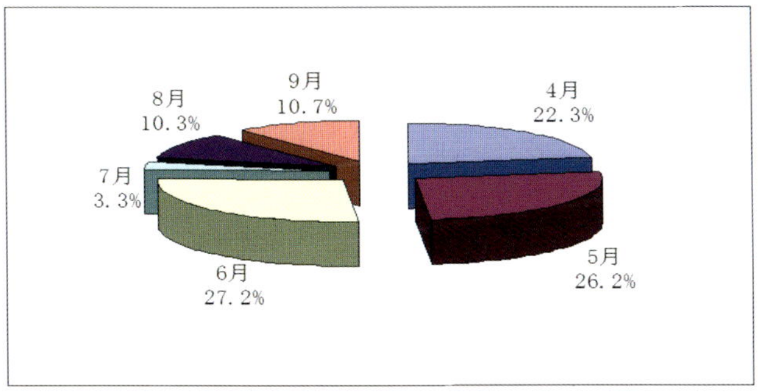

图 3　汛期各月降雨量分布

2013 年汛期市内主要河流降雨情况分布为：浏阳河流域累计平均降雨 941.1 毫米，比历年同期均值（1040 毫米）偏少 9.5%；捞刀河流域累计平均降雨 789.4 毫米，比历年同期均值（959 毫米）偏少 17.7%；沩水流域累计平均降雨 1023.3 毫米，比历年同期均值（952 毫米）偏多 7.5%。4—9 月各流域降雨对照情况见图 4。

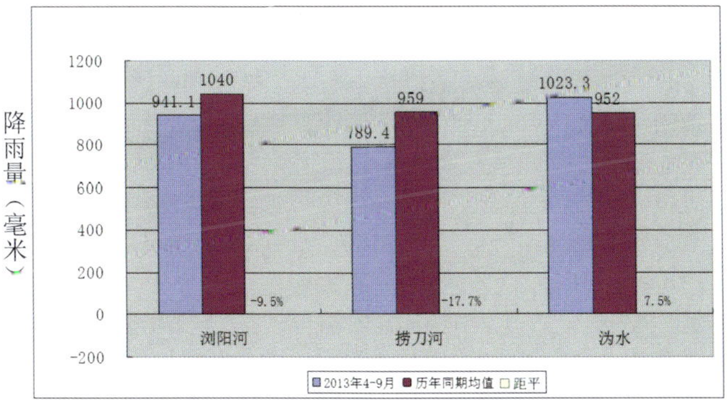

图 4　各流域汛期降雨量与历年同期对照

三、主要暴雨洪水过程

1. 4 月初的暴雨洪水过程。4 月 4—5 日，全市出现一次强降雨过程，全市平均降雨 79.5 毫米。暴雨中心在宁乡境内，其中宁乡县平均降雨 112 毫米。过程降雨量最大的是宁乡东湖塘站为 151 毫米。受降雨影响，浏阳河、捞刀河、沩水均出现一次小的洪水过程。沩水宁乡站 4 月 5 日 4 时出现洪峰，水位 42.91 米，涨幅 3.36 米，流量 947 立方米 / 秒。受 4 月 1—5 日湘江流域降雨影响，湘江长沙站 4 月 6 日 20 时出现洪峰，水位 32.9 米，流量 9990 立方米 / 秒，水位涨幅 3.84 米，为入汛以来第一次洪峰。

2. 5 月初的强降雨过程。5 月 6 日 20 时—5 月 9 日 8 时，全市平均降雨 102 毫米，是入汛以来持续时间最长、范围最广、强度最大的降雨过程，多地出现超标准暴雨，过程降雨量最大的是开福区罗汉庄站 193 毫米。雨花区榘梨站 7 日 19 时 30 分—20 时 30 分，1 小时降雨量 80 毫米，重现期接近 100 年一遇；罗汉庄站 17—18 时 1 小时降雨量 61.5 毫米，重现期为 10 年一遇，17—20 时 3 小时降雨量 96 毫米，重现期为 20 年一遇。

3. 5 月中旬的暴雨洪水过程。5 月 14—15 日，全市平均降雨 77.6 毫米，过程降雨量最大的是宁乡县道林站 193 毫米。暴雨中心在靳江河流域、浏阳河中游、沩水上游、长沙西城区和长沙县南部，其中靳江河流域平均降雨 116 毫米。受降雨影响，5 月 19 日 8 时，湘江长沙站出现年最高水位 33.71 米（警戒水位 36 米），流量 1.03 万立方米 / 秒。

4. 6 月下旬的降雨洪水过程。6 月 26—28 日出现全年最大的一次降雨过程，全市平均降雨量 158 毫米，过程降雨量最大的是宁乡县双凫铺站 251 毫米。受 6 月 26—28 日的强降雨过程影响，沩水、浏阳河相继出现入汛以来最大的洪水过程。沩水宁乡站水位从 26 日 13 时 39.89 米开始上涨，27 日 7 时出现洪峰，洪峰水位 43.46 米，流量 1760 立方米 / 秒，洪水涨幅 3.57 米；浏阳河榘梨站水位从 27 日 12 时 28.97 米开始上涨，28 日 1 时出现洪峰，洪峰水位 35.01 米，流量 1540 立方米 / 秒，洪水涨幅 6.04 米。

5. 8 月下旬的暴雨洪水过程。8 月 22 日 8 时至 25 日 8 时，受 12 号台风“潭美”外围云系影响，长沙市自东向西发生了一次明显的降雨过程，全市平均降雨 74.9 毫米。8 月 22 日 8 时至 23 日 8 时，暴雨中心在浏阳市境内，浏阳东部降雨超过 100 毫米，日降雨量最大的浏阳周洛站 186 毫米；23 日 8 时以后雨带西移，暴雨中心在宁乡沩山一带，日降雨量最大的是沩山站 173.5 毫米。

8 月 22 日 8 时至 25 日 8 时湘江流域平均降雨 88 毫米，湘江干流各控制站水位普涨，老埠头站、归阳站和衡山站出现超警戒水位的洪水。湘江长沙站 26 日 3 时出现洪峰，洪峰水位 32.69 米，流量 9500 立方米 / 秒。

表 24　长沙市主要河流控制站年最高水位情况

河名	控制站	年最高水位（米）	出现时间（月．日）
湘　江	长沙站	33.71	5.19
浏阳河	榘梨站	35.01	6.28
捞刀河	罗汉庄站	30.83	5.19
沩　水	宁乡站	43.46	6.27

四、旱情

2013 年 6 月 29 日雨季结束起，长沙市持续 48 天的罕见连续晴热高温天气，降水异常偏少，气温异常偏高。7 月，全市累计平均降雨仅 30 毫米，较历年均值偏少八成，其中宁乡县和望城区降雨量在 5 毫米以下。

7 月中旬全市旱情初露，7 月下旬旱情迅速蔓延，宁乡县、望城区、长沙县境内出现中度水文干旱，浏阳市境内为轻度水文干旱。8月上旬，晴热高温无雨天气持续，旱情加重，全市发展为重度水文干旱。8月中旬，宁乡县、望城区、长沙县、城区出现特大水文干旱，浏阳市为重度水文干旱。

8月22—24日，受12号台风“潭美”外围云系影响，全市出现一次强降雨过程，旱情基本解除。

五、2013年雨、水、旱情主要特点

1. 降雨总量偏少，时空分布不均。2013年汛期全市累计平均降雨较历年同期均值偏少7.5%，宁乡县、望城区降雨总量偏多，浏阳市、长沙县和市区降雨总量偏少。降雨量年内分布严重不均，尤其是宁乡县6月和9月降雨量分别偏多50.7%和96.8%，而7月和8月降雨分别偏少96.4%和31%。

2. 晴热高温天气持续时间长，旱情重。雨季结束后，全市持续了48天的晴热高温天气，宁乡县、望城区连续无有效降雨天数超过50天。7月、8月正是农业用水的高峰期，全市降雨偏少五成多，宁乡县和望城区降雨偏少七成，由于降水量的时空分布不均与农业集中需水期形成了供需矛盾，造成全市旱情异常严重。

3. 洪水次数较多，洪峰水位不高。湘江长沙站、浏阳河㮾梨站各有5次洪水过程，沩水宁乡站有6次洪水过程，但洪峰水位均不高，全市河流各控制站均未超警戒水位。

4. 长沙综合枢纽蓄水对湘江长沙段水位影响大，长沙站历史最低水位“一去不返”。自2012年1月1日20时湘江长沙站出现24.63米的历史最低水位后，2012年1月12日14时长沙站水位上涨至25米，并一直维持在25米以上。2013年枯水期水位较往年抬高了4米左右。

（王　亮）

·水　利·

【概况】 2013年，全市水务工作按照“全国争先、创造经验、提供示范”的建设目标，抢抓中央10年大干水利的机遇，努力“兴水利、除水害、保供水、处污水”，水务事业取得新的成果，为长沙经济社会发展提供强有力的水务支撑和保障。砂场整治、防汛抗旱、中小河流治理、农田水利建设实行“民办公助”等做法与经验被水利部、长江委、省水利厅推广，节水型社会建设试点顺利通过水利部验收。

一、围绕中心，防汛抗旱工作夺取全面胜利。2013年5—6月，全市遭遇5轮强降雨，局地特大暴雨，其中宁乡达重度洪涝标准，24小时最大降雨量343.6毫米，1小时最大降雨量97.8毫米，均为长沙市历史罕见。由于超前部署、科学应对，全市未发生重大灾险情，城区未出现大面积内涝。2013年，全市旱情极为严峻，为百年一遇特大旱灾，6—8月中旬，持续35℃以上高温时间长达48天，连续55天无有效降雨，各项气象资料均超历史纪录。全市共8个区、县（市）126个乡镇767个行政村，11.51万公顷农作物受旱；19.8万人、23.9万头大牲畜出现临时饮水困难；231条溪河断流，78座小型水库干涸。全市水务部门及早编制预案，严格落实责任，强化工程措施，科学调度用水，全面组织自救，确保全市生活、生产、生态用水需求，夺取了防汛抗旱的全面胜利，实现了市委、市政府提出的确保城乡居民生活用水，确保旱灾损失减少到最低程度，确保社会大局稳定的工作目标。就全省而言，长沙市高温天气持续时间最长、受旱面积最广，旱情最严重，但灾情损失最低，受到省政府和省水利厅的充分肯定。

二、规范管理，河道及砂场综合整治全国领先。按照“依法整治、疏堵结合、科学布局、规范管理”的整治原则，长沙城区及周边所有砂场一个不留，全面实行库区禁采，全面规范运砂船营运，在全省率先启动湘江干流及主要支流的河道清障和河道披绿工作，河道砂石乱采滥挖、乱堆滥弃的现象得到有效遏制。根据长沙砂石需求和“半小时运输圈”要求，全市6个新建大型砂石基地全部建成投产。新砂石基地在全国首次使用钢架式、封闭型厂房，采取工厂化、规模化、集约化、智能化生产。新砂石基地在政府监管下，分别成立砂石管理公司，率先全国实行公司化管理、市场化运作，全面规范河道采砂和砂石生产、运输、销售秩序。市水务局在全国性会议上先后两次作了经验介绍，得到水利部、长江委、省水利厅领导的充分肯定，12月全国砂场整治现场观摩会在长沙召开，水利部在全国推广长沙市成功经验。

三、多措并举，水资源管理日趋严格。最严格水资源管理制度逐步建立，率先全省出台《长沙市水功能区划》，实行水功能区划管理。10月10日，《长沙市用水定额》经省质局审批同意正式发布施行，在全省尚属首例。率先全省实行城区居民生活用水阶梯式水价和非居民超定额累进加价制度，逐步改变传统用水方式和用水理念，有效促进计划用水、节约用水、减少污水排放。依据《长沙市节水型社会建设规划》，完成节水型社会建设全部内容，达到预期建设目标，成功通过水利部全国节水型社会建设试点验收。长沙市获批全国首批45个水生态文明建设试点城市，编制完成《长沙市水生态文明建设试点实施方案》，并经水利部、长江委审查通过，开展全市水生态文明建设。率先全省启动中小河流域治理，长沙市沩水河等17个中小河流域治理工作全面推进，其中开慧河清洁型小流域的“水土流失、农田农业面源污染和养殖点源污染的综合治理”的治理模式全国领先，水利部在全国进行了推介。

四、改革创新，农田水利建设取得突破。率先全省出台小农水建设项目“民办公助”管理办法，明确小农水项目实行“民办公助”政策，市级不再明确县、乡级项目内容，由县、乡级根据自身实际确定，市级在项目完成并组织验收后，根据项目规模进行以奖代补，先建后补、多建多补、不建不补，改变过去的“先给钱、再做事”为“先办事、再奖补”，有效放大财政资金效益，打消县、乡、村组“等靠要”的思想和铺大摊子、搞大项目的念头，激发了乡村两级和基层群众多劳多得、多建多奖的积极性，群众主动变“要我修水利”为“我要修水利”，全市农村再现20世纪60～70年代以来的水利建设热潮。全市共完成年度水利建设投入30亿余元，开工水利项目3万余处，完成水库除险加固205座，修复水毁工程1800处，完成7个大中型灌区年度续建配套与节水改造任务；疏浚沟渠3700公里，完成山塘清淤3600公顷，改造病险渡槽1.18万延米，新增、改善、恢复旱涝保收面积1.33万公顷，解决农村30万人口饮水安全问题，率先全省实现自来水镇镇通，为确保农村生产、生活用水安全奠定了坚实的水利基础。在长沙市召开的两次农田水利建设现场工作会上，长沙市成功经验得到推介。宁乡县“发挥群众主体作用、大干农田水利建设”的成功经验引起省领导的高度关注，省委书记徐守盛、省长杜家毫作出重要批示。省政府发出专题通报，在全省推介宁乡经验，《中国水利报》《人民长江报》进行了宣传报道。

五、服务民生，供排水保障能力逐步提升。全市日供水设计能力225万吨，总供水规模在全国省会城市中位列第三，全省第一。水质检测能力位居全国前列，出水水质达标率均达到或优于国家标准，全年未出现任何供水质量事故。出台《长沙市城区新建居民住宅供水设施建设和管理办法》，率先全省对居民住宅供水设施实行统一规划设计、统一组织建设、统一维护管理。完成10万户“一户一表”改造任务，并将户表改造工作纳入各区政府绩效考核目标。解决了30万农村居民饮水不安全问题，市本级投入资金在全省排第一，率先全省实现镇镇通自来水。新、改、扩建暮云、坪塘、新港污水处理厂，主城区生活污水处理能力位居全省第一，主城区城市污水处理率97.29%，位于全省前列。启动“一江五河”110个排水口截污和一批城区污水管网改造工作。湘江长沙库区水利项目年度建设任务全面完成，全市湘江及支流水质环境得到明显改善。

六、健全法规，依法行政能力不断增强。完善行政法规，启动《长沙市排水管理条例》和《湘江长沙段库区管理条例》立法，制定《长沙市水务局水行政案件管理制度》，修订《长沙市水务局行政处罚自由裁量权基准》。加强执法能力建设，启动长沙市湘江库区管理委员会组建工作，提升水行政执法能力；加强水政监察执法，对河道违法采砂、卸砂进行集中整治，24小时值班巡查，取缔非法流动性砂石场42处，清运砂卵石300万余吨，封堵非法下河通道25条，立案处理24起，驱离吸砂船只100余艘次；开展城区市政建筑工地排水执法检查70余次，开展二次供水专项检查80余个，处理水土破坏、非法取水案件20余起。依法征收水利规费，征收水资源费、水土保持费1300万余元。规范行政许可办理，启动行政许可项目精简下放工作，上报市政府取消、合并行政许可项目4项，拟下放审批、备案等事项8项。改进工作作风，强化政务服务工作，依法办理行政许可工作，精准办理各类行政许可事项300余件，行政认可案卷检查取得全优。办好建议、提案和群众来信来访，办结人大建议37件，政协提案12件，处理来信来访59批次。市水务局被评为全市建议提案办理“十佳单位”。

（廖森胜）

天气气候与气象服务

•天气气候•

【概况】 2013年，长沙市气候年景整体差，春、夏季偏长，秋、冬季偏短，异常的高温和干旱是气候异常主旋律，重度高温热害、干旱、连续暴雨、冰雹等为主要成灾气象灾害，霾日数较前两年有所减少，主要集中在秋、冬季。据市民政局资料统计，全年全市因自然灾害造成直接经济损失合计12.49亿元，较上年度灾害加剧，经济损失陡升，其中农业经济损失9.79亿元。影响最大的是高温干旱，其次是暴雨洪涝。

2013年，长沙市年平均气温18.7℃，较常年异常偏高，为有气象记录以来最高值年，城市热岛效应明显。春季局部出现倒春寒和5月低温，夏季出现罕见的高温热浪天气，长沙连续48天日最高气温35℃以上，极端最高气温为2013年8月2日马坡岭站41.3℃，刷新历史纪录。年最低气温为2012年12月19日浏阳站-4℃（气象年的定义从上一年的12月到当年的11月）。年降水量1331毫米，较常年正常略偏少，但时间分布不均，春夏强对流天气活动剧烈，暴雨集中，过程频繁；夏季涝旱急转，夏秋干旱成灾较重。年日照为1921.8小时，较常年偏多，为有气象记录以来最高值年，年蒸发量也刷新历史纪录。

（王米吉）

•气象服务•

【概况】 2013年，长沙市气象局贯彻落实省气象局、市委、市政府的决策部署，增强气象为经济社会发展和人民群众安康福祉服务的保障能力，被评为全省气象部门综合目标管理“特别优秀达标单位”、全省气象部门创新工作“优秀单位”、市政府“安全生产先进单位”、市政府“综合治理先进单位”等。

一、基础业务稳定，各类气象服务取得新成效。1.综合气象观测。新增气溶胶观测业务正常运行。加强观测员业务学习，采用新、老测报员搭配轮流值班方式，确保莲花站和长沙站业务工作稳定运行。2.预报与服务。长期气候预测、短期预报均准确。重大天气过程期间，做好领导带班和业务值班工作，及时启动重大气象灾害应急命令10次（1次由市长张剑飞宣布启动）。特重高温热害期间，通过各媒体发布高温天气情况，接受采访20余次，先后发布22期高温天气消息，为各级政府赢得抗干旱、战高温的胜利，做出重要贡献。3.气象为农服务。开展面向农业生产一线的调研19次，对种养大户、合作社、集团、基地服务力度加大，大户数增加到687户。选取种植大户，新建大棚温湿度记录仪12个，对棚内作物生长环境监控。长沙县选取5个特色现代农业基地（主要是茶叶、双季稻、蔬菜等），新建多要素自动站，实现气象数据的自动采集和农业气象信息的发布。望城区建立农村气象广播系统与DAB、村村通广播的系统整合；成立1支由气象、农业、畜牧水产、国家农科园等单位专家组成的农气服务专家咨询委员会。浏阳市推进气象灾害防御体系建设，建成12个标准化示范乡镇。宁乡建立早（晚）稻、油菜、蔬菜、烟草等农作物的气象指标体系，完成水稻的农业气候区划；建立回龙铺优质稻基地、喻家坳烟叶基地试验田梯度观测和实景观测系统，并示范推广农业气象适用技术。4. 人影作业。全市各级气象部门主动作为，及时向各级政府汇报，各级政府对人工影响天气工作的高度重视，为缓解旱情作出积极贡献，得到党委、政府和社会的高度赞许。5. 部门合作。市气象局与市民政局共同推进信息员队伍和防灾减灾社区建设，达成“建立和完善县、乡、村灾害防御应急联动机制和应急预案”合作意向。与市城管局联合开展城市气象服务合作，指导市政部门及时上路巡查、排渍等。咸嘉新村气象防灾减灾示范社区建设取得良好效果，省气象局局长常国刚现场视察后给予表彰，省委常委、市委书记易炼红高度重视，在市气象局《关于加快城市气象防灾减灾社区建设的请示》件上批示，由副市长黎石秋研处，争取全市推广。

二、政府主导现代化建设。1. 气象各级党委政府重视气象现代化建设。市政府在全省率先成立由分管市长为组长、相关部门为成员单位的“长沙气象现代化建设领导小组”，两次召开专门会议审定局市合作协议并与省气象局签署合作协议。编制完成长沙市及宁乡县《率先基本实现气象现代化建设实施方案》，并通过省气象局评审；《长沙城市精细化项目可行性研究报告》通过专家评审、市长批示。宁乡县县长周辉到省气象局汇报工作，请求将宁乡列为全省气象现代化建设试点县，代表县委、县政府表态，在项目和资金投入上予以重点保障。长沙市及宁乡县分别被省气象局列为全省率先基本实现气象现代化建设示范市、县。建成浏阳市气象局和宁乡县气象局现代业务平面，长沙市、望城县（区）新局建设进入招投标程序。2. 科技支撑能力提升。完成长沙综合业务平台建设，并投入试运行，实现对各乡镇各站点逐小时、3小时、6小时、12小时的多要素预报。开发完成长沙“防灾掌上通”系统，气象现代化服务手段和水平进一步提升。完成18篇科技论文并公开发表，其中3篇在核心期刊发表，1篇被市科协评为一等奖。组织承担11项课题，全部结题，其中1项课题获省气象局科技开发一等奖。3. 基层台站改革。按照中国气象局、省气象局有关文件，贯彻落实“县级气象机构综合改革及参公管理工作会议”精神，成立县级气象机构综合改革工作领导小组；制定县级气象管理机构参公管理空缺岗位竞争上岗实施方案，召开空缺岗位竞职大会，严格按程序确定空缺岗位资格人选。宁乡县成立3个地方气象机构，落实编制3人。4. 中国气象局长沙综合气象观测试验基地获批。市气象局申报的全国首个（全国仅2个）国家级综合气象观测试验基地项目获中国气象局批准，完成长沙国家气候观象台水、电、路“三通”，业务科技楼、科普馆、辅助用房和食堂均已封顶。

三、气象管理和气象科技服务。1. 防雷综合治理和施放气球许可。完成省、市防雷综合治理交叉检查。对防雷行政许可和施放气球行政许可应审尽审，无超时审批和过期审批。全面清理气象行政许可项目、非行政许可项目和年检项目。组织召开全市施放气球工作会议，与各施放气球公司法人签订安全生产责任状。2. 气象科技服务效益明显。气象科技服务保持良好发展态势，“96121”电话服务面临新媒介压力，克服困难，提高拨打率，保持平稳发展。（周　威）

【《共同推进气象服务长沙经济社会发展合作协议》签订】 11月22日，湖南省气象局与长沙市人民政府签订《共同推进气象服务长沙经济社会发展合作协议》，签约仪式在湘麓山庄举行。湖南省气象局党组成员、副局长何逸，长沙市政府副市长黎石秋等出席签约仪式，何逸、黎石秋代表双方签署合作协议，市政府副秘书长曾慧明主持签约仪式。双方将共同构建长沙气象防灾减灾体系，不断提升气象预报预测能力、气象灾害防御能力、应对气候变化能力、开发利用气候资源能力以及气象科研应用能力。重点在三方面开展合作：1. 全面建设现代化气象防灾减灾体系。通过加强组织体系、风险管理体系建设，完善运行机制、法制体系，增强保障能力，加快完善长沙现代化气象防灾减灾体系。2. 共同推进气象防灾减灾能力建设。通过加强城市气象服务、农业气象服务和农村气象灾害防御、基层台站气象防灾减灾服务能力建设，加快中国气象局长沙综合气象观测试验基地项目的实施，共同推进长沙气象现代化重点项目的建设，切实提升长沙气象防灾减灾能力。加强建设4个重点项目：一是实施“长沙城市精细化气象服务工程”，以提高城市应对天气气候灾害和安全运行，面向城市规划建设、人居环境、重大社会活动等方面的气象保障能力；二是以山洪地质灾害防治气象保障、农业气象

11月22日，湖南省气象局与长沙市人民政府签订《共同推进气象服务长沙经济社会发展合作协议》

服务和农村气象灾害防御工程建设为重点，进一步完善全市农村气象服务设施和区、县级气象业务服务平台，拓展气象为农服务领域，扩大气象信息覆盖面，提高农村气象灾害防御和现代农业的气象服务能力；三是以加快推进区、县“四个一流”台站建设为重点，强化基层气象机构作为同级人民政府气象主管机构组织开展气象基础业务、气象公共服务与社会管理的职能定位，支持基层气象机构综合改革，大力提升基层台站气象防灾减灾业务、服务能力；四是推进中国气象局长沙综合气象观测试验基地项目建设，创造有利条件，加快该国家级项目的实施，以提高长沙气象科研、业务、服务能力以及气象科普教育水平。3. 依法强化公共气象服务与气象社会管理职能。强化气象灾害监测预警信息发布与传播、气象灾害防御、气象探测环境保护、气候资源开发利用、气象科普宣传等方面的气象公共服务与社会管理职能。加快相关地方性气象法规规章建设，完善气象服务与社会管理机制，统筹气象资源配置。强化社会各界在气象防灾减灾中的职责，引导全社会参与气象防灾减灾，逐步实现城乡基本公共气象服务均等化。充分利用社会公共资源，建立多种手段并用的气象灾害预警信息发布网络，扩大和提高预警信息发布的覆盖面和时效性。为促进合作协议的落实，长沙市人民政府与湖南省气象局建立合作联席会议制度，形成长效合作机制。（周　威）

【长沙首个校园气象站建成】　根据气象防灾减灾体系建设的相关要求，进一步推动气象科普进社区、进学校工作，9 月 12 日，全市首个校园气象观测站在雨花区新世界砂子塘小学正式建成。该校园气象观测站安装了气温、雨量、风等多种自动和人工气象观测仪器。校园气象站的建立，对活跃学生课余生活、拓展学生视野，增强学生关注生活中的天气事件兴趣，让中小学生切身感受气候变化对环境的影响，全面提高学生的气象科技意识，引导学生从小树立低碳环保的观念，起到良好的推广示范作用。

（周　威）

【新版长沙气象网上线运行】　12 月，长沙市气象局门户网（www.csqx.com）升级改版后正式上线运行。新版长沙气象网，经广泛征求意见，充分借鉴优秀气象网站经验，与老网站相比，亮点鲜明、重点突出，内容更显丰富、更具互动性。1. 成为服务型信息交流平台。新网站根据气象工作服务化的要求，着力打造互动性、网络化、服务型气象信息交流平台，简化了各类信息上传流程。2. 气象信息精细化分类，增加了气象预报预警等服务信息份额，注重连续、滚动和无缝隙的精细化预报，突出展示长沙市气象现代化建设和城市精细化气象服务工作成果，并增加气象影音视频、气象为农服务广播等特色版块，丰富气象资讯，提高网站信息容量。3. 优化设计，美观大方。网站以需求为引领，设置 9 大版块，囊括 51 个 2 级栏目，版块定位清晰，层级明确。并引进时代气象元素，网站页面拟化蓝天白云形象，清新、简洁、大方。长沙气象网让精细化天气资讯更加贴近公众需求，充分体现气象服务的精细化、人性化和针对性，成为长沙百姓的生活指南，有助提升市民的生活品质。

（周　威）

移民开发

【概况】　2013 年，长沙市有大中型水库移民 58795 人；全年下发移民资金总结 7632.58 万元，其中后扶直补资金 2670.66 万元，落实各类项目资金 4961.92 万元，实施移民项目 538 个；培训移民 1736 人次。全市移民民生不断改善，移民群体高度稳定，长沙市移民开发管理局（以下简称“市移民局”）完成全年工作目标和任务，被省水库移民开发管理局评为“全省移民稳定工作先进单位”。

一、加大投入，库区和移民安置区基础设施建设得到改善。2013 年，全市移民机构加大对库区和移民安置区的民生投入和资金整合力度，整合涉农惠农资金 4.25 亿元用于库区和移民安置区发展和建设，库区和移民安置区的基础设施建设全面推进。全市新修移民公路 102 公里，硬化公路 74 公里，新修水渠 68.5 公里。建设安全饮水工程 4 处（建成 2 处，在建 2 处），其中在建的两处全部位于岳麓区，分别是总投资 780 万元的新卯村农村供水项目和总投资 2000 万元的雨敞坪镇泉水冲供水项目，两处饮水工程受益移民超 860 人（岳麓区总移民数 1090 人），占全区移民总数的 80%，改善了库区和移民安置区的生产生活条件。

二、扶优扶强，移民产业不断壮大。全市移民产业开发继续以农业现代化为统领，做大产业基地，做强龙头企业，做活产业服务，按照突出重点、整合资源、扶优扶强的思路取得显著成效。全年新建油茶、茶叶等示范基地 2 个，新造油茶 334 公顷，茶叶 76.67 公顷，均超额完成省绩效考核任务目标数。全市扶持蔬菜产业 133.33 公顷，食用菌 26.67 公顷，水果 13.33 公顷，花卉苗木 26.67 公顷。基本实现一个县（市）区 1～2 个移民特色品牌的产业格局，长沙县的金井茶叶和食用菌，浏阳的油茶和水果，宁乡的土花猪和沩山茶叶，望城的蔬菜和水产等产业和品牌在全市乃至全省的影响力不断扩大。全市登记成立的移民专业合作社 147 家，其中得到市、县移民部门重点扶持并发展为当地龙头企业的达 26 家。注册资金 1.27 亿元，吸纳入社成员 5000 余人，带动移民增收人数超过 1.3 万人。

三、规范管理，发挥移民资金使用效益。全市移民资金严格执行县级报账制，坚持严格按照票据原件、项目合同、竣工决算表、报账申请“四合一”的资金台账管理要求建立健全资金台账，并实行分账管理，分类核算。加强资金审计力度，组织各区、县（市）财务人员和业务骨干在全市开展后扶稽察和移民资金内部审计，对审计过程中发现的问题及时进行整改。全年移民资金管理严格按规定的审批程序拨付，无贪污、截留、挪用和滞留资金的现象，日常管理工作日趋规范、不断完善。

四、务实为民，努力为移民办实事。全年市、县移民部门坚持务实为民工作职责，努力为移民办实事、解难题。1. 开展特困移民帮扶。安排专项资金开展特困慰问，慰问特困移民 230 余户，总计发放慰问金 19.08 万元。

在暴雨、旱灾等灾情发生时，移民部门第一时间深入库区和移民安置区解灾情，及时帮助受灾移民除险救灾、排忧解难，把移民损失降到最低。2. 组织移民培训。全年共培训移民1736人，其中实用技术培训1380人，就业技能培训356人，实现移民就业334人，就业率93.8%。3. 开展计生服务。制定出台对2013年考上全日制大学的移民独生子女户和计划生育二女户困难家庭给予奖励的若干规定。全市对50名考取全日制大学的移民独生子女和二女户家庭给予2000元～3000元的奖励，共计发放大学生困难扶持金11万元。2013年，市移民局被评为“全市计划生育综合治理红旗单位”；在接受全省计划生育年度检查时，市移民局被定为免检单位。4. 实施生态移民。长沙县筹集资金2659.85万元对白沙镇桃源村130户389人进行生态移民，帮助困难群众在白沙镇黄兴大道北延线附近的报母村和锡福村规划征用11.33公顷山地，用于建设桃源生态移民集中安置点，改善困难群众生活条件。

五、新建水库移民安置工作稳步推进。湘江长沙综合枢纽工程移民搬迁涉及长沙市1县6区，搬迁人口1130人，涉及生产安置人口4349人（其中坝区2680人，库区1669人）。按照市委、市政府要求，库区工程按照省移民局核定指标包干到区县（三统一包）。实现一期蓄水、通航的目标，二期蓄水坝区建设和库区工程按计划稳步推进，移民高度稳定。长沙县白石洞水库建设前期规划、论证、审批工作全部完成，该工程进入移民签订搬迁安置协议阶段，截至2013年底，需要搬迁安置的627户移民中有590户签订了搬迁协议，占搬迁总数的94.1%，拆除旧房243处。作为配套的白石洞水库移民安置区，水、电、路等基础设施抓紧建设中。（江启霞）

长沙县桃源村生态移民工程

【长沙县桃源村生态移民项目实施】长沙县白沙镇桃源村有彭家组、三合塘组、江家组3个村民小组，截至2012年4月15日，桃源村有在籍常住居民132户408人。该村村民生活在团结水库以上山坳之间，生产资料匮乏，人均田地很少，交通极不方便，发展严重滞后，大部分群众生活困难。长沙县委、县政府全面了解该村困难情况后，高度重视该村的脱贫致富，筹集资金共计2659.85万元，把桃源村整体搬迁作为生态移民的试点。通过动员、自愿报名、初审、复审、公示等程序，申请自愿移民安置并通过县、乡镇进行移民对象资格审核，符合条件的共有130户389人。在长沙县农办、县移民局和县规划局的指导下，白沙镇在黄兴大道北延线附近的报母村和锡福村规划征用11.33公顷山地，用于桃源生态移民集中安置点的建设。截至2013年底，桃源村130户389人全面顺利完成搬迁，正式进驻生态移民新村。长沙县生态移民项目是长沙市最大规模的生态移民工程，开创长沙市移民安置和扶贫开发的新模式，得到省水库移民开发管理局的充分肯定和高度评价。（江启霞）

【白石洞水库搬迁安置工作启动】2007年，长沙县正式提出修建白石洞水库，经过科学的前期设计、规划、选址、论证等准备工作，2013年库区搬迁安置工作正式启动。白石洞水库位于长沙县金井镇观佳村，距星沙约60公里，距S207线2公里。水库拟设计蓄水量超过3000万立方米，是长沙县有史以来最大的水利建设项目。白石洞水库蓄水后，将在长沙县北部新增一处战略储备水源，对保障长沙县北部农村乃至全县饮水安全以及北部乡镇发展现代农业起到极其重要的作用。根据移民搬迁安置规划，共涉及搬迁安置627户2000余人。库区移民搬迁安置工作启动后各项工作有序推进，移民群体高度稳定，作为配套的白石洞水库移民安置区抓紧建设中。（江启霞）

商贸服务业

责任编辑：江　雷

【概述】　2013年，全市实际利用外资34亿美元，跨越30亿美元大关；利用市外境内资金完成固定资产投入1159.69亿元，跨越1000亿元大关；实际利用省外境内资金534.06亿元，跨越500亿元大关。外派劳务14354人次，累计外派劳务合作完成营业额3.2亿美元；新增中方合同投资额2.4亿美元。电子商务、服务外包、现代物流完成年度目标任务。其中，服务外包业务总量完成402.6亿元，同比增长15.2%；社会物流总额2.4万亿元，同比增长18.2%；重点电子商务企业相关交易总额520亿元，同比增长23.8%。进出口总额实现98.93亿美元，占全省40%；实现社会消费品零售总额同比增长14.1%。招商引资质量水平显著提升。2013年，新引进外商投资项目130个，新引进德国费森尤斯集团和德国大众公司2家世界500强企业，新增3家世界500强企业投资公司。“港洽周”“第六届湘商大会”“湖南长沙·上海招商推介活动”3大招商活动签约110个项目，总投资额792.6亿元。一是招商活动特色明显。上海招商活动，更加注重客商关注点，更加注重产业针对性，更加注重区域间合作共赢。“港洽周”突破传统模式，将现场办公会开到境外，现场为在长沙投资企业协调解决项目推进过程中存在的问题，以优质政务服务赢得客商青睐。“湘台恳谈会”针对产业集群招商，对接台湾高科技产业园和高科技龙头企业，达到小分队招商实效。普洛斯（长沙空港）物流中心、克莱斯勒汽车生产、阿里巴巴长沙产业带、洋河股份湖南工业园、格力空调生产基地等一大批战略投资项目落户长沙。重点项目建设扎实推进。注重项目精细化包装，编制《2013年长沙市重大招商项目解决方案》。建立项目跟踪服务机制，完善重点项目月调度机制。市2013年重大商务项目100个，总投资2742.3亿元，78个开工建设。长沙国际金融中心、中南粮食物流工程、高星物流园、格力再生资源体系建设等一批重大商务项目推进，为市商务发展增强后劲。二是消费市场持续繁荣。打造消费热点，举办第二十三届中国厨师节和第六届“福满星城”购物消费节。消费节活动期间累计实现社会消费品零售总额589亿元，比上年同期增长17%。创新推出手机APP公用服务平台，日均访问量达到20万人次，打造“晚8点消费时段”。创新消费方式，形成电子商务、电视购物、移动营销等多种消费新业态。消费结构不断优化，汽车、中西药品、金银珠宝、化妆品等商品消费支出增长明显，形成新消费热点。实施农贸市场提质改造工程，长、望、浏、宁新建提质改造22家乡镇农贸市场。加强酒类商品和生猪定点屠宰监管，落实酒类监管“三个100%”目标，保障全市肉品质量安全。外经外贸稳步增长。市2013年新批进出口经营企业375家，全市具有进出口经营资格企业累计4222家。2013年，市机电产品和高新技术产品出口分别同比增长21.2%和28.5%。新获批汽车及零部件、工程机械、苎麻服饰产业、鞭炮烟花及电子科技信息产业等5个省级外贸出口专业基地，其中苎麻服饰产业获批国家外贸转型升级示范平台。长沙医学院在香港合资设立香港国际预科学院。三是现代服务业发展势头日益强劲。编制《长沙市现代物流业发展规划（2011—2020）》，出台支持市物流、电商、服务外包发展专项政策。新建、续建24个重点电子商务平台项目，总投资10亿元。4家企业被评为商务部“2013—2014年度电子商务示范企业”。2013年新增1家AAAAA级物流企业，2家AAAA级物流企业。长沙市获评“2013年中国物流城市最佳投资环境奖”，被列为全国一级物流园区布局城市。组织企业参加“上交会”“京交会”，长沙市服务外包作为城市品牌整体向外推介。5家企业获“中国服务外包百强成长型企业”称号。各项国家试点走在前列。以现代服务业综合试点为龙头，中小商贸流通企业服务平台建设试点、肉菜流通追溯体系建设试点、电子商务示范基地、现代农产品流通体系建设试点、再生资源大型项目建设和节能减排服务业集约化等7项试点建设稳步推进。终端消费促进工程重点项目，“5全便利店”有75家门店全面营业，推动消费转型升级。中小商贸流通企业服务中心工作得到商务部充分肯定，长沙经验在全国推广。（沈　滢）

招商引资

【概况】　2013年，全市引进外来资金1370.49亿元（以1美元对人民币6.2元汇率折算），同比增长

19.44%，其中，实际利用外资34亿美元，同比增长14.24%；全市利用市外境内资金完成固定资产投入1159.69亿元，同比增长20.14%；实际到位省外境内资金534.06亿元，同比增长17%。一是利用外来投资情况。2013年新引进2家世界500强企业：德国费森尤斯集团、德国大众公司。新增3家世界500强企业投资公司：德国费森尤斯集团投资设立费森尤斯卡比健源（长沙）医疗科技有限公司、德国西门子投资设立施维智能计量系统服务（长沙）有限公司、德国大众公司投资设立上海大众长沙分公司。境外世界500强企业在长沙直接投资51家（不含分公司）。新批150个外商投资企业中，投资总额超过3000万美元企业9个。实际到位外资项目中，全年实际到位外资超过3000万美元公司14家。全市新型工业化项目利用外资184599万美元，占全市实际利用外资总量54.29%。全市新批外商独资、中外合资企业数占据全市新批外资企业数98.97%，其中中外合资企业数占全市新批外资企业数22%，比上年同期提高8个百分点。市招商引资主要来源以亚洲为主，实际利用外资248822万美元，同比增长8.37%，占全市实际到位外资总量73.17%。二是内联引资情况。2013年，全市一、二、三产业实际到位资金分别为8.07亿元、184.2亿元、341.79亿元，比例分别为1.5%、34.5%和64%，引资结构不断优化。区域合作步伐加快，与合肥、南昌、武汉4市签署《长江中游城市群省会城市商务合作协议》，与上海签署《浦东新区人民政府与长沙市人民政府加强全面合作框架协议》及现代服务业、服务外包、城建等9大框架协议（备忘录）。紧扣长三角、珠三角、环渤海区域等国内3大投融资活跃区域进行重点招商。2013年，市实际利用长三角、珠三角、环渤海区域资金分别为：124.08亿元、127.69亿元、116.06亿元，分别占全市实际到位资金总额23.23%、23.9%、21.73%。实际利用省外境内资金排名前3名是广东省（127.69亿元）、北京市（62.9亿元）、上海市（49.97亿元）。主要招商活动情况。2013年，市组团参加和举办各类招商活动120场。“沪长高铁连接梦想——2013湖南长沙·上海招商推介活动”，签约现代服务业暨战略性新兴产业投资项目39个，总投资额288.9亿元。主办及组团参加“港洽周”“绿色湖南蛇年新春湘台恳谈会”“第八届中部投资贸易博览会”“中国(长沙)国际矿物宝石博览会”和“第二届中国（长沙）国际工程机械配套件博览会”等活动。建立招商引资重点在谈项目调度机制，启用商务客户信息库数据管理系统，提高工作效率。三是招商引资项目情况。2011—2013年，市组织参加或自行举办第六、七届“中博会”，第七届“珠洽会”，第五、六届“湘商大会”“2011湘苏、湘浙经贸合作活动”“2012长沙—央企业合作活动”“2013湖南长沙·上海招商推介活动”等一系列区域、省、市级重大招商活动，签约项目240个，总投资约2210.2亿元，签约引进资金约2048.5亿元（其中，外资签约项目76个，涉及总投资137.3亿美元，签约引进资金116.6亿美元；内资签约项目164个，涉及总投资1386.1亿元，签约引进资金1348.7亿元）。这批项目中履约项目211个，履约率87.9%；开工项目166个，开工率69.2%，其中，竣工投产项目51个，竣工率21.3%；部分资金到位项目213个，总到位资金756.9亿元，资金到位率34.3%；未履约项目24个，未履约率10.0%；终止项目5个。

（沈　滢）

沪长高铁·连接梦想—2013湖南长沙·上海招商推介会签约仪式

【2013湖南长沙·上海招商推介会】 10月29—31日，长沙市人民政府组织部分区县园区、重点企业赴上海举行“沪长高铁·连接梦想—2013湖南长沙·上海招商推介会”。省委常委、市委书记易炼红，上海市政府副市长时光辉，湖南省有关部门负责人谢建辉、吴志雄、杨次伟，市领导张剑飞、赵文彬、张迎春、姚英杰、曹立军，市政府秘书长凌勤杰，以及在沪重点企业客商代表等参加推介会。现场签订《长沙市人民政府上海市现代服务业联合会加强现代服务业发展合作框架协议》《长沙市人民政府上海城建（集团）公司战略合作框架协议》等6个战略性合作框架协议，涉及园区开发、金融、城建以及现代服务业等领域。签约现代服务业暨战略性新兴产业投资项目39个，总投资额288.9亿元，其中现场签约项目23个，总投资额246.6亿元。涵盖现代物流、文化创意、商贸流通及商业地产、汽车生产配套、生物医药及新材料等多个行业和投资领域。活动期间，毕马威中国投资和重组咨询服务机构就长沙市投资环境报告及重大项目进行推介，上海大众汽车有限公司作在长沙投资成功案例报告。开展重点拜会活动。市委、市政府主要领导带队学习考察上海浦东新区、上海大众汽车有限公司、上海城建（集团）公司等单位，参观考察上海城市建设。该次招商推介会，长沙签约普洛斯、伟世通、上汽集团等世界500强，中宏人寿、美高梅等世界知名企业和上海汇众汽车、红星集团等国内知名企业，开启沪长经济新一轮合作发展。（沈　滢）

【第二届中国（长沙）配博会】 6月22—24日，第二届中国（长沙）国际工程机械配套件博览会（简称“配博会”）在长沙国际会展中心举行。

本届配博会以“配套、合作、共赢”为主题，以政府主导、准市场化运作模式进行。由中国机械工业联合会指导，长沙市人民政府、湖南省商务厅、工信委、贸促会、机械行管办主办，长沙经开区管委会、长沙市工信委、商务局、会展办、贸促会承办。湖南省政协原副主席、中国工程机械工业协会副会长龙国键，长沙市副市长、第二届配博会组委会主任何寄华，长沙经开区管委会主任、第二届配博会组委会执行主任李科明，管委会常务副主任、第二届“配博会”组委会副主任吴京生，管委会副主任、第二届配博会组委会副主任兼秘书长黄瑶等领导出席。湖南省、长沙市及国外知名企业、投资领事等3000余人参加活动。三一集团、中联重科、山河智能、道依茨、沃尔沃遍达、爱普拉斯等众多国内外知名品牌配套件企业参展，展会集国内外工程机械配套件企业、主机企业、经销企业和科研、物流、进出口产业链于一体。该届展会展位面积6.7万平方米，标准展位1013个，比上届增加251个，增幅33%；参展单位307家，比上届增加34家，增幅12.5%；省外企业占参展企业总数的76%，增幅22%。专业观众2.39万人次。国内外多家工程配套件服务供应企业进行现场签约，包括传动部件及附件、液压件、行走部件及附件、回转支承、工程装置及附件、工程机械用油等设备和零部件的制造。参展企业现场成交额2852万元，签约金额超过25亿元。展会期间举办中国投资东盟研讨会、2013年国际工程机械技术发展高峰论坛（CTO峰会）、推荐优质供应商表彰大会、项目推介会暨签约仪式等主题活动，中央、省市53家专业媒体进行报道。（沈　滢）

2013湖南（香港）投资贸易洽谈周

【参加2013湖南（香港）投资贸易洽谈周】　6月17—21日，2013湖南（香港）投资贸易洽谈周（以下简称“港洽周”）在香港举行。长沙精心筛选204个市级优质项目招商，在香港开展一系列招商引资及交流合作活动。市委副书记、市长张剑飞任团长组成长沙代表团，围绕现代服务业、文化创意、生态旅游、特色产业园等主题，推出6大专题招商活动：长沙•天心（香港）文化新区专场推介会、长沙市芙蓉区（香港）现代服务业专场推介会、星沙新城投资推介会、宁乡（香港）食品产业招商恳谈会、长沙经开区产业园招商推介会、美丽浏阳（香港）招商推介会。港洽周期间，长沙代表团参加湖南省情推介暨重大招商项目发布会、港湘现代服务业合作对接会，与戴德梁行、嘉里集团、恒基集团、九龙仓集团、华润集团等知名港企洽谈，通过一对一、面对面方式推介长沙投资环境，对接招商引资项目。长沙代表团把“现场办公会”开到境外，为在长沙投资港企答疑解惑，宣传投资环境和投资政策。（李　江）

商贸流通

【概况】　2013年，全市累计实现社会消费品零售总额2802亿元，增速14.1%。合计增加限上商贸单位582家，其中月度新增企业140家，年度新增企业442家。限额以上零售额拉动社零总额增长约12个百分点，比上年同期增长近2个百分点，增长贡献率89%，比上年同期提高约23个百分点。举办第六届“福满星城”购物消费节，活动期间，全市实现社会消费品零售总额589亿元，比上年同期增长17%。组织“春满星城、快乐消费”消费促进月活动，共有区县市、商场（市场）等50余项实质性促消费活动。创立“福满星城”手机APP公共消费平台，在保障生活必需品供应方面，在春节和国庆黄金周期间启动生活必需品日报和重点监测企业日报制度，在高温干旱天气期间，启动短信日报制度，保证节假日和特殊时期市场供应稳定。一是市场体系建设情况。协调专业市场外迁工作。编制《长沙市专业市场布局规划》，起草《长沙市中心城区批发市场外迁和提质改造五年行动计划实施方案》；家禽市场、红星大市场搬迁选址确定。深入推进农贸市场标准化改造。2013年，市新建提质改造农贸市场22家，其中新建21家，提质1家，建设面积34500平方米。流通产业发展规划。编制《长沙市商贸流通业发展规划（2013—2020）》，梳理完善流通产业子规划。加强特种行业管理。加强典当、拍卖企业监管。加强二手车市场管理。新增2家报废汽车回收拆解企业。2013年全市回收各类报废汽车1877台，共计回收吨位4657.75吨。二是行业指导工作情况。举办第23届中国厨师节，参与人数和商贸成交量创造中国厨师节新高。推动家政服务业发展，促进市家政服务体系进一步完善。开展商贸流通典型企业统计工作。开展企业数据报送和行业报表、报告编制工作，4月完成典型企业2012年年报网上直报工作。发挥商务行业协会作用。2013年新成立2家行业协会，协会总数32家。支持相关商贸流通行业及企业开展行业国标、企业标准制定和推广工作，促进企业规范发展、健康发展。鼓励企业实施品牌发展战略。开展最具成长性和自创知名品牌商贸流通企业认定工作，实施老字号保护和振兴工程，支持企业开展规模经营，连锁经营。酒类食品安全监管情况。全面落实三个100%工作。三是开展酒类行政审批工作，坚持执行随附单“以旧换新”管理制度，推进酒类企业网格化服务管理模式，确保实现“三个100%”（即酒类批发、零售企业流通随附单使用率100%，酒类批发许可、零售备案登记率100%，酒类经营企业“不向未成年人销售酒类商品”警示牌悬挂率100%）。加强酒类从业人员专业培训。全年开展各类专业培训11次，接受培训人员3500人次，发放酒类流通法律法规等宣传资料3500本。药品流通管理情况。创新工作思路，提出“五健大药房”构想，即“提供健康商品、倡导健康理念、指导健康生活、做好健康服务、促进健康管理”。规范行业经营秩序，指导市药品零售连锁企业开展商业特许经营备案。加强信息报送，督促市直报企业按时上报商务部药品流通统计直报系统要求报表，组织相关人员参与培训。四是成品油市场管理情况。2013年全市销售成品油182万吨，比上年同期166万吨增加16万吨，增9.6%；其中汽油销售93.4万吨，比上年同期81.3万吨，增加12.1万吨，增14.9%；柴油销售万88.6吨，比上年同期84.7万吨增加3.9万吨，增4.6%。（沈　滢）

长沙市第一批“5全便利店”对外营业

【第六届购物消费节】 11月28日，第六届“福满星城”购物消费节暨悦方ID MALL特惠活动周启动仪式在悦方ID MALL举行。市政府副秘书长王体泽，市商务局副局长王红，天心区政府副区长侯向宇及各区县商务部门主要负责人出席开幕式。该活动从2013年11月28日开始，历时80天，以“多元消费、福到万家”为主题，以促进线上消费、实体消费、便利消费等多元消费为目标，以促进百货零售、餐饮娱乐、汽车信用等消费为重点，由11个主题行业，1000余家商贸企业和上万个门店提供优质商品和服务，以手机APP福星送福独特新颖方式将购物与消费福气和喜气带到千家万户。广大市民在各具特色购物消费活动中，感受百货、超市、餐饮、娱乐、休闲、电子商务等商品和服务。该届购物消费节商家参与多，活动形式新，内容丰富，活动坚持服务经济、服务社会、服务企业，送福于广大老百姓和消费者，深受广大企业、商场和老百姓喜爱。（沈　滢）

【“5全便利店”营业】 8月29日，长沙市第一批36家“5全便利店”对外营业。市委常委、副市长张迎春在海航家润多雍景园店为“5全便利店”揭牌。市商务局党委书记、局长刘素月，市商务局副局长王红，市金融办副主任周练军，市邮政局副局长刘为等领导以及海航家润多超市有限公司、步步高有限公司、中国银联湖南分公司等负责人出席活动。该店是长沙市商务局在全市城区推广的社区便利店，作为终端消费促进工程项目纳入市现代服务业综合试点范畴。“5全”即五分钟到达、购买便利、功能齐全。其主要特点：一是由品牌企业实施。由步步高和家润多2家品牌连锁企业进行试点开设，对经营品种、品质、服务要求都很规范。二是统一设计，统一标识，所有“5全便利店”都是统一设计，统一标识，由市商务局对该店标识进行商标注册保护。三是服务功能配置齐全。实现10类18项服务功能，包括：自助金融服务、公共事业缴费、便民缴费、邮件收寄、家政服务、再生资源回收、旅游资讯服务、公益宣传等内容，让市民享受家门口购物、缴费、订票、收寄包裹、家政服务“一站式”终端服务。该店选址小区内，节约社区居民和消费者出行成本，对生鲜果蔬、肉类等鲜活农产品实行社区平价直销，有效解决生鲜农产品“最后一公里”问题，保障市民“菜篮子”工程。（蔡碧良）

【酒类市场专项检查】 9月3—13日，市商务行政执法支队联合市酒管办、酒厂打假人员对全市主要酒类批发市场和部分零售门店进行为期10天专项检查，重点对无酒类流通随附单、以次充好洋酒、红酒及高档白酒进行检查整治。该次行动出动执法人员50余人次，检查批发和零售门店近100家，查获假人头马、轩尼诗、国窖1573、茅台、酒鬼酒50余瓶，下达整改通知书15份，立案调查6起。通过专项整治，有效打击酒类经营者违法行为。（李　磊）

【中小商贸流通企业服务体系建设现场会】 7月25日，商务部在长沙市召开全国中小商贸流通企业服务体系建设现场会，商务部、国务院发展研究中心、中国中小企业协会、中国中小商业企业协会、全国各省、自治区、直辖市、计划单列市、新疆生产建设兵团以及20个试点城市商务主管部门、交通银行总行、民生银行总行、《人民日报》、新华社、《经济日报》《国际商报》等部门代表130余人参会，商务部流通发展司司长向欣出席会议。会上，市委常委、副市长张迎春代表长沙市人民政府作典型发言，对长沙市中小商贸流通企业公共服务平台试点工作相关经验做法进行介绍。精准定位、立足公益是开展试点工作核心；整合资源、突破难点是开展试点工作关键；不等不靠、大胆探索是开展试点工作支撑。与会代表参观考察市中小商贸流通企业服务中心以及宁乡县中小商贸流通企业服务站关山生态特产园服务点。（史诺平）

对外贸易

【概况】 2013 年，长沙市累计完成进出口总额 98.93 亿美元，同比增长 13.8%。其中，出口 61.66 亿美元，同比增长 19.2%；进口 37.27 亿美元，同比增长 5.9%。进出口总额占全省总额 40%。进出口市场呈现新特点。2013 年，市对欧美日等传统市场进出口贸易增长出现分化，对香港进出口同比增长 49.6%，对美国进出口同比增长 17.8%，对欧盟进出口同比下降 8.5%，对日本进出口同比下降 45.5%。对东盟、中东和俄东进出口分别同比增长 58%、18.3% 和 47.5%，对新兴市场贸易总额占市外贸进出口总额比重上升到 37.2%。对印度、俄罗斯和南非进出口分别同比增长 17.8%、111.4% 和 117.3%，对巴西进出口同比下降 8.3%，金砖四国占市贸易总额比重 9.2%。年内与市有贸易往来国家（地区）192 个。进出口商品结构不断优化，能源成为重要进口产品。市机电产品与高新技术产品出口分别同比增长 21.2% 和 28.5%，分别高出市同期整体出口增速 2.1 和 9.4 个百分点，二者出口占市出口比重 61.7%。传统大宗商品出口总体保持平稳，其中烟花爆竹、服装出口分别同比增长 14% 和 42.4%，茶叶出口同比下降 16.8%。传统进口产品出现不同程度下滑，其中，机电产品进口同比下降 23.7%，汽车和汽车底盘同比下降 68.6%。新兴产品进口增长迅猛，其中，汽车零件进口同比增长 40%，原油进口 5.06 亿美元，同比增长 591.4%，原油与机电产品、高新技术产品、汽车和汽车底盘成为市主要进口产品，成为拉动市进口增长主要力量。贸易结构更趋合理。2013 年，全市一般贸易进出口实现 75.36 亿美元，同比增长 12%。其中出口 46.61 亿美元，同比增长 17.7%；进口 28.75 亿美元，同比增长 3.9%。加工贸易全年实现进出口 21.02 亿美元，同比增长 20%。其中，出口 14.55 亿美元，增长 27.4%；进口 6.47 亿美元，增长 6%。加工贸易占全市贸易总额比重 21.3%。贸易主体格局更加完善，各类外贸企业业绩均有增长。“三资”企业与民营企业成为全市外贸队伍主力军。全市“三资”企业完成进出口 39.57 亿美元，同比增长 6.3%，占全市进出口总额 40%。民营企业完成进出口 42.73 亿美元，同比增长 8.2%，占全市进出口总额 43.2%。国有企业增势迅猛，全年完成进出口 16.49 亿美元，同比增长 59.8%。（沈 滢）

【参加第三届中国—亚欧博览会】 9 月 2—7 日，第三届中国—亚欧博览会在新疆乌鲁木齐市举行，市委常委、副市长张迎春率市商务局等相关部门和三一重工、中联重科、山河智能等企业组成长沙代表团，赴新疆参展参会。展会期间，张迎春陪同湖南省副省长何报翔出席第三届中国—亚欧博览会开幕式暨中国—亚欧经济发展合作论坛，巡馆并看望长沙市参展企业，考察湖南省对口援疆建设情况，出席在疆湘商座谈会等活动。长沙市参展企业现场签定出口成交额近 2000 万美元，意向出口额约 3 亿美元，内销签约额近 5 亿元，参展产品主要为工程机械、车辆、机械设备和茶叶。参展企业占全省半数以上。活动期间，为帮助市参展企业在展会上争取订单，降低参展成本，市商务局免费为参展企业统一定制参展名片盒和徽章，协助参展企业统一制作长沙宣传图片，充分展示长沙“山水洲城 快乐长沙”美好形象。亚欧博览会是中国与俄罗斯、中亚、西亚及南亚等国家和地区发展经贸关系重要桥梁和平台。湖南省是全国 19 个对口援疆省市之一，“亚博会”列入省重要对外经贸活动。该届博览会共有境内外 1500 余家企业参展，30 万余名境内外客商和观众前来洽谈。俄罗斯、哈萨克斯坦、塔吉克斯坦、乌兹别克斯坦等 49 个国家和地区在展会设立国家形象展示区。（许国侠）

【参加国际绿色创新技术产品展】 11 月 8 日，2013 中国国际绿色创新技术产品展暨第二届中国—太平洋岛国经济发展合作论坛在广州广交会展馆开幕。该届展览展期 4 天，长沙有 48 所、威胜集团、科力远、博云粉末冶金、航天磁电和凯天环保 6 家企业参展，主要展出产品有太阳能光伏组件、镍氢汽车动力电池模块、水电气热计量表、硬度合金制品、高性能铁氧体永磁等。其中凯天环保科技有限公司环境污染治理和固体废弃物处理技术受到专业客商青睐。该届展会展出面积 5 万平方米，10 余个国家 400 余家企业和专业客商，以及广东、江苏、浙江、湖南等省、市、国家级生态工业园参展，重点展示先进绿色低碳技术、产品和服务。（黄 珊）

外经合作

【概况】 2013 年，全市新增境外投资项目 24 个，投资总额 33140.95 万美元，其中中方投资额 24423.39 万美元，同比增长 98.45%。外派劳务 14354 人，同比增长 33.35%。累计外派劳务新签合同额 21676.558 万美元，累计外派劳务合作完成营业额 32218.338 万美元，同比增长 39.12%。新签对外承包工程合同额 33.8 亿美元，完成营业额 21.9 亿美元。全市农、林、矿等资源类企业参与全球化竞争。全市教育机构对外直接投资实现突破。2013 年，长沙医学院与香港中华教育集团投资有限公司投资 5000 万美元在香港合资设立香港国际预科学院，主要从事教育和培训，长沙医学院成为全市第一家实现境外直接投资院校。投资方式成熟多样、日趋理性。全市全年新批 24 个境外投资项目中独资项目 15 个、合资项目 7 个、并购项目 2 个；合资项目所占比重较往年提高，传统新建方式逐步退居次要地位，利用合资、并购等方式进入技术程度较高、投资障碍较多发达国家市场成为全市“走出去”企业一个重要战略方向。外派劳务方面。对外劳务合作经营主体结构较大调整。部分规模较小、经营状态不佳劳务公司被淘汰出局，新企业申报对外劳务合作经营资质。主体结构优化调整，使全市外派劳务企业逐步走向良性发展轨道。储备技能型高级劳务人员。除传统建筑工、纺织工、机械制造工、电子工等劳动密集型工种外，储备信息技术人员、医护人员、教师等服务型劳务，为外派劳务企业提供稳定劳务资源和可靠后续管理。对外劳务合作服务平台作用显著。全市成立长沙县、望城区、浏阳市和宁乡县4家对外劳务合作服务平台，吸纳省内外多家知名外派劳务企业和对外承包工程企业进驻。2013年通过平台派出6000余名劳务人员赴日本、新加坡、阿尔及利亚等国家从事家政服务、建筑等工作。外经扶持政策效用明显。全市4家对外劳务合作服务平台获2013年中央对外劳务合作服务平台支持资金347万元，6家外派劳务企业获2013年省级和中央对外经济技术合作专项资金91.48万元。对外承包工程方面。建筑业"走出去"步伐加快。随着国际经济形势逐步稳定，对外承包工程业务迎来发展时机，龙头企业捷报频传，各中小型对外承包工程企业屡有斩获。随着国内经济结构调整影响，全市优势工程企业将更多精力投向海外市场，2013年，新签合同额超过一亿美元项目10个。新开辟市场成效初现。湖南建工成功打开斯里兰卡市场大门，新签数亿美元EPC承包大单。湖南路桥与当地洽谈合作项目，在南亚地区开发出新增长点。随着中联重科等非工程建设类企业加入，对外承包工程向更为广阔领域拓展延伸。境外经营结构逐步优化。多家建筑企业基本实现由"借船出海"向"驾船出海"转变，即从原来完全依靠央企平台接"二手单"，转型为直接对外投标签约；由原来单一承担施工业务、提供劳务，逐步向设计、投融资、资源开发等多元格局转变。业务遍及房屋建筑、水利水电、公路交通、化工冶炼等建设领域，在一些地区打响品牌。合作双赢成为新战略选择。湖南建工集团总公司与中国机械设备工程股份有限公司（CMEC）组成联合体，与斯里兰卡港口公路部签约南部高速公路项目，项目为EPC+F模式，合同总造价约4.3亿美元，属斯里兰卡国家重点工程。合作双方以联合形式构建风险共担、利益共存商业模式，强化利益与责任对等，突破传统总分包模式，通过市场找到双方结合点，形成合力。（沈　滢）

【参加第十届中国—东盟博览会】 9月3—6日，第十届中国—东盟博览会在广西南宁举行。市商务局组织长沙斯博泰科技有限公司，湖南长沙果福车业有限公司等企业参加会议。经过对接洽谈，长沙斯博泰科技有限公司和越南成光投资股份公司达成越南河内东英县日处理600吨生活垃圾焚烧发电二期项目合作协议，项目总金额6000万美元。展会期间，长沙市代表团参加中国驻东盟国家使领馆经商参赞与企业家交流会，东盟产业园区招商大会，印尼国家推介会，新加坡专题论坛，先进技术与投融资项目对接会，第一届泛北部湾股权投资论坛等活动，了解东盟投资政策、投资环境与推介合作项目，为促进长沙市企业走进东盟，加强合作奠定良好基础。该次博览会以"区域合作发展—新机遇、新动力、新阶段"为主题，设置商品贸易、投资合作、服务贸易、先进技术、"魅力之城"5大专题。

（张祎恒）

现代服务业

·服务外包产业·

【概况】 2013年，全市服务外包企业1000余家，其中，进入商务部服务外包业务管理系统企业470家，同比增长52.1%；全年服务外包业务总量完成402.6亿元，同比增长15.2%。出台支持服务外包产业发展专项政策《关于进一步加快发展服务外包产业有关事项的通知》（长政办发（2013）53号），建立重点服务外包企业联系调度机制。强化服务外包统计工作，完成服务外包示范城市第一轮综合评价工作。健全服务外包考核工作机制。组织全市服务外包企业开展国家、省专项扶持资金申报工作。重新修订出台《长沙市服务外包人才培训基地认定管理办法》，新认定8家服务外包人才培训基地。加强示范园区公共服务平台建设，发挥园区产业集聚作用。加强服务外包信息平台"长沙服务外包网"建设和维护，与上海服务外包交易促进中心签署战略合作框架协议，共享服务外包项目资源和平台资源。组织企业和相关机构参加"京交会""上交会""服务外包博览会"等重要展会，广泛宣传推介长沙市投资环境和服务外包企业。全市离岸外包业务市场遍及全球42个国家和地区，同比增长40%。在岸外包以承接长三角、珠三角地区业务为主。2013年，全市离岸服务外包合同金额同比增长84.6%；执行金额同比增长91.9%。规划引领强化产业特色。出台并组织实施《长沙市服务外包产业发展规划（2013—2015）》，全面推动全市服务外包产业发展。2013年，全市信息技术外包业务（ITO）执行总额占全部服务外包执行总额49%，业务流程外包业务（BPO）执行总额占全部服务外包执行总额23%，知识流程外包业务（KPO）执行总额占全部服务外包执行总额28%。加强引导扶持提升企业竞争力。组织服务外包企业开展国际资质认证、技术先进型服务企业认证等工作。2013年，全市新认定技术先进型服务企业4家，累计24家；通过CMMI、ISO27001和ISO9001等相关国际资质认证企业新增14家，累计62家；服务外包企业从业人员1000人以上企业17家；服务外包执行金额1000万美元以上企业17家，其中离岸服务外包执行金额超过1000万美元企业7家，5家服务外包企业被评选为"中国服务外包百强成长型企业"。（沈　滢）

【现代服务业综合试点】 4月28日，长沙市现代服务业综合试点工作新闻发布会召开，市人民政府主办，市财政局、市商务局联合承办。发布《长沙市现代服务业综合试点项目申报指南》和《长沙市现代服务业综合试点专项资金管理办法》。市委宣传部副部长刘绪甲主持新闻发布会。市商务局党委书记刘素月，市财政局副局长张学峰，市商务局副局长彭可佳等领导出席发布会。刘素月介绍现代服务业综合试点基本情况，张学峰介绍现代服务业综合试点专项资金管理办法，彭可佳介绍现代服务业综合试点项目申报指南。该试点项目选取农产品现代物流作为试点主导产业，重点支持农产品冷链物流、现货集散中心、期货交易平台等现代大宗农副产品物流领域重点工程。打造统一农产品物流、电子交易公共信息平台，降低农产品流通成本，增加农民收入，努力成为全国农产品价格中心和供需信息发布中心。推进中南地区乃至全国农产品大型现货交易市场、区域性采购交易中心等重大项目建设和升级，支持农产品现货、期货、拍卖等交易方式创新。还将重点支持大型流通企业建设深入社区、布局合理标准化中小型超市、便利店等终端消费工程。直接与农产品生产基地、龙头农业企业、农产品交易市场、龙头物流企业等建立长期产、供、销、配送联盟，组织农产品直接进入消费终端；支持肉类、蔬菜、水果、粮、油等食品流通质量安全监控体系建设项目，解决食品安全问题和产品流通环节“最后一公里”问题，惠及广大市民。力争通过 3 年试点，全市社会物流总额年均增长 20% 以上，2014 年底达到 2.75 万亿元；社会物流总成本占 GDP 比重由 18.3% 降至 16.56%；通过 3 年努力，到 2017 年，服务业增加值占 GDP 比重提高 5 个百分点，总量达到 5300 亿元规模，全面建成中部现代服务业中心城市。（易根花）

【参加第二届中国（北京）国际服务贸易交易会】 5 月 28 日—6 月 1 日，第二届中国（北京）国际服务贸易交易会（以下简称“京交会”）在北京举行。市商务局副局长毛鹏程带队，组织湖南青苹果数据中心有限公司、湖南稻之道供应链有限公司、湖南空行文化传媒有限公司、湖南金指王信息系统有限公司、湖南丰汇银佳科技有限公司等 10 余家服务外包重点企业参加会议。长沙组团参加开馆仪式暨高峰论坛、电子商务大会和服务外包示范城市联展等活动。长沙服务外包示范城市展览展台外观设计精美，装修华丽，主要展示长沙服务外包产业概况、发展特点、主要优势及长沙市发展服务外包产业主要措施。对长沙市重点服务外包企业进行介绍，通过电视不间断播放长沙市城市宣传片，推介长沙。“京交会”是长沙市扩大开放合作，促进服务外包快速增长有效平台，组织企业参会是市服务外包行业发展最重要活动。通过参与京交会，长沙服务外包企业了解和把握国际服务外包发展整体态势，了解最新服务技术和创新模式，熟悉承接离岸服务外包业务流程和要求，开拓发展视野，积累发展经验，促进长沙在参与国际产业分工中加快发展。（刘跃宏）

•现代物流产业•

【概 况】 2013 年，全市实现社会物流总额 2.4 万亿元，同比增长 18.2%，占全省 47%。全市规模物流企业 500 余家，其中重点联系企业 60 余家；年物流收入过 10 亿元企业 7 家，年物流收入过亿元企业 20 余家；载货汽车拥有量 11.53 万辆。以推进物流园区、物流中心等集聚区建设为依托，推进物流信息化建设，完善物流基础设施配套，构筑虚实结合物流设施网络。全市公路里程 1.6 万公里，其中高速公路里程 500 余公里。以第四方物流信息平台为基础，整合企业自用平台和城市公共平台，完善货车、货物、仓储等物流需求和资源发布与实时共享功能。抓规划政策调控，发展环境明显优化，物流发展后力强劲。编制《长沙市现代物流业发展规划（2011—2020）》（长政办函〔2013〕228 号），出台支持物流产业发展政策《关于促进现代物流产业发展有关事项的通知》（长政办发〔2013〕32 号），指导企业争取上级各部门对长沙物流业发展支持。抓重点领域突破，冷链物流发展，物流成本大幅下降。全市社会物流总费用与 GDP 比值由 2012 年 17.3% 降低到 16.9%。全市冷藏冷贮条件得到改善，全市投产冷库 20 万余吨，服务能力大幅提升，食品存储安全得到有效保障。抓物流标准推广，服务流程更加规范，服务水平显著提升。以企业为载体，加强先进技术在物流领域基础应用，推进各类物流信息资源整合和利用，提高企业物流管理信息化水平，促进先进物流信息系统和装备设施广泛应用。以调控为手段，鼓励全市物流企业与国家标准对接。2013 年新增 5A 级物流企业 1 家，4A 级物流企业 3 家，全市 5A 级物流企业累计 7 家，4A 级物流企业累计 17 家；新增 5 星级仓储物流企业 1 家，4 星级仓储物流企业 1 家，全市 5 星级仓储物流企业累计 6 家，4 星级仓储物流企业累计 3 家。以扶大为方向，推介本土物流装备制造企业走出去，与国内国际标准接轨，与行业发展需求对接。（沈 滢）

【星沙物流投资有限公司晋级国家 AAAAA 级物流企业】 9 月 13—14 日，第九次 A 级物流企业标准宣贯会在山东省潍坊市举办，中国物流与采购联合会主办，会议对第十六批 A 级物流企业进行集中授牌，星沙物流投资有限公司晋级国家 AAAAA 级物流企业，全市 AAAAA 级物流企业总数达到 7 家。星沙物流投资有限公司成立于 1999 年，注册资金 1 亿元，是全国现代物流工作部际联席会议办公室认定“全国制造业与物流业联动发展示范企业”，工业和信息化部“物流信息化监测单位”，湖南省“十大商贸物流领军企业”，长沙市“优秀物流企业”。“星沙物流”商标被评定为湖南省著名商标，“物流金融服务—银仓通”被认定为湖南省名牌产品。公司建立完善物流网络，在全省各主要物流节点建立物流基地，业务辐射全国 31 个省市。公司现下辖湖南星沙物流储运有限公司等 6 个子公司，业务主要集中在第三方物流服务（仓储、运输、装卸等）、物流基础设施投资及物流金融服务。“十二五”期间，公司确立“深化管理、强化基础、开拓创新、稳步发展”经验方针，大力创新经验模式、拓展经营领域。预计 2015 年实现主营业务收入约 30 亿元，年物流金融监管约 200 亿元。（周怀慧）

【物流政策新闻发布会】 9 月 6 日，长沙市发展现代物流、电子商务政策新闻发布会在市政府新闻发布厅举行，对长沙市《关于促进现代物流产业发展有关事项的通知》（长政办发〔2013〕32 号）和《关于促进电子商务产业发展有关事项的通知》（长政办发〔2013〕36 号）进行宣传解读。市人民政府主办，市商务局承办，市委宣传部外宣办主任陈智主持发布会，市商务局副局长毛鹏程对 2 个政策进行重点解读，对媒体提问进行详细解答。中央、省、市等多家新闻媒体参加新闻发布会。现代物流扶持政策针对全市物流工作主要从4个方面进行引导和扶持：一是支持物流仓储建设；二是鼓励企业创先进位；三是支持企业标准化建设；四是支持企业创新经营模式。电子商务产业发展扶持政策鼓励方向主要集中7个方面：一是鼓励境内外知名电子商务企业落户长沙；二是鼓励利用电子商务平台销售产品；三是鼓励电子商务企业创先争优；四是鼓励电子商务企业创新发展；五是鼓励电子商务企业拓宽融资渠道；六是鼓励引进和培养电子商务人才；七是鼓励电子商务企业集聚发展。新出台2个政策含金量高，通过各项扶持政策突破电商和物流商发展瓶颈，形成促进现代服务业试点工作稳步推进新动力。（李　江）

·电子商务产业·

【概况】 2013年，全市重点电子商务企业相关交易额520亿元，同比增长23.8%。全市电视购物交易额占全国电视购物交易额16%以上；中国移动手机支付业务全年累计交易额突破1200亿元大关。全市电子商务产业保持快速发展态势，其中湖南御家汇网络有限公司（汇美丽）、湖南快乐淘宝文化传播有限公司等4家企业被评为商务部“2013—2014年度电子商务示范企业”，长沙高新技术产业开发区被评为“2013年度湖南省电子商务示范基地”，快乐购物股份有限公司、长沙钢为网络科技有限公司等9家企业被评为“2013年度湖南省电子商务示范企业”。电子商务和传统产业紧密融合。电子商务与商贸、工业、农业紧密融合，形成商贸应用电子商务，工业应用电子商务，农产品电子商务，电子商务购物平台，移动电子商务，跨境电子商务，电子商务集聚区，小微电子商务等类型。电子商务企业与媒体、供应商深度融合，利用媒体优势，扩大营销渠道，与供应商无缝对接，在商品原产地直接销售产品，还原商业生态，扩大销售产品范围，扩大产品优势。传统商贸企业争相发展电子商务，友阿、通程、步步高等企业通过线上线下虚实结合，打破实体店空间、时间限制，增强购物体验性、便利性，形成O2O闭环模式商业零售。电子商务支付体系不断完善。全市获第三方支付许可证企业2家（中移、鹰皇），不断依托主业优势资源，不断提升移动电子商务基地核心能力，以发展创新为驱动，做强支付工具，建设农村移动电子支付结算项目等项目，不断完善电子商务支付体系。电子商务平台建设稳步推进。新建、续建24个重点电子商务平台项目，总投资10亿元，完成投资4亿元，完成总投资40%。其中，步步高网上商城、三亿农网、微购友阿等项目上线试运营，快乐购农副产品立体交易平台、稻之道现代农业供应链服务平台等项目按计划建设。（沈　滢）

【长沙电商峰会】 10月18日，“2013中国（长沙）电子商务高峰论坛暨精英创业者大会”（简称“长沙电商峰会”）在长沙举行。大会以广泛探讨电子商务发展面临的机遇与挑战以及湖南电子商务发展路径为主题，由长沙经开区管委会主办，深圳市网博会展策划有限公司、湖南辉宏集团中部智谷产业园联合承办。省人大常委会原副主任、省人民政府原副省长唐之享，商务部电子商务和信息化司副司长聂林海，省商务厅党组成员、总经济师周越，中共长沙市委常委、副市长张迎春，中国电子商务协会副秘书长袁登科，长沙经开区管委会主任李科明，常务副主任吴京生，长沙市商务局副局长彭可佳，长沙经开区党工委委员、总工会主席丁仁义，长沙经开区管委会主任助理张湘鸿等领导出席。该次大会汇聚北上广深一线城市的湘籍IT精英企业家，共同探讨湖南电商的发展之路。安排4个分会场，覆盖电商和互联网最热门最新的话题，主题分别为“精英创业者大会”“电商社会化与移动化之路”“本地化O2O之路”“首届湖南互联网金融发展论坛”。电子商务优秀企业如唯品会、快乐购、新浪网、51.com等嘉宾参加论坛并发表演讲。6家沿海优秀电商企业选择签约湖南辉宏集团中部智谷产业园，入驻国际电子商务大楼，并举行签约仪式。为了响应湖南省政府关于“湘品出湘，优品入湘”的指示精神，该电商大会还设置专门的互动交流平台，探讨如何打通激活湘品走向全国乃至世界和各地优品进入湖南的渠道。（郭　宏）

【参加2013中国（北京）电子商务大会】 5月28日—6月1日，“2013中国（北京）电子商务大会”在国家会议中心召开。市商务局副局长毛鹏程带队，组织雨花区现代服务业办公室、高开区商务局、金霞经济开发区商务局和快乐购、商康医药网、御泥坊、钢为网络、鹰皇电子商务、嘉丽购等企业参会。该届大会以“竞合、融合、整合”为主题，分为论坛和展览2个部分，业内专家学者、国家相关部委、各地政府及商务主管部门、咨询机构及企业代表参会，开展对话、讨论、展览展示和洽谈。国务院发展研究中心党组成员兼办公厅主任、著名经济学家隆国强以“中国经济转型发展与电子商务”为题发表主旨演讲。展览为期5天，论坛2天。大会采取主论坛、高端对话、网上互动和会展相结合的灵活方式，围绕电子商务生态圈、移动电子商务、行业应用、国内外交流合作等方面进行深入交流和研讨，促进电子商务的健康、持续发展。会上，商务部发布《中国电子商务报告（2012）》，对2012年全国电子商务发展情况进行梳理、分析和展望。报告显示：2012年，中国电子商务持续快速发展，交易总额达到8.1万亿元，同比增长31.7%，增速约为当年国内生产总值增长的4.1倍。长沙市参会单位参与论坛活动，主动与参展优秀企业交流，学习国内外电子商务新模式、新趋势，寻找合作商机。还与参展的电子商务示范基地就电子商务政策、软硬环境、政府服务等问题进行深入交流。（郭　宏）

口岸管理

【概况】 2013年，全市进出口总额98.9亿美元，同比增长15.8%；口岸外贸集装箱吞吐量61969标箱，同比增长16.8%；口岸外贸货物吞吐量107.2万吨，同比增长67.2%；出入境旅客92万人次，同比增长18.2%。一是推进长沙临空综合保税区申报工作。修改完善申报建设方案，从筹划在保税物流中心基础上升级为综合保税区方案起，13 次对规划选址方案进行修改，最终选址确定由长沙经开区和黄花机场规划出两个区域共 2.32 平方公里面积建设临空综合保税区。完成申报手续。向省政府行文请求省政府向国务院提出申请，3 月 23 日，省政府正式向国务院行文《关于在长沙设立临空综合保税区的请示》，抄送国家十部委，3 月 26 日，国务院转至海关总署办理。组织召开工作调度会，邀请海关加贸处宣讲政策，与长沙县共同开展入区企业审核。二是推进电子口岸平台建设及跨境贸易电子商务综合服务试点。组织相关部门研究论证，走访调研口岸联检单位及部分进出口企业，了解全市电子口岸信息平台市场需求情况。与珠海宏桥、思创科技等专业公司进行技术咨询。通过函调咨询，收集整理全国省会城市电子口岸建设情况和第一批跨境贸易电子商务试点城市开展情况。结合长沙工作实际，与发改委、财政局、商务局、电子政务办等单位座谈探讨，制定和完善《长沙电子口岸信息平台建设方案》和《跨境贸易电子商务试点工作方案》。推进金霞铁路口岸规划建设。组织召开霞凝铁路口岸作业区建设专家咨询会，对霞凝货场口岸作业区选址、功能定位、建设规模等问题进行研究讨论，协调海关和检验检疫提出建设过渡性监管场所标准，指导长沙货运中心按标准建设。推进星沙海关和长沙出入境检验检疫局两个联检机构综合办公楼建设，2013 年 5 月，联检机构综合大楼主体封顶。以发展口岸经济为动力，加强口岸服务管理。支持保税中心用 3—5 年时间建设“湖南进口商品展示交易中心”，打造长沙进出口贸易平台，扩大服务范围，为企业提供更多方便。在资金方面，及时拨付金霞保税物流中心贴息补助和运行经费补助。2013 年，保税中心业务量全年累计报关 4550 票，同比增长 72.94%，其中一日游 2602 票，同比增长 90.9%；保税货物货值约 8.5 亿美元，同比增长 54.41%；“一日游”货值 5.5 亿美元，同比增长 72.64%；海关征收关税约人民币 19517 万元。支持国际邮件中心建设。支持申报国际快件监管中心工作，主动掌握建设及申报进度，协调长沙海关支持长沙国际快件中心建设和审批。支持霞凝港水运口岸发展。定期组织召开“五定班轮”调度会，及时解决班轮运行中出现的困难和问题，确保长沙至上海港“五定班轮”运行平稳。帮助码头改善现场报关报检条件，创造良好服务环境。主动服务园区企业发展。主动开展外贸企业通关协调服务工作，帮助解决通关和进出口通道方面问题。深入外贸企业调研。主动为“两帮两促”企业解难题，帮助丰源迪美向科技局协调申请科技扶持资金。三是向外贸企业宣传政策。组织海关现场业务处、海关加工贸易处、检验检疫霞凝港办事处深入园区、深入企业进行政策宣讲，协助海关现场业务处开展对企业实行 VIP 服务。配合开展航空口岸发展。落实国际航线补贴资金。调动航空公司和国际航线承运单位积极性，出入境人数大幅增加。主动与省口岸办沟通联系，7 月，同省口岸办一起赴德考察开通长沙——法兰克福航线事宜，12 月，与省口岸办共同研究开通法兰克福航线初步方案。开展重要贵宾在航空口岸通关礼遇服务工作，营造良好外商投资环境。注重协调宣传，优化口岸发展环境。组织召开长沙口岸联检单位座谈会，融洽联检单位之间协作配合关系。定期到海关和检验检疫相关业务处室进行工作交流，共同探讨口岸环境和业务发展问题。及时足额支付联检单位协管员、协检员费用。发挥口岸经济协会桥梁纽带作用。重视融洽联检单位和口岸企业关系。邀请联检单位领导到相关企业调研，请联检单位业务处室负责人进行政策解读，定期组织联检单位和企业共同研讨业务工作，共同解决困难和问题。注重媒体宣传。全年被国家口岸办采用新闻稿件 20 余篇，被新闻媒体采用稿件 4 篇。在长沙口岸网上及时发布口岸工作动态和理论研究成果。开展共建，凝聚口岸工作合力。5 月，组织召开长沙市口岸运行暨文明共建工作会议，总结讲评共建活动，研究部署工作安排。评选表彰口岸系统文明共建工作，其中，保税中心和霞凝港水运口岸被评为文明口岸，检验检疫浏阳办事处等 6 个单位被评为先进单位，裴文欢等 11 人被评为先进个人。6 月，推荐金霞保税物流中心参与全省口岸系统省级文明窗口单位评选表彰。参加省口岸办“青春在口岸闪光”演讲比赛，获优秀组织奖。开展党组书记上廉政教育课、全体班子成员上党课活动，培养干部为民实务作风。

（凡　张）

【湖南保税经贸合作推介会在长沙举行】 10 月 17—18 日，“开放中国·开放开福”中国·湖南保税经贸合作推介会在长沙市开福区举行。省商务厅、市人民政府主办，开福区委、区政府承办，金霞保税物流中心管委会、湖南嘉德投资置业有限公司执行。省市领导何报翔、龙新平、周船、栗晋斌、徐双荣、卢兴映、李蔚等出席会议。新加坡、加拿大等国家和中国台湾、中国香港地区国内外进口商贸、物流、零售百货、国际知名酒店、高端餐饮、休闲娱乐、电子商务、金融资本等 200 余位重要客商参加推介会。该届推介会是 2013 长沙第 6 届开福金秋经贸文化节活动之一。会议聚焦社会各界对中国内陆口岸及保税物流园区如何发展保税特色经济关注与评价，传播和分享开放中国新政策、新理念，展示中部湖南、国际长沙、开放开福综合优势，重点推介长沙金霞保税物流中心、湖南进口商品展示交易中心等项目，签约一批重点战略合作项目和企业入园项目。推介会上，东盟加六国贸易促进委员会、泰国国际贸易商会等与湖南长沙有关方面达成战略合作关系。金霞保税物流中心与嘉德投资置业有限公司签约 8 个项目，引进 170 余家外贸经销商、商贸物流及相关配套企业，整合各方优势资源，打造集国际采购、展示交易、保税仓储、物流配送、商务配套等功能于一体专业进口商品展示交易平台。该次推介会还举行“保税经济与中国国际现代服务业发展”论坛对话。（凡　张）

【金霞恒温恒湿仓库投入使用】 8 月 5 日，长沙金霞保税物流中心在园区 1 号仓库内统一建设的 1000 平方米恒温恒湿仓库招商竣工投入使用，加上之前园区企业自建的 2000 平方米，保税中心内首期恒温恒湿仓库 3000 平方米，能够满足当前园区企业及其客户存放葡萄酒、橄榄油等进口食品以及进口高端电子仪器的需要。根据保税中心业务拓展需要，将继续扩建恒温恒湿仓库1000—2000平方米，为打造“湖南进口商品展示交易中心”提供了专业仓储载体。（凡　张）

·海　关·

【概况】　2013年，长沙海关全年进出口总值人民币1560.2亿元（折合251.6亿美元），比上年增长14.7%，较全国平均增速高7.1个百分点。加强海关机构建设，星沙海关建设稳步推进，浏阳办事处获批，推进“12360”服务热线规范化、标准化建设，及时为群众提供业务咨询、应急通关和投诉举报等综合服务，全年受理各类咨询1.24万余次，问题答复率和客户满意度100%。全年有6个集体和14名个人获省部级以上奖励。其中，长沙海关被评为“湖南省综治工作先进单位”，获“湖南省平安单位”称号；长沙海关机关团委被评为“全国五四红旗团委”；长沙海关驻黄花机场办事处旅检科被评为“全国青年文明号”；长沙海关管恩学被授予“湖南省五一劳动奖章”。长沙海关推进简政放权，分步调整海关执法领域、非执法领域和缉私执法领域228个内部核批事项，压缩核批层级222级，审批时间平均缩短30%。实行差别化管理、错位管理和集约化管理，与湖南外贸发展、海关人员规模、企业诚信度相匹配，具有内陆海关特色，符合省情关情海关业务管理模式。发挥海关职能优势，承办湖南省社会科学基金重大课题“湖南开放型经济发展对策研究”，形成1个总课题和产业、物流、平台、海关监管4个分课题，共26万字研究专著。结合湖南省情，围绕拓展国际空运货运业务、建立航运交易所、跨境贸易电子商务服务、将湘南三市纳入粤港澳跨境快速改革等9个课题开展调查研究。长沙海关是海关总署党组确定的全国海关党的群众路线教育实践活动8个联系点之一。2013年7月，长沙海关全面启动第一批党的群众路线教育实践活动，紧扣“照镜子、正衣冠、洗洗澡、治治病”总要求，紧紧聚焦形式主义、官僚主义、享乐主义、奢靡之风等“四风”方面突出问题，坚持真学真听真查真改，抓教育实践活动3个环节54项具体工作，完成整改115项，治理公务用车、清理腾退超标办公用房、减文减会、服务基层等工作取得成效，群众测评满意率95.65%。（王友华）

长沙海关领导人员

党组书记、关长　李文健
党组成员、副关长　熊松海
党组成员、副关长兼缉私局局长　王　宁
党组成员、纪检组长　栗晋斌
党组成员、副关长　于　彬
党组成员、副关长　姚光前（2013.07任）
党组成员、政治部主任　郝炜明（2013.09任）

【海关监管】　2013年，长沙海关监管进出境货物1952万吨，邮递、快递物品187万件，分别增长8%和148%。开展专项行动，打击“洋垃圾”走私，侦办走私废物刑事案件2起、行政案件4起，查获固体废物3.2万吨。其中，侦办的“4•19”走私废物案被海关总署缉私局列为一级挂牌督办案件。加强行邮物品监管，查获违法携带货币折合人民币250万元、穿山甲鳞片30千克，象牙及象牙制品7776克、非法出版物1280本（件）、侵犯知识产权物品5万余件。完成湖南首届矿物宝石博览会参展商品通关和驻场监管任务，被评为先进服务单位。加强企业稽查、核查、巡查融合集约化管理，开展稽核查作业190起，专项稽查查发率达72%。建立“户籍式”企业管理模式，先行先试企业分类宽进严管差别化管理，全年评定AA类和A类企业114家，比上年增长37.8%。（王友华）

湖南保税经贸合作推介会在长沙举行

【综合治税】　2013年，长沙海关税收入库58.8亿元，比上年增长5.9%。其中加工贸易内销征税1.18亿元，比上年增长37.2%，稽查、缉私等各渠道补税1900万元，乐金曙光破产清算案1469万元税款如数清偿入库。落实国家税收优惠政策，服务和促进湖南省重点企业和重点项目发展，全年审批减免税款10.4亿元。推广税费电子支付，全年税单电子支付比例76.3%，比上年提高12.6个百分点。（王友华）

【打击走私】　2013年，长沙海关围绕打击“洋垃圾”、涉税商品、毒品、枪支以及骗取出口退税、非法携带货币和濒危动植物制品等重点领域走私违法活动，组织开展打私联合行动、“绿篱”“缉枪治爆”等打私专项行动，全年刑事立案9起、行政立案163起，比上年分别增长125%和79%，抓获犯罪嫌疑人15名，查获各类毒品10.4千克、仿真手枪5支、枪支配件4件。（王友华）

【通关作业无纸化改革试点】　7月1日，长沙海关在现场业务处和驻黄花机场办事处启动通关作业无纸化改革试点。该次无纸化改革目标是在强化风险管理运行机制和企业守法管理基础上，加快推进随附单证和海关作业单证电子化，加快监管证件联网核查进程，完善通关作业无纸化模式与通关流程，推进单证审核依据由纸质单证为主向电子数据为主转变。该试点签约企业1856家，无纸化申报率36.1%，与16个口岸海关合作，为全省253家企业开通“属地申报、口岸验放”、23家AA类企业开通“属地申报、属地放行”通关模式，全年出口货物24小时放行率98.9%，进口货物24小时放行率96.6%。“有纸”通关，进出口企业要拿着纸质报关单及随附单证到海关现场办理手续；“无纸”通关，企业只需将相关电子数据传至海关进行无纸审核、验放，更加环保，节约成本，可以不受时间、地点限制进行自由申报，减少往返海关现场和等候时间，提高通关效率。（王友华）

• 出入境检验检疫 •

【概况】 2013年，长沙检验检疫局检验检疫进出口货物12633批，货值13.16亿美元，其中出口货物10414批，货值7.68亿美元，进口货物2219批，货值5.48亿美元。检验鉴定出口运输包装产品1174批、6742万件，对20182辆、货值16.84亿美元进口汽车实施检验换证。检出不合格货物74批，货值1172.62万美元，不合格率分别为0.54%和0.89%。实施各类风险监控295批次，疫病疫情检测175批次，布置外来生物监测点70个。（朱小君）

【科技兴检】 2013年，长沙出入境检验检疫局完成设立检验检疫技术分中心可行性报告、湖南检验检疫局技术中心猪传染病检测分中心（长沙）建设方案；承担总局《进出口花干检验规程》标准制修订、省科技厅“湖南出口黑茶质量与安全控制技术研究”课题，“茶叶害虫生物防治药剂及综合防治技术的研究”通过科技厅立项；完成湖南检验检疫局“出口斑点叉尾鮰相关法律法规及标准”的课题研究。（朱小君）

【外向型经济服务】 2013年，长沙出入境检验检疫局服务外向型经济发展，提出适应政府职能转变、服务贸易便利化“10条思路”；引导汽车生产企业通过轮胎、挡风玻璃、灯具等配件认证，提升在南美市场销售总量；扶持循环经济发展，检验出口旧工程机械74辆、593万美元，检验进口维修旧复印机3326台、268万美元；完成350余家进出口企业信息维护、诚信评价，推进集中审单和电子监管系统建设；推行绩效考核，检验检疫施检环节、签证环节平均周期同比下降41.05%、34.17%；支持企业创造条件获取更多检验检疫通关优惠，新增13家出口绿色通道企业。（朱小君）

【“矿博会”检验工作】 5月16—20日，首届中国（长沙）国际矿物宝石博览会（简称“矿博会”）在长沙举行，长沙检验检疫局负责博览会展品现场检验检疫工作，设置专用报检和放行窗口，实行优先受理报检、优先检验检疫、优先签证放行等便利措施，为995件化石和矿物标本、18吨什锦矿物进出境提供快速检验服务。（朱小君）

【长沙进口奶粉首破1万吨】 2013年，经长沙检验检疫局检验的进口奶粉10372.9吨，货值6990.4万美元，长沙进口奶粉首次突破1万吨。（朱小君）

【澳大利亚植物产品被截获】 2013年10月，湖南出入境检验检疫局霞凝港办事处检验检疫人员从一个来自澳大利亚进境邮包（EE737545380AU）中截获一箱共16株猪笼草植物，带土壤5公斤。这是湖南口岸首次截获澳大利亚植物产品。（朱小君）

• 边防检查 •

【概况】 2013年，长沙边防检查站检查出入境人员90万人次，交通工具5900架次，同比分别增长18.1%和14%，查获违法违规83人次，在控对象21人次，有力维护长沙口岸平安、顺畅。推进“一站式紧急通关”“航班正点行动”“一警一企专项服务”等举措，探索“按需定制服务”。与宁乡经开区、湘潭九华经开区签订共建协议，形成涵盖长沙及周边地区立体服务保障体系。创新启用微博、微信公众服务平台，开展“8•19警营开放日”主题活动，协助录制2期《天天向上》节目在湖南卫视播出，被称赞为“最温暖的边检站”，“舒畅国门、快乐潇湘”特色服务品牌深入人心。加强驻地重大国际活动专项勤务保障，完成湖南“港洽会”代表团、苏里南总统包机等重大勤务边防检查任务，获评服务开放型经济先进单位及个人。加强与各警种及联检单位沟通协作，建立口岸安全维稳协作长效机制，完善各类应急预案，与机场公安局签定《协作备忘录》，强化口岸限定区域管理合作。深化长效机制建设试点工作和勤务模式改革创新。实行动态联勤，将75.8%警力沉到一线，强化动态指挥能力建设和情报信息主导警务，破解警力虚耗难题。开展《中华人民共和国出境入境管理法》集中学习和推介培训，保障新法有效实施。加快推动《长沙口岸限定区域管理办法》立法，开启口岸依法治理新路径。年内办结行政执法案件10起，在部局年度执法案卷评查中获评“优秀”等级。选派3批21人次业务岗位骨干赴北京、珠海等总站跟班学习交流，与北京边检总站边检处签订合作备忘录，在京建立边检业务培训基地。提质改造检查员之家、心理减压室、警营图书室，成立星城文艺小分队。全年刊发稿件同比增长115%。涌现出首届长沙市“十大孝星”阳吉将、全省公安机关学雷锋标兵李璠等先进典型。2013年，长沙边防检查站存在的不足：检查员队伍素质参差不齐，边检骨干帮扶作用不突出，专业后备人才缺乏，整体执法执勤能力与中心任务发展存在一定差距。（孙　畅）

【边检微博服务平台升级】 1月15日，长沙边检微博服务平台申请通过新浪网政府机构官方微博认证，使用全新“新浪微博•政府版”界面。指定1名专职人员作为“官方微博”管理员，明确领导审核责任，坚持定期发布边检新闻、温馨提示、航班资讯、出入境政策等网友密切关注各类信息，提高长沙边检对外形象和社会影响力。（孙　畅）

【《警民共建协议》签订】 7月19日，长沙边防检查站与湘潭九华经济开发区签订“警民共建协议”。长沙边防检查站站长宁小平和湘潭九华经开区管委会谭浪出席签字仪式。双方为密切警民关系，拓展警民共建平台，就加强合作、服务地方经济社会发展进行交流探讨。宁小平重点介绍长沙口岸发展形势以及边检站打造“平安口岸”“舒畅工程”等服务举措，表示将以这次合作为契机，为经开区涉外企业设立“边检业务顾问”，为重要代表团出入境提供通关便利，不断拓展服务内涵，提升服务质量，加强与经开区的联创联建，不断提高边检服务水平，为地方经济社会发展做出更大贡献。谭浪充分肯定边检站在推动部队全面建设和主动服务地方经济发展所作的成绩，表示将全力支持边检工作和部队建设，共同携手推动驻地和园区“外向型”经济发展。

（孙　畅）

【《协助备忘录》签订】　5月2日，长沙边防检查站与省公安厅机场公安局举行警务协作会谈，围绕处置口岸群体性事件和加强口岸限定区域管理等问题研讨交流。机场公安局局长陈文，副局长杨卫国、管革胜、李建文及派出所、刑侦支队、法制办等部门负责人出席，长沙边防检查站站长宁小平、副站长王金辉及司令部、执勤业务四科相关人员参加活动。会上，陈文对边检站提高服务水平、严密口岸管控、与机场公安密切协作等做法表示赞赏，分析处置口岸群体性事件形势和难点，提出需与边检站协商明确的分工配合问题。宁小平提出处置口岸群体性事件的职责分工、加强口岸限定区域管理措施，宣讲《中华人民共和国出境入境管理法》相关内容。会议对相关法律条款和现实问题进行研讨，提出加强和改进工作的措施。通过会谈，双方就处置口岸群体性事件和口岸限定区域管理的问题达成共识，健全警务协作机制，对“平安口岸”“和谐口岸”建设发挥积极作用。

（孙　畅）

【边检应用软件开发】　2013年，长沙边防检查站开发应用软件3款。1. 为提高信息化技术在边防检查中心工作中的应用，推进技术装备管理信息化，延长设备使用寿命，等问题，长沙边检站技术人员研发了“远程一键开关机系统”。该系统在网络正常的情况下能够控制远程计算机的开关机操作，并能实时检测远程计算机的状态。技术人员在执勤现场出入境员工验放及督导台梅沙机上均安装部署“远程一键开关机系统”，7月4日投入测试运行。2. 为有效打击非法出境入境活动，降低口岸边检勤务风险，提高出入境证件识别的科技水平，维护口岸安全稳定，促进边检执勤执法工作。7月16日，长沙边防检查站启用出入境证件机读码校验系统。3. 为解决执勤现场多个航班同时验放时容易录错航班号的问题，长沙边防检查站技术人员自主研发“登机牌机读系统”。该系统能通过扫描枪将登机牌中的航班号扫入梅沙航班号录入栏。该系统在执勤现场安装部署，8月16日投入测试运行。（孙　畅）

【《天天向上——“走进中国边检”》录播】　2月1日，《天天向上——“走进中国边检”》专题节目在湖南卫视播出，长沙边检站、新疆红其拉甫边检站、内蒙古满洲里边检站、云南瑞丽边检站、浙江北仑边检站10名边检“达人”在该节目中接受全国观众检阅。长沙边防检查站与《天天向上》栏目组联系、沟通，向总队、公安部边防管理局汇报，促成节目录播。通过节目录播，展示边检站边检服务工作成果、扩大社会影响力、提高群众认知度、树立良好边检良好形象。节目最后，著名主持人汪涵在长沙边检站带来的留言簿上留言：“长沙边检站，最温暖的边检站”。（孙　畅）

【长沙赴台湾自由行业务启动】　8月28日，长沙赴台湾自由行业务启动。长沙成为第三批大陆居民赴台湾“个人游”试点城市。自2009年1月15日长沙开通湘台直航航班以来，湘台两地交流日趋频繁，湘台直航航线从最初1条增加到5条（长沙至桃园、高雄、台中、马公、花莲），航班由每周4架次增加到26架次。长沙边防检查站优化通关效率，推出“航班正点行动”、公务机随到随检、经贸代表团优检服务、温馨提示、一站式通关、边检业务顾问等9项便民利民措施；走访口岸办、航空公司以及有赴台湾资质旅行社，就新出入境法中对赴台湾自由行相关政策法规进行宣传，了解相关单位对边检工作需求，制定工作方案，组织开展专题业务培训，确保每名检查员熟知“赴台自由行”业务和相关边防检查流程；安排专人利用微博、微信、QQ等平台为出入境旅客解答边检法律法规；为第八届两岸经贸交流合作会、第九届海峡两岸信息产业和技术标准论坛等重大专项活动提供礼遇和商务便利。赴台个人游证件包括《大陆居民往来台湾通行证》（向户籍所在地县级以上公安机关申请）及个人旅游签注（“G”签注）。之后委托本城市赴台游组团旅行社，向台湾相关机构申请和办理入台相关出入境手续，也就是办理《大陆地区人民来台观光申请书》，俗称“入台证”。符合条件大陆游客有2种：一是20岁以上成年人，需要提供不动产、存款或信用卡额度等财力证明；二是18岁以上在读大学生，这类人群不必提供财力证明。财力证明可以有3种形式，满足其一即可：第一种是房产证；第二种是20万元新台币（约合人民币5万元）以上存款证明；第三种是55万元新台币（约合人民币12万元）以上年薪证明。另外，大陆游客还需提供一名在大陆亲属，作为紧急联络人。（孙　畅）

供销合作贸易

【概况】　2013年，长沙市供销社系统全年完成商品销售（营业）收入51亿元，与上年同比增长11.35%，实现利润总额1.9亿元，同比增长13.77%。一是坚持为农服务。筹措农资商品淡季储备资金1.12亿元，冬储大化肥5.2万吨，保证全市农业生产需要。新合作农资公司和各县级农资公司统一采购，加大自查与督查力度，规范经营行为，坚持薄利多销，保证农资质量和农民利益。全社系统有8家农资店被省社评为年度“农资经营诚信店”。推进网络建设。市农资公司中心储备库项目一期工程正式运营，望城、长沙、浏阳3个县级农资储备配送中心、15个乡镇配送站通过市验收，农资服务网络日趋完备。经发公司新建白沙湾连锁配送中心、中城丽景香山连锁店，长沙县路口商贸综合体和新力量公司成功预报中央新网工程项目和省级新网工程项目。新长久公司中心店升级改造项目和浏阳农资公司农资仓库升级改造项目成功申报省级新网工程项目，财政补助资金落实到位。长沙县路口供销社“和通”连锁超市大、中型经营网点扩张至18个，浏阳市社“比一比”连锁超市网点总数80余个，新长久公司经营门店42家，乔口镇农村商业综合体正式开盘销售。蓝田再生资源产业园3条生产线正式投产运营，1054个回收网点逐步启动物流，再生资源服务网络有序扩张。帮助5个农民专业合作社完成示范社申报工作，推荐15个农业综合开发新型合作示范项目纳入全国总社项目库。组织4家单位参加第4届全国“农校对接”洽谈会暨全国名优农副产品博览展销会，组织蜜蜂哥哥、金井等15个农产品品牌在网上销售，参加“2014年春节网上年货博览会”，通过免收入场费或管理费形式，支持数10个专业合作社产品进入社有连锁超市销售。浏阳市湘东水果生产专业合作社大围山水果，浏阳市蜜蜂哥哥蜂产业专业合作社蜂蜜、蜂王浆等产品成功申报全国供销合作社“百佳标准化农产品品牌”。建立健全供销合作社科技特派员科技创业服务平台，选取5名精通现代流通业务和掌握一定农业科技知识专业合作社带头人、连锁店店长等科技管理人才、农村实用人才为农村流通科技特派员。二是强化管理，构建现代企业。经营管理创效益。梦洁公司通过不断优化营销策略，拓宽营销渠道，销售收入突破15亿元。长沙大厦“调结构、盘内存、强管理”，实现销售、利润、价格全面增长运营态势。经发公司制定久发连锁扭亏与公司班子成员绩效考核挂钩比例，全年完成销售852万元。北城经理处成功签订彭家巷商场提质改造合作协议，收入增长70%。望城区社、宁乡县社改变管理模式，销售总额实现5—10倍增长。资产管理保权益。金苹果公司金苹果大市场部分门面租赁合同到期后正常调租遭遇少数租赁户百般阻挠，公司坚持原则，积极应对，确保企业合法权益。经发公司依法维权，将1996年拆迁安置房产近900平方米房屋产权收回公司名下；开展资产清理专项工作，大部分物业重新签订租赁合同。洞天公司本部开发因开发商原因导致历时7年尚未动工，公司发律师函要求剥离原合作土地，敦促对方赔偿相应损失，维护企业合法权益。现代管理谋长远。农资公司决定在没有经营效益前，停止一切分红派息，顺利解决股东只享受利益不承担风险原则问题。再生公司重金外聘产业园项目经理人，通过合同与经理人约定纯利润分成比例，实现产品与市场对接。日杂公司坚持开展“星期六学校”培训活动，使企业员工获得成长提升空间。再生公司、农资公司等实行全面预算管理，严格内部资金使用，节约经营成本，促进财务管理精细化。狠抓项目，加速转型升级。农资商品中心储备库项目一期工程按计划竣工投产，完成6万吨生产目标，14000平方米的三号库正式投入使用。蓝田再生资源产业园项目三条生产线全部投产。新长久公司中心集镇日用品综合超市发展至17家，覆盖范围包括城郊结合部、长沙县、浏阳市等地方。东岸公司基本完成元泰大厦项目产权交接。金苹果公司金苹果大市场提质改造项目通过协调，得到市、区两级政府及相关职能部门重视，实施主体基本确认。日杂公司竹山园项目果断中止与原合作方合作关系，重新选定湖南金色地标房地产开发有限公司进行深度接触，12月31日签约，投资总额约5亿元。腾飞公司开发项目经多方洽谈，最终与湖南共源置业有限公司签订开发协议书，项目用地摘牌。大托经理处机场口联合开发项目在企业内部取得共识，与开发商签订合作开发协议。金苹果公司成立湖南金苹果投资担保有限公司和湖南金苹果基金管理公司，获长沙银行1亿元额度授信，尝试从单一资产经营转向资产、资本双向经营。新长久公司“欧乐生鲜直营连锁项目”有25家自营生鲜便利店开门营业；望城乔口镇农村商业综合体建设顺利，预售情况良好；大德美术馆影响日渐扩大，开拓全新经营发展领域。顺民公司参股农村合作银行后，获得丰厚回报。

（邹　晟）

工商市场监管

【概况】 2013年，工商市场开展“文明集市”创建活动，以点带面，有效推动创建活动深入开展，把创建工作纳入年终目标考核。2013年申报天心区扫把塘农贸市场、芙蓉区火星农贸市场和浏阳市梅花小区农贸市场参加全省诚信市场评选。一是组织开展农贸市场文明指数测评，每月随机抽取城区5区25个农贸市场进行交叉检查测评，当场计分。测评工作由各城区分局市场科派人交叉检查，对照测评计分标准，逐项当场打分，出版市场监管每月简报，指出各市场中不足之处，进行整改。开展集贸市场环境综合整治。制定下发《长沙市工商局集贸市场环境综合整治工作方案》，成立市工商局集贸市场环境综合整治工作领导小组，要求全市工商系统贯彻落实上级要求，对集贸市场内环境卫生整治、集贸市场周边违章占道整治、城乡结合部各类市场整治提出具体要求。突出重点，开展市场专项整治。2013年，对全市各集贸市场内经营蔬菜、肉制品、腊制品和水产品等经营户，进行专项整治。全局出动执法人员2585人次，车辆865台次，下发监管督办通知书269份，补办营业执照168份，查封不合格食品260余公斤，“三无”过期食品445公斤，销毁不合格腊制品240公斤。在肉类市场专项整治行动中，收缴白板肉1420公斤。在打击违法经营野生蛇蛙行为专项整治行动中，收缴放生野生蛇蛙236公斤，立案4起，处罚金2.7万元。开展红盾护农行动，维护农村生产经营秩序。规范农资市场主体资格。结合农资市场监管信息系统录入工作，在全市进行全面调查摸底，健全农资经营户“经济户口”和台账，将所有农资经营单位地址、经营范围、经营品种、证照办理等有关情况详细梳理，确保监管不留“死角”，全年完成2398户农资信息录入工作。对不具备经营资格，清除出农资市场，对无照经营经营户，予以取缔。规范农资市场经营行为。落实“两账两票一书一卡”制度和种子留样备查等制度，做到市场上销售农资产品来路清、去向明。与农资经营户签订农资产品质量承诺书，免费发放农资经营户销货票据1600余本，建立农资质量追溯制度。三是开展农资市场商品质量监测。加大对流通领域农资商品监测力度，专门安排专项抽检经费，在全市范围内开展统一抽检活动。各县（市）分局根据各自实际情况开展检测工作，及时整合资源。全市系统抽检种子22个批次，其中1个不合格；抽检农资商品140个，其中10个不合格；抽检农药12个批次；抽检农机具8个批次，其中4个不合格。立案16起，处罚金23.8675万元。对检测出结果进行分析，发布市场预警信息，引导农民正确消费，预防和消除农资商品安全隐患。开展农资打假专项行动。以种子、化肥、农药、农膜、农机具等主要农资商品为重点，集中时间、人员开展农资打假专项行动，严厉查处制售假劣农资行为，加大市场巡查力度。全年办理无照经营农资案6起，罚款入库1.9万元；经营农资未索证索票立案50起，办结50起，罚款入库15.38万元。开展农产品质量安全专项整治，确保农产品安全。针对上半年全国部分省市发现高致病性禽流感疫情，为防止疫病通过市场进行传播，组建“防控H7N9禽流感应急分队成员名单”，对所有农贸市场和大型家禽批发市场实行每日两次日常巡查，实时掌握市场情况，出动执法人员768人次，执法车辆380余台次。严格规范市场交易行为，严把市场主体准入关，制定《市场防控禽流感应急预案》，加强应对农贸市场疫病即时防控。加强对市场开办方督促检查，要求各市场保持清洁卫生及空气流通，加强消毒工作，对存栏50只以上家禽农贸市场每天消毒一次。开展流通环节食品安全监测。制定食品抽检工作方案，加强对农贸市场腌腊制品、干货产品、水发产品抽查检测，全年抽检腌腊制品、干货产品87个批次，其中19个批次不合格，立案18起，结案9起，处罚金7.624万元。规范和整治成品油市场秩序。加强日常监管。把对各类成品油经营企业日常巡查纳入市场监管工作范畴，督促企业完善内部管理制度，公平竞争，诚信经营。严把市场主体准入关。对全市成品油市场进行一次全面清查，严格审查成品油经营单位经营资格和经营范围，对无前置审批或者过期失效的经营单位，立即责令停业整改，严格杜绝无照经营和超范围经营，确保经营主体合法有效。严把油品质量关。制定成品油市场商品质量定向监测计划，有针对性地开展质量检测，重点查处假冒伪劣和标号、标识不相符油品。对全市33个加油站67个样品进行抽样检测，其中8个样品检测不合格，立案8起，结案6起，处罚金10万余元。（黄　忠）

粮油贸易

【概况】　2013年，长沙粮食行业实现销售收入153亿元，利税1.57亿元，同比分别增长15.9%、29.8%。全市腾空早稻仓容28万吨，中晚稻仓容19万吨，安排早稻最低价收购库点48个，中晚稻最低价收购库点36个，准备收购设备721台套，开设结算窗口62处，收购粮食91万吨，其中最低价收购37万吨。加强储备粮管理，开展保供稳价工作。完善市、县储备粮油体系，科学调整储备粮品种和规模，适度提高市级储备稻谷、面粉保管、轮换费用。新增市级玉米调节储备3万吨，调整稻谷动态储备转静态储备4万吨，宁乡县新增县级稻谷储备0.5万吨。开展粮油仓储企业规范化管理活动，市粮食局被评为全省“粮油仓储规范化管理先进单位”。完善粮油应急供应机制，修改完善《长沙市粮油应急预案》，实现全市113个乡镇应急供应网点全覆盖。着力突破外销瓶颈，拓展外销市场。面对镉米风波对全市粮食销售带来负面影响和困难局面，全市粮食行业沉着应对，开展粮食促销工作。为了鼓励粮食企业拓展省外市场，专门召开全市粮食促销工作会议，市政府安排1000万元专项资金用于粮食外销奖励。实施“走出去”战略，组织30余家企业参加福建九省粮食产销协作会、第4届全国“农校对接”会、“湘品入沪”等展会和促销活动，湖粮集团与福建签订稻谷成交协议7万吨，与上海签订粮油产品成交协议4万吨，与上海良友集团签订合作协议，旗下80个粮油产品全面进驻良友集团570个门店销售。全年销售贸易粮84.1万吨。推进项目建设，加快产业转型升级。着手编制全市“粮安工程”建设规划和主食产业化发展规划，完成《长沙市危仓老库维修改造实施方案》编制，启动全市危仓老库维修改造工作。加强政策对接，6个项目获批全市现代服务业综合试点项目支持1.98亿元，全行业获各级项目资金支持2.6亿元。加强项目建设，确定行业重点项目19个，实行领导联系制度和定期调度制度，为项目建设优化环境，破解难题。中南粮油食品交易中心、粮食精深加工园等重大项目有序推进，霞凝港金霞作业区一期工程、金霞铁路片区交易大楼、散粮接卸设施立筒库、金霞九鼎饲料、“放心粮油”工程等一批重点项目动工，全市完成投资1.8亿元。湖粮集团打造全产业链，实施规模化经营，发行债券6亿元，全年实现销售收入31.68亿元、利润4042万元（均不含金健米业），同比分别增长11.3%、29%，被评为全国粮食现代物流建设示范单位；成功控股金健米业，通过完善法人治理结构、业务重组和定向增发，实现金健米业各项经济指标较大幅度增长。坚持依法管粮。规范粮食收购资格审核，对全市192家收购企业进行年度核查，注销不合格企业14家。加强粮食行政执法工作，制定《长沙市粮食行政管理部门行政处罚裁量权基准制度》，建立市级监督检查人才库，组织28名执法人员参加全市行政执法资格证培训。开展粮油库存、政策性收购等专项检查活动，加大对粮食收购企业、市场超市日常监管，全年开展各项粮食监督检查513次，查办案件27例。加强粮油质量监管，市粮油质监站全年完成检测633批次，完成收获粮食质量监测任务，绘制稻谷重金属分布图，为政府决策提供参考。　（柳　青）

【长沙首家“粮食银行”成立】　5月5日，长沙首家“粮食银行”在宁乡县挂牌成立。该银行由宁乡县卫红米业公司创立，拥有日处理能力500吨烘干设备，以及总容量20万吨现代化仓储设备。种粮大户可把从田间收获的湿谷，按每吨80元费用送到

“粮食银行”进行烘干，然后由“粮食银行”提供免费储存服务。粮食烘干后，“粮食银行”按当日挂牌收购价核定入库，存取时间通常为3个月以上，农户可以根据市场价格变化随时进行结算。如果市场价格上涨，就按上涨价格结算；结算时市场价格低于入库价，则按入库价结算。农户可随时提取现金，未结算粮款按年利率4.8%标准，由“粮食银行”从储存之日起支付增值金。通过“粮食银行”提供利息，引导农户种植统一优质稻品种，吸引农户存粮并视行情分期结算粮款，让种粮大户稻谷保值增值。“粮食银行”营业后，190余个种粮大户“开户”。（柳　青）

专营专卖

•烟　草•

【概况】　2013年，长沙烟草行业销售卷烟34.24万箱，同比增长2.22%，销售烟叶44万担，实现销售收入90.54亿元，同比增长11.97%；实现税利21.87亿元，同比增长14.33%；其中利润11.69亿元，同比增长16.88%；税金10.18亿元（不含所得税），同比增长11.62%。卷烟销售稳步推进。全年销售一、二、三类卷烟26.71万箱，销售品牌32个、规格91个。制定完善零售终端建设发展规划。推广多渠道订货系统，为客户提供全天候、无延时服务，受理客户需求44689起，客户满意度明显提升。以降本增效为目标，推行6S精细化管理，开展物流技改、创新，物流配送服务品质稳步提升。烟叶生产平稳发展。衔接浏阳、宁乡两县（市）政府，严格烟叶种植面积计划和总量控制。签订种植收购合同15282份。收购烟叶47.5万担，烤烟上等烟比例59.13%，中等烟比例40.87%。为烟农创收约6.9亿元，烟叶税约1.3亿元，同比提高15%。完成2.05亿元烟基项目建设和验收，建设项目4937个。创建2家烟草行业示范社、2家省级示范社；建成综合服务型烟农合作社18家，烟农入社率90%。2013年被评为全省现代烟草农业建设优秀单位。市场监管有新成效。保持市场高压态势，开展春雷3号、季风、雪茄烟治理等专项整治行动，查处卷烟违法案件1850起，查获涉案卷烟11772.748万支，涉案金额5918.69万元，上缴财政罚没收入1695.41万元。深化与公安、工商等单位合作机制，形成与粤、赣及周边市局区域性联合打假格局，打掉国家局标准制售假烟网络案11个。执行分区划片，开展零售许可证基础信息清理整顿和许可证延续换发。全年办理零售许可证件23186本，注销不规范经营零售户4443户。多元化产业有新发展。面对市场行情，神农酒店管理有限公司转变思路，创新服务产品，调整产品结构和价格，走大众化消费之路，创“名”牌和“民”牌，遏制酒店经营收入下降势头，全年实现营业收入2.05亿元。湖南六三六公司坚持稳健发展方针，以规范促发展，以服务扩影响，以管理增效益。中标武广高铁沿线站点吸烟室运营权。实现营业收入4.48亿元，同比增长27.3%。企业管理基础夯实。加强预算管理，对招待费、会议费、宣传费等重点控制费用实行零基预算。大力推行招标采购信息系统和办事公开民主管理平台，应招尽招、真招实招。完善制订企业管理、工作和技术标准，形成较为完整企业标准体系。推进科研创新，申请专利10项，授权专利3项、软件著作4项，发表科技论文13篇。运用推广一体化综合管理平台，提升基础管理水平。组织各类安全检查70余次，发现隐患（问题）136处，投入隐患整改资金近200万元，隐患整改率100%。开展创建优秀市级局和基层创优工作，长沙县局、浏阳沙市烟草站分别获“全国烟草行业县级烟草专卖局标兵单位”和“全国优秀烟叶基地单元”称号。（欧阳花）

•盐　务•

【概况】　长沙市盐务管理局（盐业公司）设6科室1中心，下设浏阳、宁乡两个县市盐务局（县市盐业公司）。现有在职职工128人，离退休职工47人，是集盐产品调运、仓储、分装、销售、物流配送于一体的国有独资的国家“AAA”级食盐批发企业，是长沙市人民政府盐业行政主管部门，负责长沙市6区2县1市盐业市场管理和全市700万余人民生活、生产用盐供应。

2013年，长沙市盐务管理局（盐业公司）遵循“以规范促发展，以服务增效益”理念，加快产品结构调整，提升企业综合实力和管理水平，企业效益稳步增长。全年销售各类盐106446吨，完成目标任务的106.45%。其中销售小包盐33220.5吨，完成目标任务的100%；销售多品种盐3304吨，完成目标任务的100%；销售绿色小包盐29370吨，完成目标任务的106.18%。灵活管理，调优结构，保持效益增长的良好态势。通过与电视台合作、在各销售网点发放宣传单、在乡镇主干道投放盐品墙体广告等方式，对新品盐进行推广；通过“进社区、串街道”活动，采用密集式渗透策略，将“雪天”品牌做到百姓家中，架起与客户“连心桥”；与湖南广播电台潇湘之声展开深度合作，开展为期2个月“2013科学用盐进社区—为健康带盐”大型宣传活动，使消费者生动了解“科学用盐，绿色、低钠、健康”意义，促进新品盐销售推广，满足人们对盐不同层次需求。提升“雪天”品牌社会知名度。长沙市场在售各类盐品13种，形成价格有梯度，产品有层次，结构较合理食盐产品体系，有效提升产品整体竞争力。坚持以市场为基础，以效益为导向，按照“一人一片一市场”管理模式，将市场划分为商超、东南、东北、河西、望城、长沙县6大片区；浏阳、宁乡支公司采取分片营销方式。全市城乡2500余个终端网点，统一管理，分类服务，实现销售全覆盖。以制度化管理推进终端网络建设各项基础工作实施。完善《客户分类管理办法》《终端客户审批表》，加强对客户分类管理；制定《终端网点标准化陈列手册》，规范产品陈列，提升品牌形象；改进《终端客户特许经营合同》和《超市特许经营合同》依法依规管理客户，规避法律风险。尤其自长沙盐业门户网站启用以来，对加强外部信息沟通与联络，有效宣传盐及非盐产品，普及盐政法规和盐文化发挥了积极作用。强化宣传，加强执法，维护食盐市场秩序稳定有序。利用“3•15”和“5•15”宣传契机向消费者现场讲解和发放宣传单，让消费者了解盐业法规、盐产品知识，认识食用“私、假、劣质”盐危害，掌握真假盐鉴别方法。为规范市场秩序，加强食盐零售终端环节市场监管，借助对全市食盐零售经营户证照更换时机，将执法与服务相结合，对全市食盐零售网点食盐存量、存储位置、卫生条件及盐品陈列规范开展深入检查，有效整顿和规范食盐零售市场，加强盐业市场监管。组织开展“清洁食盐市场，确保食盐市场安全”大检查行动，加大对市场稽查力度。全年查处各类盐业违法案件37起，移送公安案件4起（其中公安立案2起），传唤35人次，刑拘2人，逮捕1人；查获各类违法盐产品238.244吨，没收各类违法盐产品228.154吨；取缔制假窝点3个，上交罚没款7.32万元，有效净化了盐业市场。强化管理，着力维护省级文明单位形象。通过全系统干部职工的共同努力，2012年实现了省级文明单位的创建，2013年4月，中共湖南省委、省人民政府正式授牌，通过了省国资委文明办对省级文明窗口单位复查。文明单位的创建，树立了长沙盐业良好企业形象。（罗文革）

·石　油·

【概况】　2013年，中国石化湖南长沙石油分公司成品油销售同比增长10.51%；零售量同比增长11.34%；直批量同比增长6.63%；IC卡沉淀资金余额同比增长32.4%；非油营业额同比增长46.32%；实现利润同比增长15.8%；长沙油库吞吐同比增长8%。2013年，公司优化网络结构，新建东山二、望城城关等加油加气站共5座；另有在建如意、东二2座，征地2宗，推倒重建2座，油气回收改造站29座。全方位夯实HSE根基。全年公司共查出安全环保隐患403条，现场帮助落实整改349条，投入整改资金166万元；推进安全标准化建设，公司127座加油站通过三级验收，40座加油站和长沙油库完成二级安全标准化自评。强化油品数质量管理。公司通过建立领导干部、科室部门联片联站考核机制，实行超耗预警管理，建立超耗赔偿责任制，全年零售体积综合损耗率2.64‰，同比下降0.24个千分点。狠抓用工管理。公司在加油站用工管理上不断挖掘潜力，将严格控编、严肃劳动纪律、有情操作相结合，通过杜绝挂编不上班，规范请休假制度，优化排班等措施，做到人人有岗有责，科学规范岗位，队伍精干高效。加油站对标定员，改设站长、领班、加油员3个岗位，精减合并管理人员25人，减少用工64人，加油站所有人员都参与排班作业。公司对加油站员工分3批共483人次进行“五项技能”培训，提高全员岗位适应能力，推动全员营销。强改革，队伍活力得到显著增强。修订完善全员、全方位、全覆盖绩效考核体系，制发《机关各部门绩效及内控执行考法办法》《加油站“三联”计酬实施办法》《片区经理绩效考核办法》等10余个考核办法，覆盖机关各部门、库站各岗位员工。建立站长、领班选用标准和机制，严格站长和领班使用审批和考核管理，公开竞争选拔站长后备人员，通过严格笔试、面试和考核，27人走上站长工作岗位，优化站长队伍。不断充实优化县公司班子力量，通过例行和跟踪考察，调整县公司干部10人，为县公司工作增添活力。4个县公司增量均在2万吨以上，其中有3个县公司年销量超过12万吨。培训员工，提升素质，举办各类培训41期，培训员工2100人次。转作风，工作效率实现提质提速。把党的群众路线教育实践活动办成“客户员工双满意”活动，用作风建设照亮工作岗位，用实际行动诠释群众路线。倾心解决基层难事。公司领导和职能部门定时、定点深入片区、库站查找问题，为一线解难事、办实事，促使加油站有效提量增效。（王笙任）

【加气站业务】　加快施工进度，全年新建加气站3座，实现全资自营加气站突破。天然气办、望城公司、宁乡公司通力合作，沟通协调各部门关系，抓紧办理3座新建加气站开业手续。加强气站员工培训，规范制度建设，确保气站安全、规范运营。逐步建立健全加气站经营管理体系、安全生产等一系列规章制度，使加气站业务迈入规范运行轨道。（王笙任）

【长沙油库二期工程运营】　2013年，长沙油库二期工程正式投入运营。二期工程包括，2个1万立方米车用柴油罐，标志着长沙市内有车用柴油专用罐，长沙油库日均发车用柴油420吨左右，能够满足长沙地区对车用柴油需求。新建2座车用柴油罐，采用内浮顶油罐，有效降低油品损耗，保证油品质量，符合绿色低碳要求，由于车用柴油罐单独铺设进油和出油管线，可完成车柴和普柴2种油品同时作业，保证油品正常供应。（王笙任）

【汽油油品升级】　公司完成对公司所有加油站供应汽油进行更新换代工作，汽油油品升级为国Ⅳ标准。长沙地区实现对国Ⅳ汽油供应。国Ⅳ汽油和国Ⅲ汽油相比，品质更好，其十六烷值有所提高，对汽车着火性和稳定性有积极作用，能有效降低尾气排放物中氮氧化物和PM2.5含量，更加环保。（王笙任）

【油气回收改造工程】　2013年，完成油气回收改造站29座。公司严把施工准入关、现场管理关、签发作业关，分次分批开展油气回收改造工程。改造过程中，单站平均工期不超过15天，改造全过程无安全事故，加油站油气浓度下降90%以上，实现企业节能减排、净化空气环境目标。（王笙任）

会　展

【概况】　2013年，长沙市举办各类会展156场次，比上年增加13场次，增长9%。总展览面积190.7万平方米，比上年增加35万平方米，增长21%。其中1万平米以上会展项目67场次，2万平米以上会展项目21场次。专业观众人数约300万人，比上年增加20万人；省外专业观众约120万人，占专业观众总人数40%。其中，专业观众2万人以上会展项目37场次，专业观众5万人以上会展18场次。全年在3大专业场馆举办各类会展活动达成392.3亿元成交金额。长沙市被中国会展产业论坛组委会连续6年评为“中国十佳会展城市”，长沙市会展工作管理办公室获评“中国十大品牌会展城市金海豚奖”等业界权威奖项。一是传统展会有新规模。传统展会持续扩大规模、延伸内涵、提升效益。中国长沙（国际）汽车博览会云集全球20余个国家、200余家企业700余台展车，展览面积9万余平米，5天时间销售车辆21380台。中国（长沙）科技成果转化交易会突出“产学研金一体化，创新创业在长沙”主题，第十一届全国人大常委会副委员长陈至立亲自到会参展，286个项目达成合作意向，签约金额279.3亿元。引进展会有新突破。以引进全国性知名展会落户长沙带动长沙会展业创新发展。中国厨师节作为商务部支持重点展会，其子项目——中国餐饮博览会、湘菜食材展销会、湘菜剁椒鱼头申创吉尼斯纪录，中华湘菜厨王争霸赛体现湖湘特色文化，为长沙“湘菜美食之都”名片打造作贡献。“长沙香港周”暨“香港时尚购物展”集中170家香港优质企业和超过300个时尚品牌产品系列，使广大群众享受香港时尚，以此拓展城市间交流合作。二是特色展会有新起色。突出本土产业特色展会价值培育和品牌推广，为长沙会展业可持续发展积累后劲。2013中国（长沙）国际工程机械配套件博览会，依托长沙工程机械重工业生产优势，召集参展单位307家，专业观众3万余人次，签约金额30亿元，同期举办国际工程机械技术高峰论坛成为中国工程机械行业首个CTO峰会，成为中国工程机械行业3大展会之一。湖南国际旅游节、长沙阳光娱乐节、梅溪湖国际文化艺术周等一批附加值高、发展潜力大新兴展会逐渐兴起。2013年，长沙市政府审定公布34个重点会展项目，市政府通过排期保护、税费返还、展位补贴、奖励申办、全程指导、提供公共保障服务绿色通道等方式对34个项目予以支持，按照《长沙市申办全国（国际）性展览项目奖励暂行办法》《长沙市会展项目扶持资金管理暂行办法》《关于进一步搞活流通扩大消费的若干意见》等文件发放会展资金补贴607万元，促进全市组展机构及专业场馆办会办展积极性，加大外出申办全国性（国际性）大型会展项目砝码。加强宣传，以新华社湖南分社、长沙晚报社、潇湘晨报社等传统权威纸媒为载体，完成“长沙会展十年”主题系列报道，邀请《中国贸易报》《中外会展》等业界专业媒体发表《长沙定位全国一流会展城市》《“量的拓展”拓品牌、“质之提升”提创新》，扩展长沙会展对外影响力。举办长沙会展北京推介会，制作长沙会展宣传片及宣传图册，让省外组展机构了解长沙会展环境。矿物宝石展形成产业发展合力。2014中国（长沙）国际矿物宝石博览会为“展会+产业”模式提供蓝本，吸引54个国家1200家展商近5000人携精品参展，奠定“亚洲最大矿物宝石专业展会”行业地位，以该项目为平台，启动集宝石研发、设计、加工、展示“国际宝石文化创意产业园”建设。

（冯　烨）

【新国际会展中心开工】 6月30日，长沙国际会展中心片区开工。市委副书记张迎龙主持开工仪式，省委常委、市委书记易炼红宣布项目开工。省市领导何报翔、张剑飞、袁观清、范小新、李军、张迎春、姚英杰等出席仪式。该会展中心选址黄兴黎托片区，紧邻黄花机场、高铁南站、京港澳高速公路和长沙地铁2号线、4号线，规划面积约134公顷，场馆展览总面积约26万平方米，其中室内净展览面积17.5万平方米，室外展览面积8.5万平方米，投资约42亿元。项目按照“政府主导、多元化投资、市场化运作、专业化经营”原则规划设计、运营管理，建设优质高效精品工程。预计3年建成，成为集展览、会议、商务、购物、娱乐和接待于一体大型综合性会展城。

（冯　烨）

表25　　2013年长沙市重点会展项目

序号	展会名称	举办时间	举办地点
1	2013第十届中国（长沙）太阳能品牌产品博览会	3月16—18日	红星国际会展中心
2	第二十届长沙图书交易会	3月21—24日	湖南省展览馆
3	中国中西部（长沙）医疗器械展览会	3月28—30日	湖南国际会展中心
4	2013第十三届湖南公共安全产品与技术博览会	4月18—20日	红星国际会展中心
5	2013中国湖南汽车后市场暨汽车服务产业博览会	4月26—28日	湖南国际会展中心
6	2013第十届湖南文化艺术收藏品博览会	5月9—12日	湖南省展览馆
7	中国（长沙）国际矿物宝石博览会	5月16—20日	湖南国际会展中心
8	第五届中国湖南畜牧渔业暨饲料工业博览会	5月31日—6月2日	红星国际会展中心
9	2013第七届湖南酒店设备及用品展览会	6月7—9日	湖南省展览馆

续表 25

序号	展会名称	举办时间	举办地点
10	2013 中国（长沙）第五届节能科技产品交易博览会	6 月 8—10 日	红星国际会展中心
11	2013 中国（长沙）手机文化产业博览会	6 月 14—16 日	红星国际会展中心
12	第二届中国（长沙）国际工程机械配套件博览会	6 月 21—23 日	湖南国际会展中心
13	2013 年中国中部（长沙）国际装备制造业博览会	6 月 27—30 日	湖南国际会展中心
14	2013 长沙国际动漫游戏展	7 月 4 —7 日	湖南省展览馆
15	第四届全国“农校对接”洽谈会	8 月 17—19 日	湖南国际会展中心
16	第三十五届湖南长沙房地产交易展示会	9 月 5—9 日	长沙红星国际会展中心
17	2013 长沙橘洲（国际）音乐节	9 月 7—8 日	橘子洲
18	2013 中国（长沙）国际茶业博览会	9 月 12—15 日	湖南国际会展中心
19	2013 中国湖南（第四届）旅游产业博览会	9 月 12—14 日	橘子洲
20	2013 湖南名优特产博览会	9 月 29 日—10 月 2 日	长沙红星国际会展中心
21	2013 中部地区美容美发化妆产业（长沙）博览会	10 月 11—13 日	湖南省展览馆
22	2013 中国（长沙）老年产业博览会	10 月 11—15 日	烈士公园
23	第十一届中国（浏阳）国际花炮文化节	10 月 16—22 日	浏阳市
24	第二十三届中国厨师节	10 月 19—22 日	红星国际会展中心
25	2013 年秋季全国高教仪器设备展示会	10 月 24—26 日	湖南国际会展中心
26	第四届中国长沙（国际）孕婴童产业博览会	10 月 26—29 日	长沙红星国际会展中心
27	香港时尚购物展·长沙	10 月 31 日—11 月 4 日	湖南国际会展中心
28	2013 第一届中国（长沙）国际游艇和公务机展	11 月 1—5 日	橘子洲
29	第六届“福满星城”购物消费节	2013 年 11 月—2014 年 2 月	全市
30	2013 第七届中国（湖南）国际食品博览会	11 月 8—11 日	湖南国际会展中心
31	2013 中国（长沙）科技成果转化交易会	11 月 9—11 日	麓谷
32	2013 中国中部（湖南）国际农博会	11 月 18—24 日	红星国际会展中心
33	2013 第九届湖南茶文化节暨紫砂展	12 月 5—8 日	湖南省展览馆
34	第九届中国（长沙）国际汽车博览会	12 月 12—16 日	湖南国际会展中心

旅　　游

责任编辑：刘盼盼

【概述】　2013年，长沙市旅游收入突破千亿元大关，花明楼景区成功创建为国家AAAAA级景区，大围山成功创建为国家生态旅游示范区，长沙市连续4年被省政府授予“全省旅游产业发展先进单位一等奖”，长沙市旅游局获得“湖南省文明标兵单位”、长沙市绩效考核一等单位等众多荣誉。

全市旅游经济主要呈现“三新”特点：1. 旅游经济迈上新台阶。长沙市旅游产业正式迈入千亿元产业集群，在全国省会城市中列第七位，全年全市共接待游客9602.33万人次，同比增长18.72%，实现旅游总收入1006.3亿元，同比增长28.5%。其中接待国内游客9485.36万人次，同比增长18.82%；实现国内旅游收入958亿元，同比增长29.26%；接待入境游客116.97万人次，同比增长11.2%；实现旅游外汇收入77902.18万美元，同比增长17.23%。2. 旅游消费激发新活力。一是假日消费十分火爆。春节、“十一”两个黄金周、元旦、清明、端午、中秋4个小长假长沙旅游非常火爆，特别是自助游、自驾游成为首选，共接待游客1630万人次，实现旅游收入158亿元。二是节会消费出现井喷。橘子洲周末烟花吸引500万人观看，直接拉动住宿、餐饮、娱乐等消费28亿元；长沙市第五届浏阳河漂流节举办期间，每天吸引游客6000人次，门票收入超过5000万元，实现综合旅游收入超过1.5亿元；火宫殿春节7天庙会期间，接待游客7.6万人次，实现收入378万元。三是消费总额占比提高。全年旅游消费总额增长27.7%，占全社会消费品零售总额的35.7%，成为与住房、汽车消费并列的消费热点。3. 产业转型初见新成效。一是粗放型发展模式逐渐向集约化方向转变。全市全年经营收入过

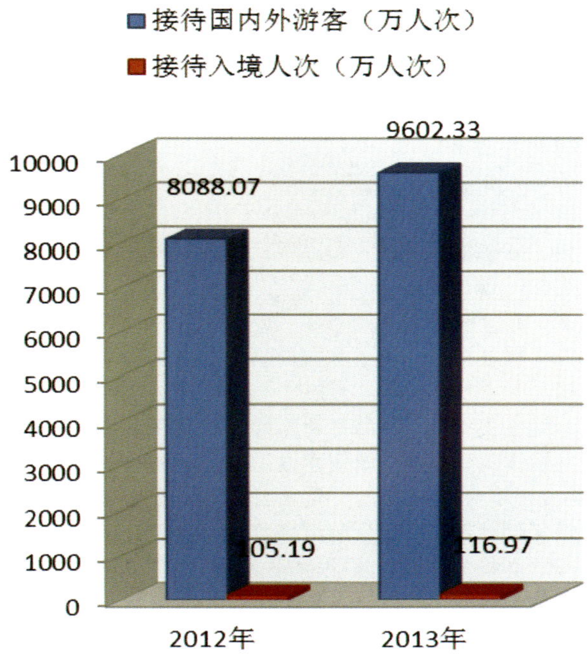

接待旅游人次同比增长18.72%

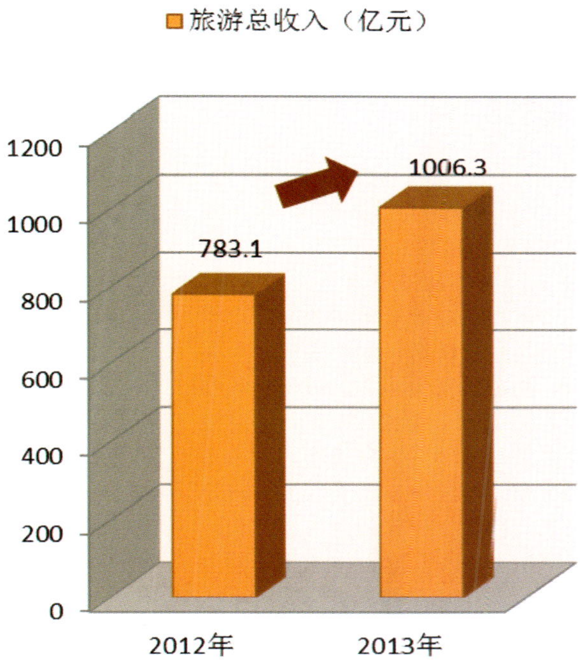

2013年旅游总收入同比增长34.36%

表 26　2013 年旅游业经济指标

项目	单位	2013 年	2012 年	比上年同期增长 %
旅游总收入	亿元	1006.3	783.1	28.5
国内旅游收入	亿元	958	741.13	29.26
入境旅游收入	万美元	77902.18	66453.29	17.23
接待旅游者人次	万人次	9602.33	8088.07	18.72
接待国内旅游者	万人次	9485.36	7989.18	18.82
入境旅游人次	万人次	116.97	105.19	11.2

亿元的旅游企业达到35家，亲和力、海外旅行社、华天、新康辉等旅行社进入全国百强，其中亲和力进入全国十强（第九位），亲和力、华天国际旅行社进入全国纳税十强，华天和亲和力旅行社获入境旅游十强。华天酒店集团进入全国酒店二十强，运达喜来登酒店在亚洲喜来登酒店集团中排名第一。二是高端消费向大众消费转变。高星级酒店经营收入有所下降，而乡村旅游区点倍受青睐，农家乐特别是星级农家乐受欢迎，18 个新创建的特色旅游名镇（村）等共接待游客3020 万人次，实现经营收入 105 亿元。（曾益清）

【实施政府主导战略】　2013 年，长沙市将发展旅游作为“一项综合性工程”，大力实施政府主导战略，积极争取各级领导和部门对旅游业的重视，形成了旅游发展大合力。1. 强化政策保障。市委、市政府高度重视旅游产业发展，省委常委、市委书记易炼红 3 次专题听取长沙旅游情况汇报，5 次调研重大旅游项目，市长张剑飞在 2013 年《政府工作报告》中，明确指出要“加速岳麓山、灰汤温泉、大围山、花明楼等旅游产业功能区开发，建设游客集散中心”。市委常委、副市长张迎春 3 次召开现场办公会，10 余次专题调研工作，解决旅游发展过程中的困难和问题。11 月 5 日，市委、市政府专门成立了以市长为组长、四大家分管领导为副组长，相关单位为成员的建设旅游强市领导小组。2. 加大旅游投入。市政府坚持每年财政预算资金向旅游倾斜，优先保障旅游支出，列入市财政预算的全市旅游发展专项经费增加到 1.22 亿元，同比增长 47.38%，全市旅游项目计划总投资高达 1850 亿元。各区、县（市）都加大了对旅游专项发展资金的投入，9 个区、县（市）全年旅游财政专项拨款 6000 万余元。“办旅游，兴经济”已成为全市各级各部门的共识，旅游业成为了政府支持的重点、社会关注的热点、国民经济新的增长点。3. 推进依法治旅。召开《旅游法》千人培训班，坚持依法治旅，规范管理，长沙市旅游局被湖南省评为“2011—2013 年全省依法办事示范窗口单位创建活动组织工作先进单位”；长沙市旅游质量监督管理所被评“2013—2015 年全省依法办事示范窗口单位”。（曾益清）

【国家旅游局支持长沙“三创”工作】　3 月 28 日，市旅游局局长谭勇代表长沙市专门向国家旅游局汇报了花明楼·刘少奇故里景区创建国家 AAAAA 级旅游景区、灰汤温泉创建国家旅游度假区、大围山创建国家生态旅游示范区“三创”工作情况，国家旅游局党组成员、规划财务司司长吴文学、纪检组长刘金平听取了汇报，表示全力支持长沙创建工作，省旅游局局长杨光荣、副局长刘绵松，市旅游局副局长陈威参加了汇报。10 月 9 日，省旅游局副局长高扬先、规划财务处处长李志斌、市旅游局局长谭勇和刘少奇故里管理局党组书记杨俊等专程赴北京参加国家旅游局组织的国家 AAAAA 级旅游景区景观价值评审会。会上，杨俊汇报了花明楼景区创建国家 AAAAA 级旅游景区的情况，高扬先代表省旅游局对花明楼景区的创建工作作了重点推介。专家组一致认为，花明楼景区资源禀赋好，不仅有保存完好的红色文化，而且有特色鲜明的生态绿色景观，特别是伟人故里和天然的山水太极景观堪称罕见奇观。经过评审，花明楼景区顺利通过景观价值评价。（曾益清）

【旅游工作会议】　3 月 1 日，长沙市召开全市旅游工作会议，全面总结 2012 年全市旅游业发展情况、部署 2013 年旅游工作。市委常委、副市长张迎春出席会议并讲话。张迎春强调，2013 年长沙旅游工作的重点就是要狠抓《决定》（长发〔2012〕9 号）的落实，深入实施旅游强市战略，着力打造千亿元产业、建设世界旅游目的地，突出抓好项目带动、产业融合、城市营销、精细管理 4 项重点工作。市人大常委会副主任芮英姿，市政协党组副书记谢明德等市领导出席会议，市政府副秘书长卢兴映主持会议。市旅游局党组书记、局长谭勇作了旅游工作报告。会议还对 2012 年全市旅游工作先进集体进行了表彰。（曾益清）

行业管理

【概况】　2013 年，长沙坚持以游客满意为最高标准，实施品质旅游战略，开展“五心”服务（即实施旅游精品打造工程，让游客动心；实施旅游诚信建设工程，让游客放心；实施旅游文化培育工程，让游客开心；实施旅游市场监管工程，让游客安心；实施旅游服务提升工程，让游客称心）。全面提升旅游服务质量和行业整体素质。1. 推动市场规范化。积极开展了旅游行业综合整治，重点开展旅游饭店市容市貌专项整治、打击旅游非法营运专项整治和一日游散拼市场专项整治，开展旅游行业安全生产打非治违集中行动和各项安全生产专项整治行动，促进了旅游行业安定稳定。旅游投诉处理回复率100%，办结率98%，游客满意率100%。2. 推动服务人性化。以全国城市文明程度指数测评迎检为契机，认真开展旅游行业文明创建工作，积极开展“旅游满意在星城”系列活动，组织开展游客满意度调查，“明白消费、快乐旅游”公众咨询服务活动，“文明与旅游同行”万人签名活动，与湖南人民广播电台旅游频道联合推出了“旅游满意在长沙，月月都有3•15”节目，引导文明旅游、健康消费，倡导诚信兴商，游客满意度大为提升。3. 推动人才专业化。隆重举办长沙市第七届旅游行业职工职业技能竞赛暨2013年全省旅游饭店服务技能大赛选拔赛，全市300余家旅游企业560名选手参赛，选送72人参加湖南省旅游饭店服务技能大赛，囊括金银牌。加强从业人员的培训，与长沙行政学院联合举办《旅游法》千人培训班，全年培训旅游从业人员1.2万人次。（曾益清）

【开通“旅游满意在长沙，月月都有3·15”公益性电台直播节目】 从2013年3月开始，长沙市旅游局与湖南人民广播电台旅游频道共同开展“旅游满意在长沙，月月都有3•15”公益性旅游消费引导宣传活动，在每月15日制作1小时以“文明旅游，理性消费”为主题的电台现场直播节目，由旅游主管部门和优秀旅游企业负责人做客直播间，担任节目嘉宾，进行典型旅游投诉案例、旅游消费热点问题分析讨论，通报旅游市场执法检查及市场整治的情况，现场连线报道旅游市场整治工作情况，并开通电话、短信及微博平台回答听众热线问题，进行消费引导宣传。（曾益清）

【“明白消费、快乐旅游”公众宣传咨询服务活动】 3月16日，市旅游局在长沙烈士公园组织举办“明白消费、快乐旅游”公众宣传咨询服务活动启动仪式，湖南省旅游局局长杨光荣、副局长刘之明、副巡视员尚斌和市旅游局局长谭勇、副局长廖双寅等出席活动。活动现场，市旅游局向游客发放品质旅游出行提示，省旅行社协会、省旅游饭店协会、省旅游协会导游分会等代表分别在《湖南省旅游诚信公约》上签名，表示将倡导会员积极遵守公约条款。各区、县（市）旅游局、旅行社、旅游饭店、A级景区、星级农庄、特色旅游示范点等100家单位参加，为公众提供咨询服务，共发放宣传资料10万余份。（曾益清）

【长沙市第七届旅游行业职工职业技能竞赛】 5月23日，长沙市第七届旅游行业职工职业技能竞赛暨2013年全省旅游饭店服务技能大赛选拔赛在湖南宾馆举行。该次竞赛活动由长沙市劳动竞赛委员会、长沙市旅游局共同举办，来自全市星级旅游饭店、星级餐馆、旅行社、旅游景区（点）的560名选手参赛。旅游行业职工职业技能竞赛是对全市旅游行业从业人员精神风貌和整体素质的一次大检阅、大练兵，是提升全市旅游行业整体素质和服务水平的重要举措。湖南省旅游局党组副书记、副局长刘之明，市人大常委会副主任、市总工会主席张建国，市政府副秘书长卢兴映、市旅游局党组书记、局长谭勇，市总工会副主席朱余华，市人力资源和社会保障局副局长尹长久，市旅游局副局长曾卫军、廖双寅，纪检组长罗晓群，副调研员湛宇燕等出席开幕式。刘之明、卢兴映、谭勇分别作了讲话，张建国宣布大赛开幕。该次竞赛活动承袭了往届比赛的权威性和专业性，呈现了3个特点。1. 创新模式。实现赛事的客观公正、透明公开、严谨有序。为确保此次技能大赛客观公正，组委会严格选聘评委，所有参赛选手凭抽签号参赛，竞赛现场采取评委独立打分，确保比赛成绩的透明公开。组委会精心组织，周密安排，实现整个大赛11个比赛现场秩序井然有序，比赛过程透明、有序。2. 规格规模高。活动规格高，成立由市委常委、市政府副市长张迎春，市人大副主任、市总工会主席张建国，副市长何寄华任顾问的竞赛活动组委会。竞赛规模大，参加此次大赛的有包括星级饭店、旅行社、旅游区（点）在内的全市近300家旅游企业的560名选手。参与人员多，全市旅游企业有560名选手参加技能竞赛，包括评委和工作人员，有800余人参与。3. 影响深远。在企业选拔阶段，各旅游企业纷纷组织开展全员岗位服务技能竞赛活动，选送优秀选手参加该次大赛，共有来自36家参赛企业的91名选手获得奖励。活动宣传到位，《中国旅游报》、第一旅游网、《湖南日报》《三湘都市报》、红网、《长沙晚报》、长沙新闻频道、湖南交通电台、长沙旅游网等10余家媒体进行了报道，在全行业形成了“比道德、比诚信、比质量、比技能”的热潮。（曾益清）

【“文明与旅游同行”万人签名活动】 10月9—10日，市旅游局举办长沙市“文明与旅游同行”万人签名活动，活动全程分为3个场次，分别于10月9日、10日在岳麓山风景名胜区、沿江风光带风帆广场、长沙财经学校举办。该次活动是长沙市“文明与旅游同行”主题活动的重要组成部分，重点宣传《旅游法》中对文明旅游行为的相关要求，对进一步推动品质旅游，促进旅游业健康发展的有重要意义，也为进一步规范市民旅游行为，提升文明素质，起到推动作用。（曾益清）

【全市旅游系统《旅游法》学习培训班开办】 7月12—7日，长沙行政学院与长沙市旅游局联合举办《旅游法》培训班。市委常委、副市长张迎春出席开班仪式并讲话，市政府副秘书长卢兴映，行政学院院长肖艮定，市政府法制办主任陈剑文，市依法治市办公室专职副主任蒋开明出席，市旅游局局长谭勇主持开班仪式。此次培训，共分3期，每期2天，所有学员实行全脱产封闭式学习，全市旅游系统行政管理人员、旅游景区（点）、星级饭店、旅行社、星级农庄、特色旅游示范点等旅游相关单位主要负责人共1000余人参加了培训。培训邀请了《旅游法》讨论、修订专家李志轩等长期在一线从事旅游行业管理工作的领导和多年从事旅游法律法规研究的权威专家进行专题授课并全程跟踪讲解，分别就《旅游法》的基本精神和主要制度、旅游安全生产管理、如何提高旅游执法水平进行了深度剖析与解读。（曾益清）

项目建设

【概况】 2013年，长沙围绕把整个长沙打造成文化名城与山水洲城交相辉映的大景区，实施旅游精品战略，开展旅游项目建设。1. 项目规划科学布局。把2013年定为“精品项目建设年”，加强旅游项目的策划包装，建立全市旅游重点项目库。2013年全市共规划旅游重点项目100个，计划总投资1850亿元，全年完成投资240亿元。列入全省“251”计划的项目有18个，其中省级项目4个、市级项目6个，县级项目8个。着重强化大项目的规划编制工作，与市规划局联合编制《长沙市水上旅游规划》。2. 精品项目创建。2013年长沙旅游精品项目创建得到全面突破。一是“国字号”创建实现历史性的突破。花明楼景区成功创建为国家AAAAA级景区，成为岳麓山·橘子洲旅游区之后的又一个国家AAAAA级景区，大围山成功创建为国家生态旅游示范区，金太阳现代休闲农庄获农业部、国家旅游局授予的“全国休闲农业与乡村旅游示范点”。二是“3521”创建力度加大。长沙县评为全省旅游强县，乔口镇、开慧镇评为全省旅游名镇，洞阳村等3个村创建为全省旅游名村，长沙谷丰生态会所等8家单位评为全省五星级乡村旅游区点。三是旅游区（点）创建成效明显。洋湖湿地景区、关山景区晋升为国家AAAA级景区，浏阳河婚庆园、官渡景区获评国家AAA级景区，洋湖湿地景区等20个单位被评为全省两型景区（单位）橘子洲、新民学会旧址、王震故居被评为省级红色旅游区点。四是工业旅游强力推动。制定下发《长沙市创建精品工业旅游示范点工作方案》，评定比亚迪等5家省级工业旅游示范点，推出13个市级工业旅游示范点。五是星级旅游饭店、旅行社创建切实加强。新增至尊豪庭五星级饭店1家、四星级饭店3家、四星级旅行社7家。3. 精品建设提质增效。全力推进湘江休闲旅游观光带、都市休闲旅游圈、东部山地度假旅游圈等旅游功能区建设。积极推动马王堆——汉王陵文化旅游区等“五大文化旅游区”建设，大王山旅游度假区骨干路网基本建成，洋湖湿地公园二期、桃花岭、梅岭公园开园，梅溪湖国际新城展示新形象；炭河里遗址公园博物馆主体工程已经完工；铜官窑文化旅游区引进了战略投资者新华联集团，项目占地166.67公顷，总投资200亿元；灰汤文化旅游区投资3000万元的紫龙湾泉水乐园开启，新引进雅居乐项目总投资约200亿元，规划用地333.34公顷，温泉养生会所、温泉酒店、演艺中心、游乐中心等大型旅游综合体已在建设；规划和建设坡子街、潮宗街、太平街、渔人码头等十大特色旅游风情街区，黄兴镇、靖港镇、椝梨镇等20个特色旅游名镇加快城乡一体化建设，新建或续建项目434个，完成投入209亿元。 （曾益清）

【《长沙市水上旅游规划》编制工作完成】 2013年，长沙市城乡规划局、长沙市旅游局于4月25日正式联合启动《长沙市水上旅游规划（2013—2020）》编制工作，与市先导区、市交通局、市水务局、市环保局、市水利投、市城建投、浏阳市等相关部门进行衔接沟通，先后组织召开了规划纲要专家咨询会、初步成果专家审查会、规划专家评审会，并于2013年12月20日顺利通过专家评审。该《规划》为近中远期统筹兼顾的旅游规划，规划期为2013年至2020年。《规划》以湘江、浏阳河等水体资源为重点，分为“一江四河”水上旅游规划和浏阳河水上旅游规划两部分。其中“一江四河”水上旅游规划以“水洲共舞、快乐长沙”为形象定位，以“一轴四翼” 为空间结构，其中一轴为湘江，四翼为四条支流及邻近的湖泊湿地，分为绿漾捞刀、情满浏阳、智荟龙王、乐融靳江4大板块功能区；浏阳河水上旅游规划以“唱响浏阳河，畅享九道弯”为形象定位，空间上打造九道湾组团，具体为月湖湾——时尚休闲、玫瑰湾——婚庆文化、椝梨湾——道家文化、柏家湾——花木主题、普迹湾——田园度假、十里湾——城市文化、高坪湾——乡村文化、古港湾——漂流养生、源头湾——客家文化。 （曾益清）

【长沙市工业旅游活动】 9月17日，长沙市工业旅游启动仪式在长沙市比亚迪汽车有限公司举行，副市长何寄华，省旅游局规划财务处处长李志斌，市工信委主任赵跃驷，市旅游局局长谭勇、副局长曾卫军，市教育局副局长李平，雨花区副区长余宏卿出席仪式，各区县（市）工信局、旅游局、教育局主要负责人，工业园区负责人及企业代表200余人参加启动仪式。为丰富和拓展长沙旅游资源，进一步提升长沙工业品牌影响力，2013年4月，市工信委与市旅游局联合制订《长沙市创建精品工业旅游示范点工作方案》，有33家工业企业申报创建工业旅游。通过现场考察与评估，长沙确定了浏阳经开区、中粮可口可乐、金玉堂、沩山湘茗茶业、湘丰茶业、美津园食品、沙坪天利湘绣、忘不了服饰、华自科技、金井茶业、红太阳光电、明园蜂业、沩山茶业13家单位为“长沙市级工业旅游示范单位”。东方时装、楚天科技、广汽菲亚特、比亚迪、晚安家居5家为“湖南省级工业旅游示范单位”。通过工业旅游的开展，让全社会增加工业意识，增强工业氛围，让市民熟悉工业产品的每一个制造过程。长沙将围绕产业升级的总体目标，以工业为载体，以校企合作为重点，以旅游宣传为路径，更好地展示“快乐长沙，宜游胜地”的城市形象，推动长沙经济社会更好更快发展。 （曾益清）

【湖南最大温泉游乐场“水上乐园”在宁乡灰汤开建】 5月4日，湖南省规模最大、设备最先进、游乐项目最丰富、内容最新颖的大型温泉游乐场“水上乐园”在湖南宁乡灰汤旅游度假区开建。大型温泉游乐场“水上乐园”是宁乡灰汤紫龙湾优化产业结构升级的精品工程，集休闲、娱乐、健身于一体，规划面积达15000平方米，内设冲天大回旋、巨兽碗、三彩滑道、极速滑梯、螺旋黑洞（时光隧道）、儿童水寨、七彩海浪等，戏水面积近万平方米，既有适合少年儿童游乐的大小型水玩具，又有适合青壮年挑战刺激的娱乐项目。水处理系统将选用世界上先进的进口全套水处理设备，戏水池水质采用自动监测、全自动消毒装置，最大程度确保戏水

卫生。（曾益清）

【洋湖湿地公园二期开园】 参见P218“大河西先导区”相关条目。

市场拓展

【概况】 2013年，长沙紧紧围绕“快乐长沙、宜游胜地”旅游城市形象，不断在营销方式、方法和成效上寻求创新突破。1. 城市营销。进一步明确了“快乐长沙、宜游胜地”的城市形象定位，首次在中央电视台CCTV—1/新闻频道朝闻天下栏目，持续播放“快乐长沙”城市形象广告，央视第三方绩效评估数据显示，观众达14亿人次，让“快乐长沙”城市形象极大提升；面向全球公开征集“快乐长沙”城市形象标识，收到参赛作品684幅，参与网络投票49746人，长沙终于有了最新的城市形象LOGO；在《大公报》《中国日报》《中国旅游报》《湖南日报》《三湘都市报》《长沙晚报》和高铁刊物《青年时讯》《楚天下》推出了“走进‘快乐长沙’”专版宣传，在香港亚洲电视、湖南卫视、互动频道等作专题宣传，在中国第一旅游网作专栏宣传，联合省局组织俄罗斯、埃及、蒙古、越南等10余个国家网络摄影记者到长沙踩线。全新改版的2013版长沙市旅游网正式运行，新推出了旅游公共服务频道、电子地图导览系统，全面完成在线虚拟旅游平台，制作了“快乐长沙”手机APP，联合百度在相关报纸和网络媒体上进行推广，每日点击率达2万人次，长沙旅游网被评为“最具影响力的旅游目的地网站”，“快乐长沙”栏目被评为“2012年中国政府网站精品栏目”。2. 节会营销。按照中央关于节俭办会的要求，节会活动做到精简而精彩。传统节会抓提质，先后举办2013中国湖南国际旅游节、长沙市生态文化旅游节、灰汤温泉节、大围山杜鹃花节、岳麓山红枫节等10余个旅游节会活动。橘子洲周末焰火持续燃放，观赏的游客和市民达到500万余人次，被新华网评为“美丽中国·最具品牌影响力节庆”。重大节会抓升级，承办2013年中国湖南国际旅游节暨湖南旅游产业博览会开幕式，省长杜家毫出席，20个国家和地区的400名境外嘉宾、旅游投资商、旅游参展商参加，长沙市旅游局获得湖南旅游产业博览会“优秀组织奖”和“优秀展示奖”。10月25日，世界休闲农业与乡村旅游城市（城区）联盟第一次峰会在湖南省长沙市开幕，来自46个国家的驻华使节、26个国家的城市联盟（市长）代表以及众多国内外媒体代表参加，规格高、影响大。品牌节会抓创新，坚持“走出去、请进来”，创新举办了“逛长沙，把快乐生活带回家”长沙市购房、购物和旅游系列推介活动，分别在岳阳、常德、株州、萍乡举办4场专场推介会，促成购物、购房和旅游意向400余人次，有效地拉动了长沙消费，增强了长沙旅游的吸引力和影响力。3. 内外促销丰富多彩。根据旅游市场需求，有针对性地开展营销。围绕重点区域营销，在“5•19”中国旅游日，与武汉、南昌、合肥共同签署合作协议，共同成立“长江中游城市群4省会城市旅游发展合作组织”，加强境内区域合作。开展了“走进快乐长沙”系列宣传活动，专门举办“走进快乐长沙”浏阳旅游产品南昌推介会、“快乐长沙”——走进望城、“乐在天心”港澳旅游推介会等10余场推介会。围绕高铁城市营销，先后组织旅行社赴北京、石家庄、武汉等高铁沿线城市举办快乐长沙旅游推介会，进一步拓展了国内外旅游市场。围绕航空线路营销，依托长沙航线强化境外宣传推广，专程赴泰国、澳门、台湾等地举办专场推介会。8月28日，长沙正式成为第三批大陆居民赴台个人游试点城市。3月25日，美国首次到长沙举办走进美国异彩风光旅游推介会，前美国驻华大使骆家辉亲自参会，加强了长沙与美国城市的旅游合作与交流。到长沙游客国家由2005年的25个上升到2013年的83个。（曾益清）

【首次在中央电视台播出“快乐长沙”城市形象广告】 2月8日，长沙市首次在央视1套、13套“朝闻天下”推出“山水洲城，快乐长沙”城市形象广告，双日播出，每天播出4次。4月2日，长沙市又在央视1套“朝闻天下”栏目推出“快乐长沙”10秒钟的旅游城市形象宣传广告，提升了“快乐长沙”的城市知名度和美誉度。（曾益清）

【征集评选“快乐长沙”城市旅游形象标识】 5月9日，长沙市城市旅游形象标识征集组委会办公室发布公告，面向全球公开征集“快乐长沙”城市旅游形象标识，旨在提升“快乐长沙、宜游胜地”旅游品牌，突出长沙时代特征和旅游资源特色。活动期间，收到有效参赛作品684幅，经过初评、公众投票、终评3个阶段进行评选，最终，专家评审团结合网络评选结果，评选出一、二、三等奖、提名奖和写意画特别奖。从此，“快乐长沙”拥有了最新的城市形象LOGO，拥有了艺术化的内涵展现。（附图）（曾益清）

“快乐长沙”城市旅游形象标识征集活动一等奖作品

【与4市共同签署旅游战略合作协议】 5月18日，武汉、长沙、南昌、合肥4市共同签署旅游战略合作协议，成立“长江中游城市群四省会城市旅游发展合作组织”。根据“合作组织”签署的《旅游发展合作实施纲要》，拟用三至五年时间构建一个中三角无障碍旅游区，实现区域旅游一体化：重新规划和协调长江中游城市群旅游产业要素的配置，协调旅游产业内部要素的无缝对接；共同制定长江中游城市群相关旅游标准；联合建设“旅游一卡通”支付体系，推出具体功能的智能旅游卡，协调各地景区、酒店、餐馆、购物与娱乐场所作为特约商户签约，让游客可持卡在这些区域刷卡消费并享受优惠服务。4市还共同举办了“美丽中三角，我的家乡我的城——5•19长沙中游城市群四城优惠游”启动仪式，首次联合发布旅游优惠联票。（曾益清）

【2013祥和中国节·开福喜乐会】 2月4—24日元宵节，湖南最具“年”味、时间跨度最长的灯展庙会——“2013祥和中国节·开福喜乐会”在开福寺广场成功举行。该届喜乐会以“美丽开福、幸福北城”为主题，巧妙运用灯组的创意理念，开展亮灯、赏灯、送灯、祈福、猜灯谜、品味小吃和群众互动娱乐、社区文艺春节汇演等系列活动，以营造喜庆祥和的春节气氛，丰富群众文化生活，推动长沙旅游强市建设，活跃星城经贸活动。2月24日，“2013祥和中国节·开福元宵喜乐会”暨第五届“福满星城”购物消费节幸运大奖抽奖活动在开福寺文化广场隆重举行，也标志着为期20余天的“2013祥和中国节·开福喜乐会”圆满结束。（曾益清）

【第三届兰花展】 3月3日，“金科杯”湖南省第三届兰花展在浏阳市柏加镇举行，1000余盆、30余个品种的名贵兰花令参展游客流连忘返。该次兰花展为期3天，举行了兰花书画展览、兰花拍卖、兰花销售及项目招商等活动。湖南省兰花协会表示，浏阳市自然条件优越，非常适合兰花生长，湖南省兰花展自2013年起将正式落户浏阳。（曾益清）

【第五届中国湖南世界名花生态文化旅游节】 集旅游、休闲、美食、娱乐、购物、房产于一体的“第五届中国湖南世界名花生态旅游节暨2013雨花区樱花消费节”在省植物园北大门广场正式拉开帷幕。活动从3月14日持续至5月10日，以“花开盛世，美丽长沙”为主题，由9大主题花展和11大系列活动组成。该届名花节由长沙市政府、湖南省林业厅和湖南省旅游局共同主办，湖南省森林植物园、长沙市旅游局、长沙市商务局和雨花区人民政府共同承办。活动以“浪漫樱花 乐购雨花”为主题，旨在借助省森林植物园樱花等世界名花盛开之际，通过“政府搭台、商家唱戏、群众参与”的方式，把旅游休闲与消费有机结合，采取游园赏花、商家促销、生态美食和环保家具、房产推介等多种活动形式，促进消费繁荣、活跃商圈氛围、提升雨花区商业的整体影响力和辐射力。（曾益清）

【宁乡县沙田乡首届油菜花节】 3月18日，宁乡县沙田乡首届油菜花节举办。该次活动在革命先烈谢觉哉和何叔衡的故乡举办，以“观油菜花海，赏秀美沙田，览生态美景，缅革命情怀”为主题，内容包括观花赏花、生态酿花、写生绘花、摄影品花4个环节。万亩油菜基地，是宁乡县沙田乡着力建设的4个现代农业产业“万字号”基地之一。同时，沙田坚持在发展中保护，在保护中发展，整体包装何叔衡故居、谢觉哉故居和惠同廊桥3个重点文物保护单位，推进红色旅游与乡村旅游深度融合，彰显特色，塑造品牌，注重内涵提升和外延拓展，将沙田打造成集蔬菜采摘、田园情趣、休闲娱乐、餐饮住宿、文化体验于一体的农业休闲观光区。（曾益清）

【首届葡萄文化旅游节】 7月30日，由长沙市旅游局、长沙县政府主办的长沙市首届葡萄文化旅游节开幕式在长沙县江背镇龙头井现代农庄举行。该次葡萄节以“品尝长沙最甜葡萄，享受快乐休闲时光”为主题，活动期间，组织了60家旅行社现场踩线，10余家媒体报道宣传，向游客推介集水果产业展示、采摘体验、旅游观光和葡萄种植技术等为一体的特色文化旅游活动。全市近20家成规模的葡萄园举办了葡萄采摘、讲座等活动。（曾益清）

【2013年中国湖南国际旅游节】 9月12日，由长沙市政府、湖南省旅游局主办的2013年中国湖南国际旅游节暨湖南旅游产业博览会在长沙橘子洲举行开幕式，省委副书记、省长杜家毫宣布活动开幕。国家旅游局副局长祝善忠，省委常委、市委书记易炼红，省政府副省长何报翔，省政府秘书长戴道晋，市委副书记、市长张剑飞等出席开幕式。仪式由省旅游局党组书记、局长张值恒主持。来自法国、德国、俄罗斯、印度等20个国家以及北京、香港、澳门、台湾等地的媒体记者和旅行商共600人参加了开幕式。围绕“锦绣潇湘，快乐长沙”主题，将“节俭、安全、有序、高效”八字方针作为办会宗旨，突出了精简办会，精彩办会，精细办会。首次将国际旅游节、旅游产业博览会合在一起举办，取消了开幕式文艺演出、现场花车巡游等表演，时间由原计划的一个半小时缩短为半个小时，嘉宾人数从往年的1000余人减少到600人左右。开幕式现场，通过人文艺术表演、景区形象图片展示，充分融入快乐、时尚的元素，尽显文化长沙、红色长沙、快乐长沙。整个旅游节从9月12日一直持续至10月29日。旅游节期间，还举办了梅溪湖国际文化艺术周、橘子洲国际音乐节、旅游客商踩线等系列活动，着力营造了“游客的节日、快乐的节日”喜庆氛围。（曾益清）

【“逛长沙，把快乐生活带回家”推介活动】 10月19—27日，由市旅游局牵头组织的“逛长沙，把快乐生活带回家”购物、购房和旅游推介活动先后在岳阳、常德、株洲、江西萍乡等省内重点城市和周边城市成功举办。该次活动旨在营销快乐长沙，体验宜游胜地，拉动消费增长，促进经济发展。为办好此次活动，市委常委、副市长张迎春亲自策划此次活动，担任活动领导小组组长，多次召集旅游、商务等部门召开促进消费分析调度会，多次听取活动情况汇报。市政协副主席、市工商联主席彭继球，市旅游局局长谭勇、副局长陈威，市工商联副主席刘立红等领导以及岳阳市、常德市、株洲市、萍乡市的市旅游局、市商务局、市工商联、市房地产协会等单位负责人出席了推介活动。活动重点宣传了“快乐长沙、宜游胜地”“乐购长沙、购物天堂”“快乐购房、幸福到家”3大版块，推介了长沙“三个一”：一批商贸购物产品、一批宜居房屋产品、一批旅游休闲产品。整个活动参与群众达8000余人，参与旅行社及商家达150家，达成购物、购房和旅游意向400余人次。活动期间，岳阳、常德、株洲、江西萍乡的10余家电视台、报刊等媒体到现场进行采访，作了大量的宣传报道，进一步扩大长沙的影响力，提升快乐长沙的城市形象。（曾益清）

【第七届长沙生态旅游节】 11月8日，2013年第七届长沙生态旅游节开幕式暨洋湖湿地国家AAAAA级景区授牌仪式在洋湖湿地景区举行。省旅游局副局长刘绵松、市政府副秘书长高伟、大河西先导区副主任、先导投资控股有限公司董事长刘继雄、市旅游局局长谭勇、岳麓区政府区长周志凯、市旅游局副局长陈威等领导出席了活动。活动以“生态岳麓，快乐长沙”为主题，开展“寻找长沙最美乡村”微博达人全国征集、微博达人“长沙最美乡村”生态行等多项活动；发布了《长沙市生态旅游·洋湖宣言》，积极倡导生态发展的理念，致力于生态旅游发展，打造生态旅游品牌，努力把长沙打造成为文化名城与山水洲城交相辉映的大景区，掀起长沙市“生态旅游”新风尚。活动重点推介长沙5大生态旅游产品，即山岳生态游、湿地生态游、乡村生态游、运动养生生态游、文化生态游。（曾益清）

【第七届中国·岳麓山红枫节】 11月29日，以“枫情麓山、红动西岸”为主题的第七届中国·岳麓山红枫节在岳麓山爱晚亭开幕。市委常委、宣传部部长张湘涛，市旅游局局长谭勇，岳麓区委书记陈中，岳麓区委副书记、区长周志凯，市旅游局副局长陈威，岳麓山风景名胜区管理局党委书记丁继荣、局长刘祖建等领导出席了开幕式。开幕式由市旅游局、岳麓区委、岳麓区人民政府、岳麓山风景名胜区管理局共同主办。该届岳麓山红枫节活动时间从11月29日一直持续到2014年1月19日，活动期间开展了大型生态车展暨红枫服装秀、万人相亲会暨生态购房嘉年华、登高祈福、摄影大赛等一系列节会活动，体现了三大特点：一是以“文”为基石，突出展现岳麓区丰富的自然生态资源和深厚的文化内涵；二是以“情”为主线，所有活动都面向市民、贴近游客，使节日扎根于群众；三是以“动”为突破，红枫节有效整合各个方面的资源，拉动岳麓区经济。（曾益清）

【大围山野外滑雪节】 12月24日，“生态长沙，幸福生活”第三届相约长沙最美乡村系列活动之一的大围山野外滑雪节在大围山国家森林公园盛大举行。活动由长沙市委、市政府主办，由市委宣传部、市旅游局、长沙晚报报业集团、市广播电视台（集团）承办。该次大围山野外滑雪节以“野外滑雪，就到大围山”为主题，活动时间从2013年12月24日至2014年2月6日。活动期间，重点推出了“冰雪平安夜”、元旦的“冰雪大冲关”、元旦后的“雪中情—情定大围山”、春节前的两次“雪友日”以及“滑雪大围山—春节七天乐”5大主题活动。（曾益清）

【中国·长沙（灰汤）第五届温泉养生节】 12月28日，中国·长沙（灰汤）第五届温泉养生节在宁乡灰汤湘电温泉山庄隆重开幕，省旅游局副局长高扬先、市旅游局副局长陈威等出席了开幕式。该次温泉养生节由长沙市旅游局、宁乡县人民政府主办，由灰汤度假区管理局、宁乡县旅游局、灰汤镇人民政府承办，以“养生灰汤·度假天堂”为口号，旨在通过与湖南省中医药学会、湖南中医药大学、湖南省养生协会开展合作，打造温泉养生产业集群，让灰汤成为全国首个温泉养生基地。（曾益清）

附录

长沙市部分旅游景区介绍

2013年，长沙市新增国家AAAAA级旅游景区1个（花明楼·刘少奇故里景区）、国家AAAA级旅游景区2个（洋湖湿地景区、关山景区）、国家AAA级旅游景区3个（浏阳河婚庆园、官渡景区），洋湖湿地景区等20个单位被评为全省两型景区（单位），橘子洲、新民学会旧址、王震故居被评为省级红色旅游区点。全市有国家A级旅游景区32个，其中AAAAA级2个、AAAA级16个、AAA级12个。

1. 岳麓山·橘子洲景区

国家AAAAA级旅游景区、位于古城长沙湘江西岸，规划面积35.2平方公里，核心景区面积7.14平方公里，包括麓山景区、橘子洲景区、岳麓书院和新民学会4个旅游区（景点），景区集“山水洲城”奇观于一体，自然环境优美，人文底蕴深厚，基础设施完善。2012年1月9日，岳麓山·橘子洲旅游区获得国家AAAAA级景区授牌，成为长沙史上第一个国家AAAAA级景区。

2. 花明楼·刘少奇故里景区

国家AAAAA级旅游景区、中国十大红色经典景区，位于长沙市宁乡县花明楼镇炭子冲村，是全国刘少奇文物资料收藏研究中心和思想宣传阵地。核心景区主要包括以全国重点文物保护单位刘少奇同志故居、门楼广场、铜像广场、生平业绩陈列馆、文物馆为主体的纪念场馆；以花明楼、修养亭、万德鼎、刘少奇坐过的飞机、刘少奇母校炭子冲学校旧址、一叶湖、柳叶湖和炭子冲民俗文化村为主体的旅游景观；形成了人文荟萃、山水和谐、风光秀美的花明楼风景名胜区。花明楼东距省会长沙50余公里，西南至韶山毛泽东故里、乌石彭德怀故里30余公里，形成了举世瞩目的伟人故里文化旅游“红三角”。先后被评为全国爱国主义教育基地、全国廉政教育基地、国家一级博物馆、全国人文社会科学普及基地；连续6年评为中国十大红色经典景区。

刘少奇故居

花明楼景区

3. 浏阳大围山国家生态旅游示范区

国家AAAA级旅游景区、国家生态旅游示范区，位于浏阳市东北部，是罗霄山脉的支脉、浏阳河的发源地，又是湘东第一高峰，主峰七星峰海拔1607.9米。大围山生态环境优美，资源丰富，风景秀丽，气候宜人，被誉为“湘东绿色明珠”，有“自然空调”“天然氧吧”美称，园区内共有6大景区、121处景点，集山青、水秀、林幽、石怪、花艳于一体；佛教文化源远流长，有红莲寺、白面石护国将军庙等大型古建筑遗址；是红色旅游胜地，有省苏维埃旧址、白沙上坪会议旧址、湘鄂赣第一次党代会旧址等红色旅游景点；冰川地貌显著，有冰斗、冰窖、冰坎、鱼脊峰、U形谷、葫芦谷、冰溜面、冰川擦痕、冰川漂砾、冰臬、冰臼等地貌。

大围山风光

大围山漂流

4. 洋湖湿地景区

国家AAAA级旅游景区、湖南省水利风景区、湖南省“两型”示范区，位于长沙市西南部大河西先导区内，北依岳麓山、东临湘江，靳江河、雅河环绕其中，总占地面积4.85

平方公里，是中国中南地区最大的城市湿地。景区以湿地生态为基底，通过重新构建湿地生态及水资源循环利用系统，广泛采用“两型”技术及材料，实施绿色“两型”管理，形成一个集湿地群落观赏、生态科普、两型理念宣传为一体的特色旅游目的地。景区分为湿地休闲区、湿地生物多样性展示区、湿地科教区、湿地生态保育区及雅河、靳江河滩涂湿地5个板块，呈现出“水质清洁、天然氧吧、四季花果、万千林相、百鸟争鸣、生命乐园”的美好景象，被誉为沿湘江旅游带上一颗璀璨的明珠。

洋湖湿地景区

洋湖湿地景区

5. 宁乡关山旅游区

国家AAAA级旅游景区，位于长沙市宁乡县东北部，东距长沙市区仅24公里，交通便利，地理位置优越，面积4.94平方公里，共辖4个片区，16个居民小组，626户，

关山古镇

2660人。关山历史人文资源丰富，因三国时期的蜀将关羽屯兵而得名，关圣庙、箭楼、烈马卧槽等地名留下了三国时期的金戈铁马和隆隆战鼓的历史印记，金洲大道修建时挖掘出大量古剑、戈、刀等足以印证；全国佛教协会荣誉会长一诚大师出生地距此仅一冲之隔。2013年3月2日，宁乡金洲镇关山村在农业部每年开展的全国范围内“中国最有魅力休闲乡村”推荐活动中，被评选为2012年“中国最有魅力休闲乡村”，这是湖南乡村首次获此殊荣。

关山旅游区

6. 宁乡灰汤温泉旅游度假区

宁乡灰汤温泉旅游度假区位于长沙市宁乡县灰汤镇，地处长沙、韶山、湘乡三市交界地带，与毛泽东故里韶山、刘少奇故居花明楼呈“品”字形排列，总面积21.06平方公里，背靠东鹜山，内有紫龙湖景观区，有灰汤温泉华天城大酒店、湘电温泉山庄、紫龙湾旅游区、金太阳温泉山庄、湖南总工会职工疗养院、柏杨坡山庄等多家大型旅游接待服务企业。宁乡灰汤温泉是中国3大著名高温复合温泉之一，泉水出水温度高达98摄氏度，含有对人体有益的29种微量元素，因其“泉沸如汤滚、汽腾如灰雾”而得名，被誉为“潇湘第一泉”，已有2000余年的历史；因其水温奇高、水质奇特、水产奇异而极具开发价值，备受各界关注。

宁乡灰汤温泉

7、金太阳现代生态休闲农庄

全国休闲农业与乡村旅游示范点、全国十佳休闲农庄，位于人文荟萃、人杰地灵的宁乡灰汤，坐落在巍峨苍翠的东鹜山下，面临“紫龙湖”，面积80余公顷，以世界3大高温复合温泉为载体，是一个集餐饮、住宿、温泉泡浴(漂流)、农耕体验、观光旅游为一体的综合性休闲娱乐场所。农庄由金太阳温泉中心、金太阳温泉会馆、金太阳柴火饭

庄组成，包括温泉山庄（住宿部）、柴火饭庄（餐饮部）、温泉会馆（漂流、泡浴部）、大型户外拓展训练基地、烧烤野营中心等“吃、住、泡、玩、闲”一条龙服务项目。

金太阳温泉会馆

8. 湘电灰汤温泉山庄

始建于20世纪80年代，占地20余公顷，座落于长沙市西北80公里处的灰汤温泉国际旅游度假区内，毗邻伟人毛泽东、刘少奇故里，集温泉养生、运动休闲、会议培训、疗养体检于一体，既是康复疗养胜地、会议商务宾馆，又是湖南省内最佳的温泉健康休闲场所。山庄素以养生而著称，长期致力于传统中医与温泉养生的探索与研究，开创出了一套独具特色的温泉度假与中医康复疗养相结合的新模式，服务于亚健康人群。

湘电灰汤温泉山庄

9. 长沙湘江休闲旅游观光带

长沙湘江休闲旅游观光带南起黑石铺大桥，北至月亮岛北端，长约26公里。观光带始建于1995年，主要以休闲长廊和雕塑为主景，配以形式各异的小广场、景观小品、灯光亮化等配套设施，组合种植了多品种乔木和灌木，充分体现了江水两岸相互映衬的独特景色，体现了湖南自然风光，是游人观光小憩的好去处，也是市民晨练晚游的佳境。

湘江休闲旅游观光带

10. 杜甫江阁

橘子洲周末焰火的最佳观赏地点，位于长沙市河东城区西湖桥，地处湘江路中段和西湖路交界处，临湘江为湘江风光带的一部分，与橘子洲、岳麓山隔江相望，距天心阁不足1000米。江阁园林区占地6000余平方米，建筑面积3800余平方米，主阁共分4层，高18米。2002年长沙市政府决定正式修建，2005年9月19日整个建筑全面建成并通过专家验收，随后向市民进行试开放。

杜甫江阁

11. 黄兴故居

全国重点文物保护单位，位于长沙城东约15公里长沙县黄兴镇黄兴新村凉塘，为一所泥砖青瓦平房的民居建筑，建于清同治初年。1874年10月25日，黄兴出生于此，并在此生活22年。故居占地1.87公顷，右滨浏阳河，前朝鹿芝岭，四望平畴，阡陌纵横。门前三口水塘并列，昔日塘畔遍植垂柳，林木茂密，浓荫蔽日，暗送清凉，凉塘因而得名。

黄兴故居

12. 王震故居

湖南省省级文物保护单位、省级红色旅游区点，位于浏阳市北盛镇马战村。故居为土木结构，面阔三间，后搭披棚作厨房等用。景区环境风景秀丽，九曲溪绕村而过，不远处有杨梅岭等山峦绵延起伏。

王震故居

13. 浏阳河婚庆文化园

国家 AAA 级旅游景区，位于荷花路与浏阳河大道的交汇处，占地约 8.13 公顷，南起圭河路，北至营盘东路，全长约 6 公里，是湖南首家集婚庆、旅游、休闲、娱乐等特色为一体的一站式休闲娱乐综合体。景区以风光带建设为带动，注重文化产业的培育，致力将浏阳河沿线建设成名副其实的“文化河”“生态带”“产业带”。

浏阳河婚庆文化园

浏阳河婚庆文化园

14. 浏阳官渡古镇景区

国家 AAA 级旅游景区，位于美丽富饶、风光旖旎的浏阳河上游、湘赣交界之南侧，东连张坊，西接沿溪，南倚永和、七宝山，北邻达浒，区位优势得天独厚，素有“浏东重镇”之称。古镇人文深厚、风景秀美，有着美丽的自然风光，有将军捧印、关潭映月、河口归帆、马渡夕阳、松江夜雨、龙山瑞色、云雾桃花等 8 大奇妙景观，与大溪河上的古墩古桥和单孔新桥双桥相伴的景色，相互协调相互呼应，共同构筑了域内独特的自然风光和优美的自然环境。

官渡古镇

烟花浏阳

15. 黑麋峰森林公园

黑麋峰森林公园位于长沙市望城区东北角，距省会长沙仅 19 公里，公园总面积为 4079 公顷，公园内森林覆盖率为 80.2%，风景秀丽，气候宜人，自古号称“洞天福地”。黑麋峰是长沙地区四大佛教名山之一，主峰海拔 590.5 米。

黑麋峰森林公园

望 城 区

外交部原部长、中国公共外交协会会长李肇星向全世界推介望城

省委常委、长沙市委书记易炼红（前排左二）到望城考察

副省长何报翔（左三）到望城调研

区委书记谭小平（右一）与外国友人互赠礼物

2013 年，望城区辖 10 个镇（其中雷锋镇交由高新区托管）、10 个街道、1 个乡，共 125 个村民委员会、35 个社区居民委员会。全区总面积 969 平方公里，耕地总面积 30.43 千公顷。年末，全区总人口 56.25 万人（含雷锋镇）。

2013 年，望城以“六个走在前列”大竞赛活动为总揽，大力建设现代化公园式城区，在引导服务中加速发展，产业强区迈出坚实步伐；在项目引建中夯实基础，区域发展迸发蓬勃活力；在建管并举中提升品质，生态新城彰显宜居魅力；在统筹协调中改善民生，幸福家园奏响和谐强音，圆满完成了各项目标任务。全年完成地区生产总值 427.49 亿元（含托管的雷锋镇），比上年增长 13.7%。完成工业总产值 738.1 亿元，增长 23.2%，其中规模以上工业总产值 668.7 亿元，增长 24.6%。按新口径，完成财政一般预算总收入 50.06 亿元，比上年增长 32.4%。完成固定资产投资 475.5 亿元，增长 46.9%。全区实现社会消费品零售总额 64.22 亿元，增长 17.3%。农民人均纯收入 21462 元，城镇居民人均可支配收入 31344 元。经济社会保持健康快速发展势头，区域综合竞争实力明显增强。

人 民 政 府

①②
③④
⑤

① 召开“狮子型”团队、“狮子型”干部表彰大会

② 世界休闲农业与乡村旅游城市联盟第一次峰会大使论坛

③ 中共长沙市望城区委、长沙市望城区人民政府授予李特为“雷锋式城管干部”称号

④ 第十七届“中国青年五四奖章”获得者袁虎接受媒体采访

⑤ 科技部授予望城经开区全国有色金属精深加工高新技术产业化牌匾

望 城 区

①②
③
④⑤

① 望城经开区产业项目集中签约仪式

② 望城区银政企对接洽谈暨信贷项目签约仪式

③ 望城区与长郡集团签约合作办学

④ “取道增城　圆梦望城”村官论坛

⑤ 学雷锋志愿活动启动仪式

人 民 政 府

中西部规模最大的物流商贸基地——金桥国际商贸城举行开工典礼

有机蔬菜种植基地

光明蝶谷举行首次蝴蝶放飞

环中国国际公路自行车赛在望城举行

巨型雷锋像

湘籍艺术家在“新康戏曲文化周”上表演

长 沙 县

中共长沙县委书记
长沙经济技术开发区党工委书记
杨懿文

中共长沙县委副书记
县人民政府县长
张庆红

9月23日，省委书记徐守盛（右四）考察长沙县项目情况

2013年，长沙县辖18个镇、5个街道办事处、218个行政村、76个社区。年末总户籍人口81.9万人。全县人民按照“三个共同”理念，以深入开展“六个走在前列”大竞赛活动为契机，创新理念，破解难题，县域经济社会快速科学发展。全年地区生产总值976亿元，工业总产值1868亿元，财政总收入180亿元。城镇居民人均可支配收入30548元，同比增长10.4%；农村居民人均纯收入20786元，同比增长12.8%。在中国中小城市综合实力百强县排名中跃居第八位，首次挺进全国前十强，连续6年稳居中部第一，继续保持中西部第一；在2013年度中国十佳“两型”中小城市排名中列第二位，在2013年度中国最具投资潜力中小城市百强县排名中列第七位，在全国县域经济基本竞争力百强县排名中列第十三位。上海大众湖南（长沙）项目、长沙国际会展中心等一批重大项目开工建设。全年新增财力80%用于民生，民生支出70.2亿元。长沙县成功创建“全国生态县”，获评“全国农村社区建设实验全覆盖示范县”“2009—2012年度全国群众体育先进单位”“中国旅游竞争力百强县”“国家可再生能源建筑应用示范县”“智慧城市试点县”“国家知识产权强县工程示范县（区）”“全国义务教育发展基本均衡县”“全国政府绩效管理示范基地”“全国科技进步先进县”“全国网络形象百强县和十佳县市奖（排名第九）”等称号。

12月4日，省委副书记、省长杜家毫到长沙经开区、长沙县调研现代服务业发展情况，先后考察长沙经开区招商局物流集团湖南有限公司、人民路东延线　　曾诗怡　摄

3月28日，台湾海峡交流基金会董事长林中森（前排右二）率领海基会参访团一行到长沙县参观访问三一重工和远大科技

人　民　政　府

8月27日，省委常委、市委书记易炼红（右五）到长沙县调研“六个走在前列”大竞赛活动开展情况及浔龙河生态示范点建设推进情况

9月3日，市委副书记、市长张剑飞（左一）到金井镇惠农村专题调研城乡一体化工作

12月28日，中国共产党长沙县第十二届代表大会第四次会议召开

1月23日，“湖南红色档案馆”揭牌仪式在长沙佑瑜万福源博物馆举行

周进银　摄

5月16日，上海大众湖南（长沙）项目开工

10月28日，中国（长沙）工程机械交易展示中心（CTEC）奠基

12月7日，长沙黄花国际机场飞行区东扩工程即第二跑道项目奠基

长　沙　县

①|②
③|④
⑤

① 8月15日，长沙县城镇化基础设施建设项目签约仪式举行，市委副书记、市长张剑飞（二排右三）出席签约仪式

② 8月9日，中国内地首家民营航空企业奥凯航空有限公司与长沙县空港城正式签约

③ 10月12日，长沙县创建国家生态县验收汇报会召开

④ 10月18日，长沙县召开“爱心助居”动员大会。会上，每位到场的人员均收到《爱心助居，长沙县困难家庭危房集》，共有11家单位募捐82.48万元

⑤ 10月29日，长沙县经济功能区项目推介会在上海举行，首次向外界推出长沙县六大经济功能区的概念

人　民　政　府

12月28日，长沙县共产党员网正式开通。该网站是全省首家共产党员网、全国首家县级共产党员网，并以党员为主体，建设“网上党务”和“掌上党务通”两大核心平台

8月30日，国内首个集装箱式“流动”书屋在毛塘铺集镇启用

11月30日，中国（长沙县）政府绩效管理高层论坛在长沙县召开，长沙县获评“全国政府绩效管理示范基地”
曾诗怡　摄

12月26日，人民东路东延线正式通车

开慧镇

星沙文化广场

金井镇文化站

浏 阳 市

省委常委、长沙市委书记易炼红（左二），长沙市副市长、浏阳市委书记曹立军（右二），浏阳市委副书记、市长余勋伟（右一）会见 CSST 董事会主席兼首席执行官涂国身（左一）

2013 年，浏阳市实现地区生产总值 924.29 亿元，增长 14.5%；工业总产值 1605.1 亿元，增长 28.6%。完成财政总收入 75.9 亿元，增长 37.3%，长沙考核财政收入 64.2 亿元，增长 37.2%，其中公共财政预算收入 36.7 亿元，增长 48.5%。固定资产投资 568 亿元，增长 30.5%。社会消费品零售总额 178.09 亿元，增长 13%。城乡居民人均可支配收入 24120 元。金融机构存贷款余额达 372.9 亿元和 301.1 亿元，分别增长 19.5%、28.6%。地区生产总值、工业总产值、财政收入等主要经济指标增速居长沙 9 区、县（市）第一位，城市创新能力居全国第四十八位、全省第一位，县域经济与县域基本竞争力挺进全国 50 强，由第六十位跃升至第四十七位。

12 月 17 日，浏阳市委副书记、市长余勋伟（左二）到北盛镇省重点项目——中烟仓储基地调研

4 月，长沙市副市长、浏阳市委书记曹立军（左一）在蓝思科技调研

人 民 政 府

10 月 15 日，全国妇联名誉主席彭珮云（前排左二）在浏阳调研农村妇女参政议政工作

市人大主任鲁建文（前排左一）及人大代表视察中铁五新重工

7 月 17 日，市政协主席李家喜及市政协组成人员视察医改工作

浏 阳 市

① 9月2日，浏阳发布政务微博在新浪微博、腾讯微博平台正式上线，浏阳发布微信公众平台并同时开启

② 11月1日，浏阳市举办纪念杨勇诞辰100周年座谈会

③ 10月14—17日，浏阳河首届音乐节“心中那首歌，最美浏阳河”成功举办

④ 2013年，浏阳市蔬菜总产量120.99万吨，比上年增长9%

人 民 政 府

① 浏阳河双江口
② 浏阳河城区段
③ 浏阳体育中心

CHANGSHA
NIANJIAN
2014

宁 乡 县

县委书记 黎春秋

县委副书记、县长 周辉

①|②
③|

① 9月29日，宁乡经济技术开发区“项目攻坚月”四大项目集中签约仪式

② 10月21日，宁乡县第四届“廉政文化周”活动启动仪式暨少奇廉政思想讲堂

③ 8月30日，宁乡举办楚沩大讲堂

人民政府

① 5月16日，市委书记易炼红（中）在县委书记黎春秋（左一）陪同下调研回龙铺镇农业工作

② 市人大常委会领导到宁乡调研

③ 9月2日，县委副书记、县长周辉（前右）和雅居乐地产副总裁薛双有代表双方签约雅居投资宁乡综合休闲旅游项目

④ 全国人大代表潘润兰出席十二届全国人大一次会议

宁 乡 县

① 花明楼景区获评“国家 AAAAA 级旅游景区”

② 天然富硒、富锌的沩山茶基地

③ 关山景区获评“国家 AAAA 级旅游景区”

人民政府

乡镇敬老院整修一新

竣工通车的玉煤大道

举行何叔衡烈士纪念广场敬献花篮仪式

花明楼景区

科学技术

责任编辑：刘盼盼

科技工作

【概况】 2013年，长沙市科技工作以转变经济发展方式、调整产业结构和关注科技惠及民生为主线，以夯实重大科技平台、推进科技成果转化、提升自主创新能力、培育战略性新兴产业为重点，不断提高科技管理与服务水平，全市科技事业不断迈上新台阶。长沙市本级及所辖9个区、县（市）全部获评2013年全国科技进步考核先进区、县（市）；长沙市科技局被评为全省科技工作先进单位和湖南科技活动周先进集体；2013年中国（长沙）科技成果转化交易会被评为“2013年度中国十佳品牌展览会”。

取得创新创业新成效。1. 获得一批科技成果及奖励。获得国家科技进步奖11项、自然科学奖1项、技术发明奖1项，省级奖励167项。全市共申请专利15958项，授权10362项，在全国地级城市中排列前茅。“特高压交流输电关键技术、成套设备及工程应用”获国家科学技术进步奖特等奖；长沙数控机床产品入选“中国重大技术装备首台（套）示范项目”；湖南长重机器股份有限公司研发的“圆形煤场堆取料机”、中联重科股份有限公司“80米碳纤维超长臂架泵车”等入围2013年度湖南省战略性新兴产业领域首台（套）重大技术装备名单。2. 新增一批科技创新平台。新增国家工程技术研究中心3家，省级工程（技术）研究中心21家，国家、省级重点（工程）实验室14家，新组建市级工程技术研究中心16家，新认定市级科技企业孵化器3家，规范化科技企业孵化器总数达28家，孵化面积超过220万平方米。长沙生产力促进中心在国家级示范生产力促进中心2012年度绩效评价中被评为A类，并获批建立“湖南省创新方法培训基地”。3. 激励科技创新创业。制定了《长沙市科技创新创业领军人才认定管理暂行办法》，认定余永富、易小刚、卢光琇等25位首批长沙市科技领军人才；评选了长沙市创新贡献奖、科技进步奖、产学研合作与成果转化奖和企业科技创新市长奖。全年共支持科技领军人才、境外高层次人才、学生、社会各类科技人才创新创业项目97个，支持金额1382万元；举办了第十届大学生科技创新创业大赛；召开了主题为“凝聚智慧，整合资源，智造长沙，成就梦想”的2013年境外高层次人才创新创业服务工作座谈会。4. 加大人才创新服务和先进技术引进力度。建成境外高层次人才信息库，收录了242名包括国家“千人计划”、省“百人计划”、长沙市“313计划”专家等在内的境外高层次人才信息。举办4场境外人才创业沙龙主体活动，创建长沙市境外人才服务交流园地专题网站。设立引进国际先进适用技术资金专项，全年支持引进了湖南坤泰冶金工程技术有限公司“利用瓦纽科夫炉（俄）处理生活垃圾和工业固体废料的技术引进与应用”等国际先进适用技术16项。

创造产学研合作新业绩。1. 成功举办科交会。2013科交会于11月11日胜利闭幕，来自国内外近百所重点高校、科研院所的500余名专家、学者，210余位海（境）外嘉宾，80多家国内外投资机构的140多位代表和60余家央企、上市公司、500强企业的企业家代表参加了各类对接活动，参观人数超过5万人次。共收集到全国高校、科研院所的最新适用科技成果7235项，征集企业技术需求557项，融资需求387项，人才需求246项。整个科交会期间，组织了近20场科技成果对接洽谈会、投资推介会和经验交流会，现场解决和协议解决了近百项技术难题。经过前期洽谈、对接，会期共签订各类科技合作项目289个，签约金额279.29亿元。2. 加强产学研合作平台建设。新组建长沙市智能电力设备产业技术创新战略联盟、长沙市绿色印刷产业技术创新战略联盟。市政府分别与意大利马尔凯大区政府、俄罗斯中俄友谊科技园签订了国际技术转移机构协议。组织对市外高校技术转移机构2012—2013年度工作绩效进行了评价，19市外高校技术转移机构家全年共走访长沙企业528家，组织或参与产学研对接交流活动356次，促成高校与长沙企业签约项目257项，承接技术难题537个，交易额1.27亿元。3. 积极开展科技对外合作交流。与悉尼科技大学、长沙湘尼汽车技术有限公司签订三方产学研合作协议；组织了北京大学、清华大学等高校的专家教授到长沙与企业进行成果转化对接；与千人计划南方创业服务中心开展合作交流，搭建有效的企业人才交流互动平台；会同民建市委组织召开“扶持科技型小微企业”调研座谈会，将企业提出的问题作为调研内容反映给市委、市政府；组织加拿大滑铁泸大学汽车研究中心与长沙市汽车及零部件产业技术创新战略联盟开展联合技术攻关。

开拓产业转型升级新途径。1. 发展高新技术产业。全年高新技术产业总产值达5140亿元，同比增长19%。组织227家科技企业申报高新技术企业培训，认定4家技术先进型服务企业，总数达24家。新认定高新技术企业112家，总数达922家，三一集团有限公司等12家企业被评为国家火炬计划重点高新技术企业，重点高企总数达到50家。高新技术改造传统产业企稳回升，电子信息、新材料、新能源及节能技术、资源与环境技术4个领域产值增均超过40%，产业多级发展态势初步显现。2.．促进科技与文化融合。成立国家级文化和科技融合示范基地建设领导小组，讨论出台了《长沙市文化和科技融合示范企业认定管理（暂行）办法》。召开长沙国家级文化和科技融合示范基地建设领导小组会议，开展第二批文化和科技融合示范企业认定工作。3. 促进科技与金融融合。组织来自世界各地的200余家投资机构300余名机构代表到长沙开展银企对接，签约项目投资额达6.58亿元。集中式中小企业融资服务平台——长沙市中小企业金融服务中心窗口正式启用；湖南股权交易所分所正式落户长沙高新区，实现直接融资1.13亿元，股权质押融资44亿元；科技支行累计为180余家中小微企业贷款4.1亿元。4. 大力培育战略性新兴产业。2013年立项支持战略性新兴产业124项，合计5379万元。长沙（浏阳、宁乡）再制造产业示范基地获批“全国首批国家再制造产业示范基地”；“长沙望城国家有色金属新材料精深加工高新技术产业化基地”正式挂牌；电力智能控制与设备产业集群纳入国家创新型产业集群试点（培育）单位；国内首条镍氢汽车动力电池生产线在麓谷投产；长泰机器人成为中部地区首个“工业机器人产业示范基地”。

科技管理迈上新台阶。1. 科学实施科技计划。结合长沙市经济、社会发展需求，印发《2013年度长沙市科技计划项目申报指南》，调整设立了创业富民资金、中小微科技企业发展资金等8个大类，设定22个子项。在3D打印、新材料、高端制造等6大领域新增了18个重大专项研究方向。全年共立项支持科技计划项目1291项，支持金额29571万元。2. 强化科技项目绩效。对2012年立项的46个重大专项项目开展中期评估，有93.5%的项目按时或超前按计划完成合同约定的阶段性任务，政府资金撬动比例达1:14.5。2012年各项目实现产值37.45亿元，新增产值12.66亿元。2012年长沙市市本级科技发展专项资金共支持科技项目1062项，实现新增产值663亿元，新增利税26亿元，共申请专利2367件，其中授权1305件；2013年结题验收项目共申请专利539件，授权1175件，通过省科技成果鉴定63项，获软件著作权212项。3. 完善科技管理体系。制定下发了《长沙市市派农业类科技特派员工作组织实施细则》《长沙市现代农业特色产业科技示范基地管理办法》《长沙市科普专业场馆（基地）管理办法》《长沙市科技风险投资资金管理办法》《长沙市科技局行政处罚自由裁量权执行基准》；为深入开展“六个走在前列”大竞赛活动，制定了《科技支撑“六个走在前列”竞赛活动方案》以及《深化科技与金融、文化结合，打造新兴产业名城的若干意见（送审稿）》。

科技工作彰显新特色。1. 推进区域协同创新。深化“武汉共识”，在2013年科技计划项目评审、2013年科技奖励评审等领域已经开展实质性合作。为进一步增强服务意识，提高服务效能，切实帮助中央驻长科研院所解决相关问题，创造优良的创新创业环境，制定了《解决驻长科研院所有关问题责任分解表》《解决驻长沙科研院所有关问题落实情况台账》。共解决13家科研院所提出的问题15项，得到了市委主要领导的肯定。2. 开展创新型单位建设。在连续5年开展创新型单位建设的基础上，联合市政府研究室开展创新型城市建设的调研，总结成绩、找出问题、提出建议，得到市领导的批示。组织开展第六批创新型单位创建工作，认定宁乡金洲新区管理委员会等54家单位为长沙市第六批创建创新型单位。长沙市科技领导小组办公室对第五批创建创新型单位进行验收，长沙金霞经济开发区管理委员会等56家单位通过验收。3. 支持大学生创新创业。为充分发挥科技对大学生创新创业的引导作用，在科技发展专项资金项目申报指南中明确了对大学生创业项目优先给予支持，2013年支持“学生创业资金专项”18项，经费188万元。以“放飞梦想 成就未来”为主题，组织开展“长沙市第十届大学生科技创新创业大赛”，参加高校由过去的13所增加到17所，经过初赛、决赛，获奖项目由过去62个增加到75个，奖励经费由过去的22万元增加到25万元，参与面进一步扩大，在全社会的影响力进一步提高，激发了大学生创新创业的热情。4. 促进农业现代化建设。新组建现代农业特色产业科技示范基17家，总数达74家，成为长沙市现代农业科技对外展示的窗口；推动科技特派员科技服务和科技创业，共推广、引进新技术、新产品1200项，创办协会或合作社33个，形成农业龙头企业32个，为驻点单位制定产业发展规划25个，举办各种形式培训190余场次，与农民创建利益共同体16家，有力促进了农村产业经济发展；通过“12396”科技助农直通车等开展农业科技信息服务，实现节约生产成本1665万元，挽回经济损失2072万元，增加经济收入4393万元。 （陈 昶）

·科技环境·

【完善科技创新政策体系】 重新修订下发《长沙市科学技术奖励办法》（长政发〔2013〕16号），增加了“企业科技创新市长奖”；提高“长沙市科技进步奖”获奖项目数量和总体奖励经费预算。经长沙国家级文化和科技融合示范基地建设领导小组审定，下发《长沙市文化和科技融合示范企业认定管理暂行办法》（长科发〔2013〕45号）。为加强对长沙市现代农业特色产业科技示范基地的扶持与管理，培育长沙现代农业产业，与市财政局联合制定《长沙市现代农业特色产业科技示范基地管理办法》（长科发〔2013〕12号）。 （尹志军）

【开展创新型单位建设】 对2013年创建创新型单位申报条件进行修正

和完善，按照新的条件要求，对受理的131家单位的申报材料进行初审，初审合格单位79家。通过专家评审、报分管市领导批准和公示等程序，认定宁乡金洲新区管理委员会等54家单位为长沙市第六批创建创新型单位。全市创新型单位（含创建创新型单位）总数达343家。华自科技股份有限公司、湖南继善高科技有限公司等6家公司获批为第五批省级创新型（试点）企业，蓝思科技股份有限公司、中国铁建重工集团有限公司等12家公司获批为第六批省级创新型（试点）企业，长沙市省级创新型（试点）企业达67家，国家级创新型（试点）企业9家。（李　畅）

【2013年科技活动周】 长沙市科普工作协调领导小组在3—6月举办了以“创新驱动发展，科技引领未来”为主题的科技周，紧紧围绕节能环保、健康科学、农业科技、公共安全等主题，开展了形式多样，内容丰富多彩，效果具体实在的一系列活动。在科普进社区、科普下乡活动中，把“两型”社会建设的概念和内容融入其中，宣传节能环保、健康生活知识。区、县（市）科技部门区开展了“打击假冒伪劣，共建绿色家园”活动、“科学搭配饮食　提倡节约用餐”之“光盘行动”“低碳生活绿色行”“科技改变生活”等活动。科技活动周期间，全市共组织开展以“两型”社会为主要内容的大型科普活动70余次，举办培训班、讲座300余场次，张贴或悬挂标语、横幅1000余条，发放科普读本、资料100万余本（份），参与人员80万人次。公众积极参与，营造了“爱科学、学科学、用科学”浓厚的社会氛围。（吴许文）

【科技宣传】 《人民日报》、新华社、中央人民广播电台、《光明日报》《经济日报》《中国日报》《科技日报》《中国科学报》、香港《商报》《香港大公报》等媒体纷纷以重要位置、重要时段和大篇幅容量报道了长沙科技发展的成就和经验。《人民日报》头版的《自主创新，长株潭靠什么？》《长株潭创新底气从何来》，新华社的《文化与科技融合成为长沙产业发展新趋势》，《光明日报》的《走在两型社会建设前列》，《经济日报》的《长沙，依靠创新中部突起》，《科技日报》的《长沙：积极对接企业难题与科技成果》，香港《商报》的《科技助推长沙文化产业再高飞》等报道。在2013科交会期间，有近60家境内外新闻媒体，包括《人民日报》、新华社、中央人民广播电视台、中央电视台、《光明日报》《经济日报》《中新社》《科技日报》《湖南日报》、湖南卫视、湖南经视、香港《文汇报》《香港大公报》、香港《商报》等参与到长沙科交会的新闻报道中，刊（播）发长沙科交会和长沙科技创新报道文章1200余篇。（陈　昶）

·高新技术·

【集群发展高新技术产业】 科技发展资金重点支持了汽车、先进装备制造、新材料、生物与新医药、信息网络、新能源与资源开发、生态环境保护、文化和科技融合等一系列重点领域科技支撑重大专项。全年共支持产业上下游高新技术企业科技计划项目184个，支持金额7375万元，同比增长90.1%。全市高新技术产业依靠创新驱动，在发挥传统优势产业——高新技术改造传统产业集群发展的基础上，注重培育产业结构多点支撑，提升经济发展品质。2013年，长沙市高新技术改造传统产业（含工程机械产业）实现高新技术产值2342.8亿元，占全市高新技术总产值比重46%；新材料技术实现高新技术产值791亿元，占全市高新技术总产值比重15%；电子信息技术、生物与新医药技术、高技术服务业均实现高新技术产值500亿余元，各占全市高新技术总产值比重10%，多点支撑格局初见雏形。电子信息技术跨越式发展，实现产值521.7亿元，同比增长60.8%，增幅为各领域之首。（陈　昶）

【培育与发展高新技术企业】 组织开展高新技术企业认定培训，指导长沙市企业了解和熟悉高新技术领域相关知识和国家有关高新技术企业优惠和扶植政策，企业踊跃参加，培训现场火爆，市级层面共有226家企业，260人次参加了培训。有关区县也按相关要求组织了培训。根据国家高新技术企业管理办法规定，全年受理高新技术企业认定申请189家，同比新增60家；组织和指导2010年认定的高新技术企业申报复核，全年共受理高新技术复合申请69家；这两项的通过率超过90%。截至12月底，全市共有922家高新技术企业，比2012年净增97家。经科技部评审认定，2013年三一集团有限公司等11家企业获得国家火炬计划重点高新技术企业荣誉称号，占全省新增重点企业数的一半。全市重点高新技术企业累计47家。（王岁江）

【发展高新技术产业平台】 2013年，浏阳生物医药产业集群经过申报、省科技厅组织复核和专家评审等一系列程序，顺利成为省创新型产业集群。长沙（浏阳、宁乡）再制造产业示范基地获批首批“国家再制造产业示范基地”，金霞经开区获批“国家新型工业化产业示范基地”，长沙电力智能控制与设备产业集群纳入国家创新型产业集群试点单位。（黄　可）

【关键技术研发】 2013年，市科技局计划继续重点支持汽车产业、先进装备制造产业、生物与新医药产业、现代农业与健康产业、新材料产业、科技与文化融合工程、生态环境保护、信息网络等重大专项，共支持项目66个，经费6390万元，解决100余个技术难题。14项重大科技成果获国家奖励。其中湖南杂交水稻研究中心主持的“两系法杂交水稻技术研究与应用”获国家科学技术进步奖特等奖；湖南省电力公司主持的“电网大范围冰冻灾害预防与治理关键技术及成套装备”、化工部长沙设计研究院参与的“罗布泊盐湖120万吨/年硫酸钾成套技术开发”均获国家科学技术进步奖一等奖。（胡　劲）

【全国最大制冷科技体验馆落户长沙】 5月11日，位于芙蓉区万家丽路上的长沙首家制冷科技体验馆正式开馆。该馆面积约1200平方米，是全国最大的制冷科技体验馆。湖南省科技厅副厅长贺修铭、格力电器董事长董明珠与湖南暖通界专家，共同出席了开幕仪式。已落成的格力全球顶级制冷科技体验馆展出世界最齐全、最先进的制冷核心科技。它涵盖家用空调、家用中央空调、商用中央空调、特种精密空调、空气能热水机及格力电器制冷上游企业核心零部件和技术，每一件科技精品都见证了“中国制造”的崛起。这是格力电器首次对外公开其产业链的完整布局。在开幕仪式上，湖南大学、中南大学、长沙理工大学校方代表参加，为这家全国最大节能环保制冷设备和技术专业展厅举行了见习基地授牌仪式。（陈　昶）

• 农业科技 •

【农业科技研发与成果推广应用】 以科技计划项目的形式支持湖南省农科院、长沙市蔬菜研究所、长沙市种子管理站等多家单位开展作物新品种的选育工作。通过科技计划项目实施所选育出的这些良种丰产、抗病、质优，累计推广面积近25.33万公顷，为农民增收近3.1亿元。在支持良种选育的同时，长沙市还大力扶持30余家农业企业和合作社开展作物良种的引进推广。在全市范围内推广一大批有鲜明特色的，有较高价值的良种，涉及水稻、蔬菜、水果、茶叶、油茶、药材、花卉苗木等，推广后产生明显的经济效益。（胡和平）

【发展现代农业特色产业科技示范基地】 2013年新认定市级基地17家，滚动支持市级基地26家，投入经费980万元。截至2013年底，基地共培育和引进新品种180余个，开发新技术20余项、新产品100余个，转化新技术100余项，申请专利30余项。累计创造税收2亿余元，基地示范辐射区农民增收总额9亿余元，带动就业1万余人。培育了一大批符合现代农业理念，充满生机和活力的科技型基地，基地品牌效应逐步体现。长沙市雨花区美珍匙吻鲟养殖场，通过基地项目的扶持，成功突破了匙吻鲟种苗生产这一技术难题，填补了国内空白，养殖场已成为国内最大的匙吻鲟繁殖基地，被农业部认定为“无公害水产品生产基地”和“水产健康养殖示范场”。（曾　敏）

【实施科技助农直通车工程】 2013年，星火科技“12396”长沙科技助农直通车投入经费150万元，新发展市级信息服务示范站14家。通过各级信息平台解答农业技术疑难问题5000余个；共组织专家“出诊”服务1300余场次；举办农业科技培训440期，培训农民45000余人次，发放科技资料512000余份；通过开展农业科技信息服务，节约生产成本1665万元，挽回经济损失2072万元，增加经济收入4393万元。（邬新泽）

【扶持科技（专业）合作社】 2013年，市科技局认真贯彻落实《农民专业合作社法》和《湖南省贯彻实施〈农民专业合作社法〉办法》，共支持合作社市科技计划项目62项，经费615万元。其中高新技术改造传统产业资金专项2项，经费100万元；科技成果产业化资金专项15项，经费240万元；社会创业基金1项，经费10万元；科交会对接项目资金专项1项，经费15万元；学生创业基金专项5项，经费50万元；民生科技支撑资金专项1项，经费15万元；现代农业科技支撑专项35项，经费380万元。合作社承担的市科技计划项目按技术领域划分，种植类项目有47项，养殖类项目有13项，农产品加工类项目2项。（曾　敏）

【开展科技特派员工作】 2013年长沙市继续推动第六批科技特派员做好科技服务和科技创业工作，第六批科技特派员共为驻点单位制定产业发展规划25个，推广新技术、新产品104项，引进新品种357个，创建利益共同体16家，与驻点单位联合实施项目47个，举办各种形式培训192期，培训农民6800余人次，发放技术资料2400余份。同时，选派了第七批特派员34名，投入专项经费340万元，发展省级科技特派员工作站1个，省级科技特派员创业链项目1个。（胡和平）

• 产学研合作 •

【2013中国（长沙）科技成果转化交易会】 11月9—11日，2013中国（长沙）科技成果转化交易会在长沙高新区麓谷会展中心举行。十一届全国人大常委会副委员长陈至立和科技部、教育部、中科院，武汉市、合肥市、南昌市、萍乡市及有关高校、科研院所的领导出席了开幕式。来自国内外近百所重点高校、科研院所的500余名专家、学者，俄罗斯华商总会、美华药协、海外留学人员专业联合会、澳大利亚国际商会等机构和企业代表等210余位海（境）外嘉宾，80余家国内外投资机构的140余位代表和60余家央企、上市公司、500强企业的企业家代表参加了各类对接活动。科交会收集到全国高校、科研院所的最新先进适用科技成果7235项，征集企业技术需求557项，融资需求387项，人才需求246项。展台总面积超过1万平方米，展示了精选出的高校、科研院所最新先进适用技术成果2000项，企业技术需求254项，融资需求231项，人才需求162项以及512家企业的1269件实物展品，涵盖长沙支柱产业和高新技术产业。整个科交会期间，组织近20场科技成果对接洽谈会和投资推介会，现场解决和协议解决了近百项技术难题。经过前期洽谈、对接，会期共签订各类科技合作项目289个，签约金额279.29亿元。（陈　昶）

【开展长江中游城市群科技合作】 为落实《武汉共识》的有关精神，长沙、武汉、合肥、南昌4省会城市科技主管部门密切联系，加强交流，开展科技领域的合作。2013年3月，武汉市科技局与长沙市就建立4市科技联席会议工作机制，科技奖励、科技项目评审合作，共同推进节能与新能源汽车产业，开展跨区域技术转移和成果转化，科技资源共享等2013年拟启动合作事项交换了意见，并取得初步共识。5月，副市长夏建平率团到武汉，参加长江中游城市群省会城市首届科技合作联席会议，就贯彻落实“武汉共识”、建立4省会城市科技合作联席会工作机制、启动实施2013年科技合作项目等内容进行了磋商，4市形成《长江中游城市群省会城市首届科技合作联席会会议纪要》。11月长沙市组织长城信息、明和光电等企业参加了在武汉举办的“光博会”；11月中上旬武汉、南昌、合肥等市组织企业代表近50人参加了在长沙市举办的科交会，并设立“四市协同创新展馆”，展示4市最新最前沿的科技成果。2013年4省会城市启动专家库共享工作，在科技计划项目评审、科技奖励评选中，优先在4市共享专家库中遴选专家。其中，长沙市科技进步奖评审专家中，其他3市专家比重超过30%。（胡 劲）

【对外科技交流与合作】 市科技计划全年立项引进国际先进适用技术项目16个，安排经费295万元。促成意大利马尔凯大区政府在高新区留学生创业园设立了技术转移办事处，“悉尼科技大学——长沙合作窗口”也正式挂牌运营。先后组织人员5批20人次赴欧洲、北美、南非、日本、韩国等国家和台湾地区开展科技合作交流，借助科技活动周等平台，以及与省科技厅的工作联系，开展技术引进，通过“中英可持续先进制造合作研讨会”“香港应科院科技项目推介会”等对接活动，成功引进韩国“天然植物饲料添加剂的共同开发及产业化”、加拿大“基于显著提高内燃机效率的空气混合动力和可变气门正时系统革新技术”、乌克兰“提高国内铝用阴极碳素工厂的产品合格品率技术开发”等国际先进技术 。（佘新辉）

【促进技术交易】 2013年，长沙市技术贸易合同成交总金额414303.48万元，技术交易额217890.53万元。合同数3012份，其中技术开发合同2438份，合同成交额161662.24万元，技术交易额155258.82万元；技术转让合同124份，合同成交额228021.71万元，技术交易额38039.81万元；技术咨询21份，合同成交额377.57万元；技术交易额374.57万元；技术服务429份，合同成交额24241.96万元，技术交易额24217.33万元。新增技术交易机构备案62家。（潘 攀）

•科技平台•

【发展产业技术创新战略联盟】 新筹备组建了长沙市智能电力设备产业技术创新战略联盟，主要成员单位由华自科技股份有限公司、威胜集团有限公司、金杯电工股份有限公司、长缆电工科技股份有限公司、湖南长高高压开关集团股份公司等组成。新筹备组建了长沙市绿色印刷产业技术创新战略联盟。对全市技术创新战略联盟进行绩效考核，给予所有考核合格的联盟共计225万元的工作经费支持。2013年，联盟组织开展重大技术攻关72项。争取各级科技立项148项，其中国家科技立项44项，省科技立项58项，市科技立项47项。（黄 可）

【科技创新研发平台建设】 2013年，获批组建了3家国家级工程技术研究中心、3家国家地方联合工程研究中心、14家省级工程技术研究中心、7家省级工程研究中心。新批准组建16家市级工程技术研究中心，给予每家不少于20万元的支持。获批组建1家国家工程实验室、8家省级重点实验室和4家省级工程研究室；获批组建了1家国家级企业技术中心、9家省级企业技术中心和20家市级企业技术中心。（黄 可）

【科技企业孵化器建设】 截至2013年，全市有规范化的科技企业孵化器28家，孵场面积220万余平方米。2013年，长沙湘能科技企业孵化器有限公司、湖南长沙长海科技创业服务有限公司被湖南省科技厅认定为省级科技企业孵化器，其中，长沙湘能科技企业孵化器有限公司于2013年底又被科技部认定为国家级科技企业孵化器。2013年新认定市级科技企业孵化器3家，给予每家单位50万元的经费支持。（黄 可）

附录

长沙十件科技大事

1. 习近平于11月初视察国防科学技术大学、中南大学、蓝思科技股份有限公司、威胜集团有限公司，对长沙自主创新给予高度评价。

2. 国防科技大学研制的超级计算机再登世界之巅。“天河二号”在第41届世界超级计算机500强中排名榜首，成为全球最快超级计算机。

3. 三位著名专家学者印遇龙（中国科学院亚热带农业生态研究所研究员）、宋君强（国防科技大学教授）、桂卫华（中南大学教授）当选为中国工程院院士，为湖南历史上当选中国工程院院士人数最多的一年。

4. 14项重大科技成果获国家奖励。其中湖南杂交水稻研究中心主持的“两系法杂交水稻技术研究与应用”获国家科学技术进步奖特等奖；湖南省电力公司主持的“电网大范围冰冻灾害预防与治理关键技术及成套装备”、化工部长沙设计研究院参与的“罗布泊盐湖120万吨/年硫酸钾成套技术开发”均获国家科学技术进步奖一等奖。

5. 中电集团四十八所为“天宫一号”与“神舟十号”对接研制生产的“特种传感器”、长沙矿山研究院自主研制的“深海岩芯取样钻机”、中铁重工集团研发的首台“链刀式连续墙设备”等一批拥有自主知识产权的“长沙创造”产品问世，填补国内空白。

6. 科技创新平台再添一批“国字号”。新增4个国家级工程技术研究中心和重点实验室，其中国家首个药用辅料工程技术研究中心落户湖南尔康制药股份有限公司；长沙（浏阳、宁乡）再制造产业示范基地获批首批“国家再制造产业示范基地”，金霞经开区获批“国家新型工业化产业示范基地”，长沙电力智能控制与设备产业集群纳入国家创新型产业集群试点单位。

7. “区域合作，协同创新”取得新的突破。中南大学、国防科技大学成为国家高等学校创新能力提升计划首批“2011协同创新中心”主要协同单位；武汉、长沙、合肥、南昌四省会城市共同签署《长江中游城市群暨长沙、合肥、南昌、武汉科技合作协议》，并开展一系列实质性合作交流与资源共享，为打造“中国经济第四极”提供科技支撑。

8. 科技进步领跑中部省会城市和全省各地州市，连续7届市本级被评为全国科技进步先进市，连续2届所辖9个区县（市）全部被评为全国科技进步先进区县（市）。

9.“国际稻都”打响长沙农业国际化“名片”。袁隆平院士创新团队选育的第四期超级杂交稻逼近亩产1000公斤；成功举办“首届隆平国际论坛暨2013种业硅谷招商推介会”。

10.“2013中国（长沙）科技成果转化交易会”成功举办，签订科技合作项目289项，签约金额279.29亿元，并荣膺“2013年度中国十佳品牌展览会”。

表27　长沙市2013年新增高新技术企业认定名单

序号	企业名单	所属地区
	第一批认定	
1	湖南凯歌医疗信息技术有限公司	长沙高新区
2	长沙太阳人电子有限公司	长沙高新区
3	长沙高新技术产业开发区天方科技有限公司	长沙高新区
4	湖南福莱特信息技术有限公司	长沙高新区
5	湖南普照爱伯乐平板显示器件有限公司	长沙高新区
6	湖南舒天网络科技发展有限公司	长沙高新区
7	湖南华诺科技有限公司	长沙高新区
8	长沙中交京纬工程技术有限公司	长沙高新区
9	湖南省湘电试研技术有限公司	长沙高新区
10	湖南华凯创意展览服务有限公司	长沙高新区
11	中铁五局集团电务工程有限责任公司	长沙高新区
12	国家建筑城建机械质量监督检验中心	长沙高新区
13	天汽模（湖南）汽车模具技术有限公司	长沙高新区
14	长沙金域医学检验所有限公司	长沙高新区
15	湖南科鑫电力设计有限公司	长沙高新区
16	湖南科创电力工程技术有限公司	长沙高新区
17	湖南银城科技有限公司	长沙高新区
18	湖南邵液洪格液压有限责任公司	长沙市
19	湖南天富机电科技有限公司	长沙市
20	湖南全辰科技有限公司	长沙市
21	长沙明贤机电有限公司	长沙市
22	湖南天鹰隔离开关有限公司	长沙市
23	长沙三友仪器设备有限公司	长沙市
24	长沙健峰彩印实业有限公司	长沙市
25	湖南普照信息材料有限公司	长沙市
26	湖南博海新材料有限公司	长沙市
27	湖南路路通塑业股份有限公司	长沙市
28	长沙树人牧业科技有限公司	长沙市
29	长沙威保特环保科技有限公司	长沙市
30	湖南兴鹏化工科技有限公司	长沙市
31	湖南德立信软件开发有限公司	长沙市

续表 27

序号	企业名单	所属地区
32	湖南湘科清洁发展有限责任公司	长沙市
33	湖南众天游信息技术有限公司	长沙市
34	长沙全程数字机电科技有限公司	长沙市
35	长沙凌峰科技开发有限公司	长沙市
36	湖南凯杰科技有限责任公司	长沙市
37	长沙飞波通信技术有限公司	长沙市
38	长沙建研信息技术有限公司	长沙市
39	东方新诚信数字认证中心有限公司	长沙市
40	长沙牧泰莱电路技术有限公司	长沙市
41	湖南省湘筑交通科技有限公司	长沙市
42	湖南高铁时代数字化科技有限公司	长沙市
43	五矿二十三冶建设集团有限公司	长沙市
44	湖南省勘测设计院	长沙市
45	清园（湖南）教育投资发展有限公司	长沙市
46	湖南海盛重工科技有限公司	长沙市
47	博世汽车部件（长沙）有限公司	长沙市
48	长沙佳能通用泵业有限公司	长沙市
49	湖南湘联节能科技股份有限公司	长沙市
50	长沙中联重科环卫机械有限公司	长沙市
51	陕西中大机械集团湖南中大机械制造有限责任公司	长沙市
52	长沙华恒机器人系统有限公司	长沙市
53	湖南长拓高科冶金有限公司	长沙市
54	湖南中电能源有限公司	长沙市
55	长沙同翔机械设备制造有限公司	长沙市
56	湖南中新设备制造有限公司	长沙市
57	湖南中工矿业工程技术有限公司	长沙市
58	长沙永凯科技设备有限公司	长沙市
59	湖南三星机床工具有限公司	长沙市
60	湖南地生工业设备有限公司	长沙市
61	湖南平高开关有限公司	长沙市
62	长沙酉诚凸轮轴制造有限公司	长沙市
63	湖南朗圣实验室技术发展有限公司	长沙市
64	长沙市金镂实业有限公司	长沙市
65	湖南省国瑞仪器有限公司	长沙市
66	湖南奥莎富士电梯股份有限公司	长沙市
67	湖南华望科技有限公司	长沙市
68	湖南交泰建材有限公司	长沙市
69	湖南汇融科技有限公司	长沙市
70	长沙特耐金属材料科技有限公司	长沙市

续表 27

序号	企业名单	所属地区
71	湖南美特新材料科技有限公司	长沙市
72	湖南三环颜料有限公司	长沙市
73	湖南德尚源耐磨工业有限公司	长沙市
74	经阁铝业科技股份有限公司	长沙市
75	湖南易达塑业有限公司	长沙市
76	湖南众益管业有限公司	长沙市
77	湖南江盛新型建筑材料有限公司	长沙市
78	湖南湘江电缆有限公司	长沙市
79	湖南鹤祥包装有限公司	长沙市
80	湖南本安亚大新材料有限公司	长沙市
81	长沙普济生物科技有限公司	长沙市
82	湖南省岩田新材料科技有限公司	长沙市
83	浏阳河农业产业集团有限公司	长沙市
84	湖南康寿制药有限公司	长沙市
85	长沙卫一生物科技有限公司	长沙市
86	湖南省汇湘轩生物科技有限公司	长沙市
87	湖南麓山天然植物制药有限公司	长沙市
88	长沙新源氨基酸生物肥料有限公司	长沙市
89	湖南省丽拓生物科技有限公司	长沙市
90	湖南浩博有机农业有限公司	长沙市
91	长沙浩博生物技术有限公司	长沙市
92	湖南泰谷生物兽药有限公司	长沙市
93	湖南泰谷生物肥料有限公司	长沙市
94	湖南赛福资源饲料科技有限公司	长沙市
95	湖南烟村生态农牧科技股份有限公司	长沙市
96	湖南思为能源环保工程有限公司	长沙市
97	长沙昌佳节能技术有限公司	长沙市
98	湖南瑞翼节能科技有限公司	长沙市
99	湖南稀土新能源材料有限责任公司	长沙市
100	城光（湖南）节能环保服务有限公司	长沙市
101	长沙创良热能科技有限公司	长沙市
102	湖南阳光富源光电产业有限公司	长沙市
103	湖南省天马灯饰电器有限公司	长沙市
104	湖南月儿太阳能科技有限公司	长沙市
105	湖南美锦能源科技有限公司	长沙市
106	湖南安普诺环保科技有限公司	长沙市
107	湖南先科环保有限公司	长沙市
108	湖南慧正环境科技发展有限公司	长沙市
109	长沙仁缘特种机械制造有限公司	长沙市

续表 27

序号	企业名单	所属地区
110	长沙新康泉环保科技有限公司	长沙市
111	湖南有色氟化学科技发展有限公司	长沙市
112	湖南科尔顿水务有限公司	长沙市
	第二批认定	
1	浏阳方圆液压有限公司	长沙市
2	湖南泰阳网络科技有限公司	长沙市
3	湖南高阳通联信息技术有限公司	长沙市
4	湖南多普生环境能源有限公司	长沙市
5	长沙信元电子科技有限公司	长沙市
6	三金集团湖南三金药业有限责任公司	长沙市
7	湖南蓝天焊接科技有限公司	长沙市
8	湖南智源信息网络技术开发有限公司	长沙市
9	湖南荣钧环保科技有限公司	长沙市
10	湖南博得科技开发有限公司	长沙市
11	湖南光大仿真教学仪器有限公司	长沙市
12	湖南省泰山热工材料装备有限公司	长沙市
13	湖南九九矿安装备有限公司	长沙市
14	长沙天卓塑胶有限公司	长沙市
15	湖南超弦科技股份有限公司	长沙市
16	湖南诺凯生物医药有限公司	长沙市
17	湖南千山矿业有限公司	长沙市
18	湖南美瑞科技有限公司	长沙市
19	浏阳市化工厂有限公司	长沙市
20	湖南精量重工科技有限公司	长沙市
21	长沙市沙电汽车零部件有限公司	长沙市
22	湖南长城肠衣有限公司	长沙市
23	湖南神州祥网科技有限公司	长沙市
24	宁乡远大住宅工业有限公司	长沙市
25	湖南海盾光纤传感技术工程实验室有限公司	长沙市
26	长沙恒牛农业科技有限公司	长沙市
27	中铁建电气化局集团第四工程有限公司	长沙市
28	湖南兴蔬种业有限公司	长沙市
29	湖南优力特重工有限公司	长沙市
30	长沙联力实业有限公司	长沙市
31	蓝思科技（长沙）有限公司	长沙市
32	长沙惠工智科机电设备有限公司	长沙市
33	长沙市中一制药机械有限公司	长沙市
34	湖南恒凯环保科技投资有限公司	长沙市

续表 27

序号	企业名单	所属地区
35	湖南金诚信通信股份有限公司	长沙市
36	湖南维胜科技有限公司	长沙市
37	湖南中大建设工程检测技术有限公司	长沙市
38	马克菲尔（长沙）新型支档科技开发有限公司	长沙市
39	湖南湘投金天钛金属有限公司	长沙高新区
40	长沙伟泰塑胶科技有限公司	长沙高新区
41	长沙中大冶金设备有限公司	长沙高新区
42	湖南美莱精化有限公司	长沙高新区
43	长沙高新开发区迪内斯电子科技发展有限公司	长沙高新区
44	湖南中冶长天重工科技有限公司	长沙高新区
45	长沙中坤电气科技有限公司	长沙高新区

表 28　　2013 年长沙市通过复审高新技术企业名单

序号	高新技术企业名单
1	长沙铭泰电力科技有限公司
2	湖南南方城墙信息安全科技股份有限公司
3	长沙鸿源水处理技术开发有限公司
4	湖南锦润智能科技有限公司
5	长沙湘平科技发展有限公司
6	大邦（湖南）生物制药有限公司
7	湖南弘龙科技开发有限公司
8	长沙星联电力自动化技术有限公司
9	湖南海兴电器有限责任公司
10	湖南长城医疗科技有限公司
11	长沙瑞和数码科技有限公司
12	湖南麓谷信息港开发有限公司
13	湖南红太阳光电科技有限公司
14	长沙高新开发区湘仪天平仪器设备有限公司
15	湖南云博信息技术有限公司
16	湖南圣湘生物科技有限公司
17	长沙大家物联网络科技有限公司
18	湖南神州光电能源有限公司
19	湖南卓聚新材料有限责任公司
20	长沙中联消防机械有限公司
21	湖南汇通科技有限责任公司
22	长沙韶光铬版有限公司

续表 28

序号	高新技术企业名单
23	湖南东方时装有限公司
24	长沙汇一制药机械有限公司
25	湖南航天康达塑胶有限公司
26	湖南湘牛环保实业有限公司
27	长沙雷升信息技术商务有限公司
28	长沙众兴新材料科技有限公司
29	长沙爱建通信科技有限公司
30	湖南正中制药机械有限公司
31	长沙机床有限责任公司
32	湖南省浏阳市择明热工器材有限公司
33	湖南邦普循环科技有限公司
34	湖南教育卫星应用技术有限公司
35	长沙众城石油化工有限责任公司
36	湖南航天卫星通信科技有限公司
37	长沙梅花汽车制造有限公司
38	湖南华阳机械设备有限公司
39	湖南梓先新材料有限公司
40	长沙麦融高科有限公司
41	浏阳市科技模型厂有限公司
42	澳优乳业（中国）有限公司
43	湖南金百大能效管理科技有限公司
44	湖南一力股份有限公司
45	长沙电机厂有限责任公司
46	湖南运想重工科技有限公司
47	湖南省通信建设有限公司
48	湖南丰日电源电气股份有限公司
49	长沙锅炉厂有限责任公司
50	长沙佳瑛科技有限公司
51	长沙市比亚迪汽车有限公司
52	长沙硕博电子科技有限公司
53	长沙安迪生物科技有限公司
54	湖南宇航科技有限公司
55	湖南阳光新材料有限公司
56	湖南中铁五新重工有限公司
57	湖南新汇制药股份有限公司

续表 28

序号	高新技术企业名单
58	湖南万征机械科技有限公司
59	湖南广和化工有限公司
60	湖南广义科技有限公司
61	湖南神塑科技有限公司
62	湖南大唐节能科技有限公司
63	三一汽车起重机械有限公司
64	湖南省湘电锅炉压力容器检验中心有限公司
65	长沙科达建设机械制造有限公司
66	湖南超凡计量自动化科技有限公司
67	湖南斯德尔重工科技有限公司
68	长沙开元机电设备有限公司
69	长沙插拉刨机电设备制造有限公司
70	湖南正忠信息技术有限公司
71	长沙海商网络技术有限公司
72	湖南远见信息科技有限公司
73	长沙湘普防爆车辆有限公司
74	长沙埃尔压缩机有限责任公司
75	长沙桑铼特农业机械设备有限公司
76	长沙市海图科技有限公司
77	华自科技股份有限公司
78	湖南创图视维科技有限公司
79	湖南湘电长沙水泵有限公司
80	湖南西湖电线电缆有限公司
81	绿之韵生物工程集团有限公司
82	湖南星邦重工有限公司
83	长沙赛普尔自动化工程设备有限公司
84	湖南创星科技有限公司
85	长沙市保灵建材助剂有限公司
86	长沙福田汽车科技有限公司
87	湖南泓达科技有限公司
88	长沙百川超硬材料工具有限公司
89	湖南中联重科履带起重机有限公司
90	湖南金马硅业有限公司
91	湖南搏浪沙水工机械有限公司
92	湖南中成机械有限公司

表 29　2013 年长沙市新增国家火炬计划重点高新技术企业名单

序号	重点高新技术企业名称	证书编号
1	三一集团有限公司	GZ20134300001
2	长沙长泰机械股份有限公司	GZ20134300003
3	威胜集团有限公司	GZ20134300007
4	长沙有色冶金设计研究院有限公司	GZ20134300008
5	湘北威尔曼制药股份有限公司	GZ20134300011
6	长沙威胜信息技术有限公司	GZ20134300013
7	湖南顶立科技有限公司	GZ20134300017
8	长沙南方钽铌有限责任公司	GZ20134300022
9	湖南安邦制药有限公司	GZ20134300026
10	恒天九五重工有限公司	GZ20134300028
11	飞翼股份有限公司	GZ20134300029

表 30　2013 年长沙市文化和科技融合示范企业名单

序号	企业名称
1	拓维信息系统股份有限公司
2	天舟文化股份有限公司
3	湖南青苹果数据中心有限公司
4	湖南凌华印务有限责任公司
5	湖南和光传媒有限责任公司
6	鹰皇商务科技有限公司
7	湖南长广天择传媒有限公司
8	湖南四海通达文化传播有限公司
9	东信烟花集团有限公司
10	湖南明和光电设备有限公司
11	湖南华凯创意展览服务有限公司
12	嘉丽购物有限责任公司
13	华声在线股份有限公司
14	长沙国安广播电视宽带网络有限公司
15	长沙锦东瓷业有限公司
16	湖南中信泽实业有限公司
17	长沙大红陶瓷发展有限责任公司
18	湖南青果软件有限公司
19	湖南众益文化传媒有限公司
20	湖南新亚胜科技发展有限公司
21	长沙晚报传媒有限公司

表 31

2013 年新增的国家工程（技术）研究中心

序号	名　　称	依托单位
1	国家电能变换与控制工程技术研究中心	湖南大学
2	国家炭 / 炭复合材料工程技术研究中心	湖南博云新材料股份有限公司
3	国家药用辅料工程技术研究中心	湖南尔康制药股份有限公司
4	流动式起重机技术国家地方联合工程研究中心	中联重科股份有限公司
5	兽用中药资源与中兽药创制国家地方联合工程研究中心	湖南农业大学
6	新药组合生物合成国家地方联合工程研究中心	长沙天赐生物医药科技有限公司

表 32

2013 年新增的省级工程（技术）研究中心

序号	名　　称	依托单位
1	湖南省输变电高压开关工程技术研究中心	湖南长高高压开关集团股份公司
2	湖南省粮油绿色储运工程技术研究中心	湖南省粮食集团责任有限公司
3	湖南省特大口径电站阀门工程技术研究中心	中阀科技（长沙）阀门有限公司、长沙理工大学
4	湖南省玉米工程技术研究中心	湖南农业大学、湖南继福种业科技有限公司
5	湖南省农村农业信息化工程技术研究中心	湖南农业大学
6	湖南省关节外科临床医疗技术研究中心	中南大学湘雅医院
7	湖南省中药活性物质筛选工程技术研究中心	湖南中医药大学
8	湖南省肿瘤整形外科临床医疗技术研究中心	湖南省肿瘤医院
9	湖南省小儿遗传代谢性疾病防治临床医疗技术研究中心	湖南省妇幼保健院
10	湖南省新型肥料工程技术研究中心	湖南省土壤肥料研究所
11	湖南省绿色印刷工程技术研究中心	湖南凌华印务有限责任公司、北京印刷学院
12	湖南省桩工机械工程技术研究中心	恒天九五重工有限公司
13	湖南省激光增材制造工程技术研究中心	湖南华曙高科技有限责任公司
14	湖南省汽车电子驱动和起 / 发电机工程技术研究中心	博世汽车部件（长沙）有限公司
15	高端钛材制造湖南省工程研究中心	湖南湘投金天科技集团有限责任公司（参建单位：中南大学等）
16	地下工程装备湖南省工程研究中心	山河智能装备股份有限公司（参建单位：中南大学）
17	增材制造湖南省工程研究中心	湖南华曙高科技有限责任公司等
18	新型智能高效输变电技术湖南省工程研究中心	湖南长高高压开关集团股份有限公司（参建单位：湖南大学）
19	循环节能建筑用模板湖南省工程研究中心	长沙巨星轻质建材股份有限公司（参建单位：中南大学）
20	核酸诊断技术湖南省工程研究中心	湖南圣湘生物科技有限公司等
21	新型凝胶膏剂湖南省工程研究中心	湖南九典制药有限公司（参建单位：湖南中医药大学、湖南普道医药技术有限公司）

表 33

2013 年新批准组建的市级工程技术研究中心

序号	名　称	依托单位
1	长沙市铝基复合新材料工程技术研究中心	长沙众兴新材料科技有限公司
2	长沙市羽毛球生产技术与工艺工程技术研究中心	长沙市迪马斯体育用品实业有限公司
3	长沙市智能型外遮阳节能门窗工程技术研究中心	湖南湘联节能科技股份有限公司
4	长沙市细胞移植与转化医学工程技术研究中心	湖南能润医学诊断技术股份有限公司
5	长沙市光学镀膜工程技术研究中心	湖南电子信息产业集团有限公司
6	长沙市立式长轴 / 斜流泵工程技术研究中心	湖南耐普泵业有限公司
7	长沙市岩土钻孔装备工程技术研究中心	长沙天和钻具机械有限公司
8	长沙预应力智能张拉与压浆工程技术研究中心	湖南联智桥隧技术有限公司
9	长沙市调料食品工程技术研究中心	长沙好韻味实业发展有限公司
10	长沙市数控钣金装备工程技术研究中心	湖南三星机床工具有限公司
11	长沙市重卡及 SUV 车架工程技术研究中心	湖南帅兴机械制造有限公司
12	长沙市药用菌丝体工程技术研究中心	湖南新汇制药股份有限公司
13	长沙市废旧电池清洁循环工程技术研究中心	湖南邦普循环科技有限公司
14	长沙市阀门工程技术研究中心	湖南泵阀制造有限公司
15	长沙市热处理工程技术研究中心	湖南省泰山热工材料装备有限公司
16	长沙市建筑能效测评工程技术研究中心	长沙市城科建设工程质量检测有限公司

表 34

2013 年新增的国家级、省级重点（工程）实验室

序号	名　称	依托单位
1	公路养护技术国家工程实验室	长沙理工大学
2	精神疾病诊治技术国家地方联合工程实验室	中南大学湘雅二医院
3	超微结构与超快过程湖南省重点实验室	中南大学
4	神经退行性疾病湖南省重点实验室	中南大学湘雅医院
5	植物功能基因组学与发育调控湖南省重点实验室	湖南大学
6	超精密加工技术湖南省重点实验室	国防科学技术大学机电工程与自动化学院
7	创意设计及应用湖南省重点实验室	湖南师范大学

续表 34

序号	名　称	依托单位
8	工程车辆安全性设计与可靠性技术湖南省重点实验室	长沙理工大学
9	工程流变学湖南省重点实验室	中南林业科技大学
10	中西医结合心脑疾病防治湖南省重点实验室	湖南中医药大学
11	稻米品质安全控制湖南省工程实验室	中南林业科技大学涉外学院
12	茄果类蔬菜资源创新与应用湖南省工程实验室	湖南省蔬菜研究所
13	饲用微生态制剂湖南省工程实验室	湖南省微生物研究所
14	药用菌丝体综合利用湖南省工程实验室	湖南新汇制药股份有限公司

表 35　2013 年新增的国家级、省级企业技术中心

序号	名　称	依托单位	级别
1	长城信息产业股份有限公司技术中心	长城信息产业股份有限公司	国家级
2	恒天九五重工有限公司技术中心	恒天九五重工有限公司	省级
3	长沙盛泓机械有限公司技术中心	长沙盛泓机械有限公司	省级
4	湖南搏浪沙水工机械有限公司技术中心	湖南搏浪沙水工机械有限公司	省级
5	湖南先步信息股份有限公司技术中心	湖南先步信息股份有限公司	省级
6	湖南中野高科技特种材料有限公司技术中心	湖南中野高科技特种材料有限公司	省级
7	湖南顶立科技有限公司技术中心	湖南顶立科技有限公司	省级
8	长沙族兴新材料股份有限公司技术中心	长沙族兴新材料股份有限公司	省级
9	湖南泰谷生物科技股份有限公司技术中心	湖南泰谷生物科技股份有限公司	省级
10	湖南迪诺制药有限公司技术中心	湖南迪诺制药有限公司	省级

表 36　2013 年新认定的科技企业孵化器

序号	名　称	级别
1	长沙湘能科技企业孵化器有限公司	国家级
2	湖南长沙长海科技创业服务有限公司	省级
3	长沙东湖高新投资有限公司	市级
4	湖南环保科技产业园开发建设投资有限责任公司	市级
5	德邦（湖南）生物科技有限公司	市级

表 37 长沙市首批科技创新创业领军人才名单

序号	姓名	单 位	职务 / 职称
1	余永富	湖南长拓高科冶金有限公司 / 长沙矿冶研究院有限责任公司	副董事长 / 院士 / 教授级高级工程师
2	易小刚	三一集团有限公司	总工程师、研究总院院长 / 研究员级高级工程师
3	卢光琇	湖南光琇高新生命科技有限公司 / 中信湘雅生殖与遗传专科医院	董事长、院长 / 教授
4	王晓光	湖南海利化工股份有限公司 / 湖南化工研究院	董事长、院长 / 研究员
5	罗安	长沙博立电气有限公司 / 湖南大学	技术总监 / 教授
6	朱建新	山河智能装备股份有限公司 / 中南大学	总裁助理兼研究院院长 / 教授
7	杨远柱	袁隆平农业高科技股份有限公司	副总裁、研究院院长 / 研究员
8	戴立忠	湖南圣湘生物科技有限公司	董事长、总经理 / 特聘教授
9	许小曙（美国籍）	湖南华曙高科技有限责任公司	董事长兼技术总监 / 特聘教授
10	夏利锋	长城信息产业股份有限公司 / 长沙中电软件园有限公司	总经理助理（长城信息）、总经理（中电）/ 高级工程师
11	李芳书	湖南继善高科技有限公司	董事长兼总经理 / 高级工程师
12	付玲	中联重科股份有限公司	副总工程师兼中央研究院院长 / 研究员
13	贺跃辉	长沙岱勒新材料科技有限公司 / 中南大学	董事长 / 教授
14	成艾国	湖南湖大艾盛汽车技术开发有限公司 / 湖南大学	总经理 / 教授
15	任立军	湖南红宇耐磨新材料股份有限公司 / 中南大学	董事、总工程师 / 副教授
16	刘振	楚天科技股份有限公司	首席技术总监 / 高级工程师
17	王建新	湖南中科博华科技有限公司 / 中南大学	技术总监 / 教授
18	廖俊德	湖南长高高压开关集团股份公司	常务副总裁、总工程师 / 高级工程师
19	戴煜	湖南顶立科技有限公司	董事长 / 高级工程师
20	王军（加拿大籍）	湖南圣湘生物科技有限公司	首席技术官
21	陶胜	湖南蓝猫动漫传媒有限公司	执行总裁
22	刘维民（德国籍）	长沙族兴新材料股份有限公司	市场总监
23	谢国胜	湖南省湘电试验研究院有限公司	技术总监 / 高级工程师
24	叶锋	湖南搏浪沙水工机械有限公司	董事长
25	赵兴兵	湖南龙石山铁皮石斛基地有限公司	总经理

表 38 2013 年长沙获国家自然科学奖获奖项目

序号	项目编号	项目名称	完成人及单位
	二等奖		
1	Z—107—2—02	时滞系统鲁棒控制的自由权矩阵方法	吴敏（中南大学），何勇（中南大学），张先明（中南大学）

表 39 2013 年长沙获国家技术发明奖获奖项目

序号	项目编号	项目名称	完成人及单位
	二等奖		
1	F—303—2—02	硫化矿新型高效捕收剂的合成技术与浮选应用	钟宏（中南大学），刘广义（中南大学），覃文庆（中南大学），王帅（中南大学），蒋玉仁（中南大学），曹占芳（中南大学）

续表 39

序号	项目编号	项目名称	完成人及单位
2	F—310—2—01	新型自密实混凝土设计与制备技术及应用	余志武（中南大学），谢友均（中南大学），田倩（江苏省建筑科学研究院有限公司），郑建岚（福州大学），李化建（中国铁道科学研究院），龙广成（中南大学）

表 40　　2013 年长沙获国家科学技术进步奖项目

序号	项目编号	项目名称	完成单位	完成人员
	特等奖			
1	J—201—0—01	两系法杂交水稻技术研究与应用	湖南杂交水稻研究中心，湖北省农业科学院粮食作物研究所，江苏省农业科学院，安徽省农业科学院水稻研究所，华中农业大学，武汉大学，广东省农业科学院水稻研究所，湖南师范大学，江西农业大学，广西壮族自治区农业科学院水稻研究所，中国水稻研究所，袁隆平农业高科技股份有限公司，江西省农业科学院水稻研究所，华南农业大学，福建省农业科学院水稻研究所，贵州省水稻研究所，北京金色农华种业科技有限公司，湖南省气象科学研究所	袁隆平，石明松，邓华凤，卢兴桂，邹江石，罗孝和，王守海，杨振玉，牟同敏，王丰，陈良碧，贺浩华，覃惜阴，刘爱民，尹建华，万邦惠，李成荃，孙宗修，彭惠普，程式华，潘熙淦，杨聚宝，游艾青，曾汉来，吕川根，武小金，邓国富，周广洽，黄宗洪，刘宣柏，冯云庆，姚克敏，汪扩军，王德正，朱英国，廖亦龙，梁满中，陈大洲，粟学俊，肖层林，尹华奇，廖伏明，袁潜华，李新奇，童哲，周承恕，郭名奇，阳庆华，徐小红，朱仁山
	一等奖			
1	J—213—1—01	罗布泊盐湖120万吨/年硫酸钾成套技术开发	国投新疆罗布泊钾盐有限责任公司，化工部长沙设计研究院，中蓝连海设计研究院，中国地质科学院矿产资源研究所，清华大学	李浩，唐中凡，尹新斌，雷光元，刘小力，汤建良，李守江，黎礼，李红星，谭昌晶，郭兴寿，颜辉，湛留意，刘成林，侯悦民
2	J—217—1—02	电网大范围冰冻灾害预防与治理关键技术及成套装备	湖南省电力公司，中国电力科学研究院，重庆大学，国网电力科学研究院，湖南省气象台，浙江省电力公司，长沙理工大学，特变电工衡阳变压器有限公司，北京中星微电子有限公司，湖南省汇粹电力科技有限公司	陆佳政，蒋兴良，鲁先龙，吴维宁，方针，李海翔，胡建林，黎祖贤，荆平，李波，曾祥君，罗兴赤，王　浩，张红先，蒋正龙
	二等奖			
1	J—201—2—03	南方葡萄根域限制与避雨栽培关键技术研究与示范	上海交通大学，湖南农业大学，上海市农业科学院	王世平，杨国顺，李世诚，石雪晖，吴江，陶建敏，蒋爱丽，白先进，单传伦，许文平
2	J—21502—2—01	超强化旋浮铜冶炼和无氧化还原精炼工艺研发及产业化应用	阳谷祥光铜业有限公司，中国瑞林工程技术有限公司，中南大学，太极计算机股份有限公司	周松林，姚素平，刘卫东，葛哲令，陈迎武，周皓，谢锴，陈卓，张士庆，赵金元

续表 40

序号	项目编号	项目名称	完成单位	完成人员
3	J—21502—2—03	7000系铝合金强韧化热处理技术创新与工业应用	北京有色金属研究总院，东北轻合金有限责任公司，中南大学，东北大学	熊柏青，周江，张永安，陈康华，赵刚，李志辉，苏堪祥，李锡武，吕新宇，王锋
4	J—216—2—03	复杂装备数字化设计中的关键共性技术及其应用	湖南大学，合科软件（北京）有限责任公司	韩旭，文桂林，姜潮，刘桂萍，牟全臣，吴长德，刘杰，周长江，雷飞，杨旭静
5	J—216—2—04	超大型塔式起重机关键技术及应用	中联重科股份有限公司，中铁大桥局股份有限公司	喻乐康，阳云华，李桂芳，李宇力，付英雄，易德辉，周汉麟，何首文，张剑锋，刘圣平
6	J—222—2—01	巨型机组水电站建筑结构关键技术	长江勘测规划设计研究有限责任公司，中国长江三峡集团公司，武汉大学，长江水利委员会长江科学院，中国水电顾问集团中南勘测设计研究院，大连理工大学，中国水利水电科学研究院	钮新强，杨清，伍鹤皋，周述达，陈文斌，邬爱清，王小毛，陈又华，林绍忠，冯树荣
7	J—223—2—02	长大跨桥梁结构状态评估关键技术与应用	东南大学，江苏省交通科学研究院股份有限公司，长安大学，中南大学，江西省交通科学研究院，江苏润扬大桥发展有限责任公司，江苏扬子大桥股份有限公司	李爱群，郭彤，张宇峰，李兆霞，王春生，王浩，何旭辉，江祥林，梁新政，王莹
8	J—234—2—02	灸法治疗肠腑病症的技术与临床应用	上海中医药大学，北京中医药大学，成都中医药大学，湖南中医药大学，复旦大学附属中山医院，上海市针灸经络研究所	吴焕淦，刘慧荣，施茵，余曙光，赵百孝，姚礼庆，马晓芃，王晓梅，常小荣，赵琛
9	J—25302—2—03	重度感音神经性耳聋致病机制及出生缺陷干预研究与应用	中国人民解放军总医院，中南大学湘雅医院，清远市澳麦尔基因技术有限公司	戴朴，冯永，袁慧军，袁永一，王国建，黄莎莎，韩明昱，金政策，梅凌云，贺楚峰

表 41　　2013 年长沙获湖南省科学技术杰出贡献奖

序号	获奖名单	主要简介
1	尹泽勇	1945 年 2 月出生，中国工程院院士，教授级高工，中国航空动力机械研究所总设计师、中航商用航空发动机有限责任公司大客发动机验证机项目总设计师，兼任总装备部及国防科工局科技委委员、国家军工产品定型委员会专家咨询委员会委员、湖南省科协副主席、北京航空航天大学等校博士生导师等职
2	何继善	1934 出生，中国工程院院士，中南大学教授，历任三届湖南省科协主席（1997 年—2012 年），现任湖南省科协名誉主席。何继善院士从事高等教育及科学研究 60 年，长期致力于勘探地球物理理论、方法与观测系统的研究，为该领域作出了突出贡献

表 42

2013 年长沙获湖南省自然科学奖

序号	项目编号	项目名称	完成单位	完成人员
	一等奖			
1	20133024	复杂有色冶金过程控制的若干理论与方法	中南大学	桂卫华、阳春华、谢永芳、陈晓方、王雅琳、陈宁
2	20133012	帕金森病的分子病理机制	中南大学医学遗传学国家重点实验室	张灼华、唐北沙、王丹玲、郭纪锋、夏昆
3	20133017	湿法冶金体系结构与性质研究方法	中南大学	陈启元、曾德文、胡慧萍、李洁、尹周澜、吴争平
4	20133025	不确定性问题的数学方法研究	湖南大学，中南林业科技大学	李庆国、周湘南、杨田、郭兰坤
5	20133028	功能核酸分子识别及生物传感新方法研究	湖南大学	谭蔚泓、张晓兵、俞汝勤、沈国励
6	20133041	新型空间最优交会路径规划理论与算法	中国人民解放军国防科学技术大学	唐国金、罗亚中、李海阳、张进、王华、李九人
7	20133074	猪氨基酸营养功能的基础研究	中国科学院亚热带农业生态研究所	印遇龙、谭碧娥、孔祥峰、吴信、姚康、李铁军
	二等奖			
1	20133022	心血管药物反应性个体差异及机制	中南大学	陈小平、李元建、张伟、范岚、郭韧、周宏灏
2	20133010	金属的绝热剪切及抗冲击微结构调控机理	中南大学	杨扬、张新明、汪冰峰、曾毅、李晓明、李大河
3	20133011	上皮性肿瘤表达免疫球蛋白的机制及生物学功能研究	中南大学	曹亚、黎明、刘海丹、胡多沙、郑慧、任维
4	20133015	Apelin/APJ 在骨重建过程中的作用模式与机制	中南大学	唐四元、谢辉、谢平丽、孙玫、罗湘杭、何国平
5	20133029	基于隐花素介导的植物开花及光形态建成的分子机制研究	湖南大学	刘选明、赵小英、左泽乘、李旭、唐冬英、林建中
6	20133037	离子液体功能化新材料及催化作用研究	湖南师范大学，湖南中烟工业有限责任公司	银董红、谭蓉、尹笃林、秦亮生、赵海红
7	20133042	高效透明虚拟化计算系统体系结构和运行机制	中国人民解放军国防科学技术大学	沈立、王志英、肖侬、陆洪毅、黄立波、马胜
8	20133060	GNSS 的电离层层析算法及其应用研究	长沙理工大学	闻德保、王勇、唐平英、戴全发
9	20133064	随机环境中马氏链的若干前沿问题研究	长沙理工大学	李应求、胡杨利、汪和松、刘全升、朱恩文、梁小林
	三等奖			
1	20133047	南方林业特色植物抽提物全资源化利用基础	中南林业科技大学	彭万喜、张党权、李范良、吴凤娟、彭宽、薛秋
2	20133001	无网格方法及其在中厚板问题和结构拓扑优化中的应用研究	湖南工程学院，湖南大学	夏平、龙述尧、郑娟
3	20133008	革兰氏阴性菌整合子耐药机制研究	中南大学湘雅三医院	伍勇、宋明胜、漆涌、陈辉、李翔、陈体
4	20133020	白癜风发病的基础与临床研究	中南大学湘雅二医院	陆前进、赵明、苏玉文、谭怡忻、尹恒、张桂英
5	20133021	过渡金属硫族化合物的微观结构调控及其构效关系研究	中南大学	刘小鹤、王海东、朱建裕、余润兰
6	20133036	低氧训练与体能恢复的机理与方法	湖南师范大学，湖南省体育科学研究所	郑澜、周志宏、史绍蓉、杨小波、刘铭
7	20133043	知识型智能优化理论及方法	中国人民解放军国防科学技术大学	邢立宁、陈英武、吴俊、谭跃进、贺仁杰、杨振宇

续表 42

序号	项目编号	项目名称	完成单位	完成人员
8	20133046	扁桃产业发展趋势与桃胶加工利用的力学与化学基础研究	中南林业科技大学	王森、谢碧霞、沈燕、罗迎社、何功秀、李依娜
9	20133048	聚丙烯酰胺系（接枝）共聚高吸水树脂构效关系的化学基础研究	中南林业科技大学，湘潭大学	谢建军、罗迎社、成青、吴义强、康红梅、刘洋
10	20133049	酸雨与重金属对土壤—农作物系统的复合污染及影响因素	中南林业科技大学，湖南农业大学	廖柏寒、郭朝晖、曾敏、刘红玉、薛南冬、曾清如
11	20133054	谷蛾科昆虫系统进化及其检疫性害虫蔗扁蛾的快速鉴定方法研究	湖南农业大学，华南农业大学，中华人民共和国珠海出入境检验检疫局	黄国华、王星、高必达、陈刘生、王敏、廖力
12	20133058	消浪结构周围水沙动力特性	长沙理工大学	蒋昌波、程永舟、陈杰
13	20133066	六味地黄方及其中山茱萸、丹皮药对入血成分配伍滋阴作用药理研究	湖南中医药大学	戴冰、肖子曾、冷旺、黄开颜、梅君、申可佳

表 43

2013 年长沙获湖南省技术发明奖

序号	项目编号	项目名称	完成单位	完成人员
	一等奖			
1	20134002	端面贴合式缓冲油缸和分体式换向阀关键技术及应用	三一重工股份有限公司	易小刚、刘永东、陈兵兵、孙丹、贺电、任志刚
2	20134020	新型高性能碳/陶摩擦材料及其低成本制备技术	中南大学	肖鹏、熊翔、李专、黄伯云、张红波、朱苏华
3	20134024	黑色岩系多金属镍钼矿强化分散与捕收—梯级浮选新技术及应用	中南大学，湖南有色金属研究院	胡岳华、陈代雄、孙伟、许国强、刘建东、罗新民
4	20134026	医药自动化生产线产品质量视觉检测机器人技术及应用	湖南大学，湖南千山制药机械股份有限公司	王耀南、刘祥华、吴成中、张辉、陈铁健、张耀
5	20134030	基于网络的可信软件大规模协同开发环境核心技术及其应用	中国人民解放军国防科学技术大学，中国科学院软件研究所，北京大学	王怀民、魏峻、尹刚、王伟、周明辉、刘江宁
6	20134041	生物芯片制备新技术及应用	湖南工业大学，东南大学，长沙理工大学	何农跃、汤建新、王志飞、李智洋、梁波、贺全国
	二等奖			
1	20134019	阵列波导器件封装工艺与装备	中南大学	段吉安、郑煜、邓圭玲、廖平、周剑英
2	20134025	医用缓释纳米颗粒的研制与临床应用	中南大学，湖南农业大学	周建大、陈晓青、周春姣、罗成群、吴松、陈良建
3	20134035	基于全方位视觉传感信息的精准农业新技术研发与应用	湖南农业大学	李明、刘仲华、戴思慧、孙松林、谢方平、吴畏
4	20138001	多波动鳍组合水下仿生推进技术	中国人民解放军国防科学技术大学	沈林成、谢海斌、张代兵、徐海军、胡天江、王光明
	三等奖			
1	20134004	高性能电能表关键技术研究及系列化产品应用	威胜集团有限公司	易龙强、陈金玲、赵言涛、贾俊、苏宇华、张玘
2	20134015	预应力张拉与压浆智能化成套技术及远程监控系统	湖南联智桥隧技术有限公司，交通运输部公路科学研究所，交通运输部工程质量监督局	刘柳奇、梁晓东、吴涛、郭大进、张晓冰
3	20134037	发酵辣椒加工新技术及应用	湖南农业大学，长沙坛坛香调料食品有限公司	蒋立文、李罗明、秦丹、艾辛、邓放明、夏延斌

表 44

2013 年长沙获湖南省科学技术进步奖

序号	项目编号	项目名称	完成单位	完成人员
	一等奖			
1	20135046	智能挖掘机关键技术及应用	山河智能装备股份有限公司，中南大学	何清华、张大庆、刘心昊、郭勇、张云龙、赵喻明、郝鹏、陶海军、陈欠根、谢习华、邓宇、刘昌盛
2	20135135	电子器件基片加工专用多线切割装备系列化研制与产业化	湖南宇晶机器股份有限公司，湖南大学，湘潭大学，温州大学	戴瑜兴、张义兵、熊万里、蒋近、周志雄、全惠敏、杨宇红、郑崇伟、蔡国安、刘春陵、王环、杨辉煌
3	20135153	大宗道地药材茯苓栽培与加工关键技术研究及产业化	湖南补天药业有限公司，湖南中医药大学，湖南省中医药研究院，靖州苗族侗族自治县茯苓专业协会	蔡光先、罗健、戴甲木、张荣利、许栩、王先有、陈春霞、邓声菊、李顺祥、刘塔斯、刘柏炎、谢昭明
4	20135168	苎麻饲料化与多用途研究和应用	中国农业科学院麻类研究所，湖南天华实业有限公司，达州市农业科学研究所，湖北省咸宁市农业科学院，湖南省张家界市农业科学研究所	熊和平、喻春明、彭源德、王延周、朱爱国、唐守伟、祝远魁、魏刚、熊常财、李智敏、庹年初、陈平
5	20135256	工程机械超高强钢臂架设计及制造关键技术研究与产业化	中联重科股份有限公司	付玲、任会礼、王霄腾、钟懿、付顺强、李耀、曾维栋、曾光、罗志敏、张斌、张文伟、汪志凯
6	20135321	冶金、化工固体废物安全利用关键技术	中南大学、湖南工业大学、湘潭电化科技股份有限公司，株洲市霞湾建材有限公司，湖南恒宇建材有限公司，湖南省建筑材料研究设计院有限公司	柴立元、汤建新、彭兵、柳全丰、胡舜钦、滕昭珺、闵小波、梁彦杰、刘乐安、张塘柏、彭长青、黄忠卫
7	20135335	复杂主动脉疾病的腔内修复治疗	中南大学湘雅二医院	舒畅、姜晓华、黎玥、李全明、王暾、李鑫、方坤、罗明尧、邱剑、杨晨紫、阎方舟、陈阳希
8	20135336	高速列车 / 隧道耦合空气动力安全技术	中南大学	田红旗、梁习锋、刘堂红、杨明智、周丹、张健、熊小慧、杨志刚、许平、高广军、姚松、张雷
9	20135339	金融 SoC 设计及其关键技术研究	湖南大学，长城信息产业股份有限公司，深圳市证通电子股份有限公司	李肯立、李仁发、徐成、刘文彬、刘彦、潘昊、林楚彬、夏利峰、秦云川、启卓、吴强、杨科华
10	20135351	大米主食生产关键技术创新与应用	中南林业科技大学，华中农业大学，长沙理工大学，西华大学，四川得益绿色食品集团有限公司，湖南润涛生物科技有限公司，湖南金健米业股份有限公司	林亲录、杨涛、程云辉、赵思明、罗非君、吴伟、灵跃、梁盈、肖华西、刘建伟、任佳丽、陈辉球
11	20135370	特色植物功能成分高效利用关键技术创新与产业化	湖南农业大学，中南大学，花垣恒远植物生化有限责任公司，张家界奥威科技有限公司，国家植物功能成分利用工程技术研究中心	刘仲华、肖文军、曾建国、袁洪、刘硕谦、黄建安、王坤波、张盛、龚雨顺、刘东波、董新荣、汤先赤
12	20135432	广适性优质超级杂交稻 Y 两优 1 号的选育与应用	湖南杂交水稻研究中心	邓启云、袁隆平、廖翠猛、吴俊、庄文、段美娟、刘爱民、熊跃东、邓启长、常硕其、徐秋生、周川广

续表 44

序号	项目编号	项目名称	完成单位	完成人员
13	20135440	反刍动物营养调控与饲料高效利用技术研究与应用	中国科学院亚热带农业生态研究所，浙江大学，内蒙古自治区农牧业科学院，中南林业科技大学，湖南农业大学，新希望集团有限公司	谭支良、汤少勋、周传社、刘建新、高民、任国谱、肖文军、沈水宝、印遇龙、韩雪峰、王敏、孙志洪
	二等奖			
1	20135035	53 米大型高空救援云梯消防车	长沙中联消防机械有限公司	刘召华、蒋韶峰、周磊、黄开、邓鹏飞、熊炳榕、高文、邹冬秀、胡瑶
2	20135004	新型高精度肝炎诊断技术平台与产品及其配套自动化仪器	湖南圣湘生物科技有限公司	戴立忠、邓中平、熊晓燕
3	20135005	塑料安瓿注射剂制瓶灌装封口一体机及其应用	湖南千山制药机械股份有限公司，长沙理工大学	刘燕、郑国胜、张辉、邓铁山、张旭、高仲华、胡光华
4	20135012	炒青绿茶全自动加工技术及成套设备的研究与应用	长沙湘丰茶叶机械制造有限公司，中南大学，湖南省茶叶研究所，湖南湘丰茶业有限公司，中国科学院亚热带农业生态研究所	汤哲、齐芳、郑红发、汤宇、周建勇、包小村、肖润林、朱克军、张立
5	20135051	第三方物流协同服务与管理系统的关键技术研究与应用示范	湖南白沙物流有限公司，湖南大学，湖南省邮政速递物流有限公司	李斌、姜新荣、张亚斌、聂凯、李巍、陈超、曹二保、彭艺、曹伟
6	20135143	蕲蛇（尖吻蝮）幼蛇在自然捕食下的人工饲养技术	永州市异蛇科技实业有限公司，中南林业科技大学野生动植物保护研究所	谭群英、郭天国、杨道德、胡明行、郭德志
7	20135147	南方水稻生产机械化作业装备研发与产业化应用	湖南省农友机械集团有限公司，湖南农业大学，湖南大学	孙松林、刘若桥、谢方平、金秋谈、蒋蘋、彭作南、李明、吴明亮、王放军
8	20135189	大跨度高低塔混合梁斜拉桥施工与控制关键技术及其应用	湖南路桥建设集团公司，长沙理工大学，湖北省荆岳长江公路大桥建设指挥部，湖北省交通规划设计院	陈常松、方联民、颜东煌、裴炳志、欧阳钢、陈璋、涂光亚、万华、丁望星
9	20135191	高速公路新型加筋土结构技术研究与示范工程	湖南省交通规划勘察设计院，中南大学，湖南潭衡高速公路开发有限公司，马克菲尔（长沙）新型支档科技开发有限公司，中南公路建设及养护技术湖南省重点实验室	王维、杨果林、彭勇登、陈全军、黄向京、杜勇立、穆程、刘泽、林伟平
10	20135201	湖南澧水流域水土流失与生态环境研究	湖南省水利水电勘测设计研究总院	刘毅、王春满、张海涛、王彤、李正南、刘碧维、李程、钟诚、唐琦
11	20135213	凹叶厚朴优良无性系选育及无公害栽培技术研究	湖南省林业科学院，中南林业科技大学，湖南中医药大学，湖南敬和堂制药有限公司	王晓明、蒋丽娟、裴刚、宋庆安、马英姿、陈奉元、蔡能、李永欣、曾慧杰
12	20135218	紫科 1 号”红豆杉品种选育、快繁及丰产栽培技术	湖南省森林植物园，洪江科学技术局，洪江市红豆紫衫有限责任公司，洪江市林业局	彭信海、罗先权、饶红欣、向满红、陈灵、彭静、易延铿、王萍、毛宏寿
13	20135247	农业气候精细区划关键技术及其应用	湖南省气候中心，湖南大学，湖南省气象科学研究所	廖玉芳、汪扩军、赵福华、马亿昨、陆魁东、谢健、杜东升、白雪、吴贤云

续表 44

序号	项目编号	项目名称	完成单位	完成人员
14	20135251	中风后遗症中医药诊疗方案规范化研究	湖南省中医药研究院，中南大学湘雅医院，湖南中医药大学，湖南中医药大学第一附属医院	周慎、易振佳、刘伍立、赵艳玲、岳增辉、王淑云、赵瑞成、蒋荣鑫、杨玉龄
15	20135252	复方桐叶烧伤油的研制与产业化	湖南省中医药研究院，湘西宏成制药有限责任公司	朱克俭、柏正平、尹天雷、姚福成、朱沛、丁正香、刘天舒、姚福宏
16	20135262	架空地线覆冰灾害防治技术与装备	湖南省电力公司科学研究院，湖南省电力勘测设计院，湖南省汇粹电力科技有限公司	方针、张红先、李波、赵纯、罗晶、李辉、唐春林
17	20135281	110～500千伏输电线路带电作业新方法及新工具	湖南省电力公司带电作业管理中心	刘夏清、牛捷、肖荣华、郑克全、雷冬云、汪志刚、夏增明、唐力、王密
18	20135306	补肾活血法防治阿尔茨海默病的临床以及基础研究	中南大学湘雅三医院	董克礼、朱宏、李广诚、张婷、吴岳、肖岚
19	20135307	咽、食管与呼吸道异物所致危重并发症的诊断和处理	中南大学湘雅二医	杨新明、李友忠、刘家佳、喻风雷、彭安全、胡鹏、贺湘波、谢鼎华、唐青来
20	20135310	微生态研究技术平台的建立以及消化道微生态结构和功能研究	中南大学湘雅二医院	完成人员：刘小伟、欧阳春晖、张洁、卢放根、吴小平、殷亚妮、陈琳琳、王学红、汪春莲
21	20135311	芳香族氨基酸及其代谢产物快速检测与应用	中南大学湘雅二医院	唐爱国、莫喜明、董存岩、罗昔波、项忠元、任亚萍、李影、唐亚梅、郑荣
22	20135317	高硫矿石自燃倾向性鉴定及其发火预测关键技术研究	中南大学	吴超、李孜军、阳富强、李明、潘伟、陈沅江、刘辉
23	20135320	复杂条件下超大断面隧道钻爆法施工安全控制技术研究与应用	中南大学，湖南省长湘高速公路建设开发有限公司，长沙理工大学，中铁十二局集团第七工程有限公司，湖南省交通规划勘察设计院	李夕兵、阳军生、钟放平、宫凤强、晏莉、张震、李地元、徐霞飞、张建军
24	20135331	鼻—鼻窦黏膜慢性炎症分子病理学特征及其临床应用	中南大学湘雅医院，中南大学湘雅三医院	孙虹、陈学东、吴敏曼、王天生、陈玉、刘火旺、贺广湘、秦作荣、杨宁
25	20135334	大型三相一体变压器远程监测与绿色维护技术及应用	中南大学，湖南第一师范学院，河南省电力公司周口供电公司	胡志坤、彭小奇、丁家峰、刘守明、孙克辉、史宏伟、王会海
26	20135337	胃肠癌发生发展、多药耐药机理及靶向基因治疗的研究	中南大学湘雅医院	张桂英、刘霆、陈永恒、冷爱民、何青春、杨轶轩、岑欢、严璐、李新华
27	20135338	难加工材料镜面抛光关键技术与装备的产业化应用	宇环数控机床股份有限公司，湖南大学	许世雄、周志雄、彭关清、陈永福、许亮、谭跃辉、王洪、郑本铭、张志勇
28	20135340	我国首只跨市场债、无担保债、专项债系列债券优化设计及创新应用	财富证券有限责任公司，湖南大学	周晖、张亚斌、袁闯、刘宛晨、孙巍、周华、刘灿辉、黄溪、李三保
29	20135345	神经血管源性颅神经疾病外科治疗的实验及临床系列研究	湖南师范大学	卢明、段家怀、彭立辉、石磊、滕晓华、段答、陈静、向健威、赵振宇
30	20135346	T比特级构件化路由器	中国人民解放军国防科学技术大学，中国人民解放军信息工程大学	卢泽新、苏金树、孙志刚、张晓哲、陈一骄、汪斌强、毛席龙、郦苏丹、龚正虎

续表 44

序号	项目编号	项目名称	完成单位	完成人员
31	20135365	薯类酒精生产新技术及副产物综合利用	湖南农业大学，湖南龙山县金山实业有限责任公司，湖南正虹科技发展股份有限公司	谭兴和、熊兴耀、周红丽、苏小军、李清明、王锋、杨晓军、邓近平、张喻
32	20135367	油菜优质高产高效生产管理智能决策系统研制与应用	湖南农业大学	廖桂平、官春云、刘忠松、王华、廖肖依、宋志荣、李锦卫、李爱平、谭太龙
33	20135373	高速公路建设项目质量卓越管理模式及应用	长沙理工大学，湖南省长湘高速公路建设开发有限公司	王耀中、梁向东、钟放平、王二兵、欧碧峰、刘兵权、王治、彭新宇、赵健
34	20135374	基于强基强面的旧水泥混凝土路面改造技术及其工程应用	长沙理工大学，中交第一公路勘察设计研究院有限公司，长沙理工大学城南学院，广东清连公路发展有限公司	袁剑波、姚佳良、刘建华、吴明先、吴羡、张留俊、谭国祥、陈团结、江宏
35	20135375	绿色电力供应链上机组电网负荷的协调控制技术及应用	长沙理工大学，湖南大学，中国电力科学研究院	杨洪明、赵俊华、王耀中、濮钧、赖明勇、夏向阳、唐欣、陈斌、杨洪朝
36	20135380	钛酸钾晶须改性特种高分子耐磨复合材料及应用	长沙理工大学，长沙天鹅工业泵股份有限公司	龙春光、卢毅、华熳煜、张健、李洪辉、佘小峰、曹太山、彭伟杰
37	20135381	烟花爆竹引火线的安全高效湿法制造成套技术及应用	长沙理工大学，浏阳市实力化工有限公司	刘其城、叶昌、成茵、李海斌、杨现锋、刘鹏、鲁向华、徐协文
38	20135391	服役钢筋混凝土桥梁抗力退化预测与提升方法及其应用	长沙理工大学，柳州欧维姆工程有限责任公司	刘扬、王磊、彭晖、彭建新、殷新锋、孙长军、马亚飞、蒋友宝、刘彬
39	20135393	中医学“湿热疫毒”病机探讨与应用研究	湖南中医药大学	卢芳国、葛金文、何迎春、袁长津、曹建雄、王军文、袁梦石、李玲、张波
40	20135409	工业厂房环境污染高效治理关键技术	湖南工业大学，凯天环保科技股份有限公司	王汉青、叶明强、刘华、李灿、曾毅夫、赵福云、王志勇、胡光明、寇广孝
41	20135430	光合细菌菌剂在农田土壤污染治理中的研究及产业化应用	湖南省植物保护研究所，山西大学，中国农业科学院农业资源与农业区划研究所，长沙艾格里生物肥料技术开发有限公司，中北大学	张德咏、谭新球、刘勇、李保珍、袁善奎、肖斌、李俊、白红娟、张肇铭
42	20135435	超级杂交稻节氮抗倒高产高效栽培技术研究与示范	湖南杂交水稻研究中心，湖南农业大学，湖北移栽灵农业科技股份有限公司，湖南省土壤肥料研究所，长江大学	马国辉、龙继锐、唐启源、宋春芳、万宜珍、汤海涛、田小海、艾治勇、牟立明
43	20135436	高产一季杂交稻新品种选育及高效配套技术研制与应用	湖南省水稻研究所	黎用朝、闵军、李小湘、刘三雄、黄海明、郭志奇、邓竹青、刘晓霞、潘孝武
44	20135439	微细粒金属矿物再磨关键装备及技术	长沙矿冶研究院有限责任公司	张国旺、赵湘、李自强、肖守孝、黄礼龙、肖骁、石立、龙渊
45	20135446	检验检疫危害因子高通量检测技术及其应用	湖南出入境检验检疫局检验检疫技术中心	肖家勇、龚强、朱绍华、王美玲、付善良、焦艳娜、莫瑾、清江
	三等奖			
1	20135039	重金属废水电化学处理智能化成套设备	长沙华时捷环保科技发展有限公司	蒋晓云、谭自强、唐浪、王锦鸿、王强、张华、何劲松

续表 44

序号	项目编号	项目名称	完成单位	完成人员
2	20135006	GWI 医院自助综合服务系统	湖南长城医疗科技有限公司，中南大学湘雅二医院	戴湘桃、周胜华、刘邦模、向智勇、黄刊迪、刘娟、段绍斌
3	20135008	β—内酰胺抗生素的酶法制造	湖南福来格生物技术有限公司	许岗、曾红宇、柳杏辉、黄斌、赵翔、朱永盛、陈梅
4	20135009	复方南五加口服液产业化项目	湖南九典制药有限公司	朱志宏、姚金成、卜振军、范朋云、杨静、阳海、雷文枚
5	20135028	球磨机耐磨材料及高效球磨综合节能技术	湖南红宇耐磨新材料股份有限公司	任立军、蔡怀宁、肖志军、李传铜、邓国兴、邹月灿、刘立全
6	20135042	高性能球形碳化钨硬面材料制备关键技术及装备	湖南顶立科技有限公司	谭兴龙、邓军旺、戴煜、羊建高、胡祥龙
7	20135045	建筑废渣和红砂岩的路基工程应用技术研究	长沙市规划设计院有限责任公司，华南理工大学，长沙市滨江新城工程建设指挥部	彭彦、符锌砂、蔡武军、聂小沅、欧阳正、陈页开、肖和华
8	20135048	高可靠智能液晶仪表关键技术研究及应用	长沙湘计海盾科技有限公司，湖南大学，湖南三一智能控制设备有限公司	何明、金敏、周翔、翁泽平、邓子畏、胡单、田炜
9	20135054	复合增塑及“准非烧结”节能技术在陶瓷生产中的应用推广	长沙学院，长沙理工大学，佛山市皇磁陶瓷有限公司	张世英、周艺、许第发、魏坤、钟旭东、叶昌
10	20135074	人工髋关节置换治疗股骨转子间不稳定型骨折的临床研究	湘潭市中心医院，长沙市中心医院，湘潭市中医医院	梁培雄、唐新桥、朱宝玉、刘忠、陈先礼、姜升平、陈校明
11	20135076	沙子岭猪遗传资源及种质特性研究与应用	湘潭市家畜育种站，湖南省畜牧兽医研究所，中南大学湘雅三医院，湘潭飞龙牧业有限公司，湖南农业大学	吴买生、刘天明、王维、薛立群、邢晓为、左晓红、彭英林
12	20135089	低能耗可变排量机油泵关键技术的研发和应用	湖南机油泵股份有限公司，湖南大学	许仲秋、龚金科、刘光明、宋善国、鄂加强、李战训、雷祥明
13	20135141	南方红豆杉苗木培育与经营技术研究	永州市林业科学研究所，湖南省林产品质量检验检测中心，湖南省林业科学院	谢红梅、文卫华、徐艳平、柏劲松、邓红波、李红玲、钟建国
14	20135169	湖南省网上政务服务和电子监察系统	湖南省人民政府经济研究信息中心，湖南科创信息技术股份有限公司	梁志峰、杨志新、王力共、罗昔军、涂毅、杨柳、刘光颖
15	20135173	崀山国家地质公园数字三维建模	湖南省第二测绘院	程纲、孙铁军、张柯、谢玲琳、雷宇斌、肖祥红、黄磊
16	20135178	城市复杂环境条件下地铁基坑岩石控制爆破技术与应用	湖南长工工程建设有限公司，中国人民解放军国防科学技术大学，长沙市轨道交通集团有限公司，中铁五局（集团）有限公司	单志国、毛益松、王升、文志军、苗宪强、陈章明、夏长青
17	20135187	高速公路路基沉降及其对路面结构的影响研究	湖南省交通科学研究院，中南大学	黄永强、王晅、陈晓斌、蒋康、张家生、李志勇、谢文利
18	20135190	吉茶高速公路特殊桥隧铺装关键技术	湖南省交通规划勘察设计院，招商局重庆交通科研设计院有限公司，湖南省吉茶高速公路建设开发有限公司，重庆市智翔铺道技术工程有限公司，重庆鹏方路面工程技术研究院有限公司	刘义虎、喻波、王俏、张华、姚志立、龙正聪、王民

续表 44

序号	项目编号	项目名称	完成单位	完成人员
19	20135195	隧道围岩失稳控制理论及施工关键技术	湖南省通平高速公路建设开发有限公司，中铁二十五局集团有限公司，中南大学	罗卫华、杨小礼、李力、范伟、周祁陵、古辉荣、何杰
20	20135198	小型农田水利工程建设规范化、生态化研究	湖南省水利水电科学研究所，湖南省水利工程管理局	钟再群、陈志江、陈子年、刘振林、成六德、李桂元、胡国华
21	20135216	黄常山、杜茎山和赤车的扦插繁殖与栽培技术研究	湖南省森林植物园	颜立红、向光锋、刘艳、邹建文、蒋利媛、彭春良、何友军
22	20135221	肝圆韧带、脐静脉片、大网膜片在肝胆胰手术并发症防治	湖南省人民医院	吴金术、蒋波、田秉璋、彭创、段小辉、成伟、唐宏英
23	20135224	儿童脓毒症继发胰腺损伤的研究	湖南省儿童医院	祝益民、胥志跃、卢秀兰、刘萍萍、黄娇甜、肖政辉、陈卫坚
24	20135229	湖南省狂犬病毒分子流行病学特征研究	湖南省疾病预防控制中心	高立冬、刘运芝、刘富强、蔡亮、胡世雄、张斯钰、张红
25	20135234	原发性肝癌综合治疗及应用的研究	湖南省肿瘤医院 / 中南大学湘雅医学院附属肿瘤医院	左朝晖、朱海珍、李清龙、余智渊、林劲冠、韩惟青、权虎
26	20135237	湖南省标准信息公共服务平台	湖南省标准化研究院	周琪、盛立新、李忠泽、吉维、张林、廖美霞、过浩宇
27	20135245	长沙地区秋季飞机人工增雨技术研究与应用	湖南省人工影响天气领导小组办公室，湖南省气象台	樊志超、周盛、周长青、高继林、丁岳强、彭月、李琼
28	20124210	湖南大雾预报关键技术研究与推广	湖南省气象台	姚蓉、夏正龙、叶成志、唐杰、陈静静、许霖、张海
29	20135258	镀锡铜芯 105 益低烟无卤绝缘线排	金杯电工股份有限公司	杨志强、王瑞琪、伍英
30	20135260	岳阳炼化一体化项目湖南化工配套发展规划研究	湖南化工研究院	成四喜、李海屏、蒋加新、黄家振、谢伟胜、余进、李再贵
31	20135263	超渊超冤临界机组材料和结构安全检测技术及其应用	湖南省电力公司科学研究院，湖南省湘电锅炉压力容器检验中心有限公司，大唐湘潭发电有限责任公司，国电湖南宝庆煤电有限公司	陈红冬、熊亮、龙会国、龙毅、沈丁杰、刘纯、杨湘伟
32	20135274	智能用电信息采集系统关键技术及应用	湖南省电力公司科学研究院，长沙理工大学，威胜集团有限公司，北京科东，电力控制系统有限责任公司	罗志坤、曾喆昭、刘潇潇、郑小平、樊爱军、张鹏、王齐
33	20135282	10kV 配电网小电阻接地系统特殊问题分析及其对策应用	湖南省电力公司，湖南大学，湖南省长沙电业局，湖南省电力公司科学研究院	陈建平、朱亮、车红卫、罗隆福、汪霄飞、张志文、汤美云
34	20135286	大电网实时调控技术支撑系统关键技术及工程应用	湖南省电力公司，北京科东电力控制系统有限责任公司，杭州智光一创科技，有限公司，中国电力科学研究院	周帆、姜新凡、潘飞来、盛鹍、谢培元、胡迪军、李军
35	20135289	III、IV 类围岩条件下钢筋混凝土高压岔管关键技术研究	中国水电顾问集团中南勘测设计研究院，长沙理工大学，河海大学，武汉大学	傅胜、胡大可、蒋中明、冯树荣、张孝松、李尚高、周志芳
36	20135290	湖南省太阳能建筑应用发展研究报告	中国水电顾问集团中南勘测设计研究院	刘国频、吴波、冯树荣、伏亮明、糜又晚、王亮、廖锷

续表 44

序号	项目编号	项目名称	完成单位	完成人员
37	20135291	500kV/780MVA 三相组合式变压器研制及应用	中国水电顾问集团中南勘测设计研究院，龙滩水电开发有限公司，特变电工，沈阳变压器集团有限公司	徐立佳、刘昆林、王小兵、杨振先、胡镇良、王晖、钟俊涛
38	20135295	空区预热反向风流及风温联动防冻井技术研究	湖南有色冶金劳动保护研究院，河北峪耳崖黄金矿业有限责任公司	袁梅芳、姚银佩、刘超、郭世伟、黄建旗、申延、林东梅
39	20135297	低品位钨钼铋复杂难选多金属矿高效选矿技术开发研究与应用	湖南有色金属研究院，湖南黄沙坪铅锌矿	朱一民、何亚文、周菁、傅永华、叶从新、徐勇、韦华祖
40	20135299	高质量铝—钪中间合金的开发	湖南稀土金属材料研究院	黄美松、王志坚、张晓梅、邬晔、黄蓉、苏正夫
41	20135300	糖尿病胰岛苗细胞保护的实验与临床研究	中南大学湘雅三医院	莫朝晖、谢艳红、何红晖、陈科、胡平安、王维、熊静
42	20135301	射频透热联合化疗治疗恶性体腔积液临床与基础研究	中南大学湘雅三医院	曹培国、张隽、张震、彭红华、唐又群、姚志兰、黄程辉
43	20135303	勃起功能障碍病因学调查及诊治的技术创新和应用	中南大学湘雅三医院	汤育新、蒋先镇、何乐业、阳建福、汤进、李东杰、甘宇
44	20135308	苯扎溴铵抗膀胱肿瘤活性的基础及临床研究	中南大学湘雅二医院	赵晓昆、徐冉、钟朝晖、张磊、黄智超、朱煊
45	20135309	艾滋病抗病毒治疗的效果、免疫重建和血细胞病毒库变化前瞻性研究	中南大学湘雅二医院	郑煜煌、何艳、周华英、谌资、龚国忠、陈军、陈霞
46	20135315	可自动调平的液压静力压桩机	中南大学， 湖南长河机械有限公司	胡均平、张怀亮、刘韦、陈建军、王琴、徐绍军、潘军
47	20135318	低贫厚大金矿床安全强化开采技术	中南大学，山东黄金矿业（莱州）有限公司焦家金矿	邓鹏飞、刘志祥、董金奎、李启月、张洪训、王卫华、范作鹏
48	20135326	宫颈癌放化疗敏感性相关标志物的临床研究	中南大学湘雅医院	朱红、裴海平、曾亮、申良方、申竑、袁君、钟美佐
49	20135327	连续蛛网膜下腔阻滞的临床与基础研究	中南大学湘雅医院	郭曲练、邹望远、孙忘华、白念岳、阳红卫、张亘、贺民
50	20135328	乳腺癌淋巴管生成与分布的系列研究	中南大学湘雅医院	黄俊辉、李洋、郭旭辉、杨怀才、海键、蒋骑、廖妮
51	20135332	新生儿缺氧缺血性脑损伤发病机制及治疗关键技术研究	中南大学湘雅医院	郑湘榕、王霞、钟乐、张珊珊、余小河、杨于嘉、谭洁璐
52	20135344	高性能环保型印刷润版液的研制及应用	湖南师范大学，长沙多特新材料有限公司	杨春明、赵伟良、杨戈、凌军、尹疆、罗大志、王洪波
53	20135347	油茶良种繁育新技术	中南林业科技大学，湖南省林业种苗中心，湖南省林业科学院，湖南江山生，态农林发展有限公司，湖南永丰农林科技有限公司	谭晓风、殷元良、袁德义、陈隆升、李东红、袁军、易子夏
54	20135349	战略性新兴产业评价选择、发展模式创新和共性技术研究与应用	中南林业科技大学，长沙理工大学	陈文俊、贺正楚、寻舸、周震虹、吴艳、陈一鸣、陈立高
55	20135356	环保型高性能橱柜用材制造关键技术与智能产品设计	中南林业科技大学，湖南欧比诺家俱有限公司	张继娟、张绍明、杨征宇、钟振亚、黄凯、娄婧婧
56	20135357	源分离无水生态卫生系统的关键技术研究与示范	中南林业科技大学，湖南海尚环境生物科技有限公司	谭益民、左锋、李新平、罗勇、但立志、肖杰、王文芳

续表 44

序号	项目编号	项目名称	完成单位	完成人员
57	20135364	丘岗地柑橘抗旱提质增效关键技术研究与应用	湖南农业大学，资兴市东江库区管理局，湘西土家族苗族自治州经济作物，站，湖南喜力隆农林产业有限公司	谢深喜、刘强、朱小金、卢晓鹏、易强、熊兴耀、郑豪
58	20135366	两系杂交水稻安全高产制种技术创新与应用	湖南农业大学，湖南杂交水稻研究中心，湖南隆平种业有限公司，湖南亚华，种业科学研究院	肖层林、刘爱民、周承恕、张海清、杨远柱、蔡义东、杨文星
59	20135368	高产优质杂交棉野湘农杂棉68冶等品种的选育与推广应用	湖南农业大学	陈金湘、李瑞莲、刘爱玉、陈溪源、周仲华、王峰、刘海荷
60	20135372	谷物挤压加工新食品开发及高性能装备研制	湖南农业大学，湖南富马科食品工程技术有限公司，国家粮食局科学研究，院，湖南省农产品加工研究所	吴卫国、晏文会、秦丹、谭斌、王燕、刘明、李高阳
61	20135379	稻米绿色储藏和深加工利用新技术及应用	长沙理工大学，湖南金健米业股份有限公司，湖南长沙霞凝国家粮食储备，库，湖南省粮油科学研究设计院	谢定、李向红、林利忠、邓树华、欧阳建勋、伍湘东、王发祥
62	20135385	土木工程结构材料多尺度理论、耐久性优化及核心应用技术	长沙理工大学，湖南环达公路桥梁建设总公司，武汉理工大学，湖南大学	李友云、高英力、马保国、崔俊芝、谢建湘、谭洪波、刘金莲
63	20135386	高速公路项目环境影响后评价及环保控制关键技术	长沙理工大学	周正祥、卢毅、姚佳良、夏飞、汪展翅、袁武、褚韬
64	20135392	道路工程中功能性再生混凝土应用关键技术研究	长沙理工大学	李九苏、刘朝晖、姚佳良、戴聆春、欧阳岚、张纲、江宏
65	20135397	补肾解毒法促进慢性乙型肝炎抗病毒免疫应答的疗效及相应机制研究	湖南中医药大学	孙克伟、彭建平、张涛、陈斌、周小青、伍玉南、朱文芳
66	20135399	清热祛湿、疏肝和胃两法在慢性胃炎治疗中的应用及机制研究	湖南中医药大学	王小娟、郭建生、郭璇、弭艳红、谭华梁、李倩、胡淑娟
67	20135400	矾冰纳米乳的制备及临床前验证	湖南中医药大学	刘丽芳、夏新华、欧阳荣、周青、祁林、周亮、廖建平
68	20135402	隔药饼灸调节PPAR/TLR 延迟动脉粥样硬化形成机制与应用	湖南中医药大学	岳增辉、郁保生、刘密、常小荣、袁建菱、王小娟、严洁
69	20135403	郭振球临床经验和学术思想研究	湖南中医药大学	黄政德、谢雪姣、吴若霞、王立凤、张少泉、胡华、廖菁
70	20135404	毒性中药马钱子等粉体的标准化与毒效关系研究	湖南中医药大学	王宇红、杨瑛、张秀丽、丁志平、李跃辉、莫韦皓、桂卉
71	20135405	黄甘颗粒对CA血清IFN、IL水平影响及抗复发研究	湖南中医药大学	陈其华、阳涛、杨赛、陈青、刘慧、席建元、杨正望
72	20135412	复杂条件下连拱隧道新型洞口结构型式及进洞施工安全控制技术	湖南工业大学，中南大学，湖南省常吉高速公路建设开发有限公司	彭瑛、张学民、阳军生、杨铠、钟扬、孙雁军、刘建华
73	20135442	高气压智能化大型潜孔钻机研制	长沙矿山研究院有限责任公司，湖南有色重型机器有限责任公司，攀枝花钢，铁集团矿业有限公司	闫杰、王毅、鞠崇文、李东明、李忠兴、唐安平、高文远
74	20135444	复杂大水矿床充填采矿同步治水综合集优开采技术	长沙矿山研究院有限责任公司，江西省宜丰万国矿业有限公司	宋嘉栋、林卫星、柳小胜、高明清、谢要林、欧任泽、王长军
75	20139001	阈下信息加工与植入关键技术研究及应用	中国人民解放军国防科学技术大学	刘戟锋、曾华锋、廖东升、卜江、朱雪玲、陈玲丽、雷潇

表 45

2013 年长沙市科学技术创新贡献奖

序号	获奖人	主要简介
1	王晓光	王晓光，男，1956 年 1 月出生，中共党员，研究员，博士生导师，国务院特殊津贴专家。现任湖南化工研究院院长、国家农药创制工程技术研究中心主任、湖南海利高新技术产业集团有限公司董事长兼党委书记。先后荣获“全国化工优秀科技工作者”“建国 60 周年中国农药工业突出贡献奖”“湖南光召科技奖”“湖南省首届科技领军人才”“湖南省劳动模范”“湖南省新世纪 121 人才工程第一层次学术带头人”“第二届湖南省优秀专家”“长沙市优秀企业家”等称号。 王晓光潜心农药及精细化工技术研究开发三十多年，主持完成国家、省部级项目 40 余项。主持国家重大技术开发项目“1000 吨 / 年 MIC 技术开发“，使 MIC 生产工艺达到世界先进水平，并由此成功开发了残杀威、好安威、甲萘威等一系列氨基甲酸酯类农药新产品。使中国的氨基甲酸酯农药生产技术达到世界先进水平。主持国家攻关项目“呋喃酚技术研制与开发”，技术指标达到国际领先水平，并在湖南海利股份公司建成国内首套、全球第三套的 3000 吨 / 年的工业化装置。使中国彻底摆脱呋喃酚长期依赖进口的被动局面。致力农药创制研究和创新平台建设，主持并完成了“国家南方农药创制中心湖南基地建设”“国家农药创制工程技术研究中心”平台建设，组织研发了杀虫剂硫肟醚和硫氟肟醚、除草剂甲硫嘧磺隆 3 个农药新品种，缩短了中国新农药创制与国际先进水平之间的差距，对调整农药品种结构，加速自主创制农药品种的产业化开发具有重要的指导意义。 王晓光主导绿色化工新思路，大力开展技术创新和成果转化，先后获国家级科技进步（发明）奖 2 项、省部级奖 23 项、国家专利优秀奖 2 项，申请国家发明专利 52 件、授权 36 件。主持开发的“氨基甲酸酯类农药及中间体系列产品”2010—2012 年累计新增产值 2.255 亿元，新增利润 6230 万元，新增税金 4247.8 万元。海利集团多次被长沙市人民政府授予“工业经济上台阶企业”“长沙工业二十强”“长沙市利税过 1000 万元企业”“长沙市利税过 5000 万元企业”等称号

表 46

2013 年长沙市科学技术进步奖

序号	项目名称	完成单位名称	主要完成人员
一等奖（10 项）			
201301	远程安全智能虚拟柜员系统(VTM)	长城信息产业股份有限公司，湖南长城信息金融设备有限责任公司	张衡，李峥，谭耀剑，郑勇，闵红华，陶圣清，唐超，吴文斌，唐嵩
201302	畜禽用凝结芽孢杆菌制剂产业化关键技术研究与应用	湖南省微生物研究所 ，湖南润邦生物工程有限公司	郭照辉，高书锋，唐映华，张德元，胡新旭，任杰，周小玲，吴胜莲，孔利华
201303	先进长效防护涂层技术的研究与应用	湖南省冶金材料研究所，中南大学	闵小兵，李红英，夏光明，周建桥，卢静，严淑群，贺立
201304	高性能车用聚氨酯内饰产品	湖南亚太实业有限公司	董升顺，蒋建云，汤青红
201305	130t/h 高温高压生物质直燃循环流化床锅炉研制与应用	长沙锅炉厂有限责任公司，中国科学院工程热物理研究所	彭益成，洪波，吕清刚，刘志斌，李诗媛，周国章，邓命文，蔡寿山，包绍麟
201306	液压挖掘机节能关键技术及产业化	山河智能装备股份有限公司，中南大学	何清华，张大庆，刘昌盛，张云龙，唐中勇，郭勇，赵喻明，刘心昊，龚俊
201307	烧结矿冷却液密封技术及装备的研究与应用	中冶长天国际工程有限责任公司，湖南华菱涟源钢铁有限公司，中南大学	高德亮，叶恒棣，戴传德，汪庆祝，刘相佩，邓志宏，程航，王年生，王建平
201308	SAC3500 全地面起重机	三一汽车起重机械有限公司	刘木南，黄庆裕，袁丹，安术军，查铂，邹兴龙，周建超，郑潜，胡爱田

续表 46

序号	项目名称	完成单位名称	主要完成人员
201309	广适型高产优质稻新组合准两优608产业化技术集成与示范	湖南隆平种业有限公司	廖翠猛，范小兵，龙和平，刘爱民，谭志军，杨文星，钟其全
201310	中医药治疗肺结核临床研究与应用	长沙市中心医院	刘艳科，郭埭，杨励，封文军，周菁，许宇霞，李春香，曾建国，向延根

二等奖（19项）

序号	项目名称	完成单位名称	主要完成人员
201311	融和多国货币伪钞鉴别信息处理系统 V1.0	湖南丰汇银佳科技有限公司	邹耀增，唐水林，丁宏伟，卢肇川，龙志辉，李跃进，胡江玮
201312	大规模人物分离及人像检索识别系统的开发与应用	湖南领创智能科技有限公司	夏东，金桑田，陈森海，江文斌，粟郁，杨小龙，李旭阳
201313	金英胶囊的研究及产业化	湖南方盛制药股份有限公司	张庆华，陈淑琼，黄贤华，陈波，付灵梅，邱敏芝
201314	长效盐酸头孢噻呋注射液的研究及在规模化猪场的应用	湖南农大动物药业有限公司，沈阳伟嘉牧业技术有限公司	刘自逵，胡兴平，柳高峰，周望纯，刘先聚
201315	“三段式”纳米改性羽毛球生产关键技术研发及产业化	长沙市迪马斯体育用品实业有限公司，安徽三才体育用品有限公司	戴见霖，黄瑞华，田达晰，宋克先
201316	石材荒料灌注加固胶粘剂和灌注加固技术	湖南柯盛新材料有限公司	柳雄策，郑保昌，钟雪琴，王理尧，沈定忠，左婷，何双林
201317	动力锂离子电池用高纯硫酸锰的技术开发	湖南汇通科技有限责任公司	彭天剑，申喜元，雷尚荣，刘务华，朱海军，唐素娟，宾玉凤
201318	废旧锂电、镍氢电池定向循环关键技术研究及产业化	湖南邦普循环科技有限公司	李长东，余海军，李和敏，周汉章，陈清后，黎俊茂，欧彦楠
201319	安全环保微烟特效精品烟花的研究	浏阳市象形精品烟花出口厂	周正凯，周正江，周健，邢郁明，潘功配，周正兴
201320	圆柱多棱多层污泥生物干化处理装置	湖南省九方环保机械有限公司，攸县志锟生态有机肥有限公司	易庆国，袁星明，陈念军，尹贤军，刘涌，傅强，易祖成
201321	集成化移动式渗滤液污水处理车	中联重科股份有限公司	彭南兴，罗文刚，李珍，张明耀，李龙斌，王晓静，王健
201322	TS系列潜孔凿岩钻具	长沙天和钻具机械有限公司	王湘洲，师明辉，汤浩，张海军，吉伟
201323	SDS212红外定硫仪的研制开发	湖南三德科技股份有限公司	朱先德，王芹，任率
201324	面向智能配电网的数字化故障指示器装置关键技术研究及应用	长沙威胜信息技术有限公司，湖南省电测仪表工程技术研究中心	阳武，朱政坚，范律，黄雄凯，徐勇明
201325	单面研磨（抛光）机	宇环数控机床股份有限公司，湖南大学	许世雄，彭关清，陈永福，许君，俞杰，张志勇，杜群波
201326	杂交水稻节氮抗倒高产高效栽培技术研究与示范	湖南杂交水稻研究中心，湖南农业大学，湖南省土壤肥料研究所，湖北移栽灵农业科技股份有限公司，湖南隆平种业有限公司	马国辉，龙继锐，宋春芳，汤海涛，许文燕，田妍，唐启源
201327	发酵型玉米系列乳酸菌乳饮料及生产应用技术研究	湖南优蜜食品科技有限公司，湖南省畜牧兽医研究所	魏仲珊，李华丽，邓萍，刘绍伟，罗玉，侯娟，张丽丽

续表 46

序号	项目名称	完成单位名称	主要完成人员
201328	食品安全常见致病微生物快速检测方法的建立及应用研究	长沙市疾病预防控制中心	宋克云，孙边成，欧新华，张如胜，苏良，姚栋，叶文
201329	沿海复杂地质条件供水管网工程施工关键技术研究与应用	中建五局土木工程有限公司，东北大学	刘湘元，王述红，陈文辉，罗努银，孙锴，邓建设，游国华
	三等奖（38 项）		
201330	全智能控制技术的现代物流仓储系统研制	长沙赛普尔自动化工程设备有限公司	易禹，陈斌，蒋开国，钟汇才，朱文和
201331	CSWB 抄表导航智能管理系统	长沙创世伟博电力科技有限公司	易智桢，唐卫彬，黎建，李舟辉，李胜开
201332	数字漫画内容开发和交易服务平台	拓维信息系统股份有限公司	柏丙军，林典旋，彭革刚，周业波
201333	面向业务感知的网络服务监控系统	湖南神州祥网科技有限公司	蔡歌，文吉刚，陈梦华，刘忠奇，蔡浩
201334	银黄清肺胶囊创制的关键技术研究及产业化	湖南安邦制药有限公司	高尚，罗百灵，姚金成，张水寒，周专清
201335	参苓口服液的研究及产业化	湖南九典制药有限公司	朱志宏，卜振军，宋岚，杨静，雷文枚
201336	早优系列丝瓜新品种选育与配套栽培技术集成研究及推广应用	长沙市蔬菜科学研究所，长沙市蔬菜科技开发公司	王安乐，邓稳桥，周清华，朱帅，吉甫成
201337	生物安全与资源节约型饲料添加剂“健力肽”的研究与开发	湖南中联生物技术有限公司，湖南省畜牧兽医研究所	罗才鹏，胡艳，李新国，戴求仲，李平
201338	兽用抗病毒与抗菌中草药的筛选及其复方制剂研究	湖南省畜牧兽医研究所，湖南光大牧业科技有限公司	邱美珍，周望平，杨俊，傅胜才，杜丽飞
201339	微烟环保型烟花材料技术研究与应用	浏阳市达浒花炮艺术焰火燃放集团有限公司	江木根，宋建芳，孔祥磊
201340	惰性胶的开发与产业化	湖南省浏阳市医用仪具厂	陈平轩，郑亮明，丁可平，金龙泰，陶继红
201341	金刚石产业低碳化——触媒材料的循环利用	湖南伏龙江超硬材料有限公司，湖南富栊新材料有限公司，北京伏龙江超硬材料有限公司	郑日升，王治安，郑旖柏，肖剑锋，郑浩
201342	超细（Ta，Nb）C 固溶体粉末（Fsss ≤ 0.7μm）的研制及产业化	长沙伟徽高科技新材料股份有限公司	郭伟，马荣骏，裘立奋，佘振辉，周怡
201343	酚醛泡沫保温材料加工废料循环利用技术	湖南中野高科技特种材料有限公司	谢建军，张洋，覃强，黎超，侯志彪
201344	一种钛酸盐系列电子陶瓷纳米晶体材料的合成方法	湖南先导电子陶瓷科技产业园发展有限公司	彭铁缆，汤育才，匡建波，李智辉，江亚勇
201345	全自动连续式微波高温推板窑	长沙隆泰微波热工有限公司	彭虎，张晓东，杨军
201346	原污泥多维降阻法链式调理常温深度脱水制取污泥炭技术及其工艺过程自动化系统集成	湖南多普生环境能源有限公司	盛筱荃，何杰，夏畅斌，张玲，彭靖
201347	新型安全环保节能鞭炮	浏阳市豪升出口烟花厂	赵子刚，韩讯，徐新煌，黄检法，高攀

续表 46

序号	项目名称	完成单位名称	主要完成人员
201348	重金属污染土壤离子矿化稳定化技术研 6	永清环保股份有限公司	谢伦专，易新建，刘前进，陈爱军，周斌
201349	现代钻凿设备关键技术研究及产业化	湖南有色重型机器有限责任公司	李东明，闫杰，姜超，潘志勇，沈盛强
201350	53 米云梯消防车	长沙中联消防机械有限公司	刘召华，蒋韶峰，周磊，黄开，邓鹏飞
201351	YJZWC(F)4—127/220kV 交联聚乙烯绝缘电力电缆瓷套(复合套管)户外终端	长缆电工科技股份有限公司	谢仕林，郭长春，唐陕湖，贺志文
201352	全自动散装物料火车采制样系统	湖南万通电力科工有限公司	谢文平，徐德，陈湘军，邓超华，王宏
201353	铝合金厢式运输半挂车开发关键技术研究	晟通科技集团有限公司	焦圣钟，赵国臣，张建军，何洪，曾敦伟
201354	重型叉车关键技术研究及产品开发	三一集团有限公司	彭国成，李翠英，杨成勇，李健，何忠亮
201355	普惠 PYZC 型垂直预压式生活垃圾转运站成套设备	长沙普惠环保机械有限公司	安明生，陈巍，姚继戈，王淑珍，何永红
201356	BGC 型 100 吨抱罐车	长沙凯瑞重工机械有限公司	张卫东，彭劲松，徐元诗，向燕，徐敬
201357	5E—C5500 量热仪	长沙开元仪器股份有限公司	张德强，赵福刚，易昭，易顺勇，胡可可
201358	浆包包装方法及包装生成线	长沙长泰机械股份有限公司	陈松伟，赵柏林，王建平，崔跃武，刘云涛
201359	一种不上火的婴幼儿配方奶粉及其制备工艺	澳优乳业（中国）有限公司	张岩春，潘丽娜，高玉妹，戴智勇，莫红卫
201360	挤压装备在食品中的研究和应用	湖南富马科食品工程技术有限公司	晏文会，朱广平，钱仁珊，王鹏，海正茂
201361	食用菌温控节能及标准化栽培技术开发	长沙湘蕈生物科技有限公司，湖南农业大学，长沙市雨花区食用菌科技合作社	喻桃生，夏志兰，刘瑶，彭波，姬建军
201362	蔬菜残体快速堆腐肥料化利用技术	湖南回龙湖现代农业科技有限公司，浏阳市湘香农业开发有限公司	王征，余建军，岳丽，寻立之，李定华
201363	高效隔热保温节能墙体及全自动生产设备	长沙市猛然建材科技有限公司	王海清，何文学，王谢辉，周越辉，苗大华
201364	″三通四联″针灸综合疗法治疗腰椎间盘突出症的临床研究	长沙市中医医院（长沙市第八医院）	熊健，黄树明，闵羿，左珊珊，徐波
201365	利用山砂生产加气混凝土砌块关键技术研究	长沙市城市建设科学研究院，浏阳市伟峰建材有限公司	李珍贵，余俊，王春娥，汪晓丰，唐义军
201366	智能型建筑外遮阳节能门窗一体化系统	湖南湘联科技有限公司	陈为军，刘勇聪，陈继湘，许宏岳，陈铁平
201367	人类巨细胞病毒感染与动脉粥样硬化及脂类代谢关系的相关性研究	长沙市第三医院，中南大学湘雅医学院	陈华，李玲芳，刘伟，程洁，李娟

表 47　2013 年长沙市产学研合作与科技成果转化奖

序号	单 位 名 称
1	湖南恒瀚纸业有限公司
2	湘北威尔曼制药股份有限公司
3	湖南千山制药机械股份有限公司
4	湖南纽曼数码科技有限公司
5	湖南长城医疗科技有限公司
6	湖南湘丰茶业有限公司
7	华自科技股份有限公司
8	湖南同心实业有限责任公司
9	湖南贵太太茶油科技有限公司
10	湖南华凯创意展览服务有限公司

表 48　2013 年长沙市企业科技创新市长奖

序号	单 位 名 称
1	威胜集团有限公司
2	湖南方盛制药股份有限公司
3	袁隆平农业高科技股份有限公司

知识产权保护及应用

【概况】　2013 年，长沙市知识产权局以科学发展、创新发展为指引，全面提升“创新能力、转化能力和保护能力”，充分发挥知识产权对经济发展的支撑引领作用，有力推动长沙市经济社会转型创新发展。全市全年共申请国内专利 15956 件，其中发明专利申请 6423 件，占全省总量的 53.8%；获得国内专利授权 10362 件，其中发明专利授权 2328 件，占全省的 64.4%。发明专利授权量连续 3 年跻身全国城市十强榜，居全国省会城市第七位；万人有效发明专利拥有量 13.75 件，居全国省会城市第四位。长沙县获批首批国家知识产权强县工程示范县，望城经开区成功获批国家知识产权试点园区，长沙经开区作为全省唯一园区参评国家知识产权示范园区。省委常委、市委书记易炼红专门批示，充分肯定知识产权工作成绩。在 2013 年 10 月 16 日召开的全省知识产权战略实施工作电视电话会议上，副市长夏建平作为全省市（州）唯一代表作典型发言，国家知识产权局对长沙工作经验进行了推广。（阳　明）

【知识产权投融资工作出成效】　长沙自 2010 年成为全国知识产权投融资服务唯一试点城市以来，一直承担着“先行先试、探索突破、积累经验、全国示范”的重要任务。通过 3 年的试验摸索，成功走出一条引导知识产权与资本有效对接的路径，借助“金桥工程”的实施，全市全年促成知识产权投融资服务项目 63 项，实现投融资 5.59 亿元，3 年累计促成投融资服务项目 366 项，实现融资 28.3 亿元。1. 强化政策引导。先后出台《关于促进专利权质押贷款工作的意见》《长沙市知识产权质押融资贴息和补助管理办法》，成立长沙知识产权投融资服务工作战略联盟，引导、鼓励开展专利权、著作权质押贷款工作。2. 搭好对接平台。启动并实施了“金桥工程”、知识产权“三百工程”；建立企业投融资需求动态信息库，广泛征集融资需求；举办多场知识产权与资本对接专场活动。3. 注重示范推广。联合高新区举行企业专利权质押与评估培训班，指导企业推广应用新的融资渠道和贴息政策；指导高新区开展科技保险试点；支持浏阳经开区举行知识产权与资本对接专场活动。通过政策引导、平台搭建和示范推广，深化了知识产权投融资工作的开展，形成了推动知识产权成果转化运用的强大动力。（阳　明）

【办理专利案件数量居全国直辖市和省会城市第二位】　2013 年，全市知识产权局系统共办理专利案件 269 件，办案数量居全国直辖市和省会城市第二位。其中立案调处专利纠纷和专利侵权纠纷案件35件，查处假冒专利案件234件，司法确认行政调解案件3起。共受理并查处著作权侵权案件2起。长沙知识产权维权援助中心共接待来访200余起，接收、分转、处理知识产权举报投诉信息1300起，进驻各类大型展会开展维权援助服务6场（次）。（阳　明）

【湖南版权代理有限责任公司长沙工作站成立】　1月1日，在长沙市知识产权局的积极争取下，湖南版权代理有限责任公司长沙工作站正式成立，开启了市州开展著作权登记补助的先河。工作站成立后，市知识产权局加大作品著作权登记的宣传力度，建立著作权登记补助网上平台，完善出台新《长沙市知识产权补助实施细则》，引导和鼓励著作权人开展作品著作权登记，取得显著成效。全年湖南版权代理有限责任公司长沙工作站累计受理著作权登记达1209件，是2012年全省登记量的2倍，占全省总作品登记量的98%。（阳　明）

【“高校知识产权服务月”活动】　高校是知识创新和技术创新集聚地，为进一步强化驻长沙高校师生知识产权意识，提高高校知识产权创造能力，2013年3—4月，市知识产权局联合专利代理机构深入湖南大学、中南大学、长沙理工大学、湖南农大等多个驻长沙高校院系，集中开展“三个一”活动，即：一次专利申请实务培训，一次省市政策系统宣讲，一次专利申请现场对接。累计举办知识产权专题讲座7场，参与师生2000余人次。组织召开了驻长沙高校知识产权工作经验交流会，15所驻长沙高校副校长、科技处长、知识产权专干参加会议。通过强力推动，高校知识产权意识明显提高，专利产出效果明显。湖南林科大将发明专利申请量纳入各院系目标考核，中南大学年专利申请量突破千件，湖南大学、湖南农业大学等在学校网站开辟了知识产权专栏，长沙理工大学对每件发明专利给予3万元奖励。2013年，驻长沙高校累计申请专利3555件，其中发明专利申请2261件，同比增长28.6%，是全市平均增速的4倍。（阳　明）

【公众知识产权竞赛活动】　为普及知识产权知识，提升公众知识产权意识，2013年“4•26”知识产权宣传周期间，市知识产权局联合市政府电子政务办、长沙晚报举行了全市公众知识产权知识有奖竞赛活动。活动分纸质版和网络版两种形式，共吸引2万余人次参与，320名参赛者获得奖励。通过竞赛活动的开展，进一步提升公众知识产权意识，扩大知识产权社会影响，起到良好的宣传效果。（阳　明）

科学普及

【概况】　2013年长沙市科协以推进全市科技进步为根本，围绕中心，服务大局，出色完成各项任务。

一、服务转型创新发展。为进一步加强长沙市与中国科学院、中国工程院的全面合作，推动创新驱动发展战略的深入实施，实现人才强市战略，启动了院士专家工作站建设工作。市政府出台了《关于推进院士专家工作站建设的实施意见》，提出到2020年建设40个院士专家工作站的建站目标，为院士专家工作站建设指明发展方向，提供相应的政策保障。市政府成立院士专家工作站建设协调领导小组，组建专门工作班子。市院士专家工作站建设协调领导小组制定《长沙市院士专家工作站建设管理办法》《长沙市院士专家工作站考核办法》，规范院士专家工作站评审认定工作。2013年年底，市委市政府召开全市院士专家工作站建设工作会议，对首批认定的10家企业院士专家工作站进行授牌。共引进两院院士12名，引进创新团队专家88人，院士及其创新团队将与企业就22个具有发展前景的项目进行联合攻关。企业创新服务纵深推进，在宁乡经济技术开发区和含浦工业园等园区支持下开展科技信息应用推广服务，园区内42家高新技术优势企业安装专利数据检索系统，企业通过采纳和利用“企业专利数据检索系统”信息数据进行二次创新，开发新的发明和应用专利，产生明显的经济效益。望城区科协启动“加强科技创新，协同推进新型工业化”三年行动计划，分年度分重点开展科技创新服务。岳麓区科协高层面推进与高校进行全面战略合作，引导区内各高校面向区内主导产业选择应用开发研究课题，参与重大科技项目攻关，帮助和支持企业走科技兴企之路。芙蓉区科协邀请专家深入隆平科技园开展专题科技人才培训。各区、县（市）科协积极参与两帮两促、群众工作站等中心工作，帮助企业解决发展中的难题，帮助园区引进优势企业。

二、社会化科普工作。积极实施“基层科普行动计划”专项，与市财政局联合设立市级“基层科普行动计划”专项，首批评选表彰市级先进集体13个、农村科普带头人4名。积极向上级推荐优秀项目，全年获省科协、省财政厅“基层科普行动计划”表彰先进单位4个、先进个人2名，共获中国科协、财政部基层科普行动计划表彰先进单位7个，获奖补资金185万元。主题科普活动亮点纷呈，市科协联合望城区人民政府共同举办以“保护生态环境、建设美丽长沙”为主题的全国科普日主会场活动，全市共开展6大类65项全国科普日活动，市民参与人数近十万人次。积极参与了全国科技活动周、防灾减灾和三下乡活动，举办中国（长沙）科技成果转化交易会青少年创新作品展览专场。全年举办“星城科学讲堂”8场次、科普大篷车下基层巡展33次、《低碳生活》主题展览1期。市科协和开福区科协分别被中国科协评为“2013年全国科普日活动优秀组织单位”。青少年科技教育成果丰硕，举办市第三十四届青少年科技创新大赛、第六届青少年机器人竞赛、第八届现场网页制作竞赛和“奇思妙想”纸质模型承重普及赛等一系列青少年科技竞赛活动，市级赛事参赛规模达5000余人次。参加省第三十四届青少年科技创新大赛，获得一等奖22个，二等奖25个，三等奖24个；参加省第六届青少年机器人竞赛获一等奖27项、二等奖40项、三等奖27项。组织参加第二十八届全国青少年科技创新大赛获4个金奖、4个银奖和6个专项奖，取得历史最好成绩。组织参加第十三届中国青少年机器人竞赛获一等奖2项、二等奖5项、三等奖3项。

获第九届“宋庆龄少年儿童发明奖”金奖1项、银奖2项、铜奖5项。市科协荣获2013年全国科技创新大赛基层赛事优秀组织奖。组织青少年参加第112届巴黎国际发明展览会获铜奖2项、荣誉奖2项，实现了长沙市小学生在此项大赛上的重大突破。天心区承办WRO世界奥林匹克机器人竞赛中国总决赛取得圆满成功。宁乡县率先全省设立县级青少年科技创新县长奖。科普资源共建共享纵深推进。市科协联合长沙晚报开设36期“科学生活家”专栏，有效、有针对性的回答了市民关注的热点科学问题。开福区科协充分整合社区资源，指导社区和辖区单位创办“家门口的科技馆”“科普园”“科普文化书屋”，受到社区居民的欢迎；浏阳市科协联合《浏阳日报》开辟《民生实验室》专栏；宁乡县科协启动科普示范村（社区）创建，受到广大科技工作者和人民群众的欢迎；长沙县科协精心组织开展“三农”网络科普书屋站、点建设，推动了基层科普资源共建共享。

三、学会建设学术交流。深化学会能力建设，完善学会评价体系，深化示范性学会创建，加强对学会的指导扶持，全年新增6家示范性学会。组织开展课题调研，形成5个调研报告，调研成果获市领导充分肯定。宁乡县科协率先启动县级示范性学会创建工作。拓展学术表彰领域。市科协联合市人社局等部门，将市“自然科学优秀学术论文奖”更名为“自然科学优秀学术成果奖”，将企业技术创新类论文、科技工作者建议、科普创作纳入评奖范畴（共收到424篇（件），评选表彰一等奖28项，二等奖64项，三等奖94项）。提升年会实效。2013年长沙市科学技术学术年会突出“创新驱动与转型发展”主题，邀请园区和企业参加，聘请知名高新技术企业专家做技术创新专题报告，促进了学会和科技工作者提升服务创新发展的能力。年会除主会场外，还设立了4个学术交流分会场（年会共征集论文406篇，评选出优秀论文60篇）。基层学会不断活跃。区、县（市）学会建设和学术交流研讨活动日趋常态化，芙蓉区科协组织学会开展“国际稻都”相关建设问题的学术交流活动，为筹划建设“国际稻都”“三馆一中心”出谋划策；雨花区科协开展基层大走访活动，深入了解科普需求，充分发挥相关部门、社区、学会、协会作用，在全区开展“科普进社区”系列活动。

四、影响力进一步增强。完成全国科普示范县中期评估。各区、县（市）党委、政府认真按照中国科协要求积极开展2011—2015年全国科普示范县（市区）中期评估工作，全部9个区、县（市）顺利通过中期评估。深化工作交流与合作。成功承办第八届泛珠三角区域城市科协多边合作联席会议暨2013年科技咨询合作与发展论坛，会议围绕“创新驱动与科技服务能力建设”主题，就科协组织如何更好地实施创新驱动发展战略，如何更好地服务企业提高自主创新能力进行深入交流探讨，进一步深化市科协与兄弟城市科协的联系。畅通人才成长渠道。表彰10名首届青少年科技创新市长奖获奖者和10名第二届长沙市青年科技奖获奖者，评选第二届青少年科技创新市长奖，3人荣获湖南省青年科技奖表彰，1人获中国青年科技奖表彰。增强组织凝聚力。制定《市政协科协界别委员关于开展“三服务”主题活动的实施方案》，引导科协界政协委员围绕服务经济科技、民生民利开展课题研究，积极建言献策。

（刘孙波）

长沙市科学技术协会

名誉主席　（按姓氏笔画为序）
于起峰　何继善
李克俭　李斌恺
官春云
钟　掘（女）
袁隆平　黄伯云

主　　席　谢明德（兼）
党组书记、副主席　李范坤
副 主 席　王　准　易　方
王　勇
党组成员、副县级纪检员　杨迪君
副主席（兼）　（按姓氏笔画为序）
王永宏　刘建湘
李　跃（女）
邱兵东　陈　锦
易自力　胡　勇
莫一平　黄　滔
黄　瑶
戴崇华（女）

【市科协第十一次代表大会】　8月8日，长沙市科学技术协会召开第十一次代表大会。省委常委、市委书记易炼红，全国政协常委、省政协副主席、国家杂交水稻工程技术研究中心主任袁隆平院士，全国人大常委、中国科协副主席、省科协主席黄伯云院士，全体市委常委、市人大、市政府、市政协主要领导、几大家分管市领导出席了大会。大会审议通过长沙市科协第十届委员会工作报告和《长沙市科学技术协会实施〈中国科学技术协会章程〉细则》，选举产生了长沙市科协新一届领导机构。市委市政府两办印发了《关于进一步加强新时期科协工作的意见》。大会全面总结了过

省委常委、市委书记易炼红出席市科协第十一次代表大会并讲话

去5年科协工作所取得的成绩和成功经验，确定了科协工作目标。大会表彰奖励了全市科协系统先进集体、先进个人和首届“长沙市青少年科技创新市长奖”、第二届“长沙市青年科技奖”获奖者。 （刘孙波）

【全面推进院士专家工作站建设】 2013年9月，市政府出台《关于推进长沙市院士专家工作站建设的实施意见》，成立由主管副市长任组长，市政府办公厅、市委组织部、市财政局、市工业和信息化委员会、市科技局、市知识产权局和市科协为成员单位的市院士专家工作站建设协调领导小组，制订了管理和考核办法。12月6日，“长沙市院士专家工作站建设”新闻发布会在长沙市政府新闻发布厅举行。长沙市委宣传部副部长刘绪甲主持发布会，长沙市科协党组书记、副主席李范坤，长沙市工信委副主任黄滔，长沙市组织部人才处副处长周祎出席新闻发布会，来自省内外20余家新闻媒体的记者们报道了会议实况。会上，长沙市政府授予威胜集团、三一重工、山河智能等10家企业“院士专家工作站”牌匾。会议特别强调，到2020年，争取培育建立40家市级、20家省级院士专家工作站。（刘孙波）

【示范性学会创建工作】 示范性学会创建工作，作为学会能力提升的基础性工作，被列入市政府教科文线100件实事之一。2013年，10家学会积极申报示范创建，经综合评估，对长沙市能源综合利用协会等6家学会授予“长沙市科学技术协会示范性学会”称号并予以表彰，通过开展示范性学会创建，培育了一批具有较强社会影响力和自主发展能力的学会，学会建设得到全面加强，学会在组织建设、学术建设、承接社会服务职能、科技服务、多元化发展等方面都有了可喜的进步。 （刘孙波）

【实施“基层科普行动计划”】 为配合中国科协、财政部和湖南省实施“基层科普行动计划”专项，长沙市科协、市财政局联合下发《关于组织实施2013年长沙市“基层科普行动计划”的通知》和《长沙市“基层科普行动计划”实施细则（试行）》，启动实施长沙市“基层科普行动计划”。长沙市“基层科普行动计划”专项配套资金100万元，通过“以奖代补、奖补结合”的方式，对基层科普工作中作出突出贡献的农村专业技术协会、农村科普示范基地、农村科普带头人、科普示范社区等先进单位和个人进行表彰和奖励。经逐级申报、区县（市）推荐与专家评选和公式，共有2个农村专业技术协会、6个农村科普示范基地、5个科普示范社区被评为2013年长沙市“基层科普行动计划”先进单位，4名农村科普带头人被评为2013年长沙市“基层科普行动计划”先进个人，并给予每个协会或基地8万元、社区5万元和每名科普带头人3万元的奖补资金。

（刘孙波）

长沙院士专家工作站建设工作会议现场

【“全国科普日”长沙主场活动】 9月16日，2013年“全国科普日”长沙·望城主场活动在望城光明村正式启动。湖南省科协党组成员、副主席廖任强，副市长夏建平，市政府副秘书长刘秋成，省科协普及部部长邓益平，市科协党组书记、副主席李范坤，望城区委副书记、区长孔玉成等出席，市政协党组副书记、市科协主席谢明德主持启动仪式，全国科普日长沙主场活动由市科协、市教育局、市环保局和望城区人民政府联合主办，活动的主题是“保护生态环境、建设美丽长沙”，通过开展系列活动进一步推动全社会形成讲科学、学科学、用科学的社会热潮。 （刘孙波）

【长沙市科学技术学术年会】 12月20日，省市300余名科技工作者参加由长沙市科协主办、长沙学院承办的“2013年长沙市科学技术学术年会”。市政协党组副书记、市科协主席谢明德致开幕词。副市长夏建平及长沙学院院长韦成龙等领导出席年会。年会以“创新驱动与转型发展”为主题，本着“活跃学术氛围、激发创新思维”的理念，既关注增量制造技术等前沿科技的创新与发展，又注重推动传统产业的转型升级。除设立长沙学院主会场外，还设立了长沙市林学会分会场“深化集体林权制度配套改革论坛”、长沙市药学会分会场“长沙市药学创新成果推介暨学术论坛”、芙蓉区分会场“食品安全与健康暨‘国际稻都’建设论坛”、浏阳市分会场“科技兴农与农业产业化发展论坛”，组织了市机械工程学会“机械行业技术创新和产业发展论坛”、市农业机械与工程学会“长沙市农业机械化发展高峰论坛”等重点学术活动。

（刘孙波）

【科普大篷车巡展活动】 2013年共出动科普大篷车33次，其中到全市中小学校开展学雷锋文化科普志愿者服务活动29次，长沙城区社区2次，参加省、市组织的科技周等重要活动2次。累计行程3270余公里，科普志愿服务活动覆盖面达市属3县（市）6区的乡镇学校，荷花园和金地两个社区。随车展出的车载展品20台

（套）；展出各类科普展板 100 余块；播放文化科普影像 30 余场次；发放各类科普宣传资料 2600 份。科普大篷车的展出活动，有力的配合了全市“争当雷锋精神传人、弘扬社会文明新风”活动和科普惠民工作，在提升市民科学素质工作和树立社会文明新风中发挥了积极的作用。（刘孙波）

社会科学

【概况】 2013 年，市社科联（院）在课题研究、社科普及、人才培养、咨询服务、学会管理等方面都取得新进展。市社科联（院）被评为全国先进社科院，所属学会中有 6 家被评为全国先进学会，3 人获全国先进个人荣誉。

一、围绕中心工作，服务大局。注重加强全局性、战略性、前瞻性重大理论与实际问题研究，努力发挥服务地方党委政府工作的职能。1. 推出高质量研究成果。承担 8 集电视系列片《梦想的号召——“六个走在前列”在行动》的脚本撰写工作，获省、市领导批示；配合做好《中国雷锋》系列电视片的脚本的撰写理论和学术指导工作，该电视论政片在《长沙电视台》播出。组织撰写《干在实处、走在前列——对长沙推进“六个走在前列”的认知与思考》《力行“五推”开创长沙更好更大更快发展的新路子》《北京文化产业发展的经验及其对我市的启示》《雷锋精神重大价值研究》《做强文化产业、推进转型发展》《延安整风运动是马克思主义中国化的伟大创举》等一批课题研究报告，获省、市领导肯定性批示。2013 年，提交的课题报告有 4 项获省委常委、市委书记易炼红的肯定性批示，有 10 余项研究成果获的其他市领导肯定性批示。2. 组织编撰《长沙文化发展报告蓝皮书（2013）》。在市委宣传部的领导下，召开编撰工作推进会，明确编撰任务分工，全力打造精品力作，由湖南人民出版社正式出版发行。《长沙文化发展报告蓝皮书（2013）》重点记述 2012 年长沙文化发展状况，以详实的文化发展数据为依据，遵循理论与实践相联系、宏观研究与微观研究相结合的原则，真实客观地反映和分析长沙文化发展形势，总结新经验，发现新问题，预测新趋势，提出对策与建议，为国际文化名城建设提供科学参考和理论依据。3. 开展重大课题招标工作。为推进长沙“六个走在前列”，共圆长沙人民的“小康梦”“两型梦”和“幸福梦”提供理论先导和智力支持，经省、市领导批示同意，对“推进长沙‘六个走在前列’，提升城市综合竞争力的发展思路与对策研究”和“长沙基本实现现代化发展战略研究”两个课题面向全国进行公开招标，市委常委、宣传部部长张湘涛对招标工作、课题管理等方案进行批示，确保程序规范、结果公平，并多次组织省市社科专家召开调研座谈会，两个重大课题的研究已经顺利结项。4. 做好湖南省中国特色社会主义理论体系研究中心长沙基地工作。根据《中共长沙市委宣传部关于印发〈湖南省中国特色社会主义理论体系研究中心长沙基地工作制度〉的通知》（长宣发〔2013〕10 号）精神，基地挂靠市社科联（院），召开基地工作会议，市委常委、宣传部部长张湘涛出席并讲话，整合省会研究力量撰写理论文章，在《人民日报》《湖南日报》《长沙晚报》等指定刊物上以基地名义推出 10 余篇理论文章，获得社会各界的一致好评。

二、深入基层，开展科普活动。普及社科知识，服务社会大众，提升公民素质，是社科联（院）的一项重要工作职能。1. 承办全省社科普及经验交流会。5 月 15 日全省社科普及工作经验交流会在长沙举行，省社科联领导班子全体成员和机关各处室负责人，各省级学会、高校、市州社科联、省级社科普及宣传基地负责人出席会议，长沙市社科联承办此次会议并作经验介绍。2. 承办“湖湘大学堂”相关活动。承办由湖南省委宣传部、湖南省社科联联合主办的湖湘大学堂名家讲坛活动，邀请中南大学文学院教授杨雨作“雨韵情怀·惊采绝艳话楚骚”主题演讲，邀请湖南大学文学院院长教授郭建勋作点评演讲。活动由湖南卫视著名主持人、制片人李兵主持，收到很好效果。3.《长沙社科》杂志有新貌。以推崇理论创新、提供决策参考、普及社科知识、服务社会发展为目标，从组稿、内容、版式等方面进行创新和突破，《长沙社科》办刊质量得到全面提升。充分发挥其在课题成果转化、社科知识普及、社科人才培养等方面的积极作用。杂志均免费赠送市委、市人大、市政府、市政协领导以及市直机关各单位。

三、做好学会工作。作为社科类学会的业务主管部门，坚持“管”“联”并举，突出服务的原则，使学会队伍在清理整顿和巩固提高中得到发展和壮大。1. 召开社科工作会议，凝聚社科力量。4 月召开长沙市社会科学工作会议。会议对第十届“长沙市社会科学优秀人才”和第十四届“长沙市社科优秀成果”和一批先进学会进行表彰，对长沙市第十五届社科优秀成果和第十一届社科优秀人才评选工作进行部署。2. 做好学会年检工作，优化学会服务。社科联妥善处理与登记部门、主管单位的关系，积极争取有关部门对学会工作的支持 改善学会工作的社会环境。为加强学会管理服务，配合民政部门督促学会按照国务院《社团登记管理条例》规定进行年检。5 月份，集中对全市社科类学会、协会、研究会进行年检。举办学会骨干培训班，邀请省社科联党组成员、副主席缪亮作专题辅导报告，全市 6 个先进学会进行经验交流。3. 创新学会发展理念，强化学会管理。参加全国大中城市社科院院长 23 次联席会议，长沙社科院被评为“全国先进社科院”荣誉称号；在全国大中城市社科联第二十四次工作会议上，有长沙市会计学会、审计学会、检察学会、商业经济学会、税务学会等 6 家学会获评全国先进学会，有 3 人获“全国先进个人”荣誉。（蒋湘峰）

【长沙市社科工作会议】 4 月 19 日，长沙市社科工作会议在长沙市政府第二办公楼召开。市委常委、宣传部部长张湘涛，省社科联党组成员、副主席缪亮，市人大常委会副主任芮英姿等出席。张湘涛在会上作重要讲话，对全市广大社会科学工作者围绕市委、市政府的决策部署，卓有成效地扎实工作给予充分肯定，并对社科工作提出了新的更高要求。该次会议对李跃、喻秋兰、陈涛 3 位“长沙市社会科学优秀人才”，何六生、尹锋、杨锡贵、王锡财、芮英姿5位“长沙市社科先进工作者”，以及《基于DEA模型的我国政府社会管理职能绩效评价研究——以30个省（直辖市、自治区）为统计样本的实证分析》等66项社会科学优秀成果进行通报表彰，并在《长沙晚报》《长沙社科》和相关网络媒体上对优秀人才、成果和学会进行宣传推介。（蒋湘峰）

【首届示范性学会创建】为进一步规范和引导学会和社团的发展，在认真落实市委、市政府《关于进一步繁荣和发展哲学社会科学的意见》的基础上，经市委常委、宣传部部长张湘涛和副市长夏建平批示同意，长沙市哲学社会科学领导小组、长沙市委宣传部、市社科联共同出台《关于加快推进学会创新发展的若干意见》，制定《关于开展示范性学会创建和评估的办法》，推进学会建设规范化、科学会、制度化。并组织开展首届示范性学会创建工作，共评出长沙市会计学会等4家示范性学会。（蒋湘峰）

附录

长沙市第十五届社会科学优秀成果评奖获奖项目名单

一等奖（9项）

《探索湘江古镇群落的复兴路》（论文，谭小平，长沙市望城区委办公室）

《企业文化与湖南省民营企业融资制度创新》（论文，符桂珍、邓中华，长沙市会计学会）

《梦回唐诗千百度》（著作，徐昌才，长沙市雅礼中学）

《陶澍的经世思想与实践》（著作，薛其林，长沙学院）

《平凡企业资本运作实务丛书》（著作，陈平凡，长沙市律师协会）

《影响我国纳税人遵从的经济因素及实证研究》（论文，刘静、陈懿赟，长沙学院）

《最新建设工程施工合同疑难案例精解》（著作，江帆，长沙市律师协会）

《文化产业集群发展策略：以长株潭试验区为例》（著作，曾耀农，湖南商学院文学院）

《新时期网络舆论引导工作的思考》（论文，邓榕，长沙学院）

二等奖（24项）

《长沙市文化产业金融服务创新研究》（论文，郭红卫，长沙学院）

《百年湘绣——老湘绣的收藏》（著作，康巨峰，长沙市钱币协会）

《基于对接产业与服务园区背景下的高职教育校企合作模式创新研究——以长沙大河西先导区为研究区域》（论文，李晖、杨振，长沙职业技术学院）

《古代湖湘艺术与湖湘文化》（著作，胡友慧，长沙学院）

《新媒体时代推进哲学社会科学发展与繁荣的几点思考》（论文，黄志军，长沙市社科联）

《突出五心服务　发展品质旅游》（论文，谭勇，长沙市旅游局）

《随机需求下单供应商两分销商VMI协调策略》（论文，全春光，长沙学院）

《坚持把新型工业化作为稳增长、转方式的第一推动力》（论文，长沙市委政策研究室课题组，长沙市委政策研究室）

《流域生态补偿支付意愿的影响因素分析—以湘江流域长沙段为例》（论文，李超显，中共长沙市委党校）

《发挥比较优势　推进融合发展——长沙与长江中游城市群建设若干问题报告》（论文，杨羽萱，长沙市社科院）

《做思考的奔跑者》（著作，龙钢跃，长沙晚报报业集团）

《企业法律风险管理论》（著作，蒋云贵，长沙学院）

《创新教育的成功尝试与思考》（著作，胡群武、文湘波、秦有才，宁乡县第十三高级中学）

《樱花凋零》（著作，李冬山，长沙市历史学会）

《我国奥运基础大项竞技实力变化研究》（论文，谭祝平，长沙学院）

《长沙市工伤保险事业发展战略研究》（论文，陈贵平、李晖，长沙市工伤保险管理服务局）

《艺术品味与艺术消费的关系透视——基于艺术体验的价值维度》（论文，余佳、游达明，长沙学院）

《深入推进现代服务业综合试点工作》（论文，刘素月，长沙市商业经济学会）

《环洞庭湖区功能定位与发展战略研究——基于构建长株潭城市群“经济腹地”的视角》（论文，周栋良，长沙商贸旅游职业技术学院）

《新时期共产党员道德修养问题研究》（著作，吴桢婧，长沙学院）

《天心阁》（著作，陈先枢，长沙市商业经济学会）

《用课堂观察和课例研修的校本研训造就新教师新学校》（著作，肖万祥，长沙教育学院）

《刘少奇民生思想成因剖析》（论文，罗雄，刘少奇同志纪念馆）

《论高校多媒体辅助教学及其限度》（论文，樊长荣、田踊、冉光，长沙学院）

三等奖（30项）

《践行“六个走在前列”要求　全力提升城市建设品质》（论文，冯辉，长沙市住房和城乡建设委员会）

《长沙经济总量、发展质量、人均均量研究》（论文，刘金文，长沙市统计学会）

《美国机构知识库版权问题的解决方式及启示》（论文，柳菁，长沙学院）

《在共筑中国梦的伟大实践中实现长沙梦》（论文，齐泊熊，中共长沙市委讲师团）

《趋势与对策：公共危机及其管理的混沌哲学解析》（论文，李小敏、胡象明，长沙学院）

《论孔子的道德教育思想对大学生思想道德教育的借鉴意义》（论文，王凯旋，长沙职业技术学院）

《美丽“非遗”成就幸福长沙》（论文，张明清，长沙市群众文化学会）

《风险的媒介化认知：<纽约时报>与<人民日报>对日本核泄漏报道的框架分析》（论文，全燕，长沙学院）

《枝柳青春　枝柳之歌》（著作，殷建资、王成宗、韩定昌，长沙市老科技工作者协会）

《倡行六种作风　提升检察品质》（论文，陈绍纯，长沙市检察学会）

《冷战时期美国海外图书输出的主旨探析》（论文，胡腾蛟，长沙学院）

《检察公信力的生成机制初探》（论文，刘建、李克明，长沙市检察学会）

《新揭“红楼”隐密》（著作，谭建林，长沙市开福区农林水利局）

《中国特色社会主义现代化道路的重要启示》（论文，余敏，中共长沙市委党校）

《文化资本理论视野下助学贷款的社会流动功用研究》（论文，钟云华，长沙学院）

《大部制的权力结构：机构合并与分立相融合的内在机理研究》（论文，杜倩博，中共长沙市委党校）

《论两型社会文化构建的艺术审美实践》（论文，邓伍英、柳玉，长沙学院）

《公立市级医院固定资产管理问题及对策》（论文，杜满云，长沙市会计学会）

《楚文化视觉语言的美学思想》（论文，胡嫔，长沙学院）

《长沙市城市转型与国际化建设的主要经验》（论文，罗凤梅、李丽纯，中共长沙市委党校）

《我国知识产权司法保护体制改革的探索与完善——兼论<国家知识产权战略纲要>第45条的实施》（论文，杨志祥、梅术文、龙龙，长沙学院）

《主体功能区生态预算系统合作机理研究》（论文，徐莉萍，长沙市会计学会）

《刘少奇关于马克思主义利用资本主义建设社会主义的理论和实践研究》（论文，李桂芳，刘少奇同志纪念馆）

《望城民间剪纸的祭祀色彩和艺术风格》（论文，陈览月，长沙市商业经济学会）

《关于农村自然生态环境保护现状及研究》（论文，唐细语，长沙商贸旅游职业技术学院）

《实习生的教师实践性知识发展研究》（论文，潘国文，长沙市雅礼实验中学）

《新时期我国高职院校旅游管理专业建设创新研究——以长沙商贸旅游职业技术学院旅游管理专业为例》（论文，韩燕平，长沙商贸旅游职业技术学院）

《国际碳交易法律规范的软法性研究》（论文，黄小喜，湖南第一师范学院）

《中等职业学校德育理论与实践研究》（著作，周和平、周曦，长沙市教育科学研究院）

《课堂教学与教师作为杂谈》（论文，陈华林，长沙学院）

防震减灾

【概况】　2013年，防震减灾监测预报、震害防御、应急救援3大工作体系建设逐渐完善，城市地震灾害综合防范应对能力得到提升，长沙市地震局获评“2013年度全国地市级防震减灾工作综合考核先进单位”和“全省市（州）防震减灾工作综合考核先进单位”。

一、明确“十二五”期间防震减灾事业发展方向。1月28日，长沙市人民政府出台《长沙市十二五防震减灾事业发展规划》（长政函〔2013〕11号），明确“十二五”期间防震减灾事业发展的指导思想、基本原则、规划目标和主要任务，提出5项重点建设项目，并规定了保障措施和工作要求；加强城乡抗震设防管理工作的要求写入《推进城镇化建设的调研报告》，作为市委、市政府推进新型城镇化建设的决策参考。

二、夯实地震监测预报基础工作。按照中国地震局要求做好仪器设备的维修和标定工作，对卫星小站进行升级改造，调整并维护地震信息集成显示系统，新增一台强震仪参与运行管理。测震、形变、流体各仪器运转正常，产出资料连续可靠；全年处理能看清震相和有分析价值的地震1058次，向中国地震局速报5级以上地震99次，长沙市发生2级以上地震3次，最大为ML3.3级；编写《长沙市2013年年中地震趋势会商报告》和《长沙市2014年地震趋势会商报告》，在全省地震趋势会商会评比中分别获二等奖和三等奖。

三、加强抗震设防监管。为确保新建工程达到抗御6级地震的能力，2013年，市地震局政务中心窗口和先导区窗口接待办事群众800余人次，完成抗震设防要求确认审批项目161项，参加建设工程资料联合验收160项，参加市政府组织召开的各类专题咨询会议10余次，其中包括市轨道交通二号线西延、三号线、四号线可研性评审会及桐梓坡——鸭子铺通道初步设计评审等重点工程建设咨询会。

四、加大防震减灾宣传力度，积极开展地震应急工作。组织开展长沙市首次地震应急救援大型综合演练；制定防震减灾志愿者管理办法，开展志愿者队伍招募工作；将抗震设防的有关要求写入长沙市政府《2013农村危房改造工作实施方案》，对全市4090户危房进行改造；支持长沙县开展防震减灾宣传工作，指导当地“防震减灾日”主题活动，有效推动市县防震减灾工作开展；继续发挥长沙市防震减灾科普教育基地在宣传工作中的主阵地作用，全年接待参观607人次；在学校组织地震救援培训讲座2场；开展“识别灾害风险，掌握减灾技能”上街宣传活动；联系长沙新闻频道和长沙政法频道播放防震减灾公益宣传片；支持湖南大学开展地震应急救援志愿者培训；参加2013年“平安中国”防灾宣导系列公益活动；组织编写《防震减灾基础知识长沙读本》；积极开展创建地震科普示范学校工作，并配合做好2013年度湖南省地震科普示范学校创建、验收工作；大力推进防震减灾示范社区工作，评选江湾社区为年度防震减灾示范社区，并出台示范社区创建的有关制度。（魏　箐）

地震应急救援演练现场

【“平安长沙”防灾减灾应急知识宣传活动】 5月10日，“平安长沙”防灾减灾应急知识宣传活动在岳麓区东方红广场开展，湖南省地震局副局长燕为民、纪检组长宁萍等到现场指导。活动现场通过悬挂横幅、展出宣传展板、设置专家咨询台、开展地震科普知识有奖问答和向群众分发《家庭地震应急三点通》《长沙市防震减灾科普教育基地》宣传折页、《长沙市抗震农居设计示范图集》等多种方式，吸引了大量市民。当天累计发放宣传资料400余份，回收地震科普知识有奖问答卷173份。《长沙市抗震农居设计示范图集》受到各大学校建筑专业学生的青睐。长沙新闻频道、《长沙晚报》等媒体对此次活动进行了报道。（魏　箐）

【宁乡县煤炭坝镇发生ML3.3级地震】 6月12日6时20分43秒，长沙市宁乡县煤炭坝镇（北纬28.2°，东经112.4°）发生ML3.3级地震，震源深度6公里。当地村民反映地震时听到来自地下的闷响，伴随房屋晃动，窗户玻璃震响。住在楼房的人震感尤为强烈，部分村民跑到屋外避险，但在井下巷道开采煤炭的工人没有震感。煤炭坝镇除双龙村外，其他村都有不同程度的震感，大成桥乡、喻家坳乡部分村有震感。此次地震震感范围为100平方公里，没有造成人员伤亡和重大财产损失。地震发生后，长沙市地震局迅速开展地震应急工作，并及时向市政府提交《关于“6•12”宁乡县煤炭坝镇ML3.3级地震事件处置情况的报告》，报告地震的影响情况、处置情况、震情分析及下一步的工作安排和建议。（魏　箐）

【长沙市将抗震设防要求纳入危房改造】 6月17日，长沙市人民政府办公厅下发《2013农村危房改造工作实施方案》，明确在2013年，由省、市、县（区、市）三级财政补助1.11亿元对全市4090户危房进行改造。方案要求在危房改造中，新建房屋主体必须为砖混结构，且应符合当地抗震设防要求；设置的构造柱、圈梁等抗震构造设施，必须由培训合格的农村建筑工匠或有资质的施工队伍承担建设任务；应加强乡镇危房改造工作人员和农村质量安全巡查与指导监督，从规划选址、设计方案、原材料和构配件使用、施工作业、竣工验收等环节着手，全程加强质量安全巡查与指导监督，及时发现和纠正问题。方案确定在市政务中心开设危房改造咨询窗口，面向农民提供危房改造技术服务和工程纠纷调解服务。（魏　箐）

【地震应急救援大型综合演练】 11月6日，由长沙市人民政府主办，市地震局、市应急办、长沙职业技术学院承办的长沙市首次地震应急救援综合演练活动拉开帷幕。演练分为桌面推演和地震应急现场演练两部分，桌面推演由市政府副秘书长涂文清主持，市政府副市长姚英杰担任指挥长，全市20余个相关部门参与。武警、消防、卫生、地震、通讯等单位和长沙职业技术学院2000余名师生共同参与地震应急现场演练。整个演练活动组织严密，分工明确，流程清楚，行动迅速，疏散有序，效果良好。副市长姚英杰对演练给予高度评价，称赞各参演单位高度重视，各司其职，准备充分，通力协作。通过演练，检验了长沙市地震应急预案的科学性和可操作性，检查了市应急救援队伍、物资、装备、技术等方面的准备情况，提高了各部门应急处置能力，进一步明确相关单位和人员的职责任务，理顺工作关系和流程，完善了应急机制。长沙市首次地震应急救援综合性演练的圆满成功，标志着全市普及地震应急知识水平、公众地震风险防范意识、防震避险和自救互救能力又上了一个新的台阶。湖南经视、长沙政法频道、《长沙晚报》、都市频道等多家媒体对此次活动进行了报道。（魏　箐）

【《防震减灾基础知识长沙读本》编辑出版】 为提高长沙市民的防震减灾意识和应对破坏性地震的能力，长沙市地震局（台）从多年的防震减灾管理和宣传工作经验中收集大量资料和材料，编写了《防震减灾基础知识长沙读本》，由湖南科学技术出版社出版。该书分为9个组成部分，包括地震基本知识、日常防震准备工作、地震应急避险方法、自救和互救知识、震害防御、长沙市防震减灾工作概况、常见问题解答、长沙市民最关注的几个问题及相关法律、领导讲话和规范性文件选编。内容丰富，重点突出，尤其是对长沙市民关注的几大问题进行了解答，实用性强，是一本适用于长沙市防震减灾宣传工作的工具书。读本首印一万册，受到防震减灾示范学校师生、示范社区居民及广大市民的欢迎，对全市防震减灾宣传工作的开展起到了很好的促进作用。

（魏　箐）

教　　育

责任编辑：吴丫丫

【概述】　2013年，长沙市共有各级各类学校2681所，其中幼儿园1345所、初级中学178所、高级中学36所、完全中学32所、九年一贯制学校36所、十二年一贯制学校3所、小学937所，特殊教育学校4所、各级各类中等职业学校50所、各级各类高等院校55所（包括成人高等学校5所）。全市在校学生数1755775人，其中幼儿园215706人、普通初中227234人、小学457894人、普通高中129905人、特殊学校1160人、各级各类中等职业学校84698人、各级各类高等院校530635人。全市在职教职工数129122人，其中幼儿园22756人（专任教师9588人）、普通中学在职教职工28057人（专任教师24827人）、小学21800人（专任教师21251人）、特殊学校240人（专任教师193人）、各级各类中等职业学校4379人（专任教师2885人）、各级各类高等院校51339人。2013年，长沙市教育局以“六个走在前列”大竞赛活动为抓手，持续推进教育改革，事业发展成效突出。域内所有区、县（市）率先全国通过义务教育均衡县国家评估认定，未成年人思想道德建设工作测评全国城市排名第一，市教育局获评全国教育系统唯一的第八届全国“人民满意的公务员集体”，并获全国职业教育先进单位等省级以上奖励26项，教育督导、中考中招、终身教育、国际交流、校务公开等多项经验在全国全省推介，《人民日报》《光明日报》等省级以上媒体正面宣传191篇次。

一、事业协调发展新突破。学前3年入学率89.9%，小学、初中入学率均超100%，3类残疾儿童入学率86.07%，高中阶段入学率96.7%，高考录取率88.9%，社区学校覆盖率83.95%，均高于全国平均水平。开展民办教育地方立法调研，举办民办教育优质诚信服务展示活动，确立21所省、市骨干民办学校，促进民办教育健康发展。实施优质教育资源城乡共享计划，安排15所优质学校对口支援中心镇学校；通过委托管理、捆绑发展、对口帮扶推进优质教育资源低成本扩充，全市义务教育学段优质学校覆盖率75%。

二、教育发展环境新面貌。完成全市中小学布局规划和15个中心镇教育专项规划，提质改造义务教育薄弱学校198所，更新义务教育学校课桌椅23.1万套，新改扩建公办幼儿园64所、配套中小学20所，新增170个农村学校“班班通”。成立高等教育工作管理协调委员会。严肃查处乱收费、家教家养、社会违规办学等行为，相关投诉、举报量持续降低。校园及周边治安综合治理考评连续7年全省第一。

三、素质教育改革新进展。确立23个中小学德育项目化管理实验单位。实施课堂教学改革年，创建12所课改样板校，立项12所特色发展校，8所普高试点推进国际合作办学实验项目，创建21所省、市“两型”示范校，率先全国编印“两型”校本教材，推行“从入口看出口，从起点看变化”的发展性评价，各类考试和竞赛成绩稳居全省第一。

四、教师队伍建设新成效。开展师德师风提升年系列活动。组织国家、省、市3级培训教师2.3万人次，与湖南大学合作实施“教育英才”骨干教师学历提升计划，通过任期考核确认新一批市级名师工作团队。公开招聘教师1200名，招录定向培养免费师范生98名。采取支教、换岗交流、集团办学等措施交流调配教师2212人，交流比例达4.7%。

五、教育社会服务新举措。妥善安置9.22万名随迁子女就读公办学校，并享受“一费制”全免。投入6.85亿元用于义务教育阶段学生、中职学生免费入学与资助。建设创业示范街，承办校园“我的创业梦”电视大赛，大中专毕业生就业率92%。率先全国出台《中职学生毕业标准》，成立产学研校企合作联盟，试行预备员工制，创建国家级、省级示范职业院校各2所，省级示范专业12个，职业教育服务经济发展的能力逐步提高。

六、教育保障水平新提升。实施干部空岗实名推荐制度，任免干部66名，实施园区挂职培养、赴美培训等12个项目，培训干部1537名；大力推进党建工作创新，“城乡统筹的区域化党建”获全市组织工作重大创新成果奖。年度教育经费预算30亿元，比上年增加6亿元。落实党风廉政责任制，完善绩效考评，提高工作成效，内部审计、工会团队、女生教育、区域交流、计划生育、信访接待等各项工作都有新起色。（肖碧芳　潘　勇）

【长沙市教育工作会】　1月29日，2013年全市教育工作会在明德麓谷学校召开。副市长夏建平、市政协副主席石长松、市政府顾问宋达、市政府副秘书长刘秋成、市政协文教卫体和文史委主任陈忞等出席会议。市教育局局长王建华总结回顾了2012年全市教育工作的高位发展，深入分析2013年全市教育面临的改革发展形势。2013年全市教育工作的目标是：努力创建全国一流的教育质量，率先实现教育现代化，办好人民满意的长沙教育。他从创新党建工作、建设教育强市、深化教育领域综合改革、全面推进素质教育、加大教育保障等方面对2013年教育工作进行全面部署。市教育局党委书记王小平、市政府秘书长刘秋成均作了讲话。大会表彰了2012年度全市教育系统领导班子和领导干部绩效考核先进单位。（王天柱）

【湖南生源免费师范生供需见面会在长沙举行】 1月29日，省教育厅在长沙民政职业技术学院图书馆举行2013届教育部直属师范大学湖南生源免费师范生供需见面会。全省各市州、县（市、区）教育局相关负责人，北京师范大学、华东师范大学、东北师范大学等6所高校的515名2013届湖南生源师范毕业生共同参加。长沙市教育局组织直属单位和区、县（市）教育局参加，提供了93个双向选择岗位、27个本地生源保底岗位，受到全省免费师范生的欢迎，共有220名免费师范生与长沙各学校签订意向协议。（戴伟军）

【四城市教育合作推进会在长沙举行】 4月19日，2013年长江中游城市群暨长沙、合肥、南昌、武汉教育合作推进会在长沙枫林宾馆举行。市政府副秘书长刘秋成、四城市教育局局长、副局长以及相关处室负责人出席。根据李克强对于长江中游城市群发展的意见，长沙、合肥、南昌、武汉于2013年3月达成《武汉共识》，决定联手打造以长江中游城市群为依托的中国经济增长“第四极”。加强城市间的教育合作，推进教育资源与优势互补，借鉴“长三角”“珠三角”等地区的经验和成功模式，为打造长江中游城市集群、促进中部崛起提供更有力的人才支撑与智力保障。四市教育局签订《长江中游城市群暨长沙、合肥、南昌、武汉教育合作协议实施方案》，决定建立教育局长联席会议制度，研究协调教育合作交流的重大事宜，推进教育合作交流平台建设。在此基础上，就共同关心的教育问题进行密切合作，如学前教育及义务教育均衡发展、中考中招政策、发展性评价、高效课堂教学等；大中专院校在重点学科专业、科学研究、实验室建设、毕业生就业等，鼓励学校之间联合办学；加强教育信息化工作，建立区域教育信息网互联互通与共建共享机制；建立城市间友好学校关系，开展合作共建，培养教育品牌；加强干部教师队伍交流等。与会一行参观了长沙长郡梅溪湖中学、高新工程职业学校、岳麓区第一小学。（王本蛟）

【义务教育薄弱学校提质改造现场观摩推进会】 11月12日，长沙市2013年度义务教育薄弱学校提质改造现场观摩推进会议在长沙县中南小学召开。参加会议的有长沙市义务教育薄弱学校提质改造（以下简称“市薄改”）领导小组组长、副市长夏建平，市薄改工作领导小组全体成员单位负责人，高新区及各区、县（市）薄改领导小组组长，高新区及各区、县（市）教育局局长、分管局长。会议由市政府副秘书长刘秋成主持。会议采取现场观摩、总结讲评、分享经验的形式，全面总结和交流2013年全市义务教育薄弱学校提质改造的实施情况。2013年，全市计划提质改造薄弱学校180所，实际改造193所。全年计划投入薄改资金3.4亿元，截至2013年10月底，完成投资2.95亿元，完成86%。年初，长沙市人民政府提出义务教育薄弱学校提质改造的工作目标，印发《长沙市义务教育薄弱学校提质改造三年行动方案》的通知，明确用3年时间对全市450所相对薄弱的义务教育学校进行提质改造。在市政府3月召开部署会议后，各区、县（市）随即开展调查研究，结合城区和农村中小学布局调整规划，以“缺什么补什么”和“轻重缓急”的原则，科学确定和铺排薄弱学校提质改造项目，并按校舍改造类、教学装备类、师资配备类3个子项目编制项目计划和年度实施方案。经各区、县（市）申报，市薄改办审查确认并汇总形成《长沙市义务教育薄弱学校提质改造项目规划（2013—2015年）》。规划确认：2013年提质改造项目校193所，实施子项目836个，其中校舍改造类项目371个、教学装备类项目394个、师资配备类项目71个；2014年提质改造项目校134所，实施子项目564个；2015年提质改造项目校130所，实施子项目561个。薄改重点向农村学校倾斜，规划提质改造农村中小学369所，占总量的80.7%。全年全市提质改造项目校193所，实施子项目836个，其中校舍改造类子项目371个，共有113栋教学楼和办公楼进行了维修改造，新建或改造食堂（厨房）77个，新建运动场68个，铺设塑胶跑道45条，新建实验室28个，新建农村教师周转房36处；教学装备类项目共计394个，其中有125所学校添置了图书，134所学校添置了教学仪器设备，135所学校进行了现代教育技术设备的装备。2013年薄弱学校提质改造任务的实现，改善了农村义务教育薄弱学校的办学条件。会议现场观摩的长沙县开慧镇开慧小学、福临镇福临中学、安沙镇唐田小学3所学校，通过提质改造后呈现了新的风貌，切实提升了薄弱学校的办学条件。（莫岳平）

【长沙市教育督导工作暨第五届督学换届大会】 11月13日，全市教育督导工作暨第五届督学换届大会召开，会议由市政府副秘书长刘秋成主持，市教育督导委员会主任、副市长夏建平作重要讲话，市教育督导委员会副主任、市教育局局长王建华出席会议并就教育督导工作作了报告。市教育督导委员会全体成员、长沙市的省督学、新聘第五届市督学，各区县（市）分管教育的副区县（市）长、主任督学、分管教育督导的局领导、督导室主任，全市高中阶段各学校校长，市直属学校校长等出席。与会人员观看了2013年全省教育督导工作视频会议，省教育厅副主任督学李传荣解读了《湖南省县级人民政府教育工作督导评估方案（2014—2020年）》出台的形势背景、主要特点。长沙作为省会城市属于1类地区，应在2015年前，9个区、县（市）全部迎接省督导评估。学校评估实行分层管理原则，高中阶段学校和省市级示范性幼儿园由市政府督导室实施评估；义务教育学校和普通幼儿园评估由县级政府督导室组织实施，省示范校常态评估每个年度 1 次。根据省视频会议唐亚武的讲话精神，从 2014 年开始，长沙市各类学校督导评估全部实行网络评估为主、实地考评为辅的方式，减轻受评单位的迎检负担。会上，王建华简要回顾总结了教育督导前 3 年的工作，提出今后督导工作的基本要求。夏建平阐述了教育督导工作的重要性和使命感，并就教育督导工作提出自己的 4 点意见：一是要自觉适应教育督导工作的新要求；二是要强化督导工作的针对性，做到严、实、专、真、简；三是要切实加强督导工作的队伍建设；四是要勇于探索教育督导工作的新路径。（党朝荣）

【长沙市教育科研三年行动计划发布】 9 月，《长沙市教育科研三年发展规划（2013—2016）》正式发布，规划详细阐述了未来三年全市教育科研工作的发展思路和工作步骤：一是抓住 4 个“制高点”。以教育信息化推动长沙教育现代化，构建教育质量发展性评价体系推进教育均衡发展，打造高效课堂整体提升教育教学质量，与长沙社会经济发展相结合加快发展现代职业教育。二是建立 3 种教研模式。继续做好市、区县（市）、校三级教研模式，建立网络教研模式，建立教研基地模式。三是运用 3 个教研平台服务教育教学。完善提升长沙教育信息网，建好长沙教研网和长沙市教育科学规划专题网页，办好《湖南教育》（教育创新研究）。提出 8 项具体的工作措施，规划用 3 年时间，提高全市教育科研工作整体质量和服务水平，提升核心竞争力和在全省乃至全国的影响力。（章 勇）

【长沙市教育信息化三年行动计划发布】 11 月 28 日，市教育局组织召开长沙市教育信息化工作会议，共同探索长沙教育信息化发展的未来之路。大会由长沙市教育局副局长、信息化工作领导小组副组长缪雅琴主持。市教育局局长王建华作工作报告，结合《长沙市教育信息化三年行动计划》布置全市教育信息化要着力完成的工作任务。会议首次通过视频会议的方式召开，并在长沙教育信息网和长沙教育科研网站上同步直播，发布《长沙市教育信息化三年行动计划（2013—2015 年）》，明确 2015 年前全市教育信息化重点工作必须实现 5 个 100%：100% 的农村小学教学点实现数字教育资源全覆盖；100% 的乡镇和乡镇以上学校实现互联网宽带接入；建成与不断完善各级各类优质教育资源，并 100% 推送到所有“宽带网络校校通”的班级；全市 100% 的教师和 90% 以上初中阶段及以上学生拥有实名制的网络学习空间，各学校建立基于空间的虚拟化机构平台，空间教学与管理普遍应用；对任课教师分级分批开展“优质资源班班通”教学技能培训，任课教师都能掌握基本使用技能，熟练地利用“宽带网络校校通”设备和“优质资源班班通”资源进行教育教学；教师培训以及达标考核实现 100%。（章 勇）

【校企合作建立预备员工制度】 5 月 19 日，长沙市政府公布《关于建立预备员工制度深化校企合作的意见》，5 月 27 日起正式实施。预备员工制度是指职业院校与企业共同招收、培养学生，学生在校期间具备职业院校学生和企业预备员工双重身份，学生毕业后到企业对口就业的职业教育人才培养制度。预备员工制度以全日制学生为主，推行“把教室建在车间，把车间建在学校”的校企合作模式，由职业院校与合作企业根据预备员工培养协议共同进行订单培养。预备员工通过考试考核合格者，颁发毕业证书，并按协议录用进入企业，签订劳动合同，成为企业正式员工。（黎 彬）

【职业院校“三·五”工程启动】 7 月 10 日，长沙市职业院校领导班子和人才队伍素质提升“三·五”工程正式启动，来自全市职业院校近 200 名领导干部和专业负责人参加启动仪式并听取教育部职业技术研究所副所长余祖光的首场报告。副市长夏建平出席启动仪式并作重要讲话。市委组织部副部长杨意平宣读《长沙职业院校领导班子和人才队伍素质提升“三·五”工程工作方案》。启动仪式和专家报告会分别由市教育局党委书记王小平、市教育局局长王建华主持。“三·五”工程是由市委组织部和市教育局联合推出的，旨在调整和优化长沙职业教育结构，提升长沙市职业院校办学水平，增强职业教育可持续发展和服务区域经济社会发展的能力，培养适应社会发展的技术技能型人才。按照“三·五”工程总体规划，拟从 2013 年至 2015 年，用 3 年时间，对全市职业院校领导班子和人才队伍实施“理论培训、挂职培养、课题助推、师资培育、专家引领”5 项工程。其中理论培训工程主要是依托国内外知名院校、著名企业培训机构等平台，有重点分批次安排相关人员进行培训；挂职培养工程主要是选送职业院校中层正职以上干部到国家级示范校、园区企业科研院所、省市政府职能部门挂职学习；课题助推工程主要是针对职业院校在办学过程中遇到的热点、重点和难点问题开展深度实证研究；师资培育工程主要是出台相关政策、制度，鼓励职业院校专业教师岗位成才，提升专业技能和学历水平，全面提升“双师型”教师队伍建设质量；专家引领工程主要是选聘领导干部、专家学者和一线高技能人才担任职业院校相应职务，通过联校指导、交流互动提升职业院校管理和办学水平。（黎 彬）

【与湖南大学签订骨干教师继续教育合作协议】 7 月 5 日，市教育局与湖南大学举行“教育英才”骨干教师学历提升合作办学签约仪式。湖南大学副校长陈收、市教育局局长王建华分别代表湖南大学与市教育局签署了《研究生课程进修班合作办班协议书》。7 月 28 日，市教育局委托湖南大学举办的首届教育硕士研究生课程进修班开班典礼在湖南大学美雅楼报告厅举行。根据《长沙市教育局委托湖南大学举办教育硕士研究生课程进修班协议书》的规定，首届研究生课程进修班在教育管理、学科教学（英语）2 个专业方向各开办一个班，共有 80 名经各区、县（市）教育局和各市直学校推荐的中青年骨干教师报名参加学习。主要采取不脱产学习模式，参照相关学科专业硕士研究生培养方案的要求实施教学计划，以自学与集中授课相结合的教学形式进行。集中授课时间一般安排在寒暑假或长假日。学历提升的对象为在职、在岗、在编的县级以上中小学骨干教师、优秀教师，以高中教师为主，年龄要求在45岁以下，具有3年以上的在职工作经验。为鼓励广大教师积极参加学历提升教育，通过此次合作办学获得教育硕士专业学位的教师，将由市教育局奖励1万元，在教师获得硕士学位后一次性拨给所在单位或所在的区、县（市）教育局。市属单位的教师由所在的单位另行奖励6800元，从教师培训经费中列支；区、县（市）所属学校的教师在市教育局外的其余奖励标准由区、县（市）和学校自行制定。（陈利群）

【全民终身学习周活动】 10月19日，由长沙市委、市政府主办，市教育局、市文明办和芙蓉区委、芙蓉区人民政府承办，长沙社区大学协办的长沙市2013年“全民终身学习活动周”开幕式暨芙蓉区启动仪式在芙蓉区政府会议中心举行，近600名干部群众参加开幕式。活动持续到25日，活动周主题为“为实现中国梦——终身学习，人人成才”。开幕式上，表彰了天心区金盆岭街道狮子山社区学校等10所“先进社区学校”、芙蓉区东湖街道社区学校等19所“示范性社区学校”、莫天池等20名“百姓学习之星”，确定芙蓉区荷花园社区等6个社区为“优秀社区学习中心建设单位”。活动周设有“草根讲堂”“手工编织技艺讲座及作品展示”“百位名师进社区”“长沙终身学习教育论坛”等140余项学习活动。（李　滔）

【武陵山区同心温暖工程“一家一”助学就业项目】 2013年，武陵山区同心温暖工程“一家一”助学就业项目旨在深入践行“同心思想”、扎实推进省武陵山区扶贫开发，是省委、省政府贯彻落实中央部署的重大战略举措。长沙中华职教社在省社和省、市委统战部门的指导下，组织长沙市信息技术学校、长沙市电子工业学校、长沙汽车工业学校与威胜集团、比亚迪、万婴等相关企业合作，开展“一家一”助学就业项目，成立 “致公·万婴班”“威胜·电子班”“比亚迪·汽车班”，由企业和湖南温暖工程基金会资助的60万元公益资金无偿提供给150名贫困山区学生，帮助他们在长沙实现免费学习和就业。省委常委、统战部部长李微微等领导出席相关活动。项目的实施，有利于改变贫困山区落实面貌，为企业提供高素质技能人才，推动了企业与职业院校在课程建设、教育改革、实训基地建设等方面深入合作。（陈智球）

【大学生创业孵化基地服务中心成立】 市教育局投入400万余元在长沙商贸旅游职业技术学院打造大学生创业孵化基地，用于孵化基地配套设施建设。4月28日，基地正式投入使用后，市教育局与长沙商贸旅游职业技术学院成立“大学生创业孵化基地服务中心”。基地入驻体验式摊位22个、实战企业8家，另有5个体验创业项目和4个实践创业项目考察审核中。基地的建立实现创业课程学习和创业实践的无缝对接，对长沙市的职业院校创业教育的开展发挥了引领示范作用。（邱　静）

【长沙市教育局新闻中心成立】 5月22日，长沙市教育局新闻中心正式挂牌成立。长沙市教育新闻中心挂靠市教育局宣传统战处，主要职责：负责长沙教育信息网站管理和全市教育宣传的具体组织实施工作；围绕全市教育中心工作，指导本系统各单位、学校开展教育新闻宣传；负责联系中央和省内主要新闻媒体，做好服务和协调工作；负责教育舆情的调研与分析工作；负责牵头协调应对和处置教育舆情突发性事件；负责组织开展全市教育新闻宣传工作的业务培训。（王本蛟）

【长沙市产学研校企合作联盟成立】 12月29日，长沙市产学研校企合作联盟正式成立。各本科院校、职业院校、企事业单位在人才培养模式、科研成果转化、校企合作机制上建立全方位、多层次、多形式合作，探索共同发展之路。副市长何寄华、夏建平，市政府顾问宋达、副秘书长刘秋成，市教育局党委书记、局长王建华和副局长王建林、李平参会。长沙市产学研校企合作联盟的成立，是长沙经济实现可持续发展的必然选择，产学研结合在加快科技成果向生产力转化和迅速提高创新能力方面发挥了关键作用，也是企业、大中专院校转变发展方式、深化人才培养合作的迫切需求，更好地满足长沙“两型”社会发展与产业结构调整升级对高素质人才的需求。会上，宣读了长沙市产学研校企合作联盟章程和委员会名单，长沙职业技术学院等5所学校与蓝思科技等企业签订了合作协议。（邱　静）

【“办人民满意教育”系列访谈栏目开通】 6月19日，一档全新的长沙教育视频访谈栏目——“办人民满意教育”系列访谈在星辰在线和长沙教育信息网同时开通。“办人民满意教育”系列访谈由市教育局和星辰在线网站共同举办，由市教育局新闻中心和星辰在线教育频道具体组织实施。栏目分政策解读、求学指南、教育人物等专题，针对教育均衡发展、异地高考、学籍管理、幼小衔接、小升初、中考高考等内容，根据不同主题，邀请相关领导、专家和学校教师等做客访谈。邀请知名校长、优秀教师、特色学生、普通家长等在教育领域有独到见解或特色发展的人物，交流讨论教育理念、教学方法、学习体会、家庭教育等内容。通过视频访谈，组织相关专业人士与网友面对面，进行直接通畅的在线对话，解读长沙教育热点，关注百姓教育需求，树立长沙教育形象。（王本蛟）

【《湖南教育》（D版）杂志创办】 2013年，市教育局与湖南教育报刊社达成合作协议，创办《湖南教育》（D版）杂志，新增的D版为教育创新研究版，每年12期。以“传播教育理念，推进课程改革，搭建交流平台，倡导教育创新”为宗旨，坚持“为教育行政决策服务，为教育教学改革服务，为繁荣教育学术研究服务”的方针，着力推进基础教育课程改革，指导教育教学实践，展示教育科研成果，加强学术思想交流，着重反映广大教育工作者的新理念、新观点和新经验，为教育工作者提供一个教育研究与成果展示的平台。2013年，《湖南教育》（D版）杂志正式出版5期，深受广大老师的欢迎。（陈珍坤）

【陈舜到长沙市调研教育工作】 8月15—16日，教育部党组成员、部长助理陈舜率调研组一行7人到长沙专题调研督学责任区工作情况和推进教育公平情况。陈舜对长沙教育督导和推进区域教育公平这两项工作给予高度肯定，他认为长沙教育督导有经验、有亮点、有突破，在推进教育公平方面想了很多行之有效的办法，积累了很好的经验，为教育部领导下一步决策提供了很好的思路。15日，在市教育局会议室举行教育督导座谈会，陈舜一行、副市长夏建平、市教育局局长王建华、副局长邓芸及各区、县（市）督导室主任出席会议，会议由省教育厅主任督学陈湘生主持。会上，夏建平提出政府要在教育督导的地位上、权威上，保障力量，保障力度，促进教育质量的提升，促进人民群众满意度的提高。王建华汇报了长沙市督学责任区制度建设的情况，着重介绍4个方面的主要做法与成效。省教育督导室主任雷桂平从省级层面介绍了督学责任区的建立和推广情况。调研组成员认真听取了各区（县）教育督导负责人的发言，就督学责任区工作和督导体制改革工作提出了问题，并一起进行深入讨论。16日，陈舜一行对长沙市推进教育公平工作进行调研，召开了座谈会，市政府副秘书长刘秋成，市教育局局长王建华，市教育局副局长邓芸、缪雅琴，芙蓉区教育局、雨花区教育局、岳麓区教育局和长郡中学、雅礼中学、麓山国际学校等单位、学校负责人参加了座谈会。王建华就推进区域教育公平情况从4个方面作了汇报。陈舜强调，根据党中央、国务院的指示精神，要着力转变政府管理方式，并推进教育管理方式的转变，实现“管、办、评”分离。（党朝荣）

【王炳明到长沙调研教师培训课程资源建设工作】　10月14日，教育部教师司副处长王炳明带领专家组一行4人到长沙教育学院专题调研长沙市中小学教师培训课程资源建设工作。省教育厅副巡视员贺安溪、教师工作处处长张大伟、副处长蒋维加，省中小学继续教育指导中心书记贾腊生等领导陪同调研，并到长沙教育学院指导长沙市中小学教师培训工作。市教育局副局长邓芸向专家组介绍了长沙市中小学教师培训和培训课程资源建设的整体情况，长沙教育学院院长肖万祥介绍了学院结合建立和优化“培训师资、培训基地、培训内容和模式”3个体系，开发和建设培训课程资源的基本做法，芙蓉区教师进修学校副校长李新奇作《自主开发　有效利用　积极推进区县级中小学教师培训课程资源建设》的专题汇报，专家组一行实地浏览长沙教育学院自主开发的各类课程资源，登录芙蓉区教育局网站，了解芙蓉区利用网络开展教学资源、视频资源建设的相关成果，与相关人员进行深入交流和指导网络课程资源建设、名师工作室建设及中小学教师远程培训等问题。（张思明）

【参加第三十四届湖南省青少年科技创新大赛】　4月19—22日，由省科协、省教育厅、省科技厅、省环保厅、团省委等单位举办的第三十四届湖南省青少年科技创新大赛在株洲市第二中学举行。长沙市推荐37个优秀项目、11个优秀科学实践活动项目、10幅少儿科幻绘画、19个科学DV项目、45个教师发明（制作方案）项目参赛，34名参赛选手到竞赛现场接受专家问辩、技能测试和现场答疑。长沙市长郡中学刘鹏坤撰写的《一种湖南特色食品加工废水的处理工艺探究》、宁乡县双江口中学刘神保发明的“农村家用自控式食物水份烘干装置”等14个创新科技项目获一等奖；芙蓉区马坡小学罗依帆、向子豪设计制作的“不会溜走的婴儿车”等17个项目获二等奖；雨花区枫树山鸿铭小学周逸航、杨淏钦设计制作的“回收金属导线剥离机”等6个创新科技项目获三等奖。天心区幼幼学校选送的“请留下我‘千年古阁’的魅力吧——天心阁的现状调查”科学实践活动等3个项目获一等奖、2个项目获二等奖、4个项目获三等奖；岳麓区望月湖二小任帅臻绘制的《自动救生汽车》科幻画等2幅作品获一等奖、1幅作品获二等奖、6幅作品获三等奖。长沙市26中教师刘道丰被授予“十佳优秀教师”称号；长沙市科学技术协会、长沙市少年宫、长沙市26中学获优秀组织奖。（郑　敏）

【参加第六届湖南省青少年机器人竞赛】　5月18—19日，湖南省科协、湖南省教育厅和湖南省科技厅在常德市芷江中学举办第六届湖南省青少年机器人竞赛，长沙市共有173支队伍参赛，有135支队伍获奖。其中35支队伍获一等奖、55支队伍获二等奖、45支队伍获三等奖；青竹湖湘一外国语学校获团体学校第一名、芙蓉区育英小学获得团体学校并列第三名；湘一芙蓉中学黄双辉、罗璇，青竹湖湘一外国语学校戴胜军、南雅中学朱毅、雨花区少年宫唐明获优秀指导教师奖；有10支队伍在人型机器人的表演赛中分别获优秀表演、优秀创意、优秀技术、优秀团队和最佳创意、最佳技术、最佳团队奖；长沙市教育局、长沙市科学技术协会获评优秀组织单位。（郑　敏）

【参加第二十八届全国青少年科技创新大赛】　8月3—6日，由中国科协、教育部、科技部等国家八部委和江苏省政府共同主办的第二十八届全国青少年科技创新大赛在江苏省南京市举行，长沙市青少年的8项创新成果获奖。宁乡县一中唐贝茜的参赛项目“矿井日光浴光导装置设计”获金（一等）奖和“茅以升科学技术奖”；长郡中学龚岸榕、姜泰羽、曾天与等同学的参赛项目“间段性U型污渍带清除机理研究及其装置设计”获金（一等）奖和“茅以升科学技术奖”“中鸣青少年科学奖”；长郡中学刘鹏坤的参赛项目“铝碳微电解强化废水可生化性及其在槟榔加工废水处理中的应用”获金（一等）奖和“清华大学环境友好青少年科技创新奖”；雅礼中学樊叶心的参赛项目“基于绿色车库的车辆无人泊取机器人”获金（一等）奖和两个专项奖；芙蓉区大同小学李泽圣的“单元式反季节育苗器”、湖南师范大学附属中学陈熙的“B族维生素对胃内幽门螺杆菌的影响”、长郡中学文嘉辰的“利用典型植物物候特征开展金银花白粉病预报和防治的研究”、宁乡县双江口初级中学刘神宝的“家用自控型种子保质烘干装置”等，均获银（二等）奖。长沙市青少年科技创新项目在大赛中共获4金、4银与7个专项奖，创参与此项大赛的历史最好成绩。（郑　敏）

【8项发明获“宋庆龄少年儿童发明奖”】　8月19日，由中国宋庆龄基

金会、中国发明协会共同主办的第九届“宋庆龄少年儿童发明奖”在北京闭幕。长沙市8项少年儿童发明入围，参加此次作品展示及现场终评活动的作品涉及物理、工程技术等领域。碧湘街小学刘佳迅发明的“桶内挂圈”获金奖；育才学校胡志远发明的汽车太阳能空调天窗、浏阳市集里中学喻茜发明的斜压式软盘清扫车荣银奖；沙湖桥小学肖泽豪发明的便携式旅行干衣器，浏阳市柏加镇柏加初级中学万子妍、赵文慧发明的伸缩水管接头，育英学校伍旭阳、黄冠举发明的冷热水快速混合器，铜铺街小学曾子轩发明的开车防擦贴，清水塘中学李懿、何欣宇发明的环保型强力吸烟换气机等获铜奖。（郑　敏）

【参加“2013—2014亚太区DI创新思维北京国际邀请赛”】　12月6—9日，由DI中国区组委会主办的2013—2014亚太区DI创新思维北京国际邀请赛在北京举行。来自美国、加拿大、波兰、英国、韩国等国际参赛队，以及中国26个省、市、自治区的国内参赛队，共5000余名青少年创意精英参会。长沙市参赛队共获41项奖，长沙市总成绩名列国内省会城市第一。其中长沙市岳麓区高新博才寄宿学校“海洋队”、中南大学附属铁道小学“梦想组合队”、宁乡县职业中专学校“逆向太阳花C队”3支参赛队分别夺得本届大赛相关类别的第一名，并获得2014年代表中国参加全球总决赛的资格。（郑　敏）

【“我身边的雷锋”校园微电影大赛】　3月，长沙市委宣传部、长沙市教育局、长沙市文明办、湖南教育电视台联合举办长沙市“我身边的雷锋”校园微电影大赛。长沙2000余所学校的百万学生参与微电影创作活动，以新型手段记叙“学雷锋”，述说“中国梦”。3月3日，为纪念毛泽东“向雷锋同志学习”题词发表50周年，“我身边的雷锋”校园微电影大赛颁奖晚会在湖南大剧院举行。大赛坚持“三个鼓励”：鼓励草根拍摄、鼓励团体合作、鼓励专家辅导。从学生的视角出发，突出校园氛围，展现青春活力。组委会共收到微电影108部，35部优秀作品在湖南教育电视台展播，68部优秀作品在新浪网展播。比赛进行网络投票，投票数总计498.56万人次。参评“我身边的雷锋”校园微电影大赛的作品，题材多样，内容丰富，具有多样性、独特性、原创性，带领我们走近雷锋，寻找身边“雷锋”的足迹，体验雷锋的精神，激发了全市青少年学生学习雷锋的热潮。（郑　敏）

【校园“我的创业梦”电视大赛活动】　湖南省教育厅和长沙市人民政府主办，湖南省大中专就业指导中心、长沙市教育局、长沙市创业富民办、长沙市电视台承办了校园“我的创业梦”电视大赛暨《创业大本营》第五季特别节目。首次在学校系统内运用电视大赛这种创新的形式，对学生创业进行直观的宣传，让更多的学生能够感受到创业的魅力与艰辛。大赛从6月开始，历时6个月，报名260余个项目，经过校内选拔赛、海选晋级赛（海选赛区为：中南大学、湖南农业大学、湖南涉外经济学院、湖南商贸旅游职业技术学院）、总决赛3个阶段，12月22日在潇湘电影集团落幕。最终评选出冠、亚、季军各1个，优胜奖13个，金点子奖16个，优秀组织奖10个。获奖选手们获得0.5万—5万元不等的大学生创业帮扶专项资金。市大中专毕业生就业指导办公室获“优秀组织奖”。（邱　静）

【长沙市德育工作项目化管理首批试点单位授牌】　9月25日，长沙市中小学德育工作项目化管理推进暨首批试点单位授牌大会在长沙市教育考试院举行。大会授予长郡中学、雅礼中学、雨花区教育局等23个单位为长沙市中小学德育工作项目化管理首批试点单位称号。会上，长沙市教育局局长王建华宣读首批试点单位名称，长沙市教育局党委书记王小平等出席会议，并为试点单位授牌。雨花区教育局、周南中学、长沙市外国语学校先后作为试点单位代表交流了开展德育项目化管理的经验。（郑　敏）

【市教育局获评全国“人民满意的公务员集体”】　12月17日，第八届全国“人民满意的公务员”和“人民满意的公务员集体”表彰大会在北京举行，长沙市教育局被评为第八届全国“人民满意的公务员集体”，这是全国教育系统唯一获此奖项的单位，也是全市公务员系统唯一获此奖项的集体。（周　灿）

【天心区教育局获评“全国创造教育先进单位”】　11月18—22日，中国发明协会中小学创造教育分会第19届年会在广西南宁举行，长沙市天心区教育局被评为“全国创造教育先进单位”。天心区找准学校特色课程的切入点，做好整体计划，以“校本课程”为主体，推进各校创造教育，其中天心一中的创造文化建设、沙湖桥学校的发明创造课程、铜铺街学校的环保教育、黄土岭学校的法制教育、碧湘街小学科技教育、铁道附小的综合实践活动、仰天湖小学的快乐体验德育实践活动等等尤为突出。全区创造教育不断延展、深化，辖区有15所学校先后成为“宋庆龄少年儿童科技发明示范基地”“全国科学教育基地”“湖南省青少年科技活动示范基地”“长沙市青少年科技活动示范基地”“湖南长沙青少年创造发明学校”“湖南省创造教育基地”“湖南省知识产权试点学校”“全国中小学创造教育实验学校”以及科技部科技基础性工作项目（子）《中小学生创造力培养案例研究》基地单位。（李沫霖　刘一丹）

【区县(市)义务教育均衡发展“国检”达标】　10月16日，“全国义务教育发展基本均衡县（市区）”督导评估认定意见反馈会在长沙举行。湖南省共有16个区、县（市）首批通过“国检”，其中长沙市9个区、县（市）全部达标，成为继成都之后所辖区县（市）全部通过“国检”的省会城市，《光明日报》头版头条进行报道。（党朝荣）

【宁乡县创建省教育信息化试点县】　2013年，宁乡被立项为“湖南省教育信息化试点县”创建单位，是湖南省两个试点县之一。区域整体推进“三通工程”，全县404所学校全部并入教育城域网。全县装备移动多媒体255套，班班通668间，配备学生计算机12386台。实行实名制注册，4500台电脑通过审核；开通基础教育资源网，建立基础教育资源库，注册用户达75%。建立教师个人学习空间8500个，培训56名主任管理员和400名兼职管理员。金洲镇被评为省优质教育资源进校园先进单位，教师董建湘获湖南省优秀个人学习空间一等奖，宁乡被评为“湖南省基础资源建设最佳组织单位”，教育部在《教育信息化》专刊推介宁乡“整体推进三通工程建设”经验。（肖晚飞）

学前教育

【概况】　2013年，全市审批注册的各级各类幼儿园1345所，在园幼儿215706人，离园人数75453人。学前3年教育毛入园率89.9%。教职工22756人，其中专任教师9588人。审批注册的各级各类幼儿园占地面积240.33万平方米，校舍建筑面积151.22万平方米。学前3年入学率89.9%，比上年提高0.8%；新建、改扩建公办幼儿园61所，建设普惠性民办幼儿园411所，全市公办幼儿园和普惠性民办幼儿园达幼儿园总数的50.2%。根据《湖南省教育厅关于公布2013年度义务教育合格学校建设项目校、农村公办幼儿园建设项目园的通知》和长沙市《2013年为民办实事实施意见》的要求，将农村公办幼儿园15所建设任务分解到相关区、县（市）；鼓励各区、县（市）根据实际情况，加大幼儿园建设力度。严格执行《长沙市城市中小学校幼儿园规划建设管理条例》有关教育配套要求，审查城区开发项目140余个，督促开发商配套建设幼儿园53所。组织15所省市示范性幼儿园结对帮扶15个中心镇（小城镇）。（潘　勇　胡　蓉）

【长沙市教育局幼儿园教学成果】　长沙市教育局幼儿园是全市唯一一所由市级教育行政部门主办的幼儿园。2013年，幼儿园课题《早期英语语言输入教学策略研究》申报为国家重点课题，《幼儿园办园特色的研究》课题作为市级课题《长沙市学前教育发展机制创新的研究》子课题已经论证并立项，教育部教育科学“十一五”规划课题《学前双语教育师资培训研究》湖南子课题结题。幼儿园有60余篇论文在省、市、区获奖，为《湖南教育》杂志供稿10篇，发表1篇。全年先后承接“全省音乐年会”“全省英语年会”“全省学前教育年会暨《3～6岁儿童学习与发展指南》实验工作推进会”等多次大型教研活动等。（李　晓）

普通中小学教育

【概况】　2013年，全市普通中学285所，小学937所，其中初级中学178所、高级中学36所、完全中学32所、九年一贯制学校36所、十二年一贯制学校3所。普通初中在校学生数227234人、小学在校学生数457894人、普通高中学生数129905人。招生数小学84508人、初级中学78862人、高级中学47220人。毕业生数小学71078人、初级中学69300人、高级中学38423人。全市普通中学有在职教职工28057人，其中专任教师24827人；小学有在职教职工21800人，其中专任教师21251人。全市普通中学占地面积1229.61万平方米，校舍建筑面积576.16万平方米，小学占地面积1000.71万平方米，校舍建筑面积366.05万平方米。小学、初中入学率均超过100%，辍学率为零；安排92232名外来务工人员子女在公办学校就读，实现应读尽读；义务教育阶段3类残疾儿童入学率86.07%；高中阶段毛入学率96.7%。全市高考总上线率98%、本科上线率69%、高二学业水平考试一次性合格率91.11%、中考一次性合格率90.57%，各项指标稳居全省前列。以捆绑发展、委托管理和对口帮扶为主要举措，深入推进集团办学；组织15所城区优质学校结对帮扶15个中心镇（小城镇）。全力推进高效课堂建设，倡导教研重心下移，加强和改进教育科研，全面推进课程改革；认定12所学校为长沙市基础教育课程改革样板校建设学校；制定《长沙市区域教育特色建设实施方案》，认定12所特色学校建设校。长沙被教育部批准为国家中小学教育质量综合评价改革实验区。《基础教育质量发展性评价体系构建的理论与实践研究——以湖南省长沙市为例》成功立项为教育部重点资助课题。严格规范学籍管理，教学常规、招生行为等工作。做好了民族地区小学校长到全市挂职学习工作。规范中小学教材、教辅管理，严格实行“一科一辅，自愿征订”。顺利推进义务教育薄弱学校提质改造，年初争取市政府出台了《长沙市义务教育薄弱学校提质改造三年方案（2013—2015）》，确定三年提质改造义务教育薄弱学校450所。2013年确定义务教育薄弱学校提质改造校180所，实际完成薄改198所，完成比达110%，有效促进了义务教育均衡发展水平，薄改经验被省校安办简报专刊推广。根据省教育厅《关于营养改善计划学校食堂建设规划编报工作有关具体事项的通知》，基本完成《全市农村义务教育学生营养改善计划学校食堂建设规划》的编制工作，初步确定改扩建食堂200余个。根据（长政办函〔2013〕11号）文件部署，安排局直属单位新建（改造）项目6个、续建项目9个、预备项目4个。计划新建、改建或扩建城区中小学10所，实际建设师大附中梅溪湖中学、周南梅溪湖实验中学、江山帝景学校、洋湖小学、滨江小学等20所，完成比达200%，增加学位2.4万个。审查城区开发项目140余个，督促开发商配套建设中小学15所。会同市物价局、市财政局，根据国家和省有关政策并结合长沙教育实际，制定2012春、秋季中小学收费文件，规范了教育收费行为。开展“两型”示范学校评选，创建省“两型”示范学校4所，市“两型”示范学校17所，市“两型”示范创建单位15所。组织“两型”教育教材编印，《两型教育读本》编制完成并纳入教材体系发放全市中小学生。开展“两型”教育校本教材及“两型”征文评选，25套校本教材、79篇征文获奖。开展“两型”创建工作宣传，红网、湖南卫视、《湖南日报》和《人民之友》均专题报道。长沙“两型”学校创建工作作为长沙“两型”创建亮点在国家发改委专项评估时作经验介绍，教育部发展规划司领导视察全市“两型”创建工作，予以高度评价。努力做好国际交流工作，积极探索普通高中中外合作办学，实施了长郡等8所学校的对外交流项目。全年全市共计15所学校，778名学生，分别赴美国、英国等地开展游学或夏令营活动。选派34名优秀教师分别到菲律宾、美国、日本等地访问交流。共接待来自英国、美国、韩国、日本等代表团200余人次。组织开展第二届“外籍教师英语课堂教学展示活动”。完成全市中小学校《聘请外国专家单位资格认可》的审核工作。

（潘　勇　胡　蓉）

【2013年中学校长国际论坛在长沙举行】 11月7—8日，2013年中学校长国际论坛在湖南省人民会堂举行，活动由教育部主管的《基础教育参考》、长沙市教育局、湖南省教育学会、湖南省教育国际交流协会主办，湖南省高中校长专业委员会、长沙市明德中学承办，国家副总督学王文湛、教育部国家督学傅国亮、教育部基础教育一司办公室主任王岱、原教育部中学校长培训中心主任陈玉琨、北师大比较教育研究院院长刘宝存、原天津市委常委现任南开中学党委书记孙海麟、湖南省副省长李友志、湖南省教育厅副厅长葛建中、政协湖南省委员会副主席刘晓、副市长夏建平等出席，来自世界及国内各著名中学校长共400余人参会。围绕“本土化与国际化——多元文化交融背景下的基础教育”的主题，对文化交融背景下的基础教育的文化选择、前景展望、模式转变进行探讨交流，海内外专家、校长共同宣读《2013年中学校长国际论坛明德宣言》。《基础教育参考》以1本增刊的篇幅进行全面报道。

（马　臻）

【全国首部民国教育传奇剧情纪录片拍摄】 为迎接明德中学110周年校庆盛典，明德中学与湖南广播电视台金鹰纪实频道合作拍摄了全国首部民国教育传奇剧情纪录片《明德方兴》，该片是一部反映民国教育、反思现代教育的大型剧情纪录片，再现了明德中学的教育传奇史，歌颂了以胡子靖为代表的明德教育者“磨血育人”的伟大精神。5月4日，《明德方兴》开机仪式在明德华兴中学屈子湖畔举行，明德中学党委书记徐林、明德华兴中学校长李启洪、金鹰纪实频道总监陈杨等人员出席。明德中学副校长陶旅枫、金鹰纪实频道总监陈杨、《明德方兴》制片人胡宗淙、明德中学第一任老校长胡子靖的扮演者王峰，分别代表投资方、制作方及演员发言。开机仪式启动后，在明德华兴中学楚辞亭拍摄了该纪录片的第一个镜头。《明德方兴》共10集，以胡子靖创办明德中学为核心，讲述了明德中学从辛亥革命到驱张运动、从国共两党到抗日战争的历史，反映民国教育风貌。

（马　臻）

【湖南省“田径培训基地”落户明德华兴中学】 6月7日，“湖南省田径运动管理中心后备人才培训基地”挂牌仪式在明德华兴中学举行。明德华兴中学校长李启洪代表校方与省田管中心主任张连标签署合作协议，并一起揭牌。湖南省体育局副局长熊倪、田管中心主任张连标、副主任刘少威、青少处副主任费勃、市体育局副局长李德安以及市教育局局长王建华、副局长缪雅琴等领导及教师代表出席。明德华兴中学成为湖南省首个、也是唯一一个获此荣誉的中学。（陈　波）

【市37中“三通两平台”建成启用】 6月27日，长沙市37中举办“三通两平台”（宽带网络校校通、优质资源班班通、网络空间人人通和管理信息平台、资源服务平台）率先建成启用暨空中课堂首次开放活动。市教育局局长王建华、副局长缪雅琴、雨花区教育局局长喻小健、副局长陈乾坤、张新卫等领导出席活动。会议由长沙市37中党委书记刘中秋主持，校长周环香介绍了学校“三通两平台”的建设情况。学校现场展示了语文、数学、外语3个学科各15分钟的教学课程，进行空中课堂直播，通过“三通两平台”向市区兄弟学校分享教学及应用。空中课堂的热播效应表明信息化教育的良好前景，《中国教育报》《长沙晚报》、湖南卫视、湖南教育电视台等媒体报道了该次开放活动。

（董新来）

【田家炳实验中学完成“绿色屋顶”社区环境改善项目】 9月，长沙市田家炳实验中学“艺芳环保社”完成中华环保基金会的全国统一立项项目——“绿色屋顶”社区环境改善项目，项目执行达到省级、国家级的二级审核通过，同意结项。项目获得省级和国家级评审的一致肯定，颁发优秀奖荣誉证书。“绿色屋顶”项目是中华环保基金会在全国遴选出来的、湖南省内唯一的中学生环保项目，受到湖南省环保厅宣教中心的大力支持和水风井社区的积极响应。（郑　虹）

【国培计划（2013）小学书法教育教师培训班】 9月6日，湖南省中小学教师继续教育指导中心组织的湖南省“国培计划”（2013）小学书法教育教师培训班在明德华兴中学开班。省教育厅教师工作与师范教育处处长张大伟、调研员蒋维加，省中小学教师继续教育指导中心主任黄超文、副主任李再湘，湖南科技大学教授周平，省青年书法家协会主席何朝阳，长沙市书法协会副主席夏时，明德华兴中学校长李启洪等出席，李再湘主持开班仪式，李启洪致欢迎辞，全省各县市的70名书法骨干教师及项目全体

2013年中学校长国际论坛现场

工作人员参加。通过14天的系统培训，培训班学员了解书法教育课程的政策，听取名家对书法文化的独到见解，进行探讨交流，提高了书法教师教学能力、研究能力和创新能力，为小学书法教育的提升提供了平台。（陈 波）

【中央电视台《开讲啦》栏目组在长郡中学办节目】 9月18日，中央电视台总编室副主任秦明、中央电视台综合频道总监钱蔚和央视主持人撒贝宁、孙小梅及开讲嘉宾歌手蔡依林、著名财经作家吴晓波走进长郡中学、长郡双语实验中学校园，围绕“少年的世界——成长的烦恼”的主题，与学校700余名学生及其部分家长对话，探讨青少年成长话题。整个活动分青年影响力系列活动发布会、《开讲啦》录制、央视青年影响力活动及《开讲啦》主创访谈、媒体群访、观众座谈等环节。长郡师生活跃的思维、犀利的发问、精彩的表现得到央视领导及《开讲啦》栏目组的充分肯定。该期节目在国庆期间播出后，进一步提升了湖南教育的影响力。（刘筱清 胡承志）

【全省首个中学生社团建设研讨会在长郡中学举办】 10月24日，长郡中学教学开放周活动正式启动，近百所中学的老师2000余人参与教育教学研讨活动。在教学开放周，长郡中学首次推出了中学生社团建设研讨会。长郡中学以学生社团为重要载体大力推进素质教育，使学生社团成为素质教育新课堂，学校有24个学生社团，社员近2000人，其中澄池文学社、科技创新社、模拟联合国协会、交响乐团和合唱团等发展成为校园具有影响力的社团。学校成立了社团联合会指导统筹社团活动的开展，“放耳朵去流浪”中学生梦想演唱会以及一年一度的社团节活动，在社会上享有广泛好评。学校希望通过研讨会，引领兄弟学校师生一起将视线从“教学”“升学”转移到社团建设即如何提升学生综合素质问题上，是全省首次以学校社团建设为主题的教育教学研讨展示活动。（刘筱清）

【井岗小学首创“诗文诵读段位升级制”】 天心区井岗小学弘扬经典诗文特色教育传统，进一步激发学生的诵读热情，创造了“诗文诵读段位升级制”，获省、市诗词专家的高度评价。湖南省诗词协会的专家将井岗小学“诗文诵读段位升级制”进行修改完善后，制定了1套全国首创的《湖南省中华诗词水平鉴定细则》，并在全省推广。11月，井岗小学举行“湖南省诗词水平鉴定”启动仪式，并在12月30日在井岗小学进行了第一次“诗词水平鉴定”的测试，为传承中华传统文化，提高学生的文化素养提供了成功的经验。（周瑞芸）

【骆家辉访问雅礼中学】 3月25日，美国驻华大使骆家辉在美国驻武汉总领馆总领事李伟明、湖南省人民政府外事侨务办公室主任肖祥清的陪同下访问雅礼中学。在校史馆，雅礼学生用纯正的英文讲解学校的悠久办学历史，当他得知二战时期拯救1900余名犹太人于纳粹屠刀下的国际义士何凤山是雅礼的校友时，连声称赞。校长刘维朝致欢迎辞并代表学校向骆家辉赠送了雅礼校旗与校徽。骆家辉在学校信息楼四楼会议厅发表演讲，回答了学生们的提问。（钟 漪）

【葛华到长郡梅溪湖中学调研“两型”学校建设工作】 8月18日，教育部发展规划司副巡视员葛华、后勤管理处干部张宪涛一行到长郡梅溪湖中学调研“两型”学校建设工作。葛华充分肯定长沙“两型”学校建设工作取得的成效，指出长郡梅溪湖中学能将绿色“两型”理念融入学校软硬件整体建设之中，对于全国的“两型”学校建设都有示范性、先导性和推广价值，希望学校进一步提炼做法、提升经验，将办学理念、办学模式、办学措施在更大范围内和更大可能上起到推广辐射作用。（欧 鹏）

【长沙外国语学校完成整体搬迁】 2013年春季开学，长沙外国语学校原留守左家塘老校区的初一、初二10个班540余名学生全部顺利搬迁至新校区，实现全校6个年级3000名师生在新校区的搬迁工作。（杨晓帆）

【洋湖博才小学落户洋湖片区】 1月25日，洋湖博才小学在长沙大河西先导区洋湖片区开工。洋湖片区是先导区的核心区域，洋湖博才小学是服务于该区域的第一所高标准高规格的配套小学。学校总占地约3.33公顷，总建筑面积约3万平方米，教学楼、综合楼、食堂、风雨操场、午休房及地下停车库及配套设施，学校规模为42个班，服务周边近3万人口。（胡 蓉）

【长沙市麓山滨江实验学校成立】 6月13日，长沙麓山国际实验学校与长沙市20中实现捆绑合作办学，成立“麓山国际实验学校滨江校区”。两校正式合作后，将实行人员互派，教研统筹，教学上统一教材、统一进度、统一检测、统一评价。市20中过渡期加挂“长沙麓山国际实验学校滨江校区”的校牌。2013年秋季，麓山国际实验学校在市20中开设2个

3月25日，美国驻华大使骆家辉访问雅礼中学

高中班和2个初中教学班。经上级部门批准，12月30日，市20中正式更名为“长沙市麓山滨江实验学校”。
（朱建国　钟武伟）

【长郡教育集团湘府中学成立】　6月30日，长郡中学与湘府中学合作办学战略性协议正式签订，长郡中学校长卢鸿鸣和湘府中学校长彭琨为“长郡教育集团湘府中学”揭牌。湘府中学对外品牌宣传可使用“长郡教育集团湘府中学”的名称。自2013年起由长郡中学负责组织招收高中2个和初中2个“长郡中学湘府班”，该班学生与长郡中学共享教学资源，实现教学四统一，即统一教材、统一进度、统一检测、统一评价。提供尖子生培养、特长生训练、学科建设和教辅资料以及中高考信息情报等教育教学资源。长郡中学在师资培训、学科建设、名师指导、学术交流等方面给予湘府中学全面支持，推进湘府中学师资队伍的建设与发展。湘府中学全面导入与对接长郡中学的管理模式和学校文化，借助长郡中学先进的管理模式和文化理念全力提升打造湘府中学的管理、文化以及学校品牌影响力。
（彭仙辉）

【湘一芙蓉第二中学成立】　2013年，芙蓉区人民政府与长沙市一中合作创办湘一芙蓉第二中学。8月26日，举行成立新闻发布会，市教育局局长王建华、副局长缪雅琴、芙蓉区人民政府区长于新凡、副区长张庆和、长沙市一中校长赵雅茜等出席。会后，在湘一芙蓉第二中学现场举行揭校牌仪式。芙蓉区政府将原马王堆中学交由长沙市一中托管创办湘一芙蓉第二中学，首轮托管办学时间自2013年8月至2019年7月，合计6年。（鲁青松）

【望城区教育局与长郡中学合作办学】　11月22日，望城区教育局与长郡中学合作办学签约仪式在区政府举行。湖南省人大教科文卫委主任梁尔源、长沙市政府副秘书长刘秋成、市教育局局长王建华、副局长缪雅琴，望城区委书记谭小平等领导出席。双方合办学校暂定名为“长郡月亮岛实验学校”，选址在月亮岛片区月亮岛路与谷山路交叉东南角，占地12.13公顷，学校将按省一类标准配套教育教学设备，并完善周边市政基础设施，打造省内一流的九年一贯制公办寄宿制学校。学校计划2015年投入使用，首轮合作办学时间从2015年9月—2027年9月，共12年。合作办学期间，学校行政上隶属于望城区教育局，享有望城区公办学校政策，业务上交由长郡中学统一管理，双方共同负责对学校发展和日常事务进行决策、管理。
（罗婷婷）

6月30日，长郡中学和湘府中学举行合作办学签约仪式

【明德华兴中学对口支援望城铜官镇学校办学】　12月4日，明德华兴中学校长李启洪、副校长许韶歆、教务处主任龚乐妮、总务处主任黄海一行4人到望城铜官镇学校，开展城区优质教育对口支援城镇学校的帮扶工作。李启洪和铜官镇学校校长正式签订《对口支援工作协议》，将“明德华兴中学对口援助学校”牌匾授予铜官镇学校，正式开展明德华兴中学与铜官镇学校之间相互交流学习。
（陈　波）

【周南中学与沩山中学开展结对帮扶活动】　12月6日，长沙市周南中学副校长吴光益、周树明及教务处副主任陈辉章一行4人到宁乡沩山中学，开展城乡学校手拉手结对活动。标志着周南中学在对口支援沙坪、植基、沅沣坝、周南实验中学的基础上，增加对宁乡沩山中学的支援，充分发挥着一所城市省级示范性重点中学的示范与辐射作用。
（宋　婧）

【雅礼中学获评“全国示范家长学校”】　雅礼中学被全国妇联、教育部、中央文明办评为“全国示范家长学校”。4月27日，省妇联儿童部部长冷晓君、副调研员李群为雅礼中学送来“全国示范家长学校”的荣誉匾牌，并带来一批学生体育活动用品。学校党委书记吴年翔，办公室主任、妇委会主任袁艺和办公室副主任陈良根接待省妇联领导一行，吴年翔作了关于学校的德育和家长学校的工作的汇报。
（钟　漓）

【长郡梅溪湖中学获评“湖南省生态文明示范学校”】　12月17日，湖南省教育厅下文授予长郡梅溪湖中学“湖南省生态文明示范学校”称号，该校成为全国首创、全省首批生态文明示范学校。该校依托“两型社会”综合配套改革试验先导区的优势，着力探索“绿色校园”“绿色德育”“绿色教学”三位一体的“绿色教育”办学特色，接待国内外参观考察团40余次。
（欧　鹏）

【麓山国际实验学校获评“长沙市教师（校长）培训基地”】　2013年，长沙麓山国际实验学校被长沙市教育局确定为首批“长沙市教师（校长）培训基地”。学校注重教师队伍建设，有12位市级学科骨干教师、13位市名师工作室成员、15位奥赛优秀教练、23位学科带头人，多次应省、市教师继续教育培训中心邀请，成为省市骨干教师培训班的培训专家，并赢得良

好的社会声誉。（朱建国）

【第十届 CSBA 全国高中女子篮球锦标赛在长沙举行】 7 月 14 日，第十届 CSBA 全国高中女子篮球锦标赛在长郡梅溪湖中学开幕。比赛由中国中学生体育协会、中国篮球协会批准，中国中学生体育协会篮球分会主办，长郡中学承办，湖南省教育厅厅长王柯敏、湖南省体育局副局长熊倪、长沙市教育局局长王建华、长沙市体育局副局长李德安等领导出席。主赛场为长郡梅溪湖中学，麓山国际实验学校设分赛场，比赛为期 7 天，从 7 月 14—20 日，全国 18 支代表队 600 余人参赛。长郡中学、深圳市第二实验学校分别获冠军和亚军。（欧　鹏）

【金星到英国支教】 5 月，在教育部海外支教教师选拔工作过程中，明德华兴中学教师金星参加了在广州举办的由英国大使馆和国家汉办联合组织的考试。通过笔试、全英文面试、中文面试多个环节的选拔，金星取得湖南省第一名、全国第九名的成绩，成为教育部海外支教人员之一，到英国支教 1 年。（陈　波）

中等职业教育

【概况】 2013 年，长沙市共有各级各类中等职业学校 50 所，现有在校学生 84698 人，招生数 30541 人，毕业生数 33116 人。在职教职工 4379 人，其中专任教师 2885 人。全市各级各类中等职业学校校舍建筑面积 134.7 万平方米。基础能力建设稳步推进。成功申报 2 个中央财政支持的职业教育实训基地、1 个省示范性特色学校，新增 2 个省级示范性特色专业、5 个省级特色专业。安排专项资金 500 万元重点支持国家、省、市示范性项目建设。对接长沙服务外包产业发展需要，支持创办信息客户服务专业。将长沙职教基地后勤区等 10 个重点基础设施项目纳入文体卫教百件实事，并按计划稳步推进。教育教学改革不断深化。出台《中职学生毕业标准》和《进一步强化人文素养教育的意见》。组织实施全市中职学生技能抽查、中职学生专业技能竞赛、创业规划大赛、文明风采大赛、DI 大赛，教师信息化教学大赛、中等职业学校技能竞赛。服务产业能力有新提升。出台《关于在职业院校建立预备员工制度进一步推动校企合作的意见》，有 15 所中职学校 20 余家合作企业开办预备员工制班级。成立长沙市产学研校企合作联盟，启动长沙职业院校领导班子和人才队伍素质提升“三•五”工程方案，首批选派 24 名中层干部赴国家级园区、省属高校和市直部门挂职锻炼。教师队伍建设有新突破。选派 62 名专业教师到高职院校进行学习研修；选派 26 名青年教师到企业进行实践，选派 149 名中职教师参加省级专业教师专项培训。举办了 1 期长沙市中职教师信息化教学培训班、1 期旅游专业教师培训班和 1 期长沙市中等职业学校管理干部培训班。长沙市《实行“三个创新” 建设高素质教师队伍》入选全国教师队伍建设经典案例。长沙市教育局被教育部、人社部等国家六部委评为“全国职业教育先进单位”。（潘　勇　胡　蓉）

【全市中等职业教育工作会议】 1 月 17 日，全市中等职业教育工作会议召开。长沙市各区、县（市）教育局，各中职学校、市教科院及长沙中华职教社负责人及部分获奖人员参加了会议。会议强调要深入学习贯彻党的十八大会议精神，推进职业教育改革创新，让职业教育成为推动长沙经济可持续发展的重要动力和推动产业升级的重要支撑。市教育局局长王建华作重要讲话，高度评价了长沙职业教育 5 年来所取得的成就，充分肯定全市职业教育人为长沙职业教育发展所作出的突出贡献。市教育局副局长王建林从“五个得益于”“七个进一步”对长沙市职业教育 5 年来的工作进行全面总结，对下一阶段全市职业教育工作进行了总体部署。会议表彰了一批职业教育工作先进单位和优秀个人，部署安排了 2013 年职业教育工作。（黎　彬）

【参加全省中等职业学校技能大赛】 5 月 10—12 日，2013 年全省中等职业学校技能大赛举行，长沙市获大赛金牌总数、奖牌总数和团体总分三项第一。本次大赛中职组设置 9 个专业 32 个竞赛项目，是在 2013 年全国所设赛项的基础上，综合考虑湖南省各地市专业分布及设置情况，以参与面广、参赛人数多为原则进行的。全省 14 个地州市 853 名选手参加比赛，长沙市共有 13 所学校 81 名选手参加中职组所有竞赛项目，32 名选手获 18 个项目的 24 个一等奖，31 名选手获 17 个项目的 22 个二等奖，11 名选手获 9 个项目的 11 个三等奖，参赛选手获奖率 91.4%，并获技能大赛优秀组织奖。（黎　彬）

【首届中职学生运动会】 6 月 2—4 日，由长沙市教育局主办、长沙财经学校承办的长沙市首届中职学生运动会在长沙职教基地运动场举行。市教育局副局长王建林主持开幕式，湖南省教育厅副厅长王键宣布开幕。湖南省教育厅体艺卫处处长符润忠、省中华职教社秘书长冯立兵、湖南省学生体协秘书长潘洪彪、长沙市人大教科文卫委主任曹伟等领导出席开幕式。开幕式上展示了以“放飞梦想”为主题的大型团体操表演。比赛设有男女各 9 个单项和 3 个阳光体育运动项目，全市中职学校的 36 个代表团 2000 余名运动员参赛。长沙财经学校、长沙县职业中专、湖南省特教中等专业学校、长沙高新技术工程学校、浏阳市职业中专、长沙市中等城乡建设职业学校、长沙建筑工程学校、望城区职业中专获团体总分前八名。长沙财经学校、长沙县职业中专、湖南省特教中等专业学校、长沙高新技术工程学校等获体育道德风尚奖。长沙财经学校、长沙市信息技术学校、长沙市电子工业学校等获团体操表演贡献奖。中运会承办单位长沙财经学校获中运会组织工作突出贡献奖。（周明建）

【中高职衔接研究实验基地挂牌】 5 月 15 日，湖南民族职业学院、长沙市信息职业技术学校学前教育专业中高职衔接研究实验基地挂牌仪式举行。市教育局副局长王建林、湖南民族职业学院院长吴顺发、长沙市信息职业技术学校校长郭正良以及市教育局、两校相关领导出席，学前教育专业 400 余名师生参加。建设该基地是为了贯彻落实《教育部关于推进中等和高等职业教育协调发展的指导意见》等文件精神，更好地适应湖南省学前教育发展需要，深入开展学前教育专业中高职衔接试点工作，为创新学前教育专业的培养模式积累经验。项目在培养计划、教学计划、一体化管理体系、课程体系及课程标准等方面开展研究，计划用2～3年时间完成研究任务，为构建现代职业教育体系，为实现中高职有效衔接提供重要的理论依据和实践价值。（张学锋）

【李卫红考察长沙市美术学校】 5月15日，教育部副部长李卫红及全国政协委员一行40余人，在省政协、省教育厅、市教育局领导的陪同下，考察长沙市美术学校美术专业、舞蹈专业课堂教学情况。校长许力军向李卫红汇报了学校的基本情况、办学特色、办学质量和发展规划，李卫红对学校的办学质量给予充分肯定，鼓舞了学校全体师生创建省示范性特色学校的信心。（范 钰）

【英国新斯温顿学院院长访问长沙财经学校】 10月26—31日，英国新斯温顿学院（New College Swindon UK.）院长及行政总裁格雷汉姆·约翰·泰勒（Graham·John·Taylor）以“影子校长”身份访问长沙财经学校。教育部职业技术教育中心研究所博士涂三广、英国总领事馆文化教育处华南区教育项目经理潘志华全程进行指导。格雷汉姆·约翰·泰勒与长沙财经学校校长肖建军及学校相关领导探讨了办学思路、管理体制、决策机制、质量保障、内涵发展、人事聘任、财务管理、招生就业、校企合作等方面的情况，观摩了财经商贸、烹饪酒管、形象设计等课程和校企合作企业，并与师生和行业企业人员进行交流。肖建军表示，学校要借助中英职业教育“影子校长”项目的实施，稳步推进国际化办学，为师生的发展服好务。为落实中英职业教育合作谅解备忘录，进一步加强中英职业学校之间的交流与合作，推进教育教学改革，经与英国大使馆协商，教育部决定2012—2014年实施中英职业教育“影子校长”项目，旨在通过中英职业院校校长相互以“影子校长”身份深入对方学校，全面了解并互相学习。2013年9月，教育部启动第二批项目培训任务，中方10名校长全部来自首批国家中等职业教育改革发展示范学校，其中肖建军作为湖南省的唯一代表入选。（周明建）

【长沙市美术学校成功申报“省示范性特色学校”】 6月，长沙市美术学校成功申报“省示范性特色学校”。长沙市美术学校自2010年整体搬迁以来，硬件条件和设施得到极大改善，确立创建“省示范性特色学校”的办学方向，成功举办55周年校庆和全国美术职教年会，加强与日本、新加坡、意大利、美国等国家友好学校的交流，社会声誉和影响力不断提升。

（范 钰）

【长沙信息职业技术学校首开客户信息服务专业】 长沙市信息职业技术学校主动对接长沙服务外包产业发展的需求，通过深入调研与广泛论证，在全市中职学校率先开设客户信息服务专业，探索“专业引领产业发展”新途径。10月9日，长沙市商务局副局长毛鹏程、服务贸易处处长刘跃宏到校专题调研客户信息服务专业建设情况；10月25日，长沙市教育局副局长王建林、李枫、副主任督学封纪琴、发展规划处处长莫岳平、职成处处长黎彬到校现场调研实训基地情况；10月，长沙市教育局投入600万元，启动实训中心建设，规划2014年上半年建成商教一体呼叫中心实训基地；12月11日，长沙市信息职业技术学校与欧柏泰克软件学院等企业联合举办的第一期呼叫中心座席员岗前培训班正式开班，首批48名学员。

（张学锋）

【长沙电子工业学校获湖南黄炎培职业教育奖创业规划大赛一等奖】 12月，由湖南省教育厅主办、湖南中华职业教育社承办的“放飞梦想 激情创业——湖南黄炎培职业教育奖创业规划大赛”在湖南省教育电视台演播大厅举行决赛，长沙电子工业学校的参赛项目“安睡宝——智能风速控制器”获一等奖，指导老师获优秀指导奖。

（彭 涌）

【长沙电子工业学校获全国生命教育科研成果一等奖】 2013年，长沙电子工业学校研究成果《让生命教育落实到班主任工作中》获全国生命教育科研成果一等奖。参与研究成果《构建班级生命教育氛围激发中职学生自我觉醒》获全国生命教育2013年科研成果一等奖，校长李正祥任课题组组长。在推进生命教育课题研究的工作中，学校以生命教育为依托开展学生文明行为教育，强调在育人环境中重视学生的成长所需要的对生命的尊重和敬畏，激励学生为在尊重社会普适价值的同时实现个体生命价值，通过努力学习，增长才干的同时摒弃不文明行为。学校挂牌成为全国生命教育实验学校。（彭 涌）

高等教育

【概况】 2013年，长沙市共有各级各类高等院校55所，在校学生数530635人，在职教职工51339人。累计输送高校新生41568人，新生录取率88.85%。着力推动高等教育改革与发展。举办“提升办学质量，促进内涵发展”全市高等教育质量提升论坛。探索和推进本科层次职业院校建设。启动市级高职教育重点项目建设工作。评选出首批对接地方产业的校企合作（实习实训）示范基地4个、高等职业教育重点特色专业5个、高等职业教育精品网络共享课程5门，推动了市属高职内涵发展。组织市属院校争创省级职业教育重点项目。全年全市成功入围省级示范性骨干高职院校1所、省级高职示范性特色专业2个、高职特色专业2个、生产性实习实训基地1个。推进中青年骨干教师培养计划，举办首次市属高职院校骨干教师高级研修班，全市10所高校51名教师参训。推进高职教育优秀教学团队培养计划，与武汉市教育局达成教学团队合作培训意向。推进高职教育技能大师工作室计划，遴选2个技能大师工作室。推动校企合作联盟工作，完成长沙市产学研校企合作联盟的组建工作，包括在长高校在内的100余所学校和近100家企业参加大会，初步构建协作共赢、全面合作的新机制。促进高等函授教育规范发展，改革高等函授教育年检及设站申报工作，相关业务统一进入政务窗口受理，定期办结，实现便捷高效管理。

（潘 勇 胡 蓉）

• 长沙学院 •

【概况】 长沙学院占地132.55万平方米，现有两个校区，校舍建筑面积30.77万平方米，教学科研仪器设备总值9661.42万元，图书馆藏书126.41万册。全日制在校生13339人，教职工935人（含非在编聘用143人），其中专任教师698人。专任教师中正高职称教师89人、副高职称教师222人，具有博士学位教师126人、硕士学位教师433人。学校有15个教学系部（院），38个本科专业。拥有教育部专业综合改革试点项目1个、教育部大学生校外实践教育基地1个、教育部特色专业建设点1个；3个省级特色专业、2个省级专业综合改革试点项目、2个省级实践教学示范中心、2个省级校企合作人才培养示范基地、1个省级基础课示范实验室、1个省级大学生创新训练中心、10个省级优秀实习教学基地、7门省级精品课程、2个省级教学团队。学校有4个省级重点建设学科、2个湖南省社会科学研究基地、1个湖南省重点实验室、1个湖南省高校重点实验室、2个湖南省高校科技创新团队、1个湖南省高校产学研合作示范基地、1个长沙市文化研究基地、8个校级重点学科、3个校级重点建设学科、3个校级科研创新公共平台、9个校级创新团队及团队培育对象、20个校级研究所的学科建设格局。

一、探索发展道路，完善顶层设计。1. 明确办学定位和办学思路。召开了第三次教学工作会议和一系列座谈会，组织开展了全校范围的教育思想观念和发展定位大讨论，在“两型”“两性”“一体两翼”等学校顶层设计的核心问题上达成高度一致。“两型”即学校类型的教学型、人才培养目标的应用型；“两性”即学科专业结构的多科性、服务面向的地方性；“一体两翼”即以工学为主体，以文学、管理学为两翼。办学理念上，明确提出要遵循办学规律和教育教学规律、坚持办学以教师为本、教学以学生为本、管理以服务为本的理念。2. 组织修订《长沙学院十二五事业发展规划》及师资队伍、学科专业建设、校园基本建设、校园文化建设等4个分规划，进一步明确学校中长期发展目标、发展步骤、具体任务和保障措施。

二、成功接受本科教学工作合格评估，夯实办学基础。2013年，学校高质量完成了自评报告撰拟、本科教学工作状态数据采集、支撑材料收集、专家案头材料整理等迎评准备工作，全面完成58个评建项目的建设。加大教学和学生生活用房的建设力度，金工实习工厂竣工并交付使用，2栋新建学生宿舍工程开工建设，学生活动中心、教学实验楼2个建设项目完成前期工作，加大争取中央财政支持地方高校发展专项资金的工作力度，获得资助金额600万元，学校投入教学实验设备1250万元。推进教育厅“世界大学城及空间教学”项目的实施，改版建设了学校网站，提升校园网网速。图书馆新增入库纸质图书89316册，提升馆藏图书和文献利用率。11月，学校接受教育部本科教学工作合格评估专家组进校考察评估，专家组对学校本科教学工作以及评促建工作给予充分肯定。

三、突出教学中心地位，增强核心竞争力。1. 人才培养思路。制定《长沙学院关于加强人才培养工作的若干意见》，全面修订各专业的人才培养方案。积极实践“一对接四合作”的人才培养模式和“一主线＋两平台＋多模块”的课程体系。加强产学研合作，与湖南大学、长沙高新技术产业开发区管理委员、葛林美（中国）农业科技有限公司、湖南嘉盛电陶新材料股份有限公司签订合作协议。加强人才培养的国际合作与交流。选派24名学生去国外交流院校学习，16名学生参加暑期赴美带薪实习。2. 本科教学质量。获省教学成果奖3项，其中一等奖1项。新增教育部大学生校外实践教育基地1个、省级校企合作人才培养示范基地1个、省大学生创新训练中心1个。物业管理专业被批准为教育部“本科教学工程”地方高校第一批本科专业综合改革试点项目。5个大学生研究性学习与创新性实验计划项目获得国家级立项。立项省级教改课题16项，通过结题验收课题11项。立项湖南省教育科学“十二五”规划课题13项，通过结题验收课题7项。3. 学科专业建设。4个专业新增为2013年度普通高等学校本科专业。认真开展4个省“十二五”重点建设学科中期检查的各项准备工作和专业硕士点申报遴选工作，遴选4个学科为申报建设点、3个学科为申报培育点。与湖南大学、湖南师范大学等单位开展了省2011协同创新中心的项目申报工作，首次组织申报省重点实验室并获成功。4. 科学研究。获国家自科基金项目10项（含合作申报的项目2项）、国家社科基金项目2项、省部级以上项目65项，同比增长33%，全年科研项目进校经费1052.5万元。教师公开发表学术论文415篇，其中CSSCI及CSCD来源刊92篇、全国中文核心期刊202篇。出版学术著作8部，获得国家发明专利、实用新型发明专利以及软件著作权授权25项。5. 学科竞赛成绩。全年获省级以上学科竞赛团体、个人奖项89项，其中国家级奖项7项、国家级学会奖项33项。全年获省级以上体育竞赛奖项81项，其中国家级奖项26项。在第13届全国大学生田径锦标赛上，获金牌4枚、银牌3枚、铜牌4枚，与北大、清华等著名高校并列奖牌榜前五位。6. 教师队伍建设。2013年共选聘博士、硕士19人，新招聘6名专职辅导员。全年有3人通过正高职称评审，20人通过副高职称评审，2人通过湖南省二级教授评审；4人被选为湖南省青年骨干教师培养对象。

四、加强教育管理，营造良好发展环境。1. 加强制度建设。集中开展规章制度清理建设工作，对学校升本以来的规章制度进行了全面清理修订和完善，共计废止30项、修订56项、新立47项，并在此基础上编印《长沙学院规章制度汇编》（上、中、下三册），共收录215项制度。2. 加强学生教育管理和指导服务。学生教育与管理工作制度化、经常化；学生心理健康教育有特色、有实效，建立心理危机5级网络防护体系。完善学生资助体系，资助面和资助水平大幅提高，2013年奖助贷免补资金1462.8万元，设立校内勤工助学岗位450余个。严格贯彻执行招生"阳光工程"，2013年录取新生3294人。落实毕业生就业工作"一把手工程"。开展毕业生就业创业指导服务工作，建设毕业生就业大厅，就业指导课程被评为湖南省职业发展与就业指导示范课程，毕业生初次就业率90.6%。3. 确保学校和谐稳定。深入开展平安校园创建工作，大力开展校园文化建设，切实做好了交通安全、校园防火、食堂管理、公共卫生体系建设等，推进化解社会化学生公寓和食堂运营困难工作。全年学校没有发生1起重大安全责任事故，确保正常的教育教学秩序。4. 加强对外沟通联络。2013年，省委常委、市委书记易炼红，副省长李友志，市委副书记、市长张剑飞，副市长夏建平等领导到校调研指导，对学校建设发展给予政策和财力支持。9月，市委、市政府出台《关于进一步支持长沙学院加快发展的意见》。省财政厅、省教育厅、省科技厅在专项经费拨款、增加学校全日制本科招生指标、支持学校申报省重点实验室等方面给予支持。学校召开第二届校友代表大会，充分发挥校友会在引进社会资源、扩大办学影响、促进学校发展方面的作用。

（全湘燕）

•长沙职业技术学院•

【概况】 2013年，长沙职业技术学院通过教育部人才培养工作评估，22个评估项目全部合格；新校区建设完成征地拆迁、资金筹措等工作，土建工程前期准备工作基本完成；成功立项省级示范特色专业1个，立项省级特色专业1个，成功申报湖南省教育科研基地1个；学院共立项省部级课题17项，获批国家发明及实用新型专利5项；三年制、五年制大专招生合计2118人；毕业生初次就业率95%，对口就业率62%。党政联席会议共审核通过各项管理制度140余项，系统整编各部门规章制度17本。2013年，长沙职业技术学院获评"湖南省普通高等学校思想政治教育与实践先进单位""湖南省高校共青团工作年度考核先进单位""湖南省高职高专2013年度就业工作先进单位""湖南省五四红旗团委""湖南省2013年暑期大学生三下乡社会实践先进单位""长沙市学校安全工作先进单位""长沙市五四红旗团委标兵单位""长沙市两型创建先进单位""全国优秀云平台"。

一、专业建设。1. 创建重点专业品牌。树立特殊教育专业特色品牌。2013年，特殊教育专业成功申报"省级示范性特色专业"，成功立项为湖南省教育科学特殊教育研育基地，正式复刊《湖南特殊教育》杂志，晋升为特殊教育学校骨干教师国培基地；树立机械、汽车先进制造业专业群品牌。机械制造与自动化专业成功申报"省级特色专业"，机械工程系、汽车工程系均通过国家专业提升产业服务能力建设项目验收。2. 成功申报3个专业。新增学前教育、轨道交通、工程造价3个专业，国控专业与新型专业的成功申报，为学院专业建设和发展培育了新的增长点。

二、校企合作。1. 全面组建专业建设指导委员会。组建建筑专业建设指导委员会、商科专业建设指导委员会、机械行业校企合作委员会等5个专业（群）建设指导委员会和1个高职素质课程教学指导委员会，聘请专家作为指导委员会的成员，对专业建设的人才培养方案、发展规划、校企合作、课程设置等作深入研讨，规范和推动了学院专业建设的发展。2. 创新校企合作模式。特殊教育与学前教育系与全省特校及康复机构捆绑建立"1+55"校校合作联盟；机械工程系与高新区金岭机床就校中厂、厂中校签订了协议，建立教师与师傅的互派制度；汽车工程系与方向感国际汽车6S街区签订合作协议，与街区内30余家企业建立紧密的实训与就业合作，构建了新型的"政企校"三方合作模式。3. 寻求与品牌企业联合办学。学院与万婴集团、兰天集团、宇顺电子、蓝盾公司、金岭机床、徐记海鲜、大众汽车公司等10余家单位签订校企合作协议，并以此为基础，开办万婴班、兰天班、宇顺班等订单班。

三、教学科研。2013年，学院共立项省部级课题17项、市厅级以上课题34项；主编、参编出版教材39部，编印校本教材22本；公开发表论文356篇，其中在EI、CSCD等权威期刊和核心期刊上发表论文13篇；科研成果奖励51项；5项国家发明及实用新型专利获批；学院成功立项为湖南省教育科学研究基地。

四、德育工作。1. 学生德育体系特色鲜明。通过"雷锋精神与城市精神融合研究"等省社科基金重点项目研究，编写了特色校本教材《跟雷锋学做职业人行动手册》，开展"红丝带""志愿星期六"等大型志愿服务活动，构建"跟雷锋学做职业人"的特色职业素质教育体系，打造雷锋精神、社区文化、企业文化共融互通的独特校园文化。2. 大学生道德素质研究。学院成功立项湖南省大学生思想政治教育课题1个、德育实践项目1个、大学生思想道德特色项目1个，学院当选为湖南省高职德育教学研究会常务理事单位。3. 大学生社会实践活动。被评为"湖南省2013年暑期大学生三下乡社会实践先进单位"；青年志愿者协会义务支教团被推荐为"湖南省三下乡社会实践优秀团队"，1名教师被评为"湖南省暑期三下乡社会实践优秀指导者"，5名学生被推荐为"湖南省三下乡社会实践先进个人"。4. 校园社团文化。结合学院特色和传统，重点打造社团文化节、校园文化艺术节、体育节、全国助残日等品牌校园文化活动；实施"一团一品"建设工程，全年各班级共计开展主题团日活动1000余项，编辑成《精品团日活动成果册》。

五、师资建设。1. 聘请专家、教授14人，引进博士、硕士毕业生31人。2. 选送100余名教师下企业进行专业实习培训，由企业和学校共同管理，并对实习培训人员进行考核评价。3. 安排全体教师参加职业教育远程专题培训，培训课程资源数500余门，参培人数420余人，教师总计完成1.2万余课时。4. 组织2期共120余名青年教师院内集中培训，聘请国内知名专家授课。5. 推荐10余名骨干参加国培与省培，打造名师队伍。

六、国际交流。2013年，学院组织2个团队分别到澳大利亚、欧洲培训考察，邀请澳大利亚新南威尔士州教育及社会部社区咨询联络主任、"拓展亚洲视野计划"项目主任严晔到学院讲学，与澳大利亚堪培门学院签订国际交流合作协议；接待英国独立电视台（ITV）摄制组到学院拍摄电视纪录片《七年》。

七、社会服务。学院共完成企业

职工培训、技术指导4000余人次；举办国家级、省级特殊教育教师培训及企事业职业培训，共培训学员270人；组织团队到雨敞坪镇中心学校义务支教15天，培训学生120余人，得到当地政府与学生的高度评价。省、市各级媒体深度报道学院办学30余次，其中《湖南日报》专版刊载学院办学纪实。（李 鹏）

【两个项目入围全省职业教育“十二五”省级重点建设项目】 7月3日，湖南省教育厅公布全省职业教育“十二五”省级重点建设项目，长沙职业技术学院的特殊教育专业入围高职示范性特色专业（全省共15个）、机械制造与自动化专业入围高职特色专业（全省共29个）。（李 鹏）

【获批“湖南省教育科学特殊教育研究基地”】 11月12日，湖南省教育科学研究基地建设工作会议在湖南省教育科学研究院举行。会上，长沙职业技术学院被立项为“湖南省教育科学特殊教育研究基地”并被授牌，院长张红专，特教系主任徐赛华，教师唐艳、汪碧云参加会议。张红专作为高职院校的代表、“湖南省教育科学特殊教育研究基地”项目负责人在授牌仪式上发言。（李 鹏）

【5项国家实用新型专利成功申报】 2013年，长沙职业技术学院教师傅子霞的“全自动环保鞭炮包合机的收绕装置”“一种用于清洗电杆的装置”，教师贺超才的“一种礼花弹的三维定向发射装置”，教师张文智的“一种快速清除表面积存雨雾的汽车后视镜”和“一种汽车制动能量回收装置”均获国家发明专利。（李 鹏）

•长沙商贸旅游职业技术学院•

【概况】 2013年，长沙商贸旅游职业技术学院在校生5771人，教职工424人，专任教师241人，还拥有一大批知名企业和名牌高校的专家学者担任学院的客座教授和兼职教师。具有博士、硕士学位以上的教师123人，教授、副教授职称的教师78人，“双师素质”教师141人。学院新校区位于长沙市雨花区圭白路（省政府周边），占地面积40.67万平方米，建筑面积18.1万平方米，拥有全省一流的“湖南省职业教育资源共享服务中心”的数字化图书馆、体育馆、游泳馆、田径运动场和学生公寓，优雅整洁的学生餐厅，全省大学生创业孵化示范基地。人文艺术系、信息与汽车工程系、经济贸易系、旅游管理系、会计系、基础课部和成教培训部是学院7大教学系部。现有8个省级示范性特色专业、省级精品专业、教育部与财政部重点建设专业。2013年，长沙商贸旅游职业技术学院湘菜烹饪工艺与营养专业入围湖南省“十二五”省级示范性特色专业建设项目，市场营销专业实训基地获批成为2013年中央财政支持的职业教育实训基地建设项目。学院注重学生职业能力培养，建立稳定的校外实训基地104个、校内实训基地9类，实现校内“情境仿真教学”，校外“岗位全真操作”的“双真”教学组织模式，为学生实践训练与就业创造良好的条件。学院推行校企合作、工学结合的人才培养模式。4月3日，长沙商贸旅游职业技术学院与深圳市洲际人才管理有限公司牵手合作，举行订单培养、校企共建签约仪式。6月20日，长沙商贸旅游职业技术学院与韩国大真大学举行友好合作学校签约仪式，建立国际交流合作关系。（王曼云）

【湖南湘菜学院开学】 4月8日，长沙商贸旅游职业技术学院筹备的湖南省唯一一所培养高素质技术技能型湘菜人才的湖南湘菜学院正式开学。该院党委书记彭新表示，将把湘菜学院建成为湖南省的“三基地二中心一机构”，即湘菜人才输出基地、湘菜教育培训考核基地、湘菜教学资源开发基地和湘菜标准研发中心、湘菜企业咨询服务中心和湘菜品菜师鉴定机构。（王曼云）

【空中乘务专业模拟仓实训基地落成】 4月16日，长沙商贸旅游职业技术学院空中乘务专业模拟仓实训基地落成剪彩仪式举行，学院党委副书记、院长刘国华，副书记、副院长陈涛，副院长贺华、徐庆良，辽宁天业民用航空培训服务有限公司董事长郭林涛、副总经理崔革武等领导出席仪式。飞机模拟仓实训基地的落成后，主要开展客舱服务与管理、客舱安全管理、公关礼仪实务、民航乘务英语、沟通与播音技巧、空乘服务心理学、医疗常识与讲座、客舱服务实训、等方面课程的讲授与实训。（王曼云）

【湖南省职业院校中职烹饪技能竞赛在长沙举行】 5月11日，由湖南省教育厅主办、湖南省教育科学研究院承办的2013年湖南省职业院校中职烹饪技能竞赛在长沙商贸旅游职业技术学院湘菜学院举行。竞赛共设冷拼与雕刻、中餐热菜和中餐面点3个项目，张家界旅游学校、怀化商业学校、长沙财经学校、湖南省商业职业中等专业学校、衡阳市烹饪中等职业学校5支代表队、26名选手参赛，大赛组委会聘请了中国烹饪大师、湘菜大师许菊云、王墨泉、刘国初等7位资深前辈担任评委。湖南省商业职业中等学校刘永恒、凌妹丹和长沙财经学校彭程分别获得中餐热菜、中餐面点、中餐冷拼与雕刻3个项目的一等奖。（王曼云）

成人教育

【概况】 2013年，长沙市有成人高等学校5所，在校就读学生数108543人，在职教职工551人。终身教育体系不断完善，成人高考、长线自考和全日制自考报考人数持续增长。加强社区教育阵地建设，评选了19所示范性社区学校、10所先进社区学校、6个优秀社区学习中心建设单位，其中“社区学习中心建设单位”从无到有，使全市社区教育网络由三级向四级完善。加大网络课程资源更新力度，“长沙终身教育学习网”学习课程达2500门，实名注册人数18万余人。推进社区教育特色课程建设，开福区捞刀河镇社区学校编写的“锦绣沙坪”在全国社区教育特色课程评选中获二等奖，实现全省社区教育特色课程建设零的突破；另有3门课程被评为全省社区教育优秀课程。强化社区教育示范引领作用。获评全国社区教育实验项目6个，全国数字化建设先进区、全国社区教育实验区、全国社区教育示范区各1个，另有2个街镇被推荐为首批全国学习型社区示范街镇。提升全市终身教育形象，获全民终身学习活动周全国优秀组织奖，《提升市民学习力，增强城市竞争力——长沙学习型城市建设的实践与探索》入选《中国学习型城市建设案例（第一辑）》，成为教育部和联合国教科文组织联合举办的首届国际学习型城市大会重要交流文本。

（潘　勇　胡　蓉）

【长沙特色社区教育】　2013年，长沙广播电视大学（市社区大学）围绕“构建终身教育体系、推进学习型城区建设”中心，推动全市社区教育协调发展，走出一条具有长沙特色的社区教育发展之路。长沙电大以开发特色课程，加强社区教育内涵建设。本着以人为本、以需求为导向、体现区域特色的宗旨，组织各区、县开展社区教育特色课程建设。全年立项6门课程，其中“锦绣沙坪”“烟花浏阳”“茶余饭后”3门课程作为优秀社区教育特色课程被省教育厅推荐参与第二届全国社区教育特色课程评选，“锦绣沙坪”获二等奖，实现全省社区教育特色课程建设零的突破。

（郭琳玲　蒋新扬）

【长沙市教育质量测量与督导专项培训】　7月8—12日，由长沙教育学院组织的长沙市教育质量测量与督导专项培训班在北京教育学院举行。培训班依照《教育部关于进一步加强中小学校督导评估工作的意见》（教督〔2012〕9号）和《教育部关于推进中小学教育质量综合评价改革的意见》（教基二〔2013〕2号）文件，结合全市教育督导干部岗位专业发展和学习需求而举办的，旨在学习教育测评与质量监测中的先进理念与技术，掌握专项督导的内容与方法，借鉴兄弟单位先进的督导工作经验，有效提高教育督导干部和专兼职督学的理论素养和实践能力，促进教育督导队伍的专业发展，全面提高教育督导工作水平。研修采用专题讲座、案例分析、现场观摩与主题研讨相结合的方式。

（冯辉梅）

【国培计划（2013）中小学安全教育教师培训】　6月27日—7月6日，全省100名农村初中、小学校长、副校长、政教主任、大队辅导员等在长沙教育学院参加中小学安全教育两个项目的国培。学员听取郑增仪、李雯等10余位专家的讲座，观摩长沙市特殊教育学校、长沙市岳麓区附中博才学校、长沙市天心区枫树山小学的安全管理工作和安全教育活动，参加了破冰活动、拓展训练、爬山比赛、班级篮球赛、联欢晚会等活动，完成“学校活动安全预案”“学校安全教育（活动）课程设计”和培训感言等作业。在结业典礼上，各小组代表就学习成果进行汇报展示。省国培办对长沙教育学院举办的培训工作进行测评，组织召开了学员座谈会，表示此次安全培训学员反响好，培训效果好。

（唐良平）

【美国慈善ESS中国乡村教师培训项目在长沙举行】　11月5日，由长沙教育学院与长沙春雷公益助学促进会志愿者共同筹备的ESS中国乡村教师培训项目在长沙举行。市教育局副局长邓芸、处长陈利群，美国科技教育协会（ESS）代表、歌唱家何玲玲，长沙教育学院院长肖万祥、副院长沈敦忠，《长沙晚报》编委彭红丹、卿永锋，长沙春雷公益助学促进会刘岳、屈丽娟，湖南弘一律师事务所尹兰英等和学员们出席开学典礼。ESS中国乡村小学音乐、体育、美术专业教师培训是由美国科技教育协会（Education and Science Society，简称ESS）和湖南省洞口县教育局、桑植县教育局、通道县教育局、沅陵县教育局联合主办，由美国谭氏文教基金和长沙教育学院共同赞助，由长沙教育学院承办，长沙春雷公益助学促进会协办并兼ESS代理，《长沙晚报》《学生家长　社会》杂志特别支持的社会公益培训项目。4县的45名音乐、体育、美术教师参加为期6天的全免费（免培训费、教材资料费、食宿费与往返交通费）培训。培训围绕“开眼界，学新法，强能力，优情意”的目标，设置专题内容，采用省市级研培机构专家与一线名师专业引领、基地校现场观摩与主题研讨、学员工作坊活动与汇报展示相结合的方式，既关注学员自身专业素养的提升，也注重其再培训能力的培养，使他们返校后能发挥“种子教师”的示范与带动作用。

（冯辉梅）

特殊教育

【概况】　2013年，长沙市有特殊教育学校4所，在校学生1160人，招生数178人，毕业生数102人。在职教职工240人，其中专任教师193人。学校占地面积8.89万平方米，校舍建筑面积4.59万平方米。

（潘　勇　胡　蓉）

【参加第八届全国残疾人艺术汇演】　8月，长沙市特殊教育学校“翼之梦”艺术团7个节目参加第八届全国残疾人艺术汇演，赢得3金（《小龙舟》声乐类、《排排坐》舞蹈类、《小星星》小品类）3银的成绩。　（李国飞）

【东亚区“特奥融合计划”长沙滚球赛暨手拉手活动】　9月17日，东亚区“特奥融合计划”长沙滚球赛暨手拉手活动在长沙市特殊教育学校举行。活动由国际特殊奥林匹克东亚区、中国特奥委员会主办，由湖南省残联、长沙市残联、长沙市特殊教育学校共同承办，由全球冰淇淋巨头“DQ冰雪皇后”提供爱心赞助。活动设有目标传球、10米运球、20米迎面接力、滚球4个大项比赛，活动及比赛的每个项目都有特奥运动员与融合伙伴合作完成。全市10个区县残联代表队及长沙市特殊教育学校代表队参加角逐，长沙特校代表队获滚球比赛的第一名。　（李国飞）

【全国特殊教育新技术高峰研讨会在长沙举行】　11月8—9日，长沙市特殊教育学校承办2013年全国特殊教育“新技术支持下的个性化学习”高峰研讨会和应用成果展示活动。中国教育技术协会中小学专业委员会主任委员、中央电教馆教学研究部主任陈庆贵，特教分会信息技术与职业教育学术委员会主任、特殊教育协作研究会理事长路荣喜，天津市教研室特教室主任刘岚，《现代特殊教育》杂志社主编阮晓玲以及其他理事单位代表、专家，全国各特教学校代表100余人参会。长沙市特殊教育学校作“新技术支持下的个性化学习”主题发言交流，并提供课例研究。　（李国飞）

民办教育

【概况】 2013年，长沙市有民办学校1630所，其中高职6所、专修学校29所、中职学校31所、普通中小学29所、培训学校470所、幼儿园1065所。全年，围绕规范社会办学行为、促进民办教育发展这一总体目标，组织开展了系列工作。有关经验和做法多次在《中国教育报》《湖南日报》等省级以上媒体刊发，并在全省民办教育创新发展大会上推介。着力巩固中小学文化培训机构治理成果。组织对24所民办培训学校诚信文化建设情况进行现场评查，确立一批重点扶植学校。组织对跨区变更办学地址的31所民办学校实行管理移交。率先开展非学历高等教育培训清理整治。在摸底排查的基础上，形成《长沙市民办学校举办自考助学、成考函授、远程教育情况汇总表》，对摸底排查中发现问题的32所学校实行现场交办、限期整改。为主处理长沙国宾旅游外事管理学校等违规办学事件，得到省教育厅的充分肯定。全面启动艺术考试培训机构的清理整治。组织对艺术考试培训机构进行全面排查，敦促岳麓区政府开展非法机构户外广告强拆行动。研制《长沙市进一步支持民办教育发展的若干决定》（代拟稿），提交局长办公会议、市长办公会议进行初步讨论。推进骨干民办学校建设，浏阳新文学校和诺贝尔摇篮幼稚园等37所学校入围省、市骨干学校。精心策划的第二届长沙市民办教育优质诚信服务展示活动，共推出4个不同类别的演出专场、12个大型展板和200余个学校展位，在全社会产生良好的反响。重视民办学校内涵发展，组织开展民办学校论文评审和课题研究活动，获全省“民办教育优秀成果评选活动组织奖”。组织对市管民办学校进行年度评估，有15所学校被评为“优秀”、39所学校被评为“合格”、3所学校被认定为“整改”、6所学校被认定为“不合格”。组织编印《2012年长沙市民办学校办学情况评估汇总册》《2012年长沙市民办教育年度发展报告》。策划“长沙市公民办学校党组织共建成果展示活动”，获市教育局党委颁发的“最佳展示奖”。组织党建课题研究成果征集和评审活动，初步形成《关于进一步加强公办民办学校党组织共建工作的指导意见》。　（潘　勇　胡　蓉）

【全市民办学校易地办学清理移交大会】 5月17日，长沙市民办学校易地办学清理移交大会在芙蓉区举行。市教育局纪委书记欧阳华初主持，区政府副区长张庆和致欢迎辞，市教育局副局长王建林布置移交工作。市监察局副局长黄锋出席并讲话，各区、县（市）教育局分管民办教育负责人、民办教育科科长及专干、各相关易地移交民办学校（幼儿园）负责人、相关媒体等60余人参加。岳麓区教育局书记喻建平与芙蓉区教育局副局长江凌作为移交代表进行了易地办学清理移交仪式，签字盖公章后将移交学校的档案交给了对方。移交单位代表马思特培训学校校长李桂作表态发言。各区、县（市）此次共清理移交31所民校，其中芙蓉区移出4所，接收10所；天心区移出13所，接收1所；岳麓区移出7所，接收3所；开福区移出2所，接收3所；雨花区移出2所，接收13所；高新区移出1所，接收1所；长沙县移出2所。　（刘凯希）

【第二届民办教育优质诚信服务展】 10月26日，由长沙市教育局、长沙晚报社联合主办的第二届长沙市民办教育优质诚信服务展在烈士公园南门举行。长沙市人民政府顾问宋达、湖南省教育厅民办教育处处长彭四龙、湖南省教育科学研究院副院长赵雄飞以及市监察局、市教育局、长沙晚报社和市民办教育协会有关负责人出席开幕式。200余所民办学校通过各种形式向市民展示长沙民办教育的良好形象。展示活动为期2天，分舞台展示、展板展示和展位展示3个板块，共推出学前教育、普通中小学教育、职业教育和课外教育4个演出专场、12个大型展板和200余个学校展位，全面展示长沙民办教育发展情况，旨在进一步扩大民办教育影响，树立民办教育形象，争取各级政府、特别是社会各界的理解和认同，促进民办教育持续健康发展。　（刘凯希）

文　化

责任编辑：江　雷

【概述】 2013年，全市文化系统实施国家示范创建工程，长沙市获评国家公共文化服务示范区。全市建成示范性综合文化站20个、示范性社区（村）文化活动中心（室）100个，广播电视户户通63274户、超目标3274户，农家书屋出版物补充更新1256家、超目标55家，李中笑农家书屋获评“全国服务农民、服务基层文化建设先进集体”。市湘剧、花鼓戏中心和歌舞剧院完成农村社区“好戏天天送”、湘江剧场“好戏天天演”660场、超目标60场。市电影放映中心、银宫影院和各区（县）市公益放映电影22778场、超目标2272场。打造固定电影放映点51个，举办“影响长沙”——电影公益展映月。市图书馆建成分馆58家。市博物馆、简牍博物馆、贾谊故居、新民学会、李富春故居和各级图书馆、文化馆（站）开展免费开放工作，举办“橘洲讲坛”“亲子共读经典”公益培训班、“星城科学讲堂”“市民非遗讲堂”等各类讲座、活动1000余场，惠及市民约2000万人次。组织“群文活动设备送基层，文化志愿服务走基层”活动。编印《长沙市公共文化服务指南》《长沙文化地图》10万册。组织开展业余文艺团队“百佳千星”评选，全市评出22支最佳团队、30支优秀团队、50支先进团队和15支五星级团队。开展“欢乐潇湘——舞动星城·歌涌湘江”大型群众文艺活动，组织海选、复赛、决赛500余场。

实施文艺精品创作工程，湖湘艺术造就长沙影响。湘剧《苏秀才》获中国第十三届戏剧节剧目奖，曹汝龙获表演奖。举办雅韵星城——“杜鹃花”戏剧艺术月活动，11大主题31场演出。湘剧、花鼓中心周帆、文君参加全省折子戏和新创小戏比赛获一等奖。在第十届中国艺术节上，《山泉》获作品类“群星奖”，“欢乐星城”群众文化活动获项目类“群星奖”，长沙县江背镇文化站站长陈恭森获“群文之星”称号。在全省“欢乐潇湘”比赛中，获一等奖2个、二等奖3个、三等奖3个。文物文博精品迭出。贾谊故居成为高端人士参观长沙首选之地。市考古所何旭红著作《汉代长沙国考古发现与研究》入选湖湘文库，编著出版《长沙国宝档案》等精品图书。

实施重大项目建设工程，文化建设提升城市品质。长沙国王陵遗址进入全国150处代表中华文明大遗址保护名目，成功申报第七批全国重点文物保护单位；文物保护总体规划通过国家文物局审批，与清华大学合作启动遗址公园规划编制；玫瑰园房产公司退还规划范围内8.38公顷土地。实施中山亭提质改造，实验剧场装修改造工程进入现场施工阶段。统筹全市重大项目，炭河里国家考古遗址公园由国家文物局立项，完成青铜文化博物馆主体、河道整治滨河景观建设工程。铜官窑国家考古遗址公园跻身全国第二批国家考古遗址公园，获国家文物局授牌，启动二期工程安防系统方案设计和专题博物馆建设。秋收起义纪念园发展规划得到国家文物局批准，进入拆迁实施阶段。

实施历史文脉传承工程，文化名城彰显长沙底蕴。第三部地方文化法规《长沙市炭河里遗址保护条例》实施。组建第一次全国可移动文物普查工作领导小组、专家指导组和市普查队，完成市属国有单位名单收集和情况摸底。新增全国重点文物保护单位16处，全市全国重点文物保护单位增至25处61个不可移动文物点。完成地下文物调勘项目152个、调勘面积420万平方米；修缮湖南第一师范、自修大学旧址等一批文物保护单位。重新修订《长沙市不可移动文物安全管理考核细则》，全年组织开展文物安全检查5次。加强文物安防建设，完成汉王陵安防一期工程和望城、岳麓“地下拾音”系统建设，部分汉王陵墓群纳入“天网”工程。强化文物公安联动，捣毁盗墓团伙2个，抓捕22人。优化非遗保护，出台《长沙市非物质文化遗产代表性传承人认定与管理暂行办法》，加强对非遗项目传承人保护，举办“长沙弹词”保护宣传展览等系列活动，出版非遗专著《长沙花鼓戏》。

实施文化发展引导工程，战略产业推动转型升级。清理规范行政许可项目19项，开展省、市行政审批权限下放承接和政务公开工作，加强委托执法监督，建立与工商、公安、文化市场综合执法等方面“联席会议、联动执法、联合发文”工作机制，推进平安文化市场建设。加强网吧、娱乐市场管理，长沙成为全国网吧转型试点城市。在全省开展演员资格认证、娱乐场所“放心酒工程”，组织召开全国娱乐行业2013（长沙）经营研讨会，深化“娱乐之都”品牌。加强广播电视电影管理，强化技术管理和安全播出管理，及时纠正机构台站、频道频率违规设置、非法卫星电视、违规广告播出等违法违规行为，获湖南省广播电视安全播出先进集体。加强新闻出版管理，推进定王台书市改造。严格新闻记者、播音员主持人执业资格管理，组织新闻采编人员培训1000余人次；加强文化产业、出版、发行、娱乐、网吧、电影等行业协会管理，推进行业自律。举办“长沙人爱读书”——第二十届长沙图书交易会。发挥园区引领作用，提质改造黄花印刷科技产业园，建立湘台文化产业园，天心文化产业园成为国家示范园区。推动文化与科技、金融、旅游融合发展，全市各文化企业全年申报获各级各类文化产业、科技等引导资金2亿余元；全市电影票房2.91亿元，占全省51%，增长30%，市电影发行放映中心所属潇湘院线年票房收入1.2亿元，覆盖全国105家影院。中和华风、花鼓中心、大众公司等面向市场求发展，参与开展全市十大文化事业、十大文化产业领军人物和文化与科技融合示范企业评选工作。全市文化产业总产值1500亿余元，增长20%，文化交流互动频繁。长沙、株洲、湘潭三市签订《文化交流与合作框架协议》。市文化产业协会与台湾亚太文化创意协会签订《文化创意产业发展战略合作框架协议》。开展“文化名城·创意中心——知名文化企业长沙行”活动；筹建长沙市文化艺术基金会。实施文化管理创先争优。公开招录专业人才14名。李大剑、汪辉获评享受省政府特殊津贴专家，刘新权成为全国公共文化服务体系建设专家委员会专家，13人入选省高级职称评委库，李大剑、曹汝龙、曾应明、肖焰等人获评“长沙市文化事业（产业）领军人物”。加强廉政文化建设，市博物馆被文化部评为“全国廉政文化教育基地”。举办道德讲堂，成立文化志愿者支队，出台《长沙市“雷锋号”文化志愿者章程》《长沙市“雷锋号”文化志愿者管理办法》。提质文广新局网站，利用网站及《中国文化报》《长沙晚报》，开展文化惠民实事工程系列宣传；组织开展环湖跑、登山比赛、“保护湘江母亲河”、第八届运动会等系列文化活动。（刘飞飞）

首届长沙阳光娱乐节颁奖典礼

文化事业管理

·文化市场管理·

【概况】 2013年，全市文化市场管理突出网络市场和娱乐市场2个重点，提升市场管理水平，优化文化服务内容，强化行业协会指导，全市文化市场保持健康、快速、平安发展。注重市场基础管理，形成高效服务新格局。抓行政审批。全市新审批娱乐经营许可证87个。完成网吧重新审核登记并换证1689家。推进文化市场行政审批规范化大检查工作，下发《关于加强行政审批规范化建设开展全市文化市场行政审批规范化大检查的通知》，认真自查自纠，案卷整理、项目清理、制度规范全面到位，通过省文化厅交叉督查。对行政审批和服务事项进行新一轮清理、梳理，制定《行政许可办事指南》，录入长沙市网上政务服务和电子监察系统。重视市场统计。制定下发《关于做好2013年度全省文化市场统计工作的通知》《关于做好2013年文化市场基础信息采集工作的通知》，明确专人负责，全面准确录入全市文化市场基础信息，统计全市2013年文化市场基本情况。全市拥有网吧1689家，歌舞厅387家，电子游戏及游戏机经营场所171家，KTV及酒吧515家。从业人员42812人，经营面积118.5万平方米，实现主营业务收入12.92亿元。重点推进平安市场建设。组织开展全市专项检查行动23次，出动检查人次926次，检查经营单位1380个，提出整改意见116条，利用短信平台发布安全经营宣传信息168次。联合执法局开展“电玩专项整治行动”，联合市政法委、市教育局开展“网吧明查暗访行动”，联合市环保局、城管局等部门开展“三考静音联合执法行动”。指导网吧行业转型，探索长效管理新机制。推进网吧连锁化经营。2月26日—3月8日，组织市文化市场综合执法局及区、县（市）文化部门对全市17家网吧连锁公司进行走访调研，获取各网吧连锁公司经营现状、存在问题、发展规划和政策建议，形成调研报告。注重绿色上网场所管理。全市建成和开放绿色上网场所360家。召开全市绿网表彰工作会议，授予雨花区文体新局等2家单位“未成年人绿色上网场所建设管理工作优秀单位”称号；天心区文体新局等3家单位“未成年人绿色上网场所建设管理工作先进单位”称号；芙蓉区德政园社区等13家场所“未成年人绿色上网场所建设管理工作先进场所”称号；邱红等10人“未成年人绿色上网场所建设管理工作优秀个人”称号。安装绿网实时提醒系统，对未按时开放场所给予通报。全市绿网累计在线率80%。加强网络技术监管。完善“网乐潇湘”监管平台，加强与省厅、文化部数据共享、并网监控。全市“网乐潇湘”监管平台安装率100%，综合在线率86%。减轻企业负担，取消“网乐潇湘”平台收费和网吧正版影视平台收费，累计为网吧节约380万元。狠抓网吧行业培训。指导市艺教馆、市网协开展全市网吧行业从业人员法律法规培训7期，培训人员1600余人。推进娱乐市场管理，打造阳光娱乐新品牌。举办“创业兴文走在前列——首届长沙阳光娱乐节”系列活动。将“创业兴文走在前列——首届长沙阳光娱乐节”规格升级，由省文化厅、市政府主办；内容丰富，设置“启动式”“十万群众进歌厅”“十大K歌之王评选”“十大演艺精品节目评选”“中国（长沙）文化娱乐行业2013年度峰会”等10类活动；方式创新，引入湖南电视台娱乐频道、湖南北盛公司共同运作。发放娱乐场所免费活动券15000张，惠及10万余市民群众。加强娱乐场所安全检查、“情系蓝结家园、共建和谐长沙——长沙市大型禁毒宣传活动”。市文广新局获“长沙市禁毒工作先进单位”称号。规范演出市场管理。指导市文化娱乐演艺行业协会演艺专业委员会负责实施全市演出行业演员资格认定，在全省开展演出行业演员资格认定试点工作。开展网吧、KTV、酒吧等娱乐场所环境整治及督查。指导市网协、市娱协、中日文艺爱好者交流协会完成年度社会团体组织审核登记工作。发挥行业协会桥梁、纽带作用，指导市网协开展VIP会员服务，常年为网吧提供法律服务，组织召开协会理事会议，筹备VIP会员产品推介会；指导市娱协组织实施“演员资格认定工作”，编辑出版会刊《星艺》杂志2期。（刘飞飞）

【演员资格认定】 7月24日，中国演出行业（长沙）演员资格认定工作启动仪式在湖南金房国际酒店举行。市文化广电新闻出版局副局长吴洪宣读《关于开展全市娱乐场所演出人员资格认定工作的通知》，市文化娱乐演艺行业协会常务副会长兼演艺专业委员会会长海秋媛向与会各方详细介绍长沙市演员资格认定工作整体情况。长沙市文化广电新闻出版局党委书记、局长杨长江为大兵、周卫星等5位本土演员代表颁发首批“演员资格证书”，标志着长沙市演员资格认定工作启动。此次演员资格认定工作，是长沙市文化娱乐演艺行业协会演艺专业委员会根据国务院《营业性演出条例》和文化部《营业性演出管理条例实施细则》以及中国演出行业协会制定的《中国演出行业演员资格认定实施办法》要求，受中国演出行业协会委托，经长沙市文广新局批准开展的。演员资格认定将按照声乐、器乐、主持、戏剧、舞蹈、曲艺、杂技、模特8个类别，以考核方式进行。考核分笔试与面试2个部分。其中，中等以上艺术学校（含综合性院校的艺术专业）文艺表演类专业毕业、政府评定的演员专业职称、在专业艺术团体担任演员3年以上并出具书面证明的演员，可直接向长沙市文化娱乐演艺行业协会演艺专业委员会申办。不具备申办条件的人员，需参加演艺专业委员会统一组织的培训，经考核通过，方可办理演员资格证书。演员认定工作启动能进一步加强长沙市演出市场管理，规范演出经营行为，提高演员个人职业素养与道德修养，促进长沙市演出市场文明、健康、有序发展。（何吉多 刘 陶）

演员资质认定启动仪式

【《红太阳之夜》歌舞表演秀】 10月10日，红太阳演艺集团推出大型歌舞表演秀《红太阳之夜》及《潇湘画卷》在田汉大剧院上演。省文化厅副厅长肖凌之，省演艺集团总经理陈介辉，市委常委、宣传部部长张湘涛，市政协副主席龚振湘，市委宣传部副部长赵柏林，市文广新局局长杨长江，副局长吴洪等出席推介会，观看演出。《红太阳之夜》是一台3D综艺晚会，晚会台前幕后、舞美道具全部采用数字化精准衔接，完美揉和高清LED屏、激光技术、多媒体数字灯、全息投影等高端科技魅力，让观众身临其境，感受3D舞美无穷魅力。《潇湘画卷》是一台大型旅游综艺晚会，融汇“长沙江天暮雪”“岳阳洞庭秋月”“永州潇湘夜雨”等场景，以歌舞展现潇湘8景为核心，展现湖湘文化魅力。红太阳演艺集团于1999年进驻长沙，是全国首批“文化产业示范基地”，发展成为集多种文化产业大型文化集团，2008年入选“中国改革开放三十年重点文化企业”。（何吉多）

【首届长沙阳光娱乐节】 10月15日，“创业兴文走在前列——首届长沙阳光娱乐节”在田汉大剧院开幕。省文化厅、市政府联合主办，市委宣传部、市文广新局、市公安局、市工商局、市旅游局、市文化市场综合执法局联合承办。省文化厅党组成员、纪检组长张彩辉和市委常委、宣传部部长张湘涛共同启动活动按钮。省市领导蒋强先、杨国兴、夏建平、石长松、李教春、刘秋成、杨长江、吴洪等出席开幕式。该届娱乐节历时2个月，围绕“畅享星城、律动星城、创业星城、网乐星城、策论星城、玩转星城”6大板块，重点推出“十万群众进歌厅”、娱乐场所“放心酒”工程、“十大网络游戏竞技高手评选暨英雄联盟网吧竞技大赛”“我是麦霸”——十大K

歌之王评选等10大主题活动，推动文化娱乐产业转型升级。（何吉多）

【项兆伦调研长沙文化】 10月15—17日，文化部党组成员、副部长项兆伦率队在长沙市调研文化工作。省文化厅党组书记、厅长朱建纲，副厅长肖凌之和长沙市政府有关部门负责人陪同和参加调研。项兆伦一行先后实地考察了长沙市雨花区天马网络会所、大镑鑫网咖、长沙简牍博物馆、天心阁古玩城等文化单位，详细了解全市网吧长效管理机制建设、文化产业发展、文化遗产管理、文物交易市场开发等情况，充分肯定市文化事业和文化产业发展取得的成绩。在雨花区天马网络会所和大镑鑫网咖，项兆伦听取了网吧业主对网吧管理政策的意见和建议，充分肯定了大镑鑫网咖这种创新经营模式。他鼓励网吧业主在法律法规的框架内勇于探索、善于开拓，以网络竞技、休闲娱乐、社区服务为方向，打造网络竞技馆、网娱网咖、数字生活体验馆等网吧经营新模式，提升服务品质，打造企业品牌，优化行业形象，促进网吧产业提质升级。在长沙简牍博物馆和天心阁古玩城，项兆伦一行参观了长沙走马楼三国吴简陈列展览，察看古玩市场交易展示区，并与商户及市场管理方进行了现场交流。他要求长沙要进一步发掘历史文化资源，打造特色文化品牌，促进和扶持引导艺术品交易市场发展。

（何吉多）

• 公共文化建设 •

【概况】 2013年，公共文化建设坚持“文化惠民、文化育民、文化乐民”理念，以创建国家公共文化服务体系示范区为目标，夯实阵地设施基础，深化群文活动品牌，创新文化志愿服务。召开推进国家公共文化服务体系示范区创建工作千人大会，推动创建深化和工作落实。加强政策支撑。以市委、市政府办公厅名义制定下发《关于进一步加强群众文化工作的意见》和《长沙市公共图书馆总分馆建设实施方案》，加强政策保障。编印《长沙市公共文化服务指南》《长沙文化地图》10万册，制作发放创建工作手册5万余本、宣传专报3万余张、招贴海报2万余张。在《人民日报》《光明日报》《中国文化报》等主流媒体上稿1000余条，提高公众对示范区创建知晓率和参与度。《人民日报》在头版推介公共文化服务“长沙模式”。阵地建设强推进，设施条件得改善。抓基础建设。全年建成20个示范性乡镇（街道）综合文化站和100个示范性社区（村）文化活动中心（室），完善基层文化设施网络。抓示范带动。5月在长沙县召开示范性乡镇（街道）综合文化站现场经验交流会，涌现出长沙县金井镇、开慧镇、福临镇，浏阳市永安镇、宁乡县夏铎铺镇、岳麓区莲花镇、望城区乌山镇等一批先进示范站点。抓评估定级。开展第5次全市公共图书馆评估定级，除市图书馆因搬迁未参评外，其他9个区县（市）图书馆均被文化部评定为国家一级馆。开展首次全市乡镇（街道）综合文化站评估定级，对文化站基础设施、业务建设和服务水平进行全方位检查。抓设备配送。争取上级支持，为34个街道文化站、210个社区文化活动中心配送文化设备价值1296万元，有效改善基层文化阵地设施条件。群文团队竞风采，文艺创作上台阶。组织“百佳千星”评选，从全市1200余支群众文艺团队中评出22支最佳团队、30支优秀团队、50支先进团队和15支五星级团队、50支四星级团队、86支三星级团队。开展“欢乐潇湘”活动。4—9月，开展“欢乐潇湘—长沙篇·舞动星城·歌涌湘江”大型群众文艺汇演活动，组织海选汇演、复赛展演、决赛500余场。长沙选送优秀节目参加全省“欢乐潇湘”决赛，获一等奖2个、二等奖3个、三等奖3个。精心创作、加工、打磨群文作品《山泉》《麻石街的堂客们》参加第十届中国艺术节音乐、舞蹈门类作品决赛，《山泉》获作品类“群星奖”。“欢乐星城”群众文化活动获项目类“群星奖”，长沙县江背镇文化站长陈恭森获“群文之星”称号。扶持民间文艺。支持“靠谱儿”戏剧社、果实戏剧社等本土戏剧团体发展，实施“有戏——长沙2013戏剧计划”，累计推出话剧等文艺演出6场。志愿服务走基层，公共文化惠民生。成立文化志愿组织。出台《长沙市“雷锋号”文化志愿者章程》《长沙市“雷锋号”文化志愿者管理办法》，明确文化志愿者权利和义务，加大对文化志愿者的奖励力度。组建“雷锋号”文化志愿者支队、分队、小队，成立一批文化志愿者示范服务点，涌现出一大批文化志愿者。开展文化志愿服务。市群艺馆文化志愿者赴基层开展文艺辅导，组织外来务工人员歌手比赛；市图书馆文化志愿者送图书、送讲座、送展览下乡进社区，组织“三湘读书月”系列读书活动。承办“大地情深”活动。争取文化部支持，承办“大地情深”——文化志愿服务走基层活动，邀请中国艺术研究院田青、欧建军等专家举办讲座，为全市文化志愿者传授非遗、舞蹈相关知识；邀请中国交响乐团到长沙举办室内音乐会，传授音乐知识，为全市文化志愿者搭建一个相互交流学习平台。（刘飞飞）

【长沙市获评“国家公共文化服务体系示范区”】 11月6日，在国家公共文化服务体系示范区创建工作会议上，长沙以总评分中部第一、全国第二，市民对文化满意度全国第一的优异成绩成功创建首批国家公共文化服务体系示范区，长沙市被文化部、财政部授予“国家公共文化服务体系示范区”匾牌。《人民日报》头版通讯推介长沙经验。2013年，长沙建成示范性综合文化站20个、示范性社区（村）文化活动中心（室）100个，广播电视户户通63274户，农家书屋出版物补充更新1256家。市湘剧、花鼓戏中心和歌舞剧院完成农村社区“好戏天天送”、湘江剧场“好戏天天演”660场。市电影放映中心、银宫影院和各区（县）市公益放映电影22778场，打造固定电影放映点51个。市图书馆建成分馆58家。长沙举办“欢乐潇湘”大型群众文艺汇演、“橘洲讲坛”等各类活动1000余场，惠及市民2000万余人次，争取中央、省、市投入文化惠民资金8000万余元，构筑了主城区和县（市）城区10分钟、中心镇和特色镇15分钟、一般村镇30分钟的公共文化服务圈，形成了公共文化“设施网络化、供给多元化、城乡一体化、服务普惠化、活动品牌化”的格局。国家公共文化服务示范区创建工作，是文化部、财政部开展的一项重大文化惠民项目，2011年启

动，每2年一个周期。（刘飞飞）

【"欢乐潇湘"群众文艺汇演】 9月12日，"欢乐潇湘—长沙篇·舞动星城·歌涌湘江"大型群众文艺汇演决赛晚会在贺龙体育馆东广场举行。中共长沙市委、长沙市政府主办，市委宣传部、文化广电新闻出版局、文明办、文联承办。省市领导许又声、易炼红、肖雅瑜、欧阳斌、魏委、周湘、朱建纲、张剑飞、范小新、张湘涛、李军、王忠斌、夏建平、石长松等观看演出。晚会吸引2500余名观众观看。晚会由各区县（市）"欢乐潇湘"群众文艺汇演中脱颖而出14个精品节目组成，涵盖合唱、舞蹈、花鼓小戏、狮舞、武术表演等多种艺术形式。歌舞表演《欢乐潇湘》拉开序幕。浏阳市强盛龙狮功夫团《醉狮》表演惟妙惟肖，喜庆热闹；雨花区自然艺术团一群洋气婈驰自编自导舞蹈《竹林晨曲》带大家走入如梦如幻彩云之南；少儿舞蹈《排排坐》小演员们全部来自长沙市盲聋哑学校翼之梦艺术团，在无声"节奏"中完成精彩表演；木芙蓉艺术团带来舞蹈《雨花石》展现当代人对远方理想追求和对自我突破渴望；望城花鼓《县里剧团下乡来》再现基层群众对乡村文化大戏渴盼；芙蓉区华旭组合一首《想在长沙安个家》，唱出外来务工人员对融入城市憧憬。"欢乐潇湘"群众文艺汇演整合全市群众文化品牌资源，实现市、区县（市）、街道（乡镇）、社区（村）四级联动，各部门协同，全社会共同参与，一场场由群众自编自导自演文艺晚会在星城举办，湘江风光带、文化广场、社区公园等场所，都成为群众文艺演出欢乐舞台。活动期间，全市各赛区开展海选、汇演500余场，吸引1200余支群众文艺团队报名。最好的演员从群众中产生，最好的节目由群众创作，最好的舞台在群众身边。舞台上没有明星大腕，参演者都是长沙本地群众文艺团队，通过层层开展文艺活动，老百姓收获快乐，丰富精神文化生活，增进社会和谐稳定。

（张　涛）

【《排排坐》等节目获奖】 9月29日，2013年湖南省"欢乐潇湘"大型群众文艺汇演优秀节目展演在湖南大剧院上演。长沙选送《排排坐》《圣洁伊人》《洞庭鱼米乡》3个节目参加展演。在2013湖南省"欢乐潇湘"大型群众文艺汇演决赛中，长沙市选送的舞蹈《排排坐》《圣洁伊人》获一等奖，舞蹈《沙坪绣女》《雨花石》合唱《黑龙江之波》等节目获二等奖，《青铜魂》《欢乐潇湘》《想在长沙安个家》等节目获三等奖。

（张　涛　彭　文）

【《长沙文化地图》首发式】 6月16日，长沙市在太平街宜春园古戏台举办《长沙文化地图》和《长沙市公共文化服务指南》首发仪式。市委宣传部常务副部长赵柏林、市文广新局领导杨长江、俞小玲，天心区领导李曦、刘湘蓉等出席活动。《长沙文化地图》和《长沙市公共文化服务指南》由长沙市委宣传部、长沙市文广新局编辑完成，首发10000册，向机关、企事业单位和广大市民免费发放。《长沙文化地图》以长沙行政区划图为基础，标注出长沙市辖区内各级各类文化、体育、旅游场所，在地图上，公共图书馆、群艺馆、文化馆、博物馆、影剧院、文体活动中心、文化景点等场馆分布位置清晰可见，方便市民根据自己文化需求来选择文化服务。《长沙市公共文化服务指南》图文并茂，介绍包括文化场馆、品牌文化活动、非物质文化遗产、剧团剧院、电影院和文化景点等6个方面公共设施建设和服务情况，标注文化场馆地址、电话、开放时间和服务项目等信息。省委常委、市委书记易炼红为《长沙市公共文化服务指南》一书作序。

（刘飞飞）

【中国艺术节长沙捧回3颗"星"】 10月25日，第十届中国艺术节"群星奖"在山东威海市颁出，长沙市捧回3颗"星"。其中，女声小组唱《山泉》获作品类"群星奖"，"欢乐星城"大型群众文化活动获项目类"群星奖"，长沙县江背镇文化站站长陈恭森获"群文之星"称号。《山泉》表演者红叶组合以载歌载舞表演勾勒出一幅苗族人民与大自然和谐共处幸福生活图画，表演者清纯、原汁原味又不乏现代气息民族歌唱赢得评委会好评，成为湖南省唯一音乐类获奖作品。"欢乐星城"活动是近年来长沙市推出的大型群众文化活动，10余年来共举办大大小小演出20000余场，参与人数3000万人次，形成市区联动、城乡互动、辐射全国群文活动格局。"群文之星"称号获得者陈恭森从事乡镇文化工作32年，为建文化站四处奔走筹集资金，开展各类读书活动让农家书墨飘香，引进金音演艺公司为村民精心打造健康向上文艺大餐，让江背镇几万村民实现"和城里人一样享受文化生活"梦想。"群星奖"是中国文化部设立的全国社会文化艺术政府奖。（张　涛）

少儿舞蹈《排排座》表演剧照

【文化志愿服务活动】 4月11日，长沙市"群文活动设备送基层，文化志愿服务走基层"启动仪式在岳麓区步步高广场举行。省文化厅副厅长孟庆善，市委常委、宣传部部长张湘涛，

女声小组唱《山泉》获第十届中国艺术节作品类“群星奖”

市人民政府副市长夏建平等省市领导出席启动仪式。在启动仪式上，市委宣传部常务副部长赵柏林宣读长沙市委市政府关于成立“雷锋号”文化志愿服务示范分队、示范站（点）的决定。省文化厅副厅长孟庆善向长沙市“雷锋号”文化志愿服务支队授旗，省、市有关领导为长沙市“雷锋号”文化志愿服务分队、示范站（点）授旗、授牌。省、市、区有关领导将群众文化设备清单交付给岳麓区咸嘉新村等10个社区代表。该次活动投入资金1296万元。其中，707万元为21个城市街道文化站和91个社区文化活动中心设备购置专项经费，589万元为13个街道和210个社区公共电子阅览室补充设备经费。所采购的设备包括文化信息资源共享工程设备和群众文化活动设备，涉及电脑、投影仪、音响等10余种。长沙探索创新文化志愿活动模式，通过开展形式多样文化志愿服务活动，丰富城乡群众精神文化生活。（刘飞飞）

【公共文化海报进社区】 5月9日，2000张公共文化海报和5000册《长沙市创建国家公共文化服务体系示范区工作手册》（以下简称《工作手册》），送到全市1847个社区（村）。该海报由长沙市创建国家公共文化服务体系示范区领导小组办公室编印，全市博物馆、图书馆、文化馆等公共文化活动场所完成张贴，《工作手册》向社区（村）居民免费发放，让更多基层群众了解文化惠民政策，享受公共文化体系建设新成果。公共文化海报印有“长沙公共文化服务示范区”标志，引用长沙“山水洲城”概念，将“山、水、洲、城”等元素以时尚明快线条勾画，旨在体现具有长沙特色美好和谐环境氛围。凡是贴有长沙公共文化海报场所，都面向群众免费开放，可免费借阅图书、听讲座等。《工作手册》比较全面、系统而又简明、通俗地介绍全市国家公共文化服务体系示范区创建工作指导思想、工作目标、主要公共文化服务品牌、公共文化服务成效和公共文化服务机构指南等方面知识，帮助群众了解长沙公共文化服务体系建设现状和惠民政策。（刘飞飞）

【“百佳千星”评选活动】 6月6日，长沙市第四届“百佳千星”颁奖晚会在长沙人民会堂举行。省委常委、宣传部部长许又声，省委宣传部副部长魏委，省文化厅副厅长孟庆善，市委副书记张迎龙，市委常委、宣传部部长张湘涛，市人大常委会副主任芮英姿，市政协副主席石长松等领导出席活动。全市102支百佳团队代表手持奖牌在台上亮相。第四届“百佳群众文艺团队”评选和千团星级评定活动，吸引全市1200余支群众文艺团队报名参加，广场展演超过15000场，覆盖全市180余个乡镇、街道，400余个村、社区。通过实地考察、广场展演、网络投票等竞争，经过专家组严格评选，102支团队从千余支参评团队中脱颖而出。其中，湖南知青艺术团、枫叶艺术团等22支团队被评为“长沙市群众文艺最佳团队”，岳麓区爱晚艺术团、开福区中山艺术团、雨花区广德戏剧社等30支团队被评为“长沙市群众文艺优秀团队”，长沙县驻长办艺术团等50支团队被评为“长沙市群众文艺先进团队”。（刘飞飞）

【“大地情深”音乐会】 10月28日，“大地情深”中国国家交响乐团“打开音乐之门”室内音乐会在中南大学音乐厅举行。活动由中国国家交响乐团、市文广新局主办，岳麓区文体新局承办。400余名观众参加活动。该活动是为了配合长沙市成功创建第一批国家公共文化服务示范区而举行。此次到长沙的是中国交响乐团弦乐首席重奏组和木管五重奏组，为了达到艺术普及教育的目的，演出曲目以脍炙人口的经典曲目为主，包括莫扎特《G大调弦乐小夜曲》，勃拉姆斯《第一弦乐四重奏》，陈钢、何占豪原曲《梁山伯与祝英台》等。音乐会还别出心裁地采用边演奏边讲解的形式，艺术家通过幽默、风趣、通俗易懂的语言，对音乐题材、演奏乐器、作曲家等进行讲解，配有现场示范，与观众进行互动交流，现场气氛非常活跃。中国国家交响乐团党委副书记巩保江表示，“再高雅的艺术也要‘接地气’，走近百姓身边，满足人民群众对高雅艺术的诉求。国交以公益演出的形式邀请基层群众观看演出，是落实惠民行动，也是一次群众路线教育实践活动。”此次志愿服务活动，将高雅艺术引入公共文化服务领域，将院团优质资源服务于群众，实现两者有效对接，将高雅艺术送到基层。（江　宁）

【长沙有戏·2013梦想纪】 12月13日，“长沙有戏·2013梦想纪”3部话剧《莱姆病人》《触角》《六十码头》在潇湘文化创业产业园果实剧场公演。“长沙有戏·2013梦想纪”项目由湖南卫视著名主持人汪涵、杨乐乐发起，市人民政府主办，市文广新局、果实戏剧社承办，是长沙市为本土独立戏剧与校园戏剧力量提供生长空间的一个民间话剧孵化项目，致力于发掘与培养本土戏剧力量，成为本土戏剧力量生长平台。项目面向湖南征集优秀没有公开排演过的剧本，共收到报名作品74份。邀请演员、导演黄磊，著名主持人、话剧演员何炅，著名编剧、上海话剧艺术中心副总经理喻荣军，以及著名音乐教育家黄勃等作为评委，甄选10部优秀作品，最终为《莱姆病人》《触角》《六十码头》3个剧本和团体提供排演资金支持，以公开售票形式，面向市民上演。11—12月每个周末，“靠谱儿”戏剧社、果实戏剧社等民间剧社至少为长沙市民献上一场小剧场话剧。（彭　文）

【文艺志愿服务团成立】　8月9日，长沙市文艺志愿服务团授旗仪式举行。市委常委、宣传部部长张湘涛，省文联党组成员、副主席黎晓阳参加授旗仪式。该志愿服务团由100余名文艺工作者组成，旨在弘扬“爱国、为民、崇德、尚艺”文艺界核心价值观，多渠道、多形式组织文艺家和文艺工作者深入基层、深入生活、关心民生、奉献社会，广泛开展文化惠民志愿服务活动，不断满足人民群众精神文化需求。（陈　强）

·文化产业发展·

【概况】　2013年，市文广新局系统把文化产业作为调结构、促发展重要载体，指导长沙歌舞剧院等8家单位申报市2013年文化产业引导资金项目，获产业引导资金190万元。组织长沙滨江文化园文化产业发展平台建设等8个项目，申报2014年长沙市文化产业引导资金，申报资金1565万元。对全市重大文化产业项目进行排查摸底，推选《中华历史上下五千年》系列爱国教育三维动画等10个项目申报2013年节能减排综合示范项目。推选天汇文化产业园、长沙天心文化产业园文化创意创业中心建设项目为省现代服务业百大重点建设项目。开展2014年重大项目投资计划及2014年市本级预算政府投资计划申报工作，上报2014年政府投资项目7个，社会投资项目2个。出台《长沙市文化产业百强企业培育计划实施办法（试行）》（长文产发〔2013〕1号），为全市文化产业发展繁荣提供政策保障。8月30日，中央文化体制改革和发展工作领导小组办公室在《文化体制改革和发展工作简报》第17期推介长沙市加强文化产业园区规范建设经验。长沙广告产业园、长沙青苹果数据城、雷宜锌国际文化创意园、浏阳花炮总部经济区等重大文化项目扎实推进，后湖国际艺术区开园，湘台文化创意产业园、开福手机文化产业园等项目列入全市重大产业项目。举办文化节（展）会活动。1月，举行“文化名城·创意中心”知名文化企业长沙行活动，签约20个项目，签约额154亿元。7月，举办长沙国际动漫游戏展，签约客户350余家，总金额10亿元。11月，举办2013中国（长沙）首届手机文化产业博览会，洽谈合作意向金额80亿余元；组织文化企业参加第九届深圳文博会和省港洽周，分别签约82亿元、90亿元。推动湖南长广天择传媒有限公司实行公司股份制改造。开展天心文化产业园、锦绣潇湘文化创意产业园、天汇文化产业园、雷宜锌国际文化创意园等园区跟踪服务工作。对文化产业园区（基地）、文化企业和文化品牌获奖情况进行摸底，推荐湖南明和光电设备有限公司、湖南蓝猫动漫传媒有限公司等企业获50万～100万元不等资金奖励。参与全市首届文化领军人物推荐评选工作。曾应明、肖焰、李新宇、肖志鸿、余德华等获全市9大文化产业领军人物。参与长沙首批文化产业示范基地推荐、考察等工作，评选10家长沙市文化产业示范基地。参与制定《长沙市文化和科技融合示范企业认定管理（暂行）办法》，与市委宣传部、市科技局联合评选10家长沙市文化和科技融合示范企业。深化交流合作，策划和举办重大文化节会。协助市委宣传部开展“文化名城·创意中心——知名文化企业长沙行”活动，邀请华谊兄弟、证券日报等8家国内外著名文化企业到长沙，加强投资对接，扩大长沙文化产业在国内外影响，为文化产业营造良好发展氛围。策划、组织第二十届长沙图书交易会“书香城市与民营书业发展”高峰论坛，邀请郑佳明、王强、姚丹骞等著名学者和专家到长沙演讲，提升图交会影响力。组织参加长株潭《文化交流与合作框架协议》签订会议，加强与株洲、湘潭交流合作。制订浦东—长沙文化创意产业合作交流方案，与上海浦东新区文化广播电视管理局对口开展文化创意产业方面合作。促使长沙市文化产业协会与亚太文化创意产业协会签订《文化创意产业发展战略合作框架协议》，加强湘台两岸交流对接，促进文化创意产业合作共赢。参与组织“2013中国（长沙）科技成果转化交易会”“2013中国（长沙）手机文化产业博览会”等文化交流展示活动。对长沙天心文化产业园、锦绣潇湘创意文化产业园等文化产业园区，明和光电、湖南大剧院等文化产业示范基地，湖南湘绣城、沙坪湘绣产业园等湘绣企业，湘浦网吧连锁、大博鑫网咖等网吧场所，拓维信息、蓝猫动漫等动漫企业，宁乡县、雨花区等区县进行调研，掌握全市文化产业发展现状，撰写《扩大市文化消费的建议》《长沙动漫产业发展现状及对策研究》《发展长沙文化创意产业的思路和对策》《湘绣产业发展的问题与对策思考》《关于打造湘江百里滨水走廊的思考与建议》等10余篇调研文章，为文化产业发展献计献策。开展文化产业信息收集工作，编辑整理文化产业系统《通讯录》，收集整理市优秀文化企业和重点文化项目。协同市委宣传部、市统计局完成2012年文化产业统计工作，对全市艺术团体、文物保护、博物馆、公共图书馆、网吧、影剧院、娱乐场所等进行数据统计。加强对协会工作指导，参与《长沙文化产业》杂志编辑工作。加强与文化部及各省、市文化产业工作交流与学习。（赵　慧）

【乡镇数字影城开业】　1月30日，乡镇数字多厅影城——利达国际电影城在浏阳市大瑶镇开业，意味着浏阳市大瑶镇的居民将可以与城市居民同步享受电影盛宴。利达国际电影城位于浏阳市大瑶新城的通城商业广场四楼，营业面积1200余平方米，放映厅4个，其中2个为3D影厅，共计460余座位，总投资460万元。影院加盟潇湘院线，设备设施全部按当今较为先进的水平配置，引进符合国际DCI标准的日本原装数字放映机、杜比数字放映服务器、高品质全屏银幕及5.1声道还原系统。设计和装饰档次力求新颖、人性化，配备有舒适的候场大厅和方便观众选择的电影文化产品、小食品的小超市，每天可为3000余人提供观影服务。大瑶镇是长沙城乡一体化示范镇，也是长沙市在未来5年中将要重点建设的10万人以上的5个小城市之一，现有常住人口约8万人，人均收入1.6万元。大瑶镇大力引进民营资本发展当地文化事业，壮大文化产业，利达影城就是当地政府通过招商引进的文化项目。利达影城是长沙第一家乡镇数字多厅影城，也是全省首家乡镇商业影城。利达影城的开业不仅符合长沙市委、市政府关于促进全市电影产业发展，影院建设“抓大放小”的指导思想，契合了长沙市未来5年“加快城乡一体化发展，提升农村发展水平”的发展规划，也是市文广新局积极推进“国家公共文化示范服务区”创建工作的成效之一。（刘飞飞）

【知名文化企业长沙行】 1月12日，“文化名城·创意中心”——知名文化企业长沙行活动举行。该活动由市委、市政府主办，市委宣传部承办，市文广新局参与协办。海内外知名文化企业负责人、战略投资者和长沙骨干文化企业负责人100余人参观考察、投资洽谈。市委常委、宣传部部长张湘涛陪同考察，出席主题活动，会见韩国驻武汉总领馆总领事韩光燮、美国驻广州总领馆商务领事黄德昌一行。省委宣传部副部长蒋祖烜，市政协副主席石长松参加相关活动。活动期间，企业家一行实地考察国家级天心文化产业园、大河西先导区规划馆、洋湖生态湿地公园、梅溪湖国际服务区、橘子洲生态文化公园等长沙标志性文化产业园区（基地）。天心区、岳麓区、望城区分别介绍国家级天心文化产业园、岳麓文化创意产业基地、望城文化旅游融合基地等重点园区

知名文化企业长沙行

（基地）情况，作招商项目发布。拓维信息系统股份有限公司、湖南明和光电设备有限公司、湖南凌华印务有限责任公司等10家企业被市委宣传部、市科技局、市文广新局授予首批“长沙市文化和科技融合示范企业”。通过前期对接，《直观中国》中法文双语网、德思勤亚洲娱乐文化中心、中国出版集团等20个大型文化项目与长沙文化产业园（基地）成功签约，总投资154亿元。这些项目涉及影视、娱乐、数字出版、创意设计、文化旅游等多个领域，反映长沙文化创意产业加大传统文化产业发展，向数字科技、创意设计、文化旅游等新业态发展新趋势。该活动旨在加强与国际国内知名文化企业交流合作，为寻找文化商机、投资文化产业国内外企业及投资者提供发展平台，为长沙文化产业发展蕴育新动力。（赵 慧）

【长沙国际动漫游戏展】 7月4—8日，长沙国际动漫游戏展在湖南省展览馆举办。展会为期5天，以“动漫携手游戏欢动全城”为理念，国内外200余家优秀原创动漫、优秀、衍生品企业及高校参展，现场观众及参展商20万人次，签约客户350余家，签约金额10亿元。展会上，湖南锦绣神州影视文化传媒有限公司与北京卡酷、必有路玩具公司、新世界出版社、南岳衡山旅游局等签署战略合作协议，共同开发动画片《锦绣神州之奇游记》衍生产品、图书。《奇游迹》是一部奇幻冒险与旅游结合的动画作品。潇湘动漫红色经典动画电影《韶山少年》首次与观众见面。该片由潇湘电影集团有限公司领衔创作，是首部反映领袖题材的动画电影，主要讲述毛泽东的少年生活和轶事。融入高新科技，是展会的另一大亮点。方特4D电影院、3D打印机、4D互动游乐设备及模仿动漫剧情的高科技体感游戏，引领观众身临其境感受立体世界的奇幻精彩。展会期间，十九番、昔酒011、杨笑汝、米沙、NOCA等知名漫画家到现场签售互动。展会现场有几千套Cosplay服装试玩，家庭版的Cosplay，让观众全家一起玩“穿越”。动漫产业作为国家战略性新兴产业，在文化产业发展整体格局中意义重大、地位突出。动漫节会是积聚全国乃至全球动漫能量，促进行业内高效交流与互动良好平台，使国内外动漫企业得到良好的互动、交流与推广，加深动漫产业合作。（赵 慧）

【手机文化产业博览会】 11月15—17日，2013中国（长沙）手机文化产业博览会在长沙举行。该活动由长沙市委、市政府等单位承办。美国、日本等国家以及国内10余个省、市产业界人士1400余人参加，观展人数10万余人次。展会主题为“指尖世界、成就梦想”。展会面积总规模22000平方米，分为手机文化内容展示区、运营商展示区、手机应用展示区、嘉年华体验专区、终端品牌展示区以及洽谈发布区6大功能区。标准展台约1000个，其中联通、移动、电信3大移动网络运营商以4G网络为主题打造场馆。对手机文化产业做出科学权威定义，以手机等移动终端为主要信息传播媒介平台进行文化产品生产、消费形成产业体系，是移动通信行业、网络产业和其他文化产业相融合产物。组委会推出“手机文化产业发展峰会”和“掌握Phone云榜”2大主题活动，发布《中国手机文化产业调研报告》，评选年度最受欢迎手机应用、最具影响手机文化产业领军人物、最具潜力新锐手机文化企业、最具感召力手机玩家4大奖项。11月17日，中央电视台《新闻直播间》对博览会进行报道。（赵 慧）

【长株潭《文化交流与合作框架协议》签署】 9月29日，长沙、株洲、湘潭三市文广新局在长沙签署《文化交流与合作框架协议》。省市领导张文雄、朱建纲以及夏建平等长株潭三市分管副市长、副秘书长、三市两型办主任、文广新局局长及相关负责人参加签字仪式。根据框架协议，长株潭三市将共溯湖湘文化、共促文化交流、共创文化品牌、共享文化成果。在艺术创作方面，整合三市艺术创作资源，共同推进重大题材艺术创作项目，探索三市间联合举办文化艺术节，在三市间创建共同演出平台与网络化演出机制。在发展文化产业方面，引导文化创意产业集聚发展，在长株潭三市构建一批具有较大影响力文化创意产业集群，共同开发文化产业项目。在

文物和非物质文化遗产保护方面，以举办文化遗产展示等活动为契机，搭建区域内非物质文化遗产保护工作交流与合作平台。在文化人才培养方面，探索三市间相互挂职锻炼、异地培养以及三地艺术人才优先交流合作、相互优先聘用、优先考选借用等方法。在文化市场管理与执法方面，建立畅通文化、广电、新闻出版管理信息交流机制，共享文化市场信息情报，建立三市文化市场行业自律联盟，形成区域文化市场管理一体化。长株潭将建立常态化三市文广新局局长联席会议制度。联席会议每年举行一次，由三市轮流举行，由承接局长提出开展合作具体事项，通报各市文化工作情况，总结承接年内开展文化交流与合作情况，提出下一年承接局长开展交流与合作工作建议。文化产业是两型产业，文化产品是公共产品。长株潭三市发挥文化“乘数”效应，就地取材，见材取“新”，形成包括广播影视、出版、动漫游戏、文娱演艺、文化旅游、文博会展等在内文化产业体系，推动文化产业集群发展。（许柏来）

【优秀国产电影公映月】 12月5日，3D国产影片《狄仁杰·神都龙王》在银兴乐天影城放映，免费供市民观看。“影响长沙”优秀国产电影公益展映月启幕。该活动由市委宣传部、市文广新局主办，历时1个月。省市领导庞敏、刘绪甲等出席展映月启动暨授牌仪式。分布在全市城乡14个室内文化活动场所和37个群众活动广场被授予“公益电影放映点”，成为长沙市公益电影放映“由室外向室内过渡，由流动放映向固定放映过渡”的固定放映点。放映月期间，各机关、事业单位、企业、社区、学校可就近预订团体包场，广大市民可到各影院自行领取观影券。各商业影院放映优秀国产影片260余部，湖湘院线放映公益场次1155场，参加免费观影市民、农村居民、边远社区群众、学生和部队官兵约80万人次。该次活动获得万达、星美、潇湘院线等10余家全国性商业院线和全市33家影院（城）支持，每家影院及所属院线为放映月投入版权费、放映成本、宣传费不低于4万元，星美国际、潇影集团等影院每天开放免费场次投入20万余元，市委宣传部给予15万元经费支持，放映月共计投入资金约231万元。放映月活动为全免费模式，得到国家、省、市各类媒体宣传推介。《中国文化报》头版头条报道长沙市公益电影发展历程，凤凰卫视下辖“凤凰网”转载放映月开幕。《中国文化报》《中国电影报》、凤凰网、湖南卫视、《长沙晚报》等媒体发布放映月相关报道18条次。（朱 鹰）

文学艺术

【概况】 2013年，长沙市文学艺术界联合会出台《关于进一步加强文联工作促进文艺繁荣的意见》（长发〔2013〕3号），在繁荣文学艺术创作、加强文艺人才队伍建设、强化文联工作职能等方面提出明确要求，文艺作品获全国类奖项150余项。文学类，何顿《湖南骡子》、薛媛媛《湘绣女》、胡启明《洞庭作证》、彭海燕《雷锋》等作品获市“五个一工程”奖。胡启明作品《最后的尊严》列入中国作协重点扶持项目。书法篆刻类，文佐、吴贤军、夏碧波荣获中国书法最高奖“兰亭奖”佳作奖，周少剑获第四届全国扇面书法展“全国奖”，朱江、王勇等7人入展第七届全国篆刻艺术展，陈毅华、龚晓秋、夏碧波、周方旺入展全国第三届草书作品展，李砺获西泠印社举办的第八届国际篆刻艺术展三等奖。美术类，获国家级、省级奖项20余项。曲艺类，杨文辉快板《盛世中华好日子》获省曲艺大赛一等奖。戏剧类，《苏秀才》参加中国戏剧节演出，主演曹汝龙获优秀表演奖。周帆、文君获全省中青年戏曲演员折子戏和新创小戏比赛一等奖。音乐类，歌曲《山泉》获第十届中国艺术节群星奖。舞蹈类，《麻石街的堂客们》代表湖南省参加第十届中国艺术节群星奖舞蹈专场展演。郭贝贝创作《圣洁伊人》获“欢乐潇湘”群文展演金奖。群文类，创作歌舞《欢乐潇湘》获长沙市“欢乐潇湘·长沙篇‘舞动星城·歌涌湘江’”金奖。影视类，电视剧《毛泽东》开播，《长沙保卫战》进入后期制作。民间文艺类，《八月》获中国民间文艺山花奖。青竹湖湘绣作品《醉酒条屏》、湘绣作品《袁隆平》、湘绣作品《林中雨滴》在中国开封清明文化节暨中国开封首届工艺美术展活动中获银奖。探索长沙艺术市场发展路径。推进长沙画院探索文艺事业和文化产业融合发展路径，郭文光赴香港参加湘绣湘瓷艺术精品展，作品瓷板《观音菩萨》在拍卖会上以人民币22万元价格成交。参加“2013湖南两岸文化创意产业合作周”“湖湘文化精品展”、澳门艺术双年展—国际文化艺术品交易会。举办“日出东方”全国书法作品展，收到国内外书法名家及书法爱好者投稿作品9000余件。举办首届“杜鹃杯”《中华灯谜颂长沙》国际灯谜创作大赛，收到海外和国内29个省市自治区387名作者灯谜作品9200余条。举办“梦想中国最美长沙”首届全国摄影展，收到摄影作品9000余份。举办长乐未央·西泠印社湘籍社员八人作品展和岳麓印社青年社员八人展，组织创作歌颂杨开慧烈士新歌，举办纪念毛泽东诞辰120周年“霞姑如歌”新作品演唱会。举办开展“聚焦刘少奇故里”全国摄影大赛、2013山水洲城长沙美术精品展、“长株潭两型社会试验区采风作品展”“情系雷锋”全国原创征歌暨“蜂蜜”在行动推广活动。推动对外文艺交流。组织策划一系列推进优秀文艺人才和文艺作品“走出去”文艺交流活动，组织“2013长沙·郑州书法联展”、湖南·山东篆刻家作品联展等活动。长沙画院杨建五参加中国画家厄瓜多尔行活动。组织指导“湖南知青艺术团”参加第六届海峡两岸合唱节，获银奖。开展文艺惠民活动。推荐长沙县江背镇文化站、长沙画院成功申报成为省文联第二批湖南省文艺惠民服务基地，获经费资助。成立一支“长沙市文艺志愿服务团”，形成一支集200余名扎根基层、服务群众专兼职文艺队伍。开展“欢乐潇湘—便河边社区消夏纳凉之夜”送文艺进社区活动。在宁乡县大成桥镇中心小学开展剪纸进校园活动，在宁乡湘茗茶叶有限公司开展书法名家笔会，组织诗人协会开展“乔口笔会”。组织开展“三下乡”活动，开展2013年外来务工人员书画展、舞蹈大赛、声乐大赛。推进协会发展建设。新成立市花鸟画家协会、市模特协会，书法家协会、收藏协会完成换届。市音协新成立口琴艺委会、声乐艺委会，书协新成立创作委员会和收藏鉴定委员会，美协新成立理论艺委会、少儿教育艺委会，市民协成立陶瓷艺委会。本着“不唯年龄、不唯籍贯、不唯身份，只唯艺术”理念，吸纳优秀文艺人才入会，下属18个文艺家协会，会员人数5000余人。挂牌建立“长沙文艺之家”。在长沙市“一馆三中心”挂牌建立“长沙文艺之家”，为全市文艺家协会全部配置办公室和办公桌椅、书柜等办公用具，配有会议室等。推进文艺创作基地建设，成立“长沙市作家协会鼓浪屿文学创作基地”“长沙市作家协会舜皇山文学创作基地”，市书协、美协、花鸟画家协会均挂牌成立创作基地。加强文艺人才培养。邀请赵雄、姚国谨、刘一闻、贺磊明等著名艺术家到长沙开展专题讲座。推荐作家参加中国文联举办的中国中青年编剧高级研修班，举办长沙市文学艺术界著作权知识培训，建立“长沙文艺人才库”。围绕成立“长沙美术馆”深入长沙画院、文艺家协会调研，组织美术界文艺家进行研讨。组织班子成员深入基层宣传思想文化工作建设点长沙县江背镇调研，了解江背文化建设情况，指导文化建设发展，推进江背镇成功创建湖南省文艺惠民服务基地。（陈　强）

长沙市文学艺术界联合会领导人员

党组书记、副主席	王　俏
主　席	何立伟
党组成员、副县级纪检员	王　勇
党组成员、副主席	谢胜文
	李小军
	唐　樱

【“春之声”音乐会】 2月4日，2013长沙市“春之声”新年交响音乐会在长沙人民会堂举行。该活动由中共长沙市委、长沙市人民政府主办，市委宣传部、市文化广电新闻出版局、市文明办联合承办。演出以世界名曲、经典中国民歌为主，以《春节序曲》拉开帷幕，有《春之声圆舞曲》《匈牙利舞曲第五号》《天鹅湖》组曲和民歌《浏阳河》《茉莉花》《敖包相会》等节目。现任解放军军乐团音乐总监、著名国家一级指挥于海担任现场指挥，曾获“乐府国际音乐大奖”“世界民族音乐奖”著名二胡演奏家于红梅，总政歌剧团著名青年女高音歌唱家、国家一级演员黄华丽倾情演出，交响乐演奏与歌曲演唱精美融合。音乐会由湖南交响乐团和长沙歌舞剧院联合演出，2月4—6日在长沙人民会堂连演3场。市直机关单位，区、县（市）党政主要负责人，驻长沙媒体、金融机构、科研院校等4000余人参加活动。（刘飞飞）

【湘剧《苏秀才》获中国戏剧节剧目奖】 11月15日，大型现代湘剧《苏秀才》在苏州市公共文化中心剧院演出，参加第十三届中国戏剧节，获中国戏剧节剧目奖。该剧由市委宣传部、市文广新局组织指导，市文联支持，市湘剧保护传承中心创排。经过组委会筛选，从全国149台参选剧目中脱颖而出，成为该届戏剧节28台参评剧目之一。该剧在剧本选材方面，注重对地方题材开发，讲述湖南在大革命时期发生的一个小人物走上革命道路故事，编剧将历史与现实相结合，发掘出其当代思想与文化价值。在音乐方面，全剧选用湘剧中最具代表性声腔——高腔，注重在主要人物身上强调音乐本土化、地域化，具有强烈地域色彩，是一部典型湘剧高腔剧目，表现在编导观念新、选择人物新、切入角度新、表现手段新等4个方面，是继《古画雄魂》之后又一湘剧精品力作，促进湘剧艺术发展传承。（李旭云）

【实验剧场装修工程】 10月1日，长沙市实验剧场装修工程启动。该剧场位于长沙体育新城中心区，剧场总建筑面积6566平方米，设有1个711座观众厅、1个100平米排练厅、1个专业录音棚、1个可容纳40人左右小型会议室，观众厅外部拥有600平方米大厅。主要服务市湘剧保护传承中心、市花鼓戏保护传承中心、市群众艺术馆、市妇女儿童活动中心演出活动。剧场由市文广新局统一管理，预计2014年3月1日前主体建设完工，5月1日正式对外开放。（李剑飞）

【“杜鹃花”戏剧艺术月】 12月9日，长沙市“杜鹃花”戏剧艺术月在湘江剧场开幕。市委宣传部、市文化广电新闻出版局主办，长沙歌舞剧院、长沙市湘剧保护传承中心、长沙市花鼓戏保护传承中心、湖南中和华风文化传媒有限公司、长沙花鼓文化产业（发展）营销部承办。省文化厅副厅长鄢福初，市委常委、宣传部部长张湘涛等观看开幕式演出。艺术月期间，开展11大主题活动、31场演出，老中青三代演员齐聚展示，专业与群众团队同台竞技，满足不同喜好群众观演需求。戏曲新星演出专场推出市专业剧团3位获省级奖项青年演员，《长沙晚报》进行专版报道；老艺术家专场推出花鼓戏和湘剧名家演出；新成立专业小品剧团在“小品专场展演”中亮相，探索新形式下剧团发展新模式；“优秀新创剧目展演”展示市优秀原创剧目，大型现代湘剧《苏秀才》推动精品走进群众；经典花鼓戏《海

大型现代湘剧《苏秀才》参加中国戏剧节演出剧照

哥与九妹》再现舞台公演。历届“杜鹃花奖”金奖演员演绎经典戏曲名段。“杜鹃花”专业文艺汇演决赛中，全市6个专业剧团39个优秀剧节目参演，角逐杜鹃花奖，8名优秀演员获一等奖，产生“好戏天天演·欢乐满星城”活动最受观众喜欢演员10名。“杜鹃花”戏剧艺术月成为全市文化惠民活动重要载体和全年文化热点。

（王柳蓉）

【折子戏和新创小戏选拔赛】 7月16—19日，2013年长沙市中青年戏曲演员折子戏和新创小戏选拔赛在湘江剧场举行，选拔优秀青年演员和剧目。该活动由市文广新局主办，按照“创作一批、提升一批、复排一批、储备一批”精品剧目创作新思路，推进中青年戏曲艺术表演人才培养和戏曲艺术剧目创作。市湘剧保护传承中心、市花鼓戏保护传承中心、望城区雷锋艺术团、浏阳市花鼓戏保护传承中心等4个专业剧团推出15个剧目24位演员参赛。经专家评审，花鼓戏《书房调叔》《五更劝夫》，湘剧《打猎》《描容》《扫松》《仁贵回窑》《百花赠剑》7个剧目获“剧目奖”，新创花鼓小戏《信》获“创作奖”，文君、胡建忠、刘卓、黄洁、周帆、邓志刚、江喻旺、申杨、彭静、曹威治、邓益、唐江华12人获“表演奖”。此次选拔赛获奖优秀剧目均列入长沙市精品剧目库，在“送戏下乡、进社区、进园区”等惠民活动中进行公开展演。

（王柳蓉）

【“长沙文艺之家”挂牌】 6月6日，市文联在长沙市“一馆三中心”挂牌建立“长沙文艺之家”，优化长沙文艺家协会工作环境，推进长沙文艺工作发展。为全市文艺家协会配置办公室和办公桌椅、书柜等办公用具，配有会议室等，缓解各文艺家协会长期以来无固定办公场所问题。（陈　强）

【长沙艺术品博览会】 12月19—22日，2013首届长沙（国际）艺术品博览会在省展览馆举办。展区面积9000平方米，汇集西班牙、韩国、拉美、台湾、北京等国际和省区参展商参展，展出绘画、书法、工艺品、陶瓷等当代艺术作品3000余件，成交约3000

湘剧《百花赠剑》演出剧照

万元，推进长沙艺术品市场发展，这是湖南首次举办大型面向国内外具有湖湘文化特色、专业国际性水准艺术品博览会。（陈　强）

公共图书馆

【概况】 2013年，长沙市图书馆采购中文图书40000册，盲文图书和期刊240种，征集购买地方文献1200余种，购买古籍字画650册（件）。推广国图数字图书馆工程，推行数字资源和纸质文献借阅“一卡通”，进行长沙名人、长沙地方文艺等数据库后续建设，组织完成“长沙数字资讯中心服务平台建设”项目结题，开展诚邀“100位名家推荐好书”“100名图书馆馆长推荐好书”“100家出版社推荐精品图书”活动。中山亭提质改造，重新对外开放。统筹安排新馆开放筹备工作，组织进行“我的理想图书馆”新馆室内环境设计社会调查。新成立文献资源建设小组，定期探讨中外文献、数字资源建设工作。组织馆内业务骨干赴广州、上海、苏州、杭州、佛山、武汉、美国、加拿大等地先进图书馆学习交流。立足公共图书馆公共性、常态化，优化服务环境。5个主要窗口365天不闭馆，每周开放时间66.5小时，18个服务项目全免费，回复读者咨询1000余条。流通部门与潇湘晨报联合开展“做个读书人·新自修计划”活动，进行评比表彰，号召市民每天到图书馆读书1小时以上。利用网络、通讯等现代技术建成市图QQ群、微博、微信、短信、电话、网上自助图书馆等服务平台，直接与读者互动交流，发布各类活动讯息，启动官方微博全程直播阅读活动。解答读者疑难问题，其中回复读者各类在线咨询10096人次，传递文献信息1618条。在《中国文化报》《湖南日报》《长沙晚报》、湖南卫视等媒体上稿120余条。其中，“百万图书任您选”电子书挑选活动与长沙电视台移动频道联合在公交巴士上进行宣传，湖南卫视对活动进行采访报道。该活动入选国图数字图书馆推广工程宣传专题片，在2013年中国图书馆年会展览会上向全国同行推广。传统品牌阅读活动常态开展。以“三湘读书月”活动为依托，举办“长沙市少年儿童‘中国梦·我的梦’”系列读书活动、“星城少年儿童阅读之星”评选活动；定期开展影视欣赏、猜灯谜到图书馆、你的book·我买单、读书沙龙、读书报告会、知识竞赛等活动，图书馆读者沙龙汇聚一大批读书人。“橘洲讲坛”每周六开讲，全年举办48场，曾邀请中国驻美、澳大使馆前教育领事王文选，作家浮石、肖仁福等社会知名人士担任讲座嘉宾，成为长沙公共文化讲座品牌。亲子共读经典公益培训班每周日举行，将现代亲子教育与经典诵读结合起来，实现“经典生活化、生活经典化”，为300个亲子家庭免费授课40余期。举办“书香长沙·星城科学讲堂”活动8场，邀请1名院士、4名中国科学院专家为全市干部送课上门，普及科学知识。个性阅读活动精心培育。开办“阳光周末”公益大课堂，为全市外来务工人员和留守儿童免费提供学习帮助，举办31个班，开设98次课，服务对象约7000人次。筹建湖南省第一家玩具图书馆，走访市内多家幼儿园，开展讲故事、送书上门和送玩具上门服务，制作《低幼儿童阅读情况调查问卷》，对2～7岁低幼儿童阅读环境、阅读特点、阅读习惯和心理特点等方面进行专题调研，3家幼儿园成为“小书虫”玩具图书馆会员单位。启动“法律大课堂”讲座，围绕市民关注法律热点问题，每周四举办法律公益讲座，邀请优秀律师、专家与市民面对面交流，帮助市民免费学习，使用法律武器维护自己合法权益，举办讲座20场。每周六举办“圈圈故事会”，引导孩子讲故事和谈想法，激发少儿阅读兴趣。专题阅读多方合作共赢。市图书馆联合国家图书馆开展第八届“文津图书奖”系列读书活动，与国家图书馆同步对第八届文津图书奖评选结果进行公布，在全市约40家图书馆总分馆内举办“文津图书奖”获奖图书展巡展。参与国家图书馆“网络书香”数字图书馆推广系列活动，参加国家图书馆乡土文化系列讲座选拔，联合雨花区残联及侯家塘街道，以帮扶困难残疾人、丰富残疾人精神生活为目的，举办全国助残日电影驿站活动，为残疾人播放无障碍电影。分级布网推进体系建设。完成全市第三批分馆建设申报工作，新建并开放分馆25家，长沙市七中分馆作为市总分馆网络首个学校分馆，打破以往公共图书馆资源和学校系统图书馆资源封闭，实现包括总中心馆（市馆）、区（县）中心馆（区馆）、企业分馆、社区分馆、学校分馆、民办分馆、自助图书馆在内50家成员馆、30个流动服务点通借通还，满足读者阅读需求广泛性和复杂性。探索总分馆考核管理长效机制。组织指导6区3县（市）图书馆进行第五届公共图书馆评估达标迎检，全部评为一级馆。服务创新方便读者借阅。结合分馆服务区居民情况，创新办证方式，开设“诚信通”读者卡，享受免押金借书服务。在锦林分馆、丰园分馆、江湾分馆等社区分馆试运行，被社区居民尤其是低保户称赞为“最免费的服务”；针对老年人行动不方便，年青人时间不方便特点，锦林分馆与辖区物流公司合作，采用网上下单，线下免费送书上门服务，获中国图书馆学会阅读推广案例一等奖。业务辅导提供技术保障。通过远程协助服务、QQ指导等实时解答业务问题。全年自助图书馆现场响应210人次，远程响应175人次，总分馆现场技术支持865人次，远程技术支持967次，总分馆读者解答4568次，预借（约）图书398次。做到线上“即时响应”，快速解决技术问题，提升资源设备使用效率。素质提升促管理。举办长沙地区图书馆业务知识竞赛，选派10余名中青年馆员参加省图书馆活动策划培训班；组织全市总分馆业务技术培训班12次，跟班学习172人次；开展讲座报名及视频拍摄培训，讲解网上报名系统——码云网使用方法和视频拍摄及导出操作。市图书馆参加省图书馆业务知识竞赛获团体二等奖。“星城科学讲堂”被市委宣传部评为“全市优秀学习载体”，咨询部被市妇联评为“巾帼文明岗”。成立长沙市阅读服务推广志愿联合会，招募个人志愿者800余人，志愿者团队7 个，开展送书、送碟上门等志愿服务工作。（欧阳文芳）

【中山亭重新对外开放】 10月18日，中山亭提质修缮工程完工。市委副书记、市长张剑飞为孙先生铜像揭幕，宣布中山亭重新对外开放。副市长夏建平主持揭幕仪式，市文广新局局长杨长江介绍中山亭提质修缮工程情况，民革湖南省委副主委、民革长沙市委主委朱建军、市政府副秘书长刘秋成等领导出席活动。中山亭是长沙29个近现代标志性文物建筑之一，是20世纪30年代长沙城市建设典型代表。1930年，修筑中山马路时，在原先锋厅建成一座钟楼，设立标准时钟，作为长沙城市公共计时开始。为纪念孙中山而命名为“中山纪念亭”。抗日战争时期，中山亭历经4次长沙会战而幸存不毁；“文夕大火”中，钟楼上时钟记录下长沙焚城悲怆时刻——“4时37分”。新中国成立后，中山亭几经修缮，2006年公布为省级文物保护单位。2012年，张剑飞主持召开市长办公会决定，拨出专款对中山亭进行提质改造，恢复中山亭历史面貌。此次提质改造，历经10个月，按照“修旧如旧”原则，拆除主楼1996年后新加2层土楼，3层还原为2层；对建筑楼面、楼梯、门窗等木构件进行修复，保留钟楼上国产巨型4面钟，基本恢复83年前历史原貌；拆除外部围栏，建成全开放式绿岛2000余平方米。在中山亭北面，增设一座孙中山铜像，结束“中山亭”没有“孙中山”历史。高4.2米孙中山身着中山装、脚穿大头皮鞋，右手拄着文明杖，左手握着一卷《建国方略》，眼睛深邃、目光坚毅。位于一楼展览分为“中国民主革命的伟大先驱孙中山”“辛亥革命与湖南”“风雨中山亭”3大部分，呈现孙中山生平事迹和湖南革命党人在中国民主革命中作出的伟大贡献。（欧阳文芳）

【流动图书进军营】 4月22日，长沙市图书馆举行“庆祝第十八届‘世界读书日’系列活动——流动图书馆进军营活动”启动仪式。长沙市图书馆与武警长沙市支队四大队签订共建流动图书室协议，长沙市文化广电新闻出版局副局长俞小玲与武警长沙市支队政委张力强一起为长沙流动图书馆总分馆武警长沙市支队四大队流动服务点揭牌。市图书馆将大批新书赠给武警长沙市支队四大队图书室，推广数字图书馆建设新举措。针对部队军营不能在驻地使用互联网情况，市图书馆将百万册种类电子图书送到军营，根据广大官兵阅读需求，将电子图书下载到电脑或手机上，官兵们坐在电脑前就能阅读近百万册电子图书，也可以用手机浏览最新书讯。流动图书馆定期到指定流动服务点开展办证、借书、送讲座服务。（欧阳文芳）

文博工作

【概况】 2013年，市文博工作在大遗址保护、文物维修、阵地建设、科技保护等方面开展工作。炭河里遗址获国家考古遗址公园立项，青铜文化博物馆主体、河道整治及滨河景观建设工程完工，《长沙市炭河里遗址保护条例》颁布实施。《长沙国王陵遗址保护规划》获国家文物局批准，考古遗址公园规划与清华大学达成合作意向，确认长沙国王陵考古遗址公园北向界线。长沙铜官窑遗址公园获国家考古遗址公园称号，陈家沟龙窑保护方案编制和专题博物馆建设启动。开展可移动文物普查。组建市第一次全国可移动文物普查工作领导小组，编制《长沙市第一次全国可移动文物普查实施方案》，市、区县（市）组建普查工作办公室、普查队和专家咨询机构。完成全市国有单位（中央驻长、省属除外）名单收集和文物收藏情况摸底。新博物馆建设工程完成外墙整修，组建展陈组、文物组、招投标组等筹备工作组，完善《星城追问——长沙古代历史文化陈列》《长岛人歌——长沙近代历史文化陈列》2个展陈内容方案，开展新馆LOGO征集。中国简牍博物馆文字方案完成第4稿，组织专家论证。秋收起义纪念园启动建设用地拆迁。国保单位申报。国务院公布第七批全国重点文物保护单位，全市有16处（15处新增，1处合并）文物保护单位入列。全市全国重点文物保护单位增至25处61个不可移动文物点。文物资源数据管理。开展全市文物资源信息管理系统框架设计，启动不可移动文物资源数据库建设，完成城内5区数据整理工作。对全市70余处石刻类文物进行拓片，统筹推进文字释读整理。地下文物保护。全年完成地下文物保护评审项目152个，调勘面积425余万平方米，其中重点调勘面积61万平方米。依法组织对华创国际广场等10处进行科学考古发掘，发掘古墓葬60余座，城墙遗址2处、古井150余口，出土器物300余件。保护规划编制。推进全国重点文物保护单位保护规划编制工作，除长沙国王陵遗址保护规划外，《岳麓书院保护规划》《刘少奇故居保护规划》《秋收起义文家市会师旧址保护规划》《谭嗣同故居保护规划》《胡耀邦故居保护规划》获国家文物局批准。中共湘区委员会旧址、天心阁古城墙、黄兴故居等全国重点文物保护单位保护规划启动。会同先导区和有关单位统筹确定曾国藩墓、黄兴北路地段、化龙池地段文物保护原则问题。不可移动文物登录。增补申报一批省级文物保护单位，第六批市级文物保护单位申报最终名录（180处）确定。浏阳市、岳麓区公布一批不可移动文物。文物“四有”工作。启动第七批全国重点文物保护范围、建设控制地带划定工作，组织文物保护单位科学记录档案培训，编撰省级以上文物保护单位说明词，新登录文物保护单位标志说明牌制作全面展开。文物维修工程。完成湖南省立第一师范旧址、湖南自修大学旧址、基督教城北堂、中山亭、达浒孔庙、育婴堂等文物维修工程，浏阳文庙白蚁危害得到有效扼制，启动湘雅医院门诊大楼、海关公廨旧址维修工程和杨开慧烈士陵园综合整治工程，编制秋收起义文家市旧址、乐诚堂、雷锋旧居等一批文物保护方案。文物征集。兼顾市博物馆新馆与旧馆展陈需求，突出近现代文物征集专题，全年征集文物452件（套）。贾谊故居新征集到7种《新书》版本及相关资料。在新征集文物当中，珍贵文物30件。藏品保护管理。推进市内主要国有文物收藏单位文物清库建账工作，藏品管理得到有效加强。市博物馆对757件藏品进行科技保护，市文物考古研究所开展长沙望城风篷岭M1出土饱水漆木器文物保护修复，长沙简牍博物馆完成一批东汉简牍修复缀合工作。《湖南长沙五一广场东汉简牍及木质文物保护修复方案（一）》获国家文物局批准。制度建设。重新修订《长沙市不可移动文物安全管理年度考核实施细则》，规范地下文物保护评审行政程序。加强博物馆阵地建设。新辟杨勇纪念馆、坡子街南宋涵渠遗址陈列馆，省博物馆改扩建工程动工，隆平水稻博物馆获立项，湖南开元博物馆（民办）完成新馆选址。全市博物馆（纪念馆）基本陈列19个，举办《英国三百年》等临时展览56个。以22家博物馆、纪念馆为主体文化遗产单位完善免费开放服务。开展“杰夫·佛可思摄影作品展”“长株潭两型社会试验区采风作品展”“老长沙腔调戏曲展”《2013年艺术长沙》等专题活动。利用节假日、国际博物馆日和中国文化遗产日，开展“长沙窑点彩装饰鉴赏与制作体验”“博物馆闯关”“暑期博乐园”“考古DIY”等互动活动；市民文化遗产讲堂举办7期。创新社会教育平台，制定《流动博物馆章程》，全年开展面向基层送展览、讲座、专题活动76场次。倡导志愿者行动，提升服务水平。市内各博物馆、纪念馆吸纳省博物馆志愿者队伍，市博物馆组建一支以退休老同志为主体志愿者队伍，开展讲解、教育指导、咨询导览等工作。长沙简牍博物馆培训志愿者84人，全年志愿者义务讲解3000批次，策划举办志愿者风采大赛。课题研究有新成果。年内出版《长沙重大考古发现》《长沙考古文存》（第1辑）、《汉长沙国考古发现与研究》《历代名流咏贾谊诗联集注》《长沙走马楼吴简·七》《长沙国宝档案》6部学术专著。完成《吴简文字编》《简牍学大辞典》和《揭秘长沙会战》等书籍撰稿任务，《竹简·九》文字

湖南省苏维埃政府旧址—锦绶堂

释读接近尾声，《吴简研究论文集》（共九册）整理工作告罄。推出专业论文。全市文博单位学术风气愈加浓厚，在国家、省和市级专业刊物上发表学术论文和考古发掘报告165篇，论文涵盖考古学、历史学、博物馆学、文物保护学和文物行政管理学等多个领域。其中，市博物馆王文彬《古代中国简牍加工工具的考察》一文刊发于台北国立历史博物馆《史物论坛》。市博物馆与长沙晚报社联合推出11期文物赏析。深化课题研究。市文物考古研究所重点对风篷岭、桃花岭长沙国王陵进行考古调查和钻探，新发现附葬墓1座、陪葬墓（坑）12座；在沩水流域发现一处新石器时代晚期至商周时期文化遗址，采集到大量陶器和磨制石器。市博物馆《馆藏漆木器脱水保护技术研究》获科技部门立项批准。加强学术外向度。市文物考古研究所联合清华大学、中国文化遗产研究院、湖南大学召开“长沙五一广场简牍学术研讨会”。长沙简牍博物馆与岳麓书院展开深度合作，借助吴简学术研讨会这一平台，学术研讨取得良好互动效果；该馆定期开展简牍释读讨论，邀请清华大学、故宫博物院、北京师范大学专家指导释疑。市直文博单位11人参加国家学术研究会议，提交专业论文。文物安全有新举措。对区县（市）文物安全检查实现常态化。全年组织文物安全大检查5次，遍及各级文物保护单位、博物馆、纪念馆、不可移动文物点及考古工地，实现“文物安全年”。化解一批安全风险。推行“四级责任体系”和“四级巡查机制”，文物安全管理末端守护机制得到有效发挥。市级督查发现82处安全隐患，其中68处得到及时整改。文物公安及时联手，打掉2个盗墓团伙，抓捕犯罪分子22人，收缴一批盗墓工具，有效制止数起盗墓未遂事件。强化安防设施建设。将部分长沙国王陵纳入市政府“天网”工程。完成汉王陵安防一期工程建设。长沙国王陵安防二期工程、中共湘区委员会旧址安防工程得到国家文物局支持。明代长沙藩王墓装配视频监控系统，徐特立故居完善消防装置。宁乡县、天心区、开福区对部分建筑类文物进行电路改造。开展文物安全培训。市、区县（市）和部分文物保护单位组织开展多场文物安全培训，提高干部职工文物安全意识和安全工作技能。市博物馆等单位举办文物安全消防演练。协助上级文物行政部门举办2013年度全国文物安全管理（湖南片区）培训。（朱丰顺）

【长沙新增15处全国重点文物保护单位】 2013年3月，国务院公布了第七批全国重点文物保护单位，长沙马王堆汉墓、汉代长沙王陵墓群、爱晚亭、新民学会旧址及徐特立、胡耀邦故居等升级成为全国重点文物保护单位，其中，浏阳市的谭嗣同墓、谭嗣同祠与第四批全国重点文物保护单位谭嗣同故居合并为一处，更名为“谭嗣同故居及墓祠”，这样算来，长沙市新增“国保”单位数量实际为15处。此次获批的“国保”单位共有4大类，分别为：古墓葬类，包括马王堆汉墓、汉代长沙王陵墓群、张南轩墓（含张浚墓）和曾国藩墓4处；古建筑类，包括天心阁古城墙和浏阳文庙2处；石窟寺及石刻类，即禹王碑1处；近现代重要史迹及代表性建筑类，包括何叔衡故居、谢觉哉故居、徐特立故居、爱晚亭、胡耀邦故居、新民学会旧址、湖南大学早期建筑群和湖南省苏维埃政府旧址8处，总计15处。至此，长沙市共有25处国家重点文物保护单位，61个不可移动文物点。（朱丰顺）

【《长沙国宝档案》出版】 2013年6月，《长沙国宝档案》《长沙重大考古发现》《长沙考古文存（第一辑）》出版。《长沙国宝档案》由市委宣传部牵头，市文物局和市文化艺术研究会编辑出版，属于长沙文史丛书系列。全书分为青铜、陶瓷、金银玉石、帛书简牍、书法绘画和漆木丝织等6篇，从普通读者角度，用通俗易懂语言配以精美文物图片，展现长沙文物魅力。《长沙重大考古发现》由长沙市文物局组织出版，该书全面展示长沙各个重要历史阶段考古发现，分商周青铜文化、汉代长沙国王陵、马王堆汉墓、三国吴简、唐代长沙窑等章节介绍长沙历史文明。《长沙考古文存（第一辑）》收集长沙市历年来重要考古报告及研究论文，总结长沙文物考古综合文献目录及马王堆汉墓、三国吴简、

长沙国宝档案

长沙铜官窑等专题文献目录。这3本书籍是了解、研究长沙历史、文物、考古工作和考古研究成果重要文献典籍，是长沙几代考古界学者近一个世纪艰辛探索成果，向世人展现长沙古代文化时空构架，展示长沙历史文化名城风采。（罗炯炯）

【“走向现代·英国美术300年”展在长沙举办】 8月19日，“走向现代·英国美术300年”展在长沙市博物馆陈列大楼开幕。湖南省博物馆、长沙市博物馆、中华世纪坛世界艺术馆和英国曼彻斯特大区博物馆联盟、英国国际巡展联盟、英国贝里行政区市议会联合举办。该次展览为英国艺术史上名家之作，向中国观众展现英国历时300年美术发展状况。8月20日，贝里艺术博物馆馆长托尼·特雷西举行专题讲座，漫谈英国文化。中央美术学院教授李建群作为展览中方学术主持人在开幕式上表示，期待湖湘文化与英伦文化完美碰撞，希冀三湘人民能充分欣赏到异国他乡艺术精品。展览免费向市民开放，长沙市博物馆每天接待参观者2000余人，针对普通成人观众、家庭观众、教师、高校学生、中小学生等不同类型观众，开展形式多样教育活动。展览10月7日结束。（陈 卓 张兴伟 邓晓丽）

【董伟到长沙调研】 4月25日，文化部党组成员、副部长董伟，文化部非物质文化遗产司司长马文辉等一行到长沙考察，探寻城镇化进程中非物

质文化遗产的保护与传承。省文化厅厅长朱建纲、副厅长孟庆善，市委副书记、市长张剑飞，市委常委、宣传部部长张湘涛，副市长夏建平参加相关活动。董伟一行实地考察铜官泥人刘艺术陶瓷厂、沙坪湘绣产业园、省工艺美术研究所、市湘江剧院，了解长沙窑铜官陶瓷烧制技艺、湘绣、湘剧、菊花石雕、浏阳花炮等国家级“非遗”项目保护与传承情况。长沙共普查登记“非遗”项目1366个，其中国家级“非遗”名录7项、省级16项、市级41项、区县（市）级67项，国家级“非遗”项目传承人7人、省级12人、市级32人，建有“非遗”传承发展基地14个、“非遗”专题博物馆7个。调研组认为“非遗”是一笔非常宝贵的文化财富，在面临城镇化建设带来的机遇和挑战时，长沙各级各部门要充分认识到“非遗”在实现长沙梦、湖南梦、中国梦中的地位、作用和价值，整合资源，突出特色，打造品牌，通过整体性、抢救性、生产性、研究性及分类保护等，让“非遗”适应城镇化土壤，打开国内外市场，实现全面发展。（彭　文）

【“2013艺术长沙”展】 10月19日，“2013艺术长沙”展在长沙市博物馆开幕。该活动由长沙市人民政府、湖南广播电视台和湖南省文物局共同主办，市领导张湘涛、夏建平等出席开幕式。该次参展展期10月19日—11月18日，展出4位中国艺术家周春芽、郭伟、丁乙、向京创新作品，推出艺术论坛活动，设置方力钧“走进大学”文献展、“他们相忘于江湖”个展及张方白、苏新平双个展，北京保利精品展等多个外围展。作品涵盖油画、雕塑等90余件，周春芽新主题画作、丁乙“十示”系列、向京女性题材雕塑都极具视觉冲击性和灵魂感染力。展览向市民免费开放。“艺术长沙”双年展由谭国斌当代艺术博物馆发起，展出包括长沙本土艺术家在内20余位中国当代艺术家作品，成为长沙本土具有全国影响、国际上有一定知名度艺术品牌。（彭　文）

【道德讲堂活动】 10月26日，“道德讲堂”活动在简牍博物馆多功能厅开讲。该活动由长沙市文广新局、长沙市文物局主办，长沙简牍博物馆承办。市文广新局、市文物局和长沙简牍博物馆全体干部职工参加。此次道德讲堂活动以“诚信”为主题，围绕社会公德、职业道德、家庭美德、个人品德4个方面，设置“唱一首歌曲”“学一个模范”“学一些知识”“诵一个经典”“送一份吉祥”“行一个大礼”等9个环节，学习雷锋纪念馆谭荒芳先进事迹，畅谈学习体会，开展公益募捐等活动，生动形象解读诚信含义，号召大家参与诚信活动。（彭　文）

【五一广场东汉简牍学术研讨会】 9月22日，“2013长沙五一广场东汉简牍学术研讨会”在长沙枫林宾馆召开，全国各高等院校和科研机构简牍文献学专家学者30余人出席，长沙市文博系统和湖南大学部分专业人员进行旁听。此次汇聚全国简帛学界著名专家高规格学术会议，由长沙市文物考古研究所和《文物》编辑部承办，夏商周断代工程首席科学家、原中国社会科学院历史研究所所长李学勤，中国秦汉史学会会长王子今，清华大学教授李均明、刘国忠、侯旭东，武汉大学简帛研究中心主任陈伟，以及来自文物出版社、岳麓书院和中国文化遗产研究院的知名学者作专题报告，就五一广场东汉简牍性质、内容、时代、历史内涵及学术价值等进行深入探讨交流。会议还对今后合作整理研究事项进行研究。五一广场东汉简牍发现于2010年地铁2号线“五一广场”站，数量多，保存好，成为继长沙走马楼吴简之后出土历史文献的又一次重大发现，对研究东汉时期长沙地区的政治、经济、文化等提供了极其宝贵实物资料，在国内外学术界引起轰动。长沙市文物保护专业人员清洗简牍3900余枚，对其中2700枚简牍进行拍照和红外线扫描，简牍脱水脱色保护方案2013年7月获国家文物局批准。（朱丰顺）

【长沙市第一次可移动文物普查】 11月22日，长沙市第一次全国可移动文物普查领导小组第一次联席会议召开。市人民政府副市长、市第一次可移动文物普查领导小组组长夏建平主持会议，长沙市第一次全国可移动文物普查全面启动。会议审议通过市普查办编制《长沙市第一次可移动文物普查实施方案》。该项工作可以提升长沙历史文化名城品位，是发挥长沙文化软实力重要途径，是落实十八届三中全会“建立公共文化服务体系”重要举措。夏建平指出，要明确领导，组建班子，将第一次全国可移动文物普查工作纳入重要文化建设项目，纳入年度文化工作考核；要明确普查要求，规范普查标准，强化普查保障，加强工作协调，适度宣传、定期通报；要形成《普查报告》《文物名录》《文物收藏单位名录》，形成一套可移动文物保护和管理办法，形成一批文化成果。第一次全国可移动文物普查是建国64年以来首次在全国范围内开展的一次文物普查工作，是继第三次不可移动文物普查后在文化遗产领域开展的国情国力调查。普查的范围涵盖市行政区域内各级国家机关、事业单位、国有企业和国有控股企业、中华人民解放军和武警部队等各类国有单位所收藏保管国有可移动文物，包括普查前已经认定和普查中新认定国有可移动文物。（朱丰顺）

【“长沙窑的新定位”讲座】 1月5日，“南青北白长沙彩·长沙窑的新定位”讲座在市博物馆报告厅举办。该活动由市博物馆、长沙窑研究会联合举办。湖南省考古学会长沙窑研究会会长、中南大学教授李效伟主讲，全市各界艺术品爱好者100余人参加讲座。李效伟通过自己珍藏的长沙窑陶瓷标本，介绍长沙窑的新发现与艺术成就。从横向、纵向两个方面进行阐述，指出长沙窑创烧铜红釉，其釉下彩绘具有异国情调构图和中国书法挥洒自如笔触抽象画。长沙窑在中国陶瓷史和中国美术史上具有不可替代地位，完全可以与“南青北白”形成三足鼎立之势，也就是“南青北白长沙窑”。该次讲座提升市民对长沙彩瓷认知和鉴赏水平，为艺术品收藏者提供指导帮助。（朱丰顺）

【“长沙古韵”秦卓夫书法展】 1月20日，“长沙古韵”秦卓夫书法作品展在白沙路简牍博物馆美庐美术馆开展，该活动由市文联、市文广新局、市旅游局、市委老干局联合主办，市美庐美术馆、市简牍博物馆承办，湖南天元置业有限公司协办。原长沙市委副书记，湖南省书法家协会会员秦卓夫书法作品深植传统，主攻行书、草书，兼攻篆书，展现深厚文化底蕴，形成鲜明个人特色，被国内外多家博物馆、美术馆等艺术机构收藏。其书法在笔法上远循“二王”，近学于右任，对提按顿挫更为凝心聚力，宁拙勿巧、宁涩勿滑；在章法上讲究结构合理，黑白映衬，浓淡相宜；在篇法上追求运笔与行文的和谐统一，内容与形式相互提升。此次展览158幅作品是秦卓夫以历代名人歌咏长沙诗词为题材创作，杜荀鹤《岳麓寺》、柳宗元《望江亭》等吟咏长沙名山大江诗词都以飘逸洒脱书法呈现在市民面前，历史名城长沙山水人文和千古风韵，通过书法艺术一览无遗。该展为期一周，免费向市民开放。（朱丰顺）

【“中国力量·舒勇和他的社会”展】 9月12日，“中国力量——舒勇和他的社会”展览在长沙美庐美术馆开幕。该活动由长沙美庐美术馆、长沙简牍博物馆等单位承办。展览展出舒勇近期创作水墨、油画、雕塑等作品60余件，有他多年艺术经历记录文献展出，是他从艺道路一次缩影。中国国际文化传播中心第一副主席唐天标，中华全国新闻工作者协会名誉主席、中国书画艺术委员会主席邵华泽，全国政协委员、中国国际文化传播中心党组书记、执行主席龙宇翔，省领导李微微、谢勇、杨维刚，省文化厅厅长朱建纲和老同志文选德等出席开幕式。舒勇，1974年出生于湖南怀化溆浦，是中国最著名当代艺术家之一，其艺术创作涉及行为艺术、雕塑、油画、国画、装饰、建筑、新媒体等诸多领域。其作品在公共艺术层面产生巨大影响力。2006年，舒勇创作“泡女郎”雕塑，成为中国30年来最具代表性新雕塑作品。2007年，他与张艺谋等被大众媒体评为中国十大创意领袖。2009年，舒勇获“第七届佛罗伦萨国际当代艺术双年展终身成就奖”。2013年6月，他代表中国参加第五十五届威尼斯国际艺术双年展，得好评。该次展览10月12日结束。（罗炯炯 管 震）

【“文化遗产日”系列活动】 6月8日，是中国第八个“文化遗产日”。围绕“文化遗产与小康生活”主题，长沙市开展系列文化活动，让文化遗产走进市民生活。长沙将文化遗产带进校园，在张坊镇守和完小、中和镇田心完小举办浏阳红色人物宣讲，在湖南大学举办“古琴音乐会”。宁乡县出动流动宣传车，走街串巷宣传文化遗产日，发放宣传手册400余份。望城区在区群众文化体育中心文化广场开展“文化遗产日”系列宣传活动，评选“望城区最受欢迎的非物质文化遗产项目”，望城舞龙、望城花鼓戏、铜官陶艺、望城纸扎、望城剪纸、新康木雕、望城臭干子、靖港甜酒等独特文化遗产项目展演让市民近距离感受非物质遗产魅力。长沙简牍博物馆古琴、弹词雅俗共赏。为使长沙市民在“文化遗产日”了解古琴艺术，长沙简牍博物馆举行一场名为《走近古琴》讲座与演奏活动。著名古琴演奏家、湖南民族管弦乐学会古琴艺术委员会会长刘慧扬传授古琴知识，表演古琴技艺。“长沙弹词·老长沙腔调戏曲展”在简牍博物馆展厅开幕。老长沙人演绎长沙弹词、花鼓等地道长沙腔调。展览现场举行慈善捐赠仪式，所募集善款将用作被称为“长沙弹词活化石”彭延坤老人医院治疗费用。市博物馆结合纪念毛泽东诞辰120周年，举办“青年毛泽东的长沙足迹寻访”活动，寻访队伍从清水塘出发，寻访原湖南省立图书馆、湖南第一师范、岳麓书院、爱晚亭、新民学会旧址、湖南自修大学旧址、橘子洲头等地，激发对毛泽东生平历史兴趣，引发参加者对身边文化遗产关注。（朱丰顺）

广播电视

【概况】 2013年，长沙市广播电视台围绕中央、省、市中心工作，唱响主旋律，为全市政治、经济、文化建设和社会发展提供舆论支持。各主要媒体开辟新闻专栏20余个，组织采写重点报道50余组，完成重大直播录播任务60余场次。整合电台、移动电视、网站、微博、微信等媒体资源，打造全媒体信息发布平台。政法频道以被市政府列为“应急电视频道”为契机，改版推出《有请发言人》《文明热线》《金牌辣利婆》等栏目，加大重大新闻连续直播比重。全年有33件作品获湖南广播电视奖，其中一等奖10件，被国家新闻出版广电总局评为“2013年度广播电视公益广告制作播出示范单位”。各频道晚间整体收视份额超过22%。政法频道、经贸频道、新闻频道、女性频道4大频道跻身前十。精品节目和大型活动丰富市民文化生活。由和光传媒拍摄的50集大型史诗电视剧《毛泽东》于2013年12月25日在央视一套和湖南卫视同步播出，获得专家和普通观众肯定。新闻频道策划制作的大型政论片《中国雷锋》和由天择传媒制作的纪实类真人秀《我的坏爸爸》播出后反响强烈。策划组织首届麦咭儿童音乐节、2013梅溪湖国际艺术周、2013橘洲音乐节、市八运会开幕式、第四届孕婴童博览会、首届手机文化产业博览会、2013中国中部国际农博会等大型活动项目，提升长沙文化名城影响力。全年实现总收入14亿元，比上年增加1亿元。推行全面预算管理，经营创收实现提质增效，可支配财力超过1.5亿元，较上年增长30%。机关公用支出保持“零增长”，其中差旅费同比下降64%，会议费同比下降36%，接待费同比下降近10%。新广电中心大楼实现主体封顶，全年完成10余次招标，累计投资5000万余元，技术规划设计不断完善，确定电视播出系统、电台技术系统、大型转播车系统、编辑网络系统、媒资管理系统等9大技术方案，完成各单位技术用房分配和施工图纸设计工作。产业多元化发展取得显著成效。天择传媒搭建完善全国电视联供网，进入联供网合作台超过100家。加快上市步伐，2013年10月，天择传媒完成股份制改造，成立“中广天择传媒股份有限公司”，正式进入上市辅导期。对接新技术、新媒体和新业态。嘉丽购物推出“嘉丽壹品”活动；完成手机商城上线，开辟移动电子商务市场。国安网络与深圳同洲电子合作研发OTT云电视平台，进入测试阶段。地铁电视项目推进，与轨道公司合作成立长沙地铁电视公司。新媒体融合取得突破性进展，与新浪达成战略合作意向。

完善内部管理体系，搭建内部信息交流平台，广大干部职工能够通过手机短信、台长信箱、QQ群、微信群等方式进行交流互动。（刘　岩）

电视剧《毛泽东》开机仪式现场

【电视剧《毛泽东》开播】 12月25日，重大革命题材电视剧《毛泽东》在央视1套和湖南卫视黄金档同步播出。该剧是为纪念毛泽东同志诞辰120周年所拍摄的献礼巨作，由中央电视台、湖南广播电视台、湖南和光传媒有限责任公司联合出品，高希希任总导演，作为年度压轴和新年开年大戏，开播后收视率一路攀升，日平均收视率为1.81%，最高收视率达到2.71%，收视份额6.71%，成为近3年内主旋律重大题材中收视率最高的一部剧。该剧原60集，后压缩制成49集，其精美制作和别具一格人物塑造方式在业界和坊间积累起高热度讨论话题，赢得众多赞誉。播出期间，中央领导刘云山、王岐山以及中宣部部长刘奇葆等同志对该剧给予了高度评价，并且受到了各年龄层次观众认可，许多中老年观众普遍认为该剧“唤起了对激情岁月的记忆”，80、90后年轻观众把该剧作为补学历史，了解建党大业和建国伟业教科书。《人民日报》专栏署名撰文：“电视剧《毛泽东》坚持‘以人带史，史中觅诗’，把视听语言聚焦于毛泽东独特而伟大精神世界，紧紧围绕着作为毛泽东的伟人影像艺术史和人物志来结构剧作，设计人物关系，自然而然、详略得当、游刃有余”。（刘　岩）

【中广天择传媒股份有限公司成立】 10月23日，长沙市广播电视台中广天择传媒股份有限公司成立暨揭牌仪式举行，湖南长广天择传媒有限公司正式更名为中广天择传媒股份有限公司并授牌，天择传媒股份制改造完成。市委常委、宣传部部长张湘涛等省市领导出席揭牌仪式。成立大会上，长沙市广播电视台党委书记、台长曾雄回顾了天择传媒6年来发展历程，总结天择传媒具备的3大优势，拥有一流节目生产能力，拥有资源丰富版权库，拥有一张覆盖全国电视节目联供网。进入天择联供网的合作台超过100家。2013年12月，天择传媒凭借突出的原创制作实力，获得“TV地标·年度最具原创力节目制作机构”大奖。天择传媒主要从事除新闻外电视、互联网和手机电视等视频内容制作、发行和营销，以自主生产视频内容为核心衍生价值开发，大型商业活动、娱乐活动、文化交流活动策划、实施和衍生价值开发。作为长沙广电突破区域局限、拓展市场空间的先锋，中广天择出品的《士兵突击》《花样年华》《好爸爸坏爸爸》等一大批优质纪实类真人秀节目，在国内一线卫视平台不断创下收视佳绩。中广天择每天生产10余档自主版权品牌节目，《知音人间》《观点致胜》《记者再报告》等节目在全国100家合作电视台播出。（刘　岩）

【“六个走在前列”系列报道】 2013年，长沙市广播电视台围绕市委、市政府中心工作，策划推出“六个走在前列”系列报道，组织播发主题报道、重点报道30余组。《长沙新闻》重点报道组以记者调查、领导蹲点、经济述评、连线专家、市民微信平台等形式，对长沙各条战线在参加“六个走在前列”大竞赛活动中出现的难题、瓶颈、思考、实验和规划进行深度报道，发稿近200条。新闻频道、新闻广播播发《长沙上半年服装产业稳中有升》《浏阳情景焰火秀“做媒”》《梅溪湖可租公共自行车洋湖再生水厂污水处理也能“诗情画意”》《下基层听民声为项目送服务》《长沙获评首批国家公共文化服务体系示范区》等稿件300余篇，展现各区县和基层“六个走在前列”大竞赛活动生动实践。政法频道被授牌为“长沙市应急频道”后，8月1日全新改版，集中推出《有请发言人》《1号法庭》等一批全新重点栏目。策划组织“畅行长沙”“抗旱最前线”“文明有礼长沙人”“长沙市人大常委会关于水资源管理专题询问”“全国打击网络造谣传谣”“中秋团圆”等大型民生直播报道近20次。新闻频道、政法频道强化舆论监督，持续关注食品安全、文明创建、城市环境综合整治等社会热点，推出《鸭子铺拆除违章仓储11万平方米》《长沙口腔医疗市场假牙价格奇高》《有请发言人：新增千台出租车听证》《有请发言人：长沙海事启动“抗枯保航”预案》《焦点：“霸道”的清洁公司》《焦点：斩断潲水油“进货”源头》等舆论监督报道，凸显媒体责任担当。（刘　岩）

新闻出版

【概况】 2013年，长沙新闻出版工作打造新亮点，形成新机制。提质改造产业载体，引导扶持市场主体。推动定王台书市改造，实施集中市场带动行业发展战略。扭转重视临空经济、轻视印刷产业发展倾向，打造黄花产业基地文化产业发展升级版，对天舟科教文化股份有限公司、湖南鸿发印务实业有限公司、湖南凌华印务有限责任公司等企业实行用地供应优先、税收政策优惠。培育壮大新型市场主体，增强行业竞争力。支持19家企业联合成立湖南天汇文化传媒有限公司，推动形成优势互补、相互协作市场机制。支持5家实体书店申报财政部补贴资金，争取国家、省市各种项目财政支持资金，获得市级文化产业引导资金新闻出版经营单位28家，湖南凌华印务有限责任公司获批国家印刷复制示范企业，湖南宏梦卡通传播有限公司、拓维信息股份有限公司获国家级、省级文化产业示范基地，黄花印刷科技产业园获湖南省“十二五”时期文化创意重点产业园区，湖南凌华印务有限责任公司、湖南省青苹果数据中心有限公司、天舟科教文化股份有限公司获长沙市首届文化产业示范基地。8家单位获文化产品出口、高新技术改造、能源节约利用等方面其他部门项目支持资金。举行“长沙人爱读书”——第二十届长沙图书交易会，采用全新展厅模式，建立短信平台，吸引全国书商参展；借助外省友好出版单位、民营书商，实行多点宣传发动；签订长株潭一体化战略联盟和长江中游地区湖南、湖北、安徽、江西图书发行中三角战略合作协议，当当网、省内外出版单位对长沙民营书业公司集中授予全国出版发行界优秀合作伙伴牌匾。开展跨地区、跨行业合作夯实长沙图书交易会；完善书会交易、展示、签约、论坛、新书发布、网民市民共同参与、全民阅读等功能。参展单位400余家，成交金额超过16亿元，增长超过60%；带动长沙酒店住宿、餐饮娱乐、交通运输、广告印刷、会展设计消费1亿余元。百度搜索信息量349000余条，长沙民营书业吸引全国业界关注，长沙图书交易会现象引发全国业界大讨论。开展“三湘读书月”活动。增强农家书屋农村文化阵地功能。长沙市农家书屋工程连续5年列入省市为民办实事项目。完成1256家农家书屋出版物补充更新采购配送。开展农家书屋导读服务。长沙县、望城区星级管理经验受到新闻出版广电总局肯定。《农家书屋》杂志社记者采访长沙县、浏阳市先进集体和先进个人，新闻出版广电总局和湖南省人民政府主办、湖南卫视承办《书香中国》晚会对浏阳建国文化中心进行采访拍摄。长沙县李中笑农家书屋被评为第五届全国服务农民、服务基层文化建设先进集体。《中国文化报》以《长沙芙蓉区推出农家书屋读书节活动》和《长沙县建设农家书屋注重实效》为题，新华网、红网分别以《站在田野里守望文化的一片深情》《长沙，农家书屋把城乡公共文化连成一张网》为题，宣传报道市农家书屋工作加强建设管理、创新模式机制经验做法。招募文化、卫生、教育、科技、农业、民俗等方面专家教授，组建长沙市雷锋号农家书屋志愿服务导读讲师团，开展导读服务，增强农民读书积极性。制定《关于开展创建“100个示范性农家书屋”活动的通知》，分解任务落实，明确创建标准和工作内容。发挥行业协会作用，建立与市委宣传部、市文明办、公安部门、工商部门、城管部门及市工信委、市质监局、市科技局、市旅游局联系机制，形成大文化管理发展格局，实现文化与科技、文化与旅游、文化与经济社会融合发展。将阅读服务体系与读者需求紧密结合。全市设立流动服务点31个，服务站10个，定期定点将图书馆服务送到市民身边，有效解决基层图书馆资源不足现象；在市民居住密集区域设立24小时街区自助图书馆，实现图书馆服务时间与空间拓展，读者可以全自助办证、借书、还书、续借、预借、预约、荐购。将阅读活动与新技术结合。通过手机短讯、微博等平台，广泛传播阅读活动讯息、经典阅读推荐，开辟网络读书论坛，开展网络读书征文，开通短讯互动平台，及时收集市民对阅读活动意见建议。将阅读活动与关注弱势群体相结合。成立长沙全民阅读推广志愿者联合会，召集社会热心人士，帮助弱势群体更方便阅读提供支持。以市图书馆总分馆为阵地，开设长沙公益大课堂、“4点半”学校“E课堂”“快乐过节日”“圈圈故事会”“飞鸽传书”等项目，为外来务工人员子弟和老年人提供阅读便利；送图书、DVD播放机、音视频资料到长沙市老年人之家，组织老年人文化活动，为老年人带来生活快乐。首次对区县（市）文广新局建立考核机制，将新闻出版行业管理纳入文明创建“月考评、季讲评、年考核”活动。全市出版物经营单位1154家、印刷企业745家、“三印”企业721家，内报内刊单位67家，从业人员3.76万人；全年出动检查16000人次，签订安全生产责任状、守法经营承诺书2300份，发送安全生产、文明创建提示信息和守法经营警示信息20万余条，下发责令整改通知、书面警告800份，立案查处74起，罚款146750元。加强新闻出版工作力量。设立印刷复制管理处、出版发行管理处、农家书屋办公室，将2个处室扩充为3个部门，履行新闻出版工作职能；保留原新闻出版岗位4人，安排原从事文化管理2人、广播电视管理1人进入新闻出版工作岗位，使新闻出版业务处室工作人员由5人增加到7人。加大财政支持力度。保留农家书屋专项工作经费20万元，调整充实出版物市场管理经费80万元，协调市文化产业引导资金支持长沙图书交易会举办专项经费30万元。

（刘飞飞）

【第二十届图书交易会】 3月21—24日，第二十届图书交易会暨第四届“三湘读书月”启动仪式在湖南省展览馆举行。该活动由长沙市人民政府主办，市委宣传部、长沙市文化广电新闻出版局、长沙市文化市场综合执法局、湖南省出版物发行业协会、长沙市出版物发行业协会承办。副市长夏建平主持开幕式，湖南省新闻出版局局长朱建纲宣布活动开幕，省市领导蒋祖烜、张湘涛、龚振湘等出席。该届活动主题为“长沙人爱读书”，开展“长沙人最喜爱的十本图书”长沙市“十大藏书家”、优秀民办图书馆等评选活动，《发现之旅》《我们的荆轲》等10本书被评选为2012年长沙人最喜爱的十本图书。现场表彰长沙市“十大藏书家”“优秀民办图书馆”。该届图书交易会一改以往酒店房间里交易做法，以大型展会形式进行签约、订货、销售、交流。412家国有、民营出版发行单位参加出版物展示和洽谈订货，展出的图书品种包括社科、文教、期刊3大块。中南出版传媒集团搭起全馆最大展厅，旗下全部11家出版社和图书公司携1000余种新书参展，其中重点推荐书有百余种，可供图书目录8500种。开幕仪式上，湖南、湖北、江西、安徽省

第二十届长沙图书交易会开幕式

出版物发行业协会现场签订促进长沙中下游地区出版物发行“中三角”战略合作协议；长沙、株洲、湘潭三市出版物发行签订促进长株潭图书发行一体化战略联盟协议。该届交易会还举办“书香城市与民营书业发展”高峰论坛、订货展销会、畅销书作者签售会等活动。长沙图书交易会自1993年起已举办19届，由最初本地民营书商为主“第二渠道订货会”，逐步发展成为国有与民营、出版与销售融于一体的全国性大型图书交易会，与全国书市和北京图书订货会并称为“全国三大书市”。（刘飞飞）

【农家书屋星级评定】 12月4日，长沙县图书馆公布2013年度长沙县农家书屋星级评定结果。全县292家农家书屋中，江背镇综合文化服务中心书屋等5家获评“四星”，29个农家书屋为“三星”、116个农家书屋为“二星”、90个农家书屋为“一星”，开慧镇飘峰村书屋等5家被降星，北山镇常乐村书屋等13家被亮黄牌。10月22日开始，长沙县图书馆辅导小组开始深入各农家书屋进行业务指导与星级检查考核工作，按照《长沙县农家书屋星级评定办法》，把书屋选址、藏书册数、内部环境、硬件配置、管理员工作情况、开放时间及发挥作用情况等作为评定星级标准和条件，对各农家书屋进行公平、公正考核、定级工作，对优秀农家书屋进行表彰奖励，对管理较差书屋责令其限时整改。长沙县对“星级书屋”实行动态管理，每年进行一次复审确认，达到标准的书屋继续保留其“星级书屋”称号；达到更高标准的书屋予以升级；未达标的书屋先亮黄牌警告，给予一年整改期，一年后再次复审仍达不到标准，取消“星级书屋”称号；对个别停滞不前，大部分条件达不到标准，不给整改期，降星或直接取消“星级书屋”称号。“星级书屋”评选活动的开展，促进了农家书屋长效、健康运行发展。（刘飞飞）

【第二十一届图书交易会官网建立】 12月24日，长沙市建立第二十一届图书交易会官方网站（www.csbookfair.com）。该网站由第二十一届长沙图书交易会组委会授权长沙市萃升网聚文化传播有限公司承建，由组委会监督指导网站上线和运行。网站设置有展会信息、参展专区、参观专区、媒体中心、精彩活动、书香园地、吃住行咨询等栏目，可为参展商提供网络广告链接、订制网络新闻宣传内容等服务。网站全面展示长沙人爱读书·图书交易会崭新风貌，通过创新宣传、全面宣传扩大招商，通过大量发布、不断更新相关图文信息，引导公众关注和参与互动，服务参展客商。此次图书交易会还全面拓展新媒体渠道，开通微信、微博平台，实现信息实时发布更新，与公众快捷方便交流互动。（秦新才）

报　刊

【概况】 2013年，长沙晚报报业集团提升媒体品质，加速媒体融合。报纸阅读率同比增长10.5%。全年有45件作品获中国新闻奖、中国晚报新闻奖、湖南新闻奖。在全国各类核心期刊发表新闻理论文章20余篇次。《长沙晚报》改版提质成效显著。通过提升发行质量，加大市场开拓，策划读者福卡项目，打造小记者品牌活动，晚报有效发行增长1万份，同比增长5%，实现在长沙进出港航班和黄花机场、火车南站贵宾室等重要窗口单位全覆盖。《长沙晚报》广告收入同比增长5%，集团利润同比增长74%。精准定位，系列媒体品质全面提升。6月27日，星辰在线新版首页正式上线运行，重点突出长沙本地资讯、新增网络问政平台、加强网站原创内容建设，实现与全国100余家城市网盟单位资源共享，蝉联中国城市网盟优秀网站奖。知识博览报创新合作模式，与湖南省国防教育委员会合作推出《国防教育特刊》，报纸发行显著提升，连续第6年入围中国邮政邮发畅销报刊行列。《星沙时报》扩版提质，从周三刊变成周五刊，经营走向多元化，开发公交车站广告位效益明显，与长沙经开区洽谈合作创办“产经周刊”。《晚报文萃》杂志两篇文章分别被全国高考卷和江苏高考卷选为作文题材，在读者中引起巨大反响，征订数显著提升。《高新麓谷》改版升级成瘦报，开发楼宇及社区电视屏提升报纸影响力。重点调优媒体结构，构建全媒体运营新格局。推进《知识博览报》转企改制。地铁报《壹早报》正式落户集团。与香港星岛新闻集团合作推出“长沙晚报云报纸”，依托香港星岛新闻集团自主开发运营无线终端发布平台，建设《长沙晚报》及系列报刊新媒体集群，抢占新技术制高点，实现新媒体战略布局。加速新媒体融合发展。通过调整和优化，《长沙晚报数字报》《卫星报》、掌上长沙、《长沙晚报手机报》、视频新闻二维码、官方微博微信、晚报QQ等新媒体产品，覆盖受众人群约100万，构建“上天入地在手”全媒体运营格局。坚持重点项目带动战略，以麓谷项目建设为契机，打造产业转型升级新平台。经营工作重点从一点支撑到多点支撑，从晚报制造提升到晚报“智造”转变，以重点项目建设带动突破产业发展瓶颈，促使整体产业结构调整和转型升级。突出重点，以项目建设优化升级集团产业结构。作为集团调整和优化产业结构的重大举措，占地6.67公顷、投资12亿元的麓谷文化产业园项目12月22日正式奠基开工。加大投入，以更新升级等手段筑牢集团产业基础平台。2013年，集团投资5000万余元，对印刷设备进行升级改造，确保《长沙晚报》的印刷质量和印刷时效，降低生产成本，提升《长沙晚报》市场竞争力；投入300万余元，更新网络设备和升级星辰在线网站技术平台，助推集团产业高速发展。活动拉动，以品牌活动打造集团产业新经济增长点。2013年，集团通过策划和组织湖南车博会、公园购房节、小微企业金融服务节、购物消费节、相约最美乡村等一系列品牌活动，创新举办2013中国长沙“枫情橘洲”国际爵士音乐节、望城名盘市州巡展活动、翡翠玉石展销会等大型活动，拉动经营收入增长，为集团打造“活动经济”探索路径，积累经验。加大员工绩效考核力度，完善采编人员考评体系，推动集团广告营销人员薪酬绩效改革，3月开始运行以“提成工资”为核心广告营销人员薪酬制度，激发员工竞争意识和工作潜能。以人为本，重点构建人才成长体系。2013年，集团选送44名业务骨干赴香港浸会大学、中国海洋大学、浙江大学等高校进行学习培训。开展“道德讲堂”、学雷锋以及各类技能竞赛等活动，推进集团企业文化建设。集团获评“省级文明单位”称号，长沙晚报经济新闻中心获评“全国巾帼文明岗”称号。

（刘先根　范　良）

【《长沙晚报》改版】 3月19日，《长沙晚报》改版。版面结构更优，“时评”前置至封二版，实现最湘味最热辣观点评说及时快捷，各分叠头版强化当日新闻热点；本土性更强，“长沙读本”亮相，热闻、现场、民生、街坊、都市圈、热线、健康和资讯8个版独立成叠；内容更丰富，新设晚报视点版，以独特视角让读者知晓当日国内外最热事，新增消费版成为读者时尚消费导购员。此次改版，《长沙晚报》从动态新闻到深度报道，从照片、评论到周刊、副刊，新闻产品向专、深、精、细、快领域和层次迈进。改版当日出版72版。

（刘先根）

【麓谷文化产业园奠基】 12月22日，长沙晚报报业集团麓谷文化产业园举行奠基开工仪式。副市长姚英杰主持仪式，市委常委、宣传部部长张湘涛宣布项目开工。省市领导禹新荣、芮英姿、夏建平、石长松、罗社辉以及读者代表等出席奠基仪式。该项目位于岳麓大道与西三环交会的东北角，是省、市文化产业重点工程，占地6.67公顷，总投资12亿元，总建筑面积20万平方米，主要用于建设新闻出版中心、新媒体创意中心、印务中心及配套设施。预计3年建成。项目面向国际进行规划设计招标，按照“两型”社会发展要求进行规划建设，打造一个集传媒内容生产、新媒体运营、文化产业经营于一体现代传媒基地。

（刘先根）

【星辰在线升级】 6月27日，星辰在线2013新版首页正式上线运行。市委常委、宣传部部长张湘涛出席上线仪式。改版后，首页突出长沙新闻和综合要闻两部分，信息量是原来2倍。其中，“长沙新闻”栏目紧贴长沙时政、经济、都市、社会，突出地域特色。网站新开网络问政专区、星辰调查等新栏目。星辰在线网站相关频道、内容页面等全面优化完善，实现与全国100余家城市网盟单位资源共享。

（刘先根）

【刘先根获中国新闻奖】 10月25日，第二十三届（2012年度作品）中国新闻奖揭晓。长沙晚报社刘先根撰写的新闻论文《系统论视域下的移动新媒体监管模式》（载2012年第12期人民日报社《新闻战线》杂志）获中国新闻奖论文类三等奖，也是他连续第4年获得中国新闻奖。这是湖南省报纸系统和长沙市新闻界在该届中国新闻奖评选中唯一获奖作品。中国新闻奖是中国记协主办综合性年度优秀新闻作品最高奖，是经中宣部批准常设的全国性新闻奖，全国各报社、通讯社、电台、电视台和新闻网站新闻作品每年参加该奖项角逐。

（刘姝萍）

档案工作

【概况】 2013年，长沙市档案工作系统（档案行政管理机构11个，档案馆13个）履行档案行政管理和保管利用等职能，全年接收文书档案1859卷，专门档案1042卷；归档文件2071盒，进馆23178件。接收改制企业及撤销单位代管档案1970卷册。完成企业人事档案内部清点、移交、移库，清点108个单位约36000卷册。征集与长沙有关档案资料345本、照片50张、光盘16张。其中《枝柳青春》《枝柳之歌》《枝柳岁月》完整、真实记录百万枝柳铁路建设者三线大会战及辉煌与风采，具有较高文献价值和历史价值。编辑《长沙先进模范荣誉档案》，该书约100万字，收录入编单位750家，个人1500人。出版《长沙珍档解析》，全书约20万字，记录馆藏档案32件珍贵档案，包括清代珍贵档案、民国教育档案、民国工商业档案和土地契证珍品4个部分。对满30年档案进行全面鉴定，依法开放84个单位1978—1982年档案8521卷，编制开放目录158本，免费向公众提供查阅。主动接收政府信息纸质文件104份、电子文件552份、编研资料57册。政府信息查阅系统可向公众提供6760余条政府信息和编研资料电子目录。开展村级档案工作，在浏阳市、长沙县等5个区县（市）12个村和5个社区，围绕村级建档必要性、重要性等方面进行调研，形成调研报告。查阅大厅接待查档3712人次，调阅档案、资料8537卷次。政府信息查阅中心接待24410人次，受理查阅82人次，主动公开政府信息151件次。通过更新查阅硬件设施、拓宽服务方式，为市民提供服务，公众满意率100%。开展档案主题活动，向市民宣传档案知识。市档案局获评“湖南省档案工作优秀单位”“长沙市政务公开政府服务工作先进单位”，查阅中心窗口获“共产党员示范岗”称号。对21家市属国有企业规模、地址、档案工作人员等情况进行摸底调查和汇总，确定长沙市粮食集团和先导区土地开发建设公司为试点单位，完成2家单位“文件归档范围和保管期限表”编制工作。对全市34个党群系列市直单位档案工作进行专项检查。规范档案中介服务。制定长沙市档案中介服务机构《备案登记办事指南》和《复核办事指南》，开展档案中介服务机构备案登记工作。推进县级档案馆建设。浏阳市档案馆建成投入使用。举办档案基础知识培训班2期，提高档案工作人员业务水平。市数字档案馆存储备份扩容项目实施，完成700万页数字化扫描，在390万条各类档案目录中实现提供检索档案原文400万页，馆藏档案数字化稳步推进。重要档案数据实现异地备份，与贵阳市档案数据备份，移交备份数据光盘180张，移动硬盘2个，数据总量3T。档案数据整合试点稳步推进。市档案局与望城区、芙蓉区开展数据整合共享工程，整合2区档案目录数据70万条，实现档案目录数据在授权范围内跨馆跨区查询。信息化建设督导加强。市直机关应用长沙市电子文件归档管理系统单位50个，比2012年增加10%。

（孙中华　杨　佳）

【档案学会换届选举】　6月7日，长沙市档案学会第五届理事会换届选举暨第六届会员代表大会第一次会议在长沙市档案局召开。会议由市档案局党组副书记、副局长陈艳芳主持。省档案学会秘书长白明标、市民政局副局长何水军等领导出席会议。市档案局全体班子成员和全局干部，市直相关单位，区县（市）档案局等122位代表与会。会议审议通过档案学会第五届理事会工作报告，表决通过新修订《长沙市档案学会章程》，选举产生新一届理事会，长沙市人大常委会原副主任彭可平（正厅级）当选为长沙市档案学会第六届理事会理事长。

（陈　令）

重要档案数据异地备份交接仪式

【“国际档案日”系列活动】　6月9日，为纪念“6·9”国际档案日，向社会普及档案知识，提升市民档案意识，长沙市档案局联合省档案局在烈士公园开展一系列档案宣传活动。该活动围绕“让档案走进家庭”主题，制作展板21块，涉及国际档案日的由来、档案法律法规知识、什么是家庭档案、建立家庭档案的意义、建档范围及收集整理方法、家庭档案利用实例等内容；设立城建档案、房产档案、民政档案、家庭建档示范户等6个咨询台；现场开展有奖知识竞答，以及“2013档案我见证”千人签名活动；向社会发放档案宣传资料5000余份，解答市民有关档案方面问题200余人次。启用手机短讯平台定期向市直机关工作人员和市民免费发送短讯，使市民近距离体味档案文化。在《长沙晚报》上做家庭建档大户专题报道，在市政府门户网站上宣传建立家庭档案意义，介绍建档流程和操作规范，在市直机关大院及主要街道悬挂“国际档案日”和“家庭档案”宣传活动标语。

（吴长权）

【重要档案数据异地备份】　11月21日，长沙市档案局与贵阳市档案局开展重要档案数据异地备份工作。市档案局副局长陈艳芳带队，天心区、开福区、芙蓉区、雨花区、宁乡县等区县代表参加，赴贵阳市档案局进行交接。这是区县首次将重要档案数据与市局捆绑一起实施异地备份。市档案局向贵阳市档案局移交长沙市及各区县重要档案数据约3TB，合计148张光盘，4个移动硬盘，提取之前备份数据载体移动硬盘1个。双方现场交流两市档案信息化建设方面做法和体会，希望共同深化长沙市、贵阳市互为异地备份伙伴关系，在档案工作各个方面开展互相交流学习。（汤才友）

卫 生

责任编辑：吴丫丫

【概述】 2013年，长沙市辖区内有注册登记的各级各类医疗卫生机构、医疗点、村卫生室等4690个，其中各级政府举办的医院42个，各级各类企事业单位及社会力量举办的医院127个；卫生监督机构12个；疾控机构12个；建制乡镇卫生院110个；行政村卫生室1363个；社区卫生服务机构256个（中心59个，站197个）。全市辖区内医院共有病床5.79万张、卫生技术人员6.21万人，门急诊总量3518.82万人次、出院病人187.21万人次。其中市直7家医院共有病床5826张、卫生技术人员6945人，门急诊总量296.5万人次、出院病人22.5万人次，医疗业务总收入29.49亿元。

全市卫生发展及居民健康主要指标情况：长沙市每千人口卫生技术人员8.6人、病床8.02张，人均期望寿命78.9岁，居中部省会城市前列，高于全国平均水平。甲乙类传染病发病率261.58/10万，无传染病暴发流行。孕产妇死亡率10.09/10万，5岁以下儿童死亡率5.83‰。 （廖　凯）

【医疗卫生体制改革】 2013年，全市卫生系统按照省、市医改工作部署要求，围绕健全基层医疗服务体系、促进基本公共卫生服务均等化、建立国家基本药物制度及推行公立医院改革等5项重点改革任务，积极开展工作，取得初步成果。

一、基层医疗卫生服务体系建设。1. 实施基层医疗机构标准化建设。市政府下发《基层医疗卫生机构标准化建设三年行动方案》，2013年，全市完成10所乡镇卫生院、3所乡镇卫生院分院、106所村卫生室、5个社区卫生服务中心建设任务。开展示范社区卫生服务中心创建工作，岳麓区望月湖、开福区东风路和四方坪3所社区卫生服务中心创建国家级示范中心，芙蓉区马王堆等5所社区卫生服务中心创建省级示范中心。全市国家级示范中心5所、省级示范中心8所，总数居全省首位。2. 抓好基层卫生人才培养。继续实施“四个一批”人才工程，招聘全日制本科毕业生82名、返聘具有中级职称及以上人员166名，完成全科医生转岗培训128人，培训乡镇卫生院卫生人员895人次、村卫生室人员2206人次、社区卫生服务机构人员2135人次。为乡镇卫生院招收定向免费医学生7名，其中中医学3名，并按照培养协议落实专升本订单定向毕业生就业的编制和岗位。评选出15名扎根基层、百姓称赞的“乡村名医”和10名事迹感人、患者满意的“最美护士”，给予特殊奖励。3. 提升基层医疗机构服务效能。全市二级以上公立医院与基层医疗机构全面实施“手牵手”对口帮扶工程和“双向转诊”机制。芙蓉区开展“338”家庭契约式服务试点，开福区、望城区开展乡村医生签约服务试点取得成效，望城区、长沙县开展乡村卫生服务一体化管理体制创新试点，开福区启动公共卫生进社区试点，长沙县开展基层医疗机构运行新机制试点。

二、基层医疗机构综合改革。1. 建立稳定的基层卫生财政补偿机制。各区、县（市）将各级下达的基本公共卫生服务、基本药物制度、健康教育、乡村医生补助等专项经费，以及经常性收支差额补助等纳入财政预算并及时足额落实到位。区、县（市）卫生局成立会计核算中心，统一使用省卫生厅的基层医疗机构会计核算软件，对政府办基层医疗卫生机构实行“集中管理、分账核算”。市县两级卫生、财政部门完成对基层医疗机构公共卫生、基本药物制度工作的考核，与财政经费核拨挂钩；基层医疗机构普遍实行全员工作数量、质量考核，与绩效工资挂钩。2. 完善人事改革制度。合理确定基层医疗机构人员编制总量，并根据基层医疗卫生服务功能定位和发展需要实行动态调整。全部实现基层医疗机构全员聘用、岗位管理制度，并实行院长（主任）任期目标责任制及绩效工资制度，合理拉开分配差距，加大体现公益性和运行效率的绩效考核力度。3. 抓紧基层医疗机构债务化解工作。2013年，累计化解乡镇卫生院、社区卫生服务中心的建设性债务2.12亿元，其中市本级财政安排专项资金1202万元。除宁乡县、浏阳市完成债权转移外，其余区、县全部化解完毕。

三、国家基本药物制度全面推进。全市所有政府办基层医疗机构和村卫生室全面实施基本药物制度，由乡镇卫生院（社区卫生服务中心）统一集中网上采购、配送基本药物并实行零差率销售。市财政按照常住人口年人均4元的标准给予专项补助（其中乡镇卫生院、社区卫生服务中心3元，村卫生室1元）；县级财政以年6000元～20000元的不同标准对村卫生室进行定额补助。实施基本药物制度以后，基层医疗机构药品总消耗下降40.2%，门急诊和住院次均费用中药品费用分别下降39.78%和29.73%，患者医药费用负担减轻。

四、基本公共卫生服务均等化有效实施。2013年，全市基本公共卫生服务项目专项经费人均30元。市级财政按年人均1万元的标准，对1366所村卫生室乡村医生进行专项补助。全市累计建立居民健康档案604万份，建档率84.51%；高血压患者规范管理人数42.7万人，规范管理率91.39%；糖尿病患者规范管理人数13.6万人，规范管理率93.9%。农村妇女免费增补叶酸服用率94.99%，完成宫颈癌筛查114541人次、乳腺癌检查6072人次，为贫困白内障患者实施免费手术6606例，均超额完成省卫生厅下达的任务。开展健康促进行动，市级财政安排360万元，组织开展健康大讲堂、建设健康教育阵地等15项健康促进行动，居民健康知识知晓率85%。在2013年全省基本公共卫生检查考核中，长沙市在现场考核、自查报告、日常监测、综合排名等方面均排名第一。

五、推进公立医院改革。开展县级公立医院改革试点。浏阳市作为县级公立医院改革试点县，重点从价格调整、医保支付、药品配送等方面实施改革。取消药品加成，合理调整诊查费、护理费、治疗费、手术费、中医诊疗费等收费项目，全部纳入医保政策报销。试行近一年来，浏阳市辖区内居民选择在本市就医的比例达96%；3家县级医院平均药品收入占比、药品卫材支出占比同比下降，门诊及住院次均费用得到有效控制。对市级公立医院改革试点前期工作进行调研。宁乡县做好第二批县级公立医院改革试点申报工作，准备正式启动试点。推行便民措施和“三好一满意”工作，努力改善医疗服务环境，优化医疗服务流程。在市、县两级公立医院实行“无假日门诊”和临床路径管理等措施。在三级医院推行预约诊疗、“先诊疗、后结算”和优质护理服务。推行优质护理服务，开展抗菌药物临床应用专项整治，对抗菌药物的临床应用实行种类和质量双控制。加强医药费用控制，开展医药费用监测，将医疗费用控制管理目标纳入绩效考核范围，降低患者平均医疗费用负担水平。（廖　凯）

【首届“长沙十大最美护士”评选活动】　长沙市卫生局联合市文明办、市妇联、长沙晚报报业集团、市广播电视台举办的首届“长沙十大最美护士”评选活动3月正式启动，历经2个月的时间，5月9日在田汉大剧院举行颁奖仪式，省卫生厅党组书记肖策群、省卫生工会主任孙向明，长沙市领导张迎龙、张湘涛、芮英姿、夏建平、龚振湘等出席。评选对象包括长沙市各区、县及市直（管）各医疗卫生单位中具有护士资格，正式注册的护理人员（包括编外护理人员）。采取个人申报、群众推荐、集体评审的方式，确定推荐对象，并填写审批表，报市卫生局医政处。活动组委会聘请有关医护专家、公众代表、媒体代表等组成专家评审委员会，负责对候选人进行审议和初评，确定30名“首届长沙十大最美护士”候选人，并组成考察组深入各候选护士单位进行考察。4月8—25日，活动主办方对30名十大最美护士候选人先进事迹在相关媒体进行宣传报道、公示，广大市民通过网络投票、邮寄两种方式为候选人投票。从全市参选的2万余名护士中通过群众投票、组织考察、专家评审等方式，龙利亚、李婷、谢容辉、李立平、毕宇冰、陈俊、贺艳、李静、沈雪凤、卢媛10位护士被授予“首届长沙十大最美护士”“巾帼建功先进个人”等称号，20名护士获“首届长沙最美护士提名奖”。（廖　凯）

爱国卫生运动

【概况】　2013年，全市爱国卫生工作以推进城乡环境卫生整洁行动、农村改厕、迎省检三项市政府实事工程项目为抓手，带动和促进卫生创建、病媒生物防制、健康教育和卫生管理等各项工作的深入开展，城乡环境卫生面貌进一步改善，城市卫生整体水平进一步提高，农村基础设施建设进一步夯实，群众文明卫生意识进一步增强，爱国卫生工作取得良好成效。

一、推动爱卫工作走在全省前列。9月11日，市长、市爱卫会主任张剑飞主持召开长沙市2013年爱国卫生运动委员会全体（扩大）会议，张剑飞在会上提出4点明确要求。

二、开展城乡环境卫生整洁行动。1. 组织召开全市乡村环境卫生整洁行动总结表彰暨城乡环境卫生整洁行动动员大会。3月26日，召开全市乡村环境卫生整洁行动（2010—2012年）总结表彰暨城乡环境卫生整洁行动（2013—2015年）动员大会。省卫生厅副厅长林安弟、市长张剑飞、副市长夏建平等领导出席会议。各区、县（市）政府，乡镇（街道）及市直部门党政主要负责人300人参加会议。2. 组织开展城乡环境卫生整洁行动年中和年终两次督查。按照长沙市城乡环境卫生整洁行动领导小组《关于开展2013年城乡环境卫生整洁行动全面督查的通知》要求，6月下旬至7月中旬及11月，组织开展全市城乡环境卫生整洁行动年中和年终两次督查。分别由市农办、市爱卫办、市城管局、市环保局分管负责人任组长，抽调市直机关相关人员组成4个督查组。年中督查共评选出优胜乡镇21个、优胜村30个，黄牌警告乡镇、村各10个。年终督查共评选出2013年度全市“十佳乡镇”“十差乡镇”“十佳村”和“十差村”各10个。

三、抓好农村改厕项目工作。2013年，积极争取中央补助地方农村改厕项目任务1.4万座，并确定到134个项目村，共完成项目任务14407座。通过现场培训施工员及项目村管理负责人258人，做到执证上岗；加强平常指导和督查，做到发现问题及时整改，严把工程质量关；发动群众以交纳100元～350元不等的报名费或自备部分材料、挖池等多种形式推行农户投资投劳，从而杜绝“政府大包大揽，群众袖手旁观”的现象，最大程度上弥补了改厕资金不足和有效地调动群众积极参与、监督改厕。坚持逐村验收的原则，县（市、区）按照一池一照片，实地核查，市按照15%的比例随机抽查，对其项目改厕的数量、工程质量、化粪池编号、污水分流及接入使用、农户卫生、村组卫生等内容对各项目村进行考核验收，验收结果表明改厕数量实、质量整体水平良好。

四、做好迎省检准备，确保长沙市城市卫生检查在全省排名前列。1. 制定下发《关于做好迎接2013年全省城市卫生检查工作的通知》和《关于组织开展迎接全省城市卫生检查模拟检查的通知》，对照检查标准分解任务，明确各部门职责。2. 召开迎省检任务部署会。8月14日，副市长夏建平主持召开迎省检模拟检查动员部署会，提出迎省检“争创一流争夺一名”的工作目标和“认真、较真和逼真”开展迎省检模拟检查的工作要求。3. 组织开展迎省检模拟检查。8月下旬，全市按照省检的标准和程序组织了一次模拟检查，并将模拟检查情况在9月11日的全市爱卫全会上进行通报讲评。

五、开展各项卫生创建工作。2013年，各级爱卫办严格按照省爱卫会下发的《湖南省文明卫生单位标准》《湖南省卫生镇标准》《湖南省卫生村标准》和《长沙市卫生社区考核验收标准》的要求，指导各创建单位完善卫生设施，健全卫生管理制度，提高创建工作质量。在各区、县（市）爱卫部门推动下，全年全市各类卫生创建总数100个（其中国家级1个、省级24个、市级75个），超额完成年度卫生创建工作任务。宁乡县顺利通过国家评审，被全国爱卫会命名为“国家卫生县城”。“湖南省文明卫生单位”6个（芙蓉区、雨花区、岳麓区、开福区、浏阳市、宁乡县各1个），“湖南省卫生镇”3个（岳麓区、望城区、长沙县各1个），“湖南省卫生村”15个（岳麓区、宁乡县各2个，望城区、长沙县各3个，浏阳市5个）。“长沙市文明卫生单位”36个（芙蓉区6个、岳麓区3个、开福区2个、雨花区3个、望城区7个、长沙县3个、浏阳市5个、宁乡县7个），“长沙市卫生社区”14个（雨花区3个，芙蓉区、岳麓区、开福区、长沙县、浏阳市各2个，望城区1个），“长沙市卫生镇”5个（望城区、宁乡县各2个，浏阳市1个），“长沙市卫生村”20个（岳麓区1个，望城区4个，长沙县、浏阳市、宁乡县各5个）。望城区高分通过省级卫生县城复查；根据市爱卫会《长沙市卫生社区考核命名管理办法》及《2013年长沙市爱国卫生工作要点》要求，对2003—2008年命名的62个长沙市卫生社区进行复查确认，经复查芙蓉区马王街社区等54个社区符合《长沙市卫生社区标准》，确认为长沙市卫生社区。

六、以综合防制为原则，开展病媒生物防制工作。1. 依法推进公共环境除“四害”市场化。3月7日，长沙市公共环境除“四害”市场化服务促进会在雨花区召开，市政府副秘书长刘秋成出席会议并讲话。与会人员参观了雨花区东塘街道除“四害”市场化运作模式及除“四害”设施建设现场，交流除“四害”市场化运作经验，市爱卫办对全市推行公共环境除“四害”市场化服务进行了动员部署。2. 开展春秋两季灭鼠和夏秋季“三灭”活动。市爱卫会下发《长沙市2013年城乡统一灭鼠活动实施方案的通知》和《关于开展夏秋季灭蚊灭蝇灭蟑螂活动的通知》，对全市春秋两季灭鼠及夏秋季“三灭”工作进行安排部署。各区、县（市）先后组织10期除“四害”知识培训班，共培训3000余人，提高基层爱卫干部除四害工作水平。3. 做好“中国卫生有害生物协会年会暨20周年纪念大会”相关协办工作。3月底，“中国卫生有害生物防制协会年会暨20周年纪念大会”在长沙市召开，得到来自参会国家及全国各地卫生、爱卫、疾控等部门、单位的领导、同仁共600余名参会人员的高度评价。4. 组织对驻长PCO服务公司进行考核评比。根据《长沙市病媒生物预防控制管理办法》（长沙市人民政府令第117号）要求及年度爱卫工作安排，市爱卫办于年底前组织对驻长PCO服务公司进行了考核评比。

七、以健康教育为载体，开展群众性爱国卫生运动。1. 组织爱国卫生月活动。围绕“美丽中国，健康生活——摒弃乱吐乱扔陋习”及“深化爱国卫生，建设精美长沙”主题，以健康教育、春季灭鼠、环境卫生综合整治、无烟单位和无烟家庭创建等活动为重点，广泛发动单位和居民群众积极参与，组织开展一系列形式多样、内容丰富的爱国卫生运动，取得明显成效。省爱卫办副主任徐小生视察全市爱卫月集中宣传活动，并给予充分肯定。2. 开展世界无烟日系列活动。2013年5月31日，是世界卫生组织发起的第26个世界无烟日，长沙市开展了以“禁止烟草广告、促销和赞助”为主题的世界无烟日系列活动。根据市爱卫会《关于在全市开展创建“无烟单位”和“无烟家庭”活动的通知》要求，各区、县（市）积极开展无烟创建活动。全市全年共申报32个无烟单位、112个无烟家庭。5月中旬，市爱卫办对各单位和家庭的申请材料进行审核，并采取听汇报、看现场、查资料的方式，对所有申报单位进行考核验收，对部分家庭进行走访抽查，市爱卫会对最后确定合格的20个单位和100户家庭进行命名表彰。　　（颜昌清）

【长沙市爱卫全会】　9月11日，市长张剑飞主持召开长沙市爱国卫生运动委员会全体（扩大）委员会议，会议听取了全市爱国卫生工作报告，通报了迎省检模拟检查情况，总结和部署全市爱国卫生工作。张剑飞要求，要把长沙建成花园式城市，让老百姓生活在一个干净、舒适、优雅的环境中。张剑飞对迎省检及下阶段工作提出4点要求：一是深化认识，落实责任。要把爱国卫生工作当作事关人民群众的生产生活环境、事关宜居城市建设、事关人民身体健康的大事来抓，环境卫生好不好、爱卫工作实不实是各级政府和干部工作作风的直接体现，要从这一高度认真抓好爱卫工作。二是明确目标，树立信心。要树立城乡环境卫生整洁行动、城市卫生检查等各项爱卫工作在全省“创一流争一名”的工作目标，并落实到实际行动上。三是强化措施，抓好整改。要针对全省城市卫生暗访检查和市里模拟检查发现的问题和不足，细查细究细改，举一反三，全面提高，做到盯紧问题抓整改、坚持标准抓创优、形成长效抓长态。四是创新发展，建立长效机制。特别是要认真总结城乡环境卫生整洁行动工作，固化好的做法和经验，完善不足的方面，努力建设宜居城市。　　（颜昌清）

【2013年中国卫生有害生物防制协会年会在长沙举行】　3月27—30日，“中国卫生有害生物防制办会年会暨20周年纪念大会”在长沙举行，市政府副秘书长刘秋成参加大会开幕式并致辞，来自政府主管部门的领导，美

国、韩国、欧盟、亚大区等协会首脑，全国各级爱国卫生部门、疾控系统、有害生物防制企业、卫生药械生产研发企业等600余名代表参展。大会期间举办的卫生有害生物防制行业发展论坛、企业资质管理与市场拓展论坛、卫生杀虫药械发展论坛，PCO（有害生物防制）企业大讲堂等会议和学术活动上，主管领导、行业管理精英、专家学者等一起回顾行业发展历程，交流工作经验，探寻行业未来发展方向。与会人员参观考察长沙市，长沙市市容市貌获得高度评价。

（颜昌清）

【全省地级市爱卫办主任会议在长沙举行】 3月14日，全省地级市爱卫办主任工作会议在望城区召开。会议由省爱卫办主任刘五星主持，省卫生厅副厅长林安弟到会并讲话，省爱卫办全体工作人员及14个市州爱卫办主任出席会议。会上，各市州爱卫办主任对2012年工作情况和2013年工作设想进行了汇报，会议表彰奖励被评为“全省爱国卫生管理先进集体”的长沙、岳阳、株洲、永州、郴州5个市。与会人员考察望城新康、靖港和乔口3个乡镇的城乡环境卫生整洁行动工作成效，并给予高度肯定。

（颜昌清）

【全市乡村环境卫生整洁行动总结表彰大会】 3月26日，全市乡村环境卫生整洁行动（2010—2012年）总结表彰暨城乡环境卫生整洁行动（2013—2015年）动员大会举行。省卫生厅副厅长林安弟、市长张剑飞、副市长夏建平等领导出席会议。各区县（市）政府、乡镇（街道）及市直部门党政主要负责人共300余人参加会议。张剑飞作重要指示。夏建平作专题报告，对长沙市2010—2012年乡村环境卫生整洁行动先进集体和优秀乡镇进行颁奖，浏阳市政府、望城区政府、长沙县金井镇、岳麓区坪塘街道、宁乡县保安村介绍了各自的做法和经验，并表明抓好新一轮城乡整洁行动的信心和决心。林安弟肯定了长沙市城乡环境卫生整洁行动取得的成绩，并提出相关建议和意见。

（颜昌清）

【公共环境除四害市场化服务促进会】 3月7日，长沙市公共环境除“四害”市场化服务促进会在雨花区东塘街道办事处召开，市政府副秘书长、市爱卫办主任刘秋成，市爱卫办常务副主任成菲菲，雨花区副区长邹犇淼等领导及各区、县爱卫办主任，分管除四害工作人员，有害生物防制公司代表及多家新闻媒体记者共80余人参加会议，成菲菲主持会议。与会人员参观雨花区东塘街道新建西路、枫树山社区和砂子塘街道金地社区公共环境、五小门店等场所的除“四害”市场化运作模式及除“四害”设施建设现场，考察和交流基础设施、除四害防治举措。会上，雨花区爱国卫生运动委员会、东塘街道办事处、砂子塘街道金地社区、湖南科力除虫药械有限公司、湖南中立有害生物防治有限公司代表作典型经验发言。邹犇淼介绍了该区推行除“四害”市场化服务的经验和做法，刘秋成对雨花区推行公共环境除“四害”市场化服务取得的成功经验给予充分肯定，并对全市推行公共环境除“四害”市场化服务提出了5点要求。（颜昌清）

【爱国卫生月活动】 4月，开展第25个爱国卫生月活动，活动主题“美丽中国，健康生活——摒弃乱吐乱扔陋习”及“深化爱国卫生，建设精美长沙”。按照统一部署，4月3日、7日为全市爱国卫生月集中宣传日，全市共设立宣传点58个，参加人数8500人，发放宣传资料10.5万份，制作宣传板报（栏）655期，设立健康、义诊咨询点95个，咨询义诊3.2万人次，发放药品630份，价值约6万元。省爱卫办副主任徐小生对全市爱国卫生月集中宣传活动情况进行视察，并给予充分肯定。（颜昌清）

【世界无烟日宣传活动】 5月31日，开展第26个世界无烟日宣传活动，主题为“禁止烟草广告、促销和赞助”。市爱卫办组织对全市公共场所和工作场所禁烟工作进行专项督查，督查各类单位45个（其中机关12个，学校12所，医院及社区卫生服务中心8所，车站5个，大型商场8个）。全市评选出“无烟单位”20个、“无烟家庭”100户。

（颜昌清）

【迎省检模拟检查】 8月14日，长沙市迎接全省城市卫生检查模拟检查工作部署会议召开，副市长夏建平出席并讲话，提出迎省检“争创一流争夺一名”的工作目标和“认真、较真和逼真”开展迎省检模拟检查的工作要求。8月下旬，组织交通、城管、卫生、食安、环保、爱卫6部门对照省检标准和程序，开展迎省检模拟检查。9月，省爱卫办发出通知，因开展党的群众路线教育实践活动，全省城市卫生检查暂停。（颜昌清）

基层卫生

【概况】 一、提升基本公共卫生服务质量。2013年，全市基本公共卫生服务人均经费提高到30元。继续执行责任分解制度、专业指导制度、分散考核制度、经费挂钩制度、信息报告制度、一票否决制度。市财政局连续3年组织基本公共卫生服务项目绩效评价，加强项目资金管理，促进基本公共卫生服务的落实。按时报送《长沙市基本公共卫生服务项目工作实施进度月报表》，并审核分析。市卫生局印发《关于加强65岁及以上老年人免费健康体检工作的通知》（长卫发〔2013〕66号），在《长沙晚报》、长沙电视台、湖南交通广播等媒体进行宣传告知，提高老年人在基层医疗机构免费体检的知晓率和参与度。

二、启动实施医疗卫生“手牵手”帮扶工程。6月，市卫生局制定下发《长沙市卫生系统“手牵手”帮扶工作方案》，并召开全市医疗卫生“手牵手”帮扶工作启动会议。根据医疗资源分布现状和居民就医习惯，原则上规定市县级公立医院具体“牵手”范围，并确定具体“牵手”内容，要求二级以上公立医院与基层医疗机构在7月底前签订协议，全面实施“手牵手”帮扶工程。通过双向转诊、专家坐诊、查房带教、进修培训、资源共享、多点执业等措施帮扶基层医疗机构。基层医疗机构的急诊人次、住院人次及手术人次数较3年前分别增长38.6%、9.3%和27.9%。

三、推进乡村医生签约服务。确定开福区为全省乡村医生签约服务试点区县，并要求望城区等其他区县探索乡村医生签约服务，每月对试点进展工作进行追踪，随时指导解决进程中出现的困难和问题。开福区卫生局印刷宣传资料5万份，告知签约服务的内容和相关方面的权益和职责。2013年，开福区40个村卫生室完成签约9175户、完成签约31546人，占总人口的45.16%，开展村社区巡诊义诊服务43次，开展健康大讲坛4次，发放健康教育资料1.7万余份，村卫生室医生提供上门诊疗服务2700余次，转诊疑难急诊患者约210人次。望城区组织在部分乡镇开展乡村医生签约服务。

四、开展公共卫生进社区等4项试点工作。1. 公共卫生进社区试点。决定逐步将社区的基本公共卫生服务纳入社区的基本公共服务管理体系，由社区提供工作场所，社区卫生服务中心聘用相关专业技术人员进入社区开展工作。2013年，选择在开福区进行试点，7月在望麓园街道和清水塘街道启动试点，在社区建立12个社区健康管理室，聘用专业人员开展健康管理等公共卫生服务。通过试点，基本公共卫生与街道社区公共服务得到有效整合，缩短了居民接受服务的距离，服务可及性提升，街道公共卫生服务数量和质量提高。2. 家庭契约式服务试点。选择在芙蓉区开展家庭契约式服务试点。芙蓉区服务范围从局部到全面，服务内容从简单到丰富，服务对象从单一到多层次，服务资金筹集方式从单纯到整合，通过推进—总结—整改—优化—再推进的循环过程，全区签约1792户，初步形成具有芙蓉特色的3种契约类别（健康契约、医疗契约、爱心契约）、3样服务礼包（家庭契约书、爱心小药箱、健康服务卡）、8条探索体会的“芙蓉338”模式，充分发挥全科医师既守健康又守费用的双重“守门人”作用，逐步实现“户户拥有自己的家庭医生，人人享有基本医疗卫生服务”的目标。3. 基层医疗机构运行新机制试点。长沙县按照保基本、强基层、建机制的总要求，开展基层医疗机构运行新机制试点，初步建立政府主导，体现公益性的管理体制，建立竞争全员聘用的用人机制，建立规范性的基本药物采购机制，建立稳定、长效的财政补偿机制，将试点工作整理装订成册，为全市区、县（市）基层医疗机构运行新机制建立提供经验和参考。4. 开展乡村卫生一体化创新管理试点。望城区和长沙县分别在白箬铺镇和金井镇开展乡村医生一体化创新管理试点，即将村卫生室人员作为独立序列纳入乡镇卫生院统一聘用管理，采取发放工资的形式给予乡村医生财政补贴。

五、积极推行基层医疗机构信息化建设。按照省卫生厅3个100%，即100%的区县、100%的乡镇卫生院、100%的村卫生室全面安装和运用农村卫生信息系统要求，加强与网络公司的衔接，配合网络公司开展工作，并定期向区、县（市）卫生局通报网络进展情况。按要求及时将计算机、打印机等分发到基层医疗机构。各区、县基本按要求完成基层卫生信息化建设任务，并较好地利用基层卫生信息网络进行数据统计和督管。（廖　凯）

妇幼保健

【概况】　2013年，全市孕产妇死亡率控制在10.10/10万，孕产妇住院分娩率99.99%。5岁以下儿童死亡率5.83‰。产前筛查率94.94%，新生儿疾病筛查率98.32%，新生儿听力筛查率97.11%。各项重大公共卫生项目中叶酸服用率94.99%，艾（滋病）梅（毒）乙（肝）检测分别为99.22%、99.22%、99.20%，婚前医学检查率91.94%，农村孕产妇住院分娩补助率97.97%。

一、实施母婴安康工程，有效降低孕产妇和儿童死亡率。1. 健全孕产妇和儿童医疗急救体系。落实《湖南省疑难危重孕产妇救治与转诊工作方案》，全市住院分娩率99.99%，高危孕产妇住院分娩率100%。为保障孕产妇及高危孕产妇安全，市卫生局下发《关于切实做好春节期间孕产妇死亡控制工作的紧急通知》，对区、县（市）落实春节期间孕产妇的安全管理工作进行全面督导，各区、县（市）通过开展“高危孕产妇集中筛查专项活动”，切实控制了春节期间的孕产妇死亡。区、县（市）均按照《长沙市疑难危重孕产妇救治与转诊工作方案（试行）》，明确辖区内高危孕产妇救治转诊单位，疏通辖区内孕产妇急救的绿色通道，组织协调辖区内危重孕产妇的救治、会诊、转诊等工作，确保急救绿色通道的畅通。2. 提高孕产妇和儿童系统管理质量。一是探索流动孕产妇管理新模式。《孕产妇保健手册》的发放，在原来的实行户口属地化管理上还试行了异地居住发放；部分区、县以“异地托管制度、信息共享通报”等形式对流入外地的孕产妇进行管理，加强流动人口孕产妇保健服务。二是落实分级住院分娩制度。以高标准做好高危孕产妇的管理，杜绝高危截留。三是制定下发《长沙市妊娠风险预警分类管理实施方案》，印制的《重点高危孕妇转诊单》《高危孕妇及妊娠风险预警报告单》分别下发至各乡镇卫生院（社区卫生服务中心、站）和各级助产机构；市卫生局组织各妇幼保健院（所）妇保专业人员参加在上海举办的《全覆盖孕产期保健管理》培训班。各区、县（市）均按实施方案开展妊娠风险预警管理工作，定期开展妊娠风险预警工作督导。四是稳步推进儿童保健门诊规范化建设。各区、县（市）均建立乡级儿童保健门诊示范点1～2个，芙蓉区和浏阳市通过市级复核评审，接受了省级儿童保健合格县评审验收；雨花区设立东塘社区为创建示范点，带动全区创建工作的开展；长沙县妇幼保健院投资10万元改建儿童保健中心，为创建合格县做冲刺准备。3. 促进自然分娩，剖宫产率有效降低。将剖宫产率纳入对市直医疗保健机构年度考核指标和衡量产科质量的重点指标，市卫生局每半年，区、县（市）每季度对各医疗保健机构剖宫产率进行专项排名通报，责令限期整改；对剖宫产率排名前3名或通过整改不降反升的单位，市卫生局对单位主要领导进行约谈。剖宫产率与公共卫生绩效考核、公共卫生经费拨付挂钩。全市剖宫产率自2011年以来连续3年呈持续下降趋势，2013年全市机构剖宫产率43.64%，较上年下降1.13%，浏阳市剖宫产率最低，为38.23%。

二、开展妇幼重大公共卫生项目。1. 农村妇女病普查普治和“两癌”工作。将“两癌”项目向全市推广，要求农村妇女病普查按照卫生部技术规范要求进行，各县均参照“两癌”技术要求制定实施方案，市政府安排547万元专项经费，各县级政府预算了经费，如长沙县“两癌”项目经费198万元，长沙县将宫颈癌的筛查第一阶梯由巴氏涂片升级为TCT，减少阳性病人漏筛率；浏阳市采用县、乡结合的模式，市级注重了质量控制，并开辟两癌筛查病人的绿色通道，对转诊病人采取优惠政策，全年全市共完成农村妇女病普查任务378534人（其中3个“两癌”项目县均完成目标要求，共计宫颈癌筛查114541人，乳腺癌筛查6072人），查出妇科病人数87422人。发现宫颈癌59人，宫颈CIN病变共472例，其中CINI210例、CINII145例、CINIII117例；发现乳腺癌18人，两癌患者早期发现率较往年提高，对患者均进行了治疗，雨花区为两癌患者提供每人1万元的治疗费。2. 开展预防艾滋病、梅毒、乙肝母婴传播工作。2013年，全市孕产妇中艾滋病抗体、梅毒及乙肝表面抗原的孕期检测率均较上年有提高，全面达到90%以上的目标要求。项目资金管理进一步规范，大部分区县增加了相关检测经费，确保项目工作顺利开展。全年全市落实完成269例梅毒需方资金的下发，资金共使用43万余元，仍有20万余元资金申报预拨中。艾滋病孕产妇与婴儿随访管理达100%，梅毒随访率95.1%。3. 规范增补叶酸工作。叶酸增补工作注重将医疗机构发放叶酸的信息反馈及追访，采取婚检、计生、乡村医生以及妇幼专干等多种方式发放、追访。随机抽查追访率84%，叶酸服用率、依从率、知晓率分别为94.99%、89.64%、97.10%。其中叶酸服用率最高的是雨花区，为99.22%，知晓率最高的是长沙县，为99.45%。

三、控制出生缺陷，提高出生人口素质。1. 开展婚前医学检查，加强质量管理。长沙市将婚检医学检查纳入长沙市“星城杯”公共卫生职业技能竞赛妇幼保健技能竞赛项目，全市10家婚检机构高度重视，出现婚检技能大练兵的热潮，提升了全市婚检队伍的综合能力和服务水平。长沙县、天心区、宁乡县分别获比赛团体一、二、三等奖；长沙县妇幼保健院的陆阳获个人第一名，荣立长沙市劳动竞赛委员会颁发的个人二等功，市妇幼保健院的陈思鹤、黎小弟分别获个人第二、三名，荣立长沙市劳动竞赛委员会颁发的个人三等功。将地中海贫血筛查列入婚检项目，组织婚前医学检查的专项督导，全年全市婚检率91.94%。2. 完善产前筛查和新生儿疾病筛查工作，加强出生缺陷监测质控，2013年在全市新开展地中海贫血防控工作。其中确诊地中海贫血106人，均转诊至省市级医院进行咨询指导。重新修订《长沙市新生儿疾病筛查实施方案》及《长沙市新生儿疾病筛查、产前筛查信息管理系统实施方案》；6月1日，全市启动新生儿四病筛查，实行新生儿筛查网络信息化管理平台并进行质量管理，新生儿疾病筛查率98.32%。全市筛查阳性病例1013例，阳性召回991例，阳性召回率97.83%；确诊患儿甲低66例、PKU15例，追踪管理、治疗率100%。

（廖　凯）

【长沙市首例试管龙凤胎出生】 11月18日，长沙市首例“试管龙凤胎”在长沙生殖医学医院出生。在通过国家卫计委、省卫生厅组织的7位国家级知名生殖医学专家的现场评审后，12月5日，长沙生殖医学医院收到湖南省卫生厅的正式批复，顺利通过试管婴儿技术1年试用期。2012年11月18日，湖南省卫生厅组织召开长沙生殖医学医院试管婴儿现场评审会，专家组对中心管理、男科、临床、实验室、护理等方面提出意见和建议，一致同意批准医院试管婴儿试运行。2012年12月10日，湖南省卫生厅下发《关于同意长沙生殖医学医院试运行开展常规体外受精—胚胎移植和卵细胞浆内单精子注射技术的通知》（湘卫科教发〔2012〕27号），该院获批开展试管婴儿。长沙生殖医学医院是一所专业治疗不孕不育的现代化生殖医学医院，试运行试管婴儿技术1年，完成周期309例，医院试管婴儿临床怀孕率51.7%。医院聘请中国科学院生殖医学泰斗刘以训院士为首席专家，陆续选送40余名医生、护士、实验室人员到北京大学三医院、山东大学附属生殖医院、南方医科大学南方医院、华中科技大学同济医院、广州中山大学附属医院等国家级辅助生殖技术培训基地学习。

（廖　凯）

疾病预防控制

【概况】 2013年，长沙市疾病预防控制与卫生应急工作坚持“重点疾病、重点地区、重点人群、重点防控”及“平战结合”的策略，进一步理顺工作机制，加强体系建设，抓好措施落实，完成了省、市各项工作任务。

一、加强部署，完善体系。组织召开全市疾病预防控制及卫生应急工作会议，下发年度工作计划，部署全年工作，推进各项工作规划的顺利实施。加强人、财、物的投入，强化疾控机构内部管理，各项工作稳步推进。以医改为抓手，发挥疾控机构公共卫生管理职能作用，实施疾控机构联点联片支持基层基本公共卫生服务工作的模式，提高基层防病工作能力及服务水平。

二、抓好急性传染病防控工作。1. 健全监测网络，规范疫情报告管理，开展疫情漏报调查及传染病防治卫生监督检查，提高疫情监测、报告、管理和处置能力。2. 制定下发《2013年重点传染病监测实施方案》，组织开展不明原因肺炎、霍乱、手足口病、流感等重点疾病的监测。3. 全面部署、科学规范应对人感染H7N9禽流感疫情。4. 推进消除疟疾工作。按照《长沙市2010—2015年消除疟疾行动计划》，完善市、县、乡（镇）三级疟疾镜检网络系统，积极主动应对输入型疫情，做好应急处置、应急监测、病例救治等工作。全年完成芙蓉区、天心区、岳麓区消除疟疾工作的市级评估验收。

三、抓好免疫规划工作。全面落实扩大国家免疫规划工作，农村儿童和流动人口纳入免疫规划，做好适龄儿童国家免疫规划疫苗接种、疫苗管理、冷链维护、政策宣传、疑似预防接种异常反应监测报告等常规工作，适龄儿童常规免疫疫苗接种率90%以上，未发生较大预防接种事故。创新工作模式，联合教育部门下发《关于加强入托入学儿童预防接种证查验工作的通知》，有效减少漏种儿童，降低疫苗针对性疾病发病率。全力推进消除麻疹工作。1. 多次组织召开全市消除麻疹工作会议，对全市麻疹发病原因及疫情进行分析。2. 全力开展8月龄—6周岁儿童的麻类疫苗查漏补种工作，评估接种率96.25%。3. 加强麻疹疫情监测和调查处置。4. 对麻疹疫情重点区县开展督导，促进各项消除麻疹工作的落实。

四、加强重性精神疾病患者的治疗管理。出台《长沙市重性精神疾病管理治疗工作方案（试行）》，进一步规范全市重性精神疾病管理治疗工作。健全组织机构，市卫生局明确由局长担任组长的市精神病防治领导小组，指定市疾控中心为市级精神卫生防治管理中心、市精神病医院为市级精神疾病治疗与技术指导中心，明确相关职责。进一步完善重性精神疾病的监测系统，做好重性精神疾病的监测，将排查出来的重性精神疾病患者全部纳入管理。积极开展精神卫生法普法培训及宣传活动，降低社会对精神疾病患者的歧视。

五、抓好卫生应急工作。1. 完善方案。制定下发《长沙市新型冠状病毒疫情防控方案》《长沙市人感染H7N9禽流感疫情防控方案》，拟定《长沙市流感大流行应急预案》报市政府办公厅下发。2. 开展人感染H7N9禽流感防控、重点传染病监测、现场流行病学调查等方面的传染病防控及卫生应急专业培训。3. 开展传染病疫情及突发公共卫生事件监测预警，及时、高效处置突发公共卫生事件，未发生次生衍生事件。4. 按照市政府办公厅要求，建立卫生部门应急联动平台，开展值班，确保正常运转。5. 做好“5•12”应急宣传工作，组织开展应急疏散和特定突发公共卫生事件处置的演练活动。6. 开展示范创建。天心区、浏阳市、宁乡县成功创建湖南省卫生应急综合示范县（市、区），天心区通过创建国家卫生应急综合示范县（市、区）的评估。7. 及时补充完善突发公共卫生事件处置个人防护设备、达菲等应急储备药品、物资。8. 严格应急值守，抓好各类应急事件信息的报送工作。

六、血吸虫病地方病防治。2013年，全市共完成查螺面积5152.63万平方米、灭蚴面积1038.24万平方米，均超额完成省卫生厅下达的工作任务。

（廖　凯）

卫生监督执法

【概况】　2013年，长沙市卫生法制与监督工作，以机构发展为根基，以队伍建设为保障，以保民安康为宗旨，以法制建设为保障，以高效执法为手段，认真履行卫生法制与监督工作职责，较好地完成了年度工作任务。

一、全力整治餐饮具消毒企业。1. 下发《关于进一步加强集中消毒餐饮具质量管理的通知》《关于开展2013年消毒餐饮具专项监督检查的通知》等文件，对餐饮具监督工作进行全面布署安排，进一步整章建制，强化措施，细化责任。2. 按照“提高门槛、全面整改、统一审查、确保质量”的工作思路，重新修订《长沙市餐饮具集中消毒服务机构卫生规范》（以下简称《规范》），提高餐饮具集中消毒行业准入门槛，统一标准。3. 根据《规范》要求，采取优胜劣汰的市场竞争机制，对原来18家餐具消毒企业进行资源整合，对审查验收达不到基本条件的清退出市场，合格餐具消毒企业13家，清退5家。4. 采取突击检查与暗访相结合的方式，从现场环境卫生、消毒设施、工艺流程、个人卫生、包装标识等方面进行严格把关，不定期抽查成品库餐饮具消毒产品，确保餐饮具消毒产品达标。5. 邀请行风评议员参与消毒企业进行的感观检查，建立与新闻媒体联动工作机制，定期开展舆情监测，公布结果。2013年，餐饮具消毒企业监管在全省作经验交流。

二、统一规范行政许可项目。1. 实行许可与监督分离，将原来由市卫生监督所进行现场审核调整为市卫生局直接审核许可，节约了人力，减少了审批环节，优化了行政效能。2. 根据市审改办要求，再次对卫生行政许可项目进行清理。清理之后保留餐饮服务、公共场所、供水单位3项卫生行政许可项目。保留放射诊疗、预防性健康检查机构审查、集中式餐饮具服务机构卫生审查、放射工作人员证办理4项非行政许可项目。所有项目通过长沙市政府门户网站及市卫生局门户网站发布，重新制作许可流程图及办事指南，其中对办理依据、办理条件、办理程序、提交的材料、办理时间及地址等相关信息进行详细介绍说明。3. 缩短办结时限，将原来的承诺时限由20～30个工作日均缩短至9个工作日，并且对可以当场办结的事项实行窗口即时办结，实现窗口受理与办结的“一站式”服务。许可项目得到许可单位的肯定，无违纪违规现象发生，政务中心年度也未发生黄、红牌等警告。全年餐饮服务卫生许可证新发、换证230家，公共场所和饮用水卫生许可证新发、换证123家，二次供水年检117家，公共场所核证22家，放射诊疗新发许可证27家，核证35家。

三、超额完成食品检验检测任务。1. 完成火锅底料、熟肉制品、煎炸用植物油等17个品种监督抽检，290批次的抽检任务，协助省食药局完成飞行抽检样品74个。对7家抽检不合格的单位进行监督检查、指导其整改提质，对1起检出非法添加物样品的餐饮单位，移送到公安机关。2. 将常规监测与重点抽检、专项调查相结合，重点加强餐饮服务环节食品安全检验检测、消毒餐具和生活饮用水（集中式供水和二次供水）检验检测工作，完成食品安全检验检测工作任务3884批次，其中快速检测1556批次、定量检测2328批次，超额完成年度检验检测任务（3000批次）。3. 履行食品安全风险监测与评估职能。超额完成食品安全风险监测1497（1473批次）批次样品采集、检测及数据上报。

四、发挥餐饮企业示范作用。1. 制定示范街、示范学校食堂及示范连锁企业创建方案及标准，开展食品安全示范创建工作，将4家学校食堂、5家餐饮单位推荐为首批省级示范单位，确定天心区坡子街等4条街为市级食品安全示范街，公布湖南省小天鹅戴斯酒店等16家单位为市级食品安全示范单位，充分发挥示范表率作用，引导行业整体水平提升。2. 对餐饮单位现场条件、设施和管理等方面进行量化评分，评定动态等级。免费制作量化等级公示牌，将动态等级、年度等级及投诉电话等内容在餐饮单位醒目位置进行公示，引导市民安全消费。全市对学校（含托幼机构）食堂、集体用餐配送单位、中央厨房、大型及以上餐馆、供餐人数500人以上的机关及企事业单位食堂、旅游景区餐饮服务单位量化分级管理实施率100%。（廖 凯）

医政管理

【概况】 2013年，长沙市医政工作以加强医疗质量与安全管理为核心，统筹兼顾各项重点工作，积极开拓思路、创新工作，较好地完成了各项任务。

一、加强医疗质量安全管理体系建设。开展专科督导检查——联合病历质量控制中对全市市级医院、县级医院及部分大型厂矿医院的CD型病历进行抽查评审；逐步开展基层的质量控制指导——放射质量控制中心联合县级放射质量控制中心，对基层社区、卫生院等120余名全科医生进行培训。逐步开展市级质控向基层质控的辐射。开展专科质控评估监测——市临床药物质量控制中心对全市二级以上医疗机构的抗菌药物进行网上监测，就1～3季度的抗菌药物使用情况的相关指标进行监测评估；市临床药物质量控制中心开展每季度对全市二级以上公立医院基本药物使用情况的监测。制定专科建设规范《长沙市卫生局关于进一步加强医院感染管理工作的通知》，对全市的医院感染管理组织建立、感染管理、院感监测、报告制度等方面进行了规定，进一步规范医院感染管理工作。

二、统一部署，规范医疗机构执业行为。1.自查自纠，促进规范执业行为。各医疗机构均按照要求对本单位的管理人员和卫技人员进行动员和相关培训，累计培训人次超5500余人次。重点从诊疗科目、执业人员、医保、医疗广告、消毒隔离和医疗废物处置等方面进行自查，累计整改超出核准的诊疗科目从事诊疗活动9次，整改不符合执业规范医护人员24人次，整改骗（套）取医保的行为11次，整改医疗广告的行为38条次，整改使用非卫生技术人员从事医疗卫生技术工作的行为12人次，整改疫情报告、消毒和医疗废物处置不当的行为22次。2.开展医院校验督查工作。以全市各临床质量控制中心为质控平台，前期制定出台了详细科学的校验评分标准，组织市卫生监督所和各专业中心专家分成医政管理、卫生监督、医疗、护理、院感等组对市卫生局发证的一级医院和各级民营医院共71家医院进行集中校验和整顿督查。对各医院进行评分并汇总意见，召开通报大会，对各医院提出整改意见，对校验督查不合格的医院予以行政处罚。3.打击无证行医，确保医疗市场秩序。联合市卫生监督所组织开展2013年上半年度打击无证行医和非法采供血液（浆）专项行动。开展联合打击非法行医行动9次，出动执法人员438人次，出动车辆91台次，联合新闻媒体报道14次，取缔非法行医67户次，没收违法所得8760元，没收药品193箱，没收医疗器械161件，立案查处27户。4.委托医院协会组织全市81家医疗机构，对1482名医师进行了医师定期考核。5.完善医疗纠纷处理流程。以市政府办公厅名义出台《长沙市医疗纠纷预防和处理工作实施方案》。市卫生局与市司法局联合制定《关于开展医疗纠纷人民调解工作的实施意见（试行）》，并以市政府名义进行转发，初步建立医疗纠纷调处机制。6.加强护理工作。5月9日，在田汉大剧院举行首届长沙市十大最美护士颁奖仪式，对龙利亚、陈煜、于彬获奖者颁奖。下发《长沙市深入推进优质护理服务工作实施方案》，要求深入推进优质护理服务工作，提升护理服务质量和水平，建立优质护理服务的长效工作机制。7.开展打击“黑救护车”、医院“黄牛”党等专项行动。制定并下发《整治医疗秩序打击医院黄牛党行动工作方案》，10月中旬，组织在全市10余家大型医院进行排队挂号、实地走访，对“黄牛党”进行摸排筛查，特别是门诊量大、优质医疗资源比较集中、专家号源紧张的三级甲等医院，如湘雅医院、湘雅二医院、省中医附一等，将相关线索提供给公安机关。并联合市委宣传部、市综治办、市公安局等部门开展专项行动。制定《长沙市关于规范急救车管理，打击“黑救护车”活动工作方案》，组织安排各相关医院及120急救中心（站）召开内部动员部署会议，对集中整治活动进行动员部署。并联合公安交警部门和交通运输部门、综治、宣传部门开展专项整治行动。

三、加强抗菌药物临床应用管理。对全市抗菌药物临床应用情况进行总结和专门部署；对2012年相关指标超标医疗机构进行通报，并对超标严重的12家医院的院长和药剂科负责人进行诫勉谈话。制定并下发《2013年全市抗菌药物临床应用专项整治活动实施方案》，并与发证的110余家医疗机构签订抗菌药物临床合理应用责任状。全市住院患者抗菌药物使用率46.52%、使用强度35.34DDDs/100人天、Ⅰ类切口手术抗菌 物预防使用率25.08%、介入诊疗抗菌药物预防使用率0.84%、特殊使用级抗菌药物使用率3.15%、门诊抗菌药物处方比例（按就诊人次）14.34%、急诊抗菌药物处方比例（按就诊人次）28.33%，均在目标范围内。

四、便民务实，不断规范日常工作。1.不断规范行政审批程序。配合政务工作窗口办公提速，加强与窗口工作的衔接。根据各专项法律法规，结合实际情况和具体问题，简化医疗机构审批和核换证流程，各项审批工作均在规定工作日内完成，有效缩短审批时间。提高业务工作和医疗信息的公开化和透明化，提高窗口效率，方便群众。2.认真处理信访、投诉工作。热情接待上访群众，及时将各类投诉进行查办、转办、督办，耐心向上访人员宣讲法律知识和政策法规，引导走合法途径解决。全年接收信访投诉200余件，接待上访人员200余人次。依法参加各类纠纷调处20余起，做到有诉必受、有受必办。3.完成2013年度执业医师（助理）资格考试报名、资格审查、实践技能考核和综合笔试等各项工作。在市卫生局领导带领下对现场报名组织、考生资格认定、技能考核考官的培训、笔试试卷的接受转运存放、笔试监考等环节进行检查和督导。考试过程未出现1例舞弊考生，确保考试公正、公平，长沙考点获评省卫生厅全能优胜考点。4.对重大活动的医疗保障和突发公共事件的医疗救治。实施专项专案管理的工作机制，全年共完成医疗保障20

余次，圆满完成各类保障任务。成功处理“1·22”西二环王家湾附近交通事故、“10·18”洋湖湿地公园交通事故2起，及时救治伤病员，保障人民健康，维护社会稳定。4月20日雅安地震后，组织并成立由29名内外科及护理专家组成的医疗救援队待命援助灾区。5. 推动白内障复明工程。积极联系协调市财政、市残联，实施长沙市贫困人口白内障患者医疗救治工作。全市共完成白内障手术6503例，完成率103.2%。6. 全市共完成46例“微笑列车”唇腭裂手术，市卫生局及长沙市妇幼保健院被评为“微笑列车”唇腭裂患者深度关怀救助项目先进单位。7. 加强无偿献血工作。5月23日，召开无偿献血促进委员会表彰及2013年无偿献血任务的工作部署会。市政府办公厅下发《长沙市无偿献血屋建设方案》，推进无偿献血屋建设。8月初，联合市政府督查室对各区、县（市）暑期团体无偿献血工作进行督查。11月，召开“献血屋建设推进工作会议”和省直有关部门（单位）参加的驻长沙高等院校无偿献血工作会议。　（廖　凯）

医学科研

【概况】　2013年，长沙市医学科研工作深入实施“科教兴医”战略，重点推进学科建设，不断强化人才培养机制，努力提升基层卫生服务水平，全面完成卫生科教各项工作指标。

一、开展全科医师培训工作。1. 做好全科医师转岗培训教学、实践及组考，进一步严格培训纪律、规范管理制度、提高培训质量，121名2012—2013届全科医生转岗培训学员全部通过省卫生厅组织的毕业考核，在全省名列第一。2. 完成2013—2014届全科医师转岗培训人员招录和入学，共招收学员128名。3. 落实省卫生厅全科医师规范化培训工作，组织26名人员参加培训，第一批16名学员全部进入基地学习。4. 加强培训基地和实践基地建设，市中心医院获“全科医生临床培养基地建设项目2013年中央预算内投资计划”2000万元资金，增设望城区、开福区2个全科医生转岗临床实践培训基地。

二、启动医学高端人才海外培训基地建设工作。制定《长沙市医学高端人才队伍建设方案》报市政府审批发文，完成基地建设和医学高端人才培训经费测算和申报。

三、推动长沙市常见疾病流行病学调查及干预项目工作。召开项目工作调度会议，制定项目实施方案，向市科技局申报将项目纳入2013年科技重点项目。

四、组织开展第一轮重点专科建设验收工作。8月19—30日，组织专家对市、县两级共45个创建的重点专科进行现场评估。

五、做好第七批科技特派员选拔下派工作。结合“手牵手”对口支持行动，选派28名中级职称医师下到对口单位开展适宜技术推广、专科建设、业务指导及人员培训等帮扶工作。市中心医院被评为省科技特派员优秀工作单位。

六、加强病原微生物实验室生物安全管理工作。落实省卫生厅病原微生物实验室生物安全管理要求，加强病原微生物实验室生物安全备案，工作经验在省卫生厅科教处会议上作了典型发言。　（廖　凯）

中医药事业

【概况】　一、全面推行基层中医药服务能力提升工程。成立由主管副市长亲自抓，市直相关部门分管领导和区、县（市）政府主管领导为成员的基层中医药服务能力提升工程领导小组。下发《长沙市基层中医药服务能力提升工程实施方案》，明确基层中医药服务能力提升工程的指导思想、总体目标、主要任务和保障措施。制定下发《长沙市基层医疗机构中医药服务能力建设相关标准（试行）》。6月28日，市政府召开实施全市基层中医药服务能力提升工程动员部署大会。2013年，长沙市中医医院通过三级中医医院等级评审，宁乡县中医医院通过二级医院等级评审。全市各区、县（市）基本完成示范中医药综合服务区建设。

二、加强中医药人才培养。通过“四个一批”人才工程引进和培养基层中医医师。下派10余名中医医师支援社区卫生服务机构和卫生院，定向培养签约3名高考考生，每年基层招聘50名医师（包括中医医师），各区、县中医医院和卫生院返聘中医医师，逐步扩大完善中医药人才队伍建设。推选市中心医院、市中医医院的名老中医参加全省第五批名老中医的评选。推选59名基层中医药人员参加省级中药炮制、中风治疗、中医院院感、中医药适宜技术培训、中医医院等级评审、中医健康管理等骨干医师培训。中医师承培训考试31人，中医全科医生规范化培训4人，全科医生转岗培训10人。　（廖　凯）

资料

长沙市2013年传染病与突发公共卫生事件监测年报

一、疫情概况

2013年，经中国疾病预防控制信息系统报告统计，现住址为长沙市的法定甲乙类传染病共20种18798例，死亡44例。无甲类传染病报告，甲乙类传染病年发病率、死亡率、病死率分别为261.58/10万、0.61/10万、0.23%。共报告丙类传染病8种29176例，无死亡，发病率为406.00/10万。

1. 发病、死亡顺位。甲乙类传染病发病数居前十位的病种为：肝炎6069例、肺结核5400例、梅毒4226例、痢疾 891 例、淋病 724 例、麻疹 605 例、甲型 H1N1 流感 233 例、猩红热 184 例、出血热 175 例、艾滋病 145 例（见图 1），共占总病例数的 99.22%。死亡数顺位依次为：肺结核 19 例、艾滋病 9 例、狂犬病 6 例、出血热 3 例、肝炎 2 例（乙肝 1 例、丙肝 1 例）、乙脑 1 例、甲型 H1N1 流感 1 例、流脑 1 例、梅毒 1 例、血吸虫 1 例。丙类传染病发病数顺位为：手足口病 19573 例、其他感染性腹泻 4994 例、流行性腮腺炎 3352 例、急性出血性结膜炎 241 例、风疹 197 例、流行性感冒 816 例、斑疹伤寒 2 例、麻风病 1 例。无死亡病例。

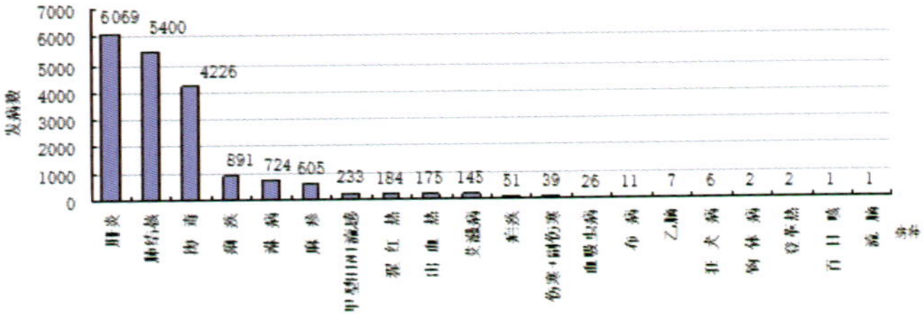

图1 长沙市2013年甲乙类传染病发病数统计

2. 不同传播途径传染病构成。从不同传播途径传染病构成比看，呼吸道传染病 6424 例、血源及性传播疾病 10873 例、肠道传染病 1221 例、虫媒及自然疫源性疾病 280 例，分别占总病例数的 34.17%、57.84%、6.50%、1.49%，无新生儿破伤风（见图 2）。死亡构成为呼吸道传染病 21 例、虫媒及自然疫源性疾病 11 例、血源及性传播疾病 12 例，分别占总死亡数的 47.73%、28.94%、27.27%（见图 3）。

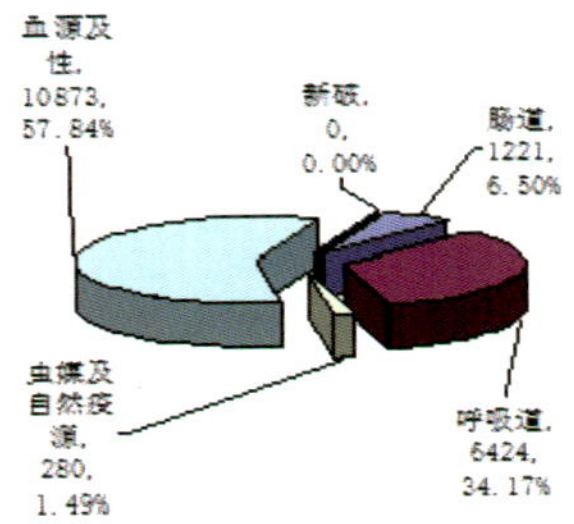

图2 长沙市2013年甲乙类传染病分类构成比（%）

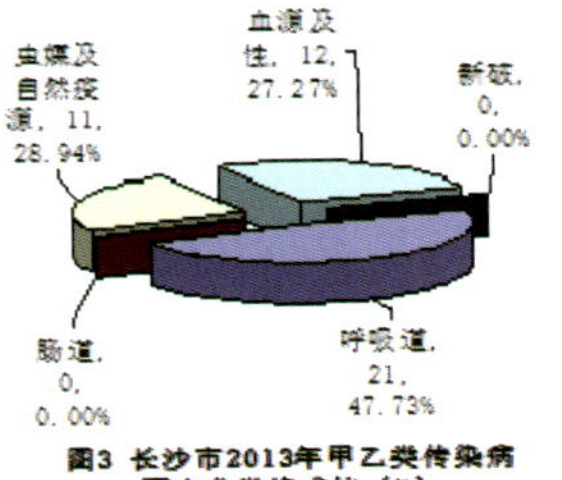

图3 长沙市2013年甲乙类传染病死亡分类构成比（%）

与上年比较，发病率呈上升趋势的：呼吸道传染病上升 7.97%、虫媒及自然疫源性疾病上升 57.30%、肠道传染病上升 7.11%。发病率呈下降趋势的为血源及性传播疾病，下降 6.81%。

3. 传染病发病、死亡特点。甲乙类传染病中无发病的病种为霍乱、鼠疫、传染性非典型性肺炎、脊灰、人禽流感、炭疽、白喉、新生儿破伤风、人感染 H7N9 禽流感。与 2012 年相比：总发病率下降 2.05%，死亡率上升 14.26%，病死率上升 16.64%。发病率较 2012 年上升的病种为甲肝、丙肝、麻疹、甲型 H1N1 流感、出血热、登革热、细菌性痢疾、伤寒、淋病、血吸虫、疟疾；其他病种发病率均有不同程度的下降或持平。死亡病种为肺结核、艾滋病、狂犬病、出血热、乙肝、丙肝、乙脑、甲型 H1N1 流感、流脑、梅毒、血吸虫。丙类传染病中无发病的病种为黑热病、包虫病、丝虫病。与 2012 年比较总的发病率下降 9.68%，无死亡。其中其他感染性腹泻、流感、流行性腮腺炎发病率有所上升，其病种均有所下降。

4. 长沙市疫情与全国、全省疫情比较。长沙市 2013 年甲乙类传染病发病率 261.58/10 万，高于全国 225.80/10 万、全省 254.89/10 万发病率水平（见图 4）。

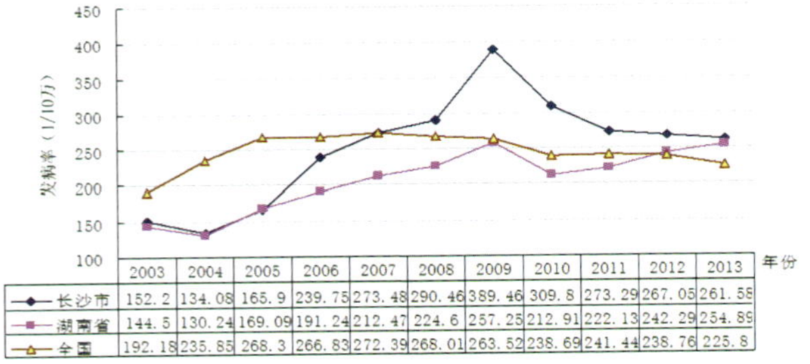

	2003	2004	2005	2006	2007	2008	2009	2010	2011	2012	2013
长沙市	152.2	134.08	165.9	239.75	273.48	290.46	389.46	309.8	273.29	267.05	261.58
湖南省	144.5	130.24	169.09	191.24	212.47	224.6	257.25	212.91	222.13	242.29	254.89
全国	192.18	235.85	268.3	266.83	272.39	268.01	263.52	238.69	241.44	238.76	225.8

图4 2003-2013年长沙市甲乙类传染病发病率与全国、全省比较

二、甲乙类传染病流行病学分析

1. 地区分布：全市 9 个区、县（市）甲乙类传染病发病率最高的是浏阳市，为 436.35/10 万，发病率最低的是长沙县，为 173.47/10 万（见图 5）。高于全市平均发病率水平的只有浏阳市。其中内 5 区发病率 227.81/10 万，其他 4 个区、县（市）发病率 293.58/10 万。与上年比较发病率上升的地区为浏阳市，其他地区均有不同程度的下降（见图 6）。

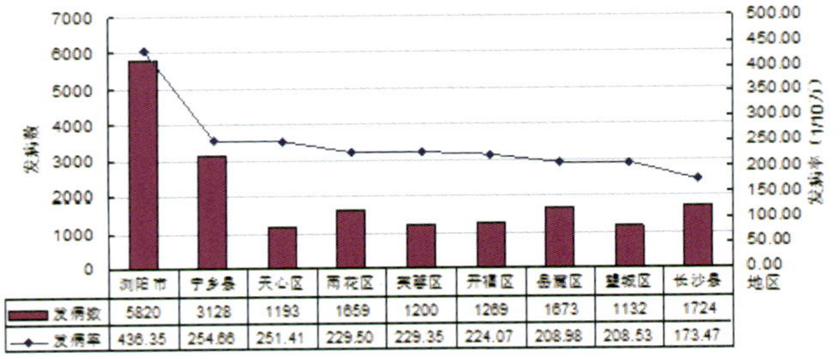

	浏阳市	宁乡县	天心区	雨花区	芙蓉区	开福区	岳麓区	望城区	长沙县
发病数	5820	3128	1193	1659	1200	1269	1673	1132	1724
发病率	436.35	254.66	251.41	229.50	229.35	224.07	208.98	208.53	173.47

图5 长沙市2013年各地区甲乙类传染病发病数、发病率统计

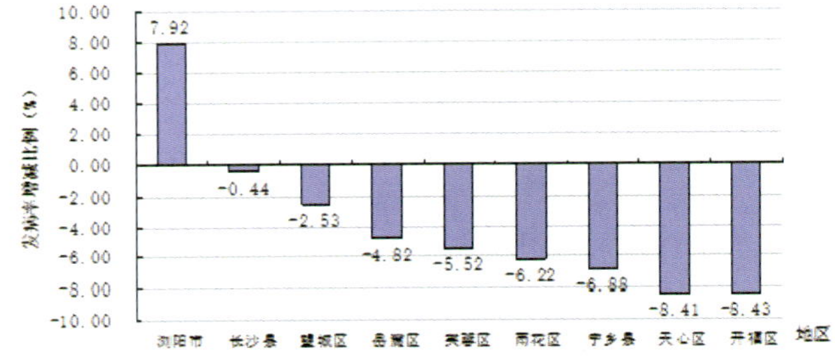

图6 长沙市2013年、2012年比较发病率增减统计（%）

2. 时间分布：从 1—12 月疫情分布看发病曲线基本平滑，2 月份春节发病数略低（见图 7）。

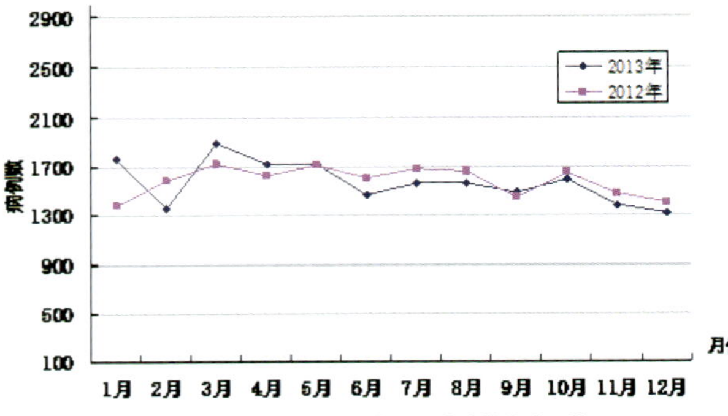

图7 长沙市2013、2012年甲乙类传染病分月统计

3. 人群分布：

3.1 性别：18798 例甲乙类传染病病例中，男性 11556 例，女性 7242 例，男女比例为 1.60:1。除梅毒、伤寒、百日咳女性病例多于男性病例、登革热病例男女持平外，其余病种男性病例均多于女性病例。

3.2 年龄：从发病数看（见图 8），“0 ～ 9 岁”低年龄组以“0 ～岁”组发病数最多，“10 ～岁”以上年龄组中，“25 ～岁”组为发病高峰；在发病前 5 位病种中，肺结核以中老年发病为主，肝炎、梅毒、淋病以青壮年发病为主，痢疾以低年龄组及青壮年组发病为主。而从发病率看（见图 9），高峰值为“0 ～岁”组、“25 ～岁”组及“50 ～岁”以上高年龄组。痢疾、猩红热、麻疹、百日咳、伤寒 + 副伤寒以低年龄组发病率较高，淋病为中青年发病率高，肺结核、肝炎为中老年发病率高，梅毒以“0 ～岁”组及老年组发病率高。

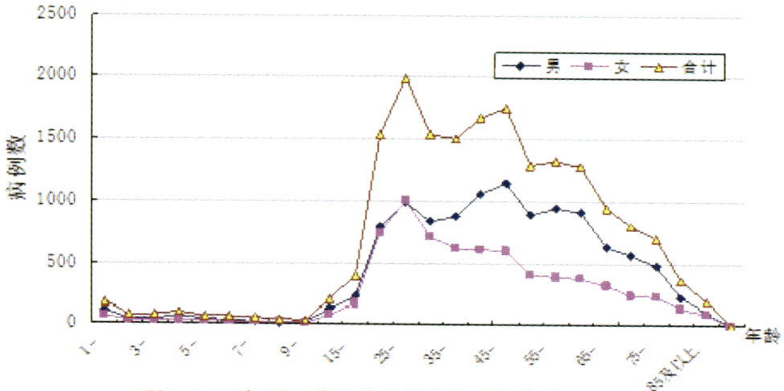

图8 2013年甲乙类传染病发病数分年龄统计

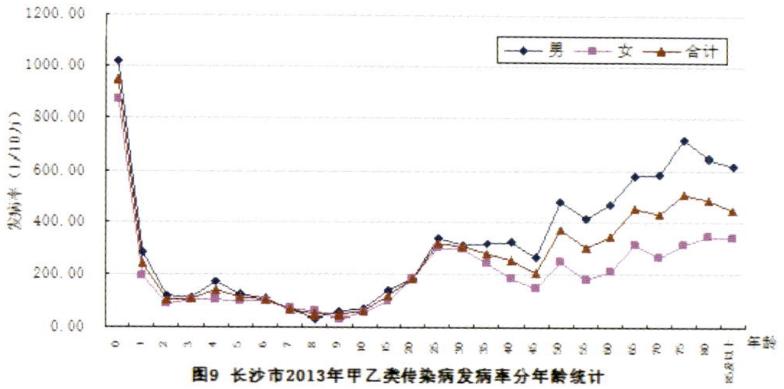

图9 长沙市2013年甲乙类传染病发病率分年龄统计

3.3 职业：农民发病最多，为 8393 例，占病例总数的 44.65%。其次为家务及待业、离退人员，发病数分别占总数的 11.50%、5.72%；学生、散居儿童、托幼儿童共发病 2004 例，占总数的 10.66%（见图 10）。

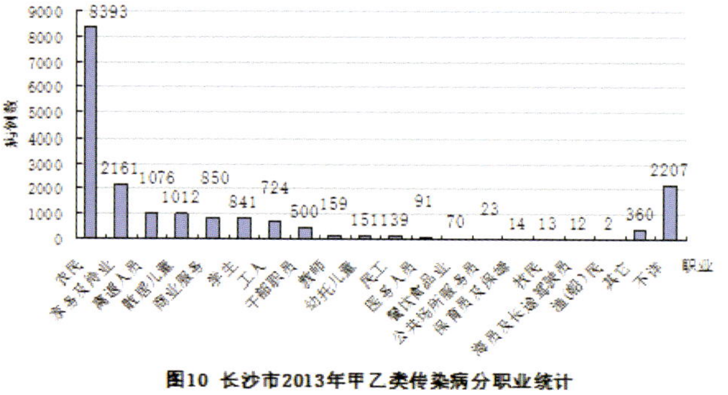

图10 长沙市2013年甲乙类传染病分职业统计

三、重点疫情分析

1. 肝炎：报告发病 6069 例，死亡 2 例。其中甲肝 94 例、乙肝 4526 例、丙肝 1252 例、戊肝 156 例、未分型 41 例。发病率 84.45/10 万，与上年比较下降 11.92%，发病率位于长沙市传染病首位。除甲肝、丙肝发病数有所上升外，其他各型肝炎较上年均有所下降（见图 11）。发病率最高的地区为浏阳市 168.92/10 万，其次为天心区 90.62/10 万、雨花区 75.67/10 万。男女比例为 1.87:1，40 ～ 49 岁发病数最多。

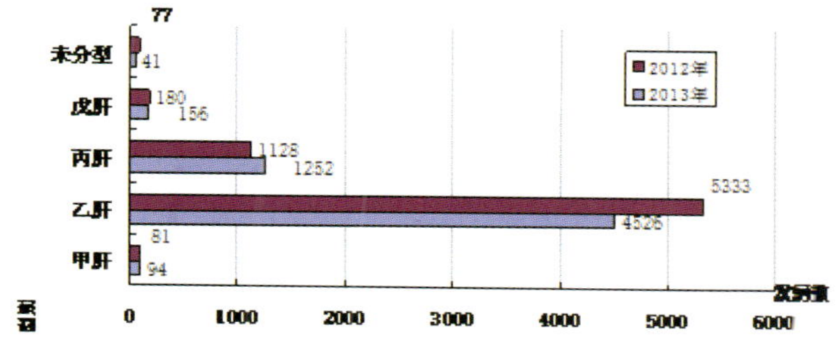

图11 长沙市2013年、2012年肝炎各型发病情况

2. 肺结核：全年发病 5400 例，死亡 19 例，占甲乙类传染病总死亡病例的 43.18%。其中涂（+）1691 例、菌（—）3227 例、未痰检 422 例、仅培阳 60 例。发病率 75.14/10 万，居长沙市传染病发病率第二位，较上年下降 6.98%。内 5 区发病率 60.94/10 万，其他 4 区、县（市）发病率 87.77/10 万。以宁乡县发病率最高为 98.92/10 万，其次为浏阳市 97.02/10 万、望城区 80.50/10 万；职业以农民（3140 例）发病为主，占该病发病总数的 58.15%。年龄以 15 ～岁以上成年人发病为主，男女比例为 2.42:1。

3. 麻疹：全年麻疹发病 605 例，发病率 8.42/10 万。0 岁组发病数最多为 339 例，占麻疹总数的 56.03%；1 ～ 14 岁组发病数为 115 例，占麻疹总数的 19.01%；15 岁以上年龄组发病数为 151 例，占麻疹总数的 24.96%。以雨花区发病率最高为 15.08/10 万，其次为天心区 11.17/10 万、芙蓉区 10.12/10 万。

4. 痢疾、伤寒 / 副伤寒：全年痢疾报告病例 891 例，其中 1 例阿米巴性痢疾、890 例细菌性痢疾，发病率 12.40/10 万，较上年上升 14.17%。发病率最高的地区为浏阳市 37.86/10 万，其次为岳麓区 14.24/10 万、宁乡县 12.46/10 万。伤寒 + 副伤寒发生病例 39 例，其中伤寒 35 例、副伤寒 4 例；发病率 0.54/10 万，较上年上升 24.13%。全年报告了 3 起细菌性痢疾突发公共卫生事件。

5. 淋病、梅毒、艾滋病（HIV）：长沙市法定性传播传染病共发病 5095 例，占总甲乙类传染病发病数的 27.10%。其中淋病 724 例、梅毒 4226 例、艾滋病 145 例（死亡 9 例，另有 HIV 感染者 390 例，死亡 10 例）。3 种病中艾滋病、梅毒发病率较上年有所下降，淋病发病率略有上升。梅毒、淋病、艾滋病发病率分别位居传染病发病的第三、五、十位。

6. 甲型 H1N11 流感、猩红热、百日咳、流脑：该 4 种病种为长沙市除肺结核、麻疹外主要的呼吸道传染病，甲型 H1N1 流感报告病例 233 例、猩红热报告病例 184 例、百日咳和流脑各报告病例 1 例，甲型 H1N1 流感上年无病例、猩红热发病率与上年比较下降16.34%，百日咳和流脑发病数与上年持平。甲型H1N1流感报告了1起突发公共卫生事件。

7. 出血热、钩体病、狂犬病、乙脑：该4种自然疫源性疾病病例主要分布在农村。出血热报告病例175例，死亡3例；钩体病2例，无死亡；狂犬病6例，均死亡；乙脑7例，死亡1例。与上年比较出血热发病率上升113.18%；狂犬病、乙脑发病率分别下降40.78%、13.65%；钩体病病例数与上年持平。

8. 布病：全年报告11例本地病例，发病率0.15/10万，无死亡。病例分布在雨花区4例，宁乡县、浏阳市各2例，天心区、开福区、望城区各1例，雨花区报告了1起布病聚集性疫情。

9. 疟疾、登革热：该两种病种均为输入性病例。全年报告疟疾51例，发病率较上年上升29.04%；登革热2例，比上年增加1例。两种疾病病例均为出国务工回国人员。

10. 手足口病：全年共报告病例19573例，报告重症病例5例，无死亡，发病率272.37/10万。为丙类发病率首位，较上年发病率下降23.86%。实验室诊断病例385例，其中55例为EV71阳性、50例为Cox16阳性、280例为其他肠道病毒阳性。病例主要为散居儿童（15854例），占报告病例总数的81.00%；幼托儿童（3223例）占报告病例总数16.47%。3岁及以下年龄组发病（17280例）占报告病例总数的88.28%。

11. 流感：共报告病例816例，发病率11.36/10万，发病率较上年上升304.60%。从分月发病情况看（图12），发病高峰在11月、12月。全年报告2起流感突发公共卫生事件。

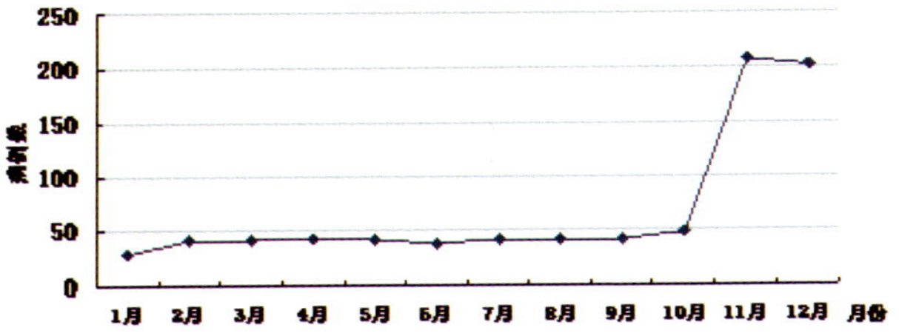

图12　长沙市2013年流感分月发病情况

12. 流行性腮腺炎：全年报告病例3352例，发病率46.64/10万，较上年上升64.38%。全年报告了2起流行性腮腺炎突发公共卫生事件。

13. 其他感染性腹泻：全年报告病例4994例，发病率69.49/10万，较上年上升32.78%，发病以学生及儿童为主。位居丙类传染病发病率第二位。

14. 急性出血性结膜炎：全年报告病例241例，发病率3.35/10万，较上年下降13.53%。

15. 人感染猪链球菌：全年浏阳市中医医院报告1例本地感染的人感染猪链球菌病病例，病例已死亡。

四、突发公共卫生事件

2013年，长沙市共报告突发公共卫生事件17起，发病人数549例，死亡3例。与2012年比，报告总起数上升70.00%，发病人数上升138.70%，死亡人数上升200%。17起事件中无较大及以上突发公共卫生事件。一般突发公共卫生事件14起，未分级突发公共卫生事件3起；17起事件中15起为传染病疫情、1起为高温中暑事件、1起为其他公共卫生事件。传染病疫情中乙类传染病7起，丙类传染病4起，其他传染病4起。

1. 事件分型。传染病疫情：14起一般事件中13起为传染病疫情，其中细菌性痢疾3起、流行性腮腺炎2起、流行性感冒2起、水痘2起、流感样病例2起、甲型H1N1流感、人感染布鲁氏菌病各1起。有11起发生在学校、1起发生在福利院、1起发生在生鲜市场。3起未分级事件中2起为传染病疫情，均为出血热单个病例死亡。高温中暑事件：未分级事件中1起为高温中暑死亡事件。其他公共卫生事件：一般事件中1起为幼儿园幼儿集体呕吐事件。

2. 事件分布。时间分布：发生起数最多的月份为6月和11月，各发生4起，其次为9月发生3起，2月、8月、12月未发生事件，其余月份各发生1起。地区分布：报告起数最多的地区为浏阳市，共报告6起，其次为雨花区4起、岳麓区3起，宁乡县2起，天心区和开福区各1起，芙蓉区、长沙县和望城区无突发公共卫生事件报告。

（廖　凯　杨学文）

体 育

责任编辑：吴丫丫

【概述】 2013年，长沙体育工作以实现长沙“六个走在前列”为目标，科学谋划、统筹安排、力求创新，各项工作全面推进。成功举办长沙市第八届运动会，9月22日，长沙市第八届运动会开幕式在贺龙体育中心举行。

一、完善全民健身公共服务体系。1. 加强体育设施建设。2013年，长沙市本级安排740万元，长沙各区、县（市）配套5400万余元，新建317处篮球场、383处室外乒乓球场、222处健身路径、45个室内健身房。长沙市全民健身工程1984个，共有各类体育场地9183个，平均每万人拥有体育场地13个，城区人均体育场地面积1.2平方米。长沙市1800个行政村、社区实现体育健身设施基本覆盖。宁乡文体中心、浏阳文体中心建成，望城县文体中心改造完成，长沙县文体中心建设中。城乡健身设施网络形成中。2. 完善社会体育组织网络。组织城区设施管理员、社会体育指导员培训。2013年，长沙市新培训1000余名社会体育指导员，全市有各级各类社会体育指导员12150名，健身辅导站点766个，城市每万名市民拥有社会体育指导员31人。新成立6个协会，全市体育协会有25个，出台《长沙市体育协会管理办法（试行）》。3. 完善全民健身信息平台。紧贴市民需求，从小处着手，编制《〈长沙市全民健身办法〉漫画释义》《长沙市市民健身指南》《长沙市健身地图》系列全民健身配套指导资料。2013年，着手制定全民健身服务信息电子地图。4. 政府购买服务形成长效机制。2013年继续开展暑期政府购买对中小学生免费提供体育服务活动，长沙市中小学生超过30万人次参加各项活动，其中免费游泳服务263367人次，羽毛球免费训练和培训25688人次，篮球免费训练和培训830人次，足球免费训练和培训14020人次。

二、加强体育市场培育与建设。1. 推进体育事业社会化。长沙建立全国首家体育公共服务信息平台“星城·新动力”网站，发布体育活动资讯和服务信息。成立全国首个城市体育发展基金会。网站和基金会运转正常，效果明显。2. 发展体育旅游产业。制定《长沙市体育旅游规划》，重点扶植和培育以健身运动体验、运动休闲度假和重大赛事观战为主要内容的体育旅游业。年内，投资3亿元的谷山体育公园和投资上亿元的橘洲体育主题公园均动工建设。12月17日正式签约，投资达3亿元的世界500强，法国体育超市迪卡侬入驻长沙市开福区和岳麓区。力争出台《关于加快发展长沙体育产业的实施意见》，2013年已报政府审批。组织开展体育产业统计。会同市统计局开展体育产业基础数据的统计，编制《长沙体育产业报告》。截至2012年底，体育产业增加值为30.36亿元，占全市地区生产总值（GDP）的0.47%。（李卓民）

群众体育

【中国（长沙）首届国际帐篷节】 9月30日—10月7日，由长沙市体育总会主办，长沙市全民健身管理指导中心、长沙千龙湖生态度假村承办的e宅购2013中国（长沙）首届国际帐篷节在望城千龙湖生态旅游度假村举办，入园人数多达万余人。活动以“绿色户外，健康生活”为理念，致力于打造长沙户外新生活，设有野外露营、最High啤酒音乐节、现场大型交友派对、CS真人镭战、篝火晚会、户外电影、美味烧烤等40余项游乐项目。（蒋慧娟）

【中国（长沙）第十届体育舞蹈艺术节】 10月4—6日，由长沙市体育局、长沙市体育总会主办，长沙市体育产业协会承办的中国（长沙）第十届体育舞蹈艺术节暨“体育发展基金”杯体育舞蹈公开赛在湖南师范大学体育馆举办。比赛设有成人摩登、成人拉丁和少儿拉丁3个竞赛项目，共有来自北京、广东、湖北等地的87支队伍、3800余名选手参加比赛。（蒋慧娟）

【参加湖南省第四届“强民杯”农民篮球比赛】 10月19—25日，湖南省第四届“强民杯”农民篮球比赛在邵阳市邵东县举办，全省13支市州农民代表队、200余名选手参加。长沙市代表团参赛，获第三名。（蒋慧娟）

【无限极2013世界行走日活动】 11月2日，由长沙市体育局、长沙大河西先导区管委会、岳麓区人民政府承办的无限极2013世界行走日活动在梅溪湖举办，超过1万名行走爱好者沿着长沙梅溪湖畔环湖徒步行走4.5公里。“无限极世界行走日”公益活动连续4年在中国举行，2013年的活动范围扩展至全国12个城市，长沙是活动的第11站。活动的亮点在于举办方设置了“脚尖行走、脚跟行走、倒步行走、甩手行走、拍打行走”5种不同的行走方式。在现场，每种行走方式各设置了200米的体验区，体验区旁附有该种行走方式的健步走科普讲解，向大家详细介绍健步走的各种基本常识。参加活动的市民抵达终点后，还可参与体质检测、健康讲座、游戏互动等活动。（蒋慧娟）

【韩国龟尾市政府公务员足球团访问长沙友谊赛】 2013年是长沙市与韩国龟尾市结好15周年，11月，龟尾市友好代表团率公务员足球队访问长沙。11月21日，韩国龟尾市公务员足球队与长沙市足球代表队在长沙市望城区雷锋中学开展足球交流赛，长沙市代表队以1：0战胜韩国龟尾市公务员足球队。（蒋慧娟）

竞技体育

【长沙市第八届运动会】 9月22日，长沙市第八届运动会在贺龙体育中心开幕。湖南省委常委、市委书记易炼红，湖南省人民政府副秘书长黄卫东，湖南省体育局局长李舜，长沙市委副书记、市长张剑飞，长沙市委副书记张迎龙，长沙市人大常委会主任袁观清等省市领导出席开幕仪式。来自9个区县（市）、11个学校和93个市直单位的1.3万余名运动员报名参加各项目各组别的比赛，在33个大项、535个小项的比赛中，共产生727枚金牌。项目设置注重全民参与，共有舞龙舞狮、龙舟等19个群众性的体育项目，并改变以往办赛模式，主要由长沙各区、县（市）和各单项体育协会承办。在游泳、举重、射击和田径4个项目的青少年比赛中，共有10人13次破11项市青少年纪录。长沙电视台、《长沙晚报》、新浪网、星辰在线等新闻媒体全方位展现了长沙市第八届运动会全景，长沙市第八届运动会组委会在全国率先创办了体育和文化全面深度结合的《八运快报》，共发行21期。（蒋慧娟）

9月22日，长沙市第八届运动会开幕式在贺龙体育中心举行

体育产业

【开展第二次体育及相关产业调查工作】 为进一步落实国务院办公厅《关于加快发展体育产业的指导意见》（国办发〔2010〕22号）的指示精神，全面、准确了解长沙市近年来体育及相关产业发展情况，客观把握全市体育产业未来发展方向，为制定体育产业发展政策、规划提供科学依据，2013年6月，长沙市统计局、长沙市体育局在全市开展第二次体育及相关产业调查工作。调查显示：截至2012年底，全市拥有各类体育及相关产业单位数8635家（含个体户，下同），从业人员37535人。其中企事业法人单位826家，从业人员15673人；个体户及产业活动单位7809家，从业人员21862人。体育产业增加值30.36亿元，占全市地区生产总值（GDP）的0.47%，其中企事业单位实现增加值17.04亿元，个体经营户实现增加值8.13亿元，其他单位实现增加值5.19亿元。从体育及相关产业增加值分区县（市）情况看：芙蓉区4.21亿元，同比增长12.7%；天心区4.81亿元，同比增长17.3%；岳麓区1.58亿元，同比增长25%；开福区4.19亿元，同比增长19.9%；雨花区4.14亿元，同比增长28.7%；望城区1.17亿元，同比增长7.6%；长沙县6.04亿元，同比增长17.6%；宁乡县2.2亿元，同比增长22.5%；浏阳市2.02亿元，同比增长24.9%。（蒋慧娟）

表49 长沙市体育及相关产业增加值

年份	增加值（万元）	占GDP比重（%）	总产出（万元）	从业人员（人）
2012	303589	0.47	590591	37535
2011	254463	0.45	507924	34641

社会生活

责任编辑：吴丫丫

人民生活

【城镇居民生活状况分析】 2013年，据国家统计局长沙调查队抽样调查资料显示，长沙城镇居民人均可支配收入33662元，比上年增长10.5%，剔除价格因素影响，实际增长7.5%；城镇居民人均消费支出22346元，收支均同步实现较快增长。

一、城镇居民收入稳步提升，收入来源多元化。2013年，长沙经济社会保持较好发展势头，城镇居民收入稳步提升，随着居民家庭财富的不断增加，居民家庭收入来源日益多元化，收入结构也更趋合理。1. 工资性收入为城乡居民家庭收入的主要来源。全年城镇居民家庭人均工资性收入为17649元，占收入比重的52.4%。工资性收入增长的主要因素有：一是居民家庭就业人口增加。2013年，市委、市政府积极推进创业富民政策，城镇新增就业14.9万人，城镇零就业家庭保持实现动态清零；二是企业在政府的薪酬政策指导下，积极增加员工薪金；三是加强各类职业培训，提升各类技术专业人员的适应水平，建立企业和求职者的双向供求服务体系，以社区为依托，积极搭建居民的就业平台，努力提高城镇居民家庭人口的就业率。2. 经营性收入稳步提升。据抽样调查，全年长沙城镇居民人均经营性净收入4575元，来自第一、二、三产业的经营性净收入分别占3.4%、11.4%和85.2%。国家对中小企业实行积极的减税和免税政策，大力扶持私营经济和个体经济发展。市委、市政府积极鼓励下岗失业人员、高校应届毕业生自主创业，通过提供小额贷款等优惠政策，为许多应届毕业生和下岗职工从事家庭个体经营和劳动就业提供更加广阔的创业条件与平台。3. 财产性收入保持较快增长。随着居民家庭财富的增加，投资理财越来越受到长沙居民的青睐，成为城乡居民家庭收入的一个重要来源，如：股票、基金、银行理财产品、保险、黄金等等，市民投资理财方式越来越多，理财渠道不断扩展，使得居民财产性收入也有较大增长。在国家政策支持下，长沙市城镇的城乡结合部家庭财产性收入从无到有，这些居民家庭从集体得到的分红收入大幅度增长，居民家庭的转包和承包收益不断增加。全年城镇居民家庭财产净收入人均4806元，占收入的比重14.3%，其中出租房屋收入1886元、房屋虚拟租金2127元、红利收入324元、利息收入302元。4. 转移性收入持续增长。国家连续10年提高企业离退休养老职工待遇，为城镇居民家庭转移性收入持续增长奠定坚实的基础。全年长沙城镇居民家庭人均转移性净收入6633元，人均转移性收入7566元，其中养老金和离退休金占比达87%，人均社会救助和补助达71元。

二、居民消费结构升级加快。全年长沙城镇居民人均消费支出22346元。1. 城镇居民家庭人均消费稳步提升，消费结构更合理。随着城镇居民收入水平提高，居民家庭消费结构升级加快。从城镇居民消费结构来看，刚性需求占比在逐年降低，个性消费逐年增加，居民消费结构不断改善。2. 随着居民收入持续稳步增长，人们的生活质量、消费品位都在快速提升，绿色、环保、营养的食品越来越为人们接受，食品支出占消费比重逐年下降，城镇居民生活质量进一步提升。据城乡住户调查一体化改革后的调查数据显示，2013年，长沙城镇居民食品烟酒消费支出占消费支出的比重29.5%，比上年同期有较大幅度的下降，居民饮食结构日趋合理，食品消费更加注重科学、健康。3. 家庭设备加快更新，生活用品及服务支出增长。2013年，长沙城镇居民生活用品及服务人均消费支出1388元，人们对家庭设备的需求更加完善，消费领域进一步拓宽，如变频空调、高清电视、节能冰箱和节能灯具等居民家电消费，智能手机、平板电脑、家用电脑以及由此产生的相关消费大幅度增长，进一步拉动了居民消费。4. 网络消费快速发展，家庭信息消费不断升级。随着家用电脑的普及和互联网技术的飞速发展，居民网络知识日益更新，网上消费和服务以其快捷、便利、价廉的优势吸引着越来越多的消费群体，全年城镇居民家庭通过互联网购买的商品和服务人均158元。5. 教育文化娱乐支出稳步增长，休闲旅游成时尚。全年城镇居民人均教育文化娱乐服务支出2499元，其中人均教育支出1179元、文化娱乐消费支出1319元。随着居民消费结构由生存型向发展型、享受型转变，老百姓的娱乐、旅游等休闲消费快速增长。旅游、健身、娱乐成为居民家庭业余生活的消费主流，旅游、理疗、美容健身、游泳、打球、去娱乐场所放松身心等成为人们新的消费趋势。全年城镇居民团体旅游人均消费588元、体育健身活动人均消费24元、电影话剧演出票人均消费32元，其他文化娱乐服务人均消费135元。6. 个性消费迅速增长。居民对于金银珠宝饰品、手表等的需求逐渐增加，同时购买黄金用于投资保值的市民越来越多，兼有保值功能的个人消费品大幅度增加。2013年下半年，随着黄金价格的不断走低，居民家庭购金消费增长，全年城镇居民家庭人均购买手饰及手表为162元。

三、生活方式不断更新，生活质量不断改善。1. 城镇居民居住条件进一步提高。居民的住房面积是衡量居民小康生活水平的指标之一。调查数据显示，截至2013年底，长沙市城镇居民人均建筑面积41.4平方米，97.2%的居民家庭人均建筑面积超过30平方米，绝大多数家庭达到小康住房标准。长沙城镇居民家庭购买住房（包括商品房、房改房、保障性住房）的占47.3%，自建住房的居民家庭占35.1%，两者合计占80%以上，购建住房成为居民现有住房的主要来源。2. 家庭设备更加现代化。随着长沙经济的不断发展和居民收入及生活水平的不断提高，越来越多的家用电子电器产品进入居民家庭，耐用消费品的现代化程度也越来越高，居民家庭设备得到较大改善。截至2013年底，长沙市每百户城镇居民家庭拥有家用汽车37.7台、洗衣机97.1台、电冰箱97.2台、彩色电视机116.6台、空调174.3台、摄像机10.5台、照相机43.7台。3. 居民家庭信息化程度较高。截至2013年底，长沙市每百户城镇居民家庭拥有计算机78.4台，其中接入互联网的计算机64.5台，接入率82.3%；每百户城镇居民家庭拥有彩色电视机116.6台，接入有线电视网络的电视机89.8台，接入率77%；每百户城镇居民家庭拥有移动电话221.4部，其中接入互联网的97.6部，接入率44.1%。长沙居民家庭信息化程度较高，一些老式家电逐渐淡出，高科技产品成为居民生活、工作的必需品，如笔记本电脑、智能手机等正越来越广泛的使用，足不出户即可知天下事，移动互联成为人们生活的一个重要组成部分。（龙　苏）

【农村居民生活状况分析】 2013年，据国家统计局长沙调查队抽样调查统计：全年全市农村居民人均可支配收入19713元，同比增长12.6%；农村居民人均消费支出11586元。

一、农村居民收入构成的主要特点。1. 工资性收入是农民收入的主要来源。2013年，农村居民家庭人均工资性收入10311元，占收入比重52.3%。随着经济形势的逐步趋稳向好，农民工务工环境日益好转，外出务工收入稳定增加。全年农村劳动力转移就业再增6万人，随着农民不断从土地上解放出来，实现就近务工，农村劳动力务工收入稳步提升。长沙“两型”社会建设、大河西先导区建设及重大项目建设的引领作用，有力地推动本地创业，使农民工有序地向非农领域转移，较好地解决了农民工就近就业，降低了农民工外出务工的成本，使工资性收入稳定增加。2. 经营净收入是农村居民收入的重要组成部分。据抽样调查，全年长沙农村居民人均经营性净收入6891元，占农村居民可支配收入的35%。对农村居民人均经营性净收入贡献较大的是第一产业和第三产业，分别占经营性净收入的57%和28.9%。市委、市政府以实现农民持续增收为核心，大力推进“两区一中心”和现代农业“十大工程”建设，实行积极的规费减免、税收奖励、贷款贴息等政策，对口联系和帮扶农业农村重点项目、专业合作社和种养大户等。帮助被征地农民创业，通过各种方式帮助被征地农民找到新岗位，开创新生活。随着农产品价格的走高，现代农业的快速发展，特色农业及品牌农业增收势头良好，均有力地带动了农民家庭经营性收入的稳定增长。3. 促进农民财产净收入是增加农民收入的重要渠道。在国家政策支持下，农村居民家庭财产性收入从无到有，农村居民家庭从农村集体得到的分红收入大幅度增长，农村居民家庭的转包和承包收益不断增加。随着城市化进程的加快，城郊结合部被征用的土地增加，农民的土地征用补偿收入随之增加；外来务工人员的增加使房屋租金大幅增长，有效地增加了农民的财产性收入。全年农村居民家庭人均财产净收入558元，占农村居民家庭人均收入的2.8%，其中红利收入322元、转让承包土地经营权租金净收入46元、出租房屋收入143元。4. 转移净收入的增长。农村低保、农村合作医疗标准的提高以及农村养老保险的广泛推行，使农民转移性收入继续保持较快增长。全年农村居民家庭人均转移净收入1953元，人均转移性收入2297元，其中农村家庭从业人员寄回带回收入1006元、现金政策性惠农补贴93元、农村社会救济和补贴61元。

二、消费能力增强，消费结构理性转变。惠农利农政策在新农村建设的推进中持续实施，农村富裕程度普遍提高，农村居民收入增加为消费提供物质基础，2013年，长沙农村居民人均消费支出11586元，人民生活明显改善，农村居民消费能力增强、消费结构日趋合理。从8大类消费来看，农村居民用于食品、居住和交通通信的开支比较多，分别为2845元、3008元和2066元，教育文化娱乐人均支出1110元，占消费支出的9.6%。1. 食品消费以质为重。全年农村居民人均食品消费支出2845元，占总消费支出的24.6%。食品消费支出增长的放缓、比重的下降是农村居民生活富裕的最直观表现。饮食结构更加均衡。居民花费更多的钱在蔬菜、肉类、水产品、奶类等更富营养的食品支出上，全年农村居民人均消费蔬菜和食用菌133元、肉类555元、水产品134元、奶类104元；副食支出方面，农村居民人均干鲜瓜果类消费199元、烟草人均消费412元、酒类人均消费132元；农村居民在外饮食消费增加，全年农村居民人均在外饮食支出181元。2. 成衣渐成消费主流。全年长沙市农村居民人均衣着消费支出793元。全年农村居民人均服装消费626元，而服装材料支出人均仅49元，购买成衣成消费主流。3. 居住消费装修、装饰并重。全年农村居民人均居住消费支出3008元，人均生活用品及服务消费支出726元。日常居住、生活成本稳步提高，生活用水、电、燃料支出分别为人均17元、303元、270元。农村居民追求居住条件的改善，住房装潢和住房维修人均支出224元和262元。农村居民对室内装饰越来越重视，全年农村居民购置家具及室内装饰品、家用器具的人均支出164元和225元。4. 交通通信消费提高，农村基础设施完善。全年全市农村居民人均交通通信消费支出2066元。在多项政策的引导下，农村交通和通信的基础设施不断完善、网络基本覆盖，农村居民对交通和通信的消费需求逐步提高。全年农村居民人均交通和通信消费支出1624元和443元。交通通信用品的消费增多同步带动相关服务消费的增长。交通工具用燃料费人均支出481元，交通工具使用及维修费人均支出179元，其中人均车辆保险支出30元。截至2013年底，农村居民每百户分别拥有23.6辆家用汽车和260部移动电话。5. 小康社会建设促进教育文化娱乐消费。全年全市农村居民教育文化娱乐消费人均支出1110元，占消费支出的9.6%。农村居民教育支出不断增加，人们在注重子女文化教育的同时也注意自身的充电，关心自身技能提升。全年人均教育消费837元，其中投入最多的是大专及以上教育，人均支出199元，其次是初中教育和高中教育，人均消费支出188元和185元。成人教育人均支出42元。一部分先富起来的农村居民加大对品质时尚的文化娱乐方式的支出。全年全市农村居民人均文化娱乐消费支出272元，其中文娱耐用消费品人均消费支出78元，其他文娱用品人均消费60元，文化娱乐服务人均消费134元，其中农村居民团体旅游人均消费88元。6. 农村居民有病看病、无病保健的健康意识不断增强。全年全市农村居民人均医疗保健消费支出866元，其中人均医疗器具及药品、医疗服务分别消费支出331元、535元。

三、农民家庭富裕程度进一步提升。随着农民收入的不断提高，农民的家庭富裕程度提升。调查显示，截至2013年底，长沙每百户农村居民家庭有家用汽车23.6辆、电冰箱92.3台、洗衣机96.6台、彩色电视机123.4台，接入有线电视72.6台。从居民家庭主要耐用消费品的拥有情况来看，长沙农村居民家庭现代化水平比较高。网络作为科技进步的标志，全面融入农村居民家庭。长沙每百户农村居民家庭有移动电话260部，接入互联网的68部。每百户农村居民家庭有计算机28.6台，接入互联网的23.9台。 （龙　苏）

民政工作

【优抚安置】　2013年，大幅提高驻长沙部队慰问金标准，开展军地医疗共建等双拥活动，进一步密切军政军民关系。实行双拥办机构单列，理顺了双拥优抚工作职能职责。完善优抚经费自然增长机制，共拨付优抚资金3.05亿元。浏阳市、宁乡县、长沙县3县（市）的烈士陵园（墓园）主体完工，全面完成4421座散葬烈士墓迁移、整合、修缮任务。长沙市民政局出台《长沙市退役士兵安置工作实施意见》和《长沙市退役士兵安置考试考核办法》，率先全省建立新的安置政策体系。解决部分退役士兵安置历史遗留问题，处置退役士兵和优抚群体上访事件，维护涉军群体稳定。全面落实军休老干部“两个待遇”和无军籍职工津补贴，提质改造军休所站基础设施，改善服务管理水平。推进军供站建设，长沙市军供站获评“全国重点军供站”。 （谭卓华　周　湛）

【社会福利】　1. 为老服务。加大城乡居家养老服务设施建设力度，新建农村幸福院、农村养老服务中心、日间照料中心、民办养老机构182个，新增床位2054张，发放补贴1172万元。做好老年优待工作，成立市老年协会，举办长沙市第三届“枫林爱晚”老年文化艺术节暨中国（长沙）首届老年产业博览会。2. 特殊群体服务。开展困境儿童摸底调查和保障试点工作，组织福利企业大检查、大整治行动。出台《长沙市关于做好城市生活无着的流浪乞讨人员救助管理工作的通知》，被民政部《参阅文件》推介。完成市儿童福利院选址，启动市肇事肇祸及流浪精神病人收治中心等一批公共设施建设。启用新的市救助管理站，开展主题宣传月和开放日活动，提高工作透明度，长沙市流浪乞讨人员救助工作被民政部新闻办评为2013年度全国民政10大创新和亮点工作。福彩发行保持良好势头，销售过17亿元，筹集公益金4.7亿元。

（谭卓华　周　湛）

【社会救助】　2013年，长沙市民政局出台《关于贯彻落实〈国务院关于进一步加强和改进最低生活保障工作的意见〉的实施意见》和《长沙市敬老院管理办法》。推进城乡低保一体化和乡镇社会救助工作站试点工作，开展“敬老院管理年”活动，打造示范敬老院10所，改扩建敬老院10所。再次提高城乡居民低保标准和五保供养标准，共发放低保金和补贴6.3亿元，医疗救助6.1万人次，发放医疗救助金7989万元。长沙市社会救助工作经验被《国办综合》和民政部《参阅文件》刊载推广。

（谭卓华　周　湛）

【社会慈善】　2013年，长沙市民政局共实施并完成慈善救助项目22个，筹集善款4167万元，发放救助金3082万元，惠及困难群众4.2万余名。其中长沙市“幸存抗战老兵关怀计划”援助项目是全国首个对幸存抗战老兵实施援助的慈善项目，“携手公益·联动济困”慈善援助项目是在全省率先尝试慈善公益机构向社会组织购买服务。凭借“幸福家园”危房改造援建项目连续第六次获全国最高慈善奖“中华慈善奖”。

（谭卓华　周　湛）

【救灾救济】　2013年，长沙市民政局指导望城区试点开展农村住房保险工作，由政府全额出资对低保户、五保户的农房进行统一投保，为困难群众的生命财产安全提供有力保障。推进综合减灾示范社区建设，逐步完善社区综合减灾共享体系，16个社区被评为“全国综合减灾示范社区”，15个社区被评为“全省综合减灾示范社区”。 （谭卓华　周　湛）

【婚姻家庭】　2013年，长沙市民政局开展等级评定工作，参加全国首届结婚登记颁证技能比赛，获总分第五名。开展婚姻登记优质服务活动，共办理结婚登记65537对、离婚登记17202对，出具（无）婚姻登记记录证明73993份。 （谭卓华　周　湛）

【社团组织管理】 适度放开异地商会登记，对行业协会商会、科技、公益慈善、城乡社区服务 4 类社会组织实行直接登记，开展社会组织评估工作，加大执法监察力度。长沙市民政局筹集 570 万元扶持公益慈善类社会组织发展。市社会组织孵化基地投入使用且成效显著，得到国家民间组织管理局的充分肯定。雨花区被评为"全国社会组织建设创新示范区"。

（谭卓华　周　湛）

【社区建设】 2013 年，长沙市民政局启动全国和谐社区建设示范市创建工作，出台《关于全面推进和谐社区建设的意见》，打造示范精品两型社区 34 个。实施新一轮社区办公服务用房建设达标三年行动计划，完成 27 个社区达标任务，新增面积 1.5 万平方米，全市平均面积 652 平方米。扩大农村社区试点范围，新建 110 个农村社区一站式服务平台。"城中村"改造稳步推进，指导试点村启动一批有形改造项目。（谭卓华　周　湛）

【社会工作】 2013 年，长沙市民政局出台《长沙市社会工作专业人才队伍建设中长期发展规划（2013—2020 年）》，成立市社工协会。开展示范创建活动，天心区、开福区被评为首批"全国社会工作服务标准化建设示范区"，5 个单位和社区分别被评为"示范单位""示范社区"。安排 250 万余元支持 40 余个社工创建项目。民办社工机构和志愿机构发展到 40 余家，有 1800 余人获社工职业证书，占全省的 75% 以上。

（谭卓华　周　湛）

【殡葬管理】 2013 年，长沙市民政局实施阳光惠民殡葬，下发《关于进一步完善城乡居民基本殡葬服务费补助办法的通知》，惠民补助项目扩展至遗体火化、运输、冷藏、普通骨灰盒、普通卫生纸棺、骨灰寄存和安葬 6 项，与 2012 年相比，新增普通卫生纸棺、普通骨灰盒两个项目合计 400 元。符合相关条件的城乡居民最高可获 6 个项目基本费用合计 1520 元的补助。共补助 1.6 万余户，发放补助金 1600 万余元。开展"殡仪服务进社区活动"，群众治丧更加方便，培育社区（村）白理事会，新增 11 个强制火化乡镇。

（谭卓华　周　湛）

【"长沙市幸存抗战老兵关怀计划"项目】 7 月 5 日，"长沙市幸存抗战老兵关怀计划"项目启动暨援助金发放仪式举行。省政协副主席、民革湖南省委主委刘晓，市委顾问、长沙慈善会会长、市慈善基金会理事长余合泉，市委常委、市委统战部部长文树勋，以及省委统战部、民革湖南省委、省民政厅、省文明办、市委宣传部、市民政局、民革长沙市委、长沙慈善总会、深圳市龙越慈善基金会等相关单位领导出席。项目由长沙慈善会、深圳市龙越慈善基金会共同发起，为除享受离休待遇外的户籍在长沙市的幸存抗战老兵提供每人每月 800 元、每年抗战胜利纪念日另加 400 元，共计每人每年 1 万元的生活援助金。此外，还将组织志愿者团队，提供每年不少于两次的上门定期陪伴服务，直至老兵终老。列入关怀计划的老兵共有 92 位，项目发起方仍在继续寻找户籍在长沙市的幸存抗战老兵。

（谭卓华　周　湛）

【湖南省社会救助宣传周活动】 10 月 21 日，由湖南省民政厅、长沙市人民政府联合举办的"2013 湖南省社会救助宣传周"活动在长沙市雨花区启动，活动延续至 27 日，是全国首次举办社会救助宣传周活动。启动仪式由市民政局局长曹再兴主持。省民政厅副厅长唐白玉，省民政厅党组成员、社会救助管理局局长李文玉、副局长刘勇，市政府副秘书长曾慧明、市民政局党委书记丁文、市社会救助局局长周义中、支部书记谢党政，雨花区人民政府区长邱继兴、副区长李国军、副调研员潘冬云等领导出席启动仪式。活动以"阳光救助暖万家，'五型'民政惠民生"为主题，活动期间，开展寻访长沙首批低保户、开通长沙市社会救助网站、开展系列成就宣传、举行知识竞赛、举办政策宣传讲座、走访慰问困难群众等一系列宣传活动。全市展出政策宣传展板 500 余块，设立咨询台 350 余个，发放宣传资料 20 万份，接待群众咨询 1.5 万余次，走访低保对象 3000 余户。《湖南日报》《长沙晚报》、长沙电视台政法频道、新闻频道等媒体均作了报道。通过开展各种宣传活动，让社会各界了解低保、医疗救助、临时救助、收入认定等社会救助政策，知晓各项社会救助的标准、申请条件、办事程序以及监督方式等，通过大规模的宣传，做到救助政策家喻户晓、救助操作阳光公开、救助结果公平公正。

（谭卓华　周　湛）

【长沙出现"婚礼管家"新职业】 2013 年，一种被称为"婚礼管家"的新职业开始兴起，为新人提供贯穿婚礼全程的管家式服务。婚礼管家的官方称呼是婚礼统筹师，是婚礼策划师的升级版。他们从前期筹备工作开始，陪同新人直到婚礼结束，全程为新人提供建议、解决问题、处理问题，协助新人拥有 1 个接近完美的婚礼。婚礼管家服务全面并且可以根据不同新人的要求"私人订制"，为新娘和新郎节省大量时间与精力。长沙市婚庆行业协会执行会长、秘书长刘轩畅说，在领证、婚礼、蜜月整个结婚过程中，新人只需对接婚礼统筹师 1 个人就可以完成"结婚大事"，这是婚礼统筹师快速走俏的主要原因。

（谭卓华　周　湛）

老龄工作

【概况】 截至 2013 年底，全市常住人口 722.14 万人（户籍人口 662.81 万人），其中 0～14 周岁 106.7 万人，15～59 周岁 502.6 万人，60 周岁及以上老年人口 112.84 万人，占常住人口的 15.6%，同比增长 0.9%。65 周岁及以上老年人口 76.65 万人，占常住人口的 10.7%。市区常住人口数 371.14 万人，60 岁及以上老年人数 50.05 万人，县（市）常住人口 351 万人，60 岁及以上老年人数 62.79 万人。

根据 2010 年长沙市第六次人口普查统计，60 周岁及以上人数 96.09 万人，占长沙市常住人口比重的 13.65%，2013 年 60 周岁及以上人数 112.84 万人，占长沙市常住人口比重的 15.6%，较 2010 年上升 2%。80 周岁及以上人数，2010 年 11.24 万人，2013 年 14.76 万人，增加 3.53 万人。100 岁及以上人数，2010 年 93 人，2013 年 198 人，增加 105 人。全市 60 岁老年人口赡养系数 22.4%（老年人口赡养系数，是指 60 周岁及以上常住人口与 15～59 岁劳动年龄人口数量的比值。15～59 周岁人口数 502.6 万人）。全市百岁老人 198 人，比上年增加 33 人，其中男 45 人、女 153 人，全市每 5.7 万名老人中有 1 名百岁老人。2013 年，长沙市平均期望寿命 76.7 岁。

一、养老保障。1. 社会养老保障。截至 2013 年底，全市城镇职工基本养老参保人数 139.1 万人，全市企业退休人员 32.9 万人，人均养老金 1662 元，累计发放 65.1 亿元，发放率 100%；全市城乡居民基本养老保险参保总人数 271 万人，城乡居民基本养老保险基础养老金每人每月 90 元；城乡居民福利养老保障方面，年满 60 周岁以上享受待遇 74.4 万人，累计发放养老金 24.2 亿元，发放率 100%。2. 老年社会救助。一是贫困老年人救助，全市有 8513 名老人享受城市低保，占城市低保总人数的 13.4%，共发放低保救助资金 3634 万元；共有 28095 位老人享受农村低保，占农村低保总人数的 17%，共发放低保救助资金 7951 万元。二是农村五保老人供养，全市五保供养老人 36692 人，其中集中五保供养老人 7336 人，集中供养率 20%，共发放供养资金 12391 万元。三是贫困老年人医疗救助，对 1702 名 80 周岁以上的老人实行医疗保障优待，共计金额 337 万元，优待率 1.2%。为 12716 位老年人提供医疗救助，医疗救助费用 3040 万元，救助率 1.1%。3. 老年社会福利。为 3.1 万余名高龄老人发放津贴 2700 万余元。发放标准为享受低保的 80～89 岁高龄老人每人每月补贴 50 元，90～99 岁高龄老人每人每月补贴 100 元，100 周岁以上老人每人每月补贴 300 元。

二、医疗保健。1. 医疗保障。截至 2013 年底，全市城镇职工基本医疗保险参保人数 151.12 万人，参保率 97%，其中退休人员 39.83 万人；全市城镇居民参保人数 131.85 万人，参保率 97%。全市参加新型农村合作医疗人数 381.65 万人，参合率 97%。2. 老年医疗服务。截至 2013 年底，全市设有康复医学科的医疗机构 44 家，拥有社区卫生服务中心 55 个、建制乡镇卫生院 110 个、社区卫生服务站 191 个、村卫生室 1366 个，均设有 65 岁以上老年人健康管理项目，每年免费为他们提供健康体检服务，累计建立 65 岁以上老年人健康档案 644502 份，年度 65 岁以上老年人规范化健康管理人数 433604 人，规范化健康管理率 64.47%。

三、养老服务。1. 养老服务设施建设。截至 2013 年底，全市共开办养老机构 149 家，较上年增加 19 家，床位增加至 2 万余张。其中城镇民营养老机构 30 家，床位 4185 张，城镇公办养老机构 9 家，床位 4260 张，城镇民营养老机构占城镇养老机构的 77%；农村敬老院 110 家，床位 11319 个。2. 居家养老服务。在全市 569 个社区、1167 个行政村中，建立 460 个居家养老服务中心和服务站点，城区有 23 个日间照料中心。全市 1800 余位老人享受政府购买服务。在 161 个农村社区（村）开展农村居家养老服务试点工作。全面开展城乡养老服务示范点创建活动，将养老机构服务对象扩大至社会老人，打造区域养老综合体，截至 2013 年底，共创建省级乡镇综合性养老服务示范点 24 个、市级 56 个，省级城市社区居家养老服务示范点 18 个、市级 10 个，省级农村养老服务示范点 4 个。继续落实居家养老服务信息化，实施"菜单式"服务，开发"亲情呼叫系统"，扩展"一键通"服务模式，推出"电子保姆""96880"等高科技服务项目，制定养老服务 8 大评估手册等服务内容。推进居家养老服务社会化，引进"万众和""康乐""新康""创乐福"4 家服务公司，拥有 1000 余个服务店加盟社区居家养老服务网点，为全市老人提供代购、送餐、就医、日常生活照料等无偿、低偿、有偿服务。3. 机构养老服务。养老机构市、区（县）两级财政对民办非营利给予每张床位最高 8000 元，最高限额 200 万元以内的建设补助。完成对首批 19 家养老机构的建设、运营补贴，市级财政共计下拨资金 672.1 万元。共有 14 家养老机构购买了 2697 张床位的意外责任险。

四、维权优待。1. 公共交通优待。截至 2013 年底，10 万余名老年人办理了老年优待证。65 周岁及以上老年人持湖南省老年人优待证或老年人公交爱心卡在全市免费乘坐公共交通工具。全市所有公交车辆为老人设有"老年人专座"。2. 权益维护。全市法律援助机构共办理老年人法律援助案件 580 件，接待老年人来访咨询 2000 余人次。鼓励市律师行业将老年节定为律师"敬老日"，鼓励市律师行业在老年节免费为老年人提供义务法律咨询，开展老年人法律援助案件大回访活动。各区、县（市）老龄办组织开展形式多样的新《老年人权益保障法》宣传教育活动。长沙市图书馆每周四下午开设老年人法律大课堂。

五、基层群众组织。成立长沙市老年协会，全市有街道、社区老年协会 496 家，覆盖率 87%；乡镇、村级老年协会 1008 家，覆盖率 86%。加入老年协会的老年人有 37.27 万人，占全市老年人口总数的 34%。在城市街道和 367 个社区中，有 340 余个社区（村）均建立了老年人体育协会组织，选好带头人（主席），配好骨干队伍（理事），占总数的 92%。全市 113 个乡镇均建立了老年人体育协会，且

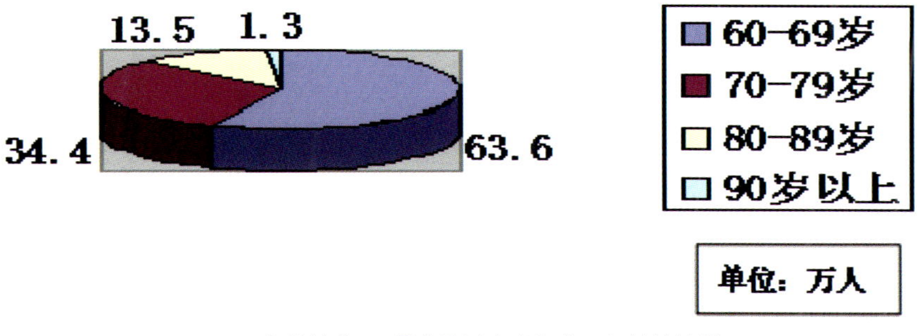

2013 年长沙市 60 周岁及以上老年人口年龄结构图

有1名在职领导分管，初步形成网络市、区（县）、街（乡）、社区（村）4级老年人体育协会组织。在市民政局登记的有长沙市老年协会、长沙市老年体育协会、长沙市老年保健协会、长沙离退休医务工作者协会、长沙市老科技工作者协会、长沙市老干部书画协会、长沙市老干部诗词楹联协会、长沙市工业交通系统老科学技术工作者协会、长沙市社会福利研究会9个为老服务社会团体。

六、文化体育活动。1. 老年文化。2013年，举办长沙市第三届枫林爱晚老年文化艺术节，设有老年广场舞大赛、老年威风锣鼓、老年书法、绘画、摄影、诗词、楹联作品、老年徒步、知名专家学者医疗保健健康咨询等项目，有近万人参加比赛；举办中国（长沙）首届老年产业博览会，围绕长沙养老服务业建设成就展、长沙社会养老服务、日常用品及健康护理、医药保健及营养健康、老年旅游休闲展区、为老服务、老年文化教育7个方面开展，共有150余家单位参展；开展评选"健康长寿老人"、慈善"爱心轮动"轮椅捐赠、文明办"夏日送清凉，慰问空巢老人"等活动，弘扬"孝"文化，浓厚敬老氛围。2. 老年教育。截至2013年底，长沙市老干部大学共有在校学员9280人次，开设班次204个，110万学费全部返回用于教学，全年教育经费200万余元。探索老年远程教育网络工作模式，建立长沙市老干部大学网站和网络直播室，在全市1903个远教站点开办老年教育网络课堂，构建市、县区（市）、乡镇（街道）、社区（村）4级办学网络格局。各级公共图书馆、阅览室60余个，全年面向老年人阅读活动累计15万人次。3. 老年体育。一是构筑老年人体育活动基地。2013年，市政府投资310万元续建长沙市老年人体育活动中心，建成后有5片风雨棚门球场、2片地掷球场、2片风雨棚气排场以及象棋、围棋、桥牌活动室。全市共有门球场78片，其中人造草皮门球场14片、风雨棚门球场6片、沙地球场64片、风雨棚地掷场2片、风雨棚气排球场3片。浏阳市建成4片风雨棚门球场、2片风雨棚地掷球场；宁乡县投资200万余元将场地全部进行改造，建成3片风雨棚门球场、2片室外门球场、2片风雨棚综合训练棚；望城区将3片门球场全部改成塑胶场地；长沙县实现每个乡镇都有门球场，县城老年体育场地改造中。二是组织开展老年体育活动。2013年，长沙市老年人体育协会组织开展长沙市第八届运动会老年组比赛，有门球、气排球、太极拳（剑）、柔力球、广场舞5个项目；组织举办全市老年人柔力球展示活动，使柔力球在基层得到推广；举办湖南省体育系统老年门球、钓鱼比赛，共有来自全省各地市23支队伍参赛；组队参加全国老年人体育健身大会的乒乓球、象棋交流活动，长沙队摘金夺银；组织承办湖南省农村老年门球赛。4. 老年宣传。2013年，在全市各级涉老部门、为老服务组织、公共服务窗口行业开展"敬老文明号"创建活动，在全市第三次老龄工作会议上表彰71个"敬老文明号"单位、40个"助老之星"个人。表彰40个"长沙市敬老模范村（社区）"、40个"长沙市老龄工作先进单位"、60位"长沙市老龄工作先进个人"。长沙市有5人被授予"第八届全国健康老人"称号，有7人被授予"第八届湖南省健康老人"称号，有10人被授予省"健康长寿老人"称号。在《长沙晚报》开设专栏，以"最美不过90后"为主题，对健康百岁老人进行系列报道。长沙市新闻频道、长沙电视台互动频道加大对长沙市老龄工作、政策、资讯的报道力度。5. 老年关爱。2013年，在全市开展"心系老年"活动，组织1000余名老年人学习新"老年健康操"，免费发放健康手册4万余册。长沙市福彩公益金用于敬老院建设等养老扶持项目共计1885万元。

（鲁文倩）

【中国（长沙）首届老年产业博览会】 10月11—15日，由中国老龄事业发展基金会、长沙市人民政府主办，市民政局、市文广新局、市园林局、市会展办、长沙晚报报业集团承办，以"金色人生 快乐老年"为主题的2013中国（长沙）老年产业博览会暨第三届枫林爱晚老年文化艺术节在烈士公园举行。活动由省政府副秘书长、省老龄委副主任虢正贵主持，全国老龄办副主任肖才伟，中国老龄事业发展基金会副会长章国荣，中国老龄事业发展基金会秘书长张垒，省民政厅厅长、省老龄委常务副主任段林毅等领导出席，长沙市各区、县（市）老年人和老龄工作者代表、长沙市养老服务机构和老年用品企业代表200余人参加活动。启动仪式上，省"敬老文明号"创建活动领导小组授予长沙市星火军队离休退休干部休养所等129个单位省"敬老文明号"称号，长沙市慈善会与长沙市老龄办现场向特困失能老人代表赠送1020台总价值100万元的爱心轮椅车，向10名长沙市"健康长寿老人"发放证书和慰问金。活动包括老年广场舞团体大赛，老年书法、绘画、摄影大赛等，设有综合展区、长沙社会养老服务（机构）展区、医药保健及营养健康展区、日常用品及健康护理展区、老年旅游休闲展区等7个展区。（鲁文倩）

人口和计划生育

【概况】 2013年，全市人口计生事业发展保持良好态势、取得明显成效、走在全省全国前列。全市人口自然增长率5.23‰、符合政策生育率93.12%、村（居）民自治合格率94.11%、5项优惠奖励政策落实率100%，在全省人口计生年度考核评估中基础分和总体分均名列第一，被省委、省政府授予"湖南省人口计生工作模范市"称号，并获全省2013年度人口计生工作唯一的重大创新奖，9区、县（市）均被评为"全国计划生育优质服务先进单位"和"湖南省人口计生工作模范单位"。

一、重点工作确立全国领先的地位。1. 以网格信息管理为平台，创新服务管理方式。推进"人口网格化信息管理系统"项目的建设和应用，探索构建适应人口计生业务、流动人口管理、公共服务管理、党委政府决策的人口基础管理模式，在人口信息数据、系统平台建设、资源综合应用方面实现重大突破，项目经验在全省推广。2013年，国家卫生计生委以专报形式将长沙市经验报送中央办公厅、国务院办公厅；省委书记徐守盛、省长杜家毫和省委常委、市委书记易炼红均对长沙市做法专门批示、予以肯定；获全省2013年度人口计生工作重大创新奖，成为省委、省政府启动人口计生工作创新奖评选以来全省唯一的重大创新奖。2. 以优生检测项目为切入，提高出生人口素质。率先全国开展免费孕前优生健康检查提标扩面工作，一方面将目标人群由农村人口拓展到含农村人口、城镇人口、流动人口在内的全员人口，另一方面将每对夫妇的结算标准由240元提高到400元；并进一步拓展服务内容、规范服务流程、完善服务阵地、优化服务队伍、健全服务机制，加强孕前服务管理，提升优检项目质量。全年全市免费孕前优生健康检查共计落实检查对象9.16万名，目标人群落实率100%。2013年，国家卫生计生委副主任王国强到长沙调研后明确将长沙做法作为全国推广的蓝本。3. 以流动人口工作为抓手，提升公共服务水平。创新实施流动人口计划生育基本公共服务均等化"5+10"模式（即5项计生服务和10项公共服务）和流动人口社会融合工作，进一步破解流动人口服务管理难题、提升公共服务水平，继2010年被确定为国家流动人口计划生育基本公共服务均等化工作试点市之后，再次被确定为国家促进流动人口社会融合示范工程试点市和国家卫生计生基本公共服务均等化工作试点市。国家卫生计生委流动人口司、中德新生代流动人口社会融合合作项目专家组多次对长沙市进行考察，中德流动人口社会融合国际研讨会予以典型推介，《中国人口报》多次进行专题报道。4. 以特殊家庭扶助为重点，促进民生事业发展。梳理计生政策项目，整合部门政策资源，推进人口计生政策与有关公共政策的兼容、整合和完善，率先全省以市政府名义制定下发《长沙市计划生育奖励扶助办法》，构建全市统一的计划生育利益导向政策体系。坚持以计划生育特别家庭、手术并发症患者等为重点，结合经济社会发展情况和对象群体实际情况，进一步提升扶助标准、完善扶助机制，《中国人口报》头版专题予以报道。创新利益导向政策违约退还机制，确保政策的严肃性和公正性，全年全市"五项"奖扶政策共计投入7305万余元，兑现22万余人，落实率100%。

二、基础工作稳固平衡发展的局面。1. 强化基础管理。坚持求真务实的原则，全面实施"三级联创四到基层"工作，进一步细化工作任务、统一工作标准，规范基层服务，强化基础管理；按照"抓两头、带中间"的思路，统筹规划、分类推进区域之间、城乡之间工作发展，突出示范带动和重点指导，强化过程考核和平时管理，促进平衡发展和整体提升。在全省考核评估中，全市符合政策生育率等主要指标连续6年排名第一，全市连续12年被评为"湖南省人口计生工作模范市"，9区、县（市）均被评为"全国计划生育优质服务先进单位"并连续4年被评为"湖南省人口计生工作模范单位"。2. 强化依法行政。严格按照人口计生群众工作纪律和考评工作纪律要求，坚持把依法行政工作与文明执法、阳光计生、效能监察等专项活动结合起来，统筹推进、全面促进人口计生依法行政工作。特别是在社会抚养费征收、"两非"整治、孕前型管理、奖扶政策落实等方面，创新"阳光征费"、社会听证、联合执法、质量管理等模式，全系统"阳光计生"的品牌进一步凸显，依法行政的水平进一步提升。全市共6个区、县（市）被评为全国、全省阳光计生行动示范先进单位，19个乡（镇）街被评为全国、全省人口计生依法行政示范单位。2013年，市人口计生委被省政府评为全省人口计生系统唯一的"全省依法办事示范窗口单位"创建活动组织工作先进单位。3. 强化社会宣传。开展以"婚育新风进万家活动"为主体的宣传教育活动，构建"党委领导、多方联动、分类指导、制度保障"的长效工作机制。随着社会对人口计生政策关注程度的提升，注重发挥市委宣传部牵头组织7家媒体成立的"计划生育媒体宣传联动协作体"优势，加强政策宣传，强化舆论引导；并与市委宣传部、市文明办联合举办"美丽长沙、美德先行——长沙幸福家庭公益大讲坛"，创新宣传方式，关注家庭健康，促进社会发展。市人口计生委被国家卫生计生委评为新闻宣传工作先进单位。4. 强化协会工作。在切实加强各级各层面计生协会网络建设和阵地建设的基础上，组织基层计生协会和广大协会会员，开展"创先争优服务大局"、创建幸福家庭等活动，传播婚育文化，开展优质服务，推进生育关怀；开发应用"计划生育协会综合管理信息系统"，规范基层协会工作、创新协会管理手段；推进基层群众自治示范村（社区）创建工作，完善人口计生基层群众自治模式。2013年，市计生协会被评为全省计生协"创先争优服务大局"活动先进单位；雨花区代表长沙市试点的"创建幸福家庭、促进家庭发展"项目获2013年度全省人口计生工作创新奖；全市29个村（社区）被评为全国、全省人口计生基层群众自治示范单位。（袁　科）

【《长沙市计划生育奖励扶助办法》出台】 8月16日，市长张剑飞主持召开市长办公会议，专题研究全市计划生育利益导向工作，整合部门相关政策，规范基层相关做法，并由市政府制定下发《长沙市计划生育奖励扶助办法》（以下简称《办法》），形成全市统一的政策标准和政策体系。《办法》明确从2014年起，在国家、省级标准上进一步提高计划生育特别家庭扶助标准：其中对于独生子女伤残家庭、死亡家庭扶助对象，年满49周岁且未满60周岁的，分别由每人每月110元、135元提高到220元、270元；年满60周岁的均提高到每人每月400元。《中国人口报》头版专题报道。（袁　科）

【人口网格化管理机制创新项目获重大创新奖】 市人口计生委通过集成省市人口管理系统、计生业务系统和对接国土空间地理系统、相关社会管理系统，并整合相关部门资源，完善网格化管理机制，构建形成以"人口网格化信息管理系统"为平台的人口网格化、信息化管理模式。12月29日，在全省市州人口计生委主任和计生协会会长会议上，该项目获全省2013年度人口计生工作重大创新奖，成为省委、省政府启动评选人口计生工作创新奖以来全省唯一重大创新奖。《湖南日报》内参2013年第39期以"政务信息化须破'山头林立'"为题，对长沙市人口网格化管理工作进行专题报道。省委书记徐守盛和省委常委、市委书记易炼红批示肯定长沙做法。

湖南省政府办公厅《政务要情》专报第203期以“我省创新人口网格化管理的主要做法及成效”为题进行长篇报道，省委副书记、省长杜家毫批示：“长沙的做法很好，一举几得。”国家卫计委2013年第9期简报以“湖南省长沙市推进人口网格化管理，有效解决人口信息不准和服务管理资源难整合问题”为题，专报中共中央办公厅、国务院办公厅。（袁　科）

民族工作

【概况】 2013年，长沙市民族宗教事务局（以下简称“市民宗局”）被评为“全省民委系统先进信息工作单位”，民族工作作为5个先进典型之一在全省民委主任会议上作经验介绍。

一、围绕全市发展大局抓服务。全市依托21个民族工作“三进”试点单位，开展民族团结教育和“民族团结进步行”系列活动。支持汉回村打造全省民族特色村寨，市委常委、市政府副市长张迎春组织相关单位到汉回村进行现场办公，全年争取特色村寨建设专项资金200万余元，并推荐汉回村作为全省5个代表之一列入全国民族团结进步创建活动示范单位候选名单。2013年，市民宗局与市民族联谊会一起调研写作的《新时期城市少数民族联谊会工作实践与发展对策——以长沙市民族联谊会为例》被省民委评为课题一等奖并推荐至国家民委；与市文联少数民族作家多次商讨挖掘汉回村民族文化并对汉回村进行实地走访调研，收集有关撰写汉回村报告文学的素材，完成报告文学《烟雨苍茫汉回村》初稿。

二、围绕民族政策落实强管理。1. 加强民族政策的宣传教育。一是开展4项政策法规专题普法宣传活动。二是结合全市民族团结进步行动开展学习宣传。开展省人大组织的民族法律法规政策知识竞赛，在全市范围内组织参加由国家民委、全国普法办共同举办的“民族政策法规有奖知识竞赛”活动，完成答卷近万份。通过民族政策法规系列普法宣传活动，提高民族政策法规的知晓率，为民族工作营造良好社会氛围。三是指导各区、县（市）以民族工作“三进”为抓手，开展形式多样的各类活动。2. 贯彻少数民族权益保护的各项民族政策。严把民族成份关，完成337名少数民族高考考生优惠加分和223名少数民族成份更改资格认定审核工作；做好清真冷藏和清真肉食补贴的发放工作。多措并举优化少数民族流动人员服务管理，依法妥善处理涉及少数民族的矛盾纠纷13起。到长沙少数民族流动人员管理服务工作受到中央新疆办领导的高度肯定，省委常委、市委书记易炼红和副省长盛茂林对此项工作作出重要批示。

三、围绕管理创新载体求作为。1. 加强到长沙流动人员的服务管理。市委、市政府成立来长少数民族务工人员服务管理领导小组，把到长沙少数民族服务管理和宗教打非抵渗工作纳入社会管理综合治理考评内容，专门制定了《开展深化“平安长沙”建设竞赛活动的实施方案》，联合市综治办对区、县（市）民族宗教方面综治工作进行定期考评，完善民族宗教关系分析评估机制和民族宗教事务跨部门协作共管机制。2. 全面保障少数民族同胞合法权益。做好长沙商贸旅游职业技术学院94名新疆培养班学员的顶岗实习工作，实现高效、有序、安全的工作目标。修改完善清真冷藏企业经营承诺书，做好相关企业的清真冷藏补贴资金拨付和清真企业标志牌照发放工作；积极争取为市伊斯兰教协会配备殡葬车一台，解决多年来穆斯林群众丧葬、上坟用车难的问题。3. 指导市民族联谊会积极作为。指导市民族联谊会成立企业家联谊分会，为少数民族企业的发展搭建更好的服务和沟通平台，长沙市民族联谊会会员达1万余人，在服务经济建设、社会稳定和文化大发展中发挥了积极作用，全年共为民族地区办好事、实事1000余件。（赵　萍　周红波）

【长沙市民族联谊会企业家分会成立】 12月1日，长沙市民族联谊会企业家分会成立暨民族企业发展座谈会在长沙举行，省政协原党组副书记、副主席石玉珍、省军区原副司令员彭楚政、省委统战部副部长兼省工商联党组书记汤新华、省民委党组书记、主任徐克勤、省民委党组副书记、副主任田代武、省民委经济发展处处长曹承明、市民宗局党组书记、局长刘佳勇等出席会议。会议审议通过了《长沙市民族联谊会企业家分会章程》，选举产生首届理事会，龙行天下股份有限公司执行总裁张文喜担任会长，王裕翔、张军、李如丰、黄德君、潘志双、熊再华担任副会长，夏勇担任秘书长。聘请长沙市民族联谊会会长姚子珩，副会长欧阳久耀、黄禹康、王国梅、钟斌担任名誉会长。50余名企业家分会会员都来自各少数民族企业家代表。（丁泽华）

宗教工作

【概况】 2013年，长沙市民族宗教事务局（以下简称“市民宗局”）被省人社厅和省宗教事务局评为“湖南省宗教工作系统先进集体”和“全省宗教工作红旗单位”。

一、宗教教风建设。1. 开展“教风年”主题创建活动。开展以“教风建设”为主题的和谐寺观教堂创建活动。制定下发对市属各宗教团体及负责人实行年度评价的指导意见，召开市属各宗教团体工作座谈会。成立教风督查组，先后对各宗教团体和宗教活动场所进行了16次督查，对部分宗教场所抓落实力度不够、教职人员监管存在漏洞等10余个问题，下发督查通报，限期整改，消除信教场所的安全隐患。市佛教铁炉寺和市佛协会长、玉泉寺住持释坚愿分别被评为第二届全国创建和谐寺观教堂先进集体和先进个人。2. “宗教政策法规学习月”活动。作为推进长沙市“教风年”主题创建活动的重要举措和全市宗教政策法规学习月系列活动的重要内容之一，市民宗局制定下发《关于在全市宗教界开展宗教政策法规学习月活动的实施意见》，指导各地全面开展以党的十八大精神、宗教政策和宗教相关法律法规等内容为学习重点的宗教政策法规学习月活动。并选送代表参加湖南省宗教事务局组织举办的全省宗教政策法规学习知识电视大赛。由市佛教协会推选的释常闻法师、市天主教“两会”推选的周红艳修女和市基督教“两会”推选的彭佳荣牧师组成的长沙市宗教界代表队获二等奖。

二、宗教事务管理。1. 宗教治乱工作。市民宗局根据《宗教事务条列》规定，集中整治私设聚会点和乱建庙宇的行为。在城管、公安等相关部门的配合下，指导天心区拆除九峰村非法建筑，维护宗教界的合法秩序；做好媒体报道洪山寺佛光塔宣传点违规事件的有关处理工作；指导芙蓉区开展马王堆街道大王庙矛盾处理和安全监管工作。2. 坚决抵制非法宗教活动。市民宗局切实加大依法行政力度，严厉打击违法宗教活动，抵制境外宗教渗透，全年共处理涉及非法传教及宗教渗透事件 10 余起，做好宗教领域抵渗维稳工作。如协调指导雨花区、岳麓区民宗局等处理藏传佛教在长沙市进行违法传教事件；配合公安国保依法取缔在长沙设立的韩国基督教组织（简称“上帝的教会”）的非法传教点；指导望城区、天心区民宗局做好一起宗教教职人员被藏传佛教信徒控制人身自由事件的处置工作。3. 民间信仰活动场所管理创新试点工作。浏阳市被省民宗局确定为全省 2 个试点单位之一，市民宗局配合省民宗局开展民间信仰事务管理创新试点课题调研有关工作。制定下发《关于对我市民间信仰活动场所划等定级动态管理的指导意见（试行）》和《关于长沙市民间信仰活动场所备案的通知》，在长沙市民间信仰活动场所中部署试行分级动态管理制度，并指导各区、县（市）开展拟保留但尚未正式登记民间信仰活动场所的备案工作，提升民间信仰活动场所规范化管理水平。4. 市级宗教团体换届工作。市民宗局报省宗教局和市委统战部研究后确定换届人选，9 月 3 日和 11 月 28 日分别完成市佛协和市基督教“两会”的换届工作，实现班子的新老更替和工作的平稳交接。

三、宗教维权服务。1. 推进宗教教职人员社保工作落实。为确保全市宗教教职人员病有所医、老有所养、困有所助，成立由市政府副秘书长担任组长，市民宗局、市人社局、市财政局及市民政局等部门组成的长沙市宗教教职人员社会保障专项工作领导小组。市民宗局与市人社局、市财政局和市民政局联合制定下发《关于落实我市宗教教职人员社会保障工作的通知》正式文件，并组织召开各区、县（市）民宗局、市各宗教团体负责人参加的全市宗教教职人员社会保障工作会议进行全面铺开，宗教教职人员医保参保率 92%，养老保险参保率 86%。2. 协调解决宗教领域重点难点问题。协调市规划、园林等部门分别召开清真寺改扩建新方案协商会和云麓宫建设协调会；指导市天主教和市基督教做好黄兴北路拓改后规划方案上报工作；协调做好天主教市“两会”教堂维修经费审计、汉回村回民墓地的规范管理及石马铺回民墓地城中村改造等有关工作，指导长沙县妥善处理黄兴镇观音寺群体性矛盾事件，维护长沙市宗教的合法权益。3. 注重引导宗教慈善文化理念。2013 年，长沙市宗教界通过扶贫济困、救灾助残、助学养老等途径，共计捐资近 700 万元，受益人数 2000 余人。特别是洗心禅寺基金会在“助万名学子圆大学梦”项目中捐款 415.6 万元资助 1000 余名贫困学子就学；市民宗局在宁乡环球职业中专举行“五教同行·民族连心”的公益慈善周启动仪式，捐助来自少数民族地区的 219 名贫困学子；与长沙市文明城市创建志愿者服务活动相结合，基督教城南堂组织由 200 余人参与的“天蓝地绿·山清水秀”关爱母亲河大型环保公益活动，进一步发挥宗教界服务经济社会各项事业的积极作用。（金 婷 周红波）

【长沙市宗教界公益慈善周活动】 9 月 27 日，以“五教同行·民族连心”为主题的 2013 年长沙市宗教界公益慈善周活动启动暨对少数民族贫困学生捐资助学仪式在宁乡举行。省民委副主任胡令明，省宗教局副局长向茂林，市委常委、统战部部长文树勋等省市领导出席捐赠仪式。捐资助学行动通过募集善款 11.8 万元帮助 219 名西部边远地区少数民族贫困学子求学。在捐赠仪式现场，来自新疆、西藏等西部边远地区的 19 名贫困生代表接受了每人 2000 元的助学金。

（金 婷 龚文娟）

【长沙市佛教协会第九次代表会议】 9 月 2—3 日，长沙市佛教协会召开第九次代表会议，两级佛协和各寺院共 85 名代表和 7 名特邀代表出席会议。省宗教局纪检组长陆波，省委统战部民宗处副处长蔡素实，中国佛协副会长、省佛协会长圣辉大和尚，市政协副主席龚振湘，市政府副秘书长卢兴映，市委统战部副部长饶福明，市人大民侨外委主任委员姚仁智，市政协民宗委主任张业军，市民宗局局长刘佳勇及党组成员到会表示祝贺。会议选举产生市佛协新一届班子，坚愿法师当选长沙市佛协会长，法通、能净、自然、增慧、悟圣5位法师当选副会长，照观法师当选秘书长。会议选举产生市佛协新一届理事会，礼请了名誉会长、副会长和名誉理事，审议并通过《长沙市佛教协会第八届理事会工作报告》、修改后的《长沙市佛教协会章程》和第九次代表会议决议。

（黄鸣强）

9 月 27 日，2013 年长沙市宗教界公益慈善周活动启动暨对少数民族贫困学生捐资助学仪式在宁乡举行

【长沙市基督教“两会”换届选举】 11月28日，长沙市基督教“三自”爱国运动委员会第九次代表会议、长沙市基督教协会第七次代表会议闭幕。省宗教局党组成员、副局长向茂林，省基督教“三自”爱国运动委员会主席姚增谊，市政协副主席龚振湘，市委统战部副部长饶福明，市人大民侨外委主任委员姚仁智，市政协民宗委主任张业军，市民宗局局长刘佳勇等领导到会表示祝贺。会议选举产生市基督教“两会”新一届领导班子，黄克刚牧师当选长沙市基督教“三自”爱国运动会委员会主席，徐勇斌牧师当选长沙市基督教协会会长；徐勇斌、任霞、袁雪梅、周沫霖当选长沙市基督教“三自”爱国运动会委员会副主席，周沫霖兼任长沙市基督教“三自”爱国运动会委员会秘书长；黄克刚、任霞、袁雪梅、彭佳荣当选长沙市基督教协会副会长，彭佳荣兼任长沙市基督教协会总干事。（龚文娟）

【罗保罗逝世】 罗保罗，男，汉族，1942年9月2日出生，湖南长沙人，2013年10月8日与世长辞，安息主怀。担任原省基督教“两会”副会长、长沙市政协常委、市基督教“两会”主席、会长。罗保罗牧师由祖父母抚养长大，祖父是中华基督教长沙内地会牧师。1981年，他到金陵协和神学院学习，1985年以优异成绩毕业，一直服侍于长沙市基督教三自爱国会（现在的市基督教“两会”），1987年4月按立为牧师。1989年11月起担任湖南省两会副主席，1993年11月起任长沙市基督教两会会长，1997年7月任市基督教两会主席，1997年1月任中国基督教两会常委，曾多次被选为省人大代表、市人大代表、市政协委员、常委，担任省、市反邪教协会理事，是省、市基督教爱国爱教的模范代表人士，为省、市基督教“两会”的发展做出了贡献。（周红波）

区划调整

【概况】 2013年，长沙市民政局区划地名处围绕全年工作目标，认真抓好贯彻落实，区划地名工作稳步推进。

一、行政区划调整。1. 推进宁乡撤县设市。制定《长沙市部分行政区划调整工作方案（草案）》。8月9日市委常委会和8月12日市政府常务会议专题研究区划调整，作出科学决策。启动撤销宁乡县，整体改设为宁乡市的相关工作，并成立区划调整工作领导小组。通过市人大、市政协等6个重要会议的呈报审批、组织协调、会务准备等各项工作，按照法定程序组织大量的申报材料，确保宁乡撤县设市工作的顺利推进。宁乡县改市工作已经省政府常务会讨论通过。2. 指导区县做好区划微调。协助宁乡县进行大屯营乡撤乡设镇和玉潭镇、城郊乡、白马桥乡、历经铺乡的撤镇设街工作；长沙县进行暮云镇的撤镇设街以及街道分设工作；开福区进行新港镇、捞刀河镇的撤镇设街析置、洪山街道的析置和部分镇、街道的区划微调工作。

二、地名管理工作。1. 完善法规体系，规范地名管理。长沙市人民政府出台《长沙市地名管理办法》）（以下简称《办法》），2013年5月1日起正式施行。一是规范地理实体命名，明确标准地名使用规则和要求，明确命名权限和程序。二是明确地名标志设置和管理责任，明确管理主体、管理责任和经费来源。三是加强对历史地名的保护，将历史地名保护工作纳入法制化、规范化的轨道。四是完善地名有偿冠名问题。同时根据《办法》要求，制定并出台《长沙市住宅区和建筑物名称使用规范》，起草《长沙市地名有偿冠名实施细则》。进一步完善细化长沙市地名管理法规体系，使之更具操作性、科学性、规范性。2. 完善地名体系，提升公共服务水平。开展地名命名过程中的论证工作，对影响重大的地名、特殊地名进行仔细论证，针对大河西先导区的梅溪湖国际服务区和洋湖片区道路路网建设已基本成型的现状，该处和大河西先导区管委会合作邀请相关文史、旅游等专家，对先导区范围内的70条无名道路召开专家论证会，形成道路命名方案，5月28日上报市政府，7月15日再次召开相关专家和管委会相关人员参加的论证会，结合地域元素和湖湘文化元素进行又一次修改完善，8月14日获市政府批准。规范地名命名更名及门牌管理，截至2013年11月，完成110个城镇建筑物的命名、更名工作。门牌动态管理机制运行良好，协调恢复了因价格等多方面原因停止制作的门牌，做好城区500余门牌号码的编码、补录、补做、补订工作。推动浏阳市申请“千年古县”，指导浏阳市挖掘历史地名文化，编制行政区划地图，建立古村、古镇、古建筑物档案。并根据省民政厅安排，借此契机在浏阳市启动全国地名普查试点工作。3. 完善业务流程，推进地名服务信息化。规范和清理地名业务的工作流程，建立相关业务办理工作流程单，明确办理要求和时限，并根据市政务中心的要求，做好地名业务网上办理的前期准备工作；完成“12345”社会救助平台的信息填报工作，上传处室职能、政策法规、业务办理要求、常见问题答复等信息；协调市国土局、省国土厅取得长沙市基础地理信息使用和共享的权力，为下一步的图形化、图名结合的地名管理系统开发奠定基础；完善现有地名数据管理系统，更新数据2000余条。

三、行政区域界线管理。全年全市有2条市界线和3条区县界线需要联合检查，分别是长益线、长岳线、长沙天心线、开福望城线和岳麓望城线。制定下发《长沙市与益阳市行政区域界线联合检查工作实施方案》（长民发〔2013〕36号）和《岳阳市与长沙市行政区域界线第三轮联合检查工作实施方案》（长岳发〔2013〕17号），对联合检查工作进行了周密部署。相关区县也分别制定了实施方案，进行安排部署。开展自查和联合检查。并对边界地区不稳定因素进行摸排，对发现的不稳定苗头及时进行处理。7月和9月，长沙、益阳、岳阳3市民政局先后组织召开长益线、长岳线行政区域界线联检暨创建平安边界座谈会，总结联检情况，并就联检中发现的有关问题，交换意见、认真探讨，制定整改措施。3市民政局签订《创建平安和谐边界协议书》，并以市政府的名义起草长益线、长岳线行政区域联合检查工作报告，上报省民政厅。

四、《政区大典·湖南卷·长沙分卷》复审工作完成。根据省民政厅要求，《政区大典·湖南卷·长沙分卷》进行最后一次复审，在复审中发现了一些问题，必须进一步核实和修改，该处及时和28个单位编委会工作人员以及各区、县（市）联系，将修改意见和须核实的数据事项通过QQ或是亲自上门等各种方式送达各单位编委会工作人员以及各区、县，对各级词条进行修改和审核工作，完成《政区大典·湖南卷·长沙分卷》的复审工作。（易　荣）

【开福区部分行政区划调整】　根据长沙市人民政府长政函〔2013〕90号文件请示，经省人民政府批准，以湘民行发〔2013〕17号文件批复：同意将捞刀河镇的大安、广胜、金霞3个建制村划归青竹湖镇管辖，将青竹湖镇的植基、金盆丘2个社区成建制划归新港镇管辖。

同意撤销新港镇，设立新港街道。以新港镇的行政区划为新港街道的管辖范围。同意撤销捞刀河镇，设立捞刀河街道。以捞刀河镇的行政区域为捞刀河街道的管辖范围。行政区划调整后，青竹湖镇辖大安、广胜、金霞3个建制村，群力、天井、新源、太阳山、霞凝、青竹湖畔6个社区，总面积27平方公里，总人口2万人，镇人民政府驻太阳山；新港街道辖金霞、鹅羊山、湘粤、荷叶、大塘、竹隐6个建制村，植基、金盆丘、新安寺、综合场、霞凝港、兴联、戴家河、宿龙桥、大塘基9个社区，总面积36.5平方公里，总人口5万人，办事处驻宿龙桥（原新港镇人民政府驻地）；捞刀河街道辖高岭、高源、中岭、捞刀河、伍家岭、凤羽、大星、白霞、罗汉庄、钟石、茶子山、自安、板塘、大明、成功、双湖、竹坡、告塘、海棠、汉回、乌溪21个建制村，捞刀河、彭家巷、沙坪3个社区，总面积89平方公里，总人口8万人，办事处驻中青路（原捞刀河镇人民政府驻地）。（易　荣）

【开福区部分街道行政区划调整】
根据长沙市开福区人民政府开政〔2013〕45号文件请示，经长沙市人民政府批准，以长政函〔2013〕91号文件批复：

一、将洪山街道析置为洪山街道、浏阳河街道、月湖街道。1. 新的洪山街道下辖2个社区，即洪西社区、金鹰社区，面积约5.5平方公里，常住人口约2.0万人，办事处驻址设在洪西社区。2. 新的浏阳河街道下辖4个社区，即史家坡社区、毛家垅社区、双河社区、陈家渡社区，面积5.9平方公里，常住人口约1.4万人，办事处驻址设在毛家垅社区。3. 新的月湖街道下辖4个社区，即鸭子铺社区、朝阳社区、月湖社区、马栏山社区，面积14平方公里，常住人口约4万人，办事处驻址设在鸭子铺社区。

二、将捞刀河街道析置为捞刀河街道、沙坪街道。1. 新的捞刀河街道下辖2个社区、9个村，即捞刀河社区、彭家巷社区、高岭村、高源村、中岭村、捞刀河村、伍家岭村、凤羽村、大星村、白霞村、罗汉庄村，面积41.5平方公里，常住人口4.3万人，办事处驻址设在捞刀河村。2. 新的沙坪街道下辖1个社区、12个村，即沙坪社区、钟石村、茶子山村、自安村、板塘村、大明村、成功村、双湖村、竹坡村、告塘村、海棠村、汉回村、乌溪村，面积47.5平方公里，常住人口3.7万人，办事处驻址设在板塘村。

三、将新港街道析置为新港街道、秀峰街道。1. 新的新港街道下辖5个社区、1个村，即植基社区、金盆丘社区、新安寺社区、综合场社区、霞凝港社区、金霞村，面积约15平方公里，常住人口约2.2万人，办事处驻址设在金盆丘社区。2. 新的秀峰街道下辖4个社区5个村，即兴联社区、戴家河社区、宿龙桥社区、大塘基社区、鹅羊山村、湘粤村、荷叶村、大塘村、竹隐村，面积21.5平方公里，常住人口2.8万人，办事处驻址设在宿龙桥社区。

四、对伍家岭街道进行调整。伍家岭街道的刘家冲社区调整到东风路街道，芙蓉北路以西陈家湖社区、友谊社区调整到新河街道。四方坪街道车站北路以西左岸社区一部分、三一大道—浏阳河大桥以西的花城社区、科大佳园社区调整到伍家岭街道。调整后的伍家岭街道下辖7个社区，即蒋家垅社区、建湘新村社区、紫荆园社区、浏阳河社区、陡岭社区、科大佳园社区、花城社区（含原左岸社区划入部分），面积4.49平方公里，常住人口5.2万人。

五、对新河街道进行调整。伍家岭街道芙蓉北路以西陈家湖社区、友谊社区调整到新河街道。调整后的新河街道下辖9个社区，即凤嘴路社区、开福寺路社区、竹山园社区、北桥新村社区、新河路社区、三角洲社区、幸福桥社区、陈家湖社区、友谊社区，面积6.14平方公里，常住人口4.8万人。

六、对四方坪街道进行调整。四方坪街道的科大佳园社区、花城社区和左岸社区一部分调整到伍家岭街道。调整后的四方坪街道下辖10个社区，即滨江社区、李家冲社区、左岸社区、四方社区、科大景园社区、胜利社区、黑石渡社区、四季美景社区、金帆社区、丝茅冲社区，面积3.91平方公里，常住人口4.2万人。

七、对东风路街道进行调整。伍家岭街道的刘家冲社区调整到东风路街道。调整后的东风路街道下辖10个社区，即科大社区、东风一村社区、蚌塘社区、德雅村社区、浏河村社区、丽臣社区、东风二村社区、砚瓦池社区、王家垅社区、刘家冲社区，面积5.67平方公里，常住人口7.2万人。

（易　荣）

【宁乡县大屯营乡撤乡设镇】　根据长沙市人民政府长政〔2013〕28号文件请示，经省人民政府批准，以湘民行发〔2013〕14号文件批复，同意撤销宁乡县大屯营乡，设立大屯营镇。大屯营镇的行政区域为原大屯营乡的行政区域。大屯营镇辖13个建制村，总面积106.41平方公里，总人口4.38万人。镇人民政府驻石家湾（原大屯营乡人民政府驻地）。（易　荣）

【宁乡县玉潭镇城郊乡白马桥乡历经铺乡撤乡镇设街道】　根据长沙市人民政府长政〔2013〕46号文件请示，经省人民政府批准，以湘民行发〔2013〕18号文件批复，同意撤销玉潭镇、城郊乡、白马桥乡、历经铺乡，分别设立玉潭、城郊、白马桥、历经铺4个街道。具体调整如下：将原城郊乡的茆田、塘湾、合安3个社区和金星建制村的区域范围，与原玉潭镇的行政区域合并，设立玉潭街道；以原城郊乡的东沩、锁匙、怡宁、沩丰、罗宦、木佳、蒐子潭7个社区和关心、石泉、石头坑、茶亭寺4个建制村的区域范围，设立城郊街道；以原白马桥乡的行政区域设立白马桥街道；以原历经铺乡的行政区域设立历经铺街道。行政区划调整后，玉潭街道辖1个建制村、12个社区，总面积22.76平方公里，总人口12.5万人，办事处驻塘湾社区；城郊街道辖4个建制村、7个社区，总面积37.37平方公里，总人口4.71万人，办事处驻关心；白马桥街道辖2个建制村、3个社区，总面积20.42平方公里，总人口2.4万人，办事处驻仁福；历经铺街道辖7个建制村、1个社区，总面积36.83平方公里，总人口3.25万人，办事处驻新宝塔。（易　荣）

【长沙县暮云镇撤镇分设暮云和南托街道】　根据长沙市人民政府长政〔2013〕52号文件请示，经省人民政府批准，以湘民行发〔2013〕19号文件批复，同意撤销暮云镇，以原暮云镇行政区域为基础分设暮云、南托2个街道。暮云街道的管辖范围为：原暮云镇高云、莲华、许兴、暮云新4个建制村和暮云、云塘、华月湖3个社区以及西湖建制村在芙蓉南路以东的部分区域、南塘建制村在芙蓉南路以东的部分区域。总面积34.6平方公里，总人口8.5万人，办事处驻南湖大道199号。南托街道的管辖范围为：原暮云镇沿江、北塘、牛角塘、三兴、兴马5个建制村和南托岭社区以及南塘建制村在芙蓉南路以西部分区域、西湖建制村在芙蓉南路以西部分区域。总面积29.47平方公里，总人口6.1万人，办事处驻南湖大道108号（原暮云镇人民政府驻地）。（易　荣）

【一批道路命名】　1. 经天心区民政局天民〔2012〕43号文件请示，市民政局以长民发〔2013〕1号文件批复，同意将起点为新姚路，终点为新联路，长1500米，宽30米的路段命名为“盛湘路”。

2. 经雨花区民政局雨民〔2013〕1号文件请示，市民政局以长民发〔2013〕6号文件批复，同意将起点为万家丽中路，终点为沙湾路，长900米，宽16米的路段命名为“白治路”。

3. 经岳麓区民政局岳民字〔2013〕3号文件请示，市民政局以长民发〔2013〕7号文件批复，同意将望岳街道内二条平行路段起点为望岳路，终点为西二环辅道，长约880米，宽约8米的路段分别命名为“德诚街”“德兴街”。

4. 经长沙高新区社会事业局文件请示，市民政局以长民发〔2013〕48号文件批复，同意将起点为岳麓大道，终点为青山路，长0.7公里，宽26米的路段命名为“延农路”；将起点为青山路，终点为望安路，长4.56公里，宽16米的路段命名为“欣盛路”；将起点为岳麓大道，终点为青山路，长1.11公里，宽16米的路段命名为“望安路”；将起点为岳麓大道，终点为岳麓大道，长3.18米，宽26米的路段命名为“旺龙路”。

5. 经岳麓区民政局岳民字〔2013〕16号文件请示，市民政局以长民发〔2013〕55号文件批复，同意将起点为含浦街道与学士路交汇处，终点为含浦街道与莲花镇交汇处，长约6公里，宽8米的路段命名为“含泰路”，将起点为含浦街道与莲花镇交汇处，终点为含浦街道九江村九江庙，长约7公里，宽10米的路段命名为“浦旺路”。

6. 经岳麓区民政局岳民字〔2013〕16号文件请示，市民政局以长民发〔2013〕56号文件批复，同意将北起南二环，南止靳江河，长约470米，宽约20米的路段命名为“徐家洲路”。

7. 经长沙高新区社会事业局文件请示，市民政局以长民发〔2013〕66号文件批复，同意将东起东方红中路，西止嘉运路，长380米，宽16米的路段统一纳入曲苑路，曲苑路起止点调整为：北起林语路，西止嘉运路；将南起枫林三路，北起谷苑路，长850米，宽16米的路段命名为“汇福路”；将东起麓松路，西止东方红中路，长860米，宽16米的路段命名为“长寿路”；将东起麓松路，西止东方红中路，长830米，宽16米的路段命名为“宁安路”；将南起兰轩路，北止曲苑路，长830米，宽16米的路段命名为“东骏路”；将南起枫林三路，北止曲苑路，长2100米，宽20米的路段命名为“东弛路”；将东起东弛路，西止嘉运路，长350米，宽16米的路段命名为“梅轩路”；将东起东弛路，西止嘉运路，长350米，宽16米的路段命名为“兰轩路”；将东起东弛路，西止嘉运路，长350米，宽16米的路段命名为“竹轩路”。

8. 经长沙大河西先导区管委会文件请示，经专家论证，并报市政府批准，市民政局以长民发〔2013〕92号文件批复，同意对“梅溪湖路”等55条道路命名，具体命名（见表50、表51、表52）：

表50　梅溪湖核心区道路命名

序号	规划路名	建议名称	走向	起讫点	长度（公里）	备注
1	梅溪湖路	梅溪湖路	东西向	二环线—二环线	9.50	已建
2	10号路+E3路	环湖路	东西向	节庆路—梅溪湖路	6.42	在建
3	A6路	连湖一路	南北向	梅溪湖路（北段）—环湖路	0.26	拟建
4	A7路	连湖二路	南北向	梅溪湖路（北段）—环湖路	0.24	拟建
5	A8路	连湖三路	南北向	梅溪湖路（北段）—环湖路	0.21	拟建

续表 50

序号	规划路名	建议名称	走向	起讫点	长度（公里）	备注
6	B1 路	连湖四路	南北向	梅溪湖路（北段）—环湖路	0.18	拟建
7	B2 路	连湖五路	南北向	梅溪湖路（北段）—环湖路	0.16	拟建
8	B3 路	连湖六路	南北向	梅溪湖路（北段）—环湖路	0.18	在建
9	B4 路	连湖七路	南北向	梅溪湖路（北段）—环湖路	0.21	在建
10	10A 路	润湖路	南北向	连湖二路—连湖一路	0.23	拟建
11	C1 路	连湖八路	东西向	梅溪湖路（南段）—琴溪路	0.40	拟建
12	C2 路	连湖九路	东西向	梅溪湖路（南段）—琴溪路	0.42	拟建
13	C3 路	连湖十路	东西向	梅溪湖路（南段）—环湖路	0.29	拟建
14	C4 路	近湖十路	东西向	梅溪湖路（南段）—环湖路	0.28	拟建
15	C5 路	近湖九路	东西向	梅溪湖路（南段）—泛舟路	0.39	拟建
16	C6 路	近湖八路	南北向	三环线—泛舟路	0.76	拟建
17	C7 路	近湖七路	南北向	三环线—泛舟路	0.96	拟建
18	11C 路	琴溪路	南北向	连湖八路—连湖九路	0.13	拟建
19	13C 路	泛舟路	南北向	近湖九路—近湖七路	0.53	拟建
20	12C+14C 路	五洲路	南北向	连湖八路—近湖七路	1.12	拟建
21	D2 路	近湖六路	南北向	梅溪湖路（南段）—环湖路	0.16	拟建
22	D3 路	近湖五路	南北向	梅溪湖路（南段）—环湖路	0.13	拟建
23	D4 路	近湖四路	南北向	梅溪湖路（南段）—环湖路	0.11	已建
24	D7 路	积溪路	东西向	环湖路—梅溪湖路	0.11	已建
				梅溪湖路—近湖一路	0.75	在建
25	D8 路	近湖三路	南北向	梅溪湖路（南段）—环湖路	0.13	在建
26	E1 路	近湖二路	南北向	环湖路—积溪路	0.41	在建
27	E2 路	近湖一路	南北向	环湖路—积溪路	0.77	在建
28	12D 路	柳堤	东西向	环湖路—环湖路	1.30	已建

表 51 梅溪湖核心区外的道路命名

序号	规划路名	建议名称	走向	起讫点	长度（公里）	备注
1	支路十	惜春路	东西向	东方红路—枫香路	0.43	拟建
2	支路十二	安夏路	东西向	东方红路—枫香路	0.41	拟建
3	支路十一	纳秋路	东西向	东方红路—三环线	0.41	拟建
4	东雷路东延线	藏冬路	东西向	东方红路—枫香路	0.40	拟建
5	雷锋西大道	节庆路	南北向	梅溪湖路（北段）—梅溪湖路（南段）	2.03	已建
6	麓谷大道	临水路	南北向	枫林路—梅溪湖路（北段）	0.96	在建
7	麓云路	麓云路	南北向	枫林路—梅溪湖路（北段）	1.08	已建
8	秀峰路	映日路	东西向	节庆路—梅溪湖路（南段）	5.07	部分在建，部分已建
9	长东路	沐风路	南北向	枫林路—东方红路	1.11	已建
10	骑龙路	观花路	南北向	枫林路—听雨路	0.60	已建
11	秀川路＋支路九	踏雪路	东西向	看云路—采菊路	1.75	部分在建，部分已建
12	科技路	赏月路	南北向	枫林路—高新区交界	4.78	已建
13	骑川路	看云路	东西向	泉水路—梅溪湖路（北段）	4.32	已建
14	肖河路	听雨路	东西向	三环线—映日路	1.88	已建
15	支路十三	瞻星路	南北向	看云路—梅溪湖路（北段）	1.63	在建
16	麓龙路	采菊路	东西向	川塘路—望山路	0.21	在建
				望山路—映日路	0.52	在建
				映日路—踏雪路	0.25	在建

表 52 梅溪湖西片区道路命名

序号	规划路名	建议名称	走向	起讫点	长度（公里）	备注
1	和谐路	蔷薇路	南北向	看云路—泉水路	1.09	拟建
2	天雷东路	木槿路	南北向	爱榕路—泉水路	0.72	拟建
3	东雷路	文竹路	南北向	赏月路—象鼻窝路	1.0	拟建
4	梅溪湖路西延线	泉水路	东西向	黄桥大道—梅溪湖路	6.8	在建
5	象鼻窝路	象鼻窝路	东西向	文竹路—泉水路	0.56	拟建

9. 经长沙大河西先导区管理委员会长先管函〔2013〕29 号文件请示，市民政局以长民发〔2013〕93 号文件批复，同意将起点为“翠荷路”，终点为“潇湘南路”，长约 3300 米，宽约 26 米的道路命名为“景园路”。

10. 经天心区民政局文件请示，市民政局以长民发〔2013〕96 号文件批复，同意将起点为“友谊路”，终点为“新姚路”，长约 1000 米，宽约 30 米的道路命名为“银杏路”；将起点为“新开铺路”，终点为“湘江南路”，长约 1000 米，宽约 20 米的道路命名为“丽江路”；将起点为“新开铺路”，终点为“湘江南路”，长约 800 米，宽约 20 米的道路命名为“龙潭湾路”。

11. 经雨花区民政局文件请示，市民政局以长民发〔2013〕97 号文件批复，同意将起点为“林高路”，终点为“湘府东路”，长约 189 米，宽约 20 米的道路命名为“松林路”。

12. 经雨花区民政局雨民〔2013〕6 号文件请示，市民政局以长民发〔2013〕121 号文件批复，同意将起点为花候路，终点为万家丽路，长约 1500 米，宽约 30 米，原名为豆花塘路的道路更名为“杜花路”。

13. 经长沙大河西先导区管委会文件请示，经专家论证，并报市政府批准，市民政局以长民发〔2013〕122 号文件批复，同意对翠荷路等 20 条道路的命名，具体命名（见表 53）：

表 53

洋湖片区部分道路命名方案（修改）

序号	规划名称	拟命名称	命名理由	走向	起止点（米）	长度（米）	宽度（米）
1	竹塘路	翠荷路	使用绿色植物命名	南北	洋湖路—三环线	1000	26
2	竹岭路	翠隐路	取隐于自然美境之意	东西	坪塘路—湘浦路	600	16
3	石湖塘路	石湖塘路	沿用老地名命名	南北	洋湖路—莲栅路	1000	18
4	周家湾路	周家湾路	沿用老地名命名	南北	洋湖路—莲栅路	840	18
5	罗谷塘路	罗谷塘路	沿用老地名命名	南北	洋湖垸路（规划）—莲栅路	850	18
6	公交路	和顺路	寓意和谐、顺利	南北	瓦官口路—景园路	1783	26
7	岳塘路	福祥路	福气祥和之意	东西	坪塘路—潇湘南路	1271	26
8	中央大道	先导路	为了展示纪念先导两型的建设成果	东西	坪塘路—潇湘南路	1000	55
9	兆新路	湘浦路	沿用老地名命名	南北	瓦官口路—莲栅路	2792	26
10	靳江河路	瓦官口路	沿用老地名命名	东西	潇湘南路—窑咀路（规划）	3300	16
11	长湾路	长湾路	沿用规划名称	东西	滨河路—潇湘南路	780	28
12	建兴路	建兴路	沿用规划名称	东西	坪塘路—滨柳路	383	16
13	规划六路	瑾沙路	取临水域且植被茂盛之意	东西	坪塘路—景园路	620	16
14	连塘路	连塘路	沿用规划名称	东西	莲栅路—湘浦路	2760	26
15	连山路	连山路	沿用规划名称	东西	景园路—潇湘南路	4200	18
16	井腰塘路	丰塘路	沿用老地名命名	东西	湘浦路—潇湘南路	1690	16
17	滨河路	滨柳路	谐音“宾留”宾客留下之意	南北	瓦官口路—湘浦路	1280	28
18	庙湾路	庙湾路	沿用规划名称	南北	先导路—福祥路	674	26
19	沈家路	沈家路	沿用规划名称	南北	景园路—莲栅路	625	16
20	周家塘路	清家滩路	沿用老地名命名	南北	景园路—莲栅路	310	16

14. 经雨花区民政局雨民〔2013〕7号文件请示，市民政局以长民发〔2013〕139号文件批复，同意将起点为韶山中路，终点为曙光南路，长约506米，宽约6米的路段命名为“万顺路”。（易　荣）

【一批建筑物命名】 1.1月9日，市地名委员会以长地发〔2013〕1号文件批复，同意将坐落在香樟东路与湘天路交汇处沿湘天路由北往南前行约740米靠东面12栋3～28层楼高的建筑物群命名为“熙春园”，门牌号码为“湘天路428号”。

2.1月9日，市地名委员会以长地发〔2013〕2号文件批复，同意将坐落在香樟东路与湘天路交汇处沿湘天路由北往南前行约450米靠东面11栋4～28层楼高的建筑物群命名为“康景园”，门牌号码为“湘天路508号”。

3.1月9日，市地名委员会以长地发〔2013〕3号文件批复，同意将坐落在香樟东路与花侯路交汇处的东南角的10栋4～28层楼高的建筑物群命名为“太和园”，门牌号码为“香樟东路528号”。

4.1月9日，市地名委员会以长地发〔2013〕4号文件批复，同意将坐落在万家丽中路与晚报大道交汇处沿晚报大道由东往西前行约300米靠南面的2栋5层楼高的建筑物命名为“双翼公寓”，门牌号码为“晚报大道408号”。

5.1月9日，市地名委员会以长地发〔2013〕5号文件批复，同意将坐落在麓山南路与阜埠河路交汇处沿麓山南路由北往南前行约3000米靠东面的1栋7层楼高的建筑物命名为“悦购大厦”，门牌号码为“麓山南路697号”。

6.1月17日，市地名委员会以长地发〔2013〕6号文件批复，同意将坐落在劳动东路与古曲路交汇处沿劳动东路由西往东前行约420米靠南面的13栋3～32层楼高的建筑物群命名为“城市山谷名园”，门牌号码为“劳动东路260号”。

7.1月17日，市地名委员会以长地发〔2013〕7号文件批复，同意将坐落在青竹湖路与华宁路交汇处沿青竹湖路由西往东前行约290米靠南面的17栋3～6层楼高的建筑物群命名为“金卓产业园”，门牌号码为“青竹湖路118号”。

8.1月21日，市地名委员会以长地发〔2013〕8号文件批复，同意将坐落在白治路与万家丽中路交汇处沿白治路由西往东前行约800米靠南面的9栋3～34层楼高的建筑物群命名为“泰禹家园”，门牌号码为“白治路168号”。

9.1月21日，市地名委员会以长地发〔2013〕9号文件批复，同意将坐落在岳麓区梅溪湖街道办事处骑龙村的8栋31层楼高的建筑物群命名为“梅溪四季家园”。

10.1月24日，市地名委员会以长地发〔2013〕10号文件批复，同意将坐落在枫林二路与金星南路交汇处的东南角1栋21层楼高的建筑物命名为“公园道大厦”，门牌号码为“金星南路300号”。

11.2月5日，市地名委员会以长地发〔2013〕11号文件批复，同意将坐落在车塘河路与云栖路交汇处沿车塘河路由北往南前行约480米靠西面的12栋16～30层楼高的建筑物群命名为“金鼎公园尚小区”，门牌号码为“车塘河路90号”。

12.2月5日，市地名委员会以长地发〔2013〕12号文件批复，同意将坐落在万家丽中路与远大路交汇处的东南角的1栋26层楼高的建筑物命名为“建安大厦”，门牌号码为“万家丽中路一段3号”。

13.2月5日，市地名委员会以长地发〔2013〕13号文件批复，同意将坐落在岳麓区天顶乡清水村内的3栋12～26层楼高的建筑物群命名为“锦绣航发苑”，门牌号码为“枫林三路439号”。

14.2月5日，市地名委员会以长地发〔2013〕14号文件批复，同意将坐落在新建东路与曙光路交汇处沿曙光路由北往南前行约200米靠东面的1栋32层楼高的建筑物命名为“三力公寓”，门牌号码为“曙光南路321号”。

15.2月21日，市地名委员会以长地发〔2013〕15号文件批复，同意将坐落在联丰路与含浦中路交汇处的东南角16栋3～33层楼高的建筑物群命名为“云水麓园”，门牌号码为“含浦中路199号”。

16.3月19日，市地名委员会以长地发〔2013〕16号文件批复，同意将坐落在沙湾路与长沙大道交汇处沿沙湾路由北往南前行约700米靠西面的11栋33层楼高的建筑物群命名为“东澜湾嘉园”，门牌号码为“沙湾路389号”。

17.3月19日，市地名委员会以长地发〔2013〕17号文件批复，同意将坐落在万家丽路与曲塘路交汇处沿万家丽路由北往南前行约650米靠东面的5栋31层楼高的建筑物群命名为“金石雅苑”，门牌号码为“万家丽中路二段345号”。

18.3月22日，市地名委员会以长地发〔2013〕18号文件批复，同意将坐落在后湖路与靳江路交汇处沿靳江路由西往东前行约130米靠南面的3栋2～17层楼高的建筑物群命名为“湘桥佳苑”。

19.3月22日，市地名委员会以长地发〔2013〕19号文件批复，同意将坐落在雨花区井湾子街道莲湖社区管辖内的21栋32～33层楼高的建筑物群命名为“万境水岸和苑”。

20.3月29日，市地名委员会以长地发〔2013〕20号文件批复，同意将坐落在麓松路与文轩路交汇处的东南角的7栋3～32层楼高的建筑物群命名为“天元涉外景园”。

21.4月1日，市地名委员会以长地发〔2013〕21号文件批复，同意将坐落在东二环与晚报大道交汇处沿晚报大道由西往东前行约100米靠南面的2栋32层楼高的建筑物命名为“崇文阁”，门牌号码为“晚报大道276号”。

22.4月1日，市地名委员会以长地发〔2013〕22号文件批复，同意将坐落在东二环与人民东路交汇处的东南角的3栋30层楼高的建筑物命名为“天下一家嘉园”，门牌号码为“东二环一段798号”。

23.4月1日，市地名委员会以长地发〔2013〕23号文件批复，同意将坐落在东二环与人民东路交汇处沿东二环由南往北前行约110米靠东面的3栋24～32层楼高的建筑物命名为“天下一家华府”，门牌号码为“东二环一段768号”。

24.4月1日，市地名委员会以长地发〔2013〕24号文件批复，同意将坐落在荷花路与古曲路交汇处的东南角1栋15层楼高的建筑物命名为“芙蓉明珠大厦”。

25.4月8日，市地名委员会以长地发〔2013〕25号文件批复，同意将坐落在中山路与蔡锷中路交汇处的东南角的1栋29层楼高的建筑物命名为“泉昇同福大厦”。

26.4月8日，市地名委员会以长地发〔2013〕26号文件批复，同意将坐落在梓园路与人民中路交汇处沿人民中路由东往西前行约320米靠南面的4栋3～45层楼高的建筑物群命名为“嘉熙中心”，门牌号码为“人民中路152号”。

27.4月8日，市地名委员会以长地发〔2013〕27号文件批复，同意将坐落在岳华路与杜鹃路交汇处沿岳华路由北往南前行约200米靠东面的19栋6～17层楼高的建筑物群命名为“银馨家园”，门牌号码为“岳华路282号”。

28.4月8日，市地名委员会以长地发〔2013〕28号文件批复，同意将坐落在枫林三路与东方红路交汇处沿东方红路由北往南前行约2200米靠东面的14栋2～33层楼高的建筑物群命名为“梅溪青秀和园”。

29.4月8日，市地名委员会以长地发〔2013〕29号文件批复，同意将坐落在木莲西路与芙蓉南路交汇处沿木莲西路由东往西前行约300米靠南面的1栋14层楼高的建筑物命名为“鎏金大厦”，门牌号码为“木莲西路429号”。

30.4月22日，市地名委员会以长地发〔2013〕30号文件批复，同意将坐落在汇智路与枫林三路交汇处沿汇智路由南往北前行约700米靠西面的31栋6～9层楼高的建筑物群命名为“金导园”，门牌号码为“汇智中路169和179号”。

31.4月22日，市地名委员会以长地发〔2013〕31号文件批复，同意将坐落在尖山路与岳麓西大道交汇处沿岳麓西大道由东往西前行约810米靠北面的13栋3～34层楼高的建筑物群命名为“荣盛花语馨苑”，门牌号码为“岳麓西大道560号”。

32.4月22日，市地名委员会以长地发〔2013〕32号文件批复，同意将坐落陡岭路与栖凤路交汇处的西南角7栋2～30层楼高的建筑物群命名为“凯乐水岸佳苑”，门牌号码为“栖凤路486号”。

33.4月27日，市地名委员会以长地发〔2013〕33号文件批复，同意将坐落在湘府西路与书香路交汇处的西北角2栋16层楼高的建筑物命名为“鑫宸公寓”。

34.4月27日，市地名委员会以长地发〔2013〕34号文件批复，同意将坐落在三一大道与东二环交汇处的东北角6栋3～34层楼高的建筑物群命名为“福嘉园”，门牌号码为“东二环二段632号”。

35.4月27日，市地名委员会以长地发〔2013〕35号文件批复，同意将坐落在东方红路与岳麓西大道交汇处沿岳麓西大道由西往东前行约700米靠北面10栋3～33层楼高的建筑物群命名为“潇湘奥园”，门牌号码为“岳麓西大道660号”。

36.4月27日，市地名委员会以长地发〔2013〕36号文件批复，同意将坐落在南二环与坪塘路交汇处沿坪塘路由北往南前行约100米靠东面的32栋2～33层楼高的建筑物群命名为“万科白鹭郡小区”，门牌号码为“坪塘路299号”。

37.4月27日，市地名委员会以长地发〔2013〕37号文件批复，同意将坐落在时代阳光大道西与万芙路交汇处横跨时代阳光大道西南北两侧的14栋及高升路与时代阳光大道西交汇处西南角的11栋共计25栋15～24层楼高的建筑物群命名为“才子佳城”，门牌号码为“高升路465号、万芙中路80号、万芙北路600号”。

38.5月8日，市地名委员会以长地发〔2013〕38号文件批复，同意将坐落在麓云路与枫林三路交汇处沿枫林三路由东往西前行约300米靠南面的24栋5～33层楼高的建筑物群命名为“骑龙苑”，门牌号码为“枫林三路681号”。

39.5月8日，市地名委员会以长地发〔2013〕39号文件批复，同意将坐落在枫林三路与东方红中路交汇处的西北角2栋16层楼高的建筑物命名为“神汉商业广场”，门牌号码为“东方红中路23号”。

40.5月8日，市地名委员会以长地发〔2013〕40号文件批复，同意将坐落在东二环与福元西路交汇处沿福元西路由东往西前行约120米靠北面的4栋12～23层楼高的建筑物命名为“益安公寓”，门牌号码为“福元西路589号”。

41.5月8日，市地名委员会以长地发〔2013〕41号文件批复，同意将坐落在岳麓西大道与旺龙路交汇处的东北角的10栋11～24层楼高的建筑物群命名为“芯城科技园”，门牌号码为“岳麓西大道588号”。

42.5月24日，市地名委员会以长地发〔2013〕42号文件批复，同意将坐落在木莲东路与洞井路交汇处的西南角7栋8～32层楼高的建筑物群命名为“金丰苑”，门牌号码为“洞井中路411号”。

43.5月24日，市地名委员会以长地发〔2013〕43号文件批复，同意将坐落在湘江南路与殷家冲街交汇处沿殷家冲街由西往东前行约100米靠南面的5栋23～34层楼高的建筑物群命名为“上源湘江华庭”，门牌号码为“殷家冲街89号”。

44.5月24日，市地名委员会以长地发〔2013〕44号文件批复，同意将坐落在新姚南路与御邦路交汇处沿新姚南路由北往南前行约200米靠东面的8栋12～13层楼高的建筑物群命名为“润江榕园”，门牌号码为“新姚南路196号”。

45.5月24日，市地名委员会以长地发〔2013〕45号文件批复，同意将坐落在岳麓区天顶乡清水村内的3栋12～26层楼高的建筑物群命名为“航天溪澌苑”，门牌号码为“枫林三路439号”。

46.5月27日，市地名委员会以长地发〔2013〕46号文件批复，同意将坐落在南二环与许家洲路交汇处沿许家洲路由北往南前行约400米靠西面的11栋22～33层楼高的建筑物群命名为“锦峰苑”，门牌号码为“许家洲路106号”。

47.5月29日，市地名委员会以长地发〔2013〕47号文件批复，同意将坐落在人民路与建湘路交汇处沿建湘路由南往北前行约100米靠东面的1栋31层楼高的建筑物命名为“龙腾大厦”，门牌号码为“建湘路36号”。

48.5月29日，市地名委员会以长地发〔2013〕48号文件批复，同意将坐落在望岳路与德诚街交汇处沿德诚街由东往西前行约200米横跨德诚街两边的3栋16～18层楼高的建筑物命名为“银太家园”，门牌号码为“德诚街69号和德诚街70号”。

49.6月6日，市地名委员会以长地发〔2013〕49号文件批复，同意将坐落在银杉路与岳华路交汇处沿岳华路由东往西前行约600米靠南面的建筑物群“谷山庭苑”有关数据由原来的7栋17～18层楼高（原长地发〔2010〕146号）变更为26栋17～18层楼高。原长地发〔2010〕146号文作废。

50.6月6日，市地名委员会以长地发〔2013〕50号文件批复，同意将坐落在长沙市雨花区东南部洞井镇水乡路以南、武广高铁以东，振东路以西的14栋3～33层楼高的建筑物群命名为“湘水雅郡”。

51.6月6日，市地名委员会以长地发〔2013〕51号文件批复，同意将坐落在金星中路与咸嘉湖西路交汇处的西南角4栋3～27层楼高的建筑物命名为“佳兴国际汇广场”，门牌号码为“金星中路247号”。

52.6月6日，市地名委员会以长地发〔2013〕52号文件批复，同意将坐落在曙光中路与桂花路交汇处的西北角9栋2～46层楼高的建筑物群命名为“长房天翼未来城”。

53.6月20日，市地名委员会以长地发〔2013〕53号文件批复，同意将坐落在潇湘中路与风顺路交汇处沿风顺路横跨两侧的7栋3～23层楼高的建筑物群命名为“万科金域缇香苑”，门牌号码为“潇湘中路355号”。

54.6月20日，市地名委员会以长地发〔2013〕54号文件批复，同意将坐落在福元西路与芙蓉北路交汇处沿福元西路由西往东前行约400米靠南面的4栋4～17层楼高的建筑物命名为“汇福苑”，门牌号码为“福元西路108号”。

55.7月1日，市地名委员会以长地发〔2013〕55号文件批复，同意将坐落在万家丽中路与石坝路交汇处的西南角1栋8层楼高的建筑物命名为“和顺大厦”，门牌号码为“万家丽中路二段58号”。

56.7月1日，市地名委员会以长地发〔2013〕56号文件批复，同意将坐落在西三环与学丰路交汇处沿学丰路由西往东前行约800米靠北面“麓麟卓越花园”内的7栋3层楼高的建筑物群命名为“乐池别墅”，门牌号码为“学丰路938号”。

57.7月2日，市地名委员会以长地发〔2013〕57号文件批复，同意将坐落在岳麓区洋湖街道内15栋16层楼高的建筑物群命名为“中天栖溪里家园”。

58.7月4日，市地名委员会以长地发〔2013〕58号文件批复，同意将坐落在书院南路与赤岭路交汇处沿书院南路由南往北前行约560米靠东面的2栋33层楼高的建筑物命名为“天悦鑫苑”，门牌号码为“书院南路352号”。

59.7月4日，市地名委员会以长地发〔2013〕59号文件批复，同意将坐落在潇湘南路与岳塘路（规划名）交汇处横跨岳塘路（规划名）南北两侧的5栋4～22层楼高的建筑物命名为“中盈广场”，门牌号码为“潇湘南路一段368号”。

60.7月8日，市地名委员会以长地发〔2013〕60号文件批复，同意将坐落在太阳山路与青竹湖路交汇处东北角的4栋6～25层楼高的建筑物群命名为“观山悦苑”，门牌号码为“青竹湖路409号”。原长地发〔2012〕21号文作废。

61.7月8日，市地名委员会以长地发〔2013〕61号文件批复，同意将坐落在西二环与杜鹃路交汇处的西南角18栋3～27层楼高的建筑物群命名为“耀凯花园”，门牌号码为“杜鹃路819号”。

62.7月17日，市地名委员会以长地发〔2013〕62号文件批复，同意将坐落在紫薇路与人民东路交汇处的东南角的1栋30层楼高的建筑物命名为“新三诚大厦”，门牌号码为“人民东路58号”。

63.7月24日，市地名委员会以长地发〔2013〕63号文件批复，同意将坐落在湘雅路与芙蓉中路交汇处沿芙蓉中路由北往南前行约100米靠东面的4栋5～44层楼高的建筑物群命名为“绿地中心”，门牌号码为“芙蓉中路一段319号”。

64.7月24日，市地名委员会以长地发〔2013〕64号文件批复，同意将坐落在环保东路与圭白路交汇处东南角的4栋28～33层楼高的建筑物命名为“南庭商务中心”，门牌号码为“圭白路15号”。

65.7月24日，市地名委员会以长地发〔2013〕65号文件批复，同意将坐落在湘江南路与丽江路（规划路）交汇处的东北角16栋2～23层楼高的建筑物群命名为“万科紫台”，门牌号码为“湘江南路36号”。

66.7月29日，市地名委员会以长地发〔2013〕66号文件批复，同意将坐落在韶山南路与湘府路交汇处西北角的建筑物群“德思勤城市广场”有关事宜数据由原来的8栋8～31层楼高（原长地发〔2011〕49号）变更为15栋其中最低层5层，最高层31层。原长地发〔2011〕49号文件作废。

67.7月31日，市地名委员会以长地发〔2013〕67号文件批复，同意将坐落在东二环与双拥路交汇处西南角的1栋28层楼高的建筑物命名为“长城万富汇大厦”，门牌号码为“双拥路9号”。

68.8月2日，市地名委员会以长地发〔2013〕68号文件批复，同意将坐落在岳麓大道与尖山路交汇处西北角的22栋2～17层楼高的建筑物群命名为“中电软件园”，门牌号码为“尖山路39号”。

69.8月2日，市地名委员会以长地发〔2013〕69号文件批复，同意将坐落在学宫街与蔡锷北路交汇处沿学宫街由东往西前行约140米靠南面的2栋7～8层楼高的建筑物命名为“学宫公寓”，门牌号码为“学宫街57号”。

70.8月2日，市地名委员会以长地发〔2013〕70号文件批复，同意将坐落在芙蓉北路与新安路交汇处西北角的32栋4～33层楼高的建筑物群命名为“德峰小区”，门牌号码为“芙蓉北路619号”。

71.8月2日，市地名委员会以长地发〔2013〕71号文件批复，同意将坐落在朝晖路与怡园街交汇处东北角的2栋22～26层楼高的建筑物命名为“金鸿宇大厦”，门牌号码为“朝晖路55号”。

72.8月21日，市地名委员会以长地发〔2013〕72号文件批复，同意将坐落在坪塘路与景园路交汇处东南角的25栋11～22层楼高的建筑物群命名为“洋湖景园”，门牌号码为“景园路239号”。原长地发〔2010〕134号文件作废。

73.8月21日，市地名委员会以长地发〔2013〕73号文件批复，同意将坐落在观花路与看云路交汇处西南角的15栋3～34层楼高的建筑物群命名为“璞丽景园”，门牌号码为“看云路111号”。

74.8月21日，市地名委员会以长地发〔2013〕74号文件批复，同意将坐落在麓云路与映日路交汇处东南角的20栋2～32层楼高的建筑物群命名为“金悦雅苑”，门牌号码为“麓云路268号”。

75.8月27日，市地名委员会以长地发〔2013〕75号文件批复，同意将坐落在芙蓉中路与赤岭路交汇处沿赤岭路由北往南前行约420米靠东面的2栋3层楼高的建筑物命名为“涂金院”，门牌号码为“赤岭路95号”。

76. 8月27日，市地名委员会以长地发〔2013〕76号文件批复，同意将坐落在桐梓坡路与岳华路交汇处沿岳华路由北往南前行约300米靠西面6栋2～33层楼高的建筑物群命名为“胜家雅苑”，门牌号码为“岳华路85号”。

77. 8月27日，市地名委员会以长地发〔2013〕77号文件批复，同意将坐落在星沙大道与远大二路交汇处的东北角18栋2～34层楼高的建筑物群命名为“汇一城家园”，门牌号码为“远大二路725号”。

78. 8月28日，市地名委员会以长地发〔2013〕78号文件批复，同意将坐落在友谊路与银杏路交汇处的西北角1栋26层楼高的建筑物命名为“万兴大厦”，门牌号码为“友谊路528号”。

79. 8月29日，市地名委员会以长地发〔2013〕79号文件批复，同意将坐落在隶属于岳麓区银盆岭街道办事处铜盆湖社区内的1栋28层楼高的建筑物命名为“鑫阳大厦”。

80. 9月5日，市地名委员会以长地发〔2013〕80号文件批复，同意将坐落在潇湘中路与银盆岭路交汇处西南角的23栋2～46层楼高的建筑物群命名为“保利西海岸小区”，门牌号码为“银盆岭路228号”。

81. 9月5日，市地名委员会以长地发〔2013〕81号文件批复，同意将坐落在枫林三路与麓云路交汇处的西北角5栋2～30层楼高的建筑物命名为“恒泰商业广场”，门牌号码为“枫林三路516号”。

82. 9月5日，市地名委员会以长地发〔2013〕82号文件批复，同意将坐落在芙蓉中路与人民中路交汇处沿芙蓉中路由北往南前行约60米靠西面的1栋30层楼高的建筑物命名为“同发大厦”，门牌号码为“芙蓉中路二段116号”。

83. 9月22日，市地名委员会以长地发〔2013〕83号文件批复，同意将坐落在芙蓉南路暮云镇莲华村莲华安置区内的18栋3～27层楼高的建筑物群命名为“鑫天格林香山苑”。

84. 9月22日，市地名委员会以长地发〔2013〕84号文件批复，同意将坐落在桐梓坡西路与西二环交汇处的西南角的1栋19层楼高的建筑物命名为“嘉汇大厦”，门牌号码为“桐梓坡西路19号”。

85. 9月22日，市地名委员会以长地发〔2013〕85号文件批复，同意将坐落在木莲东路与洞井路交汇处的西南角7栋8～32层楼高的建筑物群命名为“园康星都荟小区”，门牌号码为“洞井中路411号”。原长地发〔2013〕42号文作废。

86. 9月22日，市地名委员会以长地发〔2013〕86号文件批复，同意将坐落在芙蓉北路与福元西路交汇处沿福元西路由西往东前行约500米靠南面的建筑物群“万科城”有关数据由原来的13栋1～34层楼高（原长地发〔2010〕30号）变更为38栋（其中最低层1层，最高层34层）。原长地发〔2010〕30号文件作废。

87. 9月23日，市地名委员会以长地发〔2013〕87号文件批复，同意将坐落在桐梓坡西路与东方红中路交汇处东南角的1栋24层楼高的建筑物命名为“天时利麓谷商业广场”，门牌号码为“桐梓坡西路529号”。

88. 9月23日，市地名委员会以长地发〔2013〕88号文件批复，同意将坐落在万家丽南路与金海路交汇处的西北角的10栋3～18层楼高的建筑物群命名为“中南总部基地”，门牌号码为“万家丽南路二段688号”。

89. 9月29日，市地名委员会以长地发〔2013〕89号文件批复，同意将坐落在曙光南路（规划）与木莲中路交汇处西北角的2栋3～23层楼高的建筑物命名为“中建木莲工社”，门牌号码为“木莲中路168号”。

90. 10月10日，市地名委员会以长地发〔2013〕90号文件批复，同意将坐落在麓松路与谷苑路交汇处沿谷苑路由西往东前行约400米靠北面的5栋7层楼高的建筑物群命名为“湖南大学科技园”。

91. 10月15日，市地名委员会以长地发〔2013〕91号文件批复，同意将坐落在古曲路与荷花路交汇处沿古曲路由南往北前行约260米靠西面的1栋25层楼高的建筑物命名为“汇尚大厦”，门牌号码为“古曲中路1189号”。

92. 10月15日，市地名委员会以长地发〔2013〕92号文件批复，同意将坐落在湘府东路与圭塘河交汇处东北角的2栋30层楼高的建筑物命名为“万境财富中心”，门牌号码为“湘府东路二段208号”。

93. 10月15日，市地名委员会以长地发〔2013〕93号文件批复，同意将坐落在潇湘北路与岳麓大道交汇处沿潇湘北路由南往北前行约150米靠东面的23栋1～4层楼高的建筑物群命名为“淮人商业广场”，门牌号码为“潇湘北路三段1088号”。

94. 10月17日，市地名委员会以长地发〔2013〕94号文件批复，同意将坐落在植物园路与洞井路交汇处西北角的3栋15～22层楼高的建筑物命名为“兴格仕雅苑”，门牌号码为“植物园路59号”。

95. 10月17日，市地名委员会以长地发〔2013〕95号文件批复，同意将坐落在学士路与象嘴路交汇处东南角的18栋2～33层楼高的建筑物群命名为“福天洋湖时代苑”，门牌号码为“学士路177号”。

96. 10月17日，市地名委员会以长地发〔2013〕96号文件批复，同意将坐落在书香路与新韶路交汇处东北角的59栋4～32层楼高的建筑物群命名为“鑫石小区”，门牌号码为“新韶西路236号”。

97. 10月25日，市地名委员会以长地发〔2013〕97号文件批复，同意将坐落在杉木冲东路与卉园路交汇处沿卉园路由北往南前行约230米靠西面的9栋3～30层楼高的建筑物群命名为“兴隆景苑”，门牌号码为“杉木冲东路169号”。

98. 10月24日，市地名委员会以长地发〔2013〕98号文件批复，同意将坐落在芙蓉中路与黄土岭路交汇处沿黄土岭路由东往西前行约280米靠东面的7栋33层楼高的建筑物群命名为“南湖花园”，门牌号码为“黄土岭路188号”。

99. 10月25日，市地名委员会以长地发〔2013〕99号文件批复，同意将原定位于坐落在龙王港路与麓景路交汇处沿龙王港路由东往西前行约500米靠北面的建筑物群“湖墅嘉园”重新定位坐落在近湖一路与积溪路之间，梅溪湖路北侧，有关数据由原来的22栋3～26层楼高（原长地发〔2012〕52号）变更为48栋3～34层楼高，门牌号码为“近湖二路1号”。原长地发〔2012〕52号文件作废。

100.10月25日，市地名委员会以长地发〔2013〕100号文件批复，同意将坐落在福祥路与湘浦路交汇处的西北角24栋2～32层楼高的建筑物群命名为“蜜橙家园”，门牌号码为“福祥路72号”。

101.10月25日，市地名委员会以长地发〔2013〕101号文件批复，同意将坐落在麓云路与枫林三路交汇处沿枫林三路由西往东约280米靠北面的2栋9～34层楼高的建筑物命名为“高盛华成公寓”，门牌号码为“枫林三路500号”。

102.11月14日，市地名委员会以长地发〔2013〕102号文件批复，同意将坐落在韶山中路与新建西路交汇处的东南角的1栋4层楼高的建筑物命名为“凯德商业广场”，门牌号码为“韶山中路421号”。

103.11月14日，市地名委员会以长地发〔2013〕103号文件批复，同意将坐落在潇湘南路与先导路（在建）交汇处西北角1栋22层楼高的建筑物命名为“柏利大厦”，门牌号码为“潇湘南路一段208号”。

104.11月14日，市地名委员会以长地发〔2013〕104号文件批复，同意将原定位于坐落在正兴路与金州大道交汇处沿正兴路由北往南前行约200米靠东面的建筑物群“和沁园”有关数据由原来的6栋18层楼高（原长地发〔2011〕125号）变更为10栋18层楼高。原长地发〔2011〕125号文件作废。

105.11月14日，市地名委员会以长地发〔2013〕105号文件批复，同意将原定位于坐落在书院南路与赤黄路交汇处沿书院南路由南往北前行约150米靠西面的建筑物群“乾城嘉园”有关数据由原来的7栋30层楼高（原长地发〔2011〕72号）变更为24栋30层楼高。原长地发〔2011〕72号文件作废。

106.11月14日，市地名委员会以长地发〔2013〕106号文件批复，同意将坐落在圭塘路与莲湖路交汇处西北角的25栋2～31层楼高的建筑物群命名为“丰升德润小区”，门牌号码为“莲湖路2号”。

107.11月14日，市地名委员会以长地发〔2013〕107号文件批复，同意将坐落在中山路与蔡锷中路交汇处西南角的1栋30层楼高的建筑物命名为“朗盛大厦”，门牌号码为“蔡锷中路239号”。

108.11月14日，市地名委员会以长地发〔2013〕108号文件批复，同意将坐落在潇湘南路与先导路（在建）交汇处西南角1栋23层楼高的建筑物命名为“柏宁商业大厦”，门牌号码为“潇湘南路一段218号”。

109.11月14日，市地名委员会以长地发〔2013〕109号文件批复，同意将坐落在观花路与看云路交汇处东北角的17栋3～33层楼高的建筑物群命名为“高瑞雅园”，门牌号码为“看云路108号”。

110.11月14日，市地名委员会以长地发〔2013〕110号文件批复，同意将坐落在韶山北路与八一路交汇处沿八一路由东往西前行约100米靠南面的1栋22层楼高的建筑物命名为“领峰大厦”，门牌号码为“八一路339～19号”。

111.11月18日，市地名委员会以长地发〔2013〕111号文件批复，同意将原定位于坐落在浏阳河大道与荷花路交汇处西南角的建筑物群“浏阳河婚庆文化园”有关数据由原来的5栋2～3层楼高（原长地发〔2012〕81号）变更为8栋2～3层楼高。原长地发〔2012〕81号文件作废。

112.11月18日，市地名委员会以长地发〔2013〕112号文件批复，同意将坐落在麓谷大道与梅溪湖交汇处沿麓谷大道由南往北前行约100米靠西面5栋8～44层楼高的建筑物群命名为“达美梅溪苑”，门牌号码为“麓谷大道19号”。

113.11月18日，市地名委员会以长地发〔2013〕113号文件批复，同意将坐落在天剑路与红石咀巷交汇处沿红石咀巷由东往西前行约330米靠北面的2栋4～5层楼高的建筑物命名为“圆梦公寓”，门牌号码为“红石咀巷1号”。

114.11月18日，市地名委员会以长地发〔2013〕114号文件批复，同意将坐落在天剑路与红石咀巷交汇处沿红石咀巷由东往西前行约230米靠南面的3栋6～18层楼高的建筑物命名为“楚泽苑”，门牌号码为“红石咀巷36号”。

115.11月18日，市地名委员会以长地发〔2013〕115号文件批复，同意将原定位于坐落在观沙路与杜鹃路交汇处沿观沙路由南往北横跨观沙路两侧的建筑物群“八方小区”重新定位于金星北路与杜鹃路交汇处东北角，有关数据由原来的131栋6层楼高（原长地发〔2007〕146号）变更为207栋6～33层楼高。原长地发〔2007〕146号文件作废。

116.11月18日，市地名委员会以长地发〔2013〕116号文件批复，同意将坐落在远大一路与农园路交汇处沿农园路由南往北前行约400米靠东面的35栋4～32层楼高的建筑物群命名为“恒大江湾”。

117.11月18日，市地名委员会以长地发〔2013〕117号文件批复，同意将坐落在金洲大道与汇智北路交汇处沿汇智北路由南往北前行约1000米靠西面的20栋3～18层楼高的建筑物群命名为“和泰家园”，门牌号码为“汇智北路189号”。

118.11月27日，市地名委员会以长地发〔2013〕118号文件批复，同意将坐落在开福寺东路与芙蓉中路交汇处东北角的2栋21～66层楼高的建筑物命名为“华创国际广场”，门牌号码为“芙蓉中路一段109号”。

119.11月26日，市地名委员会以长地发〔2013〕119号文件批复，同意将坐落在近湖四路与近湖七路之间横跨环湖路两侧的49栋2～51层楼高的建筑物群命名为“佳兆业云顶小区”，门牌号码为“环湖路488号”。

120.11月26日，市地名委员会以长地发〔2013〕120号文件批复，同意将坐落在湘府东路与洞井中路交汇处沿湘府东路由西往东前行约450米靠北面的2栋32层楼高的建筑物命名为“宏源国际大厦”。

121.11月29日，市地名委员会以长地发〔2013〕121号文件批复，同意将坐落在八一路与韶山北路交汇处的西南角2栋31层楼高的建筑物命名为“长城公寓”，门牌号码为“韶山北路28～1号”。

122.11月29日，市地名委员会以长地发〔2013〕122号文件批复，同意将坐落在咸嘉湖西路与平川路交汇处沿平川路由北往南前行约180米靠西面7栋4～34层楼高的建筑物群命名为“凯特梅溪紫苑”，门牌号码为“平川路271号”。

123.11月29日，市地名委员会以长地发〔2013〕123号文件批复，同意将坐落在银杉路与茶子山东路交汇处沿茶子山东路由西往东前行约200米靠北面的20栋2～34层楼高的建筑物群命名为“星澜汇雅苑”，门牌号码为“茶子山东路166号”。

124.11月29日，市地名委员会以长地发〔2013〕124号文件批复，同意将坐落在万芙南路与金海路交汇处的东北角5栋26～32层楼高的建筑物命名为“中豪南苑”，门牌号码为“金海路77号”。

125.12月16日，市地名委员会以长地发〔2013〕125号文件批复，同意将坐落在湘江北路与高冲路交汇处东南角的27栋3～33层楼高的建筑物群命名为“绿地北外滩”，门牌号码为“高冲路8号”。

126.12月17日，市地名委员会以长地发〔2013〕126号文件批复，同意将坐落在坪塘路与福祥路交汇处东南角的25栋3～25层楼高的建筑物群命名为“隆鑫时光苑”，门牌号码为“福祥路289号”。

127.12月17日，市地名委员会以长地发〔2013〕127号文件批复，同意将原定位于坐落在岳麓区梅溪湖街道办事处骑龙村的建筑物群“梅溪四季家园”重新定位于看云路与映日路交汇处，沿映日路南面横跨看云路两侧，有关数据由原来的8栋2～33层楼高（原长地发〔2013〕9号）变更为18栋3～38层楼高。原长地发〔2013〕9号文件作废。

128.12月17日，市地名委员会以长地发〔2013〕128号文件批复，同意将坐落在马王堆北路与凌霄路交汇处的西北角4栋18～22层楼高的建筑物命名为“福临古汉商业广场”，门牌号码为“马王堆北路18号”。

129.12月17日，市地名委员会以长地发〔2013〕129号文件批复，同意将坐落在万家丽中路与湘府东路交汇处的东南角1栋22层楼高的建筑物命名为“雅士大厦”，门牌号码为“万家丽中路三段199号”。

130.12月17日，市地名委员会以长地发〔2013〕130号文件批复，同意将坐落在振华路与京珠高速交汇处沿振华路由西往东前行约200米靠南面的14栋6～27层楼高的建筑物群命名为“洪塘佳苑”，门牌号码为“振华路558号”。

131.12月23日，市地名委员会以长地发〔2013〕131号文件批复，同意将坐落在圭塘路以东沿曲塘路向东延伸—圭塘河横跨曲塘路两侧（不含树木岭路与曲塘路交汇处东北角的一幢高层建筑物）4栋5～32层楼高的建筑物命名为“添阶商业广场”，门牌号码为“曲塘路48号”。

132.12月23日，市地名委员会以长地发〔2013〕132号文件批复，同意将坐落在青竹湖路与芙蓉北路交汇处东北角的14栋1～6层楼高的建筑物群命名为“联运物流园”，门牌号码为“青竹湖路69号”。

133.12月23日，市地名委员会以长地发〔2013〕133号文件批复，同意将坐落在观花路与看云路交汇处西南角的17栋18～33层楼高的建筑物群命名为“家和苑”，门牌号码为“看云路165号”。（易　荣）

【一批建筑物变更】 1.3月22日，市地名委员会将坐落在波隆立交桥沿芙蓉中路一段往南前行约185米靠西面的11栋15～31层楼高的建筑物群“天健芙蓉盛世花园”的数据由11栋变更为19栋。原文（长地发〔2005〕4号）不变。

2.4月22日，市地名委员会将坐落在岳麓大道与潇湘北路交汇处西北角的9栋34层楼高的建筑物群“铂翠湾”的数据由9栋变更为29栋。原文（长地发〔2011〕52号）不变。

3.5月21日，市地名委员会将坐落在天心区大托镇先锋村范围内的15栋16～17层楼高的建筑物群“中建芙蓉嘉苑”的数据由15栋变更为34栋。原文（长地发〔2012〕3号）不变。

4.11月4日，市地名委员会将坐落在云栖路与金牛路交汇处沿云栖路由西往东前行约100米靠南面的13栋28～33层楼高的建筑物群“中海江御名园”的数据由13栋变更为45栋。原文（长地发〔2011〕89号）不变。

（易　荣）

隆 平 高 新 科 技 园

① 11 月 30 日，首届隆平国际论坛启动仪式上，袁隆平和来自世界 10 个国家代表共同播撒象征友谊和希望的金种子

② 11 月 30 日，隆平高科技园管委会与时代国际（香港）投资有限公司就企业总部基地项目现场签约

③ 11 月 30 日，隆平高科技园管委会与华智水稻生物技术有限公司现场签约杂交水稻分子育种平台项目

管理委员会

①②
③
④

① 11月29日，中华全国总工会基层组织建设部副部长张晓辉一行到园区调研

② 8月20日，广东商会湖南总部基地项目在湘粤经贸合作项目签约仪式上签约

③ 8月20日，广东商会总部经济产业园项目签约

④ 企业服务“直通车”走访苏宁云商

隆平高新科技园

①
②
③

① 隆平高科技园管委会办公大楼

② 隆平高科技园欢迎您

③ 广发隆平创业园

CHANGSHA

NIANJIAN

2014

管 理 委 员 会

① 大汉集团·大汉城建

② 湘茶高科技产业园

③ 隆平高科技园引进投资的湖南杂交水稻国际大厦，作为种业硅谷“一馆三中心”核心项目建成运营

④ 苏宁电器

⑤ 金丹科技创业大厦成为现代服务业总部云集之地

宁乡金洲新区

① 5月16日，省委常委、市委书记易炼红（左三）调研金洲新区企业三一重起

② 市政协主席范小新（前排左四）调研宁乡金洲新区企业星邦重工

③ 4月，星邦重工竣工投产，成为新区先进装备制造业的又一龙头项目

④ 金洲新区中央商务区完成规划设计

⑤ 金洲新区举办“四优四强”表彰会议

管 理 委 员 会

①②
③④
⑤

① 宁乡县委书记黎春秋（前排左二）带队调研金洲新区项目工程建设

② 金洲新区党工委书记刘永红（前排右一）、管委会主任廖非平（前排右二）深入企业开展帮扶活动

③ 金洲新区与省信托成为战略合作伙伴

④ 湖南省最大的单一物流项目普洛斯物流园建成投入运营

⑤ 红宇新材等企业赶赴雅安赈灾

宁 乡 金 洲 新 区

①
②③

① 5 月 1 日，菲尔姆奠基

② 邦普循环

③ 碧桂园外国语学校

④⑤
⑥

④ 鸿扬集团

⑤ 金洲新区一角

⑤ 经过 6 年发展，金洲新区成长为初具规模的现代化工业新城

管 理 委 员 会

园区光电信息企业中好科技厂区

天和钻具正式投产

园区企业银太纺织

国家科学技术进步奖

证 书

为表彰国家科学技术进步奖获得者，特颁发此证书。

项目名称：特高压交流输电关键技术、成套设备及工程应用

奖励等级：特等

获 奖 者：廖俊德

2012年12月19日

证书号：2012-J-217-0-01-R41

长高开关电气国家科技创新特等奖

宁乡经济技术开发区

12月12日，省委常委、市委书记易炼红（中）率相关部门领导视察园区项目建设

12月28日，长沙市委副书记、代市长胡衡华（左三）调研宁乡经开区加加食品工业园项目

宁乡经开区鸟瞰图

创业大楼

飞翼股份

松井新材料

管理委员会

11 月 11 日，华润怡宝（长沙）项目二期落户宁乡经济技术开发区

9 月 29 日，宁乡经济技术开发区“项目攻坚月”匹大项目集中签约仪式

楚天科技

华润饮料

洽洽食品

加加食品科技工业园一角

青岛啤酒一角

格力电器湖南区域销售中心

天 心 区

先锋街道书记　黄红旗

先锋街道主任　刘顺来

长沙市天心区先锋街道成立于2012年7月，是原天心区大托镇析置而来的三个街道之一。街道位于长沙市南大门，北靠桂花坪街道，东接雨花区和长沙县，南邻长沙县，西连黑石铺街道、大托铺街道，是长株潭一体化的融城核心区域，是长沙市“拓城兴南”战略实施的主战场。

街道治所设在新电路97号，下辖南城社区、牛角塘社区、暮云社区、融城社区、先锋村、新路村等4个社区、2个村，以及大托铺机场区域，区域面积16.62平方公里，常住人口1.87万人。地铁二号线和城际铁路穿境而过，107国道、芙蓉南路、书院路、环保大道纵横交错，交通十分便利。

随着城市化的步伐加快，街道辖区成为开发建设的一片热土。在这里有中南地区最大休闲购物广场——友阿奥特莱斯购物广场令人流连；在这里有环境优美的中信新城清新宜居；在这里有中国500家最大电气机械及器材制造企业之一的长沙电机厂铿锵闪亮。尤其是天心环保工业园位于街道中心区域，集聚四方名企，为街道带来了强劲的发展动力。

朝阳如火，先锋街道有如一驾喷驰的骏马，奋力扬蹄在融城发展的第一位。

先　锋　街　道

① ②
③
④

① 先锋街道开展党员进社区活动

② 先锋街道健身舞晚会

③ 中信小学

④ 中信广场

湖南长大建设集团

董事长　李和平

支部活动

湖南长大建设集团股份有限公司具有房屋建筑工程特级和市政、装修、地基、土方壹级等多项资质，是集建筑安装、市政路桥、水利机电、制水送水、投资开发等多种经营于一体的大型集团化公司。注册资金3亿元，净资产6.5亿元，年生产（施工）能力超50亿元。

公司拥有省级企业技术中心1个，实验室1个；国家级工法4项，省级工法17项，拥有发明专利6项，实用新型专利7项。《建筑施工竹脚手架安全技术规范》（JGJ254-2001）已获住建部批准，于2012年5月1日起实施。初步建立了长大技术中心信息化管理平台，负责公司的信息化建设、网络系统的管理与维护。

三次获“鲁班奖”，并被建设部授予“鲁班奖特别荣誉企业”。2005年12月通过了质量、职业健康安全和环境管理体系认证。多次被评为“全国先进施工企业”“全国工程建设质量管理优秀企业”“全国建筑业诚信企业”“全国建筑业企业工程总承包先进企业”及“建立现代企业制度先进单位”。

公司注重多样化经营，投资建设经营了长沙市第八水厂、黄花供水公司，八水厂开创了民营资本投资政府公用设施的先例，是国内首个BOT项目。下属“湖南长大投资置业有限公司”，二级开发资质。公司拥有中信新城附近、芙蓉南路、木莲冲路等区域多处储备地，总规模超过13.33公顷，储备资产近3亿元。

长大集团办公楼

公司投资建设经营的长沙市第八水厂全景图

汶川地震援建的板房

股份有限公司

鲁班奖工程——湖南财信大厦

鲁班奖工程——长沙市电业局调度大楼

鲁班奖工程——湘雅附三

KINGLE 经阁集团

KINGLE GROUP

经阁集团成立于1992年8月，经过20多年的开拓创新坚持走低碳经济之路。现已发展成为以生产经营高档铝型材、节能环保鲁班门窗为主，工业铝型材并驾齐驱的多元化经营格局的现代企业集团。经阁集团位于湖南省长沙市高新技术开发区隆平高科园内，占地40余公顷，项目总建筑面积为200000平方米，其中科研办公及营销接待大楼48000平方米，主厂房82000平方米，装配车间38000平方米，模具车间及其他10000平方米，辅助设施建筑面积15000平方米。依傍107国道、京珠高速公路，紧邻汽车东站、长沙火车站、黄花国际机场，交通十分便利。

经阁集团拥有资产16.5亿元，年产高档铝型材能力12万吨，产品有：高档彩色电氟铝型材、高档氟碳铝型材、木纹铝型材、电泳涂漆铝型材、粉末喷涂铝型材、隔热节能铝型材、工业型材、电子产品、航空航天、高速列车、轻轨专用铝型材等，节能铝门窗、幕墙、防护智能门窗年加工安装能力300万平方米，是国家建设部全国铝门窗、幕墙型材科研、生产定点基地。

集团秉承“科技创品质，品质赢品牌，品牌誉天下”的经营宗旨，引进国际上最先进的铝型材门窗幕墙生产技术、工艺和设备，研制开发了一系列畅销国内外的高品质铝型材，其中隔热铝型材的研制已列入国家863研究课题项目，并被列入国家级重点科技火炬计划。1997年以来，“经阁牌”铝型材通过了中国方圆委质量认证、ISO9001国际质量体系认证和ISO14001环境管理体系认证，先后获“中国消费者信得过产品”“湖南省著名商标”等称号。同时企业凭借雄厚的实力和优质的产品，跻身于“中国民营企业500强”“2002年中国铝型材企业十强”“长沙市十大标志性龙头企业”及“长沙工业20强企业”、获长沙市

联合厂房　模具设备
挤压车间　生产基地鸟瞰图　彩色电泳车间
实验室　熔铸车间
模具车间

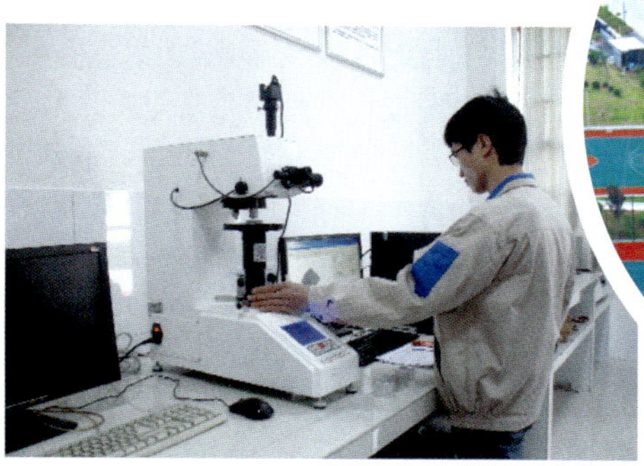

2008年工业经济工作先进单位、销售过20亿元奖、工业二十强排名第七位、利税过亿元企业排名第十位、技术改造过亿元企业。2009年获评“湖南百强企业”“湖南制造业五十强企业”，2010年再次获评“中国铝型材企业十强”。2011年经阁集团与中国五矿湖南有色国贸有限公司强强联合，增资2亿元扩大生产规模；并获评“湖南省有色金属行业50强企业”“铝型材行业十大最具影响力品牌”等荣誉。2012年被评为“湖南省名牌产品”“安全生产标准化三级企业”，并获得“中国有色金属工业协会理事单位”等荣誉。2013年10月，与日本不二铝业和日本关西株式会社合作，国内首创研发生产彩色电氟节能铝型材。

经阁集团本着“和衷共济、诚信敬业、共同发展”的企业精神，以“吸科技精华，书楼阁经纬，创世纪辉煌”的胸襟，以独特的企业文化和驰名品牌及优质的产品卓立于世，为建设“两型”社会谱写更加辉煌的篇章。

区　县

责任编辑：陈晓红

芙蓉区

【概况】　芙蓉区辖定王台、韭菜园、文艺路、朝阳、五里牌、马王堆、荷花园、东屯渡、火星、东岸、马坡岭、东湖12个街道和隆平高科技园（正县级）、湘湖管理局（副县级）。全区土地面积42.68平方公里，耕地面积0.49千公顷。年末户籍总人口40.63万人，其中农业人口3.25万人（农林水局提供），人口自然增长率6.96‰。

经济实力不断增强。全年实现地区生产总值（GDP）868.1亿元，按照可比价计算比上年同期（下同）增长11.8%。第一、二、三产业实现增加值分别为0.9亿元、153.5亿元和713.7亿元，各增长-34.3%、14.6%和11.3%。一、二、三产业比例为0.1:17.7:82.2，在GDP增幅中，分别拉动GDP增长0、2.5、9.3个百分点，一、二、三产业对GDP增长贡献率分别为-0.4%、21.1%、79.3%。实现财政总收入90.9亿元，增长17%，公共财政预算收入37.4亿元，增长24.2%。完成全社会固定资产投资305.7亿元，增长23.8%。完成社会消费品零售总额568.7亿元，增长13.2%。城镇居民人均可支配收入3.55万元，增长10.8%。实际到位外资4.8亿美元，市外境内资金形成固定资产投资165亿元。

经济发展稳中有进。实施“聚焦高端，提质增效，产城一体，双核驱动”的发展战略，着力调结构、转方式、稳增长。楼宇经济蓬勃发展，新增楼宇企业400余家。全年新增小额贷款公司3家，引进国内首家中外合资人寿保险公司——中宏人寿。金融业对财税的贡献率40%，区域金融中心地位更加稳固。全年外贸进出口总额20.7亿美元，“三资”企业销售收入144亿元。开展“芯动芙蓉·快乐消费”系列活动提升消费热度。中国城戴斯酒店、苏宁超级店、黄金珠宝文化创意街等大型消费机构相继开业，婚庆公园晋升AAA级景区。年接待游客1779.78万人次，旅游收入216.79亿元。工业经济企稳回升，广东商会经济产业园、特格尔药业健康产业园等项目成功签约，新增规模以上工业企业11家，完成工业总产值407.8亿元，增长19.1%，规模工业产值367.5亿元，增长19.8%。成功举办首届隆平国际论坛和招商推介会，隆平新区建设理念和发展思路得到社会广泛认同，阿里巴巴长沙产业带、中宏保险等一批优质项目和企业相继落户，新增注册资本亿元以上企业24家，引进省外境内资金67.7亿元。

城市建设不断加快。紧扣“跨河东进、项目攻坚”工作主题，强力推进项目建设，实施各类重点项目109个。擎天广场、五一大道东段等棚改项目抓紧征收扫尾，完成棚改面积4.2万平方米。国金中心、世茂广场、万家丽等城市综合体加快建设，新增商务楼宇69.5万平方米。隆平新区开发建设全面提速，加大征地拆迁力度，全年腾地140公顷，动迁房屋816栋。滨河路项目完成拆迁并启动建设，人民东路完成提质改造直通机场，营盘路东延线与双杨路实现互通，京港澳高速西辅道、红旗路跨浏阳河大桥启动建设。雨污分流体系建设全面铺开，砂嘴子泵站重建项目基本竣工，姚托、杨家湾、双桥3个撇洪渠工程全面竣工，市政配套体系更加完善。完成隆平新区控规深化设计，加快“种业硅谷”核心功能建设，隆平国际会展中心建成开业，水稻博物馆完成项目选址，种业交易中心、分子育种中心顺利签约。中房瑞致、紫御江山、东业早安等大型地产项目全速推进，恒大、卓越等城市运营商相继进驻，土地附加值大幅提升，发展活力显著增强。房地产开发投资90.71亿元，商品房销售面积94.99万平方米，销售金额58.97亿元。

环境品质不断提升。加强城市精细化管理，城市管理工作继续走在全市前列。推进城郊结合部综合整治，拆除违法建筑34.6万平方米。完成远大路等道路立面整治和提质改造。强化措施治理流动摊担、占道经营等问题，拆除违章广告招牌3万余平方米、违章电子显示屏45处，市场秩序更加规范。开展清扫保洁区域承包试点，推行人工清扫与机械作业有机结合，城区环境更加洁净。铺设修补路面和人行道10.3万平方米，疏浚地下管道8.6万米、堵点30余处，安装井内防坠网4896个，市政设施管理更加高效。新建社区公园4个，新增和修补绿地32.8公顷，绿化覆盖率稳步提升。严厉打击非法营运等交通乱源，取缔一批黑车站点，查扣非法营运车辆1158台。完成18个社区、51条支路交通微循环改造和堵点疏导，道路通行能力进一步提高。全方位推动大气污染防治，推行清洁能源改烧，对渣土、扬尘、尾气的整治力度不断增强。深化浏阳河水污染治理，全面铺开浏阳河截污工程，大力清理水上餐饮，加强污水处理厂出水水质监测，地表水质100%达标。完成杨家山社区环境综合提质改造，实施都正街片区改造一期工程，完成水表改造1万户，老旧社区居住环境显著改善。

民生事业不断进步。坚持以人为本、民生优先，公共服务质效不断提升。持续推进义务教育均衡发展，高分通过国家义务教育基本均衡区督导评估，育英西垅小学、西垅幼儿园、东岸锦城幼儿园顺利竣工。科技创新和科技普及并举，被评为“全国科技进步先进区”。积极创建国家公共文化服务体系示范区，各项指标圆满完成。文化产业发展加快转型创新，浏阳河婚庆文化产业园和曙光798城市综合体验馆显现聚集效应。组团参加市八运会，金牌总数和团体总分居全市第一，被评为“全国群众体育工作先进单位”。以全省第一的成绩创建省级慢性病综合防控示范区。推行家庭医疗契约式服务，基本公共卫生服务考核获全市第一。加强流动人口计生区域协作，计生优质服务水平不断提升。完成社区行政区划微调，11个社区新建和改造社区办公用房9440平方米。新增就业1.9万人，失业人员再就业6036人，零就业家庭100%实现动态就业援助。新增各类社会保险参保近7万人，城乡居民医疗保险覆盖率100%。发放低保金2121.7万元，实现应保尽保。廉租房二期269套启动建设，新增公租房120套，发放经济适用房和廉租房补贴936户。加强安全生产监管，超额完成企业安全生产标准化达标任务，被评为“全省安全生产先进区”。加大食品安全专项整治力度，在全市率先试行食品安全快检制度。加强社会治安整体防控，确保一方平安。坚持接待上访和带案下访相结合，化解信访积案26件，社会大局保持和谐稳定。

政务服务不断优化。开展行政决策法律审查，完善政府合同审查机制。接受区人大、政协的监督，落实区人大及其常委会的决议决定。答复市长信箱、区长信箱信件376件，开通“12345”市民服务热线，政民互动渠道进一步拓展。46项行政审批事项全面实现在线办理和全流程公开，审批时限总体压缩39%，服务效能进一步提升。“为民办实事”各项承诺全面落实。举行“两型”社会建设宣传月活动，“两型”示范创建深入人心。国防教育和征兵工作进一步加强，双拥优抚安置政策得到全面落实。

存在的问题和不足：产业发展质量参差不齐，转型升级任务繁重。受多种因素影响，部分经济指标未能实现预期目标。在社区建设、社区基础设施改造、失地农民安置等方面欠账较多，部分遗留问题积压时间较长。政府在工作作风、办事效率、服务质量等方面离人民群众的期待还有一定差距，政府自身建设有待进一步加强。

（鲁素爽）

芙蓉区

中共芙蓉区委员会

书　记　梁　仲
副书记　于新凡
　　　　夏钟剑（2013.03任）
常　委　廖铁成　罗玉环
　　　　周　虔（女，2013.12任）
　　　　谭　果（2013.12免）
　　　　伍艳飞（女）
　　　　张　勇　刘熙宇
　　　　吴　敏　欧千军

区人大常委会

主　任　罗树林
副主任　宋晋武　陈忍冬
　　　　严国益　马京沙（女）
　　　　罗尔曼（女）

区人民政府

区　长　于新凡
副区长　罗玉环（女）
　　　　刘熙宇　张庆和
　　　　彭尚松　许　凡
　　　　彭　娟（女）
　　　　黄健元

区政协委员会

主　席　刘建新
副主席　陈建萍（女）
　　　　洪曙光（兼）
副主席　李国开　谢志鹏
　　　　黄金国

【世贸中心落户万家丽国际商业中心】 9月10日，世界贸易中心落户万家丽国际商业中心，签约仪式在万家丽国际商业中心举行，世界贸易协会董事会主席加齐·阿布纳尔及CEO执行总裁埃里克·达尔等高管与全国人大代表、万家丽集团董事长黄志明共同签订合作协议。省人大常委会副主任谢勇、省贸促会会长李沛、市委副书记张迎龙、区委书记梁仲等出席签约仪式。世界贸易中心协会，是一个全世界范围内的非营利性、非政治性的国际经贸组织，旨在促进国际经济交流与合作，鼓励扩大世界贸易范围，推动国际贸易发展，有“商业联合国”之称。该协会拥有75万余个会员企业，遍布全球近100个国家约400个城市。其庞大的国际背景、经济资源将助推湖南和长沙经济快速发展，为世界了解湖南、湖南走向世界搭建良好平台。世贸中心一贯落户地标建筑，此次选择万家丽的唯一理由是其具有真正的实用性规模、恢宏巨制的建筑风格。加齐·阿布纳尔表示，面积1.1万平方米的万家丽国际商业中心作为全球最大单体建筑拥有雄厚的实力，而长沙是中国中部经济发展的枢纽，发展前景巨大。　（鲁素爽）

【首届隆平国际论坛】 参见P231页“先导区·开发（园）区”相关条目。

【“阿里巴巴·长沙产业带”暨电商城项目签约】 11月4日，芙蓉区政府召开“阿里巴巴·长沙产业带”暨电商城项目签约仪式和新闻发布会，正式宣布恩孚集团作为唯一代运营服务商，与阿里巴巴合作运营阿里巴巴·长沙产业带。恩孚集团运营的阿里巴巴·长沙产业带暨电商城项目，为实体店与电商平台充分结合的“O2O”模式，主要包括线上的阿里巴巴中国产业带、线下的电子商务城两个部分，电商城选址在芙蓉区东部的隆平新区，线上、线下融为一体是该项目的最大特点。该项目建设将吸引电商周边产业汇集，形成完整的电商生态链，并且还将配套5星级酒店，AAAAA甲级写字楼和商务公寓等服务设施。项目建成后，将在浏阳河东岸形成一个电商产业带，与浏阳河风光带交相辉映，打造长沙的“新外滩”，成为城市次中心。阿里巴巴·长沙产业带的成功运营是长沙电子商务产业发展的全新起点，该项计划为长沙市经济发展注入新的血液，为经济结构调整和产业升级做出贡献。（鲁素爽）

【长沙市滨河路项目启动建设】

9月29日，长沙市滨河路项目开工典礼在东屯渡大桥东侧浏阳河岸边举行。市委常委、常务副市长陈泽珲，区领导梁仲、罗树林、刘建新等出席，区直相关单位和项目建设、施工、监理单位共400余人参加开工典礼。开工典礼由副区长彭尚松主持，建设单位、施工单位和监理单位代表分别在仪式上发言，区委常委、常务副区长罗玉环代表区委、区政府致辞，陈泽珲宣布长沙市滨河路正式开工。滨河路项目包括滨河路及浏阳河东岸风光带建设工程，北起西龙路，南至长郴路，全长约10公里，路幅宽度为26米，用地92.53公顷，项目总投资预计17.4亿元。该项目2013年初启动拆迁，计划2015年完成道路建设任务。浏阳河风光带2013年底启动建设，计划2016年初竣工。（鲁素爽）

【发现“詹王宫界”碑】 11月22日，一块刻有“詹王宫界”字样的石碑在长沙市都正街被发现。发现现场位于定王台街道都正街历史文化街区改造的都正街4条巷，当时该处有一段台阶在进行翻修，当地居民余东海注意到原用作垫脚石的一块石头年代较久并且上面有字，将其搬出抹去泥土，即现出“詹王宫界”字样。都正街地处天心阁下的长沙老城区，曾是善化县衙、城隍庙、都司署、詹王宫等所在地。据清代同治年间所修《善化县志》记载，“詹王宫，在永庆街。”永庆街即今都正街的南段。詹王是中国厨师行业“四大厨神”之一（彭祖、伊尹、易牙及詹王），是湖南湘菜行业信奉的祖师爷。旧时每年农历八月十三日，长沙厨师业都要在这里集会祭祀詹王。曾为毛泽东当过厨师的石荫祥、湘菜大厨陈福彦等名厨曾是都正街一带的居民。詹王宫建于清咸丰年间，中华人民共和国成立以后逐渐拆除。2008年，在都正街发现疑似詹王庙遗址的一堵墙壁，被列为长沙市不可移动文物点，此次发现界碑所在地与其相距很近。据了解，该块界碑是全国詹王庙现存的唯一实物见证，省内相关文物历史专家对其进行现场调研讨论。《中国文化报》《长沙晚报》星辰在线等媒体对其进行报道。

（鲁素爽）

【长沙率先全国在省会城市设立民间借贷服务中心】 4月23日，长沙民间借贷服务中心（以下简称“中心”）落户芙蓉区，该中心是全国第一家在省会城市设立的民间贷款服务机构。长沙民间借贷服务中心是在长沙市工商联、市金融办的监管下，为借贷双方提供信息登记、咨询、发布、投融资中介等各项服务的综合平台。该中心是长沙市唯一实行政府引导和政策特许、企业化经营管理运行的民间借贷平台。中心实施公司化运营，先后引进湖南中亿佰联投资管理有限公司、湖南实实在在投资担保公司、湖南联保集团等6家投资中介、担保公司。该中心集中发布民间借贷供求的各类信息，建立信用信息数据库，为借贷双方提供比较真实的信用资料，适时发布长沙民间借贷利率指数，免费为借贷当事人提供民间借贷登记备案服务。中心通过政府的引导，使民间借贷行业从“地下”走到“地上”，从无序走向有序，激活民间资本，服务实体经济，规范民间借贷行为，有利于社会稳定和经济发展，降低民间融资成本和风险，推进民间借贷和民间投融资阳光化、规范化、法治化、专业化。（鲁素爽）

【长沙家庭医疗契约式服务在芙蓉区试点】 4月12日，全市首批家庭医疗契约式服务试点在芙蓉区马王堆、东屯渡、火星3个街道启动，近400户家庭签约，选定了自家的“家庭医生”。家庭医疗契约式服务是指经签订协议后，在相应社区卫生服务中心经常就诊的、行动不便确有需要的、患有并发症的慢性重病人可通过电话预约获得上门健康咨询、指导和体格检查等服务，可享受12项免费基本公共卫生服务及健康小管家、诊疗直通车、医疗大礼包等多项个性化服务。试点服务启动后，芙蓉区不断摸索总结，扩大服务范围，丰富服务内容，增加服务对象，截至2013年底，全区已在12个社区卫生服务中心予以推广，签约1792户，初步形成具有特色的“芙蓉338”模式，即3种契约类别：健康契约、医疗契约、爱心契约；3样服务礼包：家庭契约书、爱心小药箱、健康服务卡；8条探索体会：找准服务目标人群、明确契约服务内容、寻求医疗资源保障等。家庭契约式服务，促进了基本公共卫生服务全面落实，提供了政府为困难群众服务的全新途径，并可引导群众社区首诊就医。《长沙晚报》《湖南日报》红网等媒体先后对其进行报道。

（鲁素爽）

【火星街道开展“锋尚行动”】

3月5日，由火星街道主办的“争当志愿先锋岗 引领道德新风尚”（以下简称“锋尚行动”）学雷锋志愿服务主题系列活动的启动仪式在火星街道凌霄广场举行。“锋尚行动”是火星街道工委、火星街道办事处联合下属6个社区推出的学雷锋志愿服务系列活动，街道组织送慰问、送爱心、送法律、送健康、送帮扶等10余支志愿服务队伍，开展形式多样的志愿服务活动，关爱和帮助辖区的孤寡老人、留守儿童、残障人士等社会弱势群体。服务内容包括：参与扶老助残、帮困解难、应急救援、便民利民社会志愿服务；参与倡导文明礼仪、维护秩序、保护环境社会志愿服务；参与关爱留守老人、留守儿童、农民工、残疾人志愿服务；参与面向基层的教育、科技、文化、卫生的社会志愿服务等。启动式议程有宣读倡议书、志愿服务宣誓、“邻里守望”结对、优秀志愿者代表发言等多个环节，并表彰了6位“学雷锋先进个人”。

（鲁素爽）

【湖南省首届黄金珠宝文化节在长沙举行】 10月28日，湖南省首届黄金珠宝文化节启动仪式在芙蓉区建湘路黄金之城前坪金砖广场举行。市委常委、常务副市长陈泽珲、市政协副主席钟新莲、省工商局副巡视员伍作法、市旅游局局长谭勇、区四大家主要领导及相关职能部门负责人出席开幕式。开幕式同时邀请省珠宝协会、建行省分行、招行长沙分行以及中国黄金、张万福等珠宝行业知名客商200余人出席。黄金之城董事长郭雷、区委书记梁仲分别致词，陈泽珲宣布湖南省首届黄金珠宝文化节正式启动。活动现场，一块由180公斤纯金打造的金巧克力和湖南首条由200公斤黄金铺设的金砖大道吸引大批市民参观。首届“湖南省黄金珠宝文化节”的成功举办，是芙蓉区“文化搭台、经济唱戏”的良好范例，是芙蓉区“打造一栋专业特色楼宇、聚集一条专业特色街道、形成一片专业特色产业”经济发展战略的成功典范。（张大帅）

【长沙市首届孝文化节】　12月20日，长沙市首届孝文化节暨第八届定王孝文化孝行联盟启动仪式在芙蓉区定王台街道举行。该活动由长沙市文明委主办，市委宣传部、市文明办、芙蓉区文明委等单位承办，芙蓉区委宣传部、区文明办、定王台街道执行。省文明办副主任周孟霞和市、区领导张湘涛、芮英姿、夏建平、石长松、梁仲、伍艳飞等出席活动，全国孝老爱亲道德模范杨怀保、廖月娥到现场参加活动。启动仪式由夏建平主持，活动议程有：梁仲致词；领导向4个市级孝心示范点（望城区书堂山街道书堂山村、岳麓区咸嘉湖街道美林银谷国际社区、芙蓉区定王台街道、长沙县干杉镇中心小学）授牌；定王台街道、驻街单位代表与社区签订“孝心街道共建协议”；“黄手绢”孝行联盟志愿者代表集体宣誓，周孟霞向“黄手绢”孝行联盟志愿服务队授旗；张湘涛讲话等。长沙市首届孝文化节活动时间为2013年12月21日至2014年2月14日，分别在4个孝心示范点设分会场，开展“孝老爱亲”主题道德讲堂，“尽一份孝心”公益行动，最美“慈孝家庭”“全家福”送上门活动，“微孝行动”大赛，“定王台孝德国学馆”开课及“温暖进万家”“孝敬大行动”7项活动。该活动旨在进一步传承弘扬慈孝美德文化，不断提升公民道德水平。《湖南日报》《长沙晚报》及人民网、长沙新闻频道等媒体对系列活动进行报道。

（鲁素爽）

【《芙蓉区街巷志》发行】　5月22日，由长沙市地方志办公室、芙蓉区人民政府联合主办的长沙市地方志宣传工作经验交流会暨《长沙市芙蓉区街巷志》首发式在芙蓉区政府召开。会议由市地方志办公室纪检组长赵祖翔主持。中国地方志指导小组办公室方志期刊指导处处长、《中国地方志》主编于伟平，省地方志编纂委党组书记、副主任王晓天，市政协顾问、市地方志学会常务副会长周秋光，市地方志办主任王习加出席会议并作重要讲话。省方志委领导李晓平及区领导于新凡、罗玉环、吴敏等参加。《长沙市芙蓉区街巷志》旨在立足区情，服务社会，该书翔实记录了改革开放几十年间城区发生的显著变化，再现了古城风貌，弘扬湖湘文化，为人们提供出行指南。2010年4月，编纂工作正式启动，2012年6月评审、9月定稿，2013年3月出版。全书50万字，采用地图17幅、照片347张，收录辖区内街巷名592个，撰写街巷条目369则，素材精细、资料充实、精华凸显、布局合理，创方志先河。《长沙晚报》《湖南日报》《中国文化报》等媒体先后对该书进行报道。

（鲁素爽）

表54　　2013年芙蓉区主要经济指标与2012年比较

单位：亿元

指标名称	地区生产总值	农林牧渔业总产值	工业总产值	规模以上工业总产值	社会固定资产投资总额	社会消费品零售总额	财政总收入	财政支出	城乡居民人均可支配收入（元）
2012年	788.03	1.94	342.5	306.8	246.88	502.63	77.67	35.9	—
2013年	868.1	1.36	407.8	367.5	305.7	568.7	90.9	43.8	35484
2013比2012年增长（%）	11.8	-32.5	19.1	19.8	23.8	13.2	17	22.1	—

注：1. 城乡居民人均可支配收入数据系首次启用。2. 增速按可比价计算。

天心区

【概况】　2013年，天心区辖坡子街、城南路、裕南街、金盆岭、赤岭路、新开铺、青园、文源、桂花坪、大托、黑石、先锋12个街道办事处。土地面积73平方公里，年末全区户政人口14.36万户39.23万人，人口自然增长率6.02‰，常住人口48.16万人。

全年实现地区生产总值591.7亿元，同比增长12.3%；公共财政预算收入30.48亿元，同比增长17.9%；全社会固定资产投资394.32亿元，同比增长15.1%；社会消费零售总额341.2亿元，同比增长16.6%；规模以上工业总产值398.5亿元，同比增长11.6%；高新技术总产值246亿元，同比增长23.9%；实际到位外资4.74亿美元；城镇居民人均可支配收入38083元，同比增长11%。各项指标任务全面完成，综合实力进一步增强。

突出产业发展，经济结构进一步调优。坚持把发展产业作为转方式、调结构的重要举措，全面增强经济发展实力与活力。运行质量不断提升。金融、商贸、文化等产业加速发展，8家总行级别金融企业完成区级税收10.7亿元，占税收收入的比重16.9%；光伏产业完成产值80亿元，汽车6S街区实现销售71.3亿元。广告产业园、海信商业广场、中信城市广场、保利国际广场等项目加快建设，德国卓伯根、广大银行、荣宝斋等企业入驻营业，有力促进了业态繁荣。完成产业投资256亿元，占投资比重80%。桂花坪街道获评“全市综合发展十快街道”。发展后劲不断增强。精心组织“文化新区”（香港）专场招商会、上海招商推介会等活动，成功引进中信资本、天鸿地产等战略投资者，君悦酒店、北京银行、万豪酒店、招商证券、中华财险、普兰金融等企业落户天心，南湖片区、省府新区建设加快推进，文化产业园、经济开发区等发展平台保持活力，新增规模工业企业11家、个体工商户2748户，区域发展后劲不断增强。

突出项目建设，承载功能进一步增强。突出“项目发展年”工作主题，推进87个重点项目建设，完成投资214亿元，提升了城区承载功能。市政道路建设加快。全面拉通青山路、和平西路和黑石路，加快推进白沙路、蓝天路、新联路、和平东路、九峰路、君逸路、汇丰路等市政道路建设，湘府路大桥、南湖路过江隧道竣工通车，地铁1、2号线加快建设，立体化交通路网逐渐成型。公益设施加快配套。实施学校建设3年行动计划，建成青园中信小学、先锋小学和青园小学教学楼、仰天湖赤岭小学、明德天心中学、书院小学、学院幼儿园开工建设。新城区三级大型综合医院完成用地征拆，赤岭路社区卫生服务中心投入使用。中心港泵站、人民西路高排管涵工程竣工、劳动路、柏家河、双管子高排管涵等库区工程加快建设。解放垸地区实现公交通车。新增公共停车位1211个。大托消防站启动建设。新增站厕7座。棚户区改造加快推进。全力抓好白沙路及枣子园、太平路及周边零星地块、南湖路5号地块、城南西路、华光外贸、南郊公园东大门、天剑社区等项目改造，完成棚户改造6.5万平方米，土地整理与项目建设同步推进，进一步改善城区环境，拓宽发展载体。

突出综合整治，城区品质进一步提升。坚持以文明创建为抓手，以专项整治为重点，全面提升城区品质。城区面貌有力改善。推进市容市貌和城乡结合部环境综合整治，整改占道亭棚95处，查处违法渣土运输车辆238台次，整治流动摊担1.7万起、占道经营4126起，湘府路大桥东、雀园路、新开铺路、牛冻路沿线脏乱差现象得到治理，完成了赤黄路、望岳村路、谢家冲路的提质改造，仰天湖社区、广夏新村一期综合提质全面完成，新建牛婆岭、宜春路、浸水塘、广夏新村4个社区公园，精心打造三兴街、药王街特色景观街。城区秩序明显好转。积极开展“百日打非”行动，查扣非法营运车辆450台，查处交通违法行为1.3万起，完成2处交通堵点整治，交通秩序进一步改善。加强违章建筑管控，拆除违法建筑20万平方米、违章广告7万平方米。有效处置数字化案卷7万余条，结案率99.6%。城区文明不断提高。积极开展学雷锋志愿服务、文明餐桌等活动，精心组织“睦邻文化节”，建设“道德讲堂”105个，开展交通文明劝导2万余人次，发布“讲文明树新风”公益广告1600余条，1人获“全国道德模范提名奖”，27人当选长沙市“我身边的雷锋”，市民素质稳步提高，有力提升了城区文明程度。

突出民生改善，社会事业进一步繁荣。坚持把更多的新增财力用于民生事业，切实改善群众生活条件。社会保障得到加强。坚持以统筹城乡就业为重点，大力开展“春风行动”“送岗位进社区”等就业服务活动，新增城镇就业1.03万人，零就业家庭实现100%动态清零。扩大社保、医疗救助等社会保障覆盖面，发放城乡低保金2980万元、医疗救助金224万元、贫困慰问金1200万元，新增各类保障性住房加快建设，筹集公租房503套，发放廉租房租赁补贴、经适房货币补贴2088万元。积极推进劳动保障“两网化”建设，有力维护劳动者合法权益。社会事业打造新亮点。全面推进教育强区建设，与雅礼中学、长郡中学合作办学。全面实施基本药物制度，公立医院改革取得实质性进展，建成全国卫生应急综合示范区。创新推出“网格化管理、亲情化服务”计生服务品牌，低生育水平保持稳定。大力开展“帮扶、康复、辅具、就业、家庭改造”5个“100工程”，残疾人生活保障水平逐步提高。防汛抗旱、森林防火、动物防疫工作全面到位，九峰村、新天村、桂花坪集资办等城中村改造稳步推进。社会大局保持稳定。建立健全信访风险评估、信息预判、矛盾排查、首问落实和积案化解机制，接待群众来访6822人次，调解矛盾纠纷1600余起，切实维护群众合法权益。强化食品药品安全源头监管，建成食品安全检验检测中心，查处食品药品安全行政、刑事违法案件158起，开展安全生产大检查，整改各类安全隐患857处。全区无重大安全生产责任事故发生。全面推进“平安天心”建设，深入开展“夜鹰工程”“红袖章工程”等行动，积极探索智慧防控，严厉打击各类违法犯罪行为，全省社会公众安全感满意度调查排名比上年前进40位，在内6区排名第一、社会大局保持和谐稳定。

突出自身建设，政府管理进一步规范。坚持按照为民、务实、清廉、高效的要求，全面加强政府自身建设。为民实事全面完成。投入2亿余元，办好39项省、市、区为民实事，一批事关群众切身利益的问题得到解决。特别是投入2000万元，及时组织广夏新村、宝塔山等10处重大险情的排危处理，整修农村危房40户，有力保障了2000余居民生命财产安全。民主法制更加安全。主动接受区人大及其常委会的法律监督、工作监督和区政协的民主监督，开展“依法行政天心行”活动，有力规范行政许可行为。政府管理严谨规范。制定出台《天心区机关事业单位公务用车管理办法》《天心区财政支出绩效评价实施办法》等规章制度，加强公务用车、政府采购、项目招投标等领域的管理，对62个单位的经费使用管理进行了全面检查，对投资5亿元的政府投资工程项目进行了跟踪审计。工作作风全面改进。深入贯彻中央“八项规定”，推进“一推行四公开”群众工作，开展“治庸问责提效能，服务项目促发展”作风建设活动，解决群众难题2100余个，调整清退办公用房6330平方米，查办问责案件14件，树立清正廉洁的形象。

困难和问题：产业集聚不够，经济结构未得到根本性调整；资金、土地等生产要素制约明显，发展空间有待进一步拓展；社会保障能力和公共服务水平与群众期盼还有差距。

（何建国）

天心区

中共天心区委员会

书　记　曾超群

副书记　朱东铁　邓鹏宇

常　委　曾超群　朱东铁

邓鹏宇　郑　明

夏钟剑（2013.03 免）

胡维龙　骆正平

张界贻　苏宏洲

杨中建　李　曦

谭雄伟

区人大常委会

主　任　于　献（女）

副主任　佘小玲（女）

汤楚罗

颜小平（女）

谭文敏（瑶族）

邱忠献

区人民政府

区　长　朱东铁

副区长　郑　明　杨中建

康镇麟　刘晓蓉（女）

贺国权　侯向宇

胡林辉　洪孟春

夏钟剑（2013.03 免）

区政协天心区委员会

主　席　邓　林

副主席　皮丹丁（女）

黎小玲（女）

杨培春

陈　劲（女，兼）

罗超纲（兼）

【德国（卓伯根）中国区总部暨中德设计文化交流中心落户天心】 9月29日，德国卓伯根中国区总部成立暨中德设计文化交流中心签约仪式在天心区贺龙体育广场南广场德国卓伯根中国总部举行。省、市相关领导、天心区区委书记曾超群等区领导、德国工商界人士、德国乌纳市市长科尔特先生、德国工商大会大中华区代表参加了仪式。仪式上，天心区副区长侯向宇代表长沙（国家）广告产业园与德国卓伯根总部、中南林业科技大学签订共建“中德设计文化交流中心”协议。该中心将以长沙（国家）广告产业园为平台，充分利用德国卓伯根进入中国市场的契机，依托德国卓伯根丰富的设计文化和中南林业科技大学设计学科建设，致力于中德设计文化的交流、融合和设计人才的培养，以及促进相关机构、企业的合作。区委常委、常务副区长郑明代表天心区与德方签订卓伯根中国区总部落户天心有关协议。德国卓伯根家居中国旗舰店位于长沙贺龙体育馆西南侧，经营面积约 2 万平方米，主要经营德国及欧盟家具精品、家居日用品、食品、橱柜等，为中国消费者提供纯正的德国及欧盟原产地品牌精品的“一站式”购物服务。卓伯根落户天心将对长沙市外贸经济的迅速增长产生积极的促进作用，切实为天心区“商贸老区”“金融强区”“文化新区”建设增添内在动力。（李念奇）

【全省首个农村残疾人托管中心落户天心】 汇馨家园是一家为农村成年智障人士提供看护、康复、心里咨询辅导、特殊教育、技能培训以及文化娱乐等托养服务的机构，是全省首个农村残疾人托养中心，该中心位于长沙市天心区大托铺街道大托村，2013年8月开始运营。中心主要是对托养对象开展生活自理能力训练、心里行为能力辅导训练，同时注重提供职业康复训练和适当生产劳动，托养对象通过就业基地培训达到湖南省惠力普工贸有限公司要求，可聘为正式员工，实现残疾人在家门口就业。（张　琼）

【全省首个道德评议团在天心区成立】 6月3日，湖南省首个道德评议团在天心区成立。评议团首批成员由天心区人大代表、政协委员、道德模范和市民代表等 10 人组成，重点围绕食品药品安全、社会服务、公共秩序，深入开展道德领域突出问题专项教育和治理，着力解决社会诚信缺失和公德失范问题。年内，该团开展3次道德评议活动，发现问题100余处，包括食品行业健康证照不全、消毒设施不完善；公共场所乱扔纸屑、市民赤膊歇凉等问题。通过道德评议活动的开展，各食品行业、窗口行业、公共场所的管理单位针对通报的问题，进行及时整改，由“一把手”亲自验收，各单位工作人员在思想、行动上高度重视，将行业行为规范作为首要的参考标准，并且在人性化、亲和力等方面加大改进力度，让市民办事更加方便快捷。工商、卫生部门敦促各食品行业经营户及时办理、补全各种证照，及时进行复查，各门店业主积极配合，整改情况良好。公共场所不文明现象减少，乱扔、乱丢现象得到控制，全区干部群众思想素质得到大幅度提高。（田　谧）

【第十届世界机器人奥林匹克竞赛中国赛区选拔赛在明德中学举行】 8月10日，第十届世界机器人奥林匹克竞赛中国赛区选拔赛在天心区明德中学体育馆举行。该活动由长沙市天心区科协、天心区科技局、天心区教育局、天心区科普教育学会、长沙动起来信息技术有限公司联合承办，来自全国 24 个省、直辖市、自治区、香港特别行政区的 326 支代表队 1500 余名选手参加比赛，比赛项目有创意赛、足球赛、绿色城市赛等 5 个大类的比赛，是一场全国青少年科技文化交流的盛会。南雅中学、长郡中学、天心区青园小学及雨花区天华寄宿制学校的 9 名学生，代表国家征战 11 月在印度尼西亚雅加达举行的世界总决赛。（成　智）

【天心区民政局获评“国家 AAA 级婚姻登记机关”】 天心区婚姻登记工作以构建和谐社会为出发点和立足点，以制定婚姻登记新规范、树立婚姻登记新形象为突破口，以创建国家AAA级婚姻登记机关为目标，按照“登记流程规范化、内部管理制度化、工作队伍专业化、服务手段信息化、登记环境优美化”的总体要求，加快婚姻登记工作的管理水平和服务水平“双提升”，全面推进婚姻登记规范化建设不断发展。一是着力改善服务环境。在办公用房、办公设施、配套设施建设等十分困难的条件下，区政府调整出办公场地近 60 平方米、拨出专项经费 15 万元支持规范化和创建国家AAA级婚姻登记机关建设，打造出婚姻登记处办公区域清晰、设施配套、氛围温馨的工作环境。二是着力规范服务质量。严格做到热情相迎、真情相待、实情相告、温情相送，接待热心、询问耐心、办事诚心、服务真心，视当事人为亲人，从亲情的角度实行人性化服务的“五情四心”文明服务机制。通过温馨热情服务，树立一流服务、一流效率、一流形象文明机关形象。三是着力创新服务方式。注重通过做好结合文章，积极开展形式多样的婚姻文化活动，通过婚姻辅导工作和推行免费服务等多项内容，加强与司法、卫生、计生、妇联等部门的协作，为当事人提供法律咨询、心里辅导等服务。2013年，天心民政局获评“国家AAA级婚姻登记机关”。（任博文）

【天心区科技局获评“全国科技进步先进城区”】 天心区科技局坚持实施“科技兴区”战略，强化对科技工作的指导，把科技工作摆在调结构、转方式、促发展的重要战略地位，组织天心阁讲坛、邀请中科院专家天心行、科交会等一系列活动，扎实推进科技工作。完善一系列科技管理与服务政策，制定《天心区促进区域经济发展奖励办法》《天心区关于积极促进产学研合作加快科技成果产出化的暂行规定》等，加大研发投入和创新人才的引进，推进创新型城区建设，支撑区域经济全面发展。增强科技发展专项经费投入，支持科技进步和区域高新技术的产业发展，全年支出4780万元，增长率高于20%，推进国家、省、市科技计划项目超过100项，争取上级资金约5000万余元，带动全区社会投入的科技资金超8亿元。加强科技管理，全区12个街道配备主管副职和专干，健全科技管理网络，成立区科技工作领导小组、科普工作领导小组、区全民科学素质工作领导小组，办公条件不断改善。推进高新技术产业发展，扶持工业、高新节能产业、环保产业、生态农业等，开发新产品107项，专利申请1019项，其中发明专利授权124项，实现高新技术产业总产值198.8亿元。提升科技对主导产业的支撑与引领地位，增强区域创新的能力，助推天心区主导产业向高端发展。2013年，天心区科技局获评“全国科技进步先进城区”。（何建国）

【金盆岭街道获评“全国社区戒毒（康复）示范点”】 金盆岭街道办事处把打击禁毒犯罪与帮教转化相结合，始终坚持“四禁并举、预防为本、执法严格、综合治理”的方针。成立禁毒领导小组，加强领导，责任到位。对待戒毒人员，做到用真情去感化、用法制去教化，用制度去规范他们，不歧视，多关心，使他们从内心深处得到触动。一是每位工委委员和干部联点一个社区，开展定期上门帮教工作，及时了解被帮扶人员的思想动态、工作、学习和生活情况，做好引导、协调、反馈工作。二是创新方法，确保实效。推出“零距离工作法”“牵牛鼻子工作法”“预警预防工作法”“动态管理工作法”和“评比奖励工作法”5大工作法，着重从主动沟通疏导、强化思想引导、解决生活难题、帮促就业安置等方面入手，充分利用社会各界力量，引导吸毒人员走上正道。三是建立档案，规范管理。健全“一人一卷”的档案管理制度，实行分层管理，按规定做好谈话、尿检工作，不断完善档案内容，确保工作过程有戒毒康复对象本人或家属的签字记录。四是树立帮教人员的信心，丰富他们日常文化生活。利用“市民学校”定期邀请专家为特殊人员讲授法律、文化知识，组建社区特殊人员文艺演出队，筹资组织30余名吸毒人员到广东虎门进行爱国主义教育。金盆岭街道以“社区戒毒康复中心”为载体抓帮教，采取社区管理、社区服务的社区自愿戒毒模式，是全国第一家对外开放的集脱毒、康复、教育、科研为一体的社区专业戒毒场所。截至2013年底，“社区戒毒康复中心”收治来自省内外520名吸毒患者，已全部脱毒出院。2013年，金盆岭街道获评“全国社区戒毒（康复）示范点”。（纪晓霞）

表55　2013年天心区主要经济指标与2012年比较

单位：万元

指标名称	地区生产总值	农林牧渔业总产值	规模以上工业总产值	建筑业总产值	固定资产投资总额	社会消费品零售总额	高新技术总产值	公共财政预算收入	公共财政预算支出	城镇居民可支配收入（元）
2013年	5916837	13993	3984800	5029900	3943179	3412317	2460230	304816	376789	38083
2012年	5280614	16532	3570693	4658168	3425872	2925388	1987875	258640	324382	34318
2013年比2012年增长（%）	12.3	-18.8	11.6	7.9	15.1	16.6	23.9	17.9	16.2	11

注：根据统计方法改革要求，固定资产投资总额和城镇居民可支配收入2012年同期数有调整。

岳麓区

【概况】 岳麓区位于长沙市湘江西滨，辖岳麓、橘子洲、望月湖、银盆岭、观沙岭、西湖、望城坡、望岳、咸嘉湖、梅溪湖、天顶、坪塘、洋湖、学士、含浦15个街道办事处，莲花、雨敞坪2个镇，并设岳麓科技产业园和科技园创业服务中心，岳麓山风景名胜管理局，包括麓山景区和橘子洲景区。全区土地总面积558平方公里，年末总人口624428万人，人口出生率13.6‰，人口自然增长率7.3‰。年最高温度41.3℃，最低温度-4℃；年降水量1331毫米。

综合实力稳步提升。实现地区生产总值716亿元，增长11%；实现财政总收入51.98亿元，增长24.67%，增幅居全市中心城区首位；实现公共财政预算收入23.88亿元，增长28.54%；完成全社会固定资产投资519亿元，增长30.6%，增幅居全市中心城区首位；实现规模以上工业增加值308.86亿元，增长9.8%；实现第三产业增加值296亿元，增长14%；实现社会消费品零售总额202.7亿元，增长14.5%；实际到位外资4.9亿美元，引进市外境内资金形成固定资产165亿元。加快项目征拆腾地，全年实施征拆扫尾项目76个、新项目78个，累计腾地533.33公顷，安置征拆群众8764人，征拆总量居全市首位。滦湾镇棚改、麓南广场、八方小区（二期）、综合交通枢纽等一批难度极大的重点项目实现扫尾清零，长韶娄高速、省美术馆、啤酒厂棚改等新项目顺利腾地，滨江、梅溪湖、坪塘、洋湖、学士等片区征拆工作有序推进，咸嘉湖、西湖等街道60号令项目拆迁基本完成。全力推进项目建设，启动重点项目100个，累计完成投资396亿元。主动服务省、市重大基础设施建设，湘府路大桥、南湖路隧道建成通车，地铁2号线试运行，城际铁路等重点工程建设推进顺利，黎张路、巡抚路等27条骨干道路实现通车，重大片区路网加快完善。实施农村公路建设“三年行动计划”，全年修建农村公路100公里，提质改造铁红线等干线公路22公里，该区承建的第一条国省干线—雨莲公路（一期）竣工通车，农村道路建设、管理、养护水平明显提升。全年完成水利工程554个，治理病险水库12座，清淤山塘377处。湘江长沙综合枢纽库区（二期）岳麓段建设顺利推进。坪塘砂石转运基地率先全市投产运营，为省、市治理湘江沿线砂石料场探索有益经验。莲花两型示范镇、雨敞坪田园风情小镇建设稳步推进，奠定城乡一体发展的基本格局。

经济发展活力明显提升。重点产业项目建设强力推进。奥克斯商业广场、步步高生活广场开业；民生银行、麦当劳等湖南总部投入运营；佳兴世尊、财富瑞士五星级酒店和省信用联社总部主体竣工；渔人码头、骑龙大街等商业街区，王府井旗舰店、楷林国际大厦、梅溪湖国际文化艺术中心等项目继续推进。全区开业、在建和落户的城市综合体8处、金融保险等总部企业11家、五星级酒店7家、专业写字楼169万平方米。集聚“四上”企业（即规模以上工业、服务业，资质以上建筑业，限额以上商贸业，房地产开发经营企业）516家，法人单位7100家。全年实现融资40亿元；出让土地212.87公顷，成交量居全市首位。“七桥二隧一地铁”（即：黑石铺大桥、湘府路大桥、猴子石大桥、橘子洲大桥、银盆岭大桥、福元路大桥、三汊矶大桥；营盘路、南湖路隧道；地铁2号线）的立体交通格局初步形成。获评全省旅游产业发展“十佳区县”，人流、物流、资金流加快汇聚岳麓。开展“乐购岳麓”“八大商圈”投资等商务旅游节会，全年引进优质项目68个，朗廷、喜达屋等星级酒店，麦德龙、沃尔玛等大型卖场，浦发、广发、鼎安等金融保险总部，中铁城建集团等总部企业落户，长沙商业资本、消费人气西聚岳麓的态势更加强劲。开展“西引力”区域价值推介，全年销售商品房420万平方米，增长50%，完成建安产值160亿元，增长18%，稳居全市中心城区首位，建安房地产业持续健康发展。后湖国际艺术区开园，洋湖湿地晋升国家AAAA级景区。实施“园区振兴”工程，推进区校战略合作，中南大学科技园落户园区；联东U谷、中大检测等项目开建；上海医药、九城集团等14个重大项目相继进驻，岳麓科技产业园综合实力不断增强。森蓝科技等现代农业项目运行良好。三次产业加速融合，多极支撑的产业发展格局日渐成型。

民生保障能力有效提升。全年用于就业、教育、卫生、文化、人口计生、社会保障、城市管理、交通、水利等民生事业的财政资金持续增加，占全区财政支出的70%。城乡居民人均可支配收入均增长15%，民生福祉进一步改善。大力开展市容市貌、城乡结合部环境、道路交通秩序、打击非法营运“四项整治”。拆除违章建筑30.7万平方米、户外广告5万平方米。标准化围挡工地262个，新建围墙6万米。清理“五小门店”（即小餐饮店、小不锈钢店、小废品店、小修理店、小歌厅）224家。望城坡综合交通枢纽东侧、梅溪湖二环线两厢、王家湾立交桥周边等8处斑点整治基本完成。开展“治超治限”专项行动，全区道路运输超限超载率下降70%。实施城市品质工程，新建黄泥塘、白鹤等社区公园4个；提质改造岳北等社区2个、道坡路等背街小巷4条；完成岳麓大道、金星中路亮化工程、咸嘉湖东路特色景观街建设及60条社区支路微循环改造。云栖路提质改造全线推进。启动“三年造绿大行动”，新增绿地116公顷，建城区绿化覆盖率52%。加快两型城区建设，生态绿心区域得到有效保护，梅溪湖国际新城、洋湖生态新城、滨江商务新城获批“全国智慧城市试点片区”。桃花岭景区、梅岭公园开园，西湖文化园、巴溪洲水上公园加快建设。巩固提升农村环境连片综合整治成效。通过全国城市文明程度指数年度测评。完成28项省市“为民办实事”工程。新增城镇就业人员8254人，实现农村劳动力转移就业1830人。规范农村校车和学校安保管理，50辆农村校车投入运营；新改扩建学校、幼儿园18所，中加国际学校、滨江小学开学。望月湖社区卫生服务中心获评“全国示范单位’，雨敞坪镇卫生院交付使用。举办梅溪湖国际文化艺术周、橘洲音乐节、社区文化体育节等文化节会，通过国家公共文化服务体系示范区创建验收。关爱计划生育特殊家庭，人口计生信息化水平有新提升。城乡居民养老保险参保11.64万人、医疗保险参保31.33万人，城乡低保应保尽保。有序推进熊家湾等棚户区改造，建成骑龙、洋湖景园（二期）等安置小区，新建保障性住房1948套，筹集公租房160套，发放廉租住房租赁补贴462户，超额完成安居工程年度任务。积极创建“全国和谐社区建设示范城区”，完成社区服务用房达标建设12个。评选首届岳麓十大杰出人物，涌现出全国道德模范廖月娥等一批先进典型。

创新能力不断提升。建立网格化社会管理平台，大力推行服务基层组织、企业项目、人民群众“三服务”一线工作法，全区623名科级以上领导干部深入17个街镇580个网格，解决各类问题8449个，干群关系进一步融洽。开展“六五”普法教育，引导群众依法表达诉求，有效化解一批历史遗留问题。建成“天网工程”，开展“星城金盾”专项行动，社会治安防控能力有效提升。创建安全生产示范城区，深入开展安全生产大检查，累计排查整治安全隐患1300余处，完成企业安全生产标准化建设76家，有效保障了建筑、消防等领域的安全。

自身建设能力快速提升。坚持依法行政，全面开展行政决策法律审查，建立政府合同备案审查管理机制，法治政府建设成效明显。认真落实人大及其常委会的决议决定，积极配合人大代表开展视察检查，自觉接受人大法律监督和政协民主监督，办理人大代表建议79件、政协委员提案146件。深化行政审批制度改革，做好市级审批事权下放承接工作，政务服务进一步优化。扎实做好第三次经济普查前期工作。正式运行“12345”市民服务热线，拓展岳麓政务网、新闻网等网络平台功能，政民互动渠道更加畅通。严格执行中央“八项规定”和区委“十个严禁”等规定，厉行勤俭节约，反对铺张浪费，“三公”经费稳步下降。严格执行项目招投标等制度，加大财政评审和审计监督力度，核减报审资金3.1亿元。

困难和问题：长效财源、高端业态处于培育阶段，产业转型升级迫在眉睫；征拆安置、统筹城乡任务繁重，民生保障力度还需加大；发展中的各类矛盾相互交织，社会治理水平有待提高。（周义娟）

岳麓区

中共岳麓区委员会

书　记　陈　中
副书记　周志凯　刘　汇
常　委　陈　中　周志凯
　　　　刘　汇（女）
　　　　贺赤兴
　　　　袁健康（2013.11调走）
　　　　刘　立　周　凡
　　　　彭利芝（女）
　　　　蔡　锋　吴　江
　　　　张铁炎（2013.11任）

区人大常委会

主　任　胡杰夫
副主任　钟红剑　杨利双（女）
　　　　辜显旺（兼）
　　　　王剑鸣　陈怀宇

区人民政府

区　长　周志凯
副区长　刘　立　周　凡
　　　　张铁炎（2013.11免）
　　　　苏春光　潘旺明
　　　　李　舜（女）
　　　　陈定佳　刘雄辉

区政协委员会

主　席　袁精华
副主席　曾高杰　林俐俐（女）
　　　　喻英姿（女）
　　　　刘　平　卜茂荣

【后湖国际艺术区开园】 10月22日，后湖国际艺术区正式开园。该艺术区是中国中部地区首家最大规模的国际艺术区。是一个产学研一体化、创作交易一体化，拥有完整艺术产业链，多种业态集中融合共同发展的文化产业创业基地，成为省内最大的原创画作基地，同时也是省内最大最多的艺术名家聚集区，是集原创画创作、艺术培训、艺术品交易展示于一体的艺术区。该艺术区位于岳麓区大学城所在地的后湖。园区以桃花岛为核心，占地26.67公顷，已完成投资4800万余元，建成艺术高地名家展厅、艺术团体办公中心及60套艺术家工作室。园区三面环湖，有朱训德、段江华、陈和西等48位知名艺术家签约入驻，湖南省美协、省艺术学会和各市州美协均在后湖国际艺术区设立办事处。该艺术区为已签约入驻的艺术家们免费配备创作室，黄永玉等名家签约成为园区的驻馆艺术家。（周义娟）

【“幸福天使红十字救护站”落户长沙】 12月，由中国红十字基金会发起的“幸福天使红十字救护站”湖南省援建启动仪式在橘子洲景区雕像广场举行，来自湘雅医院和省武警总队医院的红十字志愿者们，在红十字应急救护培训师带领下，进行了徒手复苏、创伤包扎、脊柱板的搬运方法等3项科目的实地应急救护演练，让游客亲眼目睹并感受到红十字应急救护给予人们生命安全的保障。橘子洲景区为国家AAAAA级旅游景区、湖南省爱国主义教育基地，已经成为外地游客到湘必游景点，也是长沙市民假日休闲的胜地，游客数量增多，发生的意外事故也相应增加。为提高景区突发事件的处置能力，加强景区救护人员的救护意识和本领，中国红十字基金会在橘子洲景区设置“幸福天使红十字救护站”，景区按照《幸福天使红十字救护站建站标准》逐步完成救护站的建设工作，设有接诊台及治疗室、休息室、母婴室等，并配备相应的救护设施，为游客提供及时、安全、高效的服务。（周义娟）

【银谷国际社区创建首个孝心社区“和孝之家”】 10月12日，全市首个“孝心村（社区）”——长沙咸嘉湖街道银谷国际社区的老人们在“和孝之家”欢度重阳节。2013年，银谷国际社区开辟“和孝之家”阵地，专门为社区老年人提供休闲、娱乐的场所。在“和孝之家”老人们可以阅读、下棋、乐器演奏等，社区志愿者们经常到“和孝之家”与老人们聊天谈心。社区利用道德讲堂这一平台，经常性开展关于忠孝礼义方面的讲座，邀请社区驻街单位、居民等参与。社区支居两委高度重视，成立领导工作小组，制定详细的工作方案制度和年度计划安排表，依托“和孝之家”开展“常回家看看　尽一份孝心”、慰问孤寡老人、“向父母献礼”网络签名寄语等一系列活动，涌现出“洋孝星”“好媳妇”等一批慈孝典型，社区呈现出一派上慈下孝、尊老爱幼、其乐融融的氛围。社区每月都会推出一个大型主题活动，丰富社区居民的生活。如3月学雷锋、7月青年夏令营等。社区还建立志愿者工作站，吸纳辖区内的志愿者，更好的服务社区居民。社区在慈孝文化建设方面进行有效探索、打下基础、推进措施、营造氛围，成为全市首个“孝心村（社区）”创建活动示范点。（周义娟）

【中南大学科技园落户岳麓区】 11月11日，岳麓区与中南大学共建科技园启动式在中南大学举行，岳麓区政府与中南大学正式签署共建中南大学科技园的合作协议，中南大学科技园正式落户岳麓科技园。中国工程院院士、中南大学校长张尧学，市委常委、常务副市长张迎龙，市人大常委会副主任芮英姿出席签约仪式。该科技园位于岳麓科技产业园，5年内一期规划用地33.33公顷，以“园中园”的形式打造成高科技企业产业化基地，为中南大学企业产业化提供后续试验、开发、中试生产、产品应用及推广等集多功能于一体的产业园区，并将连续3年每年安排1000万元专项资金支持，为科技园构建科技公共服务平台，服务科技企业。（周义娟）

【意大利光雕艺术展在洋湖湿地公园举行】 4月26日，岳麓区洋湖湿地公园举行湖南省首届意大利光雕艺术展，意大利光雕艺术是在造型精巧、镂空的木刻支架上，点缀以绚丽的彩灯，伴奏以欧式古典巴洛克音乐，塑造出不同主题形象的虚拟建筑景观，它融合了传统欧洲的建筑美学元素，集建筑、绘画、雕刻、美术等艺术手法于一体，具有很强的观赏性。此次在洋湖湿地公园展出的主要光雕造型有：米兰星光、幸福之门、罗马城堡、佛罗伦萨哥特式大教堂、蓝色星球、海市蜃楼、埃菲尔铁塔等。最大宽度30米、最大高度18米，约6层楼高。所有作品均采用节能的LED可变色光源，光效高，干扰弱，增强了景观效果，节省用电量，耗电量是白炽灯的十分之一。该展会吸引近10万余名市民和游客前往观赏并合影留念。

（周义娟）

【“风尚西岸•乐购岳麓”嘉年华活动】 12月，“风尚西岸•乐购岳麓”嘉年华暨“岳麓购”移动导购平台启动。该活动为期两个月，活动期间，各商场、超市、卖场开展各类主题促销、抽、送礼活动，提供多元购物空间，最大限度地满足市民消费需求，除满减、打折让利促销等惠民举措外，还向该区市民派发百万元爱心“乐购卡”，其中86万元的“乐购卡”派发给8600户低保家庭。主办方开展“名品大赶集”活动，将农村消费者需要的优质名牌粮油、副食商品百货、日用品、家用电器、中低档汽车等商品送到莲花镇集中展销；“靓车赏新城”主题活动则联动全区品牌4S店的销售网络，在“岳麓购”手机导购平台推出网上车展，通过专栏展示各个品牌；“创意美食季”活动联合岳麓区各大品牌餐饮，开展创意菜品，结合“岳麓购”移动导购平台，由消费者评选岳麓“十大招牌菜”；“娱乐嗨翻天”将联合品牌KTV、电影院线、演艺剧场、酒吧等休闲娱乐企业开展K歌、观影、看戏、泡吧等活动。消费者可以通过“岳麓购”移动导购平台投票，参与岳麓区“年度风行娱乐排行榜”评选。通过丰富的系列活动，倾力打造岳麓区“安全、诚信、实惠”的购物环境，树立“品质生活就在家门口”的岳麓商圈消费新理念。（周义娟）

【200辆公共自行车梅溪湖上岗】 7月，梅溪湖首期200辆自行车投入使用，环湖10公里的骑行道内设立了7个公共自行车租赁站点，市民朋友们可随用随骑。作为首批“全国绿色生态示范城区”和首批“国家智慧城市创建试点城区”，梅溪湖此次投入建设的公共自行车系统，是岳麓区打造的快速道路与慢行系统相结合，集地铁、绿色公交、环保电瓶车、公共自行车、船行系统于一体的绿色出行系统之一。首期投入的200辆自行车，环湖建立文化艺术中心站、喷泉广场站、银杏公园站、城市岛站、柳堤站、景观绿轴站、研发中心站7个站点，基本沿线等距分布，每站相隔约1.7公里，一圈约10公里。喜欢骑行的市民朋友可在任意站点租赁自行车，并在任意站点归还。此次投入使用的200辆自行车，从车身到轮胎骨架，由全钢板制造，钢板强度大，不易损坏。自行车全部无链条，踩单车的动力全部通过传送轴传送，遇到上坡下坡等路况，骑行者可以通过自行车上的3挡变速器来控制调速。为更好的保障骑行者的安全，梅溪湖沿着7个站点开辟了专用的自行车道，有效地将机动车与自行车分流，确保骑行安全。（周义娟）

【留学归国人员俱乐部成立】 5月24日，由岳麓区委统战部、区侨联、区创业办主办的长沙岳麓青年创意文化节暨岳麓区留学归国人员俱乐部成立仪式在湖南锦绣潇湘文化广场举行。该区拥有20余所高校和科研院所，是留学归国人员相对集中区域，有留学归国人员300余名，是长沙加快转型、创新发展的急需人才和宝贵资源。该俱乐部的成立，为留学归国人员搭建起交流、互动、服务的平台，凝聚海外朋友、吸纳高端人才，围绕“创新、创业、创意”这一主题，充分发挥其资源优势，凝聚其力量和智慧，为率先建成引领全省、示范全国的两型新区发挥积极作用。（周义娟）

【岳麓区法院首设湖南“涉保案件调解室”】 9月11日，湖南省首个“涉保案件调解室”在长沙市岳麓区人民法院挂牌成立，标志着湖南法院建立保险纠纷诉讼与调解对接机制改革试点步入快车道。通过前期调研和协商，岳麓区法院决定与湖南省保险行业协会合作设立“涉保案件调解室”，为当事人开辟一条集“人民调解、法律援助、专家鉴定、法官指导、司法确认”为一体的“涉保纠纷第三方解决渠道”。“涉保案件调解室”成立后，该院派专人负责联络湖南省保险行业协会，通过巡回指导、人员培训、司法确认、联席会议等方式切实加强调解室的工作，充分发挥派驻调解室化解涉保纠纷的职能作用，促进社会和谐。随着近年涉保案件数量成倍增长，此举对于人民法院发挥诉调对接中心职能，指导人民调解有效化解涉保案件，引导当事人省时、省力、省钱地解决涉保案件有着积极意义。

（周义娟）

【"三服务"一线工作法推行】 8月，岳麓区全面推行"三服务"一线工作法（即要求领导干部带着感情，扑下身子，深入一线，服务基层组织、服务项目企业、服务人民群众），将全区17个街道（镇）、166个社区（村）划分为580个网格，按照区级领导联点联片，职能部门联社区（村）、科级干部联网格的原则，全区62名区级领导当点长、片长，561名科职干部定点安排到网格，实现地域全覆盖。每个网格由网格长、网格监督员、网格管理员、网格民情员、网格治安员组成，确定每月28日为该区领导干部联系群众网格驻点日。网格驻点日收到的问题，各街道（镇）主动服务、区一线办统筹高度、各职部门限时办理，切实解决问题。做到"情况在一线掌握，问题在一线解决，感情在一线融洽，作风在一线转变，能力在一线提升，干部在一线考核"。2013年，该区共走访群众191232户，收集群众意见建议3891条，收集群众反映问题9120个，已办结7290个；化解矛盾纠纷2398起，为群众办实事好事7189件，帮扶困难群众15254户。"一线工作法"得到上级部门和群众的一致肯定。《党建》《湖南日报》、湖南经视等主流媒体和刊物先后30余次报道岳麓区群众工作。 （周义娟）

【岳麓机器人队韩国夺3金】 11月3—11日，2011年亚太青少年机器人竞赛在韩国丽水举行。岳麓区高新博才小学、博才阳光实验小学、湖南师大附中博才实验中学等学校中小学生组成的岳麓机器人队19名队员参加比赛。该次竞赛分设机器人海底探险、机器人智能搬运、非编程轨迹、机器人海洋资源运输、机器人创意赛等7大类比赛项目，有来自亚太地区的1000余名选手参赛，中国派出80余人的参赛队伍。岳麓机器人队参加了机器人海底探险、机器人智能搬运、机器人舞蹈等项目的角逐，获取金牌3枚、银牌3枚、铜牌7枚的好成绩。

（周义娟）

表56 2013年岳麓区主要经济指标与2012年比较

单位：万元

指标名称	地区生产总值	工业增加值	农林牧渔业总产值	社会固定资产投资额总额	社会消费品零售总额	财政总收入	财政总支出	城镇居民人均可支配性收入（元）
2012年	6316135	3717980	229258	4760994	1769464	416933	282665	30289
2013年	7166944	3088583	236001	5190888	2026589	519792	354088	31342
2013年比2012年增长（%）	11.0	9.8	2.9	30.6	14.5	24.7	25.3	10.2

开福区

【概况】 开福区位于长沙市北部，开福区辖1区1园1中心（金霞经济开发区、青竹湖生态科技产业园、金霞保税物流中心），望麓园、清水塘、湘雅路、伍家岭、新河、东风路、通泰街、四方坪、芙蓉北路、洪山、月湖、浏阳河、秀峰、新港、捞刀河、沙坪16个街道办事处及青竹湖1个镇。土地面积188平方公里，其中建城区面积65平方公里，耕地面积3.31千公顷。年末常住人口58万人，户籍人口44.16万人，其中非农业人口35.52万人。

区域综合实力不断增强。全年实现地区生产总值600.7亿元，增长13%；地方财政总收入86亿元，增长22%；公共财政预算收入31.7亿元，增长18.5%；固定资产投资、社会消费品零售总额、规模工业增加值分别实现497.4亿元、490.2亿元、44.4亿元。三次产业比调整为0.6:24.8:74.6，第三产业的优势地位更加突出。税收占财政总收入的90.5%，结构全市最优。工业和商业地产投资增长较快，房地产投资比重逐步下降，投资结构逐年优化。单位GDP能耗同比下降4.55%，规模工业增加值能耗同比下降6.88%。新增规模工业企业30家，居内5区第一。新增限额以上商贸企业163家，是上年的5倍。

项目建设全力推进。重点建设107个项目，完成投资147.54亿元。强力推进黄兴北路、火车北站一期征收扫尾，抓好了省疾控中心、省博物馆等项目征收工作；完成19个农村拆迁项目193.33公顷土地扫尾清零，新启动14个项目188.67公顷土地拆迁。重点编制了高岭商贸物流城规划、苏托垸概念性规划等，为片区开发和项目建设创造了条件。珠江花园酒店正式开业，罗莎食品建成投产，卓尔一期、保税物流大厦封顶；北辰三角洲、泊富国际、华尔街中心、复地山昆玉国际按计划推进，华创国际广场、绿地·海外滩、佳海二期全面开工；青竹湖路东延线、319国道浏阳河大桥建成通车，芙蓉北路浏阳河大桥、车站北路捞刀河大桥主桥合龙，地铁1号线、城际铁路、滨河南路、捞刀河路建设进展顺利。招商引资质效提升。赴上海和北京集中推介金融生态区优质资源，举办第六届金秋经贸文化节暨大城北投资推介会、苏托垸城市湿地高峰论坛、湖南保税经贸合作推介会等招商活动。全年签约重大项目24个，签约总金额290亿元，涵盖新型工业、现代物流、金融商贸、高端商务等行业，一批符合产业发展导向的优质企业入驻开福。

产业发展平稳加速。金霞经济开发区全年货物吞吐量突破2500万吨，实现物流业务收入255亿元，分别增长45%、35%。保税中心报关4930票，进出口货值10亿美元，分别同比增长73%、55%。金融业税收占比20%，对区级的税收贡献居第二，增加值及增速分别位居全市第二、第一。中国邮政储蓄银行等4家省级金融机构总部入驻营业，中信银行等8家区域性金融机构总部成功签约，省级金融总部机构31家。全年实现文化产业增加值120亿元，占全市的20%。楼宇经济快速成长。全区已建在建商业商务楼宇面积突破360万平方米。索菲特、万豪、洲际等国际酒店成功签约落户。都市农业、服务外包、生态旅游等产业稳步发展，多点支撑的产业格局逐步形成。

人居环境明显提升。城乡配套不断完善。环境整治全面开展。拆除违章户外广告2万余平方米、违法建筑35万平方米，鸭子铺、苏托垸拆违控违取得阶段性成果。打击非法营运、整治道路交通秩序，常态化开展渣土运输专项整治，全面实行辖区河道禁砂。圆满完成全国城市文明程度指数测评任务，城市形象、城市环境、城市秩序明显改善。两型建设深入推进。汉回村被评为“省级新农村建设示范村”，湘粤村等9个村获评省、市“生态村”称号，王家垅社区等10家单位被评为省、市两型示范创建单位。关闭金霞建材等6家污染企业，主要污染物减排任务全面完成。旧城区工矿棚户区改造纳入全国老工业基地改造规划。

民计民生持续改善。新增城镇就业10018人，行政村全部纳入城乡就业均等服务和社保体系，落实小集体企业职工养老保险政策2980人，社会保障实现全覆盖。办理农民安置房权证143栋3728本，1917户家庭享受住房补贴，九尾冲、金盆丘、荷叶等保障房建设有序推进。实施餐饮服务企业“阳光厨房工程”，在全省首建食品药品监管和信用评价应用平台，5000余家食品生产经营企业纳入信息平台实施动态监管。成功应对特大旱情和H7N9禽流感疫情。改造农村危房40户，完成1万余户水表改造任务。各项事业协调发展。顺利通过国家义务教育均衡发展督导评估，获评“国家社区教育实验区”，公民教育经验全国推介，新增雅礼·长雅中学和清水塘北辰小学两所名校。建成2个国家级、1个省级社区卫生服务中心，12个社区开展基本公共卫生服务社区化试点，40个村实行了乡村医生签约制度。计生工作保持“国优”“省优”，成功创建“国家公共文化服务体系示范区”和省级“书画之乡”，提质和新建市图书馆分馆5家，启动《开福区志》编纂工作。连续第三次被评为“全国科技进步先进城区”，获评“全国科普日宣传活动先进示范区”。

社会大局和谐稳定。县级领导公开接访、专案研究、信访联席会议等制度常态化运行，“一推行四公开”和群众工作站活动深入开展，有效化解各类矛盾。推进“星城金盾”专项行动，严厉打击各类违法犯罪活动，继续保持省级“平安区县”称号。安全生产常抓不懈，安全生产事故死亡人数、受伤人数同比下降25%、29%，代表全市参评“省级安全示范城区”。特定帮扶取得实效。落实就业优惠政策，补贴就业困难群体社保资金130万元。救助生活困难、重病患者、残疾人等困难群众4125人次，发放救助金511万元。提供法律援助247件，955家企业建立工资集体协商制度，通过劳动仲裁和劳动监察为劳动者追回资金1463万元，维护了劳动者合法权益。

政府建设全面加强。民主法治扎实推进。办复99件人大建议和140件政协提案。区政府班子成员深入各街镇向人大代表、政协委员通报区情，征求意见建议。积极创建“省级基层法治示范区”，在全市率先出台依法行政考核办法，开福法治经验全省推介。行政效能不断提升。全面清理行政审批事项，65项行政许可、71项非行政许可全部进窗、在线办理。开通“12345”市民服务热线，向执法部门委派民主监督员，实施市民评议政府活动，以评促改、以评促管，提升了政务服务水平。政务公开力度加大。通过政府门户网站公开政务信息7900余条，办理市长信箱、区长信箱和其他来信来访543件。受理政府信息依申请公开314次，向公众提供信息查阅服务1000余次，公众知情权、监督权得到保障。通泰街等4个街道政务服务中心标准化建设通过市级验收。作风建设不断加强。严格执行中央和省、市改进作风的规定，规范公务用车、办公用房，厉行节约，“三公”经费同比下降16.3%。落实党风廉政建设责任制，强化行政监察和审计监督，严肃查处违纪违法案件。修订完善政府投资项目管理办法，对政府投资项目组织专项稽查，对专项资金使用情况进行绩效评价，对征拆项目进行专项审计，资金使用和政策执行监管有效落实。（王从福）

开福区

中共开福区委员会

书　记　李　蔚
副书记　廖建华（女）
　　　　沈裕谋
　　　　曾筱峰
常　委　李　蔚
　　　　廖建华（女）
　　　　沈裕谋
　　　　曾筱峰
　　　　胡武旗（2013.12免）
　　　　张作林（2013.12免）
　　　　周　虔（2013.12免）
　　　　刘小虎
　　　　黄　阳（2013.12任）
　　　　刘文立
　　　　张　武
　　　　杨应龙
　　　　周志军（2013.12任）
　　　　郭朋芳
　　　　黎　明（援藏，2013.05任）
　　　　袁伟洁（2013.12任）

区人大常委会

主　任　许振勤
副主任　王颂交
　　　　李光华
　　　　袁剑英（女）
　　　　李正元（女）
　　　　罗伟明

区人民政府

区　长　廖建华（女）
副区长　黄　阳（2013.12任）
　　　　张　武
　　　　汤建尧
　　　　张春雄
　　　　邓　平
　　　　何惠风（女）
　　　　廖　勇

区政协委员会

主　席　熊建伟

副主席　刘永红（女）

　　　　邓毅芳

　　　　杨庆江

　　　　苏松泉

　　　　杨　艳（女）

　　　　焦　灿

【万达广场建成开业】　9月27日，由万达集团投资116亿元兴建，建筑总面积103万平方米的开福万达广场正式开业。湖南省人民政府副省长何报翔，市委副书记、市长张剑飞，省政府办公厅副主任熊方平，市人大常委会主任袁观清，市委常委、组织部部长程水泉，市委常委、副市长张迎春，开福区区委书记李蔚等领导出席庆典仪式并剪彩。开福万达广场是全市规模最大、业态最全、档次最高的大型城市综合体，位于五一商圈，湘江中路与中山路交汇处，地处城市商业、交通双核心地段，由大型商业中心、商业步行街、高级酒店、商务酒店、写字楼、精装豪宅等组成。广场引进百余个国内外知名品牌，有万达百货、万达影城IMAX、大歌星KTV、超级玩家、国美电器等实力品牌主力店。长沙开福万达广场从规划设计、建筑品质、业态分布、招商品牌档次、购物环境等各方面都成为了长沙乃至中南地区的购物中心标杆。长沙万达广场的开业，促进了长沙商业繁荣，对开福区的规划建设、推动区域商业和产业转型升级、提升开福乃至长沙的服务业发展水平具有积极的意义。（王从福）

【三一大道浏阳河大桥通车】　2013年12月24日上午10时，京港澳高速公路长沙连接线三一大道浏阳河大桥双向完工通车，该项目2012年1月16日开工建设，长828米，总宽42米，双向8车道。该桥是湖南首座8车道跨河大桥，是浏阳河长沙段最宽的桥梁，老浏阳河大桥主跨宽度50米，为7级航道，新大桥升级为6级航道，主跨宽度96米，桥梁高度比老桥提高7米，车流、人流通行量是老桥的2倍。新大桥桥面钢筋等设施全面升级，大桥使用寿命将超过100年。（王从福）

【迪卡侬长沙旗舰店暨湖南总部入驻开福】　12月17日，全球最大的体育用品零售商迪卡侬与开福区金霞经济开发区举行签约仪式，迪卡侬公司长沙地区唯一购地项目落户金霞，将对长沙全民体育的普及发展提供支持，为市民生活品质的提升带来积极影响。金霞经开区管委会主任袁政国和迪卡侬华东区发展总监汪漪分别代表双方签约。该项目由迪卡侬（上海）体育用品有限公司投资建设，总投资1亿元，占地约1.2公顷，拟打造具有国际品质的迪卡侬长沙旗舰店，建设内容主要为商业店面、室内外运动体验中心等。项目的入驻填补了长沙缺少体育用品全球知名品牌区域总部及旗舰店的空白，为长沙打造成为千万级国际大城市增添一张新的名片。（王从福）

【江滨社区建法治主题公园】　12月，长沙市首个法治文化公园江滨社区法治主题公园在芙蓉北路街道建成。该公园位于江滨社区内13栋与16栋之间，总面积约2500平方米，公园是以景观、游艺、休闲、文化为一体的以法为景观元素的法治文化主题公园，公园由新民社区和江滨公园两部分组成，公园的主要设施有：法治文化公园景观石、天平雕塑、法律问答展板、法治文化长廊宣传橱窗、石雕小品、彩喷宣传板、法治谜语墙。围绕法治文化主题，介绍了法治人物、法治故事、法治谜语、法治对联、法治格言等内容，在为市民提供健身休闲的同时，将公平、正义、权利、和谐等法治理念传播给广大市民，使大家在日常生活、娱乐、休闲过程中获得法律知识，受到法治教育。（王从福）

【开福区文化（旅游）产业协会成立】　12月4日，长沙市开福区文化（旅游）产业协会成立暨第一次全体会员大会召开，湖南日报报业集团、湖南广播电视台、中南出版传媒、世界之窗、湖南省展览馆、沙坪湘绣股份有限公司等54家会员单位主要负责人参加。区领导曾筱峰、杨应龙、何惠风、任新良等出席会议。会议审议并通过长沙市开福区文化（旅游）产业协会《章程》《七项制度》及《会费标准》等制度文件。选举产生了协会会长、副会长、秘书长、监事长。湖南日报报业集团党组副书记、总经理皮林被选举为此届协会会长。开福区文化（旅游）产业协会是长沙市首家区级文化（旅游）产业协会，协会旨在搭建会员单位之间交流合作的平台，进一步密切文化旅游各企业，通过“以强带大，以大带小”，促进资源整合，集聚产业优势，形成良性竞争，实现互利共赢。（王从福）

【长沙首届苏托垸城市湿地公园高峰论坛】　9月25日，由长沙市人民政府主办，开福区人民政府、长沙市城乡规划局承办，长沙晚报报业集团、深业岭岛协办的长沙首届苏托垸城市湿地高峰论坛在长沙市开福区深业岭岛楚家湖畔举行。省环保厅副厅长潘碧灵，省水利厅副厅长刘佩亚，市委常委、副市长张迎春，区领导廖建华、许振勤、张武、杨应龙、罗伟明、汤建尧、张春雄、邓平、何惠风、杨艳等出席。论坛旨在明确高水平做好滨江、滨河、滨湖的规划设计，提升长沙城市人文与建设品质，打造长沙国际滨水名片，推进苏托垸湿地公园的规划工作，将其打造为长沙最大的生态新城。论坛主题为“城市，可持续发展”，分三个分议题，一是一个湿地温润一座城，苏托垸湿地应该如何与城市和谐共生，成为中部样本。二是两型建设，城市对话，全国知名区域经济学家，智慧碰撞，共同探索城市可持续发展之道。三是打造中部最大城市湿地公园，政府、企业该怎样扮演好各自的角色。论坛上，哈佛大学环境工程系教授、全球水资源组织高级顾问彼得·罗杰斯博士作主题演讲。杭州西溪国家湿地公园总设计师陈斌，湖南省政府参事、湖南师范大学教授朱翔，华中科技大学教授余柏椿，长沙市城乡规划局总工程师王慧芳在论坛上发表了意见，10位热心市民参与论坛并积极提问，共话城市可持续发展之道。（王从福）

【长沙第六届开福金秋经贸文化节】　9月24日，以“携手绘蓝图，共创开福梦”为主题的2013长沙第六届开福金秋经贸文化节在珠江花园酒店开幕。在开幕式暨大城北投资推介会上，开福区搭建招商大平台，现场签约 10 个项目，场外签约 9 个，分别涉及工业、物流、金融、酒店、服务外包等，签约金额 291 亿元。其中普洛斯物流产业园项目引进亚洲最大的工业及物流基础设施提供商和服务商普洛斯集团，总投资约 2 亿元；绿地上城•海外滩项目总投资约 50 亿元，将打造金霞片区第一家大型城市商业综合体。该届开福金秋经贸文化节活动时间为 9 月 24 日—10 月 31 日，活动内容有：9 月 22 日—10 月 30 日的“欢乐购物，畅享北城”购物美食月；10 月 18—20 日的金秋房车嘉年华等活动，均由政府搭台、企业让利，为市民构筑实惠平台；9 月 27 日，开福万达广场开业。此外，节会还推出一系列主题论坛：9 月 25 日，城市，可持续发展——长沙首届苏托垸城市湿地高峰论坛举行；9 月 29 日和 10 月下旬，绿地中心论坛举行；10 月 18 日，“开放中国、开放开福”首届中国（湖南）保税经济发展论坛暨合作峰会举办，知名专家为北城的社会进步、经济建设和各行各业的发展建言献策，共谋发展。该届开福金秋经贸文化节的成功举办，提升了开福区的知名度、美誉度和人民群众幸福感。（王从福）

【湖南省第十五届乡村青年文化节在开福区举行】 3 月 23 日，由共青团湖南省委员会主办、开福区委员会等承办的全省第十五届乡村青年文化节展示活动在长沙市开福区捞刀河镇汉回村举行。该届乡村青年文化节展示活动以“学习贯彻十八大，构建‘两型’新农村”为主题。展示活动包括“舞动青春”文艺演出、“两型农村”生态文明展、“洁净生活”志愿清洁行动、“青春暖流”关爱农村弱势群体、“奉献热土”湖南农大博士服务团“开福行”“建功基层”基层团干和优秀农村青年交流会 6 大主题板块。团省委副书记冯海燕等与 500 余名开福农村青年朋友参加展示活动。冯海燕指出，“乡村青年文化节”是团组织开展青年文化建设的重要品牌，是服务新农村文化建设的重要载体。她要求，全省各级团组织要以此次活动为契机，在各级党委、政府的领导下，深入贯彻党的十八大精神，积极开展服务农村青年成长成才、服务和谐新农村建设的工作和活动，不断发掘农村优秀传统文化和优秀民族文化，打造一批群众喜闻乐见的文化项目，培养一批优秀乡村青年文化工作者，团结带领广大团员青年为建设“四化两型”作出新的贡献。（王从福）

【中国•湖南保税经贸合作推介会在开福区举行】 10 月 18 日，“开放中国 开放开福”中国•湖南保税经贸合作推介会在长沙市开福区举行。推介会由湖南省商务厅和长沙市人民政府主办，开福区委、区政府承办，长沙金霞保税物流中心管委会、湖南嘉德投资置业有限公司执行。摩尔多瓦共和国驻中国大使安纳托利，湖南省副省长何报翔，原全国政协港澳台侨委员会副主任俞晓松，东盟加六国贸易促进委员会主席、泰国著名侨领罗宗正，区领导李蔚、沈裕谋、许振勤、刘小虎、邓平等领导出席，来自新加坡、加拿大、中国台湾、中国香港等国家和地区的国内外进口商贸、物流、零售百货、国际知名酒店、高端餐饮、休闲娱乐、电子商务、金融资本等 200 余位重要客商参加了该推介会。该会议聚焦了社会各界对中国内陆口岸及保税物流园区如何发展保税特色经济的关注与评价，传播和分享开放中国新政策、新理念，展示长沙的综合优势，重点推介了长沙金霞保税物流中心、湖南进口商品展示交易中心等项目，签约一批重点战略合作项目和企业入园项目。推介会上，俞晓松就“开放中国保税经济发展战略”作主题演讲，他指出，长沙金霞保税物流中心应该依托保税平台优势，结合现代国际服务业特点，大力发展保税商贸，打造全球贸易价值链的中国中部引擎。（王从福）

【徐守盛视察长沙金霞经开区】 5 月 3 日，省委书记徐守盛在省委常委、市委书记易炼红陪同下，率省直相关单位负责人到长沙金霞经开区考察。徐守盛一行先后实地考察了长沙统一企业、长沙货运新北站、长沙新港等重大项目。徐守盛详细了解了长沙统一企业有限公司系列产品的销售情况和二期项目建设情况，并勉励企业依托湖南丰富的农产品资源做大做强；要求长沙货运新北站尽快启动二期建设，加快海关、商检等相关职能部门的进驻，以利货场国际物流业务的发展；仔细询问了长沙新港一、二期工程建设规模及运营情况以及三期工程建设的进展情况，对港口存在的功能不配套、企业资金不足、湘江长沙综合枢纽建成后对港口的影响等问题，要求省、市相关部门密切协调配合，切实解决存在的问题，确保项目顺利推进。调研中，徐守盛强调，要以“转作风、解难题、抓关键、见实效”专项活动为契机，一心一意谋发展，心无旁骛搞建设，进一步在全省营造聚精会神抓经济发展和项目建设的浓厚氛围。（王从福）

【红十字服务进社区经验交流会在长沙召开】 3 月 14 日，湖南省红十字会 2013 年工作会议暨红十字服务进社区经验交流会在长沙召开，省红十字会党组书记、常务副会长曾凡国，副市长夏建平、区长廖建华以及来自省直系统、各地州市的红十字会领导一行 50 余人参观了清水塘路社区红色服务基地、红色服务队活动展板、红十字志愿服务中心、清水塘街道社会管理指挥中心，听取社区红十字会工作、红色服务队活动开展、爱心救助基金运行机制等相关情况的汇报，与红色服务队的老同志进行亲切交谈，各位领导对清水塘社区在红十字会开展的各项工作给予充分肯定。夏建平指出，每个人都要大力弘扬“人道、博爱、奉献”的红十字精神，在社会广泛传递奉献的理念，为更多困难的、需要帮助的人提供服务和帮助，让爱心温暖社会。（王从福）

【通泰街老年艺术团获“维也纳国际合唱节金奖”】 11 月 19 日，通泰街老年艺术团赴欧洲参加在维也纳金色大厅举办的“中国合唱百年梦暨中奥国际合唱节”比赛，获“维也纳合唱艺术节金奖”。通泰街老年艺术团 1957 年成立，是一支有着深厚文化底蕴的群众文化文艺团队，成员有 200 余人，每年有 300 个以上的活动日，曾 4 次获文化部老年合唱节金奖。参加该次维也纳国际合唱节，通泰街老年艺术团克服签证难、资金难、安全保障难、国外沟通交流难等困难，自筹资金 10 万余元赴维也纳参加比赛，参赛活动受到通泰街街道办事处积极支持，参赛的曲目是《绿鸟鸟》和《瑶

家夜歌》。（王从福）

【开福区被纳入全国老工业基地改造规划范围】 4月9日，《全国老工业基地调整改造规划（2013—2022年）》（以下简称《规划》）获国务院批复，《规划》范围是95个地级老工业城市和25个直辖市、计划单列市、省会城市的市辖区，涉及全国27个省、自治区、直辖市。长沙市开福区老工业区成功列入调整改造规划范围，该《规划》提出：到2017年，老工业基地产业结构优化升级取得重要进展，节能减排取得明显成效，科技创新能力得到增强；居民收入增长与经济发展同步，经济发展的活力动力明显增强；到2022年，老工业基地现代产业体系基本形成，为建设成为产业竞争力强、功能完善、生态良好、和谐发展的现代化城市奠定坚实基础。《规划》明确：国家将加大对城区老工业区的政策支持，在投资方面，从2013年起，安排中央预算内投资支持城区老工业区整体搬迁改造；在融资政策方面，创新融资模式，支持符合条件的具有较强综合实力的投资公司发行债券，募集资金用于组织实施城区老工业区综合改造，支持符合条件的整体搬迁企业发行债券，用于企业搬迁改造；在土地政策方面，根据老工业区搬迁改造用地需求，在编制下达年度土地利用计划时适当倾斜。长沙市开福区老工业区的成功入选，意味着开福区沿黑石渡、新河街道、伍家岭一线，包括湘江涂料、丽臣实业等老企业在内，基本沿浏阳河一线连片分布的区域作为长沙调整改造城市老工业区，将在未来10年享受中央在财税、产业、投资、土地等方面给予的相应政策支持。

（王从福）

表57　2013年开福区主要经济指标与2012年比较

单位：亿元

指标名称	地　区 生产总值	全社会固定 资产投资	社会消费品 零售总额	地方财政 总 收 入	公共财政 预算收入	城镇居民人均可 支配收入（元）
2013年	600.68	497.37	490.21	86	31.69	30891
2012年	532.17	407.65	430.83	70.55	26.74	28057
2013年比2012年增长（%）	13.0	22.0	13.8	21.9	18.5	10.1

说明：因统计口径变化，2013年部分数据按照新口径进行了调整

雨花区

【概况】 2013年，雨花区土地总面积115.23平方公里，城区总面积约71.1平方公里，辖12个街道、1个省级工业园区（长沙雨花经济开发区），共有105个社区，36个社区筹委会。截至2013年底，全区户籍总人口56.54万人，其中城镇人口50.25万人，人口出生率11.48‰，自然增长率8.15‰。年内最高气温41.3℃，最低气温-4℃，年降水量1331毫米。

综合实力持续攀升。全年实现地区生产总值1300.3亿元（含中烟），同比增长9.5%。完成财政总收入108.67亿元，同比增长18.1%，税收收入占财政总收入比重为86.2%；地方公共财政收入44.18亿元，同比增长35.9%。实现规模以上工业总产值307.11亿元（不含中烟），增加值增长率21.7%。实现固定资产投资499.65亿元，同比增长22.4%，其中生产性服务业投资比重占29.8%。社会消费品零售总额526.4亿元，同比增长12.7%。第三产业增加值增长率9.6%，实际到位外资4.74亿美元。城市居民人均可支配收入37147元，实现了全区经济总量、财政增量和税收质量的“三量齐升”。侯家塘、左家塘街道财政总收入超10亿元，左家塘街道连续3年获全市“十强”街道称号。

项目建设全面推进。全区登记在册的亿元以上产业项目166个。德思勤城市广场、华晨世纪广场、喜盈门·范城等项目分期投入使用，顺天国际金融中心、潇影综合大楼、长沙新广电、中机国际研发中心、运达中央广场等项目进展顺利。圭塘河生态景观区一期正式开园。白田佳苑、联盟佳苑实现交房，黎锦苑、黎雅苑、太和园主体竣工，湖橡、长重、一汽棚改项目进展顺利。

转型升级步伐提速。启动区现代服务业总体发展战略规划和核心片区详细规划编制工作，黄金走廊、雅塘新城、东塘组团、浏阳河生态经济带等区域详细规划编制工作取得实效。明确现代金融、商贸物流、商务智慧、康乐文体4大产业支点，区现代电子商务物流园、全洲农产品电子商务综合服务产业园等9个项目入选国家级现代服务业综合试点，全区综合性和现代服务业项目占比超过35%，高新技术增加值占GDP（含中烟）比重13.8%；实现第三产业增加值490.71亿元，占比超过59%。新型工业稳步发展，全区规模工业企业100家，比亚迪电动大巴、乘用车实现量产量销，晓光模具、金杯电工、长泰机械等企业成长良好。东湖高新标准厂房新入驻企业48家，雨花经开区增速位居长沙10个省级开发区第一。

城市品质不断提高。组织实施重点工程项目75个，湘江综合枢纽“四大工程”按期推进，实现沙湾路、大

桥路西段、洞和路、井塘路等13个项目主体通车。开展“百日拆迁大会战”，腾地389.67公顷，组织“百万大拆违”专项行动，拆除违法建筑1061处、105万平方米，高铁新城、雨花腹地、黎托南片等片区控违拆违取得阶段性成效。地铁2号线进入试运行，地铁1号线、城际铁路稳步推进，沪昆高铁长沙南站主体竣工。全面优化人居环境，推进污染减排工作，植物园周边环境整治顺利通过验收，浏阳河、圭塘河流域污染治理顺利推进，实施了牛角塘、野坡社区改造和新建西路景观街建设，打造了新花侯路、香樟东路等绿化示范路，花桥、桂花、五一、牛串岭4个社区公园投入使用。巩固提升文明创建成果，圆满完成年度国检测评。

民生福祉有效改善。实施惠民解困雨露工程，建成标准化社会救助工作站（中心）14个，累计救助7.5万人次，发放救助金2600万余元，农村五保户年分散供养标准达到3940元，城乡低保月人均救助水平分别达到354、175元。新增城镇就业16491人，农村劳动力转移就业2166人，实现了“零就业”家庭动态清零，城镇登记失业率2.23%。新建廉租房1134套，424套公租房主体竣工。完成200万平方米的农民保障房建设，白田佳苑、联盟佳苑实现交房，黎锦苑、黎雅苑、太和园主体竣工。完成棚户区改造315户，湖橡棚改基本完成交房，三力国际主体完工并实现销售，长重棚改B地块项目主体竣工，一汽棚改进入项目主体工程建设。顺利通过国家义务教育均衡发展检查评估认定，砂子塘湘天小学等“五校一园”（五校：指砂子塘湘天小学、砂子塘万境水岸小学、砂子塘吉联小学、枫树山东南海小学、恒大城小学；一园：指白田幼儿园）投入使用，新增学位7000余个。一大批科研项目在国家、省市科技部门立项，获评“全国科技进步先进城区”。新建、改扩建社区卫生服务中心3个、卫生室27个，公卫大楼完成年度建设任务，高桥社区卫生服务中心成功创建“全省示范中心”，居民对社区卫生服务满意率92%。

社会大局和谐稳定。完善领导接访、包案约谈、督查督办等工作机制，建立信访问题联席会商、各类非访快速处置制度，依法整治信访秩序，高效化解社会矛盾，收集诉求问题1.2万余件，答复处理率85%。深入开展“转作风、解难题、抓关键、见实效”“三定三抓”和“创业富民”等专项活动，解决了一大批企业和群众反映强烈的热点难点问题。成立8个新社区，建成3个新型标志性社区，提质17个社区阵地，成功入选创建全国社会治理和服务创新实验区。抓好安全生产示范创建和企业标准化建设，组织开展了安全大检查、“打非治违”“火灾隐患大排查大整治”等专项行动。深入推进平安雨花建设，组织防范和打击涉众型经济犯罪专项行动，深入开展“星城金盾”“打盗抢保民安”“治赌缉枪打黑除恶”等行动，构建全天候、立体化的治安防控体系，连续7年保持“全省平安区（县）”称号。

存在的困难和问题：经济的结构性矛盾依然突出，产业聚集度不高，现代服务业和高新技术产业占比偏低，企业自主创新能力相对薄弱，产业转型升级任重道远；各类规划之间的衔接协调不足，执行刚性仍需强化，工程建设领域环境有待进一步改善；信访维稳压力日益加大，安全生产形势依然严峻，加强和创新社会管理任务繁重；政府服务水平、办事效能有待进一步提高，自身建设需进一步加强。 （钟 波 朱 乐）

雨花区

中共雨花区委员会

书　记　周杏武
副书记　邱继兴
　　　　汪　娟（女）
常　委　周杏武　邱继兴
　　　　汪　娟（女）
　　　　杜旭辉（2013.03 任）
　　　　冯聪龙
　　　　王清政
　　　　叶方舟
　　　　黄文先（2013.10 任）
　　　　胡金文（援藏，2013.10 免）
　　　　何托林
　　　　王雄文
　　　　王维宁
　　　　罗予武

区人大常委会

主　任　龚景顺
副主任　胡和平
　　　　刘海秋
　　　　周凌云（女）
　　　　谢爱龙
　　　　杨　平（女）

区人民政府

区　长　邱继兴
副区长　王雄文
　　　　罗予武
　　　　王清华（女）
　　　　邹犇淼
　　　　余宏卿
　　　　李国军
　　　　谭应林

区政协委员会

主　席　李电晖
副主席　康长萍（女）
　　　　陈国强
　　　　廖云伟
　　　　罗艳辉（女）
　　　　任壮岳

【雨花区成湖南省首个财政过百亿元城区】 截至2013年11月29日，雨花区当年财政总收入完成100.0041亿元，同比增长12.85%，成为湖南省首个财政总收入过百亿元的城区。2013年全区完成财政总收入108.6688亿元，比上年同期增加16.623亿元，增长18.06%。

2013年，雨花区围绕“打造中国中部现代服务业中心”工作主题，明确现代金融、商贸物流、商务智慧、康乐文体4大产业支点，区现代电子商务物流园、全洲农产品电子商务综合服务产业园等8个项目入选国家级现代服务业综合试点全区登记在册的亿元以上产业项目166个，项目总量、投资额、开工率均居全市之首，综合性和服务业项目占比超过35%，实现第三产业增加值490亿元，增长12%，占GDP比重60.5%。全区规模工业企业100家，比亚迪电动大巴、乘用车实现量产量销，晓光模具、金杯电工等企业发展迅速。东湖高新标准厂房新入驻企业48家，雨花经开区增长速度位居长沙10个省级开发区第一。全年规模工业总产值、增加值（不含烟厂）分别达300亿元、81亿元，同比增长20%、14.6%。
（钟　波　朱　乐）

【湖南·长沙高铁新城暨雨花重点项目（上海）招商会】 10月28日，"中部大枢纽·高铁新时代"2013湖南·长沙高铁新城暨雨花区重点项目（上海）招商会在上海明天广场JW万豪酒店举行，该招商会由长沙市人民政府主办，长沙市商务局、长沙市雨花区人民政府和长沙市轨道交通集团有限公司共同承办，招商会有80余家知名企业的嘉宾参加，会议由长沙市人民政府副市长姚英杰主持。雨花区同长沙市轨道交通集团有限公司推出19个项目，涵盖多个领域，涉及可供开发土地700公顷，总投资金额738亿元。五矿万境易谷、湖南娄商大厦、台商总部基地、沃尔玛山姆会员店、绿地新都会、雨花卓越南城、华悦商业广场家乐福旗舰店7个项目签约，合同引资总额227亿元。（钟　波　朱　乐）

2013湖南·长沙高铁新城暨雨花重点项目（上海）招商会签约仪式

【长沙首条城市环形绿道建设】 4月8日，雨花区公布长沙市首条城市环形绿道的规划方案，规划绿道由专业自行车道、步行道和绿化带组合，连接浏阳河、圭塘河、劳动东路、湘府东路"两河两路"，全长23公里。绿道分为四段：第一段从湘府东路沿圭塘河到劳动东路；第二段沿劳动东路穿越京港澳高速和武广高铁，到浏阳河；第三段沿浏阳河上行，经东山大桥到湘府东路浏阳河段；第四段从浏阳河湘府东路端点往西，穿越武广高铁、京港澳高速、万家丽路到圭塘河湘府东路段。该项目预计投资8亿元，香樟东路沿圭塘河到劳动东路段的绿道一期工程正式启动。8月，一期工程香樟东路沿圭塘河到劳动东路段长2.3公里基本完工。另外三段在2017年之前完工。沿圭塘河的第一段绿道设置了"玫瑰骑廊"，种植玫瑰花。绿道的绿化乔木以香樟、樱花、垂柳和柏树为主，搭配灌木和草地。
（钟　波　朱　乐）

【全省首个公益电子商务平台"雷锋e超市"上线】 3月5日，湖南省首个公益电子商务平台——"雷锋e超市"在嘉丽购电视购物频道和官网同步上线，这是雨花区的又一公益新品牌。"雷锋e超市"由市文明办、雨花区文明委、侯家塘街道联合主办，是全新的学雷锋主题志愿活动载体，旨在发挥新型电子商务的优势和作用。前期雨花区和嘉丽购物有限责任公司在长沙市青少年发展基金会联合成立"雨花心基金"，已募集首笔捐款10万元。4月27日，雨花雷锋e超市第一季"让爱发声"捐助仪式在侯家塘街道举行，活动向青基会捐赠"心系雅安"爱心款，向品学兼优的贫困学子发放爱心助学款，向爱丽聋儿康复中心捐赠"爱心测听室"。5月3日，雷锋e超市第二季"让爱牵手"之侯家塘街道青年志愿者与孤寡老人结对活动启动，制作结对"连心本"。"雷锋e超市"品牌，带动辖区36家单位、企业和"两代表一委员"等1.3万余名爱心人士参与，募集近20万元爱心资金注入侯家塘"心基金"，分别在麻园湾小学和爱丽聋儿康复学校捐建"爱心食堂"和"爱心测听室"，为200余名贫困学子、63名失独老人和87名残障儿童送上关爱与温暖。
（钟　波　朱　乐）

【2013中国中部（湖南）国际农博会】
参见P294"农村经济"相关条目。

【"三定三抓"活动帮扶出成效】
2013年，雨花区深入开展以"定目标、定责任、定奖惩，抓引进落地、抓建设成长、抓提质升级"为主要内容的"三定三抓"活动，全区筛选出一批重点项目，逐一解难，全力促引进项目快落地、待建项目快开工、在建项目快推进、竣工项目快投产。活动明确由60名县级领导牵头，区街1000余名干部参与，成立65个联点工作组，全力跟踪服务项目、企业，工作成效纳入联点干部及其所在单位年度绩效考核。全年联点帮扶87个重大产业项目，重点履行调查研究、项目对接、审批服务、征地拆迁、融资衔接、优化环境6项服务职责，累计召开重大项目建设调度会40余次，解决各类问题270余个。（钟　波　朱　乐）

【长沙国际企业中心服务站成立】
7月12日，长沙国际企业中心服务站成立暨揭牌仪式大会在长沙雨花经济开发区举行，区委常委、经开区党工委书记杜旭辉，经开区党工委副书记、管委会主任郭四军出席仪式，2家工业地产开发商、8家中介机构及70家国际企业中心入驻企业共100余人参加会议。长沙国际企业中心服务站是湖南省首家由政府主导，工业地产开发商及工业地产物业管理方共同参与成立，专门针对工业地产入驻企业的服务机构。服务站致力于完善4个平台的打造，为企业提供政策争取及项目申报服务，对接企业的融资需求，完善资金需求平台；为企业提供安全生产、环境保护等管理工作的培训讲座，完善规范管理平台；组织企业开展技术讨论，促进企业之间的合作，完善合作交流平台；收集企业要求，协调企业关系，维护其合法权益，完善公共服务平台。会上，经开区管委会与中介机构在经开区设立服务点进行了签约。（钟　波　朱　乐）

【区现代服务业规划编制工作】
2013年，雨花区借助长沙获批"全国现代服务业综合试点城市"的契机，以"一核两带四组团"为格局（一核：

以红星商圈、高铁新城及湘府路两厢“两点一线”组合的现代服务业核心区域；两带：圭塘河生态经济带、浏阳河生态经济带；四组团：高桥组团、东塘组团、雅塘片区组团和雨花经济开发区组团），以总部经济为总揽，紧扣现代金融、商贸物流、商务智慧、康乐文体4大产业支点，与商务部研究院合作，启动区现代服务业总体发展战略规划和核心片区规划编制工作。规划建设现代商贸中心、文化传媒中心、智慧产业中心、名品时尚中心、生命健康中心、国际金融中心、现代物流中心、中部会议中心8大中心。全年先后有区现代电子商务物流园、红星冷链配送及销售连锁门店、商康农产品电商物流公共平台、全洲农产品电子商务综合服务产业园、红星大市场搬迁建设项目等9个项目入选国家级现代服务业综合试点。

（钟 波 朱 乐）

【获评“全国计生优质服务先进区”】 2013年，雨花区以促进家庭全面发展为目标，以提升家庭发展能力为主线，依托人口网格化信息系统，形成“数字计生”新网络。率全省之先成立区流动人口服务管理中心，全面推进流动人口均等化服务，提升“均等计生”新境界。全面提升计划生育家庭奖励扶助标准，建立“惠民计生”新机制；深入开展“五导工程”“温心计划”深化幸福家庭创建活动，开创了“幸福计生”新局面，区人口和计划生育工作连续6年获评“全国计生优质服务先进区”。

（钟 波 朱 乐）

【左家塘街道获评全市“十强”街道】 7月30日，长沙市委、长沙市人民政府召开全市推进现代农业工作会议，会上，左家塘街道被授予“2012年度长沙市经济社会发展综合实力‘十强’乡镇街道”称号，这是左家塘街道连续第三年获评该项荣誉。该街道通过推进产业转型升级、城市扩容提质、社会管理创新、民生福祉改善等举措，2013年，街道财政总收入11.3亿元，区级一般预算收入完成31.72亿元，城市环境和形象得到总体提升，社区基层基础不断夯实，广大人民群众安居乐业，“雷锋超市”“小区党建”“长沙（雨花）群英会”“党建信息化”“流动人口旅店式管理”等社会管理和服务品牌在省、市产生较大影响。（钟 波 朱 乐）

表58　　2013年雨花区主要经济指标与2012年比较

单位：亿元

指标名称	地区生产总值	农业总产值	工业总产值	规模以上工业总产值	全社会固定资产投资	社会消费品零售总额	地方公共财政预算收入	地方公共财政预算支出	城镇居民人均可支配收入（元）
2013年	1300.3（含中烟）、826.57（含长烟）	2.06	497.13	480.15	499.65	526.40	44.18	54.73	37147
2012年	1168.84（含中烟）、727.67（含长烟）	3.35	432.22	404..60	432.42	467.21	32.51	42.37	32460
2013年比2012年增长（%）	9.5（含中烟）、11.3（含长烟）	-38.4	16.8	18.2	22.4	12.7	35.9	29.9	—

注：2013年国家实施城镇居民人均可支配收入测算方法制度改革，数据与同期不可直接比对。

望城区

【概况】 2013年，望城区辖10个镇（其中雷锋镇交由高新区托管）、10个街道、1个乡，共125个村民委员会，35个社区居民委员会。全区总面积969平方公里，耕地总面积30.43千公顷。年末，全区总人口56.25万人（含雷锋镇），人口出生率14.89‰，人口死亡率8.89‰，人口自然增长率5.99‰。年内最高气温40.5℃，最低气温-2.7℃，年降水量1254.9毫米。

全年完成地区生产总值427.49亿元（含托管的雷锋镇），比上年增长13.7%。其中第一产业增加值32.46亿元，增长4.4%；第二产业增加值314.45亿元，增长14.5%；第三产业增加值80.59亿元，增长14.2%。三次产业结构比为7.6:73.5:18.9，与上年比较，第一产业所占比重下降0.3个百分点，第二产业比重下降0.3个百分点，第三产业比重上升0.6个百分点。全年全区完成财政一般预算总收入50.06亿元，比上年增加12.23亿元，增长32.4%。其中公共财政预算收入32.17亿元，比上年增加9.32亿元，增长40.8%。

农业发展提质增效。全区完成农林牧渔业总产值54.52亿元，同比增长4.4%。其中农业产值31.44亿元，增长4.9%；林业产值0.65亿元，增长5.4%；牧业产值18.29亿元，增长3.1%；渔业产值0.34亿元，增长6.2%；农林牧渔服务业产值0.7亿元，增长6%。全年水稻总产量34.41万吨，下降0.3%；全年蔬菜播种面积3.27万公顷，比上年增加0.29万公顷，蔬菜产量99.19万吨，增长11.4%；茶叶产量639.8吨，增长3.19%；水果产量3.64万吨，增长10.94%。启动全国中小河流治理试点县（区）建设，实施各类水利项目2700余处，跻身全国小型农田水利重点县行列，现代农业生产条件不断改善。成立区农业发展集团，完善“三农”（农村、农业、农民）投融资体系；实施“四个一百”工程（即培育农业龙头企业100个、农民专业合作示范社100个、现代农庄100个、种养示范大户100个），培育农业领军人才117人，新增农民专业合作社101家。

工业经济强力发展。完成工业总产值738.1亿元，增长23.2%。其中规模以上工业总产值668.7亿元，增长24.6%；规模以下工业总产值69.4亿元，增长11.1%。在规模以上工业总产值中，食品及饮料制造业产值66.5亿元，占9.9%；有色金属冶炼和压延加工业产值296.8亿元，占44.4%；机械制造业产值87.1亿元，占13%；建筑材料制造业产值49.9亿元，占7.5%；电力生产和供应业产值27.6亿元，占4.1%。出台新型工业扶持政策，每年投入不少于1亿元的扶持资金。强力推进工业向园区集中，支持“一区两基地”（一区：望城经开区；两基地：铜官循环经济工业基地、乌山创业富民基地）错位发展，望城经开区获评“国家知识产权试点园区”，国家有色金属新材料精深加工高新技术产业化基地成功挂牌；铜官循环经济工业基地稳步发展，中石油长沙油库等5个项目投产达效；乌山创业富民基地基础配套日趋完善，入园企业24家。工业产业集聚度、龙头企业带动力不断提升。

第三产业加快发展。积极举办望城名盘跨市巡展活动，龙湖、澳海等楼盘产销两旺，全区完成房地产投资105.3亿元，增长72.8%，实现商品房销售220万平方米，增长70%。明发商业广场、红星美凯龙加快建设，车商世纪城（一期）、文源商贸城建成营业，湾田国际（一期）、高星物流园（一期）、金桥国际商贸城招商火热，商贸流通业发展势头强劲。招商银行、华融湘江银行等金融机构相继入驻，金融体系不断健全。支持千龙湖成功举办世界休闲农业与乡村旅游城市（城区）联盟第一次峰会，61个国家的驻华使节、城市市长齐聚望城，休闲旅游“望城模式”享誉国内外，获评“全国休闲农业与乡村旅游示范县（区）”“全国县域经济科学发展特色县（区）”。全年实现旅游综合收入34.3亿元，接待游客791.1万人次。全年完成邮电业务总量6.27亿元，增长9.5%。其中邮政业务总量0.49亿元，增长5%；电信业务总量0.91亿元，增长19.6%；移动业务总量3.62亿元，增长1.1%；联通业务总量1.25亿元，增长35.9%。年末固定电话用户6.8万户，移动电话用户56万户，国际互联网用户5.8万户。

全区实现社会消费品零售总额64.22亿元，增长17.3%。其中城镇零售额50.78亿元，增长19.9%；乡村零售额13.43亿元，增长8.3%。农民人均纯收入2.15万元，增长13%；城镇居民人均可支配收入3.13万元，增长10.9%；城乡居民人均消费支出13019元。

全年完成固定资产投资475.5亿元，增长46.9%。其中城镇以上固定资产投资331.3亿元，增长41.5%；农村固定资产投资28.2亿元，下降32%。

项目建设迸发活力。突出产业招商，强化成本效益理念，提高政策优惠精准度，完善前置审查、流程管理、履约清理等机制；组织小分队到北京、天津等地上门招商，参加第八届中博会、上海招商会、“港洽周”等重大活动，举办工业招商专题推介会，招商引资数量、质量和效益明显提升。新引进项目80个，其中产业项目38个，投资过亿元项目12个，过10亿元项目9个，到位市外境内资金105亿元，联东U谷、开利星空国际进口汽车城、奥克斯广场等一批优强项目成功落户。扎实开展“项目落地年”活动，集中交办、分类破解重点难题267个。全年铺排重点项目187个，实质性启动177个，占年度计划的94.6%。

城镇建设日新月异。坚持“一镇一特”，小城镇建设扎实推进，新康戏乡顺利开街，书堂小镇、名峰古驿风情初显，铜官小城市、乔口渔都活力迸发，五谷白箬、格塘集镇魅力绽放，获评“全省新型城镇化暨城乡统筹示范区”。推行城市管理《月考评、月奖惩、月通报》制度，充分发挥百姓城管协会作用，政府主导、部门联动、协会引导、全民参与的城市管理格局基本形成。加快节能减排步伐，完成6家企业清洁能源改烧、5个黏土砖厂退出。大力开展“十美”创建，新增绿化面积300公顷，获评“全国绿化模范区”。深入推进城乡环境卫生整洁行动，金山桥、靖港等街镇和白马、湛水等村获评市“十佳”。继续保持“省级文明城区”“省级卫生县城”称号，靖港、茶亭、新康成功创建“国家级生态乡镇”。

民生保障不断加强。大力实施创业富民工程，新增农村劳动力转移就业6847人，城镇新增就业人数7389人，零就业家庭实现动态清零，城镇登记失业率控制在3.5%以内。五项社会保险参保18.2万人，归集社会保险费9.6亿元，发放保险金6.1亿元。医疗保险覆盖率98%，城乡居民基础养老金、失地少地农民生活补助分别提高到90元/月、400元/月。农村五保户月分散供养标准300元，集中供养标准675元。实施农村危房改造200户、棚户区改造1600户，新建廉租房420套，筹集公租房766套。深入推进扶贫济困常态化，开辟雷锋“580”紧急救助热线，募集雷锋慈善基金1.1亿元。城乡居民基本实现住有所居，民生支出和财政对民生项目的保障到位率位居全省第一。完成29所义务教育薄弱学校提质改造，高分通过国家义务教育发展基本均衡区验收。完成高塘岭、铜官卫生院门诊综合楼建设和13个村卫生室提质改造，区人民医院引入名院、名医打造特色诊疗科室，7所乡镇卫生院开设中医特色科室，医疗卫生条件不断改善。群众文体中心等场所免费开放，公共文化服务体系不断健全。

存在的困难和问题：经济总量还比较小，大项目特别是大的工业项目不多；城市承载功能仍需进一步完善，城乡品质有待继续提升；社会事业发展水平与人民群众的期待还有距离；少数干部理念和作风与新形势、新要求还有一定差距。（钟　婷）

望城区

中共望城区委员会

书　记　谭小平
副书记　孔玉成　刘林平
　　　　刘国龙（挂职）
常　委　尹英龙　谢　进
　　　　莫金文（2013.12 任）
　　　　余学辉　王华英
　　　　秦国良　周志辉
　　　　邓桂军（2013.07 任）
　　　　周志军（2013.12 免）
　　　　丁光辉（2013.07 免）

区人大常委会

主　任　喻金平
副主任　陈义文　杨金其
　　　　文菊华　杨德明
　　　　丁四明

区人民政府

区　长　孔玉成
副区长　谢　进　余学辉
　　　　姚建刚　戴水文
　　　　杨利成　苏敏芳
　　　　李军龙（2013.01 任）
　　　　韦树恒（2013.01 免）

区政协委员会

主　席　骆志平
副主席　凌立霞　严毅夫
　　　　蔡　锋　李建龙
　　　　张锰辉

【举办世界休闲农业与乡村旅游城市联盟第一次峰会活动】 10月25日，“世界休闲农业与乡村旅游城市（城区）联盟第一次峰会”在望城区召开，全球五大洲26个代表城市市长、46个国家的驻华使节参加峰会，60余家国内外主流媒体对其进行报道。峰会围绕“借鉴统筹城乡模式探索新型城乡关系”这一主题，设立高峰论坛、现代农庄研讨会、市长论坛、大使论坛、联盟成立大会5大主题活动。活动中，五大洲与会代表就当前世界休闲农业与乡村旅游现状、国际合作愿景、政策支持等方面进行探讨，并从战略指导的角度提出建议。27日，峰会闭幕式在千龙湖体育馆举行。会上，世界休闲农业与乡村旅游城市（城区）联盟正式成立，发布《联盟章程》和《望城共识》（以下简称《共识》）。《共识》宣布建立联盟成员间的互访机制，相互输送高端商务旅游者，增进投资贸易往来；向休闲农业与乡村旅游欠发达国家提供经验及资金、技术支持，深化产业结构调整；并确定望城作为联盟峰会永久举办城市。此次峰会搭建全球首个以休闲农业为内容，以乡村旅游为形式的跨国交流与合作平台，促进中国与其他国家、城市、地区间的旅游、经贸、文化方面的交流，推动各城市、地区之间在休闲农业与乡村旅游技术交流与项目开发、农产品贸易等方面合作，望城品牌的休闲农业进一步走向世界。（张理希）

【2013年环中国国际公路自行车赛（长沙站）在望城开赛】 9月23日，2013年环中国国际公路自行车赛（长沙站）在望城正式鸣枪开赛，来自美洲、欧洲、亚洲的22支著名车队，计132名选手参赛。环中国国际公路自行车赛是由国际自行车联盟、中国国家体育总局批准，中国自行车运动协会和涉及的各省、市共同主办的一项国际公路自行车赛，旨在传播体育与文化、倡导绿色健康生活。2013年环中国国际公路自行车赛主题为“印迹中国·梦环世界”，比赛时间为9月13—30日。全程赛事路线从西安出发，途经四川、重庆、贵州、湖南、湖北等省市，至天津结束，赛程约1800公里，成为中国有史以来最大规模、最具影响力的国际自行车赛事。长沙站赛段设在望城区境内，起、终点设置在雷锋雕塑前约500米处，赛道单圈长41.6公里，选手需骑行3圈，完成124.8公里的征程。经过激烈的争夺，来自卢森堡猎豹崔克洲际队克莱美·丹尼尔以2小时47分05秒的成绩获得冠军。（钟　婷）

【“狮子型”干部、“狮子型”团队评选表彰活动】 12月6日，望城区召开“狮子型”干部、“狮子型”团队表彰大会。该评选表彰活动主要围绕“项目建设百日攻坚大会战”开展，9月份正式全面启动实施，历时3个月。评选活动由望城区委组织部牵头，分4个巡访组，深入项目、深入基层、深入一线，在全区100个项目现场、20个乡镇（街道）以及相关部门进行深入广泛的巡访，通过反复对比、多方验证、综合分析，从58个“狮子型”团队、173名“狮子型”干部提名对象中，评选出周正茂、姚罗光、彭韬、邓林树、朱文、余浩宇、刘勇兵、易建坤、丁永胜、徐特、李文11名“狮子型”干部和月亮岛街道、金山桥街道、高塘岭街道、国网长沙市望城区供电公司、行政综合执法局、交通运输局、城投集团、公安局交警大队、国土局土地储备中心9个“狮子型”团队。市委书记易炼红对望城创新开展的选人、用人工作做了专门批示，号召全市各区、县认真调研、总结，推介望城做法。（谢晓燕）

【新康戏乡开街】 9月26日，中国望城（新康）戏曲文化周在望城区新康乡启幕，标志着历经3年改造后的新康戏乡正式开街迎客。新康戏乡属于望城文化特色乡镇“一江两岸四镇”（一江：湘江；两岸：望城沿湘江东、西两岸；四镇：靖港古镇、乔口渔都、铜官陶城、新康戏乡）古镇群之一，规划面积46.67公顷、水面13.33公顷。戏乡紧扣“戏”字主题、做活“戏”字文章、盘活“戏”文化产业，依托花鼓戏、皮影戏、酿酒等传统文化和技艺，弘扬“戏”文化特色。以新康集镇“戏街”为核心，整合小城镇建设、棚改、廉租房、敬老院、水利等项目资金近亿元，带动社会投资上千万元，实施主街立面改造、管线入地、水系整治、污水处理、环湖游道、戏台戏园、影剧院、戏曲蜡像馆、裕源糟坊等项目建设，成为全省首个以戏文化为特色的主题旅游景点，让人们感受沩水神韵的同时，领略“浪漫戏乡”带来的戏曲盛宴。开街仪式上，新康戏曲人物蜡像馆也正式开馆，蜡像馆汇集中国5大戏种经典剧目中的场景雕像和人物蜡像，成为全国首家戏曲人物主题蜡像馆，是新康弘扬与传承戏曲、戏剧文化的重要实践与教育基地。新康戏乡成功开街，“以戏为媒” 辐射带动周边的农业休闲旅游产业和文化产业发展，有效实现新康发展的转型升级提速。（曾梦遥）

【开通“雷锋580”24小时紧急救助热线】 2月8日，望城区“雷锋580”紧急救助热线正式开通，并将每年3月确定为望城社会慈善社会捐增月。首批10支，每支120人共1200人的学雷锋自愿服务队伍正式组建。雷锋580”紧急救助热线是望城促进学雷锋志愿服务常态化的举措之一，旨在建立健全广泛高效的帮扶体系，让困难群众生活得更有尊严、更加幸福。“580”是“我帮您”的谐音，热线设在望城区民政局，由工作人员24小时值班，按照来电“逐一登记、直接回复或电话交办、跟踪督办、信息反馈”等处置流程，根据群众的求助协调相关街道、乡镇和区直部门进行快速妥善处理。“雷锋580”作为雷锋家乡新时期推动学雷锋常态化的一个全新品牌，填补了各级政府部门对帮扶对象实行长效帮扶的空白，得到良好的社会反响，全年接到各类求助电话286个，接待各类到访近1000人次，累计发放救助资金近1.2亿元。（张理希）

表59　2013年望城区主要经济指标与2012年比较

单位：亿元

指标名称	地区生产总值	农林牧渔业总产值	工业总产值	规模以上工业总产值	社会固定资产投资总额	社会消费品零售总额	地方财政收入	财政支出	人均可支配收入（元）	
									城镇居民	农村居民
2012年	374.89	52.22	667.21	534.47	336.24	54.75	37.83	38.01	27790	16495
2013年	427.49	54.52	738.1	668.7	475.5	64.22	50.06	49.38	31344	21462
2013比2012年增长（%）	13.7	4.4	23.2	24.6	46.9	17.3	32.4	29.9	10.9	13.0

注：地区生产总值、各产业增加值绝对数按现价计算，增长速度按可比价计算。

【“光明蝶谷”举行首次放飞活动】　10月10日，“光明蝶谷”举行首次放飞活动，100余种美丽蝴蝶在亚洲最大的网棚区放飞。“光明蝶谷”位于光明大观园核心功能区，占地总面积约13公顷，分为活蝶观赏网棚区、蝴蝶放飞区、登山览景区、蝴蝶饲养区、谷地休闲区、科普展览区、DIY制作展销区、生活服务区8大功能区域，是湖南省首个集蝴蝶饲养、昆虫研究、科普教育、观赏摄影、亲情放飞、蝴蝶工艺等为一体的蝴蝶文化主题公园。蝴蝶放飞区观赏网棚占地3900平方米，高15米，将生态、文化、旅游等元素与蝴蝶的习性科学地融合，组成一个半封闭的蝴蝶野外生存模拟空间，是亚洲最大的蝴蝶观赏棚。棚内种植有大量蝴蝶蜜源植物及自然景观植被，定期投放斑蝶科、蛱蝶科、凤蝶科、绢蝶科等100余种蝴蝶供游客观赏；蝶谷中的科普展览厅内收集数百种世界各地的珍稀蝴蝶标本，其中有曾在国际拍卖市场以3.6万美元成交的世界第一名蝶——光明女神蝶。蝶谷首次放飞活动的举行，向外界展示了光明村生态休闲旅游，有利于进一步打造该村多元化的乡村旅游品牌。（曾梦遥）

【获评“全国县域经济科学发展特色县”】　11月20日，在全国县域经济科学发展座谈会上，望城区获评“全国县域经济科学发展特色县”，为湖南唯一入选的区县。望城通过坚持3大发展理念，即把城乡统筹作为同步解决农村问题和城市问题的金钥匙；把望城全域作为一个大公园、大观园来规划和建设；把文化和科技作为驱动望城经济社会发展的最有力翅膀3大发展理念，实现了综合实力、承载功能、发展活力、文明程度4大提升。在城乡一体化建设方面，通过以“生态＋文化＋科技”为核心，以小城镇建设为抓手，探索多业态、多形式的城乡一体化发展模式，形成了独具特色的“望城样板”。城乡经济社会协调发展方面，把发展休闲农业和乡村旅游作为一项战略性新兴产业来培育，发挥农业的多功能性，引导农民向二、三产业延伸，通过“四百工程”（即着力培育100个龙头企业、100个现代农庄、100个农业合作社组织、100个种植大户）带动农民增收，拓宽劳动力转移就业和广大农民增收致富的渠道。截至2013年底，全区共有全国休闲农业与乡村旅游示范点1家，全国工农业旅游示范点3家，星级农庄67家；规模以上工业企业223家；全年完成财政总收入50亿元。获评“全国县域经济科学发展特色县”，进一步促使望城继续加强引导乡镇企业、农产品加工企业、休闲农业与乡村旅游企业带动农民创业就业增收，建设社会主义新农村，推动区域经济科学发展。（钟婷）

【铜官镇获评“湖南省特色旅游名镇”】　3月20日，经湖南省旅游产业发展领导小组办公室批准并公告，望城区铜官镇被评为“湖南省特色旅游名镇”。铜官镇位于湘江东岸、长沙北境，曾是湖南有名的工业老镇，享有“千年陶都”“红色摇篮”“山水之城”等美誉，系湖南省首批省级历史文化名镇。2012年被确定为长沙市5个小城市建设试点镇之一。铜官镇党委、政府全面贯彻落实《国务院关于加快发展旅游业的意见》要求，不断加快湖南特色旅游名镇建设步伐，编制了《铜官镇总体规划》（2008—2020）《铜官历史文化名镇保护规划》《铜官新镇区控制性详细规划》等多个规划，依托自然与区位优势，一方面加强生态环境保护，大力实施“青山、碧水、蓝天、秀洲、美垸”工程计划，将洪家洲打造成为湖湘文化和民俗风情旅游洲岛，将太丰垸打造成为长沙最美田园风光之一。另一方面大力挖掘民俗文化与历史文化，努力打造独具特色的“铜官陶城”。按照“保留工业遗存、体现文革特色，展现陶都风韵”的要求，全面启动文化陶城建设。投资上亿元推进铜官古镇的保护性开发建设并纳入区政府投资项目，对铜官街及沿河街道房屋立面以“苏式建筑”风格进行改造，按国家级标准修复古龙窑以及铜官老街等景点打造文化陶城，将陶瓷文化与红色文化相互融合，相得益彰。古镇建设初显成效，已完成房屋立面改造500余缝。随着古镇建设的推进，已有“兆明艺墟”“长沙窑炎”等15家陶艺门店和文化会所入驻铜官老街。铜官陶瓷烧制技艺入选“国家级非物质文化遗产名录”。2012年，经湖南省“3521旅游创建工程”办公室检查验收，铜官镇达到“3521旅游创建工程”相关评定标准。（徐振祥）

长沙县

【概况】　2013年，长沙县辖18个镇、5个街道办事处、218个行政村、76个社区。全县总面积1997平方公里，其中耕地面积57716公顷。年末总户籍人口81.9万人，人口出生率14.8‰，死亡率13‰，人口自然增长率1.74‰。年均气温18℃，年平均最高气温22.9℃，年平均最低气温14.5℃，年内最高气温40.2℃，最低气温-3.8℃；年降水量1442.4毫米。

地区生产总值976亿元，按可比价格计算，比上年增长10.8%。其中第一产业增加值65亿元，增长4.5%；第二产业增加值696亿元，增长10.4%；第三产业增加值215亿元，增长13.6%。三次产业比由上年的6.7:72.4:20.9调整为6.7:71.3:22.0。完成固定资产投资(不含农户）650亿元，增长38.5%，其中第一、二、三产业分别完成投资29.7亿元、261.1亿元、359.2亿元，固定资产投资在三次产业中的比重由上年的6:40:54调整为4.6:40.2:55.2。财政总收入180亿元，增长19.7%，财政总收入占GDP的比重18.4%，比上年同期提高1.3%。其中地方财政收入129.8亿元，增长7.8%；税收收入115.4亿元，增长8.8%。财政支出平稳增长，民生支出保障有力，全年完成地方财政预算支出140.5亿元，增长34.4%，增速比上年提高11.9%。城镇居民人均可支配收入3.05万元，增长10.4%；城镇居民人均生活消费支出1.21万元。农村居民人均纯收入2.08万元，增长12.8%；农村居民人均生活消费支出12147元。按常住人口计算，全县人均生产总值9.72万元，比上年增长9.7%。在全国第十三届县域经济基本竞争力排名中跃升至第十三位，在全国中小城市综合实力百强县排名中跃居第八位，首次挺进全国前十强，连续6年居中部第一，继续保持中西部第一。

农林牧渔业总产值102.1亿元，比上年增长4.5%，其中农业总产值59.9亿元，增长6.7%；林业总产值3亿元，增长11.1%；牧业总产值35.6亿元，增长0.1%；渔业总产值2.3亿元，增长8.7%；农林牧渔服务业产值1.4亿元，增长10%。全年粮食播种面积8.7万公顷，粮食总产量57万吨。油料播种面积0.8万公顷，总产量1.3万吨。茶园面积0.6万公顷，总产量2.1万吨。蔬菜播种面积3.5万公顷，总产量116.8万吨。果园面积0.7万公顷，总产量8.6万吨。猪、牛、羊肉类产量增长6.7%，禽蛋产量增长9.3%，牛奶产量下降35.5%，水产品产量增长8.3%。全县有农产品加工企业262家，其中国家级龙头企业1家、省级龙头企业13家、市级龙头企业65家。全县70家规模农产品加工企业实现工业总产值185.38亿元，增长77.9%。

全县公路客运量115.3万人，旅客周转量15.5万人公里，公路货运量2186万吨，货物周转量111291万吨公里。县乡公路建设总里程6公里（不含省级通达计划），通车总里程4893公里。实现邮电业务收入12.1亿元，其中邮政业务收入0.9亿元，电信业务收入2.3亿元，移动计费收入6.9亿元，联通计费收入2亿元。年底拥有固定电话用户18万户，其中城市电话用户11.7万户，乡村电话用户6.3万户；移动电话用户127.9万户；互联网宽带用户26.2万户。

工业总产值1868亿元，增长15%；工业增加值607.3亿元，增长10.6%；工程机械、汽车及零部件、电子信息3大产业分别实现规模工业总产值838亿元、323.8亿元、108.9亿元，3大支柱产业产值占全县规模工业总产值的74.8%。规模工业企业完成主营业务收入1570.6亿元，盈亏相抵后利润总额82.8亿元，利税总额149.8亿元。5000万元以上在建项目（不含房地产项目）293个，完成投资278.2亿元，占固定资产投资总额的42.8%。

社会消费品零售总额258亿元，增长17.5%，其中城镇零售额235亿元，乡村零售额22.4亿元。批发、零售业零售额249亿元，住宿、餐饮业零售额8.9亿元，增长17%。接待游客571.4万人次，实现旅游综合收入62.9亿元。房地产开发投资146亿元，其中住宅投资113.7亿元，商业营业用房投资12.7亿元。商品房销售面积336.3万平方米，销售额165亿元，增长26%。

招商引资成效显著。全年实际到位外资5.2亿美元，到位内资161.1亿元，引进市外资金形成固定资产投资134.1亿元。引进项目293个，其中外资项目24个、内资项目269个。上海大众、长沙国际会展中心等重大产业项目开工开建，空港城、松雅湖等重大功能区项目建设加快推进，上海大众征地拆迁经验在全省推广。

城乡面貌在“两型”社会创建中焕然一新。创建国家生态县通过国家考核验收，城市化率54.4%，“两型”社会建设模式在全国推广。推进城乡一体化建设，“10+2”城乡一体化（指暮云、金井、开慧、北山、青山铺、安沙、春华、黄花、江背、跳马10个镇及双河村、惠农村2个村）试点取得新成效。坚持产城融合引领新型城镇化，成功申报国家可再生能源建筑应用示范县、智慧城市试点县。加快推进城市基础设施向农村延伸，人民东路东延线、黄兴大道南延线、万家丽北路北延线建成通车，城乡用电实现同网同价。开展美丽幸福乡村创建活动，城乡环境综合整治深入推进，畜禽养殖污染治理、“两河”（浏阳河、捞刀河）流域治理等取得阶段性成果。在全省率先规范渣土车管理，“打非治超”工作实现常态化。率先禁止散装食用油生产销售和使用，“透明式厨房”建设深入推进。启动农民集中居住、家庭农场、村级物业经济建设试点，新农村建设大力推进。城市生活垃圾无害化处理率100%。拥有污水处理厂21座，城市生活污水集中处理率100%。城乡绿化不断提质，全县森林覆盖率48.2%。

社会事业全面推进，人民生活在全面发展中实现新提升。全年民生支出70.2亿元，占公共财政支出的80%，城乡居民人均可支配收入分别增长13.6%和14%。社会保障日益完善，实施保障性安居工程建设和棚户区改造，建立统筹城乡的创业就业服务体系，启动住院起付线外全报销试点，基本医疗门诊统筹全面铺开。进一步扩大基本药物制度实施范围，村卫生室标准化建设步伐加快，基层医疗综合配套改革走在全省前列。年末参加城镇职工基本养老保险人数15.03万人，参加城镇居民养老保险人数1.42万人，参加新型农村养老保险人数47.96万人，参加城镇职工基本医疗保险人数11.64万人，参加失业保险职工人数6.33万人，参加工伤保险职工人数10.72万人，参加生育保险人数9.04万人，参加城乡居民医疗保险人数72.44万人。有社会福利院、敬老院、养老院、光荣院等22所，收养人员1108人。城镇“三无”（即无劳动能力、无生活来源、无法定赡（抚）养人）对象集中供养率18%。城乡低保对象4.2万人，发放最低生活保障金8194.3万元。发放春节慰问金2400万元，慰问困难户3万户。以吴文炳烈士墓园为基础，长沙县烈士墓园扩建工作有序推进。教育事业快速发展，顺利通过国家义务教育发展均衡县督导评估验收，成功引进雅礼中学、湖南第一师范学校等实现联合办学，高考一本、二本上线率位居全市4县（市）之首。初中入学率、巩固率及小学学龄人口入学率、巩固率均为100%；小学毕业升初中比例100%。免除17.6万人次学生杂费，义务教育阶段学生杂费免除率100%。全县对各级各类贫困学生资助金额3431.3万元。深入开展国家公共文化服务体系示范区创建工作，创办“板仓书院”国学论坛，启动群众文化体育“百千万”工程（培养百余支业余文艺团队、开展千余场文艺排练演出、培训万余名文化体育骨干），推进农民集中居住点免费看有线电视试点，全县村（社区）农家书屋、文体活动中心实现全覆盖，获评“全国群众体育先进单位”。广播电视用户30.26万户，综合覆盖率100%。在全国率先编撰县级通史，家庭建档经验在全省推广。拥有各类独立的研究开发机构83家，其中国家级企业技术中心6家、省级企业技术（研究）中心18家；省级工程技术研究中心13家、市级工程技术研究中心17家。全年专利申请量为2342项，其中专利授权量和发明专利授权量各为1820件、225件。全县有高新技术企业133家，实现高新技术产业产值和增加值1299.2亿元、369亿元；全县有中国驰名商标18个，湖南省著名商标113个。全县有文化馆1个，公共图书馆1个，档案馆1个，剧院1个，电影院5个，各类体育场地135个。星沙文化中心正式开建。

存在的主要困难和问题：经济结构不够合理，创新型经济、服务经济支撑不够给力；社会建设滞后于经济建设，改善民生的任务依然繁重，基本公共服务亟待进一步加强；城乡发展还不够协调，农村与城市、南部乡镇与北部乡镇之间的发展差距有待进一步缩小；少数党员干部群众的思想观念还不够解放，与改革的要求、肩负的使命相比，还有较大差距。

（周进银）

长沙县

中共长沙县委员会

书　记　杨懿文
副书记　张庆红
　　　　孙晓勇（2013.06免）
　　　　李洪波
常　委　杨懿文　张庆红
　　　　孙晓勇（2013.06免）
　　　　李洪波　郭润葵（女）
　　　　周志远　杨忠文
　　　　胡春山（2013.07免）
　　　　杨　莉（女）
　　　　周志文（2013.07免）
　　　　彭　勇　常利民
　　　　赖坤明（援藏，2013.05任）
　　　　李　武（2013.07任）
　　　　王国良（2013.10任）

县人大常委会

主　任　李建章
副主任　周安伟　柳铁强
　　　　曹艳萍（女）
　　　　唐俊兴　彭军其

县人民政府

县　长　张庆红
副县长　胡春山（2013.07免）
　　　　杨忠文（2013.08任）
　　　　杨　莉（女）
　　　　王国良　黄　梁
　　　　谭浩然　曾卫国
　　　　邹春林

县政协委员会

主　席　王益枝
副主席　杜宏亮
　　　　李楚屏（女，兼）
　　　　郭艳红（女）
　　　　陈沃辉

【长沙国际会展中心在黄兴镇开工】 6月30日，长沙国际会展中心片区开工仪式在长沙县黄兴镇举行。省委常委、长沙市委书记易炼红，副省长何报翔等出席开工仪式。长沙国际会展中心位于黄兴黎托片区，紧邻黄花机场、高铁南站、京港澳高速公路和长沙地铁2号线、4号线，是未来长沙的重点发展区域。此次规划开发面积107.4公顷，其中场馆室内展览面积18万平方米，室外展览面积10.5万平方米，远期预留27万平方米。长沙国际会展中心定位为国内一流、世界先进的集展览中心、会议中心、商务中心、购物中心、娱乐中心和接待中心于一体的大型城市综合体。黄兴片区开发将以会展城为依托，对接高铁新城，形成辐射长株潭的城市副中心。　（梁　漾）

【奥凯航空落户长沙空港城】 8月9日，奥凯航空有限公司与长沙空港城正式签约，奥凯航空长沙运营基地落户长沙空港城。奥凯航空公司总裁刘伟宁、副总裁周舰、运行副总裁魏宏，长沙县委书记、长沙经开区党工委书记杨懿文、长沙县委副书记、县长张庆红，长沙县委常委、副县长杨莉出席签约仪式。奥凯航空长沙运营基地项目位于长沙县大元路与S207交叉口东北角，占地面积5.33公顷，分两部分建设，其中办公用地2.67公顷，配套职工住宅用地2.67公顷，总建筑面积1.32万平方米。项目建成后，奥凯航空将在长沙首家拥有集综合办公、培训中心和服务中心等为一体的现代化运营基地，可直接提供

就业岗位1000 个。（袁汭文）

【金井镇建长沙首个茶文化乐园】 9月22日，长沙县金井镇人民政府公布茶文化乐园建设新方案，标志着长沙首个茶文化乐园正式开建。按照方案，金井镇将通过定期开展各类型文化活动，将“世外长沙·绿茶天堂”“漫游金井”等文化品牌与茶产业深度结合，借助全媒体宣传，打造金井“茶文化”“茶名片”的品牌形象。同时，以生态茶园为主体，以人文景观为依托，以茶文化为核心，规划建设集体验、休闲、会务、度假、避暑、观光、拓展、科普等多种功能于一体的综合性茶园休闲旅游度假中心和金井茶文化科技博览园。11月，推出第一批2公顷拍卖用地，全面用于茶文化旅游设施配套，建设星级酒店、特产超市、茶会所、茶楼及小型商业住宅、住宿餐饮，打造长沙市第一个茶文化乐园。金井将成为都市人品味茶文化、乐享茶生活的休闲乐园。（周进银）

【中国（长沙）工程机械交易展示中心项目启动建设】 10月28日，中国（长沙）工程机械交易展示中心项目（CTEC项目）奠基仪式在长沙经开区举行。副市长何寄华、长沙经开区管委会主任李科明等出席奠基仪式，并为项目培土奠基。该项目由湖南泰宇投资发展有限公司投资打造，是省产业振兴重点项目、市“十二五”重点招商引资项目和市2013年重点投资项目，规划占地133.33公顷，总投资60亿元，是中国第一个集工程机械研发、展示、交易、电子商务、售后服务、总部办公、商务配套于一体的全产业链平台，由工程机械设备交易区、4S店区、交易展馆区、零部件交易区、主题公园、商务配套区、研发培训基地、二手交易区、物流区、生活配套区10个功能区组成，集人才服务、科技创新、行业认证、信用担保、企业管理、市场营销、融资租赁等全球服务体系，为工程机械产业链上下游企业创造价值。项目建成后将成为国内规模最大、配套最全、汇集全球工程机械行业产品的一站式采购总部基地。预计产业年产值500亿元，可提供社会就业岗位2万个。（袁汭文）

【湖南省首家红色档案馆揭牌】 1月23日，“湖南红色档案馆”揭牌仪式在长沙县暮云镇长沙伯瑜万福源博物馆举行，中共湖南省委原副秘书长、省委督办专员钟万民，湖南省档案局局长胡振荣等领导和专家20余人出席仪式。该馆是专门收藏红色档案及实物的民办博物馆，藏有各类革命历史文献、实物500万余件，其中毛泽东著作150万余册（件）。2010年开馆，该馆已免费接待参观者5万余人次，先后被授予“全国道德教育示范教育基地”“湖南省廉政教育基地”。2013年1月，湖南省档案局经请示国家档案局和湖南省人民政府领导批准，同意在长沙伯瑜万福源博物馆基础上发文设立“湖南红色档案馆”。（周进银）

【集装箱式“流动书屋”免费开放】 8月30日，全国首个集公益服务、人文阅读、旧物改造和流动艺术于一体的集装箱式“流动书屋” 在长沙县毛塘铺集镇免费开放。该书屋由北京盛行传播有限公司创意运营总监卢顺书设计、实施，采用废弃的集装箱改装而成，宽2.4米，长12米，高2.7米，由内至外均为复古的墨绿色，整体装扮清新素雅。内设木制书架、环绕式座椅、空调、饮水机等。书屋实行免费阅读模式，每天开放时间从早晨8点至晚上9点。 该“流动书屋”秉承“公益、悦读、共享”的理念，是长沙县完善城市文化和服务配套体系的一次创新探索，是加快该县城乡统筹发展、引导城市文化品质提升的一次崭新尝试。（周进银）

【全球首台煤矿斜进掘进机星沙下线】 8月3日，由中国铁建重工集团与神华集团联合研发，拥有完全自主知识产权的全球首台长距离、大坡度煤矿斜井专用掘进机（TBM），在长沙经开区中国铁建重工集团下线。煤矿斜井专用掘进机的研制成功，填补了全断面隧道掘进机在煤矿斜井建设领域的应用空白，标志着中国在大型高端装备制造领域协同创新取得重大突破。该机开挖直径7.62米，总长238米，总重量逾1200吨，集斜井施工开挖、衬砌、出渣、运输、通风、排水等功能于一体，并同时具有盾构和TBM两种模式，通过模式的快速转换，能够适应软岩、硬岩和复合地层等不同复杂地质地貌的开挖掘进作业，具有安全、快速、优质和环保等优点。其关键设备系统具备防爆设计，拥有大流量通风除尘、高可靠性排水、长距离重载物料运输、有害气体检测与报警系统等功能，能确保煤矿斜井施工安全可靠。（袁汭文）

【全省首个村级青年联合会成立】 5月1日，长沙县果园镇双河村的在乡青年汇集村部选举该村青年联合会第一届委员及会长。果园镇双河村成立的青年联合会为湖南省属第一个村级联合会，可为该村500余名青年发展提供机遇和帮助，鼓励其回乡就业创业。全村有35岁以下青年528人，现场参加青年联合会成立大会并参与首届委员选举者有100余名，未到达现场的通过电话、网络等方式参与了此次选举活动。该联合会的成立，给广大青年建立了联系、沟通的桥梁和平台，团结青年积极参与本村新农村建设，促进了浔龙河生态小镇项目的发展。（袁汭文）

【首届乡村文化节暨旅游产品推介会】 3月24日，长沙县首届乡村文化节暨旅游新产品推介会在金井镇举行，该活动由长沙县人民政府与长沙市旅游局共同主办，长沙县旅游局、金井镇承办，湘丰集团协办。重点推荐开慧镇的红色旅游与金井镇的绿色旅游。红色旅游以AAAA级景区杨开慧纪念馆以及黄兴故居等为代表的红色旅游点，绿色旅游则是乡村里山清水秀的自然资源。这两大特色在长沙县北部金井、开慧镇尤为明显，开慧镇除拥有红色旅游资源外，致力打造初恋板仓小镇以及长沙国际露营基地；金井镇拥有茶场、标本动物园以及自行车骑行线路，红绿两种色调的旅游资源相得益彰。（梁 漾）

【罗代黑猪获批“国家地理标志保护产品”】 8月，国家质检总局发布实施地理标志产品保护的公告，罗代黑猪名列其中。公告明确规定国家地理标志保护产品的产地范围、专用标志使用和质量技术要求。根据公告，罗代黑猪产地范围为长沙县双江镇、金井镇、高桥镇、路口镇、春华镇、白沙镇、福临镇、开慧镇、北山镇共9个乡镇辖区。饲养要求严格，以当地稻谷和米糠为主，加入少量大豆制品，辅以萝卜、白菜、红薯藤等青绿饲料。饲养方式采取集中饲养与农户散养相结合。喂养过程为日喂料3次，熟食辅以精料和青料。喂养时间在8月龄左右，活体重65千克至75千克。全身毛色为灰黑色，皮肤粉红色，四肢下端为白色，俗称“乌云盖顶，四蹄踏雪”。头型清秀，蝴蝶耳，头分长头和短头两种，长头型俗称“阉鸡头”，短头型俗称“寿字头”，尾根粗、尾尖稍扁，俗称“泥鳅尾”。猪肉色质鲜红，有光泽，大理石纹明显；外表微干或有风干膜，不粘手，富有弹性；煮沸烹饪后肉汤澄清透明，香味浓郁。（梁　漾）

【徐特立故居入围第七批全国重点文物保护单位】 5月3日，国家文物局在其官网公布第七批全国重点文物保护单位名单，徐特立故居名列其中。徐特立故居始建于清朝晚期，位于湖南省长沙市长沙县五美乡观音塘，总面积1700平方米，建筑面积581.7平方米。1988年，它被列为湖南省级重点文物保护单位。2005年8月，它由长沙县人民政府重新修葺并且对外开放参观。2013年，它被中华人民共和国国务院列为全国重点文物保护单位。徐特立故居为砖木结构的四合院式民居，系典型的清末南方四合院建筑，是著名的红色旅游景点。此次入围全国重点文物保护单位名单，标志着徐特立故居将得到更好保护。

（周进银）

【长沙县科学发展经验在全省推广】 长沙县坚持以科学发展观为指导，因地制宜，县域经济社会快速发展，综合实力和竞争力排名在全国百强县中不断前移。在2012年中国中小城市科学发展百强县评比中，该县排名由2007年第五十八位升至第十三位，居中西部地区第一。为更好发挥该县科学发展的示范作用，2012年10月，省委书记周强批示：“长沙县科学发展的做法和经验值得总结和推广”。2013年1月22日，召开长沙县科学发展经验调研总结座谈会，讨论和修改调研报告。2月27日，《科学发展铸就新辉煌——长沙县奋力打造中西部第一县的实践与启示》在《湖南日报》全文发表。该报告全面总结该县科学发展成就：紧扣发展主题，综合实力显著增强；坚持可持续发展，发展质量和水平显著提高；推进城乡统筹，县域经济活力全面迸发；突出以人为本，人民群众更加富足幸福；实施产业带动，坚持产业强县，走出了一条“四化”协同之路（即新型工业化、新型城镇化、农业现代化、信息化）；实施城乡统筹，坚持以城带乡，走出了一条城乡协调发展之路；实施生态建设，坚持“两型”引领，走出了一条绿色发展之路；实施民生优先，坚持城乡普惠，走出了一条共同富裕之路；实施改革探索，坚持人才兴县，走出一条创新驱动之路。报告总结了该县科学发展的五条经验：一是坚持解放思想、与时俱进，始终走在科学发展的前列。瞄准“全国争先、中部领先、全省率先”的发展目标，实现从三湘第一县到中部第一县再到中西部第一县的三级跳。二是坚持因地制宜、超前谋划，积极探索科学发展的新路。先后确立“三个共同”（幸福与经济共同增长、乡村与城市共同繁荣、生态宜居与发展建设共同推进）“生态立县”“南工北农”“产城融合”等理念和目标。三是坚持改革创新、优化环境，不断增强科学发展的活力。探索实施封闭管理、独立运作、以区带园、行政托管的管理体制，理顺县、区关系。四是坚持以人为本、富民优先，努力提高科学发展的实效。将新增财力重点用于民生，在全省率先实现新农合与城镇医保并轨运行、实现城乡居民养老保险全覆盖、构建全面社会保障体系，逐步推进基本公共服务均等化。五是坚持党建引领、创先争优，切实强化科学发展的保障。2013年，长沙县在全国第十一届县域经济基本竞争力排名中升至第十三位，在全国中小城市综合实力百强县排名中居第八位，首次挺进全国前十强，连续6年稳居中部第一。

（周进银）

【获评“全国农村社区建设实验全覆盖示范县”】 3月22日，全国农村社区建设实验全覆盖示范县创建评估组到长沙县进行创建评估，创建评估组实地考察了开慧镇葛家山村、清泰桥村的文体活动中心、卫生室、公共服务中心，对其各项服务全覆盖的做法表示肯定，评定其为“全国农村社区建设实验全覆盖示范县”。长沙县根据民政部的部署开展农村社区创建工作。截至2013年底，全县先后公开招聘600余名大学生村官到村（社区）工作，基本实现每村（社区）拥有2名以上大学生村官。村级运转经费由县财政保障，平均每村每年14万元至16万元，补助新建村级活动场所20万元/个、一站式服务厅4万元/个、村级卫生室3万～4万元/个、农家书屋1万元/个。组织部分优秀村支部书记到欧洲美国学习，科技特派员覆盖所有乡镇。农村社区按照“两委”接待室、村民议事室、未成年人活动室、远程教育活动室、档案室、一站式服务大厅、农村社区文体活动中心的标准进行配置，并完善党务、村务、财务、服务公开栏，建立党员、村民学校，配套有农资销售点、农产品经营点、农技服务点、电信服务点、生活超市、信用社等，真正实现综合服务设施全覆盖。全县注册村级社团组织200余家，发挥各种行业协会、经济合作组织的桥梁纽带作用。截至2013年底，全县218个村有201个村开展农村社区建设实验工作，覆盖率92%。（袁汭文）

【获评“中国旅游竞争力百强县”】 8月，2013年度中国旅游竞争力百强市（区、县）唐人排行榜在北京钓鱼台国宾馆发布，长沙县位列第五十五位。该县旅游资源丰富，人文底蕴深厚，拥有全国重点文物保护单位黄兴故居、徐特立故居，国家级AAAA景区杨开慧故居、石燕湖、长沙生态动物园以及六朝遗庙（陶真人庙）、“十方丛林”（铁炉寺）“莲经道场”（明月庵）、左宗棠墓等众多名胜古迹。该县推出红色人文旅游线路、绿色生态旅游线路、浪漫工业旅游线路、两湖一河”（松雅湖、石燕湖、浏阳河）水上旅游线路、十里一铺自行车骑行线路等，旅游资源彰显独特魅力。

（周进银）

【通过“国家生态县”考核验收】 10月11—12日，国家生态县建设考核验收组对长沙县创建国家生态县工作进行考核验收。12日，召开长沙县创建国家生态县考核验收汇报会，会上，验收组听取了该县创建国家生态县工作汇报，认为长沙县创建国家级生态县工作扎实、措施到位、成效显著。经验收组领导和专家讨论后，同意该县通过国家生态县考核验收。自2008年起，长沙县委、县政府提出5年内创建“国家生态县”的战略目标，大力实施生态环保工程、广泛开展生态创建工作，全面激活社会力量参与。全县环境保护和生态建设投入4.5亿元，实施25个环保项目。在全省率先实现中心集镇污水处理设施全覆盖、农村生活垃圾处置全覆盖、畜禽养殖总量控制，率先建立生态补偿机制、推广节能型路灯建设、实施生态多样性保护、推进农村散户生活污水处理工程等。 （周进银）

【获“湖南书画之乡”称号】 8月29日，湖南省创建“书画之乡”领导小组举行授牌仪式，授予长沙县“湖南书画之乡”称号。该县大力实施文化强县战略，以创建“书画之乡”为抓手，充分利用全县性的经济活动、博览会、节假日、庙会等活动搭建平台，举办25次大型展览，连续10年在春节期间组织会员深入乡镇、村（社区）开展送书画下乡活动，送出春联4000余幅、书画作品700余幅。2013年，全县有双河村、黄龙新村等12个书画分会，30余个书画小组；有20余个书画班，学生1200余人。（袁汭文）

浏阳市

【概况】 浏阳市位于湘赣边境，湖南东部偏北，省会长沙市的正东方。市境内浏阳河、捞刀河、南川河分别汇入湘江，浏阳河为湘江一级支流。浏阳东南西北分别与江西省宜春市铜鼓县、万载县、萍乡市上栗县，湖南株洲市的醴陵市、株洲县，长沙市长沙县，岳阳市平江县交界。境内东西长125.8公里，南北长80.9公里，全市居北纬27°51′～28°34′，东经113°10′～114°15′，境内总面积5007.75平方公里。2013年，浏阳市辖4个园区：长沙国家生物产业基地、制造产业基地、两型产业园、大围山国家森林公园，4个街道：淮川、集里、荷花、关口，27个镇，6个乡，共401个村（社区）。年末全市户籍户数41.83万户，总人口144万人，增长0.24%。其中农业人口128.1万人，非农业人口15.9万人。年内出生人口1.96万人，出生率14‰。年内死亡人口1.42万人，人口死亡率9.9‰，人口自然增长率3.7‰。年平均气温18.1℃，年极端最低气温-4℃，出现在12月29日，年极端最高气温40.1℃，出现在8月13日。年降水量1366毫米。

全年实现地区生产总值924.29亿元，同比增长14.5%。其中第一产业增加值78.67亿元，第二产业增加值663.95亿元，第三产业增加值181.68亿元，分别增长4.3%、16.8%和10.4%。三次产业对经济增长的贡献率依次为2.3%、82.7%和15%，分别拉动经济增长0.3个百分点、12个百分点和2.2个百分点；三次产业结构比为8.5:71.8:19.7。实现财政总收入75.9亿元，增长37.3%，长沙考核财政收入64.2亿元，增长37.2%，其中公共财政预算收入36.7亿元，增长48.5%。城乡居民人均可支配收入2.41万元，其中农村居民人均可支配收入2.1万元，增长12.9%，城镇居民人均可支配收入3.1万元，增长10.7%。城乡居民人均消费支出1.32万元，其中农村居民人均生活消费支出1.23万元，城镇居民人均生活消费支出1.76万元。地区生产总值、工业总产值、财政收入等主要经济指标增速居长沙9区、县（市）第一位，城市创新能力居全国第四十八位、全省第一位，县域经济与县域基本竞争力提升至全国第四十七位。

农林牧渔业总产值118.17亿元，增长4.3%。其中农业产值64.97亿元，增长5%；林业产值13.05亿元，增长4.1%；牧业产值33.74亿元，增长2.8%；渔业产值3.62亿元，增长6%；农林牧渔服务业产值2.79亿元，增长4.8%。粮食总产量54.53万吨，下降1.1%；蔬菜总产量120.99万吨，增长9%。完成造林面积9014公顷，其中退耕还林149公顷，中、幼林抚育面积5333公顷。生猪出栏198.78万头，增长0.6%；山羊出栏70.06万只，增长2.8%；家禽出笼1157万羽，增长0.5%；肉类总产量17.5万吨，增长0.6%。水产品总产量2.38万吨，增长4.8%，其中鲜鱼产量2.33万吨，增长4.9%。

实现工业总产值1605.1亿元，增长28.6%；实现工业增加值604.71亿元，增长17.8%。规模以上工业企业790家，实现规模工业产值1335.87亿元，增长32.7%，实现增加值405.63亿元，增长20.2%。产值过亿元企业218家，实现产值1024.8亿元；产值过10亿元企业13家，实现产值413.93亿元。花炮产业集群实现销售总额190.9亿元，创税11.05亿元，分别增长10.5%和3.3%；36家生物医药企业实现产值161.18亿元，增长23.2%；85家机械制造企业实现产值442.79亿元，增长47.8%；9家电子信息企业实现产值295.7亿元，增长63%。生物医药园实现工业总产值535.42亿元，财税收入17.5亿元（含土地出让金，下同），分别增长41%和40%。制造产业基地实现工业总产值193.4亿元，财税收入6.1亿元，分别增长31.8%和20.6%。两型产业园实现总产值58.2亿元，财税收入7032万元，分别增长45.1%和73.2%。乡镇特色工业实现工业总产值183亿元，增长26%。电子信息、生物医药、机械制造、健康食品等支柱产业主导作用进一步增强，蓝思科技排名全国民营企业五百强第三百零九位，尔康制药引进全国首个药用辅料工程技术研究中心，宇环数控税收增幅170%。新组建大型烟花集团3家，淘汰散小乱差花炮企业100家，研发应用无硫发射药，实现烟花燃放安全环保新突破。成功举办第十一届中国（浏阳）国际花炮文化节系列活动，浏阳花炮上榜中国“五星级地理标志”。

实现社会消费品零售总额178.09亿元，增长12.7%。按消费形态统计，批发零售业商品零售额157.4亿元，增长13.4%；住宿餐饮业收入20.7亿元，增长7.2%。居民消费价格总指数（CPI）为102.6%，商品零售价格指数为101.7%，服务项目价格指数为102.6%，工业品出厂价格指数为98.5%。建筑行业实现增加值59.24亿元，增长7.8%。四级以上建筑企业35家，实现建筑业产值31.1亿元，增长11.2%。房地产业实现增加值21.25亿元，增长6.7%。房地产企业67家，实现房地产投资额47.52亿元，增长32.9%；商品房销售面积108.98万平方米，增长15.4%。接待旅游人数1033.28万人次，增长15.1%；旅游产业收入100.48亿元，增长22.2%。举办"美丽浏阳"十大招商系列活动，推介重大项目140个，实现市外境内到位资金133亿元。新引进项目179个，其中亿元以上项目40个，10亿元以上项目10个，浏阳河智慧低碳产城融合示范区、基伍通讯等投资超百亿元项目成功签约，大围山国家森林公园成功创建为全国首批"国家生态旅游示范区"，浏阳市以全省第一的成绩获评"湖南省旅游强县"。实现邮电业务总量9.71亿元，增长9.8%。年末拥有移动电话用户117.11万户，增长2.5%；固定电话用户16.13万户，增长7.6%；互联网宽带接入用户11.73万户，增长32.4%。全市有文化馆站38个、艺术表演团体1个，艺术表演观众人次26.6万人次。

城乡面貌明显改善。启动北正南路、黄泥湾等片区旧城改造，推进长兴湖、新屋岭等片区新城开发。完成花炮节"十大工程"建设，改造济川河两岸、花炮广场中心岛、西湖山山门等基础设施，提质居民聚集区3处、背街小巷6处，建设停车场5个，亮化城市道路23公里，建成集里环线汽车加气站。改造李畋路和锦程大道供水主管网，疏通城区下水管网堵点68个。依法科学推进征地拆迁，实现29个项目清零。扎实推进新型城镇化建设，乡镇城建项目全面铺开，其中永安、大瑶、镇头、沿溪、大围山5个重点镇完成基础设施投资12.7亿元，建成项目26个。开工重点项目97个，累计投资197.2亿元，增长14.1%，纳入长沙市的40个重大项目全部开工，开工率居长沙9区、县（市）首位。积极对接国家产业扶持政策，争取上级资金24亿元。创新开展重点工作季度讲评和重点项目观摩活动，深入推进"两帮两促"，项目建设进展顺利。蓝宝石新材料、介面光电触控屏等电子信息产业项目完成投资48.8亿元，产业发展后劲进一步增强。经开区和制造产业基地生活配套及服务产业完成投资14.2亿元，园区承载功能进一步提升。金阳大道、蒙西铁路等项目正式启动，发展基础不断夯实。开展城乡结合部环境综合整治和市容市貌、乡村环境、交通秩序、非法营运4项整治。坚持疏导结合引导流动摊贩规范经营，强力整治渣土扬尘污染，拆违拆旧17.3万平方米，城市管理水平明显提高。植树312万株，建设大型垃圾焚烧炉80座，治理生猪养殖污染面积60.7万平方米。启动浏阳河流域综合治理和城区污水处理厂二期工程，完成4个乡镇污水处理厂主体工程建设。强力推进二氧化硫等主要排放物总量减排，2013年，全市工业二氧化硫排放量4597.7吨，削减3.6%；工业废水排放达标率91%，工业烟尘排放达标率94%，城镇生活污水处理率87.1%。城区空气质量优良率保持98%。获评"湖南省循环经济示范县（市）"。长浏高速竣工通车，市域高速路网全面贯通，通车里程227.3公里，居全省第一位，17个高速互通口全部投入使用，乡镇（街道）均可在20分钟内进入高速。南横线一期、开元东路东延线二期建成通车，S309浏阳至官渡公路提质改造顺利完成。启动西北环线建设和张小公路、浏跃公路改造。修建农村公路384.4公里，完成永安立交桥、沿溪桥等危桥改造项目。新建李畋路、复兴南路等城市道路，拉通北正南路、邮电路、石霜路等5条断头路，提质改造蕉溪岭隧道至花炮广场路段、花炮大道、锦程大道等6条城市道路，"对外大开放、对内大循环"的交通格局基本形成。

社会事业协调发展。完成教育固定资产投资3亿元，推进里仁、李畋等学校建设，提质改造义务教育薄弱学校72所，建成教师公共租赁房400套、中心幼儿园12所，成功通过义务教育发展基本均衡县（市）国检。捐资助学6500万元，田溪希望小学建成并投入使用。完成4个乡镇卫生院、39个村卫生室标准化改造。启动公立医院改革试点，所有药品（除中药饮片外）实施零差率销售。顺利通过全国农村中医药工作先进县（市）验收。全市拥有卫生机构50个，其中医院42所。卫生机构床位数6688张，卫生技术人员6771人。实施科技项目150个，申请专利715件，成功创建省知识产权示范县（市），连续12年获评"全国科技进步先进县（市）"。总投资2600万余元的浏阳市国家综合档案馆投入使用，新增5处全国文物保护单位，新建5个乡镇综合文化站，成功举办浏阳河首届音乐节等文艺活动，长沙市八运会总分排名4区、县（市）第一位，获评"全国群众体育先进单位"。保障水平得到提高。民生领域支出45亿元，占公共财政总支出的73.1%。实施创业富民工程，实现农村劳动力转移就业1.8万人、失业人员再就业4012人，新增城镇就业1.8万人。改建扩建敬老院4所，新增床位400张。建设保障性住房2412套，改建农村危房1300户，截至2013年底，全市参加城镇基本养老保险人数6.7万人，比上年增加1903人。全年发放城乡居民最低生活保障经费13327万元，保障城乡困难居民6.5万人，城乡低保对象人均月补助为322.7元和122.9元，分别比上年增加20.2元和14.2元。

存在的困难和问题：经济持续高位增长压力较大，结构性矛盾突出，转型升级任重道远；可用财力不足，资源要素紧缺，环境容量制约等发展瓶颈仍然存在；安全生产形势不容乐观，社会保障体系不够完善，社会管理创新有待加强。 （唐继武）

浏阳市

中共浏阳市委员会

书　记　曹立军
副书记　余勋伟
　　　　吴　震
　　　　付旭明
常　委　谭　果（2013.12任）
　　　　张作林（2013.12任）
　　　　唐建新（2013.12免）
　　　　黄　阳（2013.12免）
　　　　刘　旭（女）
　　　　熊清溪
　　　　周春晖（2013.01免）

常　委　黄文先（援藏，2013.10 免）
胡金文（2013.12 任）
邱山东
蒋少军（挂职，2013.07 免）
陈荣华
周文舜　（2013.01 任）
潘美山（挂职，2013.07 任）

市人大常委会

主　任　鲁建文
副主任　孙建科
刘仙娥（女）
张友根
刘一江
杨　智

市人民政府

市　　长　余勋伟
常务副市长　张作林（2013.12 任）
唐建新（2013.12 免）
副　市　长　熊清溪
邓雪琴（女）
莫小佳
邓阳锋
赵丁山
戴武明

市政协委员会

主　　席　李家喜
副　主　席　张葵红（女）
谢建国
郭荣华（兼）
廖伟平（女）
谢鹤林

【长浏高速建成通车】　10 月 16 日上午 10 时 28 分，长浏高速指挥中心发布通车指令：长浏高速正式建成通车。长浏高速东起位于湖南省与江西省交界处浏阳市金刚镇洪口界，与江西省萍洪高速公路的终点洪口界隧道出口相接，西至终点位于浏阳市永安镇，与长永高速公路相接，全线按双向 4 车道高速公路标准建设，设计时速 100 公里 / 小时，路基宽 26 米，全长 65.325 公里，全线设互通式立体交叉 5 处，大桥 15 座，长 3644 米；隧道 7 座　，6190 米。长浏高速公路是湖南省规划的“五纵七横”高速公路主骨架的重要组成部分，是东西向国家高速公路在省会长沙市的加密线，是长株潭地区主要的出省通道之一。长浏高速的建成形成长沙市向东进入江西省连接江西南昌的最便捷的公路通道，也是浏阳市向西连接长沙县至长沙市的最便利的通道。长浏高速通车后，从长沙至浏阳可一路高速直达，至江西只需 90 分钟；而从长沙城区到大围山国家森林公园，可经长永高速上长浏高速再转大浏高速，80 分钟即可抵达。长浏高速设 5 处收费站，通车当日各收费站同时启动收费，浏阳西收费站至长沙星沙收费站约 30 分钟车程，7 座车辆单边收费 39 元。
（唐继武）

【乡村教师公共租赁住房建设】　浏阳市现有乡村学校 260 余所，中小学教师 8000 余名，由于学校分散且位置偏僻，乡村教师无房可住或居住条件差的现象突出，教师生活很不方便，影响教师队伍的稳定和教育事业的发展。为较好地解决教师居无定所的状况，2013 年，浏阳市率先提出建设乡村教师公共租赁住房的新思路，在洞阳中学、蕉溪完小、沿溪完小等 18 所乡村学校建设教师公共租赁住房 390 套，初步改善乡村特别是偏远地区的教师住房困难问题，为优秀人才扎根乡村教育事业解决了后顾之忧。
（李振波）

【农业机械化发展】　浏阳市农业局以转变农机化发展方式为主线，以加强农机农艺融合、落实补贴政策、培育发展主体、提高服务水平为抓手，推动农机化工作科学发展，农机化水平大幅提升。2013 年，浏阳市争取中央农机购置补贴资金 2500 万元，补贴机具 4276 台（套），居长沙各区、县之首。全市农机总动力 146.15 万千瓦，农机总量 12.69 万台（套）。重点推广插秧机和油菜机械，水稻耕、种、收农业机械化水平达 71.3%。扶持农机大户和农机合作组织开展以“代耕、代育、代插、代防治、代收割、代烘干”为主要内容的“六代”服务，建立水稻机械化育插秧示范点 12 个，农机“六代”服务试点 8 个，完成“代育”“代插”面积 1 千公顷，机插面积 11.55 千公顷，引导粮食生产发展新趋势。2013 年 4 月份、6 月份，《人民日报》《农民日报》记者分别到浏阳调研农机化发展情况，并对其进行报道，推介浏阳农机化工作。
（张倩影）

【三大水系福寿螺防控】　福寿螺已列入中国首批外来入侵物种。2013 年入夏后，气温持续偏高、少雨，境内浏阳河、捞刀河、南川河等水系水体富营养化，福寿螺繁殖严重，对农业、河流生态系统构成威胁。浏阳市畜牧局牵头成立浏阳市防控福寿螺专项治理领导小组，采取人工拾卵、生物灭螺等综合措施加强防控。由市水产渔政管理站具体负责福寿螺卵块协调收购和监督工作，全市 37 个街道、乡、镇动物防疫检疫站收购福寿螺卵块，进行无害化销毁，确定以浏阳河城区段、杨冲—普迹段、双江口—高坪段为重点防控区域，发动广大群众收集福寿螺卵块，并在浏阳河城区、太平桥、高坪等水域投放尾重 400 克以上的大规格青鱼种 8.8 万尾，启动临时禁渔，打击电、毒、炸鱼等破坏渔业资源的违法行为，有效遏制福寿螺过度繁殖。11 月 8 日，央视新闻频道《新闻直播间》栏目以《湖南：福寿螺过度繁殖，政府高价回收》为题进行专题报道。
（刘宗庆）

【省内首条病死动物尸体无害化高速处理系统运行】　病死动物尸体处理一直是困扰畜牧主管部门和规模畜禽养殖场的一大难题，病死动物尸体的不合理处置，不仅造成环境污染，让养殖场遭受动物疫病的侵扰，也威胁餐桌食品安全。7 月 15 日，浏阳从台湾引进、建设一条新型动物尸体无害化高速处理系统，在常年存栏生猪 5 万头的省内养殖龙头企业——湖南新五丰永安公司养殖场启动运行，将病死动物尸体通过无害化高速处理系统分切、绞碎，按一定比例投入酵益密码（耐高温复合益生菌），经发酵、杀菌、干燥等工艺处理后制成有机肥，达到安全、环保、便捷、无害化，可实现病死动物尸体废弃物资源回收再利用，净化生产环境，促进畜牧业良性发展。
（刘宗庆）

【浏阳市海归人士联谊会成立】　3 月 5 日，浏阳市海归人士联谊会成立。该联谊会是由广大浏阳籍留学归国人员和归国创业人员自愿组成的具有统战性、联谊性、民间性的群众组织，旨在积极促进海归人员在科技、文化、经济、人才、教育等领域的交流与合作，现有会员51名，联谊会会长为胡淼。省侨联党组书记、副主席朱建山，湖南省侨联秘书长、办公室主任孙民生，省侨联经济处处长、侨商会秘书长唐建梅，长沙市委统战部副部长、侨联党组书记王国平，长沙市侨联主席翁少兰等领导出席会议。（易　静）

【彭珮云到浏阳考察妇女参政议政工作】　10月15日，全国人大常委会原副委员长、全国妇联名誉主席彭珮云到浏阳考察妇女参政议政工作。考察组一行首先在浏阳市行政中心召开浏阳市妇女参政议政工作情况座谈会，长沙市副市长、浏阳市委书记曹立军汇报浏阳的经济社会发展情况，浏阳市委常委、组织部部长、统战部部长周文舜汇报浏阳妇女参政议政工作情况，浏阳相关单位的领导、女村官代表共12人围绕女性参政议政进行汇报。彭珮云认为浏阳的妇女参政议政工作取得很好的成绩，希望浏阳采取更有力的措施，关心爱护妇女，促进妇女参政议政，让更多的妇女参与政治生活。省人大常委会原副主任王四连，省妇联主席肖百灵，长沙市人大常委会主任袁观清，长沙市妇联主席谭慧慧，浏阳市领导余勋伟、吴震、鲁建文、李家喜、邱山东、周文舜、邓雪琴等参加活动。（黎升强）

【淮川联城社区与台北忠顺里缔结友好社区】　11月25日，淮川街道联城社区与台北市文山区忠顺里正式签订缔结友好社区协议书，双方缔结为友好社区。这是台湾的浏阳同乡会与家乡浏阳架起的一座友谊桥梁，标志着以两社区为代表的地域之间的合作与发展进入新的里程。该缔结友好仪式是在台湾浏阳同乡会回乡省亲活动期间组织的活动。活动以“相约美丽浏阳，省亲幸福家园”为主题，台湾同乡们参观浏阳文庙、思邈公园、谭嗣同故居等人文景观，并到梅花小区、步行街逛街，品尝浏阳美食小吃。两岸就社区工作进行交流，联城社区居委会主任李明向台湾同乡们介绍联城社区各项工作开展情况，忠顺里里长曾宁旖女士等台湾同乡也分别介绍台湾社区在志工服务、生态环保、安全管理、防灾减灾、社会救助等方面的经验和做法。（陶嫦娥）

10月15日，全国妇联名誉主席彭珮云到浏阳调研农村妇女参政议政工作

【杨勇诞辰100周年座谈会】　10月28日是无产阶级革命家、军事家、中华人民共和国开国上将杨勇诞辰100周年纪念日。11月1日，纪念杨勇诞辰100周年座谈会在浏阳市银天大酒店举行，活动由长沙市委、长沙市人民政府主办，长沙市委宣传部、长沙市委党史研究室、中共浏阳市委、浏阳市人民政府承办。省委常委、宣传部部长许又声，湖南省委党史研究室巡视员夏远生，长沙市委副书记张迎龙，长沙市副市长、浏阳市委书记曹立军，以及杨勇之子杨小平等出席并发言，共同追忆和缅怀杨勇的光辉一生，表达怀念之情。下午，在杨勇的故乡浏阳市文家市镇举行“杨勇故居”揭牌仪式。（何俊雄）

【大围山森林公园获批“国家生态旅游示范区”】　12月3—9日，国家旅游局、环境保护部对全国首批“国家生态旅游示范区”进行公示，浏阳大围山名列其中，是继花明楼景区成功创建国家AAAAA级景区后，长沙旅游行业获得的又一项国家级荣誉。“国家生态旅游示范区”是全国生态旅游建设的最高标准，具体包括“示范区规划”“生物旅游资源”“生态环境质量”“传统文化保护”“基础设施”“公共环境与社区参与”等13项内容。大围山位于浏阳最东端，为浏阳河源头，被誉为“湘东明珠”。有“自然空调”“天然氧吧”的美称。大围山国家森林公园2012年获评“湖南省生态旅游示范区”，2012年3月，启动国家生态旅游示范区申报创建，成立大围山生态旅游示范区开发建设领导小组，由长沙市人民政府副市长、浏阳市委书记曹立军任组长，浏阳四大家班子主要负责人及相关市领导任副组长，森林公园管理处、旅游、环保、财政、国土、林业、规划、建设等23个部门和单位为成员，长沙、浏阳两级财政安排2亿元专项资金支持大围山建设，保证创建工作的顺利开展。创建以来，景区生态资源环境保护措施更加严格，生态优势更加彰显，基础设施更加完善。截至2013年底，大围山国家森林公园接待游客60万人次，实现旅游综合收入3亿元。（刘　辉）

【市检察院获评“全国文明接待示范窗口”】　浏阳市人民检察院努力创新便民利民措施，方便群众诉求，设置专门信访接待室，制定文明接待制度，开通24小时服务举报电话和举报网站，群众可随时点名或预约检察长接待，方便群众表达司法诉求。坚持到乡镇开展巡访、下访活动，了解群众诉求，解决实际困难，畅通信访渠道，2013年，为200余名群众提供法律咨询和服务。在执法办案中，对矛盾集中、可能引起上访的信访案件，主动与当事人、村镇干部、人大代表、政协委员等进行沟通，听取多方意见，深入细致地进行释法说理和心理疏导工作，将矛盾化解在萌芽状态，该院

涉检信访案件逐年下降，连续4届被最高人民检察院评为“全国文明接待示范窗口”。（罗　炼）

【溪江乡关心下一代工作获全国先进】　9月，溪江乡关工委被中国关心下一代工作委员会评为“五好基层关工委先进集体”。溪江乡自开展三年基层工作年、创建五好基层关工委活动以来，在上级的高度重视和领导下，在民政部门的大力支持下，采取有效措施，基层工作年活动成效显著，五好关工委创建工作取得可喜成绩。通过开展创建活动，完善全乡基层关心下一代工作体制，初步建立工作保障机制，扩大组织网络覆盖面，壮大“五老”骨干力量，有效提升典型品牌示范效应，社会影响力显著扩大，为全乡3000余名6～35岁青少年建立成长档案，评选出的近700名“十星级”青少年，绝大多数已成为学习、创业、管理明星。“未成年人评星建档”活动得到各级的广泛好评，2013年被长沙市作为典型先进经验在全市推广。（唐继武）

【浏阳一中7人次获全国青少年创造力大赛金奖】　7月23—27日，第九届中国青少年创造力大赛在广州举行，浏阳一中郑航、唐浩、黎特彪同学分获自制电动折纸飞机比赛金奖，刘伯阳、郑航分获发明大赛金奖，郑航获自制水火箭比赛金奖和自制鸡蛋碰地球装置金奖。学校获团体银奖和2013年度中国创新型学校奖；辅导教师苏伯稳、林涛、邱嗣元获“中国创新型名师”奖。（喻中祥）

资料

浏阳市淳口镇枫林村村民吃泥土成风

在浏阳市淳口镇枫林村，当地人保留着一个让外人震惊的传统——村民深信该村启发庙周围的土具有治病功效，吃土成风，家家户户都有一个塑料袋，袋子里装的是黄泥土，村民们爱用该黄泥土冲水喝。据当地村民介绍，吃土是世代流传下来的习俗。传说清朝时，村里出了一位名叫朱启发的名医，被尊为“蛇王”，他长期采药炼丹，治好了大量被毒蛇咬伤的村民，死后被埋葬在朱家岭。朱启发生前每次开药方时必加一种泥土，临死前，他交待徒弟们，如遇疑难杂症，就到他坟前取土入药。此后，村民们便经常到朱启发坟墓前焚香烧纸，取土当药治病。

当地村民戴鹤初老婆的脖子上长了一个指甲大的肿块，经医院诊断为甲状腺囊肿，按照当地人的习惯，戴鹤初到朱启发的坟前取土，泡水让老婆喝。后到医院检查，囊肿消失了。为了揭开谜底，两年前村干部请来湖南农业大学、长沙市气象台等部门的专家教授，进行科学论证，答案得以揭晓：原来该地的土壤是几亿年前产生的麦饭石，这些土壤不仅含有铁、锰、铜、锌等植物必需的微量元素，还含有丰富的人体必需的富硒等元素。参与了当地土壤论证的原长沙市气象台台长沈绍尧介绍，该土壤中的硒元素对身体有益无害，它能有效地驱除人体毒素，促进人体新陈代谢，适量补硒有助于增加人体免疫力，阻断肿瘤等疾病的发生。湖南农业大学土壤系教授李元沅通过对现场地上植物观察和测试土壤酸碱度和土壤含有的成分，发现：这里泥土偏碱性，植物生长茂盛。泥土里富含硒等有益元素。同时，还含有硅、汞、硼、铜等有害物质。硒，溶于水，进入开水后溶解在水中，所以对人体有益。其他有害物质呈难溶性，在酸性溶解。所以，人吃的土，有害物没被溶解，因此，对人没造成毒性反应。经医院仪器检查：戴鹤初老婆甲状腺囊肿依然存在，只是大泡破了又出现许多小泡，如不及时诊治，仍有导致生命危险的可能。

浏阳大溪河现“无底洞”

2012年11月6日晚，浏阳市永和镇孚田村大溪河段（浏阳河上游）河床发生塌陷，导致河流断流。发生塌陷的地方离岸边有10余米，共形成两个形似漏斗的坑，面积约100平方米。河水夹带着泥土向坑里流动，但大坑周围泥土松动度比较小。浏阳市国土部门推测河床底部发生地陷的原因，可能与永和镇复杂的地质情况有关，并认为出事河段底部或有溶洞存在。2012年11月8日，长沙市国土局组织专家组赶到永和镇，实地探勘出事河段的地质条件。专家组在两个大坑里发现，河床底部有岩溶存在，而此次地质灾害属于岩溶塌陷，河水沿着塌陷后形成的水沟流到了河底。造成这条河段突然形成地陷的原因，专家表示这与永和镇复杂地质情况相关。

宁乡县

【概况】　2013年，宁乡县辖8个乡、22个镇、368个村、54个社区居委会，3个街道办事处。总面积2905.92平方公里，其中耕地面积9.47万公顷。年末户籍总人口137.7万人，人口男女性别比为104.3:100。人口出生率10.89‰，死亡率8.34‰，自然增长率2.54‰。年平均气温18.5℃，降水量1434.7毫米，日照时数1996.6小时，无霜期269天，年内极端最高气温为8月11日的39.8℃，极端最低气温为1月4日的-3.8℃。

全年实现地区生产总值835.05亿元，比上年增长14.1%。其中第一产业实现增加值93.23亿元，增长4.4%；第二产业实现增加值575.52亿元，增长16.6%；第三产业实现增加值166.3亿元，增长10.3%。全县三次产业结构比由上年的11.6:68.5:19.9调整为10.9:69.2:19.9。地方财政收入48.38亿元，比上年增长18.6%，其中一般预算收入30.68亿元，增长25.3%。公共财政预算支出58.26亿元，增长21.1%。全县金融机构各项存款余额324.1亿元，比上年增长16.4%，贷款余额237.65亿元，增长28.9%。城镇居民人均可支配收入28528元，比上年增长12%。农村居民人均可支配收入17894元，比上年增长11.4%；在全国县域经济基本竞争力评价中，宁乡县排名第五十六位，比上届前进5个名次。

农林牧渔业总产值139.76亿元，比上年增长4.4%。其中农业产值72.77亿元，增长5%；林业产值4.31亿元，增长6%；牧业产值55.69亿元，增长3.1%；渔业产值4.94亿元，增长7%；农林牧渔服务业产值2.05亿元，增长9.2%。粮食种植面积13.2万公顷，增长2.2%，其中稻谷种植面积12.22万公顷，再次获评"全省粮食生产标兵县"。烟叶种植面积6660公顷，比上年增长4.1%，居全省第二。实现烟农总收入4.22亿元，烟叶税收7540万元。蔬菜种植面积4.4万公顷，总产值12.8亿元，18家蔬菜基地入选市标准化专业基地；茶叶生产面积3866.7公顷，金洲茶叶获"国际金奖"；水果种植面积8403.33公顷，产值6581.4万元；中药材种植面积2000公顷，总产值1.57亿元。主要农产品产量有增有减，全年粮食总产量85.16万吨，比上年下降0.1%；烟叶1.46万吨，增长4.3%；蔬菜153.4万吨，增长12.1%；出栏肉猪240.2万头，比上年减少1.5万头；出笼家禽4115万羽，减少7.6万羽。年末农机总动力159.88万千瓦，比上年增长1.5%。水稻耕、种、收综合机械化水平69.6%，比上年提高0.2个百分点。全力打造"一区一园三廊多点"特色基地（一区：湖南宁乡现代农业生态示范区；一园：西部中药材产业园；三走廊：宁韶线万亩蔬菜走廊、百里优质稻走廊、长沙市河西百里茶叶走廊；多点：回龙铺现代粮食生产示范基地、沙田万亩富硒有机粮油基地、东湖塘特色功能稻基地、祖塔七星椒万亩绿色蔬菜基地、长沙赤龙岛湖泊水果公园、巷子口万亩李世界、沩山黄茶基地、以及秀山美地、天源、农夫等一批蔬菜标准化基地），扶持壮大农产品加工业。宁乡土花猪在第五届中国湖南畜牧业博览会上，现场签约1.2亿元。宁乡被省政府确定为"首轮特色县城经济重点县"。启动长沙现代农业综合改革配套试验区。全年新增农民专业合作社300家，总计1100余家；土地流转面积7.33万公顷。金洲镇关山村成为中国最有魅力乡村。大屯营撤乡建镇。农村基础设施加快改善，投入1.6亿元，建设593.33公顷21个高标准基本农田项目。全年清淤山塘1920口，新建149口，整治河道793公里，改造河坝180座，为1.5万户偏远乡镇群众开通电视信号。新建户用沼气池1658口，完成农村改厕5000座。

完成工业总产值1614.01亿元，比上年增长22.4%，其中规模工业总产值1479.25亿元，增长23.7%。实现工业增加值523.47亿元，增长17.6%，高于全市4.4个百分点，工业对经济增长的贡献率为78.4%，其中规模工业增加值358.06亿元，增长19.4%，高于全市5.4个百分点。年内新增规模企业60家，全县规模以上工业企业总数589家，其中产值过亿元企业180家。在规模以上工业中，全县重工业实现增加值212.2亿元，占规模工业增加值的比重59.3%。全县园区规模以上工业实现产值930.92亿元，占全部规模工业的63.5%，比上年增长23.2%；先进装备制造、食品、新材料新能源3大主导产业共实现产值1011.42亿元，占全部规模工业比重68.9%，增长23.1%，对规模工业增长贡献率72.6%。规模工业实现主营业务收入1400.88亿元，比上年增长19.5%；利润总额125.53亿元，增长34.7%；利税总额196.04亿元，增长33.2%。加快"两型"（资源节约型、环境友好型）园区建设，"两型"企业建设。宁乡经济技术开发区完成工业总产值500亿元，比上年增长27%，财政收入12亿元，增长21%。金洲新区完成工业总产值270亿元，比上年增长27.5%，财政收入12亿元，其中工商税收5.39亿元。启动金玉乡镇工业园集中区建设。夏铎铺、煤炭坝、老粮仓、双凫铺、大成桥、城郊等乡镇园区工业加快发展。年内引进中联重科混凝土输送泵生产基地、三一风电、光诚光电、格力电器、洋河酒业、美国新视野光电等项目。工业企业主要产品产量稳定增长：服装2100万件、大米95.15万吨、食用植物油7.22万吨、酱油22.8万吨、啤酒6.78万千升、配混合饲料88.29万吨、水泥484万吨、钢材9.86万吨、机制纸26.71万吨、涂料14.44万吨、电力电缆3.46万千米、减速机20.28万台、铸造机械1.65万台、家用电冰箱16.5万台、家用洗衣机37.65万台。年内，华良电器实业有限公司、楚天科技股份有限公司等6家企业7个产品获"湖南名牌"称号。加强食品监督抽查。新发食品生产许可证13家，换证19家，截至2013年底，全县共有201家获证企业。巡查食品企业500余家次，下达责令改正通知书67份。加大节能减排力度，淘汰落后产能，关停小水泥、小造纸企业5家，规模工业万元增加值能耗降低17.77%。全年全县建筑业增加值54.57亿元，比上年增长7.4%。

加快第三产业发展。全年实现社会消费品零售总额172.51亿元，增长13.4%；实现进出口总额2.4亿美元，增长26%；外派劳务1200人，为农民创汇争收1.2亿元；全县新增及变更进出口经营权备案登记企业30家。房地产开发健康发展。全年房地产开工建设项目78处，开工规模381.34万平方米，比上年增长16.5%；投资43.02亿元，增长23.59%；新建商品房销售10599套，销售面积125.06万平方米，销售金额51.91亿元，分别增长39.54%、32.73%、36.66%。新建廉租房400套，公租房2500套，改造棚户952户，保障性住房建设总量居于全省首位，再次被评为全省先进。全县招商引资工作突出。年内引进规模以上项目280个，其中10亿元以上项目20个，实际到位县域外资金240亿元。主要项目有格力电器、洋河酒业、雅居乐、中联重科、美国新视野、三一风电等。实际利用境外资金2.1亿美元，增长11.6%。年内，全县接待国内外游客1207万人次，实现旅游收入106亿元，比上年分别增长25.4%和34.9%，总量和增速居全市各区、县（市）第一。被湖南省旅游产业发展领导小组评为"湖南省旅游产业发展十佳县"。花明楼景区晋升国家级AAAAA景区。关山村创评国家级AAAA景区，并获"中国最有魅力休闲乡村"称号，沩山入围第八届中华宝钢环境奖，灰汤紫龙湾泉水乐园开园，举办第五届灰汤温泉节和"爱旅游，爱生活，爱宁乡"宣传等主题活动。

城区环境及生态建设品质倍增。宁乡城市建设按照“建设秀美城市，打造宜居家园”的目标，突出支撑发展，提升城市容量，完善城市配套，美化城市环境，城市建设品质倍增，活力迸发，获评“全省首批新兴城镇化示范县”。全年完成固定资产投资608.35亿元，比上年增长38%。其中城镇投资504.67亿元，增长36.9%；农村投资103.68亿元，下降43.8%。全年完成投资超过5000万元的在建项目138个，全年完成投资207.2亿元，占全社会投资总额的34.1%。基础设施建设不断加强。继人人乐广场、春城万象广场建成营业，红星美凯龙生活广场启动建设。沩江“两岸三洲”、金洲湖国家湿地公园、鳝鱼洲综合开发等项目加快建设；玉潭东路、八一西路、春城路新阳桥、金鑫南路建成通车，提质改造溜子洲大桥、东城大道，二环南路，春城北路、花明北路延伸，文体中心建成投入使用。修缮48条背街小巷，新建公共站厕6座，完善公交站厅178个；完成八一西路截污管网、宁乡北220千伏变电站和第二消防站建设；启动建设南太湖水厂。城市管理日益精细，亮化、净化、序化和美化程度进一步提高；强力控违拆违。控违297户，面积3.7万平方米，拆违3401户，面积14.1万平方米；整治杉木桥、北门等18个市场市容秩序；城市噪音、扬尘、渣土运输等得到有效管制，开展“三城同创”活动（即创建全国文明县城、全国卫生县城、全国园林县城）。12月，获评“国家卫生县城”。启动全民植树生态建设三年行动，全民植树207.4万株，绿化公路120公里，河岸20.58公里；森林覆盖率47.48%。创建3个省级生态家园示范村和3家市级花园式单位。加速推进灰汤、花明楼、沩山、流沙河4个市级小城市（中心镇）建设和煤炭坝工业新城、朱良桥赤龙岛湖泊水果庄园、黄材3个县级示范点。金洲坝水电站、玉潭中路等项目加快建设。年内改造建设农村公路400余公里，改造危桥27座，玉煤公路、宁横公路、沩山外环线如期竣工，玉菁公路完成路基工程，宁灰公路创建为“旅游示范公路”，完成宁乡境内G319、S208、S209等线的大修。全县公路通车里程4317.45公里，境内铁路里程68公里；旅客周转量比上年增长3.5%，货物周转量增长8.2%。完成邮电业务总量2.68亿元，增长8.5%。年末本地固定电话用户11万户，增长2.8%；移动电话用户102.6万户，增长10.8%；互联网宽带用户8.81万户，增长21.3%。全县工业废水排放达标率86.9%，“三同时”（即主体工程同时设计、同时施工、同时投产使用）执行合格率100%，城镇生活垃圾无害化处理率100%。农村饮用水源达标率100%。大力实施污染减排，强化执法监管。完成天宁热电和南方水泥烟气脱硝治理、化龙朝阳二溪综合治理、青岛啤酒中水利用、龙田镇白花萤石矿水污染综合治理等重点减排工程，淘汰关闭天润颜料铬黄生产线和小电镀厂3家。关闭非法采、洗砂场77家，关闭非法造粒、铝塑分离企业55家。环境质量继续保持良好，全年空气质量优良天数351天，城区环境空气质量优良率96.2%。

社会事业发展。科技创新取得新成果，全县拥有高新技术企业和生产高新技术产品的企业81家，全年实现高新技术产值430.47亿元，比上年增长25.9%。申请专利1040件，授权专利608件；申报国家、省、市各级科技项目218项，转化科技成果200项，被评为“全省知识产权示范县”，再次获评“全国科技进步先进县”。截至2013年底，全县拥有国家高级技术产业化基地1个、博士后科研工作站2家、国家级企业技术中心2家，省级工程技术研究中心5家，省级企业技术中心14家，省级工业设计中心1家，市级工程技术研究中心20家。《矿井日光浴光导装置设计》获“第二十八届全国青少年科技创新大赛一等奖”，并获“茅以升科学技术奖”。宁乡县职业中专学生获2013—2014亚太区创新思维北京国际邀请赛中学生组第一名。宁乡连续7年获“全国青少年科技创新成果一等奖”。全县共有普通中小学318所，中职学校6所，特教学校1所。在校中小学生15.32万人，中小学教职工9702人。有幼儿园219所，在园幼儿4.05万人，教职工3209人。适龄儿童入学率100%，九年义务教育完成率100%，小学升学率100%。高考一本上线人数1180人，上线率15.3%；加快教育强县建设。改造薄弱学校38所，创建合格学校20所，新建幼儿园16所。宁乡一中获北京大学“中学校长实名推荐”资格。国家义务教育发展基本均衡县通过验收；继续推进湖南省基础教育综合改革试点县创建工作；获评“湖南省教育质量提升示范县”。文化事业蓬勃发展。公共文化体系示范区建设通过国家验收，张南轩墓（含张浚墓）新晋为全国重点文物保护单位，炭河里纳入国家《大遗址保护“十二五”专项计划》。建成青山桥、道林等5家乡镇综合文化站和20个示范性村、社区文化活动室，截至2013年底，全县已建乡镇综合文化站20家，农家书屋405家，文化健身广场62个，全民健身工程点200余个，电影固定放映点10个。成立宁乡花鼓戏传承保护中心、非物质文化遗产发展中心和文化艺术创作中心。开展“欢乐楚沩”“我爱读书”等群众文化活动。全县拥有广播电台1座，电视发射台和转播台1座，公共图书馆1座，藏书量20万册，广播、电视综合人口覆盖率均达到98%，有线电视用户13.2万户。县档案馆馆藏档案15.52万卷（册）。全县有120支群众文艺团队，全年组织公益演出57场，公益电影放映5045场，捐赠图书5000余册。全年查处违法违规经营文化场所45家，收缴非法出版物2.2万册，销毁电游赌博机具450台。卫生医疗水平不断提高。创建全省农村卫生信息化建设示范县，全省卫生应急综合示范县，成为全国第二批公立医院改革试点县。全县全年有卫生机构50个，其中县直医卫单位8个，乡镇卫生院33个，民营医院9个。卫生机构床位总数4351张。卫生工作人员3658人。全年孕产妇住院分娩率99.99%，5岁以下儿童死亡率5.5‰。人口和计划生育工作连续5年获全省模范。全县有体育场馆5座，400米田径场8个，乡镇门球场11个，建有12个体育协会。承办长沙“贺龙杯”中国业余篮球公开赛和全省老年门球赛，全国山地自行车赛等大型活动。在长沙市第八届运动会中，宁乡获金牌109.5枚，名列全市第一。社会保障体系完善。社会保险参保总人数34.9万人次，新增参保单位281家，人数11.7万人次，城乡居民基本医疗保险参保总人数 119.8 万人，参保率 96%；全县 5277 名被征地农民纳入社保体系。完成农村危房改建三年行动计划的实施，最后一批 1295 户搬入新居，解决 4443 户困难群众的住房问题，地质灾害地区搬迁避险 96 户。投入资金 7264 万元，完成 3208 户危房户改造；城镇居民最低生活保障标准从每月 350 元提高到 400 元，农村居民最低生活保障标准从每月 80 元、100 元、120 元提高到 130 元、150 元、170 元。全县全年纳入低保救助对象 3.49 万户 5.84 万人，累计支出保障金 1.3 亿元。年内改（扩）建坝塘镇、回龙铺镇、大屯营镇敬老院，全县有乡镇敬老院 30 所，床位数 3200 张，农村五保对象 1.41 万人。全年医疗救助 4009 人次，发放救助金 916.9 万元；转移安置灾民 8000 人，下拨救灾资金和其他救灾款 768 万元；接收慈善捐款 895 万元，救助 8654 人次，救助金额 925 万元；获评全省“慈善工作先进单位”、全省“社会组织管理工作先进单位”。

法制建设不断健全。全年办理人大议案和代表建议 125 件，政协委员提案 153 件，办复率 100%。出台政府工作规则、财政性资金、政府投资建设项目、土地开发、政府性合同监管、加强政府服务和行政问责办法等一系列政府制度性文件。2013 年 10 月 1 日，《长沙市炭河里遗址保护条例》正式实施。人民法院全年审（执）结各类案件 6680 件，诉讼标的额 8.9 亿元，人民检察院受理审查批准逮捕案件 682 件 969 人、审查起诉案件 717 件 1154 人。强化行政审批“三集中三到位”（三集中：部门许可职能向一个科室集中，审批科室向政务大厅集中，审批事项网上办理集中；三到位：做到事项进驻大厅到位，审批授权窗口到位，电子监察到位），26 个主要职能部门 171 项行政审批及服务事项全面规范；全省率先推出“模拟审批”办法，办理周期从 217 天压减到 57 天。全年安全生产形势持续稳定好转，各行业杜绝了较大及以上安全事故，全县安全生产工作被评为市级先进，获评“湖南省 2013 年度安全生产先进单位”。

存在的主要困难和问题：经济发展不优，发展质量有待提升；集约化发展程度不高，城镇环境有待提升；公共服务均等化还不平衡，人民幸福指数有待提升；形式主义、官僚主义、享乐主义和奢靡之风问题还不同程度地存在。 （蔡水林）

宁乡县

中共宁乡县委员会

书　记　黎春秋
副书记　周　辉　邓杰平
常　委　黎春秋　周　辉
　　　　邓杰平　胡德强
　　　　刘　亮　汤智斌
　　　　龚　畅　谢圣彬
　　　　刘莉霞（女）
　　　　陈永高　刘　平
　　　　吴文海（挂职）

县人大常委会

主　任　贺应辉
副主任　周泽祥
　　　　熊志扬
　　　　闵志平
　　　　彭曦明（女）
　　　　谢文军

县人民政府

县委副书记、县长　周　辉
县委常委、常务副县长　刘　亮
县委常委、副县长　龚　畅
副　县　长　吴文海（挂职）
　　　　钟利仁（女）
　　　　王湘云　刘俊武
　　　　漆曙光　冯智君

县政协委员会

主　席　喻亚军
副主席　喻立明
　　　　胡日新
　　　　程万谋
　　　　李　纯（女）
　　　　杨志武

【创建全国物业管理示范大厦】 2006 年 9 月，宁乡县行政中心竣工投入使用，由县机关事务管理局接管其物业，统一实施物业专业化管理。县机关事务管理局通过实施“五精”工程（目标精准、管理精细、服务精心、方法精巧、项目精品），制订各项管理制度、岗位责任制，全力保证设备良好状态及设备运行适宜环境，全面加强绿化管理和精神文明建设，各项工作获得优质推进，品牌特色彰显。2013 年，县机关事务管理局创建全国公共机构节能示范单位和省级巾帼文明示范岗，并继续保持全省公共机构节能示范单位、全省“两型”示范单位、全省后勤系统先进集体、省级文明单位等“省优”品牌。在县行政中心物业管理方面，在 2012 年创建省级物业管理示范大厦的基础上，县机关事务管理局着力推进全国物业管理示范大厦创建工作的深入开展，12 月 17 日，依据全国物业管理示范大厦 9 大项 85 小项的创建标准，经专家听取汇报、察看现场、查阅资料，对相关情况进行全面深入了解，并逐项评估打分，最后宁乡县行政中心通过全国物业管理示范大厦创建验收。

（蔡水林）

【新建宁乡烈士陵园】 根据民政部、财政部《关于加强零散烈士纪念设施管理保护工作的通知》（民发〔2011〕32 号）、省民政厅《关于印发〈全省零散烈士纪念设施建设管理保护工作实施方案〉的通知》（湘民办发〔2011〕27 号）及全国、全省零散烈士纪念设施建设管理保护工作会议精神要求，2012 年宁乡县人民政府研究决定，经县发改局批准立项，投资 1600 万元，在县殡仪馆西侧新建宁乡烈士陵园。该陵园占地总面积 0.61 公顷，长 110 米，宽 57 米，分为综合服务区、主题纪念区和烈士碑林区。2013 年建成。宁乡烈士陵园是为抗日战争、解放战争、新中国建设时期为国牺牲的宁乡籍烈士建造的一个主题性纪念陵园，是爱国、国防、德育及廉政文化教育基地。 （王力支　戴　兵）

【湖南首个谷壳发电项目宁乡投产】 5 月，湖南首个废弃稻谷壳发电项目在宁乡投产。该项目由宁乡“亮之星”米业公司和南京林业大学联合研发。“亮之星”米业是一家集粮食收购、储存、加工、运输、谷壳发电等为一体的综合性粮食购销企业。该企业利用加工大米后的谷壳进行生物气化发电，让大米加工产业链更加完整，所有原料得到充分利用，实现零排放，附加值提高 3 至 5 倍，做到节能减排变废为宝。据专家测算，每 3 公斤稻谷壳可以发2度电，产生1公斤可以做工业燃烧物和有机化肥的活性炭化物。3公斤稻谷壳如果做普通原料燃烧，价值不到0.8元，通过循环利用之后，发电收益和炭收益则达2.8元。（蔡何赞）

【“模拟审批”办法推行】 2013年，宁乡在全省率先推出“模拟审批”办法。凡纳入县政府年度投资计划、投资1000万元以上、用地已由县国土部门上报办理用地预审或农转用地手续的政府性投资项目，以及投资1000万元以上、土地主体相对明确的工业招商引资项目，如自愿均可实施。“模拟审批”是指项目在暂不具备审批条件的情况下，各审批部门按照自身职能，在尚不能及时办理正式批复件时，以“模拟审批”《报建通知书》代替正式批复件，进入审批流程，由各相关部门同时进行审批，直到该项目正式办理施工图审查前将《报建通知书》全部换成正式批复件的一种审批形式，具有“同步展开+并联审批+先办后补”的特点，充分利用审批时间差，以达到审批时间最少化、效益最大化的目的。“模拟审批”办理周期从217天压减到57天。全年为14个项目33个事项实行了“模拟审批”。其中政府投资项目8个，工业项目6个。业主和载体单位普遍认为“模拟审批”节省审批时间，有效推动了项目早开工。（蔡水林）

【《长沙市炭河里遗址保护条例》颁布施行】 2013年6月26日，《长沙市炭河里遗址保护条例》（以下简称《条例》）由长沙市第十四届人民代表大会常务委员会第五次会议通过，2013年7月25日，由湖南省第十二届人民代表大会常务委员会第三次会议批准，2013年10月1日起施行。该《条例》分总则、规划保护、分层次保护、考古发掘与展示利用、法律责任、附则等六章三十九条。《条例》指出：炭河里遗址是指位于长沙市宁乡县境内被公布为全国重点文物保护单位的西周时期大型建筑（宫殿）遗址以及重要青铜器出土地点。长沙市人民政府对炭河里遗址保护工作实行统一领导。宁乡县人民政府组织实施该条例。《条例》规定，在炭河里遗址保护范围内禁止非法采集文物；在文物或者保护设施上涂污、刻画、张贴、攀登；存放易燃、易爆、放射性、腐蚀性等危害遗址安全的物品；擅自移动、拆除、损坏保护标志、界桩和其他文物保护设施；违规倾倒、堆放垃圾或者排放污水；采沙、采石、打井，违规取土、挖建沟渠池塘、深翻土地等改变地貌环境的行为；破坏植被或者违规砍伐林木等。《条例》同时规定，涂污、刻画或者损坏文物尚不严重的，由炭河里遗址保护管理机构或者公安机关给予警告，可并处200元罚款；违反规定擅自在炭河里遗址保护范围内进行建设工程或者爆破、钻探、挖掘等作业的，由文物行政主管部门责令改正，造成严重后果的，处5万元以上50万元以下罚款。（蔡何赞）

【兴工强县】 2013年，宁乡县围绕兴工强县，突出先进装备制造、食品、新材料新能源3大主导产业，打造产业品牌方阵，形成产业集群集聚。一是抓基础工作，推进平台建设。县委、县政府制定《关于加快推进金玉乡镇工业园集中区建设促进乡镇工业持续健康发展的决定》《宁乡县新型工业化三年行动计划（2013—2015）》《关于支持企业引进先进装备促进技术升级的通知》3份文件。召开全县规模最大的新型工业化工作推进大会，兑现企业奖励和各种补贴6147万元。启动金玉乡镇工业集中区开发建设。二是抓升级，推动企业装备升级。县委、县政府决定2013年1月1日至12月31日购买先进装备的县内符合两型标准的工业企业给予辅助支持和专项补贴，对经认定的先进装备，价格在50万元以上（含50万元），根据装备的实际价格给予6%～8%的补贴。截至2013年底，第一批累计补贴先进装备38台（套），兑现补贴资金510.86万元，带动企业技改投入4亿余元。三是抓后劲，招大引强工业项目。全年引进中联重科混凝土输送泵生产基地、三一风电、光诚光电、格力电器、洋河酒业等项目落户宁乡。全年新增规模企业58家。四是抓转型，提升工业发展品质。宁乡经开区、金洲新区成为长沙市“两型”示范园区（资源节约型、环境友好型）；截至2013年底，全县拥有国家高级技术产业化基地1个、博士后科研工作站2家、国家级企业技术中心2家，省级工程技术研究中心5家，省级企业技术中心14家，省级工业设计中心1家，市级工程技术研究中心20家。淘汰落后产能34.8万吨。五是抓特色，发展乡镇园区。夏铎铺机械工业园新增规模以上企业5家、新增产值过亿元企业8家；煤炭坝年内开工6个工业项目；双凫铺11家鞋业企业签订入园合同，6条鞋业生产线上马生产；老粮仓珠宝工业园6大项目相继投产；城郊、大成桥等乡镇园区工业加快发展。全年全县完成工业总产值1614.01亿元，比上年增长22.4%，其中规模工业总产值1479.25亿元，增长23.7%。实现工业增加值525.47亿元，增长17.6%，高于全市4.4个百分点。（蔡水林）

【张南轩墓新晋为“全国重点文物保护单位”】 5月3日，国家文物局公布了第七批全国重点文物保护单位名单，位于湖南宁乡县的张南轩墓（含张浚墓）晋升为“国保”单位。张栻墓为南宋理学大儒张栻与其父宋朝名相张浚的墓园，位于宁乡县官山村，张栻墓与张浚墓相邻，其墓葬主体保存良好，周围环境具有较强的原真性，张浚、张南轩在湖湘历史上定位较高，墓葬具有较高的历史文化价值。张栻（1133—1180），号南轩，世称南轩先生。先后在长沙岳麓书院，城南书院讲学多年，与朱熹、吕祖谦时称“东南三贤”。为理学研究大师、湖湘文化的开创者和杰出代表，著有《论语解》《孟子说》《南轩集》等。其父张浚（1097—1164），南宋中兴名相、抗金统帅，杰出的政治家、军事家，著名的民族英雄。张浚、张南轩逝世后葬于宁乡县巷子口镇官山村，其墓1983年被湖南省人民政府列为“省级文物保护单位”。（蔡水林）

【宁乡成为省内旅游资源大县】 宁乡是首批17个中国旅游强县之一，致力打造以“少奇故里瞻以养德、灰汤温泉沐以养生、密印禅寺静以养心、西部漂流动以养气、宁乡花猪食以养胃”的“五养之乡·中国宁乡”旅游文化名片。截至2013年底，全县有1家AAAAA级景区（花明楼景区），3

家AAAA级景区（关山旅游景区、紫龙湾旅游景区、沩山密印景区），4家AAA级景区（千佛洞景区、沩山漂流、回龙山景区、东鹜山景区），加上凤凰山国家森林公园和金洲湖国家湿地公园，炭河里考古国家遗址公园等，宁乡成为省内旅游资源大县。境内奇观胜景密布，刘少奇故里是红色瞻仰的胜地；灰汤温泉水温高达89.5℃，是全国3大高温温泉之一；密印禅寺传承千年而不衰，为佛教禅宗5派之首；千佛洞13奇洞洞洞相连，绵延数十公里；四羊方尊、人面纹方鼎等3000件青铜国宝震惊世界，被誉为“南中国青铜文化中心”。2013年，全县旅游项目建设投入60亿元。在建旅游项目65个，灰汤金太阳二期、沩山禅文化广场、紫龙湾泉水乐园、关山古镇景区等产品项目投入使用；灰汤华天温泉城二期、花明楼鸣源酒店、黄材炭河里青铜博物馆、九折仑航空运动中心等项目快速推进。全年宁乡接待国内外游客1207万人次，实现旅游收入106亿元，比上年分别增长25.4%和34.9%。宁乡县被湖南省旅游产业发展领导小组评为“湖南省旅游产业发展十佳县”。（蔡水林）

【获评“国家义务教育发展基本均衡县”】 2013年，宁乡县为全面贯彻落实《中华人民共和国义务教育法》，根据《中共湖南省委省人民政府关于进一步推进义务教育均衡发展的意见》，采取一系列有效工作措施，实施一大批重大工程项目，加大经费投入力度，推进义务教育均衡发展。一是建立健全学校教师均衡配置机制。印发义务教育阶段学校教师均衡配置工作方案的通知，全县形成上下联动、协同推进的良好局面。二是通过“危房清零”、合格学校建设、薄弱学校提质改造、优质教育资源扩张和构建“五大联合体”等举措，为破解教育均衡发展难题探索出一套“好上学、上好学”的宁乡模式。三是为推动教育资源优化组合，组建义务教育5大联合体。四是为推动标准化学校建设，出台《薄弱学校提质改造三年行动规划》，计划用3年时间完成104所薄弱学校提质改造任务。年内投资1.2亿元，改造薄弱学校38所，创建合格学校20所等8大类建设项目。五是为推动学前教育普及发展，将农村公办幼儿园建设列入年度重点建设项目，年内新建宁乡县幼儿园二园、南田坪竹山幼儿园等16所农村公办幼儿园。截至2013年底，全县有公办幼儿园76所，占全县幼儿园总数的37.5%。六是全面实施义务教育课桌椅更新工程，总计更新8.95万套，全部使用钢制升降式标准课桌椅，一次性解决义务教育学校课桌椅问题。10月11日，国家教育督导检查组对宁乡创建“义务教育发展基本均衡县”工作进行督导检查。10月21日，教育部通报：宁乡县达到国家规定的义务教育发展基本均衡县（市、区）评估认定标准，并成为湖南省首批“义务教育基本均衡县”。（蔡水林）

【获评“国家卫生县城”】 2013年，宁乡县全面启动国家卫生县城创建工作。4月，县人民政府向湖南省爱国卫生运动委员会办公室递交创建国家卫生县城申请，调整创建国家卫生县城工作领导小组，召开创建国家卫生县城工作推进会，制定发放2013年创建国家卫生县城工作计划，邀请省、市专家对宁乡县创建国家卫生县城工作进行指导和评估。全县各单位以创建国家卫生县城为契机，大力完善城市基础设施建设，全方位提升城市品位，开展责任路段义务清扫、文明劝导、日常监督、健康教育等活动，大幅提高干部职工卫生意识，营造全民参与创卫的良好氛围。加强脏乱地块、背街小巷、建筑工地、小区社区、车站、学校、医院等地方的环境卫生整治工作。集中综合整治城区12个集贸市场的脏乱差和美化城区脏乱地块80宗。在县城区范围内新建15座垃圾收集站、4座压缩式垃圾中转站、13座公共厕所，更换14辆环卫工作用车，安装180个太阳能分类式垃圾桶、400个双桶式分类废物箱和5000个密封可移动式果皮箱，无害化垃圾处理场投入使用，环卫设施设备完好率98%。全年全县植树100万株，其中县城植树30万株，并实施城区主干道绿化提质，绿化覆盖面积921.6万平方米，绿化覆盖率37.25%，人均绿地面积约40平方米。积极开展除害防病、健康教育工作。加强公共场所卫生管理，实施放心饮用水卫生工程。在县城花明路设立健康教育宣传一条街，各建筑工地制作创卫宣传文化墙、医疗卫生机构设置健康教育专栏和咨询台、中小学校开设健康教育课、社区居委会设立健康教育专栏等多样的宣传，有效提高市民卫生意识，使县城变得更干净美丽。12月29日，全国爱卫办发文，命名宁乡县为“国家卫生县城”。（蔡水林）

【获评“特色县域经济重点县”】 5月21日，省政府确定首批9个特色县域经济重点县，宁乡名列其中。宁乡是湖南农业第一大县，也是全国闻名的鱼米之乡、生猪之乡、茶叶之乡。宁乡县委、县政府根据省政府〔2013〕1号文件《湖南省人民政府关于发展特色县域经济强县的意见》精神，创机制、建平台、抓项目，新设农副产品加工业专项风险补偿基金，成立农产品加工特色支行，对特色产业项目投资实行“以奖代补”，促使宁乡特色产业项目发展迅速，“宁乡花猪”为宁乡独特的地方产品，一度濒临灭绝，2013年，宁乡对此出台扶持政策，“宁乡花猪”产业蓬勃发展，截至2013年底，规模以上的养殖场有20余家。年内获评“中国驰名商标”。除宁乡花猪产业外，灰汤鸭以“稻鸭共养”绿色养殖模式，产品供不应求；大屯营、黄材鲟鱼特色养殖基地渐成规模，产品占据全省鲟鱼市场60%的份额；大成桥利用当地优势资源养殖“新西兰牛”，有效带动周边农户共同致富。12月15日，副省长张硕辅率省直有关单位负责人到宁乡，就特色重点县建设、水利建设、长沙现代农业园区试点项目建设等工作进行考察指导，对宁乡县以特色培育为重点，以项目建设为载体，大力推动传统农业向现代农业转变，不断提升和巩固农业强县品牌所取得的工作成效给予充分肯定。2013年，全县55家农副产品规模企业完成投资51亿元。宁乡有10种农副产品获评“中国驰名商标”和“省著名商标”。（蔡何赞）

人　物

责任编辑：尚　畅

新任市级领导

易炼红

易炼红，1959年9月生，湖南涟源人，1976年8月参加工作，1985年6月加入中国共产党，陕西师范大学政治经济学专业毕业，研究生学历，经济学硕士。

1976年8月至1978年9月，涟源县桂花乡知青；1978年9月至1982年7月，入湖南师范学院学习；1982年7月至1984年8月，任邵阳基础大学教师；1984年8月至1987年7月，入陕西师范大学学习；1987年7月至1992年1月，任中共湖南省委党校经济学教研室老师，其间挂职株洲化工厂企业管理办公室主任助理；1992年1月至1994年9月，任中共湖南省委党校科技教研室副主任，其间挂职沅陵县副县长；1994年9月至1995年9月，任中共湖南省委党校校长助理；1995年9月至2000年7月，任中共湖南省委党校副校长；2000年7月至2004年5月，任中共湖南省委党校常务副校长；2004年5月至2011年11月，任中共岳阳市委书记；2011年11月至2011年12月，任中共湖南省委常委、岳阳市委书记；2011年12月至2013年5月，任中共湖南省委常委、秘书长、省直机关工作委员会书记；2013年5月，任中共湖南省委常委、长沙市委书记。

胡衡华

胡衡华，1963年6月生，湖南衡南人，1983年7月参加工作，1985年6月加入中国共产党，在职研究生学历，湖南大学工商管理硕士，高级工程师。

1983年7月至1990年12月，先后任衡阳钢管厂100车间技术员、副工段长、工段长；1990年12月至1996年6月，先后任衡阳钢管厂100车间副主任、76车间副主任；1996年6月至1996年12月，任衡阳钢管厂108车间主任；1996年12月至1997年11月，任衡阳钢管厂厂长助理，兼任连轧车间主任；1997年11月至1998年10月，任衡阳钢管厂副厂长；1998年10月至1999年8月，任衡阳钢管（集团）有限公司副总经理；1999年8月至2005年7月，任衡阳钢管（集团）有限公司执行董事（法人代表）、总经理；2005年7月至2008年3月，任湖南省经济委员会党组书记、主任；2008年3月至2009年1月，任中共益阳市委副书记、政府代市长；2009年1月至2011年1月，任中共益阳市委副书记、政府市长；2011年1月至2013年12月，任湖南省发展和改革委员会党组书记、主任；2013年12月至2014年1月任中共长沙市委副书记、政府代市长；2014年1月任中共长沙市委副书记、政府市长。

长沙市院士专家工作站建站院士

古德生

古德生，1937年10月生，广东省梅县人。中南大学教授、博士生导师，中国工程院院士。湖南省政协委员，全国政协第九届委员，国家自然科学基金会冶金材料学科评审组成员，中国有色金属学会冶金设备委员会委员。与飞翼股份有限公司组建长沙市院士专家工作站，进行高效浓密机、高压辊磨机的技术攻关。

叶声华

叶声华，1934年6月生，湖北省沙市人。测试计量技术及仪器专家，现任天津大学精密仪器系教授、博士生导师，精密测试技术及仪器国家重点

实验室主任，合肥工业大学特聘教授。他是天津大学测试计量技术及仪器国家重点学科学术带头人，一直从事激光及光电测量技术科研工作，发展一系列非接触、在线测量新原理新方法，取得多项重大成果。北京信息科技大学兼职教授。1999年获全国“五一”劳动奖章，2000年获全国先进工作者光荣称号。2003年当选为中国工程院院士。与华自科技股份有限公司组建长沙市院士专家工作站，主要负责机组/泵组在线监测及故障诊断方面的技术研究、水利工程安全监测技术研究、电站优化运行系统方面的研究与应用等。

李培根

李培根，1948年生，湖北武汉人，中共党员。教授，博士生导师。2003年12月当选为中国工程院院士。曾担任华中科技大学机械学院院长、副校长，中共十七大代表，第十一届全国人大代表，国家863/CIMS主题、国家863/机器人技术主题专家组成员，国家863先进制造及自动化领域专家委成员，中国机械工程学会副理事长，教育部机械工程教学指导委员会主任委员。2003年12月当选为中国工程院院士，2005年3月—2014年3月担任华中科技大学校长。与三一集团有限公司组建长沙市院士专家工作站，从事工程机械某部件磨损机理研究及改进等。

邱冠周

邱冠周，1949年2月生，广东大埔人，1974年8月加入中国共产党。中南工业大学矿物工程系矿物加工工程专业博士研究生毕业，工学博士，教授，博士研究生导师，中南大学副校长，国家有突出贡献中青年专家，973首席科学家。2011年12月当选中国工程院院士。与湖南红宇耐磨新材料股份有限公司组建长沙市院士专家工作站，负责高效球磨技术、耐磨材料、耐磨铸件的研究与开发。

钟 掘

钟掘，女，1936年9月生，河北省献县人。1960年毕业于北京钢铁学院，现任中南大学教授、博士生导师，国务院学位委员会学科评仪组成员，国家发明奖、科技进步奖冶金材料评审组成员，中国科协委员，教育部科技委主任；国家科技奖评审委员会委员；国家自然科学基金工程与材料学部咨询委员会委员；科技部973咨询专家组组长；国家杰出青年基金评委；清华大学摩擦学国家重点实验室学术委员会主任；上海交通大学机械系统与振动国家重点实验室学术委员会主任；华中数字化制造国家重点实验室学术委员会主任，湖南省科协副主席，中国有色金属学会理事，中国振动工程学会故障诊断学会常务理事，湖南省故障诊断学会理事长等，1995年当选为中国工程院院士，《国家重点基础研究发展规划》项目“提高铝材质量基础研究”首席科学家。与山河智能装备股份有限公司合作成立长沙市院士专家工作站，共同探讨工程机械装备相关领域的发展规划与技术路线，以及开展新材料技术及应用、先进制造技术等攻关。

段 宁

段宁，1957年生，四川成都人。中国工程院院士，同济大学环境工程专业本科毕业；1981年，获清华大学环境工程专业硕士学位；1988年，获德克萨斯州立大学奥斯汀分校博士学位；2011年，当选为中国工程院环境与轻纺工程学部院士。2013年3月，选聘为北京理工大学环境工程博士生导师。与凯天环保科技股份有限公司组建长沙市院士专家工作站，合作项目为东安县电解锰历史遗留废渣安全处置及生态恢复工程（二期）。

姚守拙

姚守拙，1936年3月生，上海松江人，农工党员。分析化学家，中国科学院院士。教授，博士生导师。历任清华大学化工系助教；湖南大学化工系助教；湖南大学化工系讲师；湖南大学化工系副教授、教授；湖南师范大学教授；农工民主党湖南省委主委；全国政协委员、常委；湖南省政协副主席；湖南省科协副主席。1999年当选为中国科学院院士。湖南大学、湖南师范大学教授。与九芝堂股份有限公司组建长沙市院士专家工作站，进行中药大品种培育关键技术研究。

黄崇祺

黄崇祺，1934年11月生，江苏省常熟市人。有色金属及其合金压力加工专家。1957年毕业于东北工学院（今东北大学）。上海电缆研究所研究员级高级工程师。40年来一直从事电工导电材料及其裸电线的研究、开发和应用工作。为中国电工用铝导体和稀土电工铝导体提高导电率、解决量大面广的国产的材料来源和达到工业化的稳定生产实现技术创新，使中国的电工铝导体生产达到国际先进水平；为中国开创铝包钢线、超高压扩径架空导线的研究、生产和应用；在中国铁道电气化建设用接触导线的研究、生产和发展方面作出贡献。1997年当选为中国工程院院士。与湖南金龙电缆有限公司、湖南金龙国际铜业有限公司组建长沙市院士专家工作站，负责循环经济精炼铜制杆技术、高导电铝的研发、特种导线和特种电缆的开发等。

程时杰

程时杰，1945年7月生，湖北通山人。电力系统学家。华中科技大学教授、校学术委员会副主任。长期从事电力系统及其自动化研究，在电力系统适应控制、智能控制、次同步振荡等方面取得众多研究成果并已用于生产。2007年，当选中国科学院院士。2010年，当选IEEE院士。与威胜集团有限公司组建长沙市院士专家工作站，主要从事船舶轴带无刷双馈发电机控制装置研发及工程化应用。

傅伯杰

傅伯杰，1958年1月生，陕西咸阳人。博士生导师，中国科学院资源环境科学与技术局局长，从事土地评价和景观生态学等方面的研究工作。他提出的土地评价理论体系受到国内外同行专家的好评。十年来，发表论文65篇，出版专著5部。1992年获中国地理学会首届青年地理科技奖，享受国务院政府特殊津贴。现为国际土壤学会会员、土地评价信息系统工作组委员、国际景观生态协会会员和国际景观生态协会中国分会常务理事、副秘书长。1997年获国家杰出青年基金资助。2011年12月当选中国科学院院士。与湖南湘丰茶业有限公司组建长沙市院士专家工作站，主要负责山区农业新技术研究与开发、南方丘陵生态茶园及其可持续性模式等。

谢友柏

谢友柏，1933年9月生，江苏省高邮市人。机械学设计及理论、摩擦学专家。1955年毕业于交通大学，现为西安交通大学和上海交通大学教授。开设过包括“现代设计”等的许多课程。上海交通大学、西安交通大学教授，博士研究生导师，清华大学摩擦学国家重点实验室学术委员会主任，教育部现代设计与制造网上合作研究中心主任，多所大学的兼职教授，机械工程学报、英国《Journal of Engineering Tribology》等刊物的编委。1994年5月被选聘为中国工程院首批院士。与三一集团有限公司组建长沙市院士专家工作站，是该公司的签约院士。

潘 垣

潘垣，1933年8月生，湖北宜昌人。磁约束聚变技术、脉冲功率技术专家。现任华中科技大学教授、博士生导师、电气与电子工程学院名誉院长、校学术委员会副主任、校国防科技研究院学术委员会主任、国际热核实验反应堆（ITER）中国专家委员会委员。中国最早从事核聚变研究的主要成员之一，中国核聚变电磁工程和大型脉冲电源技术的主要开拓者。1997年当选为中国工程院院士。与威胜集团有限公司组建长沙市院士专家工作站，主要从事船舶轴带无刷双馈发电机控制装置研发及工程化应用。

全国“五一”劳动奖章获得者

刘继雄

刘继雄，1958年5月生，中共党员，硕士学位，长沙先导投资控股有限公司党委书记、董事长。2008年，他牵头筹建长沙先导投资控股公司。四年多来，他带领全司上下共同努力，完成投资300亿元，形成约40亿元的股权资产，上缴财税收入33.8亿元，实现利润14.3亿元，建成洋湖湿地公园、洋湖再生水厂等33个重点项目，建成道路通车总里程约66公里。公司快速成长为总资产339亿元、净资产155亿元，拥有6家全资子公司、2家控股子公司、10余家参股企业的大型、多功能、综合性集团，为长株潭“两型社会”示范建设作出重大贡献。他打破传统城投企业单一业务模式，努力建设城市建设运营、两型产业投资、金融控股等产业互为支撑、互相促进的业务新格局。他要求公司在片区开发和工程项目的规划设计、建设中坚持生态优先，大大推进节地、节能、节水、节材，打造工程建筑节能、城市空间立体彩化、中水回收利用、城市污水生态治理、集中能源供应、城市交通人性绿色等工作亮点，实现城市建设品质化和土地效益最大化。2013年获全国“五一”劳动奖章。

周正军

周正军，1975年5月生，中共党员，大学文化，二级警司，长沙市公安局交警支队岳麓大队三中队中队长。他所在中队管辖区域为湘江橘子洲大桥及桥西相关匝道，是连接长沙东、西两岸中心城区交通的瓶颈要道，同时又是长沙市著名的旅游胜地。为确保桥面交通畅通，他带领中队民警进行疏堵保畅，风雨无阻。他坚持对过往机动车和非机动车微笑文明执法，赢得群众的理解支持和赞誉。他在查处过往车辆交通违法过程中，没有一起投诉或信访。针对群众需求，他自费3000余元购买便民服务箱，用于向过往群众提供紧急救助，受到市民普遍好评。此项便民服务举措也受到省、市多家媒体的关注，取得良好的社会效应。由于工作突出，他先后获得2011年度全省抗冰保畅先进个人；2012年度全省公安交警系统“雷锋式交警”；市政法委优秀政法干警；连续两年被市直机关评为优秀共产党员，2013年获全国“五一”劳动奖章。

郑小平

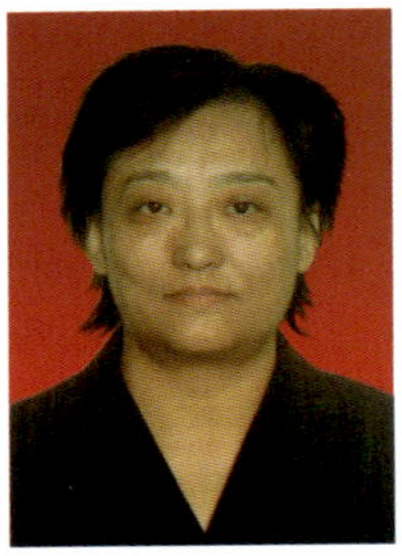

郑小平，女，1963年9月生，中共党员，工学硕士，威胜集团有限公司总工程师、高级副总裁。她带领威胜开发团队创造中国第一块三相电子式多功能电能表，填补国内空白。2005年带领研发队伍推出一款适应新技术的M系列模块化电能表产品，将过去固定式结构改进为模块化结构，增加无线通信功能。2007—2008年担任威胜集团总工程师兼三相电能表事业部总经理，大力推进研发质量改进，使产品质量和运营效率得到快速提升。2009年担任集团总工程师兼集团质量总监，建立集团一体化的全面质量管理体系。她先后获长沙市十大杰出创业女性、长沙市第七批优秀专家、湖南省技术创新先进个人、湖南省机械（汽车）行业质量管理卓越领导者，2013年获全国“五一”劳动奖章。

浣　兵

浣兵，1988年8月生，高中文化，共青团员，湖南龙骧巴士有限责任公司一车队11路线驾驶员。他始终以“安全正点行车、优质微笑服务”为原则，坚持做到零事故、零投诉；他对驾驶、维修技术精益求精，工作之余总结节油的小窍门，学习同事好的行车方法，每月的安全运营公里都居线路前茅。他果断驾驶“救命公交”直奔医院救人的新闻，在社会上引起强烈的反响，被誉为“最美中国人”。他先后荣获“长沙市杰出青年岗位能手”“创建文明城市先进个人”“湖南省青年岗位能手”“雷锋式服务明星”等称号；2012年，当选为全国“见义勇为好人”；同时入选《长沙年鉴》2011年度人物。2013年获全国“五一”劳动奖章。

全国“五四”青年奖章获得者

袁　虎

袁虎，1985年生，高中学历，湖南益阳人，湖南省长沙市望城区隆平高科新康种粮专业合作社理事长。2004年，毕业后在沿海城市从事物流工作。2007年回乡创业，说动全家投资20万元开办大米加工厂，开始创业之路，两年后形成自己的品牌。2010年4月起，他组织153户农民成立种粮专业合作社，社内耕地面积533.33公顷，年产粮2000吨左右，拥有2条60吨精米生产线，并主动申请加入隆平粮社。经隆平粮社考察，创建隆平高科新康种粮专业合作社，担任理事长。公司通过开展机械化生产，推广科学种田全年亩产达到926公斤，产粮售粮100万余公斤。2012年实现年产值1800万元，纯利润100万余元。他还积极服务当地农户，通过统一种优质稻、机耕机收、病虫防治、收贮、加工销售，每年为当地群众增加收入800万元。2013年获第十七届中国青年“五四”奖章。

全国“三八”红旗手获得者

谭慧慧

谭慧慧，女，1962年11月生，研究生学历，中共党员。她一直致力于全面维护妇女儿童合法权益，解决妇女儿童的实际困难和问题。在维护妇女儿童合法权益、促进妇女创业就业、帮扶弱势妇女儿童方面做了大量工作，赢得社会和群众广泛赞誉。她深化“创业富民·巾帼示范在行动”系列活动，组织长沙市第二届“创业女性”评选，举办“创业梦想”主题沙龙活动和创业致富女带头人培训班，推进妇女小额担保贷款工作，创建全国、省“巾帼现代农业科技示范基地”各1个。在“春风行动”中组织女性专场招聘会63场次，介绍女性就业11362人。市妇联职业技能培训中心培训3532人，市妇联家政服务中心新增就业岗位2861个。她充分履行妇联组织职能，协调推动市人大“一法一办法”执法检查，对长沙市妇女儿童发展规划（2011—2015年）实施情况进行中期评估，打造10个市级“妇女之家”反家暴工作示范点和反家暴工作“长沙模式”。推动新一轮农村妇女“两癌”免费检查项目，组织健康长跑宣传活动。慰问妇女典型、困难对象410人次，发放慰问金67万余元。资助1040名贫困留守（流动）儿童61.35万元，援建9所贫困小学图书室。举办家庭教育师资培训班，举办家教知识讲座273场。她组织“美丽星城我的家”文艺展演和“一家一年一万升”节水宣传。通过“五好文明家庭”海选、节能减排社区评选、巾帼参与城乡环境卫生整治行动等一系列的主题活动，引领妇女积极有序参与生态文明建设。她撰写的《做好家庭文化建设大文章》在《中国妇女报》“妇工论坛”上刊发。组织召开市第十五次妇代会，成立市直系统妇工委10个，验收省级“示范妇女之家”6个、创建市级“示范妇女儿童之家”24个。《中国妇女报》头版头条报道长沙市妇联基层组织建设成效。2011年8月被省政府记二等功一次，连续4年被评为市级优秀公务员。2013年，获全国“三八”红旗手称号。

廖月娥

廖月娥，女，1963年4月生，初中文化，长沙市岳麓区的一位普通农家妇女。因家境贫寒，8个月大的廖月娥被抱养到一廖姓人家。养母多病，养父上班无法照顾，

13 岁时，廖月娥便辍学在家，承担起照顾养母料理家务的重担。婚后廖月娥得知自己的身世后，更懂得以感恩的心尊敬自己的养父母，不仅悉心照顾身患高血压的养父和多病的养母，还将孝行延伸到周边那些孤寡残疾老人身上，让他们感受到家的温暖。30 年来，她先后将 4 名无亲无故的残疾、孤寡老人接到家中赡养，洗衣浆衫、端茶送饭、添衣置被、洗头擦身，甚至端屎接尿，其中，照顾身患恶疾的任国华长达 16 年、“五保”老人廖兴红长达 13 年、瘫痪的周桂三 1 年，为他们养老送终、办理后事，从无怨言。2002 年，她被村民选为妇女组长。她热心社会公益事业，用自己的热情协助解决家庭矛盾、邻里纠纷，倡导和谐友爱良好氛围。她关爱亲人朋友，服务群众，热心公益，不管刮风下雨，她利用农闲时间义务修补 1.5 公里村级公路，用自己辛勤的汗水方便群众的出行。2010 年，她无偿提供 0.3 公顷自留地修建村级公路，没有任何要求，还积极地做好周边住户的思想工作，支持村级事业发展，保障村级公路顺利竣工，解决群众出行难的问题，得到周围群众的一致好评和由衷感激。在她的家庭多次被评为“五好文明家庭”“学雷锋标兵户”。9 月 26 日，第四届全国道德模范评选揭晓并在北京颁奖，廖月娥获得全国孝老爱亲模范称号。11 月，获全国“三八”红旗手。

表 60　　2013 年“中国好人榜”长沙地区获奖人物

	孝老爱亲	
唐菊华	女	长沙市辉煌巷 18 号
张明珠	女	天心区三兴小区
廖月娥	女	岳麓区坪塘街道新合村
向铁梅	女	望城区东城镇中学
	助人为乐	
徐正清	男	岳麓区银盆岭街道英才园社区居委会桐梓坡 67 号
曾　珍	女	芙蓉中路三段 393 号
欧阳崇辉	男	浏阳市澄潭江镇集镇社区
李万元	男	湖南省万元实业集团有限公司
陈宋瑜	男	宁乡县巷子口镇檀树小学
	见义勇为	
陈开生	男	开福区德雅路四毛冲科大景园二期
苏运凯	男	华夏路北桥新村
	诚实守信	
彭妹娥	女	长沙县路口镇和通超市麻林商场
黄蔚德	男	浏阳市商会大厦十楼庆泰烟花公司
李群庆	男	望城区高塘岭镇高塘社区
宋和平	男	宁乡县资福乡窑里村
孙景秀	女	芙蓉区文艺路街道文艺新村社区
卜　克	男	长沙县星沙街道大西冲社区
	敬业奉献	
李　杨	男	雨花区树木岭锦源小区
罗菊清	男	浏阳市镇头镇跃龙村
伍　英	女	湖南省委蓉园小区
吴灿利	男	岳麓区天顶街道尖山村

统计资料

责任编辑：陈晓红

表 61

长沙市行政区划变动情况

	单位	1950 年	1978 年	1985 年	1990 年	1995 年	2000 年	2005 年	2010 年	2012 年	2013 年
一、行政区划											
市辖区数	个	5	5	5	5	5	5	5	5	6	6
市辖县（市）数	个	…	2	4	4	4	4	4	4	3	3
镇数	个	…	7	16	21	70	75	79	85	82	79
县辖区数	个	…	16	39	39	…	…	…	…	…	…
街道办事处	个	6	39	32	35	50	50	55	59	82	94
居民委员会数	个	59	329	459	535	701	763	569	590	689	714
乡数	个	18	84	217	210	51	46	37	26	19	15
村民委员会数	个	11	1096	2996	2987	3121	3111	1281	1226	1170	1169
二、土地面积	平方公里	112.00	3995.00	11818.00	11818.00	11819.50	11819.50	11819.50	11815.96	11815.96	11815.96
# 市区	平方公里	112.00	352.00	352.00	367.00	556.33	556.33	556.33	958.80	1909.86	1909.86
# 建成区	平方公里	6.70	53.04	57.18	101.00	115.00	118.82	167.70	272.39	315.81	315.81
三、户籍总人口	万人	314.52	458.23	504.22	550.05	562.82	583.19	620.92	650.12	660.62	662.81
# 市区	万人	41.36	94.83	115.72	132.68	145.45	175.41	208.65	239.53	297.90	299.25

注：从 2011 年起，市区包括望城区，后同。

表 62

长沙市国民经济和社会发展主要指标

	单位	1978 年	1985 年	1995 年	2000 年	2005 年	2010 年	2012 年	2013 年	1978 年～2013 年平均递增（%）	2000 年～2013 年平均递增（%）	2010 年～2013 年平均递增（%）	2013 年比 2012 年（±%）
土地面积	平方公里	3995.0	11818.0	11819.5	11819.5	11819.5	11816.0	11816.0	11816.0	3.1	持平	持平	持平
年末总人数	万人	458.23	504.22	562.82	583.19	620.92	650.12	660.62	662.81	1.1	1.0	0.6	0.3
市区人口	万人	94.83	115.72	145.45	175.41	208.65	239.53	297.90	299.25	3.3	4.2	7.7	0.5
县（市）人口	万人	363.40	388.50	417.37	407.78	412.27	410.59	362.72	363.56	0.0	-0.9	-4.0	0.2
从业人员	万人	209.61	257.97	348.11	358.80	358.92	424.07	447.93	456.63	2.2	1.9	2.5	1.9
# 农村劳动力	万人	153.22	183.47	226.22	206.70	193.29	181.11	178.32	175.99	0.4	-1.2	-1.0	-1.3
# 职工人数	万人	56.40	74.50	91.40	85.00	76.34	107.60	117.75	122.11	2.2	2.8	4.3	3.7
地区生产总值	亿元	16.84	45.08	332.75	715.34	1783.48	4547.06	6399.91	7153.13	13.2	14.7	13.2	12.0

续表 62

	单位	1978 年	1985 年	1995 年	2000 年	2005 年	2010 年	2012 年	2013 年	1978 年～2013 年平均递增 (%)	2000 年～2013 年平均递增 (%)	2010 年～2013 年平均递增 (%)	2013 年比 2012 年 (±%)
第一产业	亿元	5.61	12.09	45.58	74.11	113.98	202.01	272.31	294.55	5.2	4.8	3.7	3.0
第二产业	亿元	7.44	19.73	140.34	278.19	785.65	2437.03	3592.52	3946.97	15.0	17.2	15.1	12.5
# 工业	亿元	6.37	15.58	106.57	223.18	581.96	2020.68	3051.94	3352.34	15.1	17.9	16.4	13.2
第三产业	亿元	3.79	13.26	146.83	363.04	883.85	1908.02	2535.08	2911.61	14.7	13.5	11.6	12.1
人均地区生产总值	元	370	900	5930	11699	28131	66443	89903	99570	11.8	13.4	11.3	10.9
固定资产投资总额	亿元	2.41	12.57	104.95	202.32	881.42	3192.57	4011.96	4593.39	24.1	29.6	22.0	20.1
# 更新改造	亿元	0.09	3.48	23.62	31.87	123.87	753.14	1302.85	1635.62	37.7	35.9	29.9	25.5
公共财政预算收入	亿元	4.23	6.57	17.99	34.45	108.06	314.28	490.65	536.63	…	25.1	19.5	9.4
公共财政预算支出	亿元	1.67	2.79	21.60	41.43	133.05	403.33	624.62	701.82	…	24.3	20.3	12.4
耕地面积	千公顷	255.91	250.05	245.77	242.32	246.90	276.79	274.89	274.15	0.2	1.0	-0.3	-0.3
农林牧渔业总产值（现价）	亿元	9.77	16.58	86.84	116.79	187.13	323.64	419.78	454.62	5.2	5.3	1.6	3.0
# 农业	亿元	7.56	9.99	42.66	62.80	92.64	173.59	230.31	251.85	4.0	4.6	2.2	3.6
农业机械总动力	万千瓦	33.62	81.86	153.67	241.00	330.65	486.74	542.00	562.28	8.4	6.7	4.9	5.0
粮食产量	万吨	189.81	244.92	244.80	262.33	262.28	236.36	247.94	244.23	0.7	-0.5	1.1	-1.5
棉花产量	吨	3205	1195	797	993	1000	1185	1088	1004	-3.3	0.1	-5.4	-6.9
油料产量	吨	12055	8160	25677	26263	30833	77280	80644	85902	5.8	9.5	3.6	1.7
猪牛羊肉产量	吨	95856	156867	366689	427874	575605	594503	624978	628907	5.5	3.0	1.9	8.1
水产品产量	吨	7755	23265	61664	85191	104201	106571	114084	119349	8.1	2.6	3.8	6.5
建筑业总产值（现价）	亿元	1.45	6.66	52.31	123.38	579.36	1740.17	2328.32	2763.71	30.4	29.4	16.9	18.6
社会消费品零售总额	亿元	7.72	24.39	165.80	349.30	748.57	1812.08	2454.71	2801.97	18.3	17.4	15.9	14.1
普通高校在校学生数	人	18895	37182	64866	125582	394399	508254	523174	573447	10.2	12.4	4.1	9.6
普通中学在校学生数	万人	33.11	22.20	28.41	38.42	34.52	30.74	34.38	35.71	0.2	-0.6	5.1	3.9
小学在校学生数	万人	68.01	61.63	62.37	46.65	33.87	41.35	43.95	45.79	-1.1	-0.1	3.5	4.2
医院卫生院数	个	248	291	205	263	260	255	254	279	0.3	0.5	3.0	9.8
执业医师和执业助理医师数	人	7247	10187	12107	12345	12088	18258	20268	22936	3.3	4.9	7.9	13.2
医疗病床数	个	12976	13743	21378	20590	27395	42629	51285	57919	4.4	8.3	10.8	12.9
城市居民人均可支配收入	元	327	838	4860	7530	12434	23347	31044	33662	—	—	—	10.5
农民人均纯收入	元	143	443	1737	3005	4908	11206	15763	—	—	—	—	—

注：1. 根据国家抽样调查情况，全省统一对 2010 年粮食产量数据进行了调整。
2. 从 2012 年起，原一般预算收入和一般预算支出改名为公共财政预算收入和公共财政预算支出。2013 年公共财政预算收入同口径增长 23.8%。
3. 因统计方法制度改革，从 2013 年开始取消农民人均纯收入统计指标，城市居民人均可支配收入调整为城镇统计口径，2012 年以前为城市统计口径，与往年数据不具可比性。

表 63

长沙市地区生产总值

单位：万元

	地区生产总值		第一产业		第二产业		第三产业	
	2013 年	2013 年比 2012 年（±%）	2013 年	2013 年比 2012 年（±%）	2013 年	2013 年比 2012 年（±%）	2013 年	2013 年比 2012 年（±%）
全市	71531346	12.0	2945508	3.0	39469708	12.5	29116130	12.1
市区	45049425	11.4	576387	-2.5	20601340	10.9	23871698	12.2
# 望城区	4274940	13.7	325545	4.4	3144502	14.5	804893	14.2
县区	27353314	13.0	2369120	4.4	19354187	14.3	5630007	11.6

续表 63

	地区生产总值		第一产业		第二产业		第三产业	
	2013 年	2013 年比 2012 年（±%）	2013 年	2013 年比 2012 年（±%）	2013 年	2013 年比 2012 年（±%）	2013 年	2013 年比 2012 年（±%）
长沙县	9759923	10.8	650130	4.5	6959554	10.4	2150239	13.6
浏阳市	9242905	14.5	786662	4.3	6639462	16.8	1816781	10.4
宁乡县	8350486	14.1	932328	4.4	5755171	16.6	1662987	10.3

表 64　2013 年长沙市人口自然变动情况

	年末总户数（户）	年末总人口（人）	全年出生人数（人）	全年死亡人数（人）	年出生率（‰）	年死亡率（‰）	年自然增长率（‰）
总计	2140434	6628122	83357	52090	12.60	7.87	4.73
市区	1018565	2992513	36757	15728	12.31	5.27	7.04
芙蓉区	133473	406273	4095	1257	10.05	3.08	6.96
天心区	143610	392340	4083	1708	10.36	4.33	6.02
岳麓区	206704	624428	8519	3927	13.62	6.28	7.34
开福区	171007	441605	5290	1990	12.09	4.55	7.54
雨花区	186608	565405	6437	1868	11.48	3.33	8.15
望城区	177163	562462	8333	4978	14.89	8.89	5.99
县（市）	1121869	3635609	46600	36362	12.83	10.01	2.82
长沙县	255784	818874	12053	10632	14.77	13.03	1.74
浏阳市	418351	1439697	19555	14243	13.60	9.90	3.69
宁乡县	447734	1377038	14992	11487	10.89	8.34	2.54

表 65　长沙市年末分行业单位从业人数

单位：人

	1978 年	1985 年	1990 年	1995 年	2000 年	2005 年	2010 年	2012 年	2013 年	2013 年比 2012 年（±%）
总　计	563950	744994	845916	914026	684907	729738	1105562	1240583	1303449	5.1
# 国有经济	367858	513354	605100	677857	535949	360468	414172	412834	365149	-11.6
集体经济	196092	231623	237748	207917	88107	47315	48184	37511	30699	-18.2
按行业分										
（一）农、林、牧、渔业						3004	505	1229	1215	-1.1
（二）采矿业						11610	9954	12303	12320	0.1
（三）制造业						168420	305091	368714	380497	3.2
（四）电力、热力、燃气及水生产和供应业						7573	16147	7901	7337	-7.1
（五）建筑业						122285	169912	194690	216336	11.1
（六）批发和零售业						45294	66543	76171	83358	9.4
（七）交通运输、仓储和邮政业						30442	28120	47043	51839	10.2
（八）住宿和餐饮业						31889	44017	45050	45343	0.7
（九）信息传输、软件和信息技术服务						10518	16945	19519	20563	5.3
（十）金融业						23398	53141	52307	57489	9.9
（十一）房地产业						23064	41564	43910	46233	5.3
（十二）租赁和商务服务业						16334	21333	29299	26417	-9.8
（十三）科学研究和技术服务业						24270	38114	45940	52648	14.6

续表 65

	1978 年	1985 年	1990 年	1995 年	2000 年	2005 年	2010 年	2012 年	2013 年	2013 年比 2012 年（±%）
（十四）水利、环境和公共设施管理业						7530	17171	15883	13646	-14.1
（十五）居民服务和修理和其他服务业						2417	5205	7308	7651	4.7
（十六）教育						83364	109835	112403	111200	-1.1
（十七）卫生和社会工作						34838	57216	62148	63783	2.6
（十八）文化、体育和娱乐业						15737	19224	22743	23154	1.8
（十九）公共管理、社会保障和社会组织						67751	85525	76022	82420	8.4
（二十）国际组织						—	—	—	—	—

注：从 2003 年起开始启用国民经济行业新分类标准，2002 年及以前年份无同口径数据。

表 66

2013 年长沙市规模以上工业增加值

	企业单位数（个）	工业增加值（万元）	2013 年比 2012 年（±%）
规模以上工业企业	2407	26532834	14.0
在总计中：芙蓉区	108	834631	18.1
天心区	39	1039495	12.3
岳麓区	121	3088583	9.8
开福区	84	444336	13.1
雨花区	102	7133280	11.2
望城区	229	1644963	13.2
长沙县	325	4710662	10.7
浏阳市	765	4056251	20.2
宁乡县	584	3580634	19.4
按经济类型分：国有企业	42	7309981	9.2
集体企业	50	255862	-11.9
股份合作企业	26	132106	16.6
股份制企业	1556	14950176	14.7
外商及港澳台投资企业	142	1882688	36.6
其它企业	591	2002021	14.8
按轻重工业分：轻工业	1127	11416345	12.2
重工业	1280	15116489	15.4
在总计中：国有及国有控股企业	99	10325584	4.0
大中型企业	316	18008679	11.3

表 67

2013 年长沙市规模以上分行业工业增加值

	企业单位数（个）	工业增加值（万元）
规模以上工业企业合计	2407	26532834
按工业行业中类分组		
（一）采矿业	83	281091
1. 煤炭开采和洗选业	21	97440

续表 67

	企业单位数（个）	工业增加值（万元）
2. 黑色金属矿采选业	7	24177
3. 有色金属矿采选业	8	25649
4. 非金属矿采选业	47	133825
（二）制造业	2289	25664765
1. 农副食品加工业	145	634655
2. 食品制造业	62	384299
3. 酒、饮料和精制茶制造业	56	317694
4. 烟草制品业	2	6351372
5. 纺织业	26	147491
6. 纺织服装、服饰业	27	136165
7. 皮革、毛皮、羽毛及其制品和制鞋业	16	61667
8. 木材加工和木、竹、藤、棕、草制品业	21	69881
9. 家具制造业	34	131007
10. 造纸和纸制品业	74	247606
11. 印刷和记录媒介复制业	59	306977
12. 文教、工美、体育和娱乐用品制造业	16	56052
13. 石油加工、炼焦和核燃料加工业	6	26776
14. 化学原料和化学制品制造业	499	2032182
15. 医药制造业	66	695555
16. 橡胶和塑料制品业	85	354857
17. 非金属矿物制品业	218	1098603
18. 黑色金属冶炼和压延加工业	46	158666
19. 有色金属冶炼和压延加工业	68	1188306
20. 金属制品业	80	461459
21. 通用设备制造业	203	1130513
22. 专用设备制造业	148	5489562
23. 汽车制造业	107	1145538
24. 铁路、船舶、航空航天和其他运输设备制造业	15	161911
25. 电气机械和器材制造业	114	747916
26. 计算机、通信和其他电子设备制造业	50	1783342
27. 仪器仪表制造业	31	221304
28. 其他制造业	7	32768
29. 废弃资源综合利用业	6	75859
30. 金属制品、机械和设备修理业	2	14780
（三）电力、燃气及水的生产和供应业	35	586978
1. 电力、热力生产和供应业	9	419086
2. 燃气生产和供应业	10	90245
3. 水的生产和供应业	16	77647

表 68

长沙市主要工业产品产量

	单位	1978 年	1985 年	1990 年	1995 年	2000 年	2005 年	2010 年	2012 年	2013 年	2013 年比 2012 年（±%）
原煤	万吨	196	178	240	354	173	297	420	627	315	-45.34
发电量	万千瓦小时	11551	12214	14581	21505	6036	33702	584611	593623	587454	0.65
饮料酒	万吨	0.68	2.47	2.54	6.53	6.05	16.79	34.07	75.43	13.01	7.11
卷烟	万箱	11.31	17.00	36.10	71.53	87.13	126.27	350.55	367.55	372.42	1.33
纱	吨		10314	12238	11970	17115	18899	36443	51410	76169	48.16
棉布	万米	3185	4885	5688	5367	63.57	225.00	326.16	607.00	286.00	14.40
印染布	万米	1930	2922	2507	2561	2749	2259	2908.0	—	—	—
服装	万件				1539	1315	1886	3706	4033	4249	3.91
皮鞋	万双	145	306	548	1443	338	496	892	—	—	—
人造板	立方米		2444	20526	61003	102149	47358	25892	—	—	—
机制纸及纸板	万吨	1.88	4.33	6.13	13.02	3.09	14.38	21.36	26.71	27.22	1.91
硫酸	万吨	5.52	3.91	7.61	12.58	10.92	3.61	—	—	—	—
涂料	吨	5667	12377	13586	19548	20214	49155	139323	263387	325305	13.20
肥皂	吨	10356	23511	21593	20866	7912	8697	—	—	—	—
合成洗涤剂	吨	8087	15646	26411	44432	71323	94069	130297	152042	194826	28.14
牙膏	万支	3313	5746	6071	3510	2300	836	—	—	—	—
水泥	万吨	22.31	54.27	89.32	248.00	313.81	537.37	1462	1319	1423	7.91
钢材	吨	16062	28420	55428	19849	18449	19443	94218	98586	148284	45.97
金属切削机床	台	2486	4723	1332	1460	858	1246	2963	1661	1800	-12.41
泵	万台	0.48	0.90	1.15	1.72	0.42	0.74	0.76	0.90	2.74	27.44
风机	万台	0.32	1.14	0.94	1.22	0.22	0.59	0.49	2.44	2.59	-40.32
汽车	辆	502	3402	1103	2076	1377	61823	100388	103943	257899	148.12
交流电动机	万千瓦	31.0	50.8	59.4	62.0	35.0	165.0	215.0	311.9	363.6	16.55
变压器	万千伏安	33.55	35.38	40.51	38.61	124.99	147.16	14.71	—	—	—
家用电冰箱	万台			16.40	21.83	44.54	55.54	31.31	16.50	20.04	21.45
彩色显像管	万只				0.32	371.18	690.93	4.72	7.06	—	—

表 69

长沙市农村基本情况

	单位	2013 年					
		全市	市区	#望城区	长沙县	浏阳市	宁乡县
一、农村乡（镇）个数	个	94	15	11	17	33	29
村（居）民委员会数	个	1511	391	159	297	401	422
二、乡村户数	万户	135.58	34.94	15.71	25.09	37.01	38.54
乡村人口数	万人	443.22	111.11	51.40	81.28	129.36	121.47
#乡村劳动力资源数	万人	291.50	68.68	32.21	52.71	79.88	90.23
三、年末耕地面积	千公顷	274.15	44.60	30.42	57.37	78.03	94.15
#水田	千公顷	241.42	38.63	27.24	53.32	69.83	79.64

续表 69

	单位	2013 年					
		全市	市区	#望城区	长沙县	浏阳市	宁乡县
旱地	千公顷	32.73	5.97	3.18	4.05	8.20	14.51
四、养殖水面	千公顷	28.22	10.60	7.79	4.82	5.67	7.13
五、农业机械总动力	万千瓦	562.28	115.44	57.16	143.45	143.50	159.88

表 70

长沙市农业总产值

单位：万元

	2013 年农、林、牧、渔业总产值						2013 年比 2012 年（±%）
	合计	市区	#望城区	长沙县	浏阳市	宁乡县	
总计	4546157	928032	572266	1020848	1189719	1407559	3.0
一、农业产值	2518547	541953	329825	599171	649749	727674	3.6
1、谷物及其他作物	829589	145204	109528	167935	222026	294425	-0.1
#粮食作物	711371	140144	105993	159181	158477	253570	0.0
油料作物	51500	4653	3156	8359	31059	7429	7.6
烟叶	64709	27		287	32164	32232	-3.0
2、蔬菜园艺作物	1474116	381853	209326	337682	348044	406536	4.8
#蔬菜	1216087	352580	200660	235618	268642	359247	2.3
3、水果、坚果、饮料和香料作物	192277	14536	10610	91428	59600	26713	8.8
#茶	99829	3050	2737	70231	10091	16459	14.7
水果	86464	11415	7802	17221	47585	10243	2.3
4、中药材	22565	361	361	2126	20079		40.7
二、林业产值	217452	14139	6600	29667	130506	43141	4.7
林木的培育和种植	68380	9310	3703	25974	30680	2415	6.9
竹木采运	56409	2744	1061	1127	31040	21497	1.6
林产品	92664	2084	1836	2566	68786	19229	4.9
三、牧业产值	1572730	304757	193569	355654	345361	566958	1.3
生猪	1190221	259877	158411	321063	236385	372896	-1.2
牛	31677	2174	1248	6719	7724	15060	0.8
羊	56003	891	480	1817	42907	10388	122.3
家禽饲养	285776	40383	32490	22901	54665	167827	3.5
牛奶	2818	901	549	1157	578	182	-17.2
其他	6235	531	390	1997	3102	606	-40.2
四、渔业产值	161432	52969	34894	22820	36207	49436	7.0
五、农林牧渔服务业	75996	14214	7379	13537	27896	20350	6.7

表 71　长沙市农作物产品产量

单位：吨

	2013 年产量						2012 年产量	2013 年比 2012 年（±%）
	合计	市区	#望城区	长沙县	浏阳市	宁乡县		
粮食	2442253	475798	361988	569623	545299	851533	2479354	-1.5
稻谷	2298038	453510	344146	535535	507785	801208	2303806	-0.3
小麦	2137	119			90	1928	2088	2.3
薯类	49237	14585	11937	13575	12582	8495	79026	-37.7
杂粮	74453	5808	4754	15014	18135	35496	75544	-1.4
大豆	18388	1776	1151	5499	6707	4406	18890	-2.7
棉花	1004			18	576	410	1088	-7.7
油料作物	85902	8324	5865	13020	50606	13952	80644	6.5
#油菜籽	72205	7579	5372	11270	47281	6075	64729	11.5
烟叶	26154	13		139	11340	14662	29408	-11.1
#烤烟	22135	13		131	11340	10651	25655	-13.7
麻类作物	250	21	21		195	34	346	-27.8
甘蔗	2602	46	46		2025	531	4478	-41.9
蔬菜	5356376	1444562	991907	1167505	1209885	1534424	4966859	7.8
茶叶	28649	739	640	21277	1587	5046	27151	5.5
水果	390082	51754	36359	86259	189281	62787	376979	3.5
#柑橘	100437	16308	8195	12213	48710	23207	96626	3.9

表 72　长沙市肉类、牛奶、禽蛋、水产品产量

	单位	2013 年产量						2012 年产量	2013 年比 2012 年（±%）
		合计	市区	#望城区	长沙县	浏阳市	宁乡县		
肉猪出栏头数	万头	835.68	177.81	111.81	218.89	198.78	240.20	833.20	0.3
出栏肉猪肉产量	吨	602575	123744	80503	161979	143910	172942	599354	0.5
牛羊肉产量	吨	26332	952	690	2850	13986	8544	25624	2.8
出笼家禽	万羽	5951.70	409.13	310.78	270.60	1157.01	4114.96	6005.75	-0.9
牛奶产量	吨	6466	3164	2613	1802	850	650	7879	-17.9
禽蛋产量	吨	55486	17377	14432	9785	10633	17691	53439	3.8
水产品产量	吨	119349	41877	24536	19240	23846	34386	114084	4.6
#鲜鱼	吨	116386	39875	22570	18883	23293	34335	111661	4.2

表 73　长沙市固定资产投资主要指标

金额单位：万元　　面积单位：万平方米

	1978 年	1985 年	1990 年	1995 年	2000 年	2005 年	2010 年	2012 年	2013 年	2013 年比 2012 年（±%）
固定资产投资	24100	125655	181209	1049543	2023194	8814166	31925699	40119564	45933871	20.1
#城镇固定资产投资	19338	90094	105287	924113	1533449	7911578	29098275	37423204	42545671	19.6
（一）按项目性质分										
基本建设	17355	47881	64098	384730	724858	—	—	—	—	—

续表 73

	1978 年	1985 年	1990 年	1995 年	2000 年	2005 年	2010 年	2012 年	2013 年	2013 年比2012 年(±%)
技术改造	907	34767	31403	236186	318703	1238674	7531385	13028480	16356206	25.5
城镇集体及其他	1076	7446	9786	25440	40775	—	—	—	—	—
房地产开发	—	—	—	229657	330238	2563500	6841481	10320003	11536073	11.8
城镇工矿区私人建房	—	—	—	48100	118875	—	—	—	—	—
(二)按构成分										
建筑安装工程	13406	49277	65569	570017	1124602	5337629	20468048	28811193	30540737	22.5
设备工器具购置	5545	28204	31336	243588	170537	859072	2674215	3478171	4321152	11.1
其他费用	387	12613	8382	110508	238310	1714877	5956012	7830200	4261474	22.5
(三)按三次产业分										
第一产业	2090	484	1622	852	14414	46245	531109	715465	849092	18.7
第二产业	6594	41097	49746	187677	296055	1770047	7726675	11936025	14947075	25.2
第三产业	10648	48513	53919	735584	1222980	6095286	20840491	27468074	30137704	17.7
新增固定资产	13202	64883	82545	493739	883380	3437205	13758212	22607968	28613400	26.6
竣工房屋面积	81.41	186.78	109.77	314.55	343.54	931.57	1741.56	1528.11	1522.97	-0.3
# 住宅	41.17	93.49	91.95	168.87	198.51	534.03	1184.42	1150.53	1083.82	-5.8

注:因 2013 年固定资产投资统计口径调整,增速按同口径计算。

表 74　长沙市资质建筑业基本情况

	单位	2013 年	2012 年	2013 年比 2012 年(±%)
企业个数	个	592	555	6.7
# 亏损企业	个	69	101	-31.7
建筑业总产值	万元	27637110	23299080	18.6
竣工产值	万元	17642193	15036364	17.3
房屋建筑施工面积	万平方米	23775.93	19728.70	20.5
# 本年新开工面积	万平方米	8813.35	6540.38	34.8
# 投标承包面积	万平方米	19301.80	16099.54	19.9
房屋建筑竣工面积	万平方米	6517.53	5005.64	30.2
资产合计	万元	17815511	14979997	18.9
工程结算收入	万元	26653588	21974786	21.3
工程结算成本	万元	23614205	19734193	19.7
利润总额	万元	1129347	828360	36.3
计算建筑业劳动生产率平均人数	万人	91.27	78.62	16.1

表 75　长沙市交通运输情况

	单位	1990 年	1995 年	2000 年	2005 年	2010 年	2012 年	2013 年
货物运输量	万吨	1215	6419	5910	10991	22947	26145	28048
铁路	万吨	364	284	206	218	167	157	149
公路	万吨	446	5376	4972	9833	19270	23139	24627
水运	万吨	405	758	729	934	3369	2668	3080
货物周转量	万吨公里	—	601306	1404785	1003793	2192493	3016629	3340723

续表 75

	单位	1990 年	1995 年	2000 年	2005 年	2010 年	2012 年	2013 年
公路	万吨公里	13439	306737	308200	447386	1285375	2061286	2352483
水运	万吨公里	59367	288791	1094511	99596	369090	425713	485042
旅客运输量	万人	3942	8935	9052	10895	33984	36440	37922
铁路	万人	672	785	981	1218	1642	1954	2088
公路	万人	3036	8021	7825	9228	31257	33847	35143
水运	万人	219	44	43	7	18	1	
航空	万人	15	85	203	442	1066	638	691
旅客周转量	万人公里	—	348951	348315	995729	1945489	2544691	2767006
公路	万人公里	117989	267579	275029	469947	1130385	1236101	1304296
水运	万人公里	10322	6325	3580	1211	141	9	

表 76

长沙市邮电基本情况

	单位	1978 年	1985 年	1990 年	1995 年	2000 年	2005 年	2010 年	2012 年	2013 年	2013 年比 2012 年（±%）
邮电通信网											
年末邮电局（所）	处	262	270	274	426	706	1008	860	497	686	—
年末邮路长度	公里	24167	22212	34558	48275	53435	53609	50671	62291	43011	8.5
邮电业务量											
邮电业务总量	万元	704	1958	6643	89069	349844	802762	846295	1149802	1353237	9.7
函件	万件	2145	5362	6453	11139	8399	3919	4248	3431	2080	-39.4
报刊期发数	万份	71	197	118	160	171	86	56	44	47	6.8
年末固定电话用户	万户	0.85	2.33	3.36	30.40	108.47	218.56	210.40	211.65	194.70	-8.0
年末移动电话用户	万户	—	—	—	3.70	58.78	316.85	780.21	984.45	1086.50	10.4
国际互联网用户	万户	—	—	—	—	14.60	63.93	90.78	134.25	142.98	6.5

注：1. 从 2010 年开始，邮电业务总量为 2010 年不变价数据，与以前年度数据不具有可比性。2013 年邮电业务总量将社会快递纳入统计范围，同口径增长 9.7%。
2. 年末邮电局（所）统计口径为自办局所，未包含代办所。2013 年末邮电（局）所包含 229 个社会快递网点，与以前年度数据不具有可比性。
3. 2013 年年末邮路长度统计口径调整，2012 年同口径数据为 39642 公里。

表 77

长沙市社会消费品零售总额

单位：万元

	1978 年	1985 年	1990 年	1995 年	2000 年	2005 年	2010 年	2012 年	2013 年	2013 年比 2012 年（±%）
总计	77191	243928	513871	1658020	3492966	7485700	18120800	24547118	28019735	14.1
一、按销售单位所在地分组										
市区				1256370	2669100	5722359	13934435	19249096	21934793	14.0
县区				401650	823866	1763341	4186365	5298022	6084942	14.9
二、按行业分组										
批发零售业	67281	191952	385805	1280314	2570810	6310593	16098960	21877371	25225898	15.3
住宿餐饮业	2769	10593	27762	100764	402656	1105383	2021840	2669747	2793837	4.7
其他	7141	41383	100304	276942	519500	69724				

注：2005—2008 年数据根据全国第二次经济普查结果调整，从 2010 年开始取消行业分组中的“其他”。

表 78

长沙市旅游业情况

	单位	1985 年	1990 年	1995 年	2000 年	2005 年	2010 年	2012 年	2013 年
一、接待境外旅游者人数	人次	20257	51000	119122	221772	255475	702141	1050912	1169711
1. 外国人	人次	9706	13103	54444	128105	182656	459228	650966	716129
2. 港、澳、台同胞	人次	10551	37897	64678	93667	72819	242913	399946	453582
二、接待境外旅游者人天数	人天	85079	204000	416927	652576	1098542	2643911	3782675	4175868
1. 外国人	人天	41501	85082	226975	384315	785421	1699145	2343477	2576632
2. 港、澳、台同胞	人天	43578	118918	189952	268261	313121	944766	1439198	1599236
三、旅游外汇收入	万美元	1446	2897	4500	11900	20198	52878	66453	77902

表 79

长沙市财政预算收、支情况

单位：万元

	全市	2013 年					2012 年	2013 年比 2012 年（±%）
		市区	#望城区	长沙县	浏阳市	宁乡县		
公共财政预算收入	5366331	3720847	321720	649793	367195	306776	4906482	9.4
#营业税	1462161	1110022	65352	175693	54247	56847	1243894	17.5
增值税	338015	210260	19507	77158	31311	19286	260885	29.6
企业所得税	425491	358286	5581	22457	22754	16413	390218	9.0
公共财政预算支出	7018238	4907745	497470	914233	615629	580631	6246207	12.4
#一般公共服务	1184876	847823	72876	174631	74849	87573	955208	24.0
社会保障和就业	506539	313950	42164	62688	63452	66449	536018	-5.5
科学技术	202244	167490	8823	20101	6953	7700	167458	20.8
教育支出	1187445	861997	91102	112954	108665	103829	1166756	1.8
农林水事务	533732	240438	83829	126230	84508	82556	400387	33.3

注：2013 年公共财政预算收入同口径增长 23.8%。

表 80

长沙市金融、保险情况

单位：亿元

	2013 年	2012 年	2013 年比 2012 年（±%）
一、金融业			
金融机构存款余额（本外币）	10148.76	8800.66	15.3
#企业存款	5937.48	5184.68	14.5
个人存款	3507.51	3004.07	16.8
金融机构贷款余额（本外币）	9633.02	8518.93	13.1
#短期贷款	2331.67	1957.10	19.1
中长期贷款余额	7165.55	6393.43	12.1
二、保险业			
保费收入	138.96	121.40	14.5
赔付款	50.19	38.60	30.0

表 81

长沙市公用事业情况

	单位	2013 年	2012 年	2013 年比 2012 年（±%）
一、自来水				
全市水厂个数	个	7	7	0.0
全市自来水生产能力	万吨/日	270	265	1.9

续表 81

	单位	2013 年	2012 年	2013 年比 2012 年（±%）
年末供水管总长度	公里	3300	3050	8.2
二、公共交通				
1. 全年客运总量	万人次	104103	106361	-2.1
2. 年末实有公共汽车营运车辆	辆	4157	3775	10.1
3. 年末实有出租汽车	辆	6915	6420	7.7
三、煤气、液化气				
（一）煤气供气总量	万立方米	70321	64298	9.4
# 家庭用量	万立方米	26019	24911	4.4
家庭用煤气人口	万人	311.9	264.7	17.8
（二）液化气供应总量	吨	86492	76663	12.8
# 家庭用量	吨	72573	63385	14.5
家庭用液化气人口	万人	275.0	267.3	2.9
四、年末城市住宅建筑面积	万平方米	11859	13267	-10.6
人均住房面积	平方米	41.4	31.8	30.2
五、城市供电				
全年用电量	万千瓦时	2230032	2040474	9.3
# 工业用电	万千瓦时	881580	757802	16.3
城乡居民生活用电	万千瓦时	718282	666846	7.7
六、道路				
年末实有铺装道路总面积	万平方米	4307	3958	8.8
七、城市下水道长度	公里	2169	2169	0.0
八、年末实有永久性桥梁	座	174	172	1.2
九、城市环卫				
生活垃圾粪便清运量	万吨	160	169.4	-5.5
生活垃圾粪便无害化处理	万吨	160	169.4	-5.5
十、城市园林绿化				
园林绿化地面积	公顷	9611	9293	3.4
# 公共绿化地面积	公顷	2913	2804	3.9
人均公共绿地面积	平方米	12.0	11.4	5.1

表 82

长沙市各类学校基本情况

单位：人

	2013 年				2012 年			
	学校数（所）	在校学生数	毕业生数	教职工人数	学校数（所）	在校学生数	毕业生数	教职工人数
总计	1351	1508250	367842	107171	1350	1446763	376920	107098
高等学校	50	573447	153703	51339	50	523174	151428	50902
中等职业学校	50	108232	30648	4379	50	120945	47757	4890
技工学校	24	10308	4392	1310	23	18003	7391	1537
普通中学	285	357139	107723	28057	284	343769	100267	28063

续表 82

	2013年				2012年			
	学校数（所）	在校学生数	毕业生数	教职工人数	学校数（所）	在校学生数	毕业生数	教职工人数
小学	937	457894	71078	21800	938	439532	69948	21410
盲聋哑学校	4	1160	88	240	4	1110	49	240
工读学校	1	70	210	46	1	230	70	56

表 83　长沙市文化、新闻、出版事业情况

	单位	1978年	1985年	1990年	1995年	2000年	2005年	2010年	2012年	2013年	2013年比2012年(±%)
一、电影放映单位	个	484	844	807	644	458	…	…	…	…	…
#电影院影剧院	个	31	42	47	29	20	…	…	…	…	…
电影观众人数	万人次	11272	9325	10728	2261	…	…	…	…	…	…
二、艺术表演团体	个	13	14	12	12	13	12	12	9	9	持平
艺术表演观众人数	万人次	351.0	207.0	118.6	130.3	121.0	247.0	271.2	166.1	149.3	-10.1
三、公共图书馆	个	5	7	7	7	7	12	12	12	12	持平
图书馆藏书数	万册					480.10	521.00	633.10	997.64	1017.40	2.0
四、文化馆	个	10	11	11	11	11	10	10	10	10	持平
五、图书出版印数	万册	1983	18850	32135	33677	24844	30483	31109	36014	35733	-0.8
六、杂志出版印数	万册	2680	5149	5144	7636	10404	10925	12540	12496	12804	2.5
七、报纸出版印数	万印张	30057	59431	40325	55721	62354	75309	101861	102698	105924	3.1

表 84　长沙市广播、电视基本情况

	单位	1978年	1985年	1990年	1995年	2000年	2005年	2010年	2012年	2013年
市台平均日播音时间	时′分″		10′45″	11′30″	16′30″	37′40″	88′96″	139′71″	142′6″	147′6″
市电台覆盖率	%		76.00		95.00	95.00	96.88	99.14	99.31	99.32
县（市）区广播台、站	个	5	5	5	5	4	4	4	4	4
市电视台每周播出时间	时′分″		16′00″	56′00″	42′00″	206′30″	858′12″	1060′47″	1096′58″	1115′54″
市电视台覆盖率	%		23.60	90.00	98.00	97.30	97.88	98.49	98.62	98.68

表 85　长沙市卫生事业基本情况

	单位	1978年	1985年	1990年	1995年	2000年	2005年	2010年	2012年	2013年	2013年比2012年(±%)
卫生机构数	个	1195	1403	1346	1100	1036	1519	2655	4270	4690	9.8
#医院、卫生院	个	248	291	297	205	263	260	255	254	279	9.8
床位数	张	12976	13743	18349	21378	20590	27395	42629	51285	57919	12.9
#医院、卫生院	张	11036	11503	14766	17594	17281	25501	39983	46382	52507	13.2
卫生工作人员	人	21583	29620	34190	37115	36225	37711	59738	69011	76479	10.8
#卫生技术人员	人	16068	21611	26307	27553	27460	28943	48791	55978	62123	11.0
#执业医师和执业助理医师数	人	7247	10187	12423	12107	12345	12088	18258	20268	22936	13.1

表 86

长沙市环境污染及治理情况

	单位	1979 年	1985 年	1990 年	1995 年	2000 年	2005 年	2010 年	2012 年	2013 年
一、工业废水排放总量	万吨 / 年	5000	6394	13878	6298	5533	4065	4336	3777	4049
# 符合排放标准的	万吨 / 年	200	2342	10259	3804	4213	3562	3955	—	—
二、工业废气排放量	万标立方米 / 年	115000	839385	1411740	1890488	2624324	3078324	6269499	5470000	6233559
三、工业粉尘排放量	万吨 / 年	6	1.26	4.61	0.85	7.81	10.06	10.52	1.20	1.90
四、工业固体废物产生量	万吨 / 年	47	39.49	57.07	75.18	137.53	109.7	148.8	103.5	100.5
# 综合利用量	万吨 / 年	23.97	2.79	15.49	58.13	101.79	98.4	148.4	94.7	86.9
五、锅炉总数	台	666	1046	819	489	407	307	284	259	280
# 达标数	台	220	597	647	433	359	243	256	—	—
六、工业窑炉	台	670	683	578	395	465	222	219	116	108
# 达标数	台	73	91	288	271	232	117	151	—	—

注：从 2011 年起，工业粉尘排放量（去除量）指标已改成为工业烟粉尘排放量（去除量）。

表 87

长沙市城镇居民家庭生活调查主要指标

	单位	2013 年	2012 年
一、调查户数	户	532	550
家庭人口数	人	1591	1604
# 就业人口数	人	818	862
二、平均每户人口	人	2.99	2.91
平均每户就业人数	人	1.54	1.56
平均每一就业者负担人数	人	1.94	1.86
三、平均每人年实际收入	元	36094	32377
平均每人年可支配收入	元	33662	31044
四、平均每人年消费性支出	元	22346	19639
（1）食品	元	6589	7128
（2）衣着用品	元	1804	2254
（3）家庭设备用品及服务	元	1388	1297
（4）医疗保健	元	1255	882
（5）交通和通信	元	2990	2950
（6）娱乐、教育、文化服务	元	2499	2670
（7）居住	元	5415	1816
（8）杂项商品和服务	元	405	641

注：2012 年数据为城市居民统计范围，从 2013 年起，因统计方法制度改革，统计范围调整为城镇居民统计范围，与 2012 年数据不具有可比性。

表 88

农村住户调查主要指标

	单位	2013 年					2012 年
		全 市	# 望城区	长沙县	浏阳市	宁乡县	全市
一、调查户数	户	308	69	70	70	68	690
家庭常住人口	人	1091	258	255	260	218	[illegible]
平均每户人口	人	3.54	3.74	3.64	3.71	3.21	3.84
二、人均总收入	元	23612	24099	23544	28401	20858	20648
三、人均总支出	元	22658	22154	18578	26283	25331	15579

续表 88

	单位	2013 年					2012 年
		全 市	# 望城区	长沙县	浏阳市	宁乡县	全市
（一）消费支出	元	11586	11691	12420	11273	11289	10155
1. 食品	元	2845	2781	3192	2800	2548	3756
2. 衣着	元	793	784	587	802	698	694
3. 居住	元	3008	2750	4460	2561	2336	1628
4. 生活用品及服务	元	726	930	684	685	766	698
5. 交通通讯	元	2066	2141	1718	1318	3112	1591
6. 教育文化娱乐	元	1110	1208	1124	1256	1096	876
7. 医疗保健	元	866	902	508	1638	605	681
8. 其他用品和服务	元	171	195	148	212	129	232
（二）家庭经营费用支出	元	3423	1910	2493	7033	2590	3415
（三）其他支出	元						2009
农民人均可支配收入	元	19713	21462	20786	21035	17894	15057
农民人均纯收入	元						15763
四、年末人均住房建筑面积	平方米	61.97	61.30	70.63	43.87	74.04	62.57

注：因统计方法制度改革，2013 年统计数据与 2012 年数据不具有可比性。

表 89　　2013 年长沙市各种物价指数

以 2010 年为 100

	全市	# 市区		全市	# 市区
商品零售价格指数	101.7	101.2	十四、书报杂志及电子出版物	100.8	100.1
一、食品	104.2	104.0	十五、燃料	98.9	99.1
#1. 粮食	105.3	104.8	十六、建筑材料及五金电料	101.8	101.3
2. 油脂	102.9	102.0	居民消费价格总指数	102.6	102.8
3. 肉禽及其制品	104.4	104.7	服务项目价格指数	102.6	104.0
4. 水产品	103.8	105.0	一、食品	104.1	104.0
5. 菜	103.5	99.6	#1. 粮食	105.3	104.8
二、饮料、烟酒	103.7	101.5	2. 油脂	102.9	102.0
三、服装、鞋帽	102.4	102.3	3. 肉禽及其制品	104.4	104.7
四、纺织品	101.1	100.9	4. 水产品	103.8	105.0
五、家用电器及音像器材	99.3	99.7	5. 菜	103.5	99.6
六、文化办公用品	99.9	100.2			
七、日用品	100.6	100.3	二、烟酒及用品	104.3	101.1
八、体育娱乐用品	101.6	101.0	三、衣着	102.6	102.8
九、交通通信用品	98.0	96.6	四、家庭设备用品及维修服务	101.8	102.6
十、家具	102.4	103.8	五、医疗保健和个人用品	101.4	101.8
十一、化妆品	100.7	100.6	六、交通及通讯	100.0	99.3
十二、金银珠宝	92.3	92.4	七、娱乐教育文化用品及服务	102.2	102.9
十三、中西药品及医疗保健用品	102.4	102.5	八、居住	102.2	103.4

文件选编

责任编辑：陈晓红

《长沙市地名管理办法》

2012 年 11 月 26 日，长沙市人民政府第 54 次常务会议通过，本办法自 2013 年 5 月 1 日起施行。

第一章　总　则

第一条　为了加强地名管理，实现地名标准化、规范化，适应经济社会发展和人民生产生活需要，根据国务院《地名管理条例》及相关法律、法规，结合本市实际，制定本办法。

第二条　本市行政区域内地名的管理，适用本办法。

第三条　本办法所称地名，是指用作标示方位、地域范围的地理实体名称，包括：

（一）山、河、湖、岛、泉、洞、洲、湿地、水道、滩涂、地形区等自然地理实体名称；

（二）区县（市）、乡镇、街道等行政区划名称；

（三）村、社区、矿区、农林牧渔场等名称；

（四）小区、大厦、大楼、公寓、商厦、别墅等住宅区、建筑物名称；

（五）公路、港口、车站、机场、水库、闸坝、电站等专业设施名称；

（六）城市道路（含桥梁、隧道）等市政交通设施名称；

（七）广场、公园、纪念地、游览地、风景名胜、文物古迹、自然保护区、公共文化体育场馆等公共场所、设施名称；

（八）其他具有地名意义的名称。

第四条　市、区县（市）人民政府应当加强对地名管理工作的领导。

市民政部门负责全市地名管理工作，区县（市）民政部门具体负责辖区内的地名管理工作。

规划、住房城乡建设、公安、国土资源、交通运输、文化广电新闻出版、城管执法、工商、旅游、邮政等部门应当按照各自职责做好地名管理相关工作。

乡镇人民政府、街道办事处应当配合做好辖区内的地名管理工作。

第五条　地名管理工作经费和由政府有关部门负责设置、维护的地名标志管理经费列入同级财政预算，实行专款专用。

第二章　地名命名、更名与销名

第六条　地名的命名和更名，应当按照国家、省和本办法的规定办理。未经批准，任何单位和个人不得擅自对地名进行命名和更名。

对社会经济生活有重大影响的地名，一般不得更名。

第七条　地名的命名和更名应当符合下列规定：

（一）不得损害国家主权、领土完整、民族尊严和人民团结；

（二）符合城乡规划，反映当地历史、地理、文化和经济特征，尊重当地居民意愿，名实相符，含义健康；

（三）一般不以人名作地名，禁止用国家领导人的名字和外国人名、地名及其同音字、近音字作地名；

（四）用字规范，通俗易懂，避免使用生僻字。同类地名不得重名或者使用同音字、近音字以及形似字；

（五）专业设施的专名一般应当与所在地地名一致；

（六）符合有关法律、法规、规章和地名行政主管部门制定的规范。

第八条　自然地理实体的名称，除依法应当由国家、省或者上级有关部门批准的外，只涉及一个区县（市）的，由所在地乡镇人民政府、街道办事处提出申请，经区县（市）地名行政主管部门审核后，报同级人民政府批准；涉及两个以上区县（市）的，由有关区县（市）人民政府协商后共同提出申请，经市地名行政主管部门审核后，报市人民政府批准。

第九条　区县（市）、乡镇、街道的名称，按照国家、省有关规定报请批准。

第十条　村、社区的名称，由乡镇人民政府或者街道办事处向区、县（市）地名行政主管部门提出命名申请，经市地名行政主管部门核查后，由区县（市）地名行政主管部门批准。

矿区、农林牧渔场的名称，除依法应当由国家、省或者上级有关部门批准的外，由有关单位向其专业主管部门提出命名申请，经同级地名行政主管部门同意后，由专业主管部门审批。

第十一条　住宅区、建筑物的名称，管理单位或者建设单位在申请办理建设工程规划许可证或者乡村建设规划许可证前，应当向地名行政主管部门提出命名申请。市区范围内的，由市地名行政主管部门审核；县（市）范围内的，由县（市）地名行政主管部门审核。地名行政主管部门可以委托规划行政主管部门在办理相关证件时一并进行审核。

第十二条　专业设施和公共场所、设施的名称，除依法应当由国家、省或者上级有关部门批准的外，由有关单位向其专业主管部门提出命名申请，经同级地名行政主管部门同意后，由专业主管部门审批。

第十三条　城市道路（含桥梁、隧道）等市政交通设施的名称，除依法应当由国家、省或者上级有关部门批准的外，管理单位或者建设单位应当在办理建设工程规划许可证之前，向地名行政主管部门提出命名申请，经审核后报同级人民政府批准。市区范围内的，向市地名行政主管部门申请；县（市）范围内的，向县（市）地名行政主管部门申请。

第十四条　住宅区、建筑物的更名，由管理单位、建设单位或者业主向地名行政主管部门提出更名申请，其中有两户以上业主的，应当征得全体业主的同意。市区范围内的，由市地名行政主管部门审批；县（市）范围内的，由县（市）地名行政主管部门审批。

市政交通设施的更名，由管理单位或者建设单位向地名行政主管部门提出更名申请，经审核后报同级人民政府批准。市区范围内的，由市地名行政主管部门审批；县（市）范围内的，由县（市）地名行政主管部门审批。

其他地名的更名，按照地名命名的权限和程序办理。

第十五条　申请地名命名、更名的，应当提出书面申请，并填写地名命名、更名申请表。申请住宅区、建筑物命名、更名的，还应当提交建设用地规划许可证和经批准的规划总平面图。

地名的命名、更名，受理机关应当自受理申请之日起二十日内作出书面决定。市政交通设施及其他影响重大的地名命名、更名，受理机关应当向社会公开征求意见或者组织专家论证，并在六十日内作出书面决定。

第十六条　因行政区划变更、城乡建设、自然变化、地名更名等原因，原地名无存在必要的，由原地名命名、更名的批准机关予以注销。

第十七条　经批准命名、更名和予以注销的地名，批准机关应当自批准之日起十日内向社会公布。

第十八条　经专业主管部门、县（市）人民政府和区县（市）地名行政主管部门批准命名、更名和予以注销的地名，批准机关应当自批准之日起十五日内报市地名行政主管部门备案。

第十九条　市、县（市）地名行政主管部门应当建立地名档案和地名数据库，及时更新、公布地名信息。

地名行政主管部门与住房城乡建设、公安、规划、国土资源等部门应当及时互通基础信息，实现资源共享。

第二十条　地名一般不得有偿冠名，确需有偿冠名的，市、县（市）地名行政主管部门应当向社会公开征求意见，组织听证会、专家论证会，报市、县（市）人民政府批准。地名有偿冠名费纳入同级财政管理。

地名有偿冠名的具体办法，由市地名行政主管部门制定，报市人民政府批准后实施。

第三章　标准地名使用

第二十一条　符合地名管理规定，并依法批准的地名为标准地名。

本办法实施前已由市、县（市）地名行政主管部门编入地名工具书、仍在使用的地名，视为标准地名。

第二十二条　下列事项涉及地名的，应当使用标准地名：

（一）机关、部队、团体、企业、事业单位制发的公告、文件、文书、证照；

（二）公共场所、公共设施的地名标识；

（三）公交站点、轨道交通站点；

（四）报刊、广播、影视、互联网中的新闻用语；

（五）公开发行的地图和地名出版物；

（六）广告。

第二十三条　标准地名应当按照国家规范汉字书写。地名的罗马字母拼写，以国家规定的汉语拼音方案和拼写规则为标准。

第二十四条　市、区县（市）地名行政主管部门负责编纂本行政区域的标准地名出版物，向社会提供标准地名。

第四章　地名标志设置与管理

第二十五条　本办法第三条第（三）项至第（七）项所列地名，应当设置地名标志。其他地名，可以根据实际需要和环境条件设置地名标志。

地名标志的制作和设置应当符合国家标准及有关技术规范。地名标志上的地名，应当使用标准地名，并按规范书写汉字、标准汉语拼音。

建筑物地名确定后，应当编制门牌、楼牌号码。具体编排办法由市地名行政主管部门另行制定。

第二十六条　地名标志按照下列分工设置和管理：

（一）村、社区地名标志由乡镇人民政府、街道办事处负责；

（二）城市道路（含桥梁、隧道）等市政交通设施的地名标志由市、县（市）人民政府确定的部门负责；

（三）其他地名标志按照管理权限由管理单位、建设单位或者产权人负责。

地名标志的设置或者管理单位应当及时修缮、更新地名标志，保持地名标志的完好。

第二十七条　本办法第三条第（四）项至第（六）项和第（七）项中广场、公园、公共文化体育场馆的地名标志，应当在工程竣工时设置完成，并纳入建设工程综合验收。

其他地名标志应当自地名批准之日起六十日内设置完成。

第二十八条　地名行政主管部门发现有下列情形之一的，应当及时通知地名标志的设置或者管理单位，设置或者管理单位应当自接到通知之日起六十日内完成地名标志的设置、维护或者更换：

（一）应当设置而未设置地名标志的；

（二）不符合国家标准及有关技术规范的；

（三）已更名和予以注销的地名，地名标志未改变的；

（四）地名标志破损、字迹不清或者残缺不全的；

（五）设置位置不当的。

第二十九条　任何单位和个人不得涂改、污损、遮挡、覆盖地名标志。

需要移动、拆除地名标志的，应当经地名标志管理单位同意，并按管理权限报地名行政主管部门备案。

第五章　历史地名保护

第三十条　区县（市）地名行政主管部门应当对辖区内的历史地名进行普查，建立历史地名档案。

市地名行政主管部门应当建立历史地名评价体系，制定历史地名保护名录，报市人民政府批准后公布。

第三十一条　历史地名保护应当坚持使用为主、注重传承的原则，与历史文化名城保护规划相结合。

第三十二条　列入历史地名保护名录且仍在使用的地名不得更名。

列入历史地名保护名录且未使用的地名，应当采取挂牌、立碑等措施加以保护。

第三十三条　对列入历史地名保护名录的地名涉及的地理实体，需要进行拆除或者迁移的，除依法办理有关手续外，市、县（市）建设行政主管部门还应当会同同级地名行政主管部门制定地名保护方案。

第六章　法律责任

第三十四条　违反本办法第二十二条规定，未使用标准地名的，由地名行政主管部门责令限期改正，并可处以五百元以上一千元以下罚款。

第三十五条　违反本办法第二十三条规定，未按规定书写、拼写标准地名的，由地名行政主管部门责令限期改正，并可处以五百元以上一千元以下罚款。

第三十六条　违反本办法第二十九条规定，涂改、污损、遮挡、覆盖和未经地名标志管理单位同意移动、拆除地名标志的，由地名行政主管部门责令限期恢复原状，并可处以五百元以上一千元以下罚款；造成损失的，依法予以赔偿。

第三十七条　地名行政主管部门和其他有关行政主管部门的工作人员在地名管理工作中玩忽职守、滥用职权、徇私舞弊的，依法给予行政处分。

第七章　附　则

第三十八条　本办法自2013年5月1日起施行。

《长沙市炭河里遗址保护条例》

2013年6月26日，长沙市第十四届人民代表大会常务委员会第五次会议通过，
2013年7月25日，湖南省第十二届人民代表大会常务委员会第三次会议批准

第一章　总　则

第一条　为了加强对炭河里遗址的保护，继承和弘扬优秀历史文化，发挥文化遗产在经济社会发展中的作用，根据《中华人民共和国文物保护法》《中华人民共和国文物保护法实施条例》等法律、法规，结合本市实际，制定本条例。

第二条　炭河里遗址的保护适用本条例。

本条例所称炭河里遗址，是指位于长沙市宁乡县境内被公布为全国重点文物保护单位的西周时期大型建筑（宫殿）遗址以及重要青铜器出土地点。

第三条　炭河里遗址保护应当贯彻国家文物工作方针，坚持保护历史文化遗产与促进经济社会发展相结合的原则，确保炭河里遗址及其历史风貌和自然环境的真实性、完整性。

第四条　长沙市人民政府对炭河里遗址保护工作实行统一领导。宁乡县人民政府组织实施本条例。

长沙市人民政府、宁乡县人民政府应当将炭河里遗址的保护列入本市、县国民经济和社会发展规划。

炭河里遗址所在地的镇人民政府应当在职责范围内依法做好遗址的保护工作。

第五条　文物行政管理部门对炭河里遗址的保护依法实施监督管理。

城乡规划、住房和城乡建设、国土、水务、旅游、公安、环保、交通等行政管理部门和沩山风景名胜区管理机构，应当按照各自的职责共同做好炭河里遗址的保护工作。

黄材水库灌区管理机构在其水库、灌区管理和建设中应当做好炭河里遗址的保护工作。

宁乡县人民政府设立的炭河里遗址保护管理机构具体负责遗址的日常保护和管理工作。文物行政管理部门可以依法委托炭河里遗址保护管理机构行使与遗址保护有关的行政管理职能。

第六条 长沙市人民政府、宁乡县人民政府应当将炭河里遗址保护经费列入本级财政预算。

鼓励国内外社会力量捐助炭河里遗址保护事业。捐助资金应当用于炭河里遗址的保护，并接受财政、审计部门和捐助人的监督。

第七条 文物行政管理部门应当加强对炭河里文化的挖掘、整理、研究和宣传。

第八条 炭河里遗址所在地的村（居）民委员会应当协助市、县、镇人民政府和相关部门做好遗址的保护管理工作。

任何单位和个人都有依法保护炭河里遗址的义务，有权劝阻和检举破坏炭河里遗址的行为。

第九条 长沙市人民政府、宁乡县人民政府和有关部门对在炭河里遗址保护工作中有突出贡献的单位和个人，应当给予表彰或者奖励。

第二章 规 划 保 护

第十条 长沙市人民政府应当将炭河里遗址保护总体规划纳入长沙市历史文化名城保护专项规划。炭河里遗址保护总体规划由宁乡县人民政府负责组织编制。

第十一条 炭河里遗址保护管理机构应当根据保护总体规划及时组织编制专项保护方案，并按法定程序报批。

专项保护方案应当纳入城乡建设的详细规划。

第十二条 编制、修订遗址保护总体规划及遗址专项保护方案，应当广泛听取社会各界的意见，组织专家论证。

第十三条 任何单位和个人不得擅自修改、变更已经批准的保护总体规划及专项保护方案。保护总体规划及专项保护方案如需调整或者变更，应当按原批准程序报批。

第十四条 文物、城乡规划、住房和城乡建设、国土、水务、旅游、环保等行政管理部门和沩山风景名胜区管理机构应当在职责范围内，按照炭河里遗址保护总体规划及专项保护方案，加强对与炭河里遗址保护有关的建设工程的监督和对违法行为的查处。

第三章 分 层 次 保 护

第十五条 对炭河里遗址按照划定的保护范围及建设控制地带实行分层次保护。

炭河里遗址保护范围：东至大屋院子西侧生产路南北延伸；南至灰黄公路；西至黄材水库支渠；北至黄材渠。

炭河里遗址保护范围外划定建设控制地带：东至石狮村新屋组；南至胜溪村石门冲；西至黄材水库引水坝；北至栗山村宋家组。

炭河里遗址保护范围及建设控制地带的具体界线以省人民政府公布的《炭河里遗址保护总体规划》为准。

炭河里遗址保护范围及建设控制地带界线根据考古发现或者研究成果需要进行调整时，应当依照法定程序报批。

第十六条 炭河里遗址保护范围及建设控制地带内的保护对象包括：

（一）宫殿遗址、城墙遗址、城壕遗址、墓葬区及其他珍贵文物出土点等不可移动文物；

（二）青铜器、陶器等地下埋藏文物或者馆藏的可移动文物；

三）遗址的历史风貌和自然环境；

（四）其他需要保护的历史文化遗产。

第十七条 炭河里遗址保护管理机构应当在遗址保护范围及建设控制地带设立保护标志和界桩，并保持其完好。

第十八条 在炭河里遗址保护范围内禁止下列行为：

（一）非法采集文物；

（二）在文物或者保护设施上涂污、刻划、张贴、攀登；

（三）存放易燃、易爆、放射性、腐蚀性等危害遗址安全的物品；

（四）擅自移动、拆除、损坏保护标志、界桩和其他文物保护设施；

（五）违规倾倒、堆放垃圾或者排放污水；

（六）采沙、采石、打井，违规取土、挖建沟渠池塘、深翻土地等改变地貌环境的行为；

（七）破坏植被或者违规砍伐林木；

（八）其他有损于遗址保护的行为。

第十九条 炭河里遗址保护范围内，不得进行与炭河里遗址保护无关的建设工程或者爆破、钻探、挖掘等作业。但是，因特殊情况需要进行其他建设工程或者爆破、钻探、挖掘等作业的，必须依法履行报批手续。

第二十条 在炭河里遗址建设控制地带内进行农田水利、道路交通、建筑物、构筑物等工程建设，应当符合炭河里遗址保护总体规划，不得破坏炭河里遗址历史风貌，其工程设计方案应当征求炭河里遗址保护管理机构的意见，并依法履行报批手续。

第二十一条 炭河里遗址保护范围及建设控制地带内，不得建设危害文物安全、破坏遗址历史风貌或者污染遗址及其环境的设施。

对已有的危害文物安全、破坏遗址历史风貌或者污染遗址及其环境的设施，宁乡县人民政府应当责令限期治理或者迁出。

第二十二条 炭河里遗址保护范围及建设控制地带内，禁止审批不符合炭河里遗址保护总体规划的建设工程。

对炭河里遗址保护范围内原有村（居）民，应当按照保护总体规划逐步迁出。炭河里遗址建设控制地带内原有村（居）民住宅不符合保护总体规划的，应当按照保护总体规划的要求进行修缮或者改造，并逐步调整至与炭河里遗址风貌相协调。

按照炭河里遗址保护总体规划逐步迁出村（居）民、组织修缮或者改造村（居）民住宅的，宁乡县人民政府应当予以补偿、补助。

对炭河里遗址建设控制地带外相邻的新建、改建、扩建建筑的风格，当地人民政府应当引导其与炭河里遗址保护总体规划范围内的建筑风格相协调。

第二十三条 炭河里遗址保护范围及建设控制地带内的水系、农田、植被、山体等地貌环境不得随意改变。

炭河里遗址保护管理机构应当对遗址及其地貌环境定期进行监测，并将有关情况记录存档，发现险情，应当及时报告，并采取抢救措施。

水务行政管理部门和黄材水库灌区管理机构应当加强对河道、水库的监测，采取有效措施预防水流环境对遗址本体的影响。

第二十四条 炭河里遗址保护管理机构应当建立文物保护工作制度，按照国家规定对遗址及遗址博物馆配备消防、技防、防雷等安全防范设施设备。

第二十五条 在炭河里遗址保护范围及建设控制地带内，任何单位或者个人发现文物，应当保护现场，并立即报告炭河里遗址保护管理机构或其他相关部门。

依照前款规定发现的文物属于国家所有，任何单位或者个人不得哄抢、私分、藏匿。

第四章 考古发掘与展示利用

第二十六条 在炭河里遗址保护范围及建设控制地带内进行考古调查和文物标本采集的，应当征求炭河里遗址保护管理机构的意见，并依法履行报批手续。

第二十七条 炭河里遗址保护范围及建设控制地带内的建设工程，应当事先在工程所涉区域进行考古勘探。

发现重要遗迹的，应当实施原址保护；建设项目影响遗迹原址保护的，应当另行选址。

第二十八条 从事考古发掘的单位对炭河里遗址进行考古发掘的，应当会同炭河里遗址保护管理机构制定发掘计划，并依法履行报批手续。

第二十九条 炭河里遗址保护管理机构应当加强对炭河里遗址流散文物的征集、收藏。

对炭河里遗址考古发掘出土的文物，炭河里遗址保护管理机构应当向文物行政管理部门申请指定收藏。

第三十条 长沙市人民政府、宁乡县人民政府应当组织建设遗址博物馆等设施，展示炭河里文化。

第三十一条 在炭河里遗址保护范围及建设控制地带内从事旅游或者其他经营活动，应当符合炭河里遗址保护总体规划，并遵守炭河里遗址保护管理机构的相关规定。

第三十二条 炭河里遗址保护管理机构应当加强对炭河里遗址的知识产权保护。

第五章 法律责任

第三十三条 相关行政机关、炭河里遗址保护管理机构及其工作人员在炭河里遗址保护管理工作中，违反本条例规定，有下列行为之一的，对负有责任的主管人员和其他直接责任人员依法给予行政处分：

（一）不依照遗址保护总体规划和专项保护方案实施遗址保护的；

（二）在遗址保护范围及建设控制地带内违规批准宅基地的；

（三）违规批准改变遗址保护范围及建设控制地带内水系、植被、山体等地貌环境的；

（四）违规批准从事旅游或者其他经营活动的；

（五）其他滥用职权、玩忽职守、徇私舞弊的。

第三十四条 违反本条例第十八条第（二）项规定，涂污、刻划或者损坏文物尚不严重的，由炭河里遗址保护管理机构或者公安机关给予警告，可并处二百元罚款。

第三十五条 违反本条例第十九条规定，擅自在炭河里遗址保护范围内进行建设工程或者爆破、钻探、挖掘等作业的，由文物行政主管部门责令改正，造成严重后果的，处五万元以上五十万元以下罚款。

第三十六条 违反本条例第二十条、第二十六条规定，未征求炭河里遗址保护管理机构意见的，由市文物行政管理部门责令改正。

第三十七条 违反本条例第三十一条规定，扰乱炭河里遗址保护范围及建设控制地带内经营管理秩序的，由相关行政管理部门或机构责令改正，拒不改正的，依法给予处罚。

第三十八条 违反本条例其他规定，相关法律、法规已规定法律责任的，依法追究法律责任。

第六章 附则

第三十九条 本条例自 2013 年 10 月 1 日起施行。

《长沙市计划生育奖励扶助办法》

2013 年 8 月 16 日，市长办公会议通过

第一条 为了全面贯彻实施人口与计划生育法律法规，维护群众实行计划生育的合法权益，建立和完善计划生育利益导向机制，鼓励和引导群众自觉实行计划生育，稳定低生育水平，促进人口与经济社会协调、可持续发展，依据《中华人民共和国人口与计划生育法》《湖南省人口与计划生育条例》（以下称《条例》）的规定，结合本市实际，制定本办法。

第二条 本办法适用于户籍或者居住地在本市行政区域内的公民以及本市行政区域内的国家机关、企事业单位和其他组织。

第三条 各级人民政府负责建立健全本行政区域内计划生育利益导向机制；

各级人民政府计划生育行政部门负责计划生育利益导向政策落实的日常工作；

各级人民政府其他有关部门应当按照本办法规定履行其职责。

第四条 符合下列条件之一，年龄在育龄期内（夫妻双方申请的，女方年龄在49周岁以内；单方申请的，女性年龄在49周岁以内，男性年龄在60周岁以内），夫妻双方或者符合规定的一方自愿提出申请的，可以申领“独生子女父母光荣证”：

（一）夫妻双方只生育一个子女或只依法收养一个子女的；

（二）没有结婚的公民只依法收养一个子女，自愿不再结婚生育或收养子女的；

（三）原合法生育或收养两个以上子女，其中一个或两个以上子女死亡，现只存活一个子女的；

（四）非婚生育一个子女后，办理了结婚证，按规定缴纳了社会抚养费，不再生育也没有收养子女的；

（五）离婚前只生育或只依法收养一个子女，但没有申领“独生子女父母光荣证”，离婚后不再结婚生育也未收养子女的，可以单方申领；

（六）离婚前只生育或只依法收养一个子女，但没有申领“独生子女父母光荣证”，离婚后与无子女者结婚，不再生育也未收养子女的，再婚夫妻双方均可以申领；

（七）再婚夫妻双方各只生育或只依法收养一个子女，再婚后未再生育或者收养子女的，双方均可以申领；但双方均直接抚养子女的，均不得申领；

（八）一方再婚前只生育或只依法收养一个子女，但没有直接抚养，另一方无子女的，依法再生育一个子女后，初育一方可以单方申领。

第五条 独生子女保健费。领取“独生子女父母光荣证”的对象，从领证之月起到子女14周岁止，每月发给10元至20元的独生子女保健费。夫妻双方有工作单位的，由双方单位各支付50%；一方有工作单位，另一方无工作单位的，由有工作单位的一方工作单位支付；夫妻双方均无工作单位的由户籍所在地乡（镇）人民政府或街道办事处支付。

单方申领“独生子女父母光荣证”的，按独生子女保健费标准的50%发放。

第六条 放弃再生育奖励。符合《条例》规定可以再生育子女的夫妻，其女方年龄在40周岁以上、49周岁以内且男方年龄在60周岁以内的，提出自愿不再生育的申请，经审查属实可以享受我市放弃再生育奖励政策，按下列标准给予一次性奖励：农村居民每户不低于1000元、城镇居民每户不低于2000元。

第七条 城市低保户部分计划生育家庭奖励扶助。夫妻双方或一方为我市城镇居民，1933年1月1日（含本日）后出生，到奖励的上年度12月31日之前年满60周岁，1973年以来没有违反计划生育法规和政策规定生育，终身只生育或只依法收养一个子女或终身未生育的，上年度在我市享受了城镇居民最低生活保障的对象，经审查属实可以享受我市城市低保户计划生育家庭奖励扶助政策，按每人每月不低于50元的标准给予奖励扶助。

第八条 城镇独生子女父母奖励。夫妻双方或一方为我市城镇居民，持有有效“独生子女证”或“独生子女父母光荣证”或终生未生育也未收养子女，达到省人民政府规定的年龄时，可以享受城镇独生子女父母奖励政策。奖励标准按省人民政府规定执行。

第九条 农村部分计划生育家庭奖励扶助。夫妻双方或一方为我市农村居民，1933年1月1日以后出生且年满60周岁，1973年以来没有违反计划生育法规和政策规定生育子女，同时存活子女数从未超过两个，现存一个子女或两个女孩或子女死亡现无子女，经审查属实可以享受农村部分计划生育家庭奖励扶助政策，按每人每年不低于960元的标准给予奖励扶助。

第十条 计划生育家庭特别扶助。具有我市户籍的公民，1933年1月1日以后出生且女方年满49周岁的夫妻（离婚或丧偶现无配偶的，本人年满49周岁），只生育一个子女或合法收养一个子女，现无存活子女，或现存一个子女且该子女被依法鉴定为三级以上残疾（含三级）并持有中国残联统一制发的“中华人民共和国残疾人证”，经审核属实，可以享受计划生育家庭特别扶助政策。

特别扶助标准：独生子女伤残家庭、死亡家庭的扶助对象，年满49周岁且未满60周岁的，分别为每人220元/月、270元/月；年满60周岁的均为每人400元/月。

第十一条 实行计划生育手术并发症人员扶助制度。经县级以上计划生育手术并发症专家组鉴定为计划生育手术并发症的人员，均可享受定点免费对症治疗和资金扶助。政府发放扶助金的标准为：一级乙等每人7200元/年，二级每人4800元/年，三级每人2400元/年。

第十二条 符合政策生育医疗费用补助。参加了长沙市基本医疗保险的城乡居民，符合计划生育政策规定生育子女的，其生育医疗费用给予一次性补助，最高补助标准1000元；对符合规定的产前检查费用给予一次性补助，最高补助标准300元。已享受农村孕产妇医疗补助的，补足未达到补助标准的差额部分。

第十三条 实行计划生育的育龄夫妻（含本市户籍人口、纳入本市人口计生部门管理的常住人口和流动人口）可免费享受下列项目的计划生育技术服务：

（一）凡符合法定生育条件、计划怀孕的夫妇，每孩次享受一次免费孕前优生健康检查；

（二）符合政策要求生育的夫妻，其亲生子女或夫妻一方自身有致残性出生缺陷或女方年满35周岁的，待孕或怀孕在20周以内的，可以免费接受出生缺陷干预检测；

（三）育龄夫妻可在户籍地或现居住地的乡（镇）、街道计划生育技术服务定点机构免费接受基本项目的计划生育技术服务；在计划生育技术服务定点机构以外的医疗保健机构接受基本项目的服务费用，可按省规定的标准到户籍所在地（非本市户籍纳入管理的常住人口和流动人口到现居住地）乡（镇）人民政府或街道办事处报销；

（四）单位职工接受基本项目的计划生育技术服务费用，按《湖南省城镇职工生育保险办法》规定执行。

第十四条 农村实行计划生育的独生子女家庭凭有效的《独生子女证》或《独生子女父母光荣证》享受以下优惠政策：

（一）集体经济组织分配集体经济收益和征地补偿费时对有权参与分配的独生子女家庭增加一人份额；

（二）在农村集体土地征地补偿安置中，被征地农民的独生子女家庭可凭经区县（市）人口计生行政部门审核有效的“独生子女父母光荣证”或“独生子女证”增加一人份额。具体补偿安置标准按本市征地补偿安置有关规定执行；

（三）在划分村民住宅建设用地时，独生子女家庭每户可以增加20平方米用地面积。具体标准按本市村民住宅建设用地管理有关规定执行。

第十五条　农村居民实行计划生育享受的其他优惠政策：

（一）有条件的地方，可以通过居（村）民代表会议制定对独生子女入托、入园、就学、就医等给予补助和对独生子女及其父母在扶持生产、帮助就业等方面给予照顾的规定；

（二）有条件的地方，对生育一个子女或两个女孩后落实了绝育措施的夫妻，可以采取政府、集体、个人共同出资的形式，为其办理养老保险；

（三）各级人民政府及有关部门对实行计划生育的家庭在开展小额贷款、项目开发、科技扶持、以工代赈、扶贫助教和社会救济等方面给予优待。

第十六条　单位职工实行计划生育享受的其他优惠政策：

（一）男女双方系初婚，男方在25周岁以上、女方在23周岁以上结婚为晚婚，增加婚假12天；

（二）已婚妇女24周岁以上或者实行晚婚后怀孕生育第一个子女为晚育，增加产假30天，视为出勤；

（三）产假期间申领“独生子女父母光荣证”的产妇增加产假30天，丈夫休护理假15天，视为出勤；

（四）有条件的单位，可以通过职代会制定对独生子女入园、入学、就医等方面给予补助的标准；

（五）接受计划生育手术，享有下列规定的休假待遇，按规定休假期间，视为出勤：

1、放置宫内节育器，自手术日起休息2天，重体力劳动者，术后一周内不从事重体力劳动；

2、取宫内节育器，当日休息1天；

3、输精管结扎，休息7天；

4、单纯输卵管结扎，休息21天；

5、怀孕不满4个月流产，休息15天；

6、怀孕4个月及以上流产的，休息42天；

7、产后结扎输卵管，按产假另加21天；

8、同时施行两种节育手术的，可以合并计算假期。

上述规定，如遇特殊情况，由医生决定。

第十七条　计划生育奖励扶助违约退还机制：

领取“独生子女证”或“独生子女父母光荣证”后再生育子女的，注销其“独生子女证”或“独生子女父母光荣证”，停止其一切优待。已领取的奖金、奖励扶助金、独生子女保健费以及多分配的集体经济收益、征地补偿费、征地补偿安置优惠等，必须全部退还。区县（市）人民政府根据本地实际，制定具体办法。

第十八条　执行监督和责任追究规定：

（一）奖励扶助政策落实到位情况纳入人口与计划生育目标管理责任制，实行年度目标管理考核。对执行中出现重大问题、造成社会影响的，追究主要负责人及相关部门的责任，实行一票否决；

（二）村（居）委会和相关单位应当将奖扶政策、奖扶对象、标准和奖扶费发放情况张榜公布，接受监督；

（三）骗取、虚报、冒领、克扣、贪污、挪用、挤占奖励扶助资金的单位和个人，一经发现，按有关法律法规严肃查处；

（四）县级以上人民政府计划生育、财政、审计、监察等部门，应当加强对奖励扶助政策落实情况的监督检查。

第十九条　本办法中所涉及的奖励扶助标准，以后国家或省、市有提高的，均按新标准执行。

第二十条　本办法从2013年11月1日起实施。

附　录

责任编辑：刘盼盼

附录一：长沙市主要单位、场所地址、电话及乘车指南

表 1　政府机关

名　称	地　址	电　话	公交站点
中共湖南省委	韶山路 1 号	82217256	袁家岭
省政府	湘府西路 8 号	85990001	省政府、省政府西门、天心区政府
省政府二院	五一大道	85990001	乔庄、浏城桥
市委、市政府	岳麓大道 189 号	88665000	市委、市政府、市政府南
芙蓉区政府	人民东路 189 号	84683088	芙蓉区政府、芙蓉区政府东
天心区政府	湘府中路	85899000	天心区政府、省政府
岳麓区政府	金星北路一段 517 号	88999998	岳麓区政府、岳麓区政府北
开福区政府	芙蓉北路	84558022	开福区政府
雨花区政府	雨花区机关大院	85880049	雨花区政府北、雨花区政府南、雨花区政府西
望城区政府	高塘岭镇雷锋东路	88062229	望城区政府
长沙县政府	星沙镇开元中路	84012217	长沙县政府、长沙县政府宿舍
浏阳市政府	浏阳市行政中心	83611981	行政中心
宁乡县政府	宁乡县行政中心	88980611	宁乡县政府

表 2　公　园

名　称	地　址	电　话	公交站点
岳麓区风景名胜区	河西岳麓山	88825011	岳麓山西、岳麓山北
岳麓书院	河西湖南大学内	88822316	岳麓山南
橘子洲景区	橘子洲头 2 号	88882152	橘子洲景区、橘子洲公园
新民学会旧址	新民路周家巷	88883401	新民学会旧址、市四医院
长沙世界之窗	金鹰影视文化城	84256989	世界之窗
长沙海底世界	金鹰影视文化城	84256002	海底世界、世界之窗
省博物馆	东风路 50 号	84535566	省博物馆
天心阁	天心路 4 号	85155379	天心阁、天心阁西门
雷锋纪念馆	望城县雷锋镇	88165506	雷锋汽车站
省森林植物园	雨花区洞井铺	85592074	省植物园、省植物园北

续表 2

名　称	地　址	电　话	公交站点
第一师范	书院路 356 号	85157430	第一师范
开福寺	开福寺路	84485300	开福寺、开福寺西
贾谊故居	太平街 19 号	82272799	贾谊故居
市博物馆	八一路 538 号清水塘	82224385	清水塘（军区医院）
湘绣博物馆	车站北路 39 号	82291061	五里牌
长沙简牍博物馆	天心阁东侧	85425666	城南路口
长沙生态动物园	长沙县暮云镇	84516959	长沙生态动物园
烈士公园	营盘东路	84556766	烈士公园南门、烈士公园西门、烈士公园东门、烈士公园北门
南郊公园	南二环二段 442 号	85418229	南郊公园
晓园公园	五一大道	82299350	长沙火车站、晓园路
王陵公园	咸嘉湖路 6 号	88806592	王陵公园
紫凤公园	开福区新河路 69 号	84480850	银盆岭大桥东
桂花公园	雨花区桂花路 97 号	84222321	桂花公园
喜乐地卡通公园	万家丽中路三段 59 号	82885588	喜乐地卡通公园
挪亚游轮	湘春路口风帆广场	88978887	湘春路西口
摩天轮	贺龙体育中心东北角	85157270	侯家塘北

表 3　医　院

名　称	地　址	电　话	公交站点
中南大学湘雅三医院	桐梓坡路 138 号	88638888	湘雅三医院
中南大学湘雅二医院	人民中路 139 号	85295888	湘雅二医院、窑岭北
中南大学湘雅医院	湘雅路 87 号	84328888	湘雅医院、湘雅路口、湘雅
省幼保健院	湘春路 53 号	84332201	省妇幼、湖南日报、兴汉门
解放军 163 医院	洪山桥 1 号	84184114	163 医院、洪山桥
省人民医院	解放西路 61 号	82278071	柑子园、兢才修业学校（柑子园西）
省第二人民医院	芙蓉中路三段 427 号	85232209	麻园塘
省马王堆医院	古汉路 89 号	86682746	马王堆医院、马王堆医院南
省肿瘤医院	桐梓坡路 283 号	88651670	省肿瘤医院
省儿童医院	梓园路 86 号	85600908	省儿童医院
湖南中医药大学第一附属医院	韶山中路 95 号	85600737	省中医附一院（东塘南）
省中医院	蔡锷北路 233 号	84917729	省中医院（营盘街）
省中医药研究院附属医院	麓山路 58 号	88883684	溁湾镇
市一医院	营盘路 311 号	84910097	市一医院（三公里）、松桂园
市中心医院	韶山南路 161 号	85668156	长沙市中心医院
市三医院	劳动西路 176 号	85171604	仰天湖、燕子岭
市四医院	麓山路 70 号	88850522	市四医院
省结核病院	岳麓山咸嘉湖 519 号	88867680	省结核病院（省肺科医院）、咸嘉湖

续表 3

名 称	地 址	电 话	公交站点
省军区机关医院	八一路 473 号	84570564	清水塘（军区医院）
湖南航天医院	枫林三路 189 号	88815318	湖南航天医院
市中医院	长沙星沙大道 22 号	85259000	管委会
市妇幼保健院	城南东路 416 号	84136959	长岭
市精神医院	香樟路 62 号	85585069	香樟路
长沙口腔医院	五一广场东南角	84430241	牛耳教育（南阳街口）
湖湘中医肿瘤医院	枫林二路 220 号	88882827	湖湘中医肿瘤医院
省武警医院	河西高叶塘	88883318	高叶塘

表 4 学 校

名 称	地 址	电 话	公交站点
中南大学	麓山南路 932 号	88876114	中南大学
中南大学铁道学院	韶山南路 154 号	82655311	铁道学院
长沙理工大学	万家丽南路二段 960 号	85258110	长沙理工大学（云塘校区）
长沙理工大学城南学院	赤岭路 45 号	85258110	长沙理工大学
湖南大学	麓山南路	88822712	湖南大学
湖南大学北校区	石佳冲 6 号	88684847	望麓桥
湖南师范大学	麓山路 270 号	88886796	湖南师大
国防科学技术大学	开福区四方坪	84575601	国防科大
中南林业科技大学	韶山南路 498 号	85623096	林科大
湖南农业大学	芙蓉区	84618001	湖南农大
湖南中医药大学	含浦科教园	88458000	湖南中医药大学
湖南财经高等专科学校	枫林二路 139 号	88811789	湖南财专
湖南涉外经济学院	长沙国家高新区麓谷园	88101451	涉外经济学院
湖南科技职业学院	井湾路 784 号	82861000	科技职院
湖南第一师范学院	枫林三路 1015 号	88228210	一师范
湖南商学院	岳麓大道 569 号	88689016	商学院
湖南公安高等专科学校	远大三路 9 号	82791600	螺丝塘
湖南女子大学	中意一路 160 号	82825012	湖南女子大学南院（红星村南）
湖南大众传媒职业技术学院	星沙特立路 5 号	85602472	大众传媒学院
长沙医学院	望城县雷锋大道 9 公里	88498888	长沙医学院
长沙学院	洪山路 98 号	84261436	长沙大学、洪山桥
长沙职业技术学院	湖南长沙市岳麓区雷锋镇正兴路 157 号	88105152	长沙职业技术学院
长沙商贸旅游职业技术学院	长沙市雨花区圭白路 16 号	89768687	林科大
长沙卫生职业学院	长沙市星沙经济技术开发区明月路 39 号	84015904	长沙卫生职业学院
长沙教育学院	长沙市望月湖	88615438	望月湖

续表 4

名 称	地 址	电 话	公交站点
长沙广播电视大学	长沙市蔡锷中路顺星桥 48 号	82684088	先锋厅
长沙南方职业学院	长沙市岳麓区大学城含浦科教园	88120011	南方职院
湖南外国语职业学院	湖南长沙市中意路 324 号	82646629	高升村南
湖南电子科技职业学院	长沙高新技术开发区	88379009	湖南电子科技学院
长沙民政职业技术学院	香樟路 22 号	82763288	北冲水库
长沙市一中	清水塘路 81 号	82222131	长沙市一中
长郡中学	黄兴南路 309 号	85287900	长郡中学、长郡中学新校区
雅礼中学	劳动西路 428 号	85530930	雅礼中学
省地质中学	人民中路 168 号	85164239	地质中学
湖南师大附中	桃子湖路 48 号	88838131	湖南师大
周南中学	金霞大道	88492058	周南中学
明德中学	天心区新韶西路豹子岭	88237428	湘春路西口
田家炳中学	火星镇	84662828	田家炳中学
长沙外国语学院	左家塘	88856428	左家塘

附录二：长沙市便民热线电话

表 5 报警·求助

火警	119
匪警	110
交通事故报警	122
医疗急救	120
高速公路报警	12122
湖南大学	麓山南路

表 6 生活·服务

号码百事通	118114
天气预报	12121
消费者投诉	12315
旅游投诉	85810110
旅游预定	88660731
环保投诉	84119262
出租车	84803488
群众信访	82223115
公共交通	84303488
武广高铁订票	95105105
交通违法	952116
车辆救助	85670888
城管救助	88665110

表 7 金融·保险

金融保险	95516
中国银行	95566
农业银行	95599
工商银行	95588
建设银行	95533
交通银行	95559
长沙银行	96511
招商银行	95555
兴业银行	95561
农村合作银行	96518
中信银行	95558
光大银行	95595
浦发银行	95528
民生银行	95568
中国人民保险	95518
中国人寿保险	95519
中国平安保险	95511
中国太平洋保险	95500
新华人寿保险	95567

表 8　　新闻·媒体

新华社湖南分社	82684512
《湖南日报》	84312999
《长沙晚报》	96333
《潇湘晨报》	96360
湖南电视台	84801141
湖南经视台	84802802
长沙电视台	85155555
湖南交通频道	85521111
星沙之声	82777001

表 9　　邮政·电信

中国电信	10000
中国移动	10086
中国网通	10060
中国联通	10010
中国邮政	11185

附录三：长沙市长途客运站

表 10

名　称	地　址	电　话	发车方向	公共站点
汽车南站	中意一路 643 号	0731-82805051	开往省内湘潭、株洲、衡阳、郴州、永州、娄底、邵阳、怀化，省外北京、上海、安徽、浙江、广州、广西、福建、河南、陕西等地班次	汽车南站
汽车西站	长沙市岳麓区望城坡	0731-82857676	开往省内益阳、常德、张家界、湘西吉首、怀化、娄底，省外江西、湖北、广东等地班次	汽车西站
汽车东站	长沙市远大一路	0731-84611731	开往省内岳阳、平江、益阳、浏阳，省外上海，江西、安徽、浙江、湖北、江苏、广东、福建、山东等地班次	汽车东站
汽车北站	开福区芙蓉北路	0731-84806463	开往省内湘阴、望城、长沙县等地班次	汽车北站
长株潭汽车站	长沙火车站友谊阿波罗商业广场南边	0731-82280212	开往省内株洲、湘潭，省外浙江杭州等地班次	长沙火车站
黎托高速汽车站	长沙火车南站一楼南侧		开往省内益阳、常德、张家界、吉首、怀化等地班次	长沙火车南站

附录四：长沙黄花机场大巴时刻表

表 11

	序号	线　路	停靠站点	运营时间	咨询号码
区线	1	黄花机场—民航大酒店	1. 高桥南大门 2. 民航大酒店（火车站旁边）	首班：以航班到达为准 末班：最后一个航班到达时间 其他班次间隔时间不超过二十分钟	0731-84798076
		民航大酒店—黄花机场	黄花机场（A 楼出发厅前坪）	首班：06：00 末班：22:00 其他班次间隔 15 分钟	0731-84129201
	2	黄花机场—汽车南站（经停武广）	1. 武广长沙南站 2. 汽车南站	首班：09:00 末班：17：30 其他班次间隔 30 分钟	0731-84798076
		汽车南站—黄花机场	黄花机场（A 楼出发厅前坪）	首班：09：00 第二班：10:00 末班：18：10 其他班次间隔 30 分钟	0731-85224349
	3	黄花机场—贺龙体育场（火炬塔）	贺龙体育场（大蓉和酒店）	首班：09：00 末班：23：00 其他班次间隔 1 小时	0731-84798076
		贺龙体育场—黄花机场	黄花机场（A 楼出发厅前坪）	首班：07：00 末班：21：00 其他班次间隔 1 小时	0731-84219268

续表 11

	序号	线　路	停靠站点	运营时间	咨询号码
地际市专线	4	黄花机—常德	1. 益阳汽车东站 2. 常德民航宾馆	1 班：11：00. 2 班 13：00 3 班：14:30 4 班 17：00	0731-84798076
		常德—黄花机场	1. 益阳汽车东站 2. 黄花机场（A 楼出发厅前坪）	1 班：06：30. 2 班：08：00 3 班：10:00 4 班：13：00	0736-7717206
	5	黄花机场—益阳	益阳汽车东站	1 班：11：00. 2 班 13：00 3 班：14:30 4 班 17：00	0731-84798076
		益阳—黄花机场	黄花机场（A 楼出发厅前坪）	1 班：11：30. 2 班 14：30	0737-6502773
	6	黄花机场—岳阳	岳阳黄花机场民航售票处	1 班：14：30. 2 班 16：30	0731-84798073
		岳阳—黄花机场	黄花机场（A 楼出发厅前坪）	1 班：07：50. 2 班 11：50	0730-8610777
	7	黄花机场—株洲	株洲绿园酒店	1 班：10：30 2 班 14：30 3 班 16：30 4 班 18：00	0731-84798076
		株洲—黄花机场	黄花机场（A 楼出发厅前坪）	1 班：8：00. 2 班 10：30 3 班 13：00 4 班 16：30	0731-28125276
	8	黄花机场—湘潭	湘潭民航售票处	1 班：10：30. 2 班 14：30 3 班 16：30	0731-84798076
		湘潭—黄花机场	黄花机场（A 楼出发厅前坪）	1 班：8：00. 2 班 14：30 3 班 16：30	0731-58224084
	9	黄花机场—萍乡	萍乡东方宾馆	1 班：11：30 . 2 班 15：00 3 班 18:00	0731-84798076
		萍乡—黄花机场	黄花机场（A 楼出发厅前坪）	1 班：7：00 2 班 10：30 3 班：14:30	0799-6211111

表 12

附录五：长沙市地铁 2 号线营运时间及站点

2 号线　**望城坡 ⟶ 光达**　⇌ 返程

首车：06：30
末车：21：30　　票价：最高票价5元

站号	站名
1	望城坡
2	金星路
3	西湖公园
4	溁湾镇
5	橘子洲
6	湘江中路
7	五一广场
8	芙蓉广场
9	迎宾路口
10	袁家岭
11	长沙火车站
12	锦泰广场
13	万家丽广场
14	人民东路
15	长沙大道
16	沙湾公园
17	杜花路
18	长沙火车南站
19	光达

表 13

附录六：长沙市房屋产权办理点

登记点	地　址	乘车路线	联系方式
河西办公点：受理湘江以西区域房屋初始登记、变更登记、转移登记（除资金监管二手房）、注销登记、更正登记、异议登记、遗失补证、毁损换证、区划调整换证登记，负责对望城区划调整未换证档案的司法协助调查工作	长沙市岳麓大道218号市政府二办公楼一楼	市内乘6路、168路、301区间线、303路、903路、903区间线、穿梭巴士3号线至市政府站下	0731-88665177
德政园办公点：受理湘江以东区域房屋初始登记、变更登记、注销登记、遗失补证、毁损换证、区划调整换证、转移登记（除资金监管二手房）、更正登记、异议登记；负责现房司法协助、出具无房产登记证明和有房证明，以及湘江以东区域房屋所有权证的校对、缮证、发证、房屋所有权证挂失工作；负责房屋登记诉讼、房屋产权纠纷的调处工作	长沙市马王堆中路248号房产交易大楼三楼大厅	市内乘122路、130路、131路、148路、168路、168区间线、317路、702路、707路、809路、912路、912区间线、915路路至德政园东站下，乘705路、143路至樟木坝站下，乘301路至德政园站下	0731-84662171
蔡锷路办公点：受理二手房转移登记、更正登记、异议登记、遗失补证、毁损换证，负责二手房网上签约和资金监管工作	长沙市蔡锷中路196号二手房交易中心二楼大厅	市内乘2路、旅2路、901路至中山亭站下，乘901区间线、106路至水风井站下，乘501路、142路、803路、1路至小吴门站下，乘118路、401路、117路、317路等至蔡锷路口站下	0731-84779010

表 14

附录七：出入境办理点

地　区	机构名称	地　址	接待时间	联系电话	咨询热线
长沙市	长沙市公安局出入境接待大厅	长沙市岳麓区溁湾镇枫林一路2号（交警大楼裙楼4楼）	星期一至星期五 上午9:00—12:00 下午1:00—5:00	0731-82587653 0731-82587623	0731-82587653 0731-82587623
芙蓉区	长沙市公安局芙蓉分局出入境接待室	芙蓉区营盘东路369号（万家丽路与营盘路交汇处的西北角）	星期一至星期五 上午9:00—12:00 下午1:00—5:00	0731-84783073	0731-82587653 0731-82587623
开福区	长沙市公安局开福分局出入境接待室	开福区刘家冲1号（东风路高架桥旁）	星期一至星期五 上午9:00—12:00 下午1:00—5:00	0731-84523858	0731-82587653 0731-82587623

续表 14

地　区	机构名称	地　址	接待时间	联系电话	咨询热线
望城县	望城县公安局出入境接待室	望城县公安局办证大厅	星期一至星期五（法定节假日除外）上午：9:00 — 12:00 下午：1:00 — 5 :00	0731-88175030	0731-82587653 0731-82587623
天心区	长沙市公安局天心分局出入境接待室	天心区电力路 1 号（芙蓉南路省政府东侧）	星期一至星期五（法定节假日除外）上午：9:00 — 12:00 下午：1:00 — 5:00	0731-85895023	0731-82587653 0731-82587623
雨花区	长沙市公安局雨花分局出入境接待室	雨花区圭塘路 19 号	星期一至星期五（法定节假日除外）上午：9:00 — 12:00 下午：1:00 — 5:00	0731-85659628	0731-82587653 0731-82587623
高新区	长沙市公安局高新分局出入境接待室	长沙岳麓区桐梓坡路 C4 组团（银盆岭派出所对面）	星期一至星期五（法定节假日除外）上午：9:00 — 12:00 下午：1:00 — 5 :00	0731-88908797	0731-82587653 0731-82587623
浏阳市	浏阳市公安局出入境接待大厅	浏阳市关口办事处白沙路 9 号	星期一至星期五（法定节假日除外）上午：9:00 — 12:00 下午：1:00 — 5 :00	0731-83813017	0731-82587653 0731-82587623
岳麓区	长沙市公安局岳麓分局出入境接待室	岳麓区爱民路 180 号（岳麓分局旁）	星期一至星期五（法定节假日除外）上午：9:00 — 12:00 下午：1:00 — 5:00	0731-88648480	0731-82587653 0731-82587623
长沙县	长沙县公安局出入境接待室	长沙县星沙镇望仙路 1 号（县公安局大门口）	星期一至星期五（法定节假日除外）上午：9:00 — 12:00 下午：1:00 — 5:00	0731-84015097	0731-82587653 0731-82587623
宁乡县	宁乡县公安局出入境接待室	宁乡县玉潭镇二环西路文体中心西侧	星期一至星期五（法定节假日除外）上午：9:00 — 12:00 下午：1:00 — 5:00	0731-87897847	0731-82587653 0731-82587623

附录八：台湾地区通行证办理地点

表 15

地　区	机构名称	地　址	接待时间	联系电话	咨询热线
长沙市	长沙市公安局出入境接待大厅	长沙市岳麓区溁湾镇枫林一路 2 号（交警大楼裙楼 4 楼）	星期一至星期五 上午 9:00—12:00 下午 1:00—5:00	0731-82587653 0731-82587623	0731-82587653 0731-82587623
望城县	望城县公安局出入境接待室	望城县公安局办证大厅	星期一至星期五（法定节假日除外）上午：9:00 — 12:00 下午：1:00 — 5:00	0731-88175030	0731-82587653 0731-82587623

续表 15

地　区	机构名称	地　址	接待时间	联系电话	咨询热线
浏阳市	浏阳市公安局出入境接待大厅	浏阳市关口办事处白沙路 9 号	星期一至星期五（法定节假日除外） 上午：9:00 — 12:00 下午：1:00 — 5:00	0731-83813017	0731-82587653 0731-82587623
长沙县	长沙县公安局出入境接待室	长沙县星沙镇望仙路 1 号（县公安局大门口）	星期一至星期五（法定节假日除外） 上午：9:00 — 12:00 下午：1:00 — 5 :00	0731-84015097	0731-82587653 0731-82587623
宁乡县	宁乡县公安局出入境接待室	宁乡县玉潭镇二环西路文体中心西侧	星期一至星期五（法定节假日除外） 上午：9:00 — 12:00 下午：1:00 — 5 :00	0731-87897847	0731-82587653 0731-82587623

附录九：港澳通行证办理地点

表 16

地　区	机构名称	地　址	接待时间	联系电话	咨询热线
长沙市	长沙市公安局出入境接待大厅	长沙市岳麓区溁湾镇枫林一路 2 号（交警大楼裙楼 4 楼）	星期一至星期五 上午 9:00—12:00 下午 1:00—5:00	0731-82587653 0731-82587623	0731-82587653 0731-82587623
芙蓉区	长沙市公安局芙蓉分局出入境接待室	芙蓉区营盘东路 369 号（万家丽路与营盘路交汇处的西北角）	星期一至星期五 上午 9:00—12:00 下午 1:00—5:00	0731-84783073	0731-82587653 0731-82587623
开福区	长沙市公安局开福分局出入境接待室	开福区刘家冲 1 号（东风路高架桥旁）	星期一至星期五 上午 9:00—12:00 下午 1:00—5:00	0731-84523858	0731-82587653 0731-82587623
望城县	望城县公安局出入境接待室	望城县公安局办证大厅	星期一至星期五（法定节假日除外） 上午 9:00—12:00 下午 1:00—5:00	0731-88175030	0731-82587653 0731-82587623
高新区	长沙市公安局高新分局出入境接待室	长沙岳麓区桐梓坡路（银盆岭派出所对面）	星期一至星期五（法定节假日除外） 上午 9:00—12:00 下午 1:00—5:00	0731-88908797	0731-82587653 0731-82587623
浏阳市	浏阳市公安局出入境接待大厅	浏阳市关口办事处白沙路 9 号	星期一至星期五（法定节假日除外） 上午 9:00—12:00 下午 1:00—5:00	0731-83813017	0731-82587653 0731-82587623
岳麓区	长沙市公安局岳麓分局出入境接待室	岳麓区爱民路 180 号（岳麓分局旁）	星期一至星期五（法定节假日除外） 上午 9:00—12:00 下午 1:00—5:00	0731-88648480	0731-82587653 0731-82587623

续表 16

地　区	机构名称	地　址	接待时间	联系电话	咨询热线
长沙县	长沙县公安局出入境接待室	长沙县星沙镇望仙路 1 号（县公安局大门口）	星期一至星期五（法定节假日除外）上午 9:00—12:00 下午 1:00—5:00	0731-84015097	0731-82587653 0731-82587623
宁乡县	宁乡县公安局出入境接待室	宁乡县玉潭镇二环西路文体中心西侧	星期一至星期五（法定节假日除外）上午 9:00—12:00 下午 1:00—5:00	0731-87897847	0731-82587653 0731-82587623

附录十：长沙市图书馆开放时间表

表 17

1. 电子文献借阅室（盲人阅览室）、社科外借处、报刊阅览室	周一至周日　8:30—18:00
2. 少儿阅览室	周一至周五　13:30—18:00 周六、周日　8:30—18:00
3. 电子阅览室	周一至周五　8:30—12:00　14:00—18:00 周六、周日　8:30—18:00
4. 特藏文献室	周一至周五　8:30—12:00　14:30—17:30 （每年 7 月 1 日至 9 月 30 日）　15:00—18:00

索　引

说明

一、本索引把年鉴的条目（特载、大事记、人物、统计资料、附录除外）用主题分析方法，按汉语拼音字母顺序排列。

二、类目、专稿标题用黑体字表明。

三、索引名称后的阿拉伯数字表示的内容所在的页码，拉丁字母（a、b、c）表示栏别（从左至右分 1、2、3 栏）。

A

B

C

D

H

J

T

W

图书在版编目（CIP）数据

长沙年鉴．2014 / 长沙市地方志办公室编．—北京：方志出版社，2014.9
ISBN 978-7-5144-1368-7

Ⅰ．①长… Ⅱ．①长… Ⅲ．①长沙市—2014—年鉴
Ⅳ．①Z526.41

中国版本图书馆CIP数据核字（2014）第211119号

长沙年鉴（2014）

编　　者：长沙市地方志办公室
责任编辑：何明忠
出 版 人：冀祥德
出 版 者：方志出版社
地址　北京市朝阳区潘家园东里9号（国家方志馆4层）
邮编　100021
网址　http://www.fzph.org
发　　行：方志出版社发行中心
电话（010）67110500
经　　销：各地新华书店
印　　刷：长沙长大成彩印有限公司
开　　本：889×1194　1/16
印　　张：33
字　　数：1516千字
版　　次：2014年9月第1版　2014年9月第1次印刷
印　　数：0001～1800册

ISBN 978-7-5144-1368-7/K·1114　定价：260.00元
·版权所有　翻印必究·